Kohlhammer

Europäisches öffentliches Wirtschaftsrecht

Lehr- und Studienbuch anhand der EuGH-Rechtsprechung

herausgegeben von

Prof. Dr. Eckhard Pache
Universität Würzburg

und

Prof. Dr. Matthias Knauff, LL.M. Eur.
Universität Jena

3., überarbeitete Auflage

Verlag W. Kohlhammer

3. Auflage 2024

Alle Rechte vorbehalten
© W. Kohlhammer GmbH, Stuttgart
Gesamtherstellung: W. Kohlhammer GmbH, Stuttgart

Print:
ISBN 978-3-17-035184-4

E-Book-Formate:
pdf: ISBN 978-3-17-035185-1
epub: ISBN 978-3-17-035186-8

Dieses Werk einschließlich aller seiner Teile ist urheberrechtlich geschützt. Jede Verwendung außerhalb der engen Grenzen des Urheberrechts ist ohne Zustimmung des Verlags unzulässig und strafbar. Das gilt insbesondere für Vervielfältigungen, Übersetzungen, Mikroverfilmungen und für die Einspeicherung und Verarbeitung in elektronischen Systemen.
Für den Inhalt abgedruckter oder verlinkter Websites ist ausschließlich der jeweilige Betreiber verantwortlich. Die W. Kohlhammer GmbH hat keinen Einfluss auf die verknüpften Seiten und übernimmt hierfür keinerlei Haftung.

Vorwort

Das europäische Wirtschaftsrecht bildet nach wie vor den materiellen Kernbereich des Rechts der Europäischen Union. Wegen seiner großen Bedeutung für die Rechtspraxis ebenso wie für die dogmatische Erfassung der wechselseitigen Abhängigkeiten und Durchdringungen von nationalem und europäischem Recht ist es heute in seinen Grundzügen fester Bestandteil jeder Juristenausbildung. Vertiefte Kenntnisse werden von den Studierenden der europarechtlichen Schwerpunkt- und Wahlfachbereiche erwartet.
Das vorliegende Werk vermittelt das erforderliche Wissen in den wesentlichen sektorübergreifenden Bereichen des europäischen Wirtschaftsrechts und berücksichtigt zugleich neuere Entwicklungen. Die Darstellung kombiniert Elemente klassischer Lehr- und reiner Fallbücher. Die Verbindung von systematischen Erläuterungen und kommentiertem „case law" des Europäischen Gerichtshofs soll die Materie nicht nur anschaulich gestalten, sondern verdeutlicht auch die herausragende Bedeutung des Richterrechts in weiten Teilen der Rechtsmaterie. Zugleich soll sie die konkrete Anwendung und Auswirkung des europäischen öffentlichen Wirtschaftsrechts im Einzelfall veranschaulichen und erleichtern. Die Auswahl der Fälle erfolgte sowohl nach Bedeutung als auch nach Aktualität.
Zur Arbeit mit diesem Buch noch einige Hinweise: Rechtsprechungszitate wurden zum Zwecke der besseren Lesbarkeit und Nachvollziehbarkeit an die Nummerierung des Lissabonner Vertrags angepasst. Fußnoten und Literaturangaben haben weniger eine Nachweis- als vielmehr eine Hinweisfunktion mit Blick auf weiterführende Lektüre. Rechtsprechungs- und Literaturzitate beziehen sich notwendigerweise weithin auf früher geltende Fassungen der jeweiligen Vorschriften; sie sind jedoch inhaltlich unverändert einschlägig.
Für die Unterstützung bei Herausgabe der Neuauflage danken wir den Mitarbeiterinnen und Mitarbeitern unserer Lehrstühle, insbesondere Frau Amelie Volkert, LL.M. Eur., und Herrn Tobias Birk, herzlich. Hinweise sind an die E-Mail-Adressen pache@jura.uni-wuerzburg.de oder ls-knauff@uni-jena.de herzlich willkommen.

Würzburg und Jena, im März 2023
Eckhard Pache
Matthias Knauff

Bearbeiterverzeichnis

Dr. Ludger Breuer
Bundeskartellamt, Bonn

Prof. Dr. Stefanie Egidy, LL.M. (Yale)
Universität Mannheim

Dr. Tobias H. Irmscher, LL.M.
Europäisches Patentamt, München

Prof. Dr. Carsten Jennert, LL.M.
General Counsel, Helrom GmbH, Frankfurt; Honorarprofessor an der Deutschen Universität für Verwaltungswissenschaften, Speyer

Prof. Dr. Matthias C. Kettemann, LL.M. (Harvard)
Universität Innsbruck

Prof. Dr. Matthias Knauff, LL.M. Eur.
Universität Jena

Prof. Dr. Stefan Korte
Universität Speyer

Prof. Dr. Cornelia Manger-Nestler, LL.M.
Hochschule für Technik, Wirtschaft und Kultur (HTWK) Leipzig

Prof. Dr. Rudolf Mögele
Universität Würzburg

Prof. Dr. Eckhard Pache
Universität Würzburg

Dr. Clara Rauchegger, LL.M.
Universität Innsbruck

Prof. Dr. Meinhard Schröder
Universität Passau

Dr. Roland Schwensfeier, LL.M.
Bundeskartellamt, Bonn

Amelie Volkert, LL.M. Eur.
Universität Würzburg

Mag. jur. Meryem Vural, LL.B.
Universität Innsbruck

Prof. Dr. Ferdinand Wollenschläger
Universität Augsburg

Inhaltsübersicht

§ 1	Das Europäische öffentliche Wirtschaftsrecht im Kontext des Europarechts *(Pache/Knauff)*	1
§ 2	Binnenmarkt *(Irmscher)*	13
§ 3	Grundfreiheiten – Allgemeiner Teil *(Volkert)*	28
§ 4	Warenverkehrsfreiheit *(Egidy)*	40
§ 5	Niederlassungsfreiheit *(Korte)*	65
§ 6	Dienstleistungsfreiheit *(Pache)*	82
§ 7	Arbeitnehmerfreizügigkeit *(Wollenschläger)*	100
§ 8	Kapitalverkehrsfreiheit *(Egidy/Knauff)*	125
§ 9	Kartellrecht *(Breuer)*	147
§ 10	Fusionskontrolle *(Schwensfeier)*	185
§ 11	Beihilfenrecht *(Jennert)*	220
§ 12	Vergaberecht *(Knauff)*	240
§ 13	Dienstleistungen von allgemeinem wirtschaftlichem Interesse *(Knauff)*	278
§ 14	Gemeinsame Handelspolitik *(Mögele)*	297
§ 15	Datenwirtschaftsrecht *(Schröder)*	323
§ 16	Digitalwirtschaftsrecht *(Kettemann/Rauchegger/Vural)*	340
§ 17	Währungsunion *(Manger-Nestler)*	360

Inhaltsverzeichnis

Vorwort V
Bearbeiterverzeichnis VII
Allgemeine Literaturhinweise XIX
Verzeichnis der besprochenen Entscheidungen XXI

§ 1 Das Europäische öffentliche Wirtschaftsrecht im Kontext des Europarechts 1
    I. Von der EGKS zur EU 1
    II. Wirtschaftsverfassungsrechtliche Grundlagen 3
    III. Ausgestaltung und Durchsetzung des europäischen öffentlichen Wirtschaftsrechts 4
        1. Mitgliedstaaten 4
        2. Rat und Europäisches Parlament 5
        3. Kommission 5
            a) Rechtsetzung 5
            b) Unionsunmittelbare Verwaltung 7
            c) Aufsicht 7
        4. Europäischer Gerichtshof 8
            a) Vertragsverletzungsverfahren 8
            b) Nichtigkeitsklage 9
            c) Vorabentscheidungsverfahren 11

§ 2 Binnenmarkt 13
    I. Grundlagen 13
        1. Das Binnenmarktziel in den Verträgen 14
        2. Normative Grundlagen des Binnenmarktkonzepts 15
        3. Verhältnis zu anderen Vertragszielen 17
    II. Rechtliche Bedeutung des Binnenmarktkonzepts 18
        1. Direkte Verbindlichkeit, insbesondere als Auslegungsgrundsatz . . 18
        2. Rechtsangleichung nach Art. 114 AEUV 18
        3. Einheitliche Rechtstitel des geistigen Eigentums im Binnenmarkt 19
        4. Der Binnenmarkt als Gegenstand des vereinfachten Vertragsänderungsverfahrens 20
    III. Fallgestaltungen 20
        1. Binnenmarktfreundliche Auslegung 20
        2. Unionskompetenz zur Rechtsangleichung nach Art. 114 AEUV . . 21
        3. Organkompetenzen bei der Rechtsangleichung 25
    IV. Gegenwart und Zukunft des Binnenmarkts 26

§ 3 Grundfreiheiten – Allgemeiner Teil 28
    I. Grundlagen 28
        1. Stellung der Grundfreiheiten im Gefüge des europäischen Unionsrechts 28
        2. Das Verhältnis der Grundfreiheiten zu den Grundrechten 30
        3. Die Grundfreiheiten als subjektive Unionsrechte 30

Inhaltsverzeichnis

		4.	Die Prüfung der Grundfreiheiten	31
			a) Schutzbereich der Grundfreiheiten	31
			b) Eingriff in die Grundfreiheiten	33
			c) Schrankendogmatik	36
	II.	Fallgestaltungen		37
		1.	Rein materiell-rechtliche Prüfung der Vereinbarkeit einer Maßnahme mit den Grundfreiheiten	37
		2.	Prozessuale Einbettung in ein Verfahren	37
			a) Verfahren vor der nationalen Gerichtsbarkeit	37
			b) Verfahren vor dem EuGH	38

§ 4 Warenverkehrsfreiheit ... 40
I. Normative Grundlagen ... 40
II. Dogmatische Ausgestaltung ... 41
1. Schutzbereich ... 41
2. Beeinträchtigung ... 43
   a) Adressaten ... 43
   b) Maßnahme gleicher Wirkung ... 43
   c) Ausfuhrbeschränkungen ... 47
3. Rechtfertigung ... 48
   a) Rechtfertigungsgründe ... 48
   b) Verhältnismäßigkeit ... 50
III. Fallgestaltungen ... 50
1. Anwendungsbereich ... 50
   a) Horizontale Drittwirkung ... 50
   b) Warenbegriff ... 52
2. Vorliegen einer Beeinträchtigung ... 55
3. Rechtfertigungsanforderungen ... 58

§ 5 Niederlassungsfreiheit ... 65
I. Einführung ... 65
II. Abschließendes Sekundärrecht ... 66
III. Schutzbereich ... 67
1. Persönlicher Schutzbereich ... 67
   a) Natürliche Personen ... 67
   b) Juristische Personen ... 67
2. Sachlicher Schutzbereich ... 68
   a) Wirtschaftliche Tätigkeit ... 68
   b) Selbstständige Tätigkeit ... 69
   c) Grenzüberschreitende Tätigkeit ... 69
   d) Niederlassungserfordernis ... 69
   e) Ausübung öffentlicher Gewalt ... 71
   f) Tatsächliche, nicht missbräuchliche Ausübung der wirtschaftlichen Tätigkeit ... 71
   g) Abgrenzung zu anderen Freiheiten ... 72
3. In räumlicher Hinsicht ... 73
IV. Beeinträchtigung ... 74
1. Verpflichtungsadressaten ... 74
2. Beeinträchtigungsformen ... 74

Inhaltsverzeichnis

			a)	Diskriminierungsverbot	74
			b)	Beschränkungsverbot	75
	V.	Rechtfertigung			76
		1.	Rechtfertigungsgründe		76
			a)	Geschriebene Gründe	76
			b)	Ungeschriebene Gründe	78
			c)	Privat initiierte Beschränkungen	78
		2.	Verhältnismäßigkeit		79
			a)	Eignung	79
			b)	Erforderlichkeit	80

§ 6 Dienstleistungsfreiheit ... 82
    I. Grundlagen und normative Ausgestaltung ... 82
        1. Schutzbereich ... 83
            a) Räumlich-persönlich ... 83
            b) Sachlich ... 84
        2. Eingriff ... 85
        3. Rechtfertigung ... 86
        4. Schranken-Schranken ... 87
        5. Liberalisierung durch Sekundärrecht ... 87
    II. Fallgestaltungen ... 89
        1. Anwendungsbereich und Begriff der Dienstleistung ... 89
        2. Rechtfertigung von Beschränkungen ... 93

§ 7 Arbeitnehmerfreizügigkeit ... 100
    I. Grundlagen ... 100
    II. Normative Ausgestaltung ... 103
    III. Fallgestaltungen ... 105
        1. Der Arbeitnehmer als Berechtigter der Arbeitnehmerfreizügigkeit ... 105
            a) Der Begriff des Arbeitnehmers ... 106
            b) Bereichsausnahme für eine Beschäftigung in der öffentlichen Verwaltung (Art. 45 Abs. 4 AEUV) ... 108
        2. Verpflichtete ... 110
        3. Der Gewährleistungsgehalt der Arbeitnehmerfreizügigkeit ... 112
            a) Aufenthaltsrecht ... 112
            b) Diskriminierungsverbot ... 113
            c) Beschränkungsverbot ... 118
        4. Erweiterungen ... 121
            a) Familienangehörige des Arbeitnehmers ... 121
            b) Noch nicht, derzeit nicht und nicht mehr im Arbeitsleben stehende Personen ... 122
            c) Annex: Das allgemeine Freizügigkeitsrecht (Art. 20 Abs. 2 lit. a, Art. 21 AEUV) als „Grundfreiheit ohne Markt" ... 124

§ 8 Kapitalverkehrsfreiheit ... 125
    I. Grundlagen ... 125
    II. Normative Ausgestaltung ... 127
        1. Schutzgewährleistungen ... 128
        2. Zulässige Beschränkungen ... 129

Inhaltsverzeichnis

			a)	Beschränkungen des Kapitalverkehrs innerhalb der EU	129
			b)	Beschränkungen des Kapitalverkehrs mit Drittstaaten	131
	III.	Fallgestaltungen			132
		1.	Aktienrechtliche Sonderregeln		132
		2.	Grundstücksverkehr		137
		3.	Dividendenbesteuerung		140
		4.	Demokratische Dimension der Kapitalverkehrsfreiheit		143

§ 9 **Kartellrecht** 147
    I. **Grundlagen** 147
        1. Rechtliche Grundlagen und Bezüge zu anderen Bereichen des Europäischen Wirtschaftsrechts 147
        2. Ökonomische Grundlagen 149
        3. Verhältnis zwischen europäischem und nationalem Kartellrecht .. 150
        4. Sachlicher Anwendungsbereich 151
    II. **Normative Ausgestaltung: Das Kartellverbot des Art. 101 AEUV** .. 152
        1. Normadressaten 152
             a) Unternehmen 152
             b) Unternehmensvereinigungen 154
        2. Formen wettbewerbsbeschränkenden Verhaltens 155
             a) Vereinbarungen 155
             b) Beschlüsse 155
             c) Abgestimmte Verhaltensweisen 155
             d) Algorithmen 156
             e) Kartellgehilfen 157
        3. Bezweckte und bewirkte Wettbewerbsbeschränkung 157
             a) Wettbewerbsbeschränkung 157
             b) Zweck oder Wirkung 158
             c) Teleologische Einschränkungen 158
        4. Spürbarkeit der Wettbewerbsbeschränkung 159
        5. Relevanter Markt 159
        6. Beeinträchtigung des Handels zwischen den Mitgliedstaaten 160
        7. Ausnahme vom Kartellverbot gemäß Art. 101 Abs. 3 AEUV 161
        8. Folgen eines Verstoßes gegen das Kartellverbot 162
    III. **Normative Ausgestaltung: Das Missbrauchsverbot des Art. 102 AEUV** 163
        1. Unternehmen 163
        2. Marktbeherrschende Stellung 163
             a) Marktabgrenzung 163
             b) Beherrschende Stellung 163
        3. Missbräuchliche Ausnutzung 165
        4. Beeinträchtigung des Handels zwischen den Mitgliedstaaten 166
        5. Folgen eines Verstoßes gegen das Missbrauchsverbot 166
    IV. **Fallgestaltungen** 167
        1. Die Abgrenzung zwischen unternehmerischen und hoheitlichen Tätigkeiten 167
        2. Vorliegen einer Verhaltensabstimmung 170
        3. Notwendigkeit von Nebenabreden und Voraussetzungen der Freistellung vom Kartellverbot 173

Inhaltsverzeichnis

		4.	Wettbewerbsbeschränkungen durch Regelwerke von Sportverbänden	176
		5.	Missbräuchliches Ausnutzen einer marktbeherrschenden Stellung	179

§ 10 Fusionskontrolle ... 185
- **I.** Grundlagen der Europäischen Fusionskontrolle ... 185
- **II.** Normative Ausgestaltung ... 187
  1. Anwendungsbereich der europäischen Fusionskontrolle ... 188
  2. Materielle Beurteilung eines Zusammenschlusses ... 189
  3. Verfahren vor der Kommission ... 191
  4. Rechtsschutz in der europäischen Fusionskontrolle ... 192
- **III.** Fallgestaltungen ... 192
  1. Internationale Zuständigkeit ... 193
  2. Zuständigkeitsverteilung innerhalb der EU ... 195
  3. Lückenfüllung 1: Das „neue" Verweisungsregime des Art. 22 FKVO ... 197
  4. Lückenfüllung 2: Art. 102 AEUV in der Fusionskontrolle? ... 199
  5. Konglomerate Zusammenschlüsse, Beweisanforderungen ... 203
  6. Oligopole – kollektive Marktbeherrschung ... 206
  7. SIEC-Test – Gap-Cases, Beweisanforderungen ... 210
  8. Rechtsschutz: Schadensersatz ... 214
  9. Beurteilung von Abhilfemaßnahmen; Verhältnis der Fusionskontrolle zum Vergaberecht ... 217
- **IV.** Fusionskontrolle in der Praxis – Einige Anmerkungen ... 219

§ 11 Beihilfenrecht ... 220
- **I.** Grundlagen und normative Ausgestaltung ... 220
- **II.** Fallgestaltungen ... 223
  1. Der Beihilfentatbestand des Art. 107 Abs. 1 AEUV ... 223
     a) Begünstigung ... 223
     b) Mittelherkunft ... 225
     c) Selektivität: Bestimmte Unternehmen oder Produktionszweige ... 228
     d) Tatsächliche oder drohende Wettbewerbsverfälschung ... 230
     e) Beeinträchtigung des Handels zwischen Mitgliedstaaten ... 230
  2. Ausnahmen vom Anwendungsbereich des Beihilfenregimes ... 231
  3. Verfahrensrecht ... 233
     a) Notifizierungspflicht und Stillhaltegebot ... 233
     b) Rückforderung zu Unrecht gewährter Beihilfen ... 235
  4. Rechtsschutz ... 238

§ 12 Vergaberecht ... 240
- **I.** Grundlagen des europäischen Vergaberechts ... 240
- **II.** Normative Ausgestaltung ... 242
  1. Die Vergabeverfahren im Überblick ... 243
  2. Besondere verfahrensrechtliche Gestaltungsformen ... 245
  3. Vergaberechtsschutz ... 245
- **III.** Fallgestaltungen ... 246
  1. Auftraggebereigenschaft ... 246

Inhaltsverzeichnis

	2.	Öffentlicher Auftrag	250
	3.	Konzessionen	254
	4.	Ausnahme für inhouse- und instate-Geschäfte	255
		a) inhouse-Vergabe	255
		b) öffentlich-öffentliche Zusammenarbeit	258
	5.	Teilnehmer am Vergabeverfahren	260
		a) Beschränkung der Teilnahme	260
		b) Ausschluss	262
		c) Eignung	265
	6.	Angebotswertung	267
		a) Ausschluss ungewöhnlich niedriger Angebote	267
		b) Zuschlag und „strategische Beschaffung"	269
	7.	Rechtsschutz: Nachprüfbarkeit von Entscheidungen	273

§ 13 Dienstleistungen von allgemeinem wirtschaftlichem Interesse ... 278
- I. Grundlagen ... 278
- II. Normative Ausgestaltung ... 279
  - 1. Grundsatz der Nichtprivilegierung ... 279
    - a) Erfasste Unternehmen ... 280
    - b) Verbotene mitgliedstaatliche Maßnahmen ... 280
  - 2. Zulässigkeit von funktional begründeten Privilegierungen ... 281
    - a) Dienste von allgemeinem wirtschaftlichem Interesse ... 282
    - b) Funktionssicherung ... 282
  - 3. Ausgestaltungszuständigkeit ... 284
- III. Fallgestaltungen ... 285
  - 1. Unzulässigkeit ausschließlicher Rechte ... 285
  - 2. Gemeinwohlorientierung und Umfang von Ausnahmen ... 288
  - 3. Insbesondere: Zusammenwirken mit dem Beihilferecht ... 292

§ 14 Gemeinsame Handelspolitik ... 297
- I. Grundlagen der gemeinsamen Handelspolitik ... 297
- II. Normative Ausgestaltung ... 298
- III. Welthandelsrechtlicher Rahmen ... 301
- IV. Handelspolitische Instrumente ... 302
  - 1. Autonome Maßnahmen ... 302
  - 2. Handelsabkommen ... 307
- V. Fallgestaltungen ... 308
  - 1. Die Reichweite der gemeinsamen Außenhandelskompetenz ... 308
  - 2. Gemischte Handelsabkommen ... 312
  - 3. Unionsrechtliche Zulässigkeit von Investitionsschiedsgerichten ... 313
  - 4. Antidumping- und Antisubventionsmaßnahmen ... 316
  - 5. Restriktive Maßnahmen ... 318
  - 6. Handelsrelevantes EU-Fachrecht ... 320

§ 15 Datenwirtschaftsrecht ... 323
- I. Begriff und Konturierung des Rechtsgebiets ... 323
- II. Rechtsquellen ... 325
  - 1. Allgemeine Bestimmungen ... 326
  - 2. Spezifisches Datenwirtschaftsrecht ... 326

Inhaltsverzeichnis

III.	Ausgewählte Fallgestaltungen		328
	1.	Zugang zu Datenwirtschaftsmärkten	328
	2.	Rechte an Daten	329
	3.	Missbrauch von Datenmacht	332
	4.	Datenschutz als Grenze datenwirtschaftlicher Betätigung	333
		a) Weiter Begriff des Personenbezugs	333
		b) Reichweite des Datenschutzrechts	334
		c) Rechtmäßigkeit von Datenverarbeitungen	336
		d) Datenübermittlungen in Drittländer	337
	5.	Regulierung von Datenflüssen	338

§ 16 Digitalwirtschaftsrecht 340
 I. **Europapolitische Einbettung des Digitalwirtschaftsrechts** 340
 II. **Normative Ausgestaltung** 343
  1. Überblick 343
  2. Der Digital Services Act 345
   a) Anwendungsbereich 345
   b) Gestufte Regulierung 346
   c) Ausdrückliche Regelung des „Notice and action"-Verfahrens 346
   d) Transparenzberichtspflichten 348
   e) Werbetransparenz 348
   f) Allgemeines Haftungsregime 348
   g) Sanktionen und Durchsetzung 349
 III. **Fallgestaltungen** 349
  1. Haftungsprivileg 349
  2. Verbot einer allgemeinen Überwachungspflicht 356

§ 17 Währungsunion 360
 I. **Grundlagen** 360
  1. Begriffe 360
  2. Entwicklungsetappen auf dem Weg zur gemeinsamen Währung 362
 II. **Normative Ausgestaltung** 362
  1. Kompetenzverteilung 363
  2. Aufbau der EZB und Organisationsstruktur von ESZB/Eurosystem 364
   a) Europäische Zentralbank 364
   b) Nationale Zentralbanken 366
  3. Währungspolitische Ziele, Aufgaben und Befugnisse 366
   a) Ziel 367
   b) Aufgaben 367
   c) Unabhängigkeit 372
  4. Rechtsschutz 373
 III. **Fallgestaltungen** 375
  1. Abgrenzung zwischen Wirtschafts- und Währungspolitik 375
  2. Kriseninduzierte Maßnahmen der unabhängigen Geldpolitik ... 378
   a) Ankündigung des OMT-Programms 378
   b) Public Sector Purchasing Programme (PSPP) 381

Stichwortverzeichnis 385

Allgemeine Literaturhinweise

Lehr- und Handbücher
Bieber/Epiney/Haag/Kotzur, Die Europäische Union, 15. Aufl. 2022
Dauses/Ludwigs (Hrsg.), Handbuch des EU-Wirtschaftsrechts, Losebl. Stand 8/2022
Frenz, Handbuch Europarecht, 6 Bde., 1. Aufl. 2004–2011, 2. Aufl. 2012/2015/2021 (Bd. 1, 2, 3)
Haltern, Europarecht. Dogmatik im Kontext, 2 Bde., 3. Aufl. 2017
Haratsch/Koenig/Pechstein, Europarecht, 12. Aufl. 2020
Hatje/Müller-Graff (Hrsg.), Enzyklopädie Europarecht, 12 Bde., 2. Aufl. 2021/2022
Herdegen, Europarecht, 24. Aufl. 2023
Hobe/Fremuth, Europarecht, 11. Aufl. 2023
Kilian/Wendt, Europäisches Wirtschaftsrecht, 8. Aufl. 2021
Oppermann/Classen/Nettesheim, Europarecht, 9. Aufl. 2021
Schulze/Jansen/Kadelbach (Hrsg.), Europarecht. Handbuch für die deutsche Rechtspraxis, 4. Aufl. 2020
Schwarze, Europäisches Wirtschaftsrecht, 2007
Streinz, Europarecht, 12. Aufl. 2023

Fall- und Übungsbücher
Bieber/Epiney/Haag/Kotzur, Europarecht. In Fragen und Antworten, 6. Aufl. 2022
Fetzer/Fischer, Fälle zum Europarecht, 9. Aufl. 2019
Hummer/Vedder/Lorenzmeier, Europarecht in Fällen. Die Rechtsprechung des EuGH, des EuG und deutscher und österreichischer Gerichte, 7. Aufl. 2020
Knauff (Hrsg.), Fälle zum Europarecht, 2. Aufl. 2017
Musil/Burchard, Klausurenkurs im Europarecht, 6. Aufl. 2022
Pechstein, Entscheidungen des EuGH. Kommentierte Studienausgabe, 11. Aufl. 2020
Sydow, Fälle zum Europarecht, 2022
Wienbracke, Fälle zum Europarecht, 2021

Kommentare
Calliess/Ruffert (Hrsg.), EUV/AEUV. Das Verfassungsrecht der Europäischen Union mit Europäischer Grundrechtecharta, 6. Aufl. 2022
Geiger/Khan/Kotzur/Kirchmair, EUV/AEUV, 7. Aufl. 2023
Grabitz/Hilf/Nettesheim (Hrsg.), Das Recht der Europäischen Union, Losebl. Stand 9/2022
v. d. Groeben/Schwarze/Hatje (Hrsg.), Europäisches Unionsrecht, 4 Bde, 7. Aufl. 2015
Hailbronner/Wilms (Hrsg.), Recht der Europäischen Union, Losebl. Stand 12/2006
Lenz/Borchardt (Hrsg.), EU-Verträge. Kommentar nach dem Vertrag von Lissabon, 6. Aufl. 2012
Pechstein/Nowak/Häde, Frankfurter Kommentar zu EUV, GRC und AEUV, 2. Aufl. 2023
Schwarze/Becker/Hatje/Schoo (Hrsg.), EU-Kommentar, 4. Aufl. 2019
Streinz (Hrsg.), EUV/AEUV, 3. Aufl. 2018

Verzeichnis der besprochenen Entscheidungen

EuGH

Rs.	Bezeichnung	Datum	Quelle	§ Rn.
36/74	Walrave	12.12.1974	Slg. 1974, 1405	7 27
67/74	Bonsignore	26.2.1975	Slg. 1975, 297	7 33
27/76	United Brands	14.2.1978	Slg. 1978, 207	9 91
C-115/81, C-116/81	Adoui u. Cornuaille/Belgischer Staat	18.5.1982	ECLI:EU:C:1982:183	5 61
191/82	FEDIOL/Kommission	4.10.1983	Slg. 1983, 2931	14 50
66/85	Lawrie-Blum	3.7.1986	Slg. 1986, 2121	7 21
68/86	„Hormonverbot"	23.2.1988	Slg. 1988, 892	14 62
3/88	Kommission/Italien	5.12.1989	Slg. 1989, 4035	15 14
C-142/87	Tubemeuse	21.3.1990	ECLI:EU:C:1990:125	11 34
C-154/89	Fremdenführer	26.2.1991	ECLI:EU:C:1991:76	6 26
C-305/89	Alfa Romeo	21.3.1991	ECLI:EU:C:1991:142	11 12
C-41/90	Höfner und Elser	23.4.1991	Slg. 1991, I-1979	13 27
C-148/91	Veronica Omröp Organisatie/Commissariaat voor de Media	3.2.1993	Slg. 1993, I-00487	5 86
C-415/93	Bosman	15.12.1995	Slg. 1995, I-4921	7 53
C-334/94	Kommission/Frankreich	7.3.1996	Slg. 1996, I-1307	7 42
C-237/94	O'Flynn	23.5.1996	Slg. 1996, I-2617	7 47
C-39/94	SFEI	11.7.1996	ECLI:EU:C:1996:285	11 9, 11 59
C-24/95	Alcan	20.3.1997	ECLI:EU:C:1997:163	11 51
C-44/96	Mannesmann Austria	15.1.1998	Slg. 1998, I-73	12 23
C-266/96	Corsica Ferries France	18.6.1998	Slg. 1998, I-3949	13 35
C-212/97	Centros	9.3.1999	Slg. 1999, I-1459	5 35
C-147/97, C-148/97	Deutsche Post	10.2.2000	Slg. 2000, I-825	13 40
C-332/98	CELF	22.6.2000	ECLI:EU:C:2000:338	11 45
C-376/98	Tabakwerbeverbot I	5.10.2000	Slg. 2000, I-8419	2 40
C-482/99	Stardust Marine	16.5.2002	ECLI:EU:C:2002:294	11 17
C-92/00	Hospital Ingenieure	18.6.2002	Slg. 2002, I-5553	12 100
C-448/01	EVN und Wienstrom	4.12.2003	Slg. 2003, I-14527	12 89
C-215/01	Schnitzer	11.12.2003	Slg. 2003, I-14847	5 26
C-215/01	Bruno Schnitzer	11.12.2003	ECLI:EU:C:2003:662	6 32
C-418/01	IMS Health	29.4.2004	Slg. 2004, I-5039	15 26
C-456/02	Trojani	7.9.2004	Slg. 2004, I-7573	7 16
C-72/03	Carbonati Apuani	9.9.2004	Slg. 2004, I-8027	2 34
C-36/02	Omega	14.10.2004	ECLI:EU:C:2004:614	6 50
C-444/02	Fixtures Marketing	9.11.2004	Slg. 2004, I-10549	15 20
C-26/03	Stadt Halle	11.1.2005	Slg. 2005, I-1	12 51
C-12/03	Kommission/Tetra Laval	15.2.2005	Slg. 2005, I-987	10 63
C-21/03, C-34/03	Fabricom	3.3.2005	Slg. 2005, I-1559	12 70

Verzeichnis der besprochenen Entscheidungen

C-458/03	Parking Brixen	13.10.2005	Slg. 2005, I-8612	12 45
C-66/04	Raucharomenverordnung	6.12.2005	Slg. 2005, I-10553	2 55
C-519/04 P	Meca-Medina	18.7.2006	Slg. 2006, I-6991	9 84
C-380/03	Tabakwerbeverbot II	12.12.2006	Slg. 2006, I-11573	2 45
C-338/04, C-359/04, C-360/04	Placanica	6.3.2007	ECLI:EU:C:2007:133	6 40
C-503/04	Abfallentsorgung Braunschweig II	18.7.2007	Slg. 2007, I-6153	12 106
C-451/05	ELISA	11.10.2007	Slg. 2007, I-08251	5 39
C-112/05	VW-Gesetz	23.10.2007	Slg. 2007, I-8995	8 21
C-454/06	pressetext	19.6.2008	EuZW 2008, 465	12 39
C-413/06 P	Bertelsmann und Sony	10.7.2008	Slg. 2008, I-4951	10 79
C-210/06	Cartesio	16.12.2008	Slg. 2008 I-09641	5 15
C-440/07 P	Kommission/Schneider Electric SA	16.7.2009	WuW/E EU-R 1606	10 98
C-411/06	Kommission/Europäisches Parlament und Rat	8.9.2009	Slg. 2009, I-07585	14 28
C-236/08	Google France und Google (Louis Vuitton)	23.3.2010	ECLI:EU:C:2010:159	16 46
C-451/08	Helmut Müller	25.3.2010	Slg. 2010, I-2673	12 33
C-570/07, C-571/07	Blanco Pérez u. Chao Gómez	1.6.2010	Slg. 2010, I-04629	5 74
C-54/08	Kommission/Deutschland	24.5.2011	Slg. 2011, I-04355	5 32
C-324/09	L'Oréal gegen eBay	12.7.2011	ECLI:EU:C:2011:474	16 41
C-70/10	Scarlet gegen SABAM	24.11.2011	ECLI:EU:C:2011:255	16 66
C-456/10	ANETT	26.4.2012	ECLI:EU:C:2012:241	4 46
C-84/11	Susisalo u. a.	21.6.2012	ECLI:EU:C:2012:374	5 63
C-171/11	Fra.bo	12.7.2012	ECLI:EU:C:2012:453	4 33
C-138/11	Compass Datenbank	12.7.2012	WuW 2012, 1077	9 60
C-130/10	Europäisches Parlament/Rat	19.7.2012	ECLI:EU:C:2012:472	14 56
C-218/11	Édukövízig und Hochtief Construction	18.10.2012	EuZW 2012, 954	12 75
C-35/11	Test Claimants in the FII Group Litigation II	13.11.2012	ECLI:EU:C:2012:707	8 43
C-370/12	Pringle	27.11.2012	ECLI:EU:C:2012:756	17 43
C-197/11, C-203/11	Libert	8.5.2013	ECLI:EU:C:2013:288	8 33
C-95/12	VW-Gesetz II	22.10.2013	ECLI:EU:C:2013:676	8 27
C-314/12	UPC Telekabel Wien gegen Constantin Film Verleih u. a. (kino.to)	27.3.2014	ECLI:EU:C:2014:192	16 59
C-131/12	Google Spain	13.5.2014	ECLI:EU:C:2014:317	15 37
C-573/12	Ålands Vindkraft	1.7.2014	ECLI:EU:C:2014:2037	4 74
C-549/13	Bundesdruckerei	18.9.2014	NZBau 2014, 647	12 94
C-593/13	Rina Services u. a.	16.6.2015	ECLI:EU:C:2015:399	5 7
C-62/14	Gauweiler u. a.	16.6.2015	ECLI:EU:C:2015:400	17 50
C-229/14	Balkaya	9.7.2015	ECLI:EU:C:2015:455	5 20
C-362/14	Schrems I	6.10.2015	NJW 2015, 3151	15 45
C-333/14	Scotch Whisky	23.12.2015	ECLI:EU:C:2015:845	4 58

Verzeichnis der besprochenen Entscheidungen

Rs.	Bezeichnung	Datum	Quelle	§ Rn.
C-74/14	Eturas	21.1.2016	WuW 2016, 126	9 67
C-522/14	Sparkasse Allgäu	14.4.2016	ECLI:EU:C:2016:253	5 56
C-484/14	Tobias McFadden gegen Sony Music	15.9.2016	ECLI:EU:C:2016:689	16 51
C-148/15	Deutsche Parkinson Vereinigung	19.10.2016	ECLI:EU:C:2016:776	4 67
C-582/14	Breyer	19.10.2016	ECLI:EU:C:2016:779	15 31
Gutachten 2/15	Gutachten Singapur	16.5.2017	ECLI:EU:C:2017:376	14 30, 14 39
C-646/15	Trustees of the P Panayi Accumulation & Maintenance Settlements	14.9.2017	ECLI:EU:C:2017:682	5 13
C-248/16	Austria Asphalt/Bundeskartellanwalt	17.9.2017	Noch nicht in der amtlichen Sammlung veröffentlicht	10 36
C-493/17	Weiss u. a.	11.12.2018	ECLI:EU:C:2018:1000	17 59
C-405/16 P	Deutschland/Kommission	28.3.2019	ECLI:EU:C:2019:268	11 22
Gutachten 1/17	Gutachten 1/17, CETA	30.4.2019	ECLI:EU:C:2019:341	14 43
C-591/17	Österreich/Deutschland (Infrastrukturabgabe)	18.6.2019	ECLI:EU:C:2019:504	4 52
C-673/17	Planet 49	1.10.2019	ECLI:EU:C:2019:801	15 42
C-18/18	Glawischnig-Piesczek gegen Facebook	3.10.2019	ECLI:EU:C:2019:821	16 71
C-75/18	Vodafone Magyaarorsszág	3.3.2020	ECLI:EU:C:2020:139	5 51
C-429/19	Remondis II	4.6.2020	ECLI:EU:C:2020:436	12 59
C-219/19	Parsec Fondazione	11.6.2020	NZBau 2020, 661	12 64
C-78/18	NGO-Gesetz	18.6.2020	ECLI:EU:C:2020:476	8 55
C-311/18	Schrems II	16.7.2020	NJW 2020, 2613	15 47
C-367/19	Tax-Fin-Lex	10.9.2020	NZBau 2020, 730	12 81
C-663/18	Cannobidiol (CBD)	19.11.2020	ECLI:EU:C:2020:938	4 38
C-34/20	Telekom Deutschland GmbH	2.9.2021	ECLI:EU:C:2021:677	15 53
C-449/21	Towercast/Autorité de la concurrence et al	16.3.2023	Noch nicht in der amtlichen Sammlung veröffentlicht	10 52
C-376/20 P	Kommission/CK Telecoms UK Investments	13.7.2023	ECLI:EU:C:2023:561	10 87

EuG

Rs.	Bezeichnung	Datum	Quelle	§ Rn.
T-102/96	Gencor	25.3.1999	Slg. 1999, II-753	10 29
T-342/99	Airtours	6.6.2002	Slg. 2002, II-2585	10 74
T-5/02	Tetra Laval/Kommission	25.10.2002	Slg. 2002, II-4831	10 63
T-36/99	Lenzing	21.10.2004	ECLI:EU:T:2004:312	11 27
T-464/04	Impala	13.7.2006	Slg. 2006, II-2289	10 79
T-351/03	Schneider Electric SA/Kommission	11.7.2007	Slg. 2007, II-2237	10 98
T-48/04	Qualcomm Wireless/Kommission	19.6.2009	WuW/E EU-R 1576	10 107
T-125/12	Viasat Broadcasting UK/Kommission	24.9.2015	ECLI:EU:T:2015:687	13 52

Verzeichnis der besprochenen Entscheidungen

Rs.	Bezeichnung	Datum	Quelle	§ Rn.
T-728/17	Komunala Izola	14.5.2019	ECLI:EU:T:2019:325	**11** 37
T-399/16	CK Telecoms UK Investments/Kommission	28.5.2020	Noch nicht in der allgemeinen Sammlung veröffentlicht	**10** 87
T-227/21	Illumina, Grail/Kommission	13.7.2022	Noch nicht in der amtlichen Sammlung veröffentlicht	**10** 43

BGH

Rs.	Bezeichnung	Datum	Quelle	§ Rn.
KVR 54/20	Booking	18.5.2021	BGHZ 230, 88	**9** 77

BVerfG

Rs.	Bezeichnung	Datum	Quelle	§ Rn.
2 BvR 1390/12	ESM – einstweilige Anordnung	12.9.2012	BVerfGE 132, 195	**17** 45
2 BvR 1390/12	ESM	18.3.2014	BVerfGE 135, 317	**17** 45
2 BvR 2728/13	OMT-Vorlagebeschluss	14.1.2014	BVerfGE 134, 366	**17** 50
2 BvR 2728/13	OMT	21.6.2016	BVerfGE 142, 123	**17** 50
2 BvR 859/15	PSPP-Vorlagebeschluss	18.7.2017	BVerfGE 146, 216	**17** 59
2 BvR 859/15	PSPP	5.5.2020	BVerfGE 154, 17	**17** 59

§ 1 Das Europäische öffentliche Wirtschaftsrecht im Kontext des Europarechts

Eckhard Pache und Matthias Knauff

Literaturhinweise:
Badura, Staatsziele und Garantien der Wirtschaftsverfassung in Deutschland und Europa, in: Festschrift für Klaus Stern, 1997, S. 409; *Basedow*, Von der deutschen zur europäischen Wirtschaftsverfassung, 1992; *Busch*, Zur Wirtschaftsverfassung der Europäischen Union, 2008; *Daxhammer/Hagemeier/Täubert*, Der Europäische Integrationsprozess: Wirtschaftliche, Politische und Institutionelle Einigung Europas, 2006; *Dreher*, Wirtschaftsverfassung und Wirtschaftsrecht, JZ 2014, 185; *Elvert*, Die Europäische Integration, 2. Aufl. 2006; *Frenz/Ehlenz*, Europäische Wirtschaftspolitik nach Lissabon, GewArch 2010, 329; *Joerges*, Europas Wirtschaftsverfassung in der Krise, Der Staat 51 (2012), 357; *Luczak*, Die Europäische Wirtschaftsverfassung als Legitimationselement europäischer Integration, 2009; *Pache/Rösch*, Der Vertrag von Lissabon, NVwZ 2008, 473; *Pechstein*, EU-Prozessrecht, 4. Aufl. 2011; *Rengeling/Middeke/Gellermann*, Handbuch des Rechtsschutzes in der Europäischen Union, 3. Aufl. 2014; *Schwarze/Hatje* (Hrsg.), Der Reformvertrag von Lissabon, EuR Beih. 1/2009; *Thiele*, Europäisches Prozessrecht, 2. Auflage 2014; *Wagener/Eger/Fritz*, Europäische Integration, 2006.

I. Von der EGKS zur EU

Europarecht war und ist seit jeher in weiten Teilen Europäisches Wirtschaftsrecht. Das Ziel der sechs Gründerstaaten, in Europa eine Friedensordnung zu errichten, wurde besonders in der Frühzeit der europäischen Einigung vornehmlich mit wirtschaftlichen Mitteln verfolgt. Europäische Integration war insoweit vor allem wirtschaftliche Integration. War bereits der (im Jahre 2002 nach 50-jähriger Laufzeit ausgelaufene) Vertrag über die Gründung der Europäischen Gemeinschaft für Kohle und Stahl (EGKS) aus dem Jahre 1951 durch wirtschaftliche Regelungen gekennzeichnet, so galt dies umso mehr für den 1957 geschlossenen Vertrag über die Gründung der Europäischen Wirtschaftsgemeinschaft (EWG). Bereits die Bezeichnung der neu geschaffenen Organisation brachte deren Wirkungsfeld deutlich zum Ausdruck. Auch der Vertrag über die Europäische Atomgemeinschaft (EAG), der gemeinsam mit dem EWG-Vertrag in Rom abgeschlossen wurde („Römische Verträge"), weist in seinem beschränkten Anwendungsbereich vor allem wirtschaftsrechtliche Aspekte auf.

Mit diesen Vertragswerken war an die Stelle der bereits in den 1920er Jahren entwickelten, jedoch bis heute politisch nicht durchsetzbaren Vision der „Vereinigten Staaten von Europa"[1] ein pragmatischer Ansatz getreten, der die grundsätzliche Eigenstaatlichkeit der europäischen Nationalstaaten nicht in Frage stellte, zugleich aber ihre enge wirtschaftliche Verflechtung bezweckte und bewirkte. Dieser Ansatz erwies sich rückblickend als überaus erfolgreich. Das Ziel der Friedenssicherung in Europa konnte in einem so vollständigen Umfang erreicht werden, dass es bis zum Zeitpunkt des Angriffskriegs Russlands gegen die Ukraine im Februar 2021 angesichts der herrschenden politischen Stabilität nahezu völlig aus dem Bewusstsein der europäischen Öffentlichkeit geschwunden ist. Darüber hinaus hat die Gemeinschaft (heute: Union) ein hohes Wohlstandsniveau erreicht. Ihre hohe Attraktivität löst ungeachtet des Brexits nach wie vor bei den umliegenden Staaten Beitrittsambitio-

---

1 Der Terminus wurde wohl erstmals 1849 von *Victor Hugo* verwendet. Eine Ausarbeitung der Idee erfolgte zwischen den Weltkriegen insbesondere durch *Coudenhove-Kalergi* und die von ihm begründete Paneuropa-Bewegung. *Winston Churchill* griff sie in seiner Züricher Rede am 19.9.1946 auf; aus neuerer Zeit vgl. *Verhofstadt*, Die Vereinigten Staaten von Europa, 2006.

nen aus, wenngleich die Bevölkerung der Mitgliedstaaten dem „europäischen Projekt" keineswegs mehr uneingeschränkt positiv gegenübersteht.

3 Diese innerstaatliche Kritik ist nicht zuletzt dadurch bedingt, dass die wirtschaftliche Ausrichtung der europäischen Integration verbunden mit weitreichenden Regelungsbefugnissen auf europäischer Ebene vielfach als politisch unausgewogen und bürgerfern empfunden wird. Nicht zuletzt diesem Umstand versuchen Entwicklungen auf europäischer Ebene Rechnung zu tragen, indem die wirtschaftliche Integration um politische und soziale Aspekte ergänzt wird. Stand die Verabschiedung der Einheitlichen Europäischen Akte (1986) noch weithin im Zeichen der Marktöffnung (Binnenmarkt), ging der Vertrag von Maastricht (1992) wesentlich darüber hinaus. Das zunehmende politische Zusammenwachsen der Mitgliedstaaten äußerte sich zum einen in der Gründung der Europäischen Union (EU), deren Ziele und Tätigkeitsbereiche zumeist keinen unmittelbaren Wirtschaftsbezug aufwiesen, zum anderen aber auch in der Umbenennung der EWG in Europäische Gemeinschaft (EG) und in der zugleich erfolgten Ergänzung des E(W)G-Vertrags um soziale Zielsetzungen und die Unionsbürgerschaft. Der Vertrag von Amsterdam (1997) setzte diese Tendenz fort. Während der Vertrag von Nizza (2000) vor allem institutionelle Reformen zum Gegenstand hatte, sollten die Charta der Grundrechte der Europäischen Union (2000) und der diese inkorporierende Vertrag über eine Verfassung für Europa (Konventsvorschlag 2003, Unterzeichnung durch die EU-Mitgliedstaaten 2004) weitere Beiträge zur Steigerung der Akzeptanz der europäischen Integration durch eine Ergänzung der wirtschaftlichen Ausrichtung der EG durch zusätzliche Schwerpunktsetzungen leisten. Dieser Versuch blieb insoweit erfolglos, als die Rechtsverbindlichkeit der Grundrechtecharta erst nach schwierigen Verhandlungen im Jahre 2007 von den Mitgliedstaaten als Bestandteil einer Vertragsreform im Grundsatz akzeptiert wurde und der Vertrag über eine Verfassung für Europa u. a. bei Volksabstimmungen in Frankreich und den Niederlanden gänzlich scheiterte. Seine Kerninhalte finden sich jedoch im Vertrag von Lissabon wieder, der am 1.12.2009 in Kraft trat. Dieser Vertrag verzichtet auf verfassungsrechtliche Rhetorik und Symbolik und steht damit in der Tradition der Gründungsverträge. Durch Art. 6 Abs. 1 EUV i. d. F. des Lissabonner Vertrags wurde die Grundrechtecharta zum Bestandteil des primären Europarechts und steht damit gleichberechtigt (vgl. aber Protokoll Nr. 30 zum Vertrag von Lissabon) neben dem EU-Vertrag und dem Vertrag über die Arbeitsweise der EU, der an die Stelle des EG-Vertrags getreten ist. Grundlegende Änderungen sind seither nicht erfolgt.

4 Mit der Erstreckung der Zusammenarbeit der EU-Mitgliedstaaten auf immer neue Bereiche und der zunehmenden Europäisierung politischer Entscheidungen insbesondere seit dem Vertrag von Maastricht ging stets eine Vertiefung der wirtschaftlichen Integration einher. Die zu Beginn des europäischen Einigungsprojekts noch vielfach bestehenden Handelsbeschränkungen sind heute weitgehend beseitigt. Hierzu trug nicht nur die Überwindung unmittelbarer Hindernisse wie die Erhebung von Zöllen beim Grenzübertritt von Waren oder das Erfordernis der Beachtung spezifischer nationaler Standards bei der Leistungserbringung bei, sondern auch die insbesondere von der Kommission vorangetriebene Politik der Liberalisierung zuvor geschlossener Märkte, etwa im Telekommunikations- oder Energiesektor. Von wenigen Ausnahmen abgesehen besteht heute ein EU-weiter, wettbewerblich geprägter Markt für Waren und Dienstleistungen aller Art, der staatlichen Einflussnahmen zumindest weitgehend entzogen ist. Dessen Sicherung auch unter den Bedingungen des Klimaschutzes und veränderter welt(wirtschafts)politischer Rahmenbedingungen bildet heute die zentrale Aufgabe des europäischen (öffentlichen[2]) Wirtschaftsrechts.

---

2 Zum privaten EU-Wirtschaftsrecht siehe etwa *Kilian/Wendt*, Europäisches Wirtschaftsrecht, 8. Aufl. 2021, S. 170 ff.

II. Wirtschaftsverfassungsrechtliche Grundlagen

Art. 4 Abs. 1 EGV legte die Mitgliedstaaten und die EG auf eine Wirtschaftspolitik fest, die „dem Grundsatz einer offenen Marktwirtschaft mit freiem Wettbewerb verpflichtet ist." Die Grundsatzteile des EU- und des AEU-Vertrags enthalten keine entsprechende Formulierung mehr. Art. 3 Abs. 3 Unterabs. 1 S. 2 EUV statuiert stattdessen nunmehr ein Bekenntnis zu einer „in hohem Maße wettbewerbsfähige(n) soziale(n) Marktwirtschaft, die auf Vollbeschäftigung und sozialen Fortschritt abzielt". Dies bringt zwar die stärkere soziale Orientierung des Lissabonner Vertrags im Vergleich zu den früheren Fassungen der Gründungsverträge zum Ausdruck, beseitigt die überkommene Ausrichtung der EU jedoch nicht. Die Eingangsvorschrift in das Kapitel zur Wirtschafts- und Währungspolitik, Art. 119 Abs. 1 AEUV, übernimmt die Formulierung des Art. 4 Abs. 1 EGV unverändert als Maßstab der Tätigkeiten von Mitgliedstaaten und EU und ist damit Garant wirtschaftspolitischer Kontinuität in einer fortschreitenden europäischen Integration. Zudem finden sich Bezugnahmen auf eine offene Marktwirtschaft mit freiem Wettbewerb als wirtschaftspolitische Grundentscheidung in den Art. 119 Abs. 2, 120 AEUV sowie in Art. 2 Protokoll Nr. 4 zum Vertrag von Lissabon. Der Terminus der sozialen Marktwirtschaft findet demgegenüber in den Verträgen in ihrer Lissabonner Fassung keine nochmalige Verwendung. Trotz der Änderungen in den primärrechtlichen Grundsatzvorschriften bleibt es daher im Wesentlichen bei der herkömmlichen marktwirtschaftlichen Grundausrichtung der EU.[3] Zentrale Bestandteile der normativen Ausgestaltung dieser Zielsetzung bilden die Regelungen über die Verwirklichung des Binnenmarktes, die damit eng verbundenen Grundfreiheiten und das EU-Wettbewerbsrecht. Anders als das deutsche Grundgesetz nach dem Verständnis des Bundesverfassungsgerichts[4] enthält das europäische Primärrecht mithin eine wirtschaftsverfassungsrechtliche Grundentscheidung für ein bestimmtes Wirtschaftsmodell. Der Annahme weitreichender Folgen hieraus steht gleichwohl bereits die Offenheit der Modellvorstellung entgegen. Dem normativen Bekenntnis zur Marktwirtschaft lässt sich daher vor allem eine programmatische Aussage entnehmen. Darüber hinaus ist die marktwirtschaftliche Grundausrichtung bei der Auslegung wirtschaftsrechtlicher Normen des Europarechts zu beachten.

Die konkrete Ausgestaltung der europäischen Wirtschaftsordnung ergibt sich im Einzelnen aus dem Zusammenwirken der Regelungen des AEU-Vertrags über ihre speziellen Teilaspekte und den daneben zulässigerweise bestehenden nationalen wirtschaftsverfassungsrechtlichen Bestimmungen. Deren Bedeutung ist seit der Schaffung des Binnenmarktes jedoch erheblich zurückgegangen. Eigenständige wirtschaftsverfassungs- und wirtschaftspolitische Spielräume kommen den Mitgliedstaaten trotz Art. 345 AEUV, wonach die Verträge die Eigentumsordnung in den Mitgliedstaaten unberührt lassen, nur noch in sehr geringem Umfang zu, wenngleich die EU keine eigenständige Wirtschaftspolitik im engeren Sinne betreibt. Insbesondere besteht kaum mehr Raum für protektionistische Maßnahmen der Mitgliedstaaten.

Bereits auf Grundsatzebene sind die wirtschaftlichen gemeinsam mit einer Vielzahl nichtwirtschaftlicher Zielsetzungen normiert und mit diesen in Ausgleich zu bringen. Die seit dem Vertrag von Maastricht geschaffenen nichtwirtschaftlichen Ziele der EU sind dabei dem Wettbewerbsgrundsatz systematisch gleichwertig. So kommt etwa den Politikbereichen Umwelt und Soziales eine grundsätzlich eigenständige, nicht von wirtschaftlichen Zielsetzungen abgeleitete Bedeutung zu. Allerdings lassen sich derartige Zielsetzungen regelmäßig in einem marktwirtschaftlich geprägten, wettbewerblich ausgerichteten System verfolgen. Dem entspricht es, dass Art. 3 EUV wirtschaftliche und nichtwirtschaftli-

---
3 Näher *Knauff*, Öffentliches Wirtschaftsrecht, § 2 Rn. 6 ff.
4 Grundlegend BVerfG, U. v. 20.7.1954, 1 BvR 459/52 u. a., E 4, 7 (17 f.).

che Zielsetzungen im Zusammenhang regelt. Spannungen zwischen ihnen treten daher nur in begrenztem Umfang und vor allem mit Blick auf Detailfragen auf.

8 Die wirtschaftsverfassungsrechtliche Grundentscheidung für eine Marktwirtschaft gilt gleichwohl nicht uneingeschränkt. Ihr Grundsatzcharakter und die damit einhergehende Notwendigkeit ihrer Ausgestaltung durch bereichsspezifische Regelungen lässt Raum für punktuelle Abweichungen vom marktwirtschaftlichen Modell. So enthalten insbesondere die Bestimmungen der Art. 38 ff. AEUV über die Landwirtschaft zahlreiche nicht marktkonforme Elemente. Doch auch in wirtschaftsrechtlichen Kernbereichen wie dem Beihilfenrecht wird der Grundsatz des freien und damit zugleich staatsfernen Wettbewerbs nicht konsequent verwirklicht. So kann eine wirtschaftliche Besserstellung von Unternehmen durch die Mitgliedstaaten etwa unter den Voraussetzungen des Art. 106 Abs. 2 AEUV zulässig sein. Selbst die Grundfreiheiten, denen zentrale Bedeutung für den innerunionalen Handel und für die Existenz des Binnenmarktes zukommt, sind Beschränkungen grundsätzlich zugänglich.

9 Gleichwohl überwiegen die marktöffnenden und wettbewerbsfördernden Tendenzen im primären Europarecht deren Einschränkungen deutlich. Dies gilt sowohl für den Bereich der Grundsatzbestimmungen als auch für die Ausgestaltung in den einzelnen Politikfeldern. Wirtschaftliche Freiheit ist stets die Regel, deren Einschränkung der Ausnahmefall, wenngleich mit dem Lissabonner Vertrag das Gewicht insbesondere sozialer Aspekte zugenommen hat, wie die Qualifikation der Marktwirtschaft gerade als soziale in Art. 3 Abs. 3 Unterabs. 1 S. 2 EUV verdeutlicht.

III. Ausgestaltung und Durchsetzung des europäischen öffentlichen Wirtschaftsrechts

10 Die Kernbereiche des Europäischen öffentlichen Wirtschaftsrechts, insbesondere die Grundlagen des Binnenmarktes und des europäischen Wettbewerbsrechts, bilden neben institutionellen Fragen den Regelungsschwerpunkt des AEU-Vertrags. Damit sind diese zugleich wesentlicher Bestandteil der (materiellen) „Verfassung der Gemeinschaft"[5]. Dies gibt nicht nur ihre herausragende Bedeutung für den Prozess der europäischen Integration zu erkennen, sondern lässt sie zugleich zum vorrangigen Maßstab für europäisches und mitgliedstaatliches Handeln werden. Dieser Maßstab bedarf jedoch der weiteren Ausgestaltung und Durchsetzung. Hierbei kommen den Mitgliedstaaten und den Organen der EU unterschiedliche Funktionen zu.

1. Mitgliedstaaten

11 Die grundlegenden wirtschafts(verfassungs)rechtlichen Entscheidungen sind von den Mitgliedstaaten zu treffen. Nur ihnen ist der Zugriff auf das Primärrecht im Wege von Vertragsänderungen eröffnet. Mittelbar gilt dies auch für vereinfachte Vertragsänderungen auf Grundlage von Art. 48 Abs. 6 f. EUV, da insoweit dem Europäischen Rat als dem Forum der Staats- und Regierungschefs, Art. 15 Abs. 2 S. 1 EUV, die maßgebliche Rolle zukommt. Allerdings bedarf es insoweit stets der Einigkeit aller Mitgliedstaaten. Ist diese gegeben, stößt eine Vertragsänderung jedoch kaum auf unüberwindliche Hindernisse. Selbst eine grundlegende Neukonzeption des primären Europäischen Wirtschaftsrechts ist daher grundsätzlich möglich, wenn auch unwahrscheinlich.

12 Seit der Gründung der EWG haben die Mitgliedstaaten in den einzelnen Vertragsrevisionen die marktöffnenden und wettbewerbsfördernden Elemente des europäischen Pri-

---

[5] EuGH, Gutachten v. 14.12.1991, Gutachten 1/91, Slg. 1991, I-6102 Rn. 21 – *1. EWR-Gutachten*; entsprechend bereits BVerfG, B. v. 18.10.1967, 1 BvR 248/63 und 216/67, E 22, 293 (296).

märrechts stetig ausgeweitet, wenngleich sich der Vertrag von Lissabon als Beginn eines Umdenkens deuten lässt. Höhepunkte dieser Entwicklung bildeten die Festlegung auf die Verwirklichung des Binnenmarktes und das ausdrückliche Bekenntnis zu einer „offenen Marktwirtschaft mit freiem Wettbewerb" durch den Vertrag von Maastricht. Eine nachträgliche Verstärkung der staatswirtschaftliche Ansätze in den Mitgliedstaaten ermöglichenden Elemente wie Art. 345 AEUV erfolgte dagegen nicht. Der an dieser Vorschrift ebenso wie etwa an Art. 106 AEUV deutlich werdende Konflikt zwischen den wirtschaftspolitisch unterschiedlichen Ausrichtungen der Gründungsmitglieder kann daher heute als weitgehend überwunden angesehen werden.

2. Rat und Europäisches Parlament

Die Ergänzung und nähere Ausformung der primärrechtlichen Grundlagen des Europäischen Wirtschaftsrechts durch Sekundärrecht in Form von Verordnungen, Richtlinien und Beschlüssen nach Art. 288 AEUV obliegen zumindest hinsichtlich der wesentlichen Regelungen dem Rat und dem Europäischen Parlament, vgl. Art. 289, 290 Abs. 1 Unterabs. 1 AEUV. Hierfür bedarf es gemäß Art. 5 Abs. 1 und 2 EUV stets einer spezifischen Kompetenz. Ungeachtet des Art. 352 AEUV, wonach der Rat im Falle des Fehlens spezieller Befugnisse einstimmig Regelungen erlassen kann, wenn dies für die Verwirklichung von Zielen der Union erforderlich ist, fehlt es der EU selbst im Hinblick auf die Kernbereiche ihrer Betätigung an der Kompetenz-Kompetenz.

Die Mehrzahl der wirtschaftsrechtlichen Sekundärrechtsakte wird nach dem in Art. 294 AEUV vorgesehenen ordentlichen Gesetzgebungsverfahren auf Vorschlag der Kommission unter Mitentscheidung des Europäischen Parlaments mit Mehrheitsentscheidung im Rat erlassen. Einzelne Mitgliedstaaten können daher eine Weiterentwicklung des Sekundärrechts in Ausfüllung des primärrechtlichen Rahmens nicht verhindern. Die Mehrheit der Mitgliedstaaten hat die Liberalisierungs- und Marktöffnungsvorschläge der Kommission bislang im Rat mitgetragen und eine Vielzahl darauf gerichteten Sekundärrechts verabschiedet. Grundsätzlich gilt dies auch für das Europäische Parlament, das jedoch tendenziell in stärkerem Maße als der Rat nichtwirtschaftliche Aspekte in den Blick nimmt.

Die spezifische Gestaltung des Verfahrens der Sekundärrechtsetzung hat zur Folge, dass der materielle Gehalt der Regelungen sowohl genuin europäischen als auch mitgliedstaatlichen Einflüssen unterliegt. Der Erlass von Sekundärrecht, das dem europäischen Interesse an einer Marktöffnung grundsätzlich entgegensteht, ist dadurch nahezu ausgeschlossen. Vielfach dienen in nationalem Kontext entwickelte Regulierungskonzepte jedoch als Modelle für die Ausgestaltung europäischen Sekundärrechts.

3. Kommission

Der Kommission kommt im Europäischen Wirtschaftsrecht eine Schlüsselfunktion zu. Sie ist zum einen an der Schaffung des Sekundärrechts maßgeblich beteiligt. Zum anderen bildet insbesondere das europäische Wettbewerbsrecht den Kern des vergleichsweise beschränkten Bereichs der Verwaltungstätigkeit der EU durch die Kommission. Darüber hinaus überwacht sie die ordnungsgemäße Erfüllung der aus dem Europarecht resultierenden Verpflichtungen der Mitgliedstaaten.

a) **Rechtsetzung.** An der Rechtsetzung ist die Kommission in doppelter Weise beteiligt: Sie verfügt einerseits für sämtliche Sekundärrechtsakte über ein Vorschlagsmonopol gemäß Art. 17 Abs. 2 S. 1 EUV,[6] andererseits kann sie selbst Rechtsakte erlassen, wenn eine entsprechende Kompetenz gegeben ist.

---

6 Vgl. umfassend *v. Buttlar*, Das Initiativrecht der Europäischen Kommission, 2003.

18 Das Bestehen eines Vorschlagsmonopols eines im Übrigen nicht am Rechtsetzungsverfahren beteiligten Organs im Hinblick auf zu erlassende Regelungen ist eine europarechtliche Besonderheit. Es hat zur Folge, dass Sekundärrechtsakte nicht gegen den Willen der Kommission beschlossen werden können. Zwar können Änderungen im Laufe des Gesetzgebungsverfahrens durch Rat und Europäisches Parlament beschlossen werden, vgl. Art. 293 AEUV. Widersprechen diese aber dem Regelungskonzept der Kommission, so kann sie ihren Vorschlag zurückziehen und dem Rechtsetzungsverfahren damit seine Grundlage entziehen. Aus dieser Besonderheit der Normsetzung auf europäischer Ebene ergeben sich zwei Konsequenzen, die für die heutige Gestalt des sekundären Europäischen Wirtschaftsrechts von wesentlicher Bedeutung sind: Zum einen wird die grundsätzlich marktöffnungs- und wettbewerbsforcierende politische Grundintention der Kommission in Normen transferiert und erhält dadurch rechtliche Verbindlichkeit. Zum anderen gelangen hierzu (möglicherweise) in Widerspruch stehende Konzepte nicht einmal in das Gesetzgebungsverfahren hinein, wenn die Kommission diese nicht aufnimmt. Die im Einzelfall gegebene Notwendigkeit des Erlasses ergänzenden Sekundärrechts zu primärrechtlichen Vorgaben rechtfertigt ebenso wie die in Art. 241 AEUV vorgesehene Möglichkeit des Rates, die Kommission zur Vorlage von Regelungsvorschlägen zu veranlassen, keine andere Einschätzung, zumal eine inhaltliche Bindung der Kommission nicht erfolgen kann.

19 In begrenztem Umfang kommen der Kommission auch eigene Rechtsetzungsbefugnisse zu. Vereinzelt enthält das Primärrecht entsprechende Kompetenzen, vgl. Art. 106 Abs. 3 AEUV. Im Regelfall folgen sie aus sekundärrechtlichen Ermächtigungen. Rechtsakte der Kommission kommt nicht die Qualität von Gesetzgebungsakten gemäß Art. 289 Abs. 3 AEUV zu. Grundsätzlich stehen mit delegierten und Durchführungsrechtsakten zwei Formen der abgeleiteten Rechtsetzung durch die Kommission zur Verfügung. Gemäß Art. 290 AEUV „kann der Kommission die Befugnis übertragen werden, Rechtsakte ohne Gesetzescharakter mit allgemeiner Geltung zur Ergänzung oder Änderung bestimmter nicht wesentlicher Vorschriften des betreffenden Gesetzgebungsaktes zu erlassen." Diese explizit als delegierte Rechtsakte zu bezeichnende Rechtsetzung durch die Kommission bedarf einer Ermächtigung in einem Gesetzgebungsakt, der Ziele, Inhalt, Geltungsbereich und Dauer der Befugnisübertragung explizit festlegt und zugleich die wesentlichen Aspekte regelt. Bislang enthält das sekundäre Europäische Wirtschaftsrecht derartige Ermächtigungen vor allem dort, wo technische Detailfragen zu regeln oder regelmäßig Anpassungen an tatsächliche Entwicklungen vorzunehmen sind. Delegierte Rechtsakte dürfen den durch Gesetzgebungsakte gesetzten Rahmen nicht überschreiten und sind auf unwesentliche Ergänzungen oder Änderungen der Vorschriften der jeweiligen Delegationsnorm beschränkt. Die Entscheidungsspielräume der Kommission sind daher vergleichsweise beschränkt. Delegierte Rechtsakte können – vorbehaltlich einer anderweitigen Regelung in dem ermächtigenden Gesetzgebungsakt – in den Formen aller Rechtsetzungsinstrumente nach Art. 288 AEUV erlassen werden. Für die Rechtsunterworfenen sind delegierte Rechtsakte in gleicher Weise verbindlich wie entsprechende Gesetzgebungsakte. Alternativ kann die Kommission nach Art. 291 Abs. 2 AEUV zum Erlass von Durchführungsrechtsakten ermächtigt werden. Diese zielen auf einheitliche Bedingungen für die Durchführung von Gesetzgebungsakten ab. Eine Befugnis zu deren Abänderung besteht insoweit nicht.[7] Delegierte und Durchführungsrechtsakte sind Gesetzgebungsakten normhierarchisch generell nachgeordnet.[8]

---

[7] EuGH, U. v. 15.10.2014, Rs. C-65/13, Rn. 43 ff. – *Parlament/Kommission*.
[8] Näher *Haselmann*, Delegation und Durchführung gemäß Art. 290 und 291 AEUV, 2012; *Kollmeyer*, Delegierte Rechtsetzung in der EU: Eine Analyse der Art. 290 und 291 AEUV, 2015; *Sieverding*, Abgeleitete Rechtsetzung der Europäischen Kommission. Die Übertragung von Rechtsetzungsbefugnissen auf die Europäische Kommission gem. Art. 290 und Art. 291 AEUV, 2015.

b) Unionsunmittelbare Verwaltung. Im Regelfall obliegt die verwaltungsmäßige **20** Durchführung des Europarechts den Mitgliedstaaten. Über eigene Verwaltungsbefugnisse, die über ihre internen Angelegenheiten hinausgehen, verfügt die EU nur in wenigen Ausnahmefällen. Diese gehören jedoch nahezu sämtlich dem Europäischen Wirtschaftsrecht an. So findet eine unionsunmittelbare Verwaltung etwa im Wettbewerbs- und Beihilfenrecht[9] sowie bei der Durchführung der gemeinsamen Handelspolitik[10] statt. Soweit die Verwaltungsbefugnisse der EU reichen, verfügen die Mitgliedstaaten nicht mehr über eigene Handlungsmöglichkeiten.

Die Wahrnehmung der Verwaltungsbefugnisse der EU obliegt der Kommission. Diese **21** nimmt dabei einzelfallbezogene Sachverhaltsermittlungen vor und trifft auf deren Grundlage für die Unternehmen unmittelbar verbindliche und vollstreckbare Entscheidungen im Sinne von Art. 288 Abs. 4 AEUV. (Verfahrens-)Rechtliche Bindungen folgen insoweit aus dem primären Europarecht einschließlich allgemeiner Rechtsgrundsätze und der Unionsgrundrechte sowie aus ergänzendem Sekundärrecht.

Um ihre Entscheidungsfindung für die Betroffenen transparenter zu gestalten, hat die **22** Kommission in den von der unionsunmittelbaren Verwaltung erfassten Bereichen eine Vielzahl von überaus detaillierten „Leitlinien" und „Mitteilungen" erlassen. Diese zeigen das Verständnis der Kommission bezüglich des anwendbaren Rechtsrahmens auf und geben Auskunft über ihre rechtliche Bewertung spezifischer tatsächlicher Konstellationen. Ebenso wie Empfehlungen und Stellungnahmen nach Art. 288 Abs. 5 AEUV sind die Leitlinien und Mitteilungen der Kommission rechtlich unverbindlich. In der Praxis des Europäischen Wirtschaftsrechts kommt ihnen gleichwohl eine herausragende Bedeutung zu. Faktisch bleibt die Steuerungswirkung von derartigem „Soft Law"[11] kaum hinter derjenigen von Recht zurück.

c) Aufsicht. Einen wesentlichen Aspekt der Tätigkeit der Kommission bildet schließlich **23** die Aufsicht über die ordnungsgemäße Erfüllung der europarechtlich begründeten Verpflichtungen durch die Mitgliedstaaten, vgl. Art. 17 Abs. 1 S. 2 und 3 EUV. Obwohl die Schaffung dieser Verpflichtungen ungeachtet der Geltung des Mehrheitsprinzips im Rat bei der Verabschiedung von Sekundärrecht eine grundlegende Zustimmung der Vertreter der Mitgliedstaaten voraussetzt, leisten die Mitgliedstaaten den europarechtlichen Anforderungen vielfach nur zögernd Folge. Dies ist nicht zuletzt durch innerstaatlichen politischen Widerstand bedingt. Gerade das marktöffnende und wettbewerbsfördernde Europäische Wirtschaftsrecht gerät häufig in Konflikt mit protektionistischen Ansichten in der Bevölkerung oder auch nur national gewachsenen und daher innerstaatlich weithin für gut befundenen Marktstrukturen. Die Überwindung derartiger Widerstände ist jedoch unumgängliche Voraussetzung etwa für die Verwirklichung des Binnenmarktes und der europaweiten Schaffung gleicher Wettbewerbsbedingungen.

Im Allgemeinen nimmt die Kommission ihre Aufsichtsfunktion weitgehend formlos **24** wahr. Die hierfür erforderlichen Erkenntnisse erhält sie etwa aus den Berichten, die ihr die Mitgliedstaaten in Erfüllung zahlreicher entsprechender Verpflichtungen zukommen lassen, oder durch Beschwerden von Bürgern und Unternehmen über (vermeintliche) Fehler bei der Anwendung europäischen Rechts. Einer Beschränkung bei der Verwertung von Informationsquellen unterliegt die Kommission insoweit nicht. Sofern ihr dies sinnvoll erscheint, kann sie Empfehlungen und Stellungnahmen an die Mitgliedstaaten richten.

---

9 Dazu im Einzelnen §§ 9 bis 11.
10 Zu dieser § 14.
11 Im Überblick dazu *Knauff*, HVwR II, § 41 Rn. 40 ff.

25 Verstößt nach Auffassung der Kommission ein Mitgliedstaat gegen seine Verpflichtungen aus europäischem Recht, ist sie verpflichtet, hiergegen vorzugehen. Dies geschieht durch die Einleitung eines Vertragsverletzungsverfahrens nach Art. 258 AEUV. Bevor der Gerichtshof der Europäischen Union (EuGH), vgl. Art. 19 EUV, hiermit befasst wird, führt die Kommission ein Vorverfahren nach Art. 258 Abs. 1 AEUV durch. Dieses ist zwingende Voraussetzung für die Möglichkeit der Anrufung des EuGH. In diesem Vorverfahren hat die Kommission dem betreffenden Mitgliedstaat zunächst Gelegenheit zur Äußerung zu dem angenommenen Verstoß gegen europäisches Recht zu geben. Bewirkt die mitgliedstaatliche Reaktion keine Änderung der Einschätzung der Kommission, gibt diese eine mit Gründen versehene Stellungnahme ab. Darin muss sie den Vertragsverstoß im Einzelnen darlegen. Zugleich fordert sie den Mitgliedstaat unter Setzung einer Frist auf, Maßnahmen zur Beseitigung des europarechtswidrigen Zustands zu ergreifen. Erst nach erfolglosem Fristablauf kann die Kommission Klage zum EuGH erheben. Ob dies geschieht, steht in ihrem Ermessen.[12]

4. Europäischer Gerichtshof

26 Die heutige Gestalt des Europarechts in seiner Gesamtheit, insbesondere aber auch des Europäischen Wirtschaftsrechts wäre ohne die Rechtsprechung des EuGH und seines zumindest zeitweisen Selbstverständnisses als „Motor der Integration" nicht denkbar. Bereits in einer frühen Phase des Integrationsprozesses hat er einen wesentlichen Beitrag für die deutlich spätere Schaffung des Binnenmarktes geleistet. Von Bedeutung sind insoweit insbesondere die Annahmen der unmittelbaren Anwendbarkeit (wirtschaftsbezogener) Normen des Primärrechts,[13] des umfassenden Vorrangs des europäischen Rechts vor dem nationalen Recht[14] und der Möglichkeit einer unmittelbaren Anwendbarkeit von nicht oder fehlerhaft umgesetzten Richtlinien unter der Voraussetzung, dass sie hinreichend bestimmt sind und Einzelnen Rechte verleihen.[15] Die Möglichkeiten mitgliedstaatlichen Protektionismus wurden dadurch erheblich und weitergehend beschnitten, als dies der Text des E(W)G- bzw. AEU-Vertrags nahelegt(e). Die Mitgliedstaaten haben diese zu Lasten ihrer Handlungsmöglichkeiten gehende Entwicklung nicht nur hingenommen, sondern vielfach bestätigt. Zahlreiche Entscheidungen des EuGH bildeten die Grundlage für die Ausformung von Regelungen neuen Primär- oder Sekundärrechts. Grundrechtlich ist ein umfassender Rechtsschutz gegen Maßnahmen der EU geboten, vgl. Art. 47 EuGRC.

27 Als Gericht kann der EuGH nur dann tätig werden, wenn das Prozessrecht den Zugang zu ihm eröffnet. Die Art. 19 EUV, Art. 251 ff. AEUV, die durch die Satzung (Protokoll Nr. 3 zum Vertrag von Lissabon) sowie die Verfahrensordnung des EuGH ergänzt werden, sehen abschließend die Möglichkeiten seiner Befassung sowie derjenigen des Gerichts (EuG – ehemals Gericht Erster Instanz) vor. Im Europäischen Wirtschaftsrecht sind insbesondere das Vertragsverletzungsverfahren (a), die Nichtigkeitsklage (b) und das Vorabentscheidungsverfahren (c) von herausragender Bedeutung.

28 **a) Vertragsverletzungsverfahren.** Das Vertragsverletzungsverfahren nach Art. 258 AEUV gibt der Kommission die Möglichkeit, vom EuGH feststellen zu lassen, dass ein Mitgliedstaat gegen seine europarechtlichen Verpflichtungen verstoßen hat. Entschließt sie sich nach erfolgloser Durchführung des oben unter Rn. 25 beschriebenen Vorverfahrens zur Erhebung einer Klage, hat der EuGH über das Vorliegen einer Vertragsverlet-

---

12 EuGH, U. v. 14.2.1989, Rs. 247/87, Slg. 1989, 291 Rn. 10 f. – *Star Fruit*; U. v. 17.5.1990, Rs. C-87/89, Slg. 1990, I-1981 Rn. 6 f. – *Sonito*.
13 EuGH, U. v. 5.2.1963, Rs. 26/62, Slg. 1963, 1 (25 ff.) – *van Gend en Loos*.
14 EuGH, U. v. 15.7.1964, Rs. 6/64, Slg. 1964, 1251 (1270) – *Costa/ENEL*; U. v. 17.12.1970.
15 EuGH, U. v. 17.12.1970, Rs. 33/70, Slg. 1970, 1213 Rn. 14/16 – *SACE*; U. v. 5.4.1979, Rs. 148/78, Slg. 1979 Rn. 18 ff. – *Ratti*.

zung durch den beklagten Mitgliedstaat zu entscheiden. Die Kommission darf dabei nur diejenigen Umstände zum Gegenstand des gerichtlichen Verfahrens machen, die sie im Vorverfahren beanstandet hat und zu denen der Mitgliedstaat sich äußern konnte. Darüber hinaus hat sie den Rechtsverstoß darzulegen. Trifft der Mitgliedstaat infolge der Klageerhebung alle erforderlichen Maßnahmen, um den Verstoß gegen europäisches Recht zu beenden, steht dies der Zulässigkeit des Vertragsverletzungsverfahrens und seiner Verurteilung nicht entgegen.[16]

Die Verurteilung eines Mitgliedstaats im Vertragsverletzungsverfahren geht nicht nur mit der gerichtlichen Feststellung seiner „Vertragsuntreue" einher, die politisch deutlich schwerer wiegen kann als eine entsprechende Aussage der Kommission, sondern eröffnet auch das Rechtsfolgenregime des Art. 260 AEUV. Nach Abs. 1 der Vorschrift ist der verurteilte Mitgliedstaat zunächst verpflichtet, „die Maßnahmen zu ergreifen, die sich aus dem Urteil des Gerichtshofs ergeben", mithin den europarechtswidrigen Zustand zu beseitigen. In Anbetracht des uneingeschränkten Vorranganspruchs des Europarechts kann dies auch die Notwendigkeit einer Verfassungsänderung bedeuten.

Die Beachtung von Urteilen des EuGH im Vertragsverletzungsverfahren wird durch die bloße Verpflichtung hierzu nicht sichergestellt. Art. 260 Abs. 2 AEUV sieht daher ein Verfahren vor, das unwillige Mitgliedstaaten dazu zwingen soll, sich vertragstreu zu verhalten, und den Entscheidungen des EuGH zur Durchsetzung verhelfen soll. Nach einem Art. 258 Abs. 1 AEUV nachgebildeten Vorverfahren kann die Kommission gegen einen Mitgliedstaat, der einem Urteil des EuGH nicht Folge leistet, erneut Klage zum EuGH mit dem Ziel seiner Verurteilung zur Zahlung eines Pauschalbetrags oder Zwangsgeldes erheben. Bestand diese Möglichkeit jahrzehntelang nur theoretisch, sind Klagen nach Art. 260 Abs. 2 AEUV seit der erstmaligen Verhängung eines Zwangsgeldes gegen einen Mitgliedstaat im Jahre 2000[17] von der Kommission mehrfach und mit der Folge von Verurteilungen von Mitgliedstaaten zu empfindlichen Strafzahlungen erhoben worden. Nicht zuletzt deshalb ist das Vertragsverletzungsverfahren heute als „scharfes Schwert" der Kommission bei der Durchsetzung europarechtlicher Verpflichtungen gegenüber den Mitgliedstaaten anzusehen.

b) Nichtigkeitsklage. Im Wege der Nichtigkeitsklage nach Art. 263 AEUV kann der EuGH unmittelbar mit der Frage nach der Gültigkeit von rechtsverbindlichen Akten der EU befasst werden. Die Norm eröffnet den Zugang zum EuGH jedoch nicht uneingeschränkt, sondern unterscheidet zwischen privilegierten, teilprivilegierten und nicht privilegierten Klägern. Während die Mitgliedstaaten, das Europäische Parlament, der Rat und die Kommission nach Art. 263 Abs. 2 AEUV nahezu keinen sachbezogenen Einschränkungen ihrer Klagemöglichkeit unterliegen (privilegierte Kläger), müssen die Europäische Zentralbank, der Rechnungshof und der Ausschuss der Regionen gemäß Art. 263 Abs. 3 AEUV mit der Klage zusätzlich die Wahrung ihrer Rechte bezwecken (teilprivilegierte Kläger). Die höchsten Anforderungen sieht Art. 263 Abs. 4 AEUV für Klagen von natürlichen und juristischen Personen (Individualklage – nichtprivilegierte Kläger) vor: Diese können sich nur „gegen die an sie gerichteten oder[18] sie unmittelbar und individuell betreffenden Handlungen sowie gegen Rechtsakte mit Verordnungscharakter, die sie unmittelbar betreffen und keine Durchführungsmaßnahmen nach sich ziehen", wenden. Bei den Handlungen handelt es sich regelmäßig[19] um Beschlüsse i. S. v. Art. 288 Abs. 5 AEUV. Darüber hinaus können gemäß Art. 263 Abs. 5 AEUV „(i)n den

---

16 Zusammenfassend EuGH, U. v. 7.6.2007, Rs. C-156/04, Slg. 2007, I-4129 Rn. 65 ff. – *Kommission/Griechenland*.
17 EuGH, U. v. 4.7.2000, Rs. C-387/97, Slg. 2000, I-5047 – *Kommission/Griechenland*.
18 Vgl. EuG, U. v. 22.4.1999, Rs. T-112/97, Slg. 1999, II-1277 Rn. 49 f. – *Monsanto*.
19 Darunter fallen auch atypische Akte mit Rechtsverbindlichkeit, vgl. *Pache*, in: Vedder/Heintschel v. Heinegg, Europäisches Unionsrecht, Art. 263 AEUV Rn. 16.

Rechtsakten zur Gründung von Einrichtungen und sonstigen Stellen der Union (...) besondere Bedingungen und Einzelheiten für die Erhebung von Klagen von natürlichen oder juristischen Personen gegen Handlungen dieser Einrichtungen und sonstigen Stellen vorgesehen werden, die eine Rechtswirkung gegenüber diesen Personen haben". Infolgedessen kann die Individualklage gegen Handlungen etwa von Agenturen[20] besonderen Anforderungen unterliegen.

32 Der Individualklage kommt im Europäischen Wirtschaftsrecht eine erhebliche quantitative Bedeutung zu. Hierbei stehen die Bereiche der unionsunmittelbaren Verwaltung, mithin das europäische Kartell-, Fusionskontroll- und Beihilfenrecht, im Zentrum, da die Kommission in diesen Sachgebieten vielfach an Unternehmen gerichtete oder diese betreffende Beschlüsse i. S. v. Art. 288 Abs. 5 S. 2 AEUV trifft. Wegen der Vielzahl von Individualnichtigkeitsklagen wurde das EuG zur Entlastung des EuGH durch Art. 256 Abs. 1 Unterabs. 1 S. 1 AEUV i. V. m. Art. 51 der Satzung des EuGH für deren Entscheidung für zuständig erklärt. Der EuGH kann nur noch durch ein nach Art. 256 Abs. 1 Unterabs. 2 AEUV auf Rechtsfragen beschränktes Rechtsmittel mit diesen Individualklagen befasst werden.

33 Sofern sich der Adressat gegen einen Beschluss der Kommission oder eine sonstige, an ihn gerichtete Handlung wendet, wirft dies regelmäßig keine besonderen Schwierigkeiten auf. Anderes gilt jedoch, wenn das Erfordernis unmittelbarer und individueller Betroffenheit eingreift.[21] Die Anfechtung eines an Dritte gerichteten Beschlusses oder einer beschlussersetzenden Verordnung ist nur unter engen Voraussetzungen möglich. Eine unmittelbare Betroffenheit liegt vor, wenn der Kläger nicht nur potentiell oder nach dem Hinzutreten weiterer Umstände von der Regelungswirkung des angegriffenen Rechtsakts erfasst wird. Für „Rechtsakte mit Verordnungscharakter", d. h. abgeleitetes Sekundärrecht mit allgemeiner Geltung, dem mangels Durchlaufens eines Gesetzgebungsverfahrens unter Einbeziehung des Rates und des Europäischen Parlaments nicht die Qualität von Gesetzgebungsakten i. S. v. Art. 289 Abs. 3 AEUV zukommt,[22] fordert Art. 263 Abs. 4 AEUV zudem, dass diese „keine Durchführungsmaßnahmen nach sich ziehen". Dabei handelt es sich im Wesentlichen um eine Konkretisierung des Unmittelbarkeitskriteriums. Das (nur) bei drittgerichteten Handlungen, die nicht als keiner weiteren Durchführungsakte bedürftigen Rechtsakte mit Verordnungscharakter zu qualifizieren sind, zusätzliche Erfordernis der individuellen Betroffenheit bildet die wesentliche Hürde des Zugangs zur europäischen Gerichtsbarkeit für Individualkläger. Dieses ist nur dann erfüllt, wenn eine Handlung den Kläger „wegen bestimmter persönlicher Eigenschaften oder besonderer, ihn aus dem Kreis der übrigen Personen heraushebender Umstände berührt und ihn daher in ähnlicher Weise individualisiert wie den Adressaten".[23] Dies ist zumindest dann der Fall, wenn er an dem Verwaltungsverfahren beteiligt war, in welchem die an einen Dritten gerichtete Entscheidung erlassen wurde, er durch diese in gemeinschaftsrechtlich begründeten Rechtspositionen oder spürbar in seiner Markt- oder Wettbewerbsposition beeinträchtigt wird.[24]

34 Nichtigkeitsklagen sind nach Art. 263 Abs. 6 AEUV stets innerhalb einer Frist von zwei Monaten zu erheben. Verstößt die angegriffene Handlung gegen höherrangiges europäi-

---

20 Dazu im Überblick *Kirste*, VerwArch 2011, 268 ff.; *Priebe*, EuZW 2015, 268 ff.
21 Siehe dazu nur *Cremer*, in: Calliess/Ruffert, EUV/AEUV, Art. 263 AEUV Rn. 33 ff.
22 EuGH, U. v. 3.10.2013, Rs. C-583/11 P, EuZW 2014, 22 Rn. 57 ff. – *Inuit Tapiriit Kanatami u. a./Parlament und Rat*; U. v. 6.11.2018, Rs. C-622/16 P u. a., Rn. 23 – *Scuola Elementare Maria Montessori Srl/Kommission*.
23 Grundlegend EuGH, U. v. 15.7.1963, Rs. 25/62, Slg. 1963, 211 (238) – *Plaumann*; daran anschließend EuGH, U. v. 19.12.2013, Rs. C-274/12 P, EuZW 2014, 228 Rn. 46 ff. – *Telefónica SA/Kommission*.
24 Zu den einzelnen Fallgruppen siehe mit zahlreichen Nachweisen aus der EuGH-Rechtsprechung *Cremer*, in: Calliess/Ruffert, EUV/AEUV, Art. 263 EGV Rn. 39 ff.

sches Recht, führt dies nach Art. 264 Abs. 1 AEUV zu ihrer Nichtigerklärung. Jedoch kann die Fortgeltung ihrer Wirkungen angeordnet werden. Der aus Art. 266 Abs. 1 AEUV folgenden Verpflichtung des Organs, dessen Handlung für nichtig erklärt wurde, die sich aus dem Urteil ergebenden Maßnahmen zu ergreifen, kommt nur im Hinblick auf Rechtsnormen Bedeutung zu, da Beschlüsse i. S. v. Art. 288 Abs. 4 S. 2 AEUV keine über den Einzelfall hinausgehenden Wirkungen entfalten.[25]

c) **Vorabentscheidungsverfahren.** Nach Art. 267 Abs. 1 AEUV entscheidet der EuGH im Wege der Vorabentscheidung über die Auslegung der Verträge sowie über die Gültigkeit und Auslegung der Handlungen der Organe, Einrichtungen oder sonstigen Stellen der EU, mithin im Wesentlichen des Sekundärrechts, wenn sich eine derartige Frage in einem schwebenden Verfahren vor einem mitgliedstaatlichen Gericht stellt. Es muss sich um abstrakte Rechtsfragen handeln,[26] deren Beantwortung für die Entscheidung des Rechtsstreits erheblich ist, mithin nicht nur hypothetische Bedeutung hat.[27]

Berechtigt zur Einleitung eines Vorabentscheidungsverfahrens vor dem EuGH sind nach Art. 267 Abs. 2 AEUV alle Gerichte der EU-Mitgliedstaaten. Als Gericht gilt dabei jede unabhängige Einrichtung, die auf gesetzlicher Grundlage als ständige errichtet wurde, über obligatorische Gerichtsbarkeit verfügt und in streitigen Verfahren unter Anwendung von Rechtsnormen mit potentieller Rechtskraftwirkung Recht spricht.[28] Gerichte, deren „Entscheidungen selbst nicht mehr mit Rechtsmitteln des innerstaatlichen Rechts angefochten werden können", sind nach Art. 267 Abs. 3 AEUV zur Vorlage verpflichtet. Dabei handelt es sich um die im konkreten Fall letztinstanzlichen Gerichte.[29] Andere Gerichte unterliegen nur dann einer Vorlagepflicht, wenn sie sekundäres Gemeinschaftsrecht für ungültig halten und dessen Vollziehung aussetzen wollen.[30] Auch für letztinstanzliche Gerichte besteht jedoch keine Vorlagepflicht, wenn die Frage entweder aufgrund einer gesicherten Rechtsprechung des EuGH bereits beantwortet oder die zutreffende Auslegung des Europarechts so offenkundig ist, dass keine vernünftigen Zweifel an der Entscheidung bestehen können (acte clair-Doktrin).[31] Eine Missachtung der Vorlagepflicht ist allerdings als Vertragsverletzung i. S. v. Art. 258 AEUV zu qualifizieren.[32]

Der EuGH entscheidet über eine zulässige Vorlage[33] nach Durchführung eines nicht kontradiktorischen Verfahrens durch Urteil. Darin erfolgt allein eine Beantwortung der Vorlagefrage, deren notwendige Abstraktheit sich in der Entscheidung des EuGH niederschlägt. Der EuGH urteilt seinem Rechtsprechungsauftrag aus Art. 267 AEUV gemäß allein über die Auslegung und Gültigkeit des Unionsrechts, nicht aber über dessen Anwendung auf den Einzelfall oder die Auslegung des nationalen Rechts.[34]

Die Bindungswirkung der Entscheidung des EuGH ist von ihrem Inhalt abhängig. Rechtlich an die Entscheidung des EuGH gebunden sind stets die am Ausgangsverfah-

---

25 *Cremer*, in: Calliess/Ruffert, EUV/AEUV, Art. 266 AEUV Rn. 4.
26 *Kaufmann*, in: Dauses/Ludwigs, Handbuch des Europäischen Wirtschaftsrechts, Stand 1/2022, P.II Rn. 173.
27 EuGH, U. v. 16.7.1992, Rs. C-83/91, Slg. 1992, I-4871 Rn. 25 ff. – *Meilicke*.
28 Zur Einbeziehung der Vergabekammern EuGH, U. v. 18.9.2014, Rs. C-549/13, NZBau 2014, 647 – *Bundesdruckerei*.
29 Vgl. EuGH, U. v. 4.6.2002, Rs. C-99/00; Slg. 2002, I-4839 Rn. 16 f. – *Kenny Roland Lyckeskog*; kritisch *Kischel*, in: Hailbronner/Wilms, Recht der EU, Art. 234 EGV Rn. 28.
30 EuGH, U. v. 22.10.1987, Rs. 314/85, Slg. 1987, 4199 Rn. 15 ff. – *Foto Frost*.
31 EuGH, U. v. 6.10.1982, Rs. 283/81, Slg. 1982, 3415 Rn. 16 – *CILFIT*.
32 EuGH, U. v. 4.10.2018, Rs. C-416/17, EuZW 2018, 1038 Rn. 106 ff. – *Kommission/Frankreich*.
33 Vgl. zu den Anforderungen an diese die Empfehlungen des EuGH an die nationalen Gerichte bezüglich der Vorlage von Vorabentscheidungsersuchen, ABl. C 380/1 v. 8.11.2019.
34 Siehe etwa EuGH, U. v. 17.7.2008, Rs. C-347/06, Slg. 2008, I-5641 Rn. 25, 28 – *ASM Brescia/Comune di Rodengo Saiano*.

38

ren beteiligten nationalen Gerichte aller Instanzen.[35] Eine nochmalige Vorlage derselben Fragestellung innerhalb desselben Verfahrens bei grundsätzlich unverändertem Sachstand ist ihnen nicht möglich. Die Beantwortung der Vorlagefrage durch den EuGH ist vielmehr der abschließenden Entscheidung des Rechtsstreits zugrunde zu legen.[36] Nicht ausgeschlossen sind allerdings Vorlagen, die sich auf die Klarstellung der Beantwortung der Vorlagefrage durch den EuGH beziehen.[37] Andere Gerichte werden an die Entscheidung des EuGH nur im Falle der Ungültigkeitserklärung einer Norm des sekundären Europarechts gebunden. Dieser kommt eine erga omnes-Wirkung zu.[38] Daran fehlt es sowohl bei der Feststellung der Gültigkeit als auch der Auslegung einer Norm. Gleichwohl besteht in diesen Fällen eine erhebliche faktische Bindungswirkung der mitgliedstaatlichen Gerichte, die aber weder einer erneuten Vorlage noch einer Abweichung durch nicht zur Vorlage verpflichtete Gerichte entgegensteht.[39]

---

35 EuGH, U. v. 24.6.1969, Rs. 29/68, Slg. 1969, 165 Rn. 2 f. – *Deutsche Milchkontor*.
36 Vgl. auch EuGH, U. v. 5.4.2016, Rs. C-689/13, NZBau 2016, 378 – *PFE*.
37 EuGH, B. v. 5.3.1986, Rs. 69/85, Slg. 1986, 947 Rn. 15 – *Wünsche/Deutschland*.
38 EuGH, U. v. 13.5.1981, Rs. 66/80, Slg. 1981, 1191 Rn. 13 – *International Chemical*.
39 *Ehricke*, in: Streinz, EUV/AEUV, Art. 267 Rn. 71.

§ 2 Binnenmarkt

Tobias H. Irmscher[1]

Literaturhinweise:
Dauses, Die rechtliche Dimension des Binnenmarktes, EuZW 1990, 8; *Grabitz/v. Bogdandy*, Vom Gemeinsamen Markt zum Binnenmarkt, JuS 1990, 170; *Hatje* (Hrsg.), Das Binnenmarktrecht als Daueraufgabe, EuR Beiheft 1/2002; *Hatje/Terhechte* (Hrsg.), Das Binnenmarktziel in der europäischen Verfassung, EuR Beiheft 3/2004; *Hillgruber*, Die Verwirklichung des Binnenmarktes durch Rechtsangleichung, Gedächtnisschrift Blomeyer, 2004, S. 597; *Immenga*, Binnenmarkt durch europäisches Gemeinschaftsrecht, JA 1993, 257; *Mir Djawadi*, Binnenmarkt, in: *Schöbener* (Hrsg.), Europarecht, 2019, Rn. 420 ff.; *Nowak*, Binnenmarktziel und Wirtschaftsverfassung der Europäischen Union vor und nach dem Reformvertrag von Lissabon, EuR Beiheft 1/2009, 129; *Möstl*, Grenzen der Rechtsangleichung im europäischen Binnenmarkt, EuR 2002, 318; *Reich*, Binnenmarkt als Rechtsbegriff, EuZW 1991, 203; *Selmayr/Kamann/Ahlers*, Die Binnenmarktkompetenz der EG, EWS 2003, 49; *Schubert*, Der gemeinsame Markt als Rechtsbegriff, 1999.

I. Grundlagen

Die Errichtung eines Gemeinsamen Marktes wurde bereits in den Römischen Verträgen als eine der grundlegenden Aufgaben der europäischen Integration formuliert. Der Gemeinsame Markt wurde maßgeblich durch die Grundfreiheiten konkretisiert und impliziert eine über eine bloße Zollunion mit gemeinsamem (Außen-)Zolltarif hinausgehende Marktintegration, die der EuGH – noch auf der Grundlage des alten EWG-Vertrages – beschrieben hatte als „die Beseitigung aller Hemmnisse im innergemeinschaftlichen Handel mit dem Ziel der Verschmelzung der nationalen Märkte zu einem einheitlichen Markt, dessen Bedingungen denjenigen eines wirklichen Binnenmarktes möglichst nahe kommen."[2] **1**

Mit der Erwähnung eines Binnenmarktes als Zielvorgabe hatte der Gerichtshof die Richtung für die weitere Begriffs- und Rechtsentwicklung vorgegeben. Die Kommission griff dies 1985 in ihrem „Weißbuch über die Vollendung des Binnenmarktes" auf. Darin legt sie konkrete Vorschläge für den Abbau weiterhin bestehender Handelsbeschränkungen vor, die in Form einer „neuen Strategie" nicht mehr allein auf Harmonisierung, sondern auf die gegenseitige Anerkennung und Gleichwertigkeit nationaler Regelungen setzte. Die Maßnahmen umfassten insbesondere: **2**
- die Beseitigung der materiellen Schranken, d.h. namentlich der Binnengrenzkontrollen;
- die Beseitigung der technischen Schranken, d.h. vor allem der sogenannten nichttarifären Handelshemmnisse, die sich aus Vorschriften zum Gesundheits- und Verbraucherschutz, zum Umweltschutz sowie zur allgemeinen Sicherheit ergeben;
- die Beseitigung der Steuerschranken durch Angleichung der steuerlichen Vorschriften;
- die Verbesserung der sozioökonomischen Rahmenbedingungen für die grenzüberschreitende wirtschaftliche Betätigung.[3]

Mit der Einheitlichen Europäischen Akte (EEA) vom 28.2.1986, der ersten substantiellen Vertragsreform nach dem Inkrafttreten der Römischen Verträge, wurde das Binnen- **3**

---
1 Der Beitrag gibt allein die persönliche Auffassung des Bearbeiters wieder.
2 EuGH, U. v. 5.5.1982, Rs. 15/81, Slg. 1982, 1409 Rn. 33 – *Gaston Schul*.
3 *Dauses*, EuZW 1990, 8.

marktziel primärrechtlich verankert und durch spezifische Handlungsinstrumente ergänzt. Der Binnenmarkt sollte bis zum 31.12.1992 „unbeschadet der sonstigen Bestimmungen dieses Vertrages" schrittweise verwirklicht werden. Auch wenn diesem Datum keine rechtliche Wirkung zukommen sollte, erwies es sich als wichtiger Meilenstein: Bis Ende 1992 waren von den annähernd 300 im Weißbuch enthaltenen Liberalisierungsvorschlägen etwa 95% umgesetzt worden, ohne dass freilich der Binnenmarkt als vollendet hätte bezeichnet werden können.

4 Der Vertrag von Lissabon brachte eine Konsolidierung der bestehenden Vorschriften. Der Binnenmarkt wird als Ziel der Union ausdrücklich in Art. 3 EUV genannt, zudem ist ihm ein eigener Titel in dem die Politiken der Union enthaltenen Dritten Teil des AEUV gewidmet (Art. 26 f. AEUV). Der Begriff des Gemeinsamen Marktes wurde durchgängig durch „Binnenmarkt" ersetzt.[4] Damit erledigte sich der Streit, ob die Parallelität der beiden Begriffe eine unterschiedliche Bedeutung implizierte.[5] Vielmehr kann der Gemeinsame Markt rückblickend als Entwicklungsstufe auf dem Weg zu einem umfassenden Binnenmarkt charakterisiert werden.

1. Das Binnenmarktziel in den Verträgen

5 Art. 3 Abs. 3 EUV formuliert die Errichtung des Binnenmarktes als Ziel der Union. Wie bereits die Zusammenfassung in einem Absatz rechtssystematisch deutlich macht, steht der Binnenmarkt in engem Bezug zu einer Vielzahl anderer Ziele wirtschaftlicher, sozialer, gesellschaftspolitischer und kultureller Art, ja er lässt sich als deren Grundlage und Voraussetzung begreifen. Auch Art. 3 Abs. 2 EUV spricht von einem „Raum der Freiheit, der Sicherheit und des Rechts ohne Binnengrenzen". Daneben enthält der eigentliche Binnenmarktartikel, Art. 26 AEUV, vor allem eine Beschreibung des Binnenmarktes: Art. 26 Abs. 2 AEUV definiert ihn als einen „Raum ohne Binnengrenzen, in dem der freie Verkehr von Waren, Personen, Dienstleistungen und Kapital gemäß den Bestimmungen dieses Vertrags gewährleistet ist".

6 Im Einzelnen folgen daraus unter dem Vorbehalt der Vertragskompatibilität die folgenden Zielsetzungen, die für die Union und die Mitgliedstaaten – über die Kooperationsverpflichtung in Art. 4 Abs. 3 EUV – unmittelbar rechtlich bindend sind:
– **Gewährleistung eines freien Wirtschaftsverkehrs für Waren, Personen, Dienstleistungen und Kapital.** Dies bedeutet die Abschaffung sämtlicher Hindernisse, und zwar sowohl in rechtlicher als auch tatsächlicher Hinsicht, und schließt insbesondere den Abbau technischer und steuerlicher Schranken ein. Praktisch bedeutet dies die Verwirklichung der Grundfreiheiten. Allerdings folgt daraus nicht ohne weiteres, dass Waren und Dienstleistungen überall ohne Beschränkungen angeboten werden können, wenn sie den Vorschriften ihres Herkunftslandes entsprechen (Herkunftslandprinzip). Nur soweit eine unionsweite Rechtsangleichung erfolgt ist, kommt das Herkunftslandprinzip zum Tragen. Die gegenseitige Anerkennung gleichwertiger Vorschriften ist im Primärrecht nicht mehr vorgesehen, erfolgt jedoch u.U. auf sekundärrechtlicher Grundlage (vgl. z.B. Art. 53 Abs. 1 AEUV). Auch die Niederlassungsfreiheit für natürliche und juristische Personen muss gewährleistet werden. Hinzu treten die Verbesserung der tatsächlichen Rahmenbedingungen für grenzüberschreitenden Handel und Zusammenarbeit, z.B. mit dem Aufbau transeuropäischer Netze, Forschungsförderung etc.;[6]
– **Beseitigung und Vermeidung von Wettbewerbsverfälschungen.** Unterschiedliche Rechtsvorschriften können zu Wettbewerbsvorteilen führen, ebenso unlauteres Ver-

---
[4] Art. 2 Ziffer 2 lit. g Vertrag von Lissabon.
[5] Dazu ebenfalls rückblickend *Nowak*, EuR Beiheft 1/2009, 129 (132 ff.).
[6] Siehe hierzu im Einzelnen *Voet van Vormizeele*, in: v. d. Groeben/Schwarze/Hatje, Europäisches Unionsrecht, 7. Aufl. 2015, Art. 26 AEUV Rn. 36 ff.; *Dauses*, EuZW, 1990, 8 (10).

halten im Wettbewerb. Die Verpflichtung, beidem vorzubeugen, folgt ebenfalls aus dem Binnenmarktziel (vgl. Protokoll Nr. 27 über den Binnenmarkt und den Wettbewerb);[7]
- **Schaffung eines allgemeinen Aufenthaltsrechts für natürliche Personen.** Explizit verweist Art. 26 AEUV auf den freien Verkehr von Personen, ohne einen wirtschaftlichen Bezug zu fordern. Zum Binnenmarkt gehört damit auch die allgemeine Freizügigkeit, wie sie sich mittlerweile in den Vorschriften über die Unionsbürgerschaft findet (Art. 20 AEUV);
- **Abbau der Grenzkontrollen.** Dieser Aspekt steht in engem Zusammenhang mit der Gewährleistung eines freien Wirtschaftsverkehrs, geht aber darüber hinaus. Er lässt sich aus dem Wortlaut („ohne Binnengrenzen") unmittelbar ableiten und reflektiert den integrationspolitischen Aspekt des Binnenmarktziels, der sich ungeachtet seinerzeit fehlender Gemeinschaftskompetenz bereits in den Materialien zur EEA findet.[8]

Zur Umsetzung des letzten Punktes, aber auch beispielsweise im internationalen Zivilprozessrecht, haben die Mitgliedstaaten in der Vergangenheit auf rechtliche Instrumente außerhalb des Unionsrahmens zurückgegriffen. So wurde 1985 das Schengen-Übereinkommen über den Abbau der Grenzkontrollen außerhalb der Gemeinschaft als Regierungsübereinkommen abgeschlossen. Abgesehen von einer entsprechenden Verpflichtung zur politischen Zusammenarbeit im EU-Vertrag wurde der Schengen-Besitzstand erst mit dem Amsterdamer Vertrag schrittweise in das Unions- und Gemeinschaftsrecht überführt (s. Art. 77 AEUV). **7**

2. Normative Grundlagen des Binnenmarktkonzepts

Die Definition des Binnenmarkts in Art. 26 AEUV (s. o. Rn. 5) verweist maßgeblich auf die wirtschaftsbezogenen Grundfreiheiten, die als elementare Stützpfeiler des Binnenmarktkonzepts gelten können. Als unmittelbar anwendbare Ge- bzw. Verbotsnormen kommt den Grundfreiheiten ein besonders hoher Stellenwert zu. Grundfreiheiten verbieten, wie in späteren Kapiteln noch erläutert wird, nicht nur eine Diskriminierung, d.h. eine Schlechterbehandlung aufgrund der Staatsangehörigkeit oder sonst in Bezug auf den Grenzübertritt. Auch diskriminierungsfreie, also unterschiedslos anwendbare Maßnahmen können den unionsweiten Handel und Austausch beeinträchtigen oder verhindern und bedürfen deshalb einer besonderen Rechtfertigung. **8**

Der Gerichtshof fordert praktisch einheitlich für sämtliche Grundfreiheiten, „dass nationale Maßnahmen, die die Ausübung der durch den Vertrag garantierten grundlegenden Freiheiten behindern oder weniger attraktiv machen können, vier Voraussetzungen erfüllen müssen: Sie müssen in nichtdiskriminierender Weise angewandt werden, sie müssen aus zwingenden Gründen des Allgemeininteresses gerechtfertigt sein, sie müssen geeignet sein, die Verwirklichung des mit ihnen verfolgten Zieles zu gewährleisten, und sie dürfen nicht über das hinausgehen, was zur Erreichung dieses Zieles erforderlich ist."[9] Gerade in dieser Ausgestaltung als allgemeine Beschränkungsverbote kommt der Binnenmarktgedanke besonders klar zum Ausdruck, schließt andererseits aber auch binnenmarktweite Einschränkungen nicht aus.[10] Neben die Grundfreiheiten tritt – als zweites wesentliches Element – die Zollunion mit einem Verbot von Binnenzöllen und Abgaben gleicher Wirkung (Art. 30 AEUV). **9**

---

7 S. auch EuGH, U. v. 11.6.1991, Rs. C-300/89, Slg. 1991, I-2867 Rn. 14 – *Titandioxid*.
8 Vgl. m. w. N. *Voet van Vormizeele*, in: v. d. Groeben/Schwarze/Hatje, Europäisches Unionsrecht, 7. Aufl. 2015, Art. 26 AEUV Rn. 30 ff.
9 EuGH, U. v. 30.11.1995, Rs. C-55/94, Slg. 1995, I-4165 Rn. 37 – *Gebhard*.
10 Dazu unten Rn. 53.

10 Das Unionsrecht enthält zahlreiche weitere Befugnisse und Vorgaben von Relevanz für den Binnenmarkt. Die wichtigsten Spezialkompetenzen für eine einheitliche Rechtsetzung betreffen die Außenzölle (Art. 31 AEUV), die Niederlassungs- und Dienstleistungsfreiheit (Art. 53 und 56 AEUV) und Verkehrs- und Steuerangelegenheiten (Art. 100 und 113 AEUV). Hinzu tritt die allgemeine Befugnis zur Rechtsangleichung nationaler Regeln, die die Errichtung und das Funktionieren des Binnenmarktes zum Gegenstand haben (jetzt Art. 114 AEUV). Daneben bestehen zahlreiche ungenannte, aber nicht weniger wichtige Harmonisierungsbestimmungen, von denen nur Art. 43 AEUV (Angleichung der Herstellungs- und Vermarktungsnormen landwirtschaftlicher Produkte), Art. 46, 50 und 52 AEUV (Freizügigkeitserleichterungen), aber letztlich auch Art. 352 AEUV genannt seien,[11] der freilich für alle „in den Verträgen festgelegte Politikbereiche" herangezogen werden kann. Ein weiterer Teilaspekt des Binnenmarktes – die Gewährleistung eines unverfälschten Wettbewerbs[12] – findet in den Art. 101 bis 109 AEUV seine rechtliche Grundlage.

11 Die Zuständigkeit für den Binnenmarkt ist seit dem Vertrag von Lissabon eine zwischen der Union und den Mitgliedstaaten geteilte (Art. 4 Abs. 2 lit. a AEUV).[13] Dies bedeutet gem. Art. 2 Abs. 2 AEUV im Grundsatz, dass sowohl Union als auch Mitgliedstaaten gesetzgeberisch tätig werden und Rechtsakte erlassen können und dass die Mitgliedstaaten ihre Zuständigkeit wahrnehmen, sofern und soweit die Union nicht selbst tätig geworden ist. Damit umfasst das Konzept der geteilten Zuständigkeit sowohl klassische (alternativ-)konkurrierende Kompetenzen als auch parallele (kumulativ-konkurrierende).[14] Die Einordnung der Binnenmarktkompetenz als geteilte ist allerdings wenig aussagekräftig, wenn eine nicht sachbereichs-, sondern zielbezogene Kompetenznorm wie der auf Rechtsangleichung abstellende Art. 114 AEUV in Frage steht.[15] Für einzelne Aspekte des Binnenmarktes, wie namentlich die Zollunion und das Wettbewerbsrecht, hat die Union demgegenüber die ausschließliche Zuständigkeit (Art. 3 Abs. 1 AEUV).

12 Indem Art. 26 Abs. 2 AEUV ebenso wie Art. 3 Abs. 2 EUV im Kern auf einen „Raum ohne Binnengrenzen" abstellt, wird deutlich, dass sich der Binnenmarkt nicht nur als Wirtschaftsraum versteht. Entsprechend werden die Grundfreiheiten durch das in Art. 18 AEUV normierte, für den Binnenmarkt fundamentale allgemeine Diskriminierungsverbot[16] und die Vorschriften über die Freizügigkeit der Unionsbürger (Art. 20 Abs. 1 lit. a AEUV) und den Abbau der Grenzkontrollen ergänzt: im bereits erwähnten Art. 3 Abs. 2 EUV – unter Aufnahme der Formulierung „Raum ohne Binnengrenzen" – sowie in Art. 67 und 77 ff. AEUV als „Raum der Freiheit, der Sicherheit und des Rechts". Hinzu kommen die Vorschriften über die Stärkung des wirtschaftlichen und sozialen Zusammenhalts in der Union (Kohäsion), namentlich der regionalen Entwicklung benachteiligter Gebiete (Art. 174 ff. AEUV), aber auch über den Auf- und Ausbau transeuropäischer Netze (Art. 170 ff. AEUV).

13 Der Überblick über diese Regelungen zeigt, dass das Binnenmarktziel in Art. 3 Abs. 3 EUV und Art. 26 AEUV durch eine Vielzahl anderer Bestimmungen ergänzt und

---

11 *Voet van Vormizeele*, in: v. d. Groeben/Schwarze/Hatje, Europäisches Unionsrecht, 7. Aufl. 2015, Art. 26 AEUV Rn. 9.
12 Dieser Aspekt wurde infolge einer Intervention Frankreichs nicht in den Zielkatalog des Art. 3 EUV aufgenommen. Allerdings bestätigt das Protokoll (Nr. 27) „über den Binnenmarkt und den Wettbewerb" mit gleicher rechtlicher Verbindlichkeit, „dass der Binnenmarkt (…) ein System umfasst, das den Wettbewerb vor Verfälschungen schützt".
13 *Schwarze*, EuZW 2004, 135 (137) unter Verweis auf EuGH, U. v. 10.12.2002, Rs. C-491/01, Slg. 2002, S. I-11453, Rn. 177 ff. – *British American Tobacco*.
14 *Streinz/Ohler/Hermann*, Der Vertrag von Lissabon zur Reform der EU, 2. Aufl., 2008, S. 88.
15 *Streinz/Ohler/Hermann*, a. a. O., S. 89.
16 *Holoubek*, in: Schwarze, EU-Kommentar, 4. Aufl. 2019, Art. 18 AEUV Rn. 5 ff.

ausgeformt wird. Damit lässt sich zu Recht von einem allgemeinen Konzept des Binnenmarktes in der Europäischen Union sprechen, das sich nicht auf spezifisch wirtschaftsbezogene Aspekte beschränkt, sondern eine allgemeine Bedeutung für die Lebensverhältnisse der Unionsbürger hat.[17]

3. Verhältnis zu anderen Vertragszielen

Art. 3 Abs. 3 AEUV umschreibt die Aufgaben der Union und verdeutlicht, dass der Binnenmarkt kein Selbstzweck ist, sondern neben zahlreichen Zielen steht und lediglich eine dienende Funktion hat. Das Binnenmarktkonzept wird durch diese ergänzt, aber auch ausgestaltet und eingeschränkt.

Umwelt- und Verbraucherschutz können im Widerspruch zum Binnenmarktziel stehen. Es ist umstritten, ob dem Binnenmarkt im Konfliktfall ein Vorrang zukommt.[18] Art. 3 Abs. 3 EUV verdeutlich jetzt immerhin, dass die Errichtung des Binnenmarktes Grundlage für Schutz und Verbesserung der Umwelt ist. Tatsächlich ist die Union aufgerufen, zur Konfliktvermeidung insbesondere bei der Rechtsangleichung gemäß Art. 114 Abs. 3 AEUV ein hohes Schutzniveau zu gewährleisten (siehe auch Art. 191 AEUV für den Umweltschutz und Art. 169 AEUV für den Verbraucherschutz). Der Umweltschutz ist als Ziel der Union mehrfach und prominent verankert, insbesondere ist er zufolge der sogenannten „umweltpolitischen Querschnittsklausel" (Art. 11 AEUV) umfassend bei der Umsetzung der anderen Politiken zu berücksichtigen, ohne dass hier freilich ein Vorrang angeordnet wird. Richtiger ist daher wohl, von einem gleichberechtigten Nebeneinander der beiden Grundprinzipien auszugehen[19] und Zielkonflikte im Wege der praktischen Konkordanz zu lösen.[20] Gleiches gilt für den Verbraucherschutz auf der Basis der entsprechenden Querschnittsklausel, Art. 12 AEUV.

Soziale Ziele waren zunächst vor allem hinsichtlich der Sicherheit und Gesundheit der Arbeitnehmer festgeschrieben (Art. 156 AEUV). Die soziale Dimension des Binnenmarktes war bald aber auch darüber hinaus anerkannt: Bei seiner Fortentwicklung sollten die sozialpolitischen Ziele des EU-Vertrags berücksichtigt werden.[21] Auch der Gerichtshof zog soziale Erwägungen bei der Auslegung der den Binnenmarkt konstituierenden Grundfreiheiten und Wettbewerbsregeln heran.[22] Mit dem Vertrag von Lissabon werden sozialstaatliche Erfordernisse ebenfalls durch Einführung einer Querschnittsklausel in Art. 9 AEUV formell auf die gleiche Stufe wie Umwelt- und Verbraucherschutz gestellt. Der enge Bezug zum Binnenmarkt wird wiederum in Art. 3 Abs. 3 EUV sichtbar, der hier gleichermaßen als Grundlage und -voraussetzung aufscheint. Im Hinblick auf den Gesundheitsschutz ist die Union jedoch zur Berücksichtigung bei der Rechtsangleichung gemäß Art. 114 Abs. 3 AEUV verpflichtet.

Das Konzept der Wirtschafts- und Währungsunion stellt die logische Ergänzung zum Binnenmarkt dar und trägt zu seiner Festigung bei, da sich damit die Preistransparenz und somit der grenzüberschreitende Wettbewerb erhöht.[23]

Die Einbindung des Binnenmarktziels in das politische und normative Gesamtsystem der Verträge und seine fundamentale Bedeutung für die Union als Ganzes ist der Grund

---

17 *Voet van Vormizeele*, in: v. d. Groeben/Schwarze/Hatje, Europäisches Unionsrecht, 7. Aufl. 2015, Art. 26 AEUV Rn. 8.
18 Zum Streitstand m. w. N. *Schröder*, in: Streinz, EUV/AEUV, 3. Aufl. 2018, Rn. 35.
19 *Bungenberg*, EuR Beiheft 3/2004, 57 (59 f.).
20 *Schröder*, in: Streinz, EUV/AEUV, 3. Aufl. 2018, Rn. 36.
21 KOM(94) 333 endg. v. 27.7.1994.
22 *Ziegler*, EuR Beiheft 3/2004, 13. Vgl. EuGH, U. v. 11.12.2007, Rs. C-438/05, Slg. 2007, I-10779 Rn. 78 f. – *Viking Line*; U. v. 27.4.2017, Rs. C-535/15, ECLI:EU:C:2017:315, Rn. 43 – *Pickernell*.
23 Dazu *Voet van Vormizeele*, in: v. d. Groeben/Schwarze/Hatje, Europäisches Unionsrecht, 7. Aufl. 2015, Art. 26 AEUV Rn. 41.

dafür gewesen, dass eine Teilhabe des Vereinigten Königreichs am Binnenmarkt nach dem Brexit nicht möglich sein konnte. Die Verhandlungsleitlinien hatten dementsprechend festgelegt, dass die Integrität des Binnenmarkts gewahrt werden müsse, eine Beteiligung lediglich in einzelnen Sektoren daher ausgeschlossen sei.[24]

II. Rechtliche Bedeutung des Binnenmarktkonzepts

19 Die rechtliche Bedeutung des Binnenmarktkonzepts liegt neben den spezifischen Ge- und Verbotsnormen (wie den Grundfreiheiten, aber auch den wettbewerbsrechtlichen Vorschriften) vor allem in den Kompetenznormen zur Rechtsangleichung, mit denen ein wirkkräftiges Instrumentarium zur Errichtung und zum Ausbau des Binnenmarktes geschaffen wurde.

1. Direkte Verbindlichkeit, insbesondere als Auslegungsgrundsatz

20 Aufgrund seiner Verankerung in Art. 3 Abs. 3 EUV und Art. 26 AEUV kommt dem Binnenmarktziel als Querschnittsaufgabe eine fundamentale Bedeutung als Ziel der Union zu.[25] Diese Zielvorgabe verpflichtet, wie bereits erwähnt, die Union und ihre Organe unmittelbar und zwingend – und damit indirekt auch die Mitgliedstaaten.

21 Daraus ergibt sich – unter angemessener Berücksichtigung des gesetzgeberischen Ermessensspielraums – zum einen ein Gesetzgebungs- und Handlungsauftrag für die Union im Hinblick auf die Verwirklichung des Binnenmarktes. Aufgrund der unmittelbaren Verbindlichkeit kommt dem Binnenmarktziel aber andererseits auch eine nicht zu unterschätzende Bedeutung für die Auslegung des Unionsrechts zu. Wie bereits angedeutet, gilt dies vor allem für die Grundfreiheiten,[26] aber auch darüber hinaus.

2. Rechtsangleichung nach Art. 114 AEUV

22 Das Binnenmarktkonzept beschränkt sich aber nicht auf eine von den Grundfreiheiten vorgegebene „negative Integration", sondern zielt auf eine positive, an einer gemeinsamen Politik ausgerichtete Integration ab. Diese ist u.a. auch dort erforderlich, wo nationale Schrankenbestimmungen für die Grundfreiheiten nach den expliziten Ausnahmen (Art. 36, 45 Abs. 3, 52 und 65 AEUV) bzw. den für nichtdiskriminierende Maßnahmen geltenden immanenten Schranken weiterhin zulässig sind.

23 Diese positive Integration kommt vor allem in den Harmonisierungsbefugnissen des Unionsgesetzgebers zum Ausdruck. Hier wird nicht so sehr ein statisches Freiheitsprogramm vorgegeben, wie dies die Grundfreiheiten repräsentieren, sondern eine Handlungsermächtigung erteilt. Der entscheidende Integrationshebel lag letztlich in der Schaffung von Mechanismen zur Verwirklichung des Binnenmarktkonzepts.[27]

24 Die Vorgängerbestimmung von Art. 115 AEUV, Art. 94 EGV a. F., ermöglichte bereits vor Inkrafttreten der EEA Angleichungsmaßnahmen, beschränkt diese Kompetenz allerdings auf Richtlinien und setzt Einstimmigkeit im Rat voraus.

25 Mit Art. 114 AEUV besteht demgegenüber – neben den bereits aufgezählten spezifischen Harmonisierungsbefugnissen[28] und außerhalb der besonders sensiblen Bereiche

---

24 Leitlinien im Anschluss an die Mitteilung des Vereinigten Königreichs gemäß Artikel 50 EUV, EUCO XT 20004/17 v. 29.4.2017, Ziff. 1. Zum Prinzip der Einheit des Binnenmarkts s. *Kainer/Persch*, EuZW 2018, 932 (933 ff.); *Korte*, in: Callies/Ruffert, EUV/AEUV, 6. Aufl. 2022, Art. 26 AEUV Rn. 12.
25 *Korte*, in: Callies/Ruffert, EUV/AEUV, 6. Aufl. 2022, Art. 26 AEUV Rn. 17.
26 *Reich*, EuZW 1991, 203. Für ein Beispiel in Bezug auf das Verbot von Zöllen und zollgleichen Abgaben siehe unten Rn. 29.
27 *Dauses*, EuZW 1990, 8 (9).
28 Siehe oben Rn. 11 f.

Steuern, Freizügigkeit und Arbeitnehmerrechte (vgl. Art. 114 Abs. 2 AEUV) – eine Befugnis der Union zum Erlass von Harmonisierungsmaßnahmen im Wege des ordentlichen Gesetzgebungsverfahrens, das – ebenso wie die spezifischen Binnenmarktkompetenzen in Art. 31, 56 Abs. 2 und 100 Abs. 2 AEUV – lediglich eine qualifizierte Mehrheit im Rat erfordert.

Voraussetzung hierfür ist, dass die Maßnahme subjektiv und objektiv auf „die Errichtung und das Funktionieren des Binnenmarktes" abzielt. Unerheblich ist dabei, dass der Unionsgesetzgeber auch andere politische Ziele verfolgt – und zwar dies selbst dann, wenn Letzteres den Schwerpunkt der Maßnahme darstellt. Hieran hat auch der Vertrag von Lissabon trotz entsprechender Vorschläge[29] nichts geändert. Nach der Rechtsprechung des EuGH ist der Binnenmarktbezug dann gegeben, wenn die Maßnahme Hemmnisse für die Grundfreiheiten beseitigt, die aus Unterschieden zwischen nationalen Rechtsvorschriften resultieren, oder wenn mit ihnen spezifische und spürbare Wettbewerbsverzerrungen beseitigt werden sollen.[30]

Angesichts der allgemeinen Formulierung „Maßnahmen" kann die Binnenmarktharmonisierung nicht nur in Form einer Richtlinie – durch totale oder nur begrenzte Angleichung[31] –, sondern auch durch Verordnung erfolgen. Zugleich besteht die Möglichkeit, unter Berufung auf wichtige Gründe strengere nationale Bestimmungen beizubehalten (*escape-* bzw. *opting out*-Klausel – Art. 114 Abs. 4 AEUV) und bei Vorliegen zusätzlicher Voraussetzungen neu einzuführen (Art. 114 Abs. 5 AEUV).

Neben spezifischen Einzelbestimmungen wird mit Art. 114 AEUV so eine gegenständlich weitgehend unbegrenzte Kompetenz der Union installiert, im Falle von tatsächlich nachgewiesenen Beeinträchtigungen des Binnenmarktes rechtsetzend tätig zu werden. Dies bedeutet eine weitreichende Kompetenz der Union, die inhaltlich lediglich durch die Verpflichtung auf ein hohes Schutzniveau in den Bereichen Gesundheit, Sicherheit, Umweltschutz und Verbraucherschutz sowie durch gegebenenfalls entgegenstehende Grundrechtspositionen der Betroffenen eingeschränkt wird.

3. Einheitliche Rechtstitel des geistigen Eigentums im Binnenmarkt

Der Schutz des geistigen Eigentums – insbesondere im Bereich von Patenten, Marken und Designs, aber auch im Urheberrecht – steht in zweierlei Hinsicht in engem Zusammenhang mit dem Binnenmarkt. Einerseits wird ihm wegen seiner innovationsfördernden Wirkung eine wesentliche Bedeutung für den Erfolg des Binnenmarkts zugeschrieben.[32] Andererseits kann der territoriale Charakter der einzelnen Schutzrechte zu einer – nach Art. 36 AEUV durchaus zu rechtfertigenden – Fragmentierung des einheitlichen Marktes führen. Es ist daher mehr als folgerichtig, dass die Gemeinschaft europaweit einheitliche Rechtstitel eingeführt hat, namentlich die EU-Marke, das Gemeinschaftsgeschmacksmuster und das Gemeinschaftssortenschutzrecht.

Hierbei stützte sich die Gemeinschaft in der Vergangenheit auf die Einstimmigkeit erfordernde allgemeine Flexibilitätsklausel (jetzt Art. 352 AEUV). Mit Art. 118 AEUV besteht mittlerweile eine ausdrückliche Befugnis für den Erlass entsprechender Bestimmungen, und zwar grundsätzlich im ordentlichen Gesetzgebungsverfahren, d. h. mit qualifizierter Mehrheit im Rat. Lediglich für die Festlegung der Sprachenregelungen bedarf es eines einstimmigen Beschlusses im Rat, was die politische Bedeutung dieses Punktes deutlich

---

29 *Schwarze*, EuZW 2004, 135 (137).
30 EuGH, U. v. 5.10.2000 – Rs. C-376/98, Slg. 2000, I-8419 – *Tabakwerbeverbot I*, unten Rn. 40 ff. sowie *Selmayr/Kamann/Ahlers*, EWS 2003, 49 (50 ff.).
31 Dazu *Oppermann/Classen/Nettesheim*, Europarecht, 9. Aufl. 2021, § 32 Rn. 35 f.
32 *Khan*, in: Geiger/Khan/Kotzur, EUV/AEUV, 6. Aufl., Art. 118 Rn. 1.

hervorhebt. In der Tat ist der Weg hin zu einem einheitlichen Patentschutz von zahlreichen Rückschlägen gezeichnet, die auf eine mangelnde Einigung über die Sprachenfrage zurückgehen. Auch die erzielte Einigung über ein Europäisches Patent mit einheitlicher Wirkung konnte nur im Wege der verstärkten Zusammenarbeit nach Art. 20 EUV und Art. 326 ff. AEUV umgesetzt werden.

4. Der Binnenmarkt als Gegenstand des vereinfachten Vertragsänderungsverfahrens

31 Mit dem Vertrag von Lissabon wird den Mitgliedstaaten die Möglichkeit eröffnet, Änderungen des Primärrechts in einem vereinfachten Verfahren durchzusetzen, Art. 48 Abs. 6 EUV. Diese Möglichkeit besteht für die Vorschriften des Dritten Teils der AEUV und damit nicht nur für die den Binnenmarkt konstituierenden Bestimmungen über die Grundfreiheiten, sondern insbesondere auch für das in Art. 26 AEUV verankerte Binnenmarktprinzip selbst. Das vereinfachte Verfahren kann freilich nicht genutzt werden, um Zuständigkeiten der Union zu Lasten der Mitgliedstaaten zu erweitern (Art. 48 Abs. 6 UAbs. 3 EUV).

III. Fallgestaltungen

32 Das Binnenmarktprinzip als eines der Grundkonzepte des Unions- und namentlich des Europäischen Wirtschaftsrechts spielt eine bedeutende Rolle in der Rechtsprechung des EuGH, wenn auch zum Teil nur ergänzend bei der Auslegung binnenmarktbezogener Vorschriften. Zahlreiche Konflikte ranken sich zudem um die Reichweite der Unionsbefugnisse zur Rechtsangleichung im Binnenmarkt gemäß Art. 114 AEUV. In diesem Zusammenhang stellt sich auch die Frage nach der Möglichkeit der Delegation von Harmonisierungsentscheidungen auf die Kommission.

1. Binnenmarktfreundliche Auslegung

33 Das in Art. 26 AEUV festgehaltene Binnenmarktziel ist ein Grundsatz des Unionsrechts, was Art. 3 Abs. 3 EUV unterstreicht. Als solches hat es nicht nur handlungsleitende Funktion für die Unionsorgane, sondern auch – über Art. 4 Abs. 3 EUV i.V.m. den einschlägigen Vorschriften und namentlich den Grundfreiheiten – für die Mitgliedstaaten. Ihm kommt zudem eine wichtige Funktion bei der Auslegung vor allem der binnenmarktbezogenen Vorschriften zu.

34 EuGH, Urteil vom 9.9.2004 – Rs. C-72/03, Slg. 2004, I-8027 – *Carbonati Apuani*
Ein italienisches Gesetz bestimmte die Einführung einer Abgabe zugunsten der Gemeinde Carrara auf sämtlichen Marmor, der in ihrem Gebiet abgebaut und aus diesem verbracht wird. Das Gericht, das über die Anfechtung eines Festsetzungsbescheids für die Marmorabgabe zu entscheiden hatte, legte dem Gerichtshof die Frage vor, ob das fragliche Gesetz u.a. gegen das Verbot von Zöllen und Abgaben gleicher Wirkung verstoße.

35 Der EuGH weist zunächst das Argument zurück, es handele sich um eine inländische Abgabe im Sinne von Art. 110 AEUV (= Art. 90 EGV a. F.), da keine Belastung nach objektiven Kriterien unabhängig vom Ursprung oder der Bestimmung der Erzeugnisse erfolge. Die Abgabe werde nicht erhoben, wenn der Marmor im Gemeindegebiet verbleibe, der Abgabentatbestand liege also im Verlassen des Gemeindegebiets, eine Befreiung erfolge mithin nicht aus objektiven Gründen unabhängig von Ursprung oder Bestimmung der Waren.

36 Es stellt sich weiter die Frage, ob hier eine Abgabe gleicher Wirkung wie ein Zoll vorliegt – worunter jede finanzielle Belastung anlässlich eines Grenzübertritts verstanden wird.[33] Obwohl Art. 28 und 30 AEUV auf den Warenverkehr „zwischen den Mitgliedstaaten" verweisen, zielten sie doch darauf ab, generell Behinderungen des freien Warenverkehrs zu vermeiden – und zwar nicht nur im zwischenstaatlichen Handel, sondern allgemein im gesamten Zollgebiet.[34] Der Gerichtshof unterstreicht dies unter Verweis auf das Binnenmarktkonzept: „[Art. 26 Abs. 2 AEUV] definiert den Binnenmarkt als ‚Raum ohne Binnengrenzen, in dem der freie Verkehr von Waren, Personen, Dienstleistungen und Kapital (…) gewährleistet ist', ohne dass in dieser Bestimmung zwischen zwischenstaatlichen und innerstaatlichen Grenzen unterschieden würde. Da die [Art. 28 ff. AEUV] in Verbindung mit [Art. 26 Abs. 2 AEUV] zu lesen sind, ist es eine unabdingbare Voraussetzung für die Verwirklichung einer Zollunion, in der der freie Warenverkehr gewährleistet ist, dass es weder zwischenstaatliche noch innerstaatliche Abgaben mit den Merkmalen eines Zolles oder einer Abgabe gleicher Wirkung gibt." Schließlich handele es sich auch nicht um einen rein innerstaatlichen Sachverhalt, sondern die Abgabe erstrecke sich auch auf exportierten Marmor. Der EuGH weist auch den weiteren Vortrag zurück, dass die geringe Größe der Gemeinde, die Beschränkung auf lediglich eine Kategorie von Erzeugnissen oder der besondere Zweck der Marmorabgabe (für Infrastruktur- und Sozialmaßnahmen) ihrer Einstufung als Abgabe zollgleicher Wirkung entgegenstünden.

Anmerkung: Das Ergebnis der Entscheidung ist wenig überraschend; tatsächlich hatte der Gerichtshof bereits zuvor entschieden, dass eine Abgabe, die beim Überschreiten einer Gebietsgrenze im Inneren eines Staates erhoben wird, eine Abgabe zollgleicher Wirkung sein könne.[35] Die Entscheidung zeigt jedoch geradezu idealtypisch auf, wie der Gerichtshof bei der Auslegung des Verbots zollgleicher Abgaben auf das Binnenmarktziel und seine Bedeutung und Reichweite abstellt. Ähnliche Bedeutung kommt ihm auch bei der Auslegung der sonstigen Grundfreiheiten sowie des in Art. 18 AEUV enthaltenen allgemeinen Diskriminierungsverbots zu.

2. Unionskompetenz zur Rechtsangleichung nach Art. 114 AEUV

Mit der Einführung der Rechtsangleichungszuständigkeit für den Binnenmarkt im heutigen Art. 114 AEUV (= Art. 95 EGV a. F.) wird der Union die Möglichkeit eröffnet, im ordentlichen Gesetzgebungsverfahren gemäß Art. 294 AEUV – d.h. unter Verzicht auf Einstimmigkeit im Rat – Rechtsangleichungsmaßnahmen zu erlassen.

Damit ist einzelnen Mitgliedstaaten die Möglichkeit genommen, den Rechtsakt mit ihrem Veto zu verhindern. Es kommt vielmehr allein darauf an, ob die tatbestandlichen Voraussetzungen der Kompetenznorm erfüllt sind. Dies setzt voraus, dass die Maßnahme darauf abzielt, die Voraussetzungen für die Errichtung und das Funktionieren des Binnenmarktes zu verbessern. Fraglich war insoweit u.a., ob auch Maßnahmen mit primär anderen, namentlich gesundheitspolitischen Zielsetzungen auf Art. 114 AEUV gestützt werden können. Ebenso wurde diskutiert, ob ein Verbot marktkonformen Verhaltens überhaupt auf die prinzipiell dem Freihandelsgedanken verpflichtete Binnenmarktkompetenz gestützt werden könne.

EuGH, Urteil vom 5.10.2000 – Rs. C-376/98, Slg. 2000, I-8419 – *Tabakwerbeverbot I*
Auf der Grundlage von [Art. 53 Abs. 1, 62 und 114 AEUV] verabschiedeten Parlament und Rat die Richtlinie 98/43/EG.[36] *Die Richtlinie sah ein praktisch umfassendes Verbot von Werbung sowie von Sponsoring zugunsten von Tabakerzeugnissen vor.*

---
33 EuGH, U. v. 9.11.1983, Rs. 158/82, Slg. 1983, 3573 Rn. 18 – *Kommission/Dänemark*.
34 EuGH, U. v. 9.8.1993, Rs. C-363/93 u.a., Slg. 1994, I-3957 Rn. 25 ff. – *Lancry u.a.*
35 Vgl. nur EuGH, U. v. 16.7.1992, Rs. C-163/90, Slg. 1992, I-4625 Rn. 18 – *Legros u.a.*; U. v. 9.8.1993, Rs. C-363/93 u.a., Slg. 1994, I-3957 Rn. 25 ff. – *Lancry u.a.*
36 ABl. L 213/9 v. 30.7.1998.

41 In seiner Entscheidung über die von Deutschland erhobene Nichtigkeitsklage stellt der EuGH fest, dass eine Harmonisierung gemäß Art. 114 AEUV tatsächlich auf die Verbesserung der Voraussetzungen für die Errichtung und das Funktionieren des Binnenmarktes abzielen müsse. Dies folge aus Art. 26 AEUV. Art. 114 AEUV könne aber auch i.V.m. mit diesen Bestimmungen nicht dahin ausgelegt werden, dass er dem Gemeinschaftsgesetzgeber eine allgemeine Kompetenz zur Regelung des Binnenmarktes gewähre. Denn dies bedeute einen Verstoß gegen das Prinzip der begrenzten Einzelermächtigung.

42 Um festzustellen, ob eine derartige Verbesserung der Binnenmarktsituation tatsächlich erfolge, prüft der Gerichtshof, ob die Richtlinie tatsächlich zur Beseitigung von Hemmnissen des freien Waren- und Dienstleistungsverkehrs (a) sowie von Wettbewerbsverzerrungen (b) beiträgt.

43 (a) Er geht davon aus, dass für Printmedien, die Tabakwerbung enthalten, künftige Hindernisse für den freien Verkehr wahrscheinlich sind. Zur Vermeidung dessen könne insoweit ein auf Art. 114 AEUV gestütztes Werbeverbot zulässig sein, um den freien Verkehr solcher Presseerzeugnisse zu gewährleisten. „Für einen großen Teil der Formen von Tabakwerbung lässt sich das (...) [Werbeverbot] jedoch nicht damit rechtfertigen, Hemmnisse für den freien Verkehr von Werbeträgern oder für die Dienstleistungsfreiheit in diesem Werbesektor müssten beseitigt werden. Das gilt insbesondere für das Verbot von Werbung auf Plakaten, auf Sonnenschirmen, Aschenbechern (...) sowie für das Verbot von Werbespots im Kino, denn diese Verbote fördern den Handel mit den betroffenen Erzeugnissen nicht." Zudem enthalte die Richtlinie, die strengere nationale Vorschriften aus Gründen des Allgemeinwohls erlaube, keine Bestimmung, die den freien Handel mit solchen Erzeugnissen gewährleistet, die ihren Bestimmungen entsprechen.

44 (b) Zur Beseitigung von Wettbewerbsverzerrungen setze eine Berufung auf Art. 114 AEUV voraus, dass die Wettbewerbsverzerrungen, auf deren Beseitigung die Maßnahme abziele, spürbar seien. Ansonsten seien nämlich auch hier einem Tätigwerden des Gemeinschaftsgesetzgebers im Widerspruch zum Prinzip der begrenzten Einzelermächtigung praktisch keine Grenzen gesetzt.[37] Der EuGH verneint das Bestehen derart spürbarer Beeinträchtigungen sowohl hinsichtlich der Werbeindustrie (Agenturen, Hersteller von Werbeträgern) – obgleich die Lokalisierung von gesponserten Veranstaltungen (Sportwettkämpfe) die Wettbewerbsbedingungen durchaus beeinträchtigen könnten – als auch hinsichtlich des Marktes für Tabakerzeugnisse. Denn in den unterschiedlichen Werbevorschriften liege „keine Verzerrung des Wettbewerbs, sondern eine Beschränkung der Wettbewerbsarten, die in gleicher Weise für alle Wirtschaftsteilnehmer in diesen Mitgliedstaaten gilt." Daher seien auch insoweit die Voraussetzungen von Art. 114, 53 Abs. 1 und 62 AEUV nicht erfüllt, weshalb der Nichtigkeitsklage in vollem Umfang stattgegeben wurde: Angesichts des allgemeinen Charakters des Werbe- und Sponsoringverbots erachtet der EuGH eine teilweise Nichtigerklärung der Richtlinie nicht für möglich.

45 EuGH, Urteil vom 12.12.2006 – Rs. C-380/03, Slg. 2006, I-11573 – *Tabakwerbeverbot II*
Nach der Nichtigerklärung des umfassenden Tabakwerbeverbots erließen Rat und Parlament bereits 2003 eine modifizierte Richtlinie zur Rechtsangleichung über Werbung und Sponsoring zugunsten von Tabakerzeugnissen.[38] Diese enthielt nunmehr spezifische Werbeverbote für Presse- und Druckschriften (mit Ausnahmen für Fachveröffentlichungen für Tabakhändler sowie für Medien aus Drittstaaten), für Werbung in Rundfunk und Diensten der Informationsgesell-

---

[37] Siehe bereits EuGH, U. v. 11.6.1991, Rs. C-300/89, Slg. 1991, I-2867 Rn. 23 f. – *Titandioxid*.
[38] Richtlinie 2003/33/EG, ABl. L 152/16 v. 20.6.2003.

III. Fallgestaltungen

schaft sowie für das Sponsoring von Rundfunksendungen und Veranstaltungen oder Aktivitäten mit grenzüberschreitender Bedeutung.

Die neuerliche Nichtigkeitsklage wies der Gerichtshof als unbegründet zurück.[39] Die Voraussetzungen von Art. 114 AEUV seien erfüllt, wenn die Unterschiede zwischen den bestehenden nationalen Regelungen geeignet sind, die Grundfreiheiten zu beeinträchtigen und sich so unmittelbar auf das Funktionieren des Binnenmarktes auswirken. Auch künftige Hindernisse für den Handel reichten aus, wenn deren Entstehung wahrscheinlich ist.[40] Da Art. 114 AEUV dem Gemeinschaftsgesetzgeber einen Ermessensspielraum hinsichtlich der am besten geeigneten Harmonisierungsmaßnahmen verleihe, könnten darauf auch Maßnahmen gestützt werden, die die Vermarktung einzelner Erzeugnisse von der Erfüllung bestimmter Bedingungen abhängig machten oder diese vorläufig oder dauerhaft verböten.[41] **46**

Angesichts eines völligen Tabakwerbeverbots in einigen Mitgliedstaaten, der Erweiterung der Union um zehn neue Mitgliedstaaten und mangels anderer international einheitlicher Standards (die WHO-Tabakrahmenkonvention zielt nicht auf eine Vereinheitlichung der nationalen Regeln ab) bestünden hinreichend schwerwiegende Unterschiede zwischen den nationalen Regelungen, die eine Harmonisierung rechtfertigten: Presseerzeugnisse seien Gegenstand des innergemeinschaftlichen Handels in nicht unerheblichem Ausmaß. Daher könnten unterschiedliche Werbevorschriften den Marktzutritt von Presseerzeugnissen aus anderen Mitgliedstaaten behindern. Jedenfalls würden so rechtliche Hindernisse für den Handel geschaffen, was gleichermaßen für rein regional vertriebene Produkte gelte. Ebenso könnten Presseunternehmen, die einem nationalen Werbeverbot unterliegen, nicht in gleicher Weise grenzüberschreitende Dienstleistungen erbringen, wie dies solchen möglich sei, die einem Verbot nicht unterliegen.[42] Für Rundfunk- und Internetangebote müsse in Anbetracht ihres durchweg grenzüberschreitenden Charakters Gleiches gelten. Schließlich bestünden durch unterschiedliche nationale Regeln zum Sponsoring auch insoweit Behinderungen des freien Dienstleistungsverkehrs, als „die Rundfunkanstalten in einem Mitgliedstaat, in dem eine Verbotsmaßnahme in Kraft war, als Empfänger von Dienstleistungen kein Sponsoring mehr von Tabakunternehmen erhalten konnten, die in einem anderen Mitgliedstaat ansässig waren, in dem es keine solche Verbotsmaßnahme gab". Darin liege zugleich auch eine Gefahr von Wettbewerbsverzerrungen. **47**

Die spezifischen Werbeverbote seien zudem geeignet, die Hemmnisse zu beseitigen. Dass die Maßnahmen auch regionale Werbeträger, d.h. nicht grenzüberschreitende Sachverhalte erfassten, sei unerheblich. Denn Harmonisierungsmaßnahmen gemäß Art. 114 AEUV setzten nicht voraus, „dass in jeder der Situationen, die von einem auf diese Grundlage gestützten Rechtsakt erfasst wird, ein tatsächlicher Zusammenhang mit dem freien Verkehr zwischen Mitgliedstaaten besteht", solange diese nur tatsächlich die Bedingungen für die Errichtung und das Funktionieren des Binnenmarktes verbesserten.[43] **48**

Hinsichtlich des Harmonisierungsausschlusses für Fragen der Gesundheitspolitik (Art. 168 Abs. 5 AEUV) bestätigt der EuGH die schon im ersten Tabakwerbeurteil getroffene Feststellung, dass auf der Grundlage anderer Vertragsbestimmungen (d.h. hier des Art. 114 AEUV) erlassene Harmonisierungsmaßnahmen durchaus Auswirkungen **49**

---

39 Hierzu *Gundel*, EuR 2007, 251.
40 Zur Problematik präventiver Rechtsangleichung *Seidel*, EuR 2006, 26 ff.
41 Siehe auch EuGH, U. v. 14.12.2004, Rs. C-434/02, Slg. 2004, I-11825 Rn. 35 – *Arnold André* m. w. N.
42 Siehe auch EuGH, U. v. 8.3.2001, Rs. C-405/98, Slg. 2001, I-1795 Rn. 38 f. – *Gourmet International Products*.
43 Siehe auch EuGH, U. v. 20.5.2003, Rs. C-465/00 u.a., Slg. 2003, I-4989 Rn. 41 f. – *Österreichischer Rundfunk u.a.*; U. v. 6.11.2003, Rs. C-101/01, Slg. 2003, I-12971 Rn. 40 f. – *Lindqvist*.

auf den Schutz der menschlichen Gesundheit haben dürften. Denn auch Art. 114 Abs. 3 AEUV erfordere ein hohes Gesundheitsschutzniveau. Wie seine ständige Rechtsprechung zeige, könne eine Maßnahme selbst dann auf Art. 114 AEUV gestützt werden, wenn dem Gesundheitsschutz maßgebliche Bedeutung zukommt.[44]

50 Der Sache nach entspricht dies der *Titandioxid*-Entscheidung, die das Verhältnis zwischen der Rechtsangleichungsbefugnis des Art. 114 AEUV und der Umweltschutzbestimmung in Art. 191 AEUV betraf. Der Gerichtshof hatte dort argumentiert, dass eine Maßnahme nicht bereits deshalb unter Art. 114 AEUV falle, weil mit ihr unter anderen auch Ziele des Umweltschutzes verfolgt würden. Solange sie geeignet sei, zum Abbau von wettbewerbsverfälschenden Rechtsunterschieden beizutragen, unterfiele sie der Harmonisierungskompetenz des Art. 114 AEUV.[45]

51 Schließlich stellt sich vor allem wegen der Erstreckung auf rein regionale oder lokale Sachverhalte auch die Frage der Verhältnismäßigkeit des weitgehenden Werbeverbots. Der EuGH verweist insoweit auf den weiten Ermessensspielraum, die Verpflichtung auf ein hohes Schutzniveau und die bereits festgestellte Geeignetheit der Maßnahmen. Das Tabakwerbeverbot verstoße auch nicht gegen die Meinungsäußerungsfreiheit (Art. 10 Abs. 2 EMRK; s. jetzt auch Art. 11 GrRCh i. V. m. Art. 6 Abs. 1 EUV). Auch die journalistische Meinungsäußerung bleibe unberührt und eine indirekte Schwächung im ohnehin wandelbaren Bereich des Geschäftsverkehrs sei angesichts der verfolgten Ziele jedenfalls nicht unverhältnismäßig.

52 **Anmerkung:** Die beiden Entscheidungen und die jeweils ihren Gegenstand bildenden Richtlinien beleuchten die Problematik der Rechtsangleichung im Binnenmarkt und stellen Reichweite und Grenzen der Harmonisierungskompetenz fest. Für ein Tätigwerden des Unionsgesetzgebers ergeben sich aus dieser Rechtsprechung[46] die folgenden Eck- und Prüfungspunkte:
– eine Rechtsangleichung auf der Grundlage von Art. 114 AEUV setzt eine Beeinträchtigung des Funktionierens des Binnenmarkts voraus, die tatsächlich bestehen und nachgewiesen werden muss;
– derartige Beeinträchtigungen könnten insbesondere in – auch mit einer gewissen Wahrscheinlichkeit erst künftig entstehenden – Hemmnissen des freien Waren- und Dienstleistungsverkehrs sowie in spürbaren Wettbewerbsverzerrungen liegen;
– unerheblich ist, dass die Maßnahmen zugleich andere Ziele, wie beispielsweise den Gesundheitsschutz verfolgten, und zwar selbst bei Bestehen eines Harmonisierungsverbots; ebenso sei es unschädlich, dass sie sich auch auf nicht grenzüberschreitende Sachverhalte bezögen;
– die Harmonisierungsmaßnahme unterliegt dem Verhältnismäßigkeitsgrundsatz und muss die grundrechtlichen Rechtspositionen der betroffenen Marktbürger berücksichtigen.

53 Deutlich wird, dass die Binnenmarkt-Harmonisierungskompetenz, die *per se* keine Sachkompetenz darstellt, gerade deshalb sehr weit reicht. Daran ändert auch die Kategorisierung als geteilte Zuständigkeit i. S. v. Art. 2 Abs. 2 AEUV nichts.[47] Sie erstreckt sich auf

---

44 Vgl. nur EuGH, U. v. 10.12.2002, Rs. C-491/01, Slg. 2002, I-11453 Rn. 62 – *British American Tobacco (Investments) and Imperial Tobacco*; U. v. 14.12.2004, Rs. C-434/02, Slg. 2004, I-11825 Rn. 32 – *Arnold André* m. w. N.; U. v. 12.7.2005, Rs. C-154/04, Slg. 2005, I-6451 Rn. 31 – *Alliance for Natural Health*.
45 EuGH, U. v. 11.6.1991, Rs. C-300/89, Slg. 1991, I-2867 Rn. 23 f. – *Titandioxid*.
46 S. EuGH, U. v. 10.2.2009, Rs. C-301/06, EuZW 2009, 212 Rn. 63 ff. – *Vorratsdatenspeicherung*. In diesem Fall spielte ergänzend die Kompetenzabgrenzung zwischen dem EGV a. F. und den intergouvernementalen Kompetenzen des EUV a. F. eine Rolle, ein Streitpunkt, der mit der Überführung der Justiz- und Innenpolitik in Art. 67 ff. AEUV hinfällig geworden ist.
47 Vgl. *Trüe*, ZaöRV 64 (2004), 391 (419).

III. Fallgestaltungen **54–58**

all diejenigen Fälle, in denen die Errichtung und das Funktionieren des Binnenmarktes eine Harmonisierung tatsächlich erforderlich macht – und zwar selbst dann, wie vom Gerichtshof in der späteren Entscheidung zu Tabakerzeugnissen mit bestimmten Aromen bestätigt, wenn es in der Sache um ein Verbot des Handels mit Produkten geht, das ein unterschiedliches Schutzniveau vermeiden und einen einheitlichen Rechtsrahmen im Binnenmarkt ermöglichen soll.[48] Eine sachbezogene Kompetenzzuweisung oder -begrenzung besteht hingegen nicht.[49] Aus dem Prinzip der begrenzten Einzelermächtigung (Art. 5 Abs. 2 EUV), das auch für die Rechtsharmonisierung im Binnenmarkt gilt, folgt insoweit nichts anderes. Zugleich ist die Union gemäß Art. 114 Abs. 3 AEUV auf die Wahrung eines hohen Schutzniveaus in den Bereichen Gesundheit, Sicherheit, Umwelt- und Verbraucherschutz verpflichtet. Die maßgebliche materielle Grenze der Harmonisierungsbefugnis stellen die (Unions-)Grundrechte dar.

3. Organkompetenzen bei der Rechtsangleichung

Art. 114 AEUV als wichtigste Befugnisnorm für die Rechtsangleichung im Binnenmarkt **54** enthält keine konkrete Vorgabe zur Art der Maßnahme. Er verweist jedoch, wie gesehen, auf das ordentliche Gesetzgebungsverfahren gemäß Art. 294 AEUV und stellt mithin klare Vorgaben über die beteiligten Organe auf. In Bereichen, die von Veränderung und schneller Entwicklung geprägt sind, kann jedoch Bedarf bestehen, Änderungen auf administrativer Ebene vornehmen zu können.

EuGH, Urteil vom 6.12.2005 – Rs. C-66/04, Slg. 2005, I-10553 – *Raucharomenverord-* **55**
nung
Die Raucharomenverordnung[50] reguliert das ordnungsgemäße Funktionieren des Binnenmarktes im Bereich von Raucharomen, die in oder auf Lebensmitteln verwendet werden, regelt aber nicht selbst, welche Aromen verwendet werden dürfen. Vielmehr sieht sie ein Verfahren vor, in dem die Kommission nach einem generell ausgestalteten Beteiligungsverfahren (dem sogenannten Komitologieverfahren) die für die Herstellung der Raucharomen erforderlichen Primärprodukte durch Aufnahme in eine Liste zulässt.

Großbritannien erhob gegen die Verordnung Nichtigkeitsklage, weil Art. 114 AEUV **56** nicht die geeignete Rechtsgrundlage sei. Die Verordnung bewirke keine Rechtsangleichung, sondern lege lediglich ein zentralisiertes Zulassungsverfahren fest. Die Harmonisierungsbefugnis könne weder zur Errichtung gemeinschaftlicher Einrichtungen oder zur Übertragung von Aufgaben auf solche noch zur Einsetzung von Verfahren zur Genehmigung von Listen herangezogen werden – dies könne nur auf der Basis von Art. 352 AEUV (= 308 EGV a. F.) geschehen.

Der EuGH stellt fest, dass Unterschiede zwischen den nationalen Vorschriften über die **57** Zulassung von Aromen bestanden, die den freien Warenverkehr behinderten und den Wettbewerb verzerrten. Auch gehe aus dem Text hervor, dass die Verordnung tatsächlich den Zweck verfolgt, die Voraussetzungen für die Errichtung und das Funktionieren des Binnenmarkts zu verbessern. Maßnahmen im Sinne von Art. 114 AEUV erfassten verschiedenste Mechanismen, die gerade in technisch komplexen oder fortwährend neuen Erkenntnissen unterliegenden Bereichen auch mehrphasige Regelungsmodelle umfassen könnten. So könne auch das in Art. 114 Abs. 3 AEUV geforderte hohe Schutzniveau am besten gewährleistet werden.

Eine Delegation von Entscheidungsbefugnissen auf die Kommission unterliege jedoch **58** Grenzen: Erstens müsse der Gemeinschaftsgesetzgeber in dem zugrunde liegenden

---
48 EuGH, U. v. 4.5.2016, Rs. C-358/14, ECLI:EU:C:2016:323, Rn. 36, 56 – *Polen/Parlament und Rat*. Hierzu *Nettesheim*, EuZW 2016, 578 (579 f.) und *Schuster*, JuS 2019, 39 (42).
49 *Möstl*, EuR 2002, 318 (324).
50 Verordnung (EG) Nr. 2065/2003, ABl. L 309/1 v. 26.11.2003.

Rechtsakt die wesentlichen Elemente der betreffenden Harmonisierung selbst festlegen – eine Totalübertragung sei unzulässig. Und zweitens müsse sichergestellt sein, dass das Verfahren tatsächlich zu einer Harmonisierung führe, d.h. die Entscheidungsvoraussetzungen für die einzelnen Schritte müssten niedergelegt und die einzelnen Befugnisse der Kommission klar beschrieben sein – was insbesondere bei einer harmonisierten Liste zugelassener Produkte der Fall sei. Beides sei angesichts der detaillierten technischen und Verfahrensvorgaben vorliegend gegeben. Außerdem erkenne Art. 114 AEUV in seinen Absätzen 4 und 5 Befugnisse der Kommission bei der Rechtsangleichung an, weshalb die Klage abzuweisen sei.

59 **Anmerkung:** Die Entscheidung zeigt die Problematik von Harmonisierungsmaßnahmen in technisch komplexen Bereichen. Durch die Übernahme der Rechtsetzungsaufgabe kraft seiner Binnenmarktkompetenz ist der Unionsgesetzgeber aufgerufen, die entsprechenden Einzelheiten festzulegen und zu aktualisieren. Diese Aufgaben können der Kommission übertragen werden – ggf. im Zusammenspiel mit mitgliedstaatlichen Behörden und den anderen Organen – unter der Voraussetzung, dass der zugrunde liegende Rechtsakt das Wesentliche selbst regelt und Inhalt, Zweck und Ausmaß der Delegation hinreichend bestimmt.[51]

IV. Gegenwart und Zukunft des Binnenmarkts

60 Der Binnenmarkt stellt eine – wenn nicht gar die – Erfolgsgeschichte der Gemeinschaft dar. Für die Marktbürger hat er Wohlfahrtsgewinne und die Möglichkeiten gebracht, in anderen Mitgliedstaaten zu studieren, zu arbeiten und zu leben und das Angebot an hochwertigen Waren und Dienstleistungen bei niedrigeren Preisen und hohem Verbraucherschutzstandard erweitert. Für Unternehmen brachte er einen einheitlichen Absatzmarkt von nahezu 450 Mio. Marktbürgern, harmonisierte Standards und Gütesiegel, führte zu Erleichterungen bei grenzüberschreitenden Unternehmensgründungen, der Erschließung neuer Finanzierungsquellen und verbesserten Rahmenbedingungen für grenzüberschreitende Kooperation und Technologietransfer. Hinzu treten allgemeinwirtschaftliche Wachstumseffekte als Konsequenz des Binnenmarktes. Nach Informationen der Kommission entfallen 56 Mio. Arbeitsplätze auf den Handel im Binnenmarkt in Europa, und der geschätzte wirtschaftliche Nutzen liegt zwischen 8 % und 9 % des BIP der EU.[52]

61 Um ein optimales Funktionieren zu erreichen, bedarf es ständiger Neujustierungen. Den Binnenmarkt zeichnet eine besondere Dynamik aus, seine Gewährleistung stellt eine Daueraufgabe[53] dar, die immer neue Herausforderungen zu meistern hat: EU-Osterweiterung, Brexit, COVID-19 sowie die Energiekrise in Folge des russischen Einmarschs in die Ukraine, um nur die wichtigsten zu nennen.

62 Die Kommission hat seit 1993 die Entwicklung des Binnenmarktes aufs Engste beobachtet und ihre Politik immer wieder neuen Erfordernissen angepasst. Einer ersten Binnenmarktstrategie folgten seit 1999 regelmäßige Anpassungen.[54] In der letzten ausdrücklich so bezeichneten Binnenmarktstrategie von 2015 wurde der Schwerpunkt auf die digitale Dimension gelegt und eine „Strategie für einen digitalen Binnenmarkt" verabschiedet. Diese umfasste drei Pfeiler, und zwar (a) einen besseren Online-Zugang für Verbraucher und Unternehmen zu Waren und Dienstleistungen in ganz Europa – online und offline,

---

51 *Streinz*, JuS 2006, 445.
52 COM(2020) 94 final, v. 10.3.2020.
53 *Hatje*, in: Schwarze, EU-Kommentar, 4. Aufl. 2019, Art. 26 AEUV Rn. 21; *Korte*, in: Callies/Ruffert, EUV/AEUV, 6. Aufl. 2022, Art. 26 AEUV Rn. 35.
54 Für einen Überblick s. *Korte*, in: Callies/Ruffert, EUV/AEUV, 6. Aufl. 2022, Art. 26 AEUV Rn. 57 ff.

(b) die Schaffung der richtigen Bedingungen für florierende digitale Netze und Dienste sowie (c) die bestmögliche Ausschöpfung des Wachstumspotenzials der europäischen digitalen Wirtschaft.[55] 2020 wurde der Schwerpunkt anders gesetzt und eine „Neue Industriestrategie für Europa"[56] verabschiedet, die freilich wiederum den Binnenmarkt als eine der Grundlagen des industriellen Wandels in Europa betont und ausführt, dass er dazu vertieft und digitaler werden solle.

Ein beständiges Problem für die Verwirklichung des Binnenmarktes stellt die mangelnde oder verspätete Umsetzung der einschlägigen Richtlinien dar. Stand 2020 liegt das durchschnittliche Umsetzungsdefizit bei 1.0 % der insgesamt 1027 binnenmarktbezogenen Richtlinien.[57] Ebenso problematisch ist die fehlerhafte Umsetzung und Anwendung der Binnenmarktvorschriften. Die Zahl der Vertragsverletzungsverfahren ist weiterhin hoch, vor allem in den Bereichen Umwelt und Verkehr mit zusammen mehr als der Hälfte aller Vertragsverletzungsverfahren (durchschnittlich 31 Fälle je Staat).[58] Mit einem langfristigen Aktionsplan zur besseren Umsetzung und Durchsetzung der Binnenmarktvorschriften versucht die Kommission seit 2020, Vertragsverletzungssituationen bereits im Vorfeld zu verhindern und hierzu partnerschaftlich mit den Mitgliedstaaten zusammenzuarbeiten.[59] So wurde u. a. eine aus Vertretern der Kommission und der Mitgliedstaaten bestehende gemeinschaftliche Taskforce für die Durchsetzung des Binnenmarkts eingesetzt. Als Alternative zum förmlichen Vertragsverletzungsverfahren besteht darüber hinaus ein formloses Problemlösungsnetzwerk „SOLVIT" für binnenmarktspezifische Probleme bei der Kommission: Beschwerden werden an die Koordinierungsstelle des betreffenden Mitgliedstaates weitergeleitet, um so eine pragmatische Lösung zu ermöglichen.

Auch sachlich bleibt die Vollendung des Binnenmarkts eine Daueraufgabe, wiewohl es der Union gelingt, immer weitere Bausteine hinzuzufügen. Unter anderem steht – nach zahlreichen Verzögerungen – das Inkrafttreten der Vorschriften über das europäische Patent mit einheitlicher Wirkung[60] und des Übereinkommens über ein einheitliches Patentgericht[61] nach den erforderlichen Ratifikationen Ende 2022 unmittelbar bevor. Eine konsequente Herstellung des Binnenmarkts müsste jedoch noch weiter bislang den Mitgliedstaaten vorbehaltene Regelungsbereiche berühren und dabei auch vor sensiblen Bereichen nicht Halt machen, wie namentlich dem Steuerrecht oder der wirklichen Harmonisierung technischer Regeln.[62]

---

55 COM(2015) 192 final, v. 6.5.2015.
56 COM(2020) 102 final, v. 10.3.2020.
57 Single Market Scoreboard 2020, https://single-market-scoreboard.ec.europa.eu/governance-tools/transposition_en (zuletzt abgerufen am 24.7.2022), Abschnitt *Transposition*.
58 Single Market Scoreboard 2020, https://single-market-scoreboard.ec.europa.eu/governance-tools/infringements_en (zuletzt abgerufen am 24.7.2022), Abschnitt *Infringements*.
59 COM(2020) 94 final, v. 10.3.2020.
60 Verordnung 1257/2012/EU v. 17.12.2012 und Verordnung 1260/2012/EU v. 17.12.2012.
61 ABl. 2013 C 175, 1.
62 *Oppermann/Classen/Nettesheim*, Europarecht, 9. Aufl. 2021, § 22 Rn. 54.

§ 3 Grundfreiheiten – Allgemeiner Teil

Amelie Volkert

Literaturhinweise:
Borchardt, Die rechtlichen Grundlagen der Europäischen Union, 7. Aufl. 2020; *Brigola*, Der Grundsatz der Verhältnismäßigkeit im Gefüge der EU-Grundfreiheiten – Steuerungsinstrument oder Risikofaktor, EuZW 2017, 406; *Cremer*, Die Grundfreiheiten des Europäischen Unionsrechts, Jura 2015, S. 39; *Ehlers*, § 7 Allgemeine Lehren, in: ders. (Hrsg.), Europäische Grundrechte und Grundfreiheiten, 4. Aufl. 2015; *Epiney*, Neuere Rechtsprechung des EuGH in den Bereichen institutionelles Recht, allgemeines Verwaltungsrecht, Grundfreiheiten, Umwelt- und Gleichstellungsrecht, NVwZ 2006, 407; *Holst*, Konvergenz der Grundfreiheiten durch das Marktzugangskriterium, EuR 2017, 633; *Jarass*, Elemente einer Dogmatik der Grundfreiheiten, EuR 1995, 202; *Knoth/Seyer*, Grundfälle zur Grundrechtecharta, JuS 2021, 928; *Manger-Nestler/Noack*, Europäische Grundfreiheiten und Grundrechte, JuS 2013, S. 503; *Mühl*, Diskriminierung und Beschränkung – Grundansätze einer einheitlichen Dogmatik der Grundfreiheiten des EG-Vertrages, 2004; *Müller-Graff*, Grundfreiheiten und Gemeinschaftsgrundrechte, in: Tradition und Weltoffenheit des Rechts, Festschrift für Helmut Steinberger, 2002, S. 1281; *Nowak/Schnitzler*, Erweiterte Rechtfertigungsmöglichkeiten für mitgliedstaatliche Beschränkungen der EG-Grundfreiheiten – Genereller Rechtsprechungswandel oder Sonderweg im Bereich der sozialen Sicherheit?, EuZW 2000, 627; *Pache/Rösch*, Der Vertrag von Lissabon, NVwZ 2008, 473; *Ruffert/Grischek/Schramm*, Europarecht im Examen – Die Grundfreiheiten, JuS 2021, 407; *dies.*, Europarecht im Examen – Die Grundrechte, JuS 2020, 1022; *dies.*, Europarecht im Examen – Rechtsschutz vor den Europäischen Gerichten, JuS 2022, 814; *Schäfer*, Europarecht; „Fall Bosmann", Entscheidung des EuGH. Zur Beschränkung der Freizügigkeit von Berufssportlern durch private Verbandssatzung, JA 2005, 497; *Streinz/Leible*, Die unmittelbare Drittwirkung der Grundfreiheiten, EuZW 2000, 459; *Sauer*, Die Grundfreiheiten des Unionsrechts, JuS 2017, 310.

I. Grundlagen

1. Stellung der Grundfreiheiten im Gefüge des europäischen Unionsrechts

1 Die Kernbestimmungen des Binnenmarktrechts sind die Grundfreiheiten und das europäische Wettbewerbsrecht[1], die die Schaffung und Stärkung des gemeinsamen Binnenmarktes gem. Art. 3 Abs. 3 S. 1 EUV zum Gegenstand haben, indem einzelstaatliche und protektionistische Maßnahmen, die beispielsweise Handelshemmnisse begründen, verhindert werden[2], vgl. Art. 26 Abs. 1, 2 AEUV. Bezweckt wird damit die Öffnung der nationalen Märkte und die Etablierung eines gemeinsamen Europäischen Wirtschaftsraums mit einem unbehinderten gesamteuropäischen Wirtschaftsverkehr, dem eine mitgliedstaatliche Bevorzugung des eigenen nationalen Marktes gerade entgegensteht.

2 Damit die Mitgliedstaaten auch bei der Ausübung ihrer Hoheitsgewalt dem Binnenmarktkonzept nicht zuwider agieren, gewährleistet Art. 34 AEUV den freien Warenverkehr, zum Schutze der grenzüberschreitenden Mobilität von Produkten,[3] Art. 45 AEUV die Arbeitnehmerfreizügigkeit, Art. 49 AEUV die Niederlassungsfreiheit, die die freie Niederlassung von selbstständigen Gewerbetreibenden, Freiberuflern und Gesellschaf-

---

1 Art. 101 ff. AEUV, insbesondere das Kartell- und Missbrauchsverbot sowie das Europäische Beihilfenrecht, *Terhechte*, EUV, Art. 3 Rn. 41 ff.; instruktiv zum europäischen Kartellrecht: *Volmar/Kranz*, JuS 2018, 14 (14 ff.); instruktiv zum Beihilferecht, *Carnap-Bornheim*, JuS 2013, 215 (215 ff.); zum binnenmarktrechtlichen Wettbewerbsprinzip: *Kainer/Persch*, EuZW 2021, 541, (541 ff.).
2 *Ruffert*, in: Callies/Ruffert, EUV/AEUV, Art. 3 EUV Rn. 22; *Ruffert/Grieschk/Schramm*, JuS 2021, 407 (407); *Cremer*, Jura 2015, 39 (39).
3 *Leible/T. Streinz*, in: Das Recht der EU; *Grabitz/Hilf/Nettesheim*, Art. 34 AEUV Rn. 14.

ten schützt.⁴ Art. 56 AEUV regelt die Dienstleistungsfreiheit, die die Liberalisierung derjenigen Erwerbstätigkeiten gewährleisten soll, die nicht unter die Waren-, Arbeitnehmer-, Niederlassungs- oder Kapitalverkehrsfreiheit fallen, vgl. Art. 57 AEUV. Die Kapital- und Zahlungsverkehrsfreiheit schließlich gewährleisten die Übertragung von Geld und ähnlichen Werten über die Grenzen eines Mitgliedstaates hinweg, Art. 63 AEUV.⁵

Die Grundfreiheiten gehören wegen ihrer Stellung innerhalb des AEUV zum Europäischen Primärrecht, welches in den Mitgliedstaaten grundsätzlich unmittelbar anzuwenden ist.⁶

Für die Grundfreiheiten bedeutet dies, dass sie ohne weiteren nationalen Umsetzungsakt in die nationale Rechtsordnung einwirken und dass das nationale Recht der Mitgliedstaaten sowie das Unionssekundärrecht in ihrem Lichte ausgelegt werden müssen.⁷ Sollten nationale Vorschriften mit den Grundfreiheiten nicht vereinbar sein, so sind diese in einem ersten Schritt unionsrechtskonform auszulegen und sollte dies nicht möglich sein, so sind diese nationalen Vorschriften nach dem Grundsatz des Anwendungsvorrangs des Unionsrechts im Kollisionsfall schlicht unanwendbar.

Daher sind die Grundfreiheiten selbst kraft primärrechtlicher Stellung im Gefüge des europäischen Unionsrechts auch gerade dann unmittelbar Prüfungsmaßstab, wenn bislang keine unionsrechtlichen Harmonisierungsmaßnahmen zur Regulierung des Binnenmarktes durch Sekundärrecht wie bspw. Richtlinien erlassen wurden.⁸ Soweit solches Sekundärrecht vorliegt, sind diese Rechtsvorschriften als Konkretisierung der allgemeineren primärrechtlichen Grundfreiheiten vorrangig einschlägig. Jedoch ist die Auslegung dieser Vorschriften anhand der Wertungen des Unionsprimärrechts, demnach auch anhand der Grundfreiheiten, vorzunehmen. Daher bleiben für die Anwendung der Grundfreiheiten als unmittelbarer Prüfungsmaßstab vor allem die Regelungsbereiche, in denen der Europäischen Union keine Hoheitsrechte übertragen wurden⁹ oder die Europäische Union von ihrer Kompetenz noch keinen Gebrauch gemacht hat. In diesen Bereichen wurden nämlich gerade noch keine Harmonisierungsmaßnahmen durch Sekundärrecht erlassen, die der unmittelbaren Anwendung der Grundfreiheiten vorgehen könnten.

Dass das nationale Recht auch ohne sekundärrechtliche Harmonisierungsmaßnahmen im Lichte des Unionsrechts auszulegen ist, darf jedoch nicht mit einer allumfassenden Hoheitsrechtsübertragung sämtlicher Regelungsgewalt auf die Europäische Union verwechselt werden; vielmehr hat sich der Mitgliedstaat durch seine Zustimmung zu dem EUV und dem AEUV dazu verpflichtet, eigene protektionistische Maßnahmen, die dem gemeinsamen Europäischen Binnenmarkt zuwiderlaufen, zu unterlassen.¹⁰ Insofern hat sich der Mitgliedstaat durch die Zustimmung zu den Europäischen Verträgen, die die

---

4 *Korte*, in: Callies/Ruffert, EUV/AEUV, Art. 49 AEUV Rn. 2.
5 *Korte*, in: Callies/Ruffert, EUV/AEUV, Art. 63 AEUV Rn. 6 f.
6 *Wegener*, in: Callies/Ruffert, EUV/AEUV, Art. 19 EUV Rn. 53; ausführlich zum Verhältnis von nationalem Recht zum supranationalen Recht der Europäischen Union: *Holterhus/Mittwoch/El-Ghazi*, JuS 2018, 313 (315 ff.); zur Geltung, unmittelbaren Anwendbarkeit und Wirkung des Unionsrechts *Nettesheim*, in: Grabitz/Hilf/Nettesheim, Das Recht der EU, Art. 1 AEUV Rn. 67 ff.; *Terhechte*, JuS 2008, 403 (403 ff.); *Borchardt*, Die rechtlichen Grundlagen der EU, Rn. 1105 f.
7 *Wegener*, in: Callies/Ruffert, EUV/AEUV, Art. 19 EUV, Rn. 54; *Dörr*, in: Sodan/Ziekow, Verwaltungsgerichtsordnung, Europäischer Verwaltungsrechtsschutz A III 1., Rn. 189; vgl. auch: *Bethge*, in: Sachs, Grundgesetz, Art. 5 GG Rn. 7a; weiterführend zur Richtlinienkonformen Auslegung: *Tonikidis*, JA 2013, 598 (598 ff.).
8 *Böhm*, JA 2009, 328 (329); *Sauer*, JuS 2017, 310 (312).
9 *Sauer*, JuS 2017, 310 (312).
10 Vgl. *Huber*, in: Streinz, EUV/AEUV, Art. 19 EUV, Rn. 53; *Pechstein/Kubicki*, in: Pechstein/Nowak/Häde, Frankfurter Kommentar, Art. 19 EUV, Rn. 57; *Wegener*, in: Callies/Ruffert, EUV/AEUV, Art. 19 EUV, Rn. 62; *Rademacher*, JuS 2018, 377 (338).

Grundfreiheiten enthalten, unmittelbar verpflichtet sein (wirtschaftspolitisches) Handeln unter dem Rechtsregime der Europäischen Verträge zu vollziehen. Daraus ergibt sich sodann, dass die Grundfreiheiten stets auch Einfluss auf das nationale Recht haben können, sofern deren Anwendungsbereich eröffnet ist. Daher nimmt bei der Heranziehung der Grundfreiheiten als Prüfungsmaßstab des nationalen Rechts die Feststellung eines grenzüberschreitenden Sachverhalts eine besondere Bedeutung ein.

2. Das Verhältnis der Grundfreiheiten zu den Grundrechten

7 Neben den Grundfreiheiten können auch Unionsgrundrechte parallel Anwendung finden.[11] Der Europäische Grundrechtschutz ergibt sich maßgeblich aus zwei Rechtsquellen, nämlich den ungeschriebenen Grundrechten und den in der Grundrechtecharta modifizierten Grundrechten. Bereits früh hat der EuGH begonnen, subjektive Abwehrrechte des Bürgers gegenüber der unionalen Hoheitsgewalt als allgemeine Rechtsgrundsätze aus den gemeinsamen Verfassungstraditionen der Mitgliedstaaten sowie der Europäischen Menschenrechtskonvention herzuleiten.[12] Diese sind auch nach Kodifizierung des Grundrechtsschutzes in der Grundrechtecharta weiterhin gem. Art. 6 Abs. 3 EUV Bestandteil des Primärrechts. Mit dem Vertrag von Lissabon wurde die Grundrechtecharta, die erstmals geschriebene und somit normativ festgelegte Grundrechte enthielt, gem. Art. 6 Abs. 1 EUV auf den Rang von Primärrecht erhoben.[13] Für das Verhältnis zwischen Grundfreiheiten und Grundrechten bedeutet dies, dass diese auf hierarchisch gleicher Ebene rangieren, sodass sich kein Vorrangverhältnis von Grundrechten vor Grundfreiheiten oder umgekehrt herleiten lässt.[14] Viel mehr sind die Regelungen nebeneinander anwendbar, sodass sie im Konfliktfall in angemessenen Ausgleich zu bringen sind. Einerseits kann ein Eingriff in ein Rechtsinstitut durch einen Eingriff in ein anderes gerechtfertigt und somit legitimiert werden, andererseits kann durch ein Zusammentreffen von Grundfreiheit und Grundrecht im Einzelfall auch das Schutzniveau erhöht werden,[15] sodass in diesen Konstellationen an eine Rechtfertigung besondere Anforderungen zu stellen sind.

8 Das in Art. 18 AEUV niedergelegte allgemeine Diskriminierungsverbot, welches jede Diskriminierung aufgrund der Staatsangehörigkeit verbietet,[16] tritt, sofern der Anwendungsbereich einer Grundfreiheit eröffnet ist, hinter den spezielleren Grundfreiheiten zurück.

3. Die Grundfreiheiten als subjektive Unionsrechte

9 Als Bestandteil des Unionsprimärrechts sind die Grundfreiheiten objektives und in den Mitgliedstaaten unmittelbar anwendbares Recht. Da es regelmäßig die Mitgliedstaaten sind, die ein Interesse haben, das objektive Recht der Grundfreiheiten zugunsten protektionistischer Maßnahmen zu umgehen, sind die Bürger, die am Binnenmarkt teilnehmen, dazu berufen, ihre Grundfreiheiten gegenüber dem jeweiligen Mitgliedstaat durchzusetzen. Indem die sog. *„Marktbürger"* dies tun, helfen sie, gleichsam die objektive Rechtsordnung zu verwirklichen. Insofern handelt es sich bei den Grundfreiheiten um *„funktionale subjektive Rechte",*[17] deren Durchsetzung sowohl dem Einzelnen, aber auch

---
11 *Frenz,* NVwZ 2011, 961 (965).
12 *Knoth/Seyer,* JuS 2021, 928 (928).
13 *Pache,* in: Pechstein/Nowak/Häde, Frankfurter Kommentar, Art. 6 EUV, Rn. 14.
14 *Kocher,* in: Pechstein/Nowak/Häde, Frankfurter Kommentar, Art. 28 GrCh, Rn. 39; *Manger-Nestler,* JuS 2013, 503 (506).
15 *Pache,* in: Pechstein/Nowak/Häde, Frankfurter Kommentar, Art. 6 EUV, Rn. 14; *Frenz,* NVwZ 2011, 961 (965); *Kahl/Schwind,* EuR 2014, 170 (187 f.).
16 *Epiney,* in: Callies/Ruffert, EUV/AEUV, Art. 19 AEUV, Rn. 8 f.; vgl. auch *Streinz,* in: Streinz, EUV/AEUV, Art. 18 AEUV, Rn. 13.
17 *Böhm,* JA 2009, 328 (328); vgl. *Kingreen,* in: Callies/Ruffert, EUV/AEUV, Art. 36 AEUV, Rn. 30.

I. Grundlagen

der Allgemeinheit oder der Unionsrechtsordnung selbst dient. Diese Mobilisierung der Bürger verhindert mitgliedstaatliche Durchsetzungsdefizite in Bezug auf die Grundfreiheiten und trägt maßgeblich zur Verwirklichung des Binnenmarktkonzeptes bei.[18] Um den Europäischen Binnenmarkt zu verwirklichen, reichen reine Diskriminierungsverbote langfristig nicht aus, um dieses Ziel zu erreichen. Durch Regelungsvielfalt innerhalb des Binnenmarktes divergieren die nationalrechtlichen Produktvorgaben, die als faktische Beschränkung unabhängig von der jeweiligen Staatsangehörigkeit wirken und daher einem freien Wirtschaftsverkehr im Wege stehen.[19] Im Rahmen der Verhinderung solcher Beschränkungen sind die Grundfreiheiten demnach auch als Freiheitsrechte zu qualifizieren, die die Wirkung reiner Diskriminierungsverbote übertreffen.[20]

4. Die Prüfung der Grundfreiheiten

Die Grundfreiheiten sollten im Rahmen einer Drei-Schritt-Prüfung von der Eröffnung des Schutzbereichs, über Vorliegen eines Eingriffs hin zu einer möglichen Rechtfertigung geprüft werden.[21] Auch wenn der Aufbau nach der Drei-Schritt-Prüfung aus dem nationalen Verfassungsrecht bei der Prüfung von Freiheitsgrundrechten bekannt ist, können die Grundfreiheiten des Unionsrechts inhaltlich nicht im Gleichlauf zum nationalen Verfassungsrecht interpretiert werden: Die Unionsrechtsordnung ist eine autonome, das heißt von den Rechtsordnungen der Mitgliedstaaten unabhängige Rechtsordnung.[22] Dieses Grundprinzip gilt es auch in der Rechtsanwendung zu beachten, sodass die tatbestandlichen Begriffe der Grundfreiheiten entsprechend stets unionsrechtlich autonom auszulegen sind. Dies gilt gerade dann, wenn ein nationales mitgliedstaatliches Gericht berufen ist, als funktionales Unionsgericht i. S. d. Art. 19 Abs. 1 EUV[23] die Vereinbarkeit einer nationalen Handlung mit den Unionsgrundrechten zu überprüfen.

Die Prüfung des Schutzbereichs einer Grundfreiheit ist erst dann als unmittelbarer Prüfungsmaßstab eröffnet,[24] wenn kein einschlägiges Sekundärrecht vorrangig heranzuziehen ist. Erst nach dieser Feststellung ist die Eröffnung des Schutzbereichs der möglicherweise einschlägigen Grundfreiheit in sachlicher wie auch persönlicher Hinsicht zu untersuchen sowie das Vorliegen eines grenzüberschreitenden Sachverhalts zu überprüfen. Anschließend gilt es, die Eingriffsqualität zu erörtern und etwaige Rechtfertigungstatbestände herauszuarbeiten.

a) **Schutzbereich der Grundfreiheiten.** Der sachliche Schutzbereich ergibt sich aus dem Tatbestand der jeweiligen Grundfreiheit, der autonom auszulegen ist. Sofern ein Sachverhalt verschiedene Grundfreiheiten tangiert, ist der Schwerpunkt der wirtschaftlichen Betätigung maßgeblich, es sei denn, der Sachverhalt lässt sich in abgrenzbare Teil-

---

18 Diese verfahrensrechtliche Stellung des Individuums ist im Unionsrecht ein beliebtes und probates Mittel, um die Rechtsdurchsetzung des objektiven Rechts, auch entgegen eines potentiell divergierenden politischen Willens innerhalb eines Mitgliedstaates zu garantieren. Ein prominentes Beispiel hierfür sind die im Umweltrecht etablierten Öffentlichkeitsbeteiligungsvorschriften, die aus der sog. Arhus-Konvention resultieren, siehe hierzu auch: *Walter,* EuR 2005, 302 (313); *Schlacke,* ZuR 2011, 312 (312 ff.).
19 Siehe hierzu ausführlicher Rn. 20 ff.
20 *Manger-Nestler,* JuS 2013, 503 (506); vgl. *Frenz,* NVwZ 2011, 961 (962 f.).
21 Statt des hier vertretenen Aufbaus ist auch eine Prüfung nach Tatbestandsmäßigkeit und Rechtfertigung vertretbar.
22 EuGH, U. v. 15.7.1964, Rs. C-6/64, ECLI:EU:C:1964:66 – *Costa/E.N.E.L.*; *Nettesheim,* in: Grabitz/Hilf/Nettesheim, Das Recht der EU, Art. 1 AEUV Rn. 60 ff.; *Skouris,* EuR 2021, 3 (4 ff.); *Ruffert/Grischek/Schramm,* JuS 2019, 974 (975); zu den neueren Entwicklungen der Autonomie des Unionsrechts im Schiedsverfahrensrecht siehe: EuGH, U. v. 6.3.2018, C-284/16, ECLI:EU:C:2018:158 – *Achmea*; *Wunderle,* in: Bergmann, Handlexikon der EU, A., Achmea-Urteil; *Stöbener de Mora,* EuZW 2018, 363 (363 ff.); *Höfling,* SchiedsVZ 2019, 86 (86 ff.).
23 *Huber,* in: Streinz, EUV/AEUV, Art. 19 EUV, Rn. 50; *Wischmeyer,* in: Dauses/Ludwigs, Hb. Des EU-Wirtschaftsrechts, A. II. Institutioneller Aufbau der EU, Rn. 321.
24 Siehe oben Rn. 5.

komplexe unterteilen, sodass mehrere Grundfreiheiten nebeneinander einschlägig sein können.[25] Besondere Beachtung muss den sog. negativen Tatbestandsvoraussetzungen zuteilwerden, die eine Anwendbarkeit der jeweiligen Grundfreiheit bereits tatbestandlich ausschließen. Im Rahmen der Arbeitnehmerfreizügigkeit ist dies in der Bereichsausnahme bei der Beschäftigung in der öffentlichen Verwaltung gem. Art. 45 Abs. 4 AEUV der Fall. Für die Dienstleistungs- und Niederlassungsfreiheit gilt eine Bereichsausnahme bei der *„Ausübung öffentlicher Gewalt"* gem. Art. 51 AEUV (i. V. m. Art. 62 AEUV).[26] Sofern diese Ausnahmetatbestände vorliegen, ist bereits der Anwendungsbereich der jeweiligen Grundfreiheit versperrt,[27] sodass es auf eine weitere Prüfung auf Eingriffs- oder gar Rechtfertigungsebene nicht mehr ankommen kann.

13 Der persönliche Schutzbereich der Grundfreiheiten umfasst regelmäßig alle Unionsbürger gem. Art. 20 AEUV als natürliche Personen, vgl. Art. 49, 56, 45 Abs. 2 AEUV. Im Bereich der Waren- und Kapitalverkehrsfreiheit knüpft der Wortlaut der Vorschriften indes gerade nicht an die Herkunft der natürlichen Person, die eine Beeinträchtigung geltend macht, an, sondern bezieht sich unmittelbar auf das Schutzgut. Für die Warenverkehrsfreiheit ist demnach maßgeblich, dass die Waren selbst einen gewissen Unionsbezug aufweisen.[28] Sie müssen demnach entweder aus der Union stammen oder sich als Ware aus einem Drittland in der Union im freien Verkehr befinden. Ebenfalls ist die Kapitalverkehrsfreiheit gem. Art. 63 AEUV eine verkehrsorientierte Freiheit, die auch Kapitalbewegungen zwischen den Mitgliedstaaten von Drittstaatsangehörigen umfasst und daher im Zahlungsverkehr universal wirkt.[29]

14 Auch Personenmehrheiten können sich weitgehend auf die Grundfreiheiten berufen: Für die Niederlassungs- und die Dienstleistungsfreiheit ist in Art. 54, 62 i. V. m. 54 AEUV ausdrücklich normiert, dass sich auch Gesellschaften auf diese Grundfreiheiten berufen können. Der Begriff der Gesellschaft wird in Art. 54 Abs. 2 AEUV legaldefiniert. Demnach sind Gesellschaften solche des bürgerlichen Rechts und des Handelsrechts, einschließlich der Genossenschaften und die sonstigen juristischen Personen des öffentlichen und privaten Rechts, mit Ausnahme derjenigen, die keinen Erwerbszweck verfolgen. Insofern kommen alle Gesellschaften in Betracht, die nach nationalem Recht eines Mitgliedstaats gegründet wurden,[30] sowie die Gesellschaftsform der Europäischen Aktiengesellschaft SE auf Grundlage der einschlägigen EU-Verordnung. Für die Warenverkehrs- und die Kapitalverkehrsfreiheit fehlt eine mit Art. 54 AEUV vergleichbare normative Klarstellung. Der Schutzzweck dieser Grundfreiheiten kann jedoch nicht erreicht werden, sollten Personenmehrheiten von ihrem Anwendungsbereich grundsätzlich ausgeschlossen sein.[31]

15 Für die Arbeitnehmerfreizügigkeit gem. Art. 45 AEUV hat der EuGH entschieden, dass sich auch Kapitalgesellschaften auf diese Grundfreiheit berufen können.[32] Zwar können Gesellschaften nicht Arbeitnehmer i. S. d. Vorschrift sein, doch können sich auch Ar-

---

25 *Kingreen*, in: Callies/Ruffert, EUV/AEUV, Art. 36 AEUV, Rn. 30.
26 *Kingreen*, in: Callies/Ruffert, EUV/AEUV, Art. 36 AEUV, Rn. 31.
27 *Kingreen*, in: Callies/Ruffert, EUV/AEUV, Art. 36 AEUV, Rn. 31.
28 Weiterführend zu den Anforderungen an die Fortexistenz der Gesellschaft nach mitgliedstaatlichem Recht: *Forsthoff*, in: Grabitz/Hilf/Nettesheim, Das Recht der EU, Art. 54 AEUV Rn. 17.
29 *Ukrow/Ress*, in: Grabitz/Hilf/Nettesheim, Das Recht der EU, Art. 63 AEUV Rn. 146; a. A. *Kingreen*, in: Callies/Ruffert, EUV/AEUV, Art. 36 AEUV, Rn. 33.
30 *Müller-Graff*, in: Streinz, EUV/AEUV, Art. 54 AEUV, Rn. 2; ausführlich zum Begriff der Gesellschaft i. S. v. Art. 54 AEUV: *Forsthoff*, in: Grabitz/Hilf/Nettesheim, Das Recht der EU, Art. 54, Rn. 15.
31 Vgl. *Kingreen*, in: Callies/Ruffert, EUV/AEUV, Art. 36 AEUV, Rn. 34.
32 EuGH, U. v. 7.5.1998, Rs. C-350/96, ECLI:EU:C:1998:205, Rn. 19 – *Clean Car Auto Service*.

I. Grundlagen **16–20**

beitgeber auf die Arbeitnehmerfreizügigkeit berufen, sofern sie gehindert werden, EU-Ausländer zu beschäftigen.[33]
Darüber hinaus können sich Gesellschaften ebenso auf die Waren-, Kapital- und Zahlungsverkehrsfreiheit berufen, da diese Grundfreiheiten weitgehend unabhängig von der Person gewährleistet werden, sodass einer Anwendung auf Gesellschaften nichts entgegensteht.

Der Begriff des Erwerbszwecks ist weit auszulegen und schon dann erfüllt, wenn durch das Angebot einer entgeltlichen Leistung eine Teilnahme am Wirtschaftsverkehr vorhanden ist,[34] die zumindest auf eine partielle Kostendeckung abzielt, während eine Gewinnerzielungsabsicht nicht erforderlich ist. Gem. Art. 54 Abs. 1 AEUV muss die Gesellschaft ihren satzungsmäßigen Sitz, ihre Hauptverwaltung oder Hauptniederlassung innerhalb der Europäischen Union unterhalten. **16**

Auf reine Inlandssachverhalte finden die Grundfreiheiten keine Anwendung. Dies kann dazu führen, dass Angehörige anderer Mitgliedstaaten, die sich auf die Grundfreiheiten berufen können, bessergestellt sind als Inländer. Diese Inländerdiskriminierung ist jedoch kein originär europarechtliches Problem, sondern vielmehr eine Frage des nationalen Verfassungsrechts wie bspw. Art. 3 Abs. 1 GG.[35] **17**

b) Eingriff in die Grundfreiheiten. Ein Eingriff in Grundfreiheiten setzt eine Beschränkung des Schutzbereichs durch einen den Grundfreiheiten Verpflichteten voraus. **18**

aa) Vom Diskriminierungs- zum Beschränkungsverbot. Klassische Eingriffe sind Diskriminierungen; dies gilt sowohl für offene als auch für versteckte Diskriminierungen.[36] Unter offenen Diskriminierungen versteht man solche Ungleichbehandlungen, die unmittelbar und ausdrücklich an die Herkunft von Gütern oder die Staatsangehörigkeit von Personen anknüpfen.[37] Versteckte Diskriminierungen sind solche, die nicht ausdrücklich an die Herkunft der Ware oder die Staatsangehörigkeit von Personen anknüpfen, aber an Merkmale, die typischerweise auf ausländische Waren oder Personen zutreffen,[38] sodass der inländische Markt faktisch bevorzugt wird. **19**

Allerdings ist der Schutz der Grundfreiheiten nicht auf ein reines Diskriminierungsverbot begrenzt. Initial für die Entwicklung weiterer Beschränkungsverbote war die *Dassonville*-Entscheidung des EuGH zur Warenverkehrsfreiheit. Hier entschied der EuGH, dass der Binnenmarkt auch vor Handelsregelungen geschützt werden müsse, die den innergemeinschaftlichen Handel unmittelbar oder mittelbar, tatsächlich oder potentiell behindern.[39] Demnach sind sämtliche Beschränkungen, die zwar unterschiedslos zwischen In- und Ausländern wirken, aber geeignet sind, den freien Verkehr zu behindern, tatbestandsmäßig. Zum Schutz des Binnenmarktes ist diese weite Auslegung überzeugend, so können Maßnahmen gleicher Wirkung gleichermaßen den Binnenmarkt beeinträch- **20**

---

33 *Brechmann*, in: Callies/Ruffert, EUV/AEUV, Art. 45 AEUV, Rn. 22; a. A. *Kingreen*, in: Callies/Ruffert, EUV/AEUV, Art. 36 AEUV, Rn. 34.
34 *Korte*, in: Callies/Ruffert, EUV/AEUV, Art. 54 Rn. 10.
35 M. w. Nw. *Heber*, EuZW 2022, 54 (53 f.); *Böhm*, JA 2009, 328 (328); a. A. wohl *Borchardt*, der davon ausgeht, dass unter Bezugnahme zur Unionsbürgerschaft zukünftig auch eine Inländerdiskriminierung europarechtswidrig sei, *Borchardt*, Die rechtlichen Grundlagen der EU, Rn. 1107 f.; in diese Richtung ebenfalls: *von Bogdandy*, in: Grabitz/Hilf/Nettesheim, Art. 18 AEUV, Rn. 51.
36 Ausführlich: *Dietz/Streinz*, EuR 2015, 50 (66 f.).
37 *Ludwigs*, in: Dauses/Ludwigs, Hb. Des EU-Wirtschaftsrechts, E.I. Grundregeln, Rn. 172; vgl. *Streinz*, in: Streinz, EUV/AEUV, Art. 18 AEUV, Rn. 53.
38 *Ludwigs*, in: Dauses/Ludwigs, Hb. Des EU-Wirtschaftsrechts, E.I. Grundregeln, Rn. 173 f.; vgl. *Streinz*, in: Streinz, EUV/AEUV, Art. 18 AEUV, Rn. 54; *Ruffert/Grischek/Schramm*, JuS 2021, 407 (408).
39 EuGH, Rs. C-8/74, ECLI:EU:C:1974:82, Rn. 5 – *Dassonville*; *Borchardt*, Die rechtlichen Grundlagen der EU, Rn. 911 ff.

tigen wie Diskriminierungen. In weiteren Entscheidungen wurden die Beschränkungsverbote nach der *Dassonville-Formel* auch für die anderen Grundfreiheiten übernommen,[40] sodass heute von einem umfassenden Beschränkungsverbot auszugehen ist.[41]

21 Diese weite Auslegung des Eingriffsbegriffs führt auch dazu, dass jede Maßnahme, die nur potentiell geeignet ist, den Binnenmarkt zu beeinträchtigen, einer Rechtfertigung bedarf. Wegen der grundsätzlichen Ausrichtung der Grundfreiheiten als Gleichheitsrechte i. S. v. Diskriminierungsverboten einerseits und den eng gefassten Rechtfertigungstatbeständen andererseits bedurfte die weite Dassonville-Formel einer gewissen Korrektur, um eine uferlose Anwendung der Grundfreiheiten zu vermeiden.[42] Deshalb hat der EuGH in der *Rechtssache Keck*[43] den Anwendungsbereich der Warenverkehrsfreiheit wieder dahingehend eingeschränkt, dass es bei Regelungen über den Marktzutritt bei der weiten Auslegung des Beschränkungsverbots bleibt, während Maßnahmen, die reine Verkaufsmodalitäten betreffen, nur dann einen Eingriff darstellen, sofern sie eine unmittelbare oder mittelbare Diskriminierung begründen.[44]

22 In der neueren Rechtsprechung des EuGH[45] wird die *Keck-Rechtsprechung* in Bezug auf die Marktzutrittsbeschränkungen durch den Drei-Stufen-Test weiter konkretisiert; hierbei handelt es sich jedoch nicht um eine Abkehr von den Grundsätzen aus *Keck*, sondern um eine weitergehende Ausgestaltung der Voraussetzungen.[46] Der EuGH prüft auf der ersten Stufe, ob die Maßnahme bezweckt oder bewirkt, dass Erzeugnisse aus anderen Mitgliedstaaten weniger günstig behandelt werden als inländische Waren. Auf zweiter Stufe prüft der EuGH, ob für Unionsware, die in anderen Mitgliedstaaten rechtmäßig hergestellt und in den Verkehr gebracht wurden, Hemmnisse für den freien Warenverkehr bestehen, da sie bestimmten Vorschriften im Ziel-Mitgliedstaat entsprechen müssen, auch wenn diese Vorschriften unterschiedslos für in- und ausländische Ware gelten. Auf dritter Stufe wird untersucht, ob sonstige Maßnahmen den Marktzugang behindern.[47]

23 Die Grundsätze der *Dassonville-Formel*, also das weite Eingriffsverständnis, hat der EuGH auf sämtliche Grundfreiheiten übertragen, doch ob auch eine Übertragung der Grundsätze der *Keck-Rechtsprechung* sowie der *Drei-Stufen-Test* die Anwendbarkeit anderer Grundfreiheiten als der Warenverkehrsfreiheit einschränken, ist bislang noch nicht abschließend geklärt. Bislang übt sich der EuGH jedenfalls diesbezüglich in Zurückhaltung,[48] wenngleich eine Übertragung dogmatisch möglich und sinnvoll wäre.

---

40 EuGH, Rs. C-76/90, ECLI:EU:C:1991:331, Rn. 37 – *Säger*; EuGH, Rs. C-190/98, ECLI:EU:C:2000:49, Rn. 21 – *Graf*; EuGH, Rs. C-367/98, ECLI:EU:C:2002:326, Rn. 41 – *Kommission/Portugal*; *Schroeder*, in: Streinz, EUV/AEUV, Art. 34 AEUV Rn. 11.
41 *Sauer*, JuS 2017, 310 (312); *Böhm*, JA 2009, 328 (329).
42 *Sauer*, JuS 2017, 310 (313); kritisch zur Cassis-de-Dijon-Rechtsprechung: *Bleckmann*, GRUR Int 1986, 172 (17 ff.).
43 EuGH, U. v. 24.11.1993, verb. Rs. C-267/91 und C-268/91, ECLI:EU:C:1993:905 – *Keck und Mithouard*.
44 *Sauer*, JuS 2017, 310 (313 f.); *Borchardt*, Die rechtlichen Grundlagen der EU, Rn. 914; zur Kritik an der *Keck-Rechtsprechung* insbesondere wegen Abgrenzungsschwierigkeiten zwischen Marktzutrittsbeschränkung und Regelungen der Verkaufsmodalität m. w. N.: *Dietz/Streinz*, EuR 2015, 50 (51 f.).
45 EuGH, U. v. 10.2.2009, Rs. C-110/05, ECLI:EU:C:2009:66, Rn. 34 ff. – *Kommission/Italien*; Anm. *Albin/Valentin*, EuZW 2009, 173 (173 ff.); Anm. *Streinz*, JuS 2009, 652 (652 ff.); EuGH, U. v. 4.6.2009, Rs. C-142/05, ECLI:EU:C:2009:336 – *Mickelsson und Roos*.
46 *Sauer*, JuS 2017, 310 (313); *Ruffert/Grischek/Schramm*, JuS 2021, 407 (409); wohl auch: *Borchardt*, Die rechtlichen Grundlagen der EU, Rn. 921; a. A. *Schulz-Pabst*, ZJS 2017, 370 (373), der wohl von einem Alternativverhältnis von der *Keck-Rechtsprechung* und dem *Drei-Stufen-Test* ausgeht.
47 *Schröder*, in: Streinz, EUV/AEUV, Art. 34 AEUV, Rn. 53; *Borchardt*, Die rechtlichen Grundlagen der EU, Rn. 921.
48 *Schulz-Pabst*, ZJS 2017, 370 (373); *Holst*, EuR 2017, 633 (633); zweifelnd: *Dietz/Streinz*, EuR 2015, 50 (53).

bb) Verpflichtete der Grundfreiheiten. Der Eingriff in eine der Grundfreiheiten muss auch von einem Akteur, der verpflichtet ist, die Grundfreiheiten zu beachten, verübt worden sein. Strukturell sind in erster Linie die Mitgliedstaaten verpflichtet, die Grundfreiheiten zu beachten, da gerade deren marktverzerrendes wirtschaftspolitisches Verhalten durch die Anwendung der Grundfreiheiten reguliert werden soll.

24

Die Grundfreiheiten des AEU-Vertrags sind primär an die Mitgliedstaaten der Union adressiert, die verpflichtet werden, dass in den Normen vorgegebene Schutzniveau zu gewährleisten, da gerade von Maßnahmen und Regelungen einzelner Mitgliedstaaten eine Marktverzerrung durch Bevorzugung oder Benachteiligung aufgrund der Herkunft von Personen oder Sachen ausgehen kann. Umfasst ist jegliche mitgliedstaatliche Hoheitsgewalt, unabhängig davon, ob Bund oder Bundesland, Kommunen oder Juristische Personen des öffentlichen oder des privaten Rechts, die allein in öffentlicher Hand liegen, agieren. Auch hier gilt der Grundsatz, dass sich der Staat seinen Verpflichtungen nicht durch eine *„Flucht ins Privatrecht"*[49] entziehen kann. Darüber hinaus sind private Einrichtungen den Grundfreiheiten verpflichtet, sofern sie von staatlichen Stellen gelenkt werden, sodass es eine Zurechenbarkeit staatlichen Handelns möglich ist.[50]

25

Natürliche oder juristische Personen des Privatrechts, die nicht vollständig in öffentlicher Hand sind und deren Verhalten auch dem Staat nicht zurechenbar ist, sind grundsätzlich den Grundfreiheiten nicht verpflichtet, sodass konsequenterweise keine unmittelbare Drittwirkung von Grundfreiheiten zwischen Privaten anzunehmen ist.[51] Allerdings können die Mitgliedstaaten verpflichtet sein, im Sinne von Schutzpflichten, die Grundfreiheiten vor Beschränkung durch Private zu schützen[52] und entsprechende Maßnahmen zu erlassen, um solchen Handlungen Privater entgegenzuwirken. Insofern kommt den Grundfreiheiten jedenfalls mittelbar Geltung zwischen Privaten zu.

26

Ausnahmsweise können die Grundfreiheiten dennoch unmittelbare Drittwirkung zwischen Privaten entfalten: Dies wurde bisher vor allem in Bezug auf die Arbeitnehmerfreizügigkeit und Dienstleistungsfreiheit für Organisationen und Verbände bejaht, die mit besonderer *„privater Verbandsmacht"*[53] agieren.[54] Dies ist insbesondere für internationale Sportverbände zu bejahen, denen eine faktisch staatsähnliche Reglungsmacht innerhalb ihrer Organisationshoheit zukommt[55] und dem betroffenen Individuum daher keine eigenen privatautonomen Gestaltungsmöglichkeiten eröffnet sind. Eine umfassende unmittelbare Drittwirkung der Grundfreiheiten zwischen Privaten ist indes nicht geboten oder gar erforderlich, da in diesen Fällen die Privatautonomie der wirtschaftlichen Akteure eine hinreichende Marktkontrolle bietet.[56]

27

Letztendlich sind nicht nur die Mitgliedstaaten, sondern auch die Europäische Union selbst sowie ihre Organe verpflichtet, die Grundfreiheiten zu beachten, da Art. 13 Abs. 2 S. 1 EUV die Organe der EU an die Vorgaben des Europäischen Primärrechts bindet. Daher muss die Union insbesondere bei Erlass von Sekundärrecht auch die Grundfrei-

28

---

49 *Sodan*, in: Sodan/Ziekow, Verwaltungsgerichtsordnung, § 40 VwGO Rn. 315; *Becker*, NVwZ 2029, 1385 (1391); vgl. auch zu den Grundrechten der GrCh: *Herresthal*, ZEuP 2014, 238 (255).
50 EuGH, U. v. 13.12.1983, Rs. C-222/82, ECLI:EU:C:1983:370, Rn. 17 – *Apple and Pear Development Council*.
51 *Müller-Graf*, EuR 2014, 3 (6); *Sauer*, JuS 2017, 310 (313 f.).
52 EuGH, U. v. 9.12.1997, Rs. C-265/95, ECLI:EU:C:1997:595 – *Kommission/Frankreich*; *Frenz*, JuS 2002, 603 (604 f.); vgl. auch *Kingreen*, in: Callies/Ruffert, EUV/AEUV, Art. 36 AEUV, Rn. 10.
53 *Sauer*, JuS 2017, 310 (314); vgl. zur Drittwirkung des allgemeinen Diskriminierungsverbots aus Art. 18 AEUV: *Drechsler/Harenberg*, EuZW 2021, 157 (157 ff.).
54 EuGH, U. v. 15.12.1995, Rs. C-415/93, ECLI:EU:C:1995:463 – *Bosmann*; ausführlich zur Dogmatik der Drittwirkung der Grundfreiheiten: *Müller-Graf*, EuR 2014, 3 (3 ff.).
55 *Schäfer*, JA 2005, 497 (499).
56 Ausführlich zur Bedeutung der Privatautonomie für die Drittwirkung von Grundfreiheiten: *Müller-Graf*, EuR 2014, 3 (22 ff.).

heiten beachten. An dieser Stelle zeigt sich jedoch die unterschiedliche Zielrichtung von Grundfreiheiten zu Grundrechten: Während erstere primär die mitgliedstaatliche Wirtschaftspolitik im Fokus haben, um eine mögliche Privilegierung des eigenen Marktes auf Kosten des Binnenmarktes zu verhindern, fehlt ein solches Motiv zur Bevorzugung eines Mitgliedstaates regelmäßig auf Seiten der Union.[57] Die Union selbst soll indes durch die Grundrechte der Grundrechtecharta bei der Ausübung ihrer Hoheitsgewalt an rechtsstaatliche Grundsätze gebunden werden.[58] Insofern sind Verstöße der Union selbst gegen die Grundfreiheiten dogmatisch möglich, praktisch jedoch eher weniger bedeutend.

29 c) **Schrankendogmatik.** Da die Grundfreiheiten nicht schrankenlos gewährleistet werden, muss nach Prüfung des Eingriffs an mögliche Rechtfertigungsmöglichkeiten gedacht werden. Hierfür offeriert der AEUV geschriebene Rechtfertigungstatbestände und darüber hinaus hat der EuGH weitere ungeschriebene Rechtfertigungstatbestände entwickelt.

30 Geschriebene Schranken finden sich für die jeweilgen Grundfreiheiten in Art. 36, 45 Abs. 3, 52, 62 i. V. m. Art. 52, 64 Abs. 1, 65 Abs. 1 AEUV. Diese Schrankenregelungen sind jedoch tendenziell restriktiv auszulegen, um die Verwirklichung des Binnenmarktes nicht zu gefährden.[59] Insbesondere das Merkmal der öffentlichen Sicherheit und Ordnung muss daher wegen der hohen Abstraktion der Schrankenregelung eng ausgelegt werden, sodass der Rechtfertigungstatbestand nur dann eingreift, wenn wesentliche staatliche Interessen berührt werden.[60] Insofern muss im Einzelfall eine konkrete Gefahr für ein wesentliches Rechtsgut vorliegen[61] oder ein wesentlicher Belang für die Existenz des Staates bedroht sein.[62]

31 Daneben existieren ungeschriebene Rechtfertigungsgründe, die der EuGH in ständiger Rechtsprechung entwickelt hat. Notwendig war die Etablierung weiterer Rechtfertigungsgründe als (weitere) Korrektur der *Dassonville-Formel*, um ein ausgeglichenes Verhältnis zwischen erweitertem Schutzbereich und nunmehr erweiterten Rechtfertigungsmöglichkeiten zu erhalten.[63] Daher sind diese auch nur auf solche Beschränkungen anwendbar, denen keine Diskriminierung zugrunde liegt.[64] In der Rechtssache *Cassis de Dijon*[65] geht der EuGH davon aus, dass zwingende Erfordernisse des Allgemeinwohls eine Beschränkung der Grundfreiheiten rechtfertigen können, insbesondere wenn es um die Erfordernisse einer wirksamen steuerlichen Kontrolle, des Schutzes der öffentlichen Gesundheit, der Lauterkeit des Handelsverkehrs und des Verbraucherschutzes geht. Dies gilt indes nur so weit, wie die zwingenden Erfordernisse des Allgemeinwohls selbst keine wirtschaftliche Zielsetzung verfolgen.

32 Letztendlich ist eine Rechtfertigung eines Eingriffs in die Grundfreiheiten seinerseits auch nicht grenzenlos möglich; vielmehr werden die Rechtfertigungsgründe ihrerseits durch die Schranken-Schranken begrenzt. Diese sind insbesondere der Verhältnismäßig-

---

57 *Frenz*, EuR 2002, 603 (608 f.); *Manger-Nestler*, JuS 2013, 503 (506).
58 *Frenz*, NVwZ 2011, 961 (961); vgl. *Herresthal*, ZEuP 2014, 238 (247); a. A. wohl *Kahl/Schwind*, die die adressatenbezogene Differenzierung zwischen Grundfreiheiten und Grundrechten nur als „*Schwerpunktkriterium*" betrachten, *Kahl/Schwind*, EuR 2004, 170 (171).
59 EuGH, U. v. 5.5.1981, Rs. C-804/79, ECLI:EU:C:1981:93, Rn. 7 – *Kommission/Vereinigtes Königreich*.
60 EuGH, U. v. 5.5.1981, Rs. C-804/79, ECLI:EU:C:1981:93, Rn. 7 – *Kommission/Vereinigtes Königreich*.
61 EuGH, U. v. 4.7.1985, Rs. C-231/83, ECLI:EU:C:1985:29, Rn. 32 ff. – *Cullet*.
62 Zum Merkmal der öffentlichen Sicherheit: EuGH, Rs. C-72/83, ECLI:EU:C:1984:256, Rn. 33 – *Campus Oil*.
63 Vgl. auch *Manger-Nestler*, JuS 2013, 503 (504); vgl. *Borchardt*, Die rechtlichen Grundlagen der EU, Rn. 913 f.
64 *Sauer*, JuS 2017, 310 (313).
65 EuGH, U. v. 20.2.1979, Rs. C-120/78, ECLI:EU:C:1979:42 – *Rewe/Bundesmonopolverwaltung für Branntwein*.

keitsgrundsatz[66] und die Unionsgrundrechte, die einer möglichen Rechtfertigung Grenzen setzen.[67]

II. Fallgestaltungen

Die Grundfreiheiten können in verschiedenen Konstellationen Gegenstand juristischer Prüfung sein. Zu unterscheiden sind hierfür zwei Einstiege in die Falllösung: Zunächst kann allein nach der Vereinbarkeit einer Maßnahme mit den Grundfreiheiten gefragt sein, sodass sich die Prüfung auf die materielle Rechtslage beschränkt. In diesem Fall ist die Konformität einer Maßnahme eines Mitgliedstaates mit den Grundfreiheiten zu prüfen. Weiterhin kann die materielle Prüfung ebenso in ein Verfahren vor einem nationalen Gericht oder in ein Verfahren vor dem EuGH prozessual eingebettet sein. Um den Anforderungen der zweiten Konstellation gerecht zu werden, bedarf es eines gewissen Basiswissens zu den Rechtsschutzmöglichkeiten und den prozessualen Vorgaben bei der Durchsetzung des Unionsrechts.

1. Rein materiell-rechtliche Prüfung der Vereinbarkeit einer Maßnahme mit den Grundfreiheiten

Als Prüfungsschema für die rein materiell-rechtliche Prüfung der Vereinbarkeit einer mitgliedstaatlichen Maßnahme mit den Europäischen Grundfreiheiten lässt sich aus den vorherigen Ausführungen wie folgt ableiten:
1. Kein vorrangig anwendbares Sekundärrecht
2. Eröffnung des Schutzbereichs einer Grundfreiheit
   a) Persönlicher Schutzbereich
   b) Sachlicher Schutzbereich
3. Eingriff in den Schutzbereich einer Grundfreiheit
   a) Grundfreiheit als Gleichheitsrechte i. S. v. Diskriminierungsverboten
   b) Grundfreiheiten als Beschränkungsverbote i. S. d. *Dassonville-Formel*
   c) Einschränkung des Beschränkungsverbots durch *Keck-Grundsätze*?
4. Rechtfertigung des Eingriffs
   a) Geschriebene Schranken der jeweiligen Grundfreiheit
   b) Ungeschriebene Schranken nach der *Cassis-de-Dijon-Rechtsprechung*
   c) Schranken-Schranken.

2. Prozessuale Einbettung in ein Verfahren

Die materiell-rechtliche Prüfung der Vereinbarkeit einer Maßnahme mit den Grundfreiheiten ist in der Praxis stets, und in der Prüfung zumeist, prozessual in ein Verfahren eingebettet. Für die Rechtsdurchsetzung stehen dem Rechtsschutzsuchenden zwei Ebenen zur Rechtsdurchsetzung zur Verfügung. Zunächst bedient sich das Unionsrecht zur Durchsetzbarkeit seiner Rechtsordnung der nationalen Gerichtsbarkeit der mitgliedstaatlichen Gerichte als funktionale Unionsgerichte gem. Art. 19 Abs. 1 EUV, sodass der Rechtsschutzsuchende regelmäßig zuerst Rechtsschutz vor dem zuständigen mitgliedstaatlichen Gericht nachsuchen wird. Darüber hinaus gibt es auch auf unionaler Ebene Rechtsschutzmöglichkeiten.

a) Verfahren vor der nationalen Gerichtsbarkeit.
Nationale Gerichte sind gem. Art. 19 Abs. 1 EUV funktionale Unionsgerichte und sorgen so für eine dezentrale Durchsetzung des Unionsrechts innerhalb der Mitgliedstaaten.[68] Die Unionsrechtsord-

---
66 *Brigola*, EuZW 2017, 406 (406 ff.).
67 *Borchardt*, Die rechtlichen Grundlagen der EU, Rn. 1102, 1104.
68 *Huber*, in: Streinz, EUV/AEUV, Art. 19 EUV, Rn. 50; *Wischmeyer*, in: Dauses/Ludwigs, Hb. des EU-Wirtschaftsrechts, A. II. Institutioneller Aufbau der EU, Rn. 321.

nung bedient sich demnach der mitgliedstaatlichen Gerichtsbarkeit, die das Unionsrecht als unmittelbar geltendes Recht zur Anwendung bringt.[69]

37 Soweit sich die Unionsgerichtsbarkeit der Durchsetzung des Unionsrechts durch mitgliedstaatliche Gerichte bedient, wenden diese grundsätzlich ihr nationales Prozessrecht der zuständigen Gerichtsbarkeit an.[70] Doch bereits auf Ebene des Prozessrechts können unionsrechtliche Besonderheiten des materiellen Rechts einzelne Modifizierungspflichten im nationalen Verfahren nach den Grundsätzen von Äquivalenz und Effektivität begründen.[71] Nach dem Äquivalenzprinzip darf das nationale Verfahrensrecht Verfahren mit unionsrechtlichem Bezug nicht ungünstiger behandeln als Verfahren nach rein nationalem Recht; nach dem Effektivitätsprinzip dürfen die Mitgliedstaaten die von der EU verliehenen Rechte nicht erschweren oder deren Durchsetzung praktisch unmöglich machen.[72] Dies ist insbesondere dann der Fall, wenn die Anwendung einer prozessrechtlichen nationalen Vorschrift der effektiven Durchsetzung des Unionsrechts im Wege stehen würde. Dies kann insbesondere bei Präklusionsvorschriften oder im Einzelfall auch bei Klagefristen dazu führen,[73] dass diese bei Unionsrechtsbezug unanwendbar sind und das Unionsrecht sodann punktuelle Modifizierungspflichten im nationalen Prozessrecht auslöst, die in der Falllösung erkannt und entsprechend angewandt werden müssen.

38 Allerdings ist gerade bei Verfahren vor dem Verwaltungsgericht auch an eine Überformung nach dem Effektivitätsgrundsatz des zu überprüfenden verwaltungsrechtlichen Verfahrens zu denken. Hier kann sich eine materielle Unvereinbarkeit mit den Grundfreiheiten in vielfältiger Weise auswirken: So kann sich exemplarisch eine Ermessensreduzierung auf Null bei einer Rücknahme von unionsrechtswidrigen Verwaltungsakten nach § 48 VwVfG oder den landesrechtlichen Vorschriften ergeben.[74] Für die Falllösung bedeutet dies, dass ein materieller Verstoß gegen Unionsrecht wie auch gegen die Grundfreiheiten ebenso zu prozessualen Modifizierungspflichten des nationalen Verwaltungsverfahrensrechts führen kann, die entsprechend erkannt und anhand des Effektivitätsgrundsatzes erläutert und sodann zu Anwendung gebracht werden müssen.

39 Insofern ergibt sich bei Verfahren vor dem nationalen Gericht als funktionales Unionsgericht die Besonderheit, dass sowohl das Prozessrecht als auch das nationale Verwaltungsverfahrensrecht Modifikationspflichten ausgesetzt sein kann und dies neben der Prüfung der materiellen Vereinbarkeit einer Handlung des Mitgliedstaates mit den Grundfreiheiten zu bearbeiten ist.

40 **b) Verfahren vor dem EuGH.** Auf unionaler Ebene kommen verschiedene Verfahren in Frage. Zunächst kann ein Vorabentscheidungsverfahren gem. Art. 267 AEUV Gegenstand der Prüfung sein, wenn ein mitgliedstaatliches Gericht eine Frage zur Entscheidung vorgelegt hat. Um die Autonomie und Einheit des Unionsrechts zu wahren, kön-

---

69 *Wegener*, in: Callies/Ruffert, EUV/AEUV, Art. 19 EUV, Rn. 67; weiterführend zum (Vorrang-)Verhältnis der nationalen Verfassungsgerichtsbarkeit und dem EuGH: *Mögele*, EuZW 2021, 609 (609 ff.).
70 *Huber*, in: Streinz, EUV/AEUV, Art. 19 EUV, Rn. 52.
71 *Huber*, in: Streinz, EUV/AEUV, Art. 19 EUV, Rn. 53; *Pechstein/Kubicki*, in: Pechstein/Nowak/Häde, Frankfurter Kommentar, Art. 19 EUV Rn. 57; *Wegener*, in: Callies/Ruffert, EUV/AEUV, Art. 19 EUV, Rn. 62; *Rademacher*, JuS 2018, 377 (338).
72 *Dörr*, in: Sodan/Ziekow, Verwaltungsgerichtsordnung, Europäischer Verwaltungsrechtsschutz, Rn. 220.
73 EuGH, U. v. 25.7.1991, Rs. C-208/09, ECLI:EU:C:1991:333 – *Emmot*; allerdings akzeptiert der EuGH die Existenz nationaler Klagefristen wegen ihrer Bedeutung für die Rechtssicherheit, dennoch können im Einzelfall Modifizierungspflichten auftreten, *Meissner/Schenk*, in: Schoch/Schneider, Verwaltungsrecht, § 74 VwGO, Rn. 6; zu einer Vielzahl an Modifizierungspflichten *Dörr*, in: Sodan/Ziekow, Verwaltungsgerichtsordnung, Europäischer Verwaltungsrechtsschutz, Rn. 220 ff.
74 Instruktiv zu den Einflüssen des Europarechts auf das nationale Verwaltungsrecht mit weiteren Beispielen: *Voßkuhle/Schemmel*, JuS 2019, 347 (347 ff.).

nen unterinstanzliche mitgliedstaatliche Gerichte eine Frage der Auslegung des Unionsrechts dem EuGH zur Klärung vorlegen, Art. 267 AEUV; letztinstanzliche Gerichte sind u. U. sogar zu einer solchen Vorlage verpflichtet.[75] In einer Prüfung wäre dann zunächst die Zulässigkeit des Vorabentscheidungsverfahrens und sodann die Begründetheit, in diesem Falle die konkrete Beantwortung der vom Mitgliedstaat gestellten Frage, zu prüfen.

41 Darüber hinaus kann ein Privater auch unmittelbar vor der Unionsgerichtsbarkeit eine Beseitigung der Verletzung einer Grundfreiheit durchsetzen. Hierfür hat er die Möglichkeit, Beschwerde bei der Kommission zu erheben, damit diese ein Vertragsverletzungsverfahren gegen den betreffenden Mitgliedstaat gem. Art. 258 AEUV einleitet.[76] Ob die Kommission ein solches Verfahren einleitet, steht indes in ihrem Ermessen.[77] Sofern die Kommission dem Ansinnen nachkam und ein solches Verfahren eingeleitet hat und das daraufhin ergangene EuGH-Urteil eine Verletzung einer Grundfreiheit festgestellt hat, ist der Mitgliedstaat zur Beseitigung dieses Unionrechtsverstoßes verpflichtet.

42 Ein Vertragsverletzungsverfahren gem. Art. 258 AEUV kann jedoch auch ohne die Mitwirkung Privater erfolgen, indem die Kommission von sich aus ein Vertragsverletzungsverfahren gegen einen Mitgliedstaat einleitet, Art. 258 Abs. 1 AEUV, oder ein anderer Mitgliedstaat den Gerichtshof anruft, wenn er der Auffassung ist, dass ein anderer Mitgliedstaat gegen Grundfreiheiten verstoßen hat, Art. 259 AEUV. Sodass eine mögliche Klausurkonstellation die Prüfung der Zulässigkeit eines Vertragsverletzungsverfahrens sowie die Prüfung der Begründetheit, also die Feststellung einer Vertragsverletzung, insbesondere ein Verstoß einer mitgliedstaatlichen Handlung gegen die Grundfreiheiten der Union, umfassen kann.

43 Sofern die Union bei Erlass von Sekundärrechtsakten die Grundfreiheiten verletzt hat,[78] kommt hierfür das Verfahren gem. Art. 263 AEUV, die Nichtigkeitsklage in Betracht.

---

75 *Wegener*, in: Callies/Ruffert, EUV/AEUV, Art. 267 AEUV Rn. 1; *Mächtle*, JuS 2015, 314, (315 f.); zu einer solchen Fallgestaltung in der Klausur exemplarisch: *Motzkus*, JuS 2018, 1226 (1226 ff.).
76 Die Anträge von Individuen sind für die Kommission von besonderer praktischer Bedeutung, da der Kommission die personellen Kapazitäten für flächendeckende Kontrolle sämtlicher Mitgliedstaaten fehlt, *Cremer*, in: Callies/Ruffert, EUV/AEUV, Art. 258 AEUV, Rn. 4.
77 EuGH, U. v. 14.2.1989, Rs. 247/87, ECLI:EU:C:1989:58 – *Starfruit/Kommission*; *Cremer*, in: Callies/Ruffert, EUV/AEUV, Art. 257 AEUV, Rn. 42; *Volkert*, NJoZ 2021, 545 (549).
78 Siehe hierzu jedoch die praktische Bedeutung dieser Fallvariante bei Rn. 28.

§ 4 Warenverkehrsfreiheit

Stefanie Egidy

Literaturhinweise:
Brigola, C. I. Warenverkehr. Grundregeln, in: Dauses/Ludwigs (Hrsg.), Handbuch des EU-Wirtschaftsrechts, Loseblatt, Stand: 57. Ergänzungslieferung, August 2022; *Classen*, § 22. Binnenmarkt – Freier Warenverkehr, in: Oppermann/Classen/Nettesheim (Hrsg.), Europarecht, 9. Aufl. 2021, S. 404–422; *Cremer/Bothe*, Die Dreistufenprüfung als neuer Baustein der warenverkehrsrechtlichen Dogmatik, EuZW 2015, 413–418; *Dietz/Streinz*, Das Marktzugangskriterium in der Dogmatik der Grundfreiheiten, EuR 2015, 50–73; *Dunne*, Minimum Alcohol Pricing: Balancing the 'Essentially Incomparable' in *Scotch Whisky*, The Modern Law Review 81 (2018), 890–905; *Epiney*, § 11 Warenverkehr, in: Bieber/Epiney/Haag/Kotzur (Hrsg.), Die Europäische Union – Europarecht und Politik, 15. Aufl. 2022, S. 352–384; *Haratsch/Koenig/Pechstein*, Europarecht, 13. Aufl. 2023, 3. Kapitel, IV. 5. Freiheit des Warenverkehrs, S. 365–394; *Herdegen*, Europarecht, 24. Aufl. 2023, § 15 Freier Warenverkehr, S. 330–353; *Kainer/Herzog*, Der Marktausgang im Konzept der Grundfreiheiten, EuR 2018, 405–429; *Kellerhals/Uebe*, § 6 Das Binnenmarktrecht der Warenverkehrsfreiheit, in: Müller/Graff (Hrsg.), Europäisches Binnenmarkt- und Wirtschaftsordnungsrecht, 2. Aufl. 2021, S. 409–448; *Reyes y Ráfales*, 6 Jahre „Anhänger-Rechtsprechung" zu Art. 34 Alt. 2 AEUV (insbesondere *Lahousse, Ker Optika, Guarnieri, Alands, Essent II, ANETT, Pelckmans*), DBVl. 2015, 268–275; *Ruffert/Grischek/Schramm*, Europarecht im Examen – Die Grundfreiheiten, JuS 2021, 407–412; *Zglinski*, The Rise of Deference: The Margin of Appreciation and Decentralized Judicial Review in EU Free Movement Law, Common Market Law Review 55 (2018), 1341–1385.

I. Normative Grundlagen

1 Die Warenverkehrsfreiheit ist ein zentrales Element der Verwirklichung des freien Binnenmarktes innerhalb der Europäischen Union. Die Vorschriften der Art. 34 ff. AEUV hindern die Mitgliedstaaten daran, durch nationale Vorschriften das Funktionieren des gemeinsamen Binnenmarktes zu beeinträchtigen.[1] Damit schaffen sie einen Mechanismus der negativen Integration. Schon früh ordnete der EuGH ihre unmittelbare Wirkung an.[2] Als Kern der Warenverkehrsfreiheit verbietet Art. 34 AEUV „[m]engenmäßige Einfuhrbeschränkungen sowie alle Maßnahmen gleicher Wirkung (…) zwischen den Mitgliedstaaten". Art. 35 AEUV normiert ein wortgleiches Verbot für Ausfuhrbeschränkungen. Korrespondierend sieht Art. 36 AEUV bestimmte Rechtfertigungsgründe für nationale Beschränkungen der Warenverkehrsfreiheit vor. Daneben dienen die Art. 30–32 AEUV einer umfassenden Verwirklichung der Zollunion (Art. 28 Abs. 1 AEUV).

2 Die nationalen Rechtsordnungen im europäischen Binnenmarkt stellen sehr heterogene Regeln für die Herstellung von Waren und ihren Marktzugang auf. Einige Vorschriften mögen protektionistisch dazu dienen, den Absatz einheimischer Waren zu fördern. Dabei unterliegen die Mitgliedstaaten einem gewissen Anreiz, durch unmittelbar oder mittelbar diskriminierende Vorschriften den Marktzugang für ausländische Produkte zu behindern.[3] Eine Vielzahl der nationalen regulatorischen Besonderheiten ist jedoch historisch gewachsen (und prägt wie beispielsweise das Reinheitsgebot für Bier die nati-

---

1 *Steinbach/van Aaken*, Ökonomische Analyse des Völker- und Europarechts, 2019, Rn. 348, 352 f.
2 Siehe grundlegend EuGH, U. v. 5.2.1963, Rs. C-26/62, Slg. 1963, 24 (25) – *van Gend & Loos*; U. v. 22.3.1977, Rs. 74/76, Slg. 1977, 557 Rn. 13 – *Ianelli*; U. v. 5.3.1996, Rs. C-46/93, Slg. 1996, I-1029 Rn. 20–23 – *Brasserie du Pêcheur*; U. v. 24.3.2009, Rs. C-445/06, Slg. 2009, I-2119 Rn. 22 – *Danske Slagterier*.
3 *Steinbach/van Aaken*, Ökonomische Analyse des Völker- und Europarechts, 2019, Rn. 348–350, 352.

onale Wettbewerbsstruktur) oder dient öffentlichen Interessen.[4] Unabhängig von ihrer Zwecksetzung können sie eine hemmende Wirkung auf den grenzüberschreitenden Handel entfalten. Die außerhalb eines Landes ansässigen Wettbewerber haben oft Schwierigkeiten, die jeweiligen nationalen Anforderungen zu erfüllen, insbesondere wenn ihre Produkte ganz unterschiedlichen, teils widersprüchlichen Ansprüchen genügen müssen.

Hier setzt die Warenverkehrsfreiheit an, indem sie nationale Regelungen nur unter den strengen Voraussetzungen der Art. 34 ff. AEUV zulässt. Der EuGH fordert zum Schutz der Verwirklichung des freien Warenverkehrs, dass die national unterschiedlich regulierte Herstellung und Vermarktung von Produkten grundsätzlich im gesamten Binnenmarkt Anerkennung finden. Dabei kontrolliert der EuGH nur grenzüberschreitende Sachverhalte. Er prüft deshalb nationale Maßnahmen nur hinsichtlich ihrer Wirkungen auf außerhalb des jeweiligen Mitgliedstaates erzeugte oder aus anderen Mitgliedstaaten eingeführte Produkte. Diese negative Integration kann zu einer sogenannten „umgekehrten Diskriminierung" führen, d. h. einer nachteiligeren Behandlung rein inländischer Sachverhalte. Sie sind mangels eines grenzüberschreitenden Bezugs nicht an der Warenverkehrsfreiheit zu messen und damit unionsrechtlich grundsätzlich unproblematisch.[5] Diese „Inländerdiskriminierung" kann aber ein national-verfassungsrechtliches Problem darstellen – in Deutschland aufgrund des Gleichheitsgebots des Art. 3 Abs. 1 GG. In diesem Zusammenhang kommt dem Sekundärrecht eine wichtige Rolle zu. Es integriert den Binnenmarkt, gestaltet ihn jenseits der Einzelfallkontrolle durch den EuGH aus und kann eine Inländerdiskriminierung verhindern. Eine vollständige Harmonisierung durch Sekundärrecht ist dabei aber nur im Rahmen der supranationalen Kompetenzordnung möglich.

II. Dogmatische Ausgestaltung

Vor einem Einstieg in die Prüfung der tatbestandlichen Voraussetzungen der Warenverkehrsfreiheit bedarf es einer Untersuchung, ob ein bestimmter Sachverhalt bereits sekundärrechtlich abschließend geregelt und damit vollständig harmonisiert ist.[6] Das Sekundärrecht der Union leistet im Bereich der Warenverkehrsfreiheit eine bedeutsame positive Integration. Enthält es abschließende Regelungen, so ist die Europarechtskonformität nationaler Maßnahmen allein hiernach zu beurteilen und nicht unmittelbar an den Anforderungen der Warenverkehrsfreiheit der Art. 34 ff. AEUV zu messen. Dies verwehrt den Mitgliedstaaten einen Rückgriff auf die weiten Rechtfertigungsgründe des Art. 36 AEUV sowie eine Berufung auf ungeschriebene zwingende Erfordernisse des Gemeinwohls. Sieht das Sekundärrecht hingegen nur eine Mindestharmonisierung vor, so bleibt die Warenverkehrsfreiheit Prüfungsmaßstab.

1. Schutzbereich

Zunächst muss der Anwendungsbereich der Warenverkehrsfreiheit in sachlicher, räumlicher und persönlicher Hinsicht eröffnet sein. Die zu prüfenden nationalen Maßnahmen sind dabei dem Schutzbereich der verschiedenen von ihnen berührten Grundfreiheiten

---

4 *Herdegen*, Europarecht, § 15 Rn. 3 f., 38.
5 EuGH, U. v. 28.1.1992, Rs. C-332/90, Slg. 1992, I-341 Rn. 9–12 – *Steen*; *Michl*, in: Pechstein/Nowak/Häde (Hrsg.), Frankfurter Kommentar, Bd. II AEUV, 2017, Art. 18 Rn. 68 f.; siehe auch *Brigola*, in: Dauses/Ludwigs, Handbuch des EU-Wirtschaftsrechts, C. I. Rn. 296–300; *Classen*, § 22. Binnenmarkt – Freier Warenverkehr, in: Oppermann/Classen/Nettesheim, Europarecht, Rn. 13 f.
6 EuGH, U. v. 14.12.2004, Rs. C-463/01, Slg. 2004, I-11705 Rn. 37–46, 52 – *Dosenpfand*; U. v. 9.3.2006, Rs. C-421/04, Slg. 2006, I-2303 Rn. 20 – *Matratzen Concord*; siehe auch *Brigola*, in: Dauses/Ludwigs, Handbuch des EU-Wirtschaftsrechts, C. I. Rn. 84; *Kingreen*, in: Calliess/Ruffert (Hrsg.), EUV/AEUV Kommentar, 6. Aufl. 2022, Art. 36 Rn. 18.

zuzuordnen. Die Grundfreiheiten unterliegen keinem hierarchischen Verhältnis und finden grundsätzlich nebeneinander Anwendung. Häufig überschneidet sich die Warenverkehrsfreiheit insbesondere mit der Dienstleistungsfreiheit.[7] Berührt die zu prüfende Maßnahme eine Grundfreiheit nur in untergeordneter Weise, so ist auf ihren Schwerpunkt abzustellen. So prüfte der EuGH beispielsweise die Beschlagnahme von Lotterielosen mitsamt des Werbematerials als ein untergeordnetes Element einer Lotterieveranstaltung am Maßstab der Dienstleistungsfreiheit des Art. 56 AEUV, nicht an dem der Warenverkehrsfreiheit.[8] Anderenfalls ist die Vereinbarkeit der Maßnahme mit allen einschlägigen Grundfreiheiten zu untersuchen.

6 Hinsichtlich des sachlichen Schutzbereichs gelten die Vorschriften zur Warenverkehrsfreiheit gemäß Art. 28 Abs. 2 AEUV „für die aus den Mitgliedstaaten stammenden Waren sowie für diejenigen Waren aus dritten Ländern, die sich in den Mitgliedstaaten im freien Verkehr befinden." Als Ware definiert der EuGH „Erzeugnisse (…), die einen Geldwert haben und deshalb Gegenstand von Handelsgeschäften sein können".[9] Dies umfasst körperliche Gegenstände[10] sowie transportierbare Stoffe wie Gas und Elektrizität.[11] Zu den Waren gehören auch Abfall, weil ihm ein wirtschaftlicher Wert zukommen kann,[12] sowie Speichermedien, nicht aber genuin ohne Verkörperung existierende Produkte wie Computersoftware.[13] Die Ware muss rechtmäßig in der Union im Umlauf sein (Art. 28 Abs. 2 AEUV), so dass verbotene Waren, insbesondere verbotene Betäubungsmittel, nicht in den sachlichen Schutzbereich der Warenverkehrsfreiheit fallen.[14] Für landwirtschaftliche Erzeugnisse gelten prioritär die Sondervorschriften der Art. 39–44 AEUV (siehe Art. 38 Abs. 2 AEUV).

7 Wie die übrigen Grundfreiheiten bedarf die Anwendbarkeit der Warenverkehrsfreiheit in räumlicher Hinsicht eines grenzüberschreitenden Bezugs. Allerdings beurteilt der EuGH zunehmend Sachverhaltsgestaltungen am Maßstab der Warenverkehrsfreiheit, die nur ein schwaches grenzüberschreitendes Element oder bloß grenzüberschreitendes Potential aufweisen.[15] Persönlich schützt die Warenverkehrsfreiheit natürliche wie juristische Personen umfassend, indem sie allein auf die Herkunft der Ware abstellt.[16]

8 Die Warenverkehrsfreiheit enthält, anders als die Personenverkehrsfreiheiten und die Dienstleistungsfreiheit, keine im Wortlaut des Art. 34 AEUV verankerte ausdrückliche Begrenzung des Schutzbereichs. Der EuGH hat allerdings mit seiner *Keck*-Rechtsprechung eine bis heute relevante ungeschriebene Schutzbereichsbegrenzung anerkannt, die sogleich näher beleuchtet wird. Darüber hinaus bestehen keine weiteren Anwendungsgrenzen der Warenverkehrsfreiheit. Zwar wird diskutiert, ob nicht sehr geringfü-

---

7 Zu Details siehe *Haltern*, in: Pechstein/Nowak/Häde (Hrsg.), Frankfurter Kommentar, Bd. II AEUV, 2017, Art. 34 Rn. 8–17.
8 EuGH, U. v. 24.3.1994, Rs. C-275/92, Slg. 1994, I-1039 Rn. 22–25 – *H.M. Customs and Excise/Schindler*.
9 EuGH, U. v. 10.12.1968, Rs. C-7/68, Slg. 1968, 634 (642) – *Kommission/Italien*; U. v. 21.10.1999, Rs. C-97/98, Slg. 1999, I-7319 Rn. 30 – *Jägerskiöld*.
10 Siehe nur EuGH, U. v. 14.7.1977, Rs. 1/77, Slg. 1977, 1473 Rn. 4 – *Bosch GmbH/Hauptzollamt Hildesheim*.
11 EuGH, U. v. 27.4.1994, Rs. C-393/92, Slg. 1994, I-1477 Rn. 28 – *Almelo*; implizit ebenso EuGH, U. v. 13.3.2001, Rs. C-379/98, Slg. 2001, I-2099 Rn. 68–70 – *Preussen Elektra*.
12 EuGH, U. v. 9.7.1992, Rs. C-2/90, Slg. 1992, I-4431 Rn. 23, 28 – *Kommission/Belgien*.
13 EuGH, U. v. 18.4.1991, Rs. C-79/89, Slg. 1991, I-1853 Rn. 21 f. – *Brown Boveri* (hinsichtlich des Gemeinsamen Zolltarifs für mit Datenträgern verbundene Software).
14 EuGH, U. v. 16.12.2010, Rs. C-137/09, Slg. 2010, I-13019 Rn. 34–42 – *Josemans* (Betäubungsmittel); U. v. 6.12.1990, Rs. C-343/89, Slg. 1990, I-4477 Rn. 10–16 – *Witzemann* (Einfuhrzölle für Falschgeld).
15 EuGH, U. v. 19.1.2017, Rs. C-282/15, ECLI:EU:C:2017:26 Rn. 38–40 – *Queisser Pharma*; ausführlich *Epiney*, § 8 Freiheit des Warenverkehrs, in: Ehlers (Hrsg.), Europäische Grundrechte und Grundfreiheiten, 4. Aufl. 2015, S. 315 Rn. 15.
16 *Kellerhals/Uebe*, in: Müller-Graff, Europäisches Binnenmarkt- und Wirtschaftsordnungsrecht, Rn. 21; *Haltern*, in: Pechstein/Nowak/Häde (Hrsg.), Frankfurter Kommentar, Bd. II AEUV, 2017, Art. 34 Rn. 28.

II. Dogmatische Ausgestaltung

gige Beeinträchtigungen sowie eine missbräuchliche Berufung auf die Warenverkehrsfreiheit von ihrem Anwendungsbereich auszunehmen sind. Diesen Forderungen ist der EuGH jedoch bislang nicht gefolgt, da in beiden Fällen eine Beeinträchtigung vorliegt, die aus der supranationalen Perspektive einen Handlungsbedarf begründet.[17] Allein prüft der Gerichtshof hinsichtlich der Beeinträchtigung, ob sie nicht „zu ungewiss und zu mittelbar" sei, was aber nicht ihre Relevanz betrifft, sondern hypothetische Beschränkungen ausschließt.[18]

2. Beeinträchtigung

a) **Adressaten.** Als Adressaten verpflichtet die Warenverkehrsfreiheit neben den Unionsorganen vor allem die Mitgliedstaaten. Ihre Maßnahmen dürfen den freien Warenverkehr nicht ohne eine hinreichende Rechtfertigung beeinträchtigen. Dies ist Ausdruck der negativen Integration. Die so charakterisierte Bindung der Mitgliedstaaten hat der EuGH in zwei Dimensionen erweitert.

Erstens leitet der EuGH aus der Warenverkehrsfreiheit eine positive Schutzpflicht der Mitgliedstaaten gegenüber Beeinträchtigungen ab, die von Privaten ausgehen.[19] Diese mittelbare Drittwirkung knüpft entsprechend nicht an den mitgliedstaatlichen Erlass einer bestimmten Maßnahme an, sondern an ein Unterlassen der Mitgliedstaaten, einer den Warenverkehr beschränkenden privaten Maßnahme entgegenzuwirken.[20] Wie weit eine solche Schutzpflicht allerdings reicht, ist nicht abschließend bestimmt. Damit die Mitgliedstaaten nicht gegen jedwedes private Handeln einschreiten müssen, ist jedenfalls wohl erforderlich, dass die Beeinträchtigung der Warenverkehrsfreiheit mit hinreichender Wahrscheinlichkeit kausal auf die private Handlung zurückzuführen ist und eine gewisse Intensität entfaltet.[21]

Zweitens kann die Warenverkehrsfreiheit auch unmittelbar für die Handlungen von privaten Akteuren als sogenannte „intermediäre Gewalten"[22] eine begrenzende Wirkung entfalten. Dies ist nur ausnahmsweise der Fall, wenn deren Maßnahmen aufgrund einer gesetzlichen Grundlage oder einer besonderen Position im Wettbewerb eine besondere „rechtliche oder faktische Bindungswirkung"[23] für die Teilnehmer eines bestimmten Marktes entfalten. Der EuGH hat dies insbesondere für „die Normungs- und Zertifizierungstätigkeiten" Privater angenommen.[24] Eine umfassende horizontale Drittwirkung spricht der EuGH der Warenverkehrsfreiheit damit jedoch nicht zu.[25]

b) **Maßnahme gleicher Wirkung.** Art. 34 AEUV verbietet neben den praktisch kaum mehr vorkommenden mengenmäßigen Beschränkungen auch „Maßnahmen gleicher

---

17 Siehe nur EuGH, U. v. 5.4.1984, verb. Rs. 177/82 und 178/82, Slg. 1984, 1797 Rn. 13 f. – *Van de Haar*.
18 EuGH, U. v. 13.10.1993, Rs. C-93/92, Slg. 1993, I-5009 Rn. 12 – *CMC Motorradcenter*; U. v. 18.6.2019, Rs. C-591/17, ECLI:EU:C:2019:504 Rn. 130 f. – *Österreich/Deutschland*; ausführlich hierzu *Kingreen*, in: Calliess/Ruffert (Hrsg.), EUV/AEUV Kommentar, 6. Aufl. 2022, Art. 36 Rn. 57.
19 EuGH, U. v. 9.12.1997, Rs. C-265/95, Slg. 1997, I-6959 Rn. 30–56 – *Kommission/Frankreich*; U. v. 12.6.2003, Rs. C-112/00, Slg. 2003, I-5659 Rn. 57–64 – *Schmidberger*.
20 So ausdrücklich EuGH, U. v. 12.6.2003, Rs. C-112/00, Slg. 2003, I-5659 Rn. 57–60 – *Schmidberger*.
21 *Epiney*, § 8 Freiheit des Warenverkehrs, in: Ehlers (Hrsg.), Europäische Grundrechte und Grundfreiheiten, 4. Aufl. 2015, S. 315 Rn. 18.
22 Siehe *Schmahl/Jung*, NVwZ 2013, 607 (608); *Haratsch/Koenig/Pechstein*, Europarecht, Rn. 827; ausführlich zu der EuGH-Rechtsprechung zur Bindung intermediärer Gewalten auch *Ludwigs/Weidermann*, JA 2014, 152 (154–157).
23 *Epiney*, § 8 Freiheit des Warenverkehrs, in: Ehlers (Hrsg.), Europäische Grundrechte und Grundfreiheiten, 4. Aufl. 2015, S. 315 Rn. 22.
24 So ausdrücklich EuGH, U. v. 12.7.2012, Rs. C-171/11, ECLI:EU:C:2012:453 Rn. 32 – *Fra.bo*; siehe auch EuGH, U. v. 5.11.2002, Rs. C-325/00, Slg. 2002, I-9977 Rn. 17–24 – *CMA-Gütezeichen*.
25 *Herdegen*, Europarecht, § 15 Rn. 16; *Haltern*, in: Pechstein/Nowak/Häde (Hrsg.), Frankfurter Kommentar, Bd. II AEUV, 2017, Art. 34 Rn. 35, 38.

Wirkung". Die Feststellung einer solchen gleichen Wirkung obliegt dem EuGH, der die Warenverkehrsfreiheit in einer ausdifferenzierten Rechtsprechung zu einem umfassenden Verbot der Beschränkung des Marktzugangs entwickelt hat. Drei Entscheidungen markieren als dogmatische Pfeiler diese Rechtsprechungsentwicklung. Den Ausgangspunkt bildet die im Jahre 1974 ergangene *Dassonville*-Entscheidung, die eine sehr weitgehende Formel aufstellte.[26] Knapp zwanzig Jahre später schränkte der EuGH sie mit seiner *Keck*-Rechtsprechung für bestimmte Fallgruppen ein.[27] Beginnend mit dem Urteil *Kommission/Italien* aus dem Jahre 2009 entwickelte und verfestigte der EuGH in den letzten zehn Jahren mit der sogenannten „Dreistufenprüfung" einen neuen dogmatischen Akzent.[28] Ihr Verhältnis zur früheren *Keck*-Formel ist bislang nicht vollständig geklärt. Da der EuGH noch immer beide dogmatische Konzepte in seiner Prüfung heranzieht, soll im Folgenden ihre Entwicklung nachvollzogen werden.

13   aa) ***Dassonville*-Entscheidung.** Die *Dassonville*-Entscheidung enthält die bis heute grundlegende Definition einer Maßnahme gleicher Wirkung.[29] Das Verfahren beschäftigte sich mit dem belgischen Verbot, Branntwein mit einer Ursprungsbezeichnung nach Belgien einzuführen, ohne eine entsprechende amtliche Ursprungsbescheinigung aus dem Erzeugerland vorzulegen. Die Großhändler Gustave und Benoît Dassonville führten in Frankreich erworbenen „Scotch Whisky" nach Belgien ein. Sie verfügten zwar über die in Frankreich erforderlichen Begleitpapiere, nicht aber über die in Belgien notwendige Ursprungsbestätigung der Zollbehörden aus Großbritannien, als dem Herkunftsland des Whiskys. Deshalb leitete die belgische Staatsanwaltschaft ein Strafverfahren gegen sie ein.

14   Der EuGH musste im Rahmen eines Vorlageverfahrens entscheiden, ob die belgische Vorschrift eine Maßnahme mit gleicher Wirkung wie eine mengenmäßige Beschränkung im Sinne des heutigen Art. 34 AEUV darstellte. Der EuGH fasste unter eine „Maßnahme gleicher Wirkung" „[j]ede Handelsregelung der Mitgliedstaaten, die geeignet ist, den innergemeinschaftlichen Handel unmittelbar oder mittelbar, tatsächlich oder potentiell zu behindern".[30] Notwendig sei dabei die Eignung einer Maßnahme, die beschriebenen Wirkungen zu zeitigen. Es komme nicht darauf an, ob sie bereits konkret eingetreten seien. Unter dieses umfassende Behinderungsverbot fasste der EuGH auch die gegenständliche belgische Regelung. Der EuGH hielt es grundsätzlich für zulässig, dass die Mitgliedstaaten eine Pflicht zur Vorlage von Ursprungsbescheinigungen vorsahen. Allerdings dürfe diese Vorlagepflicht den grenzüberschreitenden Handel nicht beschränken, d. h. die Beschaffung der erforderlichen Dokumente müsse unabhängig von der nationalen Zuordnung des Produkts möglich sein. Eine Maßnahme gleicher Wirkung liege dann vor, wenn es – wie im belgischen Fall – für die nicht direkt importierenden Händler im Vergleich zu Direktimporteuren schwerer sei, die entsprechenden Bescheinigungen zu erhalten.

15   Diese Entscheidung trifft eine zentrale Unterscheidung zwischen diskriminierenden Maßnahmen und sonstigen Beschränkungen. Art. 34 AEUV verbietet einerseits die offene Diskriminierung von Waren einer bestimmten Herkunft ebenso wie die versteckte Diskriminierung. Versteckt diskriminieren Regelungen, die an ein vermeintlich neutra-

---

[26] EuGH, U. v. 11.7.1974, Rs. 8/74, Slg. 1974, 837 – *Dassonville*.
[27] EuGH, U. v. 24.11.1993, verb. Rs. C-267/91 und C-268/91, Slg. 1993, I-6097 – *Keck und Mithouard*.
[28] Siehe den Ausgangspunkt in EuGH, U. v. 10.2.2009, Rs. C-110/05, Slg. 2009, I-519 – *Kommission/Italien*; zur Einbettung dieser Rechtsprechung in der Klausurbearbeitung siehe *Ruffert/Grischek/Schramm*, JuS 2021, 407 (409); kritisch zur fehlenden dogmatischen Kohärenz *Holst*, EuR 2018, 87 (95 f.).
[29] *Brigola*, in: Dauses/Ludwigs, Handbuch des EU-Wirtschaftsrechts, C. I. Rn. 93 f.; *Kingreen*, in: Calliess/Ruffert (Hrsg.), EUV/AEUV Kommentar, 6. Aufl. 2022, Art. 36 Rn. 37.
[30] EuGH, U. v. 11.7.1974, Rs. 8/74, Slg. 1974, 837 Rn. 5 – *Dassonville*.

II. Dogmatische Ausgestaltung

les Kriterium anknüpfen, das aber die Waren aus einem anderen Mitgliedstaat wesentlich häufiger aufweisen als die inländisch erzeugten. Andererseits gilt Art. 34 AEUV für alle Formen einer Beschränkung des Warenverkehrs. Neben rechtlichen Maßnahmen kann auch ein tatsächliches Staatshandeln eine Maßnahme gleicher Wirkung darstellen, wenn es die erforderliche handelshemmende Wirkung zeitigt. Ein Beispiel sind staatliche Werbekampagnen für inländische Waren.[31] Die *Dassonville*-Formel umfasst selbst Vorschriften, die nur den Vertrieb oder die Vermarktung von Waren regeln, weil sie den Handel potentiell behindern können. Hieraus ergibt sich ein umfassendes Behinderungsverbot für den Warenverkehr. Vor diesem Hintergrund schränkte der EuGH in der Folge die weite Formel punktuell ein. Konkret nahm er nichtdiskriminierende Verkaufsregelungen wie das belgische Verbot des nächtlichen Alkoholausschanks aus dem Anwendungsbereich.[32] Eine dogmatische Konsolidierung dieser Rechtsprechungslinie leistete der EuGH in seiner *Keck*-Entscheidung.

bb) Keck-Entscheidung. Mit dieser Entscheidung differenzierte der EuGH zwischen **16** produktbezogenen und rein vertriebsbezogenen Regelungen. Während der EuGH erstere im Schutzbereich der Warenverkehrsfreiheit ansiedelte, sollten letztere außen vor bleiben. Dies begründete der EuGH damit, dass nationale vertriebsbezogene Verkaufsmodalitäten die Warenverkehrsfreiheit dann nicht beeinträchtigten, wenn sie, erstens, für alle im Inland tätigen Wirtschaftsteilnehmer gelten, ohne nach der Herkunft ihrer Waren zu unterscheiden (Universalität) und, zweitens, den Absatz eingeführter Produkte nicht stärker beeinträchtigen als den inländischer Produkte (Neutralität).[33]

Im Kern des Ausgangsverfahrens stand die Beurteilung der Strafbarkeit von B. Keck und **17** D. Mithouard aufgrund eines Verstoßes gegen das französische Verbot zum Weiterverkauf von Waren unter dem Einkaufspreis. Die beiden Angeklagten machten geltend, dass die Verbotsregelung gegen die Warenverkehrsfreiheit verstoße, weshalb das Strafgericht diese Frage dem EuGH vorlegte. Der EuGH stellte zunächst fest, dass das Verbot das Absatzvolumen der Waren reduzieren könne, weil es die Verkaufsförderung durch niedrige Preise untersage. Dies könne zwar inländische Erzeugnisse genauso treffen wie Erzeugnisse aus anderen Mitgliedstaaten, sei aber dennoch eine Behinderung des Handels entsprechend der *Dassonville*-Formel. Dieses Zwischenergebnis hielt der EuGH nun selbst für zu weitgehend. Er betonte: „Da sich die Wirtschaftsteilnehmer immer häufiger auf [die Warenverkehrsfreiheit] berufen, um jedwede Regelung zu beanstanden, die sich als Beschränkung ihrer geschäftlichen Freiheit auswirkt, auch wenn sie nicht auf Erzeugnisse aus anderen Mitgliedstaaten gerichtet ist, hält es der Gerichtshof für notwendig, seine Rechtsprechung auf diesem Gebiet zu überprüfen und klarzustellen."[34] In ausdrücklicher Abweichung von seiner früheren Rechtsprechung sah der EuGH sodann eine Bereichsausnahme von der Warenverkehrsfreiheit für „Verkaufsmodalitäten" vor. Sie seien schon nicht geeignet, den Handel bzw. Marktzugang, wie in der *Dassonville*-Formel gefordert, zu behindern, sofern sie unterschiedslos für alle Wirtschaftsteilnehmer gälten und den Absatz inländischer und ausländischer Erzeugnisse „rechtlich wie tatsächlich in der gleichen Weise berühr[t]en."[35]

Diese Formel schuf jedoch Abgrenzungsprobleme, die der EuGH argumentativ nicht **18** immer konsistent bewältigte.[36] Vom Schutzbereich ausgenommen sind der *Keck*-Ent-

---
31 EuGH, U. v. 24.11.1982, Rs. C-249/81, Slg. 1982, 4005 Rn. 23–30 – *Buy Irish*.
32 EuGH, U. v. 31.3.1982, Rs. 75/81, Slg. 1982, 1211 Rn. 9 – *Blesgen*; so *Epiney*, in: Bieber/Epiney/Haag/Kotzur, Die Europäische Union, § 11 Rn. 39.
33 Siehe hierzu *Cremer/Bothe*, EuZW 2015, 413 (414).
34 EuGH, U. v. 24.11.1993, verb. Rs. C-267/91 und C-268/91, Slg. 1993, I-6097 Rn. 14 – *Keck und Mithouard*.
35 EuGH, U. v. 24.11.1993, verb. Rs. C-267/91 und C-268/91, Slg. 1993, I-6097 Rn. 16 – *Keck und Mithouard*.
36 *Cremer/Bothe*, EuZW 2015, 413 (414 f.).

scheidung zufolge grundsätzlich vertriebsbezogene Regelungen, die nicht die Beschaffenheit der Waren einschließlich ihrer Verpackung betreffen. Beispiele für vertriebsbezogene Maßnahmen sind die Festlegung von Öffnungszeiten für den Verkauf, das Verbot von Verlustpreisen und die Regelung zulässiger Vertriebswege.[37] Erforderlich ist allerdings, dass die jeweilige Regelung unterschiedslos wirkt und den Marktzugang für ausländische Produkte nicht stärker beschränkt als für inländische. Dementsprechend beurteilte der EuGH das deutsche Verbot des Versandhandels mit Arzneimitteln als Maßnahme gleicher Wirkung. Zwar regele es zunächst einen Vertriebsweg, allerdings treffe es ausländische Apotheken stärker als inländische, weil ausländische Apotheken mangels örtlicher Verkaufsstätten auf den Versandhandel angewiesen seien.[38] Führen nationale Regelungen dazu, dass ausländische Produkte schwerer vermarktet werden können als inländische, liegt hierin eine relevante Beschränkung. Die fortbestehenden Abgrenzungsprobleme mögen mit ein Grund dafür sein, dass der EuGH in jüngerer Zeit immer öfter auf eine Prüfung der *Keck*-Formel verzichtete.[39]

19 cc) **Entscheidung *Kommission/Italien*.** In der Entscheidung *Kommission/Italien* überführte der EuGH seine bisherige Rechtsprechung in einen sogenannten „Dreistufentest".[40] Dem Verfahren zugrunde lag eine Vertragsverletzungsklage der Europäischen Kommission gegen Italien, die in dem straßenverkehrsrechtlichen Verbot, bestimmte Krafträder und Kraftfahrzeuge (Kradfahrzeuge) mit Anhängern zu verwenden, einen Verstoß gegen die Warenverkehrsfreiheit sah. In seinen Vorbemerkungen beschäftigte sich der EuGH mit seiner bisherigen Rechtsprechung zur Auslegung des Begriffs der Maßnahme gleicher Wirkung und entwickelte hieraus folgende drei Fallgruppen. Zu den Maßnahmen gleicher Wirkung gehören so:
(1) „Maßnahmen eines Mitgliedstaats, mit denen bezweckt oder bewirkt wird, Erzeugnisse aus anderen Mitgliedstaaten weniger günstig zu behandeln";
(2) „Hemmnisse für den freien Warenverkehr, die sich (…) daraus ergeben, dass Waren aus anderen Mitgliedstaaten, die dort rechtmäßig hergestellt und in den Verkehr gebracht worden sind, bestimmten Vorschriften entsprechen müssen, selbst dann (…), wenn diese Vorschriften unterschiedslos für alle Erzeugnisse gelten";
(3) „jede sonstige Maßnahme, die den Zugang zum Markt eines Mitgliedstaats für Erzeugnisse aus anderen Mitgliedstaaten behindert."[41]

20 Die ersten beiden Prüfungspunkte nehmen bereits bekannte Kriterien der vorherigen Rechtsprechung auf. Sie umfassen, erstens, unmittelbare und mittelbare Diskriminierungen. Zweitens verankern sie das Gebot der gegenseitigen Anerkennung in Form eines produktbezogenen Beschränkungsverbots.[42] Auf der zentralen dritten Stufe steht die Prüfung einer Marktzugangsbeschränkung im Vordergrund. Bereits die *Keck*-Formel untersucht, ob eine Maßnahme inländische und ausländische Produkte faktisch gleichmäßig berührt und somit nicht geeignet ist, den Marktzugang ausländischer Produkte

---

37 EuGH, U. v. 2.6.1994, verb. Rs. C-401/92 und C-402/92, Slg. 1994, I-2199 Rn. 13–15 – *Tankstation 't Heukske und Boermans*; U. v. 24.11.1993, verb. Rs. C-267/91 und C-268/91, Slg. 1993, I-6097 Rn. 18 – *Keck und Mithouard*; U. v. 29.6.1995, Rs. C-391/92, Slg. 1995, I-1621 Rn. 15 – *Kommission/Griechenland*.
38 EuGH, U. v. 11.12.2003, Rs. C-322/01, Slg. 2003, I-14887 Rn. 74 – *Doc Morris*.
39 Zu den Abgrenzungsschwierigkeiten mit Beispielen siehe *Herdegen*, Europarecht, § 15 Rn. 13; *Epiney*, in: Bieber/Epiney/Haag/Kotzur, Die Europäische Union, § 11 Rn. 39–43.
40 EuGH, U. v. 10.2.2009, Rs. C-110/05, Slg. 2009, I-519 – *Kommission/Italien*; sie bestätigen u.a. EuGH, U. v. 2.12.2010, Rs. C-108/09, Slg. 2010, I-12213 Rn. 47–51 – *Ker-Optika*; U. v. 26.4.2012, Rs. C-456/10, ECLI:EU:C:2012:241 Rn. 32–35 – *ANETT*; U. v. 20.3.2014, Rs. C-639/11, ECLI:EU:C:2014:173 Rn. 52–55 – *Kommission/Polen*; U. v. 21.9.2016, Rs. C-221/15, ECLI:EU:C:2016:704 Rn. 35 f. – *Établissements Fr. Colruyt*; siehe auch *Schulz-Pabst*, ZJS 2017, 370 (371 f.); *Kellerhals/Uebe*, in: Müller-Graff, Europäisches Binnenmarkt- und Wirtschaftsordnungsrecht, Rn. 43.
41 EuGH, U. v. 10.2.2009, Rs. C-110/05, Slg. 2009, I-519 Rn. 35, 37 – *Kommission/Italien*.
42 So *Cremer/Bothe*, EuZW 2015, 413 (415 f.).

zu behindern.[43] Allerdings verzichtet das dritte Prüfungskriterium auf die frühere Differenzierung zwischen produkt- und vertriebsbezogenen Regelungen. Nunmehr stellt der EuGH darauf ab, ob eine Maßnahme – wie eine Preisbindung oder ein Mindestpreis – den Marktzugang für Waren aus anderen Mitgliedstaaten im Vergleich zu inländischen Waren erschwert. Für die Analyse folgt der EuGH einer ökonomischen Ratio und erfasst somit ein breites Spektrum an Maßnahmen. Denn beeinträchtigt eine Maßnahme einen wettbewerbsrelevanten Faktor, so kann sie den Marktzugang für ausländische Produkte stärker behindern, solange die inländischen Waren aufgrund anderer Wettbewerbsfaktoren über eine bessere Ausgangsposition verfügen. So kann etwa ein Mindestpreis verhindern, dass sich die im Ausland niedrigeren Gestehungspreise in einem preislichen Wettbewerbsvorteil für ausländische Waren niederschlagen und deshalb ihren Marktzugang behindern. Dabei lässt der EuGH, anders als im *Dassonville*-Urteil, nicht mehr nur potentielle Beschränkungen genügen, sondern fordert einen Nachweis des konkret behaupteten, die Beschränkung des Marktzugangs begründenden ökonomischen Mechanismus.[44] Das Fehlen eines solchen Nachweises kritisierte der EuGH im konkreten Fall. Die Kommission habe für Anhänger, die nicht nur für Kradfahrzeuge konzipiert und deshalb weiter einsetzbar sind, eine Beschränkung des Marktzugangs nicht bewiesen.[45]

21 Diese Prüfung betont die Funktion des Art. 34 AEUV, nationale Handelshemmnisse zu beseitigen, die den Marktzugang von in anderen Mitgliedstaaten erzeugten oder aus anderen Mitgliedstaaten eingeführten Waren beschränken. Das nationale Recht muss sich damit gegenüber Produkten aus anderen Mitgliedstaaten öffnen, deren Herstellung und Vermarktung die nationalen Anforderungen erfüllen. Diese dogmatische Wende ist jedoch nicht als Abkehr von der *Keck*-Formel zu lesen. Zwar mehren sich die Entscheidungen ohne ihre Inbezugnahme[46], dennoch greift der EuGH weiterhin auf sie zurück.[47]

22 c) **Ausfuhrbeschränkungen.** Art. 35 AEUV verbietet in paralleler Weise mengenmäßige Ausfuhrbeschränkungen und Maßnahmen mit gleicher Wirkung. Anders als nach der *Dassonville*-Formel fallen jedoch dem EuGH zufolge nur nationale Maßnahmen darunter, die „spezifische Beschränkungen der Ausfuhrströme bezwecken oder bewirken und damit unterschiedliche Bedingungen für den Binnenhandel innerhalb eines Mitgliedstaats und seinen Außenhandel schaffen, so dass die nationale Produktion oder der Binnenmarkt des betroffenen Staates zum Nachteil der Produktion oder des Handels anderer Mitgliedstaaten einen besonderen Vorteil erlangt".[48] Die Ausfuhrfreiheit umfasst damit kein allgemeines Beschränkungsverbot, sondern schützt davor, dass eine nationale Maßnahme den Export von Waren stärker beeinträchtigt als ihren inländischen Verkauf.[49]

---

43 Hierzu *Kingreen*, in: Calliess/Ruffert (Hrsg.), EUV/AEUV Kommentar, 6. Aufl. 2022, Art. 36 Rn. 51.
44 *Cremer/Bothe*, EuZW 2015, 413 (416); *Dietz/Streinz*, EuR 2015, 50 (62, 65).
45 EuGH, U. v. 10.2.2009, Rs. C-110/05, Slg. 2009, I-519 Rn. 52 – *Kommission/Italien*.
46 *Kellerhals/Uebe*, in: Müller/Graff, Europäisches Binnenmarkt- und Wirtschaftsordnungsrecht, Rn. 44; *Herdegen*, Europarecht, § 15 Rn. 14 konstatiert hinsichtlich der *Keck*-Ausnahme, „dass deren Anwendbarkeit grundsätzlich in Frage steht"; *Schulz-Pabst*, ZJS 2017, 370 (372) sieht „eine Tendenz zur Verabschiedung von Keck".
47 Siehe für eine vertriebsbezogene Regelung EuGH, U. v. 15.7.2021, Rs. C-190/20, ECLI:EU:C:2021:609 Rn. 35–43 – *Doc Morris*; hierzu *Epiney*, NVwZ 2022, 1346 (1349 f.). Das Urteil des EuGH zur Buchpreisbindung zitiert beide Entscheidungen (*Keck* sowie *Kommission/Italien*) nebeneinander, EuGH, U. v. 30.4.2009, Rs. C-531/07, Slg. 2009, I-3717 Rn. 17 – *Fachverband der Buch- und Medienwirtschaft/LIBRO*. Auch das Urteil zur deutschen Pkw-Maut verweist auf die *Keck*-Entscheidung, wenngleich nur in Reaktion auf das Vorbringen der Bundesrepublik, EuGH, U. v. 18.6.2019, Rs. C-591/17, ECLI:EU:C:2019:504 Rn. 113, 128 – *Österreich/Deutschland*.
48 EuGH, U. v. 8.11.1979, Rs. C-15/79, Slg. 1979, 3409 Rn. 7 – *Groenveld*; EuGH, U. v. 16.12.2008, Rs. C-205/07, Slg. 2008, I-9947 Rn. 43 – *Gysbrechts*; weiter allerdings – unter Berufung auf *Gysbrechts*, aber ohne Verweis auf die *Groenveld*-Formel – EuGH, U. v. 21.6.2016, Rs. C-15/15, ECLI:EU:C:2016:464 Rn. 36 – *New Valmar*.
49 Näher hierzu *Kainer/Herzog*, EuR 2018, 405 (409 f.); *Herdegen*, Europarecht, § 15 Rn. 17; *Haratsch/Koenig/Pechstein*, Europarecht, Rn. 837; *Classen*, § 22. Binnenmarkt – Freier Warenverkehr, in: Oppermann/Classen/Nettesheim, Europarecht, Rn. 35.

3. Rechtfertigung

23 Die Mitgliedstaaten können eine nationale Beeinträchtigung der Warenverkehrsfreiheit durch verschiedene Erwägungen rechtfertigen.

24 a) **Rechtfertigungsgründe.** Die in Betracht kommenden Rechtfertigungsgründe sind zum einen ausdrücklich in Art. 36 AEUV geregelt, den der EuGH als Ausnahmevorschrift eng auslegt.[50] Sie greifen für alle möglichen Beeinträchtigungen der Warenverkehrsfreiheit, einschließlich der offenen Diskriminierung von Waren aufgrund ihrer Herkunft. Sie umfassen eine Rechtfertigung „aus Gründen der öffentlichen Sittlichkeit, Ordnung und Sicherheit, zum Schutze der Gesundheit und des Lebens von Menschen, Tieren oder Pflanzen, des nationalen Kulturguts von künstlerischem, geschichtlichem oder archäologischem Wert oder des gewerblichen und kommerziellen Eigentums". Zudem können auch die Unionsgrundrechte als Schranke der Warenverkehrsfreiheit herangezogen werden.[51] Darüber hinaus können sich Rechtfertigungsgründe aus ungeschriebenen „zwingenden Erfordernissen des Gemeinwohls" ergeben. Der Ursprung dieser ungeschriebenen Rechtfertigungsgründe liegt in der *Cassis-de-Dijon*-Entscheidung des EuGH.[52] Mit ihr trug der EuGH dem Bedürfnis Rechnung, den Anwendungsbereich des Art. 36 AEUV übersteigende Gründe zur Rechtfertigung von Beeinträchtigungen der Warenverkehrsfreiheit anzuerkennen.[53] Der Entscheidung lag folgender Sachverhalt zugrunde:

Der Lebensmitteleinzelhändler Rewe beantragte im Jahre 1976 bei der zuständigen Bundesmonopolverwaltung eine Genehmigung für die Einfuhr und das Inverkehrbringen von „Cassis de Dijon" aus Frankreich, ein Johannisbeerlikör mit 15–20 Volumenprozent Alkohol. Diese wies darauf hin, dass Cassis de Dijon in Deutschland schon nicht verkehrsfähig sei, weil der damalige § 100 Abs. 3 Branntweinmonopolgesetz für derartige Fruchtsaftlikörе einen Mindestweingeistgehalt von 25 Prozent vorschrieb. Diese Vorschrift diente der deutschen Bundesregierung zufolge dem Schutz der öffentlichen Gesundheit sowie dem Verbraucherschutz, weil einerseits der geringere Alkoholgehalt Gewöhnungseffekte begünstige und andererseits Liköre mit niedrigerem Weingeistgehalt günstiger herzustellen seien und der Wettbewerbsvorteil zu einer sukzessiven Reduktion des Alkoholgehalts von Likören im Markt führen könne.

25 Der EuGH sah die Festsetzung des Mindestalkoholgehalts von Trinkbranntwein als eine Maßnahme gleicher Wirkung an, denn sie verhindere die Einfuhr und damit den Marktzugang des in Frankreich hergestellten Cassis de Dijon. Für eine mögliche Rechtfertigung stellte der EuGH nun auf ungeschriebene Schranken ab, die dem Art. 34 AEUV immanent seien. Er formulierte: „Hemmnisse für den Binnenhandel der Gemeinschaft, die sich aus den Unterschieden der nationalen Regelungen über die Vermarktung dieser Erzeugnisse ergeben, müssen hingenommen werden, soweit diese Bestimmungen notwendig sind, um zwingenden Erfordernissen gerecht zu werden, insbesondere den Erfordernissen einer wirksamen steuerlichen Kontrolle, des Schutzes der öffentlichen Gesundheit, der Lauterkeit des Handelsverkehrs und des Verbraucherschutzes."[54] Allerdings hielt der EuGH die für einen Mindestweingeistgehalt vorgebrachten Argumente nicht für überzeugend. Weder sei ersichtlich, warum ein Likör mit geringerem Alkoholgehalt

---

[50] EuGH, U. v. 19.12.1961, Rs. 7/61, Slg. 1961, 635 (720) – *Kommission/Italien*; U. v. 11.9.2008, Rs. C-141/07, Slg. 2008, I-6935 Rn. 50 – *Kommission/Deutschland*; EuGH, U. v. 8.6.2017, Rs. C-296/15, ECLI:EU:C:2017:431 Rn. 50 – *Medisanus*.

[51] Siehe etwa EuGH, U. v. 12.6.2003, Rs. C-112/00, Slg. 2003, I-5659 Rn. 69–81 – *Schmidberger*; hierzu Brigola, in: Dauses/Ludwigs, Handbuch des EU-Wirtschaftsrechts, C. I. Rn. 327–333.

[52] EuGH, U. v. 20.2.1979, Rs. C-120/78, Slg. 1979, 649 – *Cassis de Dijon*.

[53] Differenziert *Haltern*, in: Pechstein/Nowak/Häde (Hrsg.), Frankfurter Kommentar, Bd. II AEUV, 2017, Art. 36 Rn. 11–16.

[54] EuGH, U. v. 20.2.1979, Rs. C-120/78, Slg. 1979, 649 Rn. 8 – *Cassis de Dijon*.

aufgrund einer Gewöhnungsgefahr gesundheitsschädliche Wirkungen habe, da es bereits ein umfangreiches Angebot von Getränken mit geringem Alkoholgehalt gebe und hochprozentige Getränke ohnehin häufig verdünnt würden. Noch könne eine aus Verbraucherschutz gebotene Transparenz die Regelung rechtfertigen, weil anstatt der Standardisierung des Alkoholgehalts auch eine Kennzeichnung ausreiche. Damit diene die nationale Regelung keinem zwingenden Erfordernis des Gemeinwohls und könne eine Beeinträchtigung der Warenverkehrsfreiheit nicht rechtfertigen.

Mit dieser Entscheidung eröffnete der EuGH den Mitgliedstaaten einen dynamischen Kanon potentieller Rechtfertigungsgründe.[55] Mit ihrer nicht abschließenden Aufzählung sind die ungeschriebenen Gründe entwicklungsoffen angelegt. Dabei nimmt der EuGH drei wichtige Einschränkungen vor. Erstens sind rein wirtschaftliche Gründe nicht hinreichend, um eine Beeinträchtigung der Warenverkehrsfreiheit zu rechtfertigen.[56] Denn es wäre widersprüchlich, dürfte die zur Beseitigung von Handelshemmnissen und Herstellung eines funktionsfähigen Binnenmarktes garantierte Warenverkehrsfreiheit aufgrund eines wirtschaftlichen Belangs eingeschränkt werden.[57] Zu den wirtschaftlichen Gründen zählt der EuGH mitunter auch wirtschaftspolitisch motivierte Maßnahmen oder Maßnahmen zum Ausgleich besonderer wettbewerblicher Vor- oder Nachteile.[58] Zweitens müssen die verfolgten Schutzzwecke tatsächlich gefährdet sein.[59] Es obliegt dem jeweiligen Mitgliedstaat, dies darzulegen und zu beweisen. Dabei ist es entsprechend der Idee des Vorsorgeprinzips unschädlich, wenn eine gewisse Unsicherheit in der Tatsachenbeurteilung verbleibt. Allerdings reicht eine nur behauptete oder hypothetische Gefährdung nicht aus, sondern es bedarf vielmehr einer umfassenden Bewertung anhand zuverlässiger wissenschaftlicher Erkenntnisse.[60] Drittens schließt der EuGH eine Berufung auf ungeschriebene Gründe für offen diskriminierende Maßnahmen aus.[61] Damit verwehrt er den Mitgliedstaaten, zur Förderung außerhalb des Art. 36 AEUV liegender Gründe, wie etwa des Verbraucherschutzes oder des Umweltschutzes, zwischen Waren aufgrund ihrer Herkunft zu unterscheiden. Allerdings ist seine Rechtsprechung in dieser Hinsicht als inkonsistent kritisiert worden.[62] Denn der EuGH erlaubt eine Berufung insbesondere auf den Rechtfertigungsgrund des Umweltschutzes auch für Sachverhalte, die eine offene Diskriminierung nahelegten.[63] Vor diesem Hintergrund wird vertreten, die ungeschriebenen Rechtfertigungsgründe seien auch auf offen diskriminierende Maßnahmen anzuwenden, gerade weil kein systematischer Unterschied zwischen ihnen und den in Art. 36 AEUV enthaltenen Gründen bestehe.[64]

---

55 *Haltern*, in: Pechstein/Nowak/Häde (Hrsg.), Frankfurter Kommentar, Bd. II AEUV, 2017, Art. 36 Rn. 16 f.
56 Siehe nur EuGH, U. v. 17.3.2005, Rs. C-109/04, Slg. 2005, I-2421 Rn. 34 m. w. N. – *Kranemann*. Dies gilt auch für die in Art. 36 AEUV enthaltenen Gründe, siehe etwa EuGH, U. v. 19.12.1961, Rs. 7/61, Slg. 1961, 693 (720) – *Kommission/Italien*; U. v. 7.2.1984, Rs. 238/82, Slg. 1984, 523 Rn. 23 – *Duphar*; U. v. 28.3.1995, Rs. C-324/93, Slg. 1995, I-563 Rn. 36 – *Evans Medical*; U. v. 25.10.2001, Rs. C-398/98, Slg. 2001, I-7915 Rn. 30 – *Kommission/Griechenland*.
57 Vgl. EuGH, U. v. 10.7.1984, Rs. C-72/83, Slg. 1984, 2727 Rn. 35 – *Campus Oil*; kritisch hierzu *Haltern*, in: Pechstein/Nowak/Häde (Hrsg.), Frankfurter Kommentar, Bd. II AEUV, 2017, Art. 36 AEUV Rn. 62–68.
58 EuGH, U. v. 26.4.2012, Rs. C-456/10, ECLI:EU:C:2012:241 Rn. 53 – *ANETT*.
59 Diese Anforderung wird auch als eine Schranke der Rechtfertigungsmöglichkeit eingeordnet, siehe nur *Haltern*, in: Pechstein/Nowak/Häde (Hrsg.), Frankfurter Kommentar, Bd. II AEUV, 2017, Art. 36 Rn. 72.
60 Hierzu EuGH, U. v. 23.9.2003, Rs. C-192/01, Slg. 2003, I-9693 Rn. 45–52 – *Kommission/Dänemark*.
61 EuGH, U. v. 17.6.1981, Rs. C-113/80, Slg. 1981, 1625 Rn. 10 f. – *Kommission/Irland*.
62 *Haltern*, in: Pechstein/Nowak/Häde (Hrsg.), Frankfurter Kommentar, Bd. II AEUV, 2017, Art. 36 AEUV Rn. 28–36.
63 EuGH, U. v. 13.3.2001, Rs. C-379/98, Slg. 2001, I-2099 – *Preussen Elektra*; U. v. 1.7.2014, Rs. C-573/12, ECLI:EU:C:2014:2037 – *Ålands Vindkraft*; ähnlich auch *Brigola*, in: Dauses/Ludwigs, Handbuch des EU-Wirtschaftsrechts, C. I. Rn. 311–313 in Bezug auf EuGH, U. v. 30.4.2009, Rs. 531/07, Slg. 2009, I-3717 – *Fachverband der Buch- und Medienwirtschaft/LIBRO*.
64 So *Epiney*, § 8 Freiheit des Warenverkehrs, in: Ehlers (Hrsg.), Europäische Grundrechte und Grundfreiheiten, 4. Aufl. 2015, S. 315 Rn. 71; *Brigola*, in: Dauses/Ludwigs, Handbuch des EU-Wirtschaftsrechts, C. I. Rn. 310.

27 b) **Verhältnismäßigkeit.** Jede aus einem tauglichen Rechtfertigungsgrund motivierte Maßnahme muss sodann verhältnismäßig sein, d. h. sie muss jedenfalls geeignet sein, einen legitimen Zweck zu verfolgen und dabei das zur Zielerreichung mildeste Mittel darstellen.

28 Grundsätzlich lässt sich die Eignung eines Mittels zur Erreichung eines bestimmten Zwecks empirisch prüfen und ggf. nachweisen. Aufgrund der fast immer verbleibenden Unsicherheiten, verfügen die Mitgliedstaaten für ihre Einschätzung über einen gewissen Beurteilungsspielraum. Sie müssen zur Bildung ihrer Annahmen jedoch empirische Evidenz heranziehen oder notwendige wissenschaftliche Untersuchungen vornehmen. Dies gilt besonders dann, wenn ein Mitgliedstaat in seiner Risikobewertung von der in anderen Mitgliedstaaten verbreiteten Einschätzung abweicht.[65] Darüber hinausgehend hält der EuGH eine Maßnahme zur Zweckerreichung nur dann für geeignet, wenn sie Teil eines zweckgerichteten kohärenten Schutzkonzepts ist.[66]

29 Im Rahmen der Erforderlichkeit prüft der EuGH, ob das mit der Maßnahme verfolgte Ziel nicht mindestens ebenso gut durch andere, die Warenverkehrsfreiheit weniger einschränkende Maßnahmen verwirklicht werden kann.[67] Dabei müssen alle Bestandteile der getroffenen Regelung auf diese Weise erforderlich sein. Anderenfalls verlangt der EuGH eine tatbestandliche Differenzierung. Auch bei der Beurteilung dieser Tatfrage räumt der EuGH den Mitgliedstaaten einen Spielraum ein.[68] Mitunter fordert er dabei aber, dass der betreffende Mitgliedstaat darlegt, warum andere sich aufdrängende Maßnahmen nicht ebenso wirksam sind wie die streitige.

30 Die im deutschen Recht den Kern der Verhältnismäßigkeitsprüfung ausmachende Angemessenheit prüft der EuGH nur ausnahmsweise.[69] Dies wird insbesondere für die Kollision der Grundfreiheiten mit den Unionsgrundrechten angenommen.[70] Denn im Rahmen der Verhältnismäßigkeit ist auch ihnen Rechnung zu tragen.[71] Dabei können die Grundrechte auf beiden Seiten der Abwägung Relevanz entfalten.[72]

III. Fallgestaltungen

31 Die folgenden Fallgestaltungen zeichnen die dogmatischen Schritte der Prüfung der Vereinbarkeit einer nationalen Maßnahme mit der Warenverkehrsfreiheit nach. Sie widmen sich dem Anwendungsbereich der Warenverkehrsfreiheit, dem Vorliegen einer Beeinträchtigung und den Anforderungen an die Rechtfertigung.

1. Anwendungsbereich

32 a) **Horizontale Drittwirkung.** Die Warenverkehrsfreiheit verpflichtet neben den Unionsorganen unmittelbar vor allem die Mitgliedstaaten. Immer wieder hat der EuGH

---

65 *Herdegen*, Europarecht, § 15 Rn. 25; *Haltern*, in: Pechstein/Nowak/Häde (Hrsg.), Frankfurter Kommentar, Bd. II AEUV, 2017, Art. 36 AEUV Rn. 35 f.
66 EuGH, U. v. 3.3.2011, Rs. C-161/09, Slg. 2011, I-915 Rn. 42 – *Kakavetsos-Fragkopoulos*; U. v. 23.12.2015, Rs. C-333/14, ECLI:EU:C:2015:845 Rn. 37 – *Scotch Whisky*; *Haltern*, in: Pechstein/Nowak/Häde (Hrsg.), Frankfurter Kommentar, Bd. II AEUV, 2017, Art. 36 AEUV Rn. 76, 79 f.
67 EuGH, U. v. 20.5.1976, Rs. 104/75, Slg. 1976, 613 Rn. 17 – *De Peijper*.
68 Dessen Varianz betont *Haltern*, in: Pechstein/Nowak/Häde (Hrsg.), Frankfurter Kommentar, Bd. II AEUV, 2017, Art. 36 AEUV Rn. 84–95.
69 So in EuGH, U. v. 12.6.2003, Rs. C-112/00, Slg. 2003, I-5659 Rn. 82 – *Schmidberger*.
70 *Epiney*, § 8 Freiheit des Warenverkehrs, in: Ehlers (Hrsg.), Europäische Grundrechte und Grundfreiheiten, 4. Aufl. 2015, S. 315 Rn. 103; *Kingreen*, in: Calliess/Ruffert (Hrsg.), EUV/AEUV Kommentar, 6. Aufl. 2022, Art. 36 Rn. 100.
71 EuGH, U. v. 18.6.1991, Rs. C-260/89, Slg. 1991, I-2925 – *ERT/DEP*.
72 Siehe *Ludwigs/Weidemann*, JA 2014, 152 (164) für den Fall der unmittelbaren Drittwirkung; allgemein auch *Brigola*, in: Dauses/Ludwigs, Handbuch des EU-Wirtschaftsrechts, C. I. Rn. 327–333.

III. Fallgestaltungen

aber Konstellationen zu entscheiden, in denen eine Beschränkung des Marktzugangs für ausländische Waren durch private Akteure in Rede steht, was die Frage nach einer horizontalen Drittwirkung der Warenverkehrsfreiheit aufwirft.

EuGH, Urteil vom 12.7.2012 – Rs. C-171/11, ECLI:EU:C:2012:453 – *Fra.bo*   **33**
Das italienische Unternehmen Fra.bo *produziert und vertreibt Gas- und Wasserleitungen, die über einen bestimmten Typ von Verbindungsstücken mit Dichtungsringen verfügen. Fra.bo beantragte und erhielt für seine Verbindungsstücke ein Zertifikat des Deutschen Vereins des Gas- und Wasserfaches e.V. (DVGW), ein privatrechtlicher, als gemeinnützig anerkannter Verein. Der DVGW nutzt für seine Zertifizierungstätigkeit selbst erarbeitete technische Normen, insbesondere für Produkte, die mit Trinkwasser in Berührung kommen. Die einschlägige deutsche Rechtsverordnung*[73] *schrieb vor, dass die für die Trinkwasserversorgung verwendeten Produkte den „anerkannten Regeln der Technik" entsprechen müssen. Eine solche Konformität vermutete die Rechtsverordnung für Produkte, die von der DVGW als anerkannter Prüfstelle zertifiziert waren und ihr Zeichen trugen. Obwohl die Zertifizierung freiwillig ist, kaufen die Verbraucher in Deutschland fast ausschließlich zertifizierte Verbindungsstücke. Der DVGW ist die einzige Einrichtung, die entsprechende Konformitätszertifikate erteilt. Im Jahre 2005 entzog der DVGW das Zertifikat der Fra.bo, weil die Verbindungsstücke eine zwischenzeitlich erlassene technische Anforderung nicht erfüllten, wogegen Fra.bo Klage erhob. Fra.bo argumentierte, der Entzug des Zertifikats beeinträchtige ihren Zugang zum deutschen Markt erheblich.*

Im nachfolgenden Vorlageverfahren musste der EuGH untersuchen, ob die Warenverkehrsfreiheit für die Normungs- und Zertifizierungstätigkeit des DVGW Geltung entfaltete. Zunächst arbeitete der EuGH heraus, dass die Verbindungsstücke nicht Gegenstand einer sekundärrechtlichen Harmonisierung seien. Des Weiteren prüfte er, ob die Tätigkeit des DVGW dem deutschen Staat zurechenbar sei und damit der Warenverkehrsfreiheit unterliege. Er betonte, dass der DVGW eine private gemeinnützige Einrichtung sei, die weder von der Bundesrepublik finanziert noch inhaltlich gesteuert werde und ihr damit nicht zurechenbar sei. Allerdings erkannte er an, dass der DVGW durch seine Zertifizierung faktisch über den Marktzugang für die streitgegenständlichen Verbindungsstücke bestimmen könne.   **34**

Deshalb analysierte der EuGH, ob die Tätigkeit des DVGW funktional äquivalent zu einer staatlichen Maßnahme die Warenverkehrsfreiheit als „Maßnahme gleicher Wirkung" behindere. Eine solche Behinderung liegt laut EuGH bereits dann vor, wenn ein Unternehmen Produkte, die es in einem Mitgliedstaat rechtmäßig herstellt und verkauft, in einem anderen nur nach nationaler Zertifizierung vertreiben darf. In diesem Zusammenhang widmete sich der EuGH den tatsächlichen Wirkungen der im deutschen Recht verankerten Vermutung, dass Produkte mit einer DVGW-Zertifizierung den allgemein anerkannten Regeln der Technik entsprächen. Aufgrund der Monopolstellung des DVGW ergebe sich hieraus eine Behinderung des freien Warenverkehrs. Damit müsse der DVGW als private Einrichtung in seiner Normungs- und Zertifizierungstätigkeit die Warenverkehrsfreiheit beachten.   **35**

Anmerkung: Für die Personenverkehrsfreiheiten entwickelte der EuGH bereits früh eine unmittelbare Wirkung der Bindungen für private Normgeber (horizontale Wirkung), insbesondere für „kollektive Regelung[en] im Arbeits- und Dienstleistungsbereich".[74] Diese erstreckte er in Folge auch auf einzelvertragliche Rechtsbeziehungen,   **36**

---

73 Verordnung über Allgemeine Bedingungen für die Versorgung mit Wasser vom 20.6.1980, BGBl. 1980 I S. 750, geändert im Verlauf des Ausgangsverfahrens gemäß der Verordnung vom 13.1.2010, BGBl. I S. 10, die aber keine hier relevanten inhaltlichen Änderungen vornahm.
74 EuGH, U. v. 12.12.1974, Rs. 36/74, Slg. 1974, 1405 Rn. 16/19 – *Walrave/Koch*; hierzu *Schmahl/Jung*, NVwZ 2013, 607 (608); *Ludwigs/Weidermann*, JA 2014, 152 (154).

etwa im Arbeitsrecht.[75] Mit seiner *Fra.bo*-Entscheidung nahm der EuGH eine horizontale Drittwirkung auch in Bezug auf die Warenverkehrsfreiheit an. Damit setzte er sich in Widerspruch zu seiner bisherigen Rechtsprechung,[76] ohne sie jedoch zu erwähnen oder den „Paradigmenwechsel"[77] näher zu begründen.[78] Diese Ausweitung des Adressatenkreises der Warenverkehrsfreiheit reagiert auf den Bedeutungszuwachs der Tätigkeit privater Akteure für die Organisation der Marktstrukturen.[79] Damit können die Maßnahmen Privater ein äquivalentes Gefährdungspotential für die Warenverkehrsfreiheit wie staatliche Institutionen aufweisen. Dennoch ist es wichtig, die Reichweite der Warenverkehrsfreiheit abzugrenzen.[80] Der EuGH begründete die Bindung des DVGW an die Warenverkehrsfreiheit mit dessen faktischer Machtposition hinsichtlich des Marktzuganges für Verbindungsstücke. Der Gerichtshof forderte keine staatliche Übertragung von Regulierungshoheit, wenngleich die rechtliche Sonderbehandlung der DVGW-Zertifizierung durchaus eine Rolle spielte.[81] Damit kommt dem Urteil eine grundsätzliche Bedeutung zu,[82] die einer extensiven Auslegung des Anwendungsbereichs der Warenverkehrsfreiheit Vorschub leisten kann. Daneben besteht die Schutzpflichtendoktrin fort.[83] Ungeklärt bleibt letztlich, welche Rechtfertigungsmöglichkeiten den privaten Akteuren für ihre Maßnahmen offenstehen, denn sie handeln anders als staatliche Akteure gerade nicht gemeinwohlgebunden.[84] Zwar können auch ihre Handlungen öffentlichen Interessen dienen, es spricht aber einiges dafür, auch für sie die Unionsgrundrechte als potentielle Rechtfertigungsgründe anzuerkennen.[85]

37 b) **Warenbegriff.** Der Warenbegriff ist primärrechtlich nicht definiert und zeichnet sich durch eine umfangreiche Kasuistik aus. Da nur bei Vorliegen einer Ware die Warenverkehrsfreiheit eine negative Integrationswirkung entfalten kann, stellt die Definition eine erste wesentliche Weichenstellung der Prüfung, gerade im Hinblick auf neuartige Formen von Konsumgegenständen dar.

38 EuGH, Urteil vom 19.11.2020 – Rs. C-663/18, ECLI:EU:C:2020:938 – *Cannobidiol (CBD)*
Das französische Unternehmen Catlab SAS warb im Jahre 2014 für die Markteinführung der elektronischen Zigarette „Kanavape", deren Patronen Cannabidiol (CBD) enthielten. Das hierfür nötige CBD wurde aus der gesamten Cannabis-sativa-Pflanze (Hanf) gewonnen. Es stammte aus der Tschechischen Republik, wo es rechtmäßig hergestellt wurde. Die zuständige

---

75 Grundlegend EuGH, U. v. 6.6.2000, Rs. C-281/98, Slg. 2000, I-4139 – *Angonese*; hierzu *Schmahl/Jung*, NVwZ 2013, 607 (608); *Ludwigs/Weidermann*, JA 2014, 152 (157 f.).
76 Siehe nur EuGH, U. v. 1.10.1987, Rs. 311/85, Slg. 1987, 3801 Rn. 30 – *Vlaamse Reisbureaus*; U. v. 27.9.1988, Rs. 65/86, Slg. 1988, 5249 Rn. 11–13 – *Bayer*; hierzu *Ludwigs/Weidermann*, JA 2014, 152 (158); anders *Kingreen*, in: Calliess/Ruffert (Hrsg.), EUV/AEUV Kommentar, 6. Aufl. 2022, Art. 36 Rn. 114, 225 f., der auf die „hoheitliche Inkorporation" der Normsetzung abstellt (Rn. 225).
77 *Ludwigs/Weidermann*, JA 2014, 152 (158, 161).
78 Hierzu ausführlich *Schmahl/Jung*, NVwZ 2013, 607 (608 f.); *Schweitzer*, EuZW 2012, 765 (767).
79 *Schmahl/Jung*, NVwZ 2013, 607 (609); *Haltern*, in: Pechstein/Nowak/Häde (Hrsg.), Frankfurter Kommentar, Bd. II AEUV, 2017, Art. 34 Rn. 36 f.
80 Zusammenfassend zur Kritik *Ludwigs/Weidermann*, JA 2014, 152 (160 f.).
81 *Schweitzer*, EuZW 2012, 765 (768) stellt deshalb auf die so zugewiesene Regelsetzungsmacht als Anknüpfungspunkt der Anwendung der Warenverkehrsfreiheit ab.
82 *Schmahl/Jung*, NVwZ 2013, 607 (607) bezeichnen sie als „brisante [und] möglicherweise wegweisende Entscheidung", *Haltern*, in: Pechstein/Nowak/Häde (Hrsg.), Frankfurter Kommentar, Bd. II AEUV, 2017, Art. 34 Rn. 31, 35, 38 betont dabei die Einzelfallprägung und Entwicklungsoffenheit der Rechtsprechung.
83 *Schmahl/Jung*, NVwZ 2013, 607 (612); *Ludwigs/Weidermann*, JA 2014, 152 (162 f.); anders für eine Einordnung der *Fra.bo*-Entscheidung in die Schutzpflichtendoktrin *Kingreen*, in: Calliess/Ruffert (Hrsg.), EUV/AEUV Kommentar, 6. Aufl. 2022, Art. 36 Rn. 226.
84 *Ludwigs/Weidermann*, JA 2014, 152 (163 f.); zur potentiellen Rechtfertigung gemäß Art. 101 Abs. 3 AEUV siehe *Schweitzer*, EuZW 2012, 765 (770).
85 *Ludwigs/Weidermann*, JA 2014, 152 (164).

französische Behörde stufte Kanavape nicht als Arzneimittel ein. Im Jahre 2018 verurteilte ein französisches Strafgericht die Geschäftsführer von Catlab wegen eines Verstoßes gegen das Verbot der Vermarktung giftiger Stoffe. Im Berufungsverfahren argumentierten die Angeklagten, das Vermarktungsverbot für CBD verstoße gegen die Warenverkehrsfreiheit. Es sei mit dem Unionsrecht nicht vereinbar, dass Anbau, Nutzung und Vermarktung von CBD unzulässig seien, wenn es aus der gesamten Cannabis-sativa-Pflanze und nicht nur aus deren Fasern und Samen gewonnen sei. Diese Frage legte das Berufungsgericht dem EuGH vor.

Der EuGH verneinte in einem ersten Schritt die Anwendbarkeit sekundärrechtlicher Vorschriften, indem er CBD nicht unter den Begriff des landwirtschaftlichen Erzeugnisses subsumierte. Sodann prüfte der EuGH, ob das aus der Cannabis-sativa-Pflanze gewonnene CBD in den sachlichen Anwendungsbereich der Warenverkehrsfreiheit fiel. Hieran könne es mangeln, wenn es sich bei CBD um einen verbotenen Suchtstoff handele. **39**

Es ist im Unionsraum anerkannt, dass Suchtstoffe und psychotrope Stoffe schädliche Wirkungen auf die Gesundheit haben. Die Europäische Union verbietet es deshalb, im Einklang mit völkerrechtlichen Übereinkommen, diese Stoffe in Verkehr zu bringen und mit ihnen zu handeln, wobei für medizinische und wissenschaftliche Zwecke enge Ausnahmen gelten. Dem EuGH zufolge entfaltet daher die Warenverkehrsfreiheit keine Schutzwirkung für den Verkauf von Suchtstoffen, zu denen etwa Cannabis gehört.[86] Der Gerichtshof untersuchte nun, ob auch CBD einen solchen Suchtstoff darstellt. Das unions- und völkerrechtliche Verbot des Handels mit Suchtstoffen nimmt begrifflich auf das völkerrechtliche Einheitsübereinkommen der Vereinten Nationen über Suchtstoffe von 1961 Bezug. Dieses erfasst als Suchtstoff u. a. Cannabis, womit es „die Blüten- oder Fruchtstände der Cannabispflanze" bezeichnet, nicht aber ihre „Samen und Blätter".[87] Das UN-Einheitsübereinkommen zählt Extrakte aus Cannabis ausdrücklich zu den Suchtstoffen[88] und ist daher dem Wortlaut nach auf das aus der gesamten Cannabis-Pflanze gewonnene CBD anwendbar. Allerdings legte der EuGH den Begriff sodann teleologisch aus. Er argumentierte, das Übereinkommen diene dem Gesundheitsschutz und gelte nicht für Bestandteile der Cannabispflanze, die nur eine vernachlässigbare Menge des psychoaktiven Wirkstoffs THC enthielten. Der EuGH entnahm nun der Beweislage des Ausgangsverfahrens, dass bislang keine wissenschaftlichen Erkenntnisse vorlägen, die eine psychoaktive und damit potentiell gesundheitsschädliche Wirkung von CBD alleine nachwiesen. Er kam zu dem Ergebnis, CBD stelle keinen Suchtstoff im Sinne des UN-Einheitsübereinkommens dar. Damit finde die Warenverkehrsfreiheit Anwendung. **40**

Bei dem Vermarktungsverbot für CBD handele es sich um ein restriktives Handelshemmnis und damit um eine Maßnahme gleicher Wirkung. Das Verbot müsse deshalb geeignet und erforderlich sein, um den in Art. 36 AEUV normierten Gesundheitsschutz zu gewährleisten. Dabei obliege es dem Wertungsspielraum Frankreichs, das Schutzniveau und die genutzten Mittel zu bestimmen. Dies gelte gerade in Anbetracht der wissenschaftlichen Unsicherheiten in der Bewertung der Gesundheitsgefahren des CBD. Dabei müsse der betreffende Mitgliedstaat aber darlegen und nachweisen, dass eine Gefahr für die Gesundheit, insbesondere durch psychoaktive Wirkstoffe, tatsächlich bestehe, bzw. im Rahmen einer Risikobewertung beurteilen, wie groß die Wahrscheinlichkeit und die Schwere schädlicher Folgen seien. Auf dieser Grundlage müsse sich die getroffene Maßnahme als verhältnismäßig erweisen. Der EuGH betonte, dass diese Frage das vorlegende Gericht zu beurteilen habe. Er äußerte sich jedoch dahingehend, dass eine Rechtfertigung des Vermarktungsverbots für aus Cannabis-Pflanzen gewonnenes **41**

---

86 EuGH, U. v. 16.12.2010, Rs. C-137/09, Slg. 2010, I-13019 Rn. 36–42 – *Josemans*.
87 Art. 1 Abs. 1 lit. b UN-Einheitsübereinkommen von 1961 über Suchtstoffe in der Fassung der Bekanntmachung v. 4.2.1977, BGBl. II S. 111.
88 Art. 2 Abs. 1 i. V. m. Anhang I UN-Einheitsübereinkommen von 1961 über Suchtstoffe.

CBD schon bereits deshalb scheitern könne, weil das Verbot nicht für das wirkungsgleiche synthetische CBD gelte.

42 **Anmerkung:** Die Entscheidung beschäftigte sich mit einer aktuellen Mode-Erscheinung. Kosmetische Erzeugnisse mit CBD wie Cremes und Shampoo finden zunehmenden Absatz, auch CBD-Lifestyle-Produkte wie Duftöle und Sprays sind beliebt. Der Handel bietet sogar Lebensmittel mit CBD an.[89] Dabei herrscht seit längerem Rechtsunsicherheit über die Verkehrsfähigkeit dieser Waren. Sowohl im Lebensmittelrecht als auch im Kosmetikrecht sind Produkte, die Suchtstoffe nach dem UN-Einheitsübereinkommen enthalten, grundsätzlich nicht verkehrsfähig.[90] Die Europäische Kommission subsumierte unter den Begriff der Suchtstoffe auch CBD. Entsprechend nahm sie Produkte mit CBD in ihren Katalog der „neuartigen Lebensmittel" auf, die der Novel-Food-Verordnung zufolge zulassungspflichtig sind.[91] Auf dieser Grundlage untersagte sie den Verkehr mit den bis dato nicht zugelassenen CBD-haltigen Lebensmitteln und setzte die laufenden Zulassungsverfahren aus.[92]

43 Der EuGH setzte sich in dem vorliegenden Urteil erstmals mit der Verkehrsfähigkeit von Cannabidiol auseinander. Obwohl konkret E-Zigaretten mit CBD Gegenstand des Verfahrens waren, entfaltet das Urteil Breitenwirkung, denn der EuGH definierte den Begriff der Suchtstoffe des UN-Einheitsübereinkommens allgemein. Mittels einer teleologischen Auslegung lehnte der EuGH die Einordnung von CBD als Suchtstoff ab. Der Einsatz von CBD ist damit – mittlerweile auch nach Ansicht der Kommission – in Lebensmitteln und Kosmetika grundsätzlich möglich. Nachdem die Kommission die Bearbeitung der Anträge auf Zulassung von neuartigen Lebensmitteln zunächst wieder aufnahm,[93] setzte die Europäische Behörde für Lebensmittelsicherheit ihre Bewertung jedoch bis auf Weiteres aus, weil aus ihrer Sicht erforderliche Daten über die sonstigen gesundheitlichen Wirkungen von CBD fehlten.[94] Damit öffnet das Urteil den Markt zwar für CBD-haltige Produkte,[95] allerdings nur insofern sie die Anforderungen des Betäubungsmittelrechts[96] sowie des Arzneimittel- bzw. Lebensmittelrechts erfüllen.[97]

---

89 *Thonemann*, LMuR 2021, 418 (422) spricht von einem „Cannabis-Boom in der Lebensmittelwirtschaft"; hiermit beschäftigen sich z. B. VG Trier, U. v. 11.3.2022, Az.: 6 K 3630/21.TR; VG Berlin, B. v. 21.2.2022, Az.: VG 14 L 611/21; VG Bayreuth, B. v. 28.11.2022, Az.: B 7 K 22.245.

90 Art. 2 Abs. 3 lit. g Lebensmittel-Verordnung VO (EG) Nr. 178/2002; Anhang II Nr. 306 EU-Kosmetikverordnung VO (EG) Nr. 1223/2009; *Köhler*, PharmR 2021, 325 (331).

91 Art. 3 Abs. 2 lit. a, Art. 6 Abs. 2 Verordnung (EU) 2015/2283 v. 25.11.2015 (Novel-Food Verordnung). Der Katalog ist abrufbar unter https://webgate.ec.europa.eu/fip/novel_food_catalogue (zuletzt abgerufen am 1.7.2023); er enthält keine bindende Konkretisierung der Novel-Food-Verordnung, entfaltet aber Indizcharakter, so *Thonemann*, LMuR 2021, 418 (422) unter Verweis auf die entsprechende BGH-Rechtsprechung.

92 Hierzu *Thonemann*, LMuR 2021, 418 (422).

93 Siehe Bundesamt für Verbraucherschutz und Lebensmittelsicherheit, Pressemitteilung v. 15.12.2020, Bundesamt dämpft Hanf-Hype. CBD-haltige Produkte weiterhin nicht als Lebensmittel zugelassen, abrufbar unter https://www.bvl.bund.de/SharedDocs/Pressemitteilungen/01_lebensmittel/2020/2020_12_15_PI_CBD.html (zuletzt abgerufen am 1.7.2023).

94 Siehe Europäische Behörde für Lebensmittelsicherheit, Pressemitteilung v. 7.6.2022, Bewertungen zu Cannabidiol als neuartiges Lebensmittel werden bis zum Vorliegen neuer Daten ausgesetzt, abrufbar unter https://www.efsa.europa.eu/de/news/cannabidiol-novel-food-evaluations-hold-pending-new-data (zuletzt abgerufen am 1.7.2023).

95 Siehe *Janning*, LMuR 2021, 21 (26 f.).

96 Siehe etwa BGH, B. v. 23.6.2022, Az.: 5 StR 490/21. Das nationale Betäubungsmittelrecht ordnet Cannabis und THC (Tetrahydrocannabinol) als nicht verkehrsfähiges Betäubungsmittel ein (Anlage 1 zu § 1 Abs. 1 BtMG. Es sieht aber eine Ausnahme vor, wenn der THC-Gehalt eines Produkts unter 0,2 Prozent liegt und es „ausschließlich gewerblichen oder wissenschaftlichen Zwecken dient, die einen Missbrauch zu Rauschzwecken ausschließen".

97 Zur Abgrenzung siehe VGH München, B. v. 27.2.2023, Az.: 20 CS 22.2652, 20 CS 22.2654; VGH Mannheim, B. v. 9.3.2022, Az.: 9 S 3426/21; OVG Weimar, B. v. 31.1.2023, Az.: 3 EO 596/22.

III. Fallgestaltungen

Dabei steht eine Liberalisierung unter einem weiteren Vorbehalt. Das EuGH-Urteil macht deutlich, dass unter der Geltung der Warenverkehrsfreiheit im Binnenmarkt nur Produkte vom Markt ausschließbar sind, deren schädliche Wirkungen wissenschaftlich nachgewiesen sind. Der EuGH überlässt es ausdrücklich den Mitgliedstaaten, empirische Nachweise für die gesundheitsschädliche Wirkung von CBD zu erbringen. Solche Nachweise würden im Rahmen der teleologischen Auslegung des Begriffs der Suchtstoffe zu einem anderen Ergebnis führen. Das Urteil des EuGH bestätigt damit gerade nicht die lebensmittelrechtliche Unbedenklichkeit von CBD.[98]

2. Vorliegen einer Beeinträchtigung

Die Rechtsprechung des EuGH zur Auslegung der Maßnahme gleicher Wirkung gemäß Art. 34 AEUV ist geprägt durch ein zunehmendes Abrücken von der *Keck*-Formel. Gleichzeitig zeigen die Entscheidungen, welche Abgrenzungsprobleme fortbestehen bleiben und welche Folgefragen der neue „Dreistufentest" aufwirft.

EuGH, Urteil vom 26.4.2012 – Rs. C-456/10, ECLI:EU:C:2012:241 – *ANETT*
Die Asociaciòn Nacional de Expendedores de Tabaco y Timbre (ANETT) erhob in Spanien Klage gegen das Verbot für Tabakeinzelhändler, Tabakerzeugnisse aus anderen Mitgliedstaaten einzuführen. Die spanische Regierung begründete das Verbot damit, dass es eine Steuer-, Zoll- und Hygienekontrolle der eingeführten Tabakerzeugnisse ermögliche. Das angerufene Gericht legte dem EuGH die Frage vor, ob dieses Verbot eine mengenmäßige Einfuhrbeschränkung oder eine Maßnahme gleicher Wirkung nach Art. 34 AEUV darstellte.

In einem ersten Schritt setzte sich der EuGH mit der Auffassung der Europäischen Kommission auseinander, die nationale Vorschrift sei an Art. 37 AEUV zu messen, weil sie die handelsbeschränkenden Folgen eines Handelsmonopols beträfe. Der EuGH führte jedoch aus, dass Art. 37 AEUV nur Regelungen betreffe, die sich dem Bestehen und der Funktionsweise eines Handelsmonopols widmeten. Das staatliche Monopol für den Einzelhandel mit Tabakerzeugnissen diene dazu, den einzelnen Konzessionsnehmern ein ausschließliches Recht zu sichern. Die streitgegenständliche Regelung lasse sich aber von dieser Funktion trennen, denn sie betreffe nicht den Betrieb des Einzelhandels in Wahrnehmung der Konzession, sondern führe nur dazu, dass sich die Einfuhr von Tabakerzeugnissen auf die vorgelagerten Großhändler verschiebe. Deshalb sei die nationale Maßnahme an Art. 34 AEUV zu messen.[99]

Hier prüfte der EuGH anhand des Dreistufentests, ob es sich bei dem Einfuhrverbot um eine Maßnahme gleicher Wirkung handele. Er verneinte, erstens, dass das Einfuhrverbot darauf abziele, Tabakerzeugnisse aus anderen Mitgliedstaaten weniger günstig zu behandeln. Zweitens stellte der EuGH fest, dass das Verbot keine strengeren Anforderungen für Tabakerzeugnisse aus anderen Mitgliedstaaten aufstelle. Drittens prüfte er, ob das Verbot den Zugang zum spanischen Tabakmarkt behindere. Er bejahte dies mit der Begründung, dass die Einzelhändler dazu gezwungen seien, ihren Bedarf an Tabakwaren aus anderen Mitgliedstaaten bei Großhändlern zu decken, so dass sie die Nachfrage ihrer eigenen Kunden nicht direkt, schnell und flexibel befriedigen könnten und zudem nicht in der Lage seien, günstigere Einkaufskonditionen zu verhandeln. Dies behindere den Marktzugang für die Tabakerzeugnisse aus anderen Mitgliedstaaten.

Diese Beschränkung müsste durch die von Art. 36 AEUV aufgeführten Belange des Gemeinwohls oder durch weitere zwingende Erfordernisse gerechtfertigt sein. Dabei betonte der EuGH, es obliege den Mitgliedstaaten, die Verhältnismäßigkeit ihrer Maßnah-

---
[98] Siehe auch VG Sigmaringen, B. v. 29.6.2021, Az.: 3 K 1081/21; siehe zu weiteren pharmakologischen Wirkungen VGH München, B. v. 27.2.2023, Az.: 20 CS 22.2652, 20 CS 22.2654.
[99] Hierzu schon EuGH, U. v. 20.2.1979, Rs. C-120/78, Slg. 1979, 649 Rn. 7 – *Cassis de Dijon*.

men nachzuweisen. Dies sei im vorliegenden Fall nicht geschehen. Sofern die spanische Regierung anführte, das Einfuhrverbot diene der besseren Steuer-, Zoll- und Hygienekontrolle, so habe sie den behaupteten Zusammenhang nicht hinreichend dargelegt. Auch die im Verfahren vorgebrachten Gründe des Verbraucherschutzes hielt der EuGH nicht für überzeugend. Er ließ offen, ob der Belang, ein einheitliches Sortiment im Einzelhandel zu sichern, überhaupt einen legitimen Zweck darstelle. Jedenfalls ließe sich der Gefahr, dass Einzelhändler bestimmte Produkte bevorzugt einführen, durch eine mildere Maßnahme begegnen. Auch hielt der EuGH das Argument, dass die Einfuhrfreiheit den Tabakeinzelhändlern einen übermäßigen Wettbewerbsvorteil verschaffen könne, für untauglich, weil dieser rein wirtschaftliche Zweck keinen zwingenden Grund des Gemeinwohls darstellen könne. Somit kam er zu dem Schluss, dass das Einfuhrverbot gegen die Warenverkehrsfreiheit verstoße.

50 **Anmerkung:** Diese Entscheidung setzt sich mit der Regulierung im Rahmen des spanischen Handelsmonopols zum Verkauf von Tabak im Einzelhandel auseinander. Die für Handelsmonopole geltende primärrechtliche Regelung des Art. 37 AEUV ist eine Besonderheit im Bereich der Warenverkehrsfreiheit. Die Vorschrift verbietet im Bereich von Handelsmonopolen nur eine Diskriminierung, statuiert aber kein Beschränkungsverbot.[100] Daher trifft die Entscheidung eine grundlegende Weichenstellung, indem sie das Einfuhrverbot normativ von den Vorschriften trennt, die das Handelsmonopol betreffen. Hiermit widersprach der EuGH der Auffassung der Kommission, die den Anwendungsbereich des Art. 37 AEUV für eröffnet hielt. Diese enge Auslegung der Vorschrift wirkt liberalisierend, weil sie das Einfuhrverbot sodann als Beschränkung der Warenverkehrsfreiheit einer Rechtfertigungspflicht unterwarf.

51 Ein „beträchtliches dogmatisches Potential"[101] hat die Entscheidung aber vor allem mit ihrer Auslegung der Maßnahme gleicher Wirkung, die den Übergang des EuGH von der *Keck*-Formel zum „Dreistufentest" verfestigt.[102] Das Urteil nimmt seinen Ausgangspunkt in der *Dassonville*-Entscheidung und prüft sodann unter Verweis auf die Entscheidung *Kommission/Italien* das Vorliegen einer Maßnahme gleicher Wirkung in drei Stufen. Die *Keck*-Formel erwähnte der Gerichtshof nicht, obwohl die Fallgestaltung eine Nähe zu Verkaufsmodalitäten aufwies.

52 **EuGH, Urteil vom 18.6.2019 – Rs. C-591/17, ECLI:EU:C:2019:504 –** *Österreich/Deutschland* **(*Infrastrukturabgabe*)**
Im Jahre 2015 führte Deutschland eine Infrastrukturabgabe für die Benutzung der Bundesfernstraßen durch Personenkraftwagen ein (sogenannte Pkw-Maut) und sah gleichzeitig eine mindestens ebenso hohe steuerliche Entlastung für die Halter von in Deutschland zugelassenen Fahrzeugen bis 3,5 t vor. Die beiden Maßnahmen wurden nicht nur am selben Tag eingeführt, sondern die Steuerentlastung sollte zeitlich erst mit Erhebung der Infrastrukturabgabe greifen und entsprach in ihrer Höhe mindestens der Abgabe. Die auf Bundesfernstraßen verkehrenden Halter von im Inland zugelassenen Personenkraftwagen wurden damit durch die Steuerentlastung für die Infrastrukturabgabe mindestens kompensiert. Nachdem die Europäische Kommission das eingeleitete Vertragsverletzungsverfahrens nach einer entsprechenden Abänderung des deutschen Infrastrukturgesetzes einstellte, erhob Österreich gemäß Art. 259 AEUV Vertragsverletzungsklage gegen Deutschland. Österreich rügte, die Infrastrukturabgabe sei eine mittelbare Diskriminierung aufgrund der Staatsangehörigkeit und verletze die Grundsätze des freien Waren- und Dienstleistungsverkehrs.

---

100 *Streinz*, EuZW 2012, 508 (512).
101 *Reyes y Ráfales*, DVBl 2015, 268 (271).
102 Ausführlich *Purnhagen*, JZ 2012, 742 (742–744).

III. Fallgestaltungen   **53–55**

Der EuGH prüfte umfassend die Europarechtskonformität der Maßnahmen, wenngleich **53** hier allein die Vereinbarkeit mit der Warenverkehrsfreiheit im Fokus stehen soll. Als zentrale Weichenstellung hielt es der EuGH für angezeigt, beide angegriffenen Maßnahmen, d. h. die Infrastrukturabgabe und die Steuerentlastung, aufgrund ihrer engen Verbindung gemeinsam zu prüfen. Er untersuchte, ob sie in ihrem Zusammenwirken den Marktzugang für Erzeugnisse aus anderen Mitgliedstaaten behinderten und damit eine Maßnahme gleicher Wirkung gemäß Art. 34 AEUV darstellten. Der Gerichtshof nahm an, die Infrastrukturabgabe beeinflusse den Warenverkehr, indem sie die Transportkosten für Waren erhöhe, die auf Bundesfernstraßen in Personenkraftwagen die im Ausland zugelassen sind, befördert werden. Dies beeinträchtige die Wettbewerbsfähigkeit der Waren und behindere ihren Marktzugang. Damit liege eine Maßnahme gleicher Wirkung vor. Den Einwand der Bundesrepublik, die Infrastrukturabgabe sei eine bloße „Verkaufsmodalität" entsprechend der *Keck*-Rechtsprechung, hielt der EuGH nicht für überzeugend. Denn sie betreffe nicht nur die Vermarktung von Produkten, sondern ihre Beförderung. Eine Rechtfertigung lehnte der EuGH mit nur kurzer Begründung ab, indem er darauf verwies, dass die Bundesrepublik keine rechtfertigenden Gründe angeführt habe. Auch die in anderem Zusammenhang genannten Gründe des Umweltschutzes und der Finanzierung von Infrastruktur könnten die ungleiche Behandlung des Warenverkehrs mit Personenkraftwagen, die in Deutschland zugelassen sind und des Warenverkehrs mit anderen Personenkraftwagen nicht rechtfertigen. Die Infrastrukturabgabe verstoße damit gegen die Warenverkehrsfreiheit.

Anmerkung: Gegenstand dieser Entscheidung war die politisch hoch umstrittene Ein- **54** führung der Pkw-Maut in Deutschland.[103] Mit ihrem Urteil wich die Große Kammer des EuGH von den Schlussanträgen des Generalanwalts ab und erklärte die deutsche Pkw-Maut für unvereinbar mit den unionsrechtlichen Anforderungen. Im Zentrum der Entscheidung stand dabei nicht die hier diskutierte Warenverkehrsfreiheit, sondern das Verbot der Diskriminierung aus Gründen der Staatsangehörigkeit gemäß Art. 18 AEUV. Anstatt allein die Regelung der Infrastrukturabgabe als potentielles Handelshemmnis zu prüfen, betrachtete der EuGH, welche Wirkungen sie gemeinsam mit der gleichzeitig erlassenen Steuerentlastung erzeugte. Dies ist inhaltlich überzeugend. Der deutsche Gesetzgeber koppelte die beiden Maßnahmen nicht nur zeitlich, sondern auch inhaltlich eng aneinander.[104] Die Steuerentlastung für Halter von im Inland zugelassenen Pkw führte dazu, dass ihnen die Infrastrukturabgabe faktisch zurückerstattet wurde.[105] Diese Freistellung deutscher Halter von einer Belastung diente auch in der allgemein-politischen Diskussion zur Rechtfertigung der Maut.[106]

Der EuGH sah auf der Basis einer gemeinsamen Analyse der beiden Maßnahmen die **55** ausländischen Halter von Pkw stärker belastet als die inländischen, für die eine steuerliche Kompensation griff. Der Generalanwalt hingegen kam zu dem Ergebnis, die deutschen und die ausländischen Pkw-Halter seien keine geeigneten Vergleichsgruppen, da nur die inländischen Halter zur Entrichtung einer KfZ-Steuer herangezogen würden.[107] Dies begünstige ausländische Halter im Vergleich sogar.[108] Zu Recht lehnte der EuGH dieses Argument ab, indem er auf die Gruppe der Autobahn-Benutzer abstellte.[109] Hier

---

103 Siehe hierzu etwa *Boehme-Neßler*, NVwZ 2014, 97; *Zabel*, NVwZ 2015, 186; *Zabel*, NVwZ 2019, 1032 (1032); *Kröll*, EuZW 2019, 700 (700); *Pracht*, ZJS 2019, 425 (425).
104 So *Terhechte*, JZ 75 (2020), 257 (258).
105 *Streinz*, JuS 2019, 825 (827) bezeichnet dies als „praktische Rückvergütung".
106 So etwa *Streinz*, JuS 2019, 825 (826).
107 Schlussanträge des Generalanwalts Wahl v. 6.2.2019, Rs. C-591/17, ECLI:EU:C:2019:99 Rn. 49–58 – *Österreich/Deutschland*; siehe hierzu *Hofmann*, NVwZ 2019, 1257 (1259 f.).
108 So auch *Kainer/Fischinger-Corbo*, EuZW 2019, 894 (896–898).
109 *Streinz*, JuS 2019, 825 (826).

werden netto nur die ausländischen Nutzer belastet, weil die Infrastrukturabgabe der inländischen Nutzer durch eine steuerliche Reduktion ausgeglichen wird, so dass die Belastung tatsächlich nur die ausländischen Halter trifft – was auch der politische Diskurs reflektierte. Zwar sind – wie der Generalanwalt ausdrücklich feststellte[110] – allein rechtliche Maßstäbe für die Beurteilung der Wirkungen einer Regelung entscheidend, allerdings kann ein solcher Diskurs darauf hindeuten, dass die behaupteten Wirkungen auch tatsächlich bestehen.[111]

56 Die so gefundene Diskriminierung diente auch als Anknüpfungspunkt für die Prüfung der Warenverkehrsfreiheit. Hier stellte sich die Frage, welche Bedeutung eine Maut für Personenkraftwagen tatsächlich für den Marktzugang von Waren spielt. Der Generalanwalt verneinte das Vorliegen einer hinreichenden kausalen Beziehung zwischen Maut und Marktzugang, da die Klägerin ihrer Beweislast insofern nicht nachgekommen sei.[112] Im Gegensatz hierzu konstatierte der EuGH, die Wirkungen der Maut auf den Warenverkehr seien nicht „zu ungewiss und mittelbar".[113] Er kam zu dem Ergebnis, dass die Infrastrukturabgabe aufgrund der erhöhten Transportkosten den Marktzugang ausländischer Produkte behindern könne. Dem ist im Ergebnis zuzustimmen, denn der Warentransport in Pkw ist jedenfalls nicht völlig bedeutungslos.[114] Allerdings hätte der EuGH diese Annahme näher begründen können.

3. Rechtfertigungsanforderungen

57 Zuletzt illustrieren jüngere Entscheidungen die Rechtfertigungsanforderungen, denen der EuGH die Mitgliedstaaten unterwirft, wenn sie mit nationalen Maßnahmen den Marktzugang für ausländische Waren beschränken. Sie unterscheiden sich insofern voneinander, als dass der EuGH einmal die Überprüfung nach den herausgearbeiteten Leitlinien dem nationalen Gericht zuweist (*Scotch Whisky*), einmal selbst eine umfassende Verhältnismäßigkeitsprüfung vornimmt (*Deutsche Parkinson Vereinigung*) und einmal dem Mitgliedstaat einen weiten Beurteilungsspielraum einräumt (*Ålands Vindkraft*).[115]

58 **EuGH, Urteil vom 23.12.2015 – Rs. C-333/14, ECLI:EU:C:2015:845 –** *Scotch Whisky*
Mehrere Hersteller alkoholischer Getränke, darunter die Scotch Whisky Association, klagten gegen ein schottisches Gesetz, das einen Mindestpreis für den Verkauf alkoholischer Getränke im Einzelhandel einführte, sowie gegen einen schottischen Verordnungsentwurf, der einen konkreten Mindestpreis von 0,50 £ pro Alkoholeinheit (Alkoholgehalt in Volumenprozent multipliziert mit den Volumen in Litern) festsetzte. Das Gesetz verpflichtete die schottische Regierung zu einer Evaluierung innerhalb von fünf Jahren und sah ein Ablaufdatum von sechs Jahren nach Verordnungserlass für die Maßnahme vor. Ausweislich seiner Begründung sollte der Mindestpreis den Alkoholkonsum von Verbrauchern reduzieren, sowohl auf einem gefährlichen als auch auf einem gemäßigten Konsumniveau. Die Berufungsinstanz initiierte ein Vorlageverfahren vor dem EuGH.

59 Der EuGH widmete sich zunächst dem Verhältnis von Warenverkehrsfreiheit und Sekundärrecht. Das Sekundärrecht schaffe eine gemeinsame Organisation der Agrarmärkte, die auch den Weinmarkt umfasse und einen wirksamen Wettbewerb gewährleisten solle. Die entsprechende sekundärrechtliche Verordnung lasse gemeinsame

---

110 Schlussanträge des Generalanwalts Wahl v. 6.2.2019, Rs. C-591/17, ECLI:EU:C:2019:99 Rn. 70–72 – *Österreich/Deutschland*.
111 *Streinz*, JuS 2019, 825 (827).
112 Schlussanträge des Generalanwalts Wahl v. 6.2.2019, Rs. C-591/17, ECLI:EU:C:2019:99 Rn. 121–124 – *Österreich/Deutschland*; hierzu *Barbist/Kröll*, EuZW 2019, 700 (701).
113 EuGH, U. v. 18.6.2019, Rs. C-591/17, ECLI:EU:C:2019:504 Rn. 130 f. – *Österreich/Deutschland*.
114 *Terhechte*, JZ 75 (2020), 257 (260); andere Ansicht *Kahle/Hafner*, NJW 2019, 2353 (2355).
115 Zu diesen Spielarten der „deference" siehe *Zglinski*, Common Market Law Review 55 (2018), 1341 anhand einer empirischen Entscheidungsanalyse.

III. Fallgestaltungen **60–64**

Vermarktungsregeln für Wein zu, verbiete aber eine Preisfestsetzung, selbst wenn sie nur Orientierung oder Empfehlung sei. Diese Verordnung könne nun einer Mindestpreisfestsetzung im Einzelhandel entgegenstehen. Der EuGH betonte, dass die Verordnung dem Ziel der Wettbewerbsförderung diene und deshalb Mindestpreise untersage. Denn sie verhinderten, dass Erzeuger und Einführer von Wein niedrige Gestehungskosten für einen Preiswettbewerb nutzen könnten. Allerdings erkannte der EuGH an, dass nationale Vorschriften auch anderen Gemeinwohlzielen dienen könnten, die jenseits der Verordnung liegen, wie hier der Schutz der Gesundheit und des Lebens von Menschen. Für sie solle weiterhin Raum bleiben. Etwaige Maßnahmen seien deshalb an der Warenverkehrsfreiheit zu messen. Der EuGH qualifizierte die Mindestpreisfestsetzung sodann als eine Maßnahme gleicher Wirkung, weil sie den Zugang zum britischen Markt für diejenigen erschwere, die aufgrund niedriger Gestehungskosten einen unter dem Mindestpreis liegenden Endverkaufspreis im Einzelhandel bieten könnten.

Der EuGH prüfte zuletzt, ob der Mindestpreis nach Art. 36 AEUV gerechtfertigt sei. **60** Erstens hielt der EuGH die Regelung für geeignet, die Gesundheit und das Leben von Menschen zu schützen. Es sei zu erwarten, dass die durch den Mindestpreis bewirkte Preiserhöhung im Niedrigpreissegment gerade den Alkoholkonsum billiger alkoholischer Getränke reduziere und somit gesundheitsfördernd wirke. Darüber hinaus bejahte der EuGH, dass die nationale Regelung das Ziel in „kohärenter und systematischer Weise" erreiche, denn der Mindestpreis sei Teil eines Maßnahmenpakets zur Bekämpfung alkoholbedingter Gesundheitsgefahren.

Zweitens müsse die Mindestpreisfestsetzung erforderlich sein. Das heißt, es dürfe keine **61** ebenso wirksame Maßnahme geben, die den Warenverkehr weniger beeinträchtige. Als Vergleichsmoment zog der EuGH die im Ausgangsverfahren thematisierte Steuererhöhung für alkoholische Getränke heran. Eine solche fiskalische Maßnahme ließe grundsätzlich die freie Preisbildung auf dem Markt für alkoholische Getränke unbeeinträchtigt. Damit beschränke sie den Warenverkehr weniger als ein Mindestpreis. Gleichzeitig führe sie zu einer Anhebung des gesamten Preisniveaus und könne so ebenfalls die Verkaufsmenge reduzieren. Ob dies allerdings tatsächlich ebenso wirksam sei wie eine Mindestpreisfestsetzung, ließ der EuGH offen.

Dem EuGH zufolge müsse nun das nationale Gericht prüfen, ob die nationalen Entscheidungsträger ihrer Pflicht, die Verhältnismäßigkeit der getroffenen Maßnahme darzulegen und mit Beweisen zu unterfüttern, hinreichend nachgekommen seien. Das nationale Gericht habe die vorgelegten Beweise im Rahmen der Prüfung der Verhältnismäßigkeit einer Maßnahme objektiv zu würdigen, dürfe aber Rücksicht auf bestehende Unsicherheiten nehmen und insbesondere auch die zeitliche Begrenzung der Maßnahme in seine Beurteilung einbeziehen. In seiner Kontrolle sei das Gericht auch nicht auf die Informationen beschränkt, über die der Gesetzgeber bei Erlass der Maßnahme verfügte, sondern könne im Rahmen seines Prozessrechts objektiv Beweis erheben. **62**

Anmerkung: Der EuGH begann sein Urteil mit einer instruktiven Analyse der abschließenden Regelungswirkung der einschlägigen sekundärrechtlichen Verordnung. Hier stellte der EuGH klar, dass die Verordnung keine Harmonisierung aus Gründen des Gesundheitsschutzes (der den Schutz vor Alkoholmissbrauch umfasst) vornahm, zumal Art. 167 Abs. 5 AEUV dies schon vertraglich ausschließt,[116] und damit einer so motivierten Mindestpreisfestsetzung nicht entgegensteht. **63**

Des Weiteren illustriert die Entscheidung die dogmatische Veränderung der Prüfung des Vorliegens einer Maßnahme gleicher Wirkung.[117] Obwohl es sich bei der Mindestpreis- **64**

---

116 *Hoffmann*, NJW 2016, 625.
117 Ausführlich *Dunne*, Modern Law Review 81 (2018), 874 (893–898).

festsetzung um eine Verkaufsmodalität handelt, untersuchte der EuGH nicht wie zuvor nach der *Keck*-Formel, ob es sich um eine vertriebsbezogene oder um eine produktbezogene Regelung handele.[118] Vielmehr stellte der EuGH stattdessen allein auf die faktische Beeinträchtigung des Marktzugangs ab.[119] Der Fokus auf das Marktzugangskriterium illustriert eine Abkehr von der *Keck*-Formel und vermeidet die mit ihr verbundenen schwierigen Abgrenzungsfragen.[120]

65 Diese weite Auslegung der Maßnahme gleicher Wirkung rückt die Prüfung der Verhältnismäßigkeit in den Mittelpunkt.[121] Dabei ist insbesondere der Fokus des EuGH auf den wissenschaftlichen Nachweis der Geeignetheit und Erforderlichkeit hervorzuheben. Zwar obliegt die Analyse und Bewertung der Evidenz den jeweiligen Mitgliedstaaten, allerdings etabliert der EuGH eine hohe Rechtfertigungshürde.[122] Entsprechend äußerte er sich sehr skeptisch zu der Erforderlichkeit der schottischen Regelung, insbesondere indem er für eine Steuererhöhung als mildere Maßnahme argumentierte.[123] Kritiker geben jedoch zu bedenken, dass das schottische Parlament nicht die Kompetenz besitzt, besagte Steuererhöhung einzuführen.[124] Am Rande erwähnte der EuGH, dass bei der Beurteilung auch die zeitliche Befristung des Gesetzes durch die sogenannte „sunset clause" sowie die Evaluierungspflicht für die Verhältnismäßigkeit der Maßnahme in Rechnung zu stellen seien.[125] Damit legte er den Mitgliedstaaten implizit nahe, diese gesetzgeberischen Mechanismen dann zu nutzen, wenn die wissenschaftliche Evidenz Zweifel an der Verhältnismäßigkeit der Maßnahme belässt.

66 Die nachgehenden Gerichtsverfahren verdeutlichen, welcher Spielraum den Mitgliedstaaten verbleibt.[126] In Folge der EuGH-Entscheidung entschieden das schottische Gericht des Ausgangsverfahrens ebenso wie der später angerufene UK-Supreme Court, dass die Mindestpreisfestsetzung verhältnismäßig sei. Insbesondere hielten beide Gerichte eine Steuererhöhung für weniger effektiv, um die konkreten Zwecke des Gesundheitsschutzes zu erreichen. Denn ein Mindestpreis erhöhe zielgerichtet gerade den Preis für günstige, häufig hochprozentige alkoholische Getränke. Die Konsumenten dieses Preissegments neigten in besonderer Weise dazu, den Alkohol in gesundheitsschädlicher Weise zu konsumieren und zu missbrauchen. Sie seien die Gruppe, die das schottische Parlament besonders habe schützen wollen. Gleichzeitig würde eine Steuererhöhung zu Preiserhöhungen für alle Alkoholika führen und damit auch den Teil der Bevölkerung treffen, deren Trinkgewohnheiten keine gesundheitsschädliche Dimension aufweisen.

67 **EuGH, Urteil vom 19.10.2016 – Rs. C-148/15, ECLI:EU:C:2016:776 –** *Deutsche Parkinson Vereinigung*
Die deutsche Zentrale zur Bekämpfung unlauteren Wettbewerbs erhob Unterlassungsklage gegen die Selbsthilfeorganisation Deutsche Parkinson Vereinigung, weil diese bei ihren Mitgliedern ein Bonussystem für den Kauf verschreibungspflichtiger Parkinson-Medikamente von dem Unternehmen Doc Morris im Versandhandel bewarb. Die Wettbewerbszentrale argumentierte,

---

118 *Streinz*, JuS 2016, 949 (950).
119 Zu möglichen Gründen *Alemanno*, Common Market Law Review 53 (2016), 1037 (1048–1050).
120 Siehe instruktiv die Schlussanträge des Generalanwalts Bot v. 3.9.2015, Rs. C-333/14, ECLI:EU:C:2015:527 Rn. 52–66 – *Scotch Whisky Association*, der beide Formeln nebeneinander stellt und prüft; siehe auch *Purnhagen*, EuZW 2016, 234 (234); *Ogorek*, JA 2016, 556 (558).
121 *Dunne*, Modern Law Review 81 (2018), 874 (898 f.).
122 *Purnhagen*, EuZW 2016, 234 (235); kritisch *Dunne*, Modern Law Review 81 (2018), 874 (901 f.).
123 *Dunne*, Modern Law Review 81 (2018), 874 (901).
124 *Dunne*, Modern Law Review 81 (2018), 874 (901–903).
125 Anders betont EuGH, U. v. 13.5.2003, Rs. C-463/00, Slg. 2003, I-4581 Rn. 81 – *Kommission/Spanien* in Bezug auf die Kapitalverkehrsfreiheit, eine zeitliche Beschränkung der Maßnahme könne die Verletzung nicht kompensieren.
126 Ausführlich zu den gegensätzlichen Entscheidungen *Dunne*, Modern Law Review 81 (2018), 874.

das Bonussystem verstoße gegen das deutsche Preisbindungssystem, das einheitliche Apothekenabgabepreise festsetze und damit eine sichere und qualitativ hochwertige Arzneimittelversorgung der Bevölkerung gewährleiste. Zwar würden die Medikamente zum festgesetzten Preis abgegeben, allerdings sei ihr Erwerb aufgrund der erhaltenen Boni wirtschaftlich günstiger. Vor diesem Hintergrund sollte der EuGH in einem Vorlageverfahren klären, ob die deutsche Preisbindung für verschreibungspflichtige Medikamente mit der Warenverkehrsfreiheit vereinbar sei.

Der EuGH untersuchte gemäß Art. 34 AEUV nach seiner ständigen Rechtsprechung, ob die Preisbindung geeignet sei, den Warenverkehr „unmittelbar oder mittelbar, tatsächlich oder potenziell zu behindern"[127]. In Anlehnung an seine *Doc Morris*-Entscheidung stellte der EuGH fest, dass Apotheken außerhalb Deutschlands nur mit Hilfe des Versandhandels überhaupt einen Marktzugang erhielten, weil sie nicht wie inländische Apotheken stationäre Geschäfte betreiben könnten.[128] Gleichzeitig sei für nicht im Inland ansässige Apotheken der Preiswettbewerb wichtiger als für inländische Apotheken, weil erstere gerade keine individuelle Beratung vor Ort und keine Notfallversorgung anbieten könnten. Die Festlegung einheitlicher Abgabepreise wirke damit stärker gegenüber den außerhalb Deutschlands ansässigen Apotheken als gegenüber den inländischen, und sei deshalb geeignet, den Marktzugang der in anderen Mitgliedstaaten ansässigen Apotheken zu behindern. Die Preisbindung stelle somit eine Maßnahme gleicher Wirkung gemäß Art. 34 AEUV dar. **68**

Im Anschluss untersuchte der Gerichtshof die zentrale Frage, ob die Festsetzung einheitlicher Apothekenabgabepreise mit dem Schutz der Gesundheit und des Lebens von Menschen nach Art. 36 AEUV zu rechtfertigen sei. Die Preisbindung müsse zur Erreichung eines legitimen Zwecks geeignet und erforderlich sein. Der deutschen Regierung zufolge sollte die Preisbindung verhindern, dass ein ruinöser Preiswettbewerb die Apothekeninfrastruktur in weniger attraktiven Standorten gefährde. Der EuGH widmete sich ausführlich der Untersuchung der Geeignetheit und legte dabei den in seiner Entscheidung *Scotch Whisky* angewandten Maßstab zugrunde. Demnach müsse der die Maßnahme erlassende Mitgliedstaat darlegen und mit den erforderlichen Beweisen untermauern, dass die Maßnahme zur Erreichung eines legitimen Zwecks geeignet sei. Diese Rechtfertigung müsse sodann das nationale Gericht „mit Hilfe statistischer Daten, auf einzelne Punkte beschränkter Daten oder anderer Mittel objektiv prüfen"[129]. **69**

Auf dieser Grundlage untersuchte der EuGH die zur Verteidigung der Preisbindung vorgebrachten Argumente auf ihre ökonomische Überzeugungskraft. Er hielt es für nicht erwiesen, dass die Verhinderung eines Preiswettbewerbs durch eine Preisbindung eine geografisch gleichmäßige Versorgung mit Arzneimitteln sicherstellen könne. Vielmehr sei es nicht ausgeschlossen, dass sich ohne eine Preisbindung an unattraktiveren Standorten höhere Gleichgewichtspreise bildeten, die einen Anreiz zur Niederlassung böten. Des Weiteren sei nicht belegt, dass der Preiswettbewerb der Versandapotheken die Anzahl der Präsenzapotheken tatsächlich reduzieren würde, gerade weil letztere gleichzeitig über die komparativen Wettbewerbsvorteile der individuellen Beratung und des örtlichen Zugangs verfügten. Auch die weiteren Argumente erachtete der EuGH als zu allgemein oder nicht hinreichend bewiesen. Insofern hielt der Gerichtshof die deutsche Festsetzung einheitlicher Apothekenabgabepreise für verschreibungspflichtige Arzneimittel für nicht geeignet, den Schutz der Gesundheit und des Lebens von Menschen **70**

---

127 So EuGH, U. v. 19.10.2016, Rs. C-148/15, ECLI:EU:C:2016:776 Rn. 22 – *Deutsche Parkinson Vereinigung* unter Verweis auf u. a. EuGH, U. v. 11.7.1974, Rs. 8/74, Slg. 1974, 837 Rn. 5 – *Dassonville*.
128 EuGH, U. v. 19.10.2016, Rs. C-148/15, ECLI:EU:C:2016:776 Rn. 23 – *Deutsche Parkinson Vereinigung* unter Verweis auf EuGH, U. v. 11.12.2003, Rs. C-322/01, Slg. 2003, I-14887 Rn. 74–76 – *Doc Morris*.
129 EuGH, U. v. 19.10.2016, Rs. C-148/15, ECLI:EU:C:2016:776 Rn. 36 – *Deutsche Parkinson Vereinigung*.

zu gewährleisten. Damit entschied er, dass die deutsche Preisbindung für verschreibungspflichtige Arzneimittel gegen die Warenverkehrsfreiheit verstoße.

71 **Anmerkung:** Mit diesem folgenreichen Ergebnis löste die Entscheidung mitunter sehr kritische Reaktionen der Rechtswissenschaft aus.[130] Schon die Vorlage des OLG Düsseldorf war überraschend, hatte doch der Gemeinsame Senat der Obersten Bundesgerichte noch kurz zuvor entschieden, dass die Preisbindung auch für den Arzneimittelversandhandel aus dem europäischen Ausland gelte.[131] Die Entscheidung des EuGH war insgesamt die dritte, die sich mit den Regulierungsanforderungen für die Tätigkeit von Doc Morris im deutschen Apothekenmarkt auseinandersetzte.[132] Im Jahre 2003 hatte der EuGH bereits das Versandhandelsverbot für nicht verschreibungspflichtige Arzneimittel als Verstoß gegen die Warenverkehrsfreiheit für europarechtswidrig erklärt, nun widmete er sich der Arzneimittelpreisbindung als „wesentliche Säule im deutschen Gesundheitssystem"[133].

72 Die Entscheidung ist dogmatisch eine konsequente Fortführung der bisherigen Judikatur des EuGH zur Warenverkehrsfreiheit.[134] Die Entscheidung ist geprägt von einer sehr weiten Auslegung der Maßnahme gleicher Wirkung verbunden mit erhöhten Anforderungen an die Verhältnismäßigkeit der nationalen Regelung und steht damit in einer Entwicklungslinie mit der Entscheidung *Scotch Whisky*.[135] Auch in *Deutsche Parkinson Vereinigung* analysierte der EuGH das Vorliegen einer Maßnahme gleicher Wirkung mit Hilfe des Kriteriums einer faktischen Behinderung des Marktzugangs.

73 Der deutsche Gesetzgeber erließ Ende 2020 nach eingehenden Debatten das Vor-Ort-Apotheken-Stärkungsgesetz.[136] Er überführte die Preisbindung nun aus dem Arzneimittelrecht in das Sozialrecht, indem er sie an den Rahmenvertrag für die Abgabe von Arzneimitteln an gesetzlich Krankenversicherte koppelte.[137] Die Kommission stellte daraufhin das von ihr bereits im Jahre 2013 wegen der deutschen Arzneimittelpreisbindung eingeleitete Vertragsverletzungsverfahren (Nr. 2013/4075) im September 2021 ein, wenngleich eine gerichtliche Prüfung der neuen Regelungen noch aussteht.

74 **EuGH, Urteil vom 1.7.2014 – Rs. C-573/12, ECLI:EU:C:2014:2037 –** *Ålands Vindkraft*
Die Europäische Union verpflichtet die Mitgliedstaaten zur Erfüllung bestimmter nationaler Erzeugungsquoten von Energie aus erneuerbaren Quellen. Das Unternehmen Ålands Vindkraft erzeugt in seinem Windenergiepark auf den finnischen Ålands-Inseln „grünen" Strom, den es u. a. in das schwedische Stromnetz einspeist. Das Unternehmen beantragte deshalb bei der zuständigen schwedischen Energiebehörde die Zuteilung von Zertifikaten über die Erzeugung von Strom aus erneuerbaren Quellen. Gemäß der schwedischen Regelung können diese Stromzertifikate allerdings nur für den im Inland erzeugten Strom aus erneuerbaren Energiequellen erteilt werden. Außerdem verpflichtet die schwedische Regelung die Stromversorger und bestimmte Stromnutzer dazu, jährlich eine ihrem Stromverkauf bzw. -verbrauch entsprechende Menge an Zertifikaten einzureichen oder anderenfalls eine Sonderabgabe zu zahlen. Die Rege-

---

130 Siehe nur *Kozianka/Hußmann*, PharmR 2017, 10.
131 GmS-OBG, U. v. 22.8.2012, Az. 6 U 26/07, BGHZ 194, 354, BVerwGE 144, 374; so *Ludwigs*, NVwZ 2016, 1796 (1796); hierzu auch *Witt/Gregor*, PharmR 2016, 481 (482 f.).
132 *Streinz*, JuS 2017, 83 (84).
133 *Kozianka/Hußmann*, PharmR 2017, 10 (12).
134 *Ludwigs*, NVwZ 2016, 1796 (1797).
135 *Dunne*, Modern Law Review 81 (2018), 874 (900 f.); *Frenz*, DVBl 2019, 1205 (1206); vgl. auch *Ogorek*, JA 2017, 798 (800).
136 Gesetz zur Stärkung der Vor-Ort-Apotheken v. 9.12.2020, BGBl. I 2020, 2870; zum Entwurf *Koenig*, PharmR 2017, 85.
137 Siehe die neu eingefügten § 129 Abs. 3 S. 2, 3 SGB V; siehe zu dem korrespondierenden Entwurf *Koenig*, PharmR 2017, 233.

III. Fallgestaltungen   **75–78**

lungen sollen dem Umweltschutz dienen, indem sie die Stromerzeugung und -nutzung aus erneuerbaren Energiequellen fördern. Mit ihnen sollen die Mehrkosten für die Erzeugung erneuerbarer Energie von den Stromversorgern bzw. bestimmten Stromnutzern getragen und letztlich von ihnen auf die Verbraucher umgelegt werden. Die Herkunftsnachweise geben Aufschluss über den Anteil erneuerbarer Energie an dem gesamten Energieangebot eines Stromversorgers, da sich die Herkunft des Stromes nach seiner Netzeinspeisung kaum mehr bestimmen lässt. Die Zertifikate sind eigenständig handelbar und können alleine oder in Verbindung mit Strom erworben werden. Für Ålands Vindkraft bedeutete dies, dass es zwar Energie aus erneuerbaren Quellen nach Schweden einführen konnte, seine Kunden dann die nötigen Zertifikate allerdings von anderen Anbietern separat erwerben mussten.

Die Europäische Union wirkt sekundärrechtlich auf eine Beseitigung von Handelshemmnissen hin, um einen funktionsfähigen Binnenmarkt für Strom zu gewährleisten. Vor diesem Hintergrund stellte der EuGH zunächst fest, dass die nationale Förderung der Erzeugung grüner Energie nicht abschließend harmonisiert sei und somit der Anwendbarkeit der Warenverkehrsfreiheit nicht entgegenstehe. Sodann bejahte der EuGH, dass die nationale Regelung eine Maßnahme mit gleicher Wirkung gemäß Art. 34 AEUV darstelle, weil sie geeignet sei, die Stromeinfuhr insbesondere von grünem Strom aus anderen Mitgliedstaaten zu behindern. Mangels einer internationalen Vereinbarung könnten die schwedischen Stromversorger und Stromverbraucher ihre Pflicht, eine bestimmte Menge an Stromzertifikaten vorzuhalten, faktisch nur mit den zugeteilten schwedischen Zertifikaten erfüllen. Dies erschwere es ihnen, im Ausland produzierten Strom zu erwerben, weil sie hierfür zusätzlich Zertifikate erwerben müssten. Zudem könnten die Zertifikate mit dem Strom gemeinsam verkauft werden, was für die Erfüllung der Quotenregel praktische Vorteile böte und den Marktzugang für ausländische Stromanbieter ohne entsprechende Zertifikate behindere. **75**

Der EuGH wandte sich hierauf der Frage der Rechtfertigung zu. Er trennte dabei nicht scharf zwischen den ungeschriebenen und den in Art. 36 AEUV verankerten Rechtfertigungsgründen. Vielmehr betonte er, dass die schwedische Regelung dem Umweltschutz (ein ungeschriebener Rechtfertigungsgrund) und damit auch dem Schutz der Gesundheit und des Lebens von Menschen, Tieren und Pflanzen entsprechend Art. 36 AEUV diene. Der EuGH bejahte, dass die nationale Regelung einen Anreiz schaffe, verstärkt umweltfreundliche Energie aus erneuerbaren Quellen zu produzieren und damit geeignet sei, ihren Zweck zu verfolgen. **76**

In der Prüfung der Erforderlichkeit widmete sich der EuGH vor allem der Frage, ob die territoriale Beschränkung der Zertifikatszuteilung erforderlich sei. Auch ohne eine solche Begrenzung würde die Zuteilung von Zertifikaten dem Umweltschutz dienen. Allerdings seien die Mitgliedstaaten supranational verpflichtet, eine bestimmte Menge von Energie aus erneuerbaren Quellen zu erzeugen. Sie setze damit einen Anreiz für die Mitgliedstaaten, die Erzeugung grünen Stroms in ihrem Hoheitsgebiet zu fördern. Eine territoriale Begrenzung der Zertifikatszuteilung ermögliche es, die hierfür notwendigen langfristigen Investitionen in Anlagen zur Erzeugung grünen Stroms zu fördern, weil sie die Nachfrage nach in Schweden produzierter grüner Energie sichern. Hieraus schließe der EuGH, die nationale Regelung gehe jedenfalls nicht über das zur Zweckerreichung Erforderliche hinaus. **77**

Des Weiteren untersuchte der EuGH den Kontext der Regelung, insbesondere die Pflicht der Stromversorger bzw. bestimmter Stromnutzer zur Zahlung einer Sonderabgabe, wenn sie nicht über die nötige Menge an Zertifikaten verfügten. Der EuGH stellte fest, dass die Gesamtregelung die notwendigen Anreize zur Erzeugung und Nutzung von Energie aus erneuerbaren Quellen schaffe, insbesondere weil für den Zertifikatehandel ein funktionierender Wettbewerbsmarkt bestehe. Er betonte jedoch, dass die Sonder- **78** abgabe jedenfalls nicht über einen Betrag hinausgehen dürfe, der für die notwendige Anreizsteuerung hinreichend sei. So hielt der EuGH die betreffende schwedische Regelung für verhältnismäßig und vereinbar mit der Warenverkehrsfreiheit.

79 **Anmerkung:** Dieses Urteil steht im Gegensatz zu den Schlussanträgen des Generalanwalts, der nicht nur die schwedische Regelung als Verstoß gegen Art. 34 AEUV wertete, sondern auch die in der europäischen Erneuerbare-Energie-Richtlinie enthaltene Ermächtigung der Mitgliedstaaten, zu entscheiden, inwiefern sie erneuerbare Energie auch dann fördern, wenn sie in anderen Mitgliedstaaten hergestellt wird.[138] Auf diese doch naheliegende Frage der Vereinbarkeit dieser Richtlinie mit den primärrechtlichen Vorgaben ging der EuGH jedoch nicht ein.[139]

80 Auch aus anderen Gründen zog die Entscheidung Kritik auf sich.[140] Der EuGH stellte in seiner Prüfung, ob eine Maßnahme gleicher Wirkung vorliege, auf die mittelbare und potentielle Behinderung des Marktzugangs für Strom aus anderen Mitgliedstaaten ab. Damit ordnete er die schwedische Regelung dogmatisch scheinbar als eine nicht diskriminierende Vorschrift ein – obwohl sie offen nach der Herkunft des produzierten Stromes differenzierte. Damit konnte er nicht nur auf die in Art. 36 AEUV enthaltenen Rechtfertigungsgründe zugreifen, sondern auch auf den ungeschriebenen Rechtfertigungsgrund des Umweltschutzes.[141] Anstatt sich mit dieser Herausforderung auseinanderzusetzen, betonte er, der Umweltschutz diene gleichzeitig u. a. dem Gesundheitsschutz, und stützte eine Rechtfertigung auf diese Gesamtschau der Rechtfertigungsgründe.[142] Das verwischt zunächst die bisherige dogmatische Differenzierung zwischen den beiden Kategorien von Rechtfertigungsgründen. Da jedoch Umweltschutz stets auch eine Komponente des Schutzes der Gesundheit und des Lebens von Menschen, Tieren und Pflanzen enthält, wäre eine Unterscheidung dogmatisch insofern obsolet und damit auch über dieses Urteil hinaus aufzugeben.[143]

---

138 Schlussanträge des Generalanwalts Bot v. 28.1.2014, Rs. C-573/12, ECLI:EU:C:2014:37 – *Ålands Vindkraft*.
139 Kritisch *Ludwigs*, EuZW 2014, 627 (627).
140 Dazu *Ludwigs*, EuZW 2014, 627 (627 f.).
141 So auch *Frenz*, JA 2016, 321 (321 f.).
142 EuGH, U. v. 1.7.2014, Rs. C-573/12, ECLI:EU:C:2014:2037 Rn. 77–80 – *Ålands Vindkraft*; vgl. *Streinz*, JuS 2014, 951 (952); *Herdegen*, Europarecht, § 15 Rn. 22; kritisch *Nysten*, EnWZ 2014, 366 (375).
143 Zu dieser Verzahnung siehe *Brigola*, in: Dauses/Ludwigs, Handbuch des EU-Wirtschaftsrechts, C. I. Rn. 293.

§ 5 Niederlassungsfreiheit

Stefan Korte[1]

Literaturhinweise:
Becker, Kommunales Örtlichkeitsprinzip vs. Niederlassungsfreiheit nach Art. 49 AEUV; VR, 2018, 329; *Bock*, Mitbestimmung und Niederlassungsfreiheit, 2008; *Braun*, Die Wegzugsfreiheit als Teil der Niederlassungsfreiheit, 2010; *Calliess/Korte*, Dienstleistungsrecht in der EU, 2011; *Ego*, Europäische Niederlassungsfreiheit der Kapitalgesellschaften und deutsches Gläubigerschutzrecht, 2007; *Everling*, Das Niederlassungsrecht in der Europäischen Gemeinschaft, DB 1990, 1853; *ders.*, Das Niederlassungsrecht in der EG als Beschränkungsverbot – Tragweite und Grenzen, in: Schön (Hrsg.), GS Knobbe-Keuk, 1997, S. 607; *Eyles*, Das Niederlassungsrecht der Kapitalgesellschaften in der Europäischen Gemeinschaft, 1990; *Forsthoff*, Niederlassungsfreiheit für Gesellschaften, 2006; *Germelmann*, Konkurrenz von Grundfreiheiten und Missbrauch von Gemeinschaftsrecht, EuZW 2008, 596; *Hatje*, Die Niederlassungsfreiheit im europäischen Binnenmarkt, JURA 2003, 160; *Hirte*, Nachwirkungen der Niederlassungsfreiheit, in: Gehrlein u. a. (Hrsg.), FS-Pape, 2019, S. 151; *Jestädt*, Niederlassungsfreiheit und Gesellschaftskollisionsrecht, 2005; *Karaçam*, Die Niederlassungsfreiheit für türkische natürliche und juristische Personen im Europäischen Binnenmarkt, 2020; *Kainer*, Die Niederlassungsfreiheit als Recht auf Rechtswahl, in: Liebscher (Hrsg.), Harmonisierung des Wirtschaftsrechts in Deutschland, Österreich und Polen, 2008, S. 81; *ders.*, Die binnenmarktliche Niederlassungsfreiheit der Unternehmen, in: Müller-Graff (Hrsg.), Europäisches Wirtschaftsordnungsrecht, 2015, S. 209; *Kau*, Rechtsharmonisierung, 2016; *Klenk*, Die Grenzen der Grundfreiheiten, 2020; *Knobbe-Keuk*, Niederlassungsfreiheit – Diskriminierungs- oder Beschränkungsverbot?, DB 1990, 2573; *Korte*, Standortfaktor Öffentliches Recht, 2016; *ders.*, Für Spielbanken nichts Neues?, NVwZ 2021, 192 ff.; *Kruchen*, Europäische Niederlassungsfreiheit und „inländische" Kapitalgesellschaften im Sinne von Art. 19 Abs. 3 GG, 2009; *Lackhoff*, Die Niederlassungsfreiheit des EGV – nur ein Gleichheits- oder auch ein Freiheitsrecht?, 2000; *Langenfeld*, Wer schlägt die Schlacht im Fall Rosella? – Streiks gegen Standortverlagerungen contra europäische Niederlassungsfreiheit vor dem EuGH, in: Depenheuer u. a. (Hrsg.), FS Isensee 2007, S. 815; *Lübke*, Der Erwerb von Gesellschaftsanteilen zwischen Kapitalverkehrs- und Niederlassungsfreiheit, 2006; *Mand*, Der EuGH und das Fremdbesitzverbot für Apotheken, WRP 2010, 702; *Martini*, Doc. Morris ante portas – zu Risiken und Nebenwirkungen der Niederlassungsfreiheit des Art. 48 EG für das Berufsrecht der Apotheker, DVBl 2007, 10; *Müller-Graff*, Die horizontale Direktwirkung der Grundfreiheiten, EuR 2014, 3; *Nachbaur*, Niederlassunsfreiheit: Geltungsbereich und Reichweite des Art. 52 EGV im Binnenmarkt, 1999; *Pasternacki*, Zur Abgrenzung von Niederlassungsfreiheit und Dienstleistungsfreiheit bei Niederlassungen mit Teilfunktion, 2000; *Roth*, Die Niederlassungsfreiheit zwischen Beschränkungs- und Diskriminierungsverbot, in: Schön (Hrsg.), GS Knobbe-Keuk, 1997, S. 729; *Schnichels*, Reichweite der Niederlassungsfreiheit: Dargestellt am Beispiel des deutschen Internationalen Gesellschaftsrechts, 1995; *Steindorff*, Reichweite der Niederlassungsfreiheit, EuR 1988, 19; Stork, Sitzverlegung von Kapitalgesellschaften in der Europäischen Union, 2003; *Wägenbaur*, Inhalt und Etappen der Niederlassungsfreiheit, EuZW 1991, 427; *ders.*, Niederlassungs- und Dienstleistungsfreiheit im Binnenmarkt, in: Schwarze (Hrsg.), Wirtschaftsverfassungsrechtliche Garantien für Unternehmen im europäischen Binnenmarkt, 2001, S. 45.

I. Einführung

Art. 49 AEUV gewährleistet im Allgemeinen[2] das subjektive Recht, eine Niederlassung in einem anderen Mitgliedstaat zu gründen – dies mit dem **Ziel**, dass Unternehmen ihre Produktionsfaktoren effektiv, nachhaltig und nach ihrem Belieben einsetzen können. Die damit verbundene Freiheit der Standortwahl macht die Niederlassungs- zu

1

---
1 Dieser Beitrag basiert auf den Kommentierungen des Verfassers zu den Art. 49 ff. AEUV in *Calliess/Ruffert*, EUV/AEUV, 6. Aufl. 2022.
2 S. aber EuGH, verb. Rs. C-186 u. C-209/11, ECLI:EU:C:2013:33 Rn. 41 ff. – *Stanleybet*.

einer Produktionsfaktorfreiheit. Sie ist, soweit keine grundfreiheitskonforme Auslegung in Betracht kommt, unmittelbar anwendbar.[3]

2 **Funktion** der Niederlassungsfreiheit ist, die (ungerechtfertigten) Vorschriften unanwendbar zu machen, die einer „stetigen und dauerhaften"[4] Tätigkeit im Zielstaat im Wege stehen. Mit der Standortwahl in einem anderen Mitgliedstaat unterwirft sich ein Unternehmer der dort geltenden Rechtsordnung. Deshalb umfasst der Schutzbereich der Niederlassungsfreiheit neben der eigentlichen Gründung einer Niederlassung auch sämtliche Vor- und Nachbereitungshandlungen.

3 Niederlassungszahl und -ort haben genauso wie die Person des Adressaten der Leistungserbringung keinen Einfluss auf den Schutzumfang der Niederlassungsfreiheit.[5] Sie gewährt dem Unternehmer zudem die notwendigen **Begleitrechte**, indem sie ihm, aber auch dessen engeren Angehörigen eine Einreise in den Zielstaat und dortigen Aufenthalt erlaubt (s. Rn. 11). Zudem schützt die Niederlassungsfreiheit auch den „Rückzug" aus einer fremden Volkswirtschaft.[6]

4 **Systematisch** betrachtet ist Art. 49 AEUV Teil der Regeln zur Personenfreizügigkeit und damit des Binnenmarktrechts, auch wenn Art. 26 AEUV die Norm nicht nennt. Darüber hinaus findet sich die Niederlassungsfreiheit auch als Unionsgrundrecht in Art. 15 Abs. 2 EuGRC. Sie genießt wegen Art. 6 Abs. 1 UAbs. 1 EUV auch insoweit Primärrechtsrang, zudem entspricht ihr Schutzbereich wegen Art. 6 Abs. 1 UAbs. 3 EUV i. V. m. Art. 52 Abs. 2 EuGRC dem des Art. 49 AEUV.

5 Da die Niederlassungsfreiheit ungerechtfertigte Maßnahmen unanwendbar (und nicht nichtig) macht, ist sie Teil der negativen **Integration**. Will die EU hingegen binnenmarktweit homogene Verhältnisse in Form eines wettbewerbsneutralen, sozial und ökologisch flankierten Niederlassungsrechts schaffen, muss sie positiv integrierend wirken und Sekundärrecht erlassen. Die dafür wegen Art. 5 Abs. 2 EUV nötigen Kompetenztitel bieten Art. 50 bzw. 53 Abs. 1 AEUV.

II. Abschließendes Sekundärrecht

6 Da negative und positive Integration (s. Rn. 5) in einem wechselbezüglichen Verhältnis stehen, weil der Unionsgesetzgeber mit Hilfe des Sekundärrechts das Maß an politisch gewünschter Harmonisierung vorgibt, findet die Niederlassungsfreiheit keine Anwendung, falls abschließendes Sekundärrecht vorliegt.[7] Es entfaltet dann eine **Sperrwirkung** zulasten der Grundfreiheiten. Sie können allenfalls noch als Gradmesser des Sekundärrechts herangezogen werden. Das nationale Recht ist hingegen nicht an den Grundfreiheiten, sondern am Sekundärrecht selbst zu messen. Dadurch wird nicht die Normenhierarchie zwischen Primärrecht und abgeleitetem Recht umgekehrt, sondern die Konsequenz daraus gezogen, dass der Unionsgesetzgeber die Harmonisierungsdichte abschließend gestaltet hat. Bestünde keine Sperrwirkung, könnten die Mitgliedstaaten über ihr nationales Recht, sofern und soweit es mit Art. 49 AEUV vereinbar ist, die Binnenmarktverwirklichung stören und das Sekundärrecht unterlaufen. Die Frage, ob einem Unionsrechtsakt in diesem Sinne Abschlusscharakter zukommt, ist mithilfe einer Auslegung der darin enthaltenen Vorschriften zu ermitteln.[8]

---

3 EuGH, Rs. 2/74, Slg. 1974, 631, Rn. 24 ff. – *Reyners.*
4 EuGH, Rs. C-70/95, Slg. 1997, I-3395 Rn. 24 – *Sodemare.*
5 EuGH, Rs. C-476/98, Slg. 2002, I-9855 Rn. 146 – *Kommission/Deutschland.*
6 S. dazu EuGH, Rs. C-201/15, ECLI:EU:C:2016:972 Rn. 53, 56 – *AGET Iraklis.*
7 S. dazu z. B. EuGH, Rs. C-573/16, ECLI:EU:C:2017:772 Rn. 27 f. – *Air Berlin.*
8 Vgl. EuGH, Rs. C-563/17, ECLI:EU:C:2019:144 Rn. 52 – *Associacao Peco a Pavara.*

III. Schutzbereich   **7–13**

EuGH, Urteil vom 16.6.2015 – Rs. C-593/13, ECLI:EU:C:2015:399 – *Rina Services* **7**
u. a.
Rina Services erbringt in Italien Zertifizierungsleistungen. Eine italienische Regelung verpflichtet das Unternehmen, seinen satzungsmäßigen Sitz in Italien zu haben. Dagegen klagte Rina Services. Das mit diesem Streitfall befasste Gericht legte dem EuGH im Rahmen eines Vorabentscheidungsersuchens unter anderem die Frage vor, ob die streitige italienische Regelung der Dienstleistungsrichtlinie (RL 2006/123/EG) bzw. der Niederlassungsfreiheit entgegensteht.
Der EuGH ordnete Zertifizierungsleistungen der RL 2006/123/EG zu und stellte fest, dass die streitige Regelung gegen deren Art. 14 verstößt, der es den Zielstaaten untersagt, Niederlassungserfordernisse im nationalen Recht aufzustellen. Wortlaut und Systematik des Art. 14 deuten insoweit auf ein absolutes Verbot ohne Rechtfertigungsmöglichkeiten hin. Darin unterscheidet sich Art. 14 grundlegend (und bewusst) von der Niederlassungsfreiheit, die daher gesperrt ist (Rn. 36 ff.).

III. Schutzbereich

Fehlt abschließendes Sekundärrecht, ist der Schutzbereich der Niederlassungsfreiheit zu **8**
prüfen.

1. Persönlicher Schutzbereich

In persönlicher Hinsicht sind natürliche und juristische Personen als Grundfreiheitsträ- **9**
ger zu differenzieren.

a) Natürliche Personen. Sofern sich natürliche Personen auf die Niederlassungsfreiheit **10**
berufen, ergibt sich aus Art. 49 Abs. 1 AEUV einschränkend, dass diese Grundfreiheit
nur solchen Personen zusteht, die jedenfalls auch[9] **Staatsangehörige eines Mitgliedstaates** der EU sind.[10] Folglich haben grundsätzlich nur Unionsbürger das Recht auf
Niederlassungsfreiheit gemäß Art. 49 AEUV.

Angehörige eines Niederlassungswilligen (wie Ehegatten, Kinder und ggf. enge Ver- **11**
wandte) haben Anspruch auf Einreise sowie Aufenthalt unabhängig von ihrer Staatsangehörigkeit, so dass auch Drittstaatsangehörigen dieses Recht zusteht. Die Positionen
im Einzelnen werden vielfach im geltenden Sekundärrecht konkretisiert (s. Rn. 3, 5).[11]

b) Juristische Personen. Neben natürlichen können sich auch juristische Personen we- **12**
gen Art. 54 AEUV auf die Niederlassungsfreiheit berufen. Grundvoraussetzung dafür
ist, dass die jeweilige Gesellschaft ähnlich wie im Falle des Art. 19 Abs. 3 GG über eine
organisatorische Binnenstruktur und die Fähigkeit zur einheitlichen Willensbildung verfügt, weil sonst kein eigenständiges Schutzbedürfnis, das über das der Gesellschafter
hinausgeht, besteht. Zusätzliche Vorgaben für die **Gesellschaftsstruktur**, so etwa in
Form der Rechtsfähigkeit, macht Art. 54 AEUV nicht. Die Norm stellt daher, wie deren
Abs. 2 zeigt, auch öffentliche Unternehmen unter den Schutz der Grundfreiheiten, soweit sie – und darin liegt nach Art. 54 Abs. 2 AEUV eine weitere konstitutive Voraussetzung – einen Erwerbszweck verfolgen.

EuGH, Urteil vom 14.9.2017 – Rs. C-646/15, ECLI:EU:C:2017:682 – *Trustees of the P* **13**
Panayi Accumulation & Maintenance Settlements
Ein Treugeber gründete mehrere Trusts nach englischem Recht und übertrug einem bzw. mehreren Treuhändern (trustees) Vermögen, das sie zugunsten Dritter (Begünstigter) verwalten sollten. Da der Treugeber aus England wegzog und die Treuhänder derart wechselten, dass deren

---

9 EuGH, Rs. C-369/90, Slg. 1992, I-4258 Rn. 10 f. – *Micheletti.*
10 EuGH, Rs. C-409/06, Slg. 2010, I-8015 Rn. 45 – *Winner Wetten.*
11 EuGH, Rs. C-370/90, Slg. 1992, I-4265 Rn. 23 – *Singh.*

Mehrheit nicht mehr in England ansässig war, wurde von einer Sitzverlegung ausgegangen und eine höhere Steuer festgesetzt. Dagegen klagten die Treuhänder, weil diese Maßnahme gegen Unionsrecht verstoße. Das befasste nationale Gericht legte dem EuGH darauf im Wege des Vorabentscheidungsersuchens u. a. die Frage vor, ob sich ein Trust als juristische Person auf Art. 49 AEUV berufen kann.

Der EuGH erkannte, dass die Niederlassungsfreiheit nur greifen kann, sofern Trusts (mangels Klassifikation als Gesellschaften) als sonstige juristische Personen mit Erwerbszweck eingestuft werden können (vgl. Art. 54 Abs. 2 AEUV). Dazu muss die nationale Rechtsordnung Rechte und Pflichten zuweisen, die Trusts eine erwerbsgerichtete Teilnahme am Rechtsverkehr ermöglichen. Der EuGH bejahte diese Vorgaben – erstens, weil den Treuhändern der Trusts im nationalen Recht Befugnisse und Pflichten auferlegt wurden, sowie zweitens, weil das englische Steuerrecht auch die Treuhänder als Personengesamtheit ansah. Ein Erwerbszweck der Trusts war ebenfalls gegeben, da die Treuhänder das ihnen überlassene Vermögen (auch) zur Gewinnerzielung nutzen sollten (Rn. 30 ff.).

14 Der Wortlaut des Art. 54 Abs. 1 AEUV verlangt zudem eine **„nach den Rechtsvorschriften eines Mitgliedstaats gegründet(e)"** Gesellschaft. Es handelt sich um einen Rechtsgrundverweis, der insoweit in der Logik des Art. 49 AEUV liegt, als gerade das „Ob" der Existenz einer Gesellschaft eine besondere Standortrelevanz aufweist (s. Rn. 1), so dass die zugehörigen Regeln im Falle einer dauerhaften Integration in eine Volkswirtschaft hinzunehmen sind. Inhaltlich folgt aus dieser Bestimmung insbesondere, dass eine Gesellschaftsform nicht in einen anderen Mitgliedstaat mitgenommen werden darf, wenn das Recht des Herkunftslandes ein solches Vorgehen nicht zulässt.

15 EuGH, Urteil vom 16.12.2008 – Rs. C-210/06, Slg. 2008 I-09641 – *Cartesio*
Die in Ungarn gegründete und dort ansässige Gesellschaft ungarischen Rechts mit Namen Cartesio beabsichtigte, ihren Sitz unter Aufrechterhaltung des ungarischen Statuts nach Italien zu verlegen, was die Behörden jedoch ablehnten. Gegen diese Entscheidung legte Cartesio einen Rechtsbehelf ein. Das mit dieser Streitsache befasste Gericht stellte dem EuGH u. a. Fragen zu Art. 54 AEUV.
Der EuGH stellte unter Verweis auf vorangegangene Urteile fest, dass die Frage, ob eine Verlegung unter Beibehaltung der ursprünglichen Rechtspersönlichkeit möglich sei, sich nach den nationalen Rechtsvorschriften des Gründungslandes richtet. Ferner führte er aus, dass dann, wenn sich dort in Bezug auf die Sitzverlegung Beschränkungen finden, die Niederlassungsfreiheit den zugehörigen Rechtsvorschriften mangels Anwendbarkeit nicht entgegen steht (Rn. 109 ff.).

2. Sachlicher Schutzbereich

16 Der sachliche Schutzbereich verlangt, dass mehrere Voraussetzungen kumulativ vorliegen.

17 a) **Wirtschaftliche Tätigkeit.** Der Dogmatik der Grundfreiheiten im Allgemeinen entsprechend sowie gemäß dem Wortlaut des Art. 49 Abs. 1 S. 2 AEUV selbst bedarf es zunächst einer wirtschaftlichen Tätigkeit. Darunter fällt auf Basis einer weiten Auslegung jede Handlung, die **erwerbswirtschaftliche Zwecke** verfolgt und Teil eines Austauschprozesses ist. Dagegen sind weitere Anforderungen wie beispielsweise eine Gewinnerzielungsabsicht[12] nicht einzuhalten. Daher gilt die Niederlassungsfreiheit auch für sozialschädliche Tätigkeiten sofern sie nicht im Sinne eines unionsweiten Generalkonsenses im Geltungsbereich der gesamten EU untersagt sind.[13]

---

12 EuGH, Rs. C-179/14, ECLI:EU:C:2016:108 Rn. 154 f. – *Kommission/Ungarn*.
13 Vgl. EuGH, Rs. C-137/09, Slg. 2010, I-13009 Rn. 42 ff. – *Josemans*.

III. Schutzbereich

b) Selbstständige Tätigkeit. Die Niederlassungsfreiheit fordert ferner eine selbstständige Tätigkeit. Sie erfasst, wie Art. 50 Abs. 2 lit. d) AEUV zeigt, auch den Wechsel in die Selbstständigkeit. Eine Tätigkeit wird selbstständig erbracht, sofern die handelnde Person das **Unternehmerrisiko** trägt und **weisungsfrei** agiert. Der Träger der Niederlassungsfreiheit muss also unter eigenem Namen sowie auf eigene Rechnung handeln. Im Falle des Profi-Sports ist daran anknüpfend in Bezug auf die Rechtsstellung der Spieler wie folgt zu differenzieren: Mit Blick auf Mannschaftssportarten wie Fußball agiert ein Spieler unselbstständig, bei Einzelsportarten wie Tennis agiert er selbstständig.[14]

Art. 50 Abs. 2 lit. f AEUV ermöglicht es der Union, Beschränkungen „(…) für den Eintritt des Personals der Hauptniederlassung in ihre Leitungs- oder Überwachungsorgane schrittweise" aufzuheben. Folglich schützt Art. 49 AEUV auch das **leitende Personal**, obwohl es nicht weisungsfrei handelt. Um eine hinreichende Nähe zum Erfordernis einer selbstständigen Tätigkeit zu schaffen, müssen dessen Freiräume aber mit denen eines Unternehmers vergleichbar sein.[15]

EuGH, Urteil vom 9.7.2015 – Rs. C-229/14, ECLI:EU:C:2015:455 – *Balkaya*
Die Kiesel Abbruch GmbH beendete zum Jahresbeginn 2013 sämtliche Arbveitsverhältnisse, ohne diese Massenentlassung vorher anzuzeigen. Die GmbH fühlte sich dazu nicht verpflichtet, weil die Zahl der Arbeitnehmer den sekundärrechtlich vorgesehenen Schwellenwert nicht überschreite, so dass die Massenentlassungs-Richtlinie ihres Erachtens nicht einschlägig war. Stattdessen gebe es nur 18 Beschäftigte und zwei Geschäftsführer, die aber als Leitungspersonal selbstständig tätig und daher keine Arbeitnehmer seien. Der Grund dafür sei die weitgehende Autonomie, die Geschäftsführer nach deutschem Recht genießen.
Der EuGH stellt fest, dass für die Klassifikation als Arbeitnehmer nicht das nationale Recht entscheidend ist. Stattdessen bedarf es einer autonomen Auslegung dieses Begriffs. Relevant sollen im Falle eines Geschäftsführers die Umstände des Einzelfalls und insbesondere die Frage sein, ob er gegen seinen Willen abberufen werden kann und ob bzw. inwieweit er unter Aufsicht bzw. nach Weisung handelt. Da der Geschäftsführer im konkreten Fall in hohem Maße von der Gesellschafterversammlung abhängig war, hat der EuGH ihn als Arbeitnehmer eingeordnet (Rn. 32 ff.).

c) Grenzüberschreitende Tätigkeit. Zudem verlangt der Schutzbereich der Niederlassungsfreiheit einen grenzüberschreitenden Bezug des streitigen Sachverhalts. Diese Vorgabe macht bereits der Wortlaut des Art. 49 Abs. 1 S. 1 AEUV, der eine Niederlassung in einem anderen[16] Mitgliedstaat fordert. Die Unionsgerichtsbarkeit geht von einem **weiten Verständnis** aus und verneint ein transnationales Element nur, falls ein reiner Inlandssachverhalt ohne Bezug zu einem anderen Mitgliedstaat vorliegt.

Hingegen ist es ausreichend, wenn die Möglichkeit besteht, dass ein für sich rein inländischer Sachverhalt in nicht nur rein hypothetischer Weise Dritte aus anderen Mitgliedstaaten betreffen kann.[17] Sofern ein grenzüberschreitender Bezug (dennoch) zu verneinen ist, findet Art. 49 AEUV auf den dann rein mitgliedstaatsinternen Fall keine Anwendung.[18] Es besteht lediglich eine sog. **Inländerdiskriminierung**, deren Beurteilung sich nach Art. 12 Abs. 1, 3 Abs. 1 GG richtet.

d) Niederlassungserfordernis. Abgesehen davon verlangt Art. 49 AEUV, dass sich der streitige Sachverhalt auf eine Niederlassung bezieht.

---
14 EuGH, Rs. C-415/93, Slg. 1995, I-4921 Rn. 97 – *Bosman*.
15 EuGH, Rs. C-337/97, Slg. 1999, I-03289 Rn. 15 – *Meussen*.
16 Vgl. dazu ausf. EuGH, Rs. C-192/16, ECLI:EU:C:2017:762 Rn. 27 ff. – *Fisher*.
17 Vgl. EuGH, Rs. C-318/15, ECLI:EU:C:2016:747 Rn. 22 f. – *Tecnoedi Costruzioni Srl*.
18 EuGH, Rs. C-268/15, ECLI:EU:C:2016:874 Rn. 45 ff. – *Fernand Ullens de Schooten*.

24 **aa) Zum Begriff.** Diese Niederlassung muss erstens als **feste Einrichtung** im Zielstaat im Sinne eines Ortes bestehen[19], an dem Kunden ihr Nachfrageinteresse dartun.[20] Sofern eine solche Einrichtung noch nicht besteht, sie aber in Planung bzw. avisiert ist, bedarf es erheblicher Investitionen, um diese Absicht konkret nachzuweisen.[21] Das Kriterium der festen Einrichtung folgt aus dem Verständnis des Art. 49 AEUV als Freiheit der freien Standortwahl (s. Rn. 1) und verlangt, dass eigene Infrastruktur im Zielstaat geschaffen und genutzt wird; eine „Niederlassung ohne Niederlassung"[22] gibt es daher nicht.[23] Für gewöhnlich reicht eine bauliche Manifestation, eine produktive Nutzung ist nicht zwingend. Im Falle von Grundstücken bedarf es einer wirtschaftsaktiven Verwaltung,[24] wohingegen Registereintragungen[25], ein Internetauftritt eines Unternehmens oder ein Telefonanschluss keine ausreichende Nutzung von Infrastruktur im Zielstaat begründen, so dass Art. 49 AEUV nicht greift.

25 Zweitens setzt der Niederlassungsbegriff ein **Element der Dauerhaftigkeit** voraus. Dieses Erfordernis ist auf Art. 57 Abs. 3 AEUV zurückzuführen, wonach wirtschaftliche Tätigkeiten vorübergehender Natur der Dienstleistungs- und nicht der Niederlassungsfreiheit zuzuordnen sind. Es trägt der Funktion des Art. 49 AEUV Rechnung, dem Unternehmer eine „stabile und kontinuierliche Teilnahme" am Wirtschaftsleben zu ermöglichen (s. Rn. 2). Die Dauerhaftigkeit einer Tätigkeit ist einzelfallabhängig und mithilfe eines Straußes von Indizien zu bestimmen. Relevant sind insoweit insbesondere Kriterien wie die Regelmäßigkeit, der Zeitraum und/oder die Häufigkeit der wirtschaftlichen Tätigkeit. Weitere Aspekte wie beispielsweise die Wohnsituation von Unternehmern bzw. Angestellten oder die Einrichtung der Betriebsräume kommen hinzu. Betriebsnotwendige Infrastruktur reicht nicht, um eine Niederlassung zu begründen; sie prägt, dass sie nicht zur Akquise von Neukunden, sondern allein zur Verwaltung der wirtschaftlichen Tätigkeit genutzt wird.

26 EuGH, Urteil vom 11.12.2003 – Rs. C-215/01, Slg. 2003, I-14847 – *Schnitzer*
Ein in Portugal niedergelassenes Unternehmen führte über einen Zeitraum von drei Jahren Verputzarbeiten in Deutschland aus, ohne in die dort geltende Handwerksrolle eingetragen zu sein. Deshalb erging gegen den Geschäftsführer Herrn Schnitzer ein Bußgeldbescheid, gegen den er Klage erhob. Das befasste nationale Gericht legte dem EuGH die Frage vor, ob eine nicht nur kurzfristige, sondern länger andauernde Tätigkeit in einem Zielstaat ohne Erfüllung formaler Voraussetzungen wie die Eintragung in die Handwerksrolle mit der Dienstleistungsfreiheit vereinbar sei.
Der EuGH beantwortete die damit einhergehende Frage zur Abgrenzung von Dienstleistungs- und Niederlassungsfreiheit, indem er nicht nur auf die Leistungsdauer, sondern auch auf Häufigkeit, regelmäßige Wiederkehr und Kontinuität der Leistungserbringung abstellte. Daher kann ein vorübergehender Charakter auch bei Tätigkeiten vorliegen, deren Erbringung zwar einen längeren Zeitraum in Anspruch nimmt (z. B. Großbauprojekte), aber nur einmalig erfolgt. Zudem ist das Element der Dauerhaftigkeit nur eine notwendige, nicht aber hinreichende Voraussetzung für eine Niederlassung, weil es zudem einer festen Infrastruktur im Zielstaat bedarf. Daran fehlte es im Fall „Schnitzer" allerdings (s. Rn. 24).

27 **bb) Niederlassungsformen.** Art. 49 AEUV unterscheidet verschiedene Formen der Niederlassung, wobei deren Schutzumfang variiert, so dass zwingend festzustellen ist, wel-

---

19 Vgl. dazu KG Berlin, GRUR-RR 2016, 84 Rn. 114 ff.
20 EuGH, Rs. C-398/95, Slg. 1997, I-3091 – *SETTG*.
21 S. dazu EuGH, Rs. C-338/09, Slg. 2010, I-13927 Rn. 37 – *Yellow Cab*.
22 So GA *Mischo*, Schlussantr., Rs. C-221/89, Slg. 1991, I-3905 Rn. 58 – *Factortame II*.
23 EuGH, Rs. C-215/01, Slg. 2003, I-14847 Rn. 32 – *Schnitzer*.
24 EuGH, Rs. C-451/05, Slg. 2007, I-8251 Rn. 64 – *Elisa*.
25 EuGH, Rs. C-221/89, Slg. 1991, I-3905 Rn. 21 – *Factortame*.

III. Schutzbereich **28–33**

che Niederlassungsform konkret vorliegt. So schützt Abs. 1 S. 1 die sog. **primäre Freiheit der Niederlassung**. Sie umfasst die Freiheit der Neugründung, der Übernahme oder der vollständigen Verlagerung einer Hauptniederlassung in einen (anderen) Mitgliedstaat und steht jedem Unionsbürger unabhängig von seinem bisherigen Aktionsort zu.

Art. 49 Abs. 1 S. 2 AEUV bezieht sich hingegen auf eine **Sekundär- bzw. Nebenniederlassung**. Darunter fallen rechtlich selbstständige (sog. Tochtergesellschaften) und unselbstständige (sog. Zweigniederlassungen, Agenturen)[26] Niederlassungen. Von den in Art. 49 Abs. 1 S. 2 AEUV normierten Freiheiten profitieren nur solche Unionsbürger, die bereits über eine Niederlassung im Hoheitsgebiet eines EU-Mitgliedstaates verfügen; daher ist die Unterscheidung zu Satz 1 wichtig. **28**

Diskutiert wird, ob bestimmte Organisationseinheiten wie **sog. Hilfsstützpunkte** oder **subsidiäre Betriebsteile**, die nur mittelbar dem wirtschaftlichen Erfolg dienen, nicht als Sekundärniederlassungen, sondern als eigene Formen der Niederlassung anzusehen sind. Bejahendenfalls würde ggf. statt Art. 49 Abs. 1 S. 2 AEUV dessen S. 1 greifen. Gegen diese Annahme spricht jedoch, dass eine Dreiteilung nicht dem Wortlaut des Art. 49 AEUV entspricht. **29**

e) **Ausübung öffentlicher Gewalt.** Nach Art. 51 Abs. 1 AEUV gilt die Niederlassungsfreiheit nicht für Tätigkeiten, die in einem Mitgliedstaat dauernd oder zeitweise mit der Ausübung öffentlicher Gewalt verbunden sind. Dabei handelt es sich um eine **Bereichsausnahme**, die es den Mitgliedstaaten erlaubt, Hoheitsgewalt in den privatwirtschaftlichen Bereich auszulagern, ohne dabei den Anforderungen der Niederlassungsfreiheit gerecht werden zu müssen. Art. 51 Abs. 1 AEUV ist als Ausnahmenorm eng zu interpretieren. **30**

Maßgeblich für die Reichweite des Art. 51 Abs. 1 AEUV ist der Schlüsselbegriff der **Ausübung öffentlicher Gewalt**. Der EuGH stellt auf die konkrete Tätigkeit ab und klammert damit nicht in Zusammenhang stehende Teilbereiche aus. Er vertritt zudem auch im Übrigen eine sehr restriktive Lesart und verlangt unter Kritik des Schrifttums eine spezifische Ausübung von Zwangsbefugnissen gegenüber dem Bürger (sog. Auslegung im Sinne eines „Polizeiknüppels"). **31**

EuGH, Urteil vom 24.5.2011 – Rs. C-54/08, Slg. 2011, I-04355 – *Kommission/Deutschland* **32**
In diesem Vertragsverletzungsverfahren warf die Europäische Kommission Deutschland vor, u. a. gegen die Niederlassungsfreiheit verstoßen zu haben, indem es eine nationale Vorschrift erließ, nach der der Zugang zum Notariat von der Staatsangehörigkeit abhing. Deutschland sah in seiner Regelung keinen Verstoß gegen Unionsrecht, da aufgrund des Art. 45 Abs. 1 EG (nunmehr Art. 51 Abs. 1 AEUV) die notarielle Tätigkeit nicht in den Schutzbereich des Art. 49 AEUV falle.
Der EuGH verlangte für die Ausübung öffentlicher Gewalt einen spezifischen und unmittelbaren Bezug zur Hoheitsgewalt. Dieser Anforderung genügten notarielle Tätigkeiten nicht, auch wenn sie Rechtssicherheit gewährleisten und den notariellen Urkunden eine überprüfbare Beweiskraft sowie Vollstreckbarkeit zugesprochen wird. Denn obwohl Notare öffentliche Beurkundungen vornehmen, bestimmen die Inhalte der Urkunden allein die Vertragsparteien (s. Rn. 84 ff.).

f) **Tatsächliche, nicht missbräuchliche Ausübung der wirtschaftlichen Tätigkeit.** Um eine missbräuchliche Inanspruchnahme der Niederlassungsfreiheit zu verhindern, **33**

---
26 Vgl. EuGH, Rs. C-101/94, Slg. 1996, I-2691 Rn. 12 – *Kommission/Italien*.

hat der Unternehmer seine wirtschaftliche Tätigkeit tatsächlich von einer Niederlassung aus auszuüben; teilweise wird dieses Erfordernis auf Rechtfertigungsebene geprüft. Im Hinblick auf **Ziel und Funktion des Art. 49 AEUV** (s. Rn. 1 f.) liegt keine tatsächliche Ausübung der wirtschaftlichen Tätigkeit und somit keine Eröffnung des Schutzbereichs der Niederlassungsfreiheit vor, wenn eine Niederlassung im Zielstaat nur zum Schein gegründet wird (sog. Scheinniederlassung).

34 Zur Bejahung einer derart missbräuchlichen Inanspruchnahme der Niederlassungsfreiheit bedarf es erstens eines subjektiven Moments. Es liegt nur vor, wenn sich der Unternehmer der Niederlassungsfreiheit unterwerfen will, um dadurch einen ungerechtfertigten Vorteil zu erhalten. Zweitens muss eine objektive Gesamtschau ergeben, dass die mit der Niederlassungsfreiheit verfolgten Ziele trotz formaler Einhaltung der Anforderungen nicht erreicht werden.[27] Der EuGH verfährt im Lichte der Binnenmarktverwirklichung restriktiv, was die Einschlägigkeit dieser **Voraussetzungen** angeht.

35 **EuGH, Urteil vom 9.3.1999 – Rs. C-212/97, Slg. 1999, I-1459 –** *Centros*
Zwei Dänen hatten die Centros Ltd. in England und Wales als private limited company eintragen lassen. Im Gegensatz zum dänischen schrieb das britische Recht bei der Eintragung einer Gesellschaft mit beschränkter Haftung nicht die Einzahlung eines Mindestgesellschaftskapitals vor. Die Centros Ltd. hatte in Großbritannien seit ihrer Errichtung keine Geschäftstätigkeit entfaltet. Als die Eintragung einer Zweigniederlassung in Dänemark beantragt wurde, um die Geschäftstätigkeit der Firma ausschließlich dort zu entfalten, wurde diese Eintragung als Umgehung des dänischen Gesellschaftsrechts abgelehnt. Das mit dem Fall befasste dänische Gericht legte dem EuGH die Frage vor, ob dieses behördliche Vorgehen mit den Art. 49 ff. AEUV vereinbar sei.
Der EuGH stellte klar, dass die Gründung einer Zweigniederlassung in den Anwendungsbereich der Niederlassungsfreiheit fällt und prüfte die Frage, ob ein Missbrauch vorliegt, auf Schutzbereichsebene (Rn. 23 ff.). Zwar ist eine missbräuchliche Inanspruchnahme des Gemeinschaftsrechts nicht gestattet. In vorliegendem Fall stellte jedoch die Gründung einer Gesellschaft in dem Mitgliedstaat, der die größten Freiheiten einräumt, keinen Missbrauch dar, sondern war von der Niederlassungsfreiheit umfasst. Gleichwohl judizierte der EuGH, dass es den dänischen Behörden gestattet ist, etwaige Maßnahmen zu treffen, die zur Betrugsbekämpfung geeignet sind (LS).

36 **g) Abgrenzung zu anderen Freiheiten.** Ist der Schutzbereich danach vermessen, bedarf es einer Abgrenzung zu anderen Grundfreiheiten.

37 **aa) Kapitalverkehrsfreiheit.** Von besonderer Relevanz ist die Abgrenzung der Niederlassungs- zur Kapitalverkehrsfreiheit, die Drittstaatssachverhalte erfasst. Sie richtet sich nach dem Regelungsgegenstand: Sofern es sich **ausschließlich** um auf lediglich Geldanlagezwecke gerichtete **Portfolioinvestitionen** handelt, greift mangels eines sicheren Unternehmenseinflusses und damit mangels einer selbstständigen Tätigkeit allein die Kapitalverkehrsfreiheit.[28] Werden demgegenüber ausschließlich **Direktinvestitionen** adressiert, gilt allein die Niederlassungsfreiheit, da dann ein Einfluss auf die Unternehmensleitung besteht.[29] Die Abgrenzung von Portfolio- und Direktinvestitionen ist anhand unterschiedlicher Umstände wie Anteilshöhe oder Ausgestaltung des Gesellschaftsvertrags vorzunehmen. Der EuGH bejahte insoweit ab einer Anteilshöhe von 20 % eine Direktinvestition[30], während eine Anteilshöhe von 15 % (nach dem BFH 10 %) die Anwendung der Kapitalverkehrsfreiheit nach sich zog.[31]

---

27 EuGH, Rs. C-58/13 und C-59/13, ECLI:EU:C:2014:2088 Rn. 44 ff. – *Torresi*.
28 EuGH, Rs. C-436/08, ECLI:EU:C:2011:61 Rn. 35 – *Haribo Lakritzen*.
29 EuGH, Rs. C-685/16, ECLI:EU:C:2018:743 Rn. 33 f. – *EV*.
30 EuGH, Rs. C-244/11, ECLI:EU:C:2012:694 Rn. 19 ff. – *Kommission/Griechenland*.
31 EuGH, verb. Rs. C-504 u. C-613/16, ECLI:EU:C:2017:1009 Rn. 79 f. – *Deister Holding*.

Sofern eine streitige Maßnahme **Direkt- und Portfolioinvestitionen in gleichem** **38**
Maße erfasst, wird wegen ihres dann offenen Wortlauts jedenfalls auch die Kapitalverkehrsfreiheit angewendet (abstrakte Betrachtungsweise), oder auf die Höhe der Anteile im Einzelfall abgestellt (konkrete Betrachtungsweise). Der letztgenannte Ansatz genießt den Vorzug, da einem Niederlassungswilligen bei unklarem Regelungsschwerpunkt aufgrund dauerhafter Integration in eine fremde Volkswirtschaft (s. Rn. 1 f.) höhere Restriktionen zumutbar sind. Die unionsgerichtliche Spruchpraxis entspricht dieser Betrachtungsweise bei Binnenmarktsachverhalten,[32] während sie bei Drittstaatssachverhalten die abstrakte Betrachtungsweise vorzieht.[33] Diese nicht eindeutige Spruchpraxis steht im Widerspruch zu einer konsequenten Grundfreiheitsabgrenzung anhand ihrer Regelungsziele, weitet aber den grundfreiheitlichen Schutzumfang.

EuGH, Urteil vom 11.10.2007 – Rs. C-451/05, Slg. 2007, I-08251 – *ELISA* **39**
Die nach luxemburgischen Recht gegründete Holdinggesellschaft ELISA war im Besitz mehrerer, in Frankreich gelegener Grundstücke. Die vorgeschriebenen Steuererklärungen gab ELISA zwar ab, verweigerte jedoch die Zahlung der daraufhin festgesetzten Steuer an Frankreich, so dass Frankreich die Vollstreckung einleitete. Hiergegen erhob ELISA Klage. Das befasste nationale Gericht fragte den EuGH u. a. danach, ob es im Lichte der Grundfreiheiten zulässig sei, dass (insbesondere) französische Unternehmen in vergleichbarer Situation diese Steuer nicht zahlen müssen.
Der EuGH lehnte die Eröffnung des Schutzbereichs der Niederlassungsfreiheit ab, da im vorliegenden Fall nicht davon auszugehen war, dass ELISA die in Frankreich gelegenen Immobilien zur Ausübung ihrer wirtschaftlichen Tätigkeit besaß bzw. als Grundvermögen selbst verwaltete, so dass eine auf Dauer angelegte Präsenz in Frankreich nicht vorlag. Dagegen bejahte der EuGH die Eröffnung des Schutzbereichs der Kapitalverkehrsfreiheit, da ELISA die betreffenden Immobilien erwarb und somit eine grenzüberschreitende Kapitalbewegung vorlag.

bb) Grundfreiheiten im Übrigen. Deutlich unproblematischer als die Abgrenzung der **40**
Niederlassungs- zur Kapitalverkehrsfreiheit gestaltet sich die Abgrenzung zu den übrigen Grundfreiheiten: So ist der Schutzbereich der **Dienstleistungsfreiheit** gemäß Art. 57 Abs. 3 AEUV eröffnet, sofern keine Niederlassung (s. Rn. 24 ff.) vorliegt bzw. kein Leistungsaustausch über eine Niederlassung im Zielstaat stattfindet.

Die **Arbeitnehmerfreizügigkeit** greift im Falle unselbstständiger Tätigkeiten,[34] wohin- **41**
gegen die Niederlassungsfreiheit selbstständige Tätigkeiten erfasst. Beide Grundfreiheiten werden oft gemeinsam geprüft, wenn der freie Personenverkehr betroffen ist und eine genaue Zuordnung nach den oben genannten Kriterien (s. Rn. 18 ff.) nicht möglich ist.[35]

In Abgrenzung zur **Warenverkehrsfreiheit** ist zu unterscheiden: Sofern eine Niederlas- **42**
sung vorliegt, fehlt es für die Warenverkehrsfreiheit an einem grenzüberschreitenden Sachverhalt, so dass die Niederlassungsfreiheit anwendbar ist. Im Falle des Aufbaus einer Niederlassung etwa beim Import von Produktionsmitteln aus dem Ausland greifen beide Grundfreiheiten.

3. In räumlicher Hinsicht
Der räumliche Schutzbereich der Niederlassungsfreiheit erstreckt sich auf den in **Art. 52** **43**
EUV und den in den **Art. 349, 355 AEUV** niedergelegten Geltungsbereich der Verträge. Räumliche Weiterungen sind nur im Rahmen entsprechender Vereinbarungen denkbar.

---
32 EuGH, Rs. C-168/11, ECLI:EU:C:2013:117 Rn. 27 f. – *Beker*.
33 EuGH, Rs. C-47/12, ECLI:EU:C:2014:2200 Rn. 38 – *Kronos*.
34 EuGH, Rs. C-152/03, Slg. 2006, I-1737 Rn. 19 – *Ritter-Coulais*.
35 EuGH, Rs. C-419/16, ECLI:EU:C:2017:997 Rn. 34 f. – *Simma Federspiel*.

Im Falle niederlassungsbezogener Tätigkeiten in einem Drittstaat findet die Niederlassungsfreiheit keine Anwendung,[36] da sie sich gemäß dem Wortlaut des Art. 49 AEUV auf „(...) Beschränkungen der freien Niederlassung von Staatsangehörigen eines Mitgliedstaats im Hoheitsgebiet eines anderen Mitgliedstaats (...)" bezieht.

IV. Beeinträchtigung

44 Zudem muss der Schutzbereich des Art. 49 AEUV beeinträchtigt sein, was einen tauglichen Verpflichtungsadressaten und eine hinreichende Beeinträchtigungsintensität der Maßnahme erfordert.

1. Verpflichtungsadressaten

45 Die Niederlassungsfreiheit richtet sich zunächst an die Mitgliedstaaten, wobei sowohl Herkunfts- als auch Zielland erfasst sind. Sie bietet Schutz vor **Maßnahmen der Hoheitsgewalt**, unabhängig von der Handlungs- oder Organisationsform, um eine Umgehung der Geltung der Grundfreiheiten zu verhindern. Gebunden sind daher auch öffentliche, d. h. also staatlich beherrschte Unternehmen.

46 Dagegen verpflichten die Grundfreiheiten nach herrschender Meinung grundsätzlich keine Privatpersonen, insbesondere um den Grundsatz der Privatautonomie zu wahren und um die in den Art. 101 f. AEUV geregelten Wettbewerbsvorschriften nicht zu umgehen. Jedoch bestehen insoweit staatliche Schutzpflichten, wobei deren Umfang noch nicht vollumfänglich bestimmt ist.

47 Eine Ausnahme bilden sog. **intermediäre Gewalten**. Sie agieren aufgrund ihrer Verbandsmacht hoheitsähnlich[37], z. B. mit Hilfe einer Vereinssatzung gegenüber den Mitgliedern.[38] Unter Umständen kann die Verbandsmacht auch das Außenverhältnis betreffen, etwa in Form von Tarifverträgen oder von Arbeitskampfmaßnahmen der Gewerkschaften[39].

2. Beeinträchtigungsformen

48 Bezogen auf ihre Wirkung sind verschiedene Arten von tauglichen Beeinträchtigungen der Niederlassungsfreiheit zu differenzieren,[40] wobei nach überwiegender Ansicht sowohl Beeinträchtigungen durch den Herkunfts- als auch durch den Zielstaat erfasst sind.

49 a) **Diskriminierungsverbot.** Art. 49 Abs. 2 AEUV enthält zunächst ein **Gebot der Inländergleichbehandlung** mit der Folge des Verbots bestimmter Diskriminierungen. Sie liegen vor, wenn „vergleichbare Sachverhalte rechtlich unterschiedlich oder unterschiedliche Sachverhalte rechtlich gleich behandelt werden"[41] und dies zu einer rechtsrelevanten Schlechterstellung des Betroffenen auf dem Binnenmarkt führt, indem die Gleich- bzw. Ungleichbehandlung die grenzüberschreitenden Wirtschaftsaktivitäten behindert.

50 Darüber hinaus ist erforderlich, dass die Schlechterstellung an die Staatsangehörigkeit bzw. bei Gesellschaften an deren Sitz anknüpft. Dazu ist es nach der Unionsgerichtsbarkeit jedoch nicht relevant, ob sich eine Regelung **direkt bzw. unmittelbar im Tatbestand** auf eine bestimmte Staatsangehörigkeit bezieht. Vielmehr reicht es aus, wenn EU-Ausländer im Verhältnis zu Inländern de facto bzw. typischerweise benachteiligt werden.

---

36 Vgl. dazu EuGH, Rs. C-415/06, Slg. 2007, I-151 Rn. 18 – *Stahlwerke Ergste Westig*.
37 EuGH, Rs. C-438/05, Slg. 2007, I-10779 Rn. 33, 61 – *Viking*.
38 EuGH, Rs. C-309/99, Slg. 2002, I-1577 Rn. 120 – *Wouters*.
39 EuGH, Rs. C-438/05, Slg. 2007, I-10779 Rn. 36 – *Viking*.
40 EuGH, Rs. C-476/98, Slg. 2002, I-9855 Rn. 153 – *Kommission/Deutschland*.
41 Vgl. EuGH, Rs. 283/83, Slg. 1984, 3791 Rn. 7 – *Racke*.

IV. Beeinträchtigung

Ob eine solche mittelbare Diskriminierung vorliegt, ist anhand einer Wirkungsanalyse der betreffenden Maßnahme zu ermitteln.[42]

EuGH, Urteil vom 3.3.2020 – Rs. C-75/18, ECLI:EU:C:2020:139 – *Vodafone Magyaarorsszág* **51**
Vodafone firmiert als Handelsgesellschaft ungarischen Rechts und gehört zu 100 % der in den Niederlanden ansässigen Vodafone Europe. Das Unternehmen führt Telekommunikationstätigkeiten aus, auf die eine Sondersteuer erhoben wurde. Sie war zwar nicht nach dem Wortlaut der nationalen Regelung, aber in der Realität vor allem von ausländischen Gesellschaften oder solchen, die in ausländischem Eigentum standen, zu tragen. Dagegen erhob Vodafone Klage und das nationale Gericht legte dem EuGH u. a. die Frage zur Vorabentscheidung vor, ob eine solche nationale Regelung eine mittelbare Diskriminierung im Anwendungsbereich der Niederlassungsfreiheit darstelle.
Der EuGH erkannte zunächst, dass sich Vodafone, auch wenn es sich um eine in Ungarn ansässige Gesellschaft handelt, aufgrund ihrer Verbundenheit zur in den Niederlanden ansässigen Vodafone Europe auf die Niederlassungsfreiheit berufen kann. Die in Ungarn erhobene Steuer muss sich nach den Richtern als mittelbare Diskriminierung vor der Niederlassungsfreiheit rechtfertigen, da sie zwar nicht direkt an den Sitz einer Gesellschaft anknüpft, jedoch per se dazu führt, dass diese Sondersteuer überwiegend von im Ausland ansässigen bzw. im Eigentum einer ausländischen Person stehenden Gesellschaften zu zahlen war (Rn. 42 ff.).

b) Beschränkungsverbot. Da die Kriterien, mit deren Hilfe beachtliche mittelbare Diskriminierungen von unbeachtlichen Maßnahmen geschieden werden können, nicht immer trennscharf sind, drohen Rechtsunsicherheiten. Sie werden dadurch minimiert, dass der Niederlassungsfreiheit entsprechend dem Wortlaut des Art. 49 Abs. 1 AEUV auch ein Beschränkungsverbot entnommen wird. Dessen Grenzen bedürfen allerdings ebenfalls der Konkretisierung, um keine neuerlichen Rechtsunsicherheiten zu produzieren. Im Sinne einer ersten Mindestvoraussetzung fordern Literatur und Rechtsprechung daher zunächst einen **eindeutigen Ursachenzusammenhang**, der zwischen der infolge der Maßnahme entstandenen Belastung und der Niederlassungsentscheidung bestehen muss. In der Folge sind auch geringfügige oder unbedeutende Belastungen an der Niederlassungsfreiheit zu messen; ausgenommen sind nur ungewisse bzw. rein hypothetische Erschwernisse.[43] **52**

Eine weitere Einschränkung folgt daraus, dass ein Bezug der betreffenden Maßnahme zum **Marktzugang** gefordert wird; berührt sie lediglich das Marktverhalten, ist folglich eine Beeinträchtigung abzulehnen.[44] Für dieses auch im Anwendungsbereich der anderen Grundfreiheiten mittlerweile als Prüfungsmaßstab anerkannte Kriterium spricht zunächst die Funktion der Grundfreiheiten, die der Binnenmarktverwirklichung gemäß Art. 26 AEUV, 3 Abs. 3 EUV dienen. Ziel ist die Abschaffung von Binnengrenzen, indem vor allem nationale Zugangshindernisse beseitigt werden. Darüber hinaus gefährden etwaige Beschränkungen der Niederlassungsfreiheit die dauerhafte und stetige wirtschaftliche Tätigkeit des Unternehmers im Zielstaat (s. Rn. 1 f.), weil einen Unternehmer derartige Maßnahmen in der Regel vor dem Markteintritt und damit vor dem Zeitpunkt, zu dem er den Zugang zum Markt des Zielstaats anstrebt, treffen. **53**

Im Einzelnen ist die **Abgrenzung von Marktzugang und -verhalten** stark einzelfallabhängig. Für eine Marktzugangsregel ist jedenfalls erforderlich, dass ihre Wirkung über das Marktumfeld hinaus geht und einen finanziellen Aufwand in Form von Transaktionskosten verursacht, wobei solche Kosten, die ausschließlich aufgrund bestehender **54**

---

42 Vgl. EuGH, Rs. C-236/16 u. C-237/16, ECLI:EU:C:2018:291 Rn. 18 ff. – *ANGED*.
43 Vgl. EuGH, Rs. C-148/10, Slg. 2011, I-9543 Rn. 61 ff. – *DHL International*.
44 EuGH, Rs. C-169/07, Slg. 2009, I-1721 Rn. 38 – *Hartlauer*.

Unterschiede zwischen der Heimat- und Zielrechtsordnung entstehen (sog. reine Anpassungskosten), unberücksichtigt bleiben. Sofern die Höhe der Transaktionskosten nicht äquivalent zu dem Umfang der wirtschaftlichen Tätigkeit im Zielstaat oder zum avisierten Gewinn ist und einen Unternehmer von der Gründung seiner Niederlassung abhält, besteht eine Marktzugangsregel. Neben Anforderungen an die Tätigkeitsaufnahme können auch Ausübungs- oder Umfeldregeln erfasst sein, wenn sie auf das Unternehmensprofil durchschlagen.

55 Wenn ein Unternehmer eine Niederlassung gründet und von seinem durch Art. 49 AEUV geschützten Recht auf freie Standortwahl Gebrauch machen möchte, trifft ihn eine im Vergleich zu einer lediglich vorübergehenden Tätigkeit im Zielstaat (s. Rn. 24 ff.) höhere **Integrationslast** (s. Rn. 2). Funktion sowie Zielsetzung der Niederlassungsfreiheit verschieben dann die Eingriffsschwelle, indem eine höhere Beeinträchtigungsintensität des Marktzugangs als bei Art. 56 AEUV erforderlich wird.[45] So ist eine Beeinträchtigung des Art. 49 AEUV im Falle eines nationalen Vertriebsverbotes, wenn andere Vertriebswege den Marktzugang zulassen, zu verneinen, da dieser Umstand von Vornherein bekannt war und ihn der Unternehmer als einen Standortfaktor unter vielen hingenommen hat. Hingegen kann in einem solchen Fall ggf. die Dienstleistungsfreiheit beeinträchtigt sein.[46]

56 EuGH, Urteil vom 14.4.2016 – Rs. C-522/14, ECLI:EU:C:2016:253 – *Sparkasse Allgäu*
Die Sparkasse Allgäu betrieb eine unselbstständige, österreichische Zweigstelle. In Deutschland war zugunsten steuerlicher Auskünfte das Bankgeheimnis eingeschränkt, wohingegen in Österreich das Bankgeheimnis den steuerlichen Auskunftsrechten vorging. Das Finanzamt Kempten forderte die Sparkasse Allgäu auf Basis des § 33b ErbStG auf, Kontoinformationen zu sämtlichen Personen offen zu legen, die Konten bei ihrer unselbstständigen Zweigstelle führten und zum Zeitpunkt ihres Todes dem deutschen Steuerrecht unterlagen. Die Sparkasse Allgäu weigerte sich und erhob Klage. Das nationale Gericht legte dem EuGH die Frage zur Entscheidung vor, ob eine solche nationale Regelung wie § 33 ErbStG gegen die Niederlassungsfreiheit verstößt.
Der EuGH stellte zunächst fest, dass sich die Sparkasse Allgäu als juristische Person des öffentlichen Rechts gemäß Art. 54 Abs. 2 AEUV auf die Niederlassungsfreiheit berufen kann, auch weil die Niederlassungsfreiheit nach ständiger Rechtsprechung des EuGH eröffnet ist, wenn das Herkunftsland eine inländische Gesellschaft daran hindert, eine Zweigstelle in einem anderen Mitgliedstaat zu gründen. Jedoch wird die Niederlassungsfreiheit nicht beschränkt, wenn ein Mitgliedstaat Anforderungen stellt, die ein anderer Mitgliedstaat nicht trifft, obwohl davon die Standortwahl beeinflusst werden kann. Denn es handelt sich insoweit lediglich um parallele Regelungen zweier Mitgliedstaaten, deren Existenz grundsätzlich hinzunehmen ist (Rn. 20ff.).

V. Rechtfertigung

57 Eine Beeinträchtigung verletzt (jenseits der Fälle des Art. 106 Abs. 2 a. E. AEUV) Art. 49 AEUV, dann nicht, wenn sie gerechtfertigt ist, weil sie auf einem tauglichen Rechtfertigungsgrund basiert und verhältnismäßig ist.

1. Rechtfertigungsgründe

58 Zunächst bedarf es eines geschriebenen oder ungeschriebenen Rechtfertigungsgrundes.

59 a) **Geschriebene Gründe.** In den Verträgen finden sich bisweilen Regelungen, die eine Rechtfertigung von Beeinträchtigungen der Niederlassungsfreiheit erlauben. Diese ge-

---

[45] S. dazu EuGH, Rs. C-518/06, Slg. 2009, I-3491 Rn. 63 – *Kommission/Italien*.
[46] EuGH, Rs. C-594/14, ECLI:EU:C:2015:806 Rn. 28 – *Kornhaas*.

schriebenen Rechtfertigungsgründe folgen speziell für Art. 49 AEUV aus Art. 52 AEUV, ergeben sich aber auch aus anderen Vorschriften des Primärrechts.

aa) Rechtfertigungsgründe des Art. 52 AEUV. Die in Art. 52 AEUV normierten Rechtfertigungsgründe beziehen sich dem Wortlaut nach auf Sonderregeln für Ausländer, können aber (erst recht) auch jede andere Beeinträchtigung der Niederlassungsfreiheit durch nationales Recht tragen, auch wenn die Formulierung der Norm vor allem offene Diskriminierungen adressiert. Gemein ist allen dort genannten Rechtfertigungsgründen jedenfalls, dass die auf dem Prüfstand stehende Maßnahme Ausdruck eines **Grundinteresses der Gesellschaft** ist, das in qualifizierter Weise (hinreichend schwer und tatsächlich) gefährdet sein muss. **60**

EuGH, Urteil vom 18.5.1982 – Rs. C-115/81 und 116/81, ECLI:EU:C:1982:183 – **61**
Adoui u. Cornuaille/Belgischer Staat
In dieser verbundenen Rechtssache ging es um zwei Frauen französischer Staatsangehörigkeit, die in Belgien wohnten und dort in einer aus Sicht der Behörden aus sittlicher Perspektive bedenklichen Bar arbeiteten. Die belgischen Behörden erteilten diesen Frauen aus Gründen der öffentlichen Ordnung keine Aufenthaltserlaubnis und forderten sie zur Ausreise auf. Hiergegen erhoben die Frauen Klage und das nationale Gericht legte dem EuGH u. a. die Frage vor, ob diese Maßnahme mit Art. 56 EWGV, dem Vorläufer des Art. 52 AEUV, vereinbar ist.
Der EuGH stellte fest, dass die Prostitution in Belgien nicht per se verboten war, sondern nur bestimmte Tätigkeiten aufgrund ihrer besonderen Sozialschädlichkeit. Eine Rechtfertigung über die öffentliche Ordnung setzt jedoch eine hinreichend schwere, tatsächlich bestehende Gefährdung eines Grundinteresses der Gesellschaft voraus. Daran fehlt es, wenn ein Mitgliedstaat das Verhalten eines Ausländers ahndet, das gleiche Verhalten eines eigenen Staatsangehörigen aber nicht. Da die Dinge derart im Fall lagen, war Art. 56 EWGV (Art. 52 AEUV) nicht heranziehbar (Rn. 7 ff.).

Inhaltlich bezieht sich der Rechtfertigungsgrund der öffentlichen Sicherheit auf Gefährdungen des Staates von innen und außen. Im Bereich der öffentlichen Ordnung geht es demgegenüber um Maßnahmen, die einer Bedrohung des geordneten menschlichen Zusammenlebens Herr werden wollen. Der Rechtfertigungsgrund der öffentlichen Gesundheit zielt schließlich auf den Schutz des Gesundheitssystems ab, erlaubt zugleich aber auch ein Einschreiten aus seuchenpolizeilichen Erwägungen. **62**

EuGH, Urteil vom 21.6.2012 – Rs. C-84/11, ECLI:EU:C:2012:374 – *Susisalo u. a.* **63**
*Im vorliegenden Rechtsstreit ging es um die rechtlichen Anforderungen an eine Gründung oder Verlegung von Apotheken im Mitgliedstaat Finnland, die zwischen Universitäten und privaten Personen als Betreiber der Apotheken unterschied. So waren Universitäten berechtigt, bis zu 16 Filialapotheken zu führen, während private Betreiber höchstens 3 Filialapotheken betreiben durften. Dieser Privilegierung der Universitäten lag die Erwägung zugrunde, dass sie Aufgaben im Rahmen der Lehre z. B. in Form von Praktika sowie Forschung wahrnehmen und darüber hinaus besondere Dienste erbringen. Gegen diese Differenzierung legten private Betreiber Klage vor einem nationalen Gericht ein. Es legte dem EuGH im Wege eines Vorabentscheidungsersuchens die Frage vor, ob eine solche Privilegierung gegen die Niederlassungsfreiheit verstößt.
Der EuGH sah den Anwendungsbereich der Niederlassungsfreiheit eröffnet, auch wenn kein grenzüberschreitender Sachverhalt vorlag, da die finnische Regelung geeignet ist, die Niederlassungsfreiheit der Unionsbürger zu behindern bzw. in ihrer Attraktivität zu minimieren (s. Rn. 22). Dabei lag zwar keine Diskriminierung aufgrund der Staatsangehörigkeit vor, jedoch handelte es sich um eine Beschränkung aufgrund der Privilegierung der beiden Universitäten gegenüber privaten Betreibern. Der EuGH sah eine solche Privilegierung jedoch aus zwingenden Gründen des Allgemeinwohls, insbesondere des Gesundheitsschutzes als gerechtfertigt an. Zur Begründung führte er aus, dass hiermit eine sichere sowie qualitativ hochwertige Versorgung der*

Bevölkerung mit Arzneimitteln (vgl. Art. 168 Abs. 1 AEUV, Art. 35 EU-Charta) gewährleistet werde (Rn. 36 ff.).

64 **bb) Aus dem Primärrecht im Übrigen.** Neben den in Art. 52 AEUV niedergelegten Rechtfertigungsgründen treten die in der GrCh enthaltenen **Unionsgrundrechte**. Sie stehen den Vertragsvorschriften wegen Art. 6 Abs. 1 Hs. 2 EUV gleich und können daher ebenfalls Beeinträchtigungen der Niederlassungsfreiheit legitimieren. Zudem können ggf. aber auch andere Primärrechtsnormen als Rechtfertigungsgründe herangezogen werden – so z. B. die sog. **Querschnittsklauseln**, insbesondere soweit sie wie im Bereich Umweltschutz die Union verpflichten, bestimmte Rechtsgüter im Rahmen ihrer Maßnahmen einzubeziehen.

65 Inwieweit zur Rechtfertigung von Grundfreiheitsbeeinträchtigungen bemühte Primärrechtsnormen zur Rechtfertigung **offener Diskriminierungen** herangezogen werden können, ist derzeit nicht ganz klar vermessen. Diese Möglichkeit bestünde, wenn man betonte, dass sie umfassend ansetzen. Hält man einen spezifischen Bezug der Vertragsvorschrift zu Sonderregeln für Ausländer, wie ihn Art. 52 AEUV prägt, hingegen für elementar, dürfte dieser Schluss nicht gezogen werden. Diesem restriktiven Verständnis scheint nun auch die Unionsgerichtsbarkeit zuzuneigen.[47]

66 **b) Ungeschriebene Gründe.** Darüber hinaus ist nach ständiger Rechtsprechung[48] eine Rechtfertigung mitgliedstaatlicher Maßnahmen aus zwingenden Gründen des Allgemeininteresses möglich. Diese ungeschriebenen Rechtfertigungsgründe werden jedoch überwiegend **nicht auf offene Diskriminierungen** aus Gründen der Staatsangehörigkeit angewandt, um eine Umgehung des Art. 52 AEUV zu verhindern. Mittelbaren Diskriminierungen können sie jedoch nach wohl herrschender Ansicht zugrunde gelegt werden, insbesondere weil sie nur schwer von „reinen" Marktzugangsbeschränkungen abgrenzbar sind.

67 Der EuGH hat im Sinne eines entwicklungsoffenen Kanons[49] bereits eine Vielzahl an **verschiedenen Allgemeininteressen** als Rechtfertigungsgründe anerkannt. Nicht heranziehbar sind lediglich solche Interessen, die rein administrativ bzw. wirtschaftlich ansetzen, weil sie protektionistisch wirken.[50] So ist im Falle einer Begrenzung der Ladenzahl in Einkaufszentren eine Rechtfertigung im Hinblick auf Raumordnung, Umwelt- bzw. Verbraucherschutz möglich, wohingegen rein ökonomische Aspekte (so Folgen für die Einzelhandelsstruktur) eine Rechtfertigung nicht tragen.[51]

68 **c) Privat initiierte Beschränkungen.** Sind private Akteure an die Niederlassungsfreiheit gebunden (s. Rn. 45 ff.), ist fraglich, welche Allgemeinwohlgründe eine Rechtfertigung etwaiger Beeinträchtigungen ermöglichen. Sofern auf deren **Zugehörigkeit zum gesellschaftlichen Raum** abgestellt wird, wären deren Grundrechtspositionen maßgebend, wobei ggf. auch rein wirtschaftliche Interessen in Betracht kämen.

69 Betont man dagegen die **Hoheitsähnlichkeit** ihres Auftretens, käme ein Rückgriff auf die für die öffentliche Hand geltenden Rechtfertigungsgründe in Betracht – so namentlich auf ungeschriebene Allgemeininteressen. Die Unionsgrundrechte als Maßstab fänden insoweit nur Berücksichtigung, wenn die streitige Maßnahme die Grundrechtspositionen Dritter zu schützen beabsichtigt.

---

47 S. etwa EuGH, Rs. C-630/17, ECLI:EU:C:2019:123 Rn. 66 – *Milivojević*.
48 EuGH, Rs. C-140/03, Slg. 2005, I-3177 Rn. 27 – *Kommission/Griechenland*.
49 S. z. B. EuGH, Rs. C-563/17, ECLI:EU:C:2019:144 Rn. 71 ff. – *Associação Peço a Palavra*.
50 EuGH, Rs. 179/14, ECLI:EU:C:2016:108 Rn. 170 f. – *Kommission/Ungarn*.
51 EuGH, Rs. C-400/08, Slg. 2011, I-1915 Rn. 94 ff. – *Kommission/Spanien*.

V. Rechtfertigung

70 Bisher hat der **EuGH** diese Problematik noch nicht abschließend geklärt. Grundsätzlich verfährt er großzügig und erkennt objektive[52] bzw. sachliche[53] Erwägungen, die Unionsgrundrechte wie bspw. die Vereinigungsfreiheit oder das Streikrecht[54] sowie verbandsimmanente Gesichtspunkte wie z. B. die Nachwuchsförderung[55] als taugliche Rechtfertigungsgründe an.

2. Verhältnismäßigkeit

71 Liegt ein tauglicher Rechtfertigungsgrund vor, muss die Maßnahme zudem verhältnismäßig sein, um im Lichte der Niederlassungsfreiheit gerechtfertigt werden zu können. Die Unionsgerichtsbarkeit fordert primär deren Eignung und Erforderlichkeit.[56] Im Falle personenbezogener Umstände wendet der EuGH denselben Maßstab wie im Rahmen der Arbeitnehmerfreizügigkeit an.[57]

72 a) **Eignung.** Eine Maßnahme ist geeignet, wenn sie den mit ihr **verfolgten Zweck fördert**, d. h. zu dessen Verwirklichung beiträgt. Zur Beurteilung der Eignung dienen Erfahrungen und Prognosen, weshalb den Mitgliedstaaten in gewissem Umfang ein Beurteilungsspielraum eingeräumt wird, wobei deren Erwägungen nachvollziehbar sein müssen. Daran fehlt es im Falle einer fehlerhaften Tatsachenbasis oder einer fehlenden Beziehung zwischen der Maßnahme und der damit verfolgten Zielsetzung.[58]

73 Vor allem fordert die Eignung Regeln, die **systematisch und kohärent** an der mit der Maßnahme verfolgten Zielsetzung orientiert sind.[59] Dieses Kriterium kennt verschiedene Dimensionen: eine tatsächliche (Vergleich zwischen dem hoheitlichen Verhalten und dem Schutzkonzept),[60] eine sachliche (Vergleich zwischen Gefahrneigung der Regelungsgegenstände und der jeweiligen Schutzintensität)[61] und eine räumliche Komponente (Vergleich von Bundes- und Landesrecht).[62]

74 EuGH, Urteil vom 1.6.2010 – Rs. C-570/07 und 571/07, Slg. 2010, I-04629 – *Blanco Pérez u. Chao Gómez*
In dieser verbundenen Rechtssache klagten zwei diplomierte Apotheker, die jeweils eine Apotheke in der Autonomen Gemeinschaft Asturien in Spanien eröffnen wollten, ohne dass die dortig geltenden Regelungen über die territoriale Planung und das Auswahlverfahren für sie gelten sollten. Die Anwendung dieser Bestimmungen hätte den Vorhaben ggf. entgegengestanden. Das nationale Gericht legte dem EuGH die Frage vor, ob diese Normen die Niederlassungsfreiheit verletzen.
Der EuGH sah zwar in den nationalen Regelungen eine Beschränkung der Niederlassungsfreiheit, die jedoch aus Gründen des Gesundheitsschutzes gerechtfertigt war, um eine qualitativ hochwertige sowie sichere Versorgung der Bevölkerung mit pharmazeutischen Produkten zu gewährleisten und eine territoriale Konzentration von Apotheken zu verhindern. Insbesondere verfolgten die Regelungen diesen Zweck auf systematische und kohärente Weise, indem die territoriale Planung keine starren Anforderungen stellte, sondern Ausnahmen bzw. Flexibilitätsmaßnahmen ermöglichte.

---

52 Vgl. dazu EuGH, Rs. C-22/18, ECLI:EU:C:2019:497 Rn. 48 – *TopFit und Biffi*.
53 Vgl. dazu EuGH, Rs. C-281/98, Slg. 2000, I-04139 Rn. 42 – *Angonese*.
54 Vgl. dazu EuGH, Rs. C-438/05, Slg. 2007, I-10779 Rn. 77 – *Viking*.
55 Vgl. dazu EuGH, Rs. C-325/08, Slg. 2010, I-02177 Rn. 38 – *Olympique Lyonnais*.
56 S. z. B. EuGH, Rs. C-518/06, Slg. 2009, I-3491 Rn. 62 – *Kommission/Italien*.
57 Ausf. dazu EuGH, Rs. C-544/18, ECLI:EU:C:2019:761 Rn. 29 ff. – *Dakneviciute*.
58 S. EuGH, Rs. C-465/18, ECLI:EU:C:2019:1125 Rn. 48 ff. – *Comune di Bernareggio*.
59 EuGH, Rs. C-384/08, Slg. 2010, I-2055 Rn. 51 – *Attanasio Group*.
60 So schon EuGH, Rs. C-243/01, Slg. 2003, I-13031 Rn. 62, 67 f. – *Gambelli u. a.*
61 EuGH, verb. Rs. C-316, 358–360, 409, 410/07, Slg. 2010, I-8069 Rn. 100 – *Stoß u. a.*
62 S. dazu EuGH, Rs. C-156/13, ECLI:EU:C:2014:1756 Rn. 35 – *Digibet und Albers*.

75 **b) Erforderlichkeit.** Die Erforderlichkeit der Maßnahme ist gegeben, sofern keine milderen und gleich geeigneten Mittel zur Verwirklichung des verfolgten Ziels vorliegen.

76 **aa) Beurteilungsspielraum?** Zur Entscheidung hierüber haben die Mitgliedstaaten nach der Rechtsprechung des EuGH einen Beurteilungsspielraum bezüglich des verfolgten Schutzkonzepts, um eine Unverhältnismäßigkeit bereits infolge des Bestehens unterschiedlicher Vorschriften in den Mitgliedstaaten zu verhindern. Im Übrigen ist wegen der enormen Bedeutung der Niederlassungsfreiheit im Binnenmarkt die **Kontrolldichte** der Erforderlichkeitsprüfung durch den EuGH **grundsätzlich recht hoch** (s. Rn. 1 f.).

77 Soweit sich der EuGH auf eine **Evidenzkontrolle** beschränkt, fehlt es an einer **dogmatischen Begründung**. Betont man die Funktionsweise des Binnenmarktes mit seinen positiven sowie negativen Integrationsmechanismen, spricht vieles dafür, den Mitgliedstaaten in den Bereichen mehr Freiräume einzuräumen, wo etwaige aus den Grundfreiheiten resultierende Schutzlücken mithilfe des Erlasses von Sekundärrechtsakten nicht bzw. nur schwer beseitigt werden können.

78 **bb) Fallgruppen.** Die Existenz einer unterschiedlichen Regelungsdichte in den EU-Mitgliedstaaten genügt jedenfalls nicht, um die Erforderlichkeit einer nationalen Regelung zu verneinen.[63] Vielmehr entwickelte der EuGH eine Vielzahl von Argumentationsmustern zu Art. 49 AEUV, deren wesentliche Facetten im Folgenden auszugsweise vorgestellt werden sollen.

79 Sofern eine nationale Regelung objektiv eine wirtschaftliche Tätigkeit verbietet oder unter Vorbehalt stellt, bestehen **absolute bzw. objektive Zugangssperren**, etwa in Form von Monopolen[64], Quotenregelungen[65] oder Bedarfsprüfungen[66]. In diesem Falle prüft der EuGH die Erforderlichkeit recht streng, weil die mitgliedstaatlichen Regeln dann die Niederlassungsfreiheit negieren.

80 Bei Zugangskontrollen im Übrigen gestattet der EuGH **Präventivkontrollmechanismen**, wenn nachträgliche Kontrollen der wirtschaftlichen Tätigkeit zu spät kämen. In diesem Falle ist deren Niederschwelligkeit genauso sicherzustellen wie deren Transparenz und Zumutbarkeit, auch in zeitlicher Hinsicht. Zudem sind Rechtsbehelfsmöglichkeiten einzurichten.

81 Betrachtet man die Inhalte, wirken **subjektive Zulassungsanforderungen** weniger einschneidend als objektive Zugangssperren, da es der Niederlassungswillige in der Hand hat, die gestellten Anforderungen zu erfüllen, z. B. indem er die im Zielstaat geforderte Qualifikation (Ausbildung bzw. Universitätsstudium) erbringt.[67] Insoweit sind die Bindungen aus Art. 49 AEUV daher geringer.

82 Für **Doppelkontrollen bzw. -belastungen** im Speziellen gilt allerdings der Grundsatz gegenseitiger Anerkennung. Danach ist eine weitere Kontrolle im Zielstaat untersagt, wenn im Herkunftsland bereits **Qualifikations- bzw. Fertigkeitsanforderungen** bestehen und diese gleichwertig sind, wobei der Zielstaat diese Gleichwertigkeit des Schutzniveaus überprüfen darf.

---

63 EuGH, Rs. C-108/96, Slg. 2001, I-837 Rn. 33 – *Mac Quen*.
64 Vgl. EuGH, Rs. C-124/97, Slg. 1997, I-6067 Rn. 3 ff. – *Läärä*.
65 EuGH, Rs. C-539/11, ECLI:EU:C:2013:591 Rn. 58 – *Ottica New Line*.
66 EuGH, Rs. C-169/07, Slg. 2009, I-1721 Rn. 34 – *Hartlauer*.
67 EuGH, Rs. C-531/06, Slg. 2009, I-4103 Rn. 51 f. – *Kommission/Italien*.

V. Rechtfertigung 83–86

Sofern Vorschriften eines Mitgliedstaats **Anforderungen** stellen, **die typischerweise** **83** **nur dessen Staatsangehörige erfüllen** (z. B. Sprachkenntnisse, Wohnsitz im Inland[68], Mindestwohnzeiten[69]), können sie ggf. heimische Märkte abschotten.[70] Daher müssen solche Bestimmungen der Abwehr spezifischer Gefahren dienen, um erforderlich zu sein.

Zudem ist im Kontext der Verhältnismäßigkeitsprüfung darauf hinzuweisen, dass den **84** Niederlassungswilligen deshalb, weil er dauerhaft im Zielstaat wirtschaftlich aktiv werden will, höhere **Integrationslasten** treffen als etwa einen Dienstleistungserbringer (s. Rn. 2, 55). Dieser Aspekt ist, soweit eine Beeinträchtigung gegeben ist, auch im Rahmen der Rechtfertigung zu berücksichtigen. Er kann z. B. bewirken, dass etwaige Kostenlasten eine geringere Bedeutung haben.

Lässt sich ein Unternehmer grenznah nieder, um allein (oder primär) im angrenzenden **85** Mitgliedstaat tätig zu werden, nutzt er ein **Regelungsgefälle** durch „Umgehung" (s. Rn. 33 ff.) der am Absatzort geltenden Rechtsordnung unter Berufung auf die Dienstleistungsfreiheit aus.[71] Der EuGH zieht deshalb dann in der Verhältnismäßigkeit den für die Mitgliedstaaten günstigeren Maßstab des Art. 49 AEUV (s. Rn. 2, 55) heran. Die Dienstleistungsfreiheit greift in diesem Falle also nicht.

EuGH, Urteil vom 3.2.1993 – Rs. C-148/91, Slg. 1993, I-00487 – *Veronica Omröp* **86**
Organisatie/Commissariaat voor de Media
Veronica, eine nichtkommerzielle Rundfunkeinrichtung, darf nach niederländischem Recht ihre Einkünfte nur zweckgebunden für die Programmübertragung nutzen. Dennoch unterstützte sie ein in Luxemburg ansässiges Unternehmen auch finanziell. Dieses Unternehmen strahlte sodann über Kabel Programme in den Niederlanden aus, obwohl dazu nur die Rundfunkanstalten berechtigt sind, denen Sendezeit von Seiten der zuständigen Behörde zugewiesen sind. Veronica wendet sich nun per Klage gegen das Gebot der Mittelbindung an Zwecke der Programmübertragung. Das befasste nationale Gericht legt dem EuGH darauf u. a. die Frage vor, ob die skizzierten niederländischen Regelungen mit der Dienstleistungs- und der Kapitalverkehrsfreiheit vereinbar sind.
Der EuGH stellte fest, dass die niederländische Regelung der Kulturpolitik, einem tauglichen Rechtfertigungsgrund, dient. Das nationale Verbot war zudem geeignet, dieses Ziel zu fördern, indem es Zweckentfremdungen der den Rundfunkeinrichtungen (auch staatlich) zugewiesenen finanziellen Mittel durch Ausgründungen verhindert. Zudem urteilte der EuGH, dass es den Mitgliedstaaten nicht verwehrt ist, Regeln zu treffen, mit denen verhindert werden soll, dass sich ein Leistungserbringer seinen nach nationalem Recht bestehenden Pflichten entzieht. Genau dazu dienen aber die fraglichen Regeln, weil sie die Finanzierung von Ausgründungen im Ausland verhindern, über die dann Programme in den Niederlanden ausgestrahlt werden, ohne dass die Bindungen aus dem niederländischen Recht greifen. Insoweit gilt die Dienstleistungsfreiheit daher nicht (Rn. 12 ff.).

---

68 EuGH, Rs. C-145/99, Slg. 2002, I-2235 Rn. 27, 29 f. – *Kommission/Italien*.
69 EuGH, Rs. C-299/01, Slg. 2002, I-5899 Rn. 12 – *Kommission/Luxemburg*.
70 EuGH, Rs. C-131/01, Slg. 2003, I-1659 – *Kommission/Italien*.
71 Vgl. dazu EuGH, Rs. 33/74, Slg. 1974, 1299 Rn. 13 – *van Binsbergen*.

§ 6 Dienstleistungsfreiheit

Eckhard Pache

Literaturhinweise:
Berwanger, Neuer Glücksspielstaatsvertrag – jetzt endlich ein gelungener Wurf?, NVwZ 2020, 916; *Brüning*, Möglichkeiten einer unionsrechtlichen Regulierung des Glücksspiels im europäischen Binnenmarkt, NVwZ 2013, 23; *Dederer*, Konsistente Glücksspielregulierung, EuZW 2020, 771; *Drechsler/Harenberg*, Diskriminierung auf dem grenzüberschreitenden Markt für Fußballtickets, EuZW 2021, 157; *Hatje*, Die Dienstleistungsrichtlinie – Auf der Suche nach dem liberalen Mehrwert – Auch eine Herausforderung für die Rechtsanwaltschaft?, NJW 2007, 2357; *Kim*, Die europäische Dienstleistungsrichtlinie: Turbo für die Wirtschaft oder Sturm im Wasserglas?, DÖV 2009, 69; *Jukić*, Diese Ferienanlage verursacht Stress, JA 2021, 660; *Körner*, EU-Dienstleistungsrichtlinie und Arbeitsrecht, NZA 2007, 233; *Lemor*, Auswirkungen der Dienstleistungsrichtlinie auf ausgesuchte reglementierte Berufe, EuZW 2007, 135; *ders./Haake*, Ausgesuchte Rechtsfragen der Umsetzung der Dienstleistungsrichtlinie, EuZW 2009, 65; *Korte*, Für Spielbanken nichts Neues?, NVwZ 2021, 192; *McDonald*, Der Begriff der Dienstleistung im europäischen Binnenmarkt und WTO-System, 2001; *Mühl*, Diskriminierung und Beschränkung – Grundansätze einer einheitlichen Dogmatik der wirtschaftlichen Grundfreiheiten des EG-Vertrages, 2004; *Neumann*, Eine teure Versicherung, VR 2020, 235; *Noll-Ehlers*, Kohärente und systematische Beschränkungen der Grundfreiheiten – Ausgehend von der Entwicklung des Gemeinschaftsrechts im Glücksspielbereich, EuZW 2008, 522; *Pache*, § 16 Dienstleistungsfreiheit, in: Ehlers/Germelmann (Hrsg.), Europäische Grundrechte und Grundfreiheiten, 5. Aufl. 2022 i. E.; *Pechstein/Kubicki*, Dienstleistungsfreiheit im Baugewerbe für polnische Handwerker, EuZW 2004, 167; *Rolshoven*, „Beschränkungen" des freien Dienstleistungsverkehrs, 2002; *Ruffert/Grischek/Schramm*, Europarecht im Examen – die Grundfreiheiten, JuS 2021, 407; *Streinz*, Europarecht: Dienstleistungsfreiheit, JuS 2013, 275; *Ders.*, Europarecht: Dienstleistungsfreiheit – Kostenerstattung für Krankenhausbehandlung in einem anderen Mitgliedstaat, JuS 2012, 568; *Ders.*, Europarecht: Dienstleistungsfreiheit – Kohärenz nationaler Beschränkungsmaßnahmen – Glückspiele, JuS 2010, 1032; *Temming*, EU-Osterweiterung: Wie beschränkt ist die Dienstleistungsfreiheit?, RdA 2005, 186; *von Detten/Frenzel*, Referendarexamensklausur – Öffentliches Recht: Internetglücksspiel – Rien ne va plus?, JuS 2010, 811.

I. Grundlagen und normative Ausgestaltung

1 Die Dienstleistungsfreiheit (Art. 56 ff. AEUV) hat, wie die anderen Grundfreiheiten der EU, die Beseitigung von wirtschaftlichen Hemmnissen innerhalb der Union zum Ziel. Nachdem ihr ursprünglich als *„Auffangfreiheit"* zur spezielleren Warenverkehrs- und Niederlassungsfreiheit nur eine untergeordnete Bedeutung beigemessen wurde, gehört sie heute zu den Grundpfeilern des europäischen Binnenmarktes.[1] Grund hierfür ist die in den letzten Jahrzehnten stark ansteigende wirtschaftliche Bedeutung des Dienstleistungssektors in den Volkswirtschaften der Mitgliedstaaten. So nehmen gewerbliche, kaufmännische, handwerkliche und freiberufliche Tätigkeiten mittlerweile ein Ausmaß an, das gemessen am Bruttoinlandsprodukt mindestens doppelt so groß ist wie das des verarbeitenden Gewerbes. Bei Einbeziehung der Dienstleistungen im sozialen und öffentlichen Bereich ist es sogar dreimal so groß.[2]

2 Art. 56 AEUV erklärt als Grundvorschrift Beschränkungen des freien Dienstleistungsverkehrs innerhalb der Union für grundsätzlich verboten. In Art. 57 AEUV wird der Begriff der Dienstleistung legaldefiniert. Demnach sind dies Leistungen, die in der Regel gegen

---

1 *Pache*, in: Ehlers/Germelmann, Europäische Grundrechte und Grundfreiheiten, § 16 Rn. 1.
2 Zum Bedeutungswechsel der Dienstleistungsfreiheit ausführlich und m. w. N. *Pache*, in: Ehlers/Germelmann, Europäische Grundrechte und Grundfreiheiten, § 16 Rn. 1 ff.

I. Grundlagen und normative Ausgestaltung 3–6

Entgelt erbracht werden, soweit sie nicht den Vorschriften über den freien Waren- und Kapitalverkehr und nicht denjenigen über die Freizügigkeit der Personen unterliegen. Zur Beschränkung der Dienstleistungsfreiheit verweist Art. 62 AEUV auf die Schranken der Niederlassungsfreiheit in den Artikeln 51 bis 54 AEUV. Neben den primärrechtlichen Mindestgewährleistungen der Art. 56 ff. AEUV ermächtigt Art. 59 Abs. 1 AEUV die Union zu einer weitergehenden Liberalisierung bestimmter Dienstleistungen durch Sekundärrecht. Hierdurch sollen die noch verbliebenen Schranken im freien Dienstleistungsverkehr beseitigt werden, so dass die Dienstleistungserbringer in der Union genauso einfach tätig werden können wie in einem einzelnen Mitgliedstaat selbst.

1. Schutzbereich

a) Räumlich-persönlich. Für die Eröffnung des Schutzbereichs der Art. 56, 57 AEUV muss zunächst eine grenzüberschreitende Tätigkeit vorliegen.[3] Im Regelfall der aktiven Dienstleistungsfreiheit begibt sich der Dienstleistungserbringer von seinem Mitgliedstaat zum Mitgliedstaat des Empfängers, um dort seine Leistung zu erbringen. **3**

Anders als bei der Arbeitnehmerfreizügigkeit und der Niederlassungsfreiheit ist bei der Dienstleistungsfreiheit innerhalb des persönlichen Schutzbereichs nicht allein auf die Staatsangehörigkeit des Leistungserbringers bzw. -empfängers einzugehen, sondern auch auf die Ansässigkeit in einem Mitgliedstaat.[4] So steht es der Anwendung der Dienstleistungsfreiheit nicht entgegen, dass beide Personen die gleiche Staatsangehörigkeit besitzen, wenn ein grenzüberschreitendes Element in der Form vorliegt, dass sie entweder in unterschiedlichen Mitgliedstaaten ansässig sind, das heißt dort ihrer gewerblichen Tätigkeit nachgehen,[5] oder sich zur Dienstleistungserbringung in einem anderen Mitgliedstaat treffen.[6] Drittstaatsangehörige können sich hingegen grundsätzlich nicht auf die Art. 56, 57 AEUV berufen.[7] **4**

Bei Korrespondenzdienstleistungen, etwa der Ausstrahlung von Rundfunksendungen oder elektronischen Bankdienstleistungen, wird nicht auf den Standort der tätigen Personen abgestellt, sondern darauf, ob die Dienstleistung als solche eine mitgliedstaatliche Grenze überschreitet.[8] Auch bei „passiven" bzw. „negativen" grenzüberschreitenden Dienstleistungen hält der EuGH den räumlichen Schutzbereich der Art. 56, 57 AEUV für eröffnet.[9] Hier begibt sich der Leistungsempfänger in einen anderen Mitgliedstaat, um sich von einem dort Ansässigen die Leistung erbringen zu lassen. Ein solcher Fall liegt zum Beispiel bei einer Arztbehandlung im europäischen Ausland vor.[10] **5**

Der räumlich-persönliche Schutzbereich der Art. 56, 57 AEUV ist also sehr weit zu fassen. Dies ist auch sinnvoll, da die nationalen Märkte bei jeder Form grenzüberschreitender Tätigkeiten für Dienstleistungserbringer aus der Union geöffnet werden sollen. Nur wenn alle wesentlichen Elemente der angebotenen Leistung nicht über die Grenzen eines Mitgliedstaates hinausweisen, ist eine Berufung auf die Dienstleistungsfreiheit ausgeschlossen.[11] **6**

---

3 *Kluth*, in: Callies/Ruffert, EUV/AEUV, Art. 57 AEUV, Rn. 9.
4 *Kluth*, in: Callies/Ruffert, EUV/AEUV, Art. 57 AEUV, Rn. 10.
5 *Randelzhofer/Forsthoff*, in: Grabitz/Hilf/Nettesheim, Das Recht der Europäischen Union, Art. 56 AEUV, Rn. 49 f.
6 *Müller-Graff*, in: Streinz, EUV/AEUV, Art. 56 AEUV, Rn. 46.
7 *Müller-Graff*, in: Streinz, EUV/AEUV, Art. 56 AEUV, Rn. 46.
8 *Müller-Graff*, in: Streinz, EUV/AEUV, Art. 56 AEUV, Rn. 47; *Ruffert/Grischek/Schramm*, JuS 2021, 407 (412); *von Detten/Frenzel*, JuS 2010, 811 (814).
9 EuGH, U. v. 26.2.1991, Rs. C-154/89, ECLI:EU:C:1991:76, Rn. 11 – *Fremdenführer*; hierzu ausführlich: *Drechsler/Harenberg*, EuZW 2021, 157 (159).
10 Vgl. EuGH, U. v. 31.1.1984, verb. Rs. C-286/82 und 26/83, ECLI:EU:C:194:35 – *Luisi und Carbone*.
11 EuGH, U. v. 26.2.1991, Rs. C-198/89, ECLI:EU:C:1991:79 Rn. 9 – *Kommission/Griechenland*.

7 **b) Sachlich.** Die Eröffnung des sachlichen Schutzbereiches ergibt sich aus der Bestimmung des Begriffs der Dienstleistung, der unionsrechtlich autonom auszulegen ist.[12] Die Art. 56, 57 AEUV bestimmen einzelne Merkmale und zählen die typischen Berufsgruppen in diesem Sektor auf, doch eine abschließende Definition des Begriffs der Dienstleistung lässt sich der Legaldefinition des Art. 57 AEUV nicht entnehmen.

8 Das wichtigste Charakteristikum einer Dienstleistung ist die Selbstständigkeit der angebotenen Tätigkeit. Dienstleistungen können nur in einer nicht abhängigen Beschäftigung, das heißt ohne eine dauerhafte Unterordnung erbracht werden.[13] Durch dieses Kriterium erfolgt eine Abgrenzung zum Anwendungsbereich der Arbeitnehmerfreizügigkeit nach Art. 45 ff. AEUV. Problematisch sind insoweit lediglich die Fälle, in denen sich Arbeitnehmer eines in einem bestimmten Mitgliedstaat ansässigen Unternehmens in einen anderen Mitgliedstaat begeben, um dort für ihren Arbeitgeber Dienstleistungen zu erbringen. Geschieht dies nur vorübergehend, ist der Schutzbereich der Dienstleistungsfreiheit eröffnet.[14]

9 Sofern sich Selbstständige dauerhaft niedergelassen haben, um in einem anderen Mitgliedstaat Dienstleistungen zu erbringen, ist in diesem Fall der Anwendungsbereich der Dienstleistungsfreiheit versperrt und die Niederlassungsfreiheit einschlägig. Zur Abgrenzung ist das entscheidende Kriterium, ob eine wirtschaftliche Integration erfolgt, also ob der Dienstleistungserbringer in stabiler und kontinuierlicher Weise am Wirtschaftsleben eines anderen Mitgliedstaats teilnimmt. In diesem Fall sind die Bestimmungen der Niederlassungsfreiheit der Art. 49 ff. AEUV vorrangig anzuwenden,[15] die Dienstleistungsfreiheit tritt im Wege der Subsidiarität zurück.[16]

10 Des Weiteren muss die Leistung grundsätzlich gegen Entgelt erbracht werden, demnach muss mit der Betätigung ein wirtschaftlicher Zweck verfolgt werden. Keine Entgeltlichkeit liegt beispielsweise vor, wenn die Leistung im Wesentlichen aus öffentlichen Mitteln finanziert wird und dafür keine Gegenleistung erhoben wird.[17] Auch karitative Tätigkeiten unterfallen nicht der Dienstleistungsfreiheit.[18]

11 Im Einzelfall schwierig kann die Abgrenzung zur Warenverkehrsfreiheit sein. Als Faustregel gilt, dass unter Waren alle körperlichen Gegenstände zu verstehen sind und sich die Dienstleistungsfreiheit deshalb nur auf Tätigkeiten erstreckt.[19] Werden Leistungen angeboten, die sowohl körperlicher als auch nichtkörperlicher Natur sind, ist nach Möglichkeit eine Aufspaltung vorzunehmen; liegt ein unteilbarer Sachverhalt vor, ist die Einordnung anhand einer Schwerpunktbildung zu ermitteln.[20] So enthält beispielsweise das Verleihen von Kinofilmen auch ein körperliches Element,[21] nämlich das Verschicken der Filmrollen. Der Schwerpunkt der angebotenen Tätigkeit liegt indes darin, dass dem Leistungsempfänger, dem Kinobetreiber, das Recht eingeräumt wird, die betreffenden Filme seinem Kinopublikum vorzuführen. Der Schwerpunkt ist demnach eine nichtkörperliche Dienstleistung. In Fällen, in denen eine solche Schwerpunktbildung nicht mög-

---

12 *Von Detten/Frenzel*, JuS 2010, 811 (814).
13 EuGH, U. v. 23.3.1982, Rs. C-53/81, ECLI:EU:C:1982:105, Rn. 17 – *Levin*.
14 EuGH, U. v. 27.3.1990, Rs. C-113/89, ECLI:EU:C:1990:142, Rn. 15 f. – *Rush Portuguesa*.
15 *Randelzhofer/Forsthoff*, in: Grabitz/Hilf/Nettesheim, Das Recht der Europäischen Union, Art. 56 AEUV, Rn. 27; siehe auch: *Neumann*, VR 2020, 235 (237).
16 Vgl. *Kluth*, in: Callies/Ruffert, EUV/AEUV, Art. 57 AEUV, Rn. 19.
17 EuGH, U. v. 27.9.1988, Rs. C-263/86, ECLI:EU:C:1988:451, Rn. 18 – *Humbel*.
18 *Müller-Graff*, in: Streinz, EUV/AEUV, Art. 56 AEUV, Rn. 23.
19 *Oppermann/Classen/Nettesheim*, Europarecht, § 2, 3 Rn. 20.
20 *Kluth*, in: Callies/Ruffert, EUV/AEUV, Art. 57 AEUV, Rn. 19.
21 *Randelzhofer/Forsthoff*, in: Grabitz/Hilf/Nettesheim, Das Recht der Europäischen Union, Art. 56, 57 AEUV, Rn. 181.

lich ist, tritt die Dienstleistungsfreiheit hinter der Warenverkehrsfreiheit als subsidiär zurück.[22]

Das Verhältnis von Dienstleistungsfreiheit zu Kapitalverkehrsfreiheit erlangt wegen der Vielzahl von grenzüberschreitenden Finanzdienstleistungen, wie exemplarisch bei Leasingverträgen oder Verbraucherkrediten, eine immer größere Bedeutung.[23] In diesen Bereichen ist der Schwerpunkt der Leistung zumeist die Dienstleistung, sodass die Kapitalverkehrsfreiheit, die nach der Rechtsprechung des EuGH grundsätzlich parallel anwendbar ist, regelmäßig zurücktritt.[24]

2. Eingriff

12 Ähnlich wie beim freien Warenverkehr und bei der Niederlassungsfreiheit sind bei der Dienstleistungsfreiheit Diskriminierungen und sonstige Beschränkungen auf verschiedene Art und Weise denkbar. Zunächst kommt ein Eingriff durch eine offene Diskriminierung in Betracht. Diese liegt dann vor, wenn innerstaatliche Regelungen oder Praktiken an die Staatsangehörigkeit anknüpfen und in der Rechtsfolge ausschließlich ausländische Dienstleistungserbringer benachteiligen.[25]

13 Da aber das Verbot offener Diskriminierungen relativ leicht dadurch umgangen werden kann, dass anstelle offensichtlicher diskriminierender Unterscheidungsmerkmale andere Kriterien Verwendung finden, wodurch eine vergleichbare Differenzierung eintritt, sieht der EuGH auch sogenannte versteckte Diskriminierungen als Eingriff in die Dienstleistungsfreiheit an.[26] Bei solchen geht es um Regelungen, die zwar formal nicht zwischen Inländern und sonstigen Normadressaten unterscheiden, bei denen aber in Anbetracht der sachlichen Umstände zu erwarten ist, dass sie für nicht ortsansässige Angehörige anderer Mitgliedstaaten mit nachteiligen Auswirkungen oder Behinderungen verbunden sind. Dies ist etwa bei bestimmten Ansässigkeits- und Präsenzpflichten der Fall, da Inländer diese Kriterien automatisch erfüllen, wohingegen ausländischen Unionsbürgern, die keine Niederlassung anstreben, deren Betätigung erschwert wird.[27]

14 Ein Eingriff in die Dienstleistungsfreiheit ergibt sich indes nicht allein durch offene oder versteckte Diskriminierungen: Bereits in seiner ersten Leitentscheidung zur Dienstleistungsfreiheit stellte der EuGH klar, dass unter Beschränkungen *„alle Anforderungen [fallen] (…), die geeignet sind, die Tätigkeiten des Leistenden zu unterbinden oder zu behindern."*[28] Später erläuterte der Gerichtshof, dass es hierfür bereits ausreiche, eine Leistungserbringung *„weniger attraktiv zu machen."*[29] Daher wird heute von einem umfassenden Beschränkungsverbot ausgegangen.[30] Somit stellen auch nur höchst mittelbar und indirekt den Dienstleistungsverkehr behindernde Maßnahmen einen Eingriff in die Dienstleistungsfreiheit dar, beispielsweise dann, wenn ein Mitgliedstaat für bestimmte Dienstleistungen einen Gewerbeschein verlangt und dies in dem Land, in dem der Dienstleistungserbringer ansässig ist, nicht erforderlich ist,[31] oder wenn der Dienstleis-

---

22 Vgl. *Kluth*, in: Callies/Ruffert, EUV/AEUV, Art. 57 AEUV, Rn. 19.
23 *Kluth*, in: Callies/Ruffert, EUV/AEUV, Art. 57 AEUV, Rn. 3.
24 *Kluth*, in: Callies/Ruffert, EUV/AEUV, Art. 57 AEUV, Rn. 3.
25 Zur Definition der „offenen Diskriminierung" vgl. *Rolshoven*, „Beschränkungen" des freien Dienstleistungsverkehrs, S. 136 f.
26 Vgl. EuGH, U. v. 12.2.1974, Rs. C-152/73, ECLI:EU:C:1974:13, Rn. 11 – *Sotgiu*; *Ruffert/Grischek/Schramm*, JuS 2021, 407 (412).
27 Eine beispielhafte Aufzählung versteckter Diskriminierungen findet sich bei *Müller-Graff*, in: Streinz, EUV/AEUV, Art. 56 AEUV, Rn. 92 ff.
28 EuGH, U. v. 3.12.1974, Rs. C-33/74, ECLI:EU:C:1974:131, Rn. 10 f. – *van Binsbergen*.
29 EuGH, U. v. 30.11.1995, Rs. C-55/94, ECLI:EU:C:1995:411, Rn. 37 – *Gebhard*.
30 *Pache*, in: Ehlers/Germelmann, Europäische Grundrechte und Grundfreiheiten, § 16 Rn. 97 ff.
31 Vgl. EuGH, U. v. 26.2.1991, Rs. C-154/89, ECLI:EU:C:1991:76, Rn. 13 – *Fremdenführer*; ausführlich ebenfalls: *Jukić*, JA 2021, 660 (664).

tungserbringer durch bestimmte tageszeitliche Begrenzungen, etwa das deutsche Ladenschlussgesetz, in seiner Tätigkeit behindert wird.

15 Diese weite Auslegung des Beschränkungsverbotes ist jedoch nicht unproblematisch, da nahezu jede nationale Regelung geeignet sein kann die Dienstleistungsfreiheit zu tangieren und somit einer Rechtfertigungspflicht unterliegt. Spätestens seitdem der EuGH in seinem *Keck*-Urteil[32] das Verbot sonstiger, nicht diskriminierender Beschränkungen bei der Warenverkehrsfreiheit eingegrenzt hat, wird dies auch für die Dienstleistungsfreiheit gefordert.[33] Eine Übertragung dieser Rechtsprechung auf andere Grundfreiheiten, wäre dogmatisch möglich und durchaus sinnvoll, wenngleich diese Frage noch nicht höchstrichterlich geklärt ist; jedenfalls übt sich der EuGH nach wie vor in Zurückhaltung bei der Übertragung der Keck-Grundsätze auf andere Grundfreiheiten,[34] sodass die weite Fassung des Beschränkungsverbots der Dienstleistungsfreiheit jedenfalls auf der Rechtfertigungsebene zu korrigieren ist.[35]

3. Rechtfertigung

16 Art. 52 AEUV verweist auf Art. 62 AEUV, sodass Beschränkungen der Dienstleistungsfreiheit, die eine *„Sonderregelung für Ausländer"* vorsehen, dann erlaubt sind, wenn sie *„aus Gründen der öffentlichen Ordnung, Sicherheit oder Gesundheit gerechtfertigt sind."* Die Aufzählung der Schutzgüter in Art. 52 AEUV ist abschließend und ihre Anwendung ist restriktiv auszulegen.[36] Im Allgemeinen versteht der EuGH unter *„öffentlicher Sicherheit"* grundlegende Interessen des Staates wie die Aufrechterhaltung wesentlicher öffentlicher Dienste sowie das wirksame Funktionieren des Staates[37]. Unter „öffentlicher Ordnung" sind hoheitlich festgelegte Grundregeln, die wesentliche Grundinteressen der Gesellschaft berühren,[38] zu subsumieren.

17 Für die Bereiche, die nicht in Art. 52 AEUV aufgelistet sind, besteht der ungeschriebene Rechtfertigungsgrund der sogenannten *„zwingenden Gründe des Allgemeininteresses"*. Diese Formel ist im Gegensatz zu den Schutzgütern des Art. 52 AEUV nicht abschließend und eröffnet den Mitgliedstaaten einen weiten Spielraum zur Definition schützenswerter Belange.[39] Allerdings können nur indirekte Diskriminierungen und sonstige Beschränkungen aus „zwingenden Gründen des Allgemeininteresses" gerechtfertigt sein,[40] direkte Diskriminierungen sind wegen des abschließenden Charakters des Art. 52 AEUV nur unter den dort genannten Umständen zu legalisieren.[41] Als zwingende Gründe des Allgemeininteresses im Bereich der Dienstleistungsfreiheit hat der EuGH bisher u. a. anerkannt: die Lauterkeit des Handelsverkehrs und den Schutz der Verbraucher,[42] die Funktionsfähigkeit der Rechtspflege,[43] das Ansehen der Kapitalmärkte, kul-

---

32 EuGH, U. v. 24.11.1993, verb. Rs. C-267/91 und C-268/91, ECLI:EU:C:1993:905 – *Keck und Mithouard*.
33 Zu den hierzu in der Literatur vertretenen Meinungen vgl. *Rolshoven*, „Beschränkungen" des freien Dienstleistungsverkehrs, S. 239 ff.
34 *Ruffert/Grischek/Schramm*, JuS 2021, 407 (410).
35 *Pache*, in: Ehlers/Germelmann, Europäische Grundrechte und Grundfreiheiten, § 16, Rn. 101.
36 *Randelzhofer/Forsthoff*, in: Grabitz/Hilf/Nettesheim, Das Recht der Europäischen Union, Art. 56, 57 AEUV, Rn. 128.
37 Vgl. EuGH, U. v. 10.7.1984, Rs. C-72/83, ECLI:EU:C:1984:256, Rn. 37 – *Campus Oil*.
38 Vgl. EuGH, U. v. 14.10.2004, Rs. C-36/02, ECLI:EU:C:2004:614, Rn. 30 – *Omega*.
39 Zum Rechtsbegriff des *„Allgemeininteresses"* vgl. *McDonald*, Der Begriff der Dienstleistung im europäischen Binnenmarkt und WTO-System, S. 73 ff.
40 Ausführlich zu anerkannten Fallgruppen des zwingenden Allgemeininteresses siehe: *Müller-Graff*, in: Streinz, EUV/AEUV, Art. 56 AEUV, Rn. 107.
41 *Randelzhofer/Forsthoff*, in: Grabitz/Hilf/Nettesheim, Das Recht der Europäischen Union, vor Art. 56, 57 AEUV, Rn. 91.
42 EuGH, U. v. 9.7.1997, verb. Rs. C-34/95 bis 36/95, ECLI:EU:C:1997:344, Rn. 53 – *de Agostini*.
43 EuGH, U. v. 12.12.1996, Rs. C-3/95, ECLI:EU:C:1996:487, Rn. 31 – *Reisebüro Broede*.

turpolitische Belange wie die Erhaltung des nationalen und künstlerischen Erbes,[44] die Gefährdung des finanziellen Gleichgewichts des Systems der sozialen Sicherheit[45] und die Berufs- und Standesregelungen zum Schutz der Dienstleistungsempfänger.[46]

4. Schranken-Schranken

Sogenannte Schranken-Schranken im Unionsrecht bezeichnen grundsätzlich die Beschränkungen, die für die Mitgliedstaaten gelten, wenn sie den freien Dienstleistungsverkehr durch innerstaatliche Regelungen und Vorschriften beeinträchtigen. Als Schranken-Schranken kommen daher Unionsgrundrechte und Primärbestimmungen, sekundäres Unionsrecht und im Besonderen der Verhältnismäßigkeitsgrundsatz in Betracht.[47] Dieser besagt, dass die staatliche Regelung geeignet sein muss, die Verwirklichung des mit ihr verfolgten legitimen Ziels auch tatsächlich zu erreichen, ohne hierfür über das zur Befriedigung des Allgemeininteresses Erforderliche hinauszugehen.

Unverhältnismäßig, weil nicht erforderlich, sind Beschränkungen der Dienstleistungsfreiheit immer dann, wenn dem nationalen Allgemeininteresse bereits durch Rechtsvorschriften Rechnung getragen wird, denen der Dienstleistungserbringer in dem Staat unterliegt, in dem er ansässig ist. Eine im Herkunftsstaat erteilte behördliche Genehmigung ist deshalb im Mitgliedstaat der Dienstleistungserbringung anzuerkennen, soweit sie „unter Voraussetzungen erteilt worden ist, welche mit denen des Staates, in dem die Leistung erbracht wird, vergleichbar sind."[48]

5. Liberalisierung durch Sekundärrecht

Da die bestehenden Beschränkungen der Dienstleistungsfreiheit nach Ansicht der EU-Kommission eine zu starke Behinderung des Binnenmarktes darstellten,[49] wurde im Januar 2001 eine neue Strategie vorgelegt, mit der die noch vorhandenen Hemmnisse des Dienstleistungsverkehrs weitgehend beseitigt werden sollten, um die Wettbewerbsfähigkeit, das Wachstum und die Beschäftigung in der EU zu stärken.[50] Zu diesem Zwecke wurde im Dezember 2006 eine Europäische Dienstleistungsrichtlinie verabschiedet,[51] die von den Mitgliedstaaten bis zum 28. Dezember 2009 umgesetzt werden musste und bis heute in Kraft ist. Inhaltlich brachte die Richtlinie vor allem verfahrensrechtliche Neuerungen, die in Deutschland mit dem Vierten Gesetz zur Änderung verwaltungsverfahrensrechtlicher Vorschriften (4. VwVfÄndG) fristgerecht umgesetzt wurden.[52] Auf materiell-rechtliche Modifikationen wurde hingegen nach den massiven Widerständen gegen den Erstentwurf weitgehend verzichtet.

Zunächst ist an der Dienstleistungsrichtlinie auffallend, dass trotz ihres Namens bei weitem nicht alle Tätigkeiten, die unter den Dienstleistungsbegriff des Art. 57 AEUV und der Rechtsprechung des EuGH fallen, erfasst werden, da Art. 2 der Richtlinie ihren eigenen Anwendungsbereich stark einschränkt; so sind vom Geltungsbereich der Dienstleistungsrichtlinie u. a. ausgeschlossen: Finanzdienstleistungen, Dienstleistungen und Netze der elektronischen Kommunikation, Verkehrsdienstleistungen, die Arbeit von Leiharbeitsagenturen, Gesundheits- und soziale Dienstleistungen sowie Glücks-

---
44 EuGH, U. v. 26.2.1991, Rs. C-154/89, ECLI:EU:C:1991:76, Rn. 17 – *Fremdenführer*.
45 EuGH, U. v. 28.4.1998, Rs. C-158/96, ECLI:EU:C:1998:171, Rn. 41 – *Kohll*.
46 EuGH, U. v. 18.1.1979, Rs. C-110/78, ECLI:EU:C:1979:8, Rn. 38 – *van Wesemael*.
47 *Pache*, in: Ehlers/Germelmann, Europäische Grundrechte und Grundfreiheiten, § 16, Rn. 28.
48 EuGH, U. v. 18.1.1979, Rs. C-110/78, ECLI:EU:C:1979:8, Rn. 54 – *van Wesemael*.
49 Vgl. KOM(2002) 441 endg. v. 30.7.2002.
50 Vgl. KOM(2000) 888 endg. v. 29.12.2000.
51 Vgl. Richtlinie 2006/123/EG, ABl. L 376/36 v. 27.12.2006.
52 Vgl. zur Umsetzung der Dienstleistungsrichtlinie in Deutschland *Lemor/Haake*, EuZW 2009, 65 (65 ff.).

spiele.⁵³ Außerdem werden gemäß Art. 1 Abs. 5, 6 der Dienstleistungsrichtlinie das Strafrecht, das Arbeitsrecht und das Sozialrecht der Mitgliedstaaten nicht von der Richtlinie berührt.

22 Als wohl wesentlichste Neuerung enthält die Dienstleistungsrichtlinie zahlreiche Vorgaben für die Vereinfachung des Verwaltungsverfahrens in den Mitgliedstaaten, soweit es um die Aufnahme einer grenzüberschreitenden Betätigung durch einen Unionsbürger geht.⁵⁴ So verpflichtet Art. 6 der Dienstleistungsrichtlinie die Mitgliedstaaten zur Schaffung eines einheitlichen Ansprechpartners für Dienstleistungserbringer zum Beginn ihrer Dienstleistung im Aufnahmestaat. Bei diesem soll der Dienstleistungserbringer alle erforderlichen Formalia abwickeln können.⁵⁵ Des Weiteren sieht Art. 13 Abs. 4 der Dienstleistungsrichtlinie eine Genehmigungsfiktion vor, nach der nach Ablauf einer im Einzelfall festzulegenden Bearbeitungsfrist alle gestellten Anträge als genehmigt gelten, wenn die Anträge bis zu diesem Zeitpunkt nicht beschieden wurden. Weiterhin soll eine elektronische Abwicklung des Verfahrens und die Bereitstellung von Informationen in der Sprache des Dienstleisters eingeführt werden. Wenngleich der Praxistest noch aussteht, verspricht man sich von diesen Deregulierungs- und Vereinfachungsmaßnahmen den größten ökonomischen Nutzen der gesamten Dienstleistungsrichtlinie.⁵⁶ Darüber hinaus statuiert die Richtlinie auch Regelungen, die dem Verbraucherschutz dienen. So werden im zweiten Abschnitt des vierten Kapitels die Rechte des Dienstleistungsempfängers geregelt. Insbesondere Art. 21 der Richtlinie begründet eine „Unterstützungs- und Informationspflicht", die es dem Verbraucher ermöglichen soll, einfacher seine Rechte gegenüber dem Dienstleistungserbringer durchzusetzen.⁵⁷

23 Den materiell-rechtlichen Kern der Bestimmungen zur Dienstleistungsfreiheit stellen die Art. 16 ff. der Richtlinie dar. Nach dem Grundentwurf sollten gemäß Art. 16 Abs. 1 die Mitgliedstaaten dafür Sorge tragen, *„dass Dienstleistungserbringer lediglich den Bestimmungen ihres Herkunftsmitgliedstaates unterfallen"*.⁵⁸ Diese Bestimmung wurde nach zahlreicher Kritik, welche die nationale Integrität der mitgliedstaatlichen Arbeits- und Sozialordnungen durch die Einführung des *„Herkunftslandprinzips"* gefährdet sah und vor Lohndumping durch billige Dienstleistungserbringer aus den neuen Mitgliedstaaten warnte,⁵⁹ stark abgeschwächt. Die geltende Fassung verzichtet daher auf den umstrittenen Begriff *„Herkunftslandprinzip"* und orientiert sich stärker an der bisherigen Rechtsprechung des EuGH. So kann der Mitgliedstaat, in dem die Dienstleistung erbracht werden soll, auch weiterhin die Erbringung der Dienstleistung von bestimmten Anforderungen abhängig machen. Allerdings dürfen diese nach Art. 16 Abs. 1a der Richtlinie weder direkt noch indirekt diskriminierend wirken.⁶⁰ Wegen der im Einzelfall schwierigen und nicht immer klar zu trennenden Abgrenzung zwischen einer nun in jedem Fall verbotenen *„indirekten Diskriminierung"* und der auch weiterhin zu rechtfertigenden *„sonstigen Beschränkung"* bleibt allerdings abzuwarten, welche Praxisrelevanz dieser Regelung zukommen wird. Jedenfalls sollen nach Art. 16 Abs. 2 der Richtlinie den Dienst-

---

53 *Kluth*, in: Callies/Ruffert, EUV/AEUV, Art. 59 AEUV, Rn. 25; vgl. auch *Wernicke*, in: Grabitz/Hilf/Nettesheim, Das Recht der EU, Art. 106, Rn. 122; zu neueren Urteilen des EuGH zur grenzüberschreitenden Nachfrage von Gesundheitsleistungen, *Bieback*, MedR 2021, 423; zur Notwendigkeit der Kostenerstattung einer Krankenhausbehandlung in einem anderen Mitgliedstaat durch den inländischen Sozialversicherungsträger in Abgrenzung zum Anwendungsbereich der DienstleistungsRL: *Streinz*, in: JuS 2012, 565 (565 ff.).
54 Vgl. *Kluth*, in: Callies/Ruffert, EUV/AEUV, Art. 59 AEUV, Rn. 28.
55 Zum Umsetzungsstand des *„Einheitlichen Ansprechpartners"* in Deutschland vgl. *Kim*, DÖV 2009, 69 (71).
56 Vgl. *Pache*, in: Ehlers/Germelmann, Europäische Grundrechte und Grundfreiheiten, § 16, Rn. 28 ff.
57 *Kluth*, in: Callies/Ruffert, EUV/AEUV, Art. 59 AEUV, Rn. 33.
58 KOM(2004) 2 endg. v. 25.2.2004, S. 60.
59 Vgl. hierzu *Körner*, NZA 2007, 233 (233 ff.).
60 *Kluth*, in: Callies/Ruffert, EUV/AEUV, Art. 59 AEUV, Rn. 30.

leistern grundsätzlich keine Residenz-, Präsenz- und Registrierungspflichten auferlegt werden.

Als wesentlichste materielle Neuerung zur bisherigen Rechtslage schränkt Art. 16 Abs. 3 der Richtlinie die anerkannten Rechtfertigungsgründe auf vier Bereiche ein: Beschränkungen des freien Dienstleistungsverkehrs können demnach im Anwendungsbereich der Dienstleistungsrichtlinie nur noch aus Gründen der öffentlichen Sicherheit und Ordnung sowie des Gesundheits- und Umweltschutzes erfolgen.[61] Der weite Spielraum, den der EuGH den Mitgliedstaaten bisher zur Definition schützenswerter Belange aus *"zwingenden Gründen des Allgemeininteresses"* gab, wird dadurch erheblich eingeschränkt. Daher wird dem Art. 16 Abs. 3 der Dienstleistungsrichtlinie das beachtlichste Liberalisierungspotential innerhalb der Richtlinie zuerkannt.[62] Dennoch dürfte die Annahme, das Herkunftslandprinzip hätte sich durch diese Bestimmung in weiter und modifizierter Form durchgesetzt,[63] vor allem wegen des stark eingeschränkten Anwendungsbereichs der Richtlinie, zu hoch gegriffen sein.

II. Fallgestaltungen

Die Rechtsprechung des EuGH zur Dienstleistungsfreiheit umfasste zunächst schwerpunktmäßig die Konkretisierung des Schutzbereiches. Hier arbeitete der Gerichtshof zum einen die Grenzüberschreitung und die Entgeltlichkeit als unverzichtbare Begriffsmerkmale der Dienstleistung heraus und führte zum anderen aufgrund der Subsidiaritätsklausel des Art. 57 Abs. 3 AEUV eine umfassende Abgrenzung zu den anderen Grundfreiheiten durch.[64] Nachdem schon in der ersten EuGH-Entscheidung zur Dienstleistungsfreiheit der Art. 56 Abs. 1 AEUV als allgemeines und umfassendes Beschränkungsverbot interpretiert wurde,[65] rückte daneben die Frage der Reichweite und der Konkretisierung der zugelassenen Rechtfertigungsgründe in den Mittelpunkt der erlassenen Urteile.

1. Anwendungsbereich und Begriff der Dienstleistung

EuGH, Urteil vom 26.2.1991 – Rs. C-154/89, ECLI:EU:C:1991:76 – *Fremdenführer*
In Frankreich existierten Rechtsvorschriften, die von ausländischen Fremdenführern, welche mit ihrer eigenen geschlossenen Touristengruppe aus einem anderen Mitgliedstaat einreisten, eine Erlaubnis zur Berufsausübung bzw. den Besitz eines Gewerbescheins verlangten. Ein solcher Gewerbeschein setzte in der Regel eine durch Bestehen einer Prüfung nachzuweisende besondere Qualifikation voraus. Die Vorschriften galten insbesondere für die ausländischen Fremdenführer, die die Touristen in Museen und bei Geschichtsdenkmälern führten. Die EU-ausländischen Fremdenführer machten geltend, dass diese Vorschriften sie in ihrer Dienstleistungsfreiheit beschränkten und nicht durch kulturpolitische Belange Frankreichs zu rechtfertigen seien.

Der EuGH prüfte zunächst den Anwendungsbereich der Art. 56, 57 AEUV und stufte Gästeführertätigkeiten, sofern sie befristet sind und entgeltlich erbracht werden, als typische Dienstleistungen i. S. d. Art. 57 AEUV ein. Ausführlich betrachtete der Gerichtshof dann das Kriterium der Grenzüberschreitung. Er legte dar, dass Art. 56 AEUV ausdrücklich nur den Dienstleistungserbringer erwähnt, der in einem anderen Mitgliedstaat als dem des Leistungsempfängers ansässig ist. Wenn ein Reisebüro jedoch seine eigenen Reiseleiter als Fremdenführer in einem anderen Land einsetzt, sind Dienstleistungsemp-

---

61 *Kluth*, in: Callies/Ruffert, EUV/AEUV, Art. 59 AEUV, Rn. 32.
62 *Hatje*, NJW 2007, 2357 (2362).
63 So *Lemor/Haake*, EuZW 2009, 65 (69).
64 Vgl. hierzu: *Kluth*, in: Callies/Ruffert, EUV/AEUV, Art. 57 AEUV, Rn. 30.
65 EuGH, U. v. 3.12.1974, Rs. C-33/74, ECLI:EU:C:1974:131, Rn. 10 f. – *van Binsbergen*.

fänger (Touristen) und Dienstleistungserbringer (Reiseleiter) im selben Mitgliedstaat ansässig. Der EuGH führte hierzu aus, dass es das Ziel des Art. 56 AEUV sei, auch in den Konstellationen Beschränkungen der Dienstleistungsfreiheit zu beseitigen, die nicht explizit in Art. 56 AEUV geregelt sind. Hierzu zählte er das vorliegende Beispiel, sowie das der negativen grenzüberschreitenden Dienstleistung, die dann vorliegt, wenn ein Reisebüro, das im Heimatland der Touristen ansässig ist, auf selbstständige Fremdenführer des Urlaubslandes zurückgreift. Nur wenn alle wesentlichen Elemente der fraglichen Betätigung nicht über die Grenzen eines Mitgliedstaates hinausweisen, sollen die Vertragsbestimmungen über den freien Dienstleistungsverkehr keine Anwendung finden. Somit sei der Anwendungsbereich der Art. 56, 57 AEUV eröffnet.

28 Des Weiteren stellte der Gerichtshof fest, dass die französische Regelung zwar nicht diskriminierend wirke, da sie sowohl von inländischen als auch von ausländischen Fremdenführern den geforderten Befähigungsnachweis verlange, sie jedoch eine sonstige Beschränkung der Dienstleistungsfreiheit darstelle, da sie zum einen die Reisebüros hindere, die verlangten Gästeführertätigkeiten durch eigenes, also ausländisches Personal zu erbringen, und sie es zum anderen auch den inländischen Fremdenführern erschwere, diesen Büros ihre Dienstleistungen während der organisierten Reise anzubieten.

29 Daher könnten die Anforderungen nur dann als vereinbar mit Art. 56, 57 AEUV angesehen werden, wenn nachgewiesen sei, dass im Hinblick auf die betreffende Tätigkeit zwingende Gründe des Allgemeininteresses bestünden, die Beschränkungen des freien Dienstleistungsverkehrs zu rechtfertigen. Hierzu urteilte der Gerichtshof, dass das allgemeine Interesse an der Aufwertung historischer Reichtümer und an der bestmöglichen Verbreitung von Kenntnissen über das künstlerische und kulturelle Erbe eines Landes ein zwingender Grund sein kann, der eine Beschränkung des freien Dienstleistungsverkehrs rechtfertige. Jedoch sei in diesem konkreten Fall die französische Regelung hierfür nicht geeignet, da das Erfordernis einer vom Bestimmungsmitgliedstaat verlangten Erlaubnis eine Verringerung der Zahl von Fremdenführern zur Folge hätte und Reiseveranstalter zwingen würde, verstärkt auf örtliche Fremdenführer zurückzugreifen. Dies könne für Touristen den Nachteil haben, dass kein Fremdenführer zur Verfügung stünde, der mit ihrer Sprache, ihren Interessen und ihren besonderen Erwartungen vertraut sei. Dem von Frankreich verfolgten Ziel, eine möglichst hohe Qualität der Dienstleistungen der Fremdenführer zu erzielen, würde schon durch den Konkurrenzdruck der Reisebüros Rechnung getragen, der zu einer ausreichenden Auslese unter den Fremdenführern und zu einer Kontrolle der Qualität ihrer Dienstleistungen beitrage. Daher sei im Ergebnis die fragliche Regelung angesichts des Umfangs der in ihr enthaltenen Beschränkungen außer Verhältnis zum angestrebten Zweck, nämlich der Aufwertung historischer Reichtümer und der bestmöglichen Verbreitung von Kenntnissen über das künstlerische und kulturelle Erbe des Mitgliedstaates, in dem die Reise durchgeführt wird.

30 **Anmerkung**: Mit seiner *Fremdenführer*-Entscheidung stellte der EuGH klar, dass das Kriterium der Grenzüberschreitung, welches ein zwingendes Erfordernis für die Eröffnung des Schutzbereichs der europäischen Dienstleistungsfreiheit ist, weiter zu fassen ist, als es Art. 56 AEUV ausdrücklich festlegt. Sobald der Sachverhalt auch nur einen einzigen Anhaltspunkt aufweist, der für einen grenzüberschreitenden Bezug spricht, ist von einer Grenzüberschreitung i. S. d. Art. 56, 57 AEUV auszugehen. Des Weiteren macht der Fall deutlich, dass der EuGH keine hohen Anforderungen stellt, um von einer Beschränkung der Dienstleistungsfreiheit auszugehen. Es reicht aus, dass eine Dienstleistung durch eine entsprechende nationale Regelung weniger „attraktiv" gemacht wird. Umso wichtiger ist daher die Korrektur einer zu weiten Dienstleistungsfreizügigkeit auf der Ebene der Rechtfertigung. Hier nahm der EuGH in seiner *Fremdenfüh-*

rer-Entscheidung einen weiteren Rechtfertigungsgrund in seinen durch Richterrecht gebildeten Katalog der zwingenden Gründe des Allgemeininteresses auf, nämlich den Schutz der Erhaltung des nationalen und künstlerischen Erbes.

Gerade auch um diese Art der Einzelfallrechtsprechung des EuGH einzudämmen wurde 2006 die Dienstleistungsrichtlinie (2006/123/EG) auf Betreiben der EU-Kommission verabschiedet. Durch sie können nun mit Ausnahme der in Art. 2 der Richtlinie genannten Branchen Beschränkungen der Dienstleistungsfreiheit nur noch aus Gründen der öffentlichen Sicherheit und Ordnung sowie des Gesundheits- und Umweltschutzes gerechtfertigt werden.[66] Durch diese Liberalisierung der Dienstleistungsmärkte in Europa erhofft man sich die Schaffung von mehreren hunderttausend Arbeitsplätzen. In einer Pressemitteilung des Rats der EU wird hierbei der Fremdenverkehr, einschließlich der Tätigkeiten von Fremdenführern, zu einem der drei Bereiche gezählt, in denen man sich durch die Dienstleistungsrichtlinie besonders hohe Liberalisierungsgewinne erhofft.[67] Demnach verliert der *Fremdenführer*-Fall nicht an Brisanz. **31**

EuGH, Urteil vom 11.12.2003 – Rs. C-215/01, ECLI:EU:C:2003:662 – *Bruno Schnitzer* **32**
Der betroffene Geschäftsführer einer deutschen Gesellschaft beauftragte ein Bauunternehmen mit Sitz in Portugal zwischen November 1994 und November 1997, Verputzarbeiten in erheblichem Umfang in Südbayern durchzuführen. Mit Bescheid vom 28.8.2000 verhängte die Stadt Augsburg gegen den Betroffenen ein Bußgeld wegen Zuwiderhandlung gegen § 1 I Nr. 3 und § 2 SchwArbG, da das portugiesische Unternehmen nicht in die Handwerksrolle eingetragen war und daher ohne die erforderliche Erlaubnis Leistungen erbracht habe, die dem deutschen Stuckateur-Handwerk zuzuordnen seien. Gegen diesen Bescheid legte der Betroffene Einspruch ein, über den das AG Augsburg zu entscheiden hatte. Dieses setzte das Verfahren aus und legte dem EuGH folgende Frage zur Vorabentscheidung vor: „Ist es mit dem [EU-Recht] über den freien Dienstleistungsverkehr vereinbar, wenn ein portugiesisches Unternehmen, das im Heimatland die Voraussetzungen für eine gewerbliche Tätigkeit erfüllt, weitergehende, wenn auch nur formale Voraussetzungen (hier: Eintragung in die Handwerksrolle) erfüllen muss, um diese Tätigkeit in Deutschland nicht nur kurzfristig, sondern auch über einen längeren Zeitraum hinweg auszuüben?"

Der EuGH bejahte zunächst den grenzüberschreitenden Bezug, da das vom Betroffenen beauftragte Unternehmen in Portugal ansässig sei und seine Arbeiten gegen Entgelt in Deutschland erbringe. Daher komme es für die Frage, ob die Vorschriften des AEU-Vertrags zur Dienstleistungsfreiheit anzuwenden seien, gemäß Art. 57 Abs. 3 AEUV darauf an, ob die Leistungserbringung in Deutschland nur vorübergehend erfolgte. Andernfalls seien die Vorschriften der Art. 49 bis 54 AEUV über das Niederlassungsrecht vorrangig. Für diese Abgrenzung sei nicht nur die Dauer der Leistung, sondern auch ihre Häufigkeit, regelmäßige Wiederkehr oder Kontinuität zu berücksichtigen. Der Aufbau einer Infrastruktur in einem anderen Mitgliedstaat, die es dem Erbringer ermögliche, dort in stabiler und kontinuierlicher Weise einer Erwerbstätigkeit nachzugehen, spreche grundsätzlich dafür, den Erwerber als in diesem Staat niedergelassen anzusehen. Allerdings könnte auch für vorübergehende Dienstleistungen eine bestimmte Infrastruktur notwendig sein, etwa ein Büro, eine Praxis oder eine Kanzlei, die der Dienstleistungserbringer für die Dauer seiner Tätigkeit anmietet. Da der Vertrag keine abstrakten Bestimmungen der Dauer oder der Häufigkeit enthalte, könnten Dienstleistungen von unterschiedlichster Art von den Art. 56 ff. AEUV erfasst sein. Dies gelte auch für Großbauprojekte, deren Vollendung sich über mehrere Jahre hinweg erstreckt. Im vorliegenden Fall habe es daher den Anschein, dass das portugiesische Unternehmen in Deutsch- **33**

---
66 Vgl. *Lemor*, EuZW 2007, 135 (139).
67 Vgl. *Hatje*, NJW 2007, 2357 (2358).

land nicht über eine Infrastruktur verfüge, aufgrund derer es in diesem Mitgliedstaat als niedergelassen angesehen werden könne. Allerdings sei es Aufgabe des nationalen Gerichts, dies zu überprüfen.

34 Die Pflicht zur Eintragung in die Handwerksrolle stufte der EuGH als Beschränkung i. S. d. Art. 56 AEUV ein. Allerdings könne eine solche Beschränkung aus zwingenden Gründen des Allgemeininteresses gerechtfertigt sein, wenn sie dazu diene, die Qualität der durchgeführten handwerklichen Arbeiten zu sichern und deren Abnehmer vor Schäden zu bewahren. Wenn jedoch die Voraussetzungen für die Aufnahme der betreffenden Tätigkeiten bereits geprüft worden sind und festgestellt wurde, dass die gestellten Anforderungen erfüllt werden, dürfe das Verfahren zur Erteilung der Erlaubnis der Ausübung weder verzögert noch erschwert werden. Daher könne eine nachträgliche Eintragung in die Handwerksrolle nur noch automatisch erfolgen und dürfe weder Verwaltungskosten noch die obligatorische Zahlung von Beiträgen an die Handwerkskammern nach sich ziehen.[68]

35 **Anmerkung:** Die Abgrenzung zwischen Dienstleistungs- und Niederlassungsfreiheit bzw. Arbeitnehmerfreizügigkeit ist seit der EU-Osterweiterung in den Fokus gerückt, da Sorge vor Dumpingpreisen von Dienstleistern aus dem Gebiet der neuen EU-Mitgliedstaaten, insbesondere im Baugewerbe, aufgekommen ist.[69]

36 Das *Schnitzer*-Urteil des EuGH zeigt, dass trotz des scheinbar klaren Unterscheidungsmerkmals des zeitlichen Moments eine Abgrenzung zwischen Niederlassungs- und Dienstleistungsfreiheit nicht immer eindeutig ist. Grund hierfür ist die weite zeitliche Ausdehnung des Gerichtshofs, der nunmehr auch Leistungen, die über einen längeren Zeitraum bis hin zu mehreren Jahren erbracht werden, unter den Schutz der Vorschriften über die Dienstleistungsfreiheit fasst, wenn der Dienstleister nicht in stabiler und kontinuierlicher Weise am Wirtschaftsleben des betroffenen Mitgliedstaates teilnimmt. Bei Beginn der Tätigkeit im Aufnahmestaat ist es jedoch oft nicht absehbar, ob eine kontinuierliche Tätigkeit im ökonomischen Sinne überhaupt möglich ist.[70] Daher kann nur unter Berücksichtigung der Umstände des konkreten Einzelfalls und auch dann nicht immer eindeutig eine Abgrenzung zwischen der Dienstleistungs- und der Niederlassungsfreiheit durchgeführt werden. Dies ist gerade unter dem Gesichtspunkt problematisch, dass die bisher vom EuGH zur Qualitätssicherung von Dienstleistungen im Baugewerbe sehr großzügig gestatteten nationalen Schutzvorschriften möglicherweise aufgeweicht werden müssen, da eine Rechtfertigung der Beschränkung der Dienstleistungsfreiheit wegen der Dienstleistungsrichtlinie nunmehr nur noch aus Gründen der öffentlichen Sicherheit und Ordnung sowie des Gesundheits- und Umweltschutzes zulässig ist. Unklar geblieben ist bisher auch, ob und wie weit sich ein Staat vor Dienstleistern aus anderen Mitgliedstaaten schützen kann, die in ihrem Heimatland nicht tätig sind, dort aber ihren Firmensitz haben, um bewusst eine Integration in die Rechtsordnungen der Staaten zu umgehen, in denen sie ihre Dienstleistungen erbringen.[71]

37 Auch die Abgrenzung der Dienstleistungsfreiheit zur Arbeitnehmerfreizügigkeit ist in diesem Zusammenhang mit der Einführung der Dienstleistungsrichtlinie wieder in den Blickpunkt der Diskussion gerückt. Grund hierfür ist Art. 1 der Richtlinie, der die nationalen Vorschriften des Arbeits- und Sozialrechts vom Anwendungsbereich der Dienstleistungsrichtlinie ausnimmt. Daher sind in den Bereichen, die von der Dienstleistungsrichtlinie nicht berührt werden, auch weiterhin nationale Arbeitnehmerschutzvorschriften, beispiels-

---

[68] Zu den praktischen Folgekonstellationen siehe: *Früh*, EuZW 2000, 763 (768); *Lottes*, EuZW 2004, 112 (114).
[69] Vgl. *Pechstein/Kubicki*, EuZW 2004, 167 (167 ff.).
[70] *Pache*, in: Ehlers/Germelmann, Europäische Grundrechte und Grundfreiheiten, § 16, Rn. 81.
[71] *Pechstein/Kubicki*, EuZW 2004, 167 (168 f.).

weise Mindestlohnregelungen zulässig.[72] Die Abgrenzung der Dienstleistungsfreiheit zur Arbeitnehmerfreizügigkeit ist aber nicht berufsbezogen, sondern tätigkeitsbezogen, das heißt, dass das einzige Unterscheidungskriterium zwischen Arbeitnehmern und Dienstleistern die Selbstständigkeit der erbrachten Leistungen ist.[73] Da somit nahezu alle Berufe auch von Dienstleistern ausgeübt werden können, ist in den letzten Jahren das Problem der Scheinselbstständigkeit entstanden, das heißt, dass Handwerker selbstständig auf den nationalen Arbeitsmärkten auftreten, um hierdurch ihre Leistungen zu weitaus günstigeren Konditionen erbringen zu können, als es beispielsweise der nationale Mindestlohn vorsieht.[74] Zwar sieht die Dienstleistungsrichtlinie in ihrem Erwägungsgrund 87 vor, dass es das Recht der Mitgliedstaaten, in denen die Dienstleistung erbracht wird, bleiben soll, das Bestehen eines Arbeitsverhältnisses zu bestimmen und den Unterschied zwischen Selbstständigen und abhängig beschäftigten Personen, einschließlich der Scheinselbstständigen, festzulegen. Allerdings soll das wesentliche Merkmal eines Arbeitsverhältnisses i. S. d. Art. 45 AEUV die Tatsache sein, dass jemand während einer bestimmten Zeit für einen anderen nach dessen Weisung Leistungen erbringt, für die er als Gegenleistung eine Vergütung erhält. Jedwede Tätigkeit einer Person außerhalb eines Unterordnungsverhältnisses muss nach Erwägungsgrund 87 der Richtlinie als selbstständige Beschäftigung im Sinne der Art. 56 ff. des Vertrags angesehen werden. Gerade aber bei qualifizierten Tätigkeiten, etwa bei dezentraler oder ergebnisorientierter Arbeit, scheinen die klassischen Kriterien für die Einstufung einer Weisungsgebundenheit bezüglich des Inhalts, der Zeit und des Ortes der geleisteten Arbeit nicht mehr zu passen.[75]

Die aufgezeigten Beispiele machen deutlich, dass die Dienstleistungsfreiheit für viele europaweit agierende Unternehmen die attraktivste Grundfreiheit darstellt, da sie es ermöglicht, schnell, effizient und unbürokratisch ihre angebotenen Leistungen in allen Mitgliedstaaten zu erbringen. Sie hilft den Unternehmen aber auch, die in den EU-Staaten noch stark voneinander abweichenden arbeitsrechtlichen Standards umgehen zu können. Daher wird es die Aufgabe des EuGH sein, den im AEU-Vertrag nicht abschließend geregelten Begriff der Dienstleistung an bestehende Herausforderungen wie Lohndumping und Scheinselbstständigkeit anzupassen.

2. Rechtfertigung von Beschränkungen

Mit der Frage, aus welchen zwingenden Gründen des Allgemeininteresses nationale Beschränkungen der Dienstleistungsfreiheit gerechtfertigt sein können, hatte sich der EuGH in den letzten Jahren in wohl keinem anderen Bereich so häufig zu befassen, wie in dem des Glücksspielsektors.[76] Grund hierfür ist die Tatsache, dass durch die Möglichkeiten des Internets immer mehr Anbieter die Chance wahrnehmen, grenzüberschreitend mit Glücksspielen, beispielsweise Sportwetten, zu locken. Die Regierungen der Mitgliedstaaten versuchen hingegen auf der anderen Seite aus ideellen wie wirtschaftlichen Interessen, Glücksspiele möglichst auf die eigenen staatlichen Betreiber zu begrenzen.

EuGH, Urteil vom 6.3.2007 – verb. Rs. C-338/04, C-359/04 und C-360/04, ECLI:EU:C:2007:133 – *Placanica*
In Italien galten Vorschriften, die vorsahen, dass die Teilnahme an der Veranstaltung von Glücksspielen einschließlich des Sammelns von Wetten von dem Erhalt einer staatlichen Kon-

---

72 Vgl. EuGH, U. v. 23.11.1999, Rs. C-376/96, ECLI:EU:C:1999:575, Rn. 41 – *Arblade*.
73 EuGH, U. v. 27.3.1990, Rs. C-113/89, ECLI:EU:C:1990:142 – *Rush Portuguesa*.
74 *Temming*, RdA 2005, 186 (189).
75 *Körner*, NZA 2007, 233 (233 ff.).
76 Vgl. u. a. EuGH, U. v. 24.3.1994, Rs. C-275/92, ECLI:EU:C:1994:119 – *Schindler*; EuGH, U. v. 21.9.1999, Rs. C-124/97, ECLI:EU:C:199:435 – *Läärä*; EuGH, U. v. 21.10.1999, Rs. C-67/98, ECLI:EU:C:1999:514 – *Zenatti*; EuGH, U. v. 6.11.2003, Rs. C-101/01, ECLI:EU:C:2003:596 – *Gambelli*; EuGH, U. v. 6.3.2007, verb. Rs. C-338/04, C-359/04 und C-360/04, ECLI:EU:C:2007:133 – *Placanica*, EuGH, U. v. 8.9.2009, Rs. C-42/07, ECLI:EU:C:2009:519 – *Liga Portuguesa*; siehe hierzu auch *Streinz*, JuS 2013, 275 (275 ff.).

zession und einer darauffolgenden polizeilichen Genehmigung abhängig war. Kapitalgesellschaften wurden generell vom Konzessionsverfahren mit der Begründung ausgeschlossen, dass wegen des ständigen Wechsels der einzelnen Anteilseigner eine effektive polizeiliche Kontrolle ihrer Tätigkeiten nicht durchgeführt werden könnte. Eine Missachtung dieser Vorschriften wurde mit einer Freiheitsstrafe von bis zu drei Jahren bedroht. Begründet wurden diese Eingriffe damit, dass nur so der Ausbeutung von Glücksspielen zu kriminellen Zwecken wirksam vorgebeugt werden könnte. Zeitgleich betrieb die italienische Regierung im Bereich der staatlichen Glücksspiele eine expansive Politik mit dem Ziel, die Staatseinnahmen zu erhöhen. Eine in Liverpool ansässige Gesellschaft englischen Rechts (Ltd), die eine Buchmacherlizenz des Vereinigten Königreichs besaß und im Hinblick auf die öffentliche Ordnung und Sicherheit sowie die Ordnungsmäßigkeit ihrer Tätigkeiten unter der Kontrolle verschiedener britischer Behörden stand, betrieb in Italien mehr als 200 sogenannte „Datenübertragungszentren" (DÜZ). Dort konnten Wettkunden auf den Internetserver der Gesellschaft im Vereinigten Königreich zugreifen und so elektronisch Sportwetten übermitteln, deren Annahme entgegennehmen, ihre Einsätze zahlen und gegebenenfalls ihre Gewinne vereinnahmen. Die DÜZ wurden von unabhängigen italienischen Betreibern unterhalten, die vertraglich mit der Gesellschaft in England verbunden waren. Sowohl die englische Ltd, die als Kapitalgesellschaft generell vom Konzessionsverfahren ausgeschlossen war, als auch die lokalen Betreiber der DÜZ, die mit ihren Bemühungen, polizeiliche Genehmigungen einzuholen, ebenfalls an einer fehlenden Konzession gescheitert waren, verfügten über keine staatliche italienische Erlaubnis für das Durchführen von Glücksspielveranstaltungen. Daher leitete ein italienischer Staatsanwalt ein Strafverfahren gegen die Betreiber der DÜZ ein. Das mit der letztinstanzlichen Entscheidung des Verfahrens befasste italienische Gericht hegte Zweifel, ob die das Glücksspiel beschränkenden Regelungen mit dem Unionsrecht, insbesondere mit den Grundsätzen der Niederlassungsfreiheit und des freien grenzüberschreitenden Dienstleistungsverkehrs vereinbar waren. Daher legte es den Sachverhalt dem EuGH zur Vorabentscheidung vor.

41 Zur Frage der Eröffnung des Schutzbereichs der Niederlassungs- und der Dienstleistungsfreiheit verwies der EuGH zunächst auf sein Urteil in der Rechtssache *Gambelli*[77] aus dem Jahr 2003. In diesem hatte der Gerichtshof entschieden, dass eine Beschränkung der Niederlassungsfreiheit nach Art. 49 AEUV dann vorliege, wenn es Kapitalgesellschaften, die auf den Märkten anderer Mitgliedstaaten notiert sind, dauerhaft erschwert werde, eine Konzession für den Glücksspielsektor zu erhalten. Eine Beschränkung der Dienstleistungsfreiheit des Art. 56 AEUV sei dann gegeben, wenn die Möglichkeit beeinträchtigt werde, aus einem anderen Mitgliedstaat heraus über das Internet – und damit ohne Ortswechsel – Wetten auf dem italienischen Markt anzubieten. Unter diesen Schutzbereich fielen auch die in Italien ansässigen Betreiber der Datenübertragungszentren, da eine Behinderung ihrer Tätigkeiten einer Beschränkung der Dienstleistungsfreiheit des ausländischen Anbieters gleichkomme.

42 Die italienischen Vorschriften griffen somit in die Schutzbereiche beider Grundfreiheiten ein. Daher sei zu prüfen, ob die vorgenommenen Beschränkungen aus zwingenden Gründen des Allgemeininteresses gerechtfertigt seien. Hierbei verwies der Gerichtshof auf die in diesem Zusammenhang bereits in früheren Verfahren anerkannten Rechtfertigungsgründe, nämlich den Verbraucherschutz, die Betrugsvorbeugung, die Vermeidung von Anreizen für die Bürger zu überhöhten Ausgaben für das Spielen, sowie die Verhütung von Störungen der sozialen Ordnung im Allgemeinen. In diesem Kontext könnten die sittlichen, religiösen oder kulturellen Besonderheiten und die sittlich und finanziell schädlichen Folgen für den Einzelnen wie für die Gesellschaft, die mit Spielen und Wetten einhergingen, ein ausreichendes Ermessen der staatlichen Stellen rechtfertigen,

---

77 EuGH, U. v. 6.11.2003, Rs. C-101/01, ECLI:EU:C:2003:596, Rn. 48 ff. – *Lindqvist*.

II. Fallgestaltungen 43–47

festzulegen, welche Erfordernisse sich aus dem Schutz der Verbraucher und der Sozialordnung ergeben würden.

Allerdings müssten die staatlichen Anforderungen dem Verhältnismäßigkeitsgrundsatz genügen. Dies sei nur dann der Fall, wenn jede auferlegte Beschränkung geeignet sei, die Verwirklichung des geltend gemachten Ziels zu gewährleisten, ohne über das hinauszugehen, was zu dessen Erreichung erforderlich ist. **43**

Hinsichtlich der Ziele, die den italienischen Regelungen zugrunde lagen, unterschied der EuGH im Folgenden zwischen dem Ansinnen, die Gelegenheiten zum Spiel zu vermindern und dem Zweck, durch bestimmte Kontrollmechanismen Straftaten im Glücksspielbereich vorzubeugen. Was die Beschränkung der Spielleidenschaft der Verbraucher angeht, kam der Gerichtshof zu dem Ergebnis, dass ein solches Ziel mit den zu überprüfenden italienischen Rechtsvorschriften nicht in geeigneter Weise erreicht werden könne, da ihm die expansive Politik des italienischen Gesetzgebers im Bereich der staatlichen Glücksspiele entgegenstehe. **44**

Somit bliebe nur die Frage offen, ob die Beschränkungen angemessen seien, kriminellen oder betrügerischen Handlungen vorzubeugen. Zur Erreichung dieses Ziels könne auch eine Politik der kontrollierten staatlichen Expansion im Glücksspielbereich erforderlich sein, da diese den Spielern eine verlässliche und attraktive Alternative zu illegalem Glücksspiel biete. Auch ein Konzessionssystem könne unter diesen Umständen ein wirksamer Mechanismus sein, um die im Bereich der Glücksspiele Tätigen wirksam auf betrügerische Zwecke hin zu kontrollieren. Allerdings gehe ein völliger Ausschluss privater Kapitalgesellschaften über das hinaus, was zur Erreichung dieses Ziels erforderlich und angemessen sei. Hierbei verwies der Gerichtshof auf andere bestehende Mittel, die es ermöglichten, Tätigkeiten und Konten von Kapitalgesellschaften, beispielsweise durch die Einholung von Informationen über ihre Vertreter oder Hauptanteilseigner, wirksam zu kontrollieren. Daher stünde im Ergebnis ein vollständiger Ausschluss von Kapitalgesellschaften anderer Mitgliedstaaten der EU bei der Vergabe von Glücksspielkonzessionen den Vorschriften der Art. 49 und 56 AEUV entgegen. **45**

In Bezug auf die Betreiber der Datenübertragungszentren entschied der Gerichtshof, dass das Fehlen einer polizeilichen Genehmigung ihnen nicht zum Vorwurf gemacht werden könne, da diese vom Besitz einer Konzession abhängig gewesen sei, von deren Erhalt sie unter Verstoß gegen das Unionsrecht ausgeschlossen wurden. Ebenso dürften keine strafrechtlichen Sanktionen aufgrund einer rechtswidrigen Beschränkung des Unionsrechts ergehen. **46**

Anmerkung: Mit seiner *Placanica*-Entscheidung setzte der EuGH seine in den Verfahren *Zenatti*[78] und *Gambelli*[79] begonnene Rechtsprechung fort und konkretisierte einige bis dahin strittige Punkte. Hatte der EuGH im Fall *Zenatti* den Mitgliedstaaten noch eine breite Palette schützenswerter Belange genannt, aus denen der grenzüberschreitende Verkehr von Internet-Glücksspielen eingeschränkt werden kann, befasste er sich in den folgenden Urteilen schwerpunktmäßig damit, inwieweit solche mitgliedstaatlichen Beschränkungen noch als verhältnismäßig anzusehen sind. Was die Bekämpfung der Spielleidenschaft der Bürger angeht, stellte der EuGH nunmehr zutreffend fest, dass Beschränkungen grenzüberschreitender Angebote unter diesem Gesichtspunkt immer dann unverhältnismäßig sind, wenn in widersprüchlicher Weise gleichzeitig expansiv für eigene Glücksspiele geworben wird. Da wohl alle Regierungen der EU-Staaten nicht auf die Einnahmen der eigenen staatlichen Glücksspiele verzichten möchten, dürften **47**

---
78 EuGH, U. v. 21.10.1999, Rs. C-67/98, ECLI:EU:C:1999:514 – *Zenatti*.
79 EuGH, U. v. 6.11.2003, Rs. C-101/01, ECLI:EU:C:2003:596 – *Lindqvist*.

in Zukunft Beschränkungen grenzüberschreitender Glücksspieldienstleistungen somit nur aus Gründen der Betrugsvorbeugung zu rechtfertigen sein. Dieser Linie blieb der EuGH auch in seiner Entscheidung *Engelmann* treu, in jener er erkannte, dass eine Regelung eines Mitgliedstaates, welche den Betrieb von Spielbanken ausschließlich auf Wirtschaftsteilnehmer mit Sitz im Hoheitsgebiet dieses Mitgliedstaates vorbehält, unionsrechtswidrig ist.[80] Während der EuGH in seiner *Placanica*-Entscheidung noch angedeutet hatte, dass gewisse Privilegierungen staatlicher Angebote unter dem Gesichtspunkt einer nur so zu bewältigenden effektiven Kontrolle des Glücksspielsektors europarechtskonform sind, so verlangt der EuGH nunmehr, dass die Glücksspieltätigkeit nur in kohärenter, systematischer und diskriminierungsfreier Weise begrenzt werden darf.[81] Demnach reicht allein das Motiv einer effektiven Kontrolle allein nicht aus, viel mehr muss die Zielsetzung mit der konkreten Beschränkung auch verwirklicht werden. Allerdings ist eine staatliche Kontrolle nicht bereits deshalb unverhältnismäßig, weil der Glücksspielanbieter in seinem Heimatland bereits rechtlichen Anforderungen und Kontrollen unterliegt.[82]

48 In seiner Entscheidung zum deutschen Glücksspielstaatsvertrag 2008 entschied der EuGH, dass ein staatliches Monopol gerade nicht in kohärenter und systematischer Weise dazu beiträgt, die Wetttätigkeit zu begrenzen.[83] Auch die anschließende Übergangsregelung des Glücksspielstaatsvertrags 2012 wurde vom EuGH dahingehend beanstandet, dass eine Strafbarkeit ausländischer Wettanbieter gem. § 284 StGB ebenfalls nicht mit Unionsrecht vereinbar sei, solange Deutschland kein unionsrechtskonformes und funktionierendes Konzessionsvergabeverfahren vorhält.[84] Auch der aktuelle Glücksspielstaatsvertrag 2021 bietet hinreichendes Konfliktpotential mit dem Unionsrecht, insbesondere im Bereich der Online-Casinospiele, da die Länder hier nur eine begrenzte Anzahl an Lizenzen für Online-Casinospiele vergeben können, sodass hier ein unverhältnismäßiger Eingriff in die Dienstleistungsfreiheit zumindest naheliegt.[85] Insofern wird aller Voraussicht nach das Thema Glücksspiel weiterhin Gegenstand von Verfahren vor dem EuGH sein.

49 Wegen dieser aufgezeigten Probleme wurde bereits früh von manchen Stimmen eine vollständige Liberalisierung der Glücksspielmärkte in Europa gefordert, um Rechtsklarheit zu schaffen.[86] Wenn ein Glücksspielbetreiber in dem Mitgliedstaat, in dem er ansäs-

---

80 EuGH, U. v. 9.9.2010, Rs. C-64/08, ECLI:EU:C:2010:506 – *Ernst Engelmann*.
81 *Dederer*, EuZW 2010, 771 (772 f.); ausführlich auch *Streinz*, Jus 2010, 1032 (1032 ff.); von einer solchen kohärenten Einschränkung ging der EuGH im Fall *Sporting Exchange* aus, in jenem die Niederlande eine Einzelkonzession vergaben, die allein einem einzigen Anbieter das Recht einräumte, die streitigen Glücksspiele zu veranstalten. Nach der Rspr. kann eine solche Beschränkung mit dem Unionsrecht vereinbar sein, da durch die zahlenmäßige Beschränkung eine tatsächlich effektivere Kontrolle des Glücksspielsektors ermöglicht wird, EuGH, U. v. 3.10.2010, ECLI:EU:C:2010:307, Rn. 37 – *Sporting Exchange*; vgl. *Noll-Ehlers*, EuZW 2008, 522 (522).
82 EuGH, U. v. 8.9.2009, Rs. C-42/07, ECLI:EU:C:2009:519, Rn. 69 – *Liga Portuguesa*.
83 EuGH, U. v. 8.9.2010, verb. Rs. C-316, 358, 359, 409, 410/07, ECLI:EU:C:2010:504 – *Stoß*; *Brüning*, NVwZ 2013, 23 (23 ff.). In diesem Kontext stellte der EuGH auch klar, dass eine unionsrechtswidrige nationale Vorschrift auch nicht für eine Übergangsfrist weiter angewandt werden darf: EuGH, U. v. 8.9.2010, Rs. C-409/06, ECLI: EU:C:2010:503 – *Winner Wetten GmbH*; ausführlich hierzu auch *Berwanger*, NVwZ 2020, 916 (916 ff.); *Dederer*, in: EuZW 2010, 771 (772 f.); zur Neuauflage des deutschen Glücksspielstaatsvertrags: *Korte*, NVwZ 2021, 192 (192 ff.); *Pagenkopf*, NJW 2021, 2152 (2152 ff.).
84 EuGH, U. v. 4.2.2016, Rs. C-336/14, ECLI:EU:C:2016:72 – *Ince*.
85 *Pagenkopf*, NJW 2021, 2152 (2152 ff.); zur Regelungssystematik und offenen Fragen des Glücksspiel-Staatsvertrags 2021: *Brüning/Thomsen*, NVwZ 2021, 11 (11 ff.); weiterführend auch: *Findeisen*, WM 2021, 2128 (2128 ff.); anders hingegen der BGH, der eine Vorlageverpflichtung nationaler Gerichte gem. Art. 267 AEUV im Glücksspielsektor mit der Begründung verneinte, dass *„die unionsrechtliche Kohärenzprüfung beschränkender Maßnahmen im Glücksspielsektor im Einzelfall Sache der nationalen Gerichte [sei]"* und *„die für diese Prüfung maßgeblichen Grundsätze des Unionsrechts [der EuGH] bereits geklärt"* habe, BGH, B. v. 22.7.2021, ECLI:DE:BGH:2021:220721BIZR199.20.2.
86 So z. B. bereits Generalanwalt *Colomer* in seinen Schlussanträgen zur Rechtssache *Placanica*, ZfWG 2006, 117.

sig ist, rechtmäßig Glücksspiele anbiete, müsse dies auch für den Rest des EU-Raums gelten. Diesem Ansinnen ist aber nach wie vor weder die Rechtsprechung noch die Politik gefolgt. Dies zeigt sich auch daran, dass der Glücksspielsektor in Art. 2 der Dienstleistungsrichtlinie ausdrücklich von deren Anwendungsbereich ausgeschlossen ist.

EuGH, Urteil vom 14.10.2004 – Rs. C-36/02, ECLI:EU:C:2004:614 – *Omega* **50**
Eine in Deutschland ansässige GmbH nahm im Jahr 1994 in Bonn eine Anlage mit dem Namen „Laserdrome" in Betrieb. Hierbei handelte es sich um eine von außen nicht einsehbare Freizeit- und Erlebnishalle, in der eine künstliche Landschaft mit felsenähnlichen Hindernissen und wechselnden Lichteffekten aufgebaut war. Gegen die Erhebung eines Eintrittsgeldes konnten dort volljährige Besucher mit pistolenähnlichen Lasergeräten in einem wettkampfähnlichen Spiel auf feststehende Ziele oder weitere Mitspieler schießen. Die „Treffer" wurden von Sensorempfängern, die in die von den Mitspielern zu tragenden Westen eingebaut waren, registriert, damit am Ende des Spiels ein Sieger ermittelt werden konnte. Die für diesen unter medizinischen Gesichtspunkten unbedenklichen Wettkampf notwendige Ausrüstung bestellte sich die GmbH von einer in Großbritannien ansässigen Gesellschaft, mit der ein Franchisevertrag geschlossen wurde. Nach Protesten in Teilen der Bevölkerung, die sich gegen den „Laserdrome" richteten, erließ die Stadt Bonn eine Ordnungsverfügung an die GmbH, mit der sie ihr unter Androhung eines Zwangsgeldes von 10.000 DM pro gespieltem Spiel für den Fall der Zuwiderhandlung untersagte, in ihrer Betriebsstätte Spielabläufe zu ermöglichen bzw. zu dulden, die ein gezieltes Beschießen von Menschen mittels Laserstrahl oder sonstiger technischer Einrichtungen zum Gegenstand hätten, wodurch ein „spielerisches Töten" von Menschen ermöglicht werde. Der Bescheid wurde auf geltendes deutsches Sicherheitsrecht gestützt, welches die Stadt Bonn dazu ermächtigte, notwendige Maßnahmen zur Abwehr von Gefahren für die öffentliche Ordnung zu ergreifen. Nach mehreren nationalen Klagen gegen das Verbot, bei der die mit der Sache befassten deutschen Gerichte wiederholt die Rechtmäßigkeit des Handelns der Stadt Bonn unter den Erfordernissen des Schutzes der Menschenwürde nach Art. 1 GG bestätigten, suchte die GmbH letztinstanzlichen Rechtsschutz vor dem Bundesverwaltungsgericht. Auch dieses kam zu der Auffassung, dass die Klage der GmbH unter Anwendung nationalen Rechts abzuweisen sei. Allerdings konnte es eine von der Klägerin vorgebrachte Verletzung der Dienstleistungs- und Warenverkehrsfreiheit nicht völlig ausschließen und legte deshalb die Frage zur Vorabentscheidung dem EuGH vor.

Der Gerichtshof hatte zunächst zu klären, ob der ihm vorgelegte Sachverhalt überhaupt **51** die Grundfreiheiten der EU berührte, oder ob keines der wesentlichen Elemente der angebotenen Leistung über die Grenzen Deutschlands hinausragte. Er stellte hierbei zunächst fest, dass die von der Stadt Bonn erlassene Regelung die englische Gesellschaft daran hindere, eine von ihr entwickelte und im Vereinigten Königreich durch Franchising rechtmäßig vermarktete Spielidee in Deutschland zu betreiben.[87] Daher sei der durch Art. 56 AEUV gewährte freie Dienstleistungsverkehr beeinträchtigt worden. Des Weiteren sei die deutsche GmbH dabei behindert worden, ein im Vereinigten Königreich rechtmäßig vermarktetes Produkt, nämlich die Laserausrüstung, zu erwerben. Daher sei grundsätzlich auch der Schutzbereich der Warenverkehrsfreiheit des Art. 34 AEUV (= Art. 28 EGV) beeinträchtigt. Da die Behinderung des Kaufs der Ausrüstung aber eine zwangsläufige Folge der Beschränkung der Dienstleistung, das heißt des Verbots der Vermarktung der Spielidee sei, trete sie als zweitrangig hinter die Dienstleistungsfreiheit zurück.

Jedoch könnte die Beschränkung gerechtfertigt sein. Hierbei verwies der EuGH auf den **52** Art. 52 AEUV, der als Ausnahmen des Grundsatzes des freien Dienstleistungsverkehrs

---

[87] Erst mit Ablauf des Jahres 2020 verließ das Vereinigte Königreich die EU auf Grundlage des Art. 50 EUV.

Maßnahmen gestattet, die aus Gründen der öffentlichen Ordnung, Sicherheit oder Gesundheit gerechtfertigt sind. Die Stadt Bonn erließ ihr Verbot ausdrücklich unter Berufung auf die Abwehr einer Gefahr für die öffentliche Ordnung. Dies hindere jedoch nicht die Überprüfung der Maßnahme im Einzelfall. Außerdem sei der Begriff der öffentlichen Ordnung im Unionsrecht eng zu verstehen, so dass seine Tragweite nicht von jedem Mitgliedstaat einseitig ohne Nachprüfung durch die Organe der Union bestimmt werden dürfe. Folglich sei eine Berufung auf die öffentliche Ordnung nur möglich, wenn eine tatsächliche und hinreichend schwere Gefährdung vorliege, die ein Grundinteresse der Gesellschaft berühre. Allerdings könnten die konkreten Umstände, die möglicherweise die Berufung auf den Begriff der öffentlichen Ordnung rechtfertigen, von Land zu Land und im zeitlichen Wechsel verschieden sein. Daher sei den zuständigen innerstaatlichen Behörden ein Beurteilungsspielraum innerhalb der durch den AEU-Vertrag gesetzten Grenzen zuzubilligen.

53 Im Folgenden ging der Gerichtshof auf den Grund ein, aus dem die mit der Sache befassten nationalen Gerichte das Verbot der simulierten Tötungshandlungen rechtfertigten, nämlich den in Deutschland grundrechtlich verankerten Schutz der Menschenwürde. Er betonte, dass die Grundrechte zu den allgemeinen Rechtsgrundsätzen gehörten, deren Wahrung auch der EuGH zu sichern habe. Grundrechte seien hierbei diejenigen Rechte, die sich aus den gemeinsamen Verfassungstraditionen der Mitgliedstaaten und den von ihnen unterzeichneten völkerrechtlichen Verträgen, insbesondere der EMRK, ergeben. Hierzu gehöre auch die Gewährleistung der Achtung der Menschenwürde als allgemeiner Rechtsgrundsatz. Daher sei eine Beschränkung der Grundfreiheiten zu diesem Zweck grundsätzlich gerechtfertigt.

54 Allerdings müssten die den Dienstleistungsverkehr behindernden Maßnahmen zum Schutz der Achtung der Menschenwürde erforderlich sein. Es sei aber für die Rechtfertigung einer Beschränkung nicht notwendig, dass alle Mitgliedstaaten eine gemeinsame Auffassung darüber hätten, wie das betreffende Grundrecht oder das berechtigte Interesse zu schützen sei. Daher sei die Verhältnismäßigkeit einer Maßnahme nicht schon allein deshalb ausgeschlossen, weil ein Mitgliedstaat andere Schutzregeln als ein anderer hat.

55 Im vorliegenden Fall sei zum einen darauf hinzuweisen, dass die Untersagung der gewerblichen Veranstaltung von Unterhaltungsspielen, die simulierte Gewalthandlungen gegen Personen, insbesondere die Darstellung von Tötungshandlungen an Menschen, implizieren, dem vorlegenden Gericht zufolge dem Grad des Schutzes der Menschenwürde entspräche, der mit dem Grundgesetz im Hoheitsgebiet der Bundesrepublik Deutschland sichergestellt werden soll. Zum anderen sei festzustellen, dass die streitige Verfügung, mit der nur die Variante des Laserspiels untersagt wurde, bei der es darum ging, auf menschliche Ziele zu schießen und somit das Töten von Personen gespielt wird, nicht über das hinausginge, was zur Erreichung des von den zuständigen nationalen Behörden verfolgten Zieles erforderlich sei. Daher könne die Verfügung der Stadt Bonn nicht als eine Maßnahme angesehen werden, die den freien Dienstleistungsverkehr ungerechtfertigt beeinträchtigen würde.

56 **Anmerkung:** Im Mittelpunkt der *Omega*-Entscheidung des EuGH stand die Frage, ob eine Beschränkung der Grundfreiheiten zum Schutz grundrechtlicher Gewährleistungen auch dann zu rechtfertigen ist, wenn die der Beschränkung zugrunde liegenden Rechtsüberzeugungen im Mitgliedstaat des Betroffenen nicht oder nicht in dem Maß vorhanden sind wie in dem Mitgliedstaat, der die Beschränkung erlässt.[88] Im Vorfeld

---

[88] Ein weiteres Beispiel für eine Fallgestaltung aus Perspektive des nationalen Rechts unter zu Grundlegung der Omega-Grundsätze: *Helbich/Schübel-Pfister*, JuS 2017, 520 (520 ff.).

des Urteils wurde in diesem Kontext eine Passage der *Schindler*-Entscheidung des Gerichtshofs,[89] in der auf die sittlichen, religiösen und kulturellen Erwägungen eingegangen wird, aufgrund derer alle Mitgliedstaaten in gemeinsamer Auffassung der Durchführung von Glücksspielen Grenzen setzen, in der Weise interpretiert, dass eine Beschränkung der Grundfreiheiten zum Schutz nationaler Grundrechtsstandards nur dann zulässig sei, wenn eine gemeinsame Auffassung aller Mitgliedstaaten darüber bestehe, wann ein die Beschränkung rechtfertigender Grad des Eingriffs in den grundrechtlichen Schutzbereich erreicht ist. Insoweit stellte der EuGH in seiner *Omega*-Entscheidung nun klar, dass die Mitgliedstaaten unterschiedliche Auffassungen darüber haben dürfen, wann ein nationales Grundrecht in einer Weise verletzt ist, die eine Beschränkung der betroffenen Grundfreiheit rechtfertigt.

Fraglich ist jedoch, inwieweit dieser „Generalvorrang des mitgliedstaatlichen Würdeverständnisses"[90] Folgen haben wird für die bisher vom EuGH sehr restriktiv ausgelegten Möglichkeiten einer Beschränkung der Dienstleistungsfreiheit aus den in Art. 52 AEUV genannten Gründen der öffentlichen Ordnung, Sicherheit oder Gesundheit. Konflikte der Dienstleistungsfreiheit mit dem in Deutschland sehr hoch angesiedelten Menschenwürdestandard bestehen gerade bei modernen Unterhaltungsformen wie bestimmten Computerspielen und anderen gewaltverherrlichenden Freizeitangeboten. Dieses Konfliktfeld ist daher vor allem unter dem Gesichtspunkt interessant, dass durch die Einführung der Dienstleistungsrichtlinie die Möglichkeiten der Nationalstaaten, Beschränkungen aus nicht in Art. 52 AEUV genannten zwingenden Gründen des Allgemeininteresses vorzunehmen, in vielen Bereichen des Dienstleistungssektors wegfallen werden und somit die Versuche zunehmen dürften, Beschränkungen aus Gründen der öffentlichen Ordnung zu rechtfertigen.

---

89 EuGH, U. v. 24.3.1994, Rs. C-275/92, ECLI:C:EU:1994:119.
90 *Bröhmer*, EuZW 2004, 755 (756); zum Verhältnis des unionsrechtlichen Menschenwürdebegriffs auch EuGH, U. v. 19.19.2011 – Rs. C-34-10, ECLI:EU:C:2011:669 – *Brüstle*; *Taupitz*, GRUR 2012, 1 (1 ff.); weiterführend zum Begriff eines ordre public: *Frey/Pfeifer*, EuR 2015, 721 (721 ff.).

§ 7 Arbeitnehmerfreizügigkeit

Ferdinand Wollenschläger

Literaturhinweise:
Becker, § 9 Arbeitnehmerfreizügigkeit, in: Ehlers (Hrsg.), Europäische Grundrechte und Grundfreiheiten, 4. Aufl. 2014; *Colneric*, Der Begriff des Arbeitnehmers in der Rechtsprechung des EuGH, in: Une communauté de droit, Festschrift für Rodríguez Iglesias, 2003, S. 385; *Costello*, Market Access All Areas – the Treatment of Non-discriminatory Barriers to the Free Movement of Workers, 27 LIEI (2000), S. 267; *Everling*, Von der Freizügigkeit der Arbeitnehmer zum Europäischen Bürgerrecht, EuR-Beiheft I/1990, S. 81; *Kadelbach*, § 5 Das Freizügigkeitsrecht der Unionsbürger, in: F. Wollenschläger (Hrsg.), Europäischer Freizügigkeitsraum – Unionsbürgerschaft und Migrationsrecht, EnzEuR X, 1. Aufl. 2021; *Krebber*, § 2 Das Binnenmarktrecht der Arbeitnehmerfreizügigkeit, in: Müller-Graff (Hrsg.), Europäisches Binnenmarkt- und Wirtschaftsordnungsrecht, EnzEuR IV, 2. Aufl. 2021; *ders.*, Die arbeitsrechtliche Bedeutung der Arbeitnehmerfreizügigkeit des Unionsrechts, EuZA 2019, S. 62; *Minderhoud/Trimikliniotis* (Hrsg.), Rethinking the free movement of workers: the European challenges ahead, 2009; *Moore*, Freedom of Movement and Migrant Workers' Social Security: An overview of the Case Law of the Court of Justice, 1992–1997, 35 CML Rev. (1998), S. 409; *ders.*, Freedom of Movement and Migrant Workers' Social Security: An overview of the Case Law of the Court of Justice, 1997–2001, 39 CML Rev. (2002), S. 807; *Nic Shuibhne*, Limits rising, duties ascending: The changing legal shape of Union citizenship, 52 CML Rev. (2015), S. 889; *O'Brien*, Civis capitalist sum: Class as the new guiding principle of EU free movement rights, 53 CML Rev. (2016), S. 937; *dies.*, Between the devil and the deep blue sea: Vulnerable EU citizens cast adrift in the UK post-Brexit, 58, CML Rev. (2021), S. 431; *Pärli*, Arbeitsrechtliches Diskriminierungsverbot europäischer Wanderarbeitnehmer nach Gemeinschaftsrecht und nach dem Personenfreizügigkeitsrecht mit der Schweiz, ZESAR 2007, S. 21; *Rennuy*, The trilemma of EU social benefits law: Seeing the wood and the trees, 56 CML Rev. (2019), S. 1549; *Spaventa*, Free Movement of Persons in the European Union, 2007; *Tecqmenne*, Migrant Jobseekers, Right of Residence and Access to Welfare Benefits: One Step Forward, Two Steps Backwards?, 6 EL Rev. (2021), S. 765; *Terhechte*, § 1 Arbeitnehmerfreizügigkeit, in: Schlachter/Heinig (Hrsg.), Europäisches Arbeits- und Sozialrecht, EnzEuR VII, 2. Aufl. 2021; *Tschäpe*, Die Übergangsbestimmungen zur Arbeitnehmerfreizügigkeit und zum Grundstücksverkehr im Rahmen der EU- Osterweiterung, 2004; *Wank*, Die Entwicklung der Rechtsprechung des EuGH zum Arbeitnehmerbegriff, EuZA 2023, S. 22; *White*, Workers, establishment, and services in the European Union, 2004; *Wienbracke*, „Innerhalb der Union ist die Freizügigkeit der Arbeitnehmer gewährleistet", EuR 2012, S. 483; *Wilkinson*, Towards European Citizenship? Nationality, discrimination and free movement of workers in the European Union, 1 EPL (1995), S. 417; *F. Wollenschläger*, Arbeitnehmerfreizügigkeit, in: Lachmayer/Bauer (Hrsg.), Praxiswörterbuch Europarecht, 2008; *ders.*, Die Unionsbürgerschaft und ihre Dynamik für den Integrationsprozess jenseits des Marktes, ZEuS 2009, S. 1; *ders.*, Grundfreiheit ohne Markt. Die Herausbildung der Unionsbürgerschaft im unionsrechtlichen Freizügigkeitsregime, 2007/2017; *ders.*, Freizügigkeit in einer EU der 27: Perspektiven und Herausforderungen der innergemeinschaftlichen Migration angesichts der zweiten EU-Osterweiterung um die Republik Bulgarien und Rumänien, AWR Bulletin 47 (2009), S. 110; *ders.*, § 1 Unionsrechtliche Grundlagen des Öffentlichen Wirtschaftsrechts, in: R. Schmidt/ders. (Hrsg.), Kompendium Öffentliches Wirtschaftsrecht, 5. Aufl. 2019.

I. Grundlagen

1 Die Realisierung des zentralen Integrationsziels der 1957 gegründeten Europäischen Wirtschaftsgemeinschaft, nämlich die Schaffung eines Gemeinsamen Marktes, verlangte die Mobilisierung des Produktionsfaktors Arbeit innerhalb der Gemeinschaft. Arbeitslosen aus strukturschwachen Regionen, in denen ein Mangel an Arbeitsplätzen herrschte (damals vor allem Italien), sollte ermöglicht werden, in Länder mit Arbeitskräftemangel (wie etwa die Bundesrepublik Deutschland) auszuwandern und dort einer Beschäfti-

I. Grundlagen **2, 3**

gung nachzugehen. Vor diesem Hintergrund verpflichteten sich die sechs Gründungsstaaten der EWG, den freien Personenverkehr Erwerbstätiger schrittweise zu liberalisieren und verankerten die Freizügigkeit der Arbeitnehmer im EWG-Vertrag (Art. 48 ff. EWGV, heute Art. 45 ff. AEUV [= Art. 39 ff. EGV]).[1]

Freilich kann die Bedeutung der Arbeitnehmerfreizügigkeit nicht auf diesen instrumentellen Charakter für die Marktintegration reduziert werden. Sie ist vielmehr auch im Kontext des in der Präambel des EWG-Vertrages angesprochenen Integrationsziels zu sehen, „die Grundlagen für einen immer engeren Zusammenschluss der europäischen Völker zu schaffen" und durch „diesen Zusammenschluss [der] Wirtschaftskräfte Frieden und Freiheit zu wahren und zu festigen". Aus individueller Perspektive ist die Arbeitnehmerfreizügigkeit schließlich, wie der dritte Erwägungsgrund der Verordnung (EWG) Nr. 1612/68[2] betonte (aktuell: vierter Erwägungsgrund der Verordnung (EU) Nr. 492/2011[3]), ein „Grundrecht der Arbeitnehmer und ihrer Familien", dessen Inanspruchnahme „für den Arbeitnehmer eines der Mittel sein [soll], die ihm die Möglichkeit einer Verbesserung der Lebens- und Arbeitsbedingungen garantieren und damit auch seinen sozialen Aufstieg erleichtern (…)".[4] **2**

Dass sich die Arbeitnehmerfreizügigkeit nicht in einer nur zwischen den Mitgliedstaaten relevanten völkerrechtlichen Verpflichtung, Hemmnisse für den freien Personenverkehr Erwerbstätiger abzubauen, erschöpft, sondern sich auch der Einzelne auf sie berufen kann, verdankt sie der ihr – genauso wie den anderen Grundfreiheiten – vom EuGH zugesprochenen unmittelbaren Anwendbarkeit.[5] Berechtigt von der Arbeitnehmerfreizügigkeit werden allerdings ausschließlich Unionsbürgerinnen und Unionsbürger, d. h. Angehörige der derzeit 27 Mitgliedstaaten (Art. 1 Verordnung [EU] Nr. 492/2011), und – in begrenztem Umfang – ihre (auch drittstaatsangehörigen) Familienmitglieder[6].[7] Als Instrument der transna- **3**

---

1 Zum ökonomischen Hintergrund der Arbeitnehmerfreizügigkeit *F. Wollenschläger*, Grundfreiheit ohne Markt, S. 19 ff.
2 ABl. L 257/2 v. 19.10.1968, i. d. F. der Richtlinie 2004/38/EG, ABl. L 229/35 v. 29.6.2004, aufgehoben durch Art. 41 der Verordnung (EU) 492/2011, ABl. L 141/1 v. 27.5.2011.
3 ABl. L 141/1 v. 27.5.2011, i. d. F. der Verordnung (EU) 2019/1149, ABl. L 186/21 v. 11.7.2019.
4 Zum „markttranszendierenden Kontext" der Arbeitnehmerfreizügigkeit *F. Wollenschläger*, Grundfreiheit ohne Markt, S. 22 ff.
5 Grundsätzlich EuGH, U. v. 5.2.1963, Rs. 26/62, Slg. 1963, 3 – *van Gend en Loos*; für die Arbeitnehmerfreizügigkeit U. v. 4.4.1974, Rs. 167/73, Slg. 1974, 359 Rn. 35 ff. – *Kommission/Frankreich*; U. v. 4.12.1974, Rs. 41/74, Slg. 1974, 1337 Rn. 4 ff. – *van Duyn*.
6 Näher *Wapler*, in: F. Wollenschläger (Hrsg.), Europäischer Freizügigkeitsraum – Unionsbürgerschaft und Migrationsrecht, EnzEuR X, 2021, § 7.
7 Im europäischen Rechtsraum existieren allerdings weitere Rechtsakte, die sich mit der Freizügigkeit Drittstaatsangehöriger befassen. Exemplarisch verwiesen sei für langfristig aufenthaltsberechtigte Drittstaatsangehörige auf die Richtlinie 2003/109/EG, ABl. L 16/44 v. 23.1.2004, i. d. F. der Richtlinie 2011/51/EU, ABl. L 132/1 v. 19.5.2011 (Daueraufenthaltsrichtlinie); für Angehörige von Island, Liechtenstein und Norwegen auf das EWR-Abkommen, für türkische Arbeitnehmer(innen) auf das Assoziationsabkommen zwischen der EWG und der Türkei (ABl. P 217/3687 v. 29.12.1964) und Art. 6 Abs. 1 des darauf basierenden Beschlusses Nr. 1/80 des Assoziationsrates EWG/Türkei v. 19.9.1980, für Angehörige der Schweiz auf das sektorielle Abkommen über die Freizügigkeit zwischen der EU und ihren Mitgliedstaaten einerseits und der Schweiz andererseits (ABl. L 114/6 v. 30.4.2002) sowie für den Brexit-Kontext das Austrittabkommen zwischen der EU und dem Vereinigten Königreich, ABl. C 384 I/1 v. 12.11.2019; für die Einwanderung Erwerbstätiger in die EU die Blue-Card-Richtlinie 2009/50/EG, ABl. L 155/17 v. 18.6.2009 (Hochqualifizierte), die Saisonarbeitnehmer-Richtlinie 2014/36/EU, ABl. L 94/375 v. 28.3.2014, die ICT-Richtlinie 2014/66/EU, ABl. L 157/1 v. 27.5.2014 (unternehmensinterne Transfers), die REST-Richtlinie 2016/801/EU, ABl. L 132/21 v. 21.5.2016, i. d. F. der Richtlinie 2021/1883, ABl. L 382/1 v. 28.10.2021 (Forscher, Studierende, Praktikanten, Teilnehmer an Freiwilligen- und Schüleraustauschprogrammen oder Bildungsvorhaben und Au-pairs) und die Rahmenrichtlinie 2011/98/EU, ABl. L 343/1 v. 23.12.2011. Siehe dazu im Überblick *F. Wollenschläger*, Das Rechtssystem des Europäischen Freizügigkeitsraums – Einführung, in: ders. (Hrsg.), Europäischer Freizügigkeitsraum – Unionsbürgerschaft und Migrationsrecht, EnzEuR X, 2021, § 1, sowie im Detail weitere Einzelbeiträge in diesem

tionalen Marktintegration setzt die Arbeitnehmerfreizügigkeit – wie alle Marktfreiheiten – einen grenzüberschreitenden Sachverhalt voraus, in der Regel also die Ausübung einer Erwerbstätigkeit in einem anderen Mitgliedstaat als dem der Herkunft.[8] Dabei kann der Betroffene aber auch für die EU oder eine internationale Organisation tätig sein.[9] Zudem können sich Inländer auch gegenüber ihrem Heimatstaat auf die Arbeitnehmerfreizügigkeit berufen, so ein grenzüberschreitendes Element vorliegt, etwa bei Nichtanerkennung von im EU-Ausland erworbenen Berufsqualifikationen (Rückkehrerfälle).[10]

4 Um den Steuerungsverlust der Mitgliedstaaten hinsichtlich des Zugangs von EU-Ausländern zum nationalen Arbeitsmarkt und insbesondere – gerade bei Lohngefällen innerhalb der Union – Wanderungsbewegungen mit u. U. nachteiligen Konsequenzen für die nationalen Arbeitsmärkte abzufedern, enthielt bereits der Gründungsvertrag der EWG eine gestufte Übergangszeit von ursprünglich zwölf Jahren für die vollständige Realisierung der Arbeitnehmerfreizügigkeit (Art. 8 Abs. 1, Art. 48 Abs. 1 EWGV);[11] entsprechende Übergangsfristen wurden auch anlässlich späterer Erweiterungen der Gemeinschaft vereinbart, jedenfalls wenn Wanderungsströme aus den neuen Mitgliedstaaten mit unabsehbaren Konsequenzen für die nationalen Arbeitsmärkte befürchtet wurden (so mit Griechenland 1981 und 1986 mit Portugal und Spanien). Exemplarisch genannt seien die mit den zum 1.5.2004, 1.1.2007 und 1.7.2013 beigetretenen mittel- und osteuropäischen Staaten (mit Ausnahme von Malta und Zypern) vereinbarten Übergangsregelungen für die Verwirklichung der Arbeitnehmerfreizügigkeit. Um den Zustrom ausländischer Arbeitskräfte steuern zu können, gestatten die jeweiligen Anhänge zur Beitrittsakte den nur gestuften Abbau von Zugangshindernissen zu den nationalen Arbeitsmärkten innerhalb einer maximal siebenjährigen Übergangsfrist.[12] Übergangsregelungen sieht auch das Austrittsabkommen mit dem Vereinigten Königreich vor.[13]

Band (insb. §§ 12–14, 18, 23–25); ferner *van der Mei/Robin-Olivier/Verschueren/ders.*, Analytical report on the legal situation of third-country workers in the EU as compared to EU mobile workers. Analytical Report 2018, MoveS, European Commission, 2018 (abrufbar unter: https://op.europa.eu/de/publication-detail/-/publication/977f2cec-2448-11e9-8d04-01aa75ed71a1, zuletzt abgerufen am 1.6.2023).

8 Darüber hinaus soll die Arbeitnehmerfreizügigkeit nach der ständigen Rechtsprechung des EuGH auch dann Anwendung finden, wenn ein Unionsbürger in seinem Heimatstaat arbeitet, aber in einem anderen Mitgliedstaat wohnt, U. v. 18.7.2007, Rs. C-212/05, Slg. 2007, I-6303 Rn. 21 ff. – *Hartmann*; U. v. 21.2.2006, Rs. C-152/03, Slg. 2006, I-1711 Rn. 18 ff. – *Ritter-Coulais*; U. v. 12.3.2014, Rs. C-457/12, ECLI:EU:C:2014:136 Rn. 37 – *S./Ministerie voor Immigratie*. Mangels Vorliegens eines wirtschaftlich relevanten grenzüberschreitenden Bezugs ist dies jedoch fraglich. Abzustellen ist vielmehr auf das allgemeine Freizügigkeitsrecht (Art. 20 Abs. 2 lit. a, Art. 21 EUV [= Art. 18 EGV]).

9 EuGH, U. v. 6.10.2016, Rs. C-466/15, ECLI:EU:C:2016:749 Rn. 24 f. – *Adrien u. a.*; U. v. 31.5.2017, Rs. C-420/15, ECLI:EU:C:2017:408 Rn. 13 – *U*.

10 Siehe nur EuGH, U. v. 6.10.2015, Rs. C-298/14, ECLI:EU:C:2015:652 Rn. 53 – *Brouillard*.

11 Siehe zur schrittweisen Realisierung der Arbeitnehmerfreizügigkeit *Boni*, Freizügigkeit und Integration, 1976; *v. d. Groeben*, Aufbaujahre der Gemeinschaft, 1982, insb. S. 92 ff., 290 f.; *Jungmann*, Die Freizügigkeit von Arbeitnehmern aus EG-Staaten in der Bundesrepublik Deutschland, 1984, S. 16 ff.; *F. Wollenschläger*, Grundfreiheit ohne Markt, S. 23, Fn. 21.

12 Siehe für die erste Osterweiterung Art. 24 i. V. m. den Anhängen V bis XIV der Beitrittsakte (ABl. L 236/33 v. 23.9.2003), für die zweite Art. 23 i. V. m. den Anhängen VI und VII der Beitrittsakte (ABl. L 157/203 v. 21.6.2005) und für den Beitritt von Kroatien Art. 18 i. V. m. Anhang V der Beitrittsakte (ABl. L 112/21 v. 24.4.2012). Näher *Adinolfi*, CML Rev. 42 (2005), 469; *Böhmer*, EU-Osterweiterung und eingeschränkte Arbeitskräftefreizügigkeit, 2005; *Dienelt*, Freizügigkeit nach der Osterweiterung, 2004; *Domaradzka*, Unionsbürger im Übergang, 2006; *Fuchs*, ZESAR 2007, 97; *Tschäpe*, Die Übergangsbestimmungen zur Arbeitnehmerfreizügigkeit und zum Grundstücksverkehr im Rahmen der EU-Osterweiterung; *F. Wollenschläger*, Personenverkehrsfreiheiten, Übergangsvorschriften, in: Lachmayer/Bauer, Praxiswörterbuch Europarecht; *ders.*, AWR-Bulletin 47 (2009), 110; *Pietsch*, ZAR 2003, 259. Zu den primärrechtlichen Grenzen derartiger Übergangsvorschriften: *Dienelt*, S. 28 ff. (eingehalten). Kritisch: *Kadelbach*, Unionsbürgerschaft, in: von Bogdandy/Bast (Hrsg.), Europäisches Verfassungsrecht, 2. Aufl. 2009, 611 (626).

13 Siehe zur Arbeitnehmerfreizügigkeit Art. 24 des Austrittsabkommens (ABl. C 384 I/1 v. 12.11.2019). Näher zur Thematik Brexit und Freizügigkeit *Kumin/Schneider*, Brexit und unionsrechtliche Freizügigkeit natürlicher

Was schließlich die tatsächliche Inanspruchnahme des unionsrechtlichen Freizügigkeits- 5
rechts betrifft, so darf allen Integrationsfortschritten zum Trotz nicht übersehen werden,
dass lediglich 10,2 Millionen EU-Migranten im erwerbsfähigen Alter zwischen 20 und
64 Jahren in der EU leben (was einem Anteil von 3,9 % der erwerbsfähigen Bevölkerung
in der EU entspricht), was hinter der Anzahl der in der EU lebenden Drittstaatsangehörigen im erwerbsfähigen Alter zurückbleibt (16,8 Millionen).[14]

II. Normative Ausgestaltung

Primärrechtlich geregelt ist die Arbeitnehmerfreizügigkeit in den Art. 45 ff. AEUV. Ge- 6
mäß Art. 45 Abs. 1 AEUV ist die Freizügigkeit der Arbeitnehmer innerhalb der Gemeinschaft gewährleistet. Sie umfasst die Abschaffung jeder auf der Staatsangehörigkeit beruhenden unterschiedlichen Behandlung der Arbeitnehmer der Mitgliedstaaten in Bezug
auf Beschäftigung, Entlohnung und sonstige Arbeitsbedingungen (Art. 45 Abs. 2
AEUV) und gibt nach Art. 45 Abs. 3 AEUV den Arbeitnehmern – vorbehaltlich der
aus Gründen der öffentlichen Ordnung, Sicherheit und Gesundheit gerechtfertigten
Beschränkungen – das Recht,
- sich um tatsächlich angebotene Stellen zu bewerben (lit. a);
- sich zu diesem Zweck im Hoheitsgebiet der Mitgliedstaaten frei zu bewegen (lit. b);
- sich in einem Mitgliedstaat aufzuhalten, um dort nach den für die Arbeitnehmer
  dieses Staates geltenden Rechts- und Verwaltungsvorschriften eine Beschäftigung
  auszuüben (lit. c);
- nach Beendigung einer Beschäftigung im Hoheitsgebiet eines Mitgliedstaats unter
  Bedingungen zu verbleiben, welche die Kommission in Durchführungsverordnungen festlegt (lit. d).

Keine Anwendung findet die Arbeitnehmerfreizügigkeit allerdings gemäß Art. 45 Abs. 4
AEUV auf eine Beschäftigung in der öffentlichen Verwaltung.

Näher ausgestaltet wird die Arbeitnehmerfreizügigkeit in verschiedenen Sekundärrechts- 7
akten. Allen voran zu nennen ist die bereits erwähnte Verordnung (EU) Nr. 492/2011
über die Freizügigkeit der Arbeitnehmer innerhalb der Union, die die frühere Verordnung (EWG) Nr. 1612/68 über die Freizügigkeit der Arbeitnehmer innerhalb der Gemeinschaft abgelöst hat. Das Aufenthaltsrecht der Arbeitnehmer und ihrer Familienangehörigen regelt mittlerweile die Richtlinie 2004/38/EG über das Recht der
Unionsbürger und ihrer Familienangehörigen, sich im Hoheitsgebiet der Mitgliedstaaten frei zu bewegen und aufzuhalten.[15] Aus der grenzüberschreitenden Migration resultierende Fragen der sozialen Sicherheit hat adressiert die Verordnung (EG) Nr. 883/2004
zur Koordinierung der Systeme der sozialen Sicherheit.[16] Mit der Anerkennung von

---

Personen, in: F. Wollenschläger (Hrsg.), Europäischer Freizügigkeitsraum – Unionsbürgerschaft und Migrationsrecht, EnzEuR X, 2021, § 14.

14 Zum Vergleich siehe die auf die EU-25 und den 1.1.2006 bezogenen Zahlen im Annex zum Fünften Bericht
der Europäischen Kommission über die Unionsbürgerschaft (1. Mai 2004–30. Juli 2007) v. 15.2.2008, SEK
(2008) 197, S. 10. Dabei lebten 1,8 % (2006) bzw. 4,3 % (2019) aller Unionsbürgerinnen und Unionsbürger
in einem anderen Mitgliedsstaat und der Anteil von Drittstaatsangehörigen betrug 4,2 % (2006) bzw. 5,5 %
(2019).

15 ABl. L 229/35 v. 29.6.2004, i. d. F. der Verordnung (EU) 492/2011, ABl. L 141/1 v. 27.5.2011, zuletzt berichtigt
durch ABl. L 229/35 v. 29.6.2004. Im Überblick *Kadelbach*, Das Freizügigkeitsrecht der Unionsbürger, in: F.
Wollenschläger (Hrsg.), Europäischer Freizügigkeitsraum – Unionsbürgerschaft und Migrationsrecht, Enz-
EuR X, 2. Aufl. 2021, § 5.

16 ABl. L 166/1 v. 30.4.2004, i. d. F. der Verordnung (EU) 2019/1149, ABl. L 186/21 v. 11.7.2019. Im Überblick
Steinmeyer, Freizügigkeit und Sozialversicherung, in: F. Wollenschläger (Hrsg.), Europäischer Freizügigkeitsraum – Unionsbürgerschaft und Migrationsrecht, EnzEuR X, 2021, § 9.

Berufsqualifikationen befasst sich schließlich neben Spezialregelungen[17] die Richtlinie 2005/36/EG[18].[19] Die Verhältnismäßigkeitsrichtlinie 2018/958/EU fordert und regelt die „Durchführung von Verhältnismäßigkeitsprüfungen vor der Einführung neuer oder der Änderung bestehender Rechts- und Verwaltungsvorschriften (…), mit denen der Zugang zu reglementierten Berufen oder deren Ausübung beschränkt wird" (Art. 1 Satz 1).[20] Zu nennen ist schließlich die Richtlinie 2014/54/EU, die Maßnahmen zur Erleichterung der Anwendung und Durchsetzung von Art. 45 AEUV enthält.[21]

8 Die Arbeitnehmerfreizügigkeit findet sich auch als Unionsgrundrecht in der mit Inkrafttreten des Vertrages von Lissabon rechtsverbindlich gewordenen (Art. 6 Abs. 1 EUV) Grundrechtecharta verankert. Deren Art. 15 Abs. 2 bestimmt: „Alle Unionsbürgerinnen und Unionsbürger haben die Freiheit, in jedem Mitgliedstaat Arbeit zu suchen, zu arbeiten, sich niederzulassen oder Dienstleistungen zu erbringen." Hinsichtlich des Gewährleistungsgehalts dieses Grundrechts ordnet Art. 52 Abs. 2 EuGRC einen Gleichlauf mit den entsprechenden Verbürgungen des EU-Vertrags an: Denn „[d]ie Ausübung der durch diese Charta anerkannten Rechte, die in den Verträgen geregelt sind, erfolgt im Rahmen der in den Verträgen festgelegten Bedingungen und Grenzen."[22] Im Übrigen ist der beschränkte Anwendungsbereich der EuGRC zu berücksichtigen, die sich gemäß Art. 51 Abs. 1 S. 1 EuGRC primär an „die Organe, Einrichtungen und sonstigen Stellen der Union" richtet und „für die Mitgliedstaaten ausschließlich bei der Durchführung des Rechts der Union" gilt.[23]

9 Neben der im Kern auf den Abbau transnationaler Mobilitätshindernisse zielenden Arbeitnehmerfreizügigkeit enthält das Unionsrecht zahlreiche weitere das Arbeitsleben betreffende Regelungen, die für dieses von erheblicher Bedeutung sind. Das prominenteste Beispiel dieses „europäischen Arbeitsrechts" dürfte der im Primär- (Art. 10, 19, 157

---

17 Siehe die Richtlinie 77/249/EWG zur Erleichterung der tatsächlichen Ausübung des freien Dienstleistungsverkehrs der Rechtsanwälte, ABl. L 78/17 v. 26.3.1977, i.d.F. der Richtlinie 2013/25/EU, ABl. L 158/368 v. 10.6.2013, sowie die Richtlinie 98/5/EG zur Erleichterung der ständigen Ausübung des Rechtsanwaltsberufs in einem anderen Mitgliedstaat als dem, in dem die Qualifikation erworben wurde, ABl. L 77/36 v. 14.3.1998, i.d.F. der Richtlinie 2013/25/EU, ABl. L 158/368 v. 10.6.2013.
18 ABl. L 255/22 v. 30.9.2005, i.d.F. des Deligierten Beschlusses (EU) 2021/2183, ABl. L 144/16 v. 10.12.2021. Zu dieser *Kluth/Rieger*, EuZW 2005, 486.
19 Näher *Kämmerer/Kerkemeyer*, Anerkennung von Berufsqualifikationen, in: F. Wollenschläger (Hrsg.), Europäischer Freizügigkeitsraum – Unionsbürgerschaft und Migrationsrecht, EnzEuR X, 2021, § 11. Zur Zulassung zum (deutschen) juristischen Vorbereitungsdienst auf der Grundlage eines EU-ausländischen Studienabschlusses EuGH, U. v. 10.12.2009, Rs. C-345/08, ECLI:EU:C:2009:771 Rn. 22 ff. – *Pesla*.
20 Richtlinie 2018/958/EU über eine Verhältnismäßigkeitsprüfung vor Erlass neuer Berufsreglementierungen, ABl. 2018 L 173/25 v. 9.7.2018. Näher *Bulla*, Handwerksrecht, in: Schmidt/F. Wollenschläger (Hrsg.), Kompendium Öffentliches Wirtschaftsrecht, 5. Aufl. 2019, § 10 Rn. 125 ff.; *Burgi*, WiVerw 2018, 181 (248 ff.); *Schäfer*, EuZW 2018, 789; *dies.*, NZS 2020, 525.
21 ABl. L 128/8 v. 30.4.2014.
22 Den Gleichlauf bekräftigend EuGH, U. v. 4.7.2013, Rs. C-233/12, ECLI:EU:C:2013:449 Rn. 39 – *Gardella*; U. v. 7.4.2016, Rs. C-284/15, ECLI:EU:C:2016:220 Rn. 33 f. – *ONEm und M*; EuGH, B. v. 18.7.2018, Rs. C-237/18, ECLI:EU:C:2018:630 Rn. 22 – *Stiernon*.
23 Näher zur Grundrechtsbindung von Union und Mitgliedstaaten F. *Wollenschläger*, Unionsbürgerschaft und Grundrechtsschutz, in: Hatje/Müller-Graff (Hrsg.), Europäisches Organisations- und Verfassungsrecht, EnzEuR I, 2. Aufl. 2022, § 13 Rn. 16 ff., 64 f. Zwischenzeitlich hat der EuGH die Bindung der Mitgliedstaaten an die Unionsgrundrechte bei einer Beschränkung von Grundfreiheiten auch für die EuGRC bestätigt (EuGH, U. v. 30.4.2014, Rs. C-390/12, ECLI:EU:C:2014:281 Rn. 35 – *Pfleger u.a.*; U. v. 21.12.2016, Rs. C-201/15, ECLI:EU:C:2016:972 Rn. 64 – *AGET Iraklis*; zuvor U. v. 18.6.1991, Rs. C-260/89, Slg. 1991, I-2925 Rn. 43 – *ERT*; U. v. 26.6.1997, Rs. C-368/95, Slg. 1997, I-3689 Rn. 24 – *Familiapress*; dazu F. *Wollenschläger*, Grundrechtsschutz und Unionsbürgerschaft, in: Hatje/Müller-Graff (Hrsg.), Europäisches Organisations- und Verfassungsrecht, EnzEuR I, 2. Aufl. 2021, § 13 Rn. 25 ff.; *ders.*, EuZW 2014, 577), womit die Charta-Grundrechte als Schranken-Schranken der mitgliedstaatlichen Beschränkungsbefugnis fungieren (zum Verhältnis auch F. *Wollenschläger*, in: von der Groeben/Schwarze/Hatje, Art. 15 GRC Rn. 16).

AEUV; Art. 21 Abs. 1, Art. 23 EuGRC)[24] und Sekundärrecht[25] verankerte Schutz der Arbeitnehmerinnen und Arbeitnehmer vor Diskriminierungen sein; des Weiteren zu nennen sind Regelungen zum Betriebsübergang,[26] zu Massenentlassungen,[27] oder zu Erholungsurlaub und Arbeitszeit[28].[29] Auch die Grundrechte-Charta enthält das Arbeitsleben betreffende, in ihrer Tragweite allerdings beschränkte soziale Grundrechte (Recht auf Bildung und Zugang zur beruflichen Aus- und Weiterbildung gem. Art. 14; Solidaritätsrechte der Art. 27 ff. einschließlich des Schutzes bei ungerechtfertigter Entlassung, Art. 30 EuGRC, oder des Rechts auf gerechte und angemessene Arbeitsbedingungen, Art. 31 EuGRC).

III. Fallgestaltungen

Zur Arbeitnehmerfreizügigkeit, die den Gerichtshof von Anfang der europäischen Integration an beschäftigte, existiert eine reiche Kasuistik. Thematisiert werden soll der Kreis der von der Arbeitnehmerfreizügigkeit Berechtigten (1.) und Verpflichteten (2.) sowie ihr Gewährleistungsgehalt (3.). Abschließend sei ein kurzer Blick darauf geworfen, inwiefern sich auch Nichtarbeitnehmer – d. h. Familienangehörige des Wanderarbeitnehmers sowie noch nicht, derzeit nicht und nicht mehr Beschäftigte – auf die Arbeitnehmerfreizügigkeit berufen können (4.). **10**

1. Der Arbeitnehmer als Berechtigter der Arbeitnehmerfreizügigkeit

Der persönliche Anwendungsbereich der Arbeitnehmerfreizügigkeit wird durch den Begriff des Arbeitnehmers bestimmt (a). Keine Anwendung findet sie gemäß Art. 45 Abs. 4 AEUV auf eine Beschäftigung in der öffentlichen Verwaltung (b). **11**

Am Rande angemerkt sei, dass sich nach der Rechtsprechung des Gerichtshofs auch der Arbeitgeber auf die Arbeitnehmerfreizügigkeit berufen kann. Denn diese könne nur dann ihre „volle Wirkung entfalten, wenn die Arbeitgeber ein entsprechendes Recht darauf haben, Arbeitnehmer nach Maßgabe der Bestimmungen über die Freizügigkeit einstellen zu können."[30] **12**

---

24 Siehe in diesem Kontext auch die stark kritisierte Rechtsprechung des EuGH zum unionsgrundrechtlichen Schutz vor Altersdiskriminierung: U. v. 22.11.2005, Rs. C-144/04, Slg. 2005, I-9981 Rn. 74 f. – *Mangold*; ferner (und restriktiver) U. v. 16.10.2007, Rs. C-411/05, Slg. 2007, I-8531 – *Palacios de la Villa*; die Rechtsprechung bestätigend EuGH, U. v. 19.1.2010, Rs. C-555/07, ECLI:EU:C:2010:21 Rn. 51 ff. – *Kücükdeveci*; zu diesem Thema exemplarisch auch EuGH, U. v. 8.9.2011, verb. Rs. C-297/10 und C-298/10, ECLI:EU:C:2011:560 – *Hennigs u. a.*; U. v. 26.9.2013, Rs. C-546/11, ECLI:EU:C:2013:603 – *Dansk Jurist*; U. v. 21.1.2015, Rs. C-529/13, ECLI:EU:C:2015:20 – *Felber*; U. v. 19.4.2016, Rs. C-441/14, ECLI:EU:C:2016:278 – *Dansk Industri*; U. v. 27.2.2020, verb. Rs. C-773/18, C-773/14 und C-773/15, ECLI:EU:C:2020:125 – *TK u. a.*
25 Siehe etwa die Gleichbehandlungs-Richtlinie 2006/54/EG, ABl. L 204/23 v. 26.7.2006 (vormals Richtlinie 76/207/EWG, ABl. L 39/40 v. 14.2.1976, aufgehoben durch Art. 34 Richtlinie 2006/54/EG, ABl. L 204/23 v. 26.7.2006), und die Gleichbehandlungs-Rahmen-Richtlinie 2000/78/EG, ABl. L 303/16 v. 2.12.2000. In jüngster Zeit relevant hierzu sind die Entscheidungen des EuGH zum Verbot des Tragens eines Kopftuches am Arbeitsplatz: EuGH, U. v. 14.3.2017, Rs. C-188/15, ECLI:EU:C:2017:204 – *Bougnaoui*; U. v. 15.7.2021, verb. Rs. C-804/18 und C-341/19, ECLI:EU:C:2021:594 – *WABE u. a.* Siehe zudem die Antidiskriminierungs-Richtlinie 2000/43/EG, ABl. L 180/22 v. 19.7.2000.
26 Betriebsübergangs-Richtlinie 2001/23/EG, ABl. L 82/16 v. 22.3.2001, i. d. F. der Richtlinie 2015/1794/EU, ABl. 263/1 v. 8.10.2015 (vormals Richtlinie 77/187/EWG, ABl. L 61/26 v. 5.3.1977, aufgehoben durch Art. 12 Richtlinie 2001/23/EG, ABl. L 82/16 v. 22.3.2001).
27 Richtlinie 98/59/EG, ABl. L 225/16 v. 12.8.1998, i. d. F. der Richtlinie 2015/1794/EU ABl. L 263/1 v. 8.10.2015.
28 Richtlinie 2003/88/EG, ABl. L 299/9 v. 18.11.2003.
29 Umfassend zum Europäischen Arbeitsrecht *Franzen*, EuZA 2008, 1; *ders.*, EuZA 2021, 143; *Krebber*, EuZA 2019, 62; *Schubert/Jerchel*, EuZW 2017, 551; *Winter*, NZA-Beilage 2020, 58.
30 EuGH, U. v. 7.5.1998, Rs. C-350/96, Slg. 1998, I-2521 Rn. 16 ff. – *Clean Car Autoservice*; U. v. 4.9.2014, Rs. C-474/12, ECLI:EU:C:2014:2096 Rn. 25 f. – *Schiebel*.

13 **a) Der Begriff des Arbeitnehmers.** Der Begriff des Arbeitnehmers ist nicht unter Rückgriff auf Definitionen des nationalen Rechts auszulegen, sondern unionsrechtlich-autonom. Andernfalls wäre nämlich die einheitliche Anwendung des Unionsrechts in Frage gestellt.[31] Nach ständiger Rechtsprechung des EuGH ist jede Person Arbeitnehmer, die „während einer bestimmten Zeit für einen anderen nach dessen Weisung Leistungen erbringt, für die (…) [sie] als Gegenleistung eine Vergütung erhält".[32] Das Merkmal der Weisungsabhängigkeit unterscheidet den Arbeitnehmer vom Selbstständigen und dient damit der Abgrenzung zur Niederlassungs- und Dienstleistungsfreiheit.[33] Schließlich ist der Begriff des Arbeitnehmers weit zu verstehen, da er die Reichweite einer Grundfreiheit und damit eines Grundprinzips der Union bestimmt.[34] Der fünfte Erwägungsgrund der Verordnung (EU) Nr. 492/2011 bekräftigt die Berechtigung von „Dauerarbeitnehmern, Saisonarbeitern, Grenzarbeitnehmern oder Arbeitnehmern (…), die ihre Tätigkeit im Zusammenhang mit einer Dienstleistung ausüben."[35]

14 Keine Anwendung findet die Arbeitnehmerfreizügigkeit auf Arbeitnehmer, deren Arbeitgeber sie in einen anderen Mitgliedstaat entsendet, damit diese dort für ihn tätig werden; das für die Abgrenzung der Grundfreiheiten untereinander entscheidende grenzüberschreitende Moment prägt hier nämlich die Dienstleistungserbringung des Arbeitgebers für einen ausländischen Auftraggeber, nicht aber treten die (vorübergehend) entsandten Arbeitnehmer auf dem ausländischen Arbeitsmarkt auf.[36]

15 Immer wieder beschäftigten den Gerichtshof Fallgestaltungen, in denen die Qualifikation von Personen als Arbeitnehmer inmitten stand, deren Tätigkeit mit Blick auf Umfang, Vergütung oder Umstände das Vorliegen eines Arbeitsverhältnisses fraglich erscheinen ließ. Ein Beispiel hierfür ist:

16 **EuGH, Urteil vom 7.9.2004 – Rs. C-456/02, Slg. 2004, I-7573 –** *Trojani*
Herr Trojani, ein französischer Staatsangehöriger, reiste im Jahr 2000 nach Belgien ein und fand dort schließlich Aufnahme in einem Heim der Heilsarmee. Als Gegenleistung für Unterkunft und für ein geringes Taschengeld hatte er im Rahmen eines individuellen Projekts der gesellschaftlichen und beruflichen Eingliederung etwa 30 Stunden je Woche verschiedene Leistungen zu erbringen. Im Ausgangsrechtsstreit stellte sich im hier interessierenden Zusammenhang die Frage, ob Herr Trojani als Arbeitnehmer zu qualifizieren ist. Dies hätte ihm die Berufung auf das Diskriminierungsverbot der Arbeitnehmerfreizügigkeit ermöglicht, wo-

---

31 EuGH, U. v. 19.3.1964, Rs. 75/63, Slg. 1964, 381 (396) – *Unger*; U. v. 23.3.1982, Rs. 53/81, Slg. 1982, 1035 Rn. 10 ff. – *Levin*; U. v. 3.7.1986, Rs. 66/85, Slg. 1986, 2121 Rn. 16 – *Lawrie-Blum*; U. v. 26.4.2007, Rs. C-392/05, Slg. 2007, I-3505 Rn. 67 – *Alevizos*; U. v. 17.7.2008, Rs. C-94/07, Slg. 2008, I-5939 Rn. 33 – *Raccanelli*; U. v. 9.7.2015, Rs. C-229/14, ECLI:EU:C:2015:455 Rn. 33 – *Balkaya*.
32 Siehe nur EuGH, U. v. 3.7.1986, Rs. 66/85, Slg. 1986, 2121 Rn. 17 – *Lawrie-Blum*; U. v. 12.5.1998, Rs. C-85/96, Slg. 1998, I-2691 Rn. 32 – *Sala*; U. v. 6.11.2003, Rs. C-413/01, Slg. 2003, I-13187 Rn. 24 – *Ninni-Orasche*; U. v. 26.4.2007, Rs. C-392/05, Slg. 2007, I-3505 Rn. 67 – *Alevizos*; U. v. 17.7.2008, Rs. C-94/07, Slg. 2008, I-5939 Rn. 33 f. – *Raccanelli*; U. v. 9.7.2015, Rs. C-229/14, ECLI:EU:C:2015:455 Rn. 34 – *Balkaya*; ausführlich zum Arbeitnehmerbegriff in der Rechtsprechung des EuGH *Wank*, EuZA 2023, 22.
33 *Brechmann*, in: Calliess/Ruffert, EUV/AEUV, Art. 45 AEUV Rn. 15. Vgl. zu scheinbar Selbstständigen auch EuGH, B. v. 22.4.2020, Rs. C-692/19, ECLI:EU:C:2020:288 Rn. 30 f. – *Yodel Delivery*.
34 EuGH, U. v. 23.3.1982, Rs. 53/81, Slg. 1982, 1035 Rn. 13 – *Levin*; U. v. 3.7.1986, Rs. 66/85, Slg. 1986, 2121 Rn. 16 – *Lawrie-Blum*; U. v. 17.7.2008, Rs. C-94/07, Slg. 2008, I-5939 Rn. 33 – *Raccanelli*; U. v. 19.6.2014, Rs. C-507/12, ECLI:EU:2013:2007 Rn. 33 – *Saint Prix*.
35 *Brechmann*, in: Calliess/Ruffert, EUV/AEUV, Art. 45 AEUV Rn. 12.
36 EuGH, U. v. 27.3.1990, Rs. C-113/89, Slg. 1990, I-1417 Rn. 14 f. – *Rush Portugesa*; U. v. 9.8.1994, Slg. 1994, I-3803 Rn. 21 – *Vander Elst*. Näher *Frenz*, Handbuch Europarecht I, 2. Aufl. 2012, Rn. 1343 ff. Siehe zum mit der Arbeitnehmer-Entsendung zusammenhängenden Problem der Mindestarbeitsbedingungen die Richtlinie 96/71/EG des Europäischen Parlaments und des Rates vom 16. Dezember 1996 über die Entsendung von Arbeitnehmern im Rahmen der Erbringung von Dienstleistungen, ABl. L 18/1 v. 21.1.1997, i. d. F. der Richtlinie 2018/957/EU, ABl. L 173/16 v. 9.7.2018, berichtigt durch ABl. L 91/77 v. 29.3.2019. Dazu auch EuGH, U. v. 18.12.2007, Rs. C-341/05, Slg. 2007, I-11767 Rn. 54 ff. – *Laval*.

mit er Sozialleistungen unter gleichen Voraussetzungen wie Inländer hätte beanspruchen können.

Einleitend nahm der Gerichtshof zum Begriff des Arbeitnehmers Stellung. Unter diesen falle „jeder, der eine tatsächliche und echte Tätigkeit ausübt, wobei Tätigkeiten außer Betracht bleiben, die einen so geringen Umfang haben, dass sie sich als völlig untergeordnet und unwesentlich darstellen. Das wesentliche Merkmal des Arbeitsverhältnisses besteht (…) darin, dass jemand während einer bestimmten Zeit für einen anderen nach dessen Weisung Leistungen erbringt, für die er als Gegenleistung eine Vergütung erhält (…). Außerdem ist es für die Arbeitnehmereigenschaft im Sinne des Gemeinschaftsrechts ohne Bedeutung, dass das Beschäftigungsverhältnis nach nationalem Recht ein Rechtsverhältnis sui generis ist, wie hoch die Produktivität des Betreffenden ist, woher die Mittel für die Vergütung stammen oder dass sich die Höhe der Vergütung in Grenzen hält." Auf dieser Grundlage müsse nun eine Gesamtwürdigung aller Umstände vorgenommen werden: Die Heilsarmee hat „die Aufgabe, begünstigte Personen aufzunehmen, sie unterzubringen und ihnen angemessene psycho-soziale Unterstützung zu bieten, um ihre Selbstständigkeit, ihr physisches Wohlbefinden und ihre Wiedereingliederung in die Gesellschaft zu fördern. Zu diesem Zweck hat sie mit jeder begünstigten Person ein auf sie zugeschnittenes Eingliederungsprojekt zu vereinbaren, in dem die zu erreichenden Ziele und die dafür einzusetzenden Mittel beschrieben sind. Indem das vorlegende Gericht ermittelt hat, dass die dem Kläger von der Heilsarmee in Naturalleistungen und in bar gewährte Vergütung die Gegenleistung für die von ihm für das Wohnheim und nach dessen Weisung erbrachten Leistungen darstellt, hat es zugleich festgestellt, dass die Grundmerkmale eines Arbeitsverhältnisses, nämlich das Abhängigkeitsverhältnis und die Zahlung einer Vergütung, vorliegen." Allerdings müsse sich die Beschäftigung von Herrn Trojani auch als eine „tatsächliche und echte Tätigkeit" darstellen. Maßgeblich hierfür ist, „ob die vom Kläger tatsächlich erbrachten Leistungen als solche angesehen werden können, die auf dem Beschäftigungsmarkt üblich sind. Hierzu können die für das Wohnheim geltende Regelung und dessen Praxis, der Inhalt des Projekts für die Wiedereingliederung in die Gesellschaft sowie die Art der Leistungen und die Modalitäten ihrer Erbringung berücksichtigt werden."

Die Entscheidung des Gerichtshofs bringt das Spannungsverhältnis zum Ausdruck, in dem sich die Qualifikation einer Person als Arbeitnehmer bewegt. Vor dem Hintergrund des Zwecks der Marktfreiheiten, die transnationale Marktintegration zu befördern, können einerseits nur Personen erfasst sein, die Teil des Wirtschaftslebens sind. Dies findet ihren Ausdruck in der Forderung des EuGH, dass eine „tatsächliche und echte Tätigkeit" vorliegen müsse, die „[k]einen so geringen Umfang haben [dürfe], dass sie sich als völlig untergeordnet und unwesentlich darstell[t]." Andererseits muss einer vielgestaltigen Arbeitswelt Rechnung getragen werden, die nicht nur den Typus des vollzeitbeschäftigten Arbeitnehmers kennt. Letzteres erklärt, warum der Gerichtshof keine allzu hohen Anforderungen an die Eigenschaft als Arbeitnehmer stellt: Einbezogen hat er auch Praktikanten[37] und Teilzeitbeschäftigte, die im Durchschnitt lediglich 3 bis 14 Stunden pro Woche arbeiten.[38] Unmaßgeblich ist ferner die Höhe des Einkommens, selbst dann, wenn der Betreffende lohnergänzend auf Sozialleistungen zur Bestreitung seines Lebens-

---

37 EuGH, U. v. 21.11.1991, Rs. C-27/91, Slg. 1991, 5531 Rn. 8 – *URSSAF*; U. v. 26.2.1992, Rs. C-3/90, Slg. 1992, I-1071 Rn. 15 f. – *Bernini*; U. v. 9.7.2015, Rs. C-229/14, ECLI:EU:C:2015:455 Rn. 49 ff. – *Balkaya*.
38 EuGH, U. v. 18.7.2007, Rs. C-213/05, Slg. 2007, I-6347 – *Geven*. Siehe ferner EuGH, U. v. 3.6.1986, Rs. 139/85, Slg. 1986, 1741 Rn. 11 f. – *Kempf*; U. v. 14.12.1995, Rs. C-317/93, Slg. 1995, I-4625 Rn. 19 – *Nolte*; U. v. 9.7.2015, Rs. C-229/14, ECLI:EU:C:2015:455 Rn. 49 ff. – *Balkaya*.

unterhalts angewiesen ist.[39] Ebenfalls unschädlich ist, dass der Beschäftigte aus öffentlichen Mitteln[40] oder in Form von Sachleistungen[41] vergütet wird.[42]

19 **Anmerkung:** Hintergrund der Streitigkeiten um die Qualifikation als Arbeitnehmer ist oftmals die mit diesem Status zusammenhängende Rechtsstellung im Aufnahmemitgliedstaat: Arbeitnehmer genießen nämlich ein von ökonomischen Voraussetzungen unabhängiges Aufenthaltsrecht sowie einen nahezu unbedingten Inländerbehandlungsanspruch hinsichtlich des Zugangs zu Sozialleistungen. Zwar profitieren zwischenzeitlich auch Nichterwerbstätige von einem Aufenthaltsrecht (Art. 20 Abs. 2 lit. a, Art. 21 AEUV; Art. 6 ff. Richtlinie 2004/38/EG) und einem weit reichenden Inländerbehandlungsanspruch (Art. 20 Abs. 2 lit. a, Art. 21 i. V. m. Art. 18 AEUV; Art. 24 Richtlinie 2004/38/EG). Ersteres ist allerdings von ökonomischen Aufenthaltsvoraussetzungen abhängig (Art. 7 Abs. 1 lit. b und c Richtlinie 2004/38/EG) und letzterer gebietet einen nur gestuften Zugang zu Sozialleistungen (Art. 24 Abs. 2 Richtlinie 2004/38/EG).[43]

20 **b) Bereichsausnahme für eine Beschäftigung in der öffentlichen Verwaltung (Art. 45 Abs. 4 AEUV).** Gemäß Art. 45 Abs. 4 AEUV findet die Arbeitnehmerfreizügigkeit keine Anwendung auf eine Beschäftigung in der öffentlichen Verwaltung. Die Reichweite dieser Bestimmung, die „als Ausnahme vom Grundprinzip der Freizügigkeit und der Nichtdiskriminierung der Arbeitnehmer" eng auszulegen ist,[44] war mehrfach Gegenstand von Entscheidungen des EuGH.

21 **EuGH, Urteil vom 3.7.1986 – Rs. 66/85, Slg. 1986, 2121 – *Lawrie-Blum***
Die britische Staatsangehörige Lawrie-Blum beantragte, nachdem sie ihr Lehramtsstudium an der Universität Freiburg abgeschlossen hatte, die Zulassung zum Referendariat. Diese lehnte das Oberschulamt Stuttgart ab, da Studienreferendare in einem Beamtenverhältnis auf Widerruf beschäftigt werden und Frau Lawrie-Blum die Ernennungsvoraussetzung hierfür, nämlich die Inhaberschaft der deutschen Staatsangehörigkeit, nicht erfüllte. Frau Lawrie-Blum sah hierin ein Verstoß gegen das von der Arbeitnehmerfreizügigkeit umfasste Verbot jeder Diskriminierung aufgrund der Staatsangehörigkeit beim Zugang zu einer Beschäftigung. Die nationalen Behörden wie auch das vorlegende BVerwG hielten die Arbeitnehmerfreizügigkeit allerdings u. a. deshalb für nicht anwendbar, weil die Bereichsausnahme des Art. 45 Abs. 4 AEUV greife: Die Unterrichtsgestaltung, die Benotung von Schülern und die Mitwirkung an der Entscheidung über deren Versetzung stelle sich nämlich als Ausübung hoheitlicher Befugnisse dar.

---

39 EuGH, U. v. 23.3.1982, Rs. 53/81, Slg. 1982, 1035 Rn. 11 ff. – *Levin*; U. v. 3.6.1986, Rs. 139/85, Slg. 1986, 1741 Rn. 13 ff. – *Kempf*; U. v. 14.12.1995, Rs. C-317/93, Slg. 1995, I-4625 Rn. 19 – *Nolte*; U. v. 30.3.2006, Rs. C-10/05, Slg. 2006, I-3145 Rn. 22 – *Mattern*.
40 EuGH, U. v. 31.5.1989, Rs. 344/87, Slg. 1989, 1621 Rn. 15 – *Bettray*; U. v. 26.11.1998, Rs. C-1/97, Slg. 1998, I-7747 Rn. 28 – *Birden*; U. v. 9.7.2015, Rs. C-229/14, ECLI:EU:C:2015:455 Rn. 51 – *Balkaya*.
41 EuGH, U. v. 5.10.1988, Rs. 196/87, Slg. 1988, 6159 Rn. 16 f. – *Steymann*.
42 Siehe zur Arbeitnehmereigenschaft eines Promotionsstipendiaten EuGH, U. v. 17.7.2008, Rs. C-94/07, Slg. 2008, I-5939 Rn. 33 – *Raccanelli*.
43 Umfassend dazu *F. Wollenschläger*, Grundfreiheit ohne Markt, S. 126 ff. (Aufenthaltsrecht) und S. 197 ff. (Inländerbehandlungsanspruch); ferner *ders.*, ZEuS 2009, 1 (23 ff., 30 ff.); *ders.*, Das Rechtssystem des Europäischen Freizügigkeitsraums – Einführung, in: ders. (Hrsg.), Europäischer Freizügigkeitsraum – Unionsbürgerschaft und Migrationsrecht, EnzEuR X, 2021, § 1 Rn. 4 ff.; *ders.*, in: Hatje/Müller-Graff (Hrsg.), Europäisches Organisations- und Verfassungsrecht, EnzEuR I, 2. Aufl. 2022, § 13 Rn. 139 ff.; *ders.*, EuZW 2021, 795; *Kadelbach*, Das Freizügigkeitsrecht der Unionsbürger, in: F. Wollenschläger (Hrsg.), Europäischer Freizügigkeitsraum – Unionsbürgerschaft und Migrationsrecht, EnzEuR X, 2021, § 5.
44 EuGH, U. v. 3.7.1986, Rs. 66/85, Slg. 1986, 2121 Rn. 26 – *Lawrie-Blum*; U. v. 16.6.1987, Rs. 225/85, Slg. 1987, 2625 Rn. 7 – *Kommission/Italien*; U. v. 30.9.2003, Rs. C-405/01, Slg. 2003, I-10391 Rn. 41 – *Colegio de Oficiales*; U. v. 10.9.2014, Rs. C-270/13, ECLI:EU:C:2014:2185 Rn. 43 – *Haralambidis*.

III. Fallgestaltungen **22–24**

Der Gerichtshof wies diese Argumentation zurück. Die Bereichsausnahme des Art. 45 **22**
Abs. 4 AEUV sei eng auszulegen, d. h. so, dass sich ihre „Tragweite auf das beschränkt, was zur Wahrung der Interessen, die diese Bestimmung den Mitgliedstaaten zu schützen erlaubt, unbedingt erforderlich ist." Nicht entscheidend sei daher, ob der Betreffende in der öffentlichen Verwaltung des Mitgliedstaats beschäftigt ist: „Der Zugang zu einigen Stellen [kann] nicht deshalb eingeschränkt werden, weil in einem bestimmten Mitgliedstaat die Personen, die diese Stellen annehmen können, in das Beamtenverhältnis berufen werden. Würde man nämlich die Anwendung des [Art. 45 Abs. 4 AEUV] von der Rechtsnatur des Verhältnisses zwischen dem Arbeitnehmer und der Verwaltung abhängig machen, so gäbe man damit den Mitgliedstaaten die Möglichkeit, nach Belieben die Stellen zu bestimmen, die unter diese Ausnahmebestimmung fallen." Vielmehr kommt es darauf an, ob die Tätigkeit „eine unmittelbare oder mittelbare Teilnahme an der Ausübung hoheitlicher Befugnisse und an der Wahrnehmung solcher Aufgaben mit sich bring[t], die auf die Wahrung der allgemeinen Belange des Staates oder anderer öffentlicher Körperschaften gerichtet sind und die deshalb ein Verhältnis besonderer Verbundenheit des jeweiligen Stelleninhabers zum Staat sowie die Gegenseitigkeit von Rechten und Pflichten voraussetz[t], die dem Staatsangehörigkeitsband zugrunde liegen. Ausgenommen sind nur die Stellen, die in Anbetracht der mit ihnen verbundenen Aufgaben und Verantwortlichkeiten die Merkmale der spezifischen Tätigkeiten der Verwaltung auf den genannten Gebieten aufweisen können." Auf die Tätigkeit einer Studienreferendarin treffe dies nicht zu.

Anmerkung: Das Urteil illustriert, dass für die Anwendbarkeit der Bereichsausnahme **23**
keine institutionelle Betrachtungsweise maßgeblich ist, die danach fragt, ob der Betreffende im öffentlichen Dienst eines Mitgliedstaats tätig ist. Dafür streitet zwar der Wortlaut des Art. 45 Abs. 4 AEUV, der von einer „Beschäftigung in der öffentlichen Verwaltung" spricht, und ein Umkehrschluss zur Bereichsausnahme der Niederlassungsfreiheit, die anders als Art. 45 Abs. 4 AEUV nicht institutionell, sondern funktional formuliert ist: „Auf Tätigkeiten, die in einem Mitgliedstaat dauernd oder zeitweise mit der Ausübung öffentlicher Gewalt verbunden sind, findet [die Niederlassungsfreiheit] keine Anwendung" (Art. 51 Abs. 1 AEUV). Ein institutionelles Verständnis der Bereichsausnahme würde jedoch die einheitliche Anwendbarkeit des Unionsrechts in Frage stellen, da es dann die Mitgliedstaaten in der Hand hätten, über den Anwendungsbereich der Arbeitnehmerfreizügigkeit zu disponieren, je nachdem, ob sie eine Tätigkeit dem öffentlichen Dienst zuordnen oder nicht. Vielmehr muss sich die Bestimmung der Reichweite der Bereichsausnahme von dem im Urteil geschilderten Regelungszweck des Art. 45 Abs. 4 AEUV leiten lassen. Dieser verlangt eine funktionale Betrachtung, die darauf abstellt, ob die Tätigkeit mit der Wahrnehmung von hoheitlichen Kernaufgaben des Staates verbunden ist.[45]

Auf Lehrer und Studienreferendare trifft dies, wie der EuGH entschieden hat, nicht zu. **24**
Mögen diese auch bei der Entscheidung über Versetzungen oder der Verhängung von Disziplinarmaßnahmen hoheitlich handeln, so prägt das Gesamtbild ihrer Tätigkeit das unterrichtende Moment. Ist eine Beschäftigung aber zeitlich oder vom Umfang her nur in untergeordnetem Maße mit der Ausübung hoheitlicher Befugnisse verbunden, so genügt dies nicht für die Anwendbarkeit des Art. 45 Abs. 4 AEUV, wie der EuGH auch

---

45 Grundlegend bereits EuGH, U. v. 17.12.1980, Rs. 149/79, Slg. 1980, 3881 – *Kommission/Belgien I*. Siehe ferner EuGH, U. v. 26.5.1982, Rs. 149/79, Slg. 1982, 1845 – *Kommission/Belgien II*; U. v. 3.6.1986, Rs. 307/84, Slg. 1986, 1725 – *Kommission/Frankreich*; U. v. 30.9.2003, Rs. C-405/01, Slg. 2003, I-10391 – *Colegio de Oficiales*; U. v. 30.9.2003, Rs. C-47/02, Slg. 2003, I- 10477 – *Anker u.a*; U. v. 26.4.2007, Rs. C-392/05, Slg. 2007, I-3505 Rn. 69 f. – *Alevizos*; U. v. 10.9.2014, Rs. C-270/13, ECLI:EU:C:2014:2185 Rn. 44 f. – *Haralambidis*. In der Literatur: *Henssler/Kilian*, EuR 2005, 192; *F. Wollenschläger*, Grundfreiheit ohne Markt, S. 62 f.

in anderem Zusammenhang entschieden hat.⁴⁶ Die Ausübung hoheitlicher Befugnisse ist damit eine notwendige, aber keine hinreichende Bedingung: „Hinzu kommen muss, dass diese Befugnisse von dem Stelleninhaber tatsächlich regelmäßig ausgeübt werden und nicht nur einen sehr geringen Teil seiner Tätigkeiten ausmachen. [Denn] diese Ausnahme [ist] in einer Weise auszulegen, die ihre Tragweite auf das beschränkt, was zur Wahrung der allgemeinen Belange des betreffenden Mitgliedstaats unbedingt erforderlich ist; diese würden nicht gefährdet, wenn hoheitliche Befugnisse nur sporadisch oder ausnahmsweise von Staatsangehörigen anderer Mitgliedstaaten ausgeübt würden".⁴⁷

25 Abschließend sei darauf hingewiesen, dass sich ein Mitgliedstaat gegenüber einem EU-Ausländer dann nicht mehr auf die Bereichsausnahme berufen kann, wenn er ihn in der öffentlichen Verwaltung beschäftigt hat.⁴⁸ Der Regelungszweck des Art. 45 Abs. 4 AEUV erschöpft sich mithin darin, „den Mitgliedern die Möglichkeit vorzubehalten, den Zugang ausländischer Staatsangehöriger zu bestimmten Stellen in der öffentlichen Verwaltung zu beschränken".⁴⁹ Als Verstoß gegen das Diskriminierungsverbot der Arbeitnehmerfreizügigkeit (Art. 45 Abs. 2 AEUV) zu werten wäre es demnach, wenn dem EU-Ausländer eine Vergünstigung, die inländischen „Beamten" gewährt wird, vorenthalten würde. Mit Blick auf ihren Schutzzweck findet die Bereichsausnahme auch keine Anwendung auf in der öffentlichen Verwaltung beschäftigte Inländer.⁵⁰

2. Verpflichtete

26 Von ihrem Entstehungshintergrund her betrachtet zielten die Grundfreiheiten auf den Abbau der in den mitgliedstaatlichen Rechtsordnungen bestehenden Hemmnisse für den freien Personen-, Waren-, Dienstleistungs- und Kapitalverkehr; sie hatten also in erster Linie staatliche Maßnahmen im Blick. Dem Unionsrecht liegt dabei ein weites Staatsverständnis zugrunde: „Staatlich" sind nicht nur diejenigen Einrichtungen und Organe, die das nationale Staats- und Verwaltungsorganisationsrecht als Teil des Staates konstituiert; vielmehr können dem Staat auch verselbstständigte und privatrechtliche Einrichtungen zuzurechnen sein, wenn er deren Tätigkeit etwa durch eine überwiegende Finanzierung oder die Bestimmung von Leitungsgremien steuert.⁵¹ Mittlerweile anerkannt ist des Weiteren, dass auch die Union selbst an die Marktfreiheiten gebunden ist (vgl. auch Art. 15 Abs. 2 i. V. m. Art. 51 Abs. 1 S. 1, Art. 52 Abs. 2 EuGRC).⁵² Gerade für die Arbeitnehmerfreizügigkeit hat sich darüber hinaus die Frage gestellt, ob auch

---

46 EuGH, U. v. 30.9.2003, Rs. C-405/01, Slg. 2003, I-10391 Rn. 44 – *Colegio de Oficiales*, und U. v. 30.9.2003, Rs. C-47/02, Slg. 2003, I-10477 Rn. 63 – *Anker u. a.* (für Kapitäne); U. v. 10.9.2014, Rs. C-270/13, ECLI:EU:C:2014:2185 Rn. 42 ff. – *Haralambidis* (für Tätigkeit als Präsident einer Hafenbehörde, die „allgemein einen technischen und wirtschaftslenkenden Charakter hat" und nur untergeordnet mit der Ausübung hoheitlicher Befugnisse verbunden ist).
47 EuGH, U. v. 10.9.2014, Rs. C-270/13, ECLI:EU:C:2014:2185 Rn. 58 f. – *Haralambidis*.
48 EuGH, U. v. 12.2.1974, Rs. 152/73, Slg. 1974, 153 Rn. 4 – *Sotgiu*; U. v. 30.11.2000, Rs. C-195/98, Slg. 2000, I-10497 Rn. 37 – *Österreichischer Gewerkschaftsbund*; U. v. 26.4.2007, Rs. C-392/05, Slg. 2007, I-3505 Rn. 70 – *Alevizos*.
49 EuGH, U. v. 26.4.2007, Rs. C-392/05, Slg. 2007, I-3505 Rn. 70 – *Alevizos*.
50 EuGH, U. v. 6.10.2015, Rs. C-298/14, ECLI:EU:C:2015:652 Rn. 30 ff. – *Brouillard*.
51 Vgl. EuGH, U. v. 28.4.1977, Rs. 71/76, Slg. 1977, 765 Rn. 15/18 – *Thieffry*; U. v. 24.11.1982, Rs. 249/81, Slg. 1982, 4005 Rn. 15 – *Kommission/Irland (Buy Irish)*; U. v. 13.12.1983, Rs. 222/82, Slg. 1983, 4083 Rn. 17 – *Apple and Pears Council*; U. v. 7.2.1984, Rs. 237/82, Slg. 1984, 483 Rn. 19 – *Jongeneel Kaas*; U. v. 18.6.1985, Rs. 197/94, Slg. 1985, 1819 Rn. 14 – *Steinhauser*; U. v. 18.5.1989, verb. Rs. 266 und 267/87, Slg. 1989, 1295 Rn. 14 ff. – *Royal Pharmaceutical Society*; U. v. 12.12.1990, Rs. 302/88, Slg. 1990, I-4625 Rn. 14 ff. – *Hennen Olie*; U. v. 15.12.1993, Rs. C-292/92, Slg. 1993, I-6787 Rn. 13 ff. – *Hünermund*; U. v. 5.11.2002, Rs. C-325/00, Slg. 2002, I-9977 Rn. 18 – *Kommission/Deutschland (CMA)*. Näher *F. Wollenschläger*, NVwZ 2007, 388 (389 f.).
52 Näher *Forsthoff*, in: Grabitz/Hilf/Nettesheim, Das Recht der Europäischen Union, Art. 45 AEUV Rn. 131; *Frenz*, Handbuch Europarecht I, 2. Aufl. 2012, Rn. 333 ff.; *Streinz*, Europarecht, Rn. 883. Siehe auch EuGH, U. v. 29.2.1984, Rs. 37/83, Slg. 1984, 1229 Rn. 18 – *Rewe* und U. v. 22.6.2017, Rs. C-549/15, ECLI:EU:C:2017:490 Rn. 45 – *E.ON Biofor Sverige* für die Warenverkehrsfreiheit; EuGH, U. v. 1.10.2008, Rs. C-247/08, Slg 2009, I-9225 Rn. 45 ff. – *Gaz de France*, für die Niederlassungs-, Dienstleistungs- und Kapitalverkehrsfreiheit.

Maßnahmen Privater von ihrem Anwendungsbereich erfasst sind – eine Konstellation, die streng von der im Grundsatz anerkannten Schutzpflicht des Staates zu unterscheiden ist, gegen Beeinträchtigungen der Grundfreiheiten durch Private einzuschreiten, da dann eine staatliche Maßnahme (Unterlassen) inmitten steht.[53]

EuGH, Urteil vom 12.12.1974 – Rs. 36/74, Slg. 1974, 1405 – *Walrave* 27
Eine Vorschrift des Reglements der Union Cycliste Internationale über Steherrennen sah vor, dass der „Schrittmacher" dieselbe Staatsangehörigkeit wie seine Radrennfahrer besitzen müsse. Hierin sahen zwei niederländische Radrennsportler einen Verstoß gegen das Diskriminierungsverbot der Arbeitnehmerfreizügigkeit. Die Bejahung eines solchen setzt freilich voraus, dass Bestimmungen eines internationalen Sportverbandes, d. h. eines nicht-staatlichen Akteurs, überhaupt an den Vorschriften über den freien Personenverkehr zu messen sind. Hiergegen wurde vorgebracht, dass die Marktfreiheiten nur staatliche Maßnahmen erfassten, nicht aber Beschränkungen, die von Einzelpersonen oder privatrechtlichen Vereinigungen herrührten.

Der EuGH folgte dem jedenfalls für Kollektivmaßnahmen nicht: „Das Verbot der unterschiedlichen Behandlung gilt nicht nur für Akte der staatlichen Behörden, sondern erstreckt sich auch auf sonstige Maßnahmen, die eine kollektive Regelung im Arbeits[bereich] enthalten. Denn die Beseitigung der Hindernisse für den freien Personen[verkehr] – eines der in Art. 3 Buchstabe c des Vertrages [= Art. 3 Abs. 3 S. 1 EUV; Art. 26 AEUV] aufgeführten wesentlichen Ziele der Gemeinschaft – wäre gefährdet, wenn die Beseitigung der staatlichen Schranken dadurch in ihren Wirkungen wieder aufgehoben würde, dass privatrechtliche Vereinigungen oder Einrichtungen kraft ihrer rechtlichen Autonomie derartige Hindernisse aufrichteten." Im Übrigen gefährde ein anderes Ergebnis die einheitliche Anwendbarkeit des Unionsrechts: „Da (...) die Arbeitsbedingungen je nach Mitgliedstaat einer Regelung durch Gesetze und Verordnungen oder durch Verträge und sonstige Rechtsgeschäfte, die von Privatpersonen geschlossen oder vorgenommen werden, unterliegen, bestünde bei einer Beschränkung auf staatliche Maßnahmen die Gefahr, dass das fragliche Verbot nicht einheitlich angewandt würde." 28

Anmerkung: Da gerade im Arbeitsleben nicht-staatlichen Institutionen wie Gewerkschaften oder Arbeitgeberverbänden eine bedeutsame Regelungsmacht zukommt, ist es konsequent, auch deren Regelungen an der Arbeitnehmerfreizügigkeit zu messen. Denn andernfalls wäre deren Verwirklichung in weiten Bereichen des Arbeitslebens in Frage gestellt. Auf derselben Linie wie die Rechtssache *Walrave* liegt die Entscheidung des EuGH in der Rechtssache *Bosman*, die Transferregelungen von Fußballverbänden zum Gegenstand hatte.[54] In der Rechtssache *Angonese* hat der Gerichtshof das Diskriminierungsverbot der Arbeitnehmerfreizügigkeit schließlich auf Individualarbeitsverträge erstreckt, da auch insoweit nichts anderes gelten könne.[55] Nach wie vor umstritten ist, ob auch das Beschränkungsverbot auf Individualarbeitsverträge zu erstrecken ist, was wegen der damit einhergehenden Beschränkung der Privatautonomie weitgehend abgelehnt wird.[56] 29

---

53 Im Kontext der Warenverkehrsfreiheit war diese Konstellation Gegenstand von EuGH, U. v. 9.12.1997, Rs. C-265/95, Slg. 1997, I-6959 Rn. 24 ff. – *Kommission/Frankreich*, und U. v. 12.6.2003, Rs. C-112/00, Slg. 2003, I-5659 Rn. 51 ff. – *Schmidberger*.
54 EuGH, U. v. 15.12.1995, Rs. C-415/93, Slg. 1995, I-4921 Rn. 82 ff. – *Bosman*. Bekräftigt in EuGH, U. v. 11.12.2007, Rs. C-438/05, Slg. 2007, I-10779 Rn. 33 f. – *Viking* und U. v. 16.3.2010, Rs. C-325/08, Slg. 2010, I-2177 Rn. 33 f. – *Olympique Lyonnais*; U. v. 17.7.2008, Rs. C-94/07, Slg. 2008, I-5939 Rn. 41 ff. – *Raccanelli*.
55 EuGH, U. v. 6.6.2000, Rs. C-281/98, Slg. 2000, I-4139 Rn. 29 ff. – *Angonese*; ferner EuGH, U. v. 17.7.2008, Rs. C-94/07, Slg. 2008, I-5939 Rn. 45 f. – *Raccanelli*; U. v. 28.6.2012, Rs. C-172/11, ECLI:EU:C:2012:399 Rn. 36 f. – *Erny*; kritisch *Streinz*, Europarecht, Rn. 882; *ders./Leible*, EuZW 2000, 459. Im Ergebnis dem EuGH zustimmend *Repasi*, EuZW 2008, 532 (532 f.).
56 So *Birkemeyer*, EuR 2010, 662 (673); *Steinmeyer*, in: Franzen/Gallner/Oetker, (Hrsg.), Kommentar zum europäischen Arbeitsrecht, 4. Aufl. 2022, Art. 45 AEUV Rn. 83 ff.; *Forsthoff*, in: Grabitz/Hilf/Nettesheim, Das Recht der Europäischen Union, Art. 45 AEUV Rn. 169 (sogar unter weitergehender Ausklammerung auch mittelbarer Diskriminierungen); a. A. *Kocher*, in: Pechstein/Nowak/Häde (Hrsg.), Frankfurter Kommentar, 1. Aufl. 2017, Art. 45 AEUV Rn. 78.

30 Auch dem Sekundärrecht liegt ein entsprechender weiter Anwendungsbereich der Arbeitnehmerfreizügigkeit zugrunde. So sind gemäß Art. 7 Abs. 4 der Verordnung (EU) Nr. 492/2011 „[a]lle Bestimmungen in Tarif- oder Einzelarbeitsverträgen oder sonstigen Kollektivvereinbarungen betreffend Zugang zur Beschäftigung, Entlohnung und sonstige Arbeits- und Kündigungsbedingungen (...) von Rechts wegen nichtig, soweit sie für Arbeitnehmer, die Staatsangehörige anderer Mitgliedstaaten sind, diskriminierende Bedingungen vorsehen oder zulassen."

3. Der Gewährleistungsgehalt der Arbeitnehmerfreizügigkeit

31 Jedem Angehörigen der Mitgliedstaaten gewährleistet die in Art. 45 AEUV verankerte Arbeitnehmerfreizügigkeit die transnationale berufliche Mobilität. Drei Unteraspekte sind zu unterscheiden: das Aufenthaltsrecht im Zielstaat (a), der Anspruch auf Inländerbehandlung („Diskriminierungsverbot"; b) und der freiheitsrechtliche Gehalt („Beschränkungsverbot"; c).

32 a) **Aufenthaltsrecht.** Die Möglichkeit, in einem anderen Mitgliedstaat einer Erwerbstätigkeit nachzugehen, steht und fällt mit der Möglichkeit, sich dort überhaupt aufhalten zu dürfen. Nach dem Völkerrecht wie auch dem nationalen Ausländerrecht ist dieses Recht keine Selbstverständlichkeit; vielmehr gestehen diese dem Zielstaat ein Ermessen bei der Entscheidung zu, ob sich ein Ausländer im eigenen Hoheitsgebiet aufhalten darf. Dieses Ermessen beschneidet Art. 45 Abs. 3 lit. c AEUV empfindlich, indem er Wanderarbeitnehmern ein nur aus Gründen der öffentlichen Ordnung, Sicherheit und Gesundheit beschränkbares Aufenthaltsrecht einräumt. Die Reichweite dieses Vorbehalts, der nicht den Bestand des Aufenthaltsrechts berührt, sondern lediglich zu aufenthaltsbeendenden Maßnahmen ermächtigt,[57] hat immer wieder zu Streitigkeiten geführt, wie das folgende Beispiel illustriert.

33 EuGH, Urteil vom 26.2.1975 – Rs. 67/74, Slg. 1975, 297 – *Bonsignore*
Der in Deutschland wohnhafte italienische Staatsangehörige Bonsignore klagte gegen eine Ausweisungsverfügung, die die zuständige Ausländerbehörde nach seiner Verurteilung wegen eines Vergehens gegen das Waffengesetz und wegen fahrlässiger Tötung erlassen hatte. Das mit dem Rechtsstreit befasste und vorlegende Verwaltungsgericht war der Auffassung, dass die Ausweisung in casu nicht mit spezialpräventiven Gründen gerechtfertigt werden könne, da der Kläger versehentlich seinen Bruder getötet hatte. In Betracht käme lediglich eine Ausweisung als generalpräventive Maßnahme, die die Ausländerbehörde für gerechtfertigt hielt. Denn im Hinblick auf die zunehmende Gewalttätigkeit in Ballungsgebieten zeitige die Ausweisung eines im unerlaubten Waffenbesitz angetroffenen Ausländers eine gewisse Abschreckungswirkung in Einwandererkreisen. Problematisch war allerdings, dass nach dem damals geltenden EG-Sekundärrecht bei aufenthaltsbeendenden Maßnahmen aus Gründen der öffentlichen Ordnung oder Sicherheit „ausschließlich das persönliche Verhalten der in Betracht kommenden Einzelpersonen ausschlaggebend sein" durfte und „[s]trafrechtliche Verurteilungen allein (...) ohne weiteres diese Maßnahmen nicht begründen" konnten.

34 Der EuGH entschied zugunsten des Klägers. Die zitierte Bestimmung sei „im Lichte der Ziele der Richtlinie auszulegen: Mit dieser sollen insbesondere die zur Aufrechterhaltung der öffentlichen Ordnung und Sicherheit (...) gerechtfertigten Maßnahmen koordiniert werden, um deren Anwendung mit dem fundamentalen Grundsatz der Freizügigkeit in der Gemeinschaft und mit der Beseitigung jeglicher Diskriminierung zwischen eigenen Staatsangehörigen und den Staatsangehörigen der anderen Mitgliedstaaten im Anwendungsbereich des Vertrages in Einklang zu bringen." Demnach dürfen „vom Einzelfall losgelöste Erwägungen nicht entscheidend ins Gewicht fallen (...): Dies

---

[57] EuGH, U. v. 8.4.1976, Rs. 48/75, Slg. 1976, 497 Rn. 28 ff. – *Royer*.

ist namentlich [der Bestimmung] zu entnehmen, wonach ‚ausschließlich das persönliche Verhalten' der Betroffenen ausschlaggebend sein darf. Da Abweichungen von den Regeln über die Freizügigkeit eng auszulegende Ausnahmevorschriften sind, drückt der Begriff des ‚persönlichen Verhaltens' die Forderung aus, dass eine Ausweisungsmaßnahme nur auf Gefährdungen der öffentlichen Ordnung und Sicherheit abstellen darf, die von der betroffenen Einzelperson ausgehen könnten."

Anmerkung: Das Urteil verdeutlicht die ausländerrechtliche Privilegierung des EU-Ausländers und dessen der des Inländers angenäherten aufenthaltsrechtlichen Position. Die in dieser und anderen Entscheidungen herausgearbeiteten Konkretisierungen des Ordre-public-Vorbehalts hat der Unionsgesetzgeber zwischenzeitlich in der neuen Freizügigkeitsrichtlinie 2004/38/EG nicht nur kodifiziert. Vielmehr erfuhr das Aufenthaltsrecht des Wanderarbeitnehmers dort vor dem Hintergrund des im Kontext der Maastrichter Vertragsrevision 1993 eingeführten gemeinsamen Status von In- und EU-Ausländern als Unionsbürger (Art. 20 AEUV) auch eine weitere Stärkung.

Nach der Richtlinie 2004/38/EG benötigt der ausländische Unionsbürger keine Aufenthaltserlaubnis mehr, sondern muss sich für drei Monate übersteigende Aufenthalte lediglich anmelden (Art. 8). Aufenthaltsbeendende Maßnahmen sind zwar nach wie vor aus Gründen der öffentlichen Ordnung, Sicherheit oder Gesundheit möglich, jedoch wurde die Tragweite des Ordre-public-Vorbehalts weiter eingeschränkt.[58] Festgeschrieben wurde, dass dieser nicht zu wirtschaftlichen Zwecken geltend gemacht werden (Art. 27 Abs. 1 S. 2) und „ausschließlich das persönliche Verhalten des Betroffenen ausschlaggebend sein" darf. „Strafrechtliche Verurteilungen allein können ohne Weiteres diese Maßnahmen nicht begründen. Das persönliche Verhalten muss eine tatsächliche, gegenwärtige und erhebliche Gefahr darstellen, die ein Grundinteresse der Gesellschaft berührt. Vom Einzelfall losgelöste oder auf Generalprävention verweisende Begründungen sind nicht zulässig" (Art. 27 Abs. 2).

Diese Freizügigkeitsrichtlinie unterwirft Maßnahmen aus Gründen der öffentlichen Ordnung oder Sicherheit nunmehr ausdrücklich dem Verhältnismäßigkeitsgrundsatz (Art. 27 Abs. 2 S. 1) und verpflichtet den Aufnahmemitgliedstaat, bei Ausweisungen „die Dauer des Aufenthalts des Betroffenen im Hoheitsgebiet, sein Alter, seinen Gesundheitszustand, seine familiäre und wirtschaftliche Lage, seine soziale und kulturelle Integration im Aufnahmemitgliedstaat und das Ausmaß seiner Bindungen zum Herkunftsstaat" zu berücksichtigen (Art. 28 Abs. 1). Hat der Unionsbürger nach i. d. R. fünfjährigem rechtmäßigem Aufenthalt das Daueraufenthaltsrecht erworben (Art. 16 ff.) – eine weitere Neuerung der Richtlinie –, kommen aufenthaltsbeendende Maßnahmen nur „aus schwerwiegenden Gründen der öffentlichen Ordnung oder Sicherheit" in Betracht (Art. 28 Abs. 2); minderjährige Unionsbürger und solche, die sich seit mindestens zehn Jahren im Aufnahmemitgliedstaat aufgehalten haben, dürfen darüber hinaus nur aus „zwingenden Gründen der öffentlichen Sicherheit, die von den Mitgliedstaaten festgelegt wurden", ausgewiesen werden (Art. 28 Abs. 3).

Das Aufenthaltsrecht ist schließlich auch verfahrensrechtlich abgesichert, indem Vorgaben für die Mitteilung und Begründung aufenthaltsbeschränkender Entscheidungen (Art. 30) sowie Mindestanforderungen an den Rechtsschutz (Art. 31) gestellt werden.

b) Diskriminierungsverbot. Jeder Wanderarbeitnehmer genießt im Aufnahmemitgliedstaat einen tatbestandlich nahezu umfassenden Inländerbehandlungsanspruch (aa). Dieser

---

58 Siehe aus der jüngeren Judikatur zum Ordre-public-Vorbehalt etwa EuGH, U. v. 17.4.2018, Rs. C-316/16 und C-424/16, ECLI:EU:C:2018:256 Rn. 40 ff. – *B und Vomero*.

erfasst unmittelbare und mittelbare Diskriminierungen (bb). Die Möglichkeit, Ungleichbehandlungen zu rechtfertigen, verdeutlicht, dass er nicht absolut gewährleistet ist (cc).

40 aa) Die tatbestandliche Reichweite der Diskriminierungsverbote. Gemäß Art. 45 Abs. 2 AEUV verbietet die Arbeitnehmerfreizügigkeit jede auf der Staatsangehörigkeit beruhende unterschiedliche Behandlung der Arbeitnehmer der Mitgliedstaaten in Bezug auf Beschäftigung, Entlohnung und sonstige Arbeitsbedingungen. Näher konkretisiert wird dieses Diskriminierungsverbot in der Verordnung (EU) Nr. 492/2011, die einen Inländerbehandlungsanspruch hinsichtlich Stellensuche, Zugang zu und Ausübung einer Beschäftigung (Art. 1, 5 und 6), hinsichtlich Beschäftigungs- und Arbeitsbedingungen (Entlohnung, Kündigung, berufliche Wiedereingliederung; Art. 7 Abs. 1) sowie hinsichtlich sozialer und steuerlicher Vergünstigungen (Art. 7 Abs. 2) vorsieht.

41 Die beschäftigungsbezogene Formulierung der marktfreiheitlichen Diskriminierungsverbote spiegelt die zu Beginn der europäischen Integration vordringlich abzubauenden Mobilitätshindernisse wider, wie etwa die Kontingentierung von Arbeitserlaubnissen für Ausländer oder ihre Beschäftigung zu ungünstigeren Konditionen als Inländer. Freilich sahen sich Wanderarbeitnehmer nicht nur einer Schlechterstellung im Erwerbsleben ausgesetzt. Hierauf hat die Rechtsprechung durch eine erweiternde Auslegung des Inländerbehandlungsanspruchs reagiert.

42 EuGH, Urteil vom 7.3.1996 – Rs. C-334/94, Slg. 1996, I-1307 – *Kommission/Frankreich*
Der französische Code des douanes (Zollgesetzbuch) behielt die Registrierung von Freizeitbooten in Frankreich Inländern vor, in deren Eigentum sie zu mehr als der Hälfte stehen mussten. Hierin sah die Kommission u. a. einen Verstoß gegen die Arbeitnehmerfreizügigkeit und leitete ein Vertragsverletzungsverfahren ein. Zwar erfolge die Registrierung eines Schiffes für Freizeitzwecke streng genommen nicht im Rahmen einer wirtschaftlichen Tätigkeit; dennoch stelle sich die Möglichkeit, Freizeitbeschäftigungen nachzugehen, als Folgeerscheinung der Freizügigkeit dar.

43 Dem folgte der EuGH: „Das Gemeinschaftsrecht gewährleistet den Staatsangehörigen eines Mitgliedstaats sowohl die Freiheit, sich in einen anderen Mitgliedstaat zu begeben, um dort einer selbstständigen oder nichtselbstständigen Tätigkeit nachzugehen, als auch die Freiheit, dort zu wohnen, nachdem er dort eine solche Tätigkeit ausgeübt hat.
Daher stellt der Zugang zu den in diesem Staat gebotenen Freizeitbeschäftigungen eine Folgeerscheinung der Freizügigkeit dar. Somit fällt die Registrierung eines Schiffes, das zu Vergnügungszwecken bestimmt ist, im Aufnahmemitgliedstaat durch einen solchen Staatsangehörigen unter die Bestimmungen des Gemeinschaftsrechts über die Freizügigkeit."

44 Anmerkung: Für wie überzeugend auch immer man die Argumentation des EuGH halten mag, sie verdeutlicht jedenfalls, dass sich das marktfreiheitliche Diskriminierungsverbot aus seinem ökonomischen Kontext und damit von seinem Wortlaut gelöst hat. Im Ergebnis besteht ein allein an den Aufenthalt des Erwerbstätigen in einem anderen Mitgliedstaat geknüpfter, tatbestandlich nahezu umfassender Inländerbehandlungsanspruch.[59] Getragen ist diese Rechtsprechung vom Anliegen, Wanderarbeitnehmer, die womöglich den Rest ihres Lebens in einem anderen Mitgliedstaat verbringen und dort durch ihre Arbeitsleistung einen Beitrag zum gesellschaftlichen Wohlstand leisten, nicht von der gleichberechtigten Teilhabe am Sozialleben auszuschließen.[60]

---

59 Näher *F. Wollenschläger*, Grundfreiheit ohne Markt, S. 31 ff. In Parallelentscheidungen zur Niederlassungsfreiheit qualifizierte der EuGH Diskriminierungen im Sozial- und Privatleben als von ihr erfassten Wettbewerbsnachteil (EuGH, U. v. 14.1.1988, Rs. 63/86, Slg. 1988, 29 Rn. 14 ff. – *Kommission/Italien*; U. v. 30.5.1989, Rs. 305/87, Slg. 1989, 1461 Rn. 21 f. – *Kommission/Griechenland*; U. v. 10.3.1993, Rs. C-111/91, Slg. 1993, I-817 Rn. 17 – *Kommission/Luxemburg*).
60 Vgl. in anderem Zusammenhang EuGH, U. v. 23.12.2012, Rs. C-379/11, ECLI:EU:C:2012:798 Rn. 53 – *Caves Krier*; U. v. 20.6.2013, Rs. C-20/12, ECLI:EU:C:2013:411 Rn. 63 – *Giersch u.a.*

III. Fallgestaltungen   **45–47**

Ein ähnlich weites Verständnis der marktfreiheitlichen Diskriminierungsverbote hat sich **45** bereits zuvor bei der Auslegung des in Art. 7 Abs. 2 der zwischenzeitlich aufgehobenen Verordnung (EWG) Nr. 1612/68 (ersetzt durch Art. 7 Abs. 2 Verordnung (EU) Nr. 492/2011) verankerten Inländerbehandlungsanspruchs beim Zugang zu sozialen Vergünstigungen manifestiert. Obgleich systematische Gründe für ein beschäftigungsbezogenes Verständnis des Begriffs der „sozialen Vergünstigung" gesprochen hätten, hat der Gerichtshof diese Vorschrift nicht auf im Zusammenhang mit dem Arbeitsverhältnis stehende Leistungen beschränkt. Erfasst seien vielmehr alle Vergünstigungen, „die – ob sie an einen Arbeitsvertrag anknüpfen oder nicht – den inländischen Arbeitnehmern hauptsächlich wegen ihrer objektiven Arbeitnehmereigenschaft oder einfach wegen ihres Wohnorts im Inland gewährt werden und deren Ausdehnung auf die Arbeitnehmer, die Staatsangehörige eines anderen Mitgliedstaates sind, deshalb als geeignet erscheint, deren Mobilität innerhalb der Gemeinschaft zu erleichtern."[61] Neben Sozialleistungen[62] subsumierte der EuGH etwa das Recht, sich in seiner Heimatsprache vor Gericht zu verteidigen,[63] oder eine Aufenthaltserlaubnis für drittstaatsangehörige Ehepartner[64] unter den Begriff der „sozialen Vergünstigung". Ausgeklammert hat er lediglich Sozialleistungen, die sich als Anerkennung der Ableistung von Wehr- und Kriegsdienst darstellten.[65]

bb) Unmittelbare und mittelbare Diskriminierungen. Art. 45 Abs. 2 AEUV verbietet **46** Diskriminierungen aufgrund der Staatsangehörigkeit. Eine solche liegt unproblematisch dann vor, wenn eine nationale Regelung EU-Ausländer schlechter als Inländer behandelt und dabei unmittelbar an das Differenzierungskriterium der Staatsangehörigkeit anknüpft (unmittelbare, direkte oder offene Diskriminierung). Eine Benachteiligung von Wanderarbeitnehmern kann aber auch dann gegeben sein, wenn eine Vorschrift zwar auf ein anderes Unterscheidungsmerkmal rekurriert, die Regelung sich aber, sei dies bezweckt oder eine Nebenfolge, typischerweise zum Nachteil von EU-Ausländern auswirkt (mittelbare, indirekte oder versteckte Diskriminierung). Ein Beispiel hierfür wäre etwa ein von einer bestimmten Wohnsitzdauer im Inland abhängiger Zugang zu Sozialleistungen – eine Regelung, die zwar bei formaler Betrachtung nicht auf die Staatsangehörigkeit abstellt, dennoch EU-Ausländer schlechter als Inländer stellt, da letztere dieses Kriterium leichter erfüllen. Da die Arbeitnehmerfreizügigkeit eine tatsächliche und rechtliche Gleichbehandlung von EU-Ausländern und Inländern fordert, steht das Unionsrecht auch mittelbaren Diskriminierungen entgegen.[66] In der Rechtsprechung des Gerichtshofs wurde diese Figur der mittelbaren Diskriminierung näher entfaltet.[67]

EuGH, Urteil vom 23.5.1996 – Rs. C-237/94, Slg. 1996, I-2617 – *O'Flynn* **47**
Nach dem Tod seines Sohnes beantragte der im Vereinigten Königreich wohnhafte irische Staatsangehörige O'Flynn, ein ehemaliger Wanderarbeitnehmer, das in den Social Fund (Maternity

---

61 Siehe nur EuGH, U. v. 31.5.1979, Rs. 207/78, Slg. 1979, 2019 Rn. 22 – *Even*; U. v. 27.3.1985, Rs. 249/83, Slg. 1985, 973 Rn. 20 – *Hoeckx*; U. v. 27.11.1997, Rs. C-57/96, Slg. 1997, I-6689 Rn. 39 – *Meints*; U. v. 18.7.2007, Rs. C-213/05, Slg. 2007, I-6347 Rn. 12 – *Geven;* aus der jüngeren Zeit EuGH, U. v. 16.6.2022, C-328/20, ECLI:EU:C:2022:468 Rn. 95 – *Kommission/Österreich*. Näher F. *Wollenschläger*, Grundfreiheit ohne Markt, S. 32 ff.
62 Für Sozialhilfe: EuGH, U. v. 27.3.1985, Rs. 249/83, Slg. 1985, 973 Rn. 22 – *Hoeckx*; für Ausbildungsförderung: EuGH, U. v. 21.6.1988, Rs. 39/86, Slg. 1988, 3161 Rn. 23 – *Lair*.
63 EuGH, U. v. 11.7.1985, Rs. 137/84, Slg. 1985, 2681 Rn. 14 ff. – *Mutsch*.
64 EuGH, U. v. 17.4.1986, Rs. 59/85, Slg. 1986, 1283 Rn. 24 ff. – *Reed*. Siehe aber auch EuGH, U. v. 11.4.2000, Rs. C-356/98, Slg. 2000, I-2623 – *Kaba I*.
65 EuGH, U. v. 31.5.1979, Rs. 207/78, Slg. 1979, 2019 Rn. 23 f. – *Even*; U. v. 16.9.2004, Rs. C-386/02, Slg. 2004, I-8411 Rn. 19 – *Baldinger*.
66 Siehe nur Art. 3 Abs. 1 2. SpS Verordnung (EWG) Nr. 1612/68 (nunmehr Art. 3 Abs. 1 lit. b Verordnung (EU) Nr. 492/2011) hinsichtlich des Zugangs zu einer Beschäftigung.
67 Grundlegend EuGH, U. v. 12.2.1974, Rs. 152/73, Slg. 1974, 153 Rn. 11 – *Sotgiu*. Siehe auch EuGH, U. v. 24.2.2015, Rs. C-512/13, ECLI:EU:C:2015:108 Rn. 23 ff. – *Sopora*.

and Funeral Expenses) Regulations 1987 vorgesehene Bestattungsgeld. Die zuständige Behörde lehnte die Gewährung dieser Sozialleistung, die die bei einem Todesfall in der Familie entstehenden Kosten decken soll, ab. Denn die Beerdigung hatte nicht – wie in der nationalen Regelung vorgesehen – im Vereinigten Königreich stattgefunden. Herr O'Flynn sah in dieser Anspruchsvoraussetzung eine mittelbare Diskriminierung. Die zuständige Behörde wandte dagegen ein, dass eine solche nur dann vorliege, wenn nachgewiesen werden könne, dass Wanderarbeitnehmer die streitige Voraussetzung, „insbesondere unter Berücksichtigung ihrer Bräuche, viel schwerer erfüllen könnten als inländische Arbeitnehmer. Hierfür müsse dargetan werden, dass die streitige Voraussetzung nur von einem erheblich geringeren Anteil der Arbeitnehmer aus allen anderen Mitgliedstaaten als der inländischen Arbeitnehmer erfüllt werde."

48 Der EuGH betonte eingangs nochmals, dass das Diskriminierungsverbot der Arbeitnehmerfreizügigkeit „nicht nur offene Diskriminierungen aufgrund der Staatsangehörigkeit, sondern auch alle versteckten Formen der Diskriminierung, die durch die Anwendung anderer Unterscheidungsmerkmale tatsächlich zu dem gleichen Ergebnis führen" untersage, und fasste seine Rechtsprechung zum Begriff der mittelbaren Diskriminierung zusammen: „Als mittelbar diskriminierend sind daher Voraussetzungen des nationalen Rechts anzusehen, die zwar unabhängig von der Staatsangehörigkeit gelten, aber im Wesentlichen (...) oder ganz überwiegend (...) Wanderarbeitnehmer betreffen, sowie unterschiedslos geltende Voraussetzungen, die von inländischen Arbeitnehmern leichter zu erfüllen sind als von Wanderarbeitnehmern (...). Eine mittelbare Diskriminierung ist auch in Voraussetzungen zu sehen, bei denen die Gefahr besteht, dass sie sich besonders zum Nachteil von Wanderarbeitnehmern auswirken (...). Wie sich aus dieser gesamten Rechtsprechung ergibt, ist eine Vorschrift des nationalen Rechts (...) als mittelbar diskriminierend anzusehen, wenn sie sich ihrem Wesen nach eher auf Wanderarbeitnehmer als auf inländische Arbeitnehmer auswirken kann und folglich die Gefahr besteht, dass sie Wanderarbeitnehmer besonders benachteiligt." Den von der beklagten Behörde geforderten statistischen Nachweis hielt der Gerichtshof für nicht erforderlich: Es „braucht nicht festgestellt zu werden, dass die in Rede stehende Vorschrift in der Praxis einen wesentlich größeren Anteil der Wanderarbeitnehmer betrifft. Es genügt die Feststellung, dass die betreffende Vorschrift geeignet ist, eine solche Wirkung hervorzurufen." Eine solche Eignung sah der EuGH als gegeben an. Denn Wanderarbeitnehmern entstünden „Kosten der gleichen Art und in gleicher Höhe (...) wie inländischen Arbeitnehmern. Dagegen werden vor allem Wanderarbeitnehmer beim Tod eines Familienangehörigen angesichts der Bindungen, die die Angehörigen einer solchen Familie im allgemeinen mit ihrem Herkunftsstaat aufrechterhalten, eine Bestattung in einem anderen Mitgliedstaat vornehmen lassen."

49 **Anmerkung:** Die Einbeziehung mittelbarer Diskriminierungen beruht auf der zutreffenden Annahme, dass der Inländerbehandlungsanspruch nur dann effektiv gesichert ist, wenn auch Regelungen erfasst werden, die zwar nicht formal auf das Differenzierungsmerkmal der Staatsangehörigkeit rekurrieren, aber dennoch eine Schlechterstellung von Wanderarbeitnehmern bezwecken oder jedenfalls bewirken. Nicht alle vom EuGH als mittelbar diskriminierend angesehene Kriterien[68] sind freilich gleichermaßen zwingend. Während dem eingangs erwähnten Erfordernis einer gewissen Wohndauer im Inland unzweifelhaft die Eignung attestiert werden kann, Wanderarbeitnehmer gegenüber Inländern zu benachteiligen, erscheint das ebenfalls beanstandete Kriterium eines Wohnsitzes an einem *bestimmten Ort* im Inland nicht unproblematisch. Zwar ist zuzugeben, dass EU-Ausländer dieses Kriterium regelmäßig nicht erfüllen; nicht übersehen werden darf jedoch auch, dass alle nicht am betreffenden Ort wohnhaften Inländer gleichermaßen benachteiligt werden. Für den EuGH ausreichend ist jedoch die Privile-

---

[68] Siehe für ein Gegenbeispiel EuGH, U. v. 10.10.2019, Rs. C-703/17, ECLI:EU:C:2019:850 Rn. 23 ff. – *Krah*.

III. Fallgestaltungen

gierung eines – wenn auch zahlenmäßig geringen – Teils der Inländer (Ortsansässige) gegenüber Ausländern. Denn: „Um eine Maßnahme als diskriminierend qualifizieren zu können, muss sie nicht bewirken, dass alle Inländer begünstigt werden oder dass unter Ausschluss der Inländer nur die Staatsangehörigen der anderen Mitgliedstaaten benachteiligt werden".[69] Der EuGH-Rechtsprechung liegt mithin ein relativ weites Verständnis bzgl. des Vorliegens von mittelbaren Diskriminierungen zugrunde.[70]

cc) **Die Rechtfertigung von Diskriminierungen.** Liegt eine unmittelbar oder mittelbar an das Unterscheidungsmerkmal der Staatsangehörigkeit anknüpfende Ungleichbehandlung vor, ist damit noch nicht das Verdikt ihrer Unionsrechtswidrigkeit gefällt. Vielmehr kann diese gerechtfertigt werden. Hierbei ist zwischen offenen und versteckten Diskriminierungen zu unterscheiden. Bei ersteren kommt eine Rechtfertigung nach weit überwiegender Auffassung ausschließlich über den in Art. 45 Abs. 3 AEUV verankerten Ordre-public-Vorbehalt in Betracht, d. h. aus Gründen der öffentlichen Ordnung, Sicherheit und Gesundheit.[71] Demgegenüber sind mittelbar diskriminierende Vorschriften auch dann zulässig, wenn sie „durch objektive, von der Staatsangehörigkeit der betroffenen Arbeitnehmer unabhängige Erwägungen gerechtfertigt sind und in einem angemessenen Verhältnis zu dem Zweck stehen, der mit den nationalen Rechtsvorschriften zulässigerweise verfolgt wird."[72] Bei mittelbaren Diskriminierung kommt mithin (trotz einer teils inkohärenten EuGH-Rechtsprechung) eine Rechtfertigung aus zwingenden, verhältnismäßigen Gründen des Allgemeininteresses in Betracht.[73] Hinsichtlich des Zugangs zu Sozialleistungen erachtet der EuGH „ein Wohnsitzerfordernis für Wander- und Grenzarbeitnehmer grundsätzlich [für] unangemessen (...), da diese, indem sie Zugang zum Arbeitsmarkt eines Mitgliedstaats gefunden haben, grundsätzlich ein hinreichendes Band der Integration in die Gesellschaft dieses Staates geschaffen haben, das es ihnen erlaubt, in den Genuss des Grundsatzes der Gleichbehandlung im Verhältnis zu inländischen Arbeitnehmern und dort ansässigen Arbeitnehmern zu kommen. Das Band der Integration ergibt sich insbesondere daraus, dass die Wander- und Grenzarbeitnehmer mit den Abgaben, die sie im Aufnahmemitgliedstaat aufgrund der dort von ihnen ausgeübten unselbstständigen Erwerbstätigkeit entrichten, auch zur Finanzierung der sozialpolitischen Maßnahmen dieses Staates beitragen".[74]

---

69 EuGH, U. v. 16.1.2003, Rs. C-388/01, Slg. 2003, I-721 Rn. 14 – *Kommission/Italien*. So auch EuGH, U. v. 28.6.2012, Rs. C-172/11, ECLI:EU:C:2012:399 Rn. 41 – *Erny*; U. v. 20.6.2013, Rs. C-20/12, ECLI:EU:C:2013:411 Rn. 45 – *Giersch u. a.*; U. v. 2.4.2020, Rs. C-830/18, ECLI:EU:C:2020:275 Rn. 31 – *Landkreis Südliche Weinstraße/PF.* Ähnlich EuGH, U. v. 6.6.2000, Rs. C-281/98, Slg. 2000, I-4139 Rn. 37 ff. – *Angonese*, für ein nur an in einem bestimmten Teil des Mitgliedstaates zu erlangendes Diplom. Im Ergebnis ebenso im Kontext von Einheimischenmodellen, obgleich als Beschränkung qualifiziert EuGH, U. v. 8.5.2013, verb. Rs. C-197/11 und C-203/11, ECLI:EU:C:2013:288 Rn. 38 f. – *Libert u. a.* Näher *F. Wollenschläger*, NVwZ 2008, 506 (509 f.).
70 Abl. zum weiten Verständnis *Brechmann*, in: Calliess/Ruffert, EUV/AEUV, Art. 45 AEUV Rn. 47.
71 Siehe nur EuGH, U. v. 16.1.2003, Rs. C-388/01, Slg. 2003, I-721 Rn. 19 – *Kommission/Italien*; *Brechmann*, in: Calliess/Ruffert, EUV/AEUV, Art. 45 AEUV Rn. 46; *Forsthoff*, in: Grabitz/Hilf/Nettesheim, Das Recht der Europäischen Union, Art. 45 AEUV Rn. 246 ff., 325 f. (auch zum Sonderfall Sport). A.A. (Rechtfertigung auch durch zwingende Gründe des Allgemeininteresses) *Weiß*, EuZW 1999, 493 (497 f.).
72 Siehe nur EuGH, U. v. 23.5.1996, Rs. C-237/94, Slg. 1996, I-2617 Rn. 19 – *O'Flynn*; ferner EuGH, U. v. 10.10.2019, Rs. C-703/17, ECLI:EU:C:2019:850 Rn. 24 – *Krah*.
73 *Brechmann*, in: Calliess/Ruffert, EUV/AEUV, Art. 45 AEUV Rn. 48; *Forsthoff*, in: Grabitz/Hilf/Nettesheim, Das Recht der Europäischen Union, Art. 45 AEUV Rn. 327 f. m. w. N.
74 EuGH, U. v. 23.12.2012, Rs. C-379/11, ECLI:EU:C:2012:798 Rn. 53 – *Caves Krier*; ferner EuGH, U. v. 20.6.2013, Rs. C-20/12, ECLI:EU:C:2013:411 Rn. 63 – *Giersch u. a.*, letztere mit Qualifikationen hinsichtlich Grenzgängern (Rn. 64 ff.). Ebenso bereits EuGH, U. v. 27.3.1985, Rs. C-249/83, Slg. 1985, 973 Rn. 23 ff. – *Hoeckx*. Näher *F. Wollenschläger*, Grundfreiheit ohne Markt, S. 38 f.; siehe ferner zur Indexierung des Kindergeldes EuGH, U. v. 16.6.2022, ECLI:EU:C:2022:468 Rn. 93 ff. – *Kommission/Österreich*.

51 c) **Beschränkungsverbot.** Zentrales Anliegen der Arbeitnehmerfreizügigkeit war ursprünglich, die in den mitgliedstaatlichen Rechtsordnungen bestehenden Diskriminierungen ausländischer Wanderarbeitnehmer abzubauen. Im Laufe der Zeit hat sich jedoch gezeigt, dass diese nicht die einzigen der Errichtung eines Binnenmarktes entgegenstehenden Mobilitätshindernisse sind. So kann ein Arbeitnehmer etwa auch dadurch von der Annahme einer Stelle in einem anderen Mitgliedstaat abgehalten werden, dass sein Heimatstaat den Tätigkeitswechsel verunmöglicht oder erschwert,[75] im Rahmen einer Berufstätigkeit im EU-Ausland erworbene Berufsqualifikationen oder Dienstzeiten nach seiner Rückkehr nicht anerkennt[76] oder dass Regelungen des Zielstaats, die unterschiedslos, d. h. für In- und Ausländer gleichermaßen gelten, die Aufnahme einer Erwerbstätigkeit dort unattraktiv machen. Dementsprechend hat der EuGH schon 1979 – zwar im Kontext der Niederlassungsfreiheit, aber für die Freizügigkeit der Arbeitnehmer gleichermaßen zutreffend – betont, dass erstere „durch die Anwendung des Grundsatzes der Inländergleichbehandlung allein nicht vollständig gewährleistet ist, da diese alle anderen Hindernisse außer denjenigen, die aus der fehlenden Staatsangehörigkeit des Aufnahmestaats entstehen, aufrechterhält (…)".[77]

52 Wie weit allerdings der Gewährleistungsgehalt der Arbeitnehmerfreizügigkeit – wie im Übrigen auch der der übrigen Grundfreiheiten – jenseits des Gebots der Inländerbehandlung reicht, ist nach wie vor nicht abschließend geklärt.[78]

53 **EuGH, Urteil vom 15.12.1995 – Rs. C-415/93, Slg. 1995, I-4921 –** *Bosman*
Transferregelungen im Berufsfußball sahen vor, dass ein Vereinswechsel eines Berufsfußballers nur dann möglich ist, wenn der neue Verein dem bisherigen eine Transfer-, Ausbildungs- oder Förderungsentschädigung entrichtet. Diese Bestimmungen wirkten sich nachteilig auf den Vereinswechsel des belgischen Fußballspielers Bosman aus. Im daraufhin von diesem angestrengten Rechtsstreit wurde dem EuGH die Frage vorgelegt, ob die Transferregelungen mit der Arbeitnehmerfreizügigkeit in Einklang stünden. Zweifel an deren Anwendbarkeit bestanden u. a. deshalb, weil die angegriffenen Regelungen für einen Vereinswechsel im Inland genauso wie für einen Transfer ins Ausland Geltung beanspruchten.[79]

54 Der EuGH betonte eingangs, dass „die Freizügigkeit der Arbeitnehmer einen der fundamentalen Grundsätze der Gemeinschaft" darstelle und „den Gemeinschaftsangehörigen die Ausübung jeder Art von Berufstätigkeit im Gebiet der Gemeinschaft erleichtern [soll] und Maßnahmen entgegensteh[t], die die Gemeinschaftsangehörigen benachteiligen könnten, wenn sie im Gebiet eines anderen Mitgliedstaats eine wirtschaftliche Tätigkeit ausüben wollen." Zum Gewährleistungsgehalt der Arbeitnehmerfreizügigkeit führte der Gerichtshof aus: „In diesem Zusammenhang haben die Staatsangehörigen der Mitgliedstaaten insbesondere das unmittelbar aus dem Vertrag abgeleitete Recht, ihr Herkunftsland zu verlassen, um sich zur Ausübung einer wirtschaftlichen Tätigkeit in das Gebiet eines anderen Mitgliedstaats zu begeben und sich dort aufzuhalten (…). Bestim-

---

75 Dies war Gegenstand der – einen Wechsel im In- wie auch in das Ausland gleichermaßen nachteilig behandelnden – Entscheidungen des EuGH, U. v. 15.12.1995, Rs. C-415/93, Slg. 1995, I-4921 – *Bosman*; U. v. 13.7.2016, Rs. C-187/15, ECLI:EU:C:2016:550 – *Pöpperl/Land Nordrhein-Westfalen*.
76 Siehe zur Anerkennung von im Ausland erworbenen Berufsqualifikationen EuGH, U. v. 6.10.2015, Rs. C-298/14, ECLI:EU:C:2015:652 Rn. 46 ff. – *Brouillard*; U. v. 8.7.2021, Rs. C-166/20, ECLI:EU:C:2021:554 Rn. 30 ff. – *BB*; zur Anerkennung im Ausland absolvierter Vordienstzeiten EuGH, U. v. 10.10.2019, Rs. C-703/17, ECLI:EU:C:2019:850 Rn. 42 ff. – *Krah*; U. v. 28.4.2022, Rs. C-86/21, ECLI:EU:C:2022:310 Rn. 22 ff. – *Gerencia Regional de Salud de Castilla y León/Delia*.
77 EuGH, U. v. 7.2.1979, Rs. 136/78, Slg. 1979, 437 Rn. 21 – *Auer*.
78 Ausführlich dazu *F. Wollenschläger*, Grundfreiheit ohne Markt, S. 41 ff.
79 Vergleichbar die Konstellation in EuGH, U. v. 13.7.2016, Rs. C-187/15, ECLI:EU:C:2016:550 – *Pöpperl/Land Nordrhein-Westfalen* (Verlust der Versorgungsbezüge eines Beamten bei Aufnahme einer Tätigkeit außerhalb des inländischen öffentlichen Dienstes).

mungen, die einen Staatsangehörigen eines Mitgliedstaats daran hindern oder davon abhalten, sein Herkunftsland zu verlassen, um von seinem Recht auf Freizügigkeit Gebrauch zu machen, stellen daher Beeinträchtigungen dieser Freiheit dar, auch wenn sie unabhängig von der Staatsangehörigkeit der betroffenen Arbeitnehmer Anwendung finden (...). Im übrigen hat der Gerichtshof im Urteil [in der Rechtssache 81/87 – *Daily Mail*] darauf hingewiesen, dass die Vertragsbestimmungen über die Niederlassungsfreiheit zwar insbesondere die Vergünstigung der Inländerbehandlung im Aufnahmemitgliedstaat sicherstellen sollen, dass sie es aber dem Herkunftsstaat auch verbieten, die Niederlassung eines seiner Staatsangehörigen oder einer nach seinem Recht gegründeten Gesellschaft (...) in einem anderen Mitgliedstaat zu beeinträchtigen. Die [Niederlassungsfreiheit wäre] ihrer Substanz beraubt, wenn der Herkunftsstaat den Unternehmen verbieten könnte, sein Hoheitsgebiet zu verlassen, um sich in einem anderen Mitgliedstaat anzusiedeln. Die gleichen Erwägungen gelten [für die Arbeitnehmerfreizügigkeit]." Dass in casu die transnationale Freizügigkeit genauso wie die nicht vom Unionsrecht erfasste Freizügigkeit innerhalb eines Mitgliedstaats betroffen war, hielt der EuGH für unerheblich. Dies beseitige nämlich nicht die Erschwerung der Aufnahme einer Erwerbstätigkeit in einem anderen Mitgliedstaat. Schließlich ließen sich die Transferregelungen nicht analog zur *Keck*-Rechtsprechung[80] als „Berufsausübungsmodalität" tatbestandlich ausklammern. Denn dass die Bestimmungen unterschiedslos Anwendung fänden, „ändert (...) nichts daran, dass diese Regeln den Zugang der Spieler zum Arbeitsmarkt in den anderen Mitgliedstaaten unmittelbar beeinflussen und somit geeignet sind, die Freizügigkeit der Arbeitnehmer zu beeinträchtigen. Sie können daher nicht den Regelungen über die Modalitäten des Verkaufs von Waren gleichgestellt werden, die nach dem Urteil *Keck und Mithouard* nicht in den Anwendungsbereich von [Art. 34 AEUV] fallen". Eine Rechtfertigung der Beschränkung der Arbeitnehmerfreizügigkeit scheide schließlich aus.

Anmerkung: Mit diesem Urteil hat der EuGH erstmals für die Arbeitnehmerfreizügigkeit klargestellt, dass auch diese ein Beschränkungsverbot, d. h. eine freiheitsrechtliche Dimension, enthält. Zwar erkennen auch Gegner dieser Auslegung an, dass sich die Grundfreiheiten nicht in Inländerbehandlungsgeboten erschöpfen; allerdings möchten sie die Grundfreiheiten ausschließlich als Diskriminierungsverbote verstanden wissen, die – über das Differenzierungsmerkmal der Staatsangehörigkeit hinaus – eine Schlechterstellung grenzüberschreitender gegenüber inländischen Sachverhalten verbieten.[81] Nach dieser Auffassung wäre in der Rechtssache *Bosman* eine Beeinträchtigung der Arbeitnehmerfreizügigkeit zu verneinen gewesen, da der Wechsel zu einem inländischen Verein genauso nachteilig wie der zu einem ausländischen behandelt wird, es mithin an einer Schlechterstellung des transnationalen Sachverhalts fehlt – anders läge der Fall nach dieser Ansicht, wenn im Ausland erworbene Berufsqualifikationen nicht anerkannt würden. Der Gerichtshof ist diesem Verständnis in Einklang mit der überwiegenden Auffassung im Schrifttum[82] zu Recht nicht gefolgt, da weder der Wortlaut (vgl. Art. 45 Abs. 1 und 3 lit. c AEUV) eine derartige Einschränkung erkennen lässt noch dem – für die Bestimmung der Reichweite der Arbeitnehmerfreizügigkeit maßgeblichen – Binnenmarktziel der Gemeinschaft (Art. 3 Abs. 3 S. 1 EUV, Art. 26 AEUV) entgegenstehende Mobilitätshindernisse ausschließlich in Diskriminierungen bestehen.

---

80 Dazu § 4 Rn. 4 ff.
81 *Davies*, Nationality Discrimination in the European Internal Market, 2003; *Kingreen*, Die Struktur der Grundfreiheiten des europäischen Gemeinschaftsrechts, 1999; *ders.*, in: v. Bogdandy/Bast (Hrsg.), Europäisches Verfassungsrecht, 2. Aufl. 2009, S. 705.
82 Siehe nur *Becker*, in: Ehlers, Europäische Grundrechte und Grundfreiheiten, § 9 Rn. 41 ff.; *Ehlers*, Jura 2001, 266 (269 ff.); *Jarass*, EuR 2000, 705 (711 f.); *White*, Workers, establishment, and services in the European Union, S. 261 ff.; *F. Wollenschläger*, Grundfreiheit ohne Markt, S. 54 ff.; *ders.*, ZEuS 2009, 1 (11 ff.).

56 Die Anerkennung eines Beschränkungsverbots bedeutet freilich nicht, dass nunmehr jedwede nationale Maßnahme, die die Ausübung des Freizügigkeitsrechts behindern oder weniger attraktiv machen könnte, vom Tatbestand der Arbeitnehmerfreizügigkeit erfasst wäre. Vielmehr hat der Gerichtshof in einer Folgeentscheidung, der Rechtssache *Graf*,[83] tatbestandliche Korrektive entwickelt, um einer uferlosen Ausdehnung entgegenzuwirken. Der österreichische Arbeitnehmer Graf sah in der Regelung des nationalen Arbeitsrechts, die eine Abfindung bei Selbstkündigung ausschloss, einen Verstoß gegen die Arbeitnehmerfreizügigkeit. Denn diese Bestimmung hindere ihn daran, zu kündigen und in einem anderen Mitgliedstaat eine neue Erwerbstätigkeit aufzunehmen. Der Gerichtshof folgte dem nicht. Er wies zum einen darauf hin, dass die fragliche Maßnahme den Zugang des Arbeitnehmers zum Arbeitsmarkt betreffen müsse.[84] Insoweit darf allerdings nicht mit Stimmen in der Literatur zwischen dem „Ob" und dem „Wie" der beruflichen Betätigung differenziert und Berufsausübungsmodalitäten aus dem Tatbestand der Arbeitnehmerfreizügigkeit ausgeklammert werden.[85] Denn auch letztere können die transnationale Mobilität erschweren.[86] Zum anderen betonte der EuGH, dass die beanstandete Bestimmung einen hinreichend engen Bezug zur Arbeitnehmerfreizügigkeit aufweisen müsse, was er für nicht gegeben erachtete: „Eine Regelung wie die im Ausgangsverfahren streitige ist eindeutig nicht geeignet, den Arbeitnehmer daran zu hindern oder davon abzuhalten, sein Arbeitsverhältnis zu beenden, um eine unselbstständige Tätigkeit bei einem anderen Arbeitgeber auszuüben, denn der Abfertigungsanspruch hängt nicht von der Entscheidung des Arbeitnehmers ab, ob er bei seinem derzeitigen Arbeitgeber bleibt oder nicht, sondern von einem zukünftigen hypothetischen Ereignis, nämlich einer späteren Beendigung des Arbeitsverhältnisses, die der Arbeitnehmer selbst weder herbeigeführt noch zu vertreten hat. Ein derartiges Ereignis wäre jedoch zu ungewiss und wirkte zu indirekt, als dass eine Regelung, die an die Beendigung des Arbeitsverhältnisses durch den Arbeitnehmer selbst ausdrücklich nicht dieselbe Rechtsfolge knüpft wie an eine Beendigung, die er weder herbeigeführt noch zu vertreten hat, die Freizügigkeit der Arbeitnehmer beeinträchtigen könnte".[87] Demgegenüber erfasst Art. 45 AEUV „auch geringfügige oder unbedeutende Beschränkungen der Freizügigkeit".[88]

57 Abschließend sei darauf hingewiesen, dass Beschränkungen der Arbeitnehmerfreizügigkeit einer Rechtfertigung nach der sogenannten „*Gebhard*-Formel" zugänglich sind: „[N]ationale Maßnahmen, die die Ausübung der durch den Vertrag garantierten grundlegenden Freiheiten behindern oder weniger attraktiv machen können, [müssen] vier Voraussetzungen erfüllen (…): Sie müssen in nichtdiskriminierender Weise angewandt werden, sie müssen aus zwingenden Gründen des Allgemeininteresses gerechtfertigt sein, sie müssen geeignet sein, die Verwirklichung des mit ihnen verfolgten Zieles zu gewährleisten, und sie dürfen nicht über das hinausgehen, was zur Erreichung dieses Zieles erforderlich ist".[89] Mithin ist für den jeweiligen Einzelfall eine Verhältnismäßigkeitsprüfung durchzuführen.

---

83 EuGH, U. v. 27.1.2000, Rs. C-190/98, Slg. 2000, I-493 – *Graf*. Dazu *Deckert/Schroeder*, JZ 2001, 88.
84 EuGH, U. v. 27.1.2000, Rs. C-190/98, Slg. 2000, I-493 Rn. 23 – *Graf*; ferner EuGH, U. v. 13.7.2016, Rs. C-187/15, ECLI:EU:C:2016:550 Rn. 28 – *Pöpperl/Land Nordrhein-Westfalen*. Umfassend zum Erfordernis des Marktzugangs *Dietz/T. Streinz*, EuR 2015, 50. Strikt *Brechmann*, in: Calliess/Ruffert, EUV/AEUV, Art. 45 AEUV Rn. 53.
85 So etwa *Ehlers*, Jura 2001, 482 (485).
86 EuGH, U. v. 15.9.2005, Rs. C-464/02, Slg. 2005, I-7929 Rn. 34 ff. – *Kommission/Dänemark*; U. v. 31.5.2017, Rs. C-420/15, ECLI:EU:C:2017:408 Rn. 22 – *U*; *Becker*, in: Ehlers, Europäische Grundrechte und Grundfreiheiten, § 9 Rn. 43; *F. Wollenschläger*, Grundfreiheit ohne Markt, S. 56 f.
87 EuGH, U. v. 27.1.2000, Rs. C-190/98, Slg. 2000, I-493 Rn. 24 f. – *Graf*.
88 EuGH, U. v. 31.5.2017, Rs. C-420/15, ECLI:EU:C:2017:408 Rn. 20 – *U*.
89 EuGH, U. v. 30.11.1995, Rs. C-55/94, Slg. 1995, I-4165 Rn. 37 – *Gebhard*; aus jüngerer Zeit EuGH, U. v. 13.7.2016, Rs. C-187/15, ECLI:EU:C:2016:550 Rn. 29 – *Pöpperl/Land Nordrhein-Westfalen*.

III. Fallgestaltungen

4. Erweiterungen

a) Familienangehörige des Arbeitnehmers. „Damit das Recht auf Freizügigkeit nach objektiven Maßstäben in Freiheit und Menschenwürde wahrgenommen werden kann, (…) müssen" – so der sechste Erwägungsgrund der Verordnung (EU) Nr. 492/2011 – „alle Hindernisse beseitigt werden, die sich der Mobilität der Arbeitnehmer entgegenstellen, insbesondere in Bezug auf das Recht des Arbeitnehmers, seine Familie nachkommen zu lassen, und die Bedingungen für die Integration seiner Familie im Aufnahmeland." Diese Erwägungen sind auch in Zusammenhang mit Art. 8 EMRK und Art. 7, 9 und 33 EuGRC zu lesen.[90] Dementsprechend sieht das Unionsrecht ein Aufenthaltsrecht für (auch drittstaatsangehörige) Familienmitglieder[91] des Arbeitnehmers vor (Art. 7 Abs. 1 lit. d und Abs. 2 Richtlinie 2004/38/EG).[92] Dieses unterliegt denselben Schranken wie das Aufenthaltsrecht des Arbeitnehmers und ist grundsätzlich akzessorisch zu letzterem ausgestaltet, d. h. es steht und fällt mit diesem. Unter den Voraussetzungen der Art. 12 f. Richtlinie 2004/38/EG besteht das Aufenthaltsrecht der Familienangehörigen allerdings bei Tod oder Wegzug des Unionsbürgers bzw. bei Scheidung, Aufhebung der Ehe oder bei Beendigung der eingetragenen Partnerschaft fort. Familienangehörige profitieren gleichfalls von einem weit reichenden Inländerbehandlungsanspruch, der im Bildungsbereich aus Art. 10 der Verordnung (EU) Nr. 492/2011 folgt, hinsichtlich des Zugangs zu sozialen Vergünstigungen aus – einem weit ausgelegten – Art. 7 Abs. 2 der Verordnung (EU) Nr. 492/2011[93] und im Übrigen aus dem in Art. 24 der Richtlinie 2004/38/EG verankerten allgemeinen Inländerbehandlungsanspruch.[94] Aus Art. 10 der Verordnung (EU) Nr. 492/2011 hat der EuGH überdies ein eigenständiges (d. h. unabhängig von den Voraussetzungen der Richtlinie 2004/38/EG bestehendes) Aufenthaltsrecht für Kinder von (auch ehemaligen) Wanderarbeitnehmern zum Zwecke des Schulbesuchs bzw. der Lehrlings- und Berufsausbildung abgeleitet sowie für den tatsächlich die elterliche Sorge wahrnehmenden Elternteil.[95] Dies schließt die Möglichkeit, sich auf den hinsichtlich sozialer Vergünstigungen besonders strikten Gleichbehandlungsanspruch der Arbeitnehmerfreizügigkeit zu berufen (Art. 7 Abs. 2 Verordnung (EU) Nr. 492/2011), ein, ohne dass dem der Ausschlusstatbestand des Art. 24 Abs. 2 Richtlinie 2004/38/EG entgegengehalten werden könnte.[96] Ein Aufenthaltsrecht drittstaatsangehöriger Familienangehöriger von Unionsbürgerinnen und Unionsbürgern im Heimatstaat der letzteren kann

---

90 *Nettesheim*, in: Oppermann/Classen/ders., Europarecht, § 27 Rn. 60.
91 Zum Begriff des Familienangehörigen siehe Art. 2 Nr. 2 Richtlinie 2004/38/EG; hierzu EuGH, U. v. 5.6.2018, Rs. C-673/16, ECLI:EU:C:2018:385 Rn. 33 ff. – *Coman* (gleichgeschlechtlicher Ehegatte); ferner EuGH, U. v. 14.12.2021, Rs. C-490/20, ECLI:EU:C:2021:1008 Rn. 67 – *V.M.A.*
92 Näher *Wapler*, in: F. Wollenschläger (Hrsg.), Europäischer Freizügigkeitsraum – Unionsbürgerschaft und Migrationsrecht, EnzEuR X, 2021, § 7.
93 Nach der Rechtsprechung des EuGH stellen sich soziale Vergünstigungen für Familienangehörige als solche für den Wanderarbeitnehmer dar und sind daher vom Gleichbehandlungspruch des Art. 7 Abs. 2 der Verordnung (EU) Nr. 492/2011 (= Art. 7 Abs. 2 der aufgehobenen Verordnung [EWG] Nr. 1612/68) erfasst, vgl. etwa EuGH, U. v. 20.6.1985, Rs. 94/84, Slg. 1985, 1873 Rn. 24 – *Deak*; U. v. 18.6.1987, Rs. 316/85, Slg. 1987, 2811 Rn. 13 – *Lebon*; U. v. 26.2.1992, Rs. C-3/90, Slg. 1992, I-1071 Rn. 25 ff. – *Bernini*; U. v. 20.6.2013, Rs. C-20/12, ECLI:EU:C:2013:411 Rn. 40 – *Giersch u. a.* Zu beachten ist jedoch, dass das Diskriminierungsverbot nach dem Wortlaut (Art. 7 Abs. 1) auf Maßnahmen des Aufnahmestaates beschränkt ist, EuGH, U. v. 24.11.2022, Rs. C-638/29, ECLI:EU:C:2022:916 Rn. 26 – *MCM*. Näher dazu *F. Wollenschläger*, Grundfreiheit ohne Markt, S. 74 ff.
94 Zu diesem *F. Wollenschläger*, Grundfreiheit ohne Markt, S. 263 ff.
95 EuGH, U. v. 17.9.2002, Slg. 2002, I-7091 Rn. 47 ff. – *Baumbast und R*; U. v. 23.2.2010, Rs. C-480/08, ECLI:EU:C:2010:83 Rn. 34 ff. – *Teixeira*; U. v. 23.2.2010, Rs. C-310/08, Slg. 2010 I-1065 Rn. 25 ff. – *Ibrahim*; U. v. 6.10.2020, Rs. C-181/19, ECLI:EU:C:2020:794 Rn. 34 ff. – *Jobcenter Krefeld*.
96 EuGH, U. v. 6.10.2020, Rs. C-181/19, ECLI:EU:C:2020:794 Rn. 40 ff. – *Jobcenter Krefeld*.

schließlich in Rückkehrer-Konstellationen[97] sowie aufgrund der *Zambrano*-Rechtsprechung[98] bestehen.[99]

59 **b) Noch nicht, derzeit nicht und nicht mehr im Arbeitsleben stehende Personen.**
Dass die Berufung auf die Arbeitnehmerfreizügigkeit keine aktuelle Ausübung einer Erwerbstätigkeit voraussetzt, verdeutlicht die Rechtsstellung noch nicht, derzeit nicht und nicht mehr im Arbeitsleben stehender Personen.

60 Die Arbeitnehmereigenschaft (und damit das Aufenthaltsrecht und der Inländerbehandlungsanspruch) bleiben dem nicht mehr erwerbstätigen Unionsbürger nämlich in den von Art. 7 Abs. 3 der Richtlinie 2004/38/EG erfassten Konstellationen erhalten, wobei stets erforderlich ist, dass der Unionsbürger „innerhalb eines angemessenen Zeitraums zur Wiedereingliederung in den Arbeitsmarkt des Aufnahmemitgliedstaats fähig ist und hierfür zur Verfügung steht."[100] Dies betrifft zunächst den Fall, dass er wegen einer Krankheit oder eines Unfalls vorübergehend arbeitsunfähig ist (lit. a). Bei ordnungsgemäß bestätigter unfreiwilliger Arbeitslosigkeit und Erfüllen der Voraussetzung, sich dem zuständigen Arbeitsamt zur Verfügung zu stellen, ist nach der Zeitdauer der Beschäftigung zu differenzieren: Nach mehr als einjähriger Beschäftigung bleibt die Eigenschaft als Arbeitnehmer zeitlich unbeschränkt[101] erhalten (lit. b), im Übrigen[102] für mindestens sechs Monate (lit. c), wobei keine Verlängerung dieser Mindestdauer von sechs Monaten aus Gründen der Verhältnismäßigkeit geboten ist[103]. Beginnt der Unionsbürger eine Berufsausbildung, besteht die Arbeitnehmereigenschaft fort, wenn zwischen dieser Ausbildung und der früheren beruflichen Tätigkeit ein Zusammenhang besteht, es sei denn, der Betroffene hat zuvor seinen Arbeitsplatz unfreiwillig verloren (lit. d). Der EuGH sieht diese Fallgruppen als nicht abschließend an.[104] Darüber hinaus sieht die Freizügigkeitsrichtlinie 2004/38/EG in Art. 17 erleichterte Voraussetzungen für Personen vor, die im Aufnahmemitgliedstaat aus dem Erwerbsleben ausgeschieden sind, das Daueraufenthaltsrecht zu erwerben. Damit können auch Rentner im Aufnahmemitgliedstaat verbleiben und genießen dort einen weit reichenden Inländerbehandlungsanspruch.

61 Arbeitsuchende Unionsbürger können sich, wie andere (nichterwerbstätige) Unionsbürger auch, drei Monate lang im Zielstaat voraussetzungslos aufhalten (Art. 6 Richtlinie 2004/38/EG);[105] für darüber hinausgehende Aufenthalte müssen sie zwar die ökonomi-

---

97 Siehe etwa EuGH, U. v. 7.7.1992, Rs. C-370/90, Slg. 1992, I-4265 Rn. 23, 25 – *Singh*; U. v. 11.12.2007, Rs. C-291/05, Slg. 2007, I-10719 Rn. 36, 45 – *Eind*; U. v. 12.3.2014, Rs. C-456/12, ECLI:EU:C:2014:135 Rn. 44 ff. – *O. und B.*; U. v. 5.6.2018, Rs. C-673/16, ECLI:EU:C:2018:385 Rn. 23 ff. – *Coman u.a.*; U. v. 27.6.2018, Rs. C-230/17, ECLI:EU:C:2018:497 Rn. 26 ff. – *Altiner/Ravn*.
98 EuGH, U. v. 8.3.2011, Rs. C-34/09, Slg. 2011, I-1177 Rn. 42 ff. – *Ruiz Zambrano*. Bekräftigt (und restriktiv gefasst) etwa in EuGH, U. v. 5.5.2011, Rs. C-434/09, Slg. 2011, I-3375 – *McCarthy*; U. v. 15.11.2011, Rs. C-256/11, Slg. 2011, I-11315 – *Dereci*; U. v. 13.9.2016, Rs. C-165/14, ECLI:EU:C:2016:675 – *Rendón Marín*; U. v. 13.9.2016, Rs. C-304/14, ECLI:EU:C:2016:674 – *CS*; U. v. 10.5.2017, Rs. C-133/15, ECLI:EU:C:2017:354 – *Chavez-Vilchez u.a.*; U. v. 8.5.2018, Rs. C-82/16, ECLI:EU:C:2018:308 – *K.A. u. a.*
99 Näher *F. Wollenschläger*, in: Hatje/Müller-Graff (Hrsg.), Europäisches Organisations- und Verfassungsrecht, EnzEuR I, 2. Aufl. 2022, § 13 Rn. 160 ff.
100 EuGH, U. v. 13.9.2018, Rs. C-618/16, ECLI:EU:C:2018:719 Rn. 37 ff. – *Prefeta*.
101 So ausdrücklich EuGH, U. v. 11.4.2019, Rs. C-483/17, ECLI:EU:C:2019:309 Rn. 27, 44 – *Tarola*; *Steiger*, EuR 2018, 304 (330).
102 Zum weiten Anwendungsbereich EuGH, U. v. 11.4.2019, Rs. C-483/17, ECLI:EU:C:2019:309 Rn. 47 f. – *Tarola*.
103 So zu Recht EuGH, U. v. 15.9.2015, Rs. C-67/14, ECLI:EU:C:2015:597 Rn. 59 ff. – *Alimanovic*; a. A. GA *Wathelet*, Schlussanträge zu U. v. 15.9.2015, Rs. C-67/14, ECLI:EU:C:2015:210 Rn. 103 ff. – *Alimanovic*; *Steiger*, EuR 2018, 304 (336 f.).
104 EuGH, U. v. 19.6.2014, Rs. C-507/12, ECLI:EU:C:2014:2007 Rn. 27 ff. – *Saint Prix*, für den Fall von Mutterschutz bzw. Elternzeit.
105 Siehe zum Aufenthaltsrecht Arbeitsuchender vor Inkrafttreten der Freizügigkeitsrichtlinie 2004/38/EG EuGH, U. v. 26.2.1991, Rs. C-292/89, Slg. 1991, I-745 Rn. 9 ff. – *Antonissen*.

III. Fallgestaltungen

schen Aufenthaltsvoraussetzungen für Nichterwerbstätige[106] nicht erfüllen, so sie nachweisen können, weiterhin Arbeit zu suchen und eine begründete Aussicht haben, eingestellt zu werden (Art. 14 Abs. 4 lit. b) Richtlinie 2004/38/EG).[107] Als Preis für die Privilegierung gegenüber Nichterwerbstätigen steht ihnen allerdings kein Inländerbehandlungsanspruch hinsichtlich Sozialhilfe zu (Art. 24 Abs. 2 Richtlinie 2004/38/EG). Dieser Ausschluss entspricht der früheren Rechtsprechung des EuGH, die den Inländerbehandlungsanspruch Arbeitsuchender in Einklang mit Systematik und Wortlaut der Verordnung (EWG) Nr. 1612/68 nicht auf Sozialleistungen erstreckte.[108] Kurz vor Inkrafttreten der neuen Freizügigkeitsrichtlinie 2004/38/EG wurde dieser Ausschluss jedoch durch die *Collins*-Rechtsprechung des EuGH (partiell) überholt, erschien ein Festhalten am Status quo angesichts des sonstigen Nichterwerbstätigen als Konsequenz der Unionsbürgerschaft mittlerweile gewährten gleichen Zugangs zu Sozialleistungen[109] doch systemwidrig: „Angesichts der Einführung der Unionsbürgerschaft und angesichts der Auslegung, die das Recht der Unionsbürger auf Gleichbehandlung in der Rechtsprechung erfahren hat, ist es nicht mehr möglich, vom Anwendungsbereich des [Art. 45 Abs. 2 AEUV], der eine Ausprägung des in [Art. 18 EUV] garantierten tragenden Grundsatzes der Gleichbehandlung ist, eine finanzielle Leistung auszunehmen, die den Zugang zum Arbeitsmarkt eines Mitgliedstaats erleichtern soll. Die Auslegung der Tragweite des Grundsatzes der Gleichbehandlung in Bezug auf den Zugang zur Beschäftigung muss diese Weiterentwicklung gegenüber der in den Urteilen Lebon und vom 12. September 1996 (Kommission/Belgien) vorgenommenen Auslegung widerspiegeln."[110] Unbenommen blieb es dem Aufenthaltsstaat danach allerdings, das „Bestehen einer tatsächlichen Verbindung des Arbeitsuchenden mit dem Arbeitsmarkt dieses Mitgliedstaats" als Anspruchsvoraussetzung – namentlich in Gestalt eines (angemessenen) Wohnsitzkriteriums – festzulegen.[111] Erheblich eingeschränkt hat diese Rechtsprechungslinie indes die weitreichende Qualifikation (auch) existenzsichernder Leistungen für Arbeitsuchende als nicht der *Collins*-Rechtsprechung unterfallende Sozialhilfe i. S. d. Art. 24 Abs. 2 Richtlinie 2004/38/EG und der mit der Einschlägigkeit dieser Norm korrespondierende Anspruchsausschluss.[112] Ob letzterer primärrechtskonform ist, hat der EuGH noch nicht entschieden und wird kontrovers beurteilt;[113] der Debatte könnte das Urteil in der Rs. CG vom 15.7.2021[114] neuen Auftrieb verleihen[115].[116]

---

106 Dazu oben Rn. 16.
107 Dazu jüngst EuGH, U. v. 17.12.2020, Rs. C-710/19, ECLI:EU:C:2020:1037 Rn. 21 ff. – *G. M. A.*
108 EuGH, U. v. 18.6.1987, Rs. 316/85, Slg. 1987, 2811 Rn. 25 ff. – *Lebon*.
109 Dazu nur *F. Wollenschläger*, Grundfreiheit ohne Markt, S. 197 ff.; *ders.*, ZEuS 2009, 1 (30 ff.).
110 EuGH, U. v. 23.4.2004, Rs. C-138/02, Slg. 2004, I-2703 Rn. 63 f. – *Collins*; bekräftigt in U. v. 15.5.2005, Rs. C-258/04, Slg. 2005, I-8275 Rn. 22 – *Ioannidis*; U. v. 4.6.2009, verb. Rs. C-22 und 23/08, ECLI:EU:C:2009:344 Rn. 37 – *Vatsouras and Koupatantze*; U. v. 25.10.21012, Rs. C-367/11, ECLI:EU:C:2012:668 Rn. 21 ff. – *Prete*.
111 EuGH, U. v. 23.4.2004, Rs. C-138/02, Slg. 2004, I-2703 Rn. 66 ff. – *Collins*; ferner EuGH, U. v. 15.5.2005, Rs. C-258/04, Slg. 2005, I-8275 Rn. 30 – *Ioannidis*; U. v. 4.6.2009, verb. Rs. C-22 und 23/08, ECLI:EU:C:2009:344 Rn. 38 ff. – *Vatsouras and Koupatantze*. Sehr weit der Zusammenhang in EuGH, U. v. 25.10.2012, Rs. C-367/11, ECLI:EU:C:2012:668 Rn. 50 – *Prete*.
112 EuGH, U. v. 15.9.2015, Rs. C-67/14, ECLI:EU:C:2015:597 Rn. 40 ff., 46 – *Alimanovic*; EuGH, U. v. 25.2.2016, Rs. C-299/14, ECLI:EU:C:2016:114 Rn. 37 – *García-Nieto*; kritisch *ÓBrien*, CMLRev. 53 (2016), 937 (947 f.).
113 Bejahend GA *Wathelet*, Schlussanträge zu EuGH, U. v. 15.9.2015, Rs. C-67/14, ECLI:EU:C:2015:210 Rn. 98 – *Alimanovic*, und zu EuGH 25.2.2016, Rs. C-299/14, ECLI:EU:C:2015:366 Rn. 73 ff. – *García-Nieto*. Siehe aber auch *Golynker*, ELRev. 30 (2005), 111 (119); *Heinig*, ZESAR 2008, 472 (473).
114 EuGH, U. v. 15.7.2021, Rs. C-709/20, ECLI:EU:C:2021:602 – *CG*.
115 Dazu *F. Wollenschläger*, EuZW 2021, 795 (800).
116 Im Überblick hierzu *F. Wollenschläger*, in: Hatje/Müller-Graff (Hrsg.), Europäisches Organisations- und Verfassungsrecht, EnzEuR I, 2. Aufl. 2022, § 13 Rn. 154 ff.

62 c) Annex: Das allgemeine Freizügigkeitsrecht (Art. 20 Abs. 2 lit. a, Art. 21 AEUV) als „Grundfreiheit ohne Markt". Fehlt es schließlich an einem grenzüberschreitenden ökonomischen Kontext, so dass weder die Arbeitnehmerfreizügigkeit noch die übrigen Marktfreiheiten einschlägig sind, verbleibt ein Rekurs auf das in Art. 21 AEUV verankerte allgemeine Freizügigkeitsrecht als Lex generalis[117]. Dessen Gewährleistungsgehalt entspricht strukturell dem der Marktfreiheiten, womit das allgemeine Freizügigkeitsrecht als „Grundfreiheit ohne Markt"[118] fungiert. Genauso wie das allgemeinen Personenverkehrsfreiheiten gewährleistet es ein Aufenthaltsrecht im EU-Ausland, i. V. m. dem allgemeinen Diskriminierungsverbot (Art. 18 AEUV) einen umfassenden Schutz vor Diskriminierungen aufgrund der Staatsangehörigkeit und ein Beschränkungsverbot.[119] Die Rechtsposition Nichterwerbstätiger bleibt allerdings insofern hinter der ökonomisch aktiver Personen zurück, als erstere zum Schutz der nationalen Sozialleistungssysteme grundsätzlich ökonomische Aufenthaltsvoraussetzungen erfüllen, mithin über ausreichende Existenzmittel und einen umfassenden Krankenversicherungsschutz verfügen müssen (Art. 7 Abs. 1 lit. b) und c) Richtlinie 2004/38/EG), und von einem nur gestuften Zugang zu Sozialleistungen profitieren (Art. 24 Abs. 1 und 2 Richtlinie 2004/38/EG). Die Anwendung der ökonomischen Aufenthaltsvoraussetzungen und damit die Möglichkeit, den Gleichbehandlungsanspruch mit Inländern auch hinsichtlich des Zugangs zu Sozialleistungen gemäß Art. 24 Richtlinie 2004/38/EG zu versagen, steht freilich – trotz des insoweit restriktiven Urteils in der Rs. *Dano*,[120] das überdies das bereits erwähnte Urteil in der Rs. *CG* relativiert hat[121] – unter einem Verhältnismäßigkeitsvorbehalt (siehe nur Art. 14 Abs. 3 Richtlinie 2004/38/EG und ältere sowie neuere EuGH-Judikate[122]).[123]

---

117 Zur Spezialität der Marktfreiheiten gegenüber Art. 21 AEUV EuGH, U. v. 1.10.2009, Rs. C-3/08, ECLI:EU:C:2009:595 Rn. 20 – *Leyman*; U. v. 12.3.2014, Rs. C-457/12, ECLI:EU:C:2014:136 Rn. 45 – *S./Ministerie voor Immigratie*.
118 Siehe F. *Wollenschläger*, Grundfreiheit ohne Markt, 2007.
119 Umfassend zum Gewährleistungsgehalt des allgemeinen Freizügigkeitsrechts F. *Wollenschläger*, Grundfreiheit ohne Markt, S. 126 ff.; *ders.*, ZEuS 2009, 1 (20 ff.); *ders.*, in: Hatje/Müller-Graff (Hrsg.), Europäisches Organisations- und Verfassungsrecht, EnzEuR I, 2. Aufl. 2022, § 13 Rn. 139 ff.
120 EuGH, U. v. 11.11.2014, Rs. C-333/13, ECLI:EU:C:2014:2358 – *Dano*. Siehe zu dessen Deutung kontroverser einerseits Nic *Shuibhne*, CML Rev. 52 (2015), 889 (913 f., 935); *O'Brien*, CMLRev. 58 (2021), 431 (457 f.); *Peers*, CLJ 2015, 195 (196 f.); *Spaventa*, in: Kochenov (Hrsg.), EU Citizenship and Federalism, 2017, 204 (221); *D. Steiger*, EuR 2018, 304 (327 ff.) und andererseits *Kramer*, CYELS 2016, 270 (292 ff.); *Verschueren*, CML Rev. 52 (2015), 363 (388 f.); F. *Wollenschläger*, NVwZ 2014, 1628 (1628 ff.); *ders.*, in: Thym (Hrsg.), Questioning EU Citizenship, 2017, 171 (179 ff.); *ders.*, EuZW 2021, 795 (796 f.).
121 EuGH, U. v. 15.7.2021, Rs. C-709/20, ECLI:EU:C:2021:602 – *CG*.
122 EuGH, U. v. 20.9.2001, Rs. C-184/99, Slg. 2001, I-6193 Rn. 37 ff. – *Grzelczyk* (methodisch freilich auf einer teleologischen Reduktion basierend, dazu F. *Wollenschläger*, Grundfreiheit ohne Markt, S. 171 ff., 174); EuGH, U. v. 17.9.2002, Rs. C-413/99, Slg. 2002, I-7091 Rn. 90 f. – *Baumbast und R*; U. v. 19.9.2013, Rs. C-140/12, ECLI:EU:C:2013:565 Rn. 64 – *Brey*; und post-Dano EuGH, U. v. 25.2.2016, Rs. C-299/14, ECLI:EU:C:2016:114 Rn. 46 – *García-Nieto*; U. v. 15.9.2015, Rs. C-67/14, ECLI:EU:C:2015:597 Rn. 59 – *Alimanovic*; U. v. 13.9.2016, Rs. C-165/14, ECLI:EU:C:2016:675 Rn. 45 f. – *Rendón Marín*.
123 Näher dazu zuletzt und m. w. N. F. *Wollenschläger*, EuZW 2021, 795; ferner *ders.*, in: Hatje/Müller-Graff (Hrsg.), Europäisches Organisations- und Verfassungsrecht, EnzEuR I, 2. Aufl. 2021, § 13 Rn. 143 ff., 149 ff.

§ 8 Kapitalverkehrsfreiheit

Stefanie Egidy und Matthias Knauff[1]

Literaturhinweise:
Follak, F. II. Kapital- und Zahlungsverkehr, in: Dauses/Ludwigs (Hrsg.), Handbuch des EU-Wirtschaftsrechts, Stand 7/2021; *Gerner-Beuerle*, Shareholders Between the Market and the State. The VW Law and Other Interventions in the Market Economy, Common Market Law Review 49 (2012), 97; *Herz*, Unternehmenstransaktionen zwischen Niederlassungs- und Kapitalverkehrsfreiheit, 2014; *Hindelang*, Direktinvestitionen und die Europäische Kapitalverkehrsfreiheit im Drittstaatenverhältnis, JZ 2009, 829; *Lippert*, Der EuGH und die Goldenen Aktien – zugleich ein Beitrag zur Dogmatik der Kapitalverkehrsfreiheit, Jura 2009, 342; *Lübke*, § 5 Die binnenmarktrechtliche Kapital- und Zahlungsverkehrsfreiheit, in: Müller-Graff (Hrsg.), Europäisches Binnenmarkt- und Wirtschaftsordnungsrecht, 2. Aufl. 2021, S. 307; *Mörwald/Nreka*, Die Reichweite der Kapitalverkehrsfreiheit in Drittstaatenfällen – Bestandsaufnahme der neuen EuGH-Rechtsprechung zur Dividendenbesteuerung, EWS 2014, 76; *Schön*, Kapitalverkehrsfreiheit und Niederlassungsfreiheit, in: Ackermann/Köndgen (Hrsg.), Privat- und Wirtschaftsrecht in Europa. Festschrift für Wulf-Henning Roth zum 70. Geburtstag, 2015, S. 551; *Spieker*, Werteverteidigung im Binnenmarkt? Das ungarische Transparenzgesetz auf dem Prüfstand des EuGH, EuZW 2020, 854; *v. Wilmowsky*, § 12 Freiheit des Kapital- und Zahlungsverkehrs, in: Ehlers (Hrsg.), Europäische Grundrechte und Grundfreiheiten, 4. Aufl. 2015, S. 470.

I. Grundlagen

Die in den Art. 63 ff. AEUV geregelte Kapitalverkehrsfreiheit ist für die Verwirklichung und das Funktionieren des Binnenmarktes von ebenso großer Bedeutung wie die anderen Grundfreiheiten. Gleichwohl spielt sie in der europarechtlichen Lehre eine deutlich geringere Rolle. Dies mag zum einen historisch darauf zurückzuführen sein, dass die Art. 67 ff. EWGV als ursprünglicher Regelungsstandort der Kapitalverkehrsfreiheit deren unmittelbarer Anwendbarkeit entgegenstanden,[2] so dass ihre praktischen Auswirkungen zunächst begrenzt waren. Erst mit dem Vertrag von Maastricht[3] wurden die Bestimmungen über die Kapitalverkehrsfreiheit strukturell den übrigen Grundfreiheiten angeglichen und erhielten ihre heutige Fassung. Auch diese zeichnet sich durch vergleichsweise weitgehende Ausnahmeregelungen aus. Zum anderen weisen die Sachbereiche, in denen die Kapitalverkehrsfreiheit Bedeutung erlangen kann, eine hohe Spezialität und Komplexität auf.

Art. 63 AEUV schützt neben dem freien Kapitalverkehr auch den freien Zahlungsverkehr. Beide Freiheiten betreffen grenzüberschreitende Finanztransaktionen und weisen daher einen engen sachlichen Zusammenhang auf. Sie sind gleichwohl voneinander zu unterscheiden.[4] Die Kapitalverkehrsfreiheit des Art. 63 Abs. 1 AEUV schützt den Transfer von Vermögenswerten.[5] Sie umfassen Geld- und Sachkapital, wie etwa

---
1 Der Beitrag beruht auf der Bearbeitung von *Matthias Knauff* aus der Vorauflage und übernimmt dort enthaltenen Text. Änderungen und Aktualisierungen erfolgten allein durch *Stefanie Egidy*.
2 Vgl. EuGH, U. v. 11.11.1981, Rs. 203/80, Slg. 1981, 2595 Rn. 10–13 – *Casati*.
3 Zuvor erfolgte eine Teilliberalisierung insbesondere durch die Kapitalverkehrsrichtlinie 88/361/EWG, ABl. L 178/5 v. 8.7.1988, deren Rechtsgrundlage zwischenzeitlich entfallen ist.
4 *Ukrow/Ress*, in: Grabitz/Hilf/Nettesheim (Hrsg.), Das Recht der Europäischen Union, Kommentar I, Stand: 74. EL Sept. 2021, Art. 63 AEUV Rn. 158, 403 f.; *Lübke*, § 5 Die binnenmarktrechtliche Kapital- und Zahlungsverkehrsfreiheit, in: Müller-Graff, Europäisches Binnenmarkt- und Wirtschaftsordnungsrecht, Rn. 1; *Korte*, in: Calliess/Ruffert (Hrsg.), EUV/AEUV, 6. Aufl. 2022, Art. 63 AEUV Rn. 116.
5 So EuGH, U. v. 23.2.1995, verb. Rs. C-358/93 und C-416/93, Slg. 1995, I-361 Rn. 13 – *Bordessa*.

Wertpapiere, Kredite, Immobilien und Gesellschaftsanteile. Unter die Zahlungsverkehrsfreiheit nach Art. 63 Abs. 2 AEUV fallen im Wesentlichen die Übertragung von Geld und anderen Zahlungsmitteln als Gegenleistung für empfangene Waren oder Leistungen.[6] Sie lässt sich daher als notwendige „Kehrseite" insbesondere des freien Waren- und Dienstleistungsverkehrs nach Art. 28 ff. und 56 ff. AEUV qualifizieren.[7] Nicht erforderlich ist jedoch, dass der grenzüberschreitende Zahlungsvorgang eine im Synallagma stehende vertragliche Pflicht betrifft. Auch mittelbar mit Lieferungen oder Leistungen zusammenhängende Zahlungen wie Schadensersatz- und Versicherungsleistungen werden von Art. 63 Abs. 2 AEUV erfasst,[8] nicht aber (Gegen-)Leistungen, die ihrerseits einer anderen Grundfreiheit unterfallen oder Zahlungen, die keinen Bezug zu einem von anderen Grundfreiheiten geschützten Grundgeschäft aufweisen. Für die Zuordnung einer Finanztransaktion zur Zahlungs- oder Kapitalverkehrsfreiheit muss daher stets der zugrunde liegende Vorgang insgesamt in den Blick genommen werden.[9] Unter die Kapitalverkehrsfreiheit fallen grundsätzlich alle grenzüberschreitenden Zahlungsvorgänge, die nicht schon von der Zahlungsverkehrsfreiheit erfasst werden.[10] Beschränkungen der Zahlungsverkehrsfreiheit sind in geringerem Maße als bei der Kapitalverkehrsfreiheit zulässig, da die Art. 64 und 66 AEUV diese nicht betreffen.

3 Schwierigkeiten kann neben der Abgrenzung von Kapital- und Zahlungsverkehrsfreiheit auch die Frage nach Verhältnis und Unterscheidung dieser und der übrigen Grundfreiheiten mit Ausnahme der Arbeitnehmerfreizügigkeit aufwerfen.[11] Die Frage nach der Anwendbarkeit der Warenverkehrsfreiheit auf Finanztransaktionen stellt sich im Falle der grenzüberschreitenden Verbringung von Bargeld. Diese fällt zumindest dann ausschließlich unter die Zahlungsverkehrsfreiheit, wenn die Banknoten und Münzen als Entgelt zu dienen bestimmt sind. Soll das Bargeld im EU-Ausland angelegt werden, ist die Kapitalverkehrsfreiheit einschlägig. Sofern es sich bei Banknoten oder Münzen um Sammler- und Liebhaberstücke handelt, für die ihrerseits von den Abnehmern ein nicht notwendigerweise mit ihrem Nennwert übereinstimmender Preis entrichtet wird, ist die Zahlungsverkehrsfreiheit maßgeblich, wenn es sich dabei um gültige gesetzliche Zahlungsmittel handelt.[12] Andernfalls ist die Warenverkehrsfreiheit heranzuziehen. Gegenstände die der Geldanlage dienen, wie Gold oder Kunstwerke, werden ausschließlich von der Warenverkehrsfreiheit erfasst,[13] da die bloße Werthaltigkeit keinen Anknüpfungspunkt für die Freiheiten des Art. 63 AEUV bietet.

---

6 *Haratsch/Koenig/Pechstein*, Europarecht, 12. Aufl. 2020, Rn. 1103; *v. Wilmowsky*, in: Ehlers, Europäische Grundrechte und Grundfreiheiten, § 12 Rn. 5.
7 Zur Abgrenzung siehe EuGH, U. v. 23.2.1995, verb. Rs. C-358/93 und 416/93, Slg. 1995, I-361 Rn. 11–15 – *Bordessa*.
8 *Korte*, in: Calliess/Ruffert (Hrsg.), EUV/AEUV, 6. Aufl. 2022, Art. 63 AEUV Rn. 106.
9 Vgl. EuGH, U. v. 31.1.1984, verb. Rs. 286/82 und 26/83, Slg. 1984, 377 Rn. 20 f. – *Luisi und Carbone*.
10 EuGH, U. v. 31.1.1984, verb. Rs. 286/82 und 26/83, Slg. 1984, 377 Rn. 21–23 – *Luisi und Carbone*.
11 Umfassend dazu *Haferkamp*, Die Kapitalverkehrsfreiheit im System der Grundfreiheiten des EG-Vertrags, 2003, S. 161 ff.; zur Kapitalverkehrsfreiheit im Kontext von Kapitalmarkt- und Bankenunion siehe *Haag*, § 14 Freiheit des Kapital- und Zahlungsverkehrs, in: Bieber/Epiney/Haag/Kotzur (Hrsg.), Die Europäische Union – Europarecht und Politik, 14. Aufl. 2021, S. 399 Rn. 11–13; *Lübke*, § 5 Die binnenmarktrechtliche Kapital- und Zahlungsverkehrsfreiheit, in: Müller-Graff, Europäisches Binnenmarkt- und Wirtschaftsordnungsrecht, Rn. 12–14.
12 EuGH, U. v. 23.11.1978, Rs. 7/78, Slg. 1978, 2247 Rn. 19/20–27/28 – *Thompson*; siehe hierzu *Frenz*, Handbuch Europarecht Bd. 1, 2012, Rn. 3637–3640.
13 *Lübke*, § 5 Die binnenmarktrechtliche Kapital- und Zahlungsverkehrsfreiheit, in: Müller-Graff, Europäisches Binnenmarkt- und Wirtschaftsordnungsrecht, Rn. 41; *Ukrow/Ress*, in: Grabitz/Hilf/Nettesheim (Hrsg.), Das Recht der Europäischen Union, Kommentar I, Stand: 74. EL Sept. 2021, Art. 63 AEUV Rn. 366.

II. Normative Ausgestaltung

Das Verhältnis von Kapital- und Niederlassungsfreiheit ist bislang nicht abschließend geklärt.[14] Regelmäßig geht die mit einer Niederlassung im Sinne von Art. 49 Abs. 2 AEUV verbundene dauerhafte geschäftliche Betätigung in einem anderen Mitgliedstaat mit dem Auftreten grenzüberschreitender Finanzbewegungen einher. Ob diese betreffenden mitgliedstaatlichen Maßnahmen am Maßstab der Niederlassungs- oder der Kapitalverkehrsfreiheit zu messen sind, ist der Rechtsprechung des EuGH nicht eindeutig zu entnehmen. Mitunter zieht der EuGH beide Grundfreiheiten nebeneinander heran.[15] Sofern eine parallele Anwendung von Niederlassungs- und Kapitalverkehrsfreiheit erfolgt, ermöglichen es die Parallelnormen der Art. 49 Abs. 2 und 65 Abs. 2 AEUV, die jeweils geltenden Beschränkungsmöglichkeiten auf den Sachverhalt anzuwenden.[16] Inwiefern sich aus ihnen eine Antwort auf die Frage des Vorrangverhältnisses zwischen Niederlassungs- und Kapitalverkehrsfreiheit ergibt, ist umstritten.[17] Beschränkt sich die Beziehung eines Grundfreiheitenberechtigten zu einem anderen Mitgliedstaat auf finanzielle Aspekte und fehlt es an einer darüber hinausgehenden räumlichen Verbindung, sind die Voraussetzungen der Niederlassungsfreiheit nicht erfüllt und es sind ausschließlich die Regelungen über die Kapitalverkehrsfreiheit heranzuziehen.

4

Theoretisch eindeutig, in der Praxis aber ebenfalls undeutlich ist die Abgrenzung von Kapital- und Dienstleistungsfreiheit. Diese kann bei der Beurteilung mitgliedstaatlicher Maßnahmen mit Bezug zu grenzüberschreitenden Finanzdienstleistungen relevant werden.[18] Systematisch bildet die Kapitalverkehrsfreiheit wegen Art. 57 Abs. 1 AEUV einen vorrangigen Prüfungsmaßstab. Gleichwohl stellt der EuGH auf den Regelungsschwerpunkt ab und zieht mitunter die Dienstleistungsfreiheit neben bzw. anstelle der Kapitalverkehrsfreiheit heran.[19] Ungeachtet dessen sollte bei der Prüfung stets mit den Art. 63 ff. AEUV begonnen werden. Erfüllt eine grenzüberschreitende Finanzdienstleistung, wie die Gewährung von Darlehen, die tatbestandlichen Voraussetzungen der Kapitalverkehrsfreiheit, ist die Prüfung darauf bezogener mitgliedstaatlicher Maßnahmen ausschließlich anhand der Art. 63 ff. AEUV vorzunehmen, die weitergehende Beschränkungen gestatten als die Regelungen über die Dienstleistungsfreiheit in Art. 56 ff. AEUV. Dies ist als mit normativer Verbindlichkeit versehener Wille der Mitgliedstaaten als „Herren der Verträge" hinzunehmen, der auch durch die letzten Vertragsänderungen keine Modifikation erfahren hat.

5

II. Normative Ausgestaltung

Die Regelungen über die Kapitalverkehrsfreiheit in den Art. 63 ff. AEUV weisen im Vergleich zu den seit den Römischen Verträgen weithin unverändert bestehenden Vorschriften über die anderen Grundfreiheiten eine höhere Verständlichkeit aus sich selbst

6

---

14 Vgl. dazu auch § 5 Rn. 37; siehe grundlegend *Schön*, Kapitalverkehrsfreiheit und Niederlassungsfreiheit, in: Ackermann/Köndgen, Privat- und Wirtschaftsrecht in Europa, S. 551; *Herz*, Unternehmenstransaktionen zwischen Niederlassungs- und Kapitalverkehrsfreiheit, 2014, S. 43–47.
15 So etwa EuGH, U. v. 1.6.1999, Rs. C-302/97, Slg. 1999, I-3099 Rn. 22 – *Konle*.
16 *Schön*, Kapitalverkehrsfreiheit und Niederlassungsfreiheit, in: Ackermann/Köndgen, Privat- und Wirtschaftsrecht in Europa, S. 551 (560 m. w. N., 563); die darüber hinausgehende Frage eines etwaigen Schrankentransfers diskutiert *Korte*, in: Calliess/Ruffert (Hrsg.), EUV/AEUV, 6. Aufl. 2022, Art. 65 AEUV Rn. 24 f.
17 Zum Streitstand *Korte*, in: Calliess/Ruffert (Hrsg.), EUV/AEUV, 6. Aufl. 2022, Art. 65 AEUV Rn. 22.
18 *Haratsch/Koenig/Pechstein*, Europarecht, 12. Aufl. 2020, Rn. 1102; *Ukrow/Ress*, in: Grabitz/Hilf/Nettesheim (Hrsg.), Das Recht der Europäischen Union, Kommentar I, Stand: 74. EL Sept. 2021, Art. 63 AEUV Rn. 369.
19 Ausführlich EuGH, U. v. 3.10.2006, Rs. C-452/04, Slg. 2006, I-9521 Rn. 34, 38–43 – *Fidium Finanz*; vgl. auch EuGH, U. v. 28.4.1998, Rs. C-118/96, Slg. 1998, I-1897 Rn. 35 – *Safir*; U. v. 1.12.1998, Rs. C-410/96, Slg. 1998, I-7875 Rn. 40 – *Ambry*; ausführlich für eine parallele Anwendung auch *Ukrow/Ress*, in: Grabitz/Hilf/Nettesheim (Hrsg.), Das Recht der Europäischen Union, Kommentar I, Stand: 74. EL Sept. 2021, Art. 63 AEUV Rn. 368–380, 397.

1. Schutzgewährleistungen

7 Nach Art. 63 Abs. 1 AEUV „sind alle Beschränkungen des Kapitalverkehrs zwischen den Mitgliedstaaten sowie zwischen den Mitgliedstaaten und dritten Ländern verboten." Eine Definition des Kapitalverkehrs findet sich nicht. Aus der Aufzählung möglicher Ausnahmeregeln in Art. 64 AEUV folgt jedoch, dass zumindest „mit Direktinvestitionen einschließlich Anlagen in Immobilien, mit der Niederlassung, der Erbringung von Finanzdienstleistungen oder der Zulassung von Wertpapieren zu den Kapitalmärkten" (Art. 64 Abs. 1 S. 1 AEUV) im Zusammenhang stehende grenzüberschreitende finanzielle Transaktionen vom Begriff des Kapitalverkehrs erfasst sind.[20] Der EuGH hat für die Bestimmung, ob eine in Frage stehende Konstellation von Art. 63 Abs. 1 AEUV erfasst wird, regelmäßig auf die detaillierte, aber gleichwohl nicht abschließende Auflistung von Kapitalverkehrsvorgängen in Annex I der Richtlinie 88/361/EG zurückgegriffen. Die darin genannten Formen von Finanzgeschäften reichen von der privaten Darlehensgewährung bis hin zu Investitionen und Wertpapiergeschäften aller Art sowie versicherungsvertraglich bedingten Transferzahlungen. Der Erwerb von Todes wegen wird von der Kapitalverkehrsfreiheit ebenso erfasst[21] wie die Zulässigkeit von Fremdwährungshypotheken.[22] Eine abschließende positive Definition der Kapitalverkehrsfreiheit lässt sich angesichts der Vielzahl der erfassten Geschäftstypen und dem Erfindungsreichtum der Finanzinstitute kaum formulieren.[23] Grundsätzlich erfasst die Kapitalverkehrsfreiheit des Art. 63 Abs. 1 AEUV in sachlicher Hinsicht alle wert- im Sinne von finanzbezogenen grenzüberschreitenden Vorgänge, die nicht unter die Zahlungsverkehrsfreiheit nach Art. 63 Abs. 2 AEUV fallen.

8 In persönlicher und räumlicher Hinsicht geht die Kapitalverkehrsfreiheit erheblich über die Schutzgewährleistungen der übrigen Grundfreiheiten hinaus. Diese berechtigen ausschließlich unionsangehörige bzw. -ansässige natürliche und juristische Personen im Gebiet der EU-Mitgliedstaaten. Art. 63 Abs. 1 AEUV erfasst dagegen sowohl Drittstaatsangehörige als auch den Kapitalverkehr mit Drittstaaten. Keine Geltung beansprucht die Kapitalverkehrsfreiheit – insoweit in Übereinstimmung mit den anderen Grundfreiheiten – für rein innerstaatliche Sachverhalte. Eine Grenzüberschreitung ist entsprechend der allgemeinen Dogmatik der Grundfreiheiten für die Anwendbarkeit der Kapitalverkehrsfreiheit unverzichtbar.

9 Größere Klarheit als die Regelungen der anderen Grundfreiheiten vermittelt Art. 63 Abs. 1 AEUV insoweit, als bereits aus dem Wortlaut der Bestimmung ein Beschränkungsverbot folgt. Die bei der Anwendung der Grundfreiheiten zunächst umstrittene Frage, ob diese nur ein Diskriminierungs- oder zugleich ein Beschränkungsverbot enthielten, stellt sich angesichts des ausdrücklichen Verbots „alle(r) Beschränkungen" für die Kapitalverkehrsfreiheit nicht.[24] Zum Zeitpunkt der Neuformulierung der maßgeblichen Vorschriften durch den Vertrag von Maastricht war die Unterscheidung zwischen

---

20 *Follak*, F. II. Kapital- und Zahlungsverkehr, in: Dauses/Ludwigs, Handbuch des EU-Wirtschaftsrechts, Rn. 6.
21 EuGH, U. v. 23.2.2006, Rs. C-513/03, Slg. 2006, I-1957 Rn. 38–42 – *van Hilten-van der Heijden*; U. v. 17.1.2008, Rs. C-256/06, Slg. 2008, I-123 Rn. 25 – *Jäger*; U. v. 17.10.2013, Rs. C-181/12, ECLI:EU:C:2013:662 Rn. 19 f. – *Welte*.
22 EuGH, U. v. 16.3.1999, Rs. C-222/97, Slg. 1999, I-1661 Rn. 20–24, 34 – *Trummer und Mayer*.
23 EuGH, U. v. 11.1.2001, Rs. 464/98, Slg. 2001, I-173 Rn. 5 – *Stefan*; Haratsch/Koenig/Pechstein, Europarecht, 12. Aufl. 2020, Rn. 1095; ausführlich zu den einzelnen Begriffsbestimmungen *Herz*, Kapitalverkehrsfreiheit und Drittstaaten, 2009, S. 70–79.
24 Vgl. EuGH, U. v. 4.6.2002, Rs. C-367/98, Slg. 2002, I-4731 Rn. 44 – *Kommission/Portugal*; v. Wilmowsky, in: Ehlers, Europäische Grundrechte und Grundfreiheiten, § 12 Rn. 6.

beiden Konzepten nicht zuletzt in der Rechtsprechung des EuGH bereits deutlich herausgearbeitet worden, so dass die Verwendung des Beschränkungsbegriffs bei der Vertragsreform zugleich als Bezugnahme auf dessen vom EuGH entwickeltes Verständnis zu verstehen ist. Grundsätzlich unzulässig sind daher alle staatlichen Maßnahmen, die geeignet sind, ein Gebrauchmachen der Kapitalverkehrsfreiheit durch die Berechtigten weniger attraktiv erscheinen zu lassen. Allerdings fordert die Kapitalverkehrsfreiheit weder die Angleichung des Steuerrechts noch die Unterlassung aller Veränderungen der Rahmenbedingungen für Finanzgeschäfte. Entsprechend der *Keck*-Rechtsprechung des EuGH zur Beurteilung von Verkaufsmodalitäten im Lichte der Warenverkehrsfreiheit[25] sind derartige allgemeine „Rahmenmodalitäten" bereits nicht als Beschränkungen der Kapitalverkehrsfreiheit zu qualifizieren.[26] Mit der Fortentwicklung bzw. Aufgabe der *Keck*-Rechtsprechung hin zu einer Betonung des Kriteriums des Marktzugangs,[27] liegt es nahe, diese Entwicklung auch im Rahmen der Kapitalverkehrsfreiheit zu vollziehen und zu fragen, ob eine Maßnahme den Kapitalfluss beschränkt.[28] Dies setzt aber, wie bereits im Rahmen der Warenverkehrsfreiheit, voraus, dass die Maßnahmen nicht diskriminieren, d. h. unterschiedslos anwendbar sind, und den Marktzutritt nicht behindern.[29]

2. Zulässige Beschränkungen

Soweit staatliche Maßnahmen zu Beschränkungen der Kapitalverkehrsfreiheit führen, können diese im Einzelfall gerechtfertigt sein. Beschränkungen des Kapitalverkehrs mit Drittstaaten sind in deutlich stärkerem Maße möglich als desjenigen zwischen EU-Mitgliedstaaten. Bei sämtlichen Ausnahmen ist entsprechend der allgemeinen methodischen Grundsätze ein enges Verständnis zugrunde zu legen.

a) Beschränkungen des Kapitalverkehrs innerhalb der EU. Angesichts der hohen Binnenmarktrelevanz der Kapitalverkehrsfreiheit sind Beschränkungen innerhalb der EU nur in geringem Maße zulässig. Von den Ausnahmeregelungen der Art. 64 bis 66, 75 AEUV betrifft nur Art. 65 AEUV, der zugleich für die Zahlungsverkehrsfreiheit nach Art. 63 Abs. 2 AEUV gilt, den Kapitalverkehr zwischen den Mitgliedstaaten. Neben der aus Art. 65 Abs. 2 AEUV folgenden Zulässigkeit von Beschränkungen, die auf Grundlage der Bestimmungen über die Niederlassungsfreiheit rechtmäßig vorgenommen werden, sieht Art. 65 Abs. 1 AEUV spezifische Beschränkungsmöglichkeiten vor. In beiden Fällen dürfen mitgliedstaatliche Maßnahmen nach Art. 65 Abs. 3 AEUV jedoch „weder ein Mittel zur willkürlichen Diskriminierung noch eine verschleierte Beschränkung des freien Kapital- und Zahlungsverkehrs im Sinne des Artikels 63 darstellen."

---

25 EuGH, U. v. 24.11.1993, verb. Rs. C-267/91 und C-268/91, Slg. 1993, I-6097 – *Keck und Mithouard*; dazu näher § 4 Rn. 16 ff.
26 Die *Keck*-Formel im Rahmen der Kapitalverkehrsfreiheit prüfte etwa EuGH, U. v. 13.5.2003, Rs. C-463/00, Slg. 2003, I-4581 Rn. 58–61 – *Kommission/Spanien* (im Ergebnis ablehnend); einen derartigen Ansatz nicht von vornherein ablehnend EuGH, U. v. 13.5.2003, Rs. C-98/01, Slg. 2003, I-4641 Rn. 45 ff. – *Kommission/Großbritannien*; für eine grundsätzliche Anwendbarkeit auch *Ukrow/Ress*, in: Grabitz/Hilf/Nettesheim (Hrsg.), Das Recht der Europäischen Union, Kommentar I, Stand: 74. EL Sept. 2021, Art. 64 AEUV Rn. 204 f., 210 f. zu sog. „Handelsmodalitäten" (parallel zu den „Verkaufsmodalitäten"); ebenso *Gramlich*, in: Pechstein/Nowak/Häde (Hrsg.), Frankfurter Kommentar II, 2017, Art. 63 AEUV Rn. 30; *Schön*, Kapitalverkehrsfreiheit und Niederlassungsfreiheit, in: Ackermann/Köndgen, Privat- und Wirtschaftsrecht in Europa, S. 551 (555 f.); a. A. *v. Wilmowsky*, in: Ehlers, Europäische Grundrechte und Grundfreiheiten, § 12 Rn. 6; *Fischer*, ZEuS 2000, 391 (404).
27 Dazu näher § 5 Rn. 66.
28 Eingehend *Ukrow/Ress*, in: Grabitz/Hilf/Nettesheim (Hrsg.), Das Recht der Europäischen Union, Kommentar I, Stand: 74. EL Sept. 2021, Art. 64 AEUV Rn. 204–213; ebenso *Korte*, in: Calliess/Ruffert (Hrsg.), EUV/AEUV, 6. Aufl. 2022, Art. 63 AEUV Rn. 59.
29 So für die Warenverkehrsfreiheit EuGH, U. v. 10.2.2009, Rs. C-110/05, Slg. 2009, I-519 Rn. 35, 37 – *Kommission/Italien*.

12 Nach Art. 65 Abs. 1 lit. a AEUV sind die Mitgliedstaaten berechtigt, „die einschlägigen Vorschriften ihres Steuerrechts anzuwenden, die Steuerpflichtige mit unterschiedlichem Wohnort oder Kapitalanlageort unterschiedlich behandeln". Lit. b ermächtigt sie, „die unerlässlichen Maßnahmen zu treffen, um Zuwiderhandlungen gegen innerstaatliche Rechts- und Verwaltungsvorschriften, insbesondere auf dem Gebiet des Steuerrechts und der Aufsicht über Finanzinstitute, zu verhindern, sowie Meldeverfahren für den Kapitalverkehr zwecks administrativer oder statistischer Information vorzusehen oder Maßnahmen zu ergreifen, die aus Gründen der öffentlichen Ordnung oder Sicherheit gerechtfertigt sind."

13 Nach dem Wortlaut des Art. 65 Abs. 1 AEUV erscheinen daher weitgehende Beschränkungen, im Falle des lit. a sogar Diskriminierungen möglich. Dies trifft jedoch nur mit Einschränkungen zu.[30] Nach der Schlussakte zum EU-Vertrag i. d. F. des Vertrags von Maastricht beigefügten „Erklärung zu Art. 73d EGV" sollen nur solche diskriminierenden steuerlichen Regelungen erfasst sein, die bereits Ende 1993 bestanden.[31] Obwohl eine vergleichbare Erklärung im Kontext des Vertrags von Lissabon nicht besteht, waren diesbezüglich keine Änderungen beabsichtigt, so dass Art. 65 Abs. 1 lit. a AEUV ein Verschlechterungsverbot zu entnehmen ist.[32] Die Bezugnahme auf den Wohnort oder den Kapitalanlageort steht zudem einer an der Staatsangehörigkeit anknüpfenden Unterscheidung entgegen.[33] Ungleichbehandlungen sind nur insoweit zulässig, als sie unmittelbar an die Person des Steuerpflichtigen anknüpfen.[34] Eine nationale Regelung kann darüber hinaus mit Blick auf Art. 65 Abs. 3 AEUV „nur dann als mit den Vertragsbestimmungen über den freien Kapitalverkehr vereinbar angesehen werden, wenn die von ihr vorgesehene Ungleichbehandlung Situationen betrifft, die nicht objektiv miteinander vergleichbar sind, oder durch einen zwingenden Grund des Allgemeininteresses gerechtfertigt", d. h. insbesondere verhältnismäßig ist.[35] Sind diese Voraussetzungen gegeben, handelt es sich um eine erlaubte Ungleichbehandlung,[36] die zugleich Ausdruck der fehlenden Harmonisierung der Steuersysteme der Mitgliedstaaten in der EU ist.

14 Art. 65 Abs. 1 lit. b AEUV kodifiziert verschiedene Rechtfertigungsgründe, die es den Mitgliedstaaten erlauben, den Kapital- und Zahlungsverkehr einzuschränken und grundsätzlich auch für unterschiedlich anwendbare Maßnahmen gelten.[37] Gegenstände der Ausnahmeregelung sind die Durchsetzung des (finanzbezogenen) Rechts, staatliche Informationsinteressen und die öffentliche Ordnung und Sicherheit, worunter im Kontext der Grundfreiheiten ernste Bedrohungen grundlegender Interessen des gesellschaftlichen Zusammenlebens und Gefahren für Bestand und Funktionsfähigkeit des jeweiligen Mitgliedstaats zu fassen sind.[38] Zweck der Bestimmung ist es, den Mitgliedstaaten

---

30 Die Notwendigkeit einer engen Auslegung betonen EuGH, U. v. 11.9.2008, Rs. C-11/07, Slg. 2008, I-6845 Rn. 57–59 – *Eckelkamp*; U. v. 10.2.2011, Rs. C-436/08, Slg. 2011, I-305 Rn. 56 – *Haribo*.
31 Erklärung zu Artikel 73d des Vertrags zur Gründung der Europäischen Gemeinschaft, ABl. C 191/99 v. 29.7.1992.
32 *Ukrow/Ress*, in: Grabitz/Hilf/Nettesheim (Hrsg.), Das Recht der Europäischen Union, Kommentar I, Stand: 74. EL Sept. 2021, Art. 65 AEUV Rn. 4, 33.
33 *Korte*, in: Calliess/Ruffert (Hrsg.), EUV/AEUV, 6. Aufl. 2022, Art. 65 AEUV Rn. 8.
34 *Ukrow/Ress*, in: Grabitz/Hilf/Nettesheim (Hrsg.), Das Recht der Europäischen Union, Kommentar I, Stand: 74. EL Sept. 2021, Art. 65 AEUV Rn. 34.
35 EuGH, U. v. 10.2.2011, Rs. C-436/08, Slg. 2011, I-305 Rn. 58, 63, 70 – *Haribo*; U. v. 10.4.2014, Rs. C-190/12, ECLI:EU:C:2014:249 Rn. 57 – *Emerging Markets*; *Lübke*, § 5 Die binnenmarktrechtliche Kapital- und Zahlungsverkehrsfreiheit, in: Müller-Graff, Europäisches Binnenmarkt- und Wirtschaftsordnungsrecht, Rn. 105; *Gramlich*, in: Pechstein/Nowak/Häde (Hrsg.), Frankfurter Kommentar II, 2017, Art. 65 AEUV Rn. 18.
36 EuGH, U. v. 7.9.2004, Rs. C-319/02, Slg. 2004, I-7477 Rn. 29 – *Manninen*.
37 *v. Wilmowsky*, in: Ehlers, Europäische Grundrechte und Grundfreiheiten, § 12 Rn. 10 f., 13.
38 EuGH, U. v. 10.7.1984, Rs. C-72/83, Slg. 1984, 2727 Rn. 34 f. – *Campus Oil*; EuGH, U. v. 14.3.2000, Rs. C-54/99, Slg. 2000, I-1335 Rn. 17 – *Scientology*; vgl. *Ukrow/Ress*, in: Grabitz/Hilf/Nettesheim (Hrsg.), Das Recht der Europäischen Union, Kommentar I, Stand: 74. EL Sept. 2021, Art. 65 AEUV Rn. 67, 71.

II. Normative Ausgestaltung

eine effektive Steuer- und Finanzaufsicht sowie eine wirksame Kriminalitätsbekämpfung zu ermöglichen.[39] Gleichwohl müssen staatliche Maßnahmen stets zur Zielerreichung nach Art. 65 Abs. 1 lit. b AEUV „unerlässlich" sein. Damit enthält die Norm einen besonders strengen Maßstab.[40] Maßnahmen wie die Statuierung der Notwendigkeit einer staatlichen Genehmigung von Investitionen kommen daher nur im Ausnahmefall, insbesondere nach Art. 65 Abs. 1 lit. b Var. 3 AEUV in Betracht.

Neben den in Art. 65 AEUV ausdrücklich vorgesehenen Beschränkungsmöglichkeiten hat der EuGH für die Kapitalverkehrsfreiheit in Übereinstimmung mit der allgemeinen Grundfreiheitsdogmatik anerkannt, dass zwingende Gründe des Allgemeininteresses unterschiedslos anwendbare Maßnahmen rechtfertigen können, die Beschränkungen zur Folge haben.[41] Als solche Gründe sind in der Rechtsprechung mit Bezug zur Kapitalverkehrsfreiheit etwa die Kohärenz der nationalen Steuersysteme,[42] eine ausgewogene Aufteilung der Steuerhoheit zwischen den Mitgliedstaaten,[43] Erfordernisse im Zusammenhang mit der Sozialwohnungspolitik eines Mitgliedstaats[44] und „raumplanerische (…) Ziele wie die Erhaltung einer dauerhaft ansässigen Bevölkerung und einer in einigen Gebieten vom Tourismus unabhängigen Wirtschaftstätigkeit"[45] sowie landschaftspflegerische Zielsetzungen[46] anerkannt worden.[47] Grundsätzlich keine Relevanz als mögliche Rechtfertigung von Beschränkungen der Kapitalverkehrsfreiheit kommt Art. 345 AEUV zu,[48] wonach der AEU-Vertrag die Eigentumsordnung in den verschiedenen Mitgliedstaaten unberührt lässt. Ebenso wie im Rahmen der übrigen Grundfreiheiten, wendet der EuGH die ungeschriebenen Rechtfertigungsgründe nur auf unterschiedslos für innerstaatliche und grenzüberschreitende Konstellationen wirkende Maßnahmen an, wenngleich diese Differenzierung auch hier den Vorwurf der Inkonsistenz auf sich zieht.[49]

b) Beschränkungen des Kapitalverkehrs mit Drittstaaten. Eine deutlich weiterreichende Beschränkbarkeit der Kapitalverkehrsfreiheit als zwischen den EU-Mitgliedstaaten ist im Hinblick auf Drittstaaten gegeben.[50] Über Art. 65 AEUV hinausgehend, der insoweit ebenfalls anwendbar ist,[51] sehen Art. 64 und 66 AEUV für den Kapital- sowie Art. 75 AEUV für den Kapital- und Zahlungsverkehr spezifische Möglichkeiten von Beschränkungen vor.

---

39 EuGH, U. v. 14.12.1995, verb. Rs. C-163/94, C-165/94 und C-250/94, Slg. 1995, I-4821 Rn. 22 – *Sanz de Lera*.
40 *Korte*, in: Calliess/Ruffert (Hrsg.), EUV/AEUV, 6. Aufl. 2022, Art. 65 AEUV Rn. 17.
41 Grundlegend EuGH, U. v. 3.2.1993, Rs. C-148/91, Slg. 1993, 487 Rn. 9–15 – *Veronica*.
42 Grundlegend EuGH, U. v. 28.1.1992, Rs. C-204/90, Slg. 1992, I-249 Rn. 21–28 – *Bachmann*; U. v. 28.1.1992, Rs. C-300/90, Slg. 1992, I-305 Rn. 14–21 – *Kommission/Belgien*; U. v. 17.10.2013, Rs. C-181/12, ECLI:EU:C:2013:662 Rn. 59 – *Welte*; U. v. 4.9.2014, Rs. C-211/13, ECLI:EU:C:2014:2148 Rn. 54 f. – *Kommission/Deutschland*; ausführlich zu den Kriterien dieses Rechtfertigungsgrundes *Kokott/Ost*, EuZW 2011, 496 (500–502).
43 Vgl. EuGH, U. v. 8.11.2007, Rs. C-379/05, Slg. 2007, I-9569 Rn. 56–60 – *Amurta*.
44 EuGH, U. v. 1.10.2009, Rs. C-567/07, Slg. 2009, I-9021 Rn. 30 – *Servatius*.
45 Vor dem Hintergrund der vielfachen Errichtung von Zweitwohnungen EuGH, U. v. 1.6.1999, Rs. C-302/97, Slg. 1999, I-3099 Rn. 40 – *Konle*; U. v. 15.5.2003, Rs. C-300/01, Slg. 2003, I-4899 Rn. 44 – *Salzmann*.
46 EuGH, U. v. 23.9.2003, Rs. C-452/01, Slg. 2003, I-9743 Rn. 39 – *Ospelt*.
47 Vgl. darüber hinaus *Gramlich*, in: Pechstein/Nowak/Häde (Hrsg.), Frankfurter Kommentar II, 2017, Art. 63 AEUV Rn. 32; *Lübke*, § 5 Die binnenmarktrechtliche Kapital- und Zahlungsverkehrsfreiheit, in: Müller-Graff, Europäisches Binnenmarkt- und Wirtschaftsordnungsrecht, Rn. 120.
48 EuGH, U. v. 1.6.1999, Rs. C-302/97, Slg. 1999, I-3099 Rn. 37 f. – *Konle*; U. v. 23.9.2003, Rs. C-452/01, Slg. 2003, I-9743 Rn. 24 – *Ospelt*; krit. *Kilian/Wendt*, Europäisches Wirtschaftsrecht, 8. Aufl. 2021, S. 144 Rn. 125.
49 Wie der EuGH *Korte*, in: Calliess/Ruffert (Hrsg.), EUV/AEUV, 6. Aufl. 2022, Art. 63 AEUV Rn. 68; krit. *v. Wilmowsky*, in: Ehlers, Europäische Grundrechte und Grundfreiheiten, § 12 Rn. 12; siehe hierzu auch § 4 Rn. 26.
50 Ausführlich zu diesem Themenkomplex *Kemmerer*, Kapitalverkehrsfreiheit und Drittstaaten, 2010, S. 212–235.
51 *Korte*, in: Calliess/Ruffert (Hrsg.), EUV/AEUV, 6. Aufl. 2022, Art. 65 AEUV Rn. 4.

17 Art. 64 AEUV betrifft „den Kapitalverkehr mit dritten Ländern im Zusammenhang mit Direktinvestitionen einschließlich Anlagen in Immobilien, mit der Niederlassung, der Erbringung von Finanzdienstleistungen oder der Zulassung von Wertpapieren zu den Kapitalmärkten". Die mit Blick auf die Beschränkungskategorien abschließende[52] Vorschrift umfasst mithin nicht alle, aber überaus bedeutsame Erscheinungen, die unter die Kapitalverkehrsfreiheit des Art. 63 Abs. 1 AEUV fallen. Nach Art. 64 Abs. 1 AEUV lässt Art. 63 AEUV Beschränkungen der Mitgliedstaaten und der EU, die am 31.12.1993 bestanden, bzw. bestehende mitgliedstaatliche Beschränkungen in Bulgarien, Estland und Ungarn bis zum 31.12.1999 unberührt. Derartige Altbeschränkungen im Kapitalverkehr mit Drittstaaten können in den von Art. 64 AEUV erfassten Bereichen mithin beibehalten werden. Verschlechterungen sind jedoch grundsätzlich unzulässig.[53] Diese können nur in einem besonderen Gesetzgebungsverfahren im Sinne von Art. 289 Abs. 2 AEUV vom Rat einstimmig und nach Anhörung des Europäischen Parlaments auf Grundlage von Art. 64 Abs. 3 AEUV beschlossen werden. Sonstige, den von Art. 64 AEUV erfassten Kapitalverkehr mit Drittstaaten betreffende Maßnahmen beschließen das Europäische Parlament und der Rat nach Abs. 3 der Vorschrift im ordentlichen Gesetzgebungsverfahren gemäß Art. 294 AEUV.

18 Art. 66 und 75 AEUV enthalten Regelungen für besondere Situationen. Art. 66 AEUV ermächtigt die Union zu zeitlich auf jeweils sechs Monate begrenzten Schutzmaßnahmen, „[f]alls Kapitalbewegungen nach oder aus dritten Ländern unter außergewöhnlichen Umständen das Funktionieren der Wirtschafts- und Währungsunion schwerwiegend stören oder zu stören drohen" und diese Maßnahmen „unbedingt erforderlich sind." Art. 75 AEUV betrifft Maßnahmen der EU im Zusammenhang mit der Bekämpfung des Terrorismus. Die Vorschrift ermächtigt zum Erlass von Verordnungen im ordentlichen Gesetzgebungsverfahren, auf deren Grundlage finanzbezogene Verwaltungsmaßnahmen gegen Individuen und Personenmehrheiten ergriffen werden können. Derartige Verordnungen werden durch Umsetzungsmaßnahmen ergänzt, die vom Rat auf Vorschlag der Kommission erlassen werden. In den Regelungen sind zwingend Vorschriften über den gegen die Maßnahmen von den Betroffenen zu ergreifenden Rechtsschutz aufzunehmen (siehe Art. 75 Abs. 3 AEUV).[54]

III. Fallgestaltungen

19 Entsprechend der Hauptzielrichtung der Kapitalverkehrsfreiheit als „Investitionsermöglichungsfreiheit" betrifft die Rechtsprechung des EuGH Investitionshindernisse aller Art. Die nachfolgend vorgestellten Entscheidungen beziehen sich auf Fragen aktienrechtlicher Sonderregelungen, spezifische Erfordernisse bei Immobilieninvestitionen sowie steuerrechtliche Konstellationen und decken wichtige im Lichte der Kapitalverkehrsfreiheit zu beurteilende Sachbereiche und Problemstellungen ab.[55]

1. Aktienrechtliche Sonderregeln

20 Ungeachtet der grundsätzlich marktwirtschaftlichen Ausrichtung aller EU-Mitgliedstaaten bestehen vielfach aktienrechtliche Sonderregeln für bestimmte Unternehmen, die dem Staat besondere Rechte einräumen. Regelmäßig handelt es sich dabei entweder

---

52 EuGH, U. v. 14.12.1995, verb. Rs. C-163/94, C-165/94 und C-250/94, Slg. 1995, I-4821 Rn. 45 – *Sanz de Lera*.
53 *Gramlich*, in: Pechstein/Nowak/Häde (Hrsg.), Frankfurter Kommentar II, 2017, Art. 64 AEUV Rn. 12; *Korte*, in: Calliess/Ruffert (Hrsg.), EUV/AEUV, 6. Aufl. 2022, Art. 64 AEUV Rn. 31.
54 Vgl. insoweit auch EuGH, U. v. 3.9.2008, verb. Rs. C-402/05 P und C-415/05 P, Slg. 2008, I-6351 Rn. 335 – *Kadi*.
55 Zu diesen und weiteren Sachbereichen im Überblick vgl. *v. Wilmowsky*, in: Ehlers, Europäische Grundrechte und Grundfreiheiten, § 12 Rn. 15–43.

um Unternehmen, deren Tätigkeitsbereich in der Daseinsvorsorge, also der Versorgung der Bevölkerung mit Energie, Wasser, Verkehrsleistungen etc., liegt oder denen eine besondere industriepolitische Bedeutung zuerkannt wird.

EuGH, Urteil vom 23.10.2007 – Rs. C-112/05, Slg. 2007, I-8995 – *VW-Gesetz* **21**
Das 1960 beschlossene deutsche „Gesetz über die Überführung der Anteilsrechte an der Volkswagenwerk GmbH in private Hand" (VW-Gesetz) sah für die neu gegründete VW AG einige Abweichungen vom allgemeinen deutschen Aktienrecht vor. Nach § 2 Abs. 1 war das Stimmrecht für den Fall, dass ein Aktionär einen darüber hinausgehenden Anteil am Grundkapital hielt, auf das 20 Prozent des Grundkapitals entsprechende beschränkt. Eine gleichartige Beschränkung enthielt § 3 Abs. 5 für die Stimmrechtsausübung in der Hauptversammlung. Die Bundesrepublik Deutschland und das Land Niedersachsen wurden durch § 4 Abs. 1 berechtigt, je zwei Vertreter in den Aufsichtsrat zu entsenden, solange sie Aktien der VW AG hielten. § 4 Abs. 3 erhöhte die aktienrechtlich in bestimmten Fällen für die Beschlussfassung erforderliche Mehrheit von mindestens 75 Prozent des Grundkapitals auf eine 80 Prozent übersteigende Mehrheit. Im Ergebnis sicherte das VW-Gesetz zum einen der öffentlichen Hand einen bestimmenden Einfluss, zum anderen machte es die VW AG für Übernahmeversuche unattraktiv. Die Kommission sah darin eine unzulässige Beschränkung des Kapitalverkehrs und leitete ein Vertragsverletzungsverfahren gegen die Bundesrepublik Deutschland ein.

Der EuGH gab der Klage der Kommission statt. Die Bundesrepublik argumentierte, das **22** VW-Gesetz stelle wegen der Besonderheiten seiner Entstehung im historischen Zusammenhang, der durch eine rechtliche Unsicherheit über die Eigentumsverhältnisse an der Gesellschaft und deren zunächst vertragliche Bereinigung gekennzeichnet war, bereits keine staatliche Maßnahme dar.[56] Dieses Argument wies der EuGH unter Hinweis auf den Charakter des VW-Gesetzes als hoheitliche Regelung zurück und bejahte das Vorliegen einer Beschränkung der Kapitalverkehrsfreiheit. Die §§ 4 Abs. 3 und 2 Abs. 1 VW-Gesetz seien „geeignet, Anleger aus anderen Mitgliedstaaten von Direktinvestitionen abzuhalten, da sie die Möglichkeit anderer Aktionäre einschränkt, sich an der Gesellschaft zu beteiligen, um dauerhafte und direkte Wirtschaftsbeziehungen mit ihr zu schaffen oder aufrechtzuerhalten, die es ihnen ermöglichen, sich effektiv an ihrer Verwaltung oder ihrer Kontrolle zu beteiligen." Das Recht des Bundes und des Landes Niedersachsen zur von der Höhe der jeweiligen Beteiligung am Grundkapital der VW AG unabhängigen Entsendung von je zwei Aufsichtsratsmitgliedern nach § 4 Abs. 1 stelle „ein Instrument bereit, das den öffentlichen Akteuren ermöglicht, einen Einfluss auszuüben, der über ihre Investitionen hinausgeht. Entsprechend kann der Einfluss der anderen Aktionäre hinter ihren eigenen Investitionen zurückbleiben." Daher sei die „Vorschrift geeignet, Anleger aus anderen Mitgliedstaaten von Direktinvestitionen in das Kapital der Gesellschaft abzuhalten."

Daraufhin wandte sich der EuGH der Frage der Möglichkeit einer Rechtfertigung der **23** festgestellten Beschränkung des freien Kapitalverkehrs zu und verneinte diese. Zur allein in Betracht kommenden Rechtfertigung aus zwingenden Gründen des Allgemeininteresses führte der EuGH aus: „Fehlt eine (…) Gemeinschaftsharmonisierung, ist es grundsätzlich Sache der Mitgliedstaaten, zu entscheiden, auf welchem Niveau sie den Schutz solcher legitimen Interessen sicherstellen wollen und wie dieses Niveau erreicht werden soll. Sie können dies jedoch nur in dem vom [AEU-Vertrag] vorgegebenen Rahmen und insbesondere nur unter Beachtung des Grundsatzes der Verhältnismäßigkeit tun, wonach die getroffenen Maßnahmen dazu geeignet sein müssen, die Verwirklichung des verfolgten Ziels zu gewährleisten, und nicht über das hinausgehen dürfen, was zur Erreichung dieses Ziels erforderlich ist (…). Zum Schutz der Arbeitnehmerinteressen,

---

56 Zum historischen Zusammenhang siehe etwa *Gerner-Beuerle*, Common Market Law Review 49 (2012), 97 (100–102).

den die Bundesrepublik Deutschland zur Rechtfertigung der streitigen Bestimmungen des VW-Gesetzes anführt, ist festzustellen, dass dieser Mitgliedstaat über allgemeine Erwägungen zur Notwendigkeit des Schutzes vor einem die Gesellschaft allein dominierenden Großaktionär hinaus nicht hat darlegen können, warum es zur Erreichung des Ziels, die Arbeitnehmer von Volkswagen zu schützen, geeignet und erforderlich sein soll, beim Kapital dieses Unternehmens eine stärkere und unabänderbare Position öffentlicher Akteure aufrechtzuerhalten. Zudem ist zum Recht auf Entsendung von Mitgliedern in den Aufsichtsrat festzustellen, dass nach der deutschen Regelung die Arbeitnehmer selbst in diesem Organ vertreten sind." Ebenso lehnte der EuGH die Erforderlichkeit der Regelungen des VW-Gesetzes zum Schutz von Minderheitsaktionären ab: „Zwar kann die Absicht, Minderheitsaktionäre zu schützen, ebenfalls ein berechtigtes Interesse darstellen", was aber in der zu beurteilenden Konstellation nicht deutlich werde. Vielmehr „kann nämlich nicht ausgeschlossen werden, dass diese öffentlichen Akteure ihre Stellung unter bestimmten, besonderen Umständen zur Wahrung von Allgemeininteressen nutzen, die möglicherweise den wirtschaftlichen Interessen der betreffenden Gesellschaft und damit den Interessen der anderen Aktionäre zuwiderlaufen. Was das Vorbringen der Bundesrepublik Deutschland angeht, die Tätigkeit eines so bedeutenden Unternehmens wie Volkswagen könne sich derart auf das Allgemeininteresse auswirken, dass das Vorhandensein gesetzlicher Garantien, die über die vom allgemeinen Gesellschaftsrecht vorgesehenen Kontrollen hinausgingen, gerechtfertigt sei, ist schließlich festzustellen, dass, selbst wenn diese Auffassung zuträfe, dieser Mitgliedstaat – abgesehen von allgemeinen Erwägungen zu der Gefahr, dass die Aktionäre ihre persönlichen Interessen über die Interessen der Arbeitnehmer stellen – nicht dargelegt hat, warum die von der Kommission beanstandeten Bestimmungen des VW-Gesetzes für die Erhaltung der durch die Tätigkeit von Volkswagen geschaffenen Arbeitsplätze geeignet und erforderlich sein sollen."

24 **Anmerkung:** Die Entscheidung des EuGH zur Europarechtswidrigkeit des VW-Gesetzes[57] überraschte keineswegs und fügt sich nahtlos in frühere Rechtsprechung zu vergleichbaren Beschränkungen der Kapitalverkehrsfreiheit ein. In einer 2005 ergangenen, Italien betreffenden Entscheidung hatte der EuGH gesetzlich vorgesehene Stimmrechtsbeschränkungen für öffentliche, nicht an der Börse notierte Unternehmen mit marktbeherrschender Stellung auf ihrem Heimatmarkt, wenn deren Beteiligung an italienischen Strom- und Gasversorgern über 2 Prozent hinausging, als Verstoß gegen Art. 63 AEUV qualifiziert. Zwar erkannte er die Notwendigkeit der Gewährleistung der Energieversorgung als Beschränkungen rechtfertigenden zwingenden Grund des Allgemeininteresses wie auch schon zuvor ausdrücklich an, verneinte aber die Unerlässlichkeit der Stimmrechtsbeschränkung für deren Erreichung. Die in Frage stehende Regelung diene allein der Marktstrukturierung in einem kürzlich liberalisierten und privatisierten Sektor. Hierfür stehe jedoch ausschließlich das Instrumentarium der Fusionskontrolle zur Verfügung.[58]

25 Dennoch müssen die Mitgliedstaaten bei privatisierten Unternehmen, die Dienstleistungen von allgemeinem wirtschaftlichen Interesse erbringen oder von strategischer Bedeutung sind, nicht notwendigerweise auf jeglichen Einfluss verzichten. Der EuGH hat mit Blick auf privatisierte Energieversorgungsunternehmen anerkannt, dass im Interesse ei-

---

57 Entsprechend zu einer vergleichbaren Regelung des italienischen Rechts EuGH, U. v. 6.12.2007, verb. Rs. C-463/04 und C-464/04, Slg. 2007, I-10419 – *Federconsumatori*; siehe zum Themenkomplex der „Goldenen Aktien" und dem diesbezüglichen Fallrecht *Gerner-Beuerle*, Common Market Law Review 49 (2012), 97; *Lippert*, Jura 2009, 342.
58 EuGH, U. v. 2.6.2005, Rs. C-174/04, Slg. 2005, I-4933 Rn. 29–33, 35–38 – *Kommission/Italien*; dahingehend auch U. v. 4.6.2002, Rs. C-367/98, Slg. 2002, I-4731 Rn. 52 – *Kommission/Portugal*.

ner sicheren Energieversorgung der Bevölkerung[59] den Grundsatz der Verhältnismäßigkeit beachtende Beschränkungen der Kapitalverkehrsfreiheit zulässig sind. So konnte Belgien eine Regelung beibehalten, nach der eine von der öffentlichen Hand gehaltene Aktie dieser bei bestimmten energiepolitisch bedeutsamen und versorgungsrelevanten Unternehmensentscheidungen ein Widerspruchsrecht einräumte, dessen Ausübung gerichtlich nachprüfbar war.[60] Demgegenüber qualifizierte der EuGH eine französische Regelung, nach welcher der Erwerb von Anteilen an einem vormals staatlichen Energieunternehmen ab dem Überschreiten bestimmter Schwellenwerte der vorherigen ministeriellen Genehmigung bedurfte, deren Erteilungsvoraussetzungen normativ nicht näher ausgeführt wurden, und dem französischen Staat als Inhaber einer Sonderaktie („Goldene Aktie") ein Widerspruchsrecht gegen die Verwendung bestimmter Aktiva als Kreditsicherheiten eingeräumt wurde, als unverhältnismäßige und damit unzulässige Beschränkung der Kapitalverkehrsfreiheit.[61]

26 Mitgliedstaatliche Erfordernisse einer vorherigen Genehmigung des Anteilserwerbs an privatisierten Unternehmen betrachtete der EuGH darüber hinaus auch außerhalb des Energiesektors als Verstoß gegen Art. 63 AEUV.[62] Derartige Erfordernisse wirken sich negativ auf den Marktzugang aus und können anders als die Notwendigkeit einer nachträglichen Anmeldung[63] nur im Ausnahmefall gerechtfertigt werden, insbesondere zur Aufrechterhaltung der öffentlichen Ordnung und Sicherheit, wenn eine tatsächliche und hinreichend schwere Gefährdung vorliegt, die ein Grundinteresse der Gesellschaft berührt. Insoweit sind jedoch hohe Anforderungen an die Bestimmtheit der maßgeblichen Regelungen und ihre Verhältnismäßigkeit zu stellen.[64] Derartige Genehmigungserfordernisse sind daher im Regelfall als unzulässig anzusehen. Stets unzulässig sind investitionsbezogene Genehmigungserfordernisse, deren Voraussetzungen etwa wegen eines weiten Ermessens der staatlichen Behörden nicht vorab erkennbar oder gerichtlich nachprüfbar sind. Entsprechendes gilt für die Notwendigkeit einer an die Existenz einer von der öffentlichen Hand gehaltenen Sonderaktie geknüpften vorherigen staatlichen Zustimmung zu Unternehmensentscheidungen.[65]

EuGH, Urteil vom 22.10.2013 – Rs. C-95/12, ECLI:EU:C:2013:676 – *VW-Gesetz II* **27**
In Reaktion auf die Entscheidung des EuGH hob der deutsche Gesetzgeber die Vorschriften des VW-Gesetzes auf, die ein Höchststimmrecht bestimmten (§ 2 Abs. 1 VW-Gesetz) und ein festes Entsenderecht von zwei Aufsichtsratsmitgliedern für das Land Niedersachsen festlegten (§ 4 Abs. 1 VW-Gesetz). Die Regelung der 20-prozentigen Sperrminorität für das Land Niedersachsen (im Vergleich zu der sonst geltenden Sperrminorität von 25 Prozent) in § 4 Abs. 3 VW-Gesetz blieb hingegen fortbestehen. Die Kommission beanstandete dieses Vorgehen und machte geltend, die Deutsche Bundesrepublik sei dem Urteil des EuGH nur teilweise nachgekommen. Sie argumentierte, dass das Urteil auch die Aufhebung von § 4 Abs. 3 VW-Gesetz fordere, weil dieser eine selbstständige Verletzung darstelle. Des Weiteren argumentierte die Kommission, die Bundesrepublik habe außerdem die der Herabsetzung der Sperrminorität im VW-Gesetz entsprechende Vorschrift in der Satzung von Volkswagen aufheben müssen. Die Kommission

---

59 Entsprechend zum Postuniversaldienst EuGH, U. v. 28.9.2006, verb. Rs. C-282/04 und C-283/04, Slg. 2006, I-9141 Rn. 38 – *Kommission/Niederlande*.
60 EuGH, U. v. 4.6.2002, Rs. C-503/99, Slg. 2002, I-4809 Rn. 43–55 – *Kommission/Belgien*.
61 EuGH, U. v. 4.6.2002, Rs. C-483/99, Slg. 2002, I-4781 Rn. 45–53 – *Kommission/Frankreich*.
62 EuGH, U. v. 4.6.2002, Rs. C-367/98, Slg. 2002, I-4731 Rn. 39, 43–53 – *Kommission/Portugal*; U. v. 13.5.2003, Rs. C-463/00, Slg. 2003, I-4581 Rn. 54–80 – *Kommission/Spanien*; U. v. 13.5.2003, Rs. C-98/01, Slg. 2003, I-4641 Rn. 41–50 – *Kommission/Großbritannien*.
63 Vgl. EuGH, U. v. 14.12.1995, verb. Rs. C-163/94, C-165/94 und C-250/94, Slg. 1995, I-4821 Rn. 27–29 – *Sanz de Lera*.
64 Vgl. EuGH, U. v. 14.3.2000, Rs. C-54/99, Slg. 2000, I-1335 Rn. 16–22 – *Scientology*.
65 EuGH, U. v. 28.9.2006, verb. Rs. C-282/04 und C-283/04, Slg. 2006, I-9141 Rn. 21–41 – *Kommission/Niederlande*.

erhob deshalb im Februar 2012 eine Vertragsverletzungsklage gemäß Art. 260 Abs. 2 AEUV vor dem EuGH.

28 Im Fokus dieser Vertragsverletzungsklage stand die Reichweite der vorhergehenden Entscheidung des EuGH über die Europarechtskonformität des VW-Gesetzes. Die Kommission vertrat die Auffassung, die vorangegangene Entscheidung habe die Vorschrift des § 4 Abs. 3 VW-Gesetz eigenständig beanstandet, sodass dessen Fortgeltung gegen das Urteil verstoße. Hingegen argumentierte die Bundesrepublik, allein das Zusammenwirken von abgesenkter Sperrminorität und festgesetztem Höchststimmrecht sei Gegenstand der Entscheidung gewesen. Indem sie die Regelung des Höchststimmrechts aufgehoben habe, habe sie den Verstoß umfassend beseitigt.

29 Der EuGH war damit dazu berufen, sein eigenes Urteil auszulegen. Hierbei orientierte er sich eng am Wortlaut.[66] Er hob zunächst den Tenor der Entscheidung hervor. Dieser stellte auf das Zusammenwirken der Vorschriften ab, indem er formulierte, „§ 2 Abs. 1 in Verbindung mit § 4 Abs. 3" VW-Gesetz verstießen gegen die Kapitalverkehrsfreiheit. Sodann führte der EuGH aus, eben dies ergebe sich auch aus den Entscheidungsgründen. Das streitgegenständliche Urteil habe die beiden Vorschriften gemeinsam auf ihre Vereinbarkeit mit der Kapitalverkehrsfreiheit geprüft und besonders auf ihre Wechselwirkungen bzw. ihr Zusammenspiel abgestellt. Daraus schloss der EuGH, sein Urteil habe gerade keine eigenständige Verletzung der Kapitalverkehrsfreiheit durch § 4 Abs. 3 VW-Gesetz festgestellt. Hinsichtlich der VW-Satzung, die der Kommission zufolge ebenfalls einer Aufhebungspflicht aus dem Urteil unterlag, stellte der EuGH nur kurz fest, die Europarechtskonformität der Satzung sei nicht Gegenstand des ersten Urteils gewesen. Er habe damit für sie keinen Verstoß gegen die Kapitalverkehrsfreiheit festgestellt. Deshalb wies der EuGH die Klage der Kommission ab.

30 **Anmerkung:** Nachdem die Bundesrepublik aus Anlass der Entscheidung des EuGH das VW-Gesetz verschiedenen Änderungen unterzogen hatte, zweifelte die Kommission daran, dass die neue Rechtslage den Anforderungen des Urteils genügte. Anstatt ein erneutes Vertragsverletzungsverfahren aufgrund der Fortgeltung der herabgesetzten Sperrminorität in § 4 Abs. 3 VW-Gesetz einzuleiten, ergriff die Kommission Schritte zur Durchsetzung des Urteils.[67] Hierfür enthält Art. 260 Abs. 2 AEUV mit der Vertragsverletzungsklage einen förmlichen Mechanismus, der es der Kommission ermöglicht, den EuGH erneut anzurufen, jedoch vergleichsweise selten zum Einsatz kommt.[68] Der EuGH hat dann selbst über die Reichweite seines Urteils zu entscheiden und zu beurteilen, ob die nationale Reaktion den Urteilsforderungen Rechnung trägt. Er tritt somit nicht erneut in eine inhaltliche Prüfung des Urteilsgegenstandes ein, sondern untersucht, ob die Umsetzung die Vorgaben der Entscheidung erfüllt.[69] Dies bejahte der EuGH, sodass das Urteil keine weitere Handlungspflicht der Bundesrepublik statuierte. Auch die Kommission unternahm in Folge keine weiteren Schritte zur Beanstandung des § 4 Abs. 3 VW-Gesetz.

31 Mit der Auslegung seiner eigenen Entscheidung schafft der EuGH ein instruktives Anwendungsbeispiel der Urteilsinterpretation.[70] Dabei fällt auf, dass der EuGH in erster Linie auf den Tenor der Entscheidung abstellt und ihm die Bindungswirkung entnimmt. Dies überzeugt, dient doch der Tenor gerade dazu, die durch das Urteil konkret

---

66 So auch *Haar*, GPR 2015, 238 (240).
67 *Verse/Wiersch*, EuZW 2014, 375 (375).
68 *Möslein*, Common Market Law Review 52 (2015), 801 (801 f.).
69 Dies betont auch *Möslein*, Common Market Law Review 52 (2015), 801 (805 f.) und stellt eine eigene Analyse an, ebd. (808–811).
70 Hierzu auch *Möslein*, Common Market Law Review 52 (2015), 801 (806–808).

festgelegten Handlungspflichten zu formulieren. Hieraus erklärt sich auch die Orientierung des EuGH am Wortlaut, die in Rechnung stellt, dass der Tenor bereits funktional aus sich heraus verständlich sein muss. Die Entscheidungsgründe zog der EuGH ausdrücklich nur noch dazu heran, das bereits gefundene Ergebnis zu bestätigen.

2. Grundstücksverkehr

32 Neben dem Erwerb von Anteilen an Unternehmen ist die Investition in Immobilien eine wichtige Erscheinungsform des grenzüberschreitenden Kapitalverkehrs. Aus verschiedenen politischen Motiven heraus neigen Staaten bis in die jüngste Zeit hinein dazu, Angehörigen anderer Staaten den Erwerb von Grundeigentum zu verbieten oder zu erschweren. Derartige staatliche Maßnahmen berühren häufig nicht nur die Kapitalverkehrsfreiheit, sondern auch die Niederlassungsfreiheit und die Freizügigkeit der Arbeitnehmer, da sie nicht nur geeignet sind, Kapitalströme zu beeinflussen, sondern auch Entscheidungen über die Verlagerung des Lebensmittelpunktes in räumlicher Hinsicht zu determinieren.[71]

33 **EuGH, Urteil vom 8.5.2013 – verb. Rs. C-197/11 und C-203/11, ECLI:EU:C:2013:288 – *Libert***
Ein Dekret der Flämischen Region in Belgien etablierte für insgesamt 69 Zielgemeinden ein Modell zur Deckung des Immobilien- und Wohnbedarfs der einheimischen Bevölkerung, genannt „Wohnen in der eigenen Region". Eine hierin enthaltene Bestimmung sah vor, dass Grundstücke nur an Personen übertragen werden, die eine „ausreichende Bindung zur Gemeinde haben". Die Übertragung im Sinne der Regelung umfasste nicht nur den Verkauf an diese Personen, sondern auch die Vermietung für mehr als neun Jahre und die Einräumung eines Erbpacht- oder Erbbaurechts. Ob eine hinreichende Bindung bestand, bewertete eine gemeindliche Kommission. Für das Vorliegen einer ausreichenden Bindung stellte die Regelung drei alternative Bedingungen auf. Die betreffende Person müsse „mindestens sechs Jahre lang ohne Unterbrechung in der Gemeinde oder in einer angrenzenden Gemeinde wohnhaft gewesen" sein, dort mindestens die Hälfte der Arbeitszeit beruflich tätig sein oder „aufgrund eines wichtigen und dauerhaften Umstands eine gesellschaftliche, familiäre, soziale oder wirtschaftliche Bindung zur Gemeinde aufgebaut" haben. Eine weitere Regelung sah vor, die Baugenehmigung für bestimmte Bauprojekte mit einer „sozialen Auflage" zu verbinden. Die Auflage verpflichtete die Bauherren dazu, einen bestimmten Anteil an Sozialwohnungen zu schaffen, wobei sie gleichzeitig Steueranreize und Subventionsmechanismen schuf. Alternativ konnten die Bauherren einen Sozialbeitrag an die Gemeinde zahlen. Verschiedene belgische Privatpersonen sowie der Grundbesitzerverband beantragten beim belgischen Verfassungsgerichtshof beide Regelungen für nichtig zu erklären. Dieser legte die Frage ihrer Vereinbarkeit mit Europarecht dem EuGH vor.

34 Der EuGH setzte sich zunächst als Vorfrage mit dem Vorliegen eines grenzüberschreitenden Sachverhalts auseinander. Die flämische Regierung hatte dies bezweifelt, weil die Kläger des Ausgangsverfahrens belgisch waren, und damit einen rein innerstaatlichen Sachverhalt angenommen. Der EuGH stellte knapp fest, dass das flämische Dekret auch für Immobilienkäufer und Bauherren aus anderen Mitgliedstaaten galt. Für die Annahme eines grenzüberschreitenden Sachverhalts sei es ausreichend, dass nicht ausgeschlossen werden könne, dass Staatsangehörige anderer Mitgliedstaaten Grundstücke in den betreffenden Gemeinden erwerben oder Bauprojekte durchführen wollten. Sie müssten nicht bereits tätig geworden sein oder gar Kläger des Ausgangsverfahrens sein.

35 Sodann prüfte der EuGH die Vereinbarkeit der Regelungen mit der (Arbeitnehmer-)Freizügigkeit sowie der Niederlassungs-, Dienstleistungs- und Kapitalverkehrsfrei-

---

[71] Übergreifend zum Problemkreis *Thiel*, DVBl. 133 (2018), 916; ebenso zum landwirtschaftlichen Grundstücksverkehr *Hoffmeister*, Steuerung des landwirtschaftlichen Grundstücksverkehrs, 2018, S. 119–174.

heit. Die daneben geprüfte Vereinbarkeit mit dem Beihilfe- und Vergaberecht ist hier nicht weiter zu vertiefen. In Bezug auf die Grundfreiheiten stellte der EuGH fest, dass die beanstandeten Regelungen „offenkundig Beschränkungen" darstellten. Hinsichtlich der hier im Fokus stehenden Kapitalverkehrsfreiheit entnahm der EuGH den sachlichen Anwendungsbereich seiner früheren Rechtsprechung. Dem EuGH zufolge schützt die Kapitalverkehrsfreiheit auch die Immobilieninvestition in anderen Mitgliedstaaten. Er untersuchte deshalb, ob das gegenständliche Dekret eine Beschränkung darstelle. Insofern das Dekret die Übertragung von Grundstücken von einer ausreichenden Bindung an eine bestimmte Gemeinde abhängig mache, ziele es laut EuGH gerade darauf ab, Investitionen von Gebietsfremden zu verhindern. Unter ihnen seien verhältnismäßig häufiger Angehörige anderer Mitgliedstaaten, sodass eine mittelbare Diskriminierung vorliege. Auch die „soziale Auflage" für bestimmte Bauprojekte könne Immobilieninvestitionen aus anderen Mitgliedstaaten beeinträchtigen, weil sie Investoren in ihrer Verfügungsmacht über das Eigentum beschränke. Damit nahm der EuGH für beide Regelungen eine Beschränkung der Kapitalverkehrsfreiheit an.

36 Zuletzt prüfte der EuGH die Rechtfertigung der Beschränkungen. Auf ihr lag der Fokus der Entscheidung. Der EuGH untersuchte, ob die beiden Regelungen einem zwingenden Grund des Gemeinwohls als ungeschriebenem Rechtfertigungsgrund dienten und verhältnismäßig waren. Im Verfahren trug die flämische Regierung vor, die Beschränkung der Übertragung von Grundstücken auf Personen mit einer „ausreichenden Bindung" an die betreffende Gemeinde diene dazu, „den Immobilienbedarf der am wenigsten begüterten einheimischen Bevölkerung zu befriedigen". Die soziale Auflage solle „ein ausreichendes Wohnangebot für einkommensschwache Personen oder andere benachteiligte Gruppen der örtlichen Bevölkerung" sichern. Der EuGH hielt, an seine bisherige Rechtsprechung anknüpfend, das Ziel der sozialen Wohnungspolitik für einen möglichen zwingenden Grund im Allgemeininteresse.

37 Im Rahmen der Verhältnismäßigkeit konzentrierte sich der EuGH auf die Erforderlichkeit. Hinsichtlich der Übertragungsbeschränkung für Immobilien unterzog er die drei Bedingungen, die das flämische Dekret für eine ausreichende soziale Bindung aufstellte, einer eingehenden Analyse. Sie alle betonten den Aspekt einer örtlichen Verbundenheit, im Sinne hinreichend intensiver Kontakte. Nicht aber enthielten sie eine sozioökonomische Komponente. Sie konnten inhaltlich gleichermaßen durch die finanzkräftige wie die finanzschwache einheimische Bevölkerung erfüllt werden. Damit zog der EuGH den Schluss, dass dies nicht dem Schutz finanzschwacher Bevölkerungsgruppen auf dem Immobilienmarkt dienten und über das zur Zweckerreichung Erforderliche hinausgingen. Als taugliche Alternativen nannte der EuGH etwa Kaufprämien oder Beihilfen für finanzschwächere Personen. Außerdem kritisierte der EuGH die Unbestimmtheit des Kriteriums der „ausreichenden Bindung". Beeinträchtige eine Regelung die Grundfreiheiten, so müsse die Ermessensausübung der Behörde „auf objektiven, nicht diskriminierenden im Voraus bekannten Kriterien beruhen". Dies sei hier nicht der Fall, weil schon die drei Fallgruppen keinerlei konkrete Faktoren enthielten und daher zu vage seien, um das Ermessen der Kommission zu binden und einen Eingriff in Grundfreiheiten zu rechtfertigen. Hinsichtlich der „sozialen Auflage" stellte der EuGH äußerst knapp fest, es obliege dem vorlegenden Gericht, die Verhältnismäßigkeit zu prüfen. Besondere Einwände machte er nicht geltend.

38 **Anmerkung:** Die flämische Regelung adressierte eine Herausforderung, vor der viele Länder und Städte stehen, in denen sich Wohnraum stetig verteuert und damit gleichzeitig ein attraktives Investitionsobjekt darstellt. Diese Immobilieninvestitionen führen dazu, dass der ohnehin knappe Wohnraum denjenigen Ortsansässigen entzogen wird, die nicht über die nötigen Finanzmittel verfügen, um die geforderten Marktpreise zu zahlen. Sie verändern so auch die Einwohner- und Sozialstruktur einer Gemeinde. Deshalb versuchen viele Städte dieser Entwicklung mit rechtlichen Maßnahmen Einhalt zu gebieten.

In Deutschland haben sich sogenannte „Einheimischenmodelle" entwickelt.[72] Sie bedienen sich privatrechtlicher Instrumente, um die Baulandbeschaffung durch Ortsansässige zu sichern. Eine zunächst ergriffene bauplanungsrechtliche Lösung scheiterte, weil das BauGB die möglichen Festsetzungen in Bebauungsplänen abschließend normiert und keine Wohngebiete vorsieht, die eine Ortsansässigkeit der Bewohner zu steuern vermögen.[73] Nunmehr nutzen Gemeinden andere Vorgehensweisen, etwa indem sie Grundstücke erwerben, bevor sie diese als Bauland ausweisen, und diese sodann präferiert oder vergünstigt an Ortsansässige veräußern. Nach dem sogenannten „Weilheimer Modell" schließen Gemeinden vor einer Baulandausweisung Verträge mit den Grundstückseigentümern, die der Gemeinde ein Ankaufsrecht einräumen, für den Fall, dass die Eigentümer ihr Grundstück an Ortsfremde veräußern möchten.[74] Für diese Gemeinden entfaltet die Entscheidung des EuGH eine besondere Relevanz.

39

Der EuGH unterwirft derartige Regelungen schon dann einer Kontrolle an den Grundfreiheiten, wenn sie nur geeignet sind, grenzüberschreitende Wirkung zu entfalten. Damit bedarf es keiner konkret enttäuschten Kaufinteressen von Personen aus anderen Mitgliedstaaten. Eine Vorlage an den EuGH ist auch in Rechtsstreitigkeiten mit rein inländischen Parteien zulässig.[75] Diese Auslegung lässt zwar kaum mehr Raum für reine Inlandssachverhalte, ihr ist aber inhaltlich zuzustimmen. Die erforderliche potenzielle Betroffenheit ausländischer Interessen ergibt sich bereits aus der Konstruktion der hier vorliegenden Norm. Die Grundfreiheiten sollen eine umfassende negative Integration gewährleisten. Dies ist effektiv nur möglich, wenn ihre Anwendung nicht daran gebunden ist, dass potenzielle Immobilieninteressenten anderer Mitgliedstaaten gegen eine konkrete Gemeinde klagen, anstatt anderswo zu investieren.[76] Entsprechend leitete die Kommission bereits im Jahre 2006 aufgrund der Praxis einiger deutscher Gemeinden, Grundstücke vergünstigt an Ortsansässige zu veräußern, ein Vertragsverletzungsverfahren ein.[77]

40

Die Beschränkung der Grundfreiheiten liegt bereits im Konzept der Einheimischenmodelle begründet, weshalb der EuGH sich ihr nur kurz widmete. Da die Kapitalverkehrsfreiheit bereits in ihrem Wortlaut ein umfassendes Beschränkungsverbot statuiert, bedarf es dazu keines Rückgriffs auf eine ihren Anwendungsbereich ausweitende Rechtsprechung. Indem der EuGH auch die Zwecksetzung der Sicherung eines Immobilienangebots für die weniger finanzkräftige einheimische Bevölkerung als tauglichen ungeschrieben Rechtfertigungsgrund anerkannte, stellte die Verhältnismäßigkeit den zentralen Gesichtspunkt der Entscheidung dar. An ihr müssen sich alle vergleichbaren rechtlichen Interventionen zur Sicherung des Wohnraums für die ortsansässige Bevölkerung messen lassen. Wichtig ist besonders die Ausgestaltung einer angemessenen Zweck-Mittel-Relation. Wenn der verfolgte Zweck auf die soziale Förderung bestimmter Bevölkerungsgruppen abstellt, muss das Modell diese soziale Komponente reflektieren.[78] Sie darf keinesfalls – das macht der EuGH deutlich – allein auf die Förderung heimischer im Vergleich zu auswärtigen Investoren abstellen. Diese Anforderung steht auch im Fokus

41

---

72 Siehe in Klausurform *Beyerbach*, JA 2018, 121.
73 BVerwGE 92, 56.
74 Dies ist grundsätzlich zulässig, siehe grundlegend BVerwGE 92, 56.
75 Kritisch ob dieser Weite *Milstein*, EuZW 2013, 514 (515).
76 Für diesen Fall zustimmend *Milstein*, EuZW 2013, 514 (515).
77 Vertragsverletzungsverfahren Nr. 2006/4271 bezogen auf die Gemeinden Selfkant in Nordrhein-Westfalen sowie Bernried, Seeshaupt, Weilheim und Vohburg an der Donau in Bayern, siehe auch Pressemitteilung der Europäischen Kommission vom 24. Juni 2010, IP/10/820.
78 Hierzu auch *Milstein*, EuZW 2013, 514 (515 f.).

der im Jahre 2017 zur Einstellung des Vertragsverletzungsverfahrens geschlossenen Einigung zwischen der Kommission, dem Bundesministerium für Umwelt, Naturschutz, Bau und Reaktorsicherheit und der Bayerischen Staatsregierung. Die von ihnen gemeinsam entwickelten Kautelen fordern als Leitlinie, dass die Gemeinden Baugrundstücke nur dann günstiger an Einheimische veräußern dürfen, wenn deren Vermögen und Einkommen unterhalb bestimmter Grenzen liegen.[79]

3. Dividendenbesteuerung

42 Eine Harmonisierung der Steuerrechte der EU-Mitgliedstaaten ist bislang schon mangels hierfür erforderlicher Kompetenz der EU zur Sekundärrechtsetzung nicht erfolgt. Gleichwohl sind die Mitgliedstaaten bei der normativen Ausgestaltung ihres jeweiligen Steuerrechts nicht völlig frei, sondern müssen die Grundfreiheiten des AEU-Vertrags beachten. Insbesondere die Kapitalverkehrsfreiheit bildet insoweit einen bedeutsamen Maßstab.[80]

43 EuGH, Urteil vom 13.11.2012 – Rs. C-35/11, ECLI:EU:C:2012:707 – *Test Claimants in the FII Group Litigation II*
Nach dem Steuerrecht des Vereinigten Königreichs unterlagen Dividendenzahlungen von in- und ausländischen Unternehmen an in Großbritannien ansässige Unternehmen einer Steuerpflicht. Dabei sollte eine Doppelbesteuerung des Gesellschaftsgewinns verhindert werden. Deshalb erhielten inländische Anteilseigner für eine Dividendenausschüttung von inländischen Unternehmen eine Steuergutschrift (Befreiungssystem). Die Steuergutschrift war unabhängig davon, in welcher Höhe das ausschüttende Unternehmen tatsächlich Steuern entrichtet hatte. Für Dividendenzahlungen von ausländischen Unternehmen erhielten die inländischen Anteilseigner hingegen keine Steuergutschrift. Sie konnten jedoch die von den ausschüttenden Unternehmen gezahlte Steuer auf ihre eigene Körperschaftssteuer anrechnen lassen (Anrechnungssystem). Vor diesem Hintergrund legte der High Court of Justice (England & Wales) des Vereinigten Königreichs dem EuGH die Frage vor, ob die Differenzierung zwischen Befreiungs- und Anrechnungssystem für Dividenden aus inländischen und ausländischen Quellen gegen die Kapitalverkehrsfreiheit verstoße.

44 Im Kern dieses Vorabentscheidungsersuchen stand die Anwendbarkeit der Kapitalverkehrsfreiheit in Abgrenzung zur Niederlassungsfreiheit sowie das Vorliegen einer Beschränkung der Kapitalverkehrsfreiheit.[81] Die weiteren steuerrechtlichen Fragen bleiben außen vor. Der EuGH widmete sich intensiv dem tatbestandlichen Schutzumfang der Kapitalverkehrsfreiheit in Drittstaatskonstellationen. Er erklärte, dass die Einordnung einer Regelung in den Anwendungsbereich der Grundfreiheiten grundsätzlich anhand ihres Gegenstands erfolge. Der ständigen Rechtsprechung zufolge seien nationale Regelungen über Investitionen in Unternehmen, die aufgrund ihres Umfangs eine sichere Einflussmöglichkeit vermitteln, der Niederlassungsfreiheit zuzuordnen. Der Kapitalverkehrsfreiheit hingegen unterfallen „nationale Bestimmungen über Beteiligungen, die in der alleinigen Absicht der Geldanlage erfolgen, ohne dass auf die Verwaltung und Kontrolle des Unternehmens Einfluss genommen werden soll". Der Gerichtshof subsumierte, dass die gegenständliche Regelung keine Differenzierung zwischen Investitionen, die steuernden Einfluss vermitteln, und Investitionen zur Geldanlage, vornehme. Die nationale Regelung zur Dividendenbesteuerung von ausländischen und inländi-

---

79 Kautelen abrufbar unter https://www.stmb.bayern.de/assets/stmi/med/aktuell/leitlinien.pdf (zuletzt abgerufen am 5.3.2022).
80 Eingehend zum Verhältnis des nationalen Steuerrechts (u. a.) zur Kapitalverkehrsfreiheit *Kokott/Ost*, EuZW 2011, 496.
81 Siehe zuvor bereits EuGH, U. v. 12.12.2006, Rs. C-446/04, Slg. 2006, I-11753 – *Test Claimants in the FII Group Litigation I.*

III. Fallgestaltungen

schen Unternehmen galt unabhängig davon, wie hoch die von den Anteilseignern gehaltenen Anteile und der ihnen zustehende Einfluss waren.

Der Gerichtshof betonte sodann, dass er grundsätzlich für solche unterschiedslosen Regelungen „die tatsächlichen Gegebenheiten des konkreten Falles" berücksichtige. So sei in der Vorgängerentscheidung die Niederlassungsfreiheit eröffnet gewesen, denn der konkrete Rechtsstreit habe inländische Gesellschaften betroffen, „die Dividenden von in anderen Mitgliedstaaten ansässigen Gesellschaften erhalten hatten, die sie zu 100 Prozent kontrollierten". Auch in der nun konkreten Fallkonstellation halte das inländische Unternehmen Anteile, die einen sicheren Einfluss auf Entscheidungen gewährten. Allerdings handele es sich um Anteile an einer Gesellschaft in einem Drittland, nicht in einem anderen Mitgliedstaat. Der EuGH musste demnach entscheiden, ob diese Drittstaatenkonstellation in den Anwendungsbereich der Kapital- oder der Niederlassungsfreiheit falle. Der Gerichtshof führte aus, dass die Niederlassungsfreiheit im Verhältnis zu Drittstaaten schon nicht anwendbar sei. Damit entfiele in diesem Fall eine Abgrenzung. Es bestünde auch keine Gefahr einer missbräuchlichen Umgehung der tatbestandlichen Grenzen der Niederlassungsfreiheit. Denn die nationale Regelung der grenzüberschreitenden Dividendenbesteuerung regele gerade nicht den Marktzugang und damit die Niederlassung, sondern allein die steuerliche Behandlung der Dividenden aus einer Kapitalbeteiligung. Es komme daher nicht auf die besonderen Umstände des Ausgangsverfahrens an, sondern allein auf den Regelungsgehalt. Dieser falle unter die Kapitalverkehrsfreiheit.

45

Der EuGH musste sodann beurteilen, ob die unterschiedliche steuerliche Behandlung der Dividenden aus inländischen Quellen (Befreiungsmethode) und aus ausländischen Quellen (Anrechnungsmethode) mit der Kapitalverkehrsfreiheit vereinbar war. Die Klägerinnen des Ausgangsverfahrens kritisierten, dass für den Erhalt von Dividenden von inländischen Unternehmen stets eine Steuergutschrift erfolge, unabhängig davon, ob das ausschüttende Unternehmen tatsächlich Steuern in entsprechender Höhe gezahlt habe. Hingegen werde für den Erhalt von Dividenden von ausländischen Unternehmen nur eine Steuererleichterung gewährt, die an die tatsächlich von dem ausschüttenden Unternehmen gezahlten Steuern anknüpfe. Somit profitierten allein die Empfänger von Dividenden aus inländischen Quellen von der Steuerbefreiung, wenn das ausschüttende Unternehmen effektiv (aufgrund steuerlicher Entlastungen) weniger Steuern gezahlt habe als dem nominalen Steuersatz entspräche.

46

Der EuGH stellte zunächst das Vorliegen einer Beschränkung fest. Der EuGH hielt beide Sachverhalte für vergleichbar. Ihre unterschiedliche Behandlung sei nur dann keine Beschränkung, wenn „der Steuersatz für Dividenden aus ausländischen Quellen nicht höher [sei] als der Satz für Dividenden aus inländischen Quellen und (…) die Steuergutschrift zumindest ebenso hoch [sei] wie der im Staat der ausschüttenden Gesellschaft gezahlte Betrag". Dies sei jedoch nicht der Fall, da im Vereinigten Königreich „das effektive Besteuerungsniveau für Gewinne von Gesellschaften generell unter dem nominalen Steuersatz lieg[e]". Deshalb seien die steuerlichen Regelungen nicht gleichwertig.

47

Im Rahmen der Rechtfertigung verneinte der EuGH, dass die Regelung zur Wahrung der Kohärenz des nationalen Steuersystems erforderlich war. Zwar ließen sich sowohl das Befreiungssystem für Dividenden aus inländischen Quellen als auch das Anrechnungssystem für Dividenden aus ausländischen Quellen mit dem Zweck der Vermeidung einer Doppelbesteuerung begründen. Allerdings sei es aus Gründen der Kohärenz gerade nicht erforderlich, einmal auf den nominalen Steuersatz und einmal auf das effektive Besteuerungsniveau hinsichtlich der ausgeschütteten Dividenden abzustellen. Insbesondere würde eine Regelung, die auch im Rahmen der Anrechnungsmethode für Dividenden aus ausländischen Quellen auf den nominalen Steuersatz abstelle, eine

48

Doppelbesteuerung vermeiden, Kohärenz schaffen und gleichzeitig die Kapitalverkehrsfreiheit weniger beeinträchtigen.

49 **Anmerkung:** In der neueren Rechtsprechung des EuGH zur Kapitalverkehrsfreiheit überwiegen steuerrechtliche Problemstellungen. Rechtsfragen im Zusammenhang mit der Besteuerung von Dividenden kommt dabei eine besondere Bedeutung zu.[82] Dies kann nicht verwundern, da grenzüberschreitende Kapitalanlagen in Unternehmen eine wesentliche Erscheinungsform der Nutzung der Kapitalverkehrsfreiheit sind. An die Erträge derartiger Anlagen anknüpfende steuerrechtliche Regelungen sind geeignet, Kapitalströme zu lenken. Der EuGH stellt mit Recht heraus, dass diese nicht nur Auswirkungen auf die Entscheidungen der Kapitalanleger haben, sondern auch die Möglichkeiten der Kapitalbeschaffung der Unternehmen betreffen.

50 Dieses Verfahren widmete sich der umstrittenen Frage, inwiefern die Kapitalverkehrsfreiheit für den Kapitalverkehr zwischen einem Mitgliedstaat der Europäischen Union und einem Drittstaat Schutzwirkung entfaltet.[83] Ihre Klärung hat eine hohe Relevanz, weil im Gegensatz zu den übrigen Grundfreiheiten nur die Kapitalverkehrsfreiheit auch Drittstaatenkonstellationen schützt.[84] Mit seiner Entscheidung nahm der EuGH eine unerwartete Neujustierung seiner Rechtsprechung vor, die er seitdem bestätigte.[85] Ausweislich seines Wortlauts schützt Art. 63 AEUV den Kapital- und Zahlungsverkehr nicht nur zwischen den Mitgliedstaaten, sondern auch zwischen Mitgliedstaaten und Drittstaaten. Die weite Fassung der Kapitalverkehrsfreiheit dient dem EuGH zufolge nicht nur der Verwirklichung des Binnenmarktes, sondern auch dazu „die Glaubwürdigkeit der einheitlichen Gemeinschaftswährung auf den Weltfinanzmärkten und die Aufrechterhaltung von Finanzzentren mit weltweiter Bedeutung in den Mitgliedstaaten sicherzustellen".[86] Der Kapitalverkehr umfasst Investitionen in Unternehmen und die hiermit generierten Dividendenzahlungen. Ihr Anwendungsbereich überschneidet sich mit der Niederlassungsfreiheit, die auch die grenzüberschreitende unternehmerische Beteiligung umfasst. Dabei war bislang umstritten, nach welchen Kriterien eine Abgrenzung, insbesondere für Regelungen von Aktienbeteiligungen, vorzunehmen war. Eine Zuordnung ist in Drittstaatenkonstellationen essenziell, denn nur die Kapitalverkehrsfreiheit entfaltet für sie eine Schutzwirkung.[87] Eine zentrale Rolle spielte die Frage, ob eine Abgrenzung anhand des abstrakten Regelungsgehalts oder des konkret vorliegenden Sachverhalts erfolgen sollte.

51 Zunächst stellte der EuGH auf den Gegenstand der Regelung ab. Betrafen die Regelungen Investitionen in ein gebietsfremdes Unternehmen, deren Anteile einen sicheren Einfluss vermittelten, so seien sie allein der Niederlassungsfreiheit zuzuordnen. Wann ein sicherer Einfluss vorliegt, ist qualitativ zu bestimmen.[88] Der Anteil der Beteiligung hat nur Indizcharakter. Anteile von unter 10 Prozent eines Unternehmens vermitteln

---

82 Siehe aus neuerer Zeit EuGH, U. v. 13.11.2012, Rs. C-35/11, ECLI:EU:C:2012:707 – *Test Claimants in the FII Group Litigation II*; U. v. 11.9.2014, Rs. C-47/12, ECLI:EU:C:2014:2200 – *Kronos*; U. v. 9.10.2014, Rs. C-326/12, ECLI:EU:C:2014:2269 – *van Caster*; U. v. 21.5.2015, Rs. C-560/13, ECLI:EU:C:2015:347 – *Wagner-Raith*; U. v. 2.9.2015, Rs. C-386/14, ECLI:EU:C:2015:524 – *Groupe Steria*; U. v. 17.9.2015, Rs. C-10/14, ECLI:EU:C:2015:608 – *Miljoen*; U. v. 25.2.2021, Rs. C-403/19, ECLI:EU:C:2021:136 – *Société Générale*.
83 *Gosch/Schönfeld*, IStR 2015, 755 (755).
84 *Kahler*, ISR 2013, 57 (57 f.).
85 EuGH, U. v. 11.9.2014, Rs. C-47/12, ECLI:EU:C:2014:2200 Rn. 29–42 – *Kronos*; siehe hierzu *Kahler*, ISR 2013, 57 (58, 60).
86 EuGH, U. v. 18.12.2007, Rs. C-101/05, Slg. 2007, I-11531 Rn. 31 – *Skatteverket*; hierauf verweisen *Mörwald/Nreka*, EWA 2014, 76 (79 f.); zu dieser Frage auch *Hindelang*, JZ 2009, 829 (831–833).
87 Ausführlich *Schön*, Kapitalverkehrsfreiheit und Niederlassungsfreiheit, in: Ackermann/Köndgen, Privat- und Wirtschaftsrecht in Europa, S. 551 (575–581).
88 Eingehend *Schön*, Kapitalverkehrsfreiheit und Niederlassungsfreiheit, in: Ackermann/Köndgen, Privat- und Wirtschaftsrecht in Europa, S. 551 (566–568).

jedenfalls keinen sicheren Einfluss, aber auch für eine Anteilshöhe von über 10 Prozent ist er keineswegs zu vermuten.[89] Ab einem Anteil von 50 Prozent liegt ein sicherer Einfluss vor, regelmäßig dürfte er bei einer Beteiligung von über 25 Prozent gegeben sein.[90]

Das Ausgangsverfahren hatte jedoch eine „neutrale" Regelung zum Gegenstand, „die keine Differenzierung nach der Beteiligungshöhe [traf]".[91] Für sie war bislang umstritten, ob die Abgrenzung anhand der konkreten Beteiligungshöhe im gegenständlichen Sachverhalt erfolgen sollte[92] oder ob die Kapitalverkehrsfreiheit grundsätzlich neben der Niederlassungsfreiheit anzuwenden war. Noch in der Vorgängerentscheidung hatte der EuGH auf den konkreten Sachverhalt abgestellt.[93] Nun jedoch unterließ der EuGH eine konkrete Betrachtung mit der Begründung, dass die Niederlassungsfreiheit in der Drittstaatenkonstellation ohnehin nicht anwendbar sei und sich eine Abgrenzung daher erübrige. Da die streitgegenständliche Regelung nur die Dividendenbesteuerung regele und nicht etwa einen Marktzugang durch Investitionen beträfe, bestünde auch keine Missbrauchsgefahr. Im Ergebnis differenziert der EuGH zwischen Unionsvorgängen, für die er eine abstrakt-konkrete Analyse vornimmt, und Drittstaatenkonstellationen, in denen er nur den Gegenstand der Regelung prüft und eine konkrete Sachverhaltsbetrachtung entfallen lässt. Dies erweitert den Schutzbereich in Drittstaatenkonstellationen.[94]

Eine offene Frage ist die Wirkrichtung dieser Abgrenzung. Im vorliegenden Fall ging es um eine Dividenden-Ausschüttung aus dem Ausland an eine in Großbritannien ansässige Gesellschaft, die zuvor in die ausländische Gesellschaft investiert hatte. Damit bleibt offen, wie die umgekehrte Konstellation zu beurteilen ist, in der eine ausländische Gesellschaft in eine ansässige investiert, welche Dividenden in das Ausland ausschüttet. In dem vorliegenden Fall betonte der EuGH, dass die Auslegung vermeiden soll, dass Drittstaaten-Gesellschaften „in den Genuss [der Niederlassungsfreiheit] gelangen", d. h. mit den Worten des Generalanwalts, dass die „Auslegung (…) nicht zu einer einseitigen Ausdehnung der Niederlassungsfreiheit auf Drittländer durch die Hintertür führen".[95] Das legt eine Verengung auf die Marktausgangssituation nahe.[96]

4. Demokratische Dimension der Kapitalverkehrsfreiheit

Im Hintergrund der folgenden Entscheidung steht die Rechtsstaatskrise, in der sich Ungarn befindet.[97] Sie bildet auch den Hintergrund des streitgegenständlichen ungari-

---

89 EuGH, U. v. 11.9.2014, Rs. C-47/12, ECLI:EU:C:2014:2200 Rn. 33–35 – *Kronos*.
90 Für die Anwendbarkeit der Niederlassungsfreiheit auf eine Regel, die den Aktienerwerb von mehr als 20 Prozent des Gesellschaftskapitals betraf, EuGH, U. v. 8.11.2012, Rs. C-244/11, ECLI:EU:C:2012:694 Rn. 21–25 – *Kommission/Griechenland*; keinen „hinreichend sicheren" Einfluss sahen EuGH, U. v. 20.12.2017, verb. Rs. C-504/16 und C-613/16, ECLI:EU:C:2017:1009 Rn. 79–81 – *Deister Holding* bei 15 Prozent Kapitalbeteiligung und U. v. 7.9.2017, Rs. C-6/16, ECLI:EU:C:2017:641 Rn. 41–44 – *Eqiom und Enka* bei 20 Prozent Beteiligung, weshalb sie die Gegebenheiten des konkreten Falls prüften; siehe zum Gesamtkomplex *Schön*, Kapitalverkehrsfreiheit und Niederlassungsfreiheit, in: Ackermann/Köndgen, Privat- und Wirtschaftsrecht in Europa, S. 551 (564–568); *Gosch/Schönfeld*, IStR 2015, 755 (758).
91 *Mörwald/Nreka*, EWA 2014, 76 (78).
92 So argumentierte die deutsche Finanzverwaltung, siehe hierzu *Kahler*, ISR 2013, 57 (59).
93 EuGH, U. v. 12.12.2006, Rs. C-446/04, ECLI:EU:C:2006:774 Rn. 37 f. – *Test Claimants in the FII Group Litigation I*; kritisch *Kahler*, ISR 2013, 57 (59 f.).
94 Kritisch *Kahler*, ISR 2013, 57 (62).
95 EuGH, U. v. 13.11.2012, Rs. C-35/11, ECLI:EU:C:2012:707 Rn. 100 – *Test Claimants in the FII Group Litigation II*; ebenso EuGH, U. v. 11.9.2014, Rs. C-47/12, ECLI:EU:C:2014:2200 Rn. 53 – *Kronos*; Schlussanträge des Generalanwalts Jääskinen v. 19.7.2012, Rs. C-35/11, ECLI:EU:C:2012:483 Rn. 122 – *Test Claimants in the FII Group Litigation II*.
96 So *Gosch/Schönfeld*, IStR 2015, 755 (758 f.); siehe auch *Kahler*, ISR 2013, 57 (60).
97 Hierzu auch *Milstein*, EuZW 2013, 514 (515 f.).

55 **EuGH, Urteil vom 18.6.2020 – Rs. C-78/18, ECLI:EU:C:2020:476 –** *NGO-Gesetz*
Ungarn erließ im Jahre 2017 ein Gesetz über die Transparenz von aus dem Ausland unterstützten Organisationen („Transparenzgesetz"). Das Gesetz definierte als eine „aus dem Ausland unterstützte Organisation" jede zivilgesellschaftliche Organisation, die insgesamt Zuwendungen in Höhe von mindestens (damals umgerechnet etwa) 20.800 Euro aus dem Ausland erhielt. Das Gesetz unterwarf diese Organisationen verschiedenen Pflichten. Sie mussten sich registrieren, die konkreten Unterstützungen jeweils melden sowie publik machen, dass sie Finanzierung aus dem Ausland erhielten. Dabei musste die jeweilige Organisation für individuelle Zuwendungen von weniger als umgerechnet 1.500 Euro den Gesamtbetrag der erhaltenen Unterstützungen und die Anzahl der Unterstützer melden. Für Zuwendungen von über 1.500 Euro je Unterstützer, war sie zur detaillierten Meldung des Betrags und der Quelle jeder erhaltenen Unterstützung (inklusive Name und Wohnort bzw. Sitz) verpflichtet. Die „aus dem Ausland unterstützten Organisationen" wurden sodann in ein öffentlich einsehbares elektronisches Register eingetragen und mussten sich selbst als solche kennzeichnen. Für Verstöße enthielt das Gesetz Sanktionen. Ausweislich der Präambel sollte das Gesetz zivilgesellschaftliche Organisationen aufgrund ihrer hohen Bedeutung für öffentliche Meinungsbildungsprozesse transparenter machen, gerade hinsichtlich ihrer Beeinflussung durch eine Unterstützung aus ausländischen Quellen. Die Kommission ging wegen des Transparenzgesetzes im Wege der Vertragsverletzungsklage gegen Ungarn vor.

56 Die große Kammer des EuGH bejahte zunächst die Anwendbarkeit der Kapitalverkehrsfreiheit. Die von Art. 63 Abs. 1 AEUV geforderte grenzüberschreitende Dimension fehlte dem EuGH zufolge nur in Fällen, „die mit keinem ihrer wesentlichen Elemente über die Grenzen eines Mitgliedstaates hinausweisen". Die Pflichten des Transparenzgesetzes griffen, wenn zivilgesellschaftliche Organisationen in Ungarn Zuwendungen aus dem Ausland erhielten und entfaltete damit ohne Weiteres grenzüberschreitende Wirkung auf den Kapitalverkehr.

57 Sodann wandte sich der EuGH der Frage zu, ob die im Gesetz enthaltenen Pflichten eine Beschränkung der Kapitalverkehrsfreiheit darstellten. Hierunter falle eine unmittelbare oder mittelbare „Ungleichbehandlung zwischen dem innerstaatlichen und dem grenzüberschreitenden Kapitalverkehr (…), die nicht einem objektiven Unterschied der Sachverhalte entspricht (…) und daher geeignet ist, natürliche oder juristische Personen aus anderen Mitgliedstaaten oder Drittstaaten von grenzüberschreitendem Kapitalverkehr abzuhalten." Das Transparenzgesetz statuierte für „aus dem Ausland unterstützte Organisation" eine Pflicht, sich zu registrieren, Unterstützung zu melden und ihren Status als solche offenzulegen. Gleichzeitig sah es eine elektronisch frei zugängliche Veröffentlichung der übermittelten Informationen vor. Diese Pflichten beeinträchtigten ausländische Unterstützer als Ursprung genauso wie betroffene Organisationen als Empfänger des jeweiligen Kapitalverkehrs zwischen den beiden Seiten. Hinsichtlich der zivilgesellschaftlichen Organisation nahm der EuGH an, die öffentliche Kennzeichnung als eine „aus dem Ausland unterstützte Organisation" könne ein allgemeines Misstrauen begründen und sei mit ihrer stigmatisierenden Wirkung geeignet, die Akquise finanzieller Unterstützung zu erschweren. Sie schaffe zudem Verwaltungsaufwand für die Organisationen. Auch die ausländischen Unterstützer könnten durch die Veröffentlichung ihrer Zuwendungen abgeschreckt werden. Da die Regelungen stets an die ausländische Herkunft der Unterstützung anknüpften, enthielten sie eine mittelbare Diskriminierung aufgrund der Staatsangehörigkeit.

58 Hieran anknüpfend prüfte der EuGH, ob das ungarische Transparenzgesetz sich auf einen in Art. 65 AEUV enthaltenen Rechtfertigungsgrund oder einen zwingenden

Grund des Allgemeinwohls stützen konnte. Zunächst betrachtete er das von Ungarn geltend gemachte Ziel, die Transparenz über die Finanzierung der zivilgesellschaftlichen Organisationen zu erhöhen, um den potenziellen Einfluss gemeinwohlschädlicher Partikularinteressen sichtbar zu machen. Er betonte zwar, dass die Schaffung von Transparenz über Finanzierungsquellen grundsätzlich ein zwingender Grund des Allgemeininteresses sein könne, gerade weil sich die Europäische Union den Grundsätzen der Offenheit und Transparenz mit Art. 1 Abs. 2, 10 Abs. 3 EUV, Art. 15 Abs. 1 und 3 AEUV verpflichtet habe. Allerdings seien die Pflichten des ungarischen Transparenzgesetzes pauschal auf jede Form der aus dem Ausland stammenden Unterstützung (ab den genannten Schwellenwerten) sowie für jede sie empfangende Organisation anwendbar. Ungarn müsse nachweisen, warum die Pflicht alle Organisationen erfassen müsse, anstatt nur diejenigen zu adressieren, die eine besondere Rolle für die öffentliche Meinungsbildung spielen. Außerdem liege der Regelung die pauschale Annahme zugrunde, eine Finanzierung aus dem Ausland sei per se geeignet, „die politischen und wirtschaftlichen Interessen des Landes sowie das unbeeinflusste Funktionieren der gesetzmäßigen Einrichtungen (zu) gefährden". Eine solche Regelung sei nicht geeignet, das allgemeine Ziel der Erhöhung der Transparenz der Finanzierung zu rechtfertigen.

Auch könne sich Ungarn nicht auf das in Art. 65 Abs. 1 lit b AEUV enthaltene Rechtsgut der öffentlichen Ordnung und Sicherheit berufen. Ungarn stünde es zwar frei, Maßnahmen zum Zweck der Bekämpfung der Geldwäsche und Terrorismusfinanzierung zu ergreifen. Allerdings müsse hierfür „eine tatsächliche, gegenwärtige und hinreichend schwere Gefährdung vorlieg[en]". Einen solchen Beleg habe Ungarn nicht erbracht, zumal die niedrigen Schwellenwerte darauf hindeuteten, dass die Abwehr potenzieller Gefahren nicht im Vordergrund der Regelung stünde. Somit lehnte der EuGH eine Rechtfertigung des Transparenzgesetzes ab.

Zuletzt prüfte der EuGH im Anschluss noch eine Vereinbarkeit mit der EU-Grundrechtecharta. Sie sei einschlägig, weil nur nationale Maßnahmen die Kapitalverkehrsfreiheit beschränken dürften, die im Einklang mit der EU-Grundrechtecharta stehen. Deshalb sei das Transparenzgesetz auf seine Vereinbarkeit mit den Unionsgrundrechten hin zu prüfen. Im Ergebnis stellte der EuGH fest, dass das Transparenzgesetz auch gegen die Unionsgrundrechte verstoße, was inhaltlich hier nicht vertieft werden soll.

Anmerkung: Im Kontext der Rechtsstaatskrise in Ungarn musste sich der EuGH in Gestalt einer Prüfung der Kapitalverkehrsfreiheit mit einer nationalen Gefährdung der grundlegenden Werte der Europäischen Union nach Art. 2 EUV auseinandersetzen.[98] Diese Werte bilden zwar den zentralen Kontext der Entscheidung, finden sich aber im Urteilstext nicht wieder. Der EuGH stützt seine Entscheidung vielmehr allein auf die Kapitalverkehrsfreiheit sowie die EU-Grundrechte und entzieht sich damit des Vorwurfs einer „eskalationsträchtige[n] und politisierte[n] Werterhetorik".[99] Für die Prüfung der Kapitalverkehrsfreiheit folgt der EuGH seiner ständigen Rechtsprechung. Die hiermit einhergehende Dekontextualisierung hat zu Recht Kritik auf sich gezogen.[100] Dennoch verdeutlicht die Entscheidung das demokratische Potenzial der Kapitalverkehrsfreiheit. Die Kapitalverkehrsfreiheit dient zwar im Rahmen der negativen Integration einer Marktliberalisierung für Kapitalflüsse. Gleichzeitig teilt sie aber die dienende Funktion des Kapitals und eröffnet eine Kontrolle der hinter den einzelnen Finanzierungsvorgängen stehenden Interessen.

---

98   *Streinz*, JuS 2020, 1223 (1224 f.).
99   So *Spieker*, EuZW 2020, 854 (856).
100 *Spieker*, EuZW 2020, 854 (856).

62 Eine besondere Rolle spielte in dem vorliegenden Verfahren die eigenständige Prüfung der Unionsgrundrechte nach der Feststellung einer Verletzung der Grundfreiheiten. Dies wirft die Frage auf, in welchem Verhältnis sie zueinanderstehen. Unionsgrundrechte können einerseits als Rechtfertigungsgrund einer Beschränkung der Grundfreiheiten dienen oder aber als ein Belang im Rahmen der Angemessenheitsprüfung.[101] Immer häufiger werden Grundrechte eigenständig neben den Grundfreiheiten geltend gemacht. Dabei unterscheidet sich ihre Rationalität. „Während Grundrechte der supranationalen *Legitimation* dienen, sind Grundfreiheiten primär ein Vehikel transnationaler *Integration*."[102] Für ihre eigenständige Prüfung argumentierte der Generalanwalt, indem er auf die Instrumentalisierung der Eingriffe in die Kapitalverkehrsfreiheit als „Mittel zur Verletzung bestimmter Grundrechte" zurückgriff.[103] Bemerkenswert ist deshalb die Verbindung, die der EuGH in dieser Entscheidung zwischen der Kapitalverkehrsfreiheit (und damit den Grundfreiheiten allgemein) und der Grundrechtecharta herstellte. Er maß nationale Maßnahmen dann gemäß Art. 51 Abs. 1 der Charta an den enthaltenen Grundrechten, wenn sie gleichzeitig eine Grundfreiheit beschränkten.

63 Die Entscheidung des EuGH aus dem Juni 2020 verpflichtete Ungarn im Rahmen der Vertragsverletzungsklage gemäß Art. 258 AEUV dazu, die beanstandeten Bestimmungen des Transparenzgesetzes aufzuheben. Hiergegen sperrte sich Ungarn zunächst. Wegen dieser Weigerung leitete die Kommission im Februar 2021 ein Vertragsverletzungsverfahren gegen Ungarn ein, verbunden mit einer Handlungsfrist von zwei Monaten, nach deren Ablauf Ungarn finanzielle Sanktionen drohten. Hierauf hob Ungarn das Gesetz im April 2021 auf.

---

101 Für letzteres siehe EuGH, U. v. 12.6.2003, Rs. C-112/00, Slg. 2003, I-5659 Rn. 70–81 – *Schmidberger*.
102 *Spieker*, EuZW 2020, 854 (857).
103 Schlussanträge des Generalanwalts Campos Sánchez-Bordona v. 14.1.2020, Rs. C-78/18, ECLI:EU:C:2020:1 Rn. 116 – *NGO Gesetz*; hierzu *Streinz*, JuS 2020, 1223 (1226).

§ 9 Kartellrecht

Ludger Breuer[1]

Literaturhinweise:
Bechtold/Bosch/Brinker, EU Kartellrecht, 4. Aufl. 2023; *Dreher/Kulka*, Wettbewerbs- und Kartellrecht, 12. Aufl. 2023; *Emmerich/Lange*, Kartellrecht, 15. Aufl. 2021; *Frenz*, Handbuch Europarecht, Bd. 2: Europäisches Kartellrecht, 2. Aufl. 2015; *Glöckner*, Kartellrecht – Recht gegen Wettbewerbsbeschränkungen, 3. Aufl. 2021; *Immenga/Mestmäcker*, Wettbewerbsrecht, Bd. 1, 6. Aufl. 2019; *Jaeger/Kokott/Pohlmann/Schroeder*, Frankfurter Kommentar zum Kartellrecht, 105. Lieferung 2023; *Kling/Thomas*, Kartellrecht, 2. Aufl. 2016; *Langen/Bunte*, Kommentar zum deutschen und europäischen Kartellrecht, Bd. 2, 14. Aufl. 2022; *Lettl*, Kartellrecht, 5. Aufl. 2021; *Loewenheim/Meessen/Riesenkampff/Kersting/Meyer-Lindemann*, Kartellrecht, 4. Aufl. 2020; *Mestmäcker/Schweitzer*, Europäisches Wettbewerbsrecht, 3. Aufl. 2014; *Säcker/Bien/Meier-Beck/Montag*, Münchener Kommentar zum Wettbewerbsrecht, Bd. 1, 3. Aufl. 2020; *I. Schmidt/Haucap*, Wettbewerbspolitik und Kartellrecht, 10. Aufl. 2013; *Wiedemann*, Handbuch des Kartellrechts, 4. Aufl. 2020.

I. Grundlagen

1. Rechtliche Grundlagen und Bezüge zu anderen Bereichen des Europäischen Wirtschaftsrechts

1 Im Vertrag von Rom, durch den die Europäische Wirtschaftsgemeinschaft im Jahr 1957 gegründet wurde, entschieden sich die Mitgliedstaaten für eine Wirtschaftsordnung, die auf offenen Märkten und unverfälschtem Wettbewerb beruhen sollte. Das politische Bekenntnis zum Wettbewerbsprinzip fand zunächst normativen Ausdruck in Art. 3 lit. f EWGV[2], durch den die Errichtung eines Systems, das den Wettbewerb innerhalb des gemeinsamen Marktes vor Verfälschungen schützt, als Ziel vorgegeben wurde. Dieser Zustand erfuhr eine gewisse Modifikation durch den Vertrag von Lissabon, der die Europäische Union mit Wirkung zum 1. Dezember 2009 auf eine neue vertragliche Grundlage stellte. Dabei wurde die Zielvorgabe eines Systems unverfälschten Wettbewerbs aus dem operativen Teil des Vertrags über die Europäische Union gestrichen und in ein Zusatzprotokoll – das Protokoll Nr. 27 über den Binnenmarkt und den Wettbewerb – ausgelagert. Diese Änderung war das Ergebnis politischer Bestrebungen, die als „einseitige Marktorientierung" kritisierte große Bedeutung des Wettbewerbsprinzips abzuschwächen, um im Gegenzug die „soziale Dimension" der Europäischen Union zu stärken.[3] Rechtlich ist die Änderung allerdings weitgehend bedeutungslos, da die Zusatzprotokolle gemäß Art. 51 EUV integraler Bestandteil der Verträge sind. Dementsprechend betont der EuGH in seiner Rechtsprechung weiterhin, dass das System unverfälschten Wettbewerbs eines der zentralen, im Primärrecht verankerten Ziele der Europäischen Union ist.[4]

2 Das System unverfälschten Wettbewerbs wird durch die in den Art. 101 bis 109 AEUV normierten *Wettbewerbsregeln* konkretisiert und umgesetzt. Im Zentrum der Wettbewerbsregeln steht das primär an Unternehmen gerichtete *Kartellrecht*. Dessen Kern bilden das „*Kartellverbot*", d. h. das Verbot wettbewerbsbeschränkender Vereinbarungen, in Art. 101 AEUV und das „*Missbrauchsverbot*", d. h. das Verbot des Missbrauchs marktbe-

---
1 Der Beitrag gibt ausschließlich die persönliche Auffassung des Bearbeiters wieder.
2 Später Art. 3 Abs. 1 lit. g EG (mit Bezugnahme auf den Binnenmarkt).
3 BVerfG, U. v. 30.6.2009, 2 BvE 2/08 u. a., NJW 2009, 2267 (2293). Vgl. auch *Kling/Thomas*, Kartellrecht, § 1 Rn. 2.
4 EuGH, U. v. 17.11.2011, Rs. C-496/09, Slg. 2011, I-11483 Rn. 60 – *Kommission/Italien*.

herrschender Stellungen, in Art. 102 AEUV. Flankierend stellt Art. 106 Abs. 1 AEUV klar, dass sich die Wettbewerbsregeln gleichermaßen an private wie an öffentliche Unternehmen richten. Das gilt nach Art. 106 Abs. 2 AEUV grundsätzlich auch dann, wenn Unternehmen mit Dienstleistungen von allgemeinem wirtschaftlichem Interesse betraut sind. Durch die Anwendung der Wettbewerbsregeln darf lediglich die Erfüllung der diesen Unternehmen übertragenen besonderen Aufgaben nicht rechtlich oder tatsächlich verhindert werden.

3 Da die Art. 101 und 102 AEUV als unmittelbar geltende Rechtsvorschriften konzipiert sind,[5] entfalten die Verbotsnormen des europäischen Kartellrechts in den Mitgliedstaaten für alle Unternehmen zwingende Geltung. Dass sich das Kartellrecht primär an Unternehmen und nicht an Mitgliedstaaten richtet, stellt eine Besonderheit dar, durch die es sich sowohl von anderen wettbewerbsschützenden Vorschriften – wie den *Beihilferegeln* (Art. 107 bis 109 AEUV; vgl. § 11) und dem sekundärrechtlich normierten *Vergaberecht* (vgl. § 12) – als auch von den *Grundfreiheiten* (Art. 34 ff. AEUV; vgl. §§ 3–8) unterscheidet. Auch wenn sich Kartellrecht und Grundfreiheiten im Grundsatz an unterschiedliche Adressaten wenden, verfolgen beide das Ziel der Verwirklichung des Binnenmarkts und sind eng miteinander verknüpft. Denn die Aufnahme der Wettbewerbsregeln in den EWGV sollte vor allem gewährleisten, dass die von den Mitgliedstaaten angestrebte Beseitigung der staatlichen Handelsschranken nicht durch die Errichtung vergleichbarer Schranken seitens privater oder öffentlicher Unternehmen konterkariert werden kann. Das *Marktintegrationsziel* ist dementsprechend in der Rechtsprechung der Unionsgerichte seit jeher ein Leitmotiv bei der Auslegung der kartellrechtlichen Normen.[6]

4 Die engen wechselseitigen Beziehungen zwischen Kartellrecht und Grundfreiheiten zeigen sich schließlich auch in einer gewissen Konvergenz in der Anwendung dieser beiden Regelungssysteme.[7] Zum einen hat der EuGH aus der *Loyalitätspflicht* der Mitgliedstaaten (Art. 4 Abs. 3 EUV) i. V. m. mit dem Ziel des Wettbewerbsschutzes ein an die Mitgliedstaaten gerichtetes Verbot abgeleitet, Maßnahmen – auch in Form von Gesetzen oder Verordnungen – zu treffen oder beizubehalten, die die praktische Wirksamkeit („*effet utile*") der für die Unternehmen geltenden Wettbewerbsregeln aufheben könnten.[8] Zum anderen hat der EuGH mit seiner Rechtsprechung zur *Drittwirkung der Grundfreiheiten* den personellen Anwendungsbereich der Arbeitnehmerfreizügigkeit und der Dienstleistungsfreiheit auf private Akteure erweitert, sodass unternehmerisches Verhalten in manchen Situationen einer parallelen Kontrolle durch Kartellrecht und Grundfreiheiten unterworfen sein kann.[9]

5 Das Kartellrecht hat auch Bezüge zu weiteren Gebieten des Europäischen Wirtschaftsrechts. Es ist Wurzel der *Fusionskontrolle* (Rn. 55; vgl. § 10). Zudem steht es in einem von

---

5 EuGH, U. v. 14.12.2000, Rs. C-344/98, Slg. 2000, I-11369 Rn. 47 – *Masterfoods und HB*.
6 EuGH, U. v. 6.10.2009, verb. Rs. C-501/06 P, C-513/06 P, C-515/06 P und C-519/06 P, Slg. 2009, I-9291 Rn. 59 ff. – *GlaxoSmithKline*. Das Marktintegrationsziel bildet eine Besonderheit des europäischen Kartellrechts und ist Gegenstand einer – in manchen Phasen stärkeren, in anderen schwächeren – Kritik in Wissenschaft und Praxis; näher hierzu: *Baquero Cruz*, Between Competition and Free Movement, 2002, S. 85 ff.; *Kazuhara*, Einfluss der Marktintegration auf die Auslegung und Anwendung des europäischen Wettbewerbsrechts, 2004.
7 Weiterführend zu dieser Entwicklung und m. w. N.: *Baquero Cruz*, Between Competition and Free Movement, 2002, S. 85 ff.; *Breuer*, Das EU-Kartellrecht im Kraftfeld der Unionsziele, 2013, S. 634 ff.; *Mortelmans*, CMLR 38 (2001), 613.
8 EuGH, U. v. 16.11.1977, Rs. 13/77, Slg. 1977, 2115 Rn. 30 f. – *GB-Inno-BM*; U. v. 1.10.1987, Rs. 311/85, Slg. 1987, 3801 Rn. 23 f. – *Vlaamse Reisbureaus*; U. v. 21.9.1988, Rs. 267/86, Slg. 1988, 4769 Rn. 16 – *Van Eycke*; U. v. 17.11.1993, Rs. C-2/91, Slg. 1993, 5751 Rn. 14 – *Meng*; U. v. 18.6.1998, Rs. C-35/96, Slg. 1998, I-3851 Rn. 53 – *Kommission/Italien*; U. v. 19.2.2002, Rs. C-35/99, Slg. 2002, I-1529 Rn. 34 – *Arduino*.
9 EuGH, U. v. 12.12.1974, Rs. 36/74, Slg. 1974, 1405 Rn. 16/19 – *Walrave*; U. v. 15.12.1995, Rs. C-415/93, Slg. 1995, I-4921 Rn. 83 – *Bosman*; U. v. 6.6.2000, Rs. C-281/98, Slg. 2000, I-4139 Rn. 30 ff. – *Angonese*.

Wechselwirkungen geprägten Verhältnis neben dem *sektorspezifischen Regulierungsrecht*. Vereinfacht ausgedrückt, ist es Aufgabe des Kartellrechts, den Wettbewerb durch *ex-post*-Kontrolle unternehmerischen Verhaltens zu schützen, damit Märkte ordnungsgemäß funktionieren können, während das Regulierungsrecht als *ex-ante*-Kontrolle unternehmerischen Verhaltens dort zum Einsatz kommt, wo Märkte aufgrund der Rahmenbedingungen ohnehin nicht ordnungsgemäß funktionieren können. Allerdings gibt es zahlreiche Überschneidungen und Abgrenzungsschwierigkeiten zwischen beiden Rechtsgebieten. Besonders deutlich wird dies am Beispiel des Verhältnisses zwischen am 1. November 2022 in Kraft getretenen *Digital Markets Act* (DMA)[10] der Union, der mit regulierungsartigen Instrumenten bestreitbare und faire Märkte im digitalen Sektor sichern soll und deshalb wettbewerbsschädlichen Verhaltensweisen sog. *Gatekeeper* verbietet, und den mitgliedstaatlichen Rechtsordnungen, die das Ziel des Wettbewerbsschutzes mit kartellrechtlichen Instrumenten verfolgen (vgl. § 19a GWB).[11]

2. Ökonomische Grundlagen

Das fundamentale Prinzip und Schutzgut des Kartellrechts ist der *„Wettbewerb"*, dessen „Unverfälschtheit" sichergestellt werden soll. Wettbewerb ist ein vielschichtiges Phänomen, das in unterschiedlichen Kontexten[12] vorkommt und sich nur schwer definieren lässt. Im wirtschaftswissenschaftlichen Sinne versteht man unter Wettbewerb das Marktverhalten mehrerer Akteure (Anbieter oder Nachfrager), die antagonistisch nach einem Ziel streben, d. h. der höhere Zielerreichungsgrad eines Akteurs geht zulasten des Zielerreichungsgrads der anderen.[13] In dieser Situation stehen die Wirtschaftssubjekte in „Konkurrenz" zueinander.

Wettbewerb setzt zunächst eine entsprechende Handlungsfreiheit der Wirtschaftssubjekte voraus. In einem marktwirtschaftlichen System – auf welches sich die Europäische Union und ihre Mitgliedstaaten verpflichtet haben – ist diese individuelle Handlungsfreiheit und die daraus abgeleitete Befugnis, am Wirtschaftsverkehr und damit am Wettbewerb teilzunehmen, die nicht weiter begründungsbedürftige Regel.[14]

Darüber hinaus müssen bestimmte *Rahmenbedingungen* erfüllt sein, damit sich Wettbewerb entfalten kann. Erstens müssen die Wirtschaftssubjekte, die als Anbieter oder Nachfrager auf dem Markt auftreten, *unabhängig* voneinander handeln. Dies ist nur gewährleistet, wenn sie ihr Verhalten nicht absprechen oder anderweitig abstimmen, d. h. *Kartelle* bilden, können. Zweitens setzt funktionierender Wettbewerb eine ausreichend *große Zahl* tatsächlicher oder wenigstens potenzieller Anbieter und Nachfrager voraus. Das Vorliegen marktbeherrschender Stellungen – wie z. B. eines *Monopols* – kann also den Wettbewerb beeinträchtigen. Drittens benötigen die Wettbewerber eine ausreichende Kenntnis der für ihre eigenen Entscheidungen relevanten Faktoren (Marktinformationen). Eine Kenntnis der Kosten oder Zahlungsbereitschaften anderer Marktteilnehmer oder gar des Gleichgewichtspreises ist dagegen für das Funktionieren des Wettbewerbs nicht erforderlich. Viertens kann der Wettbewerb nur dann reibungslos funktionieren, wenn die Wirtschaftssubjekte ausreichend Zeit haben, um notwendige Anpassungsvorgänge der Faktorallokation durchzuführen.[15]

---
10 VO (EU) 2022/1925 v. 14.9.2022, ABl. EU Nr. L 265/1 („Gesetz über digitale Märkte").
11 Vgl. zu diesem komplexen Verhältnis: *Gerpott*, NZKart 2021, 273; *Grünwald*, NZKart 2021, 496; *Zober*, NZKart 2021, 611 (615).
12 Neben dem Wirtschaftsleben prägt das Prinzip des Wettbewerbs auch andere Lebensbereiche wie Sport, Wissenschaft oder Kultur und letztlich das gesamte Sozialverhalten; HK-DMA/*Käseberg/Gappa*, 1. Aufl. 2023, DMA Art. 1 Rn. 28 f.
13 *I. Schmidt/Haucap*, Wettbewerbspolitik und Kartellrecht, 10. Aufl. 2013, S. 3 f.
14 *Kling/Thomas*, Kartellrecht, § 2 Rn. 2; *Mestmäcker/Schweitzer*, Europäisches Wettbewerbsrecht, § 3 Rn. 4.
15 Vgl. zu den vorstehenden Rahmenbedingungen des Wettbewerbs: *I. Schmidt/Haucap*, Wettbewerbspolitik und Kartellrecht, S. 5.

9 Unter diesen Rahmenbedingungen bewirkt der Wettbewerb sowohl die optimale Verwendung von produktiven Ressourcen (*effiziente Faktorallokation*) als auch eine Versorgung der Verbraucher mit den von ihnen nachgefragten Produkten zu möglichst günstigen Preisen (Maximierung der *Konsumentenwohlfahrt*). Er wahrt dabei die *Konsumentensouveränität* und sorgt für eine der Marktleistung entsprechende *Einkommensverteilung*. Neben dieser auf einen bestimmten Zeitpunkt bezogenen *statischen* Sicht auf die Wirkungen des Wettbewerbs lassen sich bei einer *dynamischen* Betrachtung im Zeitverlauf weitere Vorteile des Wettbewerbs identifizieren. So ermöglicht er den Marktteilnehmern *flexible Anpassungen* an sich verändernde Bedingungen und fördert dadurch den technischen Fortschritt. In diesem Sinne ist Wettbewerb auch ein *„Such- und Entdeckungsverfahren"*.[16] In letzter Konsequenz sehen insbesondere die Vertreter der – vor allem in Deutschland einflussreichen – Freiburger Schule im Wettbewerb ein Mittel zur *Dezentralisierung wirtschaftlicher Macht* und zur Sicherung *individueller Freiheit*.[17]

10 Das europäische Kartellrecht ist nicht klar einem der zahlreichen wettbewerbstheoretischen Konzepte zuzuordnen, sondern zeichnet sich seit jeher durch einen pragmatischen Ansatz aus. In den letzten beiden Jahrzehnten hat es sich zunehmend für ökonomische Erkenntnisse geöffnet (*„more economic approach"*).[18] Insoweit ist aber hervorzuheben, dass ökonomische Kriterien Rechtsbegriffe zwar präzisieren, nicht aber die rechtliche Auslegung ersetzen können.[19]

3. Verhältnis zwischen europäischem und nationalem Kartellrecht

11 Das europäische Kartellrecht ist anwendbar auf Handlungen, die geeignet sind, den zwischenstaatlichen Handel zu beeinträchtigen (vgl. die *Zwischenstaatlichkeitsklauseln* in Art. 101 Abs. 1 und 102 Abs. 1 AEUV). Verhaltensweisen, die nur lokale oder regionale Bedeutung haben, sind ausschließlich am Maßstab des nationalen Kartellrechts zu messen. In allen anderen Fällen ist das Verhältnis zwischen europäischem und nationalem Kartellrecht von Bedeutung. Dieses Verhältnis wird geprägt durch zwei Regeln: den Grundsatz der parallelen Anwendbarkeit und den Grundsatz des Anwendungsvorrangs des Unionsrechts.

12 Der in Art. 3 Abs. 1 VO 1/2003 und § 22 Abs. 1 GWB verankerte *Grundsatz der parallelen Anwendbarkeit* besagt einerseits, dass das nationale Kartellrecht auch in den Fällen, in denen die Zwischenstaatlichkeitsklausel erfüllt ist, angewendet werden kann. Andererseits müssen nationale Wettbewerbsbehörden und Gerichte in diesen Fällen stets auch parallel die Art. 101 und 102 AEUV anwenden. Hierauf basiert das *Konzept der dezentralen Anwendung des europäischen Kartellrechts*. Nationale Wettbewerbsbehörden – das ist in Deutschland vor allem das Bundeskartellamt – können insbesondere Unternehmen verpflichten, Zuwiderhandlungen gegen Art. 101 oder 102 AEUV abzustellen (§ 32 Abs. 1 GWB) oder wegen Verstößen gegen Art. 101 oder 102 AEUV Ordnungswidrigkeitenverfahren einleiten und Bußgelder verhängen (§ 81 Abs. 1 GWB). Somit besteht im Ergebnis eine Pflicht der nationalen Wettbewerbsbehörden und Gerichte zur parallelen, nicht jedoch zur ausschließlichen Anwendung des EU-Kartellrechts; letztere ist zulässig, aber nicht vorgeschrieben. Die Anwendungspflicht zwingt nationale Wettbewerbsbehörden indes nicht dazu, einen Fall aufzugreifen, sondern wird erst dann ausgelöst, wenn nationale Behörden oder Gerichte tätig werden. Dabei wirkt sich die Anwendungspflicht im Wesentlichen als Prüfungspflicht aus, d. h. das Vorliegen der Voraussetzungen

---

16 *v. Hayek*, Der Wettbewerb als Entdeckungsverfahren, 1968, in: Freiburger Studien, 2. Aufl. 1994, S. 249 ff.
17 Grundlegend zu den vorstehend dargestellten Leitbildern der Wettbewerbspolitik mit ihren jeweiligen Zielen: *Kling/Thomas*, Kartellrecht, § 2 Rn. 7 ff.; *Mestmäcker/Schweitzer*, Europäisches Wettbewerbsrecht, § 3 Rn. 77; *I. Schmidt/Haucap*, Wettbewerbspolitik und Kartellrecht, S. 14 ff.
18 *Kling/Thomas*, Kartellrecht, § 2 Rn. 40 ff.
19 *Kling/Thomas*, Kartellrecht, § 2 Rn. 44.

der Art. 101 und 102 AEUV muss geprüft werden und dies muss in der Entscheidung zum Ausdruck kommen.[20] Nach vorzugswürdigem Verständnis besteht jedoch keine Pflicht, Ermittlungsmaßnahmen zur Sachverhaltsaufklärung, die nur für die Vorschriften des EU-Kartellrechts erforderlich sind, stets vollumfänglich durchzuführen.[21] Die Zuständigkeit der nationalen Wettbewerbsbehörden zur Anwendung des EU-Kartellrechts entfällt erst dann, wenn die Europäische Kommission selbst ein eigenes Verfahren einleitet, Art. 11 Abs. 6 VO 1/2003. Im Rahmen dieser Verfahren kann die Kommission ebenfalls die Abstellung von Verstößen gegen Art. 101 oder 102 AEUV anordnen oder Bußgelder für solche Verstöße verhängen (vgl. Art. 7 Abs. 1 und Art. 23 Abs. 2 VO 1/2003). Dies spiegelt sich auch im Verfahrensrecht: Die Kommission hat nach Art. 11 Abs. 6 VO 1/2003 die Möglichkeit, durch Verfahrenseinleitung die Anwendung des EU-Kartellrechts in einem Fall an sich zu ziehen, so dass mitgliedstaatliche Wettbewerbsbehörden wegen der Pflicht zur parallelen Anwendung des EU-Kartellrechts im Ergebnis auch nationale Kartellverbote nicht mehr anwenden können. Dies gilt allerdings nicht für strengere nationale Missbrauchsverbote i. S. d. Art. 3 Abs. 2 S. 2 VO 1/2003; deren Anwendung durch mitgliedstaatliche Wettbewerbsbehörden wird durch eine Verfahrenseinleitung der Kommission nach Art. 11 Abs. 6 VO 1/2003 nicht gesperrt.[22]

Bei der Lösung von Konfliktfällen, die sich aus der parallelen Anwendung von europäischem und nationalem Kartellrecht durch nationale Wettbewerbsbehörden und Gerichte ergeben können, kommen der *Grundsatz des Anwendungsvorrangs des Unionsrechts*[23] und die präzisierenden Vorgaben der Art. 3 Abs. 2 VO 1/2003 und § 22 Abs. 2 und 3 GWB zur Anwendung. Im Hinblick auf das Kartellverbot gilt, dass sich stets die Wertung des EU-Kartellrechts durchsetzt (vgl. Art. 3 Abs. 2 S. 1 VO 1/2003 und § 22 Abs. 2 GWB). Ist eine Verhaltensweise nach Art. 101 AEUV zulässig, kann sie nicht durch eine strengere Vorschrift des nationalen Kartellrechts untersagt werden. Wenn eine Verhaltensweise gegen Art. 101 AEUV verstößt, so ist sie verboten, unabhängig davon, ob sie nach nationalem Kartellrecht zulässig wäre. Für das Missbrauchsverbot gilt hingegen im Ergebnis der Vorrang des strengeren Gesetzes (vgl. Art. 3 Abs. 2 S. 2 VO 1/2003 und § 22 Abs. 3 GWB). Maßnahmen marktbeherrschender Unternehmen, die gegen Art. 102 AEUV verstoßen, sind also unabhängig von der Bewertung nach nationalem Kartellrecht verboten. Umgekehrt können aber Maßnahmen marktbeherrschender Unternehmen, die mit Art. 102 AEUV in Einklang stehen, durch restriktivere Vorschriften des nationalen Kartellrechts untersagt werden.

4. Sachlicher Anwendungsbereich

Das EU-Kartellrecht findet grundsätzlich auf alle Wirtschaftsbereiche Anwendung.[24] Gemäß Art. 103 Abs. 2 lit. c AEUV kann dies für einzelne Wirtschaftsbereiche modifiziert werden. Die meisten sektoralen Bereichsausnahmen, die gestützt auf diese Vorschrift begründet worden sind, sind inzwischen wieder aufgehoben. Eine Ausnahme bildet die Landwirtschaft (Art. 42 AEUV). Auf diese finden die Art. 101 und 102 AEUV zwar

---

20 *Bardong/Mühle*, in: Münchener Kommentar zum Wettbewerbsrecht, Bd. 1, VO 1/2003 Art. 3 Rn. 57 ff.
21 Das betrifft z. B. Fälle, in denen nationales Kartellrecht und EU-Kartellrecht zum selben Ergebnis kommen, die Eignung zur Beeinträchtigung zwischenstaatlichen Handels aber umfangreiche Ermittlungen erfordern würde. Gleiches gilt, wenn strengere nationale Missbrauchsvorschriften keine Feststellung marktbeherrschender Stellungen erfordern; vgl. hierzu *Bardong/Mühle*, in: Münchener Kommentar zum Wettbewerbsrecht, Bd. 1, VO 1/2003 Art. 3 Rn. 63 ff.
22 EuGH, U. v. 14.2.2012, Rs. C-17/10, EuZW 2012, 223 Rn. 74 ff. – *Toshiba*.
23 EuGH, U. v. 15.7.1964, Rs. 6/64, Slg. 1964, 1251 (1269 f.) – *Costa/E.N.E.L.*
24 EuGH, U. v. 30.4.1986, Rs. 209/84, Slg. 1987, 1425 Rn. 40 – *Ministère public/Asjes*; U. v. 27.1.1987, Rs. 45/85, Slg. 1987, 405 Rn. 12 – *Verband der Sachversicherer/Kommission*.

grundsätzlich ebenfalls Anwendung.[25] Dieser Grundsatz wird aber durch weitreichende Ausnahmeregeln durchbrochen.[26]

II. Normative Ausgestaltung: Das Kartellverbot des Art. 101 AEUV

15 Nach Art. 101 Abs. 1 AEUV sind alle Vereinbarungen zwischen Unternehmen, Beschlüsse von Unternehmensvereinigungen und aufeinander abgestimmte Verhaltensweisen verboten, wenn sie den Handel zwischen den Mitgliedstaaten zu beeinträchtigen geeignet sind und eine Verhinderung, Einschränkung oder Verfälschung des Wettbewerbs innerhalb des Binnenmarkts bezwecken oder bewirken, sofern sie nicht ausnahmsweise nach Art. 101 Abs. 3 AEUV erlaubt sind.

1. Normadressaten

16 Das Kartellverbot des Art. 101 AEUV wendet sich an Unternehmen und Unternehmensvereinigungen. Diese Begriffe werden im Primärrecht nicht ausdrücklich definiert.

17 **a) Unternehmen.** Der Begriff des Unternehmens ist nach der ständigen Rechtsprechung des EuGH nicht nach institutionell-organisatorischen Kriterien zu bestimmen, sondern unter Berücksichtigung des Sinns und Zwecks der Wettbewerbsregeln funktional auszulegen (*funktionaler Unternehmensbegriff*).[27] Ein Unternehmen ist demnach jede Einheit, die eine selbstständige wirtschaftliche Tätigkeit von gewisser Dauer ausübt, unabhängig von ihrer Rechtsform, der Art ihrer Finanzierung oder dem Vorliegen einer Gewinnerzielungsabsicht.[28] Daher können sowohl natürliche Personen (Kaufleute, Handelsvertreter, Freiberufler, Künstler, usw.) als auch juristische Personen des Privatrechts (AG, GmbH, usw.) oder des öffentlichen Rechts, Personengesellschaften (OHG, KG, GbR, usw.) und sogar nicht rechtsfähige Personenvereinigungen[29] Unternehmen sein.

18 Eine wirtschaftliche Tätigkeit ist jede Tätigkeit, die darin besteht, Güter oder Dienstleistungen auf einem bestimmten Markt anzubieten – unabhängig davon, ob dies mit oder ohne Gewinnerzielungsabsicht geschieht.[30] Damit wird unmittelbar nur die *Angebotsseite* der Märkte erfasst. Denn die *Beschaffungstätigkeit* von Marktteilnehmern ist nach der Rechtsprechung des EuGH nicht stets eine wirtschaftliche Tätigkeit. Ob eine solche Tätigkeit bei der Nachfrage nach Gütern oder Dienstleistungen gegeben ist, hängt vielmehr von deren späterer Verwendung ab (sog. *Akzessorietätsgrundsatz*).[31] Die Nachfrage durch Endverbraucher ist daher keine wirtschaftliche Tätigkeit, der Verbraucher also kein Unternehmen. Auch die Beschaffungstätigkeit des Staates oder z. B. der Krankenkassen ist vom Anwendungsbereich des Kartellverbots ausgenommen, wenn die nachgefragten Güter oder Dienstleistungen einem nichtwirtschaftlichen Zweck zukommen sol-

---

25 Art. 1 VO 1184/2006 und Art. 206 VO 1308/2013.
26 Näher hierzu: *Kling/Thomas*, Kartellrecht, § 4 Rn. 6 ff.
27 EuGH, U. v. 19.1.1994, Rs. C-364/92, Slg. 1994, I-43 Rn. 60 ff. – *Eurocontrol*; U. v. 11.12.1997, Rs. C-55/96, Slg. 1997, I-7119 Rn. 21 – *Job Centre*; U. v. 11.7.2006, Rs. C-205/03 P, I-6295 Rn. 25 – *FENIN*.
28 EuGH, U. v. 23.4.1991, Rs. C-41/90, Slg. 1991, I-1979 Rn. 21 – *Höfner und Elser*; U. v. 16.11.1995, Rs. C-244/94, Slg. 1995, I-4013 Rn. 14 – *Fédération française*; U. v. 16.3.2004, verb. Rs. C-264/01 u. a., Slg. 2004, I-2493 Rn. 46 – *AOK Bundesverband*; U. v. 11.7.2006, Rs. C-205/03 P, I-6295 Rn. 25 – *FENIN*.
29 EuGH, U. v. 28.6.2005, verb. Rs. 189/02 P u. a., Slg. 2005, I-5425 Rn. 113 – *Dansk Rørindustri*.
30 EuGH, U. v. 18.6.1998, Rs. C-35/96, Slg. 1998, I-3851 Rn. 36 – *Kommission/Italien*; U. v. 1.7.2008, Rs. C-49/07, Slg. 2008, I-4863 Rn. 22, 27 – *MOTOE*.
31 EuG, U. v. 4.3.2003, Rs. T-319/99, Slg. 2003, II-357 Rn. 36 – *FENIN*; EuGH, U. v. 11.7.2006, Rs. C-205/03 P, Slg. 2006, I-6295 Rn. 25 ff. – *FENIN*; EuG, U. v. 12.12.2006, Rs. T-155/04, Slg. 2006, II-4797 Rn. 67 f. – *SELEX Sistemi*.

II. Normative Ausgestaltung: Das Kartellverbot des Art. 101 AEUV   **19–21**

len.³² Wer hingegen Waren einkauft, um sie zu handeln oder für die Herstellung eigener Produkte weiterzuverarbeiten, geht bereits beim Einkauf einer wirtschaftlichen Tätigkeit nach und ist insoweit als Unternehmen anzusehen.

Weiter können Staaten sich – z. B. durch öffentlich-rechtliche Körperschaften, Anstalten, Stiftungen oder Regiebetriebe – als Anbieter (und dieser Tätigkeit vorgelagert als Nachfrager) am Wirtschaftsleben beteiligen. Dann sind sie im funktionalen Sinne Unternehmen und somit Normadressaten des Kartellverbots.³³ Das Kartellverbot findet demgegenüber keine Anwendung auf *hoheitliche* Tätigkeiten. Solche liegen nur vor, wenn durch die betreffenden Handlungen Interessen der Allgemeinheit wahrgenommen werden und diese Tätigkeiten ihrer Art, ihrem Gegenstand und den für sie geltenden Regeln nach mit der Ausübung hoheitlicher Vorrechte verbunden sind.³⁴ Nicht ausreichend ist, dass die jeweilige staatliche Einrichtung nur allgemein über hoheitliche Befugnisse verfügt. **19**

Das ergänzende Kriterium der *Selbstständigkeit* schränkt den Unternehmensbegriff auf unabhängige Marktteilnehmer ein. *Arbeitnehmer* unterfallen wegen ihrer Abhängigkeit und Weisungsgebundenheit somit nicht dem Anwendungsbereich des Kartellverbots.³⁵ Arbeitgeber – und wohl auch Gewerkschaften³⁶ – sind demgegenüber regelmäßig Unternehmen. Obwohl jedem *Tarifvertrag* eine Vereinbarung auf Arbeitgeberseite (und damit zwischen Unternehmen) zugrunde liegt, kommt der EuGH im Rahmen einer Gesamtbetrachtung der einschlägigen Normen jedoch zu dem Schluss, dass Tarifverträge nicht dem EU-Kartellrecht unterfallen, sofern sie sich in der Sache auf die Gestaltung der Beschäftigungs- und Arbeitsbedingungen beschränken.³⁷ **20**

Für die Kartellrechtspraxis besonders relevant ist, dass *ein* Unternehmen im Sinne des Art. 101 AEUV aus *mehreren* natürlichen oder juristischen Personen bestehen kann. Wenn mehrere Rechtsträger wirtschaftlich, organisatorisch und rechtlich so miteinander verbunden sind, dass sie ihr Marktverhalten nicht jeweils autonom bestimmen, sondern im Wesentlichen Weisungen eines Rechtsträgers (der Muttergesellschaft) befolgen, bilden sie eine *wirtschaftliche Einheit*.³⁸ Die Annahme einer wirtschaftlichen Einheit setzt voraus, dass die Muttergesellschaft wirtschaftlich oder rechtlich einen bestimmenden Einfluss auf ihre Tochtergesellschaften ausüben kann und eine solche einheitliche Leitung auch tatsächlich ausübt.³⁹ Wenn die Muttergesellschaft das Kapital ihrer Tochtergesellschaft – unmittelbar oder mittelbar – zu 100 % oder zumindest fast vollständig hält, besteht nach der ständigen Rechtsprechung des EuGH eine widerlegbare Vermutung, dass die Muttergesellschaft von der Möglichkeit der bestimmenden Einflussnahme auch tatsächlich Gebrauch macht (sog. *„AKZO-Vermutung"*).⁴⁰ Um die Vermutung zu widerle- **21**

---

32 EuG, U. v. 4.3.2003, Rs. T-319/99, Slg. 2003, II-357 Rn. 36 – *FENIN*; EuGH, U. v. 11.7.2006, Rs. C-205/03 P, Slg. 2006, I-6295 Rn. 25 ff. – *FENIN*; U. v. 16.3.2004, verb. Rs. C-264/01 u. a., Slg. 2004, I-2493 Rn. 58 – *AOK*. Hierin unterscheidet sich das Verständnis des europäischen Kartellrechts von der Auslegung des deutschen Kartellrechts.
33 *Hengst*, in: Langen/Bunte, Kartellrecht, Bd. 2, Art. 101 AEUV Rn. 19 m. w. N. aus der Rspr. des EuGH.
34 EuGH, U. v. 18.3.1997, Rs. C-343/95, Slg. 1997, I-1547 Rn. 22 ff. – *Diego Calì*; U. v. 24.10.2002, Rs. C-82/01 P, Slg. 2002, I-9297 Rn. 81 – *Aéroports de Paris*.
35 EuGH, U. v. 16.9.1999, Rs. C-22/98, Slg. I-5665 Rn. 26 – *Becu*.
36 *Kling/Thomas*, Kartellrecht, § 5 Rn. 14 ff.; *Hengst*, in: Langen/Bunte, Kartellrecht, Bd. 2, Art. 101 AEUV Rn. 14.
37 EuGH, U. v. 21.9.1999, Rs. C-67/96, Slg. 1999, I-5751 Rn. 59 f. – *Albany*.
38 *Hengst*, in: Langen/Bunte, Kartellrecht, Bd. 2, Art. 101 AEUV Rn. 43; *Kling/Thomas*, Kartellrecht, § 5 Rn. 17.
39 *Hengst*, in: Langen/Bunte, Kartellrecht, Bd. 2, Art. 101 AEUV Rn. 43.
40 EuGH, U. v. 10.9.2009, Rs. C-97/08 P, Slg. 2009, I-8237 Rn. 60 – *Akzo Nobel*; U. v. 29.3.2011, verb. Rs. C-201/09 P und C-216/09 P, Slg. 2011, I-2239, Rn. 97 – *ArcelorMittal*; U. v. 8.5.2013, Rs. C-508/11 P, WuW/E EU-R 2726 Rn. 47 – *ENI/Kommission*; U. v. 11.7.2013, Rs. C-440/11 P, NZKart 2013, 367 Rn. 40 – *Stichting Administratiekantoor Portielje*.

gen, muss die Muttergesellschaft den Gegenbeweis führen, dass ihre Tochtergesellschaft ihr Marktverhalten autonom bestimmt; dies ist in der Praxis ausgesprochen schwierig.[41] Wenn die Anteilsschwelle von fast 100 % nicht erreicht wird, muss die tatsächliche Ausübung des bestimmenden Einflusses hingegen von der Kommission konkret nachgewiesen werden. Das erfordert, dass eine Gesamtbetrachtung aller wirtschaftlichen, organisatorischen und rechtlichen Bindungen den Schluss zulassen muss, dass die Muttergesellschaft bestimmenden Einfluss auf die generelle Geschäftspolitik – nicht etwa auf das konkrete wettbewerbsbeschränkende Verhalten – ihrer Tochtergesellschaft ausübt.[42] Unter Umständen kann sogar eine bloße Minderheitsbeteiligung der Muttergesellschaft einen bestimmenden Einfluss auf ihre Tochtergesellschaft ermöglichen.[43] Schließlich ist bei paritätischen Gemeinschaftsunternehmen auch denkbar, dass zwei oder mehr Muttergesellschaften bestimmenden Einfluss auf ihre gemeinsame Tochter ausüben.[44]

22 Dass Konzerne durch das Konzept der wirtschaftlichen Einheit als ein Unternehmen angesehen werden, ist unter zwei Aspekten bedeutsam. Da vom Kartellrecht nur der Wettbewerb zwischen Unternehmen, nicht aber der Wettbewerb innerhalb eines Unternehmens geschützt wird, unterfallen wettbewerbsbeschränkende Verhaltensweisen innerhalb eines Konzerns nicht dem Kartellverbot (*Konzernprivileg*).[45] Dass der Konzern selbst als Normadressat angesehen wird, ermöglicht es gleichzeitig, die Zuwiderhandlungen einzelner Konzerngesellschaften dem Konzern und damit dessen Muttergesellschaft zuzurechnen (*Konzernhaftung*).[46] Erst dadurch, dass – etwa bei der Bestimmung der umsatzabhängigen Bußgeldobergrenze – die gesamten wirtschaftlichen Ressourcen des Konzerns in den Blick genommen werden, wird eine spürbare Sanktionierung von Wettbewerbsverstößen durch Konzerne sichergestellt.

23 Dass Konzerne als Unternehmen Normadressaten des Art. 101 AEUV sind, bedeutet allerdings nicht, dass Entscheidungen der Kommission zur Ahndung von Kartellverstößen an den Konzern gerichtet werden können. Um nach dem Recht der Mitgliedstaaten vollstreckbar zu sein (Art. 299 AEUV), kommen nur Rechtsträger als Adressaten der Entscheidungen und damit der Sanktionen in Betracht.[47] Bei einem Kartellverstoß eines Konzerns muss die Kommission dementsprechend in einem nachgelagerten Schritt bestimmen, welchen Rechtsträgern sie die Sanktion für die Zuwiderhandlung auferlegt. Das sind in der Praxis regelmäßig diejenigen konzernangehörigen Rechtsträger, deren Mitarbeiter die Zuwiderhandlung konkret begangen haben, und die Muttergesellschaft.[48]

24 **b) Unternehmensvereinigungen.** *Unternehmensvereinigungen* können auf das Marktverhalten ihrer Mitglieder Einfluss nehmen. Um zu verhindern, dass auf diesem Weg das

---

41 Instruktiv: EuGH, U. v. 11.7.2013, Rs. C-440/11 P, NZKart 2013, 367 Rn. 65 ff. – *Stichting Administratiekantoor Portielje*. Vgl.: *Kokott/Dittert*, WuW 2012, 670 (676 ff.); *Meyer-Lindemann*, WuW 2020, 16 (21).
42 *Kokott/Dittert*, WuW 2012, 670 (672 f.).
43 *Hengst*, in: Langen/Bunte, Kartellrecht, Bd. 2, Art. 101 AEUV Rn. 59.
44 EuGH, U. v. 26.9.2013, Rs. C-172/12 P, WuW/E EU-R 2870 Rn. 47 – *Pont de Nemours*; U. v. 26.9.2013, Rs. C-179/12 P, ECLI:EU:C:2013:605 Rn. 58 – *Dow Chemical*; EuG, U. v. 11.7.2014, Rs. T-543/08, NZKart 2014, 324 Rn. 99 ff. – *RWE und RWE Dea (Paraffinwachs)*; U. v. 9.9.2015, Rs. T-104/13, ECLI:EU:T:2015:610 Rn. 90 ff. – *Toshiba*.
45 EuGH, U. v. 12.7.1984, Rs. 170/83, Slg. 1984, 2999 Rn. 11 – *Hydrotherm*; U. v. 4.5.1988, Rs. 30/87, Slg. 1988, 2507 Rn. 19 – *Bodson*; U. v. 11.4.1989, Rs. 66/86, Slg. 1989, 803 Rn. 35 – *Ahmed Saeed*; U. v. 24.10.1996, Rs. C-73/95 P, Slg. 1996, I-5482, Rn. 51 f. – *Viho*. *Kling/Thomas*, Kartellrecht, § 5 Rn. 210; *Hengst*, in: Langen/Bunte, Kartellrecht, Bd. 2, Art. 101 AEUV Rn. 34; *Kersting*, WuW 2014, 1156 (1157 f.).
46 *Kokott/Dittert*, WuW 2012, 670; *Kling/Thomas*, Kartellrecht, § 5 Rn. 216 ff.
47 *Kokott/Dittert*, WuW 2012, 670 (671); *Kellerbauer*, WuW 2014, 1173 (1175); *Hengst*, in: Langen/Bunte, Kartellrecht, Bd. 2, Art. 101 AEUV Rn. 30.
48 *Kellerbauer*, WuW 2014, 1173 (1175 f.).

Verbot von Verhaltensabstimmungen zwischen Unternehmen umgangen wird, richtet sich das Kartellverbot auch an Unternehmensvereinigungen. Hierunter fallen unabhängig von ihrer Rechtsform und Rechtsfähigkeit alle Zusammenschlüsse von mindestens zwei Unternehmen, die ein gemeinsames Interesse verfolgen.[49] Die Vereinigung muss nicht selbst am Wirtschaftsleben teilnehmen[50] und kann auch öffentlich-rechtlicher Natur sein.[51] Auch „Dachverbände", d. h. Vereinigungen von Unternehmensvereinigungen, gelten als Unternehmensvereinigungen i. S. v. Art. 101 AEUV.[52] Typische Unternehmensvereinigungen sind Berufs-, Wirtschafts-, Arbeitgeber- oder Sportverbände sowie die Kammern der freien Berufe.

2. Formen wettbewerbsbeschränkenden Verhaltens

Das Kartellverbot untersagt Verhaltenskoordinationen zwischen oder durch Unternehmen bzw. ihre Vereinigungen. Diese werden von Art. 101 AEUV in drei Tatbestandsvarianten gegliedert.

a) Vereinbarungen. *Vereinbarungen zwischen Unternehmen* setzen voraus, dass mindestens zwei Parteien ihren gemeinsamen Willen, sich auf dem Markt in einer bestimmten Weise zu verhalten, zum Ausdruck bringen.[53] Die Form, in der die Willensübereinstimmung zum Ausdruck kommt, ist nicht wesentlich. So zählen zu den Vereinbarungen neben echten Verträgen im zivilrechtlichen Sinne (die bei einem Verstoß gegen das Kartellverbot wegen Art. 101 Abs. 2 AEUV ohnehin nichtig sind) auch nicht rechtsverbindliche „gentlemens' agreements" oder scheinbar einseitige Maßnahmen eines Unternehmens, denen seine Vertragspartner stillschweigend zustimmen.[54]

b) Beschlüsse. Auch bei *Beschlüssen von Unternehmensvereinigungen* ist ihre genaue rechtliche Einordnung nicht entscheidend. Ausreichend ist, dass sie den Willen der Unternehmensvereinigung, das Marktverhalten ihrer Mitglieder zu koordinieren, zum Ausdruck bringen. Dies umfasst bindende Beschlüsse ebenso wie bloße „unverbindliche Empfehlungen" – jedenfalls wenn eine tatsächliche Umsetzung durch die Mitgliedsunternehmen zu gewärtigen ist.[55] Wenn Beschlüsse in einer Vereinigung nicht einstimmig erfolgen müssen, sondern mit einer qualifizierten oder sogar einfachen Mehrheit getroffen werden können, stellt sich die Frage, ob überstimmte oder nicht an der Abstimmung beteiligte Mitgliedsunternehmen als Beteiligte am Kartellverstoß anzusehen sind. In der Rechtsprechung des EuGH wird das im Grundsatz jedenfalls für die Fälle, in denen Unternehmen die Mehrheitsentscheidung faktisch befolgen, und für verbindliche Beschlüsse, die von den Mitgliedsunternehmen befolgt werden müssen, angenommen.[56]

c) Abgestimmte Verhaltensweisen. *Aufeinander abgestimmte Verhaltensweisen* sind all jene Formen der Koordinierung zwischen Unternehmen, die zwar noch nicht bis zum

---

49 EuG, U. v. 24.5.2012, Rs. T-111/08, WuW/E EU-R 2399 Rn. 251 – *MasterCard*. Vgl.: *Grave/Nyberg*, in: Loewenheim/Meessen/Riesenkampff/Kersting/Meyer-Lindemann, Kartellrecht, Art. 101 Abs. 1 AEUV Rn. 185; *Säcker/Steffens*, in: Münchener Kommentar zum Wettbewerbsrecht, Bd. 1, Art. 101 AEUV Rn. 61.
50 EuGH, U. v. 29.10.1980, verb. Rs. C-209/78, Slg. 1980, 3125 Rn. 87 f. – *van Landewyck*.
51 EuGH, U. v. 30.1.1985, Rs. C-123/83, Slg. 1985, 391 Rn. 17 ff. – *BNIC/Clair*.
52 *Grave/Nyberg*, in: Loewenheim/Meessen/Riesenkampff/Kersting/Meyer-Lindemann, Kartellrecht, Art. 101 Abs. 1 AEUV Rn. 185; *Zimmer*, in: Immenga/Mestmäcker, Wettbewerbsrecht, Bd. 1, Art. 101 Abs. 1 AEUV Rn. 62.
53 EuGH, U. v. 6.1.2004, verb. Rs. C-2/01 P u. a., Slg. 2004, I-64 Rn. 97 ff. – *Bayer/Kommission*; U. v. 13.7.2006, Rs. C-74/04 P, Slg. 2006, I-6602 Rn. 37 – *Volkswagen II*.
54 *Zimmer*, in: Immenga/Mestmäcker, Wettbewerbsrecht, Bd. 1, Art. 101 Abs. 1 AEUV Rn. 68 ff.
55 EuGH, U. v. 27.1.1987, Rs. 45/85, Slg. 1987, 405 Rn. 32 – *Verband der Sachversicherer*.
56 EuGH, U. v. 29.10.1980, verb. Rs. C-209/78 u. a., Slg. 1980, 3125 Rn. 90 f. – *van Landewyck* (in diesem Fall hatte das betreffende Unternehmen, das seit langer Zeit der Vereinigung angehörte, die kartellrechtswidrigen Abkommen nicht unterzeichnet, hatte gegen sie aber auch nicht protestiert und war nicht aus der Vereinigung ausgetreten).

Abschluss eines Vertrags im eigentlichen Sinn gediehen sind, jedoch bewusst eine praktische Zusammenarbeit an die Stelle des mit Risiken verbundenen Wettbewerbs treten lassen.[57] Darin zeigt sich die Bedeutung des *„Selbstständigkeitspostulats"*, demzufolge jedes Unternehmen selbstständig bestimmen muss, wie es sich auf dem Markt verhält.[58] Es hindert die Unternehmen zwar nicht daran, das Marktverhalten ihrer Konkurrenten zu beobachten und sich deren festgestelltem oder erwartetem Verhalten anzupassen.[59] Während das Kartellverbot einem solchen *bewussten Parallelverhalten* nicht entgegensteht, ist es jedoch nicht mit dem Selbstständigkeitspostulat zu vereinbaren, wenn sich Wettbewerber aktiv koordinieren. Unzulässig ist daher jede unmittelbare oder mittelbare Fühlungnahme zwischen Unternehmen, die geeignet ist, entweder das Marktverhalten eines gegenwärtigen oder potenziellen Mitbewerbers zu beeinflussen oder einen solchen Mitbewerber über das Verhalten ins Bild zu setzen, das man selbst auf dem betreffenden Markt an den Tag zu legen entschlossen ist oder in Erwägung zieht.[60] Denn durch solche Kontakte können die Marktteilnehmer vor einer Änderung ihres Marktverhaltens die Unsicherheit über das künftige Marktverhalten ihrer Wettbewerber und damit das mit der Änderung des eigenen Marktverhaltens verbundene Risiko verringern und somit den Wettbewerb spürbar beeinträchtigen.[61] Zur Ausschaltung oder Minderung dieser wettbewerbstypischen Risiken kommt es insbesondere, wenn Unternehmen untereinander strategische Informationen, wie z. B. Preise, Rabatte, Umsätze, Kunden, Lagerbestände, Kosten- oder Vertriebsstrukturen, aktiv austauschen.[62]

29 Die Frage, ob bereits die Abstimmung selbst, also die bloße Kommunikation zwischen den beteiligten Unternehmen, eine abgestimmte Verhaltensweise darstellt, oder ob es zusätzlich einer Umsetzung in ein konkretes marktrelevantes Verhalten bedarf, ist lange Zeit kontrovers diskutiert worden.[63] Der EuGH hat sich dahingehend entschieden, dass über die Abstimmung hinaus ein entsprechendes Marktverhalten und ein ursächlicher Zusammenhang zwischen beiden zu verlangen ist.[64] Dabei soll allerdings eine widerlegbare Vermutung bestehen, dass die im Zuge der Kommunikation mit den Wettbewerbern erlangten Informationen eine Beeinflussung des Marktverhaltens bewirken.[65] Die Widerlegung dürfte generell schwer und bei einem langfristig praktizierten Informationsaustausch kaum möglich sein.[66]

30 d) **Algorithmen.** Eine große aktuelle Herausforderung für das Kartellrecht sind Preissetzungsalgorithmen.[67] Zunächst kam Algorithmen meist die Aufgabe zu, das Preissetzungsverhalten der Wettbewerber zu beobachten und zu analysieren. Inzwischen werden Algorithmen zunehmend auch eingesetzt, um auf dieser Grundlage die eigene

---

57 EuGH, U. v. 14.7.1972, Rs. C-48/69, Slg. 1972, 619 Rn. 64/67 – *ICI*; U. v. 8.7.1999, Rs. C-49/92 P, Slg. 1999, I-4125 Rn. 115 – *Anic Partecipazioni*; U. v. 4.6.2009, Rs. C-8/08, Slg. 2009, I-4529 Rn. 26 – *T-Mobile Netherlands*.
58 EuGH, U. v. 16.12.1975, Rs. 40/73 u. a., Slg. 1975, 1663 Rn. 173/174 – *Suiker Unie*.
59 EuGH, U. v. 28.5.1998, Rs. C-7/95, Slg. 1998, I-3111 Rn. 87 – *John Deere*; U. v. 4.6.2009, Rs. C-8/08, Slg. 2009, I-4529 Rn. 33 – *T-Mobile Netherlands*.
60 EuGH, U. v. 4.6.2009, Rs. C-8/08, Slg. 2009, I-4529 Rn. 33 – *T-Mobile Netherlands*.
61 EuGH, U. v. 4.6.2009, Rs. C-8/08, Slg. 2009, I-4529 Rn. 34 f. – *T-Mobile Netherlands*.
62 EuGH, U. v. 28.5.1998, Rs. C-7/95, Slg. 1998, I-3111 Rn. 86 ff. – *John Deere*; U. v. 4.6.2009, Rs. C-8/08, Slg. 2009, I-4529 Rn. 32 ff. – *T-Mobile Netherlands*.
63 *Roth/Ackermann*, in: Frankfurter Kommentar zum Kartellrecht, Grundfragen des Art. 81 Abs. 1 EG, Rn. 193 ff. m. w. N.
64 EuGH, U. v. 8.7.1999, Rs. C-199/92 P, Slg. 1999, I-4287 Rn. 161 – *Hüls*; U. v. 8.7.1999, Rs. C-49/92 P, Slg. 1999, I-4125 Rn. 118 – *Kommission/Anic*; U. v. 8.7.1999, Rs. C-235/92 P, Slg. 1999, I-4539 Rn. 125 – *Montecatini*.
65 EuGH, U. v. 8.7.1999, Rs. C-49/92 P, Slg. 1999, I-4125 Rn. 121 – *Kommission/Anic*; U. v. 8.7.1999, Rs. C-199/92 P, Slg. 1999, I-4287 Rn. 162 – *Hüls*; EuG v. 20.4.1999, verb. Rs. T-305/94 u. a., Slg. 1999, II-931 Rn. 723 – *Limburgse Vinyl Maatschappij*.
66 *Roth/Ackermann*, in: Frankfurter Kommentar zum Kartellrecht, Grundfragen des Art. 81 Abs. 1 EG, Rn. 195.
67 Vgl. hierzu: BKartA, Algorithmen und Wettbewerb, 2020; ADLC/BKartA, Algorithms and Competition, 2019.

Preissetzung automatisch anzupassen.[68] Gegen das Kartellrecht verstoßen jedenfalls der Einsatz von Algorithmen zur Überwachung kartellrechtswidriger Absprachen, Kontaktaufnahmen zwischen Unternehmen mittels gemeinsam genutzter IT-Systeme und Vereinbarungen zwischen Unternehmen über den Einsatz bestimmter Algorithmen.[69] Die autonome Entscheidung einzelner Unternehmen für individuell gestaltete Algorithmen ähnelt hingegen dem bewussten Parallelverhalten und ist – bei „kartellrechtsneutraler" Programmierung – zulässig.[70]

e) Kartellgehilfen. Die vorstehenden wettbewerbsbeschränkenden Verhaltensweisen können auch von Unternehmen begangen werden, die selbst nicht auf dem betroffenen Markt tätig sind und daher ihr eigenes Marktverhalten nicht mit anderen koordinieren, sondern lediglich ein für sie „fremdes Kartell" aktiv unterstützen.[71] Auch Hilfeleistungen zu einem Kartell, wie z.B. die Organisation und Moderation von Kartelltreffen oder die Überwachung der Durchführung einer Absprache, werden durch die Begriffe „Vereinbarung" und „abgestimmte Verhaltensweise" erfasst. **31**

3. Bezweckte und bewirkte Wettbewerbsbeschränkung

Vereinbarungen, Beschlüsse und abgestimmte Verhaltensweisen sind verboten, wenn sie die Verhinderung, Einschränkung oder Verfälschung des Wettbewerbs bezwecken oder bewirken. **32**

a) Wettbewerbsbeschränkung. Während „Verhinderung" die völlige und „Einschränkung" die teilweise Beseitigung der wettbewerbsrelevanten Handlungsfreiheit der beteiligten Unternehmen bezeichnet, ist die „Verfälschung" ein Oberbegriff, dem bei wettbewerbsbeeinträchtigenden Wirkungen auf Dritte eine eigenständige Bedeutung zukommt.[72] In der Praxis wird eine Unterscheidung der drei Verwirklichungsformen weder als erforderlich noch als sinnvoll angesehen und stattdessen auf den ungeschriebenen Oberbegriff der *Wettbewerbsbeschränkung* zurückgegriffen. Nach der Rechtsprechung des EuGH liegt eine Wettbewerbsbeschränkung vor, wenn Wettbewerbsbedingungen entstehen, die im Hinblick auf die Art der Waren oder erbrachten Dienstleistungen, die Bedeutung und Zahl der beteiligten Unternehmen sowie den Umfang des in Betracht kommenden Marktes nicht den normalen Bedingungen dieses Marktes entsprechen.[73] Solche negativen Abweichungen werden durch Einschränkungen der wettbewerblichen Handlungsfreiheit der an der Maßnahme beteiligten Unternehmen oder Dritter – vor allem der Marktgegenseite – hervorgerufen. **33**

Der Schutz vor Beschränkungen erstreckt sich auf alle Facetten des Wettbewerbs. Besonders schwerwiegend sind Beschränkungen des *horizontalen Wettbewerbs*, der zwischen Unternehmen besteht, die auf demselben sachlich und räumlich relevanten Markt tätig sind. Erfasst werden aber auch Beschränkungen in Vertikalverhältnissen, d.h. zwischen Unternehmen, die auf unterschiedlichen Marktstufen tätig sind, wie z.B. zwischen Lieferanten und Herstellern oder zwischen Herstellern und Händlern.[74] Geschützt wird neben dem aktuellen Wettbewerb auch der – insbesondere auf der Möglichkeit des **34**

---

68 Dabei werden voraussichtlich selbstlernende Algorithmen zukünftig sogar regelmäßig wiederkehrende Neuprogrammierungen entbehrlich machen; vgl. Zimmer, in: Immenga/Mestmäcker, Wettbewerbsrecht, Bd. 1, Art. 101 Abs. 1 AEUV Rn. 75.
69 Zimmer, in: Immenga/Mestmäcker, Wettbewerbsrecht, Bd. 1, Art. 101 Abs. 1 AEUV Rn. 76 f., 93 m.w.N.
70 Zimmer, in: Immenga/Mestmäcker, Wettbewerbsrecht, Bd. 1, Art. 101 Abs. 1 AEUV Rn. 78.
71 EuGH, U. v. 22.10.2015, Rs. C-194/14 P, WuW 2016, 71 Rn. 33 ff. – *AC Treuhand*.
72 *Roth/Ackermann*, in: Jaeger/Kokott/Pohlmann/Schroeder, Frankfurter Kommentar zum Kartellrecht, Grundfragen des Art. 81 Abs. 1 EG, Rn. 234.
73 EuGH, U. v. 28.5.1998, Rs. C-7/95, Slg. 1998, I-3111 Rn. 87 – *John Deere*.
74 EuGH, U. v. 14.3.2013, Rs. C-32/11, WuW/E EU-R 2696 Rn. 43 – *Allianz Hungária*.

Marktzutritts anderer Unternehmen beruhende – potentielle Wettbewerb[75], der Wettbewerb zwischen Anbietern ebenso wie der zwischen (unternehmerisch handelnden) Nachfragern und der Wettbewerb in all seinen Dimensionen: z. B. Preis-, Mengen-, Konditionen-, Qualitäts- und Innovationswettbewerb.[76]

35 **b) Zweck oder Wirkung.** Wenn Vereinbarungen, Beschlüsse oder abgestimmte Verhaltensweisen eine Wettbewerbsbeschränkung *bezwecken*, bedarf es nicht des Nachweises wettbewerbsbeschränkender Wirkungen.[77] Dies gilt für alle Maßnahmen, die ihrem Wesen nach typischerweise für den Wettbewerb schädlich sind, also vor allem für Kernbeschränkungen (z. B. für horizontale Preis-, Mengen- oder Gebietsabsprachen sowie für geographische Marktaufteilungen im Vertikalverhältnis).[78] Ob eine Maßnahme einen wettbewerbswidrigen Zweck verfolgt, bestimmt sich nicht primär nach den subjektiven Vorstellungen der Parteien, sondern es kommt vor allem auf den objektiven Inhalt und die Zielsetzung der Maßnahme sowie ihren rechtlichen und wirtschaftlichen Zusammenhang an.[79] Wesentliches rechtliches Kriterium ist die Feststellung, dass die Maßnahme in sich selbst eine hinreichende Beeinträchtigung des Wettbewerbs erkennen lässt.[80]

36 Wenn eine Maßnahme nach diesem Maßstab keinen wettbewerbsbeschränkenden Zweck verfolgt, ist zu prüfen, ob sie eine Wettbewerbsbeschränkung bewirkt. Eine solche Prüfung kann von den zuständigen Gerichten und Behörden aber auch fakultativ vorgenommen werden, wenn eine bezweckte Wettbewerbsbeschränkung vorliegt: bezweckte und bewirkte Wettbewerbsbeschränkungen schließen sich also nicht wechselseitig aus.[81] Für die Prüfung sind die Auswirkungen der Maßnahme zu untersuchen. Sie wird vom Verbot erfasst, wenn Merkmale vorliegen, aus denen sich insgesamt ergibt, dass der Wettbewerb tatsächlich spürbar verhindert, eingeschränkt oder verfälscht worden ist.[82] Dies erfordert eine *kontrafaktische Analyse der Marktbedingungen*, d. h. einen Vergleich zwischen der aktuellen Wettbewerbssituation (mit Maßnahme) und der hypothetischen Wettbewerbssituation (ohne Maßnahme).[83] Wettbewerbsbeschränkende Wirkungen können sich dabei nicht nur aus den tatsächlichen, sondern auch aus den potentiellen Wirkungen der untersuchten Maßnahme ergeben.[84] Derartige Analysen können eine Marktabgrenzung erfordern (vgl. Rn. 39).

37 **c) Teleologische Einschränkungen.** Da der Begriff der bezweckten oder bewirkten Wettbewerbsbeschränkung somit im Ergebnis sehr weit ausgelegt wird, sind im Laufe der Zeit verschiedene, sich überschneidende Konzepte entwickelt worden, um einer ausufernden Anwendung des Kartellverbots nicht erst auf der Rechtfertigungs-, sondern schon auf der Tatbestandsebene entgegenwirken zu können. Unter dem Aspekt der *notwendigen Nebenabreden* werden wettbewerbsbeschränkende Vereinbarungen, die als Nebenabreden in Zusammenhang mit einer kartellrechtlich neutralen Hauptvereinba-

---

75 EuGH, U. v. 28.2.1991, C-234/89, Slg. 1991, I-935 Rn. 21 – *Delimitis*.
76 *Säcker/Zorn*, in: Münchener Kommentar zum Wettbewerbsrecht, Bd. 1, Art. 101 AEUV Rn. 198.
77 *Kling/Thomas*, Kartellrecht, § 5 Rn. 97.
78 *Kling/Thomas*, Kartellrecht, § 5 Rn. 98 f.
79 EuGH, U. v. 2.4.2020, Rs. C-228/18, NZKart 2020, 246 Rn. 51 – *Budapest Bank*.
80 EuGH, U. v. 26.11.2015, Rs. C-345/14, WuW 2016, 74 Rn. 20 – *Maxima Latvija*; U. v. 2.4.2020, Rs. C-228/18, NZKart 2020, 246 Rn. 37 – *Budapest Bank*.
81 EuGH, U. v. 2.4.2020, Rs. C-228/18, NZKart 2020, 246 Rn. 39 ff. – *Budapest Bank*.
82 EuGH, U. v. 11.9.2014, Rs. C-67/13 P, WuW/E EU-R 3090 Rn. 52 – *CB/Kommission*; U. v. 2.4.2020, Rs. C-228/18, NZKart 2020, 246 Rn. 38 – *Budapest Bank*.
83 *Säcker/Zorn*, in: Münchener Kommentar zum Wettbewerbsrecht, Bd. 1, Art. 101 AEUV Rn. 275 f.; *Zimmer*, in: Immenga/Mestmäcker, Wettbewerbsrecht, Bd. 1, Art. 101 Abs. 1 AEUV Rn. 132 f.; *Roth/Ackermann*, in: Frankfurter Kommentar zum Kartellrecht, Grundfragen des Art. 81 Abs. 1 EG, Rn. 342 f.
84 *Säcker/Zorn*, in: Münchener Kommentar zum Wettbewerbsrecht, Bd. 1, Art. 101 AEUV Rn. 277 f.

rung getroffen werden, um eine Vertragspartei vor der Beeinträchtigung der ihr nach dem Vertrag zustehenden Leistung durch unbeschränkten Wettbewerb der anderen Partei zu schützen, vom Kartellverbot ausgenommen, wenn sie nicht über das zu diesem Zweck objektiv Erforderliche hinausgehen; hierzu zählen z. B. vorübergehende Wettbewerbsverbote in Unternehmensveräußerungsverträgen.[85] Satzungsmäßige Beschränkungen der Mitglieder von Genossenschaften, die objektiv notwendig sind, um das ordnungsgemäße Funktionieren der Genossenschaft sicherzustellen, unterfallen ebenfalls nicht dem Kartellverbot (sog. *Genossenschaftsprivileg*).[86] Unter den Schlagworten „*Immanenztheorie*", „*rule of reason*" oder „*regulatory ancillarity*" werden teleologische Reduktionen des Kartellverbots für weitere Fallgruppen diskutiert; für die kartellrechtliche Bewertung der *Regelwerke von Sportverbänden* haben die Unionsgerichte inzwischen eine solche Rechtsprechungslinie entwickelt.[87]

4. Spürbarkeit der Wettbewerbsbeschränkung

38 Um wirtschaftlich unbedeutende Bagatellfälle von der Anwendung des Kartellverbots auszunehmen, haben die Rechtsprechung des EuGH und die Verwaltungspraxis der Kommission die Spürbarkeit der Wettbewerbsbeschränkung als *ungeschriebenes Tatbestandsmerkmal* entwickelt. Eine bezweckte Wettbewerbsbeschränkung stellt ihrer Natur nach und unabhängig von ihren konkreten Auswirkungen stets eine spürbare Beschränkung des Wettbewerbs dar.[88] Denn bezweckte Wettbewerbsbeschränkungen sind schon wegen ihrer wettbewerbswidrigen Zielrichtung und nicht nur wegen ihrer Marktwirkungen verboten[89] – wobei auch für bezweckte Wettbewerbsbeschränkungen grundsätzlich die Möglichkeit einer Freistellung besteht.[90] Bei bewirkten Wettbewerbsbeschränkungen hängt nach der Rechtsprechung des EuGH die Spürbarkeit vom tatsächlichen Rahmen des wettbewerbsbeschränkenden Verhaltens ab, d. h. es kommt im Rahmen einer Gesamtwürdigung auf Art und Inhalt der Wettbewerbsbeschränkung und die mit ihr verfolgten Ziele sowie auf ihren rechtlichen und wirtschaftlichen Zusammenhang an.[91] Der Marktanteil der beteiligten Unternehmen auf dem relevanten Markt spielt bei der Beurteilung zwar eine wichtige Rolle, ist aber nicht allein ausschlaggebend.[92] Die Kommission erläutert in ihrer *De-minimis-Bekanntmachung*, dass sie bei der Unterschreitung bestimmter Marktanteilsschwellen nicht davon ausgeht, dass Vereinbarungen den Wettbewerb spürbar beschränken.[93] Dabei handelt es sich jedoch nicht um eine materielle Definition des Spürbarkeitskriteriums, sondern um eine Konkretisierung der formellen Aufgreifschwelle, bei deren Unterschreitung die Kommission ihr Aufgreifermessen dahingehend ausüben wird, dass sie auf die Einleitung eines Verfahrens verzichtet.[94]

5. Relevanter Markt

39 In manchen Fällen ist die Feststellung einer Wettbewerbsbeschränkung ohne genaue Marktabgrenzung möglich.[95] In anderen Fällen lassen sich die Auswirkungen eines Ver-

---

85 *Ackermann*, Art. 85 Abs. 1 EGV und die rule of reason, 1997, S. 50 f.; *Breuer*, Das EU-Kartellrecht im Kraftfeld der Unionsziele, 2013, S. 625 ff.; *Kling/Thomas*, Kartellrecht, § 5 Rn. 228 f.
86 EuGH, U. v. 15.12.1994, Rs. C-250/92, Slg. 1994, I-5641 Rn. 35 – *DLG*. Vgl. *Breuer*, Das EU-Kartellrecht im Kraftfeld der Unionsziele, 2013, S. 630 ff.; *Kling/Thomas*, Kartellrecht, § 5 Rn. 230.
87 EuGH, U. v. 18.7.2006, Rs. C-519/04, Slg. 2006, I-6991 Rn. 47 f. – *Meca-Medina*.
88 EuGH, U. v. 13.12.2012, Rs. C-226/11, WuW/E DE-R 2638 Rn. 37 – *Expedia*.
89 *Säcker/Zorn*, in: Münchener Kommentar zum Wettbewerbsrecht, Bd. 1, Art. 101 AEUV Rn. 291 m. w. N.
90 *Wagner-von Papp*, in: Münchener Kommentar zum Wettbewerbsrecht, Bd. 1, Art. 101 AEUV Rn. 305.
91 EuGH, U. v. 13.12.2012, Rs. C-226/11, WuW/E DE-R 2638 Rn. 21 – *Expedia*.
92 *Hengst*, in: Langen/Bunte, Kartellrecht, Bd. 2, Art. 101 AEUV Rn. 262 ff.
93 Bekanntmachung der Kommission, ABl. C 291/1 v. 30.8.2014.
94 *Säcker/Zorn*, in: Münchener Kommentar zum Wettbewerbsrecht, Bd. 1, Art. 101 AEUV Rn. 295; *Hengst*, in: Langen/Bunte, Kartellrecht, Bd. 2, Art. 101 AEUV Rn. 260.
95 EuG, U. v. 19.3.2003, Rs. T-213/00, Slg. 2003, II-913 Rn. 206 – *CMA CGM*; *Hengst*, in: Langen/Bunte, Kartellrecht, Bd. 2, Art. 101 AEUV Rn. 273.

haltens auf den Wettbewerb nur erfassen, indem die Wettbewerbskräfte ermittelt werden, denen sich die beteiligten Unternehmen gegenübersehen. Dies erfordert eine Abgrenzung des in sachlicher, räumlicher und in seltenen Fällen auch zeitlicher Hinsicht relevanten Marktes. Der *sachlich relevante Markt* ist aus der Sicht der Nachfrager nach dem *Bedarfsmarktkonzept* zu bestimmen. Er umfasst demnach alle Waren oder Dienstleistungen, die vom Verbraucher aufgrund ihrer Eigenschaften, Preise und ihres Verwendungszwecks als austauschbar oder substituierbar angesehen werden.[96] Um diese Zusammenhänge zu erfassen, kann u. a. auf ökonometrische Analysen wie die Ermittlung der Kreuzpreiselastizität durch den SSNIP-Test („*S*mall but *S*ignificant *N*on-transitory *I*ncrease in *P*rice") zurückgegriffen werden.[97] Durch diesen Test wird untersucht, in welchem Maße eine unterstellte geringe, aber dauerhafte Erhöhung der Preise für ein Produkt (um etwa 5–10 %), die einheitlich von allen Anbietern vorgenommen wird, die Abnehmer des Produktes dazu bewegen würde, auf ein anderes Produkt (das Substitut) auszuweichen. Ist diese Wechselbereitschaft hoch, spricht viel dafür, dass beide Produkte zum gleichen sachlichen Markt gehören. Der *räumlich relevante Markt* ist das Gebiet, in dem die beteiligten Unternehmen die betreffenden Waren oder Dienstleistungen anbieten, und das sich durch hinreichend homogene Wettbewerbsbedingungen gegenüber benachbarten Gebieten abgrenzen lässt.[98]

6. Beeinträchtigung des Handels zwischen den Mitgliedstaaten

40 Die Zwischenstaatlichkeitsklausel dient der Regelung des Verhältnisses zwischen europäischem und nationalem Kartellrecht (vgl. Rn. 11 ff.). Im Jahr 2004 hat die Europäische Kommission, gestützt auf die Rechtsprechung der Unionsgerichte, Leitlinien zur Auslegung des Begriffs der Beeinträchtigung des zwischenstaatlichen Handels veröffentlicht.[99] Der Begriff des „Handels" ist demnach nicht auf den Austausch von Waren beschränkt, sondern umfasst alle Formen wirtschaftlicher Tätigkeiten.[100] Für eine spürbare Beeinträchtigung genügt, dass „sich anhand einer Gesamtheit objektiver, rechtlicher oder tatsächlicher Umstände mit hinreichender Wahrscheinlichkeit voraussehen lässt, dass die Vereinbarung unmittelbar oder mittelbar, tatsächlich oder der Möglichkeit nach, den Handel zwischen Mitgliedstaaten beeinflussen kann".[101] Diese *prognostische Gesamtbetrachtung* verlangt nicht, dass sich die Vereinbarung auf das Gebiet mehrerer Mitgliedstaaten bezieht. Eine Beeinflussung des grenzüberschreitenden Handels kann sich auch aus der Abschottung eines nationalen Marktes ergeben; so wird durch kartellbedingte Preiserhöhungen im gesamten Gebiet eines Mitgliedstaats regelmäßig die Wettbewerbsfähigkeit von Ausfuhrverkäufen in andere Mitgliedstaaten verringert werden.[102] Auch wenn sich eine Vereinbarung nur auf einen Teil eines Mitgliedstaates bezieht, kann sie einen Abschottungseffekt bewirken, beispielsweise wenn sie einen erheblichen Teil der relevanten Umsätze mit der betroffenen Ware im Mitgliedstaat erfasst oder sich aus sonstigen Gründen auf den grenzüberschreitenden Handel mit Waren oder Dienstleis-

---

96 Bekanntmachung der Kommission über die Definition des relevanten Marktes im Sinne des Wettbewerbsrechts der Gemeinschaft, ABl. EG 1997 Nr. C 372/5, Rn. 7.
97 Näher dazu: *Wingerter*, WuW 2016, 357; *Kruse/Maturana*, NZKart 2021, 449.
98 Bekanntmachung der Kommission über die Definition des relevanten Marktes im Sinne des Wettbewerbsrechts der Gemeinschaft, ABl. EG 1997 Nr. C 372/5, Rn. 8.
99 Kommission, Leitlinien über den Begriff der Beeinträchtigung des zwischenstaatlichen Handels, ABl. EU 2004 Nr. C 101/81 v. 27.4.2004.
100 Kommission, Leitlinien über den Begriff der Beeinträchtigung des zwischenstaatlichen Handels, ABl. EU 2004 Nr. C 101/81 v. 27.4.2004, Rn. 19 m. w. N.
101 St. Rspr. seit EuGH, U. v. 30.6.1966, Rs. 56/65, Slg. 1966, 281 (303) – *Maschinenbau Ulm*.
102 Kommission, Leitlinien über den Begriff der Beeinträchtigung des zwischenstaatlichen Handels, ABl. EU 2004 Nr. C 101/81 v. 27.4.2004, Rn. 37.

II. Normative Ausgestaltung: Das Kartellverbot des Art. 101 AEUV   **41, 42**

tungen auswirken kann (insbesondere bei Infrastruktureinrichtungen wie z. B. Häfen oder Flughäfen).[103]

7. Ausnahme vom Kartellverbot gemäß Art. 101 Abs. 3 AEUV

Wenn die Voraussetzungen des Art. 101 Abs. 3 AEUV vorliegen, findet das Kartellverbot des Art. 101 Abs. 1 AEUV keine Anwendung. Obwohl im Wortlaut („können für nicht anwendbar erklärt werden") noch das ursprüngliche Verständnis des Art. 101 AEUV als Verbot mit Erlaubnisvorbehalt (durch Einzel- oder Gruppenfreistellungen) anklingt, ist Art. 101 Abs. 3 AEUV seit 2004 unmittelbar anwendbar, d. h. es handelt sich um eine *Legalausnahme*.[104] Alle Vereinbarungen, Beschlüsse oder abgestimmten Verhaltensweisen sind vom Kartellverbot freigestellt, wenn sie zwei positive und zwei negative Voraussetzungen kumulativ erfüllen: Sie müssen erstens zur Verbesserung der Warenerzeugung und -verteilung oder zur Förderung des technischen oder wirtschaftlichen Fortschritts beitragen, d. h. zu Effizienzgewinnen führen, und zweitens die Verbraucher an dem dadurch entstehenden Gewinn angemessen beteiligen; sie dürfen dabei aber drittens nicht über das für die Verwirklichung dieser Ziele Unerlässliche hinausgehen und viertens auch nicht den beteiligten Unternehmen Möglichkeiten zur Ausschaltung des Wettbewerbs eröffnen.   **41**

Effizienzgewinne können sich z. B. dadurch ergeben, dass Kooperationen Kosteneinsparungen bei der Produktion von Gütern, die Herstellung neuer oder technisch verbesserter Produkte oder die Verbesserung von Produktionstechniken durch technische Innovationen ermöglichen.[105] Solche Effizienzgewinne müssen von den beteiligten Unternehmen an die Verbraucher, d. h. die Abnehmer der Produkte, weitergegeben werden; dies kann z. B. durch Preissenkungen oder Qualitätsverbesserungen geschehen.[106] Angemessen ist die Verbraucherbeteiligung, wenn aus der Sicht der Verbraucher die positiven Wirkungen die negativen Wirkungen mindestens ausgleichen.[107] Kernbeschränkungen wie horizontale Preis-, Mengen- oder Gebietsabsprachen sind für die Verbraucher regelmäßig schädlich, weil sie für die betroffenen Produkte höhere Preise zahlen müssen, ohne dass sie von qualitativen Vorteilen profitieren können. Für derartige Absprachen ist eine Ausnahme nach Art. 101 Abs. 3 AEUV daher ausgeschlossen. Das Kriterium der Unerlässlichkeit ist eine Ausprägung des Verhältnismäßigkeitsgrundsatzes: Wenn sich die Effizienzgewinne auch mit weniger weitreichenden Eingriffen in den Wettbewerb erzielen ließen, ist das Kriterium nicht erfüllt.[108] Eine zweite – äußerste – Grenze für Ausnahmen vom Kartellverbot zieht Art. 101 Abs. 3 AEUV durch die Vorgabe, dass trotz der Kooperation auf dem relevanten Markt noch ein hinreichender Grad an Wettbewerb verbleiben muss. Der Wettbewerb darf keinesfalls so weit geschwächt werden, dass ihm die Kraft fehlt, die Handlungsmöglichkeiten der Unternehmen gegenüber ihren Abnehmern zu begrenzen und die Unternehmen dadurch zu disziplinieren; insoweit sind u. a. die Marktanteile der kooperierenden Unternehmen in den Blick zu nehmen.[109]   **42**

---

103   Kommission, Leitlinien über den Begriff der Beeinträchtigung des zwischenstaatlichen Handels, ABl. EU 2004 Nr. C 101/81 v. 27.4.2004, Rn. 89 f.
104   Vgl. Art. 1 der Verordnung (EG) Nr. 1/2003, ABl. EG 2003 Nr. L 1/1 v. 4.1.2003. Zum früheren Freistellungssystem vgl. Art. 4 ff. der Verordnung (EWG) Nr. 17, ABl. EG 1962 Nr. L 13/204 v. 21.2.1962.
105   Vgl. z. B.: Kommission, Leitlinien zu Vereinbarungen über horizontale Zusammenarbeit, ABl. EU 2011 Nr. C 11/1 Rn. 183.
106   Vgl. z. B. Kommission, Leitlinien zu Vereinbarungen über horizontale Zusammenarbeit, ABl. EU 2011 Nr. C 11/1 Rn. 185.
107   Kommission, Leitlinien zu Vereinbarungen über horizontale Zusammenarbeit, ABl. EU 2011 Nr. C 11/1 Rn. 49.
108   *Ellger*, in: Immenga/Mestmäcker, Wettbewerbsrecht, Bd. 1, Art. 101 Abs. 3 AEUV Rn. 261 ff.
109   *Ellger*, in: Immenga/Mestmäcker, Wettbewerbsrecht, Bd. 1, Art. 101 Abs. 3 AEUV Rn. 288 ff.

43 Als Ausnahmevorschrift ist Art. 101 Abs. 3 AEUV grundsätzlich eng auszulegen.[110] Zudem obliegt die Beweislast für das Vorliegen der Voraussetzungen den Unternehmen oder Unternehmensvereinigungen, die sich auf diese Bestimmung berufen, Art. 2 S. 2 VO 1/2003. Diese „*Selbstveranlagung*" muss von Unternehmen sorgfältig durchgeführt werden. Denn Rechtsirrtümer über die kartellrechtliche Zulässigkeit einer unternehmerischen Verhaltensweise stehen ihrer Sanktionierung nicht entgegen.[111] Daraus ergibt sich die große praktische Bedeutung der von der Europäischen Kommission erlassenen Gruppenfreistellungsverordnungen, in denen für bestimmte Arten von Vereinbarungen genauer definiert wird, unter welchen Bedingungen sie mit dem Kartellverbot vereinbar sind.[112]

8. Folgen eines Verstoßes gegen das Kartellverbot

44 Verstoßen Vereinbarungen oder Beschlüsse gegen das Kartellverbot, sind die betreffenden Klauseln nach Art. 101 Abs. 2 AEUV *nichtig*. Die Nichtigkeit ist absolut, d. h. sie wirkt ex tunc für und gegen jedermann.[113] Zu den *kartellzivilrechtlichen* Konsequenzen gehören weiterhin Unterlassungs-, Beseitigungs- und Schadensersatzansprüche. Diese sind im nationalen Recht normiert; in Deutschland ist die insoweit maßgebliche Vorschrift § 33 Abs. 1 und 3 GWB.[114] Hinzu kommen *kartellverwaltungsrechtliche* Eingriffsmöglichkeiten: So können u. a. die Europäische Kommission und die nationalen Kartellbehörden die beteiligten Unternehmen verpflichten, festgestellte Zuwiderhandlungen abzustellen, Art. 7 Abs. 1 VO 1/2003 bzw. § 32 Abs. 1 GWB.[115] Die größte Abschreckungswirkung ergibt sich jedoch aus dem *Kartellbußgeldrecht*, Art. 23 und 24 VO 1/2003 bzw. § 81 Abs. 1 Nr. 1 GWB. Gegenüber kartellbeteiligten Unternehmen können Bußgelder in Höhe von bis zu 10 % des im vorausgegangenen Geschäftsjahr erzielten (konzernweiten) Gesamtumsatzes festgesetzt werden, Art. 23 Abs. 2 VO 1/2003 bzw. § 81c Abs. 2 GWB.[116] Großen Konzernen drohen für Kartellverstöße somit Geldbußen in Milliardenhöhe. Für die Bemessung innerhalb dieses sehr weiten Bußgeldrahmens haben die Kartellbehörden (nur sie selbst, nicht die Gerichte bindende) *Bußgeldleitlinien* erlassen.[117] Tragen Unternehmen durch freiwillige Kooperation zur Aufdeckung von Kartellabsprachen bei, können sie von einem *Kronzeugenprogramm* (Leniency-Bekanntmachung der Kommission[118] bzw. Leitlinien zum Kronzeugenprogramm des Bundeskartellamtes[119]) profitieren. Sie können dadurch erreichen, dass ihr Bußgeld herabgesetzt wird oder eine Bußgeldfestsetzung sogar ganz unterbleibt; letzteres ist allerdings nur für das Unternehmen möglich, das als erstes Kartellmitglied den Verstoß bei der Kartellbehörde meldet.[120]

---

110 *Ellger*, in: Immenga/Mestmäcker, Wettbewerbsrecht, Bd. 1, Art. 101 Abs. 3 AEUV Rn. 54 f.
111 EuGH, U. v. 18.6.2013, C-681/11, WuW/E EU-R 2754 Rn. 37 f. – *Schenker*.
112 Vgl.: VO (EU) Nr. 2022/720, ABl. EU 2022, Nr. L 134/4 v. 10.5.2022 für Vertikalvereinbarungen, VO (EU) Nr. 461/2010, ABl. EU Nr. L 129/52 v. 27.5.2010 für vertikale Vereinbarungen im Kraftfahrzeugsektor, VO (EU) Nr. 1217/2010, Abl. EU 2010 Nr. L 335/10 v. 14.12.2010 für Forschungs- und Entwicklungsvereinbarungen, VO (EU) Nr. 1218/2010, Abl. EU 2010 Nr. L 335/43 v. 14.12.2010 für Spezialisierungsvereinbarungen, VO (EU) Nr. 316/2014, Abl. EU 2014 Nr. L 93/17 v. 21.3.2014 für Technologietransfer-Vereinbarungen. Darüber hinaus bestehen mehrere Verordnungen für den Bereich des Verkehrssektors.
113 EuGH, U. v. 20.9.2001, Rs. C-453/99, Slg. 2001, I-6297 Rn. 22 – *Courage/Crehan*; *Kling/Thomas*, Kartellrecht, § 5 Rn. 437 ff.
114 Näher dazu: *Kling/Thomas*, Kartellrecht, § 9 Rn. 35 ff. und § 23 Rn. 36 ff.
115 Näher dazu: *Kling/Thomas*, Kartellrecht, § 9 Rn. 2 ff. und § 23 Rn. 2 ff.
116 Näher dazu: Kling/Thomas, Kartellrecht, § 9 Rn. 59 ff. und § 23 Rn. 112 ff.
117 Leitlinien für das Verfahren zur Festsetzung von Geldbußen gemäß Artikel 23 Absatz 2 Buchstabe a) der Verordnung (EG) Nr. 1/2003, ABl. EU 2006 Nr. C 210/2.
118 Mitteilung der Kommission über den Erlass und die Ermäßigung von Geldbußen in Kartellsachen, ABl. EU 2006 Nr. C 298/17.
119 Bundeskartellamt, Bekanntmachung Nr. 14/2021 „Leitlinien zum Kronzeugenprogramm" v. 23.8.2021, BAnz AT 14.9.2021 B4.
120 Vgl. Abschnitt II. A. der Leniency-Bekanntmachung, ABl. EU 2006 Nr. C 298/17 bzw. Abschnitt B. der Leitlinien zum Kronzeugenprogramm des BKartA v. 23.8.2021, BAnz AT 14.9.2021 B4.

III. Normative Ausgestaltung: Das Missbrauchsverbot des Art. 102 AEUV

Funktionierender Wettbewerb erfordert eine hinreichend große Zahl miteinander konkurrierender Marktteilnehmer (vgl. Rn. 5 ff.). Wird der Markt von einem oder wenigen Unternehmen gemeinsam beherrscht, vermag auch das autonome Verhalten dieser Unternehmen nicht, effiziente Faktorallokationen und größtmögliche Verbraucherwohlfahrt zu gewährleisten. Deshalb wird das Kartellverbot durch das Missbrauchsverbot des Art. 102 AEUV ergänzt. Art. 102 AEUV verbietet Unternehmen die missbräuchliche Ausnutzung einer marktbeherrschenden Stellung, soweit dadurch der Handel zwischen den Mitgliedstaaten beeinträchtigt wird. Die Vorschrift richtet sich also nicht gegen den Erwerb oder die Innehabung der marktbeherrschenden Stellung als solche und enthält dementsprechend keine Regelung über die Zerschlagung marktmächtiger Unternehmen („Entflechtung").[121] Vielmehr wird marktbeherrschenden Unternehmen eine besondere Verantwortung dafür auferlegt, dass der verbleibende Wettbewerb nicht noch weiter beeinträchtigt wird. Zu diesem Zweck werden ihrem autonomen Marktverhalten engere Grenzen gesetzt als anderen Unternehmen.[122]

45

Kartellverbot und Missbrauchsverbot streben somit das gleiche Ziel, nämlich die Aufrechterhaltung eines wirksamen Wettbewerbs im Binnenmarkt, auf verschiedenen Ebenen an.[123] Als komplementäre Verbote stehen sie in Idealkonkurrenz zueinander, d. h. ein Verhalten kann gleichzeitig gegen beide Vorschriften verstoßen.[124] Auch wenn ein Verhalten die Voraussetzungen des Art. 101 Abs. 3 AEUV erfüllt und daher vom Kartellverbot freigestellt ist, hat dies nicht zur Folge, dass das Verhalten vom Missbrauchsverbot des Art. 102 AEUV ausgenommen ist.[125]

46

1. Unternehmen

Art. 102 AEUV verbietet den Missbrauch marktbeherrschender Stellungen „durch ein oder mehrere Unternehmen". Der *Unternehmensbegriff* entspricht dem in Art. 101 AEUV (vgl. hierzu die obige Darstellung in Rn. 17 ff.). Durch den Zusatz „mehrere" wird klargestellt, dass auch die *oligopolistische Marktbeherrschung* erfasst wird (vgl. Rn. 51).

47

2. Marktbeherrschende Stellung

Der Kreis der Normadressaten ist jedoch beschränkt auf diejenigen Unternehmen, die auf dem Binnenmarkt oder einem wesentlichen Teil davon eine beherrschende Stellung innehaben. Der Begriff der Marktbeherrschung wird im AEUV nicht definiert. Er ist in der Praxis der Kommission und der Unionsgerichte schrittweise entwickelt worden.[126]

48

a) **Marktabgrenzung.** Ausgangspunkt der Prüfung ist die Abgrenzung des in sachlicher, räumlicher und zeitlicher Hinsicht relevanten Marktes. Diese folgt denselben Grundsätzen (Bedarfsmarktkonzept) wie die Marktabgrenzung im Rahmen des Art. 101 AEUV (vgl. Rn. 39); ihr kommt in der Missbrauchskontrolle aber eine praktisch wesentlich größere Bedeutung zu.

49

b) **Beherrschende Stellung.** Auf dem so abgegrenzten Markt kann ein Unternehmen alleine eine beherrschende Stellung innehaben (*Einzelmarktbeherrschung*). Nach heutigem Verständnis ist damit „die wirtschaftliche Machtstellung eines Unternehmens gemeint, die dieses in die Lage versetzt, die Aufrechterhaltung eines wirksamen Wettbe-

50

---

121 *Kling/Thomas*, Kartellrecht, § 6 Rn. 5. Zur abweichenden Rechtslage im US-amerikanischen Kartellrecht vgl. *Nettesheim/Thomas*, Entflechtung im deutschen Kartellrecht, 2011, S. 21 ff.
122 *Kling/Thomas*, Kartellrecht, § 6 Rn. 6.
123 EuGH, U. v. 21.2.1973, Rs. 6/72, Slg. 1973, 215 Rn. 25 – *Continental Can*.
124 EuGH, U. v. 13.2.1979, Rs. C-85/76, Slg. 1979, 461 Rn. 116 – *Hoffmann-La Roche*.
125 EuG, U. v. 10.7.1990, Rs. T-51/89, Slg. 1990, II-347 Rn. 25 ff. – *Tetra Pak I*.
126 *Bulst*, in: Langen/Bunte, Kartellrecht, Bd. 2, Art. 102 Rn. 33 m. w. N.

werbs auf dem relevanten Markt zu verhindern, indem sie ihm die Möglichkeit verschafft, sich seinen Wettbewerbern, seinen Abnehmern und schließlich den Verbrauchern gegenüber in einem nennenswerten Umfang unabhängig zu verhalten".[127] Die beiden damit angesprochenen Kriterien der Fähigkeit zur Behinderung von Wettbewerbern und der Fähigkeit, das eigene Marktverhalten frei von Wettbewerbszwängen gestalten zu können, sind als Ausprägungen desselben Phänomens in der Regel zwei Seiten einer Medaille.[128] Eine marktbeherrschende Stellung kann sich aus den rechtlichen Rahmenbedingungen[129] ebenso wie aus den tatsächlichen Umständen ergeben. Der *Marktanteil* des betreffenden Unternehmens ist insoweit das wichtigste – wenn auch nicht das einzige – Kriterium.[130] Marktanteile von 50 % oder mehr belegen – sofern keine außergewöhnlichen Umstände vorliegen – ohne Weiteres Marktbeherrschung.[131] Marktanteile von 40 % bis 50 % können ebenfalls auf Marktbeherrschung hinweisen, wobei insoweit „die Stärke und Anzahl der Wettbewerber, das Vorhandensein von Kapazitätsengpässen oder das Ausmaß, in dem die Produkte der fusionierenden Unternehmen nahe Substitute sind" als ergänzende Kriterien heranzuziehen sind.[132] Gleiches gilt im Grundsatz für Marktanteile von 25 % bis 40 %; jedoch sind an die ergänzenden Kriterien umso höhere Anforderungen zu stellen, je weiter die Schwelle von 40 % unterschritten wird.[133] Ist der Marktanteil kleiner als 25 %, können nur außergewöhnliche Umstände eine marktbeherrschende Stellung begründen.[134] Neben Marktanteilen sind auch das Bestehen von *Marktzutrittsschranken* (zur Erfassung potenziellen Wettbewerbs) und von *Nachfragemacht* (als Gegengewicht zur Machtstellung auf Anbieterseite) wichtige Kriterien für die Entscheidung, ob eine marktbeherrschende Stellung vorliegt.

51 Auch Unternehmen auf *Nachfragerseite* können marktbeherrschend sein, wie das Verbot der Erzwingung unangemessener Einkaufspreise in Art. 102 S. 2 lit. a AEUV zeigt. Diese Fallgruppe spielt in der Praxis der Kommission und der Unionsgerichte jedoch nur eine sehr geringe Rolle.[135] Von erheblich größerer Bedeutung ist dagegen die Möglichkeit, dass mehrere Unternehmen gemeinsam, d. h. als Oligopol, den Markt beherrschen (*kollektive Marktbeherrschung*). Dies setzt voraus, dass eine Gruppe von Unternehmen sich keinem wirksamen *Außenwettbewerb* gegenübersieht und zwischen den Unternehmen kein wirksamer *Innenwettbewerb* besteht, sodass sie auf dem Markt einheitlich auftreten können. In Betracht kommen z. B. wechselseitige Kapitalbeteiligungen (ohne dass die Unternehmen dadurch zu einer wirtschaftlichen Einheit verbunden wären), personelle Verflechtungen auf der Führungsebene, familiäre Verbindungen, strategische Allianzen oder wirtschaftliche Verbindungen durch Kooperationen.[136]

---

127 St. Rspr. seit: EuGH, U. v. 14.2.1978, Rs. 27/76, Slg. 1978, 207 Rn. 65 – *United Brands*.
128 *Jung*, in: Grabitz/Hilf/Nettesheim, Das Recht der Europäischen Union, 78. EL Januar 2023, AEUV Art. 102 Rn. 63 ff.; *Eilmansberger/Bien*, in: Münchener Kommentar zum Wettbewerbsrecht, Bd. 1, Art. 102 AEUV Rn. 198 f.
129 EuG, U. v. 21.10.1997, Rs. T-229/94, Slg. 1997, II-1689 Rn. 57 – *Deutsche Bahn*.
130 EuGH, U. v. 13.2.1979, Rs. C-85/76, Slg. 1979, 461 Rn. 41 – *Hoffmann-La Roche*.
131 EuGH, U. v. 3.7.1991, Rs. C-62/86, Slg. 1991, I-3439 Rn. 60 – *AKZO*.
132 Kommission, Leitlinien zur Bewertung horizontaler Zusammenschlüsse gemäß der Ratsverordnung über die Kontrolle von Unternehmenszusammenschlüssen, ABl. EU 2004 Nr. C 31/5 Rn. 17.
133 Kommission, Leitlinien zur Bewertung horizontaler Zusammenschlüsse gemäß der Ratsverordnung über die Kontrolle von Unternehmenszusammenschlüssen, ABl. EU 2004 Nr. C 31/5 Rn. 17 f.
134 Kommission, Leitlinien zur Bewertung horizontaler Zusammenschlüsse gemäß der Ratsverordnung über die Kontrolle von Unternehmenszusammenschlüssen, ABl. EU 2004 Nr. C 31/5 Rn. 18.
135 EuGH, U. v. 28.3.1985, Rs. C-298/83, Slg. 1985 1115 Rn. 22 – *C. I. C. C. E.*
136 *Eilmansberger/Bien*, in: Münchener Kommentar zum Wettbewerbsrecht, Bd. 1, Art. 102 AEUV Rn. 209 ff. m. w. N.

3. Missbräuchliche Ausnutzung

Die missbräuchliche Ausnutzung ist ein *objektiver Begriff*, durch den diejenigen Verhaltensweisen eines marktbeherrschenden Unternehmens erfasst werden, welche die *Struktur eines Marktes*, auf dem der Wettbewerb wegen der Anwesenheit dieses Unternehmens bereits geschwächt ist, beeinflussen können und die Aufrechterhaltung oder Entwicklung des auf diesem Markt noch bestehenden Restwettbewerbs durch die Verwendung von Mitteln *behindern*, die von den Mitteln eines normalen Produkt- oder Dienstleistungswettbewerb auf der Grundlage der Leistungen der Wirtschaftsteilnehmer, d. h. den Mitteln des sogenannten *Leistungswettbewerbs*, abweichen.[137] Eine Absicht des Marktbeherrschers, auf den Wettbewerb nachteilig einzuwirken, ist nicht erforderlich, ihr Vorliegen kann jedoch den Nachweis der Missbräuchlichkeit vereinfachen.[138] Missbräuchliche Verhaltensweisen lassen sich in die Fallgruppen des Ausbeutungs-, Behinderungs- und Marktstrukturmissbrauchs unterteilen; die nicht abschließenden *Regelbeispiele* des Art. 102 S. 2 AEUV benennen einige der bedeutsamsten Formen des Missbrauchs von Marktmacht. **52**

Der *Ausbeutungsmissbrauch* (vgl. Art. 102 S. 2 lit. a AEUV) erfasst die Ausbeutung („Ausplünderung") von Handelspartnern, d. h. Abnehmern oder Lieferanten, durch das Erzwingen unangemessener Preise oder Geschäftsbedingungen.[139] Ob ein Preis *unangemessen* ist, richtet sich danach, ob er außer Verhältnis zu dem wirtschaftlichen Wert des Produkts steht – der ist jedoch nur schwer zu ermitteln; hierzu werden die Methode der Gewinnspannenbegrenzung, das Konkurrenzpreiskonzept und das Vergleichsmarktkonzept verwendet.[140] **53**

Als *Behinderungsmissbrauch* werden Verhaltensweisen des marktbeherrschenden Unternehmens bezeichnet, die sich unter Einsatz leistungsfremder Mittel gegen Konkurrenten auf dem beherrschten Markt oder auf benachbarten Märkten richten, um so den dort noch bestehenden Restwettbewerb weiter zu schwächen.[141] Bei der Beurteilung der Frage, ob die vom marktbeherrschenden Unternehmen eingesetzten Mittel von denen eines normalen Produkt- oder Dienstleistungswettbewerbs abweichen und damit „leistungsfremd"[142] sind, sind alle relevanten Umstände des Einzelfalls einschließlich der Vereinbarkeit oder Unvereinbarkeit der eingesetzten Mittel mit anderen rechtlichen Bestimmungen (wie z. B. des Datenschutzrechts) zu berücksichtigen.[143] Die Kategorie des Behinderungsmissbrauchs ist praktisch sehr bedeutsam und umfasst viele Fallgruppen, z. B.: *Ausschließlichkeitsbindungen*, die Vertragspartner zwingen, Produkte ausschließlich vom marktbeherrschenden Unternehmen zu beziehen, oder sie beim weiteren Vertrieb bzw. der Verwendung der Produkte einschränken; *Koppelungsgeschäfte*, bei denen der Bezug eines Gutes ohne sachliche Rechtfertigung mit dem Bezug eines anderen Gutes zwingend verknüpft wird; gezielte *„Kampfpreisstrategien"* (*„predatory pricing"*), mit denen der Marktbeherrscher aktuelle Wettbewerber zum Ausscheiden aus dem Markt zwingen oder potenzielle Wettbewerber vom Markteintritt abhalten will, um dort langfristig **54**

---

137 EuGH, U. v. 13.2.1979, Rs. C-85/76, Slg. 1979, 461 Rn. 91 – *Hoffmann-La Roche*.
138 *Kling/Thomas*, Kartellrecht, § 6 Rn. 81.
139 *Kling/Thomas*, Kartellrecht, § 6 Rn. 97.
140 Für eine nähere Darstellung dieser Konzepte vgl. *Kuhn*, WuW 2006, 578.
141 *Fuchs*, in: Immenga/Mestmäcker, Wettbewerbsrecht, Bd. 1, Art. 102 AEUV Rn. 199 ff.
142 Der mit dem Begriff des „Leistungswettbewerbs" verbundene Erkenntnisgewinn für die Unterscheidung zulässiger und unzulässiger Verhaltensweisen marktbeherrschender Unternehmen ist umstritten. Ausgehend davon, dass schon die Existenz des marktbeherrschenden Unternehmens dessen Wettbewerbern ein erfolgreiches Agieren erschwert, sollen im Ergebnis deren Erfolgsaussichten vom Marktbeherrscher nicht noch durch die Errichtung vermeidbarer, sachlich nicht gerechtfertigter Hindernisse erschwert werden. Vgl. hierzu jeweils m.w.Nw.: *Kling/Thomas*, Kartellrecht, § 6 Rn. 87 ff.; *Fuchs*, in: Immenga/Mestmäcker, Wettbewerbsrecht, Bd. 1, Art. 102 AEUV Rn. 201 ff.
143 EuGH, U. v. 4.7.2023, Rs. C-252/21, Rn. 47 f. – *Meta Platforms*.

höhere Preise durchsetzen zu können; der Einsatz von *Rabattsystemen*, die sich faktisch als Ausschließlichkeitsbindungen, Koppelungsgeschäfte oder Kampfpreise auswirken; ungerechtfertigte *Geschäftsverweigerungen*, insbesondere durch den Abbruch bestehender Geschäftsbeziehungen oder durch die Verweigerung des Zugangs zu wesentlichen Einrichtungen („*essential facilities*"), die für den Zugang zu nachgelagerten Märkten unentbehrlich sind; *Diskriminierung von Handelspartnern* durch Forderung unterschiedlicher Preise oder Konditionen für gleichwertige Leistungen, wenn dadurch die Wettbewerbsbeziehung zwischen den Handelspartnern verfälscht wird; die Anwendung von *Kosten-Preis-Scheren*, d. h. einer Preisstrategie, die sich dadurch auszeichnet, dass der vertikal integrierte Marktbeherrscher den Preis des Vorprodukts so weit anhebt, dass seine (auf den Bezug dieses Vorprodukts angewiesenen) Wettbewerber auf dem nachgelagerten Markt wegen der gestiegenen Kosten des Vorprodukts nicht mehr wettbewerbsfähig sind.[144]

55 Die dritte Kategorie des *Marktstrukturmissbrauchs* bezieht sich auf direkte Veränderungen der Marktstruktur, die das marktbeherrschende Unternehmen v. a. durch Unternehmenszusammenschlüsse bewirken kann.[145] Nachdem mit Einführung der *Fusionskontrollverordnung*[146] eine eigenständige normative Grundlage für die Fusionskontrolle geschaffen worden ist (vgl. hierzu die Darstellung in § 10), hat die direkte Anwendung des Art. 102 AEUV auf Unternehmenszusammenschlüsse jedoch kaum noch praktische Bedeutung.[147]

4. Beeinträchtigung des Handels zwischen den Mitgliedstaaten

56 Die Zwischenstaatlichkeitsklauseln in Art. 101 AEUV und Art. 102 AEUV sind trotz geringfügiger sprachlicher Unterschiede im Wesentlichen übereinstimmend auszulegen, sodass insoweit auf die Ausführungen zu Art. 101 AEUV verwiesen werden kann (Rn. 40).

5. Folgen eines Verstoßes gegen das Missbrauchsverbot

57 Im Unterschied zu Art. 101 Abs. 2 AEUV enthält Art. 102 AEUV keine generelle Nichtigkeitsfolge. Als unmittelbar geltendes Verbot führt Art. 102 AEUV jedoch nach mitgliedstaatlichem Zivilrecht (in Deutschland: §§ 134, 139 BGB) in der Regel zur *Nichtigkeit* von Rechtsgeschäften, durch die ein Missbrauch von Marktmacht bewirkt wird, wobei diese Regel aufgrund der unterschiedlichen Interessenlagen in den verschiedenen Fallgruppen situativ durchbrochen werden kann.[148] Die kartellzivilrechtlichen Konsequenzen umfassen außerdem – wie bei Verstößen gegen Art. 101 AEUV – Unterlassungs-, Beseitigungs- und Schadensersatzansprüche nach nationalem Recht (in Deutschland: § 33 Abs. 1 und 3 GWB). Das kartellverwaltungsrechtliche Instrumentarium, das der Europäischen Kommission und den nationalen Kartellbehörden zur Verfügung steht, umfasst Abstellungsverfügungen, welche die beteiligten Unternehmen verpflichten, festgestellte Zuwiderhandlungen abzustellen (Art. 7 Abs. 1 VO 1/2003 bzw. § 32 Abs. 1 GWB), ebenso Entscheidungen, durch die den Verstoß beendende Verpflichtungszusagen des marktbeherrschenden Unternehmens für verbindlich erklärt werden (Art. 9 Abs. 1 VO 1/2003 bzw. § 32b Abs. 1 GWB).[149] Vorsätzlich oder fahrlässig prakti-

---

[144] Vgl. zu diesen und weiteren Fallgruppen: *Fuchs*, in: Immenga/Mestmäcker, Wettbewerbsrecht, Bd. 1, Art. 102 AEUV Rn. 214 ff.; *Kling/Thomas*, Kartellrecht, § 6 Rn. 104 ff.
[145] EuGH, U. v. 21.2.1973, Rs. 6/72, Slg. 1973, 215 Rn. 26 – *Continental Can*.
[146] Zunächst VO (EWG) 4064/89 vom 21.12.1989, inzwischen abgelöst durch VO (EG) 139/2004 vom 20.1.2004.
[147] *Fuchs*, in: Immenga/Mestmäcker, Wettbewerbsrecht, Bd. 1, Art. 102 AEUV Rn. 394 ff.
[148] Näher hierzu *Fuchs*, in: Immenga/Mestmäcker, Wettbewerbsrecht, Bd. 1, Art. 102 AEUV Rn. 425 ff.
[149] Vgl. für die kartellverwaltungsrechtlichen Eingriffsbefugnisse: *Kling/Thomas*, Kartellrecht, § 9 Rn. 2 ff. und § 23 Rn. 2 ff.

zierte missbräuchliche Verhaltensweisen sind zudem mit Bußgeldern bedroht (Art. 23 Abs. 2 lit. a VO Nr. 1/2003 bzw. § 81 Abs. 1 Nr. 2 GWB). Während lange Zeit galt, dass Bußgeldverfahren bei Verstößen gegen Art. 102 AEUV eine geringere Bedeutung als bei Kartellverstößen zukam, hat die Kommission jüngst durch mehrere Rekordbußgelder die Relevanz dieses Sanktionsinstruments auch mit Blick auf Art. 102 AEUV unterstrichen.[150]

IV. Fallgestaltungen

Zu dem europarechtlichen Kartell- und Missbrauchsverbot existiert eine umfangreiche Rechtsprechungspraxis der Unionsgerichte, und zwar sowohl aufgrund von Klagen betroffener Unternehmen gegen Entscheidungen der Kommission als auch in Folge von Vorabentscheidungsanfragen nationaler Gerichte. Nationale Gerichte liefern aber auch durch ihre eigenen Entscheidungen wertvolle Beiträge zur Kasuistik des EU-Kartellrechts. Die folgenden Fälle illustrieren einige der wichtigsten Themenfelder und methodische Aspekte der kartellrechtlichen Rechtsprechung.

1. Die Abgrenzung zwischen unternehmerischen und hoheitlichen Tätigkeiten

Der Begriff des Unternehmens ist von zentraler Bedeutung für die Abgrenzung des Anwendungsbereichs der Art. 101 und 102 AEUV (Rn. 17 ff.). Der folgende Fall verdeutlicht die mit dem funktionalen Unternehmensbegriff verbundenen Herausforderungen am Beispiel der Unterscheidung zwischen unternehmerischen und hoheitlichen Tätigkeiten.

EuGH, Urteil vom 12.7.2012 – Rs. C-138/11, WuW 2012, 1077 – *Compass Datenbank*
Ebenso wie das deutsche Handelsregister enthält in Österreich das – seit 1991 als elektronische Datenbank geführte – Firmenbuch als staatliches Unternehmensregister Informationen über alle eingetragenen österreichischen Unternehmen. Diese sind gesetzlich verpflichtet, bestimmte Umstände (u. a. Firma, Rechtsform, Sitz und Geschäftsanschrift sowie die Namen der vertretungsberechtigten Personen) und ihre Änderungen bei den für die Führung des Firmenbuchs zuständigen Gerichten anzumelden. Zudem müssen bestimmte Urkunden (z. B. Gesellschaftsverträge und Jahresabschlüsse) von den Unternehmen eingereicht werden, damit sie in der zugehörigen Urkundensammlung gespeichert werden können. In das Firmenbuch kann jedermann Einsicht nehmen, allerdings nur gegen eine durch Verordnung festgelegte Gebühr. Die praktisch besonders relevante Online-Abfrage von Firmenbuchauszügen erfolgt unter Zwischenschaltung sogenannter Verrechnungsstellen. Dabei handelt es sich um private Unternehmen, die nach einer Ausschreibung den Zuschlag für diese Tätigkeit erhalten haben. Die Verrechnungsstellen sind verpflichtet, die gesetzliche Gebühr zu erheben und an die Republik Österreich abzuführen. Zudem dürfen sie dem Endkunden ein angemessenes Entgelt für ihre eigene Dienstleistung berechnen. Unter Berufung auf ihr Schutzrecht als Datenbankhersteller, eine besondere Form der geistigen Eigentumsrechte, untersagt die Republik Österreich den Verrechnungsstellen und ihren Endkunden jede Weiterverwendung der Firmenbuchdaten für eigene Auskunftsdienste. Die Compass-Datenbank ist ein privates Unternehmen, das eine Wirtschaftsdatenbank unterhält. Sie begehrt im Rahmen einer Zivilklage, dass die Republik Österreich verpflichtet werde, ihr tagesaktuelle Firmenbuchauszüge, bei denen sich am Vortag Änderungen oder Löschungen ereignet haben, zu angemessenem Entgelt zur Verfügung zu stellen, um damit

---

150 Das Bußgeld i. H. v. 1,06 Mrd. Euro gegen *Intel* ist durch EuGH, U. v. 6.9.2017, Rs. C-413/14 P, NZKart 2017, 525 – *Intel*, aufgehoben und der Fall an das EuG zurückverwiesen worden. Gegen *Google* hat die Kommission jüngst gleich drei sehr hohe Bußgelder verhängt: im Fall „*Google Shopping*" (AT.39740) i. H. v. 2,42 Mrd. Euro (IP/17/1784; bestätigt durch EuG, U. v. 10.11.2021, Rs. T-612/17, WuW 2021, 705 – *Google Shopping*), im Fall „*Google Android*" (AT.40099) i. H. v. 4,34 Mrd. Euro (IP/18/4581) und im Fall „*Google AdSense*" (AT.40411) i. H. v. 2,42 Mrd. Euro (IP/19/1770).

ihre eigene Datenbank pflegen zu können. Denn die Republik Österreich sei als marktbeherrschendes Unternehmen nach Art. 102 AEUV verpflichtet, ihr die Firmenbuchdaten zu diesen Konditionen zu überlassen. Das für die Klage zuständige Oberlandesgericht Wien fragte den EuGH im Rahmen eines Vorabentscheidungsersuchens, ob die Republik Österreich bei der gegen Entgelt gewährten Einsichtnahme in das Firmenbuch und der auf das Schutzrecht als Datenbankhersteller gestützten Untersagung von Verwertungshandlungen unternehmerisch oder hoheitlich handele.

61 Der EuGH entwickelte seine Antwort ausgehend vom funktionalen Unternehmensbegriff, der sich von der Rechtsform löst. Er hielt in Fortführung seiner ständigen Rechtsprechung fest, dass auch Staaten als Unternehmen tätig sein können. Eine Tätigkeit, die in Ausübung hoheitlicher Befugnisse erfolge, habe jedoch keinen wirtschaftlichen Charakter und sei daher nicht den kartellrechtlichen Vorschriften des AEUV unterworfen. Dabei müsse stets die konkret in Rede stehende Tätigkeit bewertet werden: Ein Rechtsträger – z. B. ein Mitgliedsstaat – könne also in Bezug auf einen Teil seiner Tätigkeiten als Unternehmen anzusehen sein, in Bezug auf einen anderen Teil seiner Tätigkeiten hingegen hoheitlich handeln. Das Differenzierungsgebot findet jedoch seine Grenze bei untrennbar miteinander verbundenen Tätigkeiten. Dementsprechend hob der EuGH hervor, dass eine wirtschaftliche Tätigkeit, die untrennbar mit der Ausübung hoheitlicher Befugnisse verbunden sei, als nicht-wirtschaftlich zu qualifizieren sei. Mit anderen Worten: Bei untrennbar miteinander verbundenen „Mischtätigkeiten" färbt der teilweise hoheitliche Charakter auf die gesamte Tätigkeit ab. Das führt zu der Frage, wann Tätigkeiten trennbar sind.

62 Auf dieser Grundlage wandte sich der EuGH den einzelnen Tätigkeiten des österreichischen Staates mit Bezug zum Firmenbuch zu. Die auf Grundlage einer gesetzlichen Meldepflicht erfolgende Erfassung von Unternehmensdaten in einem Register konnte der EuGH unschwer als hoheitlich qualifizieren. Dasselbe gilt grundsätzlich für die Gewährung von Einsicht in ein öffentliches Register. Hier musste sich der EuGH allerdings mit der Frage befassen, ob sich diese Qualifikation dadurch ändert, dass die Republik Österreich für die Einsichtnahme ein Entgelt verlangt. Der EuGH sah die Vereinnahmung eines Entgelts als mit der hoheitlichen Tätigkeit (hier: Gewährung von Einsicht) untrennbar verbunden an, wenn die Kosten oder Gebühren für die hoheitliche Tätigkeit gesetzlich vorgesehen sind – und somit den nationalen rechtlichen Vorgaben für die Festsetzung von Kosten und Gebühren (wie dem Kostendeckungsprinzip) unterfallen. Anders sei nur zu entscheiden, wenn die staatliche Stelle bei der unmittelbaren oder mittelbaren Festlegung des Entgelts nicht gesetzlich gebunden wäre. Im nächsten Schritt betrachtete der EuGH die Besonderheit, dass die Republik Österreich Online-Auskünfte aus dem Firmenbuch nicht selbst gegen Gebühr erteilte, sondern sich hierfür der von ihr zwischengeschalteten privaten Verrechnungsstellen bediente. Deren Tätigkeit ist zwar schon wegen der Möglichkeit, zusätzlich zur Gebühr ein eigenes Entgelt zu berechnen, unzweifelhaft wirtschaftlicher Natur. Der EuGH wies jedoch darauf hin, dass die Tätigkeit der Verrechnungsstellen nicht mit der des österreichischen Staates verwechselt werden dürfe. Entscheidend sei, ob der Republik Österreich durch die Einschaltung der Verrechnungsstellen eine über die gesetzlichen Gebühren hinausgehende Kommerzialisierung der Online-Auszüge aus dem Firmenbuch ermöglicht werde. An dieser Stelle erwies sich die Aufbereitung des Sachverhalts durch das vorlegende Gericht als unzureichend. Nach den Auskünften der Republik Österreich in der mündlichen Verhandlung war die Zahl der Verrechnungsstellen nicht begrenzt, und die Auswahl wurde ausschließlich unter qualitativen Kriterien vorgenommen. Unter diesen Bedingungen hätte nach Ansicht des EuGH die Einschaltung der privaten Verrechnungsstellen nicht zur Folge, dass die Entgeltlichkeit der Einsichtnahme in das Register zu einer wirtschaftlichen Tätigkeit der Republik Österreich führe. Die weitere Sachverhaltsauflklä-

IV. Fallgestaltungen **63**

rung wies der EuGH dem vorlegenden Gericht zu. Danach wandte er sich der nächsten Besonderheit zu, nämlich der Inanspruchnahme von Rechten des geistigen Eigentums, d. h. des Datenbankhersteller-Schutzrechtes, durch den österreichischen Staat. Auch insoweit war vom EuGH zu klären, ob die Berufung auf derartige Schutzrechte mit der hoheitlichen Tätigkeit der Bereitstellung der Daten und der Einsichtsgewährung untrennbar verbunden ist. Der EuGH hielt fest, dass hier die Berufung auf die Schutzrechte dazu diene, die Interessen der meldepflichtigen Unternehmen zu wahren. Denn diese hätten ein legitimes Interesse daran, dass die von ihnen bereitgestellten Informationen nicht außerhalb des Firmenbuchs weiterverwendet werden. Somit kam der EuGH zu dem Schluss, dass – vorbehaltlich der gebotenen Sachverhaltsaufklärung zur Frage der Auswahlkriterien für Verrechnungsstellen – die Tätigkeiten der Republik Österreich im Zusammenhang mit dem Firmenbuch, einschließlich der entgeltlichen Online-Einsichtnahme unter Einschaltung privater Verrechnungsstellen und unter Geltendmachung von Schutzrechten, untrennbar mit der hoheitlichen Aufgabe der Bereitstellung der Unternehmensdaten verbunden seien. Das EU-Kartellrecht finde daher auf diese Mischtätigkeit keine Anwendung. Die nachgelagerte Frage, unter welchen Bedingungen die Datenbank eines Marktbeherrschers als „essential facility" (vgl. Rn. 54) qualifiziert werden kann, konnte folglich dahinstehen.

Anmerkung: Die EuGH-Entscheidung „*Compass-Datenbank*" veranschaulicht in prozeduraler Hinsicht, dass die Durchsetzung des EU-Kartellrechts in der Praxis auch im Wege zivilrechtlicher Rechtsstreitigkeiten erfolgen kann (sog. „private enforcement"; vgl. Rn. 44, 57). Dass sich die Zivilgerichte in diesen Verfahren mit Vorlagefragen an den EuGH wenden können, sichert die kohärente Anwendung des EU-Kartellrechts. In sachlicher Hinsicht liefert der Fall ein gutes Beispiel dafür, wie anspruchsvoll es im Einzelfall sein kann, staatliche Tätigkeiten am Maßstab des funktionalen Unternehmensbegriffs in die Kategorien „hoheitlich" und „unternehmerisch" zu unterteilen. Der EuGH hat sich zwar nicht näher dazu geäußert, welche Konsequenzen sich ergeben hätten, wenn die Zuschlagserteilung an die Verrechnungsstellen unter anderen Bedingungen (als von der Republik Österreich in der mündlichen Verhandlung vorgetragen) erfolgt wäre. Insbesondere wäre die Alternative einer nach wirtschaftlichen Kriterien (z. B. im Wege einer Versteigerung) erfolgten Vergabe eines limitierten Kontingents von Konzessionen zum Betrieb von Verrechnungsstellen nicht völlig fernliegend gewesen (vgl. zur Vergabe von Konzessionen auch § 12 Rn. 6).[151] Bei Anwendung eines solchen (hypothetischen) Modells hätte die Republik Österreich auf zwei Wegen Geld für die Online-Einsichtnahme in das Firmenbuch erhalten: Unmittelbar über die gesetzliche Gebühr und mittelbar über die Einnahmen aus der Konzessionsvergabe, bei denen zu erwarten gewesen wäre, dass sie von den Verrechnungsstellen über das „angemessene Entgelt" auf die Endkunden überwälzt worden wären. Damit wären die Einnahmen des österreichischen Staates aus der Einsichtnahme letztlich nicht mehr vom Kostendeckungsprinzip begrenzt worden, sondern hätten sich an der Zahlungsbereitschaft der Endkunden, d. h. dem Marktwert der Firmenbuchinformationen, orientiert. Dass sich unter diesen hypothetischen Alternativbedingungen die staatliche Tätigkeit bei der Ausgestaltung der Online-Auszüge aus dem Firmenbuch als abtrennbare unternehmerische Tätigkeit dargestellt hätte, erscheint plausibel. Überzeugend ist jedenfalls der Schluss des EuGH, dass die bloße gesetzliche Gebühr dem hoheitlichen Charakter der Tätigkeit nicht entgegensteht. Gleichwohl hat sich die Republik Österreich im Jahre 2017 entschlossen, die Möglichkeit einer kostenlosen Online-Abfrage von Kurzinformationen aus dem Firmenbuch einzuführen und damit das Problemfeld grundlegend bereinigt.

---

151 Zum Verhältnis zwischen Kartellrecht und der Vergabe von Konzessionsverträgen vgl. *Becker*, IR 2004, 151. Zu dem Einfluss des Kartellrechts auf Teilhabe- und Zugangsansprüche gegenüber der öffentlichen Hand: *Haberer/Rung*, NZKart 2018, 185.

64 Dass die Trennbarkeit einzelner Elemente staatlicher Mischtätigkeiten eine diffizile Aufgabe sein kann, illustriert eine Vielzahl weiterer Entscheidungen zum EU-Kartellrecht: Der gebündelte Holzverkauf aus Staats-, Gemeinde- und Privatwäldern durch die staatliche Forstverwaltung ist eine von den hoheitlichen Funktionen der Forstverwaltung (z. B. Forst- oder Brandschutz) trennbare wirtschaftliche Tätigkeit,[152] ebenso wie die Tätigkeit des Betriebs der für Bodenabfertigungsdienste benötigten Flughafenanlagen nicht untrennbar mit hoheitlichen Aufgaben (z. B. polizeilicher Art) verbunden ist.[153] Hoheitlichen Charakter hat demgegenüber die Tätigkeit der Flugverkehrskontrolle[154] ebenso wie die einer privatrechtlichen Einrichtung übertragene Überwachungstätigkeit zur Bekämpfung der Umweltverschmutzung in einem Erdölhafen[155] – wohingegen die mit Hafengebühren vergütete Erbringung von Umschlags- und Schleppdiensten in Häfen nicht untrennbar mit hoheitlichen Tätigkeiten wie Sicherheits- und Umweltschutzkontrollen verbunden ist.[156]

65 Hätte der hoheitliche Charakter der Tätigkeit nicht die Anwendung des EU-Kartellrechts ausgeschlossen, hätte der Fall *„Compass-Datenbank"* dem EuGH zudem schon 2012 Gelegenheit geboten, zu einem der großen Zukunftsthemen des Kartellrechts Stellung zu beziehen. Daten sind im Digitalzeitalter Rohstoff für die wirtschaftliche Wertschöpfung und Quelle für Innovation und Wachstum – kurz gesagt: Daten sind das Öl des 21. Jahrhunderts. Vor diesem Hintergrund wird die kartellrechtliche Kontrolle des Zugangs zu den Daten, Datenbanken und Datenquellen der weltweit größten Digitalkonzerne jüngst intensiv diskutiert. Da grundsätzlich kein Unternehmen eine Pflicht zur Förderung seiner Wettbewerber hat, kann der Zugang zu „essential facilities" (vgl. Rn. 54) nur bei Vorliegen außergewöhnlicher Umstände mithilfe des Kartellrechts erzwungen werden; wie diese Umstände in einem Umfeld digitaler Plattformmärkte beschaffen sein müssen, ist nicht leicht zu beantworten.

2. Vorliegen einer Verhaltensabstimmung

66 Im Zentrum eines weiteren Problemfelds, das durch zahlreiche gerichtliche Entscheidungen geprägt ist, steht die Frage, unter welchen Bedingungen Verhaltenskoordinationen zwischen oder durch Unternehmen bzw. ihre Vereinigungen als Verstoß gegen das Kartellverbot des Art. 101 AEUV anzusehen sind. Um ihren kartellrechtlichen Sorgfaltspflichten zu genügen, ist für Unternehmen eine genaue Kenntnis der Grenzen zulässiger Koordination von großer Bedeutung.

67 EuGH, Urteil vom 21.1.2016 – Rs. C-74/14, WuW 2016, 126 – *Eturas*
Die in Litauen tätige Firma Eturas ist Betreiberin des Online-Reisebuchungssystems E-TURAS. Reisebüros, die vertraglich eine Nutzungslizenz bei Eturas erworben haben, können das System in ihre Webseiten integrieren. Die Kunden der einzelnen Reisebüros können dadurch in einer einheitlichen Form online Reisen buchen. Der Inhalt der Angebote, d. h. die Reisen und ihre Preise, werden von den miteinander konkurrierenden Reisebüros aber weiterhin individuell gestaltet. Jedes Reisebüro besitzt im System E-TURAS über ein individuelles Benutzerkonto Zugang zu einem elektronischen Messenger-Dienst, über den Mitteilungen ähnlich wie E-Mails versandt, von ihrem Adressaten geöffnet und im Anschluss gelesen werden können. Im August 2009 versandte Eturas über diesen Messenger-Dienst zwei Mitteilungen an die angeschlossenen Reisebüros. In der ersten Mitteilung mit dem Betreff „Abstimmung" wurden die Adressaten

---

152 Trotz aus formellen Gründen erfolgter Aufhebung durch den BGH weiterhin instruktiv: OLG Düsseldorf, B. v. 15.3.2017, VI-Kart 10/15 (V), NZKart 2017, 247 – *Rundholzvermarktung*.
153 EuGH, U. v. 24.10.2002, Rs. C-82/01 P, Slg. 2002, I-9297 Rn. 76 ff. – *Aéroports de Paris*.
154 EuGH, U. v. 19.1.1994, Rs. C-364/92, Slg. 1994, I-56 Rn. 28 – *Eurocontrol*.
155 EuGH, U. v. 18.3.1997, Rs. C-343/95, Slg. 1997, I-1547 Rn. 24 – *Diego Calì*.
156 Aus der beihilferechtlichen Rechtsprechung: EuG, U. v. 20.9.2019, Rs. T-696/17, BeckRS 2019, 22492 Rn. 87 ff. – *Havenbedrijf Antwerpen*.

IV. Fallgestaltungen **68, 69**

aufgefordert, dazu Stellung zu nehmen, ob der Internet-Rabattsatz von 4 % auf eine Spanne von 1 % bis 3 % herabgesetzt werden solle. Mit der zweiten Mitteilung wurden die Reisebüros zwei Tage später darüber unterrichtet, dass Eturas nach einer Auswertung der Rückmeldungen das System nun so modifiziert habe, dass die Reisebüros nur noch Online-Preisnachlässe in Höhe von 0 % bis 3 % individuell wählen könnten. Diese Beschränkung wurde von Eturas in der Folge im Wesentlichen umgesetzt. Die Gewährung höherer Preisnachlässe blieb zwar weiterhin möglich, war aber durch die Abwicklung zusätzlicher technischer Formalitäten deutlich erschwert. Vielen an das System angeschlossenen Reisebüros konnte nicht nachgewiesen werden, sich an der durch die erste Mitteilung eingeleiteten Abstimmung beteiligt zu haben. Ob diese Reisebüros die Mitteilungen überhaupt zur Kenntnis genommen hatten, war streitig; widersprochen hatten sie ihnen jedenfalls nicht. Die litauische Kartellbehörde vertrat die Auffassung, dass Unternehmen Mitteilungen über die in ihrem wirtschaftlichen Tätigkeitsbereich eingesetzten Instrumente nicht ignorieren dürfen und wertete schon deswegen die weitere Nutzung des Systems E-TURAS durch die Reisebüros als abgestimmte Verhaltensweise von Eturas und den angeschlossenen Reisebüros und verhängte Bußgelder. Im anschließenden Gerichtsverfahren fragte der litauische VGH den EuGH, ob er davon ausgehen könne, dass Unternehmen eingehende Mitteilungen zur Kenntnis nehmen oder nehmen müssen, und ob das Fehlen eines ausdrücklichen Widerspruchs eine Beteiligung an einer Verhaltensabstimmung darstelle.

Der EuGH betonte in seiner Entscheidung einleitend die Bedeutung des Selbstständigkeitspostulats, das jeder unmittelbaren oder mittelbaren Fühlungnahme zwischen Unternehmen entgegensteht, sofern diese geeignet ist, entweder das Marktverhalten eines Wettbewerbers zu beeinflussen oder einen Wettbewerber über das künftige eigene – geplante oder nur erwogene – Verhalten auf dem betreffenden Markt ins Bild zu setzen (vgl. Rn. 28). Der EuGH erinnerte weiter daran, dass nach ständiger Rechtsprechung Unternehmen auch durch passive Formen der Beteiligung an einer Zuwiderhandlung einen Verstoß gegen das Kartellverbot begehen können. Das klassische Beispiel hierfür ist die Teilnahme eines Unternehmens an Treffen, bei denen wettbewerbswidrige Vereinbarungen getroffen werden, ohne dass das Unternehmen aktiv an den Vereinbarungen mitwirkt oder sich offen dagegen ausspricht. Der Grund dafür ist, dass das Verhalten dieser „stillen Teilnehmer" eine stillschweigende Billigung der rechtswidrigen Initiative impliziert und dadurch eine Komplizenschaft zum Ausdruck bringt, die geeignet ist, die Fortsetzung der Zuwiderhandlung zu begünstigen und ihre Entdeckung zu verhindern. **68**

Im Anschluss an diese allgemeinen Grundsätze wandte sich der EuGH den Anforderungen an den Nachweis der Kenntnis der Handlungen anderer Unternehmen – hier also der über den Messenger-Dienst versandten Mitteilungen von Eturas – zu. Der EuGH verwies zunächst auf die grundsätzliche Autonomie des nationalen Verfahrensrechts hinsichtlich Beweismaß und Beweiswürdigung. Das nationale Verfahrensrecht müsse allerdings dem Effektivitätsgrundsatz Rechnung tragen; es dürfe die Durchführung der EU-Wettbewerbsregeln also nicht unmöglich machen oder übermäßig erschweren. Das bedeute, dass der Beweis für einen Verstoß gegen das europäische Kartellrecht nicht nur durch unmittelbare Beweise erbracht werden könne, sondern auch mittels Indizien, sofern diese objektiv und übereinstimmend sind. Andererseits sei aber auch im nationalen Verfahren die in Art. 48 Abs. 1 GRCh niedergelegte Unschuldsvermutung zu beachten. Aus diesen Prämissen zieht der EuGH für den vorliegenden Fall die folgenden Schlüsse: Wegen der Unschuldsvermutung könne aus der bloßen Versendung einer Mitteilung über den Messenger-Dienst von E-TURAS nicht gefolgert werden, dass alle Reisebüros zwangsläufig den Inhalt der Mitteilung zur Kenntnis genommen hätten. Andere objektive und übereinstimmende Indizien könnten aber die widerlegbare Vermutung begründen, dass die Reisebüros Kenntnis vom Inhalt der Mitteilung erlangt hätten. Dann müssten die Reisebüros ihrerseits nachweisen, die Mitteilung zur fraglichen Zeit nicht gelesen zu haben. **69**

70 Im Anschluss ging der EuGH der Frage nach, unter welchen Voraussetzungen die Reisebüros, denen nach diesem Maßstab die Kenntnisnahme vom Inhalt der Mitteilung nachgewiesen werden kann, gegen das Kartellverbot verstoßen haben. Der EuGH hob hervor, dass für die Annahme einer abgestimmten Verhaltensweise über die Abstimmung zwischen den betreffenden Unternehmen hinaus ein der Abstimmung entsprechendes Marktverhalten und ein ursächlicher Zusammenhang zwischen beiden vorliegen müssen (vgl. Rn. 29). Nach den allgemeinen Maßstäben zur passiven Beteiligung an Kartellverstößen stelle schon die Kenntnisnahme von der Mitteilung eine stillschweigende Billigung des wettbewerbswidrigen Vorgehens von Eturas und der aktiv an der Abstimmung beteiligten Reisebüros dar. Daher könne grundsätzlich für alle die Mitteilung lesenden Reisebüros eine Beteiligung an der abgestimmten Verhaltensweise vermutet werden.

71 Diese weite kartellrechtliche Mit-Haftung, die durch bloße Kenntnisnahme der von anderen Unternehmen aktiv vorgenommenen Verhaltensabstimmung ausgelöst wird, wirft die Frage auf, was Unternehmen nach Kenntnisnahme tun müssen, um sich kartellrechtskonform zu verhalten. Hierzu führt der EuGH aus, dass die Vermutung der Beteiligung an der abgestimmten Verhaltensweise von einem Unternehmen jedenfalls dadurch widerlegt werden könne, dass es sich öffentlich von dieser Verhaltensweise distanziere oder sie bei den Behörden anzeige. Eine „öffentliche" Distanzierung erfordere in der Regel, dass gegenüber allen Unternehmen, die an der Abstimmung beteiligt sind, eine entsprechende Erklärung abgegeben werde. Im vorliegenden Fall, in dem die Reisebüros die anderen Adressaten der Mitteilung nicht gekannt hätten, reiche aber ausnahmsweise eine klare und ausdrückliche Beanstandung der Verhaltensweise gegenüber Eturas als Administrator des Buchungssystems. Darüber hinaus genüge es zur Widerlegung der Vermutung, dass ein Reisebüro nachweise, Kunden nach der Systemumstellung weiterhin systematisch über die Obergrenze von 3 % hinausgehende Preisnachlässe bei Online-Buchungen gewährt zu haben.

72 **Anmerkung:** Das EuGH-Urteil im Fall Eturas verdeutlicht zunächst in prozeduraler Hinsicht die große praktische Bedeutung der Anwendung des EU-Kartellrechts durch nationale Wettbewerbsbehörden und Gerichte. In diesen Verfahren erhält der EuGH – ebenso wie in Kartellzivilverfahren – vor allem durch Vorabentscheidungsersuchen die Gelegenheit, die kohärente Anwendung des EU-Kartellrechts zu gewährleisten. Der Fall führt gleichzeitig vor Augen, dass Sachverhalte in Kartellrechtsfällen oft nur schwer zu ermitteln sind, sodass Beweislast und Beweiswürdigung für den Ausgang der Verfahren eine große Rolle spielen. In diesem Bereich ist die Verzahnung zwischen europarechtlichen Vorgaben und nationalen Verfahrensregeln komplex – was hier nur exemplarisch angedeutet werden kann.

73 In materieller Hinsicht verbindet der Fall mehrere interessante Aspekte. Das Thema der „passiven Teilnahme" an Kartelltreffen spielt in der Praxis seit langer Zeit eine große Rolle – auch weil solche Treffen von den Teilnehmern wegen ihrer Rechtswidrigkeit oft nicht protokolliert werden und der Nachweis der individuellen Abstimmungsbeiträge daher Schwierigkeiten bereiten kann. Mit dem Eturas-Urteil überträgt der EuGH die für Treffen zwischen Unternehmensvertretern entwickelten Maßstäbe auf den Empfang von Mitteilungen, Rundschreiben oder ähnlichen Informationen. Dadurch ergibt sich eine potenziell weitreichende Mit-Haftung von Unternehmen, die über – für ihre Geschäftstätigkeit relevante – wettbewerbsbeschränkende Verhaltensweisen informiert werden. Zur Eingrenzung der kartellrechtlichen Verantwortlichkeit macht der EuGH nach zwei Richtungen hin Vorgaben: Wenn Unternehmen die betreffenden Informationen nicht zur Kenntnis genommen haben, fehlt es an einem „Einstieg" in eine Abstimmung; ansonsten können sie sich noch durch geeignete Maßnahmen von der Abstimmung distanzieren und dadurch „aussteigen". Konsequenz dieser EuGH-Judikatur sind erhebliche kartellrechtliche Sorgfaltspflichten im – auch elektronischen – Geschäftsverkehr. Daher haben kartellrechtliche Compliance-Programme mit entsprechenden Schulungen der verantwortlichen Mitarbeiter für Unternehmen inzwischen eine große Bedeutung erlangt.

Hervorzuheben ist weiterhin, dass der EuGH im Urteil implizit voraussetzt, dass sich Eturas an der abgestimmten Verhaltensweise beteiligen konnte, obwohl Eturas nicht selbst auf dem Markt, auf dem der Wettbewerb beschränkt wurde (d. h. dem Markt für online gebuchte Reisen) tätig war, sondern nur auf dem vorgelagerten Markt für Online-Reisebuchungssysteme. Dies entspricht der vom EuGH in der Entscheidung AC-Treuhand entwickelten Rechtsprechung zur Eigenhaftung von Kartellgehilfen (vgl. Rn. 31). Strukturell werden so auch Verhaltenskoordinationen zwischen Unternehmen unter Einsatz eines Dritten (sog. „Hub-and-Spoke"-Fälle) erfasst.

74

Schließlich ist die Eturas-Entscheidung auch deshalb von Interesse, weil sie – ohne selbst einen Algorithmus im engeren Sinne zum Gegenstand zu haben – als möglicher Ansatzpunkt für die kartellrechtliche Bewertung von Verhaltenskoordinationen durch Algorithmen dienen kann (vgl. Rn. 30). So kann gleichförmiges Verhalten von Wettbewerbern (den „Spokes", d.h. Radspeichen) auch durch die parallele Verwendung von Algorithmen, die von einem externen Dienstleister als zentraler Stelle (dem „Hub", d. h. der Radnabe) programmiert oder gesteuert werden, herbeigeführt werden. Welche Sorgfaltspflichten den Nutzern der Algorithmen in dieser Situation obliegen, zählt zu den noch offenen Zukunftsfragen des EU-Kartellrechts.

75

3. Notwendigkeit von Nebenabreden und Voraussetzungen der Freistellung vom Kartellverbot

Aufgrund der weiten Auslegung der tatbestandlichen Voraussetzungen des Kartellverbots sind auch die – geschriebenen und ungeschriebenen – Ausnahmen vom Kartellverbot des Art. 101 AEUV sehr praxisrelevant.

76

BGH, Beschluss vom 18.5.2021 – KVR 54/20, BGHZ 230, 88 – *Booking*

77

Die Online-Reiseagentur Booking betreibt unter der Internetadresse „www.booking.com" ein Hotelbuchungsportal, das Hotelkunden Direktbuchungen ermöglicht. Es ist das am häufigsten genutzte und wirtschaftlich erfolgreichste Hotelbuchungsportal in Deutschland. Als Plattformbetreiber unterhält Booking Vertragsbeziehungen sowohl zu den Hotelkunden als auch zu den Hotelunternehmen. Mit der Buchung eines Hotelzimmers über „www.booking.com" kommt zwischen dem Hotelkunden und Booking ein Vermittlungsvertrag zustande. Booking stellt dem Hotelkunden für die Vermittlungsleistung keine Kosten in Rechnung; der Hotelkunde zahlt ausschließlich den Zimmerpreis an das gebuchte Hotel. Zwischen Booking und den einzelnen Hotelunternehmen besteht jeweils ein Vertrag über die Aufnahme des Hotels in das Hotelreservierungssystem von Booking. Für seine Vermittlungsleistung erhält Booking von den Hotelunternehmen eine Provision von durchschnittlich 10 % bis 15 % des Zimmerpreises. Die Allgemeinen Geschäftsbedingungen der zwischen Booking und den Hotelunternehmen abgeschlossenen Verträge beinhalteten eine sog. „enge Bestpreisklausel". Diese untersagte den Hotels, ihre Zimmer auf der eigenen Webseite zu niedrigeren Preisen oder besseren Konditionen anzubieten als auf dem Hotelbuchungsportal von Booking. Ein Verstoß gegen diese Bedingung berechtigte Booking zur fristlosen Kündigung des Vertrags mit dem Hotelunternehmen. Die Klausel verbot den Hotels jedoch nicht, ihre Zimmer auf mit Booking konkurrierenden Hotelbuchungsportalen (wie z. B. HRS oder Expedia) günstiger anzubieten. Ebenso durften Hotels im Offline-Vertrieb günstigere Preise oder Konditionen anbieten, sofern diese nicht online veröffentlicht oder beworben wurden. Das Bundeskartellamt hat in einer Abstellungsverfügung festgestellt, dass die von Booking verwendete enge Bestpreisklausel gegen Art. 101 AEUV verstößt, und Booking die weitere Verwendung der Klausel untersagt. Seitdem verwendete Booking die Klausel zwar nicht mehr, hat aber gegen die Entscheidung des Bundeskartellamts Beschwerde eingelegt. Das Be-

schwerdegericht hat die Verfügung des Bundeskartellamtes aufgehoben und zur Begründung im Wesentlichen ausgeführt, dass die enge Bestpreisklausel trotz der mit ihr verbundenen Wettbewerbsbeschränkungen eine notwendige Nebenabrede zu der kartellrechtsneutralen Plattformdienstleistung von Booking und deshalb vom Kartellverbot des Art. 101 AEUV ausgenommen sei. Ohne die Klausel bestünde die ernsthafte Gefahr eines „Trittbrettfahrer"-Verhaltens, bei dem Hotelkunden das Hotelbuchungsportal von Booking zur Recherche für Hotels nutzen, um sich danach auf den hoteleigenen Homepages über günstigere Preise oder Konditionen zu informieren. Da die Hotels bei Direktbuchungen auf der eigenen Homepage durch die Einsparung der Vermittlungsprovision von Booking Spielräume für attraktivere Angebote hätten, sei mit einer solchen Umlenkung der Hotelkunden zu rechnen. Dies würde den ausgewogenen Leistungsaustausch zwischen Hotelkunden, Hotels und Booking als Plattformbetreiber nachhaltig stören. Aus diesen Gründen könne die enge Bestpreisklausel auch kein Missbrauch einer marktbeherrschenden Stellung sein. Gegen diese Entscheidung des Beschwerdegerichts wendet sich das Bundeskartellamt mit der – vom Bundesgerichtshof zugelassenen – Rechtsbeschwerde.

78 Der BGH stellte zunächst in der gebotenen Kürze das Offensichtliche fest: Booking und die Hotels sind Unternehmen und die zwischen ihnen geschlossenen Verträge – einschließlich der engen Bestpreisklausel – folglich Vereinbarungen zwischen Unternehmen. Noch in Übereinstimmung mit dem Beschwerdegericht erkannte der BGH auch eine von den Bestpreisklauseln ausgehende Wettbewerbsbeschränkung beim Vertrieb von Hotelzimmern. Hotels werden beim eigenen Online-Vertrieb daran gehindert, die Preise ihrer auf booking.com angebotenen Zimmer zu unterbieten – obwohl die Einsparung der Vermittlungsprovision dafür Raum böte. Sie können durch die Restriktion auch mit anderen Hotels, v. a. bei „Lastminute"-Vermarktungen von Restkapazitäten, nicht so gut konkurrieren. Ebenso wird durch das Werbeverbot die Kundenreichweite im Offline-Vertrieb eingeschränkt. Die Möglichkeit der Hotels, auf anderen Hotelbuchungsportalen Zimmer günstiger anbieten zu können als über Booking und die eigene Homepage, neutralisiere diese Wettbewerbsbeschränkungen nicht. Denn dann müssten die Hotels im Online-Eigenvertrieb höhere Preise fordern als auf den anderen Hotelbuchungsportalen, auf denen sie ebenfalls Provisionen an die jeweiligen Portalbetreiber zahlen müssen. Um den Verlust der für die Hotels besonders lukrativen Eigenvertriebs-Kunden zu verhindern und um das hoteleigene Onlineangebot nicht besonders ungünstig ausgestalten und damit eine Beeinträchtigung der Kundenbeziehung riskieren zu müssen, werden Hotels nur sehr eingeschränkt von dieser Möglichkeit Gebrauch machen können. So zwinge die enge Bestpreisklausel die Hotels im Ergebnis, die von Booking verlangte Provision auf allen Vermarktungskanälen – und damit auch da, wo sie gar nicht anfällt – zu berücksichtigen. Dadurch wirke sie sich wie eine gegenständlich beschränkte Mindestpreisvorgabe aus. Angesichts der hohen Bekanntheit und Marktbedeutung von Booking sah der BGH die Wettbewerbsbeschränkung auch als spürbar an. Angesichts der großen Zahl an Hotelkunden aus anderen Mitgliedstaaten bereitete die Feststellung einer spürbaren zwischenstaatlichen Bedeutung ebenfalls keine Schwierigkeiten.

79 Danach wendete sich der BGH der Rechtsfigur der notwendigen Nebenabreden (vgl. Rn. 37) zu und verwarf unter sorgfältiger Auswertung der Rechtsprechung der Unionsgerichte die diesbezügliche Argumentation des Beschwerdegerichts. Nur für die Durchführung der Haupttätigkeit objektiv notwendige und unerlässliche Beschränkungen seien vom Verbot des Art. 101 AEUV ausgenommen. Dass die Haupttätigkeit ohne die Nebenabrede nur schwerer durchführbar oder weniger rentabel wäre, reiche nicht aus. Die gebotene Prüfung der objektiven Notwendigkeit müsse zudem nach einem eher abstrakten Maßstab erfolgen und dürfe nicht zu stark ausgeweitet werden. Denn für eine umfassende Abwägung wettbewerbsfördernder und wettbewerbsbeschränkender Gesichtspunkte sei nur im Rahmen des Art. 101 Abs. 3 AEUV Platz. Im Folgenden führt der BGH im Einzelnen aus, warum alle in der bisherigen Rechtsprechung der Unionsgerichte anerkannten Fallgruppen anders gelagert seien und nicht den zentralen Wettbewerbsparameter des Preises betroffen hätten.

80 Damit war über die Frage zu entscheiden, ob die enge Bestpreisklausel nach Art. 101 Abs. 3 AEUV vom Kartellverbot freigestellt ist. Eine in der Vertikal-GVO (vgl. Rn. 43) enthaltene Gruppenfreistellung fand wegen der hohen Marktanteile von Booking unstreitig keine Anwendung. Der BGH gelangte danach zu dem Schluss, dass auch eine Einzelfreistellung ausgeschlossen sei. Es mangele bereits an einem durch die enge Bestpreisklausel bewirkten Effizienzvorteil. Zwar seien mit Hotelbuchungsplattformen erhebliche Effizienzvorteile verbunden – diese ergeben sich aber nicht aus der engen Bestpreisklausel, und sie erfordern auch nicht zwingend eine solche Klausel. Insoweit führte der BGH unter anderem aus, dass sich nach der durch die Untersagungsverfügung des Bundeskartellamtes bedingten Aufgabe der engen Bestpreisklausel die Marktposition und der geschäftliche Erfolg von Booking nicht verschlechtert haben. Auch wenn ein gewisses Maß an „Trittbrettfahrer"-Verhalten unterstellt werde, sei mit der Klausel insgesamt kein Effizienzvorteil verbunden. Dem Geschäftsmodell der Plattform werde es nicht gerecht, sich auf die Leistungsgerechtigkeit in einzelnen Austauschverhältnissen, die vom „Trittbrettfahren" betroffen seien, zu fokussieren. Umgekehrt erhalte Booking auch bei über die Plattform getätigten Folgebuchungen, die eher dem guten Service des Hotels zuzurechnen seien, stets die volle Provision. Die Effizienznachteile der Klausel wögen schwerer, da Hotels durch sie gehindert seien, mit niedrigeren Preisen auf ihrer eigenen Homepage dafür zu sorgen, dass ihre Angebote im Eigenvertrieb (z. B. auf Meta-Suchmaschinen) besser sichtbar werden und Kunden so gar nicht erst das Hotelbuchungsportal von Booking aufrufen, sondern direkt auf der Homepage des Hotels buchen. Der BGH hob daher den Beschluss des Beschwerdegerichts auf und wies die Beschwerde gegen die Verfügung des Bundeskartellamts abschließend zurück.

81 **Anmerkung:** Ebenso wie das eingangs dargestellte *Eturas*-Urteil des EuGH belegt auch die *Booking*-Entscheidung des BGH, wie wichtig die dezentrale Anwendung des EU-Kartellrechts durch nationale Wettbewerbsbehörden und Gerichte geworden ist. Sie illustriert aber auch die Schwierigkeiten, die mit ihr verbunden sein können. Der Fall hat eine Vorgeschichte: Als sich die ersten Hotelbuchungsplattformen etablierten, setzten sie auf das Instrument der *„weiten Bestpreisklauseln"*, die auch als „Paritätsklauseln" bezeichnet werden. Diese Klauseln hinderten Hotels daran, ihre Zimmer auf irgendeinem Vertriebskanal günstiger anzubieten als auf dem die Klausel verwendenden Hotelbuchungsportal, und führen in der Praxis zu einem „Einheitspreis" auf allen Plattformen. Weite Bestpreisklauseln sind schon deshalb wettbewerbsbeschränkend, weil sie durch das Einheitspreisniveau den Wettbewerb zwischen den Hotelportalen um die Höhe der Vermittlungsprovisionen erlahmen lassen und den Markteintritt neuer Hotelportale erschweren. Nachdem das Bundeskartellamt und in der Folge die Wettbewerbsbehörden mehrerer anderer Mitgliedstaaten die Verwendung weiter Bestpreisklauseln untersagt hatten, bot Booking im Rahmen einer Verpflichtungszusage (vgl. Rn. 57) an, ersatzweise die sog. *„enge Bestpreisklausel"* einzuführen. Daraufhin erließen die französische, italienische und schwedische Wettbewerbsbehörde entsprechende Verpflichtungszusagen-Entscheidungen, wohingegen das Bundeskartellamt auch in dieser eingeschränkten Klausel noch eine Wettbewerbsbeschränkung erkannte – und nach einer vorübergehenden Aufhebung durch das OLG Düsseldorf schließlich auch vom Bundesgerichtshof in seiner Rechtsauffassung bestätigt worden ist. Die in den Mitgliedstaaten divergierenden Auffassungen zur kartellrechtlichen Bewertung enger Bestpreisklauseln strahlen gleichzeitig auf die im Jahr 2022 erfolgte Reform der Vertikal-GVO aus.

82 Das Urteil des BGH ist aber auch in der Sache bemerkenswert. Es bringt wertvolle Klarstellungen für den Umgang mit digitalen Plattformen, die durch ökonomische Besonderheiten wie direkte und indirekte Netzwerkeffekte (vgl. § 18 Abs. 3a Nr. 1 GWB) gekennzeichnet sind. Noch verdienstvoller ist die systematische Strukturierung der verschiedenen Kategorien *notwendiger Nebenabreden*. Diese in nationaler und europäischer Kasuistik jahrzehntelang gewachsenen Fallgruppen, die inzwischen durch die Rechtsentwicklung teilweise überholt sind, sich inhaltlich überschneiden und Anlass für Missverständnisse bieten (vgl. Rn. 37), werden durch den BGH nachvollziehbar geordnet. Ebenso wird ihr Verhältnis zu Art. 101 Abs. 3 AEUV geklärt. Schließlich veranschaulicht der Beschluss des BGH, wie die Prüfung von Effizienzvorteilen in Art. 101 Abs. 3 AEUV gehandhabt werden kann. Nicht zuletzt ist die Entscheidung auch rechtspolitisches Signal, dass die Durchsetzung kartellrechtlicher Regeln auch im Bereich der Digitalwirtschaft mit seinen neuartigen und dynamischen Geschäftsmodellen möglich und erforderlich ist. Die Entscheidung des BGH löste eine Vielzahl von Schadensersatzklagen betroffener Hotels gegen Booking aus, und zwar sowohl in Deutschland als auch in den Niederlanden. Dieses typische Nachspiel kartellrechtlicher Entscheidungen hatte eine besondere Pointe: Nachdem Booking in den Niederlanden darauf geklagt hatte, festzustellen, dass die von ihr in Deutschland verwendeten engen Bestpreisklauseln entgegen der bestandskräftigen, nach § 33b S. 1 GWB in Deutschland Bindungswirkung entfaltenden Entscheidung des Bundeskartellamts nicht gegen Wettbewerbsrecht verstoßen haben, hat das angerufene niederländische Gericht – ohne Art. 9 Abs. 2 der Richtlinie (EU) Nr. 2014/104/EU erkennbare Beachtung zu schenken – die Fragen der Qualifikation von Bestpreisklauseln als notwendige Nebenabreden und der Marktabgrenzung im Bereich von Online-Vermittlungsdienstleistungen für Hotelzimmer dem EuGH im Rahmen eines Vorabentscheidungsverfahrens vorgelegt (derzeit noch anhängig unter dem Aktenzeichen C-264/23). So werden die verschlungenen Pfade der dezentralen Anwendung des EU-Kartellrechts letztlich doch wieder zum EuGH führen.

4. Wettbewerbsbeschränkungen durch Regelwerke von Sportverbänden

83 Die Rechtsprechung der Unionsgerichte liefert vielfältiges Anschauungsmaterial für die enge Verknüpfung des EU-Kartellrechts mit den Grundfreiheiten. Gleichzeitig führt sie eindrucksvoll vor Augen, dass dem Kartellrecht in den unterschiedlichsten Zusammenhängen, die vermutlich nicht von jedermann sofort mit dem Begriff „Kartell" assoziiert werden, eine wichtige Rolle zukommt.

84 EuGH, Urteil vom 18.7.2006 – Rs. C-519/04 P, Slg. 2006, I-6991 – *Meca-Medina*
Nandrolon ist ein anaboles Steroid, das seit 1974 vom Internationalen Olympischen Komitee (IOC) und den in ihm zusammengeschlossenen Sportverbänden als verbotene Substanz auf die sog. Doping-Liste gesetzt worden ist. In den Neunzigerjahren wurde die Analytik zum Nachweis anaboler Steroide verbessert; in der Folge war ein deutlicher Anstieg positiver Doping-Tests zu verzeichnen. Unter anderem wurden die Langstreckenschwimmer David Meca-Medina und Igor Majcen 1999 positiv auf Nandrolon getestet und deshalb von ihrem Sportverband, der FINA, für vier Jahre gesperrt. Später durchgeführte wissenschaftliche Untersuchungen wiesen nach, dass die in den Anti-Doping-Regeln für Nandrolon festgesetzten Grenzwerte auch durch den Verzehr bestimmter Nahrungsmittel, wie des Fleisches unkastrierter Keiler, und durch die Einnahme verunreinigter Nahrungsergänzungsmittel überschritten werden können. Der von Meca-Medina und Majcen gegen ihre Sperre angerufene Internationale Sportgerichtshof (CAS) hielt gleichwohl einen Dopingverstoß für nachgewiesen und verkürzte lediglich die Sperre auf zwei Jahre. Dagegen legten die beiden Sportler bei der Europäischen Kommission Beschwerde ein, und zwar wegen eines Verstoßes gegen das Kartellverbot. Sie argumentierten, dass die wissenschaftlich nicht hinreichend fundierten Anti-Doping-Regeln unverhältnismäßig seien und deshalb als Beschluss einer Vereinigung von Unternehmensvereinigungen ihre wettbewerbliche Handlungsfreiheit in unzulässiger Weise beschränkten. Die Kommission wies die Beschwerde unter knappem Verweis auf die Verhältnismäßigkeit der Anti-Doping-Regeln durch Beschluss zurück. Dagegen klagten Meca-Medina und Majcen zunächst vor dem EuG, um die Nichtiger-

IV. Fallgestaltungen   85–87

klärung der Kommissionsentscheidung zu erreichen. Das EuG wies die Klage unter Bezugnahme auf die Rechtsprechung des EuGH zu den Grundfreiheiten ab, da die Dopingbekämpfung keine wirtschaftliche, sondern eine rein sportliche Regel sei; sie diene dem Sportsgeist (Fairplay) und dem Schutz der Gesundheit der Athleten. Die wirtschaftlichen Auswirkungen der Regel auf Berufssportler änderten nichts an der Natur des Regelwerks. Die Verhältnismäßigkeit sei daher nicht zu prüfen. Gegen das klageabweisende Urteil legten Meca-Medina und Majcen Rechtsmittel beim EuGH ein.

Der EuGH erinnerte einleitend daran, dass der professionell betriebene Sport zum Wirtschaftsleben gehört und deshalb am Maßstab der Grundfreiheiten (sofern sie Drittwirkung entfalten) und des Kartellrechts gemessen werden kann. Im Anschluss daran wandte sich der EuGH zunächst den Grundfreiheiten zu. Er stellte mit Verweis auf frühere Entscheidungen klar, dass von Sportverbänden aus nichtwirtschaftlichen Gründen, die mit dem spezifischen Charakter und Rahmen bestimmter Sportveranstaltungen zusammenhängen, aufgestellte Regelungen oder Praktiken nur dann nicht den Grundfreiheiten unterfallen, wenn sie nicht weiter gehen, als ihr Zweck es erfordert. Es gebe also bei der Prüfung der Grundfreiheiten keine generelle Ausnahme für rein sportliche Regelwerke. Selbst wenn eine sportliche Regelung mit den Grundfreiheiten vereinbar sei, könne daraus nicht geschlossen werden, dass Art. 101 und 102 AEUV unanwendbar seien oder ihre Tatbestandsvoraussetzungen nicht erfüllt seien. Deshalb hob der EuGH die Entscheidung des EuG auf. Da er die Sache für entscheidungsreif hielt, entschied er den Fall durch.   85

Unter das Kartellverbot falle nicht zwangsläufig jede Vereinbarung zwischen Unternehmen oder jeder Beschluss einer Unternehmensvereinigung, durch die die Handlungsfreiheit mindestens einer der Parteien beschränkt wird. Es seien der Gesamtzusammenhang, in dem der fragliche Beschluss zustande gekommen ist oder seine Wirkungen entfaltet, und insbesondere seine Zielsetzung im Einzelfall zu würdigen. Entscheidend sei dabei, ob die mit dem Beschluss verbundenen wettbewerbsbeschränkenden Wirkungen notwendig mit der Verfolgung der genannten Ziele zusammenhängen und ob sie im Hinblick auf diese Ziele verhältnismäßig sind. Ziel der Anti-Doping-Regeln sei die Gewährleistung des Fairplay und der Schutz der Gesundheit der Sportler. Für die Erreichung dieser Ziele sei es „im Prinzip notwendig", Verstöße zu sanktionieren. Unberechtigte Sanktionen könnten jedoch auch den (nicht nur sportlichen, sondern auch wirtschaftlichen) Wettbewerb zwischen den Berufssportlern verfälschen. Die Anti-Doping-Regeln müssten deshalb auf das zum ordnungsgemäßen Funktionieren des sportlichen Wettkampfs Notwendige begrenzt sein. Sie dürften weder hinsichtlich der Festsetzung der Grenzwerte für verbotene Substanzen noch mit Blick auf die Schärfe der Sanktionen überzogen sein. Da sich *Meca-Medina* und *Majcen* nach der Reduktion der Dauer ihrer Sperre durch den CAS nur noch gegen die Höhe des Schwellenwertes gewandt hatten, konnte der EuGH seine Prüfung auf diesen Aspekt beschränken. Der EuGH befand es sowohl für verhältnismäßig, Nandrolon als leistungssteigernde Substanz auf die Doping-Liste zu setzen als auch ein Schwellenwertmodell zu wählen. Mit Blick auf die Höhe des Schwellenwerts sei entscheidend, ob IOC und FINA als regelsetzende Sportverbände zum Zeitpunkt des Erlasses der Regelung und zum Zeitpunkt ihrer Anwendung unter Berücksichtigung des seinerzeit verfügbaren wissenschaftlichen Kenntnisstands das erforderliche Maß eingehalten hätten. Da die von den klagenden Sportlern angeführten wissenschaftlichen Studien erst später entstanden seien, könne dahinstehen, ob sich aus ihnen ein Bedarf zur Anpassung der Schwellenwerte ergebe. Da die Entscheidung der Kommission auf eine kartellrechtliche Beschwerde hin ergangen war, konnte der EuGH auf eine Prüfung am Maßstab der Grundfreiheiten verzichten.   86

Anmerkung: Wettbewerb ist vielschichtig: Er ist das Wesen des Sports (vgl. Rn. 6). Gleichzeitig ist professioneller Sport auch wirtschaftliche Betätigung und damit wirt-   87 schaftlicher Wettbewerb. Sportler und Klubs sind Unternehmen; Sportverbände und Ligaverbände sind Vereinigungen von Unternehmen oder von Unternehmensvereinigungen. Ungeachtet der von Sportverbänden als Schlagwort ins Feld geführten „Verbandsautonomie" unterfallen die Regelwerke der Sportverbände daher dem Anwendungsbereich des EU-Kartellrechts. Die EuGH-Entscheidung „*Meca-Medina*" ist schon deshalb bedeutsam, weil sie klarstellt, dass es keine der hoheitlichen Tätigkeit (vgl. hierzu den Fall Nr. 1 „*Compass-Datenbank*") entsprechende Reduktion des Anwendungsbereichs des EU-Kartellrechts für „sportpolitische Regelwerke" gibt; dies hatte das EuG noch anders gesehen. Dem Ansatz des EuGH ist zuzustimmen: Die wirtschaftliche Vermarktung des Profisports lässt Sport und Wirtschaft unauflösbar verschmelzen und steht einer dichotomischen Trennung von Regeln „rein sportlicher" und „(auch) wirtschaftlicher" Natur entgegen. Die Anti-Doping-Regeln bewegen sich also nicht in einem nichtwirtschaftlichen Raum, sondern sie verfolgen nichtwirtschaftliche Ziele, wobei sie zu deren Verfolgung in wirtschaftliche Aktivitäten regulierend eingreifen.

88 Das wirft die Folgefrage auf, wie das EU-Kartellrecht mit den Regelwerken der Sportverbände umzugehen hat. Es ist bemerkenswert, dass die Rechtsprechung der Unionsgerichte hier Inspiration und Anlehnung im Bereich der Grundfreiheiten gesucht hat – ohne dass deswegen die Unterschiede zwischen beiden Regelungssystemen eingeebnet werden dürfen. Die parallele Anwendbarkeit beider Regelungssysteme resultiert aus dem Konzept der Drittwirkung der Grundfreiheiten, durch das die eigentlich an die Mitgliedstaaten gerichteten Grundfreiheiten auf private Akteure (wie Sportverbände) erstreckt werden (vgl. Rn. 3 f. sowie § 3 Rn. 27). In den zuvor entschiedenen Fällen „*Bosman*", „*Deliège*" und „*Lehtonen*"[157], in denen jeweils sowohl Grundfreiheiten als auch Wettbewerbsregeln als Maßstab herangezogen werden konnten, bevorzugte der EuGH die Grundfreiheiten. Dies dürfte u. a. darauf zurückzuführen sein, dass dort das von ihm als passend erachtete Instrument einer an Gemeinwohlzielen ausgerichteten Verhältnismäßigkeitsprüfung bereits etabliert war. Mit der „*Meca-Medina*"-Entscheidung hat der EuGH eine vergleichbare Verhältnismäßigkeitsprüfung für Regelwerke von Sportverbänden in Art. 101 AEUV verankert, gleichzeitig aber die Eigenständigkeit der kartellrechtlichen Prüfung betont. Der „Meca-Medina-Test" hat gewisse Bezüge zu der Figur der notwendigen Nebenabreden (vgl. Fall Nr. 3 „*Booking*"), ist aber eine eigenständige Kategorie.

89 Die durch sie eröffnete Möglichkeit, über die Anwendung des EU-Kartellrechts die Regelwerke der Sportverbände einer Verhältnismäßigkeitsprüfung zu unterziehen, hat ein neues und intensiv in Anspruch genommenes „Spielfeld" des Kartellrechts entstehen lassen. Ob es um die Reglements der Fußballverbände für die Spielervermittlung, zur Begrenzung der Einflussnahme von Investoren auf Vereine oder zum „Financial Fairplay", um die Drohungen mit Ausschluss von Sportlern oder Klubs von Wettkämpfen durch einen Sportverband wegen der Teilnahme der Sportler oder Klubs an alternativen Wettkämpfen, oder um eher exotisch anmutende Regelwerke wie die Satzungen deutscher Hundezucht-Verbände geht, die Anwendungsmöglichkeiten sind mannigfaltig. Die Sportverbände versuchen sich durch die Erzwingung von Schiedsvereinbarungen zum CAS so weit wie möglich wenigstens der Anwendung des Kartellrechts im Zivilrechtswege zu entziehen – was wiederum eine kartellrechtliche Kontrolle der Schiedsvereinbarungs-Praxis zur Folge hatte; sie ist bei der gegenwärtigen Struktur des CAS indes kartellrechtlich nicht zu beanstanden.[158]

---

157 EuGH, U. v. 15.12.1995, Rs. C-415/93, Slg. 1995, I-4921 – *Bosman*; U. v. 11.4.2000, verb. Rs. C-51/96 und C-191/97, Slg. 2000, I-2549 – *Deliège*; U. v. 13.4.2000, Rs. C-176/96, Slg. 2000, I-2681 – *Lehtonen*.
158 BGH, U. v. 7.6.2016, KZR 6/15, BGHZ 210, 292 – *Pechstein/ISU*.

5. Missbräuchliches Ausnutzen einer marktbeherrschenden Stellung

Das Missbrauchsverbot ist durch eine reiche Kasuistik von den Unionsgerichten entscheidend geprägt worden. Der folgende Fall veranschaulicht einen Großteil der wichtigsten Anwendungsfragen des Art. 102 AEUV.

EuGH, Urteil vom 14.2.1978 – Rs. 27/76, Slg. 1978, 207 – *United Brands*

Die US-amerikanische United Brands Company („UBC") ist das weltweit größte Unternehmen der Bananenbranche. Das vertikal integrierte Unternehmen erzeugt insbesondere in Süd- und Mittelamerika Bananen auf eigenen Anbauflächen, kauft daneben auch von anderen Erzeugern produzierte Bananen an, transportiert die in grünem Zustand geernteten Bananen mit eigenen Kühlschiffen in andere Länder, in denen sie entweder in eigenen Reifereien oder in Reifereien anderer Unternehmen, die von ihr gesetzte Qualitätsstandards erfüllen müssen, zur Reife gebracht werden, um diejenigen Bananen, die bestimmte Qualitätsmerkmale (Sorte, Größe, Farbe) erfüllen, sodann durch eigene Tochtergesellschaften oder durch Vertriebshändler (d. h. selbstständige Unternehmen) unter einer im Markt etablierten und durch Werbekampagnen geförderten Marke („Chiquita") zu verkaufen. Die von UBC verkauften Bananen entsprachen im für die Entscheidung maßgeblichen Zeitpunkt ca. 35 % der Weltausfuhr. In den EU-Ländern entfielen 40–45 % der Bananenverkäufe auf UBC (einschließlich des Verkaufs durch Vertriebshändler). Die Wettbewerber waren deutlich kleiner: Die fünf nächstgrößten Unternehmen hatten jeweils Anteile von mindestens 5 %, aber weniger als 10 % am EU-weiten Bananenabsatz, wobei sie ihre geschäftlichen Aktivitäten überwiegend auf bestimmte EU-Länder konzentrierten. UBC ist auf den Vertrieb von Bananen spezialisiert, verkauft andere Obstsorten also nicht oder nur in unerheblichen Mengen. Das Unternehmen erzielte mit dem Bananenverkauf in der EU in den vorangegangenen Jahren nur eine geringe Gewinnspanne und verzeichnete sogar vorübergehende Verluste. Folgende Geschäftspraktiken wendet UBC in der EU gegenüber selbstständigen Vertragspartnern an:

1. *UBC belieferte Vertriebshändler und Reifereien nur, wenn diese sich verpflichteten, UBC-Bananen nicht in grünem Zustand weiterzuverkaufen. UBC führte zur Rechtfertigung an, dass dadurch für die Verbraucher die Qualität der gereiften Chiquita-Banane gesichert werde.*
2. *Die dänische Reiferei Olesen war mehrere Jahre lang für UBC tätig. Schließlich begann Olesen, auch die „Dole"-Bananen des schärfsten Konkurrenten von UBC zu vertreiben und an einer Werbekampagne für „Dole" mitzuwirken. Wegen dieses Verhaltens entschloss sich UBC, ihre Lieferungen an Olesen einzustellen: Die „Dole"-Banane sei darauf aus, die „Chiquita"-Banane zu verdrängen, so dass die Unterstützung der Werbekampagne des schärfsten Konkurrenten einen Interessenkonflikt verursacht habe, der den Abbruch der Vertragsbeziehungen rechtfertige.*
3. *UBC berechnete Vertriebshändlern und Reifereien aus verschiedenen Mitgliedstaaten für identische Mengen gleichwertiger Bananen unterschiedliche Preise: So lagen z. B. die Preise für Abnehmer aus Deutschland im Jahresdurchschnitt ca. 10–15 % über den Preisen für Abnehmer aus den Niederlanden. UBC erklärte dies mit den unterschiedlichen Zahlungsbereitschaften der Endverbraucher in den einzelnen Ländern: Man hole eben aus dem Markt, was er hergebe. In Ländern mit niedrigem Preisniveau mache UBC zudem teilweise Verluste.*

Nach Auffassung der Kommission missbrauchte UBC durch diese Verhaltensweisen jeweils seine beherrschende Stellung auf dem europäischen Bananenmarkt. Die nach Mitgliedstaaten differenzierte Preispolitik stelle sogar gleich einen doppelten Missbrauch dar: Erstens handele es sich um eine diskriminierende Behandlung der Handelspartner von UBC und zweitens seien die Preise, die UBC von Abnehmern aus den Hochpreisländern (wie z. B. Deutschland) fordere, missbräuchlich überhöht. Die Kommission erließ deshalb eine Abstellungsverfügung und verhängte gegen UBC eine Geldbuße. Gegen diese Entscheidung der Kommission hat UBC Klage beim EuGH eingereicht.

92 Ausgangspunkt des EuGH-Urteils ist die Marktabgrenzung (vgl. Rn. 39, 49). In sachlicher Hinsicht stellt sich die Frage, ob Bananen einen eigenen Markt bilden oder bloß Teil eines weit abzugrenzenden Marktes für frisches Obst sind. Dies hängt davon ab, ob Bananen sich durch ihre spezifischen Eigenschaften so sehr von anderem frischen Obst unterscheiden, dass sie mit ihm nur geringfügig austauschbar und deshalb lediglich einem geringen Wettbewerbsdruck durch andere Obstsorten ausgesetzt sind. Der EuGH setzt daher zu einem intensiven „Obstvergleich" an: Die Banane sei ganzjährig in genügenden Mengen verfügbar, was sonst nur für Äpfel und Orangen gelte. Mit Saisonfrüchten könne es ohnehin nur eine jahreszeitliche Austauschbarkeit geben; selbst diese sei nach den Ermittlungen zu Kreuzpreiselastizitäten (vgl. Rn. 39) aber nur für Pfirsiche und Tafeltrauben zu beobachten, und dies auch nur in geringem Maße. Mit den ebenfalls dauerhaft verfügbaren Orangen und Äpfeln sei die Banane schließlich auch nicht hinreichend austauschbar. Durch „*ihr Ansehen, ihren Geschmack, ihre weiche Beschaffenheit, das Fehlen von Kernen, eine einfache Handhabung und ein gleichbleibendes Produktionsniveau*" sei die Banane „*geeignet, den gleichbleibenden Bedarf einer bedeutenden, sich aus Kindern, Alten und Kranken zusammensetzenden Bevölkerungsgruppe zu befriedigen*" und deshalb „*eine bevorzugte Frucht*".[159] Im Anschluss führt der EuGH mit Blick auf die räumliche Marktabgrenzung aus, dass diejenigen Mitgliedstaaten, in denen ungefähr gleiche Rahmenbedingungen für den Bananenhandel gelten, den räumlich relevanten Markt bilden.

93 Nachdem der EuGH den relevanten Markt entsprechend abgegrenzt hatte, wendet er sich der Definition der marktbeherrschenden Stellung zu. Demnach sei damit „*die wirtschaftliche Machtstellung eines Unternehmens gemeint, die dieses in die Lage versetzt, die Aufrechterhaltung eines wirksamen Wettbewerbs auf dem relevanten Markt zu verhindern, indem sie ihm die Möglichkeit verschafft, sich seinen Wettbewerbern, seinen Abnehmern und schließlich den Verbrauchern gegenüber in einem nennenswerten Umfang unabhängig zu verhalten*"[160] (Rn. 50). Der EuGH hebt dabei die Notwendigkeit einer Gesamtwürdigung aller Umstände hervor: Das Vorliegen einer beherrschenden Stellung ergebe sich „*im allgemeinen aus dem Zusammentreffen mehrerer Faktoren, die jeweils für sich genommen nicht ausschlaggebend sein müssen.*"[161] Der EuGH stellt dabei sowohl auf die Unternehmensstruktur, insbesondere die stark ausgeprägte vertikale Integration von UBC, als auch auf die Wettbewerbssituation ab. Dabei kommt es nicht auf die Stellung von UBC auf dem Weltmarkt, sondern auf die Stellung auf dem räumlich relevanten Markt an. Von zentraler Bedeutung ist dabei zunächst die Aussage des EuGH, dass aus Marktanteilen von 40–45 % nicht ohne Weiteres auf eine marktbeherrschende Stellung geschlossen werden kann. Ebenso bedeutsam ist die Aussage, dass der Abstand zwischen den Marktanteilen von UBC und denen der nächstgrößten Wettbewerber, also die relative Marktposition, ein wichtiges Kriterium sei. Schließlich ist noch hervorzuheben, dass der EuGH das Argument, geringe Gewinnspannen und vorübergehende Verluste seien mit einer marktbeherrschenden Stellung unvereinbar, ausdrücklich zurückgewiesen hat. Anhand dieser Maßstäbe stellte der EuGH eine beherrschende Stellung von UBC auf dem relevanten Markt fest.

94 In dem an Vertriebshändler und Reifereien gerichteten Verbot des Verkaufs von grünen Bananen erkannte der EuGH auch eine missbräuchliche Ausnutzung der marktbeherrschenden Stellung. Der EuGH hielt es zwar nicht nur für zulässig, sondern sogar für empfehlenswert, dass Unternehmen bei der Auswahl der Wiederverkäufer eine Qualitätspolitik verfolgen. Dabei dürften jedoch nur objektive Kriterien, welche die Eignung

---

159 EuGH, U. v. 14.2.1978, Rs. 27/76, Slg. 1978, 207 Rn. 23/33 – *United Brands*.
160 EuGH, U. v. 14.2.1978, Rs. 27/76, Slg. 1978, 207 Rn. 63/66 – *United Brands*.
161 EuGH, U. v. 14.2.1978, Rs. 27/76, Slg. 1978, 207 Rn. 63/66 – *United Brands*.

des Wiederverkäufers, seines Personals und seiner Anlagen sicherstellen sollen, angewandt werden. Diese Kriterien dürften auch nicht über das hinausgehen, was zur Zielverwirklichung erforderlich sei. Daran gemessen ging dem EuGH das Weiterverkaufsverbot für grüne Bananen erheblich zu weit. Denn es wirkte sich praktisch wie ein Ausfuhrverbot in andere Mitgliedstaaten aus, da ausgereifte Bananen rasch verderblich sind und daher nur noch in örtlich begrenztem Maße transportiert werden können. Nur grüne Bananen sind über Landesgrenzen hinweg handelbar. Das faktische Ausfuhrverbot verhinderte also, dass Weiterverkäufer die Preisunterschiede zwischen den Mitgliedstaaten nutzen und dadurch ausgleichen konnten. Die von UBC bewirkte Abriegelung der nationalen Märkte lief so dem Ziel eines einheitlichen Binnenmarktes zuwider und schädigte die Verbraucher. Für eine Sicherung der Qualität der gereiften Bananen war diese einschneidende Maßnahme aus Sicht des EuGH offenkundig nicht zwingend erforderlich.

95 Ebenso bestätigte der EuGH die Auffassung der Kommission, dass die Einstellung der Lieferungen an die Reiferei Olesen missbräuchlich gewesen sei. Ein Unternehmen mit marktbeherrschender Stellung sei nicht frei darin, Lieferungen an langjährige Kunden, deren Geschäftsgebaren den Gebräuchen des Handels entspreche und deren Bestellungen nicht anomal seien, einfach einzustellen. Denn damit würden diese Abnehmer in ihren Absatzmöglichkeiten beschränkt und unter Umständen sogar vom Markt ausgeschaltet. Der Abbruch von Lieferbeziehungen sei nur legitim, wenn er sachlich gerechtfertigt sei. Dabei sei zu beachten, dass auch marktbeherrschende Unternehmen das Recht hätten, ihre eigenen geschäftlichen Interessen zu wahren. Wenn diese angegriffen würden, könne es Gegenmaßnahmen ergreifen. Die Gegenmaßnahmen müssten jedoch *„unter Berücksichtigung der wirtschaftlichen Macht der beteiligten Unternehmen in einem angemessenen Verhältnis zu der Bedrohung stehen."*[162] Da Olesen lediglich auch für einen Konkurrenten von UBC tätig werden wollten, habe die Lieferverweigerung hier das zulässige Maß überschritten. UBC habe letztlich das Ziel verfolgt, andere Reifereien davon abzuschrecken, für Konkurrenten von UBC tätig zu werden und so die wirtschaftliche Machtstellung von UBC weiter abzusichern.

96 Schließlich wandte sich der EuGH der Preisstrategie von UBC zu und gelangte insoweit zu einem differenzierten Ergebnis. Die nach Mitgliedstaaten differenzierende Preispolitik sah der EuGH ebenso wie die Kommission als missbräuchlich an. Diese Preisdiskriminierung sei nicht mit dem allgemeinen Spiel von Angebot und Nachfrage, durch das sich freie Märkte auszeichnen, zu rechtfertigen. Denn UBC dürfe zwar auf Unterschiede in der Nachfrage seiner direkten Abnehmer mit differenzierten Preisen reagieren. Hier werde aber, „eine Stufe des Marktes überspringend", das Gesetz „von Angebot und Nachfrage zwischen Verkäufern und Endverbrauchern berücksichtigt" und dadurch der Marktmechanismus beeinträchtigt.[163] Diese Wirkung werde durch das Verbot des Weiterverkaufs grüner Bananen noch verschärft. Im Ergebnis entstünden abgeriegelte Märkte mit künstlich unterschiedlichem Preisniveau.

97 Einen Preishöhenmissbrauch vermochte der EuGH auf Grundlage der Ermittlungen der Kommission hingegen nicht festzustellen. Ohne andere ökonomische Konzepte auszuschließen, griff der EuGH auf die Methode der Gewinnspannenbegrenzung zurück. Demnach sei in einem ersten Schritt zu prüfen, ob ein übertriebenes Missverhältnis zwischen den tatsächlich entstandenen Kosten (sog. „Gestehungskosten" bzw. „Gestehungspreis") und dem tatsächlich verlangten Preis bestehe. Wenn dies der Fall sei, müsse zusätzlich in einem zweiten Schritt geprüft werden, ob der Preis absolut oder im Vergleich zu den Konkurrenzprodukten unangemessen hoch sei. Die von der Kommission

---

162 EuGH, U. v. 14.2.1978, Rs. 27/76, Slg. 1978, 207 Rn. 184/194 – *United Brands*.
163 EuGH, U. v. 14.2.1978, Rs. 27/76, Slg. 1978, 207 Rn. 227/233 – *United Brands*.

ermittelten Unterschiede der Preise zwischen einzelnen Mitgliedsstaaten seien insoweit nicht ausreichend, insbesondere weil die Kommission dem Einwand von UBC, in einigen Niedrigpreisländern Verluste erlitten zu haben, nicht weiter nachgegangen sei, so dass dieser Umstand zugunsten von UBC als wahr zu unterstellen sei.

98 **Anmerkung:** Das viel diskutierte *United Brands*-Urteil (oft mit dem Kosenamen „Chiquita" bezeichnet) hat trotz seines hohen Alters bis heute nichts an Aktualität eingebüßt. Es ist in vieler Hinsicht ein Meilenstein, teilweise auch eine Sackgasse der Kartellrechtsentwicklung, vor allem aber: lehrreich. Die sachliche Marktabgrenzung ist nicht nur eine bemerkenswerte Liebeserklärung an die Banane, sondern führt uns in die tiefen Gewässer ökonomischer Konzepte, hier: der Kreuzpreiselastizität. Die Anwendung des sog. SSNIP-Tests (Rn. 39) ist mit Fallstricken verbunden, die leicht zu Trugschlüssen führen können, so dass die Ergebnisse derartiger Tests nur begrenzt belastbar sind. Der SSNIP-Test liefert nämlich nur dann aussagekräftige Ergebnisse, wenn sich der Ausgangspreis unter Wettbewerbsbedingungen gebildet hat – was gerade bei der Untersuchung des Verhaltens möglicherweise marktbeherrschender Unternehmen nicht einfach unterstellt werden kann. Ein Monopolist würde, um seinen Gewinn zu maximieren, den Preis für sein Produkt so hoch setzen, dass ihm eine noch weitere Preiserhöhung keinen Gewinn mehr brächte (weil der Rückgang des Profits durch den Absatzverlust größer wäre als die Gewinnsteigerung durch das höhere Preisniveau). Wäre ein Monopolpreis der Ausgangspunkt, würde sich also ein Ausweichverhalten der Nachfrager zu allen möglichen Substituten beobachten lassen und der sachlich relevante Markt wäre „unendlich weit". Das Ergebnis des SSNIP-Tests reflektiert in diesen Situationen also nur, dass bereits Marktmacht ausgeübt wird – eine auf den Test gestützte weite Marktabgrenzung würde das gebotene kartellrechtliche Eingreifen verhindern. Dieses Problem wird nach einem US-amerikanischen Kartellverfahren, in dem es um das Verpackungsmittel Zellophan ging und in dem der US-amerikanische Supreme Court diesen Zusammenhang verkannte, als „*cellophane fallacy*" (Zellophan-Trugschluss) bezeichnet. In anderen Situationen kann die Betrachtung der Kreuzpreiselastizität auch zu einer zu engen Marktabgrenzung führen. So kann es sein, dass die Konsumenten bei einer hypothetischen 5–10 %igen Preiserhöhung auf eine Vielzahl verschiedener Substitute ausweichen würden, je nach individueller Präferenz. Zu jedem einzelnen Substitut würden dann nur wenige Konsumenten wechseln, insgesamt würde aber ein großer Teil der Preiserhöhung ausweichen. Da die auf einzelne Substitute bezogene Kreuzpreiselastizität jeweils gering wäre, würde der Markt eng abgegrenzt, obwohl der Wettbewerbsdruck der Substitute in Summe groß wäre und die Verhaltensspielräume begrenzte. Der *United Brands*-Fall bietet daher Anlass zu der Frage, ob die jeweils isolierte Betrachtung der Kreuzpreiselastizität zwischen Bananen und Äpfeln, Bananen und Orangen, Bananen und Trauben, usw., tatsächlich geeignet war, die Verhaltensspielräume der Bananenproduzenten zutreffend zu erfassen. Kritisch zu hinterfragen ist schließlich auch die Argumentation des EuGH mit den geringen Ausweichmöglichkeiten besonders schutzbedürftiger Verbraucher (Kinder, Alte und Kranke). Denn auch wenn diese selbst nur schwer wechseln können, wäre es möglich, dass sie durch das Ausweichverhalten wechselbereiter Nachfrager (sog. marginaler Nachfrager) bereits hinreichend vor Preiserhöhungen und damit verbundener Ausbeutung geschützt werden. Insoweit kann es trügerisch sein, sich bei der Marktabgrenzung auf kleine Gruppen „gefangener Nutzer" zu fokussieren. Dass der räumlich relevante Markt nur einen Teil der Mitgliedstaaten umfasste, war der Tatsache geschuldet, dass in den Siebzigerjahren der Binnenmarkt noch nicht so weit fortentwickelt war wie heute.

99 Von dauerhafter Bedeutung ist die vom EuGH hier erstmals verwendete Definition der marktbeherrschenden Stellung, die bis heute in ständiger Rechtsprechung zitiert wird. Die vom EuGH herangezogenen Kriterien der Marktanteile, einschließlich der Schwellenwerte, und der Marktanteilsabstände sind immer noch gültig. Auch die Zurückweisung des Gegenarguments vorübergehender Verluste hat nichts an Aktualität eingebüßt: So war der in den letzten Jahren erfolgte Aufstieg der weltgrößten Digitalkonzerne (Google, Amazon, Facebook) dadurch gekennzeichnet, dass diese zunächst den Ausbau ihrer „digitalen Ökosysteme" und damit ihr Wachstum forcierten – die zu dieser Zeit noch geringen Gewinne erfuhren erst nach Abschluss dieses Unterfangens ein sprunghaftes Wachstum.

100 Die Ausführungen des EuGH zum Weiterverkaufsverbot für grüne Bananen sind wegweisend für das insbesondere durch den Online-Handel wieder hochaktuelle und sowohl für Art. 101 AEUV als auch für Art. 102 AEUV relevante Thema des qualitativen Selektivvertriebs. Hierunter werden Vertriebsformen verstanden, bei denen Hersteller sich auf einzelne, nach bestimmten Kriterien ausgewählte Händler beschränken und diese zur Einhaltung bestimmter Vertriebswege verpflichten, z. B. um Abnehmern eine qualitativ hochwertige Beratung zu sichern oder das Markenimage zu fördern – was jedoch wegen der damit verbundenen Dämpfung des Preiswettbewerbs auf der Händlerebene wettbewerblich bedenklich sein kann. In jüngster Zeit steht dabei die Frage im Mittelpunkt, ob die vom EuGH verlangten objektiven Kriterien und die darauf bezogene Unerlässlichkeit beim Vertrieb von Luxusprodukten schon dann gegeben sind, wenn die Vertriebsvorgaben das Luxusimage bzw. den Prestigecharakter des Produktes sichern sollen, und welche Vorgaben daraus für den Internetvertrieb (vollständiges Verbot, Verpflichtung zu einem parallelen stationären Vertrieb, Verbot des Handels auf bestimmten Online-Marktplätzen, usw.) abgeleitet werden dürfen.[164]

101 Mit Blick auf die vom EuGH erkannte Missbräuchlichkeit der Lieferverweigerung gegenüber der Reiferei Olesen ist anzumerken, dass dies im Ergebnis schon deshalb überzeugt, weil durch diese Verhaltensweise die – auf Zugang zu Reifereien angewiesenen – Konkurrenten von UBC (wie Dole) daran gehindert werden, Zugang zu Reifereien und damit zum nachgelagerten Markt des Bananeneinzelhandels zu finden.

102 Die vom EuGH vorgenommene kartellrechtliche Bewertung der Preisstrategie vermag nur eingeschränkt zu überzeugen. Dass es UBC bei seiner Preissetzung verboten sei, die Zahlungsbereitschaft der Endverbraucher „eine Stufe des Marktes überspringend" zu berücksichtigen, ist weder ökonomisch überzeugend noch zur Verwirklichung des Binnenmarktes erforderlich. Denn auch wenn die Preispolitik eines Herstellers zu Preisunterschieden für identische Produkte zwischen den einzelnen Mitgliedstaaten führt, entsteht dadurch für Zwischenhändler ein Anreiz, auf Grundlage der Freiheiten des Binnenmarkts Arbitragegeschäfte zu tätigen und somit die Preisunterschiede wieder einzuebnen. Dieser Zusammenhang wird mit den Schlagworten „Parallelhandel" und „Reimporte" bezeichnet und ist für viele Branchen (KFZ-Handel, Arzneimittel, usw.) von großer praktischer Bedeutung. Gleichwohl hat der EuGH hier im Ergebnis nicht Unrecht: Das wettbewerbliche Problem liegt nämlich darin, dass durch das – missbräuchliche – Verbot des Verkaufs grüner Bananen Arbitragegeschäfte verhindert und damit die „Selbstheilungskräfte" des Marktes ausgeschaltet werden. Eben das macht die national differenzierte Preispolitik von UBC zu einem wettbewerblichen Problem.[165]

103 Schließlich berührt die Entscheidung mit dem Vorwurf der absoluten Preisüberhöhung auch noch einen Aspekt des Ausbeutungsmissbrauchs. Es ist insoweit bis heute Bezugspunkt, aber auch vereinzelt geblieben. Die Schwierigkeiten des Konzepts des Preishö-

---

164 EuGH, U. v. 13.1.1994, Rs. C-376/92, NJW 1994, 643 Rn. 29 – *Cartier*; U. v. 13.10.2011, Rs. C-439/09, EuZW 2012, 28 Rn. 39 – *Pierre Fabre*; U. v. 6.12.2017, Rs. C-230/16, NJW 2018, 281 – *Coty Germany*.
165 So auch: *Wagner-von Papp*, WuW 2021, 442 (444), der auch noch auf weitere Aspekte der *United Brands*-Entscheidung eingeht.

103

henmissbrauchs sind primär ökonomischer und praktischer Natur, so dass die seltenen Verfahren der Kommission meist über Verpflichtungszusagen (Rn. 57) abgeschlossen werden.[166] Dafür gewinnt der Konditionenmissbrauch als Unterfall des Ausbeutungsmissbrauchs mit Blick auf die mit der Nutzung von digitalen Plattformen verbundenen Allgemeinen Geschäftsbedingungen und datenschutzrechtlichen Einwilligungen zunehmend an Bedeutung und ist in den Fokus der kartellbehördlichen Kontrolle gerückt.[167]

166　So 2009 im Fall „*Rambus*" (AT.38636), 2011 im Fall „*Standard & Poors*" (AT.39592), 2018 im Fall „*Gazprom*" (AT.39816) und 2021 im Fall „*Aspen*" (AT.40394). Vgl. zum Preishöhenmissbrauch bei Arzneimitteln: *Schuhmacher/Holzweber*, ZWeR 2019, 62.
167　Prägend ist insoweit das Facebook-Verfahren des Bundeskartellamtes; vgl. dazu: BGH, B. v. 23.6.2020, KVR 69/19, BGHZ 226, 67 – *Facebook*.

§ 10 Fusionskontrolle

Roland Schwensfeier[1]

Literaturhinweise:
Bunte, Kartellrecht – Kommentar, Band 2, 14. Aufl. 2021, FKVO; *Immenga/Mestmäcker*, Wettbewerbsrecht – Kommentar, Bd. 3: Fusionskontrolle, 6. Aufl. 2020; *Lettl*, Kartellrecht, 5. Aufl. 2021, § 6; *Loewenheim/Meessen/Riesenkampff/Kersting/Meyer-Lindemann*, Kartellrecht – Kommentar, 4. Aufl. 2020; *Mäger*, Europäisches Kartellrecht, 2. Aufl. 2011; *Mestmäcker/Schweitzer*, Europäisches Wettbewerbsrecht, 3. Aufl. 2014, §§ 6, 7, 24–27; Münchner Kommentar *zum* Wettbewerbsrecht, Band 1: Europäisches Wettbewerbsrecht, 3. Aufl. 2020; *Rosengarten/Baumeister/Klein*, Mergers and Acquisitions in Germany, 3. Aufl. 2020, D; *Schwalbe/Zimmer*, Kartellrecht und Ökonomie, 3. Aufl. 2021; *Schulte*, Handbuch Fusionskontrolle, 3. Aufl. 2020.

I. Grundlagen der Europäischen Fusionskontrolle

Die europäische Fusionskontrolle[2] ist Teil des europäischen Wettbewerbsrechts und befasst sich aus dessen Perspektive mit Unternehmenszusammenschlüssen.[3] Diese können erhebliche negative Strukturveränderungen von Märkten bewirken. Der Zusammenschlussbegriff umfasst die Fusion mit oder den Erwerb von Kontrolle über bisher unabhängige Unternehmen oder Unternehmensteile durch andere Unternehmen oder Personen, die schon Unternehmen kontrollieren.[4] Die Fusionskontrolle erfasst also – vereinfacht gesagt – die dauerhafte Verbindung unternehmerischer Ressourcen. Damit hat die Fusionskontrolle einen eigenständigen Anwendungsbereich neben dem Kartellverbot (Art. 101 AEUV), das sich mit der begrenzten Koordination des Wettbewerbsverhaltens grundsätzlich unabhängiger Unternehmen befasst, und neben dem Missbrauchsverbot (Art. 102 AEUV), welches das einseitige Verhalten marktbeherrschender Unternehmen zum Gegenstand hat.[5] Die Abgrenzung ist jedoch weder einfach noch trennscharf; in bestimmten Fällen kommt es zu einer Überschneidung der Anwendungsbereiche.[6] Die praktische Bedeutung der Fusionskontrolle ist enorm. In den Jahren 1990 bis 2021 wurden insgesamt 8367 Fusionen bei der Kommission angemeldet, von denen allerdings lediglich 31 untersagt, 142 unter Veränderungen genehmigt und 49 während des Hauptprüfverfahrens zurückgezogen wurden. Soweit die EU-Fusionskontrolle nicht anwendbar ist, lässt sie Raum für die Fusionskontrollregelungen der Mitgliedstaaten; ansonsten genießt sie Vorrang. Die Fusionskontrolle der EU steht neben den Fusionsregeln von Drittstaaten; deren parallele Anwendbarkeit führt zur Mehrfachkontrolle desselben Vorganges im Rahmen einer Vielzahl von Verfahren in verschiedenen Rechtsordnungen, sog. multijurisdictional filings.

1

---

1 Der Beitrag gibt ausschließlich die persönliche Auffassung des Bearbeiters wieder.
2 Zwar ist die Fusion nur ein Zusammenschlusstatbestand neben anderen, der Begriff Fusionskontrolle umfasst jedoch alle Arten von Zusammenschlüssen und ist allgemein gebräuchlich. Die Begriffe Fusion und Zusammenschluss werden im Folgenden gleichbedeutend benutzt.
3 Zur Fusionskontrolle und dem M&A-Prozess siehe *Rosengarten/Baumeister/Klein*.
4 Zum Unternehmensbegriff siehe oben § 9, Rn. 17 ff.
5 Dazu § 9 oben.
6 Siehe allgemein Art. 21 Abs. 1 FKVO, zu den koordinierten Effekten der Gründung eines Gemeinschaftsunternehmens siehe deren 27. Begründungserwägung, Art. 2 Abs. 4 und Art. 8 Abs. 1 bis 3, sowie zu den mit einem Zusammenschluss unmittelbar verbundenen Wettbewerbsbeschränkungen siehe Art. 6 Abs. 1 lit. b UAbs. 2, Art. 8 Abs. 1 UAbs. 2 FKVO sowie deren 21. Begründungserwägung. Zur Genese der FKVO näher unten bei Fn. 8.

2 Während ein Zusammenschluss aus der Perspektive der ihn beabsichtigenden Parteien betriebswirtschaftlich stets sinnvoll ist, können Zusammenschlüsse volkswirtschaftlich nicht pauschal beurteilt werden. Einerseits können sie wünschenswerte Effizienzen mit sich bringen, wie z. B. Synergien, Größenvorteile, besseren Zugang zu den Kapitalmärkten oder nur durch Größe finanzierbare neue Entwicklungen, die zu besseren Produkten bzw. günstigeren Preisen führen. Andererseits verändern sie die Marktstruktur (vgl. § 9 Rn. 55) und können Marktmacht schaffen, die auf Kosten der Abnehmer höhere Preise und reduzierte Innovation durchsetzen kann. Diese unerwünschten Effekte auszuschließen, ist das Ziel der Fusionskontrolle.

3 Die Fusionskontrolle gehört zu den jüngeren Instrumenten des europäischen Wirtschafts- und Wettbewerbsrechts. Sie wurde erst durch die Verordnung (EWG) Nr. 4064/89 mit Wirkung zum 21. September 1990 eingeführt. Zuvor galten auf europäischer Ebene nur das Kartellverbot des Art. 101 AEUV und das Missbrauchsverbot des Art. 102 AEUV. Diese stellten jedoch lediglich ein unzureichendes Instrumentarium zur kartellrechtlichen Behandlung von Zusammenschlüssen dar.[7] Eine Fusionskontrolle fand bis zu diesem Zeitpunkt nur auf nationalen Rechtsgrundlagen statt, insb. bereits seit 1973 auf Grundlage der heutigen §§ 35 ff. GWB.

4 Im Gegensatz zum Kartellverbot und zum Missbrauchsverbot hat die Fusionskontrolle keine direkte Rechtsgrundlage in den Verträgen, sondern ist in einer sekundärrechtlichen Verordnung geregelt, der sogenannten Fusionskontrollverordnung (FKVO).[8] Die FKVO beruht auf zwei primärrechtlichen Ermächtigungsgrundlagen zugleich: Art. 103 AEUV und Art. 352 AEUV. Dabei stützt Art. 103 AEUV die FKVO insoweit, als sie den Regelungsgehalt der Art. 101 und 102 AEUV näher ausgestaltet; da die FKVO über diesen Regelungsgehalt hinausgeht, musste sie zudem auf Art. 352 AEUV gestützt werden. Neben dem operativen Teil enthält die FKVO umfängliche Erwägungsgründe (im Folgenden EG), welche bei der Auslegung heranzuziehen sind (Art. 2 Abs. 1 FKVO).

5 Die vom Rat erlassene FKVO ermächtigt in ihrem Art. 23 die Kommission zum Erlass von Durchführungsvorschriften im Sinne von Art. 290 AEUV bezüglich Form, Inhalt und Einzelheiten der Anmeldungen und Anträge, Fristen sowie Verpflichtungszusagen. Von dieser Ermächtigung hat die Kommission in der Durchführungsverordnung zur FKVO[9] umfassend Gebrauch gemacht.

6 Weiterhin fordert der 28. Erwägungsgrund der FKVO die Kommission dazu auf, Leitlinien zu erlassen, um deutlich zu machen und zu erläutern, wie sie Zusammenschlüsse nach der FKVO beurteilt. Diese Leitlinien sind von erheblicher praktischer Bedeutung,[10] denn sie binden die Kommission und Unternehmen können sich ihr gegenüber auf sie

---

7 Für ein Beispiel der Anwendung von Art. 101 AEUV auf einen Zusammenschluss siehe EuGH, U. v. 17.11.1987, Rs. 142/84, Slg. 1987, 4566 Rn. 37 ff. – *BAT & Reynolds (Philip Morris)*. Für ein Beispiel der Anwendung von Art. 102 AEUV auf einen Zusammenschluss siehe EuGH, U. v. 21.1.1973, Rs. 6/72, Slg. 1973, 2155 Rn. 20 ff. – *Continental Can*; siehe auch das unten diskutierte Vorlageverfahren C-449/21 – *Towercast*, wo der EuGH auf die Schlussanträge von GA Kokott von einer Anwendbarkeit durch nationale Wettbewerbsbehörden außerhalb des Anwendungsbereichs der FKVO ausgingen (siehe unten, Fall 4).

8 Verordnung (EG) Nr. 139/2004 (ABl. L 24/1 v. 29.1.2004). Sie ersetzte mit Wirkung zum 1. Mai 2004 die alte FKVO, Verordnung (EWG) Nr. 4064/89 (ABl. L 395/1 v. 30.12.1989), deren Anwendungsbereich durch Verordnung (EG) Nr. 1310/97 (ABl. L 180/1 v. 9.7.1997; Berichtigung ABl. L 40/17 v. 13.2.1998) erweitert worden war. Ein Konsultationsprozess der Kommission zur Überarbeitung der FKVO (vgl. IP/09/963; COM/2014/0449 final; SWD/2014/0221 final) führte zu keiner Rechtsänderung.

9 Verordnung (EG) Nr. 802/2004, ABl. L 133/1 v. 30.4.2004. Eine größere Aktualisierung – die Einführung des vereinfachten Verfahrens – folgte 2013 mit der Durchführungsverordnung (EU) Nr. 1269/2013, ABl. L 336/1 v. 14.12.2013. Eine Ausdehnung des vereinfachten Verfahrens ist derzeit geplant: https://ec.europa.eu/competition-policy/public-consultations/2022-merger-simplification_en (zuletzt abgerufen am 5.9.2023).

10 Weiterführend *Thomas*, EuR 2009, 423.

berufen. Da es sich aber nicht um formale Rechtsquellen handelt, ist der EuGH an die Leitlinien nicht gebunden.

Zuständigkeitsfragen behandelt die Kommission in der konsolidierten Zuständigkeitsmitteilung.[11] Für das Verfahren sind darüber hinaus die Mitteilung zu der Verweisung von Fällen[12] und die speziellere zu Art. 22 FKVO bedeutsam.[13] Grundsätze zur materiellen Beurteilung von Zusammenschlussvorhaben enthalten die Leitlinien für die Beurteilung horizontaler[14] und nicht-horizontaler[15] Zusammenschlüsse, zur Marktdefinition,[16] zu Abhilfemaßnahmen[17] und zu Nebenabreden.[18] Daneben hat die Kommission noch weitere Mitteilungen herausgegeben.[19]

II. Normative Ausgestaltung

Die Beurteilung von Zusammenschlüssen gliedert sich in die formelle und die materielle Fusionskontrolle. Die formelle Fusionskontrolle fragt nach der Anmeldepflichtigkeit eines Zusammenschlusses. Zusammenschlüsse, die gemeinschaftsweite, d. h. unionsweite[20] Bedeutung haben und somit in den Anwendungsbereich der europäischen Fusionskontrolle fallen, müssen bei der Kommission angemeldet und dürfen vor ihrer Freigabe nicht vollzogen werden (Vollzugsverbot, System der präventiven Fusionskontrolle). Die materielle Fusionskontrolle fragt nach den Untersagungsvoraussetzungen. Dabei prüft die Kommission, ob der Zusammenschluss zu einer erheblichen Behinderung wirksamen Wettbewerbs, insbesondere zur Begründung oder Verstärkung einer marktbeherrschenden Stellung führen würde. Dabei können die beteiligten Unternehmen etwaige Bedenken der Kommission durch Zusagen ausräumen, die von der Kommission in Bedingungen und Auflagen gefasst werden. Die Kommission ist zur Beurteilung von Zusammenschlüssen mit unionsweiter Bedeutung im Verhältnis zu den Mitgliedstaaten ausschließlich zuständig.

Wenn kein Zusammenschluss im Sinne der FKVO vorliegt[21] oder dieser keine gemeinschaftsweite Bedeutung hat, und damit der Anwendungsbereich der europäischen Fusionskontrolle nicht eröffnet ist, treten die nationalen Fusionskontrollvorschriften der Mitgliedstaaten wieder hervor. Dies kann zu der absurden Situation führen, dass z. B. ein kleiner Zusammenschluss ohne gemeinschaftsweite Bedeutung bezüglich des Ver-

---

11 Korrigierte Fassung ABl. C 43/10 v. 21.2.2009.
12 ABl. C 56/2 v. 5.3.2005.
13 ABl. C 113/1 v. 31.3.2021 sowie ein FAQ von Dezember 2022, abrufbar unter https://competition-policy.ec.europa.eu/system/files/2022-12/article22_recalibrated_approach_QandA.pdf (zuletzt abgerufen am 5.9.2023).
14 ABl. C 31/5 v. 5.2.2004.
15 ABl. C 265/6 v. 18.10.2008.
16 ABl. C 372/5 v. 9.12.1997; am 8.11.2022 veröffentlichte die Kommission den Entwurf einer überarbeiteten Mitteilung, die im dritten Quartal 2023 in Kraft treten soll.
17 ABl. C 267/1 v. 22.10.2008.
18 ABl. C 56/24 v. 5.3.2005.
19 Hervorzuheben ist die Mitteilung zum vereinfachten Verfahren (ABl. C 160/1 v. 5.5.2023 sowie zu Art. 22 ABl. C 366/5 v. 14.12.2013 mit Corrigendum ABl. C 011/6 v. 15.1.2014; Mitteilung zur Akteneinsicht (ABl. C 325/7 v. 22.12.2005). Weitere Mitteilungen sind nur über die Website der Kommission unter Wettbewerb abrufbar (https://ec.europa.eu/competition-policy/mergers/legislation_en, zuletzt abgerufen am 5.9.2023). Dies betrifft insbesondere die Best-Practice Mitteilung zur Durchführung von Zusammenschlussverfahren, Beispieltexte zu Veräußerungsverpflichtungen und zur Treuhänderbestellung sowie die Mitteilung zur Aufgabe von Zusammenschlussvorhaben.
20 Die Terminologie der FKVO wurde bislang nicht an diejenige des AEU-Vertrags angepasst. Sachliche Abweichungen folgen daraus nicht.
21 EuG, B. v. 18.3.2008, Rs. T-411/07 R, Slg. 2008, II-411 Rn. 101 f. – *Aer Lingus (Ryanair)*.

fahrens aufwendiger und teurer ist als ein großer, der von der Kommission als one-stop-shop abgehandelt wird.[22]

10 Bei der Prüfung des angemeldeten Zusammenschlusses ist die Kommission an strenge Verfahrensfristen gebunden; entscheidet sie nicht innerhalb der Fristen, gilt der Zusammenschluss als freigegeben. Die Strenge des Fristenregimes wird praktisch durch ein aufwendiges Vorverfahren relativiert.

1. Anwendungsbereich der europäischen Fusionskontrolle

11 Die FKVO ist nur anwendbar, wenn die beabsichtigte Transaktion ein Zusammenschluss im Sinne des Art. 3 FKVO ist.[23] Dessen Kennzeichen ist, dass er zu einer dauerhaften Veränderung der Kontrolle an den „beteiligten Unternehmen" und damit der Marktstruktur führt. So umfasst der Zusammenschlussbegriff Fusionen im Sinne der Verschmelzung einer Gesellschaft auf eine andere, die Errichtung von Gleichordnungskonzernen, d. h. die Unterstellung mehrerer Unternehmen unter eine gemeinsame Leitung, sowie den Erwerb der Kontrolle über ein Unternehmen durch ein anderes Unternehmen oder eine Person, die schon ein Unternehmen kontrolliert; dabei bedeutet Kontrolle die Möglichkeit, einen bestimmenden Einfluss auf die Tätigkeit eines anderen Unternehmens auszuüben. Ein Kontrollerwerb kann durch den Erwerb von Anteilsrechten oder Vermögenswerten, durch Vertrag oder in sonstiger Weise stattfinden. Die Gründung eines Vollfunktionsgemeinschaftsunternehmens ist ein Sonderfall des Kontrollerwerbs. Dabei setzt schon der Begriff des Gemeinschaftsunternehmens (GU) eine gemeinsame Kontrolle durch mindestens zwei andere Unternehmen voraus. Ein GU ist dann vollfunktionsfähig, wenn es auf Dauer alle Funktionen einer selbstständigen wirtschaftlichen Einheit erfüllt, also selbst am Markt teilnimmt und selbst über die dazu notwendigen Ressourcen und Funktionen verfügt.

12 Dabei erfordert der Zusammenschlussbegriff, dass sich zuvor unabhängige Unternehmen zusammenschließen, also Unternehmen zwischen denen bisher kein Verhältnis im Sinne des Art. 3 Abs. 1 bis 4 FKVO besteht. Demnach sind bloße konzerninterne Restrukturierungen nicht erfasst; sie haben keinen Einfluss auf die Anzahl der unabhängigen Marktteilnehmer und damit auch nicht auf die Struktur der Wettbewerbskräfte. Vgl. zum Konzernprivileg oben § 9 Rn. 22.

13 Aus der Art des Zusammenschlusses, die sich aus der Transaktionsstruktur ergibt, folgt, wer „beteiligtes Unternehmen" im Sinne der FKVO ist.[24] Die Umsätze[25] der beteiligten Unternehmen werden herangezogen, um zu ermitteln, ob die Umsatzschwellen des Art. 1 FKVO überschritten werden und der Zusammenschluss folglich gemeinschaftsweite Bedeutung hat. Diese Frage ist in engem zeitlichen Zusammenhang mit der Anmeldung für die gesamte Dauer des Verfahrens zu beantworten.[26]

---

22 Auf dieses Problem bezieht sich die Verweisungsregelung des Art. 4 Abs. 5 FKVO. Diese Vorschrift sieht die Prüfung eines Zusammenschlusses durch die Kommission vor, der zwar keine gemeinschaftsweite Bedeutung hat, aber nach dem Recht von mindestens drei Mitgliedstaaten geprüft werden könnte, wenn die Parteien dies beantragen und kein Mitgliedstaat der Verweisung widerspricht, der nach seinem Recht zur Prüfung des Zusammenschlusses zuständig wäre.

23 Siehe auch lit. B der Zuständigkeitsmitteilung zu Details und Beispielen.

24 Dies sind grundsätzlich die sich zusammenschließenden Unternehmen. Im Falle des Unternehmenskaufs also der Käufer und das Kaufobjekt, nicht aber der Verkäufer. Im Falle eines Vollfunktionsgemeinschaftsunternehmens werden jedoch alle Mütter in den Kreis der beteiligten Unternehmen mit einbezogen, um so auch die Effekte der Gründung des Gemeinschaftsunternehmens auf den Wettbewerb zwischen den Müttern abzubilden. Siehe auch lit. C II der Zuständigkeitsmitteilung.

25 Die Umsatzberechnung ist in Art. 5 FKVO geregelt. Siehe auch lit. C IV der Zuständigkeitsmitteilung.

26 Ob der Zeitpunkt des Entstehens der Anmeldepflicht oder der Zeitpunkt der tatsächlichen Anmeldung maßgeblich ist, ließ der EuGH offen. EuGH, U. v. 18.12.2007, Rs. C-202/06 P, Slg. 2006, I-12129 Rn. 43 f. – *Cementbouw*.

II. Normative Ausgestaltung   14–18

Die Fusionskontrolle flankiert, ebenso wie das übrige europäische Wettbewerbsrecht, die Grundfreiheiten und den Binnenmarkt. Darum setzt die Anwendbarkeit der europäischen Fusionskontrolle die unionsweite Bedeutung des Zusammenschlussvorhabens voraus. Diese wird nur angenommen, wenn der Zusammenschluss eine bestimmte Größe erreicht; weiter muss er grenzüberschreitende Wirkung haben.   **14**

Ein Zusammenschluss hat dementsprechend nur dann unionsweite Bedeutung, wenn er eine von zwei Umsatzschwellen überschreitet. Nach der ersten muss der weltweite Umsatz aller beteiligten Unternehmen zusammen über 5 Mrd. Euro und der unionsweite Umsatz von mindestens zwei beteiligten Unternehmen jeweils über 250 Mio. Euro liegen. Nach der zweiten muss der weltweite Umsatz aller beteiligten Unternehmen zusammen über 2,5 Mrd. Euro betragen, der Gesamtumsatz aller beteiligten Unternehmen in mindestens drei Mitgliedstaaten jeweils 100 Mio. Euro übersteigen, in diesen Mitgliedstaaten der Umsatz von mindestens zwei beteiligten Unternehmen jeweils mehr als 25 Mio. Euro betragen und der unionsweite Gesamtumsatz von mindestens zwei beteiligten Unternehmen jeweils 100 Mio. Euro übersteigen.   **15**

Demgegenüber sind Zusammenschlüsse vom Anwendungsbereich der europäischen Fusionskontrolle ausgenommen, die zwar einen der vorgenannten Umsatzschwellenwerte überschreiten, ihren Schwerpunkt aber in genau einem Mitgliedstaat haben. Dementsprechend sehen beide Schwellenwerte eine Ausnahme vor, wenn alle beteiligten Unternehmen mehr als zwei Drittel ihres jeweiligen Umsatzes in ein und demselben Mitgliedstaat erzielen.   **16**

Das dargestellte Sytem der originären Kommissionszuständigkeit wird durch ein vielschichtiges Verweisungssystem im Verhältnis zu den Mitgliedstaaten überformt. Im Sinne des One-Stop-Shop können die Beteiligten eines Zusammenschlusses dessen Prüfung durch die Kommission beantragen, wenn dieser in mindestens drei Mitgliedstaaten nach dem nationalen Wettbewerbsrecht geprüft werden könnte (Art. 4 Abs. 5 FKVO). Im Sinne einer Auffangregelung können Mitgliedstaaten nach Art. 22 Abs. 1 FKVO die Prüfung eines Zusammenschlusses durch die Kommission beantragen, wenn dieser den Handel zwischen Mitgliedsstaaten beeinträchtigt[27] und den Wettbewerb in ihrem Hoheitsgebiet „erheblich zu beeinträchtigen" droht; eine Zuständigkeit nach nationalem Wettbewerbsrecht ist hierfür nicht erforderlich.[28] Vor Anmeldung können die Beteiligten eines Zusammenschlusses die (teilweise) Verweisung an einen Mitgliedstaat beantragen, wenn der Zusammenschluss einen gesonderten Markt in diesem Mitgliedstaat „erheblich beeinträchtigen" könnte (Art. 4 Abs. 4 FKVO). Unter denselben Voraussetzungen kann dies ein Mitgliedstaat nach Anmeldung bei der Kommission beantragen (Art. 9 Abs. 2 lit. a FKVO), außerdem wenn ein Zusammenschluss einen gesonderten Markt in diesem Mitgliedstaat „beeinträchtigen" könnte (Art. 9 Abs. 2 lit. b FKVO), der kein wesentlicher Teil des gemeinsamen Marktes ist.   **17**

2. Materielle Beurteilung eines Zusammenschlusses

Im Fusionskontrollverfahren ermittelt die Kommission, ob der Zusammenschluss eine erhebliche Behinderung wirksamen Wettbewerbs im Gemeinsamen Markt, d. h. dem Binnenmarkt,[29] oder in einem wesentlichen Teil davon, insbesondere die Begründung   **18**

---

27 Gleiche Bedeutung wie in Art. 101 und 102 AEUV (dazu oben § 9, Rn. 40 und 56) nach EuG, U. v. 15.12.1999, Rs. T-22/97, Slg. 1999, II-3775 Rn. 106 – *Kesko*.
28 EuG, U. v. 13.7.2022, Rs. T-227/21, noch nicht veröffentlicht – *Illumina/Grail*. Besprochen untern unter III. 3.
29 Zur terminologischen Abweichung, vgl. oben Fn. 20.

oder Verstärkung einer marktbeherrschenden Stellung, zur Folge haben würde.[30] Dazu werden zunächst die Märkte abgegrenzt, auf denen die beteiligten Unternehmen tätig sind.[31] Die Marktabgrenzung verfolgt das Ziel, auf systematische Weise diejenigen Wettbewerbskräfte zu identifizieren, denen ein Unternehmen ausgesetzt ist. Sie folgt bei der Fusionskontrolle grundsätzlich den gleichen Prinzipien wie im Anwendungsbereich von Art. 101 bzw. 102 AEUV: Produkte und Dienstleistungen, die aus Abnehmersicht austauschbar sind, werden zu einem Markt zusammengefasst. Nach den gleichen Grundsätzen wird auch der geographische Markt ermittelt.[32]

19 Auf dieser Grundlage können dann die jeweiligen Marktanteile der Marktteilnehmer ermittelt werden. Die Marktanteile bilden den Ausgangspunkt der wettbewerblichen Analyse; ihre Bedeutung im Einzelfall hängt jedoch von den Wettbewerbsbedingungen auf dem betroffenen Markt ab, insbesondere davon, ob die jeweiligen Marktstellungen gefestigt sind. Hier spielen der Zugang zu Beschaffungs- und Absatzmärkten und die Finanzkraft der jeweiligen Unternehmen eine Rolle. Weiterhin kann Marktmacht auf Nachfragerseite Marktmacht auf Anbieterseite kompensieren. Zudem kann potentieller Wettbewerb marktstarke Unternehmen zügeln. Potentieller Wettbewerb geht von Unternehmen aus, die zwar nicht aktuell auf einem Markt tätig sind, dies jedoch mit geringfügigen Investitionen und innerhalb kurzer Frist sein könnten. Bestehen hingegen Marktzutrittsschranken, etwa in Form von hohen Anfangsinvestitionen, die bei einem Verlassen des Marktes nicht wieder zurückgeholt werden können, spricht dies eher für gefestigte Marktpositionen der aktuellen Marktteilnehmer. Sodann erfolgt eine Abwägung der negativen wettbewerblichen Auswirkungen eines Zusammenschlusses mit seinen u. U. überwiegenden Effizienzen.

20 Die Kriterien für die materielle Bewertung eines Zusammenschlusses hängen wesentlich davon ab, in welchem wettbewerblichen Verhältnis die beteiligten Unternehmen zueinander stehen, da gerade dieser Wettbewerb durch den Zusammenschluss wegfällt. Infolge einer horizontalen Fusion – zwischen Unternehmen der gleichen Marktstufe – addieren sich deren Marktanteile; es kommt zu einer Konzentration von Marktmacht. Bei vertikalen Fusionen – zwischen Unternehmen verschiedener Marktstufen, z. B. Herstellern und Händlern – findet eine solche Marktanteilsaddition nicht statt. Jedoch kann z. B. bestehende Marktmacht auf der vorgelagerten Marktstufe auf die nachgelagerte Marktstufe übertragen werden, z. B. indem die Wertschöpfung in den vorgelagerten Markt verlagert wird. Aber selbst wenn die beteiligten Unternehmen nicht auf benachbarten Märkten tätig sind (konglomerate Fusionen), können sich wettbewerbliche Probleme ergeben, insbesondere wenn ein marktstarkes Unternehmen durch die Fusion mit zusätzlicher Kapitalmacht ausgestattet wird und so Wettbewerber „disziplinieren" kann.[33] Eine Besonderheit bieten Gemeinschaftsunternehmen; hier ist nicht nur das Wettbewerbsverhältnis zwischen dem GU und den Müttern betroffen, sondern u. U. auch das Wettbewerbsverhältnis zwischen den Müttern selbst.

---

30 Das Regelbeispiel des Kontrollmaßstabs ist nicht etwa nur ein Beispiel, sondern der Hauptanwendungsfall der Fusionskontrolle. Er entspricht dem Kontrollmaßstab des Art. 2 Abs. 2 und 3 der alten FKVO (EWG) Nr. 4064/89. Der neue Test wurde vorangestellt, um einseitige Effekte eines Zusammenschlusses besser erfassen zu können. Dazu vertieft unten 7. Fall.
31 Dabei ist die Marktabgrenzung kein Zweck in sich. Sie wird nur so detailliert ausgeführt, dass die Frage einer erheblichen Behinderung des Wettbewerbs durch den Zusammenschluss entschieden werden kann. So wird häufig eine Reihe denkbarer Marktabgrenzungen vorgestellt, aber nicht zwischen ihnen entschieden, weil keine dieser Möglichkeiten zu wettbewerblichen Bedenken führen würde.
32 Für eine detaillierte Darstellung siehe die Marktdefinitionsmitteilung der Kommission, ABl. C 372/5 v. 9.12.1997. Die geographische Marktabgrenzung war Hauptstreitpunkt in *NVV* (EuG, U. v. 7.5.2009, Rs. T-151/05, Rn. 79 ff. – *NVV u. a./Kommission*).
33 Dazu die Leitlinien für nicht-horizontale Zusammenschlüsse, oben Fn. 15.

3. Verfahren vor der Kommission

21 Unterfällt ein Zusammenschlussvorhaben der europäischen Fusionskontrolle, muss es bei der Kommission angemeldet und darf vor Freigabe durch die Kommission nicht vollzogen werden;[34] Verstöße sind bußgeldbewehrt. Auch noch nicht rechtsverbindlich vereinbarte Zusammenschlüsse können auf der Grundlage eines Letter of Intent bzw. eines Memorandum of Understanding bei der Kommission angemeldet werden, um frühzeitig eine Klärung der kartellrechtlichen Zulässigkeit des Vorhabens zu erreichen.[35] Zweifel an der Zuständigkeit der Kommission können informell ausgeräumt werden; wenn die Kommission keine Zuständigkeit annimmt, erteilt sie einen rechtlich allerding nicht verbindlichen sog. comfort letter.

22 Auf die (vollständige) Anmeldung[36] folgt das Vorprüfverfahren (Phase I) des Verfahrens vor der Kommission, das innerhalb von 25 bzw. 35 Arbeitstagen abgeschlossen sein muss. In dieser Phase kann die Kommission den Zusammenschluss lediglich für mit dem Gemeinsamen Markt vereinbar erklären – ggf. nach Änderungen durch die beteiligten Unternehmungen. Kommt die Kommission in Phase I zu dem Ergebnis, dass ernsthafte Bedenken hinsichtlich der Vereinbarkeit des Zusammenschlusses mit dem Gemeinsamen Markt bestehen, eröffnet sie das Hauptprüfverfahren (Phase II). Dieses dauert 90 bzw. 105 Arbeitstage. In dieser Phase kann die Kommission den Zusammenschluss freigeben, unter Bedingungen und Auflagen freigeben oder untersagen. In den letzten beiden Fällen muss sie den beteiligten Unternehmen ihre Einwände in den sogenannten Beschwerdepunkten offenbaren und ihnen Gelegenheit zur Stellungnahme geben. Entscheidet die Kommission nicht innerhalb dieser Fristen, fingiert Art. 10 Abs. 6 FKVO die Genehmigung des Zusammenschlusses. Die vorgenannten Fristen können unter bestimmten Umständen gehemmt werden, z.B. wenn die Kommission gezwungen ist von den Parteien des Zusammenschlusses Informationen durch förmliches Auskunftsverlangen anzufordern oder im Wege der Nachprüfung zu ermitteln.[37] In Fusionskontrollverfahren kann die Kommission Informationen durch einfaches Auskunftsersuchen oder durch Auskunftsbeschluss einholen, um so die sachliche Entscheidungsgrundlage herzustellen.

23 Vor der formalen Anmeldung ist es jedoch praktisch unumgänglich[38] zunächst die Allokation eines Case-Teams bei der Kommission zu beantragen (ca. eine Woche) und dann den Entwurf der Anmeldung informell und vertraulich mit dem Case Team abzustimmen (ca. vier Wochen, in schwierigen Fällen aber auch mehrere Monate). Diese Praxis soll die Vollständigkeit der Anmeldung sicherstellen. Sie ist vor dem Hintergrund der knappen und strikten Fristen der FKVO zu sehen, welche die Kommission nach formaler Anmeldung unter erheblichen internen Zeitdruck setzen. Die Vorabstimmung ermöglicht es weiter, kritische Fragen schon im Vorfeld zu identifizieren und entsprechende Informationen zur Verfügung stellen zu können. Andernfalls drohen Informationsverlangen der Kommission, die den Zusammenschluss unnötigerweise in Phase II treiben würden.

---

34 Der schrittweise Erwerb von Minderheitsbeteiligungen (Salamitaktik) kann hier schwierige Abgrenzungsfragen aufwerfen, vgl. EuG, B. v. 18.3.2008, Rs. T-411/07 R, Slg. 2008, II-411 Rn. 82 ff. – *Aer Lingus (Ryanair)*.
35 Dieses Kriterium kann bei öffentlichen Übernahmen u. U. problematisch sein, vgl. Kommission, E. v. 23.7.2008, M.5250, Rn. 7 ff. – *Porsche/Volkswagen III*.
36 Die Formblätter für die Anmeldung (Form-CO bzw. Short Form-CO) finden sich in Anhang I bzw. II der Durchführungsverordnung zur FKVO, oben Fn. 9.
37 Zu den Maßstäben für deren Zulässigkeit siehe EuG, U. v. 4.2.2009, Rs. T-145/06, Rn. 25 ff. – *Omya*.
38 Vgl. die Best Practice Mitteilung der Kommission zur Durchführung von Zusammenschlussverfahren, oben Fn. 19, Rn. 5 bis 26. Siehe auch den 11. Erwägungsgrund der Durchführungsverordnung zur FKVO, oben Fn. 9.

4. Rechtsschutz in der europäischen Fusionskontrolle

24 Die Entscheidungen der Kommission unterliegen als verbindliche Rechtsakte der Union ausschließlich der Rechtsprechung des Gerichts (vormals EuG) mit Rechtsmitteln zum EuGH. Bedingungen und Auflagen können ebenfalls angefochten werden. Dazu müssen sie jedoch zunächst überhaupt bindende rechtliche Wirkungen entfalten.[39] Damit sie isoliert anfechtbar sind, müsste ihre Nichtigerklärung weiter den Kern der Entscheidung unberührt lassen.[40] Natürliche und juristische Personen können unter den Voraussetzungen des Art. 263 Abs. 4 AEUV Nichtigkeitsklage erheben. Die beteiligten Unternehmen sind als Adressaten der Entscheidung klagebefugt. Die Klagebefugnis – direkte und individuelle Betroffenheit – von Wettbewerbern, die sich am Fusionskontrollverfahren beteiligt haben[41] und deren Marktstellung beeinträchtigt ist, ist gleichermaßen anerkannt.[42] Die direkte Betroffenheit dabei nicht die Verletzung eines subjektiven Rechts voraus, die bloße wirtschaftliche Betroffenheit ist ausreichend; wohl muss aber der Wille der Zusammenschlussparteien fortbestehen, den Zusammenschluss umzusetzen.[43] An der direkten Betroffenheit durch eine Freigabeentscheidung fehlt es bei Arbeitnehmervertretungen, die dementsprechend auch nur im Hinblick auf ihre Verfahrensrechte klagebefugt sind.[44] Im Rahmen des Klageverfahrens vor Gericht und EuGH steht unionsweiter einstweiliger Rechtsschutz nach Art. 279 AEUV zur Verfügung. Weiterhin kommen Schadensersatzklagen nach Art. 268 AEUV i. V. m. Art. 340 AEUV in Betracht.

III. Fallgestaltungen

25 Die Beurteilung von Zusammenschlüssen gliedert sich in die formelle und die materielle Fusionskontrolle. In der formellen Fusionskontrolle wird vorab die Anmeldepflichtigkeit eines Zusammenschlusses behandelt. In diesem Zusammenhang ist vor allem die Frage der (jeweiligen) internationalen Zuständigkeiten von erheblicher praktischer Bedeutung (1.). In der Europäischen Union kommt die Besonderheit hinzu, dass die fusionskontrollrechtliche Zuständigkeit der EU gegenüber dem fusionskontrollrechtlichen Zuständigkeitsbereich der Mitgliedsstaaten abzugrenzen ist (2.). Mit Blick auf die sog. killer acquisitions wurden jüngst die Grenzen einer Zuständigkeitsbegründung der Kommission durch Verweisung nach Art. 22 Abs. 1 FKVO (3.) und die Möglichkeit der Anwendung von Art. 102 AEUV auf Zusammenschlüsse (4.) streitig.

26 Die inhaltlichen Schwerpunkte der materiellen Fusionskontrolle sind die Marktabgrenzung und die wettbewerbliche Analyse. Letztere wird zwar anhand des in Art. 2 Abs. 2

---

39 EuGH, U. v. 31.3.1998, verb. Rs. C-68/94 und C-30/95, Slg. 1998, I-1375 Rn. 96 ff. – *Kali und Salz*; EuG, U. v. 22.3.2000, verb. Rs. T-125/97 und T-127/97, Slg. 2000, II-1733 Rn. 94 ff. – *Coca-Cola*. Zu einer besonderen Fallgestaltung im Zusammenhang mit der nachträglichen Abänderung von Zusagen siehe EuG, B. v. 2.9.2009, Rs. T-57/07, Rn. 30 ff. – *E.ON Ungarn*.
40 EuGH, U. v. 31.3.1998, verb. Rs. C-68/94 und C-30/95, Slg. 1998, I-1375 Rn. 251 ff. – *Kali und Salz*.
41 Dazu müssen proaktiv Aspekte vorgebracht werden, die den Ausgang des Verfahrens hätten beeinflussen können. Die bloße Beantwortung von Fragebögen der Kommission genügt nicht. Vgl. EuG, U. v. 17.5.2023, T-320/20, Rn. 31 und 40 – *Mainova*.
42 EuG, U. v. 19.5.1994, Rs. T-2/93, Slg. 1994, II-323 Rn. 40–48 – *Air France I*; EuGH, U. v. 31.3.1998, verb. Rs. C-68/94 und C-30/95, Slg. 1998, I-1375 Rn. 54–58 – *Frankreich, SCPA und EMC*; EuG, U. v. 3.4.2003, Rs. T-114/02, Slg. 2003, II-1279 Rn. 87–117 – *BaByliss*; U. v. 13.7.2006, Rs. T-464/04, Slg. 2006, II-2289 – *Impala*; präzisierend insb. EuG, U. v. 17.3.2023, T-312/20 bis T-322/20 betr. KOM, E. v. 26.2.2019, M.8871 RWE/E.ON-Assets; insoweit sind teilweise Rechtsmittel anhängig unter C-464 bis 470/23 P, C-484 und 485/23 P. Siehe im Hinblick auf den Beginn der Klagefrist für Nichtigkeitsklagen von Nicht-Adressaten die Ausführungen in EuG, U. v. 19.6.2009 – Rs. T-48/04, WuW/E EU-R 1576 Rn. 33 ff. – *Qualcomm Wireless/Kommission*.
43 EuG, U. v. 17.5.2023, Rs. T-312/20, Rn. 31 m. w. N. – *EVH*; Rechtmittel anhängig unter C-464/23 P, C-484 und 485/23 P.
44 EuG, U. v. 27.4.1995, Rs. T-96/92, Slg. 1995, II-1213 Rn. 37 – *CCE Grandes Sources*; U. v. 27.4.1995, Rs. T-12/93, Slg. 1995, II-1247 Rn. 48 – *CCE Vittel*.

und 3 FKVO gegengleich formulierten Maßstabs vorgenommen. Die relevanten tatsächlichen Faktoren sind jedoch unterschiedlich und hängen davon ab, in welchem wettbewerblichen Verhältnis die beteiligten Unternehmen zueinander stehen. Dabei waren konglomerate Zusammenschlüsse (5.) sowie Fälle kollektiver Marktbeherrschung (6.) Gegenstand von Rechtsstreitigkeiten. Erst jüngst erging erstmals eine Entscheidung zum SIEC-Test im engeren Sinne, also zu unilateralen Effekten unterhalb der Marktbeherrschung (7.). Sowohl die Marktabgrenzung als auch die wettbewerbliche Analyse sind im konkreten Einzelfall weniger rechtlich als vielmehr ökonomisch-faktisch problematisch. Anmeldungen enthalten dementsprechend umfängliche Darstellungen und Würdigungen des tatsächlichen Hintergrunds und Umfelds eines Zusammenschlusses. Eine zentrale Frage des Rechtsschutzes ist dementsprechend der maßgebliche Beweisstandard, dem die Kommission im Hinblick auf ihre Entscheidungen genügen muss (5., 7. und 8.). Weiter wirft die Modifikation des angemeldeten Zusammenschlusses durch das Angebot von Zusagen vielfältige Rechtsfragen auf, ebenso wie die Abgrenzung zu anderen Rechtsmaterien wie z. B. dem Vergaberecht (9.).

Zusammenschlussvorhaben unterliegen regelmäßig einer beschränkten zeitlichen Logik: Sie sind auf die aktuelle wirtschaftliche Lage des Wirtschaftszweiges und der Beteiligten zugeschnitten. Aus diesen Gründen spielt das fristgebundene Verfahren vor der Kommission in Fusionskontrollverfahren eine erhebliche, der langwierige, nachträgliche Rechtsschutz hingegen eine eher untergeordnete Rolle.[45] Erst in jüngerer Zeit ist die Frage des sekundären Rechtsschutzes gegen Entscheidungen in der Fusionskontrolle ins Rampenlicht getreten (8.). **27**

1. Internationale Zuständigkeit
Im Rahmen einer globalisierten Wirtschaft stehen sich nationale bzw. regionale Ordnungsrahmen einerseits (Territorialitätsprinzip) und globale Handelsströme andererseits gegenüber. Dieses Spannungsverhältnis aktualisiert sich im Rahmen der Fusionskontrolle beim reinen Auslandszusammenschluss: Selbst wenn die beteiligten Unternehmen keine innergemeinschaftlichen Tochtergesellschaften haben, kann der Zusammenschluss erhebliche Auswirkungen auf die betroffenen Märkte innerhalb der Union haben. **28**

EuG, Urteil vom 25.3.1999 – Rs. T-102/96, Slg. 1999, II-753 – *Gencor* **29**
Gencor und Lonrho beabsichtigten, ihre Bergbauaktivitäten für Platin- und Rhodiumerze (die sogenannte Platingruppe) zusammenzuführen. Die operativen Geschäftstätigkeiten aller beteiligten Unternehmen im betroffenen Markt lagen ausschließlich in Südafrika. Nach dem Zusammenschluss zwischen Gencor und Lonrho hätte das Gemeinschaftsunternehmen Implats etwa 30 % bis 35 % Marktanteil auf dem weltweiten Markt gehabt. Der stärkste Wettbewerber Amplats kam auf den gleichen Marktanteil. Zusammen hätten die beiden stärksten Marktteilnehmer Implats und Amplats nach dem Zusammenschluss über 60 % bis 70 % Marktanteil gehabt und zugleich über ca. 89 % der Erzreserven der Platingruppe verfügt. Zugleich bestand die Erwartung, dass die Vorräte des viertgrößten Marktteilnehmers in zwei Jahren erschöpft sein würden. Dann hätte sich der Marktanteil von Implats und Amplats unter Zugrundelegung des Zusammenschlusses auf jeweils 40 % und zusammen 80 % erhöht. Die Kommission untersagte den Zusammenschluss. Gencor klagte auf Nichtigerklärung dieser Entscheidung und bestritt die internationale Zuständigkeit der Kommission.

---

45 Dennoch waren gerade die wettbewerbsrechtlichen, sehr tatsachenintensiven Prozesse eines der Hauptargumente für die Einrichtung des EuG (4. Erwägungsgrund der Ratsentscheidung 88/591/EGK, EWG, Euratom zur Errichtung eines Gerichts erster Instanz, ABl. L 319/1 v. 25.11.1988, Berichtigung ABl. L 241/4 v. 17.8.1989).

30 Entgegen dem klägerischen Vorbringen nahm das EuG die Zuständigkeit der Kommission an. Dazu prüfte es, ob der Zusammenschluss in den Anwendungsbereich der alten FKVO fiel und ob die Anwendung der europäischen Fusionskontrolle auf diese Art von Zusammenschluss dem Völkerrecht entspreche. Das EuG bestätigte, dass die Anwendung der FKVO auf einen Zusammenschluss allein dessen gemeinschaftsweite Bedeutung voraussetzt. Die Kriterien hierfür stellen jedoch lediglich auf die Umsätze der beteiligten Unternehmen ab, nicht aber auf den Ort ihrer Erzeugertätigkeit oder die Belegenheit von Niederlassungen. Sodann ist nach dem EuG die Anwendung der FKVO völkerrechtlich gerechtfertigt, wenn vorhersehbar ist, dass „ein geplanter Zusammenschluss in der [Union] eine unmittelbare und wesentliche Auswirkung haben wird." Das EuG nahm das Vorliegen dieser Kriterien an, da der Zusammenschluss zwischen Gencor und Lonrho die Marktstruktur unmittelbar verändert hätte und diese durch die Schaffung eines dauerhaft beherrschenden Duopols auch innerhalb der EU erheblich beeinflusst hätte. Weiter liegt nach dem EuG auch kein Verstoß gegen den Grundsatz der Nichtintervention vor – so er denn überhaupt Teil des Völkerrechts sei – da die südafrikanischen Behörden den konkreten Zusammenschluss lediglich genehmigt, nicht aber vorgeschrieben hatten.

31 Im Folgenden bestätigte das EuG die Untersagung auf Grundlage gemeinsamer Marktbeherrschung. Im Hinblick auf die Kriterien für das Vorliegen von Marktbeherrschung und die Bedeutung von Marktanteilen für die wettbewerbliche Analyse verwies das EuG insbesondere auf das Urteil des EuGH in der Rechtssache Hoffmann-LaRoche.[46]

32 **Anmerkung:** Das *Gencor*-Urteil ist vor allem im Hinblick auf die Klärung des internationalen Anwendungsbereichs der europäischen Fusionskontrolle von anhaltender Bedeutung. Im nächsten Klageverfahren gegen eine Kommissionsentscheidung, die einen reinen Auslandszusammenschluss untersagt hatte (*GE/Honeywell*[47]), wurde die Frage der internationalen Zuständigkeit schon gar nicht mehr thematisiert. In dieser Hinsicht ging das sogenannte *Zellstoff*-Urteil voraus,[48] in dem der EuGH den internationalen Anwendungsbereich des Kartellverbots klärte. Für die Begründung der EU- Zuständigkeit stellte er auf den Ort der Durchführung des Kartells ab. Im konkreten Fall genügte, dass die Preise festgelegt worden waren, zu denen an Kunden in der Union verkauft werden sollte. Parallel hierzu entschied das EuG in *Gencor*, dass bloße Verkäufe in die Union hinein ausreichend seien. In Übereinstimmung mit einem obiter dictum des EuGH im *Zellstoff*-Urteil setzt das EuG keine Tochtergesellschaften, Handelsvertreter etc. in der EU voraus. Inzwischen stellt der 10. EG der FKVO diesen Aspekt der internationalen Reichweite des Anwendungsbereichs klar.

33 Diese Bestimmung des Anwendungsbereichs wird in der Literatur teils im Hinblick auf die Gründung von rein drittstaatsbezogenen Gemeinschaftsunternehmen durch ausländische Unternehmen kritisiert, die also gar keine Auswirkungen im Gemeinsamen Markt haben können.[49] Diese Kritik würde jedoch die augenscheinlich formalen Kriterien zur Anwendbarkeit der europäischen Fusionskontrolle materiell aufladen.[50] Zwar führt die rein formale Bestimmung des Anwendungsbereichs der FKVO dazu, dass u. U.

---

46 EuGH, U. v. 13.2.1979, R. 85/76 – *Hoffmann-La Roche*; siehe dazu auch die Fallbesprechung von *United Brands* in § 9, 5. Fall, insb. Rn. 93.
47 EuG, U. v. 14.12.2005, Rs. T-210/01, Slg. 2005, II-5575.
48 EuGH, U. v. 27.9.1988, verb. Rs. 89/85, 104/85, 114/85, 116/85, 117/85 und 125/85 bis 129/85, Slg. 1988, 5193 – *Zellstoff*.
49 *Immenga*, in: FS Zäch, S. 347 ff.
50 Siehe aber die materiell bestimmten Möglichkeiten einer (Teil-)Verweisung durch die Kommission an einen Mitgliedstaat nach Art. 4 Abs. 4 und Art. 9 FKVO. Dazu muss ein Markt in diesem Mitgliedstaat alle Merkmale eines gesonderten Marktes aufweisen.

materiell wettbewerblich unproblematische Fälle der FKVO unterfallen und bei der Kommission angemeldet werden müssen. Zugleich aber bieten die formalen Aufgreifkriterien den Vorteil, dass sie leicht zu ermitteln sind. In bestimmten Fällen bietet das vereinfachte Verfahren prozedurale Erleichterungen.[51] So kann bereits zu einem frühen Zeitpunkt im Rahmen einer Transaktion festgestellt werden, ob eine Anmeldepflicht bei der Kommission oder eventuell bei den Kartellbehörden der Mitgliedstaaten sowie u. U. weiterer Staaten besteht. Von der Frage, wo anzumelden ist, hängt auch die zu erwartende Verfahrensdauer ab. Diese ist für die Unternehmen von erheblicher Bedeutung, da nach Art. 7 FKVO und nach den Rechtsordnungen vieler (Mitglied-)Staaten ein Zusammenschluss vor Freigabe durch die zuständigen Kartellbehörden nicht vollzogen werden darf (Vollzugsverbot).

Die europäische Fusionskontrolle steht indes nicht allein. Wenn die europäische Fusionskontrolle Anwendung findet, verdrängt sie zwar die entsprechenden Verfahren der Mitgliedstaaten und der EWR-Staaten.[52] Neben der europäischen Fusionskontrolle können aber auch noch Fusionskontrollvorschriften von Drittstaaten und anderen Staatengemeinschaften anwendbar sein. Dies kann prozedural dazu führen, dass ein einzelnes Zusammenschlussvorhaben bei einer Vielzahl von Kartellbehörden angemeldet werden muss, um auf seine Vereinbarkeit mit dem jeweiligen Wettbewerbsrecht überprüft zu werden („Multi-Jurisdictional-Filings"). Dem internationalen Privat- und Prozessrecht vergleichbare internationale Zuständigkeitsregeln in Fusionskontrollsachen gibt es nicht. Die einzige Form von Koordination besteht in einem informellen Informationsaustausch zwischen den Kartellbehörden, der aber nicht über das ohnehin gesetzlich Zulässige hinausgeht. Diese Zusammenarbeit ist im International Competition Network lose organisiert.[53]

2. Zuständigkeitsverteilung innerhalb der EU

Das Prinzip der begrenzten Einzelermächtigung bewirkt im Bereich des Kartellrechts keine Zuständigkeitsverteilung nach Sachbereichen zwischen EU und den Mitgliedstaaten. Vielmehr sind die Abrenzungen zwischen den nationalen Kartellrechten und dem EU-Kartellrecht sowie zwischen den Zuständigkeitsbereichen der nationalen Wettbewerbsbehörden und der Kommission komplex geregelt; dies ist schon in Art. 103 Abs. 2 lit. a AEUV angelegt. Im Bereich der Fusionskontrolle[54] gilt gemäß Art. 21 Abs. 3 FKVO, dass Mitgliedstaaten ihr Wettbewerbsrecht nicht auf Zusammenschlüsse von gemeinschaftsweiter Bedeutung anwenden, außer im Verweisungsfalle. Ob ein Zusammenschluss von gemeinschaftsweiter Bedeutung oder eine wirksame Verweisung im Sinne der FKVO vorliegen ist also nicht nur (positiv) für die Zuständigkeit der Kommission von Bedeutung, sondern auch (negativ) für die europarechtliche Möglichkeit der Zuständigkeit mitgliedstaatlicher Wettbewerbsbehörden und daher von diesen immer mitzuprüfen. Da mitgliedstaatliche Behörden aber keine authoritativen, auch keine negativen Entscheidungen über die Kommissionszuständigkeit treffen können, besteht die Möglichkeit, dass sich Unternehmen in Zweifelsfällen zur informellen Klärung der Zuständigkeit an die Kommission wenden können, die auf solche Anfragen mit nicht verbindlichen Einschätzungen, sogenannten „comfort letters" reagiert.[55]

---

51 Vgl. die Mitteilung zum vereinfachten Verfahren, referenziert oben in Rn. 8.
52 Zu Letzterem siehe Art. 53 bis 65 des EWR-Vertrages mit Anhang XIV, sowie die Entscheidungen 78/2004 und 79/2004 des Gemeinsamen EWR-Rates. (Abrufbar unter http://ec.europa.eu/comm/competition/mergers/legislation/eea.html).
53 Hierzu weiterführend Reimers, Probleme und Perspektiven der Internationalisierung des Wettbewerbsrechts, 2007.
54 Zur Zuständigkeitsregelung im Anwendungsbereich von Art. 101 und 102 AEUV oben, § 9 Rn. 11 ff.
55 Vgl. Rn. 24 f. der Best Practice Mitteilung der Kommission zu Zusammenschlussverfahren.

36 EuGH, Urteil vom 17.9.2017 – Rs. C-248/16, noch nicht in der amtlichen Sammlung veröffentlicht – *Austria Asphalt/Bundeskartellanwalt*
Austria Asphalt beabsichtigte, sich gleichberechtigt zu 50 Prozent und mitkontrollierend an einem Asphaltmischwerk der Porr-Gruppe zu beteiligen. Der überwiegende Teil der Asphaltproduktion dieses Werkes war bisher für die Porr-Gruppe bestimmt und sollte zukünftig für die beiden Mutterunternehmen bestimmt sein. Mangels eigenem Marktauftrittes erfüllte das Asphaltmischwerk daher nach den Feststellungen des vorlegenden Gerichts weder vor dem Zusammenschluss noch danach alle Funktionen einer „selbstständigen wirtschaftlichen Einheit" i. S. d. Art. 3 Abs. 4 FKVO (Vollfuktionskriterium). Aber nur wenn Vollfunktion gegeben ist, stellt die „Gründung eines Gemeinschaftsunternehmens" nach dieser Bestimmung einen Zusammenschluss dar. Ist aber der Erwerb von Mitkontrolle an einem bestehenden Unternehmen, das folglich zum Gemeinschaftsunternehmen wird, eine Gründung in diesem Sinne? Oder ist er als einfacher Kontrollerwerb nach Art. 3 Abs. 1 lit. b FKVO ein Zusammenschluss, ohne dass es auf das Vollfunktionskriterum ankäme? Über diese Frage kam es mit Blick auf eine fusionskontrollrechtliche Prüfung der österreichischen Bundeswettbewerbsbehörde zum Rechtsstreit und zur Vorlage an den EuGH.

37 Die Vorlagefrage bot dem EuGH die Gelegenheit, die Grenzen des fusionskontrollrechtlichen Zuständigkeitsbereichs der Kommission grundlegender zu erläutern und damit den verbleibenden, möglichen Anwendungsbereich der mitgliedstaatlichen Wettbewerbsrechte. Der Wortlaut der FKVO war uneindeutig: Der Erwerb von Mitkontrolle an einem bestehenden Unternehmen erfüllt als Kontrollerwerb Art. 3 Abs. 1 lit. b FKVO; zugleich bewirkt der Erwerb von Mitkontrolle die Gründung eines Gemeinschaftsunternehmens nach Art. 3 Abs. 4 FKVO. Also stellte der EuGH auf die Systematik und die Zielsetzungender Zuständigkeitsregelungen in der FKVO ab.

38 Für die Bestimmung der Zielsetzungen der FKVO rekurrierte der EuGH auf die EG 5, 6 und 8 der FKVO. Demnach sollen dauerhafte Schädigungen des Wettbewerbes durch Umstrukturierungen von Unternehmen verhindert werden. Die FKVO soll daher nur für bedeutsame Strukturveränderungen gelten, deren Wirkungen auf den Markt die Grenzen eines Mitgliedstaates überschreiten. Nach dem 20. Erwägungsgrund ist eine Strukturveränderung von Unternehmen nur dann hinreichend bedeutsam, wenn sie zu einer dauerhaften Veränderung der Kontrolle an den beteiligten Unternehmen und damit der Marktstruktur führt. Daher sollen auch Gemeinschaftsunternehmen in die FKVO einbezogen werden. Dabei sieht der EuGH keinen Anlass, zwischen Neugründung oder Entstehen durch Umstrukturierung zu unterscheiden. Der Vorgang muss aber Auswirkungen auf die Marktstruktur haben, was von einem selbstständigen Auftreten des Gemeinschaftsunternehmens auf dem Markt abhängt, das dafür auf Dauer alle Funktionen einer selbstständigen wirtschaftlichen Einheit erfüllen muss.

39 Von übergreifendem Interesse sind die Ausführungen des EuGH zur Systematik der Zuständigkeitsregeln der FKVO. Demnach sind Auswirkungen auf die Wettbewerbsstruktur ein notwendiges aber kein hinreichendes Kriterium für die Anwendung der FKVO, denn die FKVO ist nur ein Teil der Vorschriften zur Umsetzung der Wettbewerbsvorschriften der EU in Art. 101 und 102 AEUV, ebenso wie insbesondere in VO 1/2003. Die Anwendungsbereiche dieser beiden Durchsetzungsnormen sind voneinander abgegrenzt. Nach ihrem Art. 21 Abs. 1 gilt die FKVO nur für Zusammenschlüsse und die VO 1/2003 gilt grundsätzlich nicht. Eine Ausdehnung des Zusammenschlussbegriffs der FKVO führte deshalb zu einer Reduzierung des Anwendungsbereichs der VO 1/2003 mit Blick auf Verhaltensweisen von Unternehmen, die zwar keinen Zusammenschluss darstellen aber zu einer gegen Art. 101 AEUV verstoßenden Koordinierung zwischen diesen Unternehmen führen können und daher der fortlaufenden Kontrolle durch die EU-Kommission oder die Wettbewerbsbehörden der Mitgliedstaaten unterliegen.

III. Fallgestaltungen **40–43**

Anmerkung: Die Abgrenzung der Anwendungsbereiche von FKVO und VO 1/2003 **40**
umschreiben zunächst zugleich die Möglichkeiten der Kommission zu präventiver Fusionskontrolle auf der einen und nachlaufender, repressiver Kartellrechtsdurchsetzung auf der anderen Seite. Darüber hinaus markiert die Auslegung von Art. 3 FKVO aber auch vertikal die Trennlinie zwischen der Zuständigkeit der Kommission als Fusionskontrollbehörde und der Möglichkeit der Mitgliedsstaaten, ihre Wettbewerbsbehörden mit der präventiven Zusammenschlusskontrolle zu befassen. Betrifft aber der Erwerb von Mitkontrolle nicht ein am Markt selbst tätiges Unternehmen, so ergeben sich die wettbewerblichen Wirkungen des Erwerbes von Mitkontrolle aus der möglichen Koordination weiterhin unabhängiger Unternehmen, nämlich der Mütter. Eine solche Koordination kann die Kommission nach VO 1/2003 auf Grundlage von Art. 101 oder 102 AEUV verfolgen. Ergänzend können hier aber auch die Mitgliedsstaaten mit einem System präventiver Zusammenschlusskontrolle nach nationalem Recht flankierend tätig werden.

Austria Asphalt bot auch Anschauungsunterricht zur Reichweite der Unverbindlichkeit **41**
der sogenannten comfort letter. Einen solchen hatte Austria Asphalt ob der nicht ausjudizierten, oben dargestellten Rechtsfrage vorab von der Generaldirektion Wettbewerb zur Klärung der Zuständigkeitsfrage erlangt und die Auskunft erhalten, dass der Fall nicht der Kommissionszuständigkeit unterfalle. Im Vorlageverfahren vor dem EuGH vertrat die Kommission die entgegengesetzte Position. In den Worten von Generalanwältin Kokott (Rn. 22): „Es ist äußerst bedauerlich, dass sich die Kommission in einer derart grundlegenden und häufig wiederkehrenden Zuständigkeitsfrage nicht vorab auf eine klare, einheitliche Linie festlegt und diese konsequent zur Anwendung bringt. Nur dann können sich nämlich die Marktteilnehmer auf Stellungnahmen und Ratschläge der für Unternehmenszusammenschlüsse zuständigen Dienststellen der Kommission – mögen diese auch in unverbindlichen Verwaltungsschreiben geäußert werden – verlassen und ihre unionsrechtlichen Pflichten sinnvoll einschätzen." Der EuGH folgte inhaltlich der von der Generaldirektion Wettbewerb vertretenen Auffassung im comfort letter, ohne diesen allerdings überhaupt zu erwähnen.

3. Lückenfüllung 1: Das „neue" Verweisungsregime des Art. 22 FKVO

In den letzten Jahren sind sogenannte Killer Acquisitions als wettbewerbspolitisches **42**
Thema in den Vordergrund getreten. Als Killer Acquisitions bezeichnet man solche Kontrollerwerbe durch etablierte Unternehmen, die aufkommende, innovative Wettbewerber aufkaufen, bevor diese ihr wettbewerbliches Potential entfaltet haben. Die Zielunternehmen zeichnen sich dadurch aus, dass ihre Marktbedeutung nicht in ihren gegenwärtigen Umsätzen reflektiert wird und folglich von den Umsatzschwellen der Fusionskontrolle nicht adäquat erfasst wird. Solche Strategien finden sich in der jüngeren Vergangenheit häufig in der Digitalbranche, wo sie etwa durch die GAFAMs (Google, Apple, Facebook, Amazon, Microsoft) verfolgt werden können, aber auch in traditionell forschungsintensiven Bereichen wie der Pharmaindustrie.

EuG, Urteil vom 13.7.2022 – Rs. T-227/21, noch nicht in der amtlichen Sammlung **43**
veröffentlicht – *Illumina, Grail/Kommission*
Im September 2020 kündigte Illumina an, alleinige Kontrolle über Grail zu erwerben. Illumina ist ein US-amerikanisches Pharmaunternehmen und marktbeherrschender Anbieter im Bereich von Lösungen für die Genomanalyse. Grail ist ebenfalls ein US-amerikanisches Unternehmen der Pharmaindustrie, das neuartige Blutanalysetests für die Früherkennung von Krebs entwickelt, und erzielte bis dato keine Umsätze in der EU. Weder die Umsatzschwellen der FKVO noch die Schwellen der mitgliedstaatlichen Fusionskontrollregime wurden erreicht. Auf Einladung der Kommission stellte die französische Wettbewerbsbehörde einen Verweisungsantrag nach Art. 22 Abs. 1 FKVO, dem sich weiter mitgliedstaatliche Wettbewerbsbehörden nach

Art. 22 Abs. 2 FKVO anschlossen; diese Anträge nahm die Kommission an. Hiergegen wandten sich Illumina und Grail mit einer Nichtigkeitsklage, wobei die Zusammenschlussbeteiligten im Wesentlichen argumentierten, dass Art. 22 FKVO nicht anwendbar sei, wenn der antragstellende Mitgliedstaat nicht nach innerstaatlichem Recht für die Fusionskontrolle zuständig sei, und dass die Verweisungsentscheidung nicht fristgemäß ergangen sei.
(Rechtsmittel beim EuGH anhängig unter C-611/22 P und C-625/22 P.)

44 Das Europäische Gericht entschied zunächst methodisch lehrbuchartig ausgearbeitet über die Auslegung von Art. 22 Abs. 1 FKVO. Dessen Wortlaut stellt auf „jeden" Kontrollerwerb ab, der nicht die Umsatzschwellen der FKVO erfüllt, unabhängig von einem Erreichen den Schwellen der mitgliedstaatlichen Fusionskontrolle oder der Existenz eines solchen Regimes. Die Regelung will einen besseren Wettbewerbsschutz und Verweisungen erreichen, darauf zielt sie „ab". Sie bezog sich auf Luxembourg und die Niederlande (Duden – Bedeutung 2a). Im Zuge der FKVO-Reformen wurden indes auch gemeinsame Verweisungsanträge von „Mitgliedstaaten" – nicht Wettbewerbsbehörden – zum Zwecke der Fusionsprüfung in einem One-Stop-Shop eingeführt. Systematisch ziele Art. 22 FKVO – wie auch Art. 4 Abs. 5 FKVO – auf Kontrollerwerbe, welche die Umsatzschwellen der unionsweiten Bedeutung nicht erreichen, wobei er – anders als Art. 4 Abs. 5 FKVO – nicht mindestens drei mitgliedstaatliche Zuständigkeiten voraussetzt, sondern eine drohende erhebliche Beeinträchtigung des Wettbewerbs. Dies diene dem Ziel einer effektiven Kontrolle von Zusammenschlüssen, wobei die Umsatzschwellenwerte der unionsweiten Bedeutung durch das „wirksame Korrektiv" des Verweisungsregimes flankiert seien (Rn. 141).

45 Nach dem Gericht beginnt die Frist von 15 Werktagen erst durch die proaktive Übermittlung derjenigen Informationen an den antragstellenden Mitgliedstaat, welche es diesem erlauben, eine erste Einschätzung der Voraussetzungen eines Verweisungsantrages nach Art. 22 Abs. 1 FKVO vorzunehmen, also ob der Zusammenschluss den Handel zwischen Mitgliedstaaten beeinträchtigt und Wettbewerb im Hoheitsgebiet des Mitgliedstaates erheblich zu beeinträchtigen droht. Der Fristbeginn durch Anmeldung des Vorhabens nach nationalem Recht ist ausdrücklich geregelt, woraus das Gericht schließt, dass Anmeldung und „zur Kenntnis bringen" vergleichbaren inhaltlichen Anforderungen genügen müssen, da sie dieselben Rechtsfolgen auslösen; außerdem diente das „zur Kenntnis bringen" inhaltlich zur Entscheidung über die Stellung eines Verweisungsantrages. Öffentliche Verlautbarungen eines Unternehmens genügten nicht, um den Fristbeginn auszulösen, denn nur eine proaktive, inhaltlich qualifizierte Information erreiche Rechtssicherheit hinsichtlich des Fristbeginns, und auch im Übrigen sei der FKVO einschließlich der übrigen Verweisungsvorschriften eine Obliegenheit der Mitgliedstaaten zur Informationssuche fremd.

46 **Anmerkung:** Hinter der heutigen Sorge um Killer Acquisitions steht ein dynamisches Wettbewerbsverständnis, das insbesondere auf ein Offenhalten des Innovationswettbewerbs blickt, und sich in retrospektiven und damit eher statischen Umsatzschwellen nicht wiederfindet. Diesem Problem war insbesondere die deutsche Fusionskontrollordnung zunächst dadurch entgangen, dass sie keine zweite Umsatzschwelle voraussetzte – ein hinreichend großer Erwerber und Inlandsauswirkungen waren für die Anmeldepflicht ausreichend, bis im Zuge der Deregulierungsbemühungen der späten 2000er-Jahre entsprechend einer OECD-Empfehlung[56] eben diese zweite Inlandsschwelle eingeführt wurde. Damit stand nunmehr die ganze EU vor dem wettbewerbspolitischen Problem, wirklich alle materiell prüfwürdigen Fälle formal zu erfassen, ohne die formelle Fusionskontrolle materiell-wettbewerblich aufzuladen. Die

---

56 OECD, Council, Recommendation on Merger Review, 23.3.2005, OECD/LEGAL/0333, I. A. 1.2.1. und 1.2.2.

späteren deutschen Lösungsansätze sind insoweit die Transaktionswertschwelle (§ 35 Abs. 1a GWB) und die Möglichkeit des Bundeskartellamtes, die Anmeldepflicht für einzelne Unternehmen bestimmter Wirtschaftszweige durch Verfügung zu erweitern (§ 39a GWB), die beide weiterhin Inlandstätigkeiten des Zielunternehmens voraussetzen.

Die Kommission versucht, ähnliches zu erreichen, indem sie ein altes Instrument mit neuen Inhalten auflud. Der bestätigenden Auslegung des Gerichts stehen dabei auch gute Argumente entgegen. Artikel 22 stellt insbesondere auf bestehende Fusionskontrollregime ab, die Ausnahme des Fehlens könnte eng zu verstehen sein. Das bemühte Ziel des One-Stop-Shop setzt anderweitige Mehrfachzuständigkeiten voraus, die es vorliegend nicht gab, welche im Übrigen eine teilweise Verweisung ohnehin nicht lösen könnte, da die nationale Fusionskontrolle von Mitgliedstaaten, welche die Verweisung nicht beantragt haben, anwendbar bleibt (Art. 22 Abs. 3 UAbs. 3 FKVO e contrario, so auch Rn. 134). Und der vom Gericht bemühte Passus im 11. EG der FKVO zum Korrekturmechanismus zielt nicht auf eine Kompetenzerweiterung der EU per se, sondern auf eine Feinsteuerung des Subsidiaritätsprinzips zwischen EU und Mitgliedstaaten ab, was das Gericht in Rn. 141 mitzuzitieren vergisst. **47**

Gewichtiger ist, dass die Auslegung des Gerichts zu einer Durchbrechung des Systems formal umgrenzter Zuständigkeiten führt. Zwar gilt initial für Zusammenschlüsse, die Gegenstand einer Verweisung nach Art. 22 FKVO sein könnten, kein Vollzugsverbot, sondern erst ab der Mitteilung der Kommission an die Zusammenschlussbeteiligten über die Antragstellung (Art. 22 Abs. 4 UAbs. 1 Satz 2 FKVO). Auch ist eine proaktive Mitteilung an die Kommission oder der anderen Mitgliedstaaten für die Beteiligten weder Pflicht noch Obliegenheit. Sie ist vielmehr eine faktische Notwendigkeit im Sinne des Selbstschutzes. Damit führt die Auslegung des Gerichts nicht rechtlich, sondern faktisch zu einer wesentlichen Ausdehnung der Anmeldepflicht und damit zu Rechtsunsicherheit. **48**

In einer rechtlichen Grauzone spielt der konkrete Fall Illumina/Grail zwar nicht mit Blick auf die materiell-wettbewerblichen Kriterien des Art. 22 Abs. 1 FKVO – die US-amerikanische FTC betreibt ebenfalls dessen Untersagung – sondern mangels Umsätzen des Zielunternehmens in der EU eher mit Blick auf die internationale Zuständigkeit der EU. **49**

In der Folge der hier gegenständlichen Entscheidung meldete Illumina das Zusammenschlussvorhaben an, welches die Kommission am 6.9.2022 untersagte (M.10188, Nichtigkeitsklage unter T-709/22 anhängig), und vollzog es zwischenzeitlich. Daher erließ die Kommission einstweilige Maßnahmen, u. a. eine Hold-Separate-Anordnung (M.10938, Nichtigkeitsklage unter T-5/23 anhängig), und stellte einen Verstoß gegen das Vollzugsverbot fest (M.10493, Nichtigkeitsklagen unter T-755/21 und T-23/22 anhängig). Außerdem verhängte sie eine Geldbuße wegen Verstoßes gegen das Vollzugsverbot (M.10483) sowie führt ein Entflechtungsverfahren (M.10939). **50**

4. Lückenfüllung 2: Art. 102 AEUV in der Fusionskontrolle?

Die Fusionskontrolle nach der FKVO steht zwar in einem weitgehend exklusiven Verhältnis zu der Fusionskontrolle nach mitgliedstaatlichen Fusionskontrollregimen. Aber in welchem Verhältnis steht die Fusionskontrolle zu den übrigen Instrumenten des europäischen Kartellrechts, insbesondere zum Kartellverbot des Art. 101 AEUV und zum Missbrauchsverbot des Art. 102 AEUV? Artikel 21 Abs. 1 FKVO beantwortet diese Frage nur scheinbar, indem er die VO 1/2003 für nicht gültig erklärt, soweit ein Zusammenschluss – also ein Kontrollerwerb – nach Art. 3 FKVO vorliegt; auf das Erreichen der **51**

Umsatzschwellen nimmt er keinen Bezug.[57] Bleiben demnach die Art. 101 und 102 AEUV als höherrangiges Primärrecht anwendbar und die nationalen Wettbewerbsbehörden zur Durchsetzung verpflichtet? Der Abs. 6 EG suggeriert, das nein, indem er die FKVO als „besonderes Rechtsinstrument" beschreibt, das „zugleich das einzige auf derartige Zusammenschlüsse anwenbare Instrument" sein soll.

52 **EuGH, Urteil vom 16.3.2023 auf die Schlussanträge von GA Kokott vom 13.10.2022 – Rs. C-449/21, noch nicht in der amtlichen Sammlung veröffentlicht –** ***Towercast/Autorité de la concurrence et al***
TDF, der bedeutendste französische Anbieter terrestrischer Fernsehübertragungen, erwarb Alleinkontrolle über den Wettbewerber Itas. Mangels erreichen der Umsatzschwellen war dieser Zusammenschluss weder von gemeinschaftsweiter Bedeutung und unterfiel damit nicht der FKVO, noch erreichte er die maßgeblichen Umsatzschwellen des französischen Wettbewerbsrechts. Der dritte Wettbewerber Towercast sah in dem Kontrollerwerb den Missbrauch der marktbeherrschenden Stellung der TDF und beschwerte sich bei der französischen Wettbewerbsbehörde. Nachdem diese in ihren Beschwerdepunkten zunächst einen Missbrauch erkannt hatte, wies sie in der Entscheidung die Beschwerde zurück, weil Art. 21 Abs. 1 FKVO sie an der Anwendung des Art. 102 AEUV hindere. Die hiergegen gerichtete Klage führte zur Vorlage der Frage an den EuGH, ob in einem solchen Fall die nationale Wettbewerbsbehörde von Europarechts wegen gehindert sei, Art. 102 AEUV anzuwenden.

53 GA Kokott folgend entschied der EuGH, zu antworten, dass einer mitgliedstaatlichen Wettbewerbsbehörde die Anwendung von Art. 102 AEUV auf einen Zusammenschluss nicht verwehrt sei, der weder von gemeinschaftsweiter Bedeutung, noch Gegenstand einer Verweisung nach Art. 22 FKVO sei, noch die Umsatzschwellen der mitgliedstaatlichen Fusionskontrolle erfülle. Der EuGH stellte dabei zentral auf die normhierarchisch höhere Stellung von Art. 102 AEUV gegenüber der FKVO ab. Daher könne die FKVO lediglich den Geltungsbereich der normhierarchisch gleichrangigen VO 1/2003 einschränken. Auch die Rechtgrundlagen der FKVO erlaubten keine Einschränkung des Anwendungsbereichs. Artikel 103 AEUV enthält eine Ausgestaltungskompetenz. Artikel 352 AEUV erlaubt ergänzende – nicht beschränkende – Regelungen. Artikel 102 AEUV bliebe daher – weil hinreichend klar, präzise und unbedingt – unmittelbar anwendbar, wie es abseits der FKVO ständiger Rechtsprechung entspricht. Für mitgliedstaatliche Behörden und Gerichte folge hieraus nicht nur die Möglichkeit, sondern nach ständiger Rechtsprechung auch die Pflicht zur Anwendung und Durchsetzung im Rahmen des mitgliestaatlichen Verfahrensrechts.

54 Mit Blick auf die Regelungssystematik der FKVO selbst stellte der EuGH darauf ab, dass die Einführung einer ex ante Kontrolle durch die FKVO eine ex post Kontrolle von Zusammenschlüssen ohne gemeinschaftsweite Bedeutung nicht ausschließt. GA Kokott hatte weitergehend ausgeführt, dass der Zusammenschlussbegriff und die Umsatzschwellenwerte einzig und allein die Anwendung des Vollzugsverbots der FKVO konditionieren, und damit die ex ante Kontrolle von Zusammenschlüssen flankieren. Auch bei der Gründung eines Vollfunktionsgemeinschaftsunternehmens, das die Koordinierung des Wettbewerbsverhaltens der Mütter bezweckt oder bewirkt, erfolgt eine Prüfung dieser Koordinierung nach Art. 101 Absätze 1 und 3 AEUV gemäß Art. 2 Abs. 4 FKVO wiederum mit Blick darauf, ob das Vorhaben „mit dem Gemeinsamen Markt vereinbar" ist. Diesen Begriff verwendet Art. 7 Abs. 1 FKVO zur Konditionierung des Vollzugsverbots.

---

57 Artikel 21 enthält eine Ausnahme für Gemeinschaftsunternehmen, die keine gemeinschaftsweite Bedeutung haben und die Koordinierung des Wettbewerbsverhaltens unabhängig bleibender Unternehmen bezwecken oder bewirken.

III. Fallgestaltungen

Die Durchsetzung des Art. 102 AEUV erfolge hingegen ex post. Eine Kontrolle von Zusammenschlüssen könnte insbesondere auch dazu dienen, sogenannte Killer Acquisitions kartellrechtlich zu erfassen. Der Begriff Killer Acquisitions verweist auf die Praxis einiger marktbeherrschender Unternehmen, innovative Start-Up-Unternehmen aufzukaufen, bevor diese selbst nennenswerte Umsätzes erzielen, und so die eigene Marktstellung abzusichern. Damit werden weder die Umsatzschwellen zur gemeinschaftsweiten Bedeutung noch die nach mitgliedstaatlichem Fusionskontrollrecht überschritten. **55**

Sodann argumentiert GA Kokott, dass Art. 102 AEUV nur komplementär anwendbar sei, d. h. nur dann, wenn sowohl FKVO und mitgliedstaatliche Fusionskontrolle nicht anwendbar seien. Insoweit schlug sie vor, die *Continental-Can*-Rechtsprechung zu nuancieren, auf der die 7. EG der FKVO Bezug nimmt, welche lautet:[58] „Die Beeinträchtigung des Wettbewerbs, die verboten ist, wenn sie das Ergebnis eines unter Artikel [101 AEUV] fallenden Verhaltens ist, kann nicht dadurch zulässig werden, dass dieses Verhalten unter dem Einfluss eines beherrschenden Unternehmens zum Erfolg führt und in einen Zusammenschluss der beteiligten Unternehmen mündet. [...] Ein missbräuchliches Verhalten kann daher vorliegen, wenn ein Unternehmen in beherrschender Stellung diese dergestalt verstärkt, dass der erreichte Beherrschungsgrad den Wettbewerb wesentlich behindert, dass also nur noch Unternehmen auf dem Markt bleiben, die in ihrem Marktverhalten von dem beherrschenden Unternehmen abhängen." Die von GA Kokott vorgeschlagene Beschränkung der Anwendbarkeit auf Fälle außerhalb jeglicher Fusionskontrolle in der EU folge aus dem „Willen des Gesetzgebers", der in Art. 21 Abs. 1 FKVO seinen Ausdruck gefunden hätte, und dem lex specialis Grundsatz. Ergänzend führt sie eine Art Tatbestandswirkung der ex ante Genehmigung eines Zusammenschlusses an, auch durch Mitgliedstaaten nach deren Fusionskontrollregimen. Schließlich verweist sie auf die unterschiedlichen Folgen der Untersagung von Zusammenschlüssen und Missbrauchsverfügungen; erstere verhinderten den Vollzug, letztere führten regelmäßig lediglich nicht zur Entflechtung, sondern zu Verhaltensauflagen und Bußgeldern. Der EuGH ging auf die Fallgestaltung einschlägiger mitgliedstaatlicher Fusionskontrolle nicht ein und beschränkte seine Antwort strikt auf den in der Vorlagefrage formulierten Sachverhalt. **56**

Anmerkung: Dass ein Verhalten tateinheitlich mehrere Verbotsnormen verletzen kann, ist ein ebenso häufiges wie praktisch handhabbares juristisches Phänomen. So könnten die Dinge auf für das Vollzugsverbot der FKVO und das Missbrauchsverbot liegen. Unternehmenszusammenschlüsse weisen jedoch eine Besonderheit auf, nämlich dass sie in ihrer Folge die beiden Unternehmen innerlich verändern. Dieser Vorgang läuft unter dem Schlagwort „Synergien heben" – es werden Unternehmensfunktionen zusammengelegt und wechselseitige Abhängigkeiten geschaffen; insbesondere wird das Leitungspersonal eines Unternehmens umgebaut. Erfolgt das Verbot eines Zusammenschlusses erst nachträglich, müssen die Unternehmen wiederum neu strukturiert werden. Häufig sind aber schon die Veränderungen im Personalbestand der beteiligten Unternehmen nicht mehr rückgängig zu machen.[59] Insbesondere vor diesem Hintergrund ist die Rechtssicherheit bei Transaktionen von besonders herausgehobener praktischer Bedeutung. **57**

Die zugrunde liegende Rechtsfrage ist seit Erlass der alten FKVO bekannt und umstritten. Verwiesen sei nur auf die Erklärung der Kommission zum Ratsprotokoll betreffend die Annahme der alten FKVO 4064/89, wonach sie sich die Anwendung der heutigen Art. 101 und 102 AEUV auf Zusammenschlüsse ohne gemeinschaftsweite Bedeutung **58**

---

58 EuGH, U. v. 21.2.1973, Europemballage und Continental Can/Kommission (6/72, EU:C:1973:22, Rn. 25 und 26).
59 Daher im Jargon auch Scrambled-Eggs-Problem genannt.

vorbehalte; Rücksichten auf mitgliedstaatliche Fusionskontrollen waren nicht formuliert.[60] Mit Blick auf diese Rechtsfrage lassen sich seit jeher grob drei Fallgestaltungen unterscheiden: es besteht eine Zuständigkeit der Kommission nach FKVO, es bestehen (nur) mitgliedstaatliche fusionskontrollrechtliche Zuständigkeiten und es bestehen überhaupt keine fusionskontrollrechtlichen Zuständigkeiten in der EU. Die letztgenannte Fallgestaltung bildet die Grundlage für die Vorlagefrage und war vom EuGH zu beantworten.

59 Im Ergebnis erscheint die Antwort des EuGH auf die konkret gestellte Frage überzeugend, dass Art. 102 AEUV außerhalb des Anwendungsbereichs der Fusionskontrollregime anwendbar bleibt. Denn nur so kann der normhierarchischen Überlegenheit von Art. 102 AEUV Rechnung getragen werden, indem die Mitgliedstaaten ihrer Pflicht zur Durchsetzung unmittelbar anwendbaren Primärrechts, hier des Missbrauchsverbots, nachkommen. Zugleich würde den politisch unabhängigen mitgliedstaatlichen Wettbewerbsbehörden ermöglicht, eine Art. 21 Abs. 1 FKVO entsprechende Beschränkung des mitgliedstaatlichen Missbrauchsverbots unter Verweis auf vorrangiges Europarecht zu umgehen, ohne dabei von der politischen Entscheidung „des Mitgliedstaates" für einen Verweisungsantrag nach Art. 22 Abs. 1 FKVO abhängig zu sein.

60 Die dogmatische Einordnung dieses Ergebnisses ist schwieriger und damit auch die systematisch kohärente Behandlung der anderen beiden Fallgestaltungen. AG Kokotts Argumente für eine differenzierte Handhabung sind weniger überzeugend. Wenn Normhierarchie Trumpf ist, gilt diese nicht auch für den Lex-Specialis-Grundsatz? Und mit Blick auf die von ihr angedachte Tatbestandswirkung der mitgliedstaatlichen Fusionskontrolle kommt hinzu, dass der EuGH an anderer Stelle selbst eine Festellung der Nicht-Einschlägigkeit von Art. 101 bzw. 102 AEUV durch mitgliedstaatliche Behördenentscheidung gerade abgelehnt hat. Denn mitgliedstaatliche Fusionskontrollregime setzen Inlandsauswirkungen in den jeweiligen Mitgliedstaaten voraus. Führte eine mitgliedstaatliche Fusionskontrolle dann zum Ausschluss der Missbrauchsaufsicht mit Blick auf die übrigen Mitgliedstaaten; gälte dies auch, wenn die Wettbewerbsprobleme nicht im prüfenden Mitgliedstaat einträten? Möglicherweise hatte die FKVO eine andere Lösung im Blick, die sich mehr am Subsidiaritätsgrundsatz orientiert. Denn Art. 21 Abs. 3 FKVO verweist für Vorgänge außerhalb ihres Anwendungsbereichs auf die Wettbewerbsrechte der Mitgliedstaaten. Und diese enthalten – neben Regeln zur Fusionskontrolle – regelmäßig ein inhaltlich Art. 102 AEUV entsprechendes Missbrauchsverbot. Folgte man dem von AG Kokott vorgetragenen Vorrang der Normhierarchie, wäre Art. 21 Abs. 1 AEUV in seiner Weite möglicherweise teilweise unionsrechtswidrig und der Kommission wüchse – zumindest faktisch – ein ius evocandi ähnlich Art. 11 Abs. 6 VO 1/2003 zu. Dies stünde wiederum im Widerspruch zu Art. 21 Abs. 3 FKVO. Indem sich der EuGH strikt an die Vorlagefrage hielt, konnte er insoweit eine vertiefte Argumentation vermeiden; jedoch könnten sich Rn. 41 und 50 als Andeutung in Richtung einer umfassenden Anwendbarkeit des Kartellprimärrechts außerhalb des Anwendungsbereichs der FKVO lesen lassen.

61 Die praktische Bedeutung der Anwendung von Art. 102 AEUV bei Einschlägigkeit der Fusionskontrollvorschriften ist allerdings gering. Das Aufgreifen von Fällen für die Durchsetzung von Art. 101 und 102 AEUV steht im Ermessen der mitgliedstaatlichen Wettbewerbsbehörden. Ist bereits eine fusionskontrollrechtliche Prüfung erfolgt, setzte ein neuerliches Aufgreifen der konzentrativen Wirkungen auf Grundlage des Missbrauchsverbots eine deutliche Fehleinschätzung im Fusionskontrollverfahren voraus. Denn eine Freigabeentscheidung erfasst nach Art. 6 Abs. 1 lit. b Satz 2 und Art. 8 Abs. 1

---

[60] WuW 1990, 240, 243 f.; auf Englisch abrufbar unter https://ec.europa.eu/competition/mergers/legislation/notes_reg4064_89_en.pdf (zuletzt abgerufen am 5.9.2023).

und 2 FKVO überhaupt nur den Zusammenschluss selbst, also den Kontrollerwerb, sowie die „mit seiner Durchführung unmittelbar verbundenen und für sie notwendigen Einschränkungen". Selbst der Vorrang der FKVO vor VO 1/2003 erstreckt sich nach *Ernst & Young* nicht auf solche Vorgänge, die nicht zum Vollzug des Zusammenschlusses beitragen.[61] Artikel 102 AEUV bleibt also ohnehin im nahen Umfeld der FKVO anwendbar. Außerdem ist der Prüfungsmaßstab des Art. 102 AEUV ein strengerer als derjenige der FKVO, wie der EuGH bestätigte, indem er in einem obiter dictum den in Continental Can aufgestellten Maßstab (oben Rn. 56) rezitierte und ausdrücklich darauf hinwies, dass die bloße Stärkung der marktbeherrschenden Stellung eines Unternehmens für einen Missbrauch nach Art. 102 AEUV nicht hinreiche.

5. Konglomerate Zusammenschlüsse, Beweisanforderungen

Während bei horizontalen Zusammenschlüssen unmittelbar der Wettbewerb zwischen den beteiligten Unternehmen wegfällt und dadurch der Wettbewerb auf dem relevanten Markt eingeschränkt werden kann, bedürfen etwaige negative wettbewerbliche Auswirkungen von vertikalen oder konglomeraten Zusammenschlüssen näherer Begründung. Weiter erfordert die materielle Beurteilung eines Zusammenschlusses die Feststellung, ob durch ihn der wirksame Wettbewerb im Gemeinsamen Markt oder in einem wesentlichen Teil desselben erheblich behindert würde, insbesondere durch Begründung oder Verstärkung einer marktbeherrschenden Stellung. Demnach obliegt der Kommission die Bewertung hypothetischer zukünftiger Marktverhältnisse.[62] Dies setzt nicht nur eine umfängliche Tatsachenuntersuchung voraus, sondern beinhaltet letztlich auch eine Prognose. Dies führte zu der Fragestellung, ob der Kommission im Fusionskontrollverfahren ein Ermessen bzw. ein Beurteilungsspielraum zukommt und korrespondierend inwieweit die Einschätzung der Kommission gerichtlich überprüfbar ist bzw. welche Anforderungen an die Beweisführung zu stellen sind.

EuG, Urteil vom 25.10.2002 – Rs. T-5/02, Slg. 2002, II-4831 – *Tetra Laval/Kommission*; **EuGH, Urteil vom 15.2.2005 – Rs. C-12/03, Slg. 2005, I-987 –** *Kommission/ Tetra Laval*

Tetra Laval beabsichtigte Sidel zu übernehmen. Tetra war mit einem Marktanteil von mehr als 80 % unumstrittener Weltmarktführer für die Herstellung von Kartonverpackungen für Getränke und entsprechenden Abfüllmaschinen. Als solchem waren gegen Tetra zum Zeitpunkt des Zusammenschlusses bereits zwei Missbrauchsentscheidungen ergangen.[63] Sidel stellte Maschinen zur Herstellung von PET-Flaschen her. Die Kommission ordnete Getränkekartons und PET-Flaschen verschiedenen benachbarten Märkten zu, da PET-Flaschen im Gegensatz zu Kartons licht- und sauerstoffdurchlässig waren und sich daher zur Abpackung empfindlicher Produkte (Milch, Fruchtsäfte etc.) nicht eigneten. Jedoch hatte Sidel Barrieretechniken in der Entwicklung, die zur Eignung von PET-Flaschen auch zur Abfüllung solcher empfindlicher

---

61 EuGH, U. v. 31.5.2018, *Ernst & Young* (C-633/16, EU:C:2018:371, Rn. 58), worauf GA Kokott in Rn. 27 ihrer Schlussanträge hinweist.
62 Das Verfahren *BMG/Sony* nimmt eine Sonderstellung ein. Die Kommission gab den Zusammenschluss zunächst im Vorprüfungsverfahren (Phase I) frei und die Parteien vollzogen ihn. Auf eine Klage von Wettbewerbern hin hob das EuG die Freigabeentscheidung der Kommission auf, da erhebliche Zweifel an der Rechtmäßigkeit des Zusammenschlusses bestanden haben und dieser daher in einem Hauptprüfungsverfahren (Phase II) hätte überprüft werden müssen. Der bereits vollzogene Zusammenschluss wurde erneut angemeldet und die Kommission überprüfte ihn sodann in einem Hauptprüfungsverfahren. In dieser Ausnahmesituation konnte sie rückblickend die Auswirkungen des Zusammenschlusses auf die Marktverhältnisse analysieren (Verfahrensverlauf abrufbar unter https://competition-cases.ec.europa.eu/cases/M.3333, zuletzt abgerufen am 24.7.2023).
63 Kommission, E. v. 16.7.1988, IV/31.043, ABl. L 272/27 v. 4.10.1988, bestätigt durch EuG, U. v. 10.7.1990, Rs. T-51/89, Slg. 1990, II-309 – *Tetra Pak I*; Kommission, E. v. 24.7.1991, IV/31.043, ABl. L 72/1 v. 18.3.1992, bestätigt durch EuG, U. v. 6.10.1994, Rs. T-83/91, Slg. 1994, II-755, im Rechtsmittelverfahren bestätigt durch EuGH, U. v. 14.11.1996, Rs. C-333/94 P, Slg. 1996, I-5951 – *Tetra Pak II*.

Produkte und so später zu einer Konvergenz der Märkte geführt hätten. Die Kommission befürchtete, dass Tetra Laval seine marktbeherrschende Stellung durch Kopplungsangebote, Treuerabatte und andere Verdrängungspraktiken auf den benachbarten Markt der PET-Flaschen übertragen könnte, auf dem Sidel bereits eine starke Stellung innehatte. Tetra bot der Kommission als Zusagen u. a. an, Sidel für die Dauer von 10 Jahren als getrenntes Unternehmen zu führen, keine Kopplungsangebote zwischen Tetras Kartonprodukten und Sidels PET-Maschinen anzubieten und den Verpflichtungen nach den o. g. Missbrauchsentscheidungen nachzukommen. Diese Zusagen wies die Kommission als unzureichend zurück, weil sie nicht struktureller Natur und nahezu unmöglich zu überprüfen waren. Im Ergebnis untersagte die Kommission den Zusammenschluss als unvereinbar mit dem Gemeinsamen Markt. Hiergegen richtete sich die Klage von Tetra Laval.

64 Das EuG hob die Unvereinbarkeitsentscheidung der Kommission unter Anwendung der damals neuen Regeln über das beschleunigte Verfahren auf.[64] Auf das Rechtsmittel der Kommission hin bestätigte der EuGH das Urteil des EuG.

65 Das EuG bestätigte die Kommission darin, dass sie konglomerate Zusammenschlüsse auf ihre wettbewerblichen Auswirkungen hin untersuchen müsse. Jedoch stellte es die These auf, dass konglomerate Zusammenschlüsse grundsätzlich wettbewerblich neutral, wenn nicht sogar positiv seien. Zwar könne das marktbeherrschende Unternehmen diese Marktmacht als Hebel für die Verstärkung von Marktmacht in einem benachbarten Markt einsetzten (leverage). Die Kommission müsse jedoch die Existenz und den Anreiz zum Einsatz möglicher Hebel beweisen. Ihre Beweise entsprachen jedoch nicht den einschlägigen Standards.

66 Im Hinblick auf den Beweismaßstab präzisierte das EuG die in der früheren Rechtsprechung herausgearbeiteten Kriterien. Die Beurteilung der voraussichtlichen Auswirkung des Zusammenschlusses auf den Wettbewerb auf dem Referenzmarkt durch die Kommission erfordert eine eingehende Untersuchung insbesondere der nach der Lage des Einzelfalls maßgeblichen Umstände. Die Kommission muss, wenn sie der Auffassung ist, dass ein Zusammenschluss zu untersagen ist „eindeutige Beweise" liefern. Jedoch räumt die FKVO der Kommission ein bestimmtes Ermessen namentlich bei wirtschaftlichen Beurteilungen ein; daher muss die gerichtliche Kontrolle der Ausübung dieses Ermessens unter Berücksichtigung dieses Beurteilungsspielraums erfolgen, der den wirtschaftlichen Bestimmungen, die Teil der Regelung für Zusammenschlüsse sind, notwendig zugrunde liegt.[65]

67 Im Rechtsmittelverfahren präzisierte der EuGH diesen Beweisstandard: „Auch wenn der Gerichtshof anerkennt, dass der Kommission in Wirtschaftsfragen ein Beurteilungsspielraum zusteht, bedeutet dies nicht, dass der Gemeinschaftsrichter eine Kontrolle der Auslegung von Wirtschaftsdaten durch die Kommission unterlassen muss. Er muss nämlich nicht nur die sachliche Richtigkeit der angeführten Beweise, ihre Zuverlässigkeit und ihre Kohärenz prüfen, sondern auch kontrollieren, ob diese Beweise alle relevanten Daten darstellen, die bei der Beurteilung einer komplexen Situation heranzuziehen waren, und ob sie die aus ihnen gezogenen Schlüsse zu stützen vermögen. Eine solche Kontrolle ist umso nötiger, wenn es sich um eine zur Prüfung eines geplanten Zusammenschlusses mit Konglomeratwirkung erforderliche Untersuchung der voraussichtlichen Entwicklung handelt."

---

64 Art. 76a der Verfahrensordnung des Gerichts (abrufbar über die Website des Europäischen Gerichtshofs http://curia.europa.eu, zuletzt abgerufen am 14.4.2023).
65 EuGH, U. v. 31.3.1998, verb. Rs. C-68/94 und C-30/95, Slg. 1998, I-1375 Rn. 223 f. – *Kali und Salz*; EuG, U. v. 5.3.1999, Rs. T-102/96, Slg. 1999, II-753 Rn. 164 f. – *Gencor*; U. v. 25.10.2002 – Rs. T-5/02, Slg. 2002, II-4831 Rn. 155 – *Tetra Laval/Kommission*.

III. Fallgestaltungen   **68–72**

Das EuG forderte weiter, dass die Kommission bei der Prüfung der Vereinbarkeit von **68**
Zusammenschlüssen mit dem Gemeinsamen Markt, welche ihre wettbewerbsschädlichen Wirkungen erst durch zukünftiges, wahrscheinlich kartellrechtlich unzulässiges Verhalten der Parteien zeitigen würden, die Wahrscheinlichkeit eines solchen Verhaltens vor dem Hintergrund möglicher Sanktionen beurteilt. Diesen Maßstab wies der EuGH als überzogen zurück, da er dem mit der FKVO verfolgten Präventionszweck zuwiderlaufe und von der Kommission spekulative Einschätzungen im Hinblick auf die mögliche Verfolgung zukünftigen, wahrscheinlich gegen Art. 101 bzw. 102 AEUV verstoßenden Verhaltens verlange.

Im Hinblick auf die von Tetra angebotenen verhaltensbezogenen Zusagen befand das **69**
EuG, dass die Kommission diese trotz ihres verhaltens- und nicht strukturbezogenen Charakters hätte berücksichtigen müssen. Diese Rechtsauffassung bestätigte der EuGH.

Anmerkung: Die pauschale wettbewerblich neutrale oder sogar positive Beurteilung **70**
konglomerater Zusammenschlüsse durch das EuG wiederholte der EuGH nicht. Jedoch stellt auch er klar, dass wettbewerblich negative Auswirkungen eines konglomeraten Zusammenschlusses schwer nachzuweisen sind, weil „die Ursache-Wirkungs-Ketten schlecht erkennbar, ungewiss und schwer nachweisbar sind." Daher kommt der Beweisführung der Kommission besondere Bedeutung zu. Die Nicht-Horizontalleitlinien der Kommission[66] schlagen dementsprechend auch einen vorsichtigeren Ton an. Demnach seien konglomerate Zusammenschlüsse in der Mehrzahl der Fälle unproblematisch, könnten jedoch in einzelnen Fällen zu wettbewerblichen Problemen führen.[67]

Im Hinblick auf die verhaltens- oder strukturbezogene Natur von Zusagen blieben EuG **71**
und EuGH der bisherigen Rechtsprechung treu, nach der es auf diese Charakterisierung nicht ankommt.[68] Dieses Ergebnis überrascht dennoch auf den ersten Blick. Die Fusionskontrolle zielt schließlich auf die präventive Kontrolle von Zusammenschlüssen insb. im Hinblick auf die Begründung oder Verstärkung einer marktbeherrschenden Stellung ab. Die Sache *Tetra Laval* machte jedoch im Verhältnis zur Sache *Gencor* eine Besonderheit deutlich: In *Gencor* war die Begründung einer kollektiven marktbeherrschenden Stellung das Resultat der Marktanteilsaddition von Gencor und Lonrho. In *Tetra Laval* hätten die wettbewerbsschädlichen Auswirkungen in der Ermöglichung eines eventuellen missbräuchlichen Verhaltens der beteiligten Unternehmen gelegen. Vor diesem Hintergrund erscheinen verhaltensbezogene Zusagen nicht prinzipiell ungeeignet. Worin aber liegt der Vorteil einer verhaltensbezogenen Zusage gegenüber der einfachen nachträglichen Anwendung des Missbrauchsverbots von Art. 102 AEUV? Mithin, warum sind sie geeignet, wettbewerbliche Bedenken in der Fusionskontrolle auszuräumen? Die Kommission macht die Einhaltung der Zusagen der beteiligten Unternehmen in ihrer Entscheidung zu Bedingungen oder Auflagen. Aus Verstößen gegen diese Bedingungen und Auflagen können unmittelbar Rechts- und Sanktionsfolgen abgeleitet werden, während ein Verstoß gegen das Missbrauchsverbot erst noch in einem gesonderten Verwaltungsverfahren nach Art. 102 AEUV festgestellt werden müsste.

Die Forderung des EuG nach „eindeutigen Beweisen" ist in der deutschen Literatur **72**
teils überinterpretiert worden. Die Passage lautet in der englischen Verfahrenssprache „convincing evidence" und in der französischen Gerichtssprache „preuves solides".
Der EuGH stellt nun klar, dass dies nur die allgemeine Eigenschaft von Beweisen beschreibt. Gesteigerte Anforderungen sind der Passage also nicht zu entnehmen.

---

66 Siehe oben Fn. 15.
67 Rn. 92 der Nicht-Horizontalleitlinien.
68 EuG, U. v. 5.3.1999, Rs. T-102/96, Slg. 1999, II-753 Rn. 318 f. – *Gencor*.

6. Oligopole – kollektive Marktbeherrschung

73 Die Kriterien für die Annahme einer kollektiven marktbeherrschenden Stellung sind Gegenstand einer verhältnismäßig großen Zahl von Nichtigkeitsklagen gewesen. Dies ist vor dem Hintergrund des materiellen Beurteilungsmaßstabes der alten FKVO zu sehen, der allein auf die Begründung oder Verstärkung einer marktbeherrschenden Stellung abstellte. Die geltende FKVO fragt demgegenüber danach, ob ein Zusammenschluss den wirksamen Wettbewerb im Gemeinsamen Markt oder einem wesentlichen Teil desselben erheblich behindern würde; die Begründung oder Verstärkung einer marktbeherrschenden Stellung ist hierfür nur noch ein Beispiel. Der neue Maßstab erlaubt es, einseitige (sogenannte nicht-koordinierte) Effekte eines Zusammenschlusses auch unterhalb der Schwelle der Einzelmarktbeherrschung zu berücksichtigen.[69] Inzwischen hat die Kommission eine Vielzahl von Entscheidungen auf nicht-koordinierte Effekte unterhalb der Einzelmarktbeherrschung gestützt;[70] die erste Gerichtsentscheidung hierzu ist kürzlich ergangen. Im Hinblick auf die koordinierten Effekte eines Zusammenschlusses bezieht sich die Kommission in ihren Leitlinien[71] und in ihrer Entscheidungspraxis[72] jedoch weiterhin auf die *Airtours*-Rechtsprechung.

74 EuG, Urteil vom 6.6.2002 – Rs. T-342/99, Slg. 2002, II-2585 – *Airtours*
Airtours (heute MyTravel) beabsichtigte FirstChoice zu übernehmen. Nach dem Zusammenschluss wären im Übrigen nur noch Thomson Travel und Thomas Cook auf dem britischen Markt für Kurzstrecken-Auslandspauschalreisen tätig gewesen; kleinere Wettbewerber spielten keine nennenswerte Rolle. Die Kommission untersagte den Zusammenschluss unter Verweis auf die Begründung einer kollektiven marktbeherrschenden Stellung. Hiergegen richtete sich die Klage von Airtours.

75 Einleitend fasste das EuG die bisherige Rechtsprechung zur kollektiven Marktbeherrschung zusammen: Der Zusammenschluss müsste zu einer Änderung der Marktstruktur führen, die den zusammengeschlossenen Unternehmen und einem oder mehreren anderen Unternehmen die Macht verleiht, aufgrund der zwischen ihnen bestehenden verbindenden Faktoren zusammen auf dem Markt einheitlich und in beträchtlichem Umfang unabhängig von den anderen Wettbewerbern, ihrer Kundschaft und letztlich den Verbrauchern vorzugehen.[73] Das EuG sah weiter keinen Grund, in den Begriff der verbindenden Faktoren nicht auch die wirtschaftliche Wechselbeziehung zwischen den Mitgliedern eines beschränkten Oligopols mit einzubeziehen. Im Rahmen dieser wirtschaftlichen Wechselbeziehung sind die Oligopolisten in der Lage, ihre jeweiligen Verhaltensweisen vorherzusehen, wenn der Markt entsprechende Merkmale aufweist (insbesondere Marktkonzentration, Transparenz und Homogenität der Erzeugnisse). Die Oligopolisten stehen dann unter einem starken Druck, ihr Marktverhalten einander anzupassen, um den gemeinsamen Gewinn zu maximieren, ohne dazu eine Vereinbarung treffen oder auf eine abgestimmte Verhaltensweise im Sinne von Art. 101 AEUV zurückgreifen zu müssen.[74] Sodann präzisierte das EuG diese Rechtsprechung in den sogenannten *Airtours*-Kriterien:

---

69 25. Begründungserwägung zur FKVO. Weiterführend *Immenga/Körber*, in: Immenga/Mestmäcker, Wettbewerbsrecht I/2, Art. 2 FKVO, Rn. 472 ff.; *Zimmer*, ZWeR 2004, 250.
70 Für einen Überblick siehe *Schwalbe/Zimmer*, Kartellrecht und Ökonomie, 3. Aufl., 3. Teil unter C. V.
71 Rn. 39 ff. der Horizontalleitlinien; Rn. 78 ff. und 119 ff. der Nichthorizontalleitlinien.
72 Z.B. Kommission, E. v. 13.7.2005, M.3653, Rn. 102 ff. – *Siemens/VA Tech*; E. v. 14.3.2006, M.3868, Rn. 622 ff. – *DONG/Elsam/Energi E2*; E. v. 22.5.2007, M.4404, Rn. 124 ff. – *Universal/BMG Music Publishing*.
73 Das EuG verweist auf EuGH, U. v. 31.3.1998, verb. Rs. C-68/94 und C-30/95, Slg. 1998, I- 1375 Rn. 221 – *Kali und Salz*; EuG, U. v. 5.3.1999, Rs. T-102/96, Slg. 1999, II-753 Rn. 163 – *Gencor*.
74 Ebenso EuG, U. v. 5.3.1999, Rs. T-102/96, Slg. 1999, II-753 Rn. 276 f. – *Gencor*.

III. Fallgestaltungen

- Der Markt muss so transparent sein, dass jedes Mitglied des marktbeherrschenden Oligopols mit hinreichender Genauigkeit und Schnelligkeit die Entwicklung des Verhaltens aller anderen Mitglieder auf dem Markt in Erfahrung bringen kann;
- es muss einen Anreiz geben, nicht vom gemeinsamen Vorgehen abzuweichen. Diese Voraussetzung schließt daher Gegenmaßnahmen im Fall eines Abweichens vom gemeinsamen Vorgehen ein; und
- die voraussichtliche Reaktion der tatsächlichen und potenziellen Konkurrenten sowie der Verbraucher darf die erwarteten Ergebnisse des gemeinsamen Vorgehens nicht in Frage stellen.

Zu diesem Zweck muss die Kommission „eindeutige Beweise" beibringen,[75] die insbesondere die Umstände betreffen, die eine wichtige Rolle bei der Bewertung der Frage spielen, ob eine kollektive marktbeherrschende Stellung begründet wird. Das EuG sah die Kriterien im konkreten Fall als nicht ausreichend bewiesen an.

Anmerkung: Obwohl die FKVO – anders als Art. 102 AEUV – die Marktbeherrschung durch mehrere Unternehmen nicht ausdrücklich vorsah und -sieht, entspricht es gefestigter Rechtsprechung, dass die FKVO auch auf die Begründung oder Verstärkung einer kollektiven marktbeherrschenden Stellung Anwendung findet.[76] Märkte mit wenigen Teilnehmern (Oligopole) sind nicht zwingend arm an Wettbewerb; darin liegt ein grundlegender Unterschied zur Einzelmarktbeherrschung. Jedoch kann es in bestimmten Märkten mit wenigen Teilnehmern und jeweils entsprechend hohen Marktanteilen für die beteiligten Unternehmen betriebswirtschaftlich sinnvoll sein, die Preise auf einem erhöhten Niveau zu halten: Würde ein Oligopolist seine Preise senken, könnten die übrigen Oligopolisten mitziehen. Der „Maverick" würde dann nur seine Marge schmälern, ohne jedoch die Aussicht zu haben die eigenen Umsätze so zu steigern, dass er insgesamt seine Gewinne erhöhen würde. In einem solchen Fall hätte ein Oligopol ähnliche Wirkungen wie ein Monopol (Gruppeneffekt).[77]

76

Damit mehrere Unternehmen gemeinsam und damit unter Ausschluss von Innenwettbewerb am Markt auftreten können, müssen der Markt und die übrigen Verhältnisse der Unternehmen untereinander eine Koordinierung des Wettbewerbsverhaltens erlauben und zudem sinnvoll erscheinen lassen. Dazu sind keine strukturellen Verbindungen zwischen den Unternehmen wie Lizenzen oder wechselseitige Beteiligungen erforderlich;[78] die bloße Koordinierung über den Markt kann ausreichen. Einer Absprache im Sinne von Art. 101 AEUV bedarf es dann nicht. Die Fusionskontrolle soll ihrem präventiven Charakter entsprechend schon die Entstehung von Marktstrukturen verhindern, die eine Koordination ermöglichen würden. Auf die Faktoren, die eine Koordination im Innenverhältnis erlauben, beziehen sich die ersten beiden *Airtours*-Kriterien.

77

Der Markt muss zunächst so transparent sein, dass die Oligopolisten das Verhalten der jeweils anderen überhaupt erkennen können. Weiter muss der Markt einen Anreiz zu koordiniertem Vorgehen bieten; wäre dies nicht der Fall und verspräche ein nicht einheitliches Vorgehen einzelnen Oligopolmitgliedern größeren Gewinn würde dies unmittelbar zum Wiederaufleben des Innenwettbewerbs führen. Auch der erste Teil des dritten Faktors gehört hierher: Ohne einen hinreichenden Überwachungsmechanismus kann ein vorgeblicher Oligopolist profitabel – weil unsanktioniert – aus dem Oligopol

---

75 Die Passage lautet wieder in der englischen Verfahrenssprache „convincing evidence" und in der französischen Gerichtssprache „preuves solides".
76 EuGH, U. v. 31.3.1998, verb. Rs. C-68/94 und C-30/95, Slg. 1998, I-1375 Rn. 152–178 – *Kali und Salz*; EuG, U. v. 5.3.1999, Rs. T-102/96, Slg. 1999, II-753 Rn. 123–158 – *Gencor*.
77 Zu den Voraussetzungen für die Annahme eines Oligopols auch eingehend EuGH, U. v. 10.7.2008 – Rs. C-413/06 P, Slg. 2008, I-4951, Rn. 120 ff. – *Bertelsmann und Sony*.
78 EuG, U. v. 5.3.1999, Rs. T-102/96, Slg. 1999, II-753, Rn. 273 ff. – *Gencor*.

ausbrechen. Die Marktstruktur ist dann nicht hinreichend stabil um ein Oligopol hervorzubringen.

78 Darüber hinaus muss ein Oligopol, damit es als marktbeherrschend eingestuft werden kann, im Außenverhältnis die gleichen Verhaltensspielräume wie ein allein marktbeherrschendes Unternehmen genießen. Diese Verhaltensspielräume können z. B. durch Wettbewerb seitens der verbliebenen Außenseiter, durch Substitutionswettbewerb,[79] potentiellen Wettbewerb oder durch Marktmacht der Nachfrageseite eingeschränkt sein. Schließlich muss der Zusammenschluss die kollektive Marktmacht begründen oder verstärken. Hierfür trägt die Kommission die Beweislast. In diesem Rahmen müssen die Wettbewerbsparameter auf dem Referenzmarkt und die Verhältnisse der Marktteilnehmer einer Gesamtwürdigung unterzogen werden.[80] Es bleibt abzuwarten, welche praktische Bedeutung die Feststellung kollektiver Marktbeherrschung in der Zukunft haben wird. Im Zuge der Rechtssache CK-Telekoms (Fall 7) wurde schon über ein Wiederaufleben von Schadenstheorien auf Grundlage koordinierter Effekte spekuliert.

79 EuG, Urteil vom 13.7.2006 – Rs. T-464/04, Slg. 2006, II-2289 – *Impala*; EuGH, Urteil vom 10.7.2008 – Rs. C-413/06 P, Slg. 2008, I-4951 – *Bertelsmann und Sony*
Sony und Bertelsmann beabsichtigten ihr Tonträgergeschäft in einem GU zusammenzulegen. In ihren Beschwerdepunkten erhob die Kommission den Einwand, dass der Zusammenschluss zur Verstärkung eines marktbeherrschenden Oligopols der großen Label (BMG, Sony, Warner, Universal und EMI) führen würde und daher zu untersagen sei. Sie gab den Zusammenschluss letztlich jedoch ohne Bedingungen oder Auflagen frei. Gegen diese Entscheidung erhob die Vereinigung der unabhängigen Label (IMPALA) Nichtigkeitsklage.

80 Das EuG hielt zunächst fest, dass die FKVO keine Vermutung für die Vereinbarkeit eines Zusammenschlusses mit dem Gemeinsamen Markt aufstellt. Demnach gilt im Hinblick auf Freigabeentscheidungen der gleiche Beweismaßstab, wie im Hinblick auf Untersagungsentscheidungen. Dabei verwies das EuG auf den Beweismaßstab, den der EuGH in *Tetra Laval* formuliert hatte.[81] Vor diesem Hintergrund kritisierte das EuG u. a., dass die Kommission in ihren Beschwerdepunkten zwar etliche Faktoren substantiiert belegt hatte, die für eine deutliche Markttransparenz und damit für eine oligopolistische Marktbeherrschung sprachen, in ihrer Entscheidung jedoch recht pauschal und ohne vergleichbare Analyse auf die Kampagnenrabatte verwiesen hatte, welche die Markttransparenz so erheblich reduzierten, dass die Begründung oder Verstärkung einer oligopolistischen Marktbeherrschung ausscheide und der Zusammenschluss daher freizugeben sei. Wegen dieser ungleichmäßigen Begründung hob das EuG die Entscheidung auf. In ihren Schlussanträgen teilte die Generalanwältin die Auffassung des EuG,[82] aber nicht so der EuGH. Nach Auffassung des EuGH genügt es, wenn die Entscheidung der Kommission deutlich darlegt, warum die Untersagungsvoraussetzungen nicht erfüllt sind; ob die Gründe die Entscheidung tragen ist hingegen eine Frage der materiellen Rechtmäßigkeit.[83]

---

79 Substitutionswettbewerb geht vom sogenannten marktnahen Bereich aus. Dieser umfasst Produkte, die nicht vollumfänglich austauschbar sind, die aber dennoch den unkontrollierten Verhaltensspielraum auf dem relevanten Markt einschränken. Siehe näher *Körber*, in: Immenga/Mestmäcker, Wettbewerbsrecht, Art. 2 FKVO, Rn. 66 f.
80 Siehe Rn. 87 und Fn. 32 sowie Fall 7.
81 Siehe oben Rn. 67.
82 Schlussanträge der Generalanwältin *Kokott* im Rechtsmittelverfahren C-413/06 P, Rn. 124.
83 EuGH, U. v. 10.7.2008 – Rs. C-413/06 P, Slg. 2008, I-4951, Rn. 167 ff. – *Bertelsmann und Sony*.

III. Fallgestaltungen 81–84

Anmerkung: Im Urteil *Impala* wurde nicht zum ersten Mal die Genehmigung eines Zusammenschlusses aufgehoben.[84] So ist das Klagerecht von Wettbewerbern der Zusammenschlussbeteiligten, die sich am Verfahren vor der Kommission beteiligt haben, nach inzwischen gefestigter Rechtsprechung anerkannt[85] und es verwundert nicht, dass weder das EuG noch der EuGH hierauf eingehen. Inhaltlich warf *Impala* die grundlegende Frage auf, ob für die Kontrolle von Genehmigungsentscheidungen die gleichen Maßstäbe gelten, wie für die Kontrolle von Untersagungsentscheidungen. Hierbei statuierte das EuG letztlich einen einheitlichen Beweismaßstab, der davon unabhängig ist, ob die Kommission einen Zusammenschluss untersagt oder genehmigt. Die Kommission muss mit anderen Worten die Vereinbarkeit eines Zusammenschlusses mit dem Gemeinsamen Markt genauso beweisen, wie seine Unvereinbarkeit. Diesen Aspekt hat der EuGH in seiner Rechtsmittelentscheidung noch einmal deutlich betont. Dies hat zur Folge, dass die Genehmigungsentscheidung der Kommission vor ihrer Rechtskraft nur noch die Wirkung hat, das Vollzugsverbot aufzuheben. **81**

Auch veränderte das Urteil nicht den Charakter der Beschwerdepunkte. Diese stellen nach wie vor nur ein vorbereitendes Dokument dar. Daher musste die Abweichung von den Beschwerdepunkten in der Entscheidung auch nicht begründet werden.[86] Jedoch muss die Entscheidung der Kommission auf sachlich richtigen, zuverlässigen und kohärenten Beweisen beruhen. In diesem Rahmen kann das Gericht die Beschwerdepunkte ebenso wie jeden anderen Teil der Akte berücksichtigen.[87] **82**

In einem obiter dictum stellte das EuG für das *Bestehen* eines Oligopols einen Beweismaßstab auf, der von dem für die *Begründung* eines Oligopols dargestellten abweicht. Da es sich bei bestehender oligopolistischer Marktbeherrschung um eine dem Beweis zugängliche, feststehende Situation handelte und nicht um eine Prognose, muss die Kommission das Bestehen des Oligopols beweisen. Jedoch ist auch der mittelbare Beweis durch eine Reihe von u. U. heterogenen Indizien und Beweisen von mit kollektiver Marktbeherrschung untrennbar verbundenen Phänomenen möglich: „So könnte insbesondere eine starke Preisangleichung über einen längeren Zeitraum hinweg, vor allem wenn sich die Preise über dem Wettbewerbsniveau halten, in Verbindung mit anderen, für eine kollektive marktbeherrschende Stellung typischen Faktoren mangels einer anderen vernünftigen Erklärung als Beweis dafür genügen, dass eine kollektive marktbeherrschende Stellung vorliegt, selbst wenn es keine überzeugenden unmittelbaren Beweise für eine starke Markttransparenz gäbe, da diese unter solchen Umständen vermutet werden kann." Sodann spekulierte das EuG über das Vorliegen solcher Indizien, unterließ jedoch eine nähere Prüfung, weil die Klägerin Impala keine entsprechende Rüge erhoben hatte. Der EuGH nahm darüber hinaus erstmals zu den oben dargestellten *Airtours*-Kriterien des EuG Stellung. Grundsätzlich bestätigte der EuGH die *Airtours*-Kriterien, betonte jedoch, dass die einzelnen Kriterien nicht mechanisch und isoliert geprüft werden dürften. So müsse z. B. das Kriterium der Markttransparenz analysiert werden im Hinblick auf den postulierten Überwachungsmechanismus, der in eine plausible Theorie der stillschweigenden Koordinierung eingebettet ist. **83**

Diese Urteile verdeutlichen, dass auch Freigabeentscheidungen bis zu ihrer Rechtskraft anfechtbar bleiben. Die Wirkung einer Freigabeentscheidung bzw. des Ablaufs der Entscheidungsfrist nach Art. 10 Abs. 6 FKVO beschränkt sich demnach auf die Aufhebung des Vollzugsverbots. Diese bleibt auch von einer Dritt-Nichtigkeitsklage unberührt, da **84**

---

84 EuGH, U. v. 31.3.1998, verb. Rs. C-68/94 und C-30/95, Slg. 1998, I-1375 – *Kali und Salz*; EuG, U. v. 31.1.2001, Rs. T-156/98, Slg. 2001, II-337 – *RJB Mining*, U. v. 3.4.2003, Rs. T-114/02, Slg. 2003, II-1279 – *BaByliss*.
85 Siehe oben Rn. 24.
86 Siehe aber EuG, U. v. 7.3.2017, T-194/13, Rn. 160 ff. und EuGH, U. v. 16.1.2019, C-265/17 – *UPS*.
87 Zu der Bedeutung der Beschwerdepunkte siehe weiter unten Rn. 100 und 104.

Nichtigkeitsklagen vor den europäischen Gerichten keine aufschiebende Wirkung haben. Eine solche kann nur vom Gericht nach Art. 279 AEUV angeordnet werden.

85 Nachdem das EuG die erste Vereinbarkeitsentscheidung der Kommission aufgehoben hatte, meldeten Sony und Bertelsmann den Zusammenschluss erneut an. Im Rahmen der Untersuchung dieser Anmeldung in Phase II konnte die Kommission ausnahmsweise die tatsächlichen Wirkungen eines vollzogenen Zusammenschlusses auf den Markt mit in ihre Beurteilung einbeziehen und war nicht auf eine vorausschauende Analyse beschränkt. Die Kommission gab nach einer intensiven ökonometrischen Analyse den Zusammenschluss erneut frei. Diese Freigabeentscheidung focht Impala erneut an. Nachdem der EuGH das Urteil des EuG aufgehoben und die Sache zurückverwiesen hatte, gab die Kommission den Erwerb alleiniger Kontrolle durch Sony am ehemaligen Gemeinschaftsunternehmen Sony/BMG frei.[88] Impala focht diese Entscheidung nicht mehr an. Daraufhin erklärte das EuG beide Klagen Impalas für erledigt.[89]

7. SIEC-Test – Gap-Cases, Beweisanforderungen

86 Mit der Reform der FKVO im Jahre 2004 wurde das materielle Untersagungskriterium verändert. Das alte Untersagungskriterium – die Begründung oder Verstärkung einer marktbeherrschenden Stellung – wurde zum bloßen Regelbeispiel des neuen Untersagungskriteriums – der erheblichen Behinderung wirksamen Wettbewerbs oder significant impediment to effective competition, kurz SIEC. Damit sind zweierlei Veränderungen verbunden: Zunächst wird die erhebliche Behinderung wirksamen Wettbewerbs zum neuen Leitkriterium erhoben, das sich in der Fusionskontrollverordnung 4064/89 lediglich als Qualifizierung des Marktbehrrschungskriteriums fand. Weiter wirkt sich das neue, jetzt leitende Untersagungskriterium wegen der Beibehaltung des alten, jetzt subsidiären Untersagungskriteriums vor allem in den sogenannten Gap-Cases entscheidungserheblich aus, wenn ein Fusionsvorhaben zwar wirksamen Wettbewerb erheblich behindert, aber eine marktbeherrschende Stellung weder begründet noch verstärkt. Es dauerte gut zehn Jahre, bis diese beiden Veränderungen Gegenstand eines Rechtsstreits wurden, weitere fünf Jahre bis zum erstinstanzlichen Urteil und noch drei Jahre bis zur Rechtsmittelentscheidung: *CK Telecoms*.

87 EuG, Urteil vom 28.5.2020 – Rs. T-399/16, noch nicht in der allgemeinen Sammlung veröffentlicht – *CK Telecoms UK Investments/Kommission*; EuGH, Urteil vom 13.7.2023 auf die Schlussanträge der GA Kokott vom 20.10.2022 – Rs. C-376/20 P, ECLI:EU:C:2023:561 – *Kommission/CK Telecoms UK Investments*
CK Telecoms (Marke: Three), ein auch im Endkundengeschäft tätiger Mobilfunknetzbetreiber in UK wollte einen der drei Wettbewerber aufkaufen, nämlich Telefónica Europe (Marke: O2), und damit zum wichtigsten, aber nicht marktbeherrschenden Akteur in diesem Markt aufsteigen. Dieses Vorhaben prüfte die Kommission nicht unter dem Gesichtspunkt des Oligopols – also koordinierter Effekte, sondern unter dem Gesichtspunkt unilateraler Effekte und untersagte es. Sie sah wettbewerbliche Schäden voraus durch (1) eine Reduktion des Wettbewerbsdrucks auf dem Endkundenmarkt, (2) eine Behinderung der weiteren Entwicklung der Mobilfunkinfrastruktur, weil O2 und einer der verbleibenden Wettbewerber sowie Three und der andere verbleibende Wettbewerber jeweils durch Vereinbarungen zur gemeinsamen Netznutzung verbunden sind und (3) durch eine Verschlechterung des Angebots von Vorleistungsprodukten für Mobilfunkanbieter ohne eigenes Netz.
Gegen die Untersagungsentscheidung erhob CK Telecoms Nichtigkeitsklage.

88 Das Gericht erklärte die Entscheidung der Kommission für nichtig, weil diese weder die richtigen Kriterien für die Beurteilung eines reinen SIEC-Falles angewandt noch das

---
88 Kommission, E. v. 15.9.2008, M.5272 – *Sony/SonyBMG*.
89 EuG, B. v. 30.6.2009, Rs. T-464/04 – *Impala*; EuG, B. v. 30.9.2009, Rs. T-229/08 – *Impala*.

III. Fallgestaltungen

erforderliche Maß an Beweisen für ihre wettbewerblichen Schadenstheorien erbracht habe. In ihren Schlussanträgen schlägt GA Kokott dem EuGH vor, das Urteil des Gerichts aufzuheben, weil es weder das richtige Beweismaß noch die richtigen Kritierien für die Beurteilung eines reinen SIEC-Falles angewendet habe, und die Sache zurückzuverweisen. Dem folgte der EuGH. Das Urteil des Gerichts ist deutlich als Grundsatzurteil angelegt, indem es von Rn. 70 bis Rn. 123 den Rechtsrahmen der Fusionsprüfung von Grund auf herleitet, insb. den Umfang der gerichtlichen Kontrolle „von Zusammenschlüssen", die Tragweite der Änderung des Untersagungskriteriums, Beweismaß und Beweislast sowie die erforderliche Begründungsdichte. Ebenso grundsätzlich fällt die von GA Kokott formulierte Kritik aus, die dem Gericht nicht nur Rechtsfehler attestiert, sondern auch mehrfach „Verfälschungen" der Kommissionsentscheidung vorwirft. Dem EuGH lag also ein denkbar breites Spektrum von Rechtsauffassungen zu sehr grundlegenden Rechtsfragen vor. Die Antwort des EuGH hat das Potential, die Fusionskontrolle auf die nächsten Jahre zu formen. Dementsprechend erging es durch die große Kammer des EuGH. Obwohl schon ein einziger, tragender Rechtsfehler für eine Aufhebung des Urteils des Gerichts und Zurückverweisung ausgereicht hätte, hat sich der EuGH zu allen von diesem Fall aufgeworfenen grundlegenden Rechtsfragen geäußert, auf deren erste sich das Nachfolgende konzentriert.

89 Auf Initiative des Gerichts wurden Beweislastverteilung und Beweisanforderungen zum Streitgegenstand. In seinem Urteil bezog sich das Gericht dann auf das Untersagungskriterium des Art. 2 Abs. 3 FKVO und *Tetra Laval* und paraphrasierte in Rn. 111: „[m]it anderen Worten, je komplexer oder ungewisser eine Schadenstheorie ist, die zur Stützung einer erheblichen Behinderung wirksamen Wettbewerbs im Hinblick auf einen Zusammenschluss geltend gemacht wird, oder je mehr sie auf einem schwer nachweisbaren Ursache-Wirkungs-Zusammenhang beruht, umso anspruchsvoller haben die Unionsgerichte bei der konkreten Prüfung der von der Kommission vorgelegten Beweise zu sein." Und zum Beweismaß stellte das Gericht in Rn. 118 auf eine „ernsthafte Wahrscheinlichkeit" ab: „Im Rahmen einer Analyse einer erheblichen Behinderung wirksamen Wettbewerbs, deren Vorliegen sich aus einem Bündel von Beweisen und Indizien ergibt, und die sich auf mehrere Schadenstheorien stützt, muss die Kommission hinreichende Beweise beibringen, um mit ernsthafter Wahrscheinlichkeit nachzuweisen, dass infolge des Zusammenschlusses erhebliche Behinderungen vorliegen werden. Daher ist das im vorliegenden Fall anwendbare Beweiserfordernis folglich strenger als das, wonach eine erhebliche Behinderung eines wirksamen Wettbewerbs, auf der Grundlage eines „Kriteriums der Wahrscheinlichkeit", „eher wahrscheinlich als unwahrscheinlich" ist, wie die Kommission vorbringt. Hingegen ist es weniger streng als dasjenige des „Fehlens eines begründeten Zweifels"."

90 GA Kokott hält dem entgegen, dass die Anforderungen an eine Freigabe nach Art. 2 Abs. 2 FKVO und die Anforderungen an eine Untersagung nach Art. 2 Abs. 3 FKVO streng symmetrisch ausgestaltet seien. Weil es nur diese beiden Entscheidungsmöglichkeiten gäbe, müsste die Symmetrie des materiellen Kriteriums auch in einer Symmetrie des Beweismaßstabes durchgehalten werden. Dies erfordere eine Gesamtabwägung der einschlägigen materiell-wettbewerblichen Kriterien und eine Auswertung der überwiegenden Wahrscheinlichkeit. Das Beweismaß sei bei reinen SIEC-Fällen dasselbe wie in Fällen, die auch das Marktbeherrschungskriterium erfüllen. Außerdem sei nur das Beweismaß der überwiegenden Wahrscheinlichkeit mit dem der Kommission in komplexen wirtschaftlichen Fragen zustehenden Beurteilungsspielraum kompatibel. Die Kontrolle beschränke sich daher, entsprechend der bisherigen Rechtsprechung, auf die Nachprüfung der materiellen Richtigkeit des Sachverhalts und auf offensichtliche Beurteilungsfehler. Der EuGH folgte GA Kokott und betonte die Symmetrie der Entscheidungsmöglichkeiten in Fusionskontrollverfahren; die strenge Fristbindung sei Ausdruck des Beschleunigungsgebotes und nicht materiell aufgeladen. Ergänzend betonte der EuGH den prognostischen Charakter von Fusionskontrollentscheidungen, welcher Grundlage des der Kommission in komplexen wirtschaftlichen Fragen zustehenden Beurteilungsspielraums sei. Damit hielt der EuGH ausdrücklich an dem in *Tetra Laval* (oben Fall 5.) und *Impala* (oben zweiter Fall unter 6.) formulierten Beweismaßstab fest, wonach die „Kommission anhand hinreichend signifikanter und überzeugender Beweismittel dartun [muss], dass es eher wahrscheinlich als unwahrscheinlich ist, dass der betreffende Zusammenschluss wirksamen Wettbewerb im Binnenmakrt oder einem wesentlichen Teil desselben erheblich behindern würde" (Rn. 87).

91 Damit nicht koordinierte Auswirkungen, die sich aus einem Zusammenschluss ergeben, eine erhebliche Behinderung wirksamen Wettbewerbs jenseits des Marktbeherrschungskriteriums zur Folge haben können, müssen nach dem Gericht (Rn. 96 f.) zwei kumulative und abschließende Voraussetzungen erfüllt sein: Erstens muss der Zusammenschluss den starken Wettbewerbsdrucks entfallen lassen, den die Zusammenschlussbeteiligten aufeinander ausüben, und zweitens muss der Zusammenschluss zu einer Verringerung des Wettbewerbsdrucks auf die übrigen Wettbewerber führen. Die dogmatische Herleitung durch das Gericht stellte dabei entscheidend auf den Wortlaut des 25. EG ab, wonach solche Zusammenschlüsse in oligopolistischen Märkten von dem erweiterten Zusammenschlusskriterium neu erfasst werden sollen, „in deren Folge der beträchtliche Wettbewerbsdruck beseitigt wird, den die fusionierenden Unternehmen aufeinander ausgeübt haben, sowie der Wettbewerbsdruck auf die verbleibenden Wettbewerber gemindert wird." Hieraus folge, dass „die bloße Wirkung der Minderung des Wettbewerbsdrucks auf die verbleibenden Wettbewerber für sich genommen grundsätzlich nicht ausreicht", um die Untersagungsvoraussetzungen zu erfüllen.

92 GA Kokott tritt dieser Auslegung des Untersagungskriteriums mit Blick auf die Gap-Cases als „sowohl formalistisch als auch reduktionistisch" entgegen. Zwar sei die vom Gericht angewendeten Aspekte des 25. EG für die Auslegung des Untersagungskriteriums relevant. Sie könnten aber nicht zu einer Auslegung des Untersagungskriteriums führen, die dem mit der FKVO insgesamt verfolgten Ziel zuwiderlaufen würde, nämlich „insbesondere [die] wirksame [] Kontrolle jedes in ihren Anwendungsbereich fallenden Zusammenschlusses, der geeignet ist, wirksamen Wettbewerb auch auf oligopolistischen Märkten erheblich zu behindern." Denn, folgte man der Auslegung des Gerichts, wäre die Kommission gehindert, „alle Wettbewerbsbeziehungen und -kräfte, die das Funktionieren eines oligopolistischen Marktes bestimmen, zu untersuchen, zu berücksichtigen und zu gewichten, sondern auch [diesbezüglich] Schadenstheorien zu entwickeln, die die beiden vom Gericht als kumulativ oder gar abschließend angesehenen Voraussetzungen nicht erfüllen." Schließlich ließe sich der Wortlaut, genauer die Konjunktion „sowie" auch im Sinne einer beispielhaften Aufzählung praktisch besonders relevanter Aspekte verstehen, die ggf. auch kumulativ vorliegen können. Dem folgte der EuGH. Er stellte ergänzend darauf ab, dass auch der 25. EG im Zusammenhang des übergeordneten Ziels der FKVO zu lesen ist, eine „wirksame Kontrolle sämlicher Zusammenschlüsse einzuführen, die einen wirksamen Wettbewerb im Binnenmarkt oder eines wesentlichen Teils desselben wesentlich beihindern würden, einschließlich von Zusammenschlüssen mit nicht koordinierten Auswirkungen."

93 **Anmerkung:** Die Ausführungen des Gerichts zu den Beweisanforderungen überraschen schon in den Ausgangspunkten. So würdigt das Gericht zwar die Untersagungsvoraussetzungen des Art. 2 Abs. 3 FKVO aber jeder Hinweis auf die spiegelbildlichen Voraussetzungen der Freigabe in Art. 2 Abs. 2 FKVO fehlt. Sodann stützt sich das Gericht auf verkürzt zitierte Ausführungen zu Beweisanforderungen in dem konglomeraten Zusammenschluss *Tetra Laval* (besprochen oben unter 5.) und überträgt diese auf einen Horizontalzusammenschluss, ohne die Unterschiede im Ausgangssachverhalt überhaupt zu

III. Fallgestaltungen

benennen. Dabei besteht die Besonderheit konglomerater Zusammenschlüsse gerade darin, dass die wettbewerblichen Wirkungen nicht auf demselben Markt und auch nicht auf durch eine Liefer-Abnahme-Beziehung verbundenen Märkten eintreten, daher nicht offensichtlich und folglich besonders begründungsbedürftig sind. Den näherliegenden Vorgängerfall *Impala* (besprochen oben unter 6. als zweiter Fall) spricht das Gericht hingegen nur sich von dessen eher instruktiven als maßgeblichen Schlussanträgen abgrenzend an.

Aus den erhöhten Beweisanforderungen des Gerichts für eine Untersagung hätte sich ein weiteres materielles Folgeproblem ergeben. Die Kommission muss am Ende des Verfahrens auf Freigabe oder Untersagung entscheiden – tertium non datur. Demnach folgten logisch aus den erhöhten Beweisanforderungen für eine Untersagung reduzierte Beweisanforderungen für eine Freigabe. Und hier könnten die Zusammenschlussbeteiligten einen Anreiz haben, die Fristbindung der Kommission im Fusionskontrollverfahren gegen diese zu wenden, indem sie auf Auskunftsverlangen nicht, sondern erst auf den folgenden Auskunftsbeschluss reagieren (Art. 10 Abs. 4 FKVO). Der zusätzliche Aufwand der förmlichen Auskunftsverfahren reduzierte faktisch die Möglichkeit der Kommission zur inhaltlichen Prüfung, insbesondere auf wettbewerbliche Bedenken hin, die sich aus der Befragung von Wettbewerbern, Kunden und Lieferanten ergäben. Der asymmetrische Beweismaßstab erhielte so eine zusätzliche, materielle Einfärbung. Dieses Problem umgeht das Gericht, indem es eine Erläuterung schuldig bleibt, wie eine „ernsthafte" im Gegensatz zu einer einfachen Wahrscheinlichkeit von Wettbewerbsschäden nachgewiesen werden kann, wo doch die Prognose der Zukunft objektem Beweis nicht zugänglich und zwingend mit Unsicherheiten und Zweifeln behaftet ist. Das Urteil des EuGH hat insoweit die Maßstäbe wieder zurechtgerückt.

94

Um die in *CK Telecoms* aufgeworfene Frage nach der Reichweite des „neuen" Untersagungskriteriums der erheblichen Behinderung wirksamen Wettbewerbs einordnen zu können, bietet es sich an, die Debatte um die Änderung des Untersagungskriteriums nachzuzeichnen,[90] welche sich an einem inneramerikanischen Fall entzündete. Heinz wollte Beech-Nut erwerben, d. h. der zweitgrößte Anbieter den drittgrößten im Markt für Babynahrung. Mit Abstand allein marktbeherrschend war und blieb der einzige weitere Anbieter Gerber. Die FTC untersagte das Vorhaben, weil damit der Wettbewerb um den zweiten von regelmäßig zwei Regalplätzen in US-Supermärkten entfallen wäre und folglich der Wettbewerbsdruck auf den „Abonnenten" des ersten Regalplatz – Gerber. Hätte das auf die Begründung oder Verstärkung einer marktbeherrschenden Stellung abstellende Untersagungskriterium der alten FKVO 4064/89 diesen nach allgemeiner Ansicht untersagungswürdigen Fall erfassen können? Die Antwort auf diese Frage hing wesentlich vom Verständnis des Begriffes der Marktbeherrschung ab. Bei einem statischen, auf Marktanteile fixierten Verständnis wäre der Fall nicht erfasst, weil sich ja beim Marktbeherrscher nichts verändert und folglich keine Verstärkung eintritt. Bei einem stärker ökonomischen Verständnis, das Marktbeherrschung als die Möglichkeit versteht, frei von wettbewerblichen Restriktionen Preise und Konditionen beeinflussen zu können, wäre eine Erfassung eher möglich gewesen. Allerdings stellte sich auch nach einem solchen, ökonomischen Verständnis des Marktbeherrschungsbegriffs die noch nicht ausgeurteilte Rechtsfrage, ob die Verstärkung der marktbeherrschenden Stellung nicht nur einer unbeteiligten juristischen Person, sondern sogar eines den Beteiligten nicht nach Art. 5 Abs. 4 FKVO zurechenbaren Unternehmens, den Beteiligten eines Zusammenschlusses für die Zwecke von dessen Untersagung vorhaltbar gewesen wäre.[91]

95

---

90 Kurze Darstellung bei *Schwalbe/Zimmer*, Kartellrecht und Ökonomie, 2. Aufl., 3. Teil unter C. II.
91 Das Gericht schien diese Frage für das neue Untersagungskriterium zu verneinen, indem es forderte, dass die zusammengeschlossene Einheit „selbst" die Macht hat, die Wettbewerbsparameter zu bestimmen statt sie zu akzeptieren (Rn. 90). Weil den Tenor nicht tragende Erwägung, also *obiter dictum*, ging die dahingehende Rüge der Kommission vor dem EuGH ins Leere (Rn. 91 ff.).

96 Im Kontext der Ökonomisierung des Kartellrechts – im Englischen besser getroffen als „*more* economic approach" – entschied sich der europäische Gesetzgeber, dass Untersagungskriterium sozusagen vom Kopf auf die Füße zu stellen und die erhebliche Behinderung wirksamen Wettbewerbs zum leitenden Untersagungskriterium zu erheben. Dementsprechend stellen die von der Kommission parallel zum Inkrafttreten der neuen FKVO veröffentlichten Leitlinien für die Anwendung des SIEC-Kriteriums auf die Unterscheidung zwischen unilateralen – also nicht koordinierten – und multilateralen – also koordinierten – Effekten ab und füllen diese entsprechend der ökonomischen Theorie aus,[92] für resultierende wettbewerbswidrige Wirkungen also zunächst insbesondere: Marktanteile, wettbewerbliche Nähe, Angebotsausdehnungs- und Nachfrageumstellungsflexibilität, Behinderungspotential und Beseitigung einer wichtigen Wettbewerbskraft, wobei (auch) diese Kriterien nicht mechanisch, sondern gewichtet und im Rahmen einer Gesamtwürdigung bezogen auf die vorhersehbaren Wirkungen des Zusammenschlusses zu sehen sind. Zwar bestimmt Art. 2 Abs. 1 FKVO, dass Zusammenschlüsse auch „nach Maßgabe der Ziele dieser Verordnung" zu prüfen sind.[93] Soweit man hier auf den neuerdings vielzitierten Satz des 25. EG schaut, währen die übrigen Sprachfassungen als gleichermaßen verbindlich einzubeziehen gewesen, was das Gericht unterließ. Beispielhaft anhand der drei Arbeitssprachen Deutsch „sowie", Englisch „as well as" und Französisch „ainsi que". Diese stützen eher das offenere Wortlautverständnis GA Kokotts, auf das auch der EuGH verweist. Im Übrigen verweist Art. 2 Abs. 1 FKVO auf die Ziele in ihrer Gesamtheit. Und hier bestimmt schon der – vom Gericht wiederum nicht gewürdigte – letzte Satz des 25. EG: „Für die Anwendung der Bestimmungen des Artikels 2 Absätze 2 und 3 wird beabsichtigt, den Begriff „erhebliche Behinderung wirksamen Wettbewerbs" dahin gehend auszulegen, dass er sich über das Konzept der Marktbeherrschung hinaus ausschließlich auf diejenigen wettbewerbsschädigenden Auswirkungen eines Zusammenschlusses erstreckt, die sich aus nicht koordiniertem Verhalten von Unternehmen ergeben, die auf dem jeweiligen Markt keine beherrschende Stellung haben würden". Die Ausschließlichkeit der Erweiterung bezieht sich auf die sog. Gap-Cases, nicht auf bestimmte, negative wettbewerbliche Wirkungen. Vielmehr beschreibt die Einleitung der Passage zur Änderung des Untersagungskritierums im 24. EG den Zweck der Änderung als umfassend: „Zur Gewährleistung eines unverfälschten Wettbewerbs im Gemeinsamen Markt im Rahmen der Fortführung einer Politik, die auf dem Grundsatz einer offenen Marktwirtschaft mit freiem Wettbewerb beruht, muss diese Verordnung eine wirksame Kontrolle sämtlicher Zusammenschlüsse entsprechend ihren Auswirkungen auf den Wettbewerb in der Gemeinschaft ermöglichen."

8. Rechtsschutz: Schadensersatz

97 Zusammenschlüsse haben eine zeitlich begrenzte Logik. Sie sind auf bestimmte Unternehmens- und Marktverhältnisse zugeschnitten und dementsprechend ist z. B. der Kaufpreis festgesetzt. Diese Umstände haben sich jedoch bis zur rechtskräftigen gerichtlichen Entscheidung über eine Untersagungsverfügung der Kommission in der Regel erheblich verändert. Primärrechtsschutz kommt daher häufig zu spät; dementsprechend selten sind Nichtigkeitsklagen der Beteiligten im Bereich der Fusionskontrolle. Zwischenzeitlich war der Sekundärrechtsschutz verstärkt in den Vordergrund getreten.

98 EuG, Urteil vom 11.7.2007 – Rs. T-351/03, Slg. 2007, II-2237 – *Schneider Electric SA/Kommission*; EuGH, Urteil vom 16.7.2009 – Rs. C-440/07 P, WuW/E EU-R 1606 – *Kommission/Schneider Electric SA*
Schneider Electric beabsichtigte Legrand zu erwerben. Diesen Zusammenschluss untersagte die Kommission und ordnete die Entflechtung des zwischenzeitlich nach Art. 7 Abs. 2 FKVO zuläs-

---

92 Weiterführend *Schwalbe/Zimmer*, Kartellrecht und Ökonomie, 3. Aufl., 3. Teil unter C.
93 *Bach*, CK Telecoms oder der Abschied vom bloßen Regelbeispiel der Marktbeherrschung im SIEC-Test, NZKart 2020, 337, 338.

sigerweise vollzogenen Zusammenschlusses an und setzte hierzu eine großzügige Frist. Im Urteil Schneider I hob das EuG beide Entscheidungen auf, u. a. da die Kommission einen tragenden Einwand gegen den Zusammenschluss in den Beschwerdepunkten nicht klar benannt hatte und damit gegen die Verteidigungsrechte von Schneider verstoßen hatte.[94] Die Kommission nahm das Zusammenschlussverfahren daraufhin wieder auf. Obwohl die Frist zur Entflechtung erst nach dem Urteil Schneider I abgelaufen wäre, veräußerte Schneider im Anschluss an das obsiegende Urteil Legrand unter Verlusten. Nunmehr verklagte Schneider die Kommission gemäß Art. 268 AEUV auf Ersatz des Schadens.

Das EuG prüfte die von Schneider geltend gemachten Schadenspositionen unter dem Blickwinkel der Anspruchsgrundlage des Art. 340 Abs. 2 AEUV. Ein Schadensersatzanspruch setzt danach grundsätzlich voraus, dass das rechtswidrige Verhalten eines Unionsorgans kausal für einen entstandenen Schaden ist. Besteht das rechtswidrige Verhalten im Erlass eines Rechtsaktes, muss dieser gegen eine Rechtsnorm, die bezweckt, dem Einzelnen Rechte zu verleihen, hinreichend qualifiziert verstoßen. Dies ist der Fall, wenn das handelnde Unionsorgan die Grenzen, die seinem Ermessen gesetzt sind, offenkundig und erheblich überschreitet; verfügt das Unionsorgan über einen erheblich verringerten oder auf Null reduzierten Ermessensspielraum kann schon ein bloßer Rechtsverstoß genügen. Das EuG entschied sodann, dass diese Grundsätze auch im Rahmen der Fusionskontrolle anwendbar sind, trotz der u. U. drohenden hohen Schäden, die bei der Anwendung der „komplexen, schwierigen und Raum für eine weite Auslegung lassenden Wettbewerbsvorschriften" drohen: „Somit kann der Verstoß gegen eine gesetzliche Verpflichtung, der, so bedauerlich es auch sein mag, mit den objektiven Zwängen erklärt werden kann, denen das Organ und seine Bediensteten aufgrund der Bestimmungen über die Fusionskontrolle ausgesetzt sind, kein hinreichend qualifizierter Verstoß gegen das [Unionsrecht] sein, der eine außervertragliche Haftung der [Union] entstehen ließe." Dieser Maßstab wurde vom EuGH bestätigt.

99

Das EuG erblickte einen haftungsauslösenden Tatbestand darin, dass die Kommission ihre Unvereinbarkeitsentscheidung auf einen Sachverhalt gestützt hatte, den sie in den Beschwerdepunkten nicht ausdrücklich benannt oder problematisiert hatte. Die Beschwerdepunkte bilden die Grundlage des in Art. 18 Abs. 3 FKVO verbürgten Rechts auf Stellungnahme. Dieses charakterisierte das EuG mit Blick auf die wirtschaftliche Bedeutung des Zusammenschlussvorhabens für die Parteien, den Umfang der Kontrollbefugnisse der Kommission sowie die Möglichkeit der Parteien, die Bedenken der Kommission durch ergänzenden Vortrag oder durch Zusagen auszuräumen als subjektives Recht. Zugleich lag nach dem EuG in der Divergenz zwischen Beschwerdepunkten und Unvereinbarkeitsentscheidung im Hinblick auf die Benennung des Vorwurfs ein offensichtlicher und schwerwiegender Verstoß, der nicht durch die objektiven Zwänge begründbar war, denen die Kommission im Zusammenschlusskontrollverfahren unterliegt, denn die Benennung des Vorwurfs in den Beschwerdepunkten beinhalte keine technischen Schwierigkeiten und der Fehler sei auch kein bloßes Redaktionsversehen. Ob darüber hinaus die Fehler in der wettbewerblichen Analyse des Zusammenschlusses die Haftung der Union auslösen konnten, schloss das EuG nicht grundsätzlich aus, ließ die Frage jedoch letztlich offen.[95] Im Hinblick auf den haftungsauslösenden Tatbestand bestätigte der EuGH das Urteil des EuG.

100

---

94 EuG, U. v. 22.10.2002, verb. Rs. T-310/01 und T-77/02, Slg. 2002, II-4201 – *Schneider Electric SA/Kommission*.
95 In der Haftungsklage *MyTravel* hat das EuG hernach ausdrücklich festgestellt, dass ein hinreichend qualifizierter Verstoß gegen materielle Beurteilungskriterien die Haftung der Union nach sich ziehen kann, diese jedoch an sehr schwierig zu erfüllende Bedingungen geknüpft und im konkreten Fall abgelehnt. Siehe EuG, U. v. 9.9.2008, Rs. T-212/03, Slg. 2008, II-1967 – *MyTravel*.

101 Als Schadenspositionen erkannte das EuG erstens die Schneider im wiederaufgenommenen Verfahren entstandenen Honorar-, Verwaltungs- und Verfahrenskosten an. Zweitens erkannte das EuG die Differenz zwischen dem Preis, den Schneider für Legrand im Zeitpunkt der ersten Untersagungsentscheidung hätte erlangen können, wäre diese rechtmäßig gewesen und dem tatsächlichen, jetzt vereinbarten Preis als Schaden an; das EuG berücksichtigte jedoch ein Mitverschulden seitens Schneider in Höhe von 1/3, das darin lag, dass Schneider von der Ausnahme vom Vollzugsverbot für öffentliche Übernahmeangebote in Art. 7 Abs. 2[96] FKVO Gebrauch gemacht hatte, obwohl es absehbar gewesen war, dass der Zusammenschluss wettbewerbliche Probleme aufwerfen würde. Drittens setzte das EuG im Einklang mit gefestigter Rechtsprechung Geldentwertung[97] und Zinsen[98] an.

102 Im Rechtsmittelverfahren hob der EuGH das Urteil des EuG jedoch auf, soweit es Schadensersatz für den Wertverlust von Legrand durch die Verzögerung der Veräußerung zugesprochen hatte, und wies die Klage insoweit ab. Der EuGH befand, dass Schneider die Ursache für diesen Schaden selbst gesetzt hatte. Schneider habe die Möglichkeit gehabt, sich am wiederaufgenommenen Verfahren der eingehenden Prüfung bis zum Abschluss zu beteiligen. Wäre der Zusammenschluss freigegeben worden, wäre die Veräußerung von Legrand nicht erforderlich gewesen. Wäre der Zusammenschluss dagegen nicht freigegeben worden, hätte sich in der Verpflichtung zur Veräußerung von Legrand nur ein Risiko verwirklicht, das Schneider freiwillig eingegangen war, indem es von der Möglichkeit des Art. 7 Abs. 2 FKVO Gebrauch gemacht hatte und die Anteile an Legrand vor Genehmigung des Zusammenschlusses durch die Kommission gekauft hatte.

103 **Anmerkung:** Die der außervertraglichen Haftung der EU zugrunde liegenden Grundsätze sind als solche nicht neu und in *Bergaderm* einheitlich für die Haftung der Union und der Mitgliedstaaten zusammengefasst;[99] auf das Kartellverbot hatte sie der EuGH schon in *Holcim* angewandt.[100] Auf diese Entscheidung verweisen auch die besprochenen Urteile.

104 Ebenso wie in *Impala* bildet auch hier die Bedeutung der Beschwerdepunkte für den Ablauf des Verfahrens und den Individualrechtsschutz einen zentralen Streitpunkt. Die Rechtsmittelentscheidung des EuGH hat hier die Nuancen wieder zurechtgerückt. Der EuGH stellte klar, dass die Beschwerdepunkte vor allem dazu dienen, die beteiligten Unternehmen über die wettbewerblichen Bedenken, die sogenannte „Theory of Harm", zu informieren und ihnen so zu ermöglichen, ihre Verteidigungsrechte wirksam auszuüben. Die vollständige Beweisführung ist von der Kommission erst im weiteren Verfahren zu leisten und in der Entscheidung entsprechend ihren Begründungspflichten zu formulieren. In den Beschwerdepunkten muss demnach nur das wettbewerbliche Problem hinreichend deutlich benannt werden. Insoweit hat die Kommission auch kein Ermessen und schon ein einfacher Rechtsverstoß löst die Haftung der Union aus.

105 Besonders deutlich werden die wirtschaftlichen Risiken, die mit einem Vollzug eines Zusammenschlusses vor seiner Freigabe im Rahmen des Art. 7 Abs. 2 FKVO verbunden sind. Das erwerbende Unternehmen geht hier sehenden Auges das Risiko ein, das Unternehmen im Falle einer Untersagung zu einem späteren Zeitpunkt, den es nicht frei bestimmen kann, wieder veräußern zu müssen. Zwar ist auch eine positive Wertentwick-

---

96 Entspricht Art. 7 Abs. 3 der alten FKVO, der in den Urteilen zitiert wird.
97 EuGH, U. v. 3.2.1994, Rs. C-308/87, Slg. 1994, I-341 – *Grifoni*; EuG, U. v. 13.7.2005, Rs. T-260/97, Slg. 2005, II-2741 – *Camar.*
98 EuGH, U. v. 19.5.1992, verb. Rs. C-104/89 und C-37/90, Slg. 1991, I-3061 – *Mulder.*
99 EuGH, U. v. 4.7.2000, Rs. C-352/98 P, Slg. 2000, I-5291 – *Bergaderm.*
100 EuGH, U. v. 19.4.2007, Rs. C-282/05 P, Slg. 2007, I-2941 – *Holcim.*

lung in dieser Zeit denkbar, jedoch ist zu berücksichtigen, dass der Erwerber die Synergien des Zusammenschlusses während des Verfahrens allenfalls eingeschränkt heben/nutzen kann. Nach Art. 7 Abs. 2 lit. b FKVO darf er die Stimmrechte nur mit Genehmigung der Kommission und nur zum Erhalt des Wertes seiner Investition ausüben. Strategische Entscheidungen dürften hier regelmäßig ausscheiden. Vor diesem Hintergrund ist der Standpunkt des EuGH bemerkenswert, der im Gegensatz zum EuG jede Kausalität für den „Verzögerungsschaden" ablehnt und damit die Kommission im Rahmen des Art. 7 Abs. 2 FKVO letztlich wieder von der strengen Haftungsfolge des einfachen Rechtsverstoßes bei fehlendem Ermessen freistellt.

9. Beurteilung von Abhilfemaßnahmen; Verhältnis der Fusionskontrolle zum Vergaberecht

Der folgende Fall illustriert die prozedurale Bedeutung von Abhilfemaßnahmen bzw. Zusagen. Ist das Zusammenschlussvorhaben in der angemeldeten Form nach erster Einschätzung der Kommission mit dem Gemeinsamen Markt nicht vereinbar, so können die Zusammenschlussparteien ihr Vorhaben durch das freiwillige Angebot von Abhilfemaßnahmen so modifizieren, dass die Kommission es in der veränderten Form für mit dem Gemeinsamen Markt vereinbar erklärt. Der Ablauf hat durchaus den Charakter eines Verhandlungsprozesses, der jedoch in den strengen zeitlichen und rechtlichen Rahmen der FKVO eingebunden ist. Der besprochene Fall wirft zudem die Frage der Abgrenzung des Fusionskontrollverfahrens zum Vergaberecht auf.

EuG, Urteil vom 19.6.2009 – Rs. T-48/04, WuW/E EU-R 1576 – *Qualcomm Wireless/ Kommission*

Daimler und die Deutsche Telekom hatten den Erwerb gemeinsamer Kontrolle am neu gegründeten Gemeinschaftsunternehmen TollCollect angemeldet. Das Trägerkonsortium von TollCollect hatte im Vergabeverfahren bezüglich der Errichtung und des Betriebs des Systems zur Erhebung der deutschen LKW-Maut den Zuschlag erhalten. Nach den Vergabebedingungen musste TollCollect die Onboard-Unit Spediteuren kostenlos gegen Kaution zur Verfügung stellen. Mit der Onboard-Unit konnten neben der hoheitlichen Mauterhebung auch Verkehrstelematikdienste für das Flottenmanagement abgewickelt werden; dieser Aspekt war jedoch nicht Teil der Ausschreibungsbedingungen des Vergabeverfahrens. Auf diese Schnittstelle hatte Daimler – ein führender Anbieter von Verkehrstelematikdiensten – exklusiven Zugriff. Im Verlaufe des Fusionskontrollverfahrens boten die Parteien ein komplexes Paket von Abhilfemaßnahmen an, um eine Unvereinbarkeitserklärung durch die Kommission abzuwenden. Zugleich machte die Bundesrepublik Deutschland eine Zusage im Hinblick auf die Kostenerstattung für Mauterhebungsmodule für die Verwendung in Onboard-Units dritter Anbieter. Die Kommission gab den Zusammenschluss gegen Bedingungen und unter Auflagen frei.[101] Hiergegen richtete sich die Klage von Qualcomm, einem etablierten weltweiten Anbieter von Verkehrstelematikgeräten und -diensten.

Das EuG verwies zunächst auf die Feststellung der Kommission, dass TollCollect keine Leistungen im Wettbewerb erbringt, insoweit es im Auftrag der Bundesrepublik Deutschland die hoheitliche Aufgabe der Mauterhebung wahrnimmt. Weiter stellt es fest, dass vor dem Hintergrund des Vergabeverfahrens die aus der Gründung von TollCollect und der kostenlosen Abgabe der Onboard-Units resultierenden Schaffung dieser „marktbeherrschenden" Plattform nicht Gegenstand des Fusionskontrollverfahrens vor der Kommission waren. Dementsprechend stellte das EuG klar, dass sich die Prüfung der Kommission zutreffenderweise nicht auf die etwaige Schaffung einer beherrschenden Stellung der aus den Onboard-Units von TollCollect bestehenden Plattform als solcher,

---

101 Kommission, E. v. 30.4.2003, M.2903, ABl. L 300/62 v. 18.11.2003 – *DaimlerChrysler/Deutsche Telekom/JV* (lesenswert).

sondern auf die mögliche Erlangung einer beherrschenden Stellung auf dem deutschen Markt für Verkehrstelematiksysteme durch Daimler über die Onboard-Units bezogen hatte. Die einleitende Feststellung der Kommission, dass das Zusammenschlussvorhaben ohne Abhilfemaßnahmen zur Schaffung einer marktbeherrschenden Stellung von Daimler auf dem Markt für Verkehrstelematiksysteme (Geräte und Dienste wurden als einheitlicher Markt angesehen, weil sie bis dato ganz überwiegend als Paket angeboten wurden) führen würde, wurde naturgemäß von Qualcomm nicht angegriffen, wohl aber die Prüfung der Zusagen bzw. Abhilfemaßnahmen.

109 Im Hinblick auf die Prüfung der Zusagen stellte das EuG mit deutlichen Worten klar, dass der Prüfungsmaßstab für die Beurteilung von Zusagen nicht ist, ob diese die Auswirkungen des Zusammenschlusses auf den Markt beschränken, sondern ob diese die Begründung oder Verstärkung einer marktbeherrschenden Stellung (dem zum Entscheidungszeitpunkt geltenden Untersagungsmaßstab der FKVO) ausschließen.

Dabei nahm das Gericht keinen Anstoß daran, dass die Kommission die Zusage bezüglich eines Mauterhebungsmoduls für den Einbau in Onboard-Units von unabhängigen Anbietern sowie die Zusage bezüglich des Zugangs zum GPS-Modul der TollCollect Onboard-Units dahingehend berücksichtigt hat, dass sie die zu erwartende Dominanz der TollCollect Onboard-Unit als solcher beschränkten, denn die Kommission durfte die Beschränkung der beherrschenden Stellung der TollCollect Plattform – die ja als solche nicht Gegenstand des Fusionskontrollverfahrens war – im Hinblick auf den Ausschluss der Schaffung einer marktbeherrschenden Stellung von Daimler auf dem Markt für Verkehrstelematikdienste mittels dieser Plattform berücksichtigen. Das EuG prüfte sodann, ob die Kommission die Zusagen solchermaßen falsch beurteilt hatte, dass die Vereinbarkeit des Zusammenschlusses mit dem Gemeinsamen Markt zweifelhaft erscheint. Dabei berücksichtigte es den oben schon dargestellten Beurteilungsspielraum der Kommission in wirtschaftlichen Fragen. Das EuG bestätigte letztlich die Einschätzung der Kommission.

110 **Anmerkung:** Die im Urteil vorgenommene Abgrenzung der Europäischen Fusionskontrolle zum europarechtlich determinierten Vergaberecht[102] im Sinne eines die Anwendung der Fusionskontrolle sperrenden Vorrangs des Vergabeverfahrens ist im Grundsatz einleuchtend. Das vorliegende Verfahren zeigt aber, dass diese Abgrenzung im Hinblick auf spill-over Effekte in angrenzende, nicht vom Vergabeverfahren erfasste Märkte im Einzelfall schwierig ist.

111 Diese Schwierigkeiten wurden im vorliegenden Fall noch einmal dadurch verstärkt, dass der Aussage der Bundesrepublik Deutschland, anderen Anbietern von OnboardUnits mit einem Mauterhebungsmodul die Kosten der Mauterhebung in nicht diskriminierender Weise zu erstatten, erhebliche Bedeutung beigemessen wurde, und zwar sowohl durch die Kommission für die Freigabe des Zusammenschlusses als auch durch das EuG für die Aufrechterhaltung dieser Kommissionsentscheidung. An dieser Stelle ist es überraschend, dass die Kommission die finanzielle Zusage der Bundesrepublik Deutschland nicht zum Gegenstand einer Bedingung gemacht hat, wohl aber die logisch vorgelagerte Zustimmung der Bundesrepublik Deutschland zur Nutzung der Onboard-Unit zur Erbringung von Telematikdiensten in Abweichung vom ursprünglichen TollCollect Betreibervertrag.

---

102 Zum Vergaberecht näher § 12; zur Frage der Abgrenzung der ausschließlichen Zuständigkeit der Kommission im Anwendungsbereich der FKVO zur Zuständigkeit der Mitgliedsaaten in anderen Rechtsmaterien im Rahmen von Art. 21 Abs. 4 FKVO (z. B. dem Aufsichtsrecht) vgl. die anhängige Rs. T-65/08 – *Spanien/Kommission (ENDESA)*. Im einstweiligen Rechtsschutzverfahren ist Spanien gescheitert (EuG, B. v. 30.4.2008, T-65/08 R, Slg. 2008, II-69 (Sum. Pub.) – *Spanien/Kommission (ENDESA)*.

112 Der Zeitpunkt eines Zusagenangebotes im engen Zeitrahmen der FKVO ist von großer Bedeutung. Häufig vergewissert sich die Kommission der Geeignetheit von Abhilfemaßnahmen durch einen sogenannten Markttest, d. h. die Befragung der Marktgegen- und -nebenseite, also der Lieferanten bzw. Abnehmer und der Wettbewerber. Im besprochenen Urteil war das Zusagenangebot so rechtzeitig erfolgt, dass die Kommission einen solchen Markttest durchführen konnte. Im Amtshaftungsfall *MyTravel* hat das EuG sich auch zu den Prüfungspflichten der Kommission im Hinblick auf verspätet abgegebene Zusagen[103] geäußert. Demnach konnte sich die Kommission entsprechend ihrer Bekanntmachung zu Abhilfemaßnahmen[104] darauf beschränken zu prüfen, ob die verspätet angebotenen Zusagen den Einwänden gegen das Zusammenschlussvorhaben, die in diesem Verfahrensstadium erhoben worden sind, *eindeutig* gerecht werden, ohne dass es weiterer Ermittlungen bedarf.[105]

IV. Fusionskontrolle in der Praxis – Einige Anmerkungen

113 Die Schnittstellen und Berührungspunkte zwischen der europäischen Fusionskontrolle nach der FKVO und mitgliedstaatlichen Fusionskontrollregimen sind vielfältig für jeden Praktiker ständig relevant. So vertreten z. B. Rechtsanwälte häufig denselben Mandanten bei größeren Kontrollerwerben vor der EU-Kommission und bei kleineren und Minderheitenerwerben vor den mitgliedstaatlichen Kartellbehörden. Mitgliedstaatliche Wettbewerbsbehörden prüfen in jedem Fusionsfall die Zuständigkeitsregelungen der FKVO negativ (Art. 21 FKVO = § 35 Abs. 3 GWB), häufig die Opportunität auf- oder abdrängender Verweisungen (Art. 4, 9 und 22 FKVO) und begleiten die Anwendung der Untersagungskriterien durch die Kommission während der Ermittlungen und im Rahmen der beratenden Ausschüsse (Art. 19 FKVO).

114 Je materiell-wettbewerblich problematischer ein Fusionsfall ist, desto mehr kommt die ökonomische Natur der behandelten Lebenssachverhalte zum Tragen. Daher sind für juristische Praktiker Grundkenntnisse ökonomischer Zusammenhänge unabdingbar.[106] Diese Kenntnisse dienen in den meisten Fällen der eigenen Sachverhaltsdarstellung und in hochkomplexen Fällen der effektiven Zusammenarbeit mit ökonomischen Spezialisten. Diese Grundeigenschaft teilt die Fusionskontrolle mit dem übrigen Kartellrecht, aber unter dem besonderen Druck der finanziell induzierten zeitlichen Zwänge der Transaktionslogik bzw. des Fristenregimes.

---

103 Der Fall bezog sich auf die Fristen aus Art. 18 Abs. 2 VO 447/98, der alten Durchführungsverordnung zur alten FKVO. Heute sind diese Fristen im Detail abweichend in Art. 19 Abs. 2 VO 802/2004, der Durchführungsverordnung zur aktuellen FKVO geregelt.
104 In der heutigen Bekanntmachung zu Abhilfemaßnahmen (siehe oben Fn. 17) Rn. 77 ff. und insbesondere Rn. 94.
105 EuG, U. v. 9.9.2008, Rs. T-212/03, Slg. 2008, II-1967 Rn. 124 ff. – *MyTravel*.
106 Ausführlich *Schwalbe/Zimmer*; kürzer *Ewald*, in: Wiedemann, Handbuch des Kartellrechts, 4. Aufl. 2020, § 7 und *Klein/Stühmeier*, in: Frankfurter Kommentar zum Kartellrecht, 94. Lfg. Aug. 2019, Allg. Teil B.

§ 11 Beihilfenrecht

Carsten Jennert

Literaturhinweise:
Alpha, Der kommunale Querverbund als europarechtswidrige Beihilfe?, NVwZ 2021, 598; *Bartosch*, Kommentar zum EU-Beihilfenrecht, 3. Aufl. 2020; *Birnstiel/Bungenberg/Heinrich*, Kommentar zum Europäischen Beihilferecht, 2013; *Busson/Kirchhof/Müller-Kabisch*, Beihilfenrechtskonforme Finanzierung der kommunalen Daseinsvorsorge, KommJur 2014, 88; *von Carnap-Bornheim*: Einführung in das Europäische Beihilfenrecht, JuS 2013, 215; *Dauses/Ludwigs*, Handbuch des EU-Wirtschaftsrechts, Band 1, Werkstand: 54. EL Oktober 2021; *Frenz*, Coronabedingte Staatsbeteiligung am Beispiel der Lufthansa und Beihilfenverbot, EWS 2020, 192; *ders.*, Corona-Darlehen und Beihilfenverbot, EWS 2020, 247; *Freund/Seiler*, Beihilfenrechtliche Stolpersteine für Steuervorbescheide – Eine Wegleitung entlang der Rechtsprechung des EuG, EuZW 2021, 673; *Hochreiter*, Die beihilferechtlichen Hürden der öffentlichen Finanzierung von Infrastruktur, EWS 2015, 301; *Höfinghoff*, Notarrelevante Probleme des Europäischen Beihilfenrechts, RNotZ 2005, 387; *Jennert*, Der Anspruch auf Notifizierung beihilfeverdächtiger kommunaler Maßnahmen, KommJur 2005, 364; *ders.*, Wirtschaftliche Tätigkeit als Voraussetzung für die Anwendbarkeit des europäischen Wettbewerbsrechts, WuW 2004, 37; *ders./Böttner*, EU-beihilferechtliche Risiken der Auslastung kommunaler Infrastrukturen, in: Weiß (Hrsg.) Kommunales EU-Beihilferecht, Berlin 2018, 101; *ders./Huhn/Salcher/Schmoll*, Der Private Investor-Test: Rechtliche und betriebswirtschaftliche Anforderungen an beihilfefreie staatliche Kapitalmaßnahmen, BRZ 2014, 63; *ders./Pauka*, EU-Beihilfenrechtliche Risiken in der kommunalen Praxis, KommJur 2009, 321; *ders./Traupel*, Der EuGH überdehnt die Bindungswirkung der Verfahrenseröffnung im Beihilferecht, EWS 2014, 1; *Koenig/Ritter*, Die EG-beihilferechtliche Behandlung von Gesellschafterdarlehen, ZIP 2009, 769; *Kremer*, Effektuierung des europäischen Beihilferechts durch die Begrenzung der Rechtskraft, EuZW 2007, 726; *Pöcker*, Der EuGH, das Beihilferecht und die Prozeduralisierung, EuZW 2007, 167; *Quardt*, Reduzierung des beihilferechtlichen Prüfungsmonopols der EU-Kommission auf eine Modellfunktion? Vorlagefragen in der Rechtssache CELF vor dem Hintergrund der Spruchpraxis des EuGH in den Rechtssachen van Calster und Transalpine, EuZW 2007, 204; *Säcker/Meier-Beck/Bien/Montag*, Münchener Kommentar zum Wettbewerbsrecht, Band 5 Beihilferecht, 2. Aufl. 2018; *Schmidt-Räntsch*, Zivilrechtliche Wirkungen von Verstößen gegen das EU-Beihilferecht, NJW 2005, 106; *Soltész*, Gemeinschaftswidrige Staatsbürgschaften – Geht die Bank leer aus?, WM 2005, 2265; *ders./Hoffs*, Staatliche Beihilfen im Rahmen der Coronakrise, NZkart 2020, 189; *Streinz*, EUV/AEUV, 3. Aufl. 2018; *Weiß*, Rechtsschutz von Unternehmen im EU-Beihilferecht ZHR 180 (2016), 80.

I. Grundlagen und normative Ausgestaltung

1 Im Jahr 2019 gewährten die Mitgliedstaaten Beihilfen in einer Gesamthöhe von schätzungsweise 134,6 Mrd. Euro. In absoluten Zahlen gewährte Deutschland die meisten Beihilfen (53 Mrd. Euro), gefolgt von Frankreich (20,5 Mrd. Euro) und dem Vereinigten Königreich (12,9 Mrd. Euro). Mit etwa 69 Mrd. Euro entfiel mehr als die Hälfte (51 %) auf Beihilfen zur Förderung von Umweltschutz und Energieeinsparungen und 10 % auf Forschung und Entwicklung (13,9 Mrd. Euro).[1] Diese wenigen Zahlen verdeutlichen die Bedeutung des Europäischen Beihilfenrechts als wichtige Säule neben dem Kartellrecht für das Funktionieren des Binnenmarkts.

2 Das Europäische Beihilfenrecht ist in Art. 107 bis 109 AEUV geregelt. Art. 107 Abs. 1 AEUV legt fest, dass staatliche oder aus staatlichen Mitteln gewährte Beihilfen gleich welcher Art, die durch die Begünstigung bestimmter Unternehmen oder Produktionszweige den Wettbewerb verfälschen oder zu verfälschen drohen, mit dem Binnenmarkt unvereinbar sind, soweit sie den Handel zwischen Mitgliedstaaten beeinträchtigen. Da-

---

[1] https://ec.europa.eu/competition-policy/state-aid/scoreboard_de (zuletzt abgerufen am 25.7.2023).

I. Grundlagen und normative Ausgestaltung

bei handelt es sich nicht um ein generelles Verbot aller staatlichen Zuwendungen, sondern um ein grundsätzliches Verbot mit Erlaubnisvorbehalt.[2] Folgerichtig finden sich in Art. 107 Abs. 2 AEUV gesetzliche Ausnahmetatbestände für den Bereich Soziales, bei Naturkatastrophen und sonstigen außergewöhnlichen Ereignissen sowie zum Nachteilsausgleich für die Folgen der Teilung Deutschlands. Daneben enthält Art. 107 Abs. 3 AEUV Ausnahmen, die auf der Grundlage einer Ermessensentscheidung der Kommission zur Anwendung kommen können. Dies impliziert, dass der Sachverhalt der Kommission zur Entscheidung vorgelegt werden muss, was Art. 108 Abs. 3 AEUV auch zwingend vorschreibt.

Art. 108 AEUV beinhaltet Verfahrensregeln zur Prüfung von Beihilfen auf ihre Vereinbarkeit mit dem AEU-Vertrag. Art. 108 Abs. 3 S. 1 AEUV ist zu entnehmen, dass neue Beihilfen der präventiven Kontrolle der Kommission unterliegen. Die Anmeldung eines Mitgliedstaats zur Prüfung durch die Kommission wird auch als Notifizierung bezeichnet. Nach Art. 108 Abs. 3 S. 3 AEUV darf der Mitgliedstaat die Maßnahme vor der Entscheidung der Kommission nicht durchführen, d.h. er darf die Beihilfe nicht gewähren, z.B. ein zinsvergünstigtes Darlehen nicht auszahlen. Allein der Verstoß gegen dieses sogenannte „Stillhaltegebot" sowie gegen die Notifizierungspflicht führt zur formellen Rechtswidrigkeit der Beihilfe und damit zur Nichtigkeit der zugrunde liegenden Rechtsakte, ohne dass es auf eine etwaige materielle Genehmigungsfähigkeit ankommt. Die Nichtigkeit kann von Wettbewerbern des begünstigten Unternehmens unmittelbar vor nationalen Gerichten geltend gemacht werden.[3] Stellt sich bei der materiellen Prüfung der Beihilfe durch die Kommission deren Unvereinbarkeit mit dem Binnenmarkt heraus, ordnet die Kommission durch Beschluss die Rückforderung durch den Mitgliedstaat an.[4] Verfahrensrechtlicher Zweck des Art. 108 AEUV ist es folglich, eine umfassende Kontrolle mitgliedstaatlicher Beihilfen durch die Kommission als Hüterin des Unionsinteresses am unverfälschten Wettbewerb zu gewährleisten.[5] Von den neuen sind die bestehenden Beihilfen zu unterscheiden. Gemeint sind vom Rat oder der Kommission genehmigte Beihilfen oder auch solche, die zur Zeit ihrer Einführung keine Beihilfen waren und später aufgrund der Entwicklung des Binnenmarktes – etwa aufgrund einer gemeinschaftsrechtlich vorgegebenen Liberalisierung – zu Beihilfen wurden.[6] Die Kommission ist diesbezüglich berechtigt, weitere Auskünfte und Stellungnahmen einzuholen.[7] Sodann kann sie in Übereinstimmung mit dem Mitgliedstaat zweckdienliche Maßnahmen erlassen, die bis zur Abschaffung einer Beihilfenregelung reichen können.[8] Stimmt der betreffende Mitgliedstaat den Vorschlägen der Kommission nicht zu, so kann diese eine einseitige Entscheidung erlassen und gegebenenfalls eine Unvereinbarkeit mit dem Binnenmarkt feststellen.[9]

---

[2] Vgl. *Kühling*, in: Streinz, EUV/AEUV, 3. Aufl. 2018, Art. 107 AEUV Rn. 4.
[3] Der EuGH verwendet den Begriff „Ungültigkeit", vgl. U. v. 21.11.1991, Rs. C-354/90, ECLI:EU:C:1991:440 Rn. 12 – *FNCE* – und verweist darauf, dass die nationalen Gerichte entsprechend ihrem nationalen Recht sämtliche Folgerungen aus der Ungültigkeit ziehen müssen. Nach der Rspr. des BGH ist Art. 108 Abs. 3 S. 3 AEUV (i.V.m. Art. 107 Abs. 1 AEUV) ein Verbotsgesetz nach § 134 BGB, vgl. U. v. 20.1.2004, XI ZR 53/03, EuZW 2004, 252. Beihilfegewährende Verwaltungsakte sind nach der Rspr. des BVerwG grds. nicht nichtig, sondern nur rechtswidrig und daher zurückzunehmen, vgl. U. v. 16.12.2010, 3 C 44/09, NVwZ 2011, 1016.
[4] EuGH, U. v. 21.3.1990, Rs. C-142/97, ECLI:EU:C:1998:26 Rn. 66 – *Tubemeuse*; U. v. 21.3.1991, Rs. C-305/89, ECLI:EU:C:1991:142 Rn. 41 – *Alfa Romeo*; U. v. 21.10.2003, Rs. C-261/01, ECLI:EU:C:2003:571 Rn. 53 – *van Calster*; vgl. auch Art. 16 Abs. 1 der (Verfahrens-)Verordnung (EU) Nr. 2015/1589, ABl. L 248/9 v. 24.9.2015, nachfolgend „VVO".
[5] Vgl. *Schwalbe*, in: Münchener Kommentar zum Wettbewerbsrecht, 2. Aufl. 2018, Band 5, Teil 1 Rn. 9.
[6] Zur Definition der bestehenden Beihilfen: Art. 1 lit. b VVO, sowie *Bartosch*, EU-Beihilfenrecht, 3. Aufl. 2020, M. Art. 1 Rn. 2 ff.
[7] Vgl. Art. 21 VVO.
[8] Vgl. Art. 22 VVO.
[9] Vgl. Art. 23 Abs. 2, Art. 9 Abs. 5 VVO.

4 Art. 109 AEUV enthält eine Ermächtigung zum Erlass von Sekundärrecht. Die hierauf basierende Ermächtigungs-Verordnung lässt weitere Legalausnahmen zusätzlich zu den in Art. 107 Abs. 2 und 108 Abs. 1 AEUV genannten zu.[10] Die Kommission hat auf der Grundlage dieser Ermächtigungs-Verordnung insbesondere die Allgemeine Gruppenfreistellungsverordnung[11] erlassen, die Ausnahmen von der Notifizierungspflicht etwa für Umweltschutzbeihilfen, Risikokapitalbeihilfen und Beihilfen für kleine und mittlere Unternehmen vorsieht. Auf der Grundlage der Ermächtigungs-Verordnung wurde zudem der Bereich der sogenannten De-minimis-Beihilfen[12] geregelt. Dabei handelt es sich um transparente Beihilfen, die einen bestimmten Schwellenwert – bei Zuschüssen max. 200.000 Euro innerhalb von drei Jahren – nicht überschreiten und deshalb mangels wettbewerbsverfälschender Wirkung vom Tatbestand des Art. 107 Abs. 1 AEUV ausgenommen sind.

5 Zusätzlich zu den Gruppenfreistellungsverordnungen liegen zahlreiche Mitteilungen, Leitlinien und Unionsrahmen der Kommission – hauptsächlich zur Anwendung des Art. 107 AEUV – vor.[13] Hervorzuheben ist insofern die Bekanntmachung der Kommission zum Begriff der staatlichen Beihilfe im Sinne des Art. 107 Abs. 1 AEUV aus dem Jahr 2016, die eine Reihe vorhergehender Mitteilungen, etwa zu staatlichen Beihilfen bei Verkäufen von Bauten oder Grundstücken durch die öffentliche Hand, ersetzt.[14] Diese Verwaltungsdokumente führen zu einer Selbstbindung der Kommission bei der Ermessensausübung im Rahmen ihrer Entscheidung über die Genehmigung von Beihilfen[15] und damit letztlich zu mehr Rechtssicherheit, weil sie die Entscheidungen der Kommission für die Mitgliedstaaten besser vorhersehbar machen.

6 Als Normen des AEU-Vertrags richten sich die Art. 107 bis 109 AEUV ausschließlich an die Mitgliedstaaten, d. h. nur Beihilfen, die durch die Mitgliedstaaten gewährt werden, sind „staatliche" Beihilfen im Sinne des Art. 107 Abs. 1 AEUV und auch nur die Mitgliedstaaten sind zur Notifizierung verpflichtet und berechtigt. Die zahlreichen Fördermittel der Europäischen Union selbst werden dagegen von Art. 107 und 108 AEUV nicht erfasst. Zudem bestehen für bestimmte Sektoren, wie etwa Landwirtschaft und Verkehr, Sonderregeln im AEU-Vertrag mit der Folge, dass Zuwendungen in diesen Bereichen ebenfalls nicht unter das allgemeine Beihilfenverbot fallen.

7 Neben den Regelungen des EU-Rechts besteht auch im Rahmen der Welthandelsorganisation (World Trade Organization – WTO) ein Beihilfen- oder Subventionsrecht. Dieses ist kodifiziert im Allgemeinen Zoll- und Handelsabkommen von 1994 (General Agreement on Tariffs and Trade – GATT 1994), genauer in dessen Annex-Übereinkommen über Subventionen und Ausgleichsmaßnahmen (Agreement on Subsidies and Counter-

---

10 Verordnung (EU) Nr. 2015/1588, ABl. L 248/1 v. 24.9.2015, i. d. F. der Verordnung (EU) Nr. 2018/1911 ABl. L 311/8 v. 7.12.2018.
11 Verordnung (EU) Nr. 651/2014, ABl. L 187/1 v. 26.6.2014, zul. geändert durch Verordnung (EU) Nr. 2021/1237, ABl. L 270/39 v. 29.7.2021.
12 Verordnung (EU) Nr. 1407/2013, ABl. L 352/1 v. 24.12.2013, zul. geändert durch (EU) Nr. 2020/972, ABl. L 215/3 v. 7.7.2020.
13 Siehe etwa Mitteilung der Kommission über die Anwendung der Artikel 87 und 88 des EG-Vertrags auf staatliche Beihilfen in Form von Haftungsverpflichtungen und Bürgschaften, ABl. C 155/10 v. 20.6.2008; weitere Beispiele unter https://ec.europa.eu/competition-policy/state-aid/legislation_de (zuletzt abgerufen am 25.7.2023).
14 Bekanntmachung der Kommission zum Begriff der staatlichen Beihilfe im Sinne des Artikels 107 Absatz 1 des Vertrags über die Arbeitsweise der Europäischen Union, ABl. C 262/01 v. 19.7.2016, Rn. 229, nachfolgend „Bekanntmachung zum Beihilfebegriff". Diese ersetzt beispielsweise die Mitteilung der Kommission betreffend Elemente staatlicher Beihilfe bei Verkäufen von Bauten oder Grundstücken durch die öffentliche Hand, Abl. C 209/3 v. 10.7.1997.
15 EuGH, U. v. 5.10.2000, Rs. C-288/96, ECLI:EU:C:2000:537 Rn. 62 – *Deutschland/Kommission*.

vailing Measures – ASCM).[16] Die EU ist Mitglied der WTO und hat das GATT 1994 ebenso wie ihre Mitgliedstaaten unterzeichnet. Die Kompetenz für den Abschluss von völkerrechtlichen Verträgen durch die EU wird aus Art. 207 AEUV abgeleitet.[17] So unterzeichnete Verträge sind sowohl für die EU als auch für die Mitgliedstaaten verbindlich nach Art. 216 Abs. 2 AEUV. Daraus folgt, dass mitgliedstaatliche Beihilfen, die nicht unter Art. 107 Abs. 1 AEUV fallen, dennoch gegen WTO-Recht verstoßen können.

II. Fallgestaltungen

1. Der Beihilfentatbestand des Art. 107 Abs. 1 AEUV

Art. 107 Abs. 1 AEUV definiert den Beihilfentatbestand. Erfüllt eine Subvention alle Voraussetzungen, so ist grundsätzlich von einer verbotenen Beihilfe auszugehen. Die nachfolgenden Entscheidungen beleuchten die einzelnen Tatbestandsmerkmale näher.

a) Begünstigung

EuGH, Urteil vom 11.7.1996 – Rs. C-39/94, ECLI:EU:C:1996:285 – *SFEI*
Die SMFI (Société Francaise de Messagerie Internationale) ist eine Tochter der La Poste (französische Post), die mit Expresszustelldiensten beauftragt wurde. Eine andere Tochter der französischen Post sammelte und verteilte für die SMFI auf deren Rechnung internationale Sendungen. La Poste garantierte der SMFI die Ausschließlichkeit des Zugangs zu ihrem Filialnetz gegen ein niedriges Entgelt sowie ungewöhnlich günstige Zahlungsbedingungen. Die SFEI (Syndicat francais de l'Express International), ein Zusammenschluss privater Expresszustellunternehmen, erhob gegen diese Maßnahmen Klage vor einem französischen Gericht, welches die Sache dem EuGH zur Vorabentscheidung vorlegte.

Der EuGH stellte fest, dass eine logistische und kommerzielle Unterstützung ohne normale Gegenleistung, die ein öffentliches Unternehmen seinen im freien Wettbewerb tätigen, privatrechtlichen Tochtergesellschaften gewährt, eine Beihilfe nach Art. 107 Abs. 1 AEUV darstellen kann. Eine Begünstigung liege auch dann vor, wenn Maßnahmen in verschiedenen Formen Belastungen verminderten, die ein Unternehmen normalerweise zu tragen habe. Zu einer solchen Begünstigung zählt damit auch die Erbringung von Dienstleistungen zu Vorzugsbedingungen.

Anmerkung: Unter einer Begünstigung sind somit nicht nur direkte Zuschüsse zu verstehen, sondern generell jeder wirtschaftliche Vorteil, den ein Unternehmen unter normalen Marktbedingungen nicht erhalten hätte, wie etwa Darlehen und Bürgschaften zu Vorzugskonditionen, Kapitaleinlagen ohne angemessene Renditeaussicht, verbilligte Grundstücke oder öffentliche Aufträge mit einer über den Marktpreisen liegenden Vergütung.[18]

EuGH, Urteil vom 21.3.1991 – Rs. C-305/89, ECLI:EU:C:1991:142 – *Alfa Romeo*
Alfa Romeo ist der zweitgrößte italienische Kfz-Hersteller, der staatlichen Holdinggesellschaften gehörte. Das Unternehmen hat in den 1970er und 1980er Jahren Verluste erwirtschaftet, die durch Schuldverschreibungen der öffentlichen Holdinggesellschaften, deren Zinsen die Italienische Republik bezahlte, ausgeglichen wurden. Es handelte sich von 1979 bis 1986 um Kapitalzufuhren von ca. 1.500 Mrd. Italienischer Lire. Ende 1986 war Alfa Romeo an Fiat verkauft worden. Die Italienische Republik rechtfertigte diese Maßnahmen mit „langfristigen Rentabilitätsüberlegungen unter Berücksichtigung der sektoralen Besonderheiten" in der Automobilin-

---

16 Vgl. https://www.wto.org/english/docs_e/legal_e/24-scm.pdf (zuletzt abgerufen am 25.7.2023).
17 EuGH, Gutachten v. 15.11.1994 – Gutachten 1/94, ECLI:EU:C:1994:384 Rn. 36 ff., 54 ff. – *WTO-Gutachten*.
18 Vgl. etwa EuGH, U. v. 17.6.1999, Rs. C-295/97, ECLI:EU:C:1999:313 – *Piaggio*; U. v. 29.6.1999, Rs. C-256/97, ECLI:EU:C:1999:332 – *DMT*.

dustrie. Die Italienische Republik erhob Nichtigkeitsklage gegen eine Entscheidung der Kommission, die die vor dem Verkauf erfolgten Maßnahmen als Beihilfen bewertete.

13 Der EuGH nutzte den Fall, um das Vorliegen einer „Begünstigung" zu prüfen. Von einer solchen kann nicht ausgegangen werden, wenn dem geldwerten Vorteil eine angemessene Kompensation gegenübersteht. Tritt der Staat als Investor auf, so ist festzustellen, ob ein privater Investor von vergleichbarer Größe und in vergleichbarer Lage wie die Verwaltungseinrichtungen des öffentlichen Sektors hätte veranlasst werden können, Kapitalhilfen dieses Umfangs zu gewähren. Bei diesem sogenannten „private investor test" muss es sich „nicht zwangsläufig um das Verhalten eines gewöhnlichen Investors handeln, der Kapital zum Zweck seiner mehr oder weniger kurzfristigen Gewinnerzielungsabsicht anlegt, sondern wenigstens um das Verhalten einer privaten Holding oder einer Unternehmensgruppe, die eine globale oder sektorale Strukturpolitik verfolgt und sich von längerfristigen Rentabilitätsaussichten leiten lässt." Da im konkreten Fall aber ein Umstrukturierungsplan fehlte, schloss sich der EuGH der Auffassung der Kommission an, wonach es sich lediglich um eine Maßnahme handelte, bei der das Überleben des Unternehmens sichergestellt werden sollte.

14 **Anmerkung:** Der sogenannte „private investor test" ist ein grundlegendes Instrument der Beihilfenkontrolle der Europäischen Kommission, mit dem diese versucht, die reguläre und zulässige Teilnahme der Mitgliedstaaten am Wirtschaftsleben – etwa in Form von Beteiligungen – von der unzulässigen Gewährung von Beihilfen, etwa durch Kapitaleinlagen in unwirtschaftliche Unternehmen zur Rettung von Arbeitsplätzen, zu trennen. Der „private investor test" stellt dabei auf das hypothetische Verhalten eines fiktiven privaten Wirtschaftsteilnehmers in einer vergleichbaren Situation ab. Da aber das Verhalten von privaten Wirtschaftsteilnehmern kaum zuverlässig vorhergesagt werden kann – Stichwort: „Wettbewerb als Entdeckungsverfahren" – und zudem in aller Regel von zahlreichen unterschiedlichen Motiven geprägt wird, ist der „private investor test" mit erheblichen Unsicherheiten verbunden und zudem kaum justiziabel. In der Literatur sind daher teils beachtliche Einwände gegen ihn erhoben worden.[19] Gleichwohl ist er – wohl auch mangels besserer Alternativen – als elementarer Bestandteil der Kontrollpolitik der Europäischen Kommission der beihilfenrechtlichen Beurteilung zugrunde zu legen. In ihrer Bekanntmachung zum Beihilfenbegriff führt die Kommission eine Reihe von Bewertungsmethoden auf, die sie zum Nachweis der Marktüblichkeit einer Transaktion anerkennt, beispielsweise den Vergleich der Bedingungen dieser Transaktion mit den Bedingungen, zu denen vergleichbare Transaktionen von vergleichbaren privaten Wirtschaftsbeteiligten in einer vergleichbaren Lage vorgenommen wurden (Benchmarking).[20]

15 Oftmals treten der Staat oder seine Untergliederungen auch als Erwerber oder Verkäufer auf. In diesem Fall kann die Marktüblichkeit beispielsweise durch ein wettbewerbliches Ausschreibungsverfahren hergestellt werden.[21] Im Fall von Grundstücksgeschäften genügt es grundsätzlich, dass der Wert eines Grundstückes durch ein vor dem Verkauf eingeholtes Gutachten eines unabhängigen Sachverständigen ermittelt wird, um eine beihilfenrechtlich relevante Begünstigung des Vertragspartners auszuschließen.[22]

16 Der EuGH geht davon aus, dass das Tatbestandsmerkmal der „Begünstigung" i. S. v. Art. 107 Abs. 1 AEUV dann nicht erfüllt ist, wenn eine staatliche Maßnahme als Ausgleich für die Kosten anzusehen ist, die einem Unternehmen durch die Erfüllung einer

---

19 Siehe insbesondere *Parish*, ELRev. 2003, 70.
20 Bekanntmachung zum Beihilfebegriff, Rn. 98 ff., speziell für Kredit- und Garantiebedingungen: Rn. 111.
21 Bekanntmachung zum Beihilfebegriff, Rn. 89 ff.
22 Bekanntmachung zum Beihilfebegriff, Rn. 103.

gemeinwirtschaftlichen Verpflichtung entstehen.[23] Den Ausschluss einer Begünstigung und damit den Entfall der Notifizierungspflicht hat der EuGH in seinem *Altmark-Trans*-Urteil jedoch an strenge Voraussetzungen geknüpft. Insbesondere das sog. vierte Altmark-Kriterium erwies sich in der Praxis als schwer umsetzbar. Hiernach muss die Höhe der Ausgleichszahlung, die ein mit der Erbringung von Dienstleistungen von allgemeinem wirtschaftlichem Interesse (DawI) betrautes Unternehmen erhält, auf einer wertenden Grundlage ermittelt werden. So dürfen nur die Kosten berücksichtigt werden, die ein durchschnittliches, gut geführtes Unternehmen, das so angemessen mit Mitteln ausgestattet ist, dass es den gestellten gemeinwirtschaftlichen Anforderungen genügen kann, bei der Erfüllung der betreffenden Verpflichtungen hätte, wobei die dabei erzielten Einnahmen und ein angemessener Gewinn aus der Erfüllung dieser Verpflichtungen zu berücksichtigen sind. Alternativ musste das betreffende Unternehmen im Rahmen eines Verfahrens zur Vergabe öffentlicher Aufträge ausgewählt werden, das die Auswahl desjenigen Bewerbers ermöglicht, der die Dienste zu den geringsten Kosten für die Allgemeinheit erbringen kann. Was genau ein „durchschnittliches, gut geführtes Unternehmen" ist, kann indes kaum rechtssicher ermittelt werden. Rechtssystematisch erfolgt überdies eine Vermengung von Beihilfentatbestand und der Ausnahmevorschrift des Art. 106 Abs. 2 AEUV.[24] Aus diesen Gründen hat die Kommission vermittels des sog. „Monti-Pakets", abgelöst im Jahr 2012 durch das „Almunia-Paket",[25] die Tatbestandslösung des EuGH durch eine Freistellungs- bzw. Genehmigungslösung ersetzt.

b) Mittelherkunft

EuGH, Urteil vom 16.5.2002 – Rs. C-482/99, ECLI:EU:C:2002:294 – *Stardust Marine*   **17**
Das Unternehmen Stardust Marine (Stardust) war im Bereich der Wassersportschifffahrt tätig. Die Kapitalgesellschaften Altus Finance (Altus) und CDR hatten bei Stardust ab 1994 mehrfach Kapitalerhöhungen durchgeführt und Überziehungskredite bewilligt, was von der Kommission beanstandet wurde. Die Französische Republik hielt ca. 80 % der Aktien der Crédit Lyonnais und beinahe 100 % der Stimmrechte. Die Crédit Lyonnais hielt 100 % der Aktien von Altus und an der CDR. Altus besaß 97 % der Aktien von SBT, während die übrigen 3 % von der Crédit Lyonnais gehalten wurden. Ferner wurden der Verwaltungsratsvorsitzende der Crédit Lyonnais und zwei Drittel der Mitglieder seines Verwaltungsrates vom Staat ernannt. Der Verwaltungsratsvorsitzende der Crédit Lyonnais führte auch den Vorsitz im Verwaltungsrat der Altus, dessen Mitglieder vom Verwaltungsrat der Crédit Lyonnais ernannt wurden. Der EuGH hatte u. a. zu entscheiden, ob es sich bei den Kapitaleinlagen etc. um „staatliche oder aus staatlichen Mitteln" gewährte Maßnahmen handelte.

Bei der Untersuchung der Frage, ob es sich bei den Kapitalerhöhungen und den Überziehungskrediten für die Stardust um „staatliche" Mittel und damit um Beihilfen handelt, hatte der EuGH zu klären, inwiefern Altus und CDR dem Staat zurechenbar waren. Denn die bloße Tatsache, dass ein in Form einer allgemeinrechtlichen Kapitalgesellschaft gegründetes Unternehmen überwiegend öffentliche Anteilseigner hat, schließt für sich genommen eine Zurechenbarkeit der Maßnahmen als „staatlich" weder aus noch genügt sie für die Zurechnung, da auch der Staat sich als Wirtschaftsteilnehmer betätigen darf (vgl. Art. 345 AEUV).   **18**

Für eine Zurechenbarkeit der betreffenden Maßnahmen (Kapitalerhöhungen, Bewilligung von Überziehungskrediten) zum Staat sei es aber auch nicht ausreichend, dass   **19**

---

23 EuGH, U. v. 24.7.2003 – Rs. C-280/00, ECLI:EU:C:2003:415 – *Altmark Trans*; näher zur Umsetzung insbesondere der Betrauung und des Kostenausgleichs, s. EuGH, U. v. 7.5.2009, Rs. C-504/07, ECLI:EU:C:2009:290 – *Antrop* und EuG, U. v. 12.2.2008, Rs. T-289/03, ECLI:EU:T:2008:29 – *BUPA*.
24 Vgl. *Jennert*, NVwZ 2004, 425; allgemein zu Dienstleistungen von allgemeinem wirtschaftlichem Interesse § 13.
25 Siehe hierzu Rn. 44.

dieser in der Lage ist, öffentliche Unternehmen zu kontrollieren und zu beherrschen. Vielmehr müsse die Kontrolle auch tatsächlich ausgeübt worden sein. Es sei deshalb zu prüfen, ob die Behörden in irgendeiner Weise am Erlass der Maßnahmen beteiligt waren. Dies könne anhand eines Komplexes von Indizien abgeleitet werden. Hierzu gehören neben organisationsrechtlichen Faktoren das Vorliegen von Weisungen durch den Staat, eine Eingliederung in Strukturen der öffentlichen Verwaltung, die Art der Tätigkeit und ihre Ausübung unter normalen Wettbewerbsbedingungen mit privaten Wirtschaftsteilnehmern, die Intensität der Aufsicht sowie jedes andere Indiz, das auf eine Beteiligung der Behörden oder auf die Unwahrscheinlichkeit einer fehlenden Beteiligung am Erlass einer Maßnahme hinweist, wobei auch deren Umfang, ihr Inhalt oder ihre Bedingungen zu berücksichtigen sind.

20 Die Kommission hatte in ihrer angegriffenen Entscheidung jedoch nur festgestellt, dass die die Begünstigung gewährenden Unternehmen als Tochterunternehmen der Crédit Lyonnais mittelbar vom Staat kontrolliert wurden. Dass diese Kontrolle im konkreten Fall auch ausgeübt worden war, konnte nicht durch Indizien belegt werden. Aus diesem Grunde erklärte der EuGH die Entscheidung der Kommission für nichtig.

21 *Anmerkung:* „Staatlich" im Sinne des Art. 107 Abs. 1 AEUV sind nicht nur Maßnahmen des Mitgliedstaates selbst. Erfasst werden vielmehr auch alle seine Untergliederungen, v. a. Gebietskörperschaften wie Länder und Kommunen.[26] Die Entscheidung in der Rechtssache *Stardust Marine* ist daher von erheblicher Bedeutung für die zahlreichen Beteiligungsunternehmen der öffentlichen Hand in Deutschland. Sie stellt klar, dass die Mittel öffentlicher Unternehmen stets staatliche Mittel im Sinne des Art. 107 Abs. 1 AEUV sind. Dies allein würde indes jede Tätigkeit öffentlicher Unternehmen grundsätzlich der Beihilfenkontrolle der Europäischen Kommission unterwerfen. Ein solch weitgehender Eingriff wäre mit der eigentumsrechtlichen Neutralität des AEU-Vertrags (Art. 345, 106 Abs. 1 AEUV), der von der gleichberechtigten Teilnahme öffentlicher und privater Unternehmen am Wirtschaftsleben ausgeht, nicht zu vereinbaren. Der EuGH führt daher das Korrektiv der *Zurechenbarkeit* der jeweiligen Entscheidung über den Einsatz der Unternehmensmittel an den Staat ein. Die staatliche Einflussnahme muss in jedem Einzelfall nachgewiesen werden, so dass eine pauschale Prüfung anhand der gesetzlichen Kontroll- oder Beherrschungsmöglichkeiten gerade nicht ausreicht. Aufgrund der vielfältigen Indizien, die der EuGH zur Beurteilung der Zurechenbarkeit zulässt, wird eine solche aber in der Mehrzahl der Fälle nachweisbar sein. Insgesamt unterliegen öffentliche Unternehmen daher einer vergleichsweise strengen beihilfenrechtlichen Kontrolle.

22 EuGH, Urteil vom 28.3.2019 – Rs. C-405/16 P, ECLI:EU:C:2019:268 – *Deutschland/Kommission*
Das Erneuerbare-Energien-Gesetz vom 28. Juli 2011 (EEG 2012)[27] hat die Stromerzeugung aus erneuerbaren Energien und Grubengas gefördert, indem den Energieerzeugern eine über dem Marktpreis liegende Vergütung garantiert wurde. Die Differenz zwischen dem Marktpreis und der den Erzeugern garantierten Vergütung mussten die Elektrizitätsversorgungsunternehmen (EVU) an die Übertragungsnetzbetreiber (ÜNB) entrichten (EEG-Umlage). Die ÜNB waren ihrerseits verpflichtet, den vorgelagerten Netzbetreibern einen Betrag zu bezahlen, der wiederum der Vergütung der Erzeuger entsprach. Die EVU haben die EEG-Umlage an die Letztverbraucher weitergegeben. Dies war durch das EEG weder ausdrücklich vorgesehen noch verboten. Zugunsten u. a. von stromintensiven Unternehmen des produzierenden Gewerbes (SIU) konnte das Bundesamt für Wirtschaft und Ausfuhrkontrolle die Weitergabe der EEG-Umlage jedoch begrenzen. Die Kommission sah in den Regelungen des EEG 2012 eine Beihilfe

---

26 EuGH, U. v. 14.10.1987, Rs. C-248/84, ECLI:EU:C:1987:437 – *Deutschland/Kommission*.
27 Heute: Erneuerbare-Energien-Gesetz 2021.

II. Fallgestaltungen

zugunsten der Energieerzeuger, die sie aus Gründen des Klimaschutzes genehmigte. Auch zugunsten der SIU nahm die Kommission eine Beihilfe an, und ordnete deren teilweise Rückforderung an. Die Klage gegen den Rückforderungsbeschluss wies das EuG 2016 ab. Hiergegen wendete sich die Bundesrepublik in ihrer Klage vor dem EuGH.

Nach Auffassung des EuGH beinhaltete das EEG 2012 keine staatlichen Beihilfen. Um als Beihilfe qualifiziert zu werden, müsse eine Vergünstigung für Unternehmen staatlich oder aus staatlichen Mitteln gewährt werden. Die Unterscheidung zwischen staatlichen und aus staatlichen Mitteln gewährten Beihilfen bedeute nicht, dass alle von einem Staat gewährten Vorteile unabhängig davon, ob sie aus staatlichen Mitteln finanziert werden, Beihilfen darstellen. Sie diene nur dazu, in den Beihilfebegriff über die unmittelbar vom Staat gewährten Vorteile hinaus auch diejenigen einzubeziehen, die über eine vom Staat benannte oder errichtete öffentliche oder private Einrichtung gewährt werden. Denn die EU-Beihilfevorschriften dürften nicht dadurch umgangen werden, dass unabhängige Einrichtungen geschaffen werden, denen die Verteilung von Beihilfen übertragen wird.

23

Art. 107 Abs. 1 AEUV umfasse daher sämtliche Geldmittel, die öffentliche Stellen tatsächlich zur Unterstützung von Unternehmen verwenden können, ohne dass es darauf ankäme, dass diese Mittel dauerhaft zum Vermögen des Staates gehörten. Vielmehr genüge es, dass diese Mittel ständig unter staatlicher Kontrolle und somit den nationalen Behörden zur Verfügung stünden. Auch die Mittel eines Fonds, der Zwangsbeiträge erhebe und verwalte, könnten als staatliche Mittel angesehen werden, selbst wenn ihre Verwaltung nichtstaatlichen Organen anvertraut sei. Entscheidend sei, dass die entsprechenden Organe mit der Verwaltung staatlicher Mittel betraut und nicht lediglich zur Abnahme unter Einsatz ihrer eigenen finanziellen Mittel verpflichtet seien.

24

Diese Anforderungen sah der EuGH im Hinblick auf die über die EEG-Umlage von den ÜNB erwirtschafteten Mittel nicht als erfüllt an. Da das EEG 2012 keine Weitergabe der Umlage auf die Letztverbraucher vorsehe, stelle die Umlage keine staatliche Abgabe dar. Die Umlagemittel stünden auch nicht ständig unter staatlicher Kontrolle und somit öffentlichen Stellen zur Verfügung. Die ÜNB durften die Mittel aus der EEG-Umlage zwar ausschließlich zur Finanzierung der Vergütung der Netzbetreiber und weiterer Ausgleichsmechanismen unter dem EEG verwenden. Die Notwendigkeit, die Verwendung der Mittel gesetzlich zu regeln, sprach aus Sicht des EuGH indes gerade dafür, dass kein staatliches Organ frei über diese verfügen konnte. Weiterhin mussten die ÜNB die Umlagemittel auf einem Sonderkonto verwalten. Diesbezüglich waren jedoch keine Überwachungsbefugnisse ersichtlich, die für den EuGH eine staatliche Kontrolle über die Mittel begründet hätten. Aus denselben Gründen beinhalte auch die Regelung zur Begrenzung der Weitergabe der EEG-Umlage an SUI keinen Einsatz staatlicher Mittel und folglich keine Beihilfe i. S. v. Art. 107 Abs. 1 AEUV.

25

Anmerkung: Das EuGH-Urteil zum EEG 2012 ist Teil einer umfangreichen Rechtsprechung und Kommissionspraxis zum Begriff der staatlichen Mittel im Allgemeinen sowie zu Ausgleichsmechanismen/Vergütungsvorschriften im Bereich der Energiewirtschaft im Besonderen.[28] Deren Ergebnisse sind ob ihrer tatsächlichen oder vermeintlichen Zufälligkeit entsprechend vom jeweiligen Mitgliedstaat gewählten Ausgleichsmechanismus vielfach auf Kritik gestoßen. So wäre etwa in jenen Fällen, in denen anstelle eines unmittelbar zwischen den Unternehmen wirkenden *gesetzlichen* Ausgleichsmechanismus ein staatlich kontrollierter Ausgleichsfonds errichtet worden wäre, in den die EVU einzahlen müssten oder in denen eine staatliche Stelle in die Mittelverwaltung

26

---

28 Vgl. hierzu etwa *Soltész*, in: Münchener Kommentar zum Wettbewerbsrecht, 2. Aufl. 2018, Band 5, Teil 2 Rn. 383 ff., sowie Rn. 405 ff. speziell zu Fonds und parafiskalischen Abgaben sowie Umlagesystemen.

eingeschaltet wäre, von einer Beihilfe zugunsten der begünstigten Unternehmen auszugehen – ungeachtet der wohl identischen Auswirkungen dieser Maßnahmen auf den Energiebinnenmarkt.

c) Selektivität: Bestimmte Unternehmen oder Produktionszweige

27 EuG, Urteil vom 21.10.2004 – Rs. T-36/99, ECLI:EU:T:2004:312 – *Lenzing*
Ein spanisches Gesetz über die soziale Sicherheit sieht vor, dass Zahlungen von Sozialversicherungsbeiträgen oder sonstigen Verbindlichkeiten einem Unternehmen gestundet oder Ratenzahlungsvereinbarungen getroffen werden können, wenn es nach seiner wirtschaftlichen und finanziellen Lage und den sonstigen, von der Allgemeinen Kasse der Sozialen Sicherheit (TGSS) zu berücksichtigenden Umständen die Abgaben nicht entrichten kann. Die besonderen Umstände für eine Stundung oder Ratenzahlung werden in einer Verordnung anhand objektiver Kriterien näher konkretisiert. Die Regelung gilt aber „im Rahmen des erforderlichen Spielraums, die die Berücksichtigung der Besonderheiten jedes Einzelfalls ermöglicht". Die Sniace SA befand sich 1983 in wirtschaftlichen und finanziellen Schwierigkeiten und wurde zahlungsunfähig. Daraufhin kam es zu staatlichen Interventionen. U.a. traf 1996 die Allgemeine Kasse der Sozialen Sicherheit mit der Sniace eine Umschuldungsvereinbarung über Sozialversicherungsbeiträge in Höhe von ca. 2,9 Mrd. ESP für den Zeitraum 1991 bis 1995, in der eine Ratenzahlung und ein Zahlungsaufschub vereinbart wurden. Die mit Sniace konkurrierende österreichische Lenzing AG teilte der Kommission 1996 mit, dass der Sniace staatliche Beihilfen gewährt worden seien. 1998 erließ die Kommission eine Entscheidung, die u. a. die Umschuldungsmaßnahmen der Allgemeinen Kasse der Sozialen Sicherheit (TGSS) für unvereinbar mit dem Binnenmarkt erklärte. Hiergegen erhob Spanien Ende 1998 Nichtigkeitsklage.

28 Das EuG prüfte das Vorliegen einer Selektivität – auch „Spezifizität" genannt – im Rahmen des Art. 107 Abs. 1 AEUV. Maßnahmen mit allgemeinem Charakter fallen danach nicht unter den Beihilfentatbestand. Allerdings können auch Maßnahmen, die auf den ersten Blick für alle Unternehmen gelten, *faktisch* selektiv wirken und deshalb als Maßnahmen zur Begünstigung *bestimmter* Unternehmen oder Produktionszweige angesehen werden. Dies kann etwa dann der Fall sein, wenn die Behörden, die eine allgemeine Regelung anzuwenden haben, hinsichtlich dieser Anwendung über ein Ermessen verfügen.

29 Im vorliegenden Fall stellte das EuG fest, dass die TGSS ein gewisses Ermessen sowohl beim Abschluss von Umschuldungs- und Rückzahlungsvereinbarungen als auch bei der Festlegung bestimmter Modalitäten dieser Vereinbarung wie dem Zeitplan der Rückzahlung, der Höhe der Raten und der zu gewährenden Sicherheiten hatte. Es komme darüber hinaus nicht darauf an, ob das staatliche Verhalten bei der Ermessensausübung willkürlich war. Folglich sah das EuG die Voraussetzungen für die Selektivität als erfüllt an.

30 In ihrer Bekanntmachung zum Beihilfebegriff systematisiert die Kommission die Entscheidungspraxis zum Tatbestandsmerkmal der Selektivität.[29] Sie unterscheidet insofern zwischen materieller und regionaler Selektivität. Materielle Selektivität liegt vor, wenn eine begünstigende Maßnahme nur für bestimmte (Gruppen von) Unternehmen oder bestimmte Wirtschaftszweige in einem Mitgliedstaat gilt. Die begünstigte Gruppe kann sich entweder unmittelbar aus den der Maßnahme zugrunde liegenden rechtlichen Kriterien ergeben (*De-jure*-Selektivität) oder daraus, dass die Auswirkungen der Maßnahme eine bestimmte Unternehmensgruppe erheblich begünstigt (*De-facto*-Selektivität). Regionale Selektivität liegt grundsätzlich vor, wenn die betreffende Maßnahme lediglich in einem Teilgebiet eines Mitgliedstaats Anwendung findet. Unter bestimmten Vorausset-

---
29 Bekanntmachung zum Beihilfebegriff, Rn. 117 ff.

zungen können jedoch auch solche Maßnahmen als nicht regional selektiv angesehen werden. Dies gilt etwa für den Fall, dass alle Körperschaften einer bestimmten subnationalen Ebene (Gemeinden/Bundesländer) befugt sind, den Steuersatz für ihr Zuständigkeitsgebiet unabhängig von der Zentralregierung festzusetzen.

31 Die Selektivität von Steuerregelungen ist anhand einer besonderen dreistufigen Prüfung zu ermitteln.[30] Hintergrund hierfür ist, dass das begünstigende Element in diesen Fällen in der Verringerung einer steuerlichen Belastung liegt. Daher muss als Benchmark für diese Verringerung zunächst die allgemeine Steuerregelung (das „Bezugssystem") ermittelt werden. Sodann ist zu untersuchen, ob die in Rede stehende Maßnahme eine Abweichung von diesem System darstellt, indem sie zwischen Wirtschaftsbeteiligten differenziert, die sich – unter Berücksichtigung der mit der allgemeinen Steuerregelung verfolgten Ziele – in einer vergleichbaren Sach- und Rechtslage befinden. Im dritten Schritt ist zu prüfen, ob die Maßnahme durch die Natur oder den allgemeinen Aufbau des Bezugssystems gerechtfertigt ist. Sind die ersten beiden Prüfschritte erfüllt, dann gilt die Maßnahme prima facie als selektiv. Der Mitgliedstaat trägt dann die Beweislast für die Rechtfertigung auf der dritten Stufe.

32 Besondere Aufmerksamkeit im Bereich Steuerbeihilfen haben die Beschlüsse der Kommission zu sog. *tax rulings* (verbindliche Steuervorbescheide) zugunsten internationaler Konzernunternehmen wie Apple, Starbucks, Amazon oder Fiat erhalten.[31] Mittels verbindlicher Steuervorbescheide legen Steuerverwaltungen vorab fest, wie ein konkreter Sachverhalt steuerlich zu würdigen ist. Die Kommission nimmt insbesondere die steuerliche Anerkennung sog. Transferpreisvereinbarungen zwischen verschiedenen Unternehmen desselben Konzerns ins Visier. Mit diesen Vereinbarungen legen die Konzernunternehmen Vergütungen für konzernintern erbrachte Leistungen fest. Entspricht diese Vergütung nicht der Vergütung, die zwei unabhängige Unternehmen miteinander vereinbart hätten (Fremdvergleichsgrundsatz/„*arm's length*-Prinzip"), dann verringern sich hierdurch die Gewinne des einen Konzernunternehmens, während sich die Gewinne des anderen erhöhen. In der steuerlichen Anerkennung derartiger Transferpreisvereinbarungen sieht die Kommission eine (selektive) Begünstigung[32] internationaler Konzernunternehmen, weil diese durch die individuellen Steuervorbescheide die Möglichkeit erhalten, marktunüblich niedrige Kosten u. a. für Lizenzen, Finanzdienstleistungen oder Rohstoffe in EU-Niedrigsteuerländern zu allokieren und so ihre Steuerlast zu reduzieren. Einige Eckpunkte ihrer Vorgehensweise bei der beihilferechtlichen Überprüfung von Steuervorbescheiden hat die Kommission bereits in ihrer Bekanntmachung zum Beihilfebegriff dargelegt.[33]

33 **Anmerkung:** Das Tatbestandsmerkmal der Selektivität spielt auch bei der beihilfenrechtlichen Beurteilung von Infrastrukturmaßnahmen wie Sportstätten, Straßen, Parkplätzen und Ver- und Entsorgungseinrichtungen[34] eine große Rolle. Diese sind grundsätzlich jedermann zugänglich und wirken insoweit nicht selektiv i. S. d. Art. 107 Abs. 1 AEUV. Tatsächlich sind sie aber häufig auf einen bestimmten Nutzer zugeschnitten und

---

30 S. Bekanntmachung zum Beihilfebegriff, Rn. 126 ff.; *Götz*, in: Dauses/Ludwigs, Handbuch des EU-Wirtschaftsrechts, Werkstand 54. EL, Oktober 2021, H.III. Rn. 130 ff.
31 Beschluss (EU) 2016/2326, Abl. L/351 v. 17.10.2014 – *Fiat Luxemburg*; Beschluss (EU) 2017/502, Abl. L/83 v. 29.3.2017 – *Starbucks Niederlande*; Beschluss (EU) 2017/1283, Abl. L/187 v. 19.7.2017 – *Apple Irland*; Beschluss (EU) 2018/860, Abl. L/153 v. 15.6.2018 – *Amazon Luxemburg*; s. hierzu die Darstellung bei *Bartosch*, EU-Beihilfenrecht, 3. Aufl. 2020, B Rn. 169 ff.
32 Bei der Untersuchung von Steuervorbescheiden auf ihre Beihilfequalität prüft die Kommission die Merkmale „Begünstigung" und „Selektivität" zusammengefasst als „selektiver Vorteil", s. etwa Beschluss (EU) 2017/502, Abl. L/83 v. 29.3.2017, Rn. 229 ff. – *Starbucks Niederlande*.
33 Bekanntmachung zum Beihilfebegriff, Rn. 169 ff.
34 S. hierzu *Jennert/Böttner*, in: Weiß (Hrsg.) Kommunales EU-Beihilfenrecht (2018), 101.

entlasten das Unternehmen im Falle der Finanzierung aus dem öffentlichen Haushalt gegenüber seinen Wettbewerbern – und damit selektiv – von Kosten, die es unter normalen Marktbedingungen selbst zu tragen hätte. Zahlreiche Entscheidungen der Kommission[35] verdeutlichen die Bedeutung dieses Themas in der beihilferechtlichen Praxis.[36]

d) Tatsächliche oder drohende Wettbewerbsverfälschung

34 **EuGH, Urteil vom 21.3.1990 – Rs. C-142/87, ECLI:EU:C:1990:125 –** *Tubemeuse*
Die Tubemeuse SA war auf dem Gebiet der Herstellung nahtloser Röhren für die Erdölindustrie tätig. Belgien unterrichtete 1984 die Kommission über die Absicht, bei Tubemeuse eine Kapitalaufstockung vorzunehmen und Wandelschuldverschreibungen zu zeichnen. Die gesamten Finanzhilfen beliefen sich auf ca. 12 Mrd. BFR. Die Kommission stellte in einer Entscheidung fest, dass diese Finanzhilfen rechtswidrig seien. Dagegen erhob Belgien Nichtigkeitsklage vor dem EuGH. Belgien macht u. a. geltend, dass es sich um eine Ausfuhrbeihilfe handle, 90 % der Produktion der Tubemeuse würden außerhalb der Gemeinschaft abgesetzt.

35 Der EuGH folgte dem Argument Belgiens nicht. Es sei nicht ausgeschlossen, dass eine Ausfuhrbeihilfe den Handel zwischen Mitgliedstaaten beeinträchtige. Angesichts der Verflechtung der Märkte könne dies sogar dann gelten, wenn das begünstigte Unternehmen seine gesamte Produktion außerhalb der Gemeinschaft absetze. In der scharfen Wettbewerbssituation im weltweiten Markt für nahtlose Röhren weltweit sei jede Begünstigung eines Unternehmens dieses Sektors geeignet, seine Wettbewerbsstellung gegenüber anderen zu stärken. Eine drohende oder tatsächliche Wettbewerbsverfälschung sei daher gegeben.

36 **Anmerkung:** Die Kommission ist nicht zum Nachweis einer tatsächlich gegebenen Wettbewerbsverfälschung verpflichtet, sondern es genügt die Darlegung von Gesamtumständen, die eine zumindest potenzielle Verfälschung des unionsweiten Wettbewerbs nahelegen. Generell empfiehlt sich bei der Prüfung eine Unterscheidung in eine „unmittelbare" und eine „mittelbare" wettbewerbsverfälschende Wirkung: Eine unmittelbare Wettbewerbsverfälschung ist danach bei einem grenzüberschreitenden Angebot von Dienstleistungen,[37] etwa aufgrund der grenznahen Lage des Unternehmens, sowie bei Ausfuhr subventionierter Waren ins EU-Ausland anzunehmen. Eine mittelbare Wettbewerbsverfälschung kommt in Betracht, wenn durch Subventionierung des örtlichen Anbieters Unternehmen aus anderen europäischen Ländern der Marktzutritt erschwert wird.[38]

e) Beeinträchtigung des Handels zwischen Mitgliedstaaten

37 **EuG, Urteil vom 14.5.2019 – Rs. T-728/17, ECLI:EU:T:2019:325 –** *Komunala Izola*
Im Hafengebiet der slowenischen Gemeinde Izola befanden sich mehrere Yachthäfen, darunter ein kommunal betriebener Yachthafen. Im Unterschied zu den privat betriebenen unterlag der kommunale Hafen keiner Konzessionsabgabepflicht, genoss eine günstigere Besteuerung und konnte kostenfrei auf Infrastrukturen (Parkplätze, Müllabfuhr) zurückgreifen. Zwei private Hafenbetreiber sahen hierin verbotene Beihilfen und legten Beschwerde bei der Kommission ein. Die Kommission verneinte jedoch den Beihilfetatbestand, weil die genannten Maßnahmen lediglich rein lokale Auswirkungen hätten und sich folglich nicht auf den Handel zwischen

---

35 Siehe etwa Kommission, Entscheidung 2002/14/EG, ABl. L 12/1 v. 15.1.2002 – *Kimberly Clark*; Entscheidung 2001/102/EG, ABl. L 38/33 v. 8.2.2001 – *Lenzing Lyocell*; Entscheidung 2000/194/EG, ABl. L 61/4 v. 8.3.2000 – *Weida Leder GmbH*.
36 Zum Ganzen *Soltész*, EuZW 2001, 107.
37 Siehe hierzu Kommission, Entscheidung 2003/227/EG, ABl. L 91/23 v. 8.4.2003 – *Freizeitpark in Benidorm*.
38 Siehe hierzu EuGH, U. v. 24.7.2003, Rs. C-280/00, ECLI:EU:C:2003:415 Rn. 78 – *Altmark Trans*.

II. Fallgestaltungen

Mitgliedstaaten auswirkten. Hiergegen erhoben die privaten Hafenbetreiber Nichtigkeitsklage vor dem EuG.

Das EuG bestätigte den Beschluss der Kommission sowohl im Hinblick auf den Prüfungsmaßstab als auch das Prüfungsergebnis. Diese hatte das Nichtvorliegen einer Handelsbeeinträchtigung u. a. aus den folgenden Gründen angenommen:[39] Der kommunale Hafen biete seine Dienste ausschließlich in Izola an. Nur ein sehr geringer Anteil der Liegeplätze (37 von 505) stehe für Nicht-Ortsansässigen zur Verfügung; nur insoweit bestünde ein potenzielles Konkurrenzverhältnis zu privaten Yachthafenbetreibern. Der Anteil dieser Liegeplätze am nationalen Liegeplatzmarkt bzw. am Liegeplatzmarkt im Adria-Raum sei unbedeutend (1,07 %/0,05 %). Weiterhin sei der Dienstleistungsstandard erheblich geringer als der von privaten Anbietern (keine ausgewiesenen Parkplätze, keine Duschen, teilweise kein Wasser- und Stromanschluss). Das EuG hob insbesondere hervor, dass die Handelsbeschränkung nicht erheblich oder wesentlich sein müsse, um den Beihilfetatbestand zu erfüllen. Vielmehr genüge eine potenzielle Handelsbeschränkung. Auch diese potenzielle Auswirkung dürfe indes nicht hypothetisch sein und müsse konkret nachgewiesen werden. **38**

Die Kommission geht davon aus, dass eine Maßnahme lediglich rein lokale Auswirkungen hat und sich folglich nicht auf den Handel zwischen Mitgliedstaaten auswirkt, wenn der (vermeintliche) Beihilfeempfänger Waren oder Dienstleistungen in einem geographisch begrenzten Gebiet in einem Mitgliedstaat anbietet und es unwahrscheinlich ist, dass er Kunden aus anderen Mitgliedstaaten gewinnen würde. Weiterhin darf nicht davon auszugehen sein, dass die Maßnahme mehr als marginale Auswirkungen auf grenzüberschreitende Investitionen oder die Niederlassung von Unternehmen in anderen Mitgliedstaaten haben würde. **39**

Anmerkung: Den soeben genannten Maßstab hatte die Kommission bereits in einer Reihe von Entscheidungen herangezogen und ihn auch in die Bekanntmachung zum Beihilfebegriff aufgenommen.[40] Das EuG hat sich im Fall *Kommunala Izola* erstmals zu diesem Ansatz der Kommission geäußert. Es bestätigt sowohl den generellen Ansatz als auch die Kriterien der Kommission, weist aber zugleich auf die Notwendigkeit hin, sämtliche Umstände des Einzelfalls zu berücksichtigen.[41] Das EuG verschiebt damit die restriktiven Grenzen des EuGH[42] etwas zugunsten der Mitgliedstaaten – dies allerdings um den Preis einer geringeren Rechtssicherheit, die sich künftig nur durch eine mitunter aufwendige Marktanalyse gewinnen lassen wird.[43] **40**

2. Ausnahmen vom Anwendungsbereich des Beihilfenregimes

Art. 107 Abs. 2 AEUV enthält Ausnahmen für Beihilfen im sozialen Bereich an einzelne Verbraucher, zur Beseitigung von Schäden aus Naturkatastrophen oder sonstiger außergewöhnlicher Ereignisse sowie zum Ausgleich von wirtschaftlichen Schäden durch die Teilung Deutschlands. Beihilfen, die tatbestandlich unter diese sog. Legalausnahmen fallen, sind per se mit dem Binnenmarkt vereinbar. Daher findet keine Abwägung des mit der Beihilfe verfolgten Zwecks mit dem Ausmaß der Wettbewerbsverfälschung bzw. Handelsbeeinträchtigung statt. Die Kommission verfügt bei der Auslegung der Tatbestandsmerkmale (lediglich) über einen Beurteilungsspielraum.[44] Demgegenüber gibt Art. 107 Abs. 3 AEUV der Kommission ausdrücklich einen weiten Ermessensspielraum **41**

---

39 Kommission, SA.45220, ABl. C 291/3 v. 1.9.2017 Rn. 38 ff. – *Komunala Izola*.
40 Bekanntmachung zum Beihilfebegriff, Rn. 191 ff. (196).
41 EuGH, U. v. 14.15.2019 – Rs. T-728/17, ECLI:EU:T:2019:325 Rn. 109 – *Komunala Izola*.
42 EuGH, U. v. 24.7.2003, Rs. C-280/00, ECLI:EU:C:2003:415 Rn. 77 ff. – *Altmark Trans*.
43 Vgl. insbes. zum Aspekt der Marktanalyse auch die Urteilsbesprechung von *Kafka/Metz*, IR 2019, 285.
44 S. hierzu *Kühling*, in: Streinz, EUV/AEUV, 3. Aufl. 2018, Art. 107 AEUV Rn. 115.

bei der Zulassung von Ausnahmen.[45] Dieses Ermessen hat die Kommission durch verschiedene selbstbindende[46] Leitlinien und Unionsrahmen konkretisiert. In diesen Leitlinien/Unionsrahmen legt die Kommission dar, unter welchen Voraussetzungen bestimmte Arten von Beihilfen, bspw. Beihilfen zur Förderung von Risikofinanzierungen[47] oder Klima-, Umweltschutz- und Energiebeihilfen[48] mit dem Binnenmarkt vereinbar sind und daher nach entsprechender Anmeldung von ihr genehmigt werden können.

42 Darüber hinaus erklärt die Kommission in sog. Freistellungsvorschriften bestimmte Kategorien von Beihilfen, bei denen sie aufgrund ihrer vorhergehenden Entscheidungspraxis über ausreichende Erfahrung verfügt,[49] für mit dem Binnenmarkt vereinbar. Diese Beihilfen dürfen die Mitgliedstaaten ohne vorherige Anmeldung gewähren. Einige horizontale, d. h. sektorübergreifende Beihilfen sind in der allgemeinen Gruppenfreistellungsverordnung (EU) Nr. 651/2014 (AGVO) geregelt. Diese findet auf folgende Beihilfegruppen Anwendung:
- Regionalbeihilfen,
- Beihilfen für kleine und mittlere Unternehmen (KMU),
- Beihilfen zur Erschließung von KMU-Finanzierungen,
- Forschungs-, Entwicklungs- und Innovationsbeihilfen,
- Ausbildungsbeihilfen,
- Beihilfen für benachteiligte Arbeitnehmer und Arbeitnehmer mit Behinderungen,
- Umweltschutzbeihilfen,
- Beihilfen zur Bewältigung der Folgen bestimmter Naturkatastrophen,
- Sozialbeihilfen für die Beförderung von Einwohnern entlegener Gebiete,
- Beihilfen für Breitbandinfrastrukturen,
- Beihilfen für Kultur und die Erhaltung des kulturellen Erbes,
- Beihilfen für Sportinfrastrukturen und multifunktionale Freizeitinfrastrukturen,
- Beihilfen für lokale Infrastrukturen,
- Beihilfen für Regionalflughäfen,
- Beihilfen für Häfen sowie
- Beihilfen im Rahmen von aus dem Fonds „InvestEU" unterstützten Finanzprodukten.

In den Bereichen Fischerei und Aquakultur sowie Landwirtschaft ist die AGVO lediglich eingeschränkt anwendbar.[50]

43 Zu beachten sind jeweils die individuellen Freistellungsvoraussetzungen für jede Gruppe sowie die allgemeinen Freistellungsvoraussetzungen in Kapitel I der AGVO. Neben Vorgaben zu den Schwellenwerten enthält Kapitel I auch einige formelle Freistellungsvoraussetzungen. Hierzu zählt etwa die Notwendigkeit eines Beihilfeantrags vor Beginn der Arbeiten für das Vorhaben (Anreizeffekt, Art. 6) oder die Pflicht der Mitgliedstaaten, AGVO-Beihilfen zu veröffentlichen (Art. 9). Die Bedeutung der Einhaltung gerade auch dieser formellen Freistellungsvoraussetzungen hat der EuGH bereits mehrfach hervorgehoben. Demnach sind die AGVO und die von ihr vorgesehenen Vorausset-

---

45 EuGH, U. v. 14.2.1990, Rs. C-301/87, ECLI:EU:C:1990:67 Rn. 49 – *Boussac*.
46 EuGH, U. v. 29.4.2004, Rs. C-278/00, ECLI:EU:C:2003:415 Rn. 98 – *Griechenland/Kommission*.
47 Leitlinien für staatliche Beihilfen zur Förderung von Risikofinanzierungen, ABl. C 508/1 v. 16.12.2021.
48 Leitlinien für staatliche Klima-, Umweltschutz- und Energiebeihilfen 2022, ABl. C 80/1 v. 18.2.2022.
49 Vgl. den vierten Erwägungsgrund der sog. Ermächtigungsverordnung, VO (EU) Nr. 2015/1588, ABl. L 248/1 v. 24.9.2015, geändert durch VO (EU) 2018/1911, ABl. L 311/8 v. 7.12.2018, sowie deren Art. 1, in dem der Rat die freistellungsfähigen Gruppen von Beihilfen gem. Art. 109 AEUV festgelegt hat.
50 Der Geltungsbereich der AGVO ist in Art. 1 definiert. Für Fischerei und Landwirtschaft s. Abs. 3 lit. a–c.

zungen als Ausnahme von der Notifizierungspflicht eng auszulegen.[51] Verstöße auch gegen lediglich formelle Voraussetzungen führen dazu, dass die Freistellung nicht greift und bereits gewährte Beihilfen rechtswidrig sind. Auch der BGH hat bereits ausdrücklich klargestellt, dass es sich bei formellen Freistellungsvoraussetzungen nicht um rein formale Regelungen handelt, deren Nichteinhaltung ohne Rechtsfolgen bleibt.[52]

Große praktische Bedeutung kommt auch dem sogenannten „Almunia-Paket" zu, das aus der DawI-Mitteilung,[53] der DawI-de-minimis-Verordnung,[54] dem DawI-Freistellungsbeschluss[55] und dem DawI-Rahmen[56] besteht und den derzeit abschließenden Rechtsrahmen für die Finanzierung von Leistungen der Daseinsvorsorge darstellt. Die Kommission hat mit dem ersten DawI-Paket seinerzeit auf die *Altmark Trans*-Rechtsprechung des EuGH reagiert, wonach Dienstleistungen, die im allgemeinen wirtschaftlichen Interesse erbracht werden, vom Tatbestand des Art. 107 Abs. 1 AEUV ausgenommen werden können. Auf der Grundlage von Art. 106 Abs. 2 AEUV stellt sie Ausgleichsleistungen zugunsten von Unternehmen, die mit DawI betraut sind, von der Notifizierungspflicht des Art. 108 Abs. 3 AEUV frei. Voraussetzung ist insbesondere eine rechtsverbindliche Betrauung mit einer echten DawI und eine Begrenzung der Ausgleichsleistungen auf die durch die Erfüllung der DawI verursachten Nettokosten zzgl. eines angemessenen Gewinns. Beihilfen, die nicht unter den Freistellungsbeschluss fallen, etwa aufgrund der Überschreitung des 15 Mio. EUR-Schwellenwerts, können nach dem DawI-Rahmen genehmigt werden. Der ohnehin kaum rechtssicher zu führende Nachweis der Kosten eines durchschnittlichen, gut geführten Unternehmens nach der Tatbestandslösung des EuGH in seiner *Altmark Trans*-Rechtsprechung entfällt damit.[57]

44

3. Verfahrensrecht
a) Notifizierungspflicht und Stillhaltegebot

EuGH, Urteil vom 22.6.2000 – Rs. C-332/98, ECLI:EU:C:2000:338 – *CELF*

45

Die CELF (Coopérative d'éxportation du livre francais) ist eine Organisation, die die Verbreitung der französischen Sprache und Literatur im Ausland zum Ziel hat. Die CELF wickelt Bestellungen von Buchhandlungen aus der ganzen Welt für Werke in französischer Sprache ab, deren aufgrund geringer Stückzahl sehr hoher Herstellungskosten teilweise durch staatliche Subventionen finanziert wurden, um einen akzeptablen Verkaufspreis zu erreichen. Auf die Beschwerde eines Konkurrenten bei der Kommission stellte diese nach eingehender Prüfung fest, dass die Beihilfe nach Art. 107 Abs. 3 AEUV mit dem Binnenmarkt vereinbar ist und nicht gegen Beihilfenrecht verstoße. Gegen diese Entscheidung der Kommission erhob der Konkurrent Nichtigkeitsklage. Das EuG hielt die Beihilfe teilweise für nichtig, weil kein Verfahren nach Art. 108 Abs. 2 AEUV eingeleitet worden war.[58] Nach dem Urteil leitete die Kommission das Verfahren ein und erließ anschließend eine Entscheidung, in der festgestellt wurde, dass Frankreich es unterlassen hatte, die betreffende Beihilfe vorab bei der Kommission nach Art. 108

---

51 EuGH, U. v. 21.7.2016, Rs. C-493/14, ECLI:EU:C:2016:577 Rn. 37f. – *Dilly's Wellnesshotel* – betraf die in der AGVO a. F. (EG) Nr. 800/2008 vorgesehene Pflicht, in Beihilferegelungen einen Verweis auf die AGVO aufzunehmen; EuGH, U. v. 5.3.2019, Rs. C-349/17, ECLI:EU:C:2019:172 Rn. 60 – *Eesti Pagar* – betraf den Anreizeffekt nach Art. 8 VO a. F. (EG) Nr. 800/2008.
52 S. das zu einer DawI-Freistellung ergangene U. v. 24.3.2016, I ZR 263/14, Rn. 82.
53 Mitteilung der Kommission über die Anwendung der Beihilfevorschriften der Europäischen Union auf Ausgleichsleistungen für die Erbringung von Dienstleistungen von allgemeinem wirtschaftlichem Interesse, ABl. C 8/4 v. 11.1.2012.
54 Verordnung (EU) Nr. 360/2012, ABl. L 114/8 v. 25.4.2012.
55 Beschluss 2012/21/EU, ABl. L 7/15 v. 20.12.2011.
56 Rahmen der Europäischen Union für staatliche Beihilfen in Form von Ausgleichsleistungen für die Erbringung öffentlicher Dienstleistungen, ABl. C 8/15 v. 11.1.2012.
57 *Pöcker*, EuZW 2007, 167 (168).
58 EuG, U. v. 18.9.1995, Rs. T-49/93, ECLI:EU:T:1995:166 – *SIDE/Kommission*.

Abs. 3 S. 1 AEUV zu notifizieren. Da die Voraussetzungen für die Ausnahmeregelungen nach Art. 107 Abs. 3 lit. d AEUV vom EuG als erfüllt betrachtet wurden, war die Beihilfe aber dennoch mit dem Binnenmarkt vereinbar. Gegen diese Entscheidung wandte sich Frankreich 1998 in einer Nichtigkeitsklage vor dem EuGH mit dem Argument, es sei Art. 106 Abs. 2 AEUV einschlägig, so dass schon keine vorherige Notifizierung – zumindest aber keine vorherige Aussetzung – nach Art. 108 Abs. 3 AEUV notwendig sei.

46 Der EuGH tritt dieser Ansicht entgegen: Selbst wenn Art. 106 Abs. 2 AEUV hier einschlägig wäre, so müsste dennoch in jedem Fall eine Notifizierung und eine Aussetzung der Subvention bis zu einer Entscheidung der Kommission erfolgen. Allein die Kommission ist nach dem Wortlaut des Art. 108 Abs. 3 AEUV berechtigt, über die Genehmigung von Beihilfen zu entscheiden. Art. 107 Abs. 3 lit. d AEUV sei als Ausnahmeregelung zwar einschlägig und die Beihilfe damit materiell rechtmäßig. Der nur formelle Verstoß führte dennoch zur Abweisung der Klage.

47 **Anmerkung:** Aus der Entscheidung wird deutlich, dass die Mitgliedstaaten der Kommission grundsätzlich alle Vorhaben zur Gewährung oder Änderung von Beihilfen anzeigen müssen (Art. 108 Abs. 3 S. 1 AEUV: Notifizierungspflicht). Beihilfenmaßnahmen dürfen erst durchgeführt werden, wenn sie von der Kommission genehmigt worden sind (Art. 108 Abs. 3 S. 3 AEUV: Stillhaltegebot).[59] Dies gilt auch für alle Ausnahmefälle des Art. 107 Abs. 2 und 3 AEUV sowie des Art. 106 Abs. 2 AEUV.[60] Ausnahmen von der Notifizierungspflicht bestehen nur, wenn dies durch eine unmittelbar anwendbare Verordnung oder einen unmittelbar anwendbaren Beschluss (z. B. AGVO, DawI-Freistellungsbeschluss) gesetzlich geregelt ist.

48 Das Verfahren der Kommission in Beihilfesachen ist in der Verfahrensverordnung (VVO) aus 2015 geregelt.[61] Die VVO sieht verschiedene Verfahrensarten vor, u. a. für formell rechtswidrige (nicht notifizierte) und für notifizierte Beihilfen. Verfahren bei rechtswidrigen Beihilfen werden oft durch Hinweise oder eine formelle Beschwerde eines Konkurrenten nach Art. 24 Abs. 2 VVO eingeleitet. Die Kommission prüft Beschwerden unverzüglich und kann vom betroffenen Mitgliedstaat Auskünfte durch Erlass einer „Anordnung zur Auskunftserteilung" verlangen. Sie kann darüber hinaus eine „Aussetzungsanordnung" treffen. Unter engen Voraussetzungen kann die Kommission dem Mitgliedstaat aufgeben, eine Beihilfe, die nicht notifiziert wurde, nach Art. 13 Abs. 2 VVO einstweilen zurückzufordern. Nach Abschluss dieser Maßnahmen führt die Kommission das Verfahren wie bei ordnungsgemäß notifizierten Beihilfen weiter.

49 Innerhalb von zwei Monaten muss die Kommission bei einer notifizierten Beihilfe eine vorläufige Prüfung durchführen. Die Frist beginnt jedoch erst mit vollständiger Anmeldung. Welche Unterlagen hierfür erforderlich sind, können die Mitgliedstaaten im Rahmen des sog. Vorabkontaktes mit den Kommissionsdienststellen abstimmen. Bereits in diesem Stadium können Kommission und Mitgliedstaat zudem die rechtlichen und wirtschaftlichen Aspekte der geplanten Maßnahme informell und vertraulich erörtern.[62] Nur bei Bedenken der Kommission hinsichtlich der Vereinbarkeit der Maßnahme mit dem Binnenmarkt eröffnet die Kommission im Anschluss an die vorläufige Prüfung durch Beschluss ein förmliches Prüfverfahren. Die Kommission bemüht sich sodann

---

59 Vgl. auch *Quardt*, EuZW 2007, 204.
60 Dies ist notwendig, damit die Kommission umfassend prüfen kann, vgl. zur Legalausnahme des Art. 107 Abs. 2 AEUV etwa *Säcker*, in: Münchener Kommentar zum Wettbewerbsrecht, 2. Aufl. 2018, Teil 2 Rn. 677. Zum Verhältnis von Art. 108 Abs. 3 AEUV und Art. 106 Abs. 2 AEUV ausführlich *Jennert*, NVwZ 2004, 425 (427 ff.).
61 Verordnung (EU) 2015/1589, ABl. L 248/9 v. 24.9.2015.
62 Vgl. hierzu Ziff. 3 des Verhaltenskodex für die Durchführung von Beihilfeverfahren, ABl. C 253/05 v. 19.7.2018.

darum, einen abschließenden Beschluss möglichst innerhalb von 18 Monaten zu treffen. Sie fordert den betreffenden Mitgliedstaat und andere Beteiligte zur Stellungnahme auf. Eine Neuerung der VVO gegenüber der a. F. von 1999[63] stellt insofern die Möglichkeit der Kommission dar, in einem förmlichen Prüfverfahren Auskunftsersuchen unter den in Art. 7 VVO festgelegten Voraussetzungen auch an andere Mitgliedstaaten, Unternehmen und Unternehmensvereinigungen zu richten. Gegenüber Unternehmen und Unternehmensvereinigungen kann sie ihr Auskunftsersuchen zudem mithilfe von Buß- und Zwangsgeldern durchsetzen (Art. 8 VVO). Ist die angemeldete Maßnahme eine Beihilfe, aber mit dem Binnenmarkt vereinbar, so erlässt die Kommission einen „Positivbeschluss". Gelangt die Kommission zu dem Schluss, dass die angemeldete Beihilfe mit dem Binnenmarkt unvereinbar ist, so entscheidet sie, dass die Beihilfe nicht eingeführt werden darf. In Betracht kommt darüber hinaus auch eine Genehmigung unter Auflagen.

Ob bzw. inwiefern nationale Gerichte bei ihren Entscheidungen an einen Beschluss nur zur Eröffnung des förmlichen Prüfverfahrens und die hierin geäußerte – vorläufige – Rechtsauffassung der Kommission zur Beihilfequalität einer Maßnahme gebunden sind, ist noch nicht abschließend geklärt. Der EuGH hat in seinem *Deutsche Lufthansa*-Urteil aus dem Jahr 2013[64] unter Berufung auf den Grundsatz der loyalen Zusammenarbeit (Art. 4 Abs. 3 EUV) entschieden, dass es die nationalen Gerichte unterlassen müssen, Entscheidungen zu treffen, die einer Entscheidung der Kommission zuwiderlaufen, selbst wenn diese nur vorläufigen Charakter hat. Nach dem BVerwG führt diese Rechtsprechung jedoch nicht dazu, dass der nationale Richter das Vorliegen einer Beihilfe selbst nicht mehr prüfen muss.[65] Auch der BGH verneint eine Bindungswirkung im engeren Sinn, räumt jedoch ein, dass die nationalen Gerichte von der vorläufigen Beurteilung des Beihilfecharakters durch die Kommission grundsätzlich nicht abweichen dürften.[66] Demgegenüber geht die Kommission in ihrer erneuerten Mitteilung „Bekanntmachung der Kommission über die Durchsetzung der Vorschriften über staatliche Beihilfen durch die nationalen Gerichte" davon aus, ein nationales Gericht sei nach Eröffnung des förmlichen Prüfverfahrens nicht zur Feststellung berechtigt, dass die jeweilige Maßnahme keine Beihilfe darstelle, weil andernfalls die praktische Wirksamkeit von Art. 108 Abs. 3 AEUV vereitelt werde.[67] Dies scheint insofern fragwürdig, als Notifizierungspflicht und Stillhaltegebot gem. Art. 108 Abs. 3 S. 3 AEUV tatbestandlich das Vorliegen einer Beihilfe voraussetzen und die Kommission selbst nur unter den engen Voraussetzungen von Art. 13 VVO befugt ist, einstweilige Maßnahmen anzuordnen.[68] **50**

b) Rückforderung zu Unrecht gewährter Beihilfen

EuGH, Urteil vom 20.3.1997 – Rs. C-24/95, ECLI:EU:C:1997:163 – *Alcan* **51**
Die Firma Alcan betrieb eine Aluminiumhütte in Ludwigshafen, deren Fortbestand 1982 wegen erheblicher Strompreiserhöhungen gefährdet war. Um den Verlust von 330 Arbeitsplätzen zu vermeiden, gewährte das Land Rheinland-Pfalz Alcan eine Überbrückungsbeihilfe in Höhe von 8 Mio. DM zum Ausgleich der Stromkosten. Dies geschah, während die Kommission den Sachverhalt noch prüfte. Die Kommission erließ anschließend eine Entscheidung, wonach die Überbrückungsbeihilfe unzulässig sei, da ihre Gewährung einen Verstoß gegen Art. 108 Abs. 3

---

[63] Verordnung (EG) Nr. 659/1999, ABl. L 83/1 v. 27.3.1999.
[64] EuGH, U. v. 21.11.2013, Rs. C-284/12, ECLI:EU:C:2013:755 Rn. 36 ff. – *Deutsche Lufthansa/Flughafen Frankfurt/Hahn*, bestätigt durch die Große Kammer mit B. v. 4.4.2014, Rs. C-27/13, ECLI:EU:C:2014:240 – *Flughafen Lübeck/Air Berlin*; vgl. hierzu *Traupel/Jennert*, EWS 2014, 1.
[65] BVerwG, U. v. 26.10.2016, 10 C 3/15, EuZW 2017, 355.
[66] BGH, U. v. 9.2.2017, I ZR 91/15, EuZW 2017, 312.
[67] Bekanntmachung der Kommission über die Durchsetzung der Vorschriften über staatliche Beihilfen durch die nationalen Gerichte, ABl. C 305/1 v. 30.7.2021, Rn. 52.
[68] So bereits zum *Deutsche Lufthansa*-Urteil des EuGH *Traupel/Jennert*, EWS 2014, 1 (3 f.).

AEUV darstelle und dass sie mit dem Binnenmarkt unvereinbar sei. Die Kommission ordnete zudem die Rückforderung der Beihilfe an. Eine Rückforderung der Beihilfe unterblieb aber, weshalb die Kommission 1986 Klage vor dem EuGH erhob. Der EuGH bestätigte 1989, dass durch das Unterlassen der Rückforderung gegen das Beihilfenrecht verstoßen worden war.[69] Daraufhin nahm das Land Rheinland-Pfalz die Bewilligung der Beihilfe zurück und forderte Rückzahlung der Beihilfen, obwohl die Ausschlussfrist für eine Rückforderung nach § 48 Abs. 4 VwVfG Rh.-Pf. schon abgelaufen war. Dagegen erhob Alcan Anfechtungsklage, der das VG Mainz stattgab. Nachdem das OVG Rheinland-Pfalz die Berufung des Landes zurückgewiesen hatte, legte es Revision zum Bundesverwaltungsgericht ein, das 1994 die Sache dem EuGH zur Vorabentscheidung vorlegte. Zu entscheiden war, inwieweit der Grundsatz der Rechtssicherheit von Entscheidungen eingreift. Zudem war fraglich, ob eine Rückforderung möglich ist, wenn die gewährende Behörde für die Rechtswidrigkeit selbst verantwortlich ist, weil sie wissentlich keine vorherige Notifizierung bei der Kommission durchgeführt hatte und der Beihilfeempfänger möglicherweise auf die Rechtmäßigkeit der erhaltenen Mittel vertraut hat.

52 Der EuGH stellt fest, dass es nicht der Rechtsordnung der Union widerspricht, wenn das nationale Recht im Rahmen der Rückforderung das berechtigte Vertrauen und die Rechtssicherheit schützt. Da die Überwachung der staatlichen Beihilfen durch die Kommission in Art. 108 AEUV zwingend vorgeschrieben sei, darf ein beihilfebegünstigtes Unternehmen auf die Ordnungsmäßigkeit der Beihilfe jedoch grundsätzlich nur dann vertrauen, wenn diese unter Einhaltung des darin vorgesehenen Verfahrens gewährt wurde. Einem sorgfältigen Gewerbetreibenden sei es regelmäßig möglich, sich zu vergewissern, dass dieses Verfahren eingehalten wurde. Das Vertrauen der Alcan war daher nicht schutzwürdig.

53 Der EuGH entschied darüber hinaus, dass den staatlichen Stellen bei der Umsetzung einer Rückforderungsentscheidung der Kommission kein Ermessen zusteht. Lässt eine nationale Behörde dennoch eine Ausschlussfrist verstreichen, so könne diese Situation nicht mit derjenigen gleichgesetzt werden, in der ein Wirtschaftsteilnehmer nicht weiß, ob die zuständige Behörde eine Entscheidung treffen wird und in der der Grundsatz der Rechtssicherheit verlangt, dass diese Ungewissheit nach Ablauf einer bestimmten Frist beendet wird. Da die nationale Behörde kein Ermessen besitzt, ist der Empfänger einer rechtswidrigen Beihilfe auch nicht mehr im Ungewissen, sobald die Kommission ihre Entscheidung erlassen hat.

54 Fraglich war auch, ob eine Rückforderung selbst dann zwingend ist, wenn der Mitgliedstaat dadurch gegen Treu und Glauben verstößt, weil er Kenntnis von der Rechtswidrigkeit seines Vorgehens hatte. Darauf antwortet der EuGH, dass die Verpflichtung des Begünstigten, sich über die Rechtmäßigkeit der Beihilfe zu vergewissern, nicht vom Verhalten der Behörde abhängt. Andernfalls würde das Unionsinteresse schwer beschädigt und die europarechtlich gebotene Rückforderung praktisch unmöglich gemacht. Diese Rechtsprechung hat der Bundesgerichtshof in einer späteren Entscheidung[70] indes um einen wesentlichen Aspekt ergänzt: Danach obliegt der beihilfegewährenden Behörde eine Pflicht zur Information des Beihilfeempfängers und eines etwaigen Dritten – etwa eines Bürgen – darüber, ob und wie sie der Notifizierungspflicht aus Art. 108 Abs. 3 AEUV nachgekommen ist. Die Verletzung dieser Informationspflicht könne die Behörde zum Schadensersatz gegenüber dem Bürgen verpflichten. Die Obliegenheit auch des Bürgen, sich über die Einhaltung der Notifizierungspflicht zu vergewissern, berücksichtigte der BGH im Rahmen des Mitverschuldens. Deren Verletzung trete hinter dem Verstoß der beihilfegewährenden Stelle gegen die Notifizierungs- und Wartepflicht zurück, die der BGH in diesem Zusammenhang als Kardinalspflichten der beihil-

---

69 EuGH, U. v. 2.2.1989, Rs. C-94/87, ECLI:EU:C:1989:46 – *Kommission/Deutschland*.
70 BGH, U. v. 6.11.2008, III ZR 279/07, BRZ 2009, 32.

fegewährenden Stelle qualifizierte. Dagegen lehnte das BVerwG in einer späteren Entscheidung einen Schadenersatzanspruch des Beihilfeempfängers unter Berufung auf die *Alcan*-Rechtsprechung ab, ohne auf das Urteil des BGH einzugehen. Andernfalls würde Beihilfeempfängern über den Umweg eines Amtshaftungsanspruchs der vom EuGH abgelehnte Vertrauensschutz gewährt.[71]

55 Der nach nationalem Recht mögliche Einwand der Entreicherung des Begünstigten wiederum beruhe auf dem Grundsatz des Vertrauensschutzes. Ein schutzwürdiges Vertrauen liege aber nicht vor, soweit das Verfahren des Art. 108 AEUV nicht eingehalten wurde, weil keine Notifizierung der beabsichtigten Beihilfegewährung bei der Kommission erfolgte. Zudem seien auch durch den Fortbestand des Unternehmens Vorteile der Beihilfengewährung erhalten, auch wenn sich diese nicht in der Bilanz niederschlügen, wie beispielsweise die Wahrung der Marktposition, der Ruf oder der Kundenkreis des Unternehmens.

56 **Anmerkung:** Die Argumente der nationalen Rechtsprechung gegen eine Rückforderung ergaben sich aus der Anwendung des § 48 Abs. 2 (ggf. Landes-)VwVfG, der seither im Hinblick auf die *Alcan*-Entscheidung europarechtskonform auszulegen ist. Eine Rückforderung ist nur dann ausgeschlossen, wenn sie gegen einen allgemeinen Grundsatz des Europarechts verstößt (Art. 16 Abs. 1 VVO). Zu beachten ist aber das Erfordernis der praktischen Wirksamkeit des Unionsrechts. In der *Factortame*-Entscheidung wird jede entgegenstehende nationale Rechtspraxis als mit dem Europarecht unvereinbar bezeichnet.[72] Diese Rechtsprechung führte in der *Luccini*-Entscheidung sogar zu einer Rückforderung trotz entgegenstehender Rechtskraft durch ein Urteil eines Gerichts eines Mitgliedstaates.[73]

57 Die Rückforderung von Leistungen erfolgt im deutschen Recht grds. als *actus contrarius* des leistungsgewährenden Rechtsakts, d. h. bei Gewährung durch Verwaltungsakt durch Rücknahme/Widerruf und vollstreckbarem Rückforderungsbescheid, bei Gewährung durch zivilrechtlichen Vertrag nach Zivilrecht und mittels Leistungsklage vor den ordentlichen Gerichten. Ob dies auch für die Durchsetzung eines Rückforderungsbeschlusses der Kommission gilt, ist umstritten. Art. 16 Abs. 3 VVO fordert dessen sofortige und tatsächliche Vollstreckung. Das OVG Berlin Brandenburg hatte hierzu in einer singulär gebliebenen Entscheidung[74] angenommen, dass die Umsetzung eines Rückforderungsbeschlusses auch bei zivilrechtlicher Beihilfegewährung im Wege des Verwaltungsverfahrens einschließlich der Verwaltungsvollstreckung erfolgen könne. Der EuGH hat sich zu dieser Fragestellung in seinem *Biria*-Urteil geäußert.[75] Demnach sind die Mitgliedstaaten in der Wahl der Mittel frei, mit denen sie ihrer Pflicht zur Rückforderung einer für mit dem Binnenmarkt unvereinbar erklärten Beihilfe nachkommen, sofern diese Mittel die unionsrechtlich geforderte Rückforderung nicht praktisch unmöglich machen. Dies stehe einem Rückgriff auf das Zivilrecht und die ordentlichen Gerichte nicht von vornherein entgegen. Sollten die zivilrechtlichen Vorschriften die tatsächliche Wiedererlangung der streitigen Beihilfe jedoch nicht sicherstellen können, dann könne es nach den Umständen des konkreten Einzelfalls erforderlich sein, eine nationale Vorschrift unangewendet zu lassen.

---

71 BVerwG, U. v. 31.5.2012, 3 C 12/11, Rn. 26, ohne jedoch den Ausschluss des Schadenersatzanspruchs tatbestandlich – etwa als Mitverschulden der Beihilfeempfängerin – einzuordnen.
72 EuGH, U. v. 19.6.1990, Rs. C-213/89, ECLI:EU:C:1990:257 Rn. 20 f.
73 EuGH, U. v. 18.7.2007, Rs. C-119/05, ECLI:EU:C:2007:434 – *Lucchini*; *Kremer*, EuZW 2007, 726; dies ist jedoch nicht in jedem Fall geboten, für Nachweise zur Folgerechtsprechung s. *Bartosch*, EU-Beihilfenrecht, 3. Aufl. 2020, M. Art. 16 Rn. 10.
74 OVG Berlin-Brandenburg, B. v. 7.11.2005, 8 S 93.05 sowie v. 29.12.2006, 8 S 42/06; a. A. OVG Weimar, U. v. 29.6.2010, 3 KO 524/08.
75 EuGH, U. v. 11.9.2014, Rs. C-527/12, ECLI:EU:C:2014:2193 Rn. 39 f., 44, 55 – *Biria*.

Die Rückforderungsbekanntmachung der Kommission[76] enthält Erläuterungen zu Verfahren und Vorschriften der EU für die Rückforderung staatlicher Beihilfen und zur Zusammenarbeit der Kommission und der Mitgliedstaaten zu diesem Zweck.

4. Rechtsschutz

58 Kommissionsentscheidungen können von Mitgliedstaaten mit einer Nichtigkeitsklage nach Art. 263 AEUV angegriffen werden.[77] Die Klage hat nach Art. 278 S. 1 AEUV grundsätzlich keine aufschiebende Wirkung. Erlässt die Kommission – im umgekehrten Fall zur Nichtigkeitsklage – keine Entscheidung, kann unter bestimmten Voraussetzungen eine Untätigkeitsklage nach Art. 265 AEUV erhoben werden. Neben den europäischen kommt aber auch den mitgliedstaatlichen Gerichten eine bedeutsame Rolle bei der Durchsetzung des europäischen Beihilfenrechts zu.

59 **EuGH, Urteil vom 11.7.1996 – Rs. C-39/94, ECLI:EU:C:1996:285 – *SFEI***
La Poste garantierte der SMFI (Société francaise de messagerie internationale) eine Beihilfe, ohne zuvor eine Notifizierung nach Art. 108 Abs. 3 AEUV vorzunehmen. Die SFEI (Syndicat francais de l'Express International), ein Zusammenschluss privater Expresszustellunternehmen erhob gegen diese Maßnahmen Klage vor einem französischen Gericht und verlangte die Rückzahlung der Beihilfe. Das französische Gericht legte die Sache dem EuGH zur Vorabentscheidung vor.

60 Der EuGH stellte fest, dass die Rolle eines nationalen Gerichts, bei dem eine auf Art. 108 Abs. 3 S. 3 AEUV gestützte Klage anhängig ist, über die Rolle eines im Verfahren des vorläufigen Rechtsschutzes entscheidenden Gerichts hinausgeht. Das nationale Gericht sei verpflichtet, durch das abschließende Urteil, das es in einer solchen Rechtssache erlässt, einen Schutz gegen die Auswirkungen der rechtswidrigen Durchführung von Beihilfen sicherzustellen. Hierzu könne es veranlasst sein, den Begriff der staatlichen Beihilfe auszulegen. Darüber hinaus könne seine Entscheidung von der Kommission nicht mehr in Frage gestellt werden. Eine abschließende Entscheidung der Kommission über die Vereinbarkeit führe nämlich nicht zur Heilung der rechtswidrigen Maßnahmen zur Durchführung einer Beihilfe. Grundsätzlich müsse eine unter Verstoß gegen Art. 108 Abs. 3 S. 3 AEUV gewährte Beihilfe die Erstattung der Beihilfe unter Beachtung der innerstaatlichen Verfahrensvorschriften zur Folge haben. Diese Auffassung begründet der EuGH mit der Bedeutung der Einhaltung der Verfahrensvorschrift des Art. 108 Abs. 3 S. 3 AEUV für das ordnungsgemäße Funktionieren des Binnenmarktes. Ausnahmen hiervon seien nur unter engen Voraussetzungen möglich.

61 **Anmerkung:** Die SFEI hätte grundsätzlich auch über eine Mitteilung an die Kommission tätig werden können. Das Durchführungsverbot und das Stillhaltegebot des Art. 108 Abs. 3 AEUV sind aber unmittelbar anwendbares Europarecht, sodass auch die nationalen Gerichte dieses umsetzen können und müssen.[78] Das nationale Gericht wendet dabei sein nationales Prozess- und Verfahrensrecht an. Im Falle der Feststellung eines Verstoßes gegen Art. 108 Abs. 3 AEUV kann daher auch das nationale Gericht eine Rückforderungsanordnung erlassen. Der Bundesgerichtshof hat insoweit wiederholt festgestellt, dass Art. 108 Abs. 3 AEUV ein Verbotsgesetz i. S. v. § 134 BGB ist und Wettbewerber sich unmittelbar auf die aus dem bloß formellen Verstoß folgende Nichtigkeit des jeweiligen Rechtsakts – etwa eines Grundstückskaufvertrages bei Veräußerung unter

---

[76] Bekanntmachung der Kommission über die Rückforderung rechtswidriger und mit dem Binnenmarkt unvereinbarer staatlicher Beihilfen, ABl. C 247/1 v. 23.7.2019.
[77] Näher dazu § 1 Rn. 31 ff.
[78] EuGH, U. v. 11.12.1973, Rs. C-120/73, ECLI:EU:C:1973:152 Rn. 8 – *Lorenz*.

II. Fallgestaltungen **61**

Marktwert – berufen können.[79] Die Rollenverteilung zwischen der Kommission und den Gerichten der Mitgliedstaaten beschreibt insbesondere die „Bekanntmachung der Kommission über die Durchsetzung der Vorschriften über staatliche Beihilfen durch die nationalen Gerichte".[80]

---

79 Siehe etwa BGH, U. v. 20.1.2004, XI ZR 53/03, und U. v. 4.4.2003, V ZR 314/02. Zum Verhältnis von europäischem und nationalem Rechtsschutz sowie formeller und materieller Rechtswidrigkeit auch EuGH, U. v. 12.2.2008, Rs. C-199/06, ECLI:EU:C:2008:79 – *CELF*.
80 Bekanntmachung der Kommission über die Durchsetzung der Vorschriften über staatliche Beihilfen durch die nationalen Gerichte, ABl. C 305/1 v. 30.7.2021, Rn. 52.

§ 12 Vergaberecht

Matthias Knauff

Literaturhinweise:
Arrowsmith, The Law of Public and Utilities Procurement I/II, 3. Aufl. 2014/2018; *Burgi*, Vergaberecht, 3. Aufl. 2021; *Burgi/Dreher* (Hrsg.), Beck'scher Vergaberechtskommentar I/II, 3. Aufl. 2017/2019; *Costa-Zahn/Lutz*, Die Reform der Rechtsmittelrichtlinien, NZBau 2008, 22; *Dageförde* (Hrsg.), Handbuch für den Fachanwalt für Vergaberecht, 2019; *Egger*, Europäisches Vergaberecht, 2008; *Frenz*, Vergaberecht EU und national, 2018; *Gabriel/Krohn/Neun* (Hrsg.), Handbuch Vergaberecht, 3. Aufl. 2021; *Goede/Stoye/Stolz* (Hrsg.), Handbuch des Vergaberechts, 2. Aufl. 2021; *Hettich/Soudry*, Das neue Vergaberecht, 2014; *Jaeger*, Die neue Basisvergaberichtlinie der EU vom 26.2.2014 – ein Überblick, NZBau 2014, 259; *Knauff*, Öffentliches Wirtschaftsrecht, 3. Aufl. 2023, § 10; *Knauff/Badenhausen*, Die neue Richtlinie über die Konzessionsvergabe, NZBau 2014, 395; *Knauff/Streit*, Die Reform des EU-Vergaberechtsschutzes, EuZW 2009, 37; *Noch*, Vergaberecht kompakt, 8. Aufl. 2019; *Prieß*, Handbuch des europäischen Vergaberechts, 3. Aufl. 2005; *Prieß/Stein*, Die neue EU-Sektorenrichtlinie, NZBau 2014, 323; *Pünder/Schellenberg* (Hrsg.), Vergaberecht, 3. Aufl. 2019; *Säcker/Ganske/Knauff* (Hrsg.), Münchener Kommentar zum Wettbewerbsrecht III/IV: Vergaberecht I/II, 4. Aufl. 2022; *Willenbruch/Wieddekind/Hübner* (Hrsg.), Kompaktkommentar Vergaberecht, 5. Aufl. 2022; *Ziekow/Völlink* (Hrsg.), Vergaberecht, 4. Aufl. 2020.

I. Grundlagen des europäischen Vergaberechts

1 Das Vergaberecht regelt die Vergabe von Aufträgen durch die öffentliche Hand und dieser gleichgestellten Institutionen. Es befasst sich mit den Vorgängen zwischen der Entscheidung einer Behörde, eine Ware oder Leistung am Markt einzukaufen bis hin zum Abschluss des damit verbundenen Vertrages. Seine wirtschaftliche Bedeutung ist immens. Jährlich werden nach Berechnungen der Kommission europaweit öffentliche Aufträge im Wert von 1.900 Mrd. Euro vergeben. Dies entspricht ca. 14 % des BIP der EU.

2 Mit Ausnahme der Art. 179 Abs. 2, 199 Nr. 4 AEUV ist das Recht der öffentlichen Auftragsvergabe nicht explizit im europäischen Primärrecht angesprochen. Aus den genannten Bestimmungen lassen sich jedoch keine Rückschlüsse auf die Ausgestaltung des Rechtsgebietes ziehen, da sie nicht verallgemeinerungsfähige Ausnahmetatbestände betreffen. Dies bedeutet jedoch nicht, dass das Europarecht für die Vergabe öffentlicher Aufträge ohne Bedeutung wäre. Vielmehr enthalten die Grundfreiheiten, insbesondere die Warenverkehrs- und die Dienstleistungsfreiheit, sowie das Diskriminierungsverbot des Art. 18 AEUV implizite Aussagen über die Ausgestaltung des Beschaffungswesens in den Mitgliedstaaten.

3 Aus dem Primärrecht, insbesondere aus den Grundfreiheiten, lassen sich die Vergabegrundsätze der Nichtdiskriminierung/Gleichbehandlung, der Transparenz und des fairen Wettbewerbs ableiten.[1] Diese sind bestimmend für die Ausgestaltung und Durchführung der Vergabeverfahren und gelten unabhängig von der sekundärrechtlichen Ausgestaltung des Rechts der öffentlichen Auftragsvergabe,[2] mithin auch für davon nicht erfasste Beschaffungsvorgänge. Darüber hinaus ist anerkannt, dass das Vergabe-

---

[1] Näher dazu mit Bezug zum deutschen Vergaberecht *Burgi*, NZBau 2008, 29.
[2] EuGH, U. v. 7.12.2000, Rs. C-324/98, Slg. 2000, I-10745 Rn. 60 ff. – *Telaustria*; zur Gleichbehandlung EuGH, U. v. 18.10.2001, Rs. C-19/00, Slg. 2001, I-7725 Rn. 33 ff. – *SIAC*; U. v. 18.12.2007, Rs. C-220/06, Slg. 2007, I-12175 Rn. 71 ff. – *Asociación Profesional de Empresas de Reparto y Manipulado de Correspondencia*.

I. Grundlagen des europäischen Vergaberechts   **4–6**

recht zu einer qualitativ hochwertigen und zugleich kostengünstigen Beschaffung beitragen soll.

Der weite primärrechtliche Rahmen wird im Wesentlichen durch drei verfahrensrechtliche Vergabekoordinierungsrichtlinien ausgefüllt, die durch zwei Rechtsmittelrichtlinien ergänzt werden. Die Richtlinie 2014/24/EU über die öffentliche Auftragsvergabe[3] enthält Regelungen über die Vergabe von öffentlichen Bau-, Liefer- und Dienstleistungsaufträgen. Sie wendet sich an klassische öffentliche Auftraggeber, mithin vor allem an den Staat und seine Untergliederungen. Die Beachtung der in ihr enthaltenen verfahrensrechtlichen Anforderungen wird sichergestellt durch die Richtlinie 89/665/EWG,[4] die eine Überprüfbarkeit der Entscheidungen der Vergabestelle vorsieht. Parallel dazu bestehen die Richtlinien 2014/25/EU[5] und 92/13/EWG,[6] welche die Vergabe und Überprüfung von Bau-, Liefer- und Dienstleistungsaufträgen durch Auftraggeber im Bereich der Wasser-, Energie und Verkehrsversorgung sowie der Postdienste (Sektorenauftraggeber) regeln. Grund für deren vergaberechtliche Erfassung ist der Umstand, dass in diesen Wirtschaftsbereichen aufgrund von Regulierungen ein geringer Wettbewerbsdruck bei gleichzeitig hohem staatlichen Einfluss gegeben ist. Entfallen diese Voraussetzungen bei einzelnen erfassten Auftraggebern, ist eine Befreiung von der Verpflichtung zur Beachtung des Vergaberechts durch die Kommission möglich. Die Vergabe von Konzessionen unterfällt der Richtlinie 2014/23/EU über die Konzessionsvergabe.[7] **4**

Weitere Sekundärrechtsakte treten hinzu. Zur Vermeidung von Missverständnissen schreibt die Verordnung (EG) Nr. 2195/2002 über das Gemeinsame Vokabular für öffentliche Aufträge (CPV)[8] die bei Ausschreibungen zu verwendenden Begrifflichkeiten vor. Im Hinblick auf die Festlegung der Beschaffungsgegenstände und ihrer Eigenschaften sind die Richtlinie (EU) 2019/882 über die Barrierefreiheitsanforderungen für Produkte und Dienstleistungen,[9] die Richtlinie 2009/33/EG über die Förderung sauberer Straßenfahrzeuge zur Unterstützung einer emissionsarmen Mobilität[10] und die Richtlinie 2012/27/EU zur Energieeffizienz[11] von Bedeutung. Die Beschaffung von Rüstungs- und vergleichbaren Gütern unterliegt der Richtlinie 2009/81/EG über die Koordinierung der Verfahren zur Vergabe bestimmter Bau-, Liefer- und Dienstleistungsaufträge in den Bereichen Verteidigung und Sicherheit.[12] Die Verordnung (EG) Nr. 1370/2007 über öffentliche Personenverkehrsdienste auf Schiene und Straße[13] normiert Vorgaben für öffentliche Dienstleistungsaufträge in den titelgebenden Verkehrsbereichen, die zur Sicherung der Daseinsvorsorge erteilt werden.[14] Die Richtlinie 2014/55/EU über die elektronische Rechnungsstellung bei öffentlichen Aufträgen[15] ist bei der Abrechnung erbrachter Leistungen zu beachten. **5**

Das europäische Vergaberecht steht nicht für sich allein. Es wird zum einen in seiner Ausgestaltung beeinflusst durch das Government Procurement Agreement (GPA), ei- **6**

---
3 ABl. 2014 L 94/65, zuletzt geändert durch Delegierte Verordnung (EU) 2021/1952, ABl. 2021 L 398/22.
4 ABl. 1989 L 395/33, zuletzt geändert durch Richtlinie 2014/23/EU, ABl. 2014 L 94/1.
5 ABl. 2014 L 94/243, zuletzt geändert durch Delegierte Verordnung (EU) 2021/1953, AB. 2021 L 398/25.
6 ABl. 1992 L 76/14, zuletzt geändert durch Richtlinie 2014/23/EU, ABl. 2014 L 94/1.
7 ABl. 2014 L 94/1, zuletzt geändert durch Delegierte Verordnung (EU) 2021/1951, ABl. 2021 L 388/21.
8 ABl. 2002 L 340/1, zuletzt geändert durch Verordnung (EG) Nr. 596/2009, ABl. 2009 L 188/14.
9 ABl. 2019 L 151/70.
10 ABl. 2009 L 120/5, geändert durch Richtlinie (EU) 2019/1161, ABl. 2019 L 188/116.
11 ABl. 2012 L 315/1, zuletzt geändert durch Richtlinie (EU) 2019/944, ABl. 2019 L 158/125.
12 ABl. 2009 L 216/76, zuletzt geändert durch Delegierte Verordnung (EU) 2021/1950, ABl. 2021 L 398/19.
13 ABl. 2007 L 315/1, geändert durch Verordnung (EU) 2016/2338, ABl. 2016 L 354/22.
14 Zusammenfassend dazu *Knauff*, Öffentliches Wirtschaftsrecht, § 5 Rn. 180 ff.
15 ABl. 2014 L 133/1.

nem plurilateralen Vertrag im Regelungszusammenhang der WTO.[16] Zum anderen ist es in weiten Teilen Grundlage der vergaberechtlichen Regelungen in den EU-Mitgliedstaaten. Diese setzten die Vergaberichtlinien in nationales Recht um und bringen sie in dieser Form zur Anwendung. In Deutschland erfolgt die Umsetzung der europäischen Vorgaben im vierten Teil des GWB. Im Anwendungsbereich der Richtlinie 2014/24/EU treten ergänzend die Vergabeverordnung (VgV) sowie Abschnitt 2 (EU) der Vergabe- und Vertragsordnung für Bauleistungen (VOB/A) hinzu. Im Anwendungsbereich der Richtlinie 2014/25/EU wird die untergesetzliche Ausgestaltung durch die Sektorenverordnung (SektVO) vorgenommen. Für Konzessionsvergaben gilt Konzessionsvergabeverordnung (KonzVgV). Weitere der Umsetzung und Konkretisierung von Beschaffungsvorgaben aus dem Europarecht dienende nationale Rechtsakte sind die Vergabeverordnung Verteidigung und Sicherheit (VSVgV), Abschnitt 3 (VS) VOB/A, das Saubere-Fahrzeuge-Beschaffungs-Gesetz (SaubFahrzeugBeschG) sowie §§ 8a f. PBefG.

II. Normative Ausgestaltung

7 Von Bedeutung für die Verwirklichung der Grundfreiheiten sind öffentliche Aufträge vor allem dann, wenn sie ein gewisses wirtschaftliches Gewicht aufweisen. Dementsprechend greifen die Vergaberichtlinien erst oberhalb bestimmter Schwellenwerte ein. Diese liegen derzeit für Bauaufträge und Konzessionen bei einem Auftragswert, der ohne Umsatzsteuer 5.382 Mio. Euro beträgt, bei Liefer- und Dienstleistungsaufträgen variiert der Schwellenwert. Dieser beträgt 140.000 Euro für Aufträge von zentralen Regierungsbehörden. Für sonstige öffentliche Auftraggeber gilt ein Schwellenwert von 215.000 Euro. Dienstleistungs- und Lieferaufträge von Sektorenauftraggebern sowie im Bereich Verteidigung und Sicherheit werden vergaberechtlich ab einem Wert von mehr als 431.000 Euro erfasst. Höhere Schwellenwerte gelten für bestimmte soziale Dienstleistungen. Aufträge dürfen nicht mit dem Ziel einer Umgehung des europäischen Vergaberechts aufgespalten werden. Demgegenüber ist die Unterteilung eines Auftrags in Lose zulässig. Diese sind dann ihrerseits gemäß den europarechtlichen Vorgaben zu vergeben.[17] Unterhalb der Schwellenwerte besteht eine Bindung der Auftraggeber an das primäre Europarecht, das einer willkürlichen und kontrollfreien Vergabe entgegensteht.[18] Eine gewisse Konkretisierung ist auf nationaler Ebene durch die Unterschwellenvergabeordnung (UVgO) und Abschnitt 1 der VOB/A erfolgt, deren Regelungen sich weithin an denjenigen des europäisierten GWB-Vergaberechts orientieren.

8 Die Zahl der den vom sekundären EU-Vergaberecht erfassten Auftraggebern zur Verfügung stehenden Vergabeverfahrensarten ist eng beschränkt und abschließend in den Vergaberichtlinien geregelt.[19] Öffentliche Aufträge können grundsätzlich entweder im Offenen oder im Nichtoffenen Verfahren vergeben werden. Nur im Ausnahmefall ist die Vergabe im Wege des wettbewerblichen Dialogs, des Verhandlungsverfahrens oder der Innovationspartnerschaft zulässig. Hinzu kommen einige besondere Verfahrensge-

---

16 Siehe dazu *Kunnert*, WTO-Vergaberecht. Genese und System sowie Einwirkungen auf das EG-Vergaberegime, 1998.
17 Eine Ausnahme bildet das 20 %-Kontigent bei der losweisen Vergabe von Bau- oder Dienstleistungsaufträgen nach Art. 5 Abs. 10 Richtlinie 2014/24/EU.
18 Vgl. EuGH, U. v. 7.12.2000, Rs. C-324/98, Slg. 2000, I-10745 – *Telaustria*; B. v. 3.12.2001, Rs. C-59/00, Slg. 2001, I-9505 – *Bent Mousten Vestergaard*; U. v. 21.7.2005, Rs. C-231/03, Slg. 2005, I-7287 – *Coname*; U. v. 13.10.2005, Rs. C-458/03, Slg. 2005, I-8612 – *Parking Brixen*; U. v. 20.10.2005, Rs. C-264/03, Slg. 2005, I-8831 – *Kommission/Frankreich*; EuGH, U. v. 6.4.2006, Rs. C-410/04, Slg. 2006, I-3303 – *ANAV*; U. v. 13.9.2007, Rs. C-260/04, Slg. 2007, I-7083 – *Kommission/Italien*; U. v. 13.11.2007, Rs. C-507/03, Slg. 2007, I-9777 Rn. 30 ff. – *Kommission/Irland*.
19 Ausführlich zum Ganzen mit Bezug zum nationalen Recht *Burgi*, Vergaberecht, § 13; *Knauff*, Öffentliches Wirtschaftsrecht, § 10 Rn. 54 ff.

staltungen. Dabei handelt es sich um elektronische Auktionen sowie um dynamische Beschaffungssysteme. Schließlich können Auftraggeber bei wiederkehrenden Beschaffungsvorhaben Rahmenvereinbarungen abschließen. Vergabeverfahren sind grundsätzlich elektronisch durchzuführen.[20] Die Beachtung der vergabeverfahrensrechtlichen Vorgaben wird normativ durch die Existenz umfassenden Rechtsschutzes sichergestellt.

1. Die Vergabeverfahren im Überblick

Kennzeichnend für das Offene Verfahren ist die grundsätzlich fehlende Beschränkbarkeit des Anbieterkreises. Alle interessierten Unternehmen können bei der Vergabestelle Angebote einreichen. Dies wiederum setzt voraus, dass die Verdingungsunterlagen, in denen die verfahrens- und auftragsbezogenen Parameter enthalten sind, sämtlichen Unternehmen zur Verfügung gestellt werden, die diese anfordern. Eine Auswahl der Anbieter vor Einreichung der Angebote findet somit nicht statt. Das Offene Verfahren beginnt mit der Veröffentlichung einer klar, eindeutig und nichtdiskriminierend formulierten Ausschreibung des zu vergebenden Auftrags im Amtsblatt der EU. In dieser ist das Vergabekriterium anzugeben. Dabei handelt es sich entweder um das preislich niedrigste oder das wirtschaftlich günstigste Angebot, bei dem neben dem Preis noch andere Gesichtspunkte eine Rolle spielen dürfen. Parallel zur Ausschreibung ist grundsätzlich ein unentgeltlicher, uneingeschränkter und vollständiger direkter Zugang zu den Auftragsunterlagen elektronisch zu gewährleisten. Nach einer festgelegten Frist von im Regelfall mindestens 35 Tagen, während der die verbindlichen und nachträglich unabänderlichen Angebote bei der Vergabestelle eingehen können, werden diese geöffnet und gewertet. Die einzelnen Schritte des Wertungsprozesses sind dabei strikt voneinander zu trennen. Sind die formalen und unternehmensbezogenen Voraussetzungen (Ausschlussgründe, Eignung) erfüllt, erhält das dem ex ante abschließend festgelegten[21] Vergabekriterium am besten entsprechende Angebot den Zuschlag, woraufhin – bzw. im deutschen Recht wodurch – mit dessen Anbieter der Vertrag geschlossen wird. Die unterlegenen Bieter erhalten vor Vertragsschluss eine begründete Mitteilung darüber, weshalb der Zuschlag ihnen nicht erteilt wurde.

Das Nichtoffene Verfahren unterscheidet sich vom Offenen Verfahren vor allem dadurch, dass nur eine begrenzte Anzahl von Unternehmen, deren Zahl fünf grundsätzlich nicht unterschreiten darf, von der Vergabestelle aufgefordert wird, Angebote einzureichen. Das Verfahren beginnt mit einer im Amtsblatt der EU zu veröffentlichenden Bekanntmachung über den zu vergebenden Auftrag, die Anforderungen an die Bieter und deren Höchstzahl. Innerhalb von mindestens 30 Tagen können interessierte Unternehmen sich um eine Aufforderung zur Abgabe eines Angebots bewerben. Die Vergabestelle wählt daraufhin in ermessensfehlerfreier, insbesondere nichtdiskriminierender Weise geeignete Unternehmen aus. Einzelne Unternehmen haben keinen Anspruch auf Beteiligung am Nichtoffenen Verfahren. Nach der schriftlichen Aufforderung zur Angebotsabgabe, die an alle ausgewählten Unternehmen gleichzeitig abzugeben ist, entspricht das Nichtoffene grundsätzlich dem Offenen Verfahren. Die Mindestfrist zur Abgabe von Angeboten ist jedoch auf 10 Tage verkürzt.

Die Auftragsvergabe im Verhandlungsverfahren steht öffentlichen Auftraggebern nur in den sekundärrechtlich abschließend normierten Fällen zur Verfügung. Auftraggeber in den Sektorenbereichen können demgegenüber stets darauf zurückgreifen. In formaler Hinsicht bestehen nur wenige Vorgaben. Bei Beachtung der vergaberechtlichen Grundsätze der Gleichbehandlung, der Transparenz und des fairen Wettbewerbs ist die Verga-

---

20 Dazu im Überblick *Knauff*, NZBau 2020, 421; umfassend *Vogt*, E-Vergabe, 2019.
21 Zur Unzulässigkeit nachträglicher Änderungen EuGH, U. v. 24.1.2008, Rs. C-532/06, Slg. 2008, I-251 – *Lianakis*.

bestelle dabei in der Verfahrensgestaltung weitgehend frei. Im Einzelnen ist zu unterscheiden: Das Verhandlungsverfahren mit öffentlicher Vergabebekanntmachung ist nur unter spezifischen Voraussetzungen zulässig. Das Verfahren beginnt mit einer Bekanntmachung. Ebenso wie im nichtoffenen Verfahren werden daraufhin von Unternehmen Interessenbekundungen abgegeben. Nunmehr erfolgt eine Auswahl der zu Verhandlungen aufzufordernden Unternehmen durch die Vergabestelle. Bei einem entsprechenden Hinweis in der Bekanntmachung kann in diesem Verfahrensstadium auch bereits auf Grundlage von Erstangeboten die Vergabe des öffentlichen Auftrags ohne Verhandlungen erfolgen. Grundsätzlich bestehen aber umfassende Verhandlungsmöglichkeiten. Änderungen von Auftragsunterlagen haben stets transparent und mit hinreichend Reaktionszeit für die Bieter zu erfolgen. Nach Abschluss der Verhandlungen setzt die Vergabestelle eine Angebotsfrist. Die bis zu deren Ablauf eingehenden Angebote werden sodann gemäß den bekannt gemachten Kriterien gewertet. Der Zuschlag wird nach Vorabinformation und Ablauf der Stillhaltefrist erteilt. Das Verhandlungsverfahren ohne öffentliche Vergabebekanntmachung geht mit der Gefahr der Beseitigung des Wettbewerbs einher und ist daher nur in wenigen Ausnahmefällen zulässig. Grundsätzlich finden die Verfahrensvorgaben für das Verhandlungsverfahren mit öffentlicher Vergabebekanntmachung für seinen Ablauf Anwendung, soweit dies nicht mit seinen Zwecken und damit verbundenen Besonderheiten kollidiert. So erfolgt gerade keine Bekanntmachung. Auch ist nicht notwendig eine Mehrzahl von Unternehmen zu beteiligen.

12 Das Verfahren des wettbewerblichen Dialogs kann unter denselben Voraussetzungen wie ein Verhandlungsverfahren mit öffentlicher Vergabebekanntmachung durchgeführt werden. Die vormals allgemein vorausgesetzte besondere Auftragskomplexität ist im Zuge der EU-Vergaberechtsnovelle 2014 entfallen; sie besteht jedoch bei Auftragsvergaben im VS-Bereich fort. Das Verfahren zielt darauf ab, Lösungen für einen Beschaffungsbedarf des öffentlichen Auftraggebers zu entwickeln, die von standardisierten Angeboten abweichen. Das Verfahren beginnt mit einer Bekanntmachung, in der unter anderem ein indikativer Zeitrahmen für das durchzuführende Verfahren anzugeben ist. Die auf Grundlage einer Interessenbekundung zur Teilnahme am Dialog ausgewählten Unternehmen geben sodann zunächst indikative Angebote ab. Diese bilden die Basis für umfassende Verhandlungen. Die sich daraus ergebenden finalen Angebote werden anhand der zu Beginn des Verfahrens festgelegten Kriterien gewertet und der Zuschlag nach Vorabinformation und Ablauf der Stillhaltefrist erteilt.

13 Das Verfahren der Innovationspartnerschaft verbindet Entwicklung und Erwerb einer Innovation. Der Verfahrensablauf weist mehrere Besonderheiten auf. Das Verfahren beginnt mit einer Auftragsbekanntmachung. Auf Grundlage der Teilnahmeanträge wählt die Vergabestelle mehrere Unternehmen aus. Während der sich anschließenden Konzeptionsphase erfolgen umfassende Verhandlungen, die ihrerseits in Abschnitte gegliedert werden können und auf die Abgabe von Angeboten in Bezug auf ein Entwicklungsvorhaben abzielen, welches der Erarbeitung einer Lösung zu Befriedigung des Beschaffungsbedarfs des öffentlichen Auftraggebers dient. Der Zuschlag ist dabei ausschließlich nach dem besten Preis-Leistungs-Verhältnis zu erteilen. Es können mehrere Angebote bezuschlagt werden. Die sich anschließende Entwicklungsphase dient der Erarbeitung eines Prototypen bzw. einer neuartigen Dienstleistung. Die abschließende Leistungsphase bildet den eigentlichen Beschaffungsvorgang. Hiervon kann unter bestimmten Voraussetzungen abgesehen werden. Während des gesamten Verfahrens ist eine Reduzierung der Teilnehmerzahl möglich.

14 Für die Konzessionsvergabe sind keine spezifischen Verfahrensarten normiert. Vielmehr kann der Auftraggeber innerhalb der weiten Grenzen der Richtlinie 2012/23/EU frei gestalten. Dies setzt zunächst die Beachtung der allgemeinen Vergabegrundsätze voraus. Vorgesehen ist darüber hinaus die Veröffentlichung einer verfahrenseinleitenden Kon-

II. Normative Ausgestaltung

zessionsbekanntmachung mit allen für die beabsichtigte Vergabe relevanten Informationen. Im weiteren Verfahren sind rechtsstaatliche Verfahrensgarantien zu beachten. Der Verfahrensablauf ist transparent zu gestalten und zu dokumentieren. Es sind angemessene Fristen für den Eingang von Teilnahmeanträgen und Angeboten vorgesehen. Die die Zuschlagskriterien müssen objektiv sein, dem Auftraggeber einen wirtschaftlichen Gesamtvorteil vermitteln, mit dem Konzessionsgegenstand in Verbindung stehen und dürfen dem öffentlichen Auftraggeber oder dem Auftraggeber keine uneingeschränkte Wahlfreiheit einräumen.

2. Besondere verfahrensrechtliche Gestaltungsformen

Eine elektronische Auktion kann grundsätzlich im Rahmen sämtlicher Vergabeverfahrensarten außerhalb der Konzessionsvergabe mit Ausnahme des wettbewerblichen Dialogs, der Innovationspartnerschaft und des Verhandlungsverfahrens ohne öffentliche Vergabebekanntmachung durchgeführt werden, sofern der Beschaffungsgegenstand keine besonderen Schwierigkeiten aufweist. Es handelt sich um ein vollelektronisches Absteigerungsverfahren. Es beginnt mit der Einreichung von Angeboten durch die Unternehmen. Diese sind von der Vergabestelle auf Grundlage der zuvor bekannt gemachten Zuschlagskriterien zu werten. Daraufhin sind alle Bieter, die ein wertungsfähiges Angebot abgegeben haben, über den Beginn der Versteigerung zu informieren. Während dieser können die Bieter ihre Angebote preislich und qualitativ nachbessern. Auf Grundlage eines zuvor im Einzelnen festgelegten Bewertungsschemas ändert sich, für diese ersichtlich, die Wettbewerbsposition der Bieter. Der zum Abschluss der Auktion in Führung liegende Bieter erhält schließlich den Zuschlag.

Ein dynamisches Beschaffungssystem ist ein elektronisch basierter Prozess der Vergabe von wiederkehrenden Aufträgen. Es handelt sich um eine besondere Ausprägung des Nichtoffenen Verfahrens. Sämtliche Unternehmen, die berücksichtigungsfähige indikative Angebote abgegeben haben, werden zu diesem System zugelassen und erhalten eine Eintragung in einem elektronischen Katalog. Während der gesamten Laufzeit des Systems können und sollen weitere Unternehmen durch die Abgabe entsprechender Angebote hinzukommen. Die Vergabe der Einzelaufträge erfolgt auf Grundlage einer konkreten Aufforderung zur Abgabe von Angeboten an eines der am System teilnehmenden Unternehmen. Welches dieser Unternehmen den Zuschlag erhält, wird unter Zugrundelegung der auf den Einzelauftrag bezogenen Angebote wettbewerblich ermittelt. Die Laufzeit eines dynamischen Beschaffungssystems ist auf maximal vier Jahre begrenzt.

Rahmenvereinbarungen werden nach Durchführung eines Vergabeverfahrens mit einem oder mehreren Unternehmen abgeschlossen. Sie beinhalten nicht die Vergabe eines konkreten Auftrags, sondern ermöglichen die vereinfachte Auftragsvergabe zu einem späteren Zeitpunkt zu den in der Rahmenvereinbarung festgelegten Bedingungen. Wird die Rahmenvereinbarung mit mehreren Unternehmen abgeschlossen, muss deren Zahl mindestens drei betragen. Öffentliche Auftraggeber haben in diesem Fall vor jeder Einzelauftragsvergabe ein vereinfachtes wettbewerbliches Verfahren durchzuführen. Die maximale Laufzeit einer Rahmenvereinbarung beträgt vier Jahre. Die Vergabestelle ist nach Abschluss einer Rahmenvereinbarung nicht gezwungen, Aufträge ausschließlich auf deren Grundlage zu vergeben. Dann kann sie jedoch nicht von den verfahrensrechtlichen Vereinfachungen Gebrauch machen.

3. Vergaberechtsschutz

Die Beachtung der vergabeverfahrensrechtlichen Anforderungen ist nur dann sichergestellt, wenn diese einer effektiven Kontrolle unterliegen. Die Rechtsmittelrichtlinien 89/665/EWG und 92/13/EWG sehen daher vor, dass von den Mitgliedstaaten Nachprüfungsverfahren einzurichten sind, in denen die Entscheidungen im Rahmen eines Vergabeverfahrens einer schnellen und wirksamen Kontrolle unterliegen. In der Ausgestaltung der Nachprüfungsverfahren sind die Mitgliedstaaten weitgehend frei. Dem Europarecht lassen sich insoweit nur Rahmenvorgaben entnehmen, die aber zwingend zu beachten sind.

19 Nicht zwingend erforderlich ist eine vollumfänglich gerichtsförmige Nachprüfung. Insbesondere können behördliche Nachprüfungsinstanzen vorgesehen werden. In letzter Instanz muss jedoch ein Gericht im Sinne von Art. 267 AEUV entscheiden.[22] Berechtigt zur Einleitung eines Nachprüfungsverfahrens ist jeder, der ein Interesse an einem bestimmten öffentlichen Auftrag hat oder hatte und dem durch einen behaupteten Rechtsverstoß ein Schaden entstanden ist bzw. zu entstehen droht. Die Mitgliedstaaten können allerdings verlangen, dass vor Einleitung eines Nachprüfungsverfahrens eine vorherige Unterrichtung des öffentlichen Auftraggebers von dem behaupteten Rechtsverstoß und von der beabsichtigten Nachprüfung erfolgen muss. In einem Nachprüfungsverfahren müssen die Ergreifung vorläufiger Maßnahmen zur Beseitigung von Rechtsverstößen, die Aufhebung rechtswidriger Entscheidungen und die Zuerkennung von Schadensersatz möglich sein.

20 Da der Vergaberechtsschutz in erster Linie auf die Verhinderung und Beseitigung rechtswidriger Entscheidungen zielt, mithin auf primären Rechtsschutz, ist die Einlegung von Rechtsmitteln zwingend mit einem automatischen Suspensiveffekt verbunden. Zudem sind die unterlegenen Wettbewerber vor der Zuschlagerteilung zu informieren. Verträge können erst nach Ablauf einer Stillhaltefrist im Anschluss an die Informationsabgabe geschlossen werden. Ohne die Durchführung eines Vergabeverfahrens durchgeführte Auftragsvergaben (de facto-Vergaben) sind bekannt zu geben. Verstöße gegen diese Anforderungen ziehen die Erklärung der Unwirksamkeit des Vertrags nach sich, sofern innerhalb von sechs Monaten ein Nachprüfungsverfahren angestrengt wurde.

III. Fallgestaltungen

21 Die Rechtsprechung des EuGH zu den europäischen Vergaberichtlinien ist überaus umfangreich. Die nachfolgende Darstellung beschränkt sich auf wesentliche Problembereiche, die zugleich für die Entwicklung des EU-Vergaberechts von entscheidender Bedeutung waren.

1. Auftraggebereigenschaft

22 Öffentliche Auftraggeber sind nach den Vergaberichtlinien der Staat, Gebietskörperschaften, Einrichtungen des öffentlichen Rechts und Verbände, die aus einer oder mehrerer dieser Körperschaften oder Einrichtungen bestehen. Als Einrichtung des öffentlichen Rechts gilt dabei jede Einrichtung,
– die zu dem besonderen Zweck gegründet wurde, im Allgemeininteresse liegende Aufgaben zu erfüllen, die nicht gewerblicher Art sind, und
– die Rechtspersönlichkeit besitzt, und
– die überwiegend vom Staat, von Gebietskörperschaften oder anderen Einrichtungen des öffentlichen Rechts finanziert wird oder die hinsichtlich ihrer Leitung der Aufsicht durch letztere unterliegt oder deren Leitungs-, Verwaltungs- oder Aufsichtsorgan mehrheitlich aus Mitgliedern besteht, die vom Staat, den Gebietskörperschaften oder anderen Einrichtungen des öffentlichen Rechts ernannt worden sind.

---

22 Zur diesbezüglichen Qualifikation der Vergabekammern EuGH, U. v. 18.9.2014, Rs. C-549/13, NZBau 2014, 647 – *Bundesdruckerei*.

III. Fallgestaltungen **23, 24**

EuGH, Urteil vom 15.1.1998 – Rs. C-44/96, Slg. 1998, I-73 – *Mannesmann Austria* **23**
Der österreichischen Staatsdruckerei, einem Unternehmen mit eigener Rechtspersönlichkeit, das nach kaufmännischen Grundsätzen geführt wurde, war gesetzlich die Aufgabe der Herstellung von Ausweispapieren zugewiesen. Acht der zwölf Mitglieder des Wirtschaftsrates, ihres Aufsichtsgremiums, wurden von der österreichischen Bundesregierung ernannt. Ihr gesetzlicher Aufgabenbereich nahm nur einen Bruchteil ihrer Aktivitäten in Anspruch. Im Übrigen betätigte sie sich zulässigerweise durch die Herstellung anderer Druckprodukte. Zur Verstärkung dieses Tätigkeitsfeldes übernahm sie die Strohal GmbH, die wiederum für die Errichtung und den Betrieb eines Druckereizentrums die Strohal Rotationsdruck GmbH (SRG) gründete. Zur Verkürzung der Anlaufzeit des Druckbetriebs schrieb die Staatsdruckerei die Vergabe der haustechnischen Anlagen der neuen Druckerei aus, wobei sie eine Klausel aufnahm, dass ein Dritter an ihrer Stelle in den Vertrag eintreten könne. Später übernahm die SRG die Durchführung der Ausschreibung. Die Staatsdruckerei und SRG waren der Auffassung, dass ein öffentlicher Bauauftrag nicht vorliege.

Der EuGH stellte zunächst die Eigenschaft der Staatsdruckerei als öffentlicher Auftraggeber fest. Die Voraussetzungen, die die Richtlinie an das Vorliegen einer Einrichtung des öffentlichen Rechts stelle, lägen wie erforderlich kumulativ vor. Indem die Staatsdruckerei zum Zwecke der Herstellung amtlicher Druckprodukte gegründet wurde, nehme sie eine im Allgemeininteresse liegende Aufgabe nichtgewerblicher Art wahr. „Die Druckprodukte, die die Staatsdruckerei herzustellen hat, sind nämlich eng mit der öffentlichen Ordnung und dem institutionellen Funktionieren des Staates verknüpft und verlangen eine Versorgungsgarantie und Produktionsbedingungen, die die Beachtung der Geheimhaltungs- und Sicherheitsvorschriften gewährleisten. Ferner wurde die Staatsdruckerei nach den §§ 1 Abs. 1 und 2 Abs. 1 StDrG zu dem besonderen Zweck gegründet, diese im Allgemeininteresse liegenden Aufgaben zu erfüllen. Dabei kommt es nicht darauf an, dass eine solche Einrichtung nicht nur diese Aufgabe hat, sondern auch andere Tätigkeiten wie die Herstellung sonstiger Druckprodukte oder den Verlag und Vertrieb von Büchern ausüben darf. Auf den von der österreichischen Regierung in ihren schriftlichen Erklärungen angeführten Umstand, dass die Erfüllung von im Allgemeininteresse liegenden Aufgaben tatsächlich nur einen relativ geringen Teil der Tätigkeiten der Staatsdruckerei ausmache, kommt es ebenfalls nicht an, solange diese Einrichtung weiterhin die Aufgaben wahrnimmt, die sie als besondere Pflicht zu erfüllen hat. Wenn nämlich in [Art. 2 Abs. 1 Nr. 4 lit. a Richtlinie 2014/24/EU] die Voraussetzung aufgestellt wird, dass die Einrichtung zu dem ‚besonderen Zweck' gegründet worden sein muss, im Allgemeininteresse liegende Aufgaben nicht gewerblicher Art zu erfüllen, so bedeutet das nicht, dass sie einzig und allein solche Aufgaben zu erfüllen hätte. (...) [Art. 1 Abs. 2] der Richtlinie unterscheidet nicht zwischen öffentlichen Bauaufträgen, die ein öffentlicher Auftraggeber vergibt, um seine im Allgemeininteresse liegenden Aufgaben zu erfüllen, und Aufträgen, die in keinem Zusammenhang mit diesen Aufgaben stehen. Das Fehlen einer Unterscheidung erklärt sich aus dem Zweck der [Richtlinie 2014/24/EU], die Gefahr einer Bevorzugung einheimischer Bieter oder Bewerber bei der Auftragsvergabe durch öffentliche Auftraggeber auszuschließen. Schließlich würde eine Auslegung des [Art. 2 Abs. 1 Nr. 4 lit. a Richtlinie 2014/24/EU] dahin, dass seine Anwendung davon abhinge, ob dem der Erfüllung von im Allgemeininteresse liegenden Aufgaben nicht gewerblicher Art dienenden Teil der ausgeübten Tätigkeit mehr oder weniger große Bedeutung zukommt, gegen den Grundsatz der Rechtssicherheit verstoßen, der verlangt, dass eine Norm des Gemeinschaftsrechts klar und ihre Anwendung für alle Betroffenen vorhersehbar sein muss." Weiterhin besitze die Staatsdruckerei Rechtspersönlichkeit und unterliege aufgrund der Zusammensetzung ihres Wirtschaftsrates besonderer staatlicher Leitung und Aufsicht, so dass sie als Einrichtung des öffentlichen Rechts anzusehen sei. **24**

25 Bezüglich der SRG lehnte der EuGH das Vorliegen der Eigenschaft als öffentlicher Auftraggeber ab. Dass deren Anteile von einem öffentlichen Auftraggeber gehalten würden, genüge nicht. Eine Einrichtung könne nur dann als öffentlicher Auftraggeber angesehen werden, wenn sie selbst die in den Richtlinien genannten Voraussetzungen in vollem Umfang erfülle. Indem die SRG jedoch ausschließlich zur Wahrnehmung gewerblicher Aufgaben gegründet worden sei, fehle es an diesem Erfordernis.

26 Bezogen auf die spezifische Ausschreibungssituation entschied der EuGH schließlich, „dass ein öffentlicher Bauauftrag nicht den Vorschriften der [Richtlinie 2014/24/EU] unterliegt, wenn er ein Vorhaben betrifft, das von Anfang an in vollem Umfang dem Gesellschaftszweck eines Unternehmens entsprach, das kein öffentlicher Auftraggeber ist, und wenn die Bauaufträge für dieses Vorhaben von einem öffentlichen Auftraggeber für Rechnung dieses Unternehmens vergeben wurden."

27 Anmerkung: Mit seiner Entscheidung in der Rechtssache *Mannesmann Austria* nahm der EuGH in weitem Umfang eine Klärung des Begriffs des öffentlichen Auftraggebers und damit zugleich des öffentlichen Auftrags vor. Danach genügt insbesondere nicht die bloße Involviertheit öffentlicher Mittel. Vielmehr findet das Vergaberecht ausschließlich in den in der Richtlinie genannten Fällen Anwendung. Der besonders problematische Fall der Bestimmung einer „öffentlichen Einrichtung" erfordert das gleichzeitige Vorliegen sämtlicher in der Richtlinie genannter Voraussetzungen und eine genaue Subsumtion.

28 In der Folgezeit hatte der EuGH mehrfach Gelegenheit, dem Begriff der öffentlichen Einrichtung schärfere Konturen zu verleihen. Dies betraf zunächst das Merkmal der „im Allgemeininteresse liegenden Aufgaben". Der EuGH stellte klar, dass der Terminus ein autonomer Begriff des Europarechts sei, dessen Auslegung im Lichte der Richtlinie zu erfolgen habe. Ein Indiz für das Vorliegen entsprechender Aufgaben sei jedoch das Vorliegen einer gesetzlichen Verpflichtung zur Aufgabenwahrnehmung.[23] Grundsätzlich definierte er die im Allgemeininteresse liegenden Aufgaben als solche, „die der Staat im Allgemeinen selbst erfüllen oder bei denen er einen entscheidenden Einfluss behalten möchte."[24] Im Hinblick auf die Notwendigkeit der Gründung der Einrichtung zur Wahrnehmung der erfassten Aufgaben entschied der EuGH, dass auch deren spätere Übernahme genüge.[25]

29 Einer Klärung führte der EuGH in mehreren Entscheidungen auch die Frage zu, welche Bedeutung dem Definitionsbestandteil „nicht gewerblicher Art" zukomme. In der Rechtssache *Gemeenten Arnhem und Rheden/BFI Holding BV*[26] stellte er zunächst klar, dass nach den Richtlinien zu unterscheiden sei zwischen im Allgemeininteresse liegenden Aufgaben gewerblicher Art einerseits und nichtgewerblicher Art andererseits. Dem Zusatz kommt damit eigenständige Bedeutung für die Bestimmung der Auftraggebereigenschaft zu. Das allgemeine Interesse an der Erfüllung einer Aufgabe schließt somit die Gewerblichkeit nicht aus. Zugleich impliziert das Bestehen von privaten Unternehmen in dem Aufgabenfeld nicht die Annahme der Gewerblichkeit. Insbesondere ist das Fehlen von Wettbewerb keine notwendige Voraussetzung für das Vorliegen einer „Einrichtung des öffentlichen Rechts". Demgegenüber spreche „entwickelter Wettbewerb" für die Gewerblichkeit der Aufgabenwahrnehmung. Später schränkte der EuGH dies jedoch dahingehend ein, als dass das Vorhandensein entwickelten Wettbewerbs

---

23 EuGH, U. v. 27.2.2003, Rs. C-373/00, Slg. 2003, I-1931 Rn. 53 – *Truley*.
24 EuGH, U. v. 10.5.2001, verb. Rs. C-223/99 und C-260/99, Slg. 2001, I-3605 Rn. 41 – Agorá.
25 EuGH, U. v. 12.12.2002, Rs. C-470/99, Slg. 2002, I-11617 Rn. 57 ff. – *Universale Bau*.
26 EuGH, U. v. 10.11.1998, Rs. C-360/96, Slg. 1998, I-6821.

allein nicht den Schluss auf die Gewerblichkeit der Aufgabenwahrnehmung zulasse.[27] Von Gewerblichkeit und damit fehlender Auftraggebereigenschaft ging der EuGH im Falle der Mailänder Messe[28] aus. Er entschied, dass eine Einrichtung, „deren Zweck in der Durchführung von Tätigkeiten besteht, die darauf gerichtet sind, Messeveranstaltungen, Ausstellungen und sonstige vergleichbare Vorhaben auszurichten, die keine Gewinnerzielungsabsicht verfolgt, deren Geschäftsführung aber an Leistungs-, Effizienz- und Wirtschaftlichkeitskriterien auszurichten ist, und die in einem wettbewerblich geprägten Umfeld tätig wird" nicht als öffentlicher Auftraggeber anzusehen sei. In der Rechtssache *Korhonen*[29] entschied der EuGH, dass für die Auftraggebereigenschaft demgegenüber das Fehlen einer Gewinnerzielungsabsicht und die Übernahme der mit der Tätigkeit verbundenen Risiken sowie die Finanzierung aus öffentlichen Mitteln spreche. Diese Rechtsprechung ergänzte er im Folgenden dahingehend, dass es für die Annahme der Nichtgewerblichkeit der Aufgabenerfüllung genüge, dass eine weisungsgebundene staatliche Gesellschaft, für deren Leistungen kein Markt besteht, sondern die in einem hoheitlich geprägten Bereich tätig wird, wie bei der Planung und Errichtung von Strafvollzugsanstalten „wenig wahrscheinlich" mit einem Insolvenzrisiko belastet wäre.[30] Auch qualifizierte er „eine Gesellschaft, die zum einen im Alleineigentum eines öffentlichen Auftraggebers steht, dessen Tätigkeit darin besteht, im Allgemeininteresse liegende Aufgaben zu erfüllen, und die zum anderen sowohl Geschäfte für diesen öffentlichen Auftraggeber als auch Geschäfte auf dem wettbewerbsorientierten Markt abwickelt, sofern die Tätigkeiten dieser Gesellschaft erforderlich sind, damit dieser öffentliche Auftraggeber seine Tätigkeit ausüben kann, und sich diese Gesellschaft zur Erfüllung der im Allgemeininteresse liegenden Aufgaben von anderen als wirtschaftlichen Überlegungen leiten lässt"[31] als vergaberechtlich erfasste „Einrichtung des öffentlichen Rechts".

Mit den Merkmalen des dritten Spiegelstrichs der Definition der Einrichtung des öffentlichen Rechts befasste sich der EuGH ebenfalls mehrfach. Die dort genannten alternativen Varianten sind sämtlich Ausdruck einer besonders engen Verbindung einer Einrichtung mit der öffentlichen Hand. Eine solche Verbindung bejahte der EuGH im Falle der *University of Cambridge*.[32] Erhalte eine Einrichtung mehr als die Hälfte ihrer gesamten finanziellen Mittel von der öffentlichen Hand, sei das Merkmal einer überwiegenden Finanzierung erfüllt. Nicht einzurechnen seien jedoch Mittel, die als Gegenleistung für seitens der Einrichtung erbrachte Leistungen zu qualifizieren seien. Ob eine überwiegende Finanzierung gegeben sei, müsse für das gesamte Haushaltsjahr einheitlich anhand einer Prognose zu dessen Beginn bestimmt werden. Im Falle der Aufsicht über die Leitung der Einrichtung muss eine vergleichbare Einflussnahme der öffentlichen Hand auf diese bei der Auftragsvergabe ermöglicht werden, wie die überwiegende Finanzierung oder die Ernennung der Mehrheit der Mitglieder des Leitungs- bzw. Aufsichtsgremiums. Daher genügt insbesondere eine bloß nachvollziehende Kontrolle durch die öffentliche Hand nicht. Erforderlich sei vielmehr die Möglichkeit der Überwachung der laufenden Verwaltung, mithin eine aktive Aufsicht, welche die Möglichkeit des Eingreifens beinhaltet,[33] ohne dass es aber eines direkten Einflusses auf die Auftragsvergabe bedarf.[34] Bei öffentlich-rechtlich organisierten Organisationen, die – wie die öffentlich-rechtlichen Rundfunkanstalten und die gesetzli-

---

27 EuGH, U. v. 27.2.2003, Rs. C-373/00, Slg. 2003, I-1931 Rn. 58 ff. – *Truley*.
28 EuGH, U. v. 10.5.2001, verb. Rs. C-223/99 und C-260/99, Slg. 2001, I-3605 – *Agorá*.
29 EuGH, U. v. 11.7.2002, Rs. C-18/01, Slg. 2003, I-5321.
30 EuGH, U. v. 16.10.2003, Rs. C-283/00, Slg. 2003, I-11697 Rn. 91 f. – *SIEPSA*.
31 EuGH, U. v. 5.10.2017 – C-567/15, VergabeR 2018, 21 – *LitSpecMet*.
32 EuGH, U. v. 3.10.2000, Rs. C-380/98, Slg. 2000, I-8035.
33 EuGH, U. v. 27.2.2003, Rs. C-373/00, Slg. 2003, I-1931 Rn. 69 ff. – *Truley*, anknüpfend an U. v. 1.2.2001, Rs. C-237/99, Slg. 2001, I-939 Rn. 48 f. – *Kommission/Frankreich*.
34 EuGH, U. v. 13.12.2007, Rs. C-337/06, Slg. 2007, I-11173 Rn. 51 ff. – *Bayerischer Rundfunk/GEWA*.

chen Krankenkassen in Deutschland – hauptsächlich durch Gebühren bzw. Mitgliedsbeiträge finanziert werden, die nach öffentlich-rechtlichen Regeln auferlegt, berechnet und erhoben werden, liegt ebenfalls eine überwiegende Finanzierung durch den Staat vor.[35]

31 Insgesamt ist der Begriff der Einrichtung des öffentlichen Rechts und damit derjenige des öffentlichen Auftraggebers weit auszulegen. Der EuGH bezieht sich insoweit zu Recht auf die Durchsetzung der vergaberechtlichen Zielsetzungen des Wettbewerbs, der Nichtdiskriminierung und der Transparenz.[36] Insbesondere ist die Rechtsform einer Einrichtung für deren Qualifikation als öffentlicher Auftraggeber unerheblich.[37]

2. Öffentlicher Auftrag

32 Als öffentlicher Auftrag gilt jeder schriftliche entgeltliche Vertrag zwischen einem öffentlichen Auftraggeber und einem Unternehmen, der eine Beschaffung, mithin einen „Einkauf" zum Gegenstand hat. Die Vergaberichtlinien unterscheiden zwischen Bauaufträgen, Lieferaufträgen und (sonstigen) Dienstleistungsaufträgen. Stets obliegt die Leistungserbringung dem Unternehmen, während der öffentliche Auftraggeber zur Zahlung eines Entgelts verpflichtet ist. Probleme bereitet häufig die Frage, wann ein eigenständiger öffentlicher Auftrag und damit ein vergabepflichtiger Vorgang vorliegt.

33 **EuGH, Urteil vom 25.3.2010 – Rs. C-451/08, Slg. 2010, I-2673 –** *Helmut Müller*
Die Bundesanstalt für Immobilienaufgaben veräußerte ein ehemaliges Kasernengelände. Der Erwerber sollte hierauf Bauleistungen erbringen, die den in einem auf Grundlage seines Konzepts noch aufzustellenden vorhabenbezogenen Bebauungsplan enthaltenen städtebaulichen Zielen der Stadt, in der das Grundstück belegen ist, entsprechen. Ein konkurrierendes Immobilienunternehmen war der Auffassung, bei dem Vorgang handle es sich um die Vergabe eines öffentlichen Bauauftrags.

34 Der EuGH war anderer Auffassung. Er wies einleitend darauf hin, „dass der Verkauf eines unbebauten oder bebauten Grundstücks durch eine öffentliche Stelle an ein Unternehmen keinen öffentlichen Bauauftrag im Sinne von [Art. 2 Abs. 1 Nr. 6 der Richtlinie 2014/24] darstellt. Zum einen muss die öffentliche Stelle bei einem solchen Auftrag nämlich die Position des Erwerbers und nicht des Verkäufers einnehmen. Zum anderen muss ein solcher Auftrag die Ausführung von Bauvorhaben zum Gegenstand haben." In Bezug auf das Verhältnis zwischen Stadt und Erwerber sei „darauf hinzuweisen, dass öffentliche Aufträge nach [Art. 2 Abs. 1 Nr. 5 der Richtlinie 2014/24] schriftlich geschlossene entgeltliche Verträge sind. Der Begriff des Vertrags ist für die Bestimmung des Anwendungsbereichs der [Richtlinie 2014/24] wesentlich. (…) Andere Arten von Tätigkeiten, die den öffentlichen Stellen obliegen, werden von dieser Richtlinie nicht erfasst. Außerdem kann nur ein entgeltlicher Vertrag einen öffentlichen Bauauftrag im Sinne der [Richtlinie 2014/24] darstellen. Der entgeltliche Charakter des Vertrags impliziert, dass der öffentliche Auftraggeber, der einen öffentlichen Bauauftrag vergeben hat, gemäß diesem Auftrag eine Leistung gegen eine Gegenleistung erhält. Die Leistung besteht in der Erbringung der Bauleistungen, die der öffentliche Auftraggeber erhalten möchte (…). Eine solche Leistung muss nach ihrer Natur sowie nach dem System und den Zielen der [Richtlinie 2014/24] ein unmittelbares wirtschaftliches Interesse für den öffentlichen Auftraggeber bedeuten. Dieses wirtschaftliche Interesse ist eindeutig gegeben, wenn vorgesehen ist, dass der öffentliche Auftraggeber Eigentümer der Bauleistung oder des Bauwerks wird, die bzw. das Gegenstand des Auftrags ist. Ein solches wirtschaftliches Interesse lässt sich ebenfalls feststellen, wenn vorgesehen ist, dass der öffentliche

---

35 EuGH, U. v. 13.12.2007, Rs. C-337/06, Slg. 2007, I-11173 Rn. 32 ff. – *Bayerischer Rundfunk/GEWA*; U. v. 11.6.2009, Rs. 300/07, EuZW 2009, 612 Rn. 49 ff. – *Oymanns*.
36 EuGH, U. v. 27.2.2003, Rs. C-373/00, Slg. 2003, I-1931 Rn. 43 – *Truley*.
37 EuGH, U. v. 10.11.1998, Rs. C-360/96, Slg. 1998, I-6821 Rn. 62 f. – *Gemeenten Arnhem und Rheden/BFI Holding*.

III. Fallgestaltungen

Auftraggeber über einen Rechtstitel verfügen soll, der ihm die Verfügbarkeit der Bauwerke, die Gegenstand des Auftrags sind, im Hinblick auf ihre öffentliche Zweckbestimmung sicherstellt (…). Das wirtschaftliche Interesse kann ferner in wirtschaftlichen Vorteilen, die der öffentliche Auftraggeber aus der zukünftigen Nutzung oder Veräußerung des Bauwerks ziehen kann, in seiner finanziellen Beteiligung an der Erstellung des Bauwerks oder in den Risiken, die er im Fall eines wirtschaftlichen Fehlschlags des Bauwerks trägt, bestehen (…). Der Gerichtshof hat bereits entschieden, dass eine Vereinbarung, nach der ein erster öffentlicher Auftraggeber einem zweiten öffentlichen Auftraggeber die Errichtung eines Bauwerks überträgt, einen öffentlichen Bauauftrag darstellen kann, unabhängig davon, ob vorgesehen ist, dass der erste öffentliche Auftraggeber Eigentümer des gesamten Bauwerks oder eines Teils davon ist oder wird (…). Daraus folgt, dass der Begriff ‚öffentliche Bauaufträge' im Sinne von [Art. 2 Abs. 1 Nr. 6 der Richtlinie 2014/24] voraussetzt, dass die Bauleistung, die Gegenstand des Auftrags ist, im unmittelbaren wirtschaftlichen Interesse des öffentlichen Auftraggebers ausgeführt wird, ohne dass indessen erforderlich wäre, dass die Leistung die Form der Beschaffung eines gegenständlichen oder körperlichen Objekts annimmt.

Fraglich ist, ob diese Voraussetzungen erfüllt sind, wenn mit den Bauleistungen ein im **35** allgemeinen Interesse liegendes öffentliches Ziel erfüllt werden soll, für dessen Beachtung der öffentliche Auftraggeber zu sorgen hat, etwa die städtebauliche Entwicklung oder Kohärenz eines kommunalen Ortsteils. In den Mitgliedstaaten der Europäischen Union ist normalerweise für die Durchführung von Bauarbeiten, jedenfalls für solche von gewissem Umfang, eine vorherige Genehmigung der für den Städtebau zuständigen Behörde erforderlich. Diese Behörde hat in Ausübung ihrer Regelungszuständigkeiten zu beurteilen, ob die Durchführung der Arbeiten mit dem öffentlichen Interesse vereinbar ist. Die bloße Ausübung von städtebaulichen Regelungszuständigkeiten im Hinblick auf die Verwirklichung des allgemeinen Interesses ist weder auf den Erhalt einer vertraglichen Leistung noch auf die Befriedigung des unmittelbaren wirtschaftlichen Interesses des öffentlichen Auftraggebers gerichtet, wie es [Art. 2 Abs. 1 Nr. 5 der Richtlinie 2014/24] vorgibt. Folglich [setzt] der Begriff ‚öffentliche Bauaufträge' im Sinne von [Art. 2 Abs. 1 Nr. 6 der Richtlinie 2014/24] nicht [voraus], dass die Bauleistung, die Gegenstand des Auftrags ist, in einem gegenständlichen oder körperlich zu verstehenden Sinn für den öffentlichen Auftraggeber beschafft wird, wenn sie diesem unmittelbar wirtschaftlich zugutekommt. Die Ausübung von städtebaulichen Regelungszuständigkeiten durch den öffentlichen Auftraggeber genügt nicht, um diese letztgenannte Voraussetzung zu erfüllen."

Des Weiteren setzte sich der EuGH damit auseinander, „ob der Begriff ‚öffentliche Bau- **36** aufträge' im Sinne von [Art. 2 Abs. 1 Nr. 6 der Richtlinie 2014/24] erfordert, dass der Auftragnehmer direkt oder indirekt die Verpflichtung zur Erbringung der Bauleistungen, die Gegenstand des Auftrags sind, übernimmt und dass es sich um eine einklagbare Verpflichtung handelt" und bejaht dies im Hinblick auf die Rechtsverbindlichkeit eines Vertrages. Dagegen genüge es für die Annahme eines öffentlichen Bauauftrags nicht, „dass eine Behörde bestimmte, ihr vorgelegte Baupläne prüft oder in Ausübung ihrer städtebaulichen Regelungszuständigkeiten eine Entscheidung trifft." Auch finden „[d]ie Bestimmungen der [Richtlinie 2014/24] (…) keine Anwendung auf eine Situation, in der eine öffentliche Stelle ein Grundstück an ein Unternehmen veräußert, während eine andere öffentliche Stelle beabsichtigt, einen öffentlichen Bauauftrag in Bezug auf dieses Grundstück zu vergeben, auch wenn sie noch nicht formell beschlossen hat, den entsprechenden Auftrag zu erteilen," wenngleich eine „Bewertung dieser Vorgänge als Einheit nicht von vornherein auszuschließen" sei.

Anmerkung: Mit der *Helmut Müller*-Entscheidung verdeutlichte der EuGH die Grenzen **37** des Vergaberechts und stellte klar, dass nicht jedes Realisierungsinteresse der öffentlichen Hand als öffentlicher Auftrag zu qualifizieren ist. Es bedarf vielmehr einer spezifischen Beschaffungsabsicht, die im Falle eines Grundstücksverkaufs ungeachtet der Erwartung einer städtebaulichen Entwicklung durch den Erwerber gerade nicht gegeben sei. Anders verhält es sich aber etwa in Bezug auf einen „Vertrag, der die Errichtung eines Bauwerks, das den vom Auftraggeber genannten Erfordernissen genügt, zum Hauptgegenstand hat, (...), auch wenn er eine Verpflichtung enthält, das betreffende Bauwerk zu vermieten."[38] Dabei handelt es sich um einen öffentlichen Bauauftrag. Ausschlaggebend „ist insoweit, dass dieses Bauwerk gemäß den vom öffentlichen Auftraggeber genannten Erfordernissen errichtet wird, gleichgültig, welche Mittel hierfür eingesetzt werden."[39] Auch ist die Bezeichnung als „Mietvertrag" und die Aufnahme mietvertraglicher Elemente in einen Vertrag unerheblich, wenn sich die Qualifikation als Bauauftrag daraus ergibt, dass der Vertrag darauf gerichtet ist, das später anzumietende Gebäude überhaupt erst zu errichten, wenn vom Auftraggeber ein entscheidender Einfluss auf seine architektonische Struktur, insbesondere Größe, Außenwände und tragenden Wände ausgeübt wird, da dann die vom öffentlichen Auftraggeber verlangten Spezifikationen über die üblichen Vorgaben eines Mieters für eine Immobilie hinausgehen.[40]

38 An die Entgeltlichkeit von Verträgen legt der EuGH gleichwohl einen großzügigen Maßstab an. So lässt die Beschränkung auf die Kostenerstattung nicht die Qualifikation eines Vertrags als entgeltlich entfallen, so dass dieser ein öffentlicher Auftrag sein kann.[41] Ebenfalls als entgeltlichen Vertrag und damit als öffentlichen Auftrag hat der EuGH eine Vereinbarung qualifiziert, „die zum einen vorsieht, dass ein öffentlicher Auftraggeber einem anderen öffentlichen Auftraggeber eine Software kostenfrei überlässt, und die zum anderen mit einer Kooperationsvereinbarung verknüpft ist, nach der jede Partei dieser Vereinbarung verpflichtet ist, von ihr etwaig hergestellte zukünftige Weiterentwicklungen der Software der anderen Partei kostenfrei zur Verfügung zu stellen, (...), wenn sich sowohl aus dem Wortlaut dieser Vereinbarungen als auch aus der anwendbaren nationalen Regelung ergibt, dass es grundsätzlich zu Anpassungen der Software kommen wird."[42]

39 EuGH, Urteil vom 19.6.2008 – Rs. C-454/06, EuZW 2008, 465 – *pressetext*
Die APA, eine von österreichischen Tageszeitungen und dem österreichischen Rundfunk getragene, rechtlich selbstständige Nachrichtenagentur, stellte aufgrund eines Dienstleistungsauftrags mit unbestimmter Dauer österreichischen Behörden Informationen zur Verfügung. Im Jahr 2000 übertrug APA mit Zustimmung der österreichischen Behörden die Leistungserbringung auf die APA-OTS, deren Anteile sie vollständig hielt und deren Geschäftspolitik sie uneingeschränkt beeinflussen konnte. Zudem wurde im Zuge der Euro-Umstellung ein vertraglicher Nachtrag vereinbart, der eine Reduzierung der Preise um bis zu 3 % zur Folge hatte. In einem weiteren Nachtrag wurde der Rabatt für Online-Abfragen von 15 auf 25 % erhöht und der ursprünglich bis Ende 1999 vorgesehene Kündigungsverzicht auf Ende 2008 verlängert. Die mit APA konkurrierende Nachrichtenagentur pressetext sah in den Geschehnissen eine unzulässige de facto-Vergabe.

40 Der EuGH qualifizierte die Vorgänge nicht als vergaberechtspflichtig. Ein eigenständiger öffentlicher Auftrag liege im Falle einer Modifizierung eines bestehenden Vertrages vor, wenn die Bestimmungen „wesentlich andere Merkmale aufweisen als der ursprüng-

---

38 EuGH, U. v. 10.7.2014, Rs. C-213/13, NZBau 2014, 572 – *Impresa Pizzarotti*.
39 EuGH, U. v. 29.10.2009, C-536/07, NZBau 2009, 792 – *Kommission/Deutschland*.
40 EuGH, U. v. 22.4.2021, C-537/19, NZBau 2021, 396 – *Kommission/Österreich*.
41 EuGH, U. v. 13.6.2013, C-386/11, ZfBR 2013, 602 Rn. 31 – *Piepenbrock Dienstleistungen GmbH & Co. KG/ Kreis Düren*.
42 EuGH, U. v. 28.5.2020, Rs. C-796/18, NZBau 2020, 461 – *Informatikgesellschaft für Software-Entwicklung*.

liche Auftrag und damit den Willen der Parteien zur Neuverhandlung wesentlicher Bestimmungen dieses Vertrags erkennen lassen (…). Die Änderung eines öffentlichen Auftrags während seiner Laufzeit kann als wesentlich angesehen werden, wenn sie Bedingungen einführt, die die Zulassung anderer als der ursprünglich zugelassenen Bieter oder die Annahme eines anderen als des ursprünglich angenommenen Angebots erlaubt hätten, wenn sie Gegenstand des ursprünglichen Vergabeverfahrens gewesen wären. Desgleichen kann eine Änderung des ursprünglichen Auftrags als wesentlich angesehen werden, wenn sie den Auftrag in großem Umfang auf ursprünglich nicht vorgesehene Dienstleistungen erweitert. (…) Eine Änderung kann auch dann als wesentlich angesehen werden, wenn sie das wirtschaftliche Gleichgewicht des Vertrags in einer im ursprünglichen Auftrag nicht vorgesehenen Weise zugunsten des Auftragnehmers ändert."

Auf Grundlage dessen sah er den Übergang der Leistungserbringung auf die APA-OTS wegen deren nur rechtlicher, nicht aber wirtschaftlicher Selbstständigkeit gegenüber APA nicht als Neuvergabe eines öffentlichen Auftrags an, obwohl er die Person des Vertragspartners als grundsätzlich wesentlichen Aspekt bezeichnete. Bloße „interne Neuorganisationen" auf der Seite des beauftragten Unternehmens seien jedoch vergaberechtlich unerheblich. Die Preisanpassung infolge der Euro-Umstellung beanstandete der EuGH unter der Voraussetzung, dass diese in Übereinstimmung mit den maßgeblichen Umrechnungsvorschriften erfolgten, nicht. Generell seien Preise jedoch als „wesentliche Bedingung des öffentlichen Auftrags" nachträglichen Veränderungen entzogen. **41**

Hinsichtlich der Verlängerung des Kündigungsausschlusses führte der EuGH zunächst aus, dass die Praxis der Vergabe eines unbefristeten öffentlichen Dienstleistungsauftrags an und für sich der Systematik und den Zielen der [Unionsvorschriften] über öffentliche Dienstleistungsaufträge fremd ist. Eine solche Praxis kann auf lange Sicht den Wettbewerb zwischen potenziellen Dienstleistungserbringern beeinträchtigen und die Anwendung der Vorschriften der [Unionsrichtlinien] über die Öffentlichkeit der Verfahren zur Vergabe öffentlicher Aufträge verhindern. Trotzdem verbietet das [Unionsrecht] bei seinem derzeitigen Stand nicht den Abschluss von öffentlichen Dienstleistungsaufträgen auf unbestimmte Dauer. Auch eine Klausel, mit der sich die Parteien verpflichten, einen unbefristet geschlossenen Vertrag während eines bestimmten Zeitraums nicht zu kündigen, ist nach [unionsrechtlichem] Vergaberecht nicht ohne Weiteres als rechtswidrig anzusehen. Die Verlängerung ihrer Geltung, wenn keine Anhaltspunkte dafür bestünden, dass der Vertrag andernfalls gekündigt würde, stelle als gleichsam bloße Bestätigung keine eigenständige Auftragsvergabe dar. Die Rabatterhöhung bei Online-Abfragen qualifizierte der EuGH ebenfalls nicht als wesentliche Vertragsänderung, wenn sie auf ein generelles, im ursprünglichen Vertrag zugrunde gelegtes Rabattschema des Auftragnehmers verweise und sich ausschließlich zugunsten des Auftraggebers auswirke. **42**

Anmerkung: Während die Anwendung der Vergaberichtlinien für die erstmalige Vergabe von Aufträgen durch öffentliche Auftraggeber heute kaum mehr rechtliche Schwierigkeiten aufwirft, ist die vergaberechtliche Relevanz von Veränderungen an bestehenden Verträgen häufig weniger deutlich. Dies gilt insbesondere im Hinblick auf zeitlich unbegrenzte Verträge, deren Zulässigkeit der EuGH im *pressetext*-Urteil explizit festgestellt hat. Das von ihm herangezogene Kriterium der Wesentlichkeit der Änderungen hat nachfolgend sekundärrechtliche Verankerung erfahren. Eine Vertragsänderung ist nach Art. 72 Richtlinie 2024/24/EU dann als neuer vergabepflichtiger öffentlicher Auftrag zu qualifizieren, wenn wesentliche Vertragsbestimmungen wie Preis,[43] Gegenstand oder Laufzeit (jedenfalls zugunsten des Auftragnehmers) geändert werden, ohne dass dies Folge der Ziehung von Optionen ist, die Gegenstand des ursprünglichen Vertrags **43**

---

43 Preisanpassungsklauseln sind europarechtlich nicht gefordert, EuGH, U. v. 19.4.2018, Rs. C-152/17, VergabeR 2018, 420 – *Consorzio Italian Management e Catania Multiservizi*.

sind. Dabei ist eine wirtschaftliche Gesamtbetrachtung vorzunehmen. Der EuGH legt diesbezüglich einen strengen Maßstab an. So darf nach der *Finn Frogne*-Entscheidung „ein öffentlicher Auftrag nach seiner Vergabe nicht wesentlich geändert werden (...), ohne dass ein neues Vergabeverfahren eröffnet wird, selbst wenn die betreffende Änderung objektiv eine Vergleichsvereinbarung darstellt, die von Seiten beider Parteien wechselseitige Zugeständnisse beinhaltet und dazu dient, einen Streit mit ungewissem Ausgang beizulegen, der aus einer Störung des Vertragsverhältnisses entstanden ist. Etwas anderes kann nur gelten, wenn die Auftragsunterlagen sowohl die Befugnis vorsehen, bestimmte, selbst wichtige Bedingungen nach der Auftragsvergabe anzupassen, als auch die Modalitäten regeln, nach denen von dieser Befugnis Gebrauch gemacht wird."[44]

3. Konzessionen

44 Alternativ zur Vergabe eines öffentlichen Auftrags kommt mitunter diejenige einer Konzession in Betracht. Das EU-Vergaberecht unterscheidet diesbezüglich zwischen Bau- und Dienstleistungskonzessionen, die in Art. 5 Richtlinie 2014/23/EU definiert werden. Eine Baukonzession ist ein „entgeltliche[r], schriftlich geschlossener Vertrag, mit dem ein oder mehrere öffentliche Auftraggeber oder Auftraggeber einen oder mehrere Wirtschaftsteilnehmer mit der Erbringung von Bauleistungen beauftragen, wobei die Gegenleistung entweder allein in dem Recht zur Nutzung des vertragsgegenständlichen Bauwerks oder in diesem Recht zuzüglich einer Zahlung besteht". Der Begriff der Dienstleistungskonzession beschreibt einen „entgeltlichen, schriftlich geschlossenen Vertrag, mit dem ein oder mehrere öffentliche Auftraggeber oder Auftraggeber einen oder mehrere Wirtschaftsteilnehmer mit der Erbringung und der Verwaltung von Dienstleistungen betrauen, die nicht in der Erbringung von Bauleistungen (...) bestehen, wobei die Gegenleistung entweder allein in dem Recht zur Verwertung der vertragsgegenständlichen Dienstleistungen oder in diesem Recht zuzüglich einer Zahlung besteht". In beiden Fällen muss ein Betriebsrisiko für den Konzessionsnehmer bestehen, bei dem es sich um ein „Nachfrage- und/oder Angebotsrisiko" handeln kann. Dieses gilt als vom Konzessionsnehmer getragen, „wenn unter normalen Betriebsbedingungen nicht garantiert ist, dass die Investitionsaufwendungen oder die Kosten für den Betrieb des Bauwerks oder die Erbringung der Dienstleistungen, die Gegenstand der Konzession sind, wieder erwirtschaftet werden können." Der Teil des auf den Konzessionsnehmer übergegangenen Risikos umfasst, „den Unwägbarkeiten des Marktes tatsächlich ausgesetzt zu sein, so dass potenzielle geschätzte Verluste des Konzessionsnehmers nicht rein nominell oder vernachlässigbar sind." Im Hinblick auf die abweichenden vergaberechtlichen Vorgaben ist die Unterscheidung von öffentlichen Aufträgen und Konzessionen von wesentlicher Bedeutung.

45 EuGH, Urteil vom 13.10.2005 – Rs. C-458/03, Slg. 2005, I-8612 – *Parking Brixen*
Die Gemeinde Brixen beauftragte die Stadtwerke Brixen AG, ein in ihrem Eigentum stehendes Unternehmen, mit dem Betrieb eines auf dem Gebiet dieser Gemeinde gelegenen Parkplatzes. Als Entgelt erhebt die Stadtwerke Brixen AG von den Nutzern Parkgebühren. Der Gemeinde Brixen zahlt sie eine jährliche „Entschädigung" in Höhe von 151.700 Euro, die an die Preise der Parkkarten gekoppelt ist, so dass eine Anhebung dieser Preise sich in einer Erhöhung der an die Gemeinde gezahlten Entschädigung niederschlägt. Die Stadtwerke Brixen AG übernahm auch das zuvor von der Gemeinde Brixen auf diesem Areal beschäftigte Personal. Schließlich ist diese Gesellschaft für die ordentliche und außerordentliche Instandhaltung des Areals verantwortlich und übernimmt auch hierfür jede Haftung. Die Parking Brixen GmbH, ein Wettbewerber der Stadtwerke Brixen AG, war der Auffassung, es handele sich dabei um einen Dienstleistungsauftrag, der gemäß allgemeinem Vergaberecht ausschreibungspflichtig sei.

---

44 EuGH, U. v. 8.9.2016, Rs. C-549/14, NZBau 2016, 649 – *Finn Frogne*.

Der EuGH nahm die Abgrenzung ausgehend vom Begriff des öffentlichen Dienstleistungsauftrags vor. Diese seien „als ‚die zwischen einem Dienstleistungserbringer und einem öffentlichen Auftraggeber geschlossenen schriftlichen entgeltlichen Verträge' definiert (...). Dieser Definition ist zu entnehmen, dass ein öffentlicher Dienstleistungsauftrag im Sinne dieser Richtlinie eine Gegenleistung umfasst, die vom öffentlichen Auftraggeber unmittelbar an den Dienstleistungserbringer gezahlt wird. In dem (...) angesprochenen Fall erfolgt die Bezahlung des Dienstleistungserbringers hingegen nicht durch die betreffende öffentliche Stelle, sondern aus den Beträgen, die Dritte für die Benutzung des betreffenden Parkplatzes entrichten. Diese Art der Bezahlung bringt es mit sich, dass der Dienstleistungserbringer das Betriebsrisiko der fraglichen Dienstleistungen übernimmt, und ist damit kennzeichnend für eine öffentliche Dienstleistungskonzession. Daher handelt es sich in einem Fall wie dem des Ausgangsverfahrens nicht um einen öffentlichen Dienstleistungsauftrag, sondern um eine öffentliche Dienstleistungskonzession."

Anmerkung: Die in der *Parking Brixen*-Entscheidung angesprochene Differenzierung ist mit Blick auf ihren Gegenstand besonders plastisch und fügt sich in die ständige Rechtsprechung des EuGH ein. In neuerer Zeit hat der EuGH zudem formuliert, „dass eine Dienstleistungskonzession dadurch gekennzeichnet ist, dass ein Auftraggeber ein Recht zur Nutzung einer bestimmten Dienstleistung an einen Konzessionär überträgt, wobei Letzterer im Rahmen des geschlossenen Vertrags über eine bestimmte wirtschaftliche Freiheit verfügt, um die Bedingungen, unter denen er dieses Recht verwertet, festzulegen, und parallel dazu weitgehend den mit dieser Nutzung verbundenen Risiken ausgesetzt ist"[45]. Ebenso wie öffentliche Aufträge weisen auch Konzessionen einen Beschaffungscharakter auf[46] und unterscheiden sich dadurch von sonstigen Gestattungen, die mitunter ebenfalls als Konzession bezeichnet werden.

In der Praxis stellt sich regelmäßig die in der *Parking Brixen*-Entscheidung nur grundsätzlich angesprochene Frage, ob das beauftragte Unternehmen im Einzelfall ein Betriebsrisiko zu tragen hat. Hierbei kommt es mangels eindeutiger Vorgaben auf die Umstände des Einzelfalls an. Dabei gilt: „Selbst wenn das Risiko des öffentlichen Auftraggebers erheblich eingeschränkt ist, ist es jedenfalls für die Annahme einer Dienstleistungskonzession erforderlich, dass er das volle Betriebsrisiko oder zumindest einen wesentlichen Teil davon auf den Konzessionär überträgt."[47]

4. Ausnahme für inhouse- und instate-Geschäfte

Das Vergaberecht dient dazu, Beschaffungsvorgänge zu steuern, bei denen staatliche Stellen Leistungen oder Waren bei Dritten „einkaufen". Konsequenterweise findet es daher keine Anwendung auf interne Beschaffungsvorgänge (sog. inhouse-Vergabe) und auf die Kooperation von Verwaltungsträgern.

a) inhouse-Vergabe. Im Zuge von Privatisierungsmaßnahmen wurden zahlreiche Verwaltungseinheiten rechtlich verselbstständigt. Auch gründen öffentliche Auftraggeber mitunter Unternehmen zur Wahrnehmung spezifischer Aufgaben. In diesen Fällen stellt sich die Frage, ob und unter welchen Voraussetzungen deren Beauftragung ohne Beachtung des Vergaberechts erfolgen kann.

EuGH, Urteil vom 11.1.2005 – Rs. C-26/03, Slg. 2005, I-1 – *Stadt Halle*
Die Stadt Halle erteilte der Recycling Park Lochau GmbH, deren Anteile zu 75,1 % mittelbar in den Händen der Stadt Halle und im Übrigen bei einem privaten Investor lagen, ohne

---
45 EuGH, U. v. 14.7.2016, Rs. C-458/14 und C-67/15 Rn. 46, EuZW 2016, 657 – *Promoimpresa*.
46 *Krönke*, NVwZ 2016, 568 (575); ausführlich *Lüttmann*, Beschaffung als Anwendungsvoraussetzung des deutschen und europäischen Vergaberechts, 2018.
47 EuGH, U. v. 10.9.2009, Rs. C-206/08, Slg. 2009, I-8377 Rn. 77 – *Eurawasser*.

Durchführung eines förmlichen Vergabeverfahrens den Auftrag zur Ausarbeitung eines Abfallentsorgungskonzepts. Beschlüsse der Gesellschafterversammlung konnten mit Mehrheit von 75 % der Stimmen gefasst werden. Die Stadt Halle war zur Rechnungsprüfung befugt. Sie war der Ansicht, es liege ein nicht vergaberechtsrelevantes inhouse-Geschäft vor.

52 Der EuGH nahm demgegenüber das Vorliegen eines ausschreibungspflichtigen Dienstleistungsauftrags an. Die Voraussetzungen eines vergaberechtsfreien In-house-Geschäfts seien nicht gegeben. Dessen Voraussetzung hatte der EuGH in der Rechtssache *Teckal*[48] bereits teilweise näher bestimmt. Danach komme bei fehlender rechtlicher Identität von öffentlichem Auftraggeber und Leistungserbringer das Vergaberecht nur dann nicht zur Anwendung, wenn der öffentliche Auftraggeber über die Einrichtung, die darüber hinaus im Wesentlichen für diesen tätig werden muss, eine ähnliche Kontrolle wie über eine eigene Dienststelle ausübt. Diese Voraussetzungen präzisierte der EuGH nunmehr: „Dagegen schließt die – auch nur minderheitliche – Beteiligung eines privaten Unternehmens am Kapital einer Gesellschaft, an der auch der betreffende öffentliche Auftraggeber beteiligt ist, es auf jeden Fall aus, dass der öffentliche Auftraggeber über diese Gesellschaft eine ähnliche Kontrolle ausübt wie über seine eigenen Dienststellen. Insoweit ist zunächst festzustellen, dass die Beziehung zwischen einer öffentlichen Stelle, die ein öffentlicher Auftraggeber ist, und ihren Dienststellen durch Überlegungen und Erfordernisse bestimmt wird, die mit der Verfolgung von im öffentlichen Interesse liegenden Zielen zusammenhängen. Die Anlage von privatem Kapital in einem Unternehmen beruht dagegen auf Überlegungen, die mit privaten Interessen zusammenhängen, und verfolgt andersartige Ziele. Zweitens würde die Vergabe eines öffentlichen Auftrags an ein gemischtwirtschaftliches Unternehmen ohne Ausschreibung das Ziel eines freien und unverfälschten Wettbewerbs und den in der [Richtlinie 2014/24/EU] genannten Grundsatz der Gleichbehandlung der Interessenten beeinträchtigen, insbesondere weil ein solches Verfahren einem am Kapital dieses Unternehmens beteiligten privaten Unternehmen einen Vorteil gegenüber seinen Konkurrenten verschaffen würde."

53 **Anmerkung:** Die Entscheidung in der Rechtssache *Stadt Halle* führt dazu, dass vorbehaltlich der inzwischen sekundärrechtlich vorgesehenen jedoch selten vorliegenden Ausnahme für den Fall einer einflusslosen Pflichtbeteiligung Privater aufgrund nationalen Rechts die Auftragserteilung an gemischtwirtschaftliche Unternehmen stets dem Vergaberecht unterliegt. „Public Private Partnerships" verlieren dadurch deutlich an Attraktivität. Dogmatisch ist diese Rechtsprechung jedoch zutreffend. Als Ausnahme ist das vergaberechtsfreie In-house-Geschäft bei fehlender rechtlicher Identität zwischen Vergabestelle und Leistungserbringer keiner weiten Auslegung zugänglich. Indem der Auftragsbegriff an die Personenverschiedenheit von Anbieter und Nachfrager anknüpft, genügt diese grundsätzlich für das Eingreifen des Vergaberechts. Allein aufgrund der Identität der betroffenen Interessen lässt sich bei gleichzeitiger organisatorischer Verflechtung ein Zurücktreten des Vergaberechts rechtfertigen. Daran fehlt es jedoch bei der Beteiligung von Privaten an Gesellschaften, auch wenn diese von der öffentlichen Hand dominiert werden. Zwar haben Private in diesen Fällen rechtlich keine Möglichkeiten der Einflussnahme auf die gemeinsame Gesellschaft, faktisch sind sie dazu jedoch unabhängig von der Höhe ihrer Beteiligung durchaus in der Lage, so dass sie sich im Wege der Beteiligung an gemischtwirtschaftlichen Unternehmen Wettbewerbsvorteile erschließen können. Unerheblich ist jedoch die Beteiligung von juristischen Personen des Privatrechts an der Gesellschaft, wenn deren Anteile vollständig von dem öffentlichen Auftraggeber gehalten werden.[49] In diesem Falle liegt bei materieller Betrachtung kein gemischtwirtschaftliches Unternehmen vor.

---

48 EuGH, U. v. 18.11.1999, Rs. C-107/98, Slg. 1999, I-8121.
49 EuGH, U. v. 17.7.2008, Rs. C-371/05, VergabeR 2008, 918 Rn. 27 f. – *Kommission/Italien*.

III. Fallgestaltungen   **54–56**

In der Folgezeit hat der EuGH seine Rechtsprechung zur inhouse-Vergabe ausgebaut. In **54** der Rechtssache *Carbotermo*[50] lehnte er die Möglichkeit einer Direktvergabe eines Liefer- und Dienstleistungsauftrags, bei dem der Wert der Lieferungen überwiegt, an eine Aktiengesellschaft ab, deren Verwaltungsrat über weite Leitungsbefugnisse verfügt, die er autonom ausüben kann, und deren Kapital gegenwärtig vollständig von einer anderen Aktiengesellschaft gehalten wird, deren Mehrheitsaktionär der öffentliche Auftraggeber ist. Insoweit fehle es an einer Kontrolle wie über eine eigene Dienststelle. Entsprechendes gilt für den Fall, dass eine Teilprivatisierung bevorsteht,[51] wenn die Auswahl des Privaten nicht in einem Vergabeverfahren unter Beachtung der primärrechtlichen Vergabegrundsätze erfolgte.[52] Eine in der Satzung der Gesellschaft enthaltene Öffnungsklausel für privates Kapital schadet jedoch nicht, wenn deren Inanspruchnahme nicht absehbar ist[53] und wenn die Trägerkörperschaft(en) durch die satzungsmäßigen Organe, die aus deren Vertretern bestehen, sowohl auf die strategischen Ziele als auch auf die wichtigen Entscheidungen der Gesellschaft ausschlaggebenden Einfluss nehmen.[54]

Grundsätzlich möglich ist auch die inhouse-Vergabe an ein Unternehmen, das durch **55** mehrere öffentliche Auftraggeber beherrscht wird, sofern die allgemeinen Voraussetzungen des Kontrollkriteriums erfüllt sind.[55] Die Geltung des Mehrheitsprinzips im Verwaltungsrat, der von Vertretern der beteiligten Körperschaften gebildet wird, schadet dabei nicht.[56] Gleiches gilt für die bloße privatrechtliche Organisationsform beteiligter öffentlicher Träger.[57] Ob eine (gemeinsame) Beherrschung gegeben ist, wenn eine Körperschaft nur über Anteile von unter 1 % verfügt, hängt von den konkreten Einflussmöglichkeiten ab.[58] Jedenfalls darf „die über die Einrichtung ausgeübte Kontrolle nicht nur auf der Kontrollbefugnis der öffentlichen Stelle beruhen, die Mehrheitsaktionärin der betreffenden Einrichtung ist, da andernfalls das Konzept der gemeinsamen Kontrolle ausgehöhlt würde".[59] Es bedarf vielmehr einer Beteiligung an den Leitungsorganen der gemeinsamen Gesellschaft.[60]

Zugleich präzisierte der EuGH in der *Carbotermo*-Entscheidung das Erfordernis des **56** Tätigwerdens des direkt zu beauftragenden Unternehmens im Wesentlichen für die Körperschaft, die seine Anteile innehat. Dabei sind alle Tätigkeiten zu berücksichtigen, die dieses Unternehmen aufgrund einer Vergabe durch den öffentlichen Auftraggeber verrichtet, unabhängig davon, wer diese Tätigkeit vergütet und ohne dass es darauf ankäme, in welchem Gebiet diese Tätigkeit ausgeübt wird. Sind hiervon bei zugleich gegebener Kontrolle des Auftraggebers über das Unternehmen wie über eine eigene Dienststelle durchschnittlich rund 90 % seiner Tätigkeit für die öffentlichen Anteilseigner erfasst, ist nach der *Asemfo/Tragsa*-Entscheidung[61] eine Direktvergabe zulässig.

---

50 EuGH, U. v. 11.5.2006, Rs. C-340/04, Slg. 2006, I-4137.
51 EuGH, U. v. 10.11.2005, Rs. C-29/04, Slg. 2005, I-9705 Rn. 31 ff. – *Mödling*; siehe auch EuGH, U. v. 12.5.2022, Rs. C-719/20, EuZW 2022, 576 – *Comune di Lerici/Provincia di La Spezia*.
52 EuGH, U. v. 15.10.2009, Rs. C-196/08, EuZW 2009, 849 – *Acoset*.
53 So auch schon EuGH, U. v. 17.7.2008, Rs. C-371/05, VergabeR 2008, 918 Rn. 29 f. – *Kommission/Italien*.
54 EuGH, U. v. 10.9.2009, Rs. C-573/07, NVwZ 2009, 1421 – *Sea Srl*.
55 Siehe EuGH, U. v. 11.5.2006, Rs. C-340/04, Slg. 2006, I-4137 – *Carbotermo*.
56 EuGH, U. v. 13.11.2008, Rs. C-324/07, Slg. 2008, I-8457 – *Coditel Brabant*.
57 EuGH, U. v. 17.7.2008, Rs. C-371/05, Slg. 2008, I-110 – *Kommission/Italien*.
58 Bejahend EuGH, U. v. 19.4.2007, Rs. C-295/05, Slg. 2007, I-2999 – *Asemfo/Tragsa*; ablehnend EuGH, U. v. 21.7.2005, Rs. C-231/03, Slg. 2005, I-7287 – *Coname*.
59 EuGH, U. v. 29.11.2012, Rs. C-182/11 und C-183/11, NZBau 2013, 55 Rn. 30 – *Econord*.
60 EuGH, U. v. 29.11.2012, Rs. C-182/11 und C-183/11, NZBau 2013, 55 Rn. 32 – *Econord*.
61 EuGH, U. v. 19.4.2007, Rs. C-295/05, Slg. 2007, I-2999.

57 Allerdings führt das Vorliegen der Inhouse-Kriterien nach der *Irgita*-Entscheidung des EuGH nicht automatisch zur Europarechtskonformität der Vergabe. Vielmehr ist auch in diesem Falle das Vergabeprimärrecht zu beachten.[62]

58 **b) öffentlich-öffentliche Zusammenarbeit.** Von Public Private Partnerships sind Public Public Partnerships bzw. Instate Geschäfte zu unterscheiden. Diese zeichnen sich dadurch aus, dass mehrere öffentlich-rechtliche Körperschaften zusammenwirken, etwa im Wege der interkommunalen Zusammenarbeit, um ihre Aufgaben zu erfüllen.

59 **EuGH, Urteil vom 4.6.2020 – Rs. C-429/19, ECLI:EU:C:2020:436 –** *Remondis II*
Mehrere deutsche Kommunen übertrugen einem von ihnen gemeinsam kontrollierten Zweckverband die Erfüllung ihrer gesetzlichen Aufgabe, die in ihrem jeweiligen Gebiet anfallenden Abfälle zu verwerten und zu entsorgen. Der Zweckverband, der selbst öffentlicher Auftraggeber ist, war jedoch nur in der Lage, Restabfälle zu entsorgen, d. h. Abfälle, die hauptsächlich von Haushalten stammen und keine oder fast keine wiederverwendbaren Stoffe enthalten. Um Restabfälle zu erhalten, müssen die gemischten Siedlungsabfälle einer aufwendigen Vorbehandlung in einer biomechanischen Anlage unterzogen werden. Diese Vorbehandlung ermöglicht es, Wertstoffe und heizwertreiche Abfälle abzutrennen, Schadstoffe so weit wie möglich zu entfernen und die biologische Aktivität des organischen Teils deutlich zu verringern. Die verbleibenden Deponierungsreste machen durchschnittlich knapp 50 % des Ausgangsvolumens aus. Da der Zweckverband nicht über eine solche Anlage verfügte, übertrug er die Verwertung und Entsorgung von Siedlungsabfällen zu 80 % auf private Unternehmen. Die Behandlung der verbleibenden 20 %, d. h. von ca. 10.000 Tonnen pro Jahr, ist durch eine Kooperationsvereinbarung zwischen dem Zweckverband und einem benachbarten Landkreis diesem zugewiesen. Deren § 5 sah vor, dass für die ordnungsgemäße Behandlung der Restabfälle der Zweckverband im Wege der Kostenerstattung ohne Berücksichtigung von Gewinnzuschlägen für die laufenden Betriebskosten an den Kreis ein Entgelt nach Abfallaufkommen zu zahlen verpflichtet ist. Hiergegen wandte sich die Remondis GmbH, eine private Gesellschaft, die im Bereich der Abfallbehandlung tätig ist. Sie war der Auffassung, dass es sich um einen vergabepflichtigen Vorgang handle.

60 Der EuGH lehnte das Vorliegen einer vergaberechtsfreien öffentlich-öffentlichen Zusammenarbeit ab. Er führte aus, „dass das Zusammenwirken aller Parteien der Kooperationsvereinbarung für die Gewährleistung der von ihnen zu erbringenden öffentlichen Dienstleistungen unerlässlich ist und dass diese Voraussetzung nicht als erfüllt angesehen werden kann, wenn sich der einzige Beitrag bestimmter Vertragspartner auf eine bloße Erstattung von Kosten wie der in § 5 der im Ausgangsverfahren in Rede stehenden Vereinbarung genannten beschränkt. Würde eine solche Kostenerstattung für sich genommen ausreichen, um von einer ‚Zusammenarbeit' im Sinne von Art. 12 Abs. 4 der Richtlinie 2014/24 ausgehen zu können, könnte außerdem nicht zwischen ihr und einem ‚öffentlichen Auftrag' unterschieden werden, der nicht unter den in dieser Bestimmung vorgesehenen Ausschluss fällt. (…) Außerdem muss der Abschluss einer Kooperationsvereinbarung zwischen Einrichtungen des öffentlichen Sektors das Ergebnis einer Initiative der Vertragsparteien zur Zusammenarbeit sein (…). Der Aufbau einer Zusammenarbeit zwischen Einrichtungen des öffentlichen Sektors hat nämlich eine ihrem Wesen nach kollaborative Dimension, die bei einem unter die Vorschriften der Richtlinie 2014/24 fallenden Verfahren zur Vergabe eines öffentlichen Auftrags fehlt. Somit setzt die Ausarbeitung einer Kooperationsvereinbarung voraus, dass die Einrichtungen des öffentlichen Sektors, die eine solche Vereinbarung treffen wollen, gemeinsam ihren Bedarf und die Lösungen dafür definieren. Im Rahmen der Vergabe eines normalen öffentlichen Auftrags ist eine solche Phase der Bedarfsprüfung und definition dagegen

---

62 EuGH, U. v. 3.10.2019, Rs. C-285/18, VergabeR 2020, 472.

im Allgemeinen einseitig. Im letztgenannten Fall veröffentlicht der öffentliche Auftraggeber nämlich lediglich eine Ausschreibung, in der die von ihm selbst festgelegten Spezifikationen aufgeführt sind. Eine Zusammenarbeit zwischen Einrichtungen des öffentlichen Sektors beruht mithin auf einer gemeinsamen Strategie der Partner dieser Zusammenarbeit und setzt voraus, dass die öffentlichen Auftraggeber ihre Anstrengungen zur Erbringung von öffentlichen Dienstleistungen bündeln." Daran fehle es im vorliegenden Fall. Negativ ausgedrückt könne „nicht von einer Zusammenarbeit zwischen öffentlichen Auftraggebern ausgegangen werden (...), wenn ein öffentlicher Auftraggeber, der in seinem Gebiet für eine im öffentlichen Interesse liegende Aufgabe verantwortlich ist, diese Aufgabe, die nach dem nationalen Recht allein ihm obliegt und für deren Erledigung mehrere Arbeitsgänge notwendig sind, nicht vollständig selbst erledigt, sondern einen anderen, von ihm unabhängigen öffentlichen Auftraggeber, der in seinem Gebiet ebenfalls für diese im öffentlichen Interesse liegende Aufgabe verantwortlich ist, damit beauftragt, gegen Entgelt einen der notwendigen Arbeitsgänge auszuführen."

Anmerkung: Die gemeinsame Erfüllung von Verwaltungsaufgaben ist ein aliud zur Beschaffung. Das Vergaberecht stellt daher zu Recht klar, dass seine Geltung sich hierauf nicht erstreckt. Die Unterscheidung ist gleichwohl nicht stets deutlich, da zwischen einer Verwaltungskooperation und der Beauftragung einer Behörde durch eine andere mit einer Leistungserbringung mitunter nur graduelle Unterschiede liegen. Mit der *Remondis*-Entscheidung hat der EuGH einen wesentlichen Beitrag zur Klärung der Frage geleistet, unter welchen Voraussetzungen eine öffentlich-öffentliche Zusammenarbeit in Abgrenzung zur Auftragsvergabe und damit eine Vergaberechtsfreiheit gegeben ist. Sie steht in engem Zusammenhang mit dem wenige Tage zuvor ergangenen Urteil in der Rs. *Informatikgesellschaft für Software-Entwicklung (ISE)*[63]. Aus beiden Entscheidungen ergibt sich ein umfassendes „Prüfprogramm". Nach den Ausführungen des EuGH in der Rs. *Remondis*
1. muss das Zusammenwirken aller Parteien der Kooperationsvereinbarung für die Gewährleistung der von ihnen zu erbringenden öffentlichen Dienstleistungen unerlässlich sein,
2. basiert dieses auf einer gemeinsamen Strategie der Partner zur Bündelung der Kräfte im Hinblick auf die Aufgabenerfüllung,
3. findet diese ihren Ausdruck in einer Kooperationsvereinbarung, in der gemeinsam Bedarf und Lösungen definiert werden,
4. genügt es nicht, wenn sich der einzige Beitrag bestimmter Vertragspartner auf eine bloße Kostenerstattung beschränkt.

Ergänzend folgt aus der *ISE*-Entscheidung, dass
1. gemeinsame Ziele nicht zwingend eine gemeinsame Erbringung ein- und derselben öffentlichen Dienstleistung verlangen,
2. eine Zusammenarbeit zwischen öffentlichen Auftraggebern vom Anwendungsbereich des Vergaberechts bereits ausgenommen sein kann, „wenn sich diese Zusammenarbeit auf Tätigkeiten bezieht, die zu den von jedem an der Zusammenarbeit Beteiligten – und sei es allein – zu erbringenden öffentlichen Dienstleistungen akzessorisch sind, sofern diese Tätigkeiten der wirksamen Erbringung der öffentlichen Dienstleistungen dienen" und
3. damit keine Besserstellung privater Unternehmen im Wettbewerb verbunden sein darf.

Mit diesen Anforderungen nimmt der EuGH eine nähere Bestimmung der Kooperationsvoraussetzungen vor, nachdem er bereits zuvor entschieden hatte, dass eine Verfol-

---
63 EuGH, U. v. 28.5.2020, Rs. C-796/18, NZBau 2020, 461.

gung gemeinsamer Ziele nicht die Begründung einer speziellen Rechtsform voraussetzt[64] und jedenfalls dann vorliegt, wenn es sich bei der Tätigkeit um eine den beteiligten öffentlichen Auftraggebern gemeinsam obliegende Aufgaben handelt.[65] Im Fokus steht eine Verhinderung von vergaberechtsbezogenen Umgehungstatbeständen. Entscheidend ist letztlich, dass eine klare Abgrenzung der öffentlich-öffentlichen Zusammenarbeit von einem Beschaffungsvorgang („Einkauf") gegeben ist. Dies setzt einen gemeinsamen Entschluss und Plan der beteiligten öffentlichen Auftraggeber im Hinblick auf eine ihnen jeweils obliegende, jedoch gemeinsam zu erfüllende Verwaltungsaufgabe und darauf bezogener wechselseitiger, nichtfinanzieller Mindestbeiträge voraus. Fehlt es an diesen Voraussetzungen, handelt es sich um einen dem Vergaberecht unterliegenden öffentlichen Auftrag, wenn ein öffentlicher Auftraggeber von einem anderen öffentlichen Auftraggeber eine Leistung erwirbt.[66]

5. Teilnehmer am Vergabeverfahren

63 **a) Beschränkung der Teilnahme.** Grundsätzlich ist eine hohe Zahl von Teilnehmern am Vergabeverfahren geeignet, die Wettbewerbsintensität zu steigern. Dennoch waren mitgliedstaatliche Beschränkungen der Berechtigung zur Teilnahme mehrfach Gegenstand der EuGH-Rechtsprechung.

64 **EuGH, Urteil vom 11.6.2020 – Rs. C-219/19, NZBau 2020, 661 – *Parsec Fondazione***
Italien beschränkte das Recht zur Teilnahme an Vergabeverfahren, die Dienstleistungen im Zusammenhang mit dem Architektur- und Ingenieurwesen zu Gegenstand haben, grundsätzlich auf Unternehmen, die im nationalen Verzeichnis der zur Erbringung von Architektur- und Ingenieurdienstleistungen berechtigten Ingenieurgesellschaften und Berufsträger eingetragen waren. Eintragungsfähig waren ausschließlich jeweils gesetzlich näher definierte und gewerblich tätige Erbringer von Ingenieur- und Architekturdienstleistungen, Gesellschaften von Berufsangehörigen und Ingenieurgesellschaften aus dem In- und Ausland sowie deren Kooperationsformen. Die Parsec Fondazione ist eine gemäß dem italienischen Zivilgesetzbuch errichtete Stiftung des Privatrechts ohne Gewinnerzielungsabsicht. Ihre satzungsmäßigen Tätigkeiten bestehen u. a. in der Untersuchung von Naturkatastrophen, der Vorhersage und Prävention von Risikobedingungen, der Umwelt- und Raumplanung, verwaltung und überwachung sowie dem Zivil- und Umweltschutz. Zudem betreibt Parsec ein Netz von Messstationen zur Erfassung seismischer Aktivitäten, arbeitet mit Universitäten und Forschungseinrichtungen zusammen und erbringt Dienstleistungen des seismischen Risikomanagements, des Zivilschutzes und der Raumordnung zugunsten zahlreicher Gemeinden und lokaler Gebietskörperschaften. Um an Ausschreibungen für die Vergabe der Dienstleistung der Gebietseinteilung auf der Grundlage des seismischen Risikos teilnehmen zu können, stellte Parsec einen Antrag auf Aufnahme in das Verzeichnis der zur Erbringung von Ingenieur- und Architekturdienstleistungen berechtigten Wirtschaftsteilnehmer. Dieser wurde unter Verweis darauf, dass Parsec nicht zu den gesetzlich benannten Kategorien von Wirtschaftsteilnehmern gehöre, abgelehnt.

65 Der EuGH sah darin einen Verstoß gegen das EU-Vergaberecht. Zwar seien „die Mitgliedstaaten befugt (...), bestimmten Kategorien von Wirtschaftsteilnehmern die Erbringung bestimmter Leistungen zu gestatten oder zu verwehren, und dass sie insbesondere

---

64 EuGH, U. v. 9.6.2009, C-480/06, NZBau 2009, 527 Rn. 47 – *Stadtreinigung Hamburg*.
65 EuGH, U. v. 19.12.2012, C-159/11, EuZW 2013, 189 Rn. 37 – *Azienda Sanitaria Locale di Lecce u. a./Ordine degli Ingegneri della Provincia di Lecce u. a.*; U. v. 13.6.2013, C-386/11, ZfBR 2013, 602 Rn. 39 – *Piepenbrock Dienstleistungen GmbH & Co. KG/Kreis Düren*.
66 Siehe nur EuGH, U. v. 18.1.2007, C-220/05, EuZW 2007, 117 – *Jean Auroux u. a./Commune de Roanne und Société d'équipement du département de la Loire [SEDL]*; U. v. 9.6.2009, C-480/06, NZBau 2009, 527 Rn. 33 – *Stadtreinigung Hamburg*; U. v. 13.6.2013, C-386/11, ZfBR 2013, 602 Rn. 29 – *Piepenbrock Dienstleistungen GmbH & Co. KG/Kreis Düren*; U. v. 6.10.2015, C-203/14, ZfBR 2016, 179 Rn. 32 ff. – *Consorci Sanitari del Maresme*.

III. Fallgestaltungen

66

Einrichtungen, die keine Gewinnerzielung anstreben und deren Zweck hauptsächlich auf Forschung und Lehre gerichtet ist, gestatten oder verwehren können, auf dem Markt tätig zu sein, je nachdem, ob die fragliche Tätigkeit mit ihren institutionellen und satzungsmäßigen Zielen vereinbar ist oder nicht. Wenn und soweit solche Einrichtungen jedoch berechtigt sind, bestimmte Dienstleistungen auf dem Markt anzubieten, kann ihnen das nationale Recht nicht verbieten, an Verfahren zur Vergabe öffentlicher Aufträge teilzunehmen, die die Erbringung eben dieser Dienstleistungen betreffen." Die diesbezügliche Rechtsprechung zu früheren Fassungen der Vergaberichtlinie „hat mit dem Inkrafttreten der Richtlinie 2014/24 (...) nichts an Gültigkeit eingebüßt. Abgesehen davon, dass der Begriff ‚Wirtschaftsteilnehmer' aus Art. 1 Abs. 8 der Richtlinie 2004/18 ohne substanzielle Änderung in Art. 2 Abs. 1 Nr. 10 der Richtlinie 2014/24 übernommen wurde, wird nämlich im 14. Erwägungsgrund der letztgenannten Richtlinie nunmehr ausdrücklich darauf hingewiesen, dass dieser Begriff ‚weit' ausgelegt werden sollte, so dass er alle Personen und/oder Einrichtungen umfasst, die auf dem Markt tätig sind, ‚ungeachtet der Rechtsform, die sie für sich gewählt haben.' Desgleichen sieht Art. 19 Abs. 1 dieser Richtlinie ebenso wie ihr Art. 80 Abs. 2 ausdrücklich vor, dass die Bewerbung eines Wirtschaftsteilnehmers nicht allein deshalb abgelehnt werden darf, weil er nach nationalem Recht eine natürliche oder juristische Person sein muss. Folglich kann (...) das nationale Recht einer Stiftung ohne Gewinnerzielungsabsicht, die berechtigt ist, bestimmte Dienstleistungen auf dem nationalen Markt anzubieten, nicht verbieten, an Verfahren zur Vergabe öffentlicher Aufträge teilzunehmen, die die Erbringung eben dieser Dienstleistungen betreffen.

Diese Auslegung kann nicht mit der (...) Begründung in Frage gestellt werden, dass die enge Definition des Begriffs ‚Wirtschaftsteilnehmer' in Art. 46 des [italienischen] Vergabegesetzbuchs im Kontext von Dienstleistungen im Zusammenhang mit dem Architektur- und Ingenieurwesen durch die zur Gewährleistung der Qualität solcher Dienstleistungen erforderliche hohe Professionalität sowie durch eine angebliche Vermutung gerechtfertigt sei, wonach die Personen, die diese Dienstleistungen kontinuierlich, berufsmäßig und entgeltlich erbrächten, ihre Tätigkeit eher ohne Unterbrechung ausgeübt und berufliche Fortbildungskurse besucht haben könnten. Als Erstes [ist] nicht dargetan, dass zwischen dem Grad der im Rahmen der Erbringung einer Dienstleistung an den Tag gelegten Professionalität und damit der Qualität der erbrachten Dienstleistung auf der einen Seite und der Rechtsform des die Dienstleistung erbringenden Wirtschaftsteilnehmers auf der anderen Seite irgendeine besondere Wechselbeziehung bestünde. Als Zweites genügt zu der ‚Vermutung', wonach die Personen, die Dienstleistungen im Zusammenhang mit dem Architektur- und Ingenieurwesen berufsmäßig und entgeltlich erbrächten, ihre Tätigkeit eher ohne Unterbrechung ausgeübt und berufliche Fortbildungskurse besucht haben könnten, die Feststellung, dass sich eine solche Vermutung im Unionsrecht nicht durchsetzen kann, da sie mit der (...) Rechtsprechung des Gerichtshofs unvereinbar ist, aus der sich ergibt, dass einer Einrichtung, wenn sie nach dem nationalen Recht berechtigt ist, in dem betreffenden Mitgliedstaat Ingenieur- und Architekturdienstleistungen auf dem Markt anzubieten, nicht das Recht verweigert werden kann, an einem Verfahren zur Vergabe eines auf die Erbringung eben solcher Dienstleistungen bezogenen öffentlichen Auftrags teilzunehmen. Schließlich ist hinzuzufügen, dass sich der Unionsgesetzgeber der Bedeutung dessen bewusst war, dass die Bewerber und Bieter auf dem Gebiet der öffentlichen Dienstleistungs- und Bauaufträge sowie bestimmter öffentlicher Lieferaufträge einen hohen Grad an Professionalität aufweisen. Zu diesem Zweck hat er in Art. 19 Abs. 1 der Richtlinie 2014/24 die Möglichkeit vorgesehen, juristische Personen zu verpflichten, in ihrem Angebot oder ihrem Antrag auf Teilnahme die Namen und die einschlägigen beruflichen Qualifikationen der Mitarbeiter anzugeben, die für die Erbringung der betreffenden Leistung verantwortlich sein sollen. Eine differenzierte Behandlung aufgrund der

66

Rechtsform, die solche Bewerber und Bieter für sich gewählt haben, hat der Unionsgesetzgeber dagegen zu diesem Zweck nicht eingeführt."

67 **Anmerkung:** Allein maßgeblich für die Berechtigung zur Teilnahme am Vergabewettbewerb auf Bieterseite ist die Qualifikation des Anbieters als Wirtschaftsteilnehmer. Unter den Begriff fällt nach Art. 2 Abs. 1 Nr. 10 Richtlinie 2014/24/EU jede „natürliche oder juristische Person oder öffentliche Einrichtung oder eine Gruppe solcher Personen und/oder Einrichtungen, einschließlich jedes vorübergehenden Zusammenschlusses von Unternehmen, die beziehungsweise der auf dem Markt die Ausführung von Bauleistungen, die Errichtung von Bauwerken, die Lieferung von Waren beziehungsweise die Erbringung von Dienstleistungen anbietet". Sind diese Voraussetzungen erfüllt, verfügen die EU-Mitgliedstaaten grundsätzlich nicht über das Recht, durch spezialgesetzliche zusätzliche Anforderungen eine Vorauswahl der potenziellen Wettbewerbsteilnehmer zu treffen. Dies gilt auch für eine Beschränkung der Bieter auf bestimmte Rechtsformen.[67] Dem Interesse an einer ordnungsgemäße Vertragserfüllung kann insbesondere durch entsprechende Eignungsanforderungen Rechnung getragen werden.

68 Wenngleich es sich im Regelfall bei Wirtschaftsteilnehmern um Anbieter handelt, die dem Privatsektor zugehörig sind, können aber auch öffentliche Auftraggeber ihrerseits als Bewerber und Bieter an Vergabeverfahren anderer öffentlicher Auftraggeber teilnehmen (wollen). Schon in der Rechtssache *Teckal* hat der EuGH diesbezüglich ausgeführt, dass das europäische Vergaberecht „anwendbar ist, wenn ein öffentlicher Auftraggeber wie etwa eine Gebietskörperschaft beabsichtigt, mit einer Einrichtung, die sich formal von ihm unterscheidet und die ihm gegenüber eigene Entscheidungsgewalt besitzt, einen schriftlichen entgeltlichen Vertrag über die Lieferung von Waren zu schließen, wobei unerheblich ist, ob diese Einrichtung selbst ein öffentlicher Auftraggeber ist."[68] Anknüpfend daran hat der EuGH bereits mehrfach mitgliedstaatliche Vorschriften für europarechtswidrig erklärt, die die Möglichkeit der Teilnahme öffentlicher Auftraggeber an Vergabeverfahren als Leistungsanbieter verhinderten.[69] Im Ergebnis darf „jede Person oder Einrichtung als Bieter oder Bewerber auftreten (…), die in Anbetracht der in der Auftragsausschreibung festgelegten Bedingungen meint, dass sie den betreffenden Auftrag ausführen kann, unabhängig von ihrem – privatrechtlichen oder öffentlich-rechtlichen – Status und der Frage, ob sie auf dem Markt systematisch tätig ist oder nur gelegentlich auftritt"[70].

69 **b) Ausschluss.** Die Wertung von in einem Vergabeverfahren frist- und auch sonst ordnungsgemäß eingereichten Angeboten erfolgt, sofern in der Person des Bieters keine zwingenden oder fakultativen Ausschlussgründe nach Art. 57 Richtlinie 2014/24/EU vorliegen oder diese im Wege der „Selbstreinigung"[71] oder aus Gründen des öffentlichen Interesses überwunden werden. Es handelt sich dabei nach der Systematik des geltenden EU-Vergaberechts nicht (mehr) um Eignungsanforderungen, sondern um ein eigenständiges Erfordernis, das insbesondere darauf abzielt, „unseriöse" Bieter auszusortieren.

70 **EuGH, Urteil vom 3.3.2005 – verb. Rs. C-21/03 und C-34/03, Slg. 2005, I-1559 – *Fabricom***
Das belgische Recht sah vor, dass Personen, die an der Gestaltung eines auszuschreibenden öffentlichen Auftrags mitgewirkt haben (Projektanten), oder mit ihnen verbundene Unterneh-

---

67 Vgl. EuGH, U. v. 18.12.2007, Rs. C-357/06, Slg. 2007, I-12311 Rn. 20 ff. – *Frigerio Luigi*.
68 EuGH, U. v. 18.11.1999, Rs. C-107/98, Slg. 1999, I-8121 Rn. 51 – *Teckal*.
69 EuGH, U. v. 23.12.2009, Rs. C-305/08, Slg. 2009, I-12129 – *CoNISMa*; U. v. 6.10.2015, Rs. C-203/14, ZfBR 2016, 179 – *Consorci Sanitari del Maresme*.
70 EuGH, U. v. 18.12.2014, Rs. C-568/13, NZBau 2015, 173 – *Data Medical Service*.
71 Näher dazu *Pfannkuch*, VergabeR 2019, 139 ff.

men zwingend vom Vergabeverfahren um diesen Auftrag auszuschließen seien. Die Fabricom SA, ein Bauunternehmen, war infolgedessen an der erfolgreichen Wettbewerbsteilnahme gehindert.

Der EuGH anerkennt die Besonderheiten der spezifischen Situation von Projektanten am Vergabeverfahren im Vergleich zu ihren Wettbewerbern: „Eine Person, die bestimmte vorbereitende Arbeiten ausgeführt hat, kann nämlich zum einen wegen der Informationen, die sie im Hinblick auf den fraglichen öffentlichen Auftrag erlangen konnte, bei der Erstellung ihres Angebots begünstigt sein. (...) Zum anderen kann sie sich in einer Lage befinden, die möglicherweise insoweit auf einen Interessenkonflikt hinausläuft, als sie (...) die Bedingungen für den fraglichen öffentlichen Auftrag, und sei es unbeabsichtigt, in einem für sie günstigen Sinne beeinflussen kann, wenn sie selbst Bieter für diesen Auftrag ist. Eine solche Situation wäre geeignet, den Wettbewerb zwischen den Bietern zu verfälschen. Daher lässt sich in Anbetracht dieser Situation, in der sich die Person befinden kann, die bestimmte vorbereitende Arbeiten ausgeführt hat, nicht geltend machen, dass der Grundsatz der Gleichbehandlung es erfordert, dass sie in der gleichen Weise behandelt wird wie jeder andere Bieter." Allerdings sei ein automatischer Ausschluss vom Vergabeverfahren unverhältnismäßig. Einem Projektanten müsse „die Möglichkeit gegeben [werden], zu beweisen, dass nach den Umständen des Einzelfalls die von [ihm] erworbene Erfahrung den Wettbewerb nicht hat verfälschen können." 71

Anmerkung: Die *Fabricom*-Entscheidung des EuGH zur Projektantenproblematik, die sich in der geltenden Fassung der Vergaberichtlinie unmittelbar niedergeschlagen hat, ist Ausdruck einer wertungsstufenübergreifenden Rechtsprechungslinie, welche durch das Bemühen um einen Interessenausgleich gekennzeichnet ist. Dementsprechend sind mitgliedstaatliche Bestimmungen unzulässig, „nach denen der öffentliche Auftraggeber einen Bieter automatisch von einem Verfahren zur Vergabe eines öffentlichen Auftrags auszuschließen hat, wenn ein Hilfsunternehmen, dessen Kapazitäten er in Anspruch nehmen möchte, eine wahrheitswidrige Erklärung zum Vorliegen rechtskräftiger strafrechtlicher Verurteilungen vorgelegt hat, ohne dem Bieter in einem solchen Fall vorschreiben oder zumindest gestatten zu dürfen, dieses Unternehmen zu ersetzen."[72] Korrespondierend ist nach dem EuGH „Art. 57 Abs. 4 Buchst. g der Richtlinie 2014/24/EU (...) dahin auszulegen, dass die Vergabe eines Unterauftrags für einen Teil der Arbeiten im Rahmen eines früheren öffentlichen Auftrags durch einen Wirtschaftsteilnehmer, die ohne Zustimmung des öffentlichen Auftraggebers entschieden wurde und zur vorzeitigen Beendigung des Auftrags führte, im Sinne dieser Bestimmung einen erheblichen oder dauerhaften Mangel bei der Erfüllung einer wesentlichen Anforderung im Rahmen dieses Auftrags darstellt und daher den Ausschluss des Wirtschaftsteilnehmers von der Teilnahme an einem späteren Vergabeverfahren rechtfertigt, wenn der dieses spätere Vergabeverfahren organisierende öffentliche Auftraggeber, nachdem er selbst die Integrität und Zuverlässigkeit des Wirtschaftsteilnehmers, dessen vorheriger öffentlicher Auftrag vorzeitig beendet wurde, bewertet hat, der Auffassung ist, dass eine solche Unterauftragsvergabe das Vertrauensverhältnis zu diesem Wirtschaftsteilnehmer zerstört. Bevor er einen solchen Ausschluss ausspricht, muss der öffentliche Auftraggeber dem Wirtschaftsteilnehmer jedoch gemäß Art. 57 Abs. 6 in Verbindung mit dem 102. Erwägungsgrund der genannten Richtlinie die Möglichkeit geben, die Abhilfemaßnahmen zu benennen, die er infolge der vorzeitigen Beendigung des früheren öffentlichen Auftrags ergriffen hat."[73] 72

---

72 EuGH, U. v. 3.6.2021, Rs. C-210/20, VergabeR 2021, 569 – *Rad Service u.a.*
73 EuGH, U. v. 3.10.2019, Rs. C-267/18, NZBau 2020, 106 – *Delta Antrepriză de Construcţii şi Montaj 93*.

73 Das nationale Recht kann ergänzend zum europäischen Ausschlussgründe vorsehen, um die Grundsätze der Transparenz und der Gleichbehandlung sicherzustellen, soweit diese hierfür erforderlich sind. Ein „absolutes Verbot für Unternehmen, zwischen denen ein Abhängigkeitsverhältnis besteht oder die miteinander verbunden sind, (…) sich gleichzeitig in Wettbewerb zueinander an ein und demselben Ausschreibungsverfahren zu beteiligen, ohne dass ihnen die Möglichkeit gegeben wird, nachzuweisen, dass sich dieses Verhältnis nicht auf ihr jeweiliges Verhalten im Rahmen dieses Ausschreibungsverfahrens ausgewirkt hat", ist jedoch unzulässig.[74] Gleiches gilt für eine nationale Regelung, „die in einem Verfahren zur Vergabe eines öffentlichen Auftrags (…) den automatischen Ausschluss sowohl eines festen Konsortiums als auch seiner Mitgliedsunternehmen von der Teilnahme an diesem Verfahren und die Verhängung strafrechtlicher Sanktionen gegen sie vorsieht, wenn diese Unternehmen im Rahmen derselben Ausschreibung konkurrierende Angebote zu dem des Konsortiums eingereicht haben, auch wenn das Angebot des Konsortiums nicht für Rechnung und im Interesse dieser Unternehmen abgegeben worden sein soll."[75] Gänzlich unzulässig ist somit der Ausschluss von Bietern, der auf keinen sachlichen und zugleich europarechtlich schutzwürdigen Grund gestützt ist. Dagegen hat der EuGH eine nationale Regelung nicht beanstandet, „nach der ein Wirtschaftsteilnehmer, der seine Zuverlässigkeit trotz des Vorliegens eines einschlägigen Ausschlussgrundes nachweisen möchte, die Tatsachen und Umstände, die mit der Straftat oder dem begangenen Fehlverhalten in Zusammenhang stehen, durch eine aktive Zusammenarbeit nicht nur mit der Ermittlungsbehörde, sondern auch mit dem öffentlichen Auftraggeber im Rahmen der diesem eigenen Rolle umfassend klären muss, um Letzterem den Nachweis der Wiederherstellung seiner Zuverlässigkeit zu erbringen, sofern diese Zusammenarbeit auf die Maßnahmen beschränkt ist, die für die betreffende Prüfung unbedingt erforderlich sind."[76] Ebenfalls als richtlinienkonform wurde eine Vorschrift qualifiziert, „wonach ein Wirtschaftsteilnehmer vom Verfahren zur Vergabe öffentlicher Aufträge ausgeschlossen werden darf, wenn er zum Zeitpunkt der Ausschlussentscheidung bereits einen Antrag auf Eröffnung eines Zwangsvergleichs gestellt und sich dabei die Möglichkeit vorbehalten hatte, einen Plan zur Fortführung der Tätigkeit vorzulegen"[77]. Auch steht „Art. 57 Abs. 4 Buchst. a der Richtlinie 2014/24/EU (…) einer nationalen Regelung nicht entgegen, wonach der öffentliche Auftraggeber befugt oder sogar verpflichtet ist, den Wirtschaftsteilnehmer, der das Angebot abgegeben hat, von der Teilnahme am Vergabeverfahren auszuschließen, wenn der in dieser Bestimmung vorgesehene Ausschlussgrund in Bezug auf einen der im Angebot dieses Wirtschaftsteilnehmers genannten Unterauftragnehmer festgestellt wird. Hingegen stehen diese Bestimmung in Verbindung mit Art. 57 Abs. 6 dieser Richtlinie sowie der Grundsatz der Verhältnismäßigkeit einer nationalen Regelung entgegen, nach der ein solcher Ausschluss automatisch erfolgen muss."[78] In jedem Falle bedarf es der uneingeschränkten Transparenz des Umgangs des öffentlichen Auftraggebers mit den Ausschlussgründen. So ist „Art. 57 Abs. 6 der Richtlinie 2014/24/EU (…) dahin auszulegen, dass er einer Praxis entgegensteht, nach der ein Wirtschaftsteilnehmer verpflichtet ist, bei der Einreichung seines Teilnahmeantrags oder Angebots unaufgefordert den Nachweis für ergriffene Abhilfemaßnahmen zu erbringen, um seine Zuverlässigkeit trotz des Umstands darzulegen, dass bei ihm ein in Art. 57 Abs. 4 dieser Richtlinie (…) genannter fakultativer Ausschlussgrund vorliegt, sofern sich eine solche Verpflichtung weder aus den anwendbaren nationalen Rechtsvorschriften noch aus den Auftragsunterlagen er-

---

74 EuGH, U. v. 19.5.2009, Rs. C-538/07, EuZW 2009, 550 – *Assitur*; siehe auch bereits im Hinblick auf spezielle Unvereinbarkeiten EuGH, U. v. 16.12.2008, Rs. C-213/07, EuZW 2009, 87 – *Michaniki*.
75 EuGH, U. v. 23.12.2009, Rs. C-376/08, Slg. 2009, I-12169 – *Serrantoni und Consorzio stabile edili*.
76 EuGH, U. v. 24.10.2018, Rs. C-124/17, VergabeR 2019, 155 – *Vossloh Laeis*.
77 EuGH, U. v. 28.3.2019, Rs. C-101/18, VergabeR 2019, 511 – *Idi*.
78 EuGH, U. v. 30.1.2020, Rs. C-395/18, NZBau 2020, 308 – *Tim*.

gibt. Dagegen steht Art. 57 Abs. 6 der Richtlinie (…) einer solchen Verpflichtung dann nicht entgegn, wenn sie in den nationalen Rechtsvorschriften klar, genau und eindeutig vorgesehen ist und dem betreffenden Wirtschaftsteilnehmer über die Auftragsunterlagen zur Kenntnis gebracht wird."[79]

c) **Eignung.** Die Eignungsprüfung dient der Feststellung, ob ein Bieter in der Lage ist, den Auftrag ordnungsgemäß zu erfüllen. Hierzu muss er gemäß Art. 58 Richtlinie 2014/24/EU alle bekannt gemachten Eignungskriterien erfüllen. Diese dürfen die Befähigung zur Berufsausübung, die wirtschaftliche und finanzielle sowie die technische und berufliche Leistungsfähigkeit betreffen. Einen vollständigen Eignungsnachweis muss regelmäßig nur der Bestbieter erbringen; im Übrigen genügt nach Art. 59 Richtlinie 2014/24/EU die Beibringung einer Einheitlichen Europäischen Eigenerklärung. Darüber hinaus ist auch die Nutzung von Präqualifikationssystemen möglich. 74

EuGH, Urteil vom 18.10.2012 – Rs. C-218/11, EuZW 2012, 954 – *Éduközvízig und Hochtief Construction* 75
Die Észak-dunántúli Környezetvédelmi és Vízügyi Igazgatóság (Éduközvízig; Direktion Umweltschutz und Wasserbaufragen für Nordtransdanubien), eine ungarische öffentliche Auftraggeberin, leitete ein nichtoffenes Verfahren zur Vergabe eines öffentlichen Auftrags über die Erbringung von Verkehrsinfrastruktur-Bauleistungen ein. Zum Nachweis der wirtschaftlichen und finanziellen Leistungsfähigkeit der Bewerber verlangte sie die Vorlage eines nach den Vorschriften über die Rechnungslegung erstellten einheitlichen Dokuments und legte Mindestanforderungen dahin gehend fest, dass das in der Bilanz ausgewiesene Geschäftsergebnis nicht für mehr als eines der letzten drei abgeschlossenen Geschäftsjahre negativ sein dürfe (im Folgenden: wirtschaftliche Anforderung). Die Hochtief AG ist die Muttergesellschaft einer Unternehmensgruppe, zu der ihre hundertprozentige Tochtergesellschaft Hochtief Solutions AG gehört. Es handelt sich um Gesellschaften deutschen Rechts. Hochtief Ungarn ist die ungarische Zweigniederlassung der Hochtief Solutions AG. Es besteht für Hochtief Ungarn zumindest die Möglichkeit, wegen der wirtschaftlichen Anforderung allein auf die Situation der Hochtief Solutions AG zu verweisen. Aufgrund eines Gewinnabführungsvertrags ist die Hochtief Solutions AG verpflichtet, ihre Gewinne jährlich an ihre Muttergesellschaft abzuführen, so dass das in ihrer Bilanz ausgewiesene Ergebnis systematisch null oder negativ ist. Hochtief Ungarn hat die Rechtmäßigkeit der wirtschaftlichen Anforderung mit der Begründung in Frage gestellt, sie sei diskriminierend. Anders als im ungarischen Recht ist es nach den auf die Gesellschaften deutschen Rechts oder zumindest die Unternehmensgruppen deutschen Rechts anwendbaren Vorschriften über den Jahresabschluss möglich, dass eine Gesellschaft wegen einer Dividendenausschüttung oder Gewinnabführung, die den Gewinn nach Steuern übersteige, zwar ein positives Nachsteuerergebnis, jedoch ein negatives Bilanzergebnis aufweise. Hochtief Ungarn macht geltend, die wirtschaftliche Anforderung erlaube es nicht, einen nichtdiskriminierenden und objektiven Vergleich der Bewerber anzustellen, da die Vorschriften über den Jahresabschluss von Gesellschaften in Bezug auf die Zahlung von Dividenden innerhalb von Unternehmensgruppen in den einzelnen Mitgliedstaaten unterschiedlich ausgestaltet sein könnten. Die wirtschaftliche Anforderung sei mittelbar diskriminierend, da sie diejenigen Bewerber, die ihr nicht oder nur unter Schwierigkeiten genügen könnten, benachteilige, weil diese Bewerber in ihrem Niederlassungsmitgliedstaat anderen Rechtsvorschriften als den im Mitgliedstaat des öffentlichen Auftraggebers geltenden unterlägen.

Der EuGH hat die Ausgestaltung der wirtschaftlichen Anforderung nicht grundsätzlich beanstandet. Er konstatiert, dass „der öffentliche Auftraggeber Mindestanforderungen an die wirtschaftliche und finanzielle Leistungsfähigkeit gemäß [Art. 58 Abs. 3 Richtlinie 2014/24/EU] stellen [kann]. (…) Es ist jedoch festzustellen, dass Mindestanforderungen an die wirtschaftliche und finanzielle Leistungsfähigkeit nicht unter Bezugnahme 76

---
79 EuGH, U. v. 14.1.2021, Rs. C-387/19, EuZW 2021, 128 – *RTS infra und Aannemingsbedrijf Norré-Behaegel*.

auf die Bilanz im Allgemeinen festgelegt werden können. Die Befugnis (…) kann daher (…) nur unter Bezugnahme auf ein oder mehrere bestimmte Elemente der Bilanz ausgeübt werden. Bei der Wahl dieser Elemente belässt [Art. 58 Abs. 3 Richtlinie 2014/24/EU] den öffentlichen Auftraggebern verhältnismäßig viel Freiheit. Im Gegensatz zu [Art. 58 Abs. 4, Art. 60 Abs. 4 Richtlinie 2014/24/EU], mit dem hinsichtlich der technischen und beruflichen Leistungsfähigkeit ein geschlossenes System eingeführt wird, das die Bewertungs- und Prüfungsmethoden, über die diese Auftraggeber verfügen, und damit ihre Möglichkeiten zum Aufstellen von Anforderungen begrenzt (…), gestattet es [Art. 60 Abs. 3 Richtlinie 2014/24/EU] den öffentlichen Auftraggebern (…), zu bestimmen, welche Nachweise für ihre wirtschaftliche und finanzielle Leistungsfähigkeit die Bewerber oder Bieter vorzulegen haben. (…) Die Wahlfreiheit ist jedoch nicht unbegrenzt. Nach [Art. 58 Abs. 1 S. 4 Richtlinie 2014/24/EU] müssen nämlich die Mindestanforderungen an die Leistungsfähigkeit mit dem Auftragsgegenstand zusammenhängen und ihm angemessen sein. Daraus folgt, dass die von einem öffentlichen Auftraggeber zur Festlegung von Mindestanforderungen an die wirtschaftliche und finanzielle Leistungsfähigkeit gewählten Elemente der Bilanz objektiv geeignet sein müssen, über diese Leistungsfähigkeit eines Wirtschaftsteilnehmers Auskunft zu geben, und dass die in dieser Weise festgelegte Schwelle der Bedeutung des betreffenden Auftrags in dem Sinne angepasst sein muss, dass sie objektiv einen konkreten Hinweis auf das Bestehen einer zur erfolgreichen Ausführung dieses Auftrags ausreichenden wirtschaftlichen und finanziellen Basis ermöglicht, ohne jedoch über das hierzu vernünftigerweise erforderliche Maß hinauszugehen. Da die Rechtsvorschriften der Mitgliedstaaten über den Jahresabschluss der Gesellschaften nicht vollständig harmonisiert worden sind, kann nicht ausgeschlossen werden, dass zwischen ihnen Unterschiede hinsichtlich eines bestimmten Elements der Bilanz bestehen, unter Bezugnahme auf das ein öffentlicher Auftraggeber Mindestanforderungen an die Leistungsfähigkeit festgelegt hat. Es ist jedoch festzustellen, dass in die Richtlinie [2014/24/EU] (…) auch der Gedanke eingeflossen ist, dass ein öffentlicher Auftraggeber auch dann berechtigt ist, einen Nachweis für die wirtschaftliche und finanzielle Leistungsfähigkeit der Bewerber oder Bieter zu verlangen, wenn nicht jeder potenzielle Bewerber oder Bieter zu seiner Erbringung objektiv in der Lage ist, sei es auch (…) wegen unterschiedlicher Rechtsvorschriften. Eine solche Anforderung kann somit für sich genommen nicht als diskriminierend angesehen werden. Das Kriterium der Mindestanforderungen an die wirtschaftliche und finanzielle Leistungsfähigkeit kann infolgedessen grundsätzlich nicht allein deshalb außer Betracht bleiben, weil diesen Anforderungen durch Nachweise bezüglich eines Elements der Bilanz entsprochen werden muss, das in den Regelungen der einzelnen Mitgliedstaaten möglicherweise unterschiedlich ausgestaltet ist. Demgemäß [sind Art. 58 Abs. 3 und Art. 60 Abs. 3 Richtlinie 2014/24/EU] dahin auszulegen (…), dass ein öffentlicher Auftraggeber befugt ist, Mindestanforderungen an die wirtschaftliche und finanzielle Leistungsfähigkeit durch Bezugnahme auf eines oder mehrere spezielle Elemente der Bilanz aufzustellen, sofern sie objektiv geeignet sind, über diese Leistungsfähigkeit eines Wirtschaftsteilnehmers Auskunft zu geben, und die Mindestanforderungen der Bedeutung des betreffenden Auftrags in dem Sinne angepasst sind, dass sie objektiv einen konkreten Hinweis auf das Bestehen einer zur erfolgreichen Ausführung dieses Auftrags ausreichenden wirtschaftlichen und finanziellen Basis ermöglichen, ohne jedoch über das hierzu vernünftigerweise erforderliche Maß hinauszugehen. Das Kriterium der Mindestanforderungen an die wirtschaftliche und finanzielle Leistungsfähigkeit kann grundsätzlich nicht allein deshalb außer Betracht bleiben, weil diese Anforderungen ein Element der Bilanz betreffen, das in den Rechtsvorschriften der einzelnen Mitgliedstaaten möglicherweise unterschiedlich ausgestaltet ist."

77 Zugleich hat der EuGH klargestellt, „dass ein Wirtschaftsteilnehmer, der wegen eines Vertrags, nach dem er systematisch seine Gewinne an seine Muttergesellschaft abführt, nicht in der Lage ist, Mindestanforderungen an die wirtschaftliche und finanzielle Leistungsfähigkeit zu entsprechen, nach denen das Bilanzergebnis der Bewerber oder Bieter nicht für mehr als eines der letzten drei abgeschlossenen Geschäftsjahre negativ sein darf, zur Erfüllung der Mindestanforderungen an die Leistungsfähigkeit nur die Möglichkeit hat, sich (…) auf die Kapazitäten eines anderen Unternehmens (…) stützen [darf]. Hierbei spielt es keine Rolle, dass die Rechtsvorschriften des Mitgliedstaats, in dem der Wirtschaftsteilnehmer ansässig ist, und des Mitgliedstaats, in dem der öffentliche Auftraggeber ansässig ist, insofern voneinander abweichen, als ein solcher Vertrag nach den Rechtsvorschriften des erstgenannten Mitgliedstaats unbeschränkt zulässig ist, während er nach den Rechtsvorschriften des letztgenannten Mitgliedstaats nur unter der Bedingung zulässig wäre, dass die Abführung der Gewinne nicht zu einem negativen Bilanzergebnis führt."

Anmerkung: Offen diskriminierende Eignungsanforderungen spielen in der Praxis nur noch eine untergeordnete Rolle. Gegenstand der Rechtsprechung sind daher vor allem Nachweiserfordernisse und die Zurechenbarkeit von Fähigkeiten und Kapazitäten[80]. Beides wird in der Entscheidung des EuGH in der Rs. *Édukövízig und Hochtief Construction* exemplarisch deutlich. Geboten ist neben Auftragsbezug und Verhältnismäßigkeit zudem die Eindeutigkeit der Anforderungen. Hieran fehlt es, wenn ein öffentlicher Auftraggeber „im Rahmen der im Lastenheft aufgeführten Eignungskriterien und Mindestanforderungen die Bedingung vorgeschrieben hat, dass die Bieter die ‚Kriterien der Nachhaltigkeit der Einkäufe und des gesellschaftlich verantwortlichen Verhaltens' einhalten und angeben, wie sie diese Kriterien einhalten und ‚zur Verbesserung der Nachhaltigkeit des Kaffeemarkts und einer umwelttechnisch, sozial und wirtschaftlich verantwortlichen Kaffeeproduktion beitragen'"[81].

6. Angebotswertung

Die Angebotswertung im engeren Sinne gliedert sich in zwei Stufen. An die Prüfung, ob Angebote ungewöhnlich niedrig sind und deshalb ggf. auszuschließen sind, erfolgt der finale Vergleich der noch im Wettbewerb befindlichen Angebote, in dessen Folge dem Bestbieter der Zuschlag erteilt wird.

a) Ausschluss ungewöhnlich niedriger Angebote. Dumpingangebote gehen für die Auftragsrealisierung mit erheblichen Risiken einher, weshalb Mitgliedstaaten und öffentliche Auftraggeber häufig deren Einbeziehung in die finale Wertungsphase verhindern wollen. Allerdings können besonders niedrige Preise auch Folge von ausgeprägter Wettbewerbsfähigkeit oder Innovationen sein. Art. 69 Richtlinie 2014/24/EU zielt darauf ab, einen Ausgleich zu ermöglichen.

EuGH, Urteil vom 10.9.2020 – Rs. C-367/19, NZBau 2020, 730 – *Tax-Fin-Lex*
Das slowenische Innenministerium beabsichtigte die Vergabe eines öffentlichen Auftrags für den Zugang zu einem Rechtsinformationssystem für einen Zeitraum von 24 Monaten. Auf eines der Lose bewarb sich das Unternehmen Tax-Fin-Lex mit einen Angebotspreis von null Euro mit dem Ziel, den Zugang zu einem neuen Markt und Referenzen zu gewinnen. Das Ministerium schloss das Angebot aus dem Vergabewettbewerb als ungewöhnlich niedrig aus.

Der EuGH setzte sich zunächst damit auseinander, ob die Annahme eines null Euro-Angebots zu einem entgeltlichen Vertrag und damit zu einem öffentlichen Auftrag i. S. d. Vergaberichtlinien führen könne. Dies sei nicht der Fall. Jedoch sei „festzustellen, dass Art. 2 Abs. 1 Nr. 5 der Richtlinie 2014/24 den Begriff ‚öffentliche Aufträge' lediglich definiert, um die Anwendbarkeit dieser Richtlinie zu bestimmen. (…) Daraus folgt, dass

---

80 Siehe auch EuGH, U. v. 2.12.1999, Rs. C-176/98, Slg. 1999, I-8607 Rn. 26 ff. – *Holst Italia*; U. v. 18.3.2004, Rs. C-314/01, Slg. 2004, I-2549 Rn. 41 ff. – *Siemens/ARGE Telekom*; U. v. 10.10.2013, Rs. C-94/12, NZBau 2014, 114 Rn. 33 – *Swm Costruzioni 2 und Mannocchi Luigino*.
81 EuGH, U. v. 10.5.2012, Rs. C-368/10, NZBau 2012, 445 – *Kommission/Niederlande*.

Art. 2 Abs. 1 Nr. 5 der Richtlinie 2014/24 keine Rechtsgrundlage sein kann, auf die die Ablehnung eines Angebots mit einem vorgeschlagenen Preis von null Euro gestützt werden kann. Diese Bestimmung erlaubt es daher nicht, ein für einen öffentlichen Auftrag abgegebenes Angebot automatisch zu verwerfen, wie etwa ein Angebot zu einem Preis von null Euro, mit dem ein Wirtschaftsteilnehmer dem öffentlichen Auftraggeber anbietet, die Bauleistungen, Lieferungen oder Dienstleistungen, die dieser zu erwerben beabsichtigt, zu erbringen, ohne eine Gegenleistung zu verlangen.

83 Unter diesen Umständen muss ein öffentlicher Auftraggeber, da ein Angebot zu einem Preis von null Euro als ungewöhnlich niedrig im Sinne von Art. 69 der Richtlinie 2014/24 bezeichnet werden kann, das in dieser Bestimmung vorgesehene Verfahren einhalten, wenn ihm ein solches Angebot vorgelegt wird, und den Bieter zu Erläuterungen zur Höhe des Angebots auffordern. Aus der dem Art. 69 der Richtlinie 2014/24 zugrunde liegenden Logik ergibt sich nämlich, dass ein Angebot nicht automatisch allein aus dem Grund abgelehnt werden kann, dass der vorgeschlagene Preis null Euro beträgt. So ergibt sich aus Art. 69 Abs. 1, dass die öffentlichen Auftraggeber, wenn ein Angebot ungewöhnlich niedrig erscheint, dem Bieter vorschreiben, die im Angebot vorgeschlagenen Preise oder Kosten zu erläutern, wobei sich diese Erläuterungen insbesondere auf die in Abs. 2 dieses Artikels genannten Punkte beziehen können. Diese Erläuterungen tragen somit zur Bewertung der Verlässlichkeit des Angebots bei und ermöglichen den Nachweis, dass sich das in Rede stehende Angebot, obwohl es einen Preis von null Euro vorschlägt, nicht auf die ordnungsgemäße Ausführung des Auftrags auswirken wird. Nach Art. 69 Abs. 3 muss der öffentliche Auftraggeber nämlich die beigebrachten Informationen mittels einer Rücksprache mit dem Bieter bewerten, und er kann ein solches Angebot nur ablehnen, wenn die beigebrachten Nachweise das niedrige Niveau des vorgeschlagenen Preises bzw. der vorgeschlagenen Kosten nicht zufriedenstellend erklären. Die Bewertung dieser Informationen muss ferner unter Beachtung der Grundsätze der Gleichbehandlung und der Nichtdiskriminierung der Bieter sowie der Transparenz und der Verhältnismäßigkeit erfolgen, die nach Art. 18 Abs. 1 der Richtlinie 2014/24 vom öffentlichen Auftraggeber einzuhalten sind. Daher ist das Vorbringen eines Bieters, der ein Angebot zu einem Preis von null Euro eingereicht hat, nach dem sich der in seinem Angebot vorgeschlagene Preis dadurch erkläre, dass er im Fall der Annahme dieses Angebots den Zugang zu einem neuen Markt oder zu Referenzen zu erhalten gedenke, im Zusammenhang mit einer etwaigen Anwendung von Art. 69 der Richtlinie 2014/24 zu prüfen."

84 Anmerkung: Der *Tax-Fin-Lex*-Entscheidung liegt eine in mehrfacher Hinsicht atypische Konstellation zugrunde. Dennoch verdeutlicht sie die rechtlichen Anforderungen an den Umgang mit ungewöhnlich niedrigen Angeboten im Vergabeverfahren. Bereits in seiner früheren Rechtsprechung hat der EuGH wiederholt klargestellt, dass ein automatischer Ausschluss derartiger Angebote unzulässig ist.[82] Vielmehr bedarf es zwingend der Aufklärung durch Ermöglichung einer (bloßen) Stellungnahme des Bieters, sofern nicht bei einer Vielzahl von Angeboten eine administrative Überforderung oder eine Verzögerung in einer projektgefährdenden Art und Weise erfolgt.[83] Eine Bindung der Vergabestelle an die Stellungnahme besteht allerdings nicht. Im Falle einer nicht überzeugenden (oder unterbliebenen) Begründung ist der öffentliche Auftraggeber außer in den auf die Beachtung umwelt-, sozial- und arbeitsrechtlicher Verpflichtungen bezogenen Fällen des Art. 18 Abs. 2 Richtlinie 2012/24/EU nicht gezwungen, das ungewöhnlich niedrige Angebot auszuschließen, sondern kann dieses in Ansehung des verbleibenden Realisierungsrisikos im Vergabewettbewerb belassen. Der BGH hat gleichwohl für

---

[82] EuGH, U. v. 22.6.1989, Rs. C-103/88, Slg. 1989, 1839 – *Fratelli Costanzo/Comune di Milano*; U. v. 27.11.2001, Rs. C-285/99 und C-286/99, Slg. 2001, I-9233 – *Impresa Lombardini*.
[83] EuGH, U. v. 15.5.2008, Rs. C-147/06, EuZW 2008, 469 – *SECAP*.

den Fall von Unstimmigkeiten eine Ermessensreduzierung auf null hinsichtlich des Ausschlusses angenommen.[84]

Ein Grund für besonders geringe Angebotspreise können staatliche Beihilfen sein, die der Bieter erhalten hat. In diesem Fall darf gemäß Art. 69 Abs. 4 Richtlinie 2014/24/EU eine Ablehnung des Angebots als ungewöhnlich niedrig nur erfolgen, wenn der Nachweis der Rechtmäßigkeit seitens des Bieters unterbleibt. Darüber hinaus ist der „Grundsatz der Gleichbehandlung der Bieter (…) nicht schon dadurch verletzt, dass ein öffentlicher Auftraggeber zu einem Verfahren zur Vergabe öffentlicher Dienstleistungsaufträge Einrichtungen zulässt, die entweder von ihm selbst oder von anderen öffentlichen Auftraggebern Zuwendungen gleich welcher Art erhalten, die es ihnen ermöglichen, zu Preisen anzubieten, die erheblich unter denen ihrer Mitbewerber liegen, die keine solche Zuwendungen erhalten."[85] **85**

b) **Zuschlag und „strategische Beschaffung".** In der finalen Wertungsstufe erfolgt die Auswahl desjenigen Angebots, dem der Zuschlag erteilt werden soll. Dabei handelt es sich gemäß Art. 67 Richtlinie 2014/24/EU um das wirtschaftlich günstigste Angebot. Bei dessen Bestimmung verfügt der öffentliche Auftraggeber nur über geringe Spielräume. Er ist vielmehr an die zu Verfahrensbeginn bekannt gemachte Bewertungsmatrix gebunden. In diese wiederum können neben dem Preis oder den Kosten zahlreiche weitere Kriterien mit unterschiedlicher Gewichtung einfließen. Voraussetzung ist, dass sie mit dem Auftragsgegenstand des betreffenden öffentlichen Auftrags in Verbindung stehen. Letzteres ist der Fall, „wenn sie sich in irgendeiner Hinsicht und in irgendeinem Lebenszyklus-Stadium auf die gemäß dem Auftrag zu erbringenden Bauleistungen, Lieferungen oder Dienstleistungen beziehen, einschließlich Faktoren, die zusammenhängen mit a) dem spezifischen Prozess der Herstellung oder der Bereitstellung solcher Bauleistungen, Lieferungen oder Dienstleistungen oder des Handels damit oder b) einem spezifischen Prozess in Bezug auf ein anderes Lebenszyklus-Stadium, auch wenn derartige Faktoren sich nicht auf die materiellen Eigenschaften des Auftragsgegenstandes auswirken." **86**

In der Praxis bezwecken öffentliche Auftraggeber bei der Beschaffung häufig nicht nur einen möglichst wirtschaftlichen Einkauf, sondern verfolgen zugleich politische Zielsetzungen, insbesondere in den Bereichen Soziales und Umweltschutz. Das geltende EU-Vergaberecht, das anders als frühere Fassungen der Richtlinien gegenüber „vergabefremden Kriterien"[86] unter der deutlich positiveren Bezeichnung „strategische Beschaffung"[87] eine grundsätzliche Offenheit für die Einbeziehung nicht unmittelbar wirtschaftlicher Aspekte aufweist, macht dies im Rahmen der Angebotsauswahl ausdrücklich möglich. Jedoch ist ein Missbrauch derartiger Kriterien auszuschließen. **87**

Alternativ können „zusätzliche Bedingungen" für die Vertragsdurchführung festgelegt werden. Diese können insbesondere soziale oder umweltbezogene Aspekte betreffen. Unumgänglich ist jedoch, dass die zusätzlichen Bedingungen mit dem Europarecht vereinbar sind und zuvor bekannt gemacht wurden. **88**

EuGH, Urteil vom 4.12.2003 – Rs. C-448/01, Slg. 2003, I-14527 – *EVN und Wienstrom* **89**
In der Ausschreibung eines Rahmenvertrages über die Lieferung von elektrischer Energie forderte die Republik Österreich, dass diese aus erneuerbaren Energiequellen stammen sollte. Ein Vertragsschluss sollte nur mit Unternehmen erfolgen, die eine entsprechende jährliche Mindestproduktion von 22,5 Gigawattstunden (GWh) nachweisen könnten. Diese Menge entsprach dem voraussichtlichen Jahresbedarf der zu versorgenden Dienststellen. Die Bestimmung des wirt-

---
84 BGH, B. v. 31.1.2017, X ZB 10/16, BGHZ 214, 11 Rn. 31.
85 EuGH, U. v. 7.12.2000, Rs. C-94/99, Slg. 2000, I-11037 – *ARGE Gewässerschutz*.
86 Vgl. aus der älteren Literatur exemplarisch *Ziekow*, NZBau 2001, 72.
87 Siehe KOM(2011) 896 endg., S. 5, 11.

schaftlich günstigsten Angebots sollte zu 55 % anhand des Preises/kWh und zu 45 % aufgrund der über die Mindestmenge hinausgehenden Ökostromproduktion erfolgen. Dabei stand fest, dass eine Kontrolle, ob der zu liefernde Strom tatsächlich aus erneuerbaren Energieträgern gewonnen wurde, nicht möglich sei.

90 In der noch auf Grundlage der überkommenen Vergaberichtlinien ergangenen Entscheidung bejahte der EuGH zunächst die nunmehr auch normativ geklärte Frage, ob Vorteile im Zusammenhang mit dem Umweltschutz als Kriterium zur Bestimmung des wirtschaftlich günstigsten Angebots herangezogen werden könnten. Nicht jedes Vergabekriterium müsse notwendigerweise rein wirtschaftlicher Art sein. Unter der Voraussetzung des Zusammenhangs der Umweltschutzkriterien mit dem Vergabegegenstand, einer Bekanntmachung und der Beachtung der Vergabegrundsätze, insbesondere der Nichtdiskriminierung, könnten solche als Kriterien zur Bestimmung des wirtschaftlich günstigsten Angebots herangezogen werden, wenn dies nicht zu einer unbeschränkten Entscheidungsfreiheit des Auftraggebers führe.[88] Die Wahl des Ökostromkriteriums war daher zulässig. Dies galt für sich allein betrachtet auch für dessen konkrete Gewichtung. Bei dieser sei der Auftraggeber grundsätzlich frei. Zudem sei der Umweltschutz ein wichtiges Ziel der EU.

91 Allerdings nahm der EuGH eine Verletzung des Grundsatzes der Gleichbehandlung durch die fehlende Überprüfbarkeit der Herkunft des zu liefernden Stroms an: „Die objektive und transparente Bewertung der verschiedenen Angebote setzt voraus, dass der öffentliche Auftraggeber in der Lage ist, anhand der von den Bietern gelieferten Angaben und Unterlagen effektiv zu überprüfen, ob ihre Angebote die Zuschlagskriterien erfüllen. Wenn daher ein öffentlicher Auftraggeber ein Zuschlagskriterium festlegt und dabei angibt, dass er weder bereit noch in der Lage ist, die Richtigkeit der Angaben der Bieter zu prüfen, so verstößt er gegen den Grundsatz der Gleichbehandlung, denn ein solches Kriterium gewährleistet nicht die Transparenz und die Objektivität des Vergabeverfahrens. Somit ist festzustellen, dass ein Zuschlagskriterium, das nicht mit Anforderungen verbunden ist, die eine effektive Kontrolle der Richtigkeit der Angaben der Bieter ermöglichen, gegen die für die Vergabe öffentlicher Aufträge geltenden Grundsätze des Gemeinschaftsrechts verstößt."

92 Weiterhin sah der EuGH einen Vergaberechtsverstoß darin begründet, dass die in die Bewertung einfließende zusätzliche Produktion von Ökostrom keinen Zusammenhang mit dem Auftrag aufweise: „Ein Zuschlagskriterium, das sich ausschließlich auf die Menge Strom aus erneuerbaren Energieträgern bezieht, die den im Rahmen des ausgeschriebenen Auftrags zu erwartenden jährlichen Verbrauch übersteigt, kann jedoch nicht als mit dem Gegenstand des Auftrags zusammenhängend angesehen werden. Im Übrigen kann der Umstand, dass nach dem festgelegten Zuschlagskriterium die Menge, die den im Rahmen des ausgeschriebenen Auftrags zu erwartenden Verbrauch übersteigt, maßgeblich ist, den Bietern einen Vorteil verschaffen, die wegen ihrer größeren Erzeugungs- oder Lieferkapazitäten in der Lage sind, größere Mengen Strom zu liefern als andere. Dieses Kriterium kann somit zu einer ungerechtfertigten Diskriminierung von Bietern führen, deren Angebot die mit dem Gegenstand des Auftrags zusammenhängenden Voraussetzungen möglicherweise uneingeschränkt erfüllt. Eine solche Beschränkung des Kreises der Wirtschaftsteilnehmer, die in der Lage sind, ein Angebot abzugeben, würde das mit den Richtlinien über die Koordinierung der Verfahren zur Vergabe öffentlicher Aufträge verfolgte Ziel einer Öffnung für den Wettbewerb vereiteln. Selbst wenn dieses Kriterium von dem Bestreben geleitet sein sollte, die Versorgungssicherheit zu gewährleisten, was zu prüfen dem nationalen Gericht obliegt, ist

---

[88] So schon EuGH, U. v. 17.9.2002, Rs. C-513/99, Slg. 2002, I-7213 Rn. 61 ff. – *Concordia Bus Finland*.

III. Fallgestaltungen

schließlich zu beachten, dass zwar die Sicherheit der Versorgung grundsätzlich zu den Zuschlagskriterien gehören kann, die der Ermittlung des wirtschaftlich günstigsten Angebots dienen, dass aber die Fähigkeit der Bieter, die über die in der Ausschreibung festgelegte Menge hinaus größtmögliche Menge Strom zu liefern, nicht zum Zuschlagskriterium erhoben werden kann. Demnach ist das im vorliegenden Fall festgelegte Zuschlagskriterium, soweit danach die Bieter anzugeben haben, wie viel Strom aus erneuerbaren Energieträgern sie an einen nicht näher eingegrenzten Abnehmerkreis liefern können, und derjenige Bieter die höchste Punktzahl erhält, der die größte Menge angibt, wobei nur die Liefermenge gewertet wird, die die Menge des im Rahmen des ausgeschriebenen Auftrags zu erwartenden Verbrauchs überschreitet, nicht mit den für die Vergabe öffentlicher Aufträge geltenden Vorschriften des Gemeinschaftsrechts vereinbar."

Anmerkung: Das *Wienstrom*-Urteil des EuGH ist zentraler Bestandteil einer Rechtsprechungsentwicklung, die beginnend mit der *Beentjes*-Entscheidung,[89] welche die Zulässigkeit der Forderung der Beschäftigung von Langzeitarbeitslosen zum Gegenstand hatte, bei fehlender ausdrücklicher normativer Grundlage die Voraussetzungen der Verwendung nichtwirtschaftlicher und somit vergabefremder Kriterien im Vergabeverfahren herausarbeitete. Die Zulässigkeit der Heranziehung entsprechender Kriterien folgerte der EuGH im Fall *Beentjes* aus der Rechtsnatur des europäischen Vergaberechts. Dessen Ausgestaltung in Richtlinien lasse Raum für ergänzende mitgliedstaatliche Regelungen, sofern diese nicht im Widerspruch zu den vergaberechtlichen Prinzipien stünden. In der Rechtssache *Concordia Bus Finland* stellte der EuGH im Hinblick auf Umweltschutzkriterien klar, dass dies nicht schon deshalb der Fall sei, weil nur eine geringe Anzahl von Unternehmen überhaupt in der Lage sei, die geforderten Kriterien zu erfüllen.[90] Insgesamt werfen ökologischen Aspekte als Zuschlagskriterien nur relativ geringe Schwierigkeiten auf. Als deutlich streitanfälliger haben sich – auch jenseits von Zuschlagskriterien – soziale Aspekte erwiesen.

EuGH, Urteil vom 18.9.2014 – Rs. C-549/13, NZBau 2014, 647 – *Bundesdruckerei*

Die Stadt Dortmund schrieb europaweit einen Auftrag zur Aktendigitalisierung und Konvertierung von Daten für das Stadtplanungs- und Bauordnungsamt der Stadt aus. Der Auftragswert belief sich auf ungefähr 300.000 Euro. Ziff. 2 der Zusätzlichen Vertragsbedingungen der Vergabeunterlagen, die die Einhaltung der Vorschriften des TVgG – NRW betraf, enthielt eine Mustererererklärung, die vom Bieter zu unterzeichnen war und mit der er erklärte, seinen Beschäftigten ein Mindeststundenentgelt von 8,62 Euro zu zahlen und von seinen Nachunternehmern zu verlangen, sich ihrerseits zur Einhaltung des Mindestentgelts zu verpflichten. Die an der Auftragserteilung interessierte Bundesdruckerei GmbH unterrichtete die Stadt Dortmund darüber, dass die Leistungen ausschließlich in einem anderen Mitgliedstaat, im vorliegenden Fall Polen, durch einen in diesem Mitgliedstaat ansässigen Nachunternehmer ausgeführt würden. In diesem Schreiben wies sie darauf hin, dass der Nachunternehmer sich nicht zur Einhaltung des durch das TVgG – NRW vorgeschriebenen Mindestentgelts verpflichten könne, da ein solches Mindestentgelt nach den Tarifverträgen und Gesetzen dieses Mitgliedstaats nicht vorgesehen sei. Auch sei die Zahlung eines solchen Mindestentgelts angesichts der in diesem Mitgliedstaat bestehenden Lebensverhältnisse nicht üblich. Unter diesen Umständen bat die Bundesdruckerei die Stadt Dortmund um eine Bestätigung, dass die in Ziff. 2 der Zusätzlichen Vertragsbedingungen der Vergabeunterlagen vorgesehenen Verpflichtungen zur Einhaltung der Vorschriften des TVgG – NRW auf den von ihr vorgesehenen Nachunternehmer keine Anwendung fänden. Die Stadt Dortmund lehnte dieses Ansinnen ab.

---

89 EuGH, U. v. 20.9.1988, Rs. 31/87, Slg. 1988, 4635; daran anknüpfend U. v. 26.9.2000, Rs. C-225/98, Slg. 2000, I-7445 – *Nord-Pas-de-Calais*.
90 EuGH, U. v. 17.9.2002, Rs. C-513/99, Slg. 2002, I-7213 Rn. 85.

95 Der EuGH gab der Bundesdruckerei recht. Er stellte zunächst fest, dass die Konstellation nicht der Arbeitnehmerentsenderichtlinie 96/71/EG unterfalle und führte weiter aus: „Der Rechtsprechung des Gerichtshofs ist insoweit zu entnehmen, dass die Verpflichtung zur Zahlung eines Mindestentgelts, die durch nationale Rechtsvorschriften den Nachunternehmern eines Bieters auferlegt wird, die in einem Mitgliedstaat ansässig sind, der nicht mit dem Mitgliedstaat identisch ist, dem der öffentliche Auftraggeber angehört, und in dem die Mindestlohnsätze niedriger sind, eine zusätzliche wirtschaftliche Belastung darstellt, die geeignet ist, die Erbringung ihrer Dienstleistungen im Aufnahmemitgliedstaat zu unterbinden, zu behindern oder weniger attraktiv zu machen. Eine Maßnahme wie die, um die es im Ausgangsverfahren geht, kann daher eine Beschränkung im Sinne von Art. 56 AEUV darstellen (vgl. in diesem Sinne Urteil *Rüffert*, EU:C:2008:189, Rn. 37). Eine solche nationale Maßnahme kann grundsätzlich durch das Ziel des Arbeitnehmerschutzes gerechtfertigt sein, auf das sich der Gesetzgeber des Landes Nordrhein-Westfalen in dem Gesetzesentwurf, der zum Erlass des TVgG – NRW führte, ausdrücklich berufen hat, nämlich das Ziel, zu gewährleisten, dass die Beschäftigten einen angemessenen Lohn erhalten, um sowohl ‚Sozialdumping' als auch eine Benachteiligung konkurrierender Unternehmen zu vermeiden, die ihren Arbeitnehmern ein angemessenes Entgelt zahlen.

96 Der Gerichtshof hat jedoch bereits entschieden, dass eine solche nationale Maßnahme, soweit sie nur auf öffentliche Aufträge Anwendung findet, nicht geeignet ist, das genannte Ziel zu erreichen, wenn es keine Anhaltspunkte dafür gibt, dass die auf dem privaten Markt tätigen Arbeitnehmer nicht desselben Lohnschutzes bedürfen wie die im Rahmen öffentlicher Aufträge tätigen Arbeitnehmer (vgl. in diesem Sinne Urteil *Rüffert*, EU:C:2008:189, Rn. 38 bis 40). Jedenfalls erscheint die im Ausgangsverfahren fragliche nationale Regelung unverhältnismäßig, soweit sich ihr Geltungsbereich auf eine Situation wie die im Ausgangsverfahren fragliche erstreckt, in der Arbeitnehmer einen öffentlichen Auftrag in einem Mitgliedstaat ausführen, der nicht mit dem Mitgliedstaat identisch ist, dem der öffentliche Auftraggeber angehört, und in dem die Mindestlohnsätze niedriger sind. Indem diese Regelung in einer solchen Situation ein festes Mindestentgelt vorgibt, das dem entspricht, das erforderlich ist, um eine angemessene Entlohnung der Arbeitnehmer des Mitgliedstaats des öffentlichen Auftraggebers im Hinblick auf die in diesem Mitgliedstaat bestehenden Lebenshaltungskosten zu gewährleisten, aber keinen Bezug zu den in dem Mitgliedstaat bestehenden Lebenshaltungskosten hat, in dem die Leistungen im Zusammenhang mit dem betreffenden öffentlichen Auftrag ausgeführt werden, und damit den in dem letztgenannten Mitgliedstaat ansässigen Nachunternehmern die Möglichkeit vorenthalten würde, aus den zwischen den jeweiligen Lohnniveaus bestehenden Unterschieden einen Wettbewerbsvorteil zu ziehen, geht sie nämlich über das hinaus, was erforderlich ist, um zu gewährleisten, dass das Ziel des Arbeitnehmerschutzes erreicht wird. Die im Ausgangsverfahren in Rede stehende Lohnschutzregelung lässt sich auch nicht mit dem Ziel der Stabilität der Systeme der sozialen Sicherheit rechtfertigen. Es wurde nämlich nicht vorgetragen und erschiene im Übrigen auch nicht vertretbar, dass die Anwendung dieser Maßnahme auf die betreffenden polnischen Arbeitnehmer erforderlich wäre, um eine erhebliche Gefährdung des Gleichgewichts des deutschen Systems der sozialen Sicherheit zu verhindern (vgl. entsprechend Urteil *Rüffert*, EU:C:2008:189, Rn. 42). Erhielten diese Arbeitnehmer kein angemessenes Entgelt und wären sie daher gezwungen, die Sozialversicherung in Anspruch zu nehmen, um ein Mindestmaß an Kaufkraft zu gewährleisten, so hätten sie Anspruch auf polnische Sozialleistungen. Das deutsche Sozialversicherungssystem aber würde dadurch offenkundig nicht belastet." Infolgedessen sei die in Frage stehende Verpflichtung des in Polen tätigen Nachunternehmers zur Zahlung eines deutschen Mindestlohns bei der Durchführung eines öffentlichen Auftrags europarechtlich ausgeschlossen.

Anmerkung: Der EuGH löste im konkreten Fall das grundlegende Spannungsverhältnis 97
zwischen der Verwirklichung des (Vergabe-)Binnenmarktes und mitgliedstaatlichen Vorstellungen von einem „gerechten" Lohn zugunsten des Ersteren. Die Möglichkeit des Angebots von Dienstleistungen in einem anderen Mitgliedstaat zählt zu den Grundpfeilern der europäischen (wirtschaftlichen) Integration. Individuell wie volkswirtschaftlich hat dies Wohlfahrtsgewinne zur Folge. Schränkt bereits die Arbeitnehmerentsenderichtlinie die Möglichkeit ein, dass sich Anbieter aus anderen EU-Mitgliedstaaten auf Grundlage niedrigerer Personalkosten im Wettbewerb durchsetzen können, wenn Leistungen im Inland zu erbringen sind, so sind Vergabebedingungen wie die vorliegend beurteilte geeignet, die erfolgreiche Teilnahme von Angeboten aus anderen EU-Mitgliedstaaten am Vergabewettbewerb gänzlich zu unterbinden. De facto bedeutet die Vorgabe des inländischen Mindestlohns einen Wettbewerbsausschluss von Unternehmen, deren Kostenvorteile aus einem insgesamt niedrigeren Lohnniveau in ihrem Herkunftsmitgliedstaat resultieren und mit deren Hilfe sie andere Nachteile im Wettbewerb ausgleichen können. Zwar mag die Verhinderung von Sozialdumping in einer sich zunehmend auch als Sozialgemeinschaft verstehenden EU (vgl. Art. 4 Abs. 3 EUV) abstrakt durchaus als zwingender Grund des Allgemeininteresses zu qualifizieren sein, der Beschränkungen der Grundfreiheiten zu rechtfertigen vermag. Bereits ob hiervon am jeweiligen mitgliedstaatlichen Recht ansetzende, jedoch auch andere Staaten betreffende Pauschallösungen erfasst werden können, erscheint fraglich, wird vom EuGH aber nicht problematisiert. Dieser lehnt vielmehr „jedenfalls" und zu Recht die Verhältnismäßigkeit der Beschränkung ab, da sie über das für den angestrebten Schutz der im Inland eingesetzten Arbeitnehmer Notwendige hinausgehe. Dies gilt umso mehr, als der betreffende Mitgliedstaat(steil) mit der undifferenzierten Vorgabe eines Mindestlohns eine letztlich globale Regelungskompetenz in Anspruch nimmt, die ihm nicht zusteht. Auch ist, wie der EuGH unter Verweis auf seine *Rüffert*-Entscheidung ausführt, die Vergabe öffentlicher Aufträge kein geeignetes Mittel, um Sozialstandards umfassend durchzusetzen.

Soweit gesetzliche Mindestlöhne bestehen, ist deren verbindliche Vorgabe in Fällen, in 98
denen die Leistung im Inland erbracht wird, allerdings vergaberechtlich zulässig. Der EuGH hat diesbezüglich in der Rs. *RegioPost* klargestellt, dass das EU-Vergaberecht „Rechtsvorschriften (...) eines Mitgliedstaats (...) nicht entgegensteht, nach denen sich Bieter und deren Nachunternehmer in einer schriftlichen, ihrem Angebot beizufügenden Erklärung verpflichten müssen, den Beschäftigten, die zur Ausführung von Leistungen, die Gegenstand eines öffentlichen Auftrags sind, eingesetzt werden sollen, einen in den betreffenden Rechtsvorschriften festgelegten Mindestlohn zu zahlen" und im Verweigerungsfalle ihren Ausschluss vorsehen.[91]

7. Rechtsschutz: Nachprüfbarkeit von Entscheidungen

Als entscheidend für die Durchsetzung der vergaberechtlichen Anforderungen hat sich 99
der Vergaberechtsschutz erwiesen. Als besonders problematisch erwies sich insoweit die Frage, wie der in den Rechtsmittelrichtlinien enthaltene Begriff der „Entscheidungen der Vergabebehörden" im Vergabeverfahren zu verstehen sei. Deren große praktische Bedeutung folgt aus dem Umstand, dass die Auslegung dieses Terminus für die Eröffnung des Vergaberechtsschutzes entscheidend ist. Ebenfalls fraglich war der Umgang mit vergaberechtswidrig geschlossenen Verträgen.

EuGH, Urteil vom 18.6.2002 – Rs. C-92/00, Slg. 2002, I-5553 – *Hospital Ingenieure* 100
Die Stadt Wien hob einen ausgeschriebenen Dienstleistungsauftrag über die Projektleitung für die Speiseversorgung in den städtischen Krankenhäusern auf. Die Hospital Ingenieure Krankenhaustechnik Planungs-GmbH, die sich an dem Verfahren beteiligt hatte, begehrte die Nachprü-

---

91 EuGH, U. v. 17.11.2015, Rs. C-115/14, NZBau 2016, 46 – *RegioPost*.

fung der Aufhebungsentscheidung. Das nationale Recht stand einer umfassenden Kontrolle der Aufhebungsentscheidung entgegen.

101 Der EuGH entschied, dass die Aufhebungsentscheidung eine Entscheidung im Rahmen des Vergabeverfahrens sei, deren Nachprüfbarkeit sichergestellt sein müsse, obwohl eine ausdrückliche spezifische Regelung nicht bestehe: „Der Verpflichtung nach [Art. 55 Abs. 1 Richtlinie 2014/24/EU] zur Mitteilung der Gründe für die Entscheidung über den Widerruf der Ausschreibung liegt [das] Bemühen zugrunde, ein Mindestmaß an Transparenz bei den Verfahren zur Vergabe der Aufträge, für die diese Richtlinie gilt, und somit die Beachtung des Gleichbehandlungsgrundsatzes sicherzustellen. Auch wenn die [Richtlinie 2014/24/EU] nicht speziell die Modalitäten des Widerrufs der Ausschreibung eines öffentlichen Dienstleistungsauftrags regelt, haben die Auftraggeber folglich, wenn sie eine solche Entscheidung treffen, doch die Grundregeln des Vertrages im Allgemeinen und das Verbot der Diskriminierung aus Gründen der Staatsangehörigkeit im Besonderen zu beachten (…). Da die Entscheidung des Auftraggebers, die Ausschreibung für einen öffentlichen Dienstleistungsauftrag zu widerrufen, den materiellen Regelungen des Gemeinschaftsrechts unterliegt, fällt sie auch unter die Regelungen, die die Richtlinie 89/665/EWG vorsieht, um die Beachtung der Vorschriften des Gemeinschaftsrechts im Bereich des öffentlichen Auftragswesens sicherzustellen." Insgesamt sei eine weite Auslegung des Begriffs der „Entscheidungen" geboten,[92] so dass davon auch der Widerruf der Ausschreibung erfasst sei und somit der Nachprüfung unterfalle. Unter Verweis auf die Zielsetzungen der Rechtsmittelrichtlinie lehnte der EuGH darüber hinaus die europarechtliche Zulässigkeit einer Beschränkung des Prüfungsumfangs der Aufhebungsentscheidung im Nachprüfungsverfahren aufgrund nationalen Rechts ab.

102 **Anmerkung:** Die *Hospital Ingenieure*-Entscheidung ist beispielhaft für die Rechtsprechung des EuGH zum Vergaberechtsschutz. Dieser nahm zunehmend eine mit dem effet utile begründete weite Auslegung der wenigen Bestimmungen der Rechtsmittelrichtlinien vor und setzte so eine immer höhere Rechtsschutzintensität im europäischen Vergaberecht durch. Entscheidungen jeglicher Art mit Ausnahme interner Überlegungen oder Marktstudien,[93] die im Zusammenhang mit dem Vergabeverfahren stehen wie etwa auch die Festlegung der Vergabebedingungen[94], eine etwaige Zulassung[95] und der Ausschluss[96] von Bietern sowie die abschließende Auswahl des Vertragspartners[97] müssen in vollem Umfang auf Antrag jedes an einem bestimmten Auftrag Interessierten[98],

---

92 Ebenso bereits EuGH, U. v. 28.10.1999, Rs. C-81/98, Slg. 1999, I-7671 Rn. 35 ff. – *Alcatel*.
93 EuGH, U. v. 11.1.2005, Rs. C-26/03, Slg. 2005, I-1 Rn. 34 f. – *Stadt Halle und RPL Lochau*.
94 EuGH, U. v. 4.12.2003, Rs. C-448/01, Slg. 2003, I-14527 Rn. 33 f. – *EVN und Wienstrom*; U. v. 18.3.2004, Rs. C-314/01, Slg. 2004, I-2549 Rn. 40 ff. – *Siemens/ARGE Telekom*; U. v. 11.10.2007, Rs. C-241/06, Slg. 2007, I-8415 Rn. 43, 57 ff. – *Lämmerzahl*.
95 EuGH, U. v. 5.4.2017 – C-391/15, VergabeR 2017, 595 – *Marina del Mediterráneo u.a.*
96 EuGH, U. v. 23.1.2003, Rs. C-57/01, Slg. 2003, I-1091 Rn. 64 ff. – *Makedoniko Metro*; U. v. 3.3.2005, Rs. C-21/03 und C-34/03, Slg. 2005, I-1559 Rn. 41 ff. – *Fabricom*.
97 EuGH, U. v. 28.10.1999, Rs. C-81/98, Slg. 1999, I-7671 Rn. 29 ff. – *Alcatel Austria*; U. v. 24.6.2004, Rs. C-212/02, VergabeR 2004, 587 Rn. 20 ff. – *Kommission/Österreich*.
98 Zur Europarechtskonformität einer nationalen Regelung, „nach der nur die Gesamtheit der Mitglieder einer Gelegenheitsgesellschaft ohne Rechtspersönlichkeit, die sich als solche an einem Verfahren zur Vergabe eines öffentlichen Auftrags beteiligt, aber nicht den Zuschlag erhalten hat, die Vergabeentscheidung nachprüfen lassen kann, nicht aber einzelnes ihrer Mitglieder als Einzelner", EuGH, U. v. 8.9.2005, Rs. C-129/04, Slg. 2005 I-7805 – *Espace Trianon und Sofibail*; ebenso EuGH, B. v. 4.10.2007, Rs. C-492/06, Slg. 2007, I-8189 – *Consorzio Elisoccorso San Raffaele*; sowie hinsichtlich eines Ausschlusses des Klagerechts von Wirtschaftsteilnehmern, „wenn sie sich entschieden haben, an diesem Verfahren nicht teilzunehmen, weil sich aus der auf das Verfahren anwendbaren Regelung ergibt, dass es sehr unwahrscheinlich ist, dass sie den Zuschlag für den betreffenden öffentlichen Auftrag erhalten", EuGH, U. v. 28.11.2018, Rs. C-328/17, VergabeR 2019, 162 – *Amt Azienda Trasporti e Mobilità*. Zur europarechtlichen Zulässigkeit einer Nachprüfung von Amts wegen EuGH, U. v. 26.3.2020, Rs. C-496/18 und C-497/18, NZBau 2020, 598 – *HUNGEOD u.a.*

dem durch einen behaupteten Rechtsverstoß ein Schaden entstanden ist oder zu entstehen droht, einer Kontrolle zugänglich sein. In Anknüpfung an seine Entscheidung in der Rechtssache *Hospital Ingenieure* hat der EuGH die Notwendigkeit einer vollständigen Überprüfbarkeit der europarechtlich grundsätzlich möglichen[99] Aufhebungsentscheidung u. a. im Urteil *Koppensteiner*[100] erneut hervorgehoben. Zugleich nahm der EuGH nunmehr aber auch eine unmittelbare Anwendbarkeit der Rechtsmittelrichtlinie insoweit an, als diese eine umfassende Nachprüfung von vergaberechtlichen Entscheidungen erfordert. Entgegenstehende Bestimmungen des nationalen Rechts müssen somit unangewendet bleiben. Letztlich bedingt das europäische Recht die Möglichkeit einer lückenlosen Überprüfung des gesamten Vergabeverfahrens, was nicht zuletzt eine Mitteilung der Ergebnisse voraussetzt.[101]

Eine bedeutsame Stufe bei der Intensivierung des Vergaberechtsschutzes durch den EuGH bereits vor der *Hospital Ingenieure*-Entscheidung bildete das *Alcatel*-Urteil.[102] Danach muss die Entscheidung über die Erteilung des Zuschlags zwingend einer Nachprüfung und ggf. Aufhebung zugänglich sein. Dem Argument, dass nach dem betroffenen österreichischen – ebenso wie nach deutschem – Vergaberecht Zuschlag und Vertragsschluss zusammenfielen, so dass das Vergabeverfahren mit der Zuschlagerteilung beendet sei, mithin auch kein Vergaberechtschutz mehr gegeben sein könne, verschloss sich der EuGH unter Verweis darauf, dass andernfalls eine Überprüfbarkeit der wichtigsten Entscheidung während des gesamten Vergabeverfahrens nie gegeben sei. Um der Notwendigkeit einer Aufhebung des Zuschlags zu entgehen, erfolgte daraufhin in Österreich und Deutschland die Einführung einer Vorabinformation über die beabsichtige Zuschlagerteilung, als Ansatzpunkt für deren rechtliche Überprüfbarkeit.

Eine erhebliche Ausdehnung des Vergaberechtsschutzes über den Bereich des eigentlichen Vergabeverfahrens hinaus nahm der EuGH schließlich in dem bereits oben im Hinblick auf die Zulässigkeit von inhouse-Vergaben thematisierten Urteil in der Rechtssache *Stadt Halle* vor. Danach muss Rechtsschutz gemäß den Bestimmungen der Rechtsmittelrichtlinie derart eröffnet sein, dass sich die Nachprüfung „auch auf Entscheidungen außerhalb eines förmlichen Vergabeverfahrens und im Vorfeld einer förmlichen Ausschreibung erstreckt, insbesondere auf die Entscheidung über die Frage, ob ein bestimmter Auftrag in den persönlichen und sachlichen Anwendungsbereich [des materiellen europäischen Vergaberechts] fällt. Diese Nachprüfungsmöglichkeit steht jedem, der ein Interesse an dem fraglichen Auftrag hat oder hatte und dem durch einen behaupteten Rechtsverstoß ein Schaden entstanden ist bzw. zu entstehen droht, von dem Zeitpunkt an zur Verfügung, zu dem der Wille des öffentlichen Auftraggebers, der Rechtswirkungen entfalten kann, geäußert wird. Die Mitgliedstaaten dürfen daher die Nachprüfungsmöglichkeit nicht davon abhängig machen, dass das fragliche Vergabeverfahren formal ein bestimmtes Stadium erreicht hat."[103] Entsprechend ist Vergaberechtsschutz auch zu gewähren, wenn die Anwendbarkeit des Vergaberechts vom Auftraggeber abgelehnt wurde.[104]

Aufgrund der Auslegung der Rechtsmittelrichtlinie durch den EuGH ist die Eröffnung des Vergaberechtsschutzes nahezu lückenlos eröffnet. Damit einher geht ein hoher faktischer Druck auf die Auftraggeber, die Anforderungen des Vergaberechts zu beachten.

---

99 EuGH, U. v. 16.9.1999, Rs. C-27/98, Slg. 1999, I-5697 Rn. 33 f. – *Fracasso und Leitschutz*; B. v. 16.10.2003, Rs. C-244/02, Slg. 2003, I-12139 Rn. 28 f. – *Kauppatalo*.
100 EuGH, U. v. 2.6.2005, Rs. C-15/04, Slg. 2005, I-4855.
101 EuGH, U. v. 28.1.2010, Rs. C-456/08, Slg. 2010, I-859 – *Kommission/Irland*.
102 EuGH, U. v. 28.10.1999, Rs. C-81/98, Slg. 1999, I-7671.
103 EuGH, U. v. 11.1.2005, Rs. C-26/03, Slg. 2005, I-1 – *Stadt Halle und RPL Lochau*.
104 EuGH, U. v. 25.10.2018, Rs. C-260/17, VergabeR 2019, 383 – *Anodiki Services EPE*.

Im Interesse der Unternehmen ist die Vertraulichkeit von Geschäftsgeheimnissen auch im Nachprüfungsverfahren sicherzustellen.[105]

106 **EuGH, Urteil vom 18.7.2007 – Rs. C-503/04, Slg. 2007, I-6153 –** *Abfallentsorgung Braunschweig II*
Die Stadt Braunschweig vergab ohne ordnungsgemäßes Vergabeverfahren einen Entsorgungsauftrag mit einer Laufzeit von 30 Jahren. Nach Klage der Kommission verurteilte der EuGH die Bundesrepublik Deutschland wegen Vertragsverletzung.[106] Nachdem der Entsorgungsvertrag in der Folgezeit aufrechterhalten wurde, verklagte die Kommission die Bundesrepublik vor dem EuGH zunächst auf Zahlung eines Zwangsgeldes, als sie dessen Festsetzung nicht mehr als geboten erachtete, auf Feststellung der Rechtswidrigkeit.

107 Der EuGH stellte zunächst ebenso wie in seinem Urteil im Vertragsverletzungsverfahren klar, dass der Verstoß gegen den freien Dienstleistungsverkehr so lange andauere, wie der vergaberechtswidrig vergebene Auftrag Bestand habe. Eine europarechtskonforme Situation trete erst mit dessen Beendigung wieder ein, so dass der Vertrag nötigenfalls gekündigt werden müsse. Dagegen spreche auch nicht Art. 2 Abs. 7 Unterabs. 2 der Richtlinie 89/665/EWG. Danach kann ein Mitgliedstaat in seinen Rechtsvorschriften vorsehen, dass nach dem Vertragsschluss im Anschluss an die Zuschlagserteilung die Erhebung einer Klage nur zur Gewährung von Schadensersatz führen könne: „Erstens hat der Gerichtshof bereits (…) festgestellt, dass diese Bestimmung den Mitgliedstaaten zwar erlaubt, die Wirkungen der unter Verstoß gegen die Richtlinien über die Vergabe öffentlicher Aufträge geschlossenen Verträge aufrechtzuerhalten, und somit das berechtigte Vertrauen der Vertragspartner schützt, sie jedoch nicht, ohne die Tragweite der die Schaffung des Binnenmarkts betreffenden Bestimmungen des [AEU-Vertrags] zu beschränken, dazu führen kann, dass das Verhalten des Auftraggebers gegenüber Dritten nach Abschluss dieser Verträge als [unionsrechtskonform] anzusehen ist. (…) Außerdem betrifft [Art. 2 Abs. 7 Unterabs. 2] der Richtlinie 89/665/EWG (…) seinem Wortlaut nach den Ersatz des Schadens, den eine Person durch einen Rechtsverstoß eines öffentlichen Auftraggebers erlitten hat. Diese Vorschrift ist wegen ihres spezifischen Charakters nicht so zu verstehen, dass sie auch die Beziehungen zwischen einem Mitgliedstaat und der [Union], um die es in den [Art. 258 und 260] geht, regelt." Eine abweichende Beurteilung folge auch nicht aus den Grundsätzen der Rechtssicherheit und des Vertrauensschutzes sowie dem Grundsatz pacta sunt servanda und dem Grundrecht auf Eigentum. Ein Mitgliedstaat könne sich „wenn diese Grundsätze und dieses Grundrecht auch dem öffentlichen Auftraggeber gegenüber von dessen Vertragspartner bei einer Kündigung des Vertrags geltend gemacht werden können – keinesfalls auf diese Möglichkeit berufen (…), um die Nichtdurchführung eines eine Vertragsverletzung nach [Art. 258 AEUV] feststellenden Urteils zu rechtfertigen und sich dadurch seiner [unionsrechtlichen] Verantwortung zu entziehen".

108 **Anmerkung:** Bis zum *Braunschweig II*-Urteil des EuGH war insbesondere vor dem Hintergrund von Art. 2 Abs. 7 Unterabs. 2 der Richtlinie 89/665/EWG umstritten, ob das Europarecht die Auflösung vergaberechtswidrig zustande gekommener Verträge fordere. Die frühere Rechtsprechung des EuGH hatte hierzu nicht eindeutig Stellung bezogen.[107] Die Entscheidung gewichtet den Verstoß gegen die Dienstleistungsfreiheit durch den Fortbestand des vergaberechtswidrigen Vertrages stärker als den Grundsatz pacta

---

105 EuGH, U. v. 14.2.2008, Rs. C-450/06, Slg. 2008, I-581 – *Varec*.
106 EuGH, U. v. 10.4.2003, verb. Rs. C-20/01 und C-28/01, Slg. 2003, I-3609 – *Gemeinde Bockhorn und Braunschweig*.
107 EuGH, U. v. 10.4.2003, verb. Rs. C-20/01 und C-28/01, Slg. 2003, I-3609 – *Gemeinde Bockhorn und Braunschweig*; U. v. 9.9.2004, Rs. C-125/03, EuZW 2004, 636 Rn. 12 f. – *Kommission/Deutschland*; U. v. 18.11.2004, Rs. C-126/03, Slg. 2004, I-11197 Rn. 25 f. – *Kommission/Deutschland*.

III. Fallgestaltungen

sunt servanda und damit das Interesse der Vertragsparteien. Haben diese bereits umfangreiche Leistungen erbracht, kann die europarechtlich geforderte Vertragsbeendigung erhebliche Probleme wirtschaftlicher und vertragsrechtlicher[108] Natur hervorrufen. Aus der Perspektive des europäischen Vergaberechts überzeugt die Lösung des EuGH gleichwohl: Den Anforderungen der EU-Vergaberichtlinien kann nur durch eine Pflicht zur Beendigung festgestellt vergaberechtswidriger Verträge in vollem Umfang zur Wirksamkeit verholfen werden. Die durch Art. 2 Abs. 7 Unterabs. 2 der Richtlinie 89/665/EWG eröffnete Möglichkeit einer Unangreifbarmachung des Vertrages durch Konkurrenten im nationalen Recht erweist sich insoweit ebenso wie die zeitliche Begrenzung der Möglichkeit zur Geltendmachung der Unwirksamkeit gemäß Art. 2d und f Richtlinie 89/665/EWG als ausschließlich prozessuale Regelung. Damit ist zugleich klargestellt, dass eine „sekundärrechtliche Rechtfertigung" für Primärrechtsverstöße nicht in Betracht kommt. Der europäische Gesetzgeber hat anknüpfend daran in Art. 73 Richtlinie 2014/24/EU klargestellt, „dass öffentliche Auftraggeber zumindest unter den folgenden Umständen und unter bestimmten Bedingungen, die im anwendbaren nationalen Recht festgelegt sind, über die Möglichkeit verfügen, einen öffentlichen Auftrag während seiner Laufzeit zu kündigen, wenn: (…) c) der Auftrag aufgrund einer schweren Verletzung der Verpflichtungen aus den Verträgen und dieser Richtlinie, die der Gerichtshof der Europäischen Union in einem Verfahren nach Artikel 258 AEUV festgestellt hat, nicht an den Auftragnehmer hätte vergeben werden dürfen."

---

108 Vgl. LG München I, U. v. 20.12.2005, 33 O 16465/05, NZBau 2006, 269 (270 ff.).

§ 13 Dienstleistungen von allgemeinem wirtschaftlichem Interesse

Matthias Knauff

Literaturhinweise:
Bauer, Die mitgliedstaatliche Finanzierung von Aufgaben der Daseinsvorsorge und das Beihilfeverbot des EG-Vertrages, 2008; *Brede* (Hrsg.), Wettbewerb in Europa und die Erfüllung öffentlicher Aufgaben, 2000/2001; *Burgi*, Die öffentlichen Unternehmen im Gefüge des primären Gemeinschaftsrechts, EuR 1997, 261; *Bußmann*, Dienstleistungen von allgemeinem wirtschaftlichem Interesse nach Art. 16, 86 Abs. 2 EG und Art. 36 Grundrechtecharta unter Berücksichtigung des Vertrags von Lissabon, 2009; *Cox* (Hrsg.), Daseinsvorsorge und öffentliche Dienstleistungen in der Europäischen Union, 2000; *Essebier*, Dienstleistungen von allgemeinem wirtschaftlichem Interesse und Wettbewerb, 2005; *Franzius*, Gewährleistung im Recht. Grundlagen eines europäischen Regelungsmodells öffentlicher Dienstleistungen, 2009; *Frenz*, Handbuch Europarecht II: Europäisches Kartellrecht, 2006, Kap. 10 f.; *Hrbek/Nettesheim* (Hrsg.), Europäische Union und mitgliedstaatliche Daseinsvorsorge, 2002; *Jung*, Die Europäisierung des Gemeinwohls am Beispiel des Art. 106 Abs. 2 AEUV, 2018; *Kämmerer*, Daseinsvorsorge als Gemeinschaftsziel oder: Europas „soziales Gewissen", NVwZ 2002, 1041; *Kling*, Staatliches Handeln, Daseinsvorsorge und Kartellrecht. Die Rolle der europäischen Wettbewerbsregeln im öffentlichen Sektor, 2014; *Knauff*, Der Gewährleistungsstaat: Reform der Daseinsvorsorge, 2004; *ders.*, Die Daseinsvorsorge im Vertrag von Lissabon, EuR 2010, 725; *Krautscheid* (Hrsg.), Die Daseinsvorsorge im Spannungsfeld von europäischem Wettbewerb und Gemeinwohl, 2009; *Kühling/Geilmann/Weck*, Enigma Art. 106 Abs. 2 AEUV – Welche Spielräume haben die Mitgliedstaaten?, ZHR 182 (2018), 539; *Linder*, Daseinsvorsorge in der Verfassungsordnung der Europäischen Union, 2004; *Löwenberg*, Service Public und öffentliche Dienstleistungen in Europa, 2001; *Malek*, Daseinsvorsorge und europäisches Beihilfenrecht. Die beihilfenrechtliche Bewertung von Ausgleichszahlungen für Dienstleistungen von allgemeinem wirtschaftlichem Interesse, 2013; *Möschel*, Service public und europäischer Binnenmarkt, JZ 2003, 1021; *Sander* (Hrsg.), Aktuelle Probleme der Daseinsvorsorge in der Europäischen Union, 2006; *Sandmann*, Kommunale Unternehmen im Spannungsfeld von Daseinsvorsorge und europäischem Wettbewerbsrecht, 2005; *Schwarze* (Hrsg.), Daseinsvorsorge im Lichte des Wettbewerbsrechts, 2001; *Schweitzer*, Daseinsvorsorge, „service public", Universaldienst, 2002; *Simon*, Weiterentwicklung des EU-Beihilfenrechts für Dienstleistungen von allgemeinem wirtschaftlichen Interesse? Eine Untersuchung am Beispiel des deutschen Krankenhaus- und Flughafenmarkts, 2020; *Weiß*, Öffentliche Unternehmen und EGV, EuR 2003, 165; *Wernicke*, Die gewandelte Bedeutung des Art. 106 AEUV: Aus den Apokryphen zum Kanon der Wirtschaftsverfassung, EuZW 2015, 281.

I. Grundlagen

1 In den Mitgliedstaaten besteht seit jeher ein vielfältiges Angebot an gemeinwohlorientierten Leistungen. Die hierbei zugrunde gelegten Konzepte weichen ebenso wie ihre Bezeichnungen etwa als „Daseinsvorsorge",[1] „service public" oder „services of general interest" erheblich voneinander ab. Zum gegenständlichen Kernbereich zählen etwa die Wasser- und Energieversorgung, öffentliche Verkehrsleistungen und eine Grundversorgung mit medizinischen, Post- und Telekommunikationsleistungen. Darüber hinaus werden teilweise auch kulturelle Angebote wie die „Grundversorgung" durch den öffentlich-rechtlichen Rundfunk in Deutschland erfasst. Stets handelt es sich um Leistungen, die für den Einzelnen und die Gesellschaft von erheblicher Bedeutung sind. Ihre Erbringung wird daher den Kräften des Marktes und damit dem Wettbewerb zumindest nicht in vollem Umfang überlassen. Stattdessen bestehen zu ihrer Sicherstellung vielfältige rechtliche Sonderregelungen. So kann die Leistungserbringung monopolisiert oder

---
1 Grundlegend für das deutsche Konzept *Forsthoff*, Die Verwaltung als Leistungsträger, 1938.

II. Normative Ausgestaltung

mit spezifischen Verpflichtungen, etwa einem Versorgungs- oder Tarifzwang, verbunden werden. Nicht selten treten auch die Mitgliedstaaten selbst als Leistungsanbieter in Erscheinung – zumeist in Form öffentlicher Unternehmen.

Ungeachtet der grundsätzlich wettbewerblichen Ausrichtung des primären Europarechts sind die Existenz und Bedeutung dieser gemeinwohlorientierten Leistungen seit den Römischen Verträgen anerkannt. Art. 14, 106 Abs. 2 AEUV und Art. 36 EuGRC verwenden diesbezüglich den nicht durch spezifische nationale Konzepte vorgeprägten Terminus „Dienst(leistung)e(n) von allgemeinem wirtschaftlichem Interesse". Die Kommission betrachtet derartige Leistungen als „Kern des europäischen Gesellschaftsmodells".[2] Allerdings erfolgt keine grundlegende Freistellung der betroffenen Bereiche von den allgemeinen europarechtlichen Anforderungen. Diese Anforderungen erfahren nur punktuelle Modifikationen, soweit sie für die Leistungserbringung unumgänglich sind.

Ein spezifisch europarechtliches Konzept der Erbringung gemeinwohlorientierter Leistungen ist der Universaldienst. Dieses Modell wurde im Zusammenhang mit der Liberalisierung der Telekommunikationsmärkte entwickelt und findet seine wesentliche Grundlage heute in der Universaldienstrichtlinie.[3] Danach sind qualitativ hochwertige Grundversorgungsleistungen allen Bürgern flächendeckend, kontinuierlich, diskriminierungsfrei und gegen ein vertretbares Entgelt zugänglich zu machen. Die Leistungserbringung wird dabei nicht monopolisiert, sondern erfolgt innerhalb von wettbewerblich geprägten Märkten. Das Universaldienstmodell bringt trotz seines derzeit auf die Sektoren Post und Telekommunikation beschränkten Geltungsanspruchs den Grundansatz des Europarechts deutlich zum Ausdruck: Danach bilden gemeinwohlorientierte Leistungen und Wettbewerb keinen Gegensatz, sondern ergänzen sich gegenseitig.

II. Normative Ausgestaltung

Primärrechtlich findet sich das im Universaldienstmodell deutlich werdende Regelungskonzept im Zusammenspiel von Art. 106 Abs. 1 AEUV einerseits und Art. 14, 106 Abs. 2 AEUV andererseits wieder. Eine Privilegierung im Hinblick auf Dienste von allgemeinem wirtschaftlichem Interesse, die mehr als nur den Universaldienst umfassen, erfolgt nur insoweit, als dies für die Leistungserbringung erforderlich ist. Im Übrigen beanspruchen die allgemeinen Regelungen des AEU-Vertrags uneingeschränkt auch mit Blick auf gemeinwohlorientierte Leistungen Geltung. Die Kommission kann zur Durchsetzung des primärrechtlichen Regelungskonzepts auf Grundlage von Art. 14 S. 2, 106 Abs. 3 AEUV rechtsetzend tätig werden.[4] Art. 36 EuGRC enthält zudem eine grundrechtliche Garantie der Anerkennung und Achtung des Zugangs zu den Diensten von allgemeinem wirtschaftlichem Interesse entsprechend den „einzelstaatlichen Rechtsvorschriften und Gepflogenheiten". Ein individuelles Recht auf ein Angebot spezifischer gemeinwohlorientierter Leistungen folgt daraus nicht.

1. Grundsatz der Nichtprivilegierung

Der dem AEU-Vertrag zugrunde liegende Grundsatz der Nichtprivilegierung[5] wird in Art. 106 Abs. 1 AEUV deutlich. Danach dürfen die Mitgliedstaaten, „in Bezug auf öffentliche Unternehmen und auf Unternehmen, denen sie besondere oder ausschließliche Rechte gewähren, keine den Verträgen und insbesondere den Artikeln 18 und 101 bis

---

2 Siehe etwa KOM(96) 443 endg. v. 11.9.1996, S. 1b; KOM(2000) 580 endg. v. 20.9.2000, S. 3.
3 Richtlinie 2002/22/EG, ABl. L 108/51 v. 24.4.2002.
4 Vgl. insoweit etwa EuGH, U. v. 19.3.1991, Rs. C-202/88, Slg. 1991, I-1223 – *Frankreich/Kommission*.
5 Dazu ausführlich *Knauff*, in: Loewenheim/Meessen/Riesenkampff/Kersting/Meyer-Lindemann, Kartellrecht, Art. 106 Rn. 7 f.; *Krajewski*, Grundstrukturen des Rechts öffentlicher Dienstleistungen, S. 352 ff.

109 [AEUV] widersprechende Maßnahmen" treffen oder beibehalten. Typischerweise handelt es sich bei den von der Vorschrift erfassten Unternehmen um solche, die gemeinwohlorientierte Leistungen erbringen. Art. 106 Abs. 1 AEUV richtet sich jedoch nicht unmittelbar an diese, sondern an die Mitgliedstaaten. Ihnen obliegt es ungeachtet der Regelungsmöglichkeiten der EU auf Grundlage von Art. 14 S. 2, 106 Abs. 3 AEUV primär, durch geeignete innerstaatliche Vorschriften den Regelungsgehalt von Art. 106 Abs. 1 AEUV durchzusetzen.

6   a) **Erfasste Unternehmen.** Anknüpfungspunkt von Art. 106 Abs. 1 AEUV ist das Tätigwerden von Unternehmen. Ebenso wie im übrigen EU-Wettbewerbsrecht ist der Unternehmensbegriff funktional zu verstehen. Unternehmen im Sinne von Art. 106 Abs. 1 AEUV ist daher jede Einheit, die eine wirtschaftliche Tätigkeit ausübt, „die darin besteht, Güter oder Dienstleistungen auf einem bestimmten Markt anzubieten"[6], unabhängig von ihrer Rechtsform und Finanzierung.[7] Auch eine mitgliedstaatliche Verwaltungseinheit kann daher von Art. 106 Abs. 1 AEUV erfasst werden, wenn sie Tätigkeiten wahrnimmt, für die zumindest potenziell ein Markt besteht.

7   Ein Unternehmen ist zumindest dann als öffentliches zu qualifizieren, wenn es von der Definition des Art. 2 Abs. 1 lit. b der auf Grundlage von Art. 106 Abs. 3 AEUV erlassenen Transparenzrichtlinie[8] erfasst wird. Danach ist ein öffentliches Unternehmen „jedes Unternehmen, auf das die öffentliche Hand aufgrund Eigentums, finanzieller Beteiligung, Satzung oder sonstiger Bestimmungen, die die Tätigkeit des Unternehmens regeln, unmittelbar oder mittelbar einen beherrschenden Einfluss ausüben kann". Erforderlich ist eine Steuerungsmöglichkeit der öffentlichen Hand ohne Rückgriff auf hoheitliche Instrumente.[9]

8   Neben öffentlichen Unternehmen erfasst Art. 106 Abs. 1 AEUV Unternehmen, denen die Mitgliedstaaten durch einen spezifischen Rechtsakt besondere oder ausschließliche Rechte einräumen. Dabei kann es sich auch um private Unternehmen handeln. Die Abgrenzung von ausschließlichen und besonderen Rechten ist ebenso schwierig wie innerhalb des Art. 106 Abs. 1 AEUV wegen der Rechtsfolgengleichheit bedeutungslos. Ausschließliche Rechte sind stets bei staatlich bedingten Monopolstellungen gegeben; besondere Rechte bleiben dahinter zurück, verleihen ihren Inhabern jedoch Befugnisse, die über diejenigen darüber nicht verfügender Unternehmen hinausgehen und zu einer Begünstigung der bevorrechtigten Unternehmen im Wettbewerb führen. Kennzeichnend ist stets die Verleihung eines Wettbewerbsvorteils.[10] Sofern Unternehmen bei Erfüllung bestimmter Voraussetzungen einen rechtlichen Anspruch auf die Verleihung einer derartigen Rechtsposition haben, liegt ein Recht im Sinne von Art. 106 Abs. 1 AEUV nicht vor.[11]

9   b) **Verbotene mitgliedstaatliche Maßnahmen.** Steht Art. 106 Abs. 1 AEUV der Existenz öffentlicher Unternehmen sowie der Schaffung von ausschließlichen und besonderen Rechten durch die Mitgliedstaaten auch nicht grundsätzlich entgegen, so beschränkt er die Möglichkeiten ihrer Instrumentalisierung erheblich. Die Vorschrift vermittelt eine umfassende Bindung an das Europarecht und soll einem mitgliedstaatlichen Missbrauch von der öffentlichen Hand besonders nahe stehenden Unternehmen zum Zwecke von

---

6 EuGH, U. v. 3.3.2011, Rs. C-437/09, Slg. 2011 I-973 Rn. 42 – *AG2R Prévoyance*.
7 EuGH, U. v. 23.4.1991, Rs. C-41/90, Slg. 1991, I-1979 Rn. 21 – *Höfner und Elser*.
8 Richtlinie 80/723/EWG, ABl. L 195/35 v. 29.7.1980, i.d.F. der Richtlinie 2005/81/EG, ABl. L 312/47 v. 29.11.2005.
9 *Jung*, in: Calliess/Ruffert, EUV/AEUV, Art. 106 AEUV Rn. 13.
10 EuGH, U. v. 12.12.2013, Rs. C-327/12 Rn. 42 – *SOA*.
11 *Klotz*, in: Schröter/Jakob/Klotz/Mederer, Europäisches Wettbewerbsrecht, Art. 106 AEUV Rn. 21 ff.; *Jung*, in: Calliess/Ruffert, EUV/AEUV, Art. 106 AEUV Rn. 16.

Vertragsverletzungen entgegenwirken. Neben den ausdrücklich in Art. 106 Abs. 1 AEUV genannten Bindungen an das allgemeine Diskriminierungsverbot und das EU-Wettbewerbsrecht bilden insbesondere die Grundfreiheiten einen bedeutsamen Maßstab für mitgliedstaatliche Maßnahmen in Bezug auf die erfassten Unternehmen.

Im Hinblick auf die Zielsetzung von Art. 106 Abs. 1 AEUV ist der Begriff der „Maßnahme" weit auszulegen. Erfasst sind sowohl rechtliche als auch tatsächliche Einflussnahmen aller Art seitens der Mitgliedstaaten, die spezifisch auf die bevorrechtigten Unternehmen bezogen sind. Es kann sich mithin um bereichsspezifische Normierungen, rechtlich bindende Einzelanordnungen oder – insbesondere bei öffentlichen Unternehmen – informelle Einflussnahmen handeln. **10**

Die Mitgliedstaaten haben mithin hinsichtlich der ihnen zulässigerweise besonders nahe stehenden Unternehmen alles zu unterlassen, was eine Verwirklichung der Zielsetzungen des europäischen Primärrechts in Frage zu stellen geeignet ist. Dies gilt unabhängig vom Tätigkeitsfeld dieser Unternehmen und betrifft auch solche, die gemeinwohlorientierte Leistungen erbringen und aufgrund dessen über besondere Rechtsstellungen verfügen. **11**

2. Zulässigkeit von funktional begründeten Privilegierungen

Die uneingeschränkte Bindung des mitgliedstaatlichen Regimes für Unternehmen, die gemeinwohlorientierte Leistungen erbringen, an die wettbewerbsorientierten Vorschriften des AEU-Vertrags kann im Einzelfall eine Erreichung der mit der Leistungserbringung verfolgten Zielsetzungen erschweren oder dieser sogar entgegenstehen. Um diese sowohl auf mitgliedstaatlicher als auch auf unionaler Ebene unerwünschte Folge der Anwendung des Europarechts zu verhindern, heben Art. 14 und Art. 106 Abs. 2 AEUV[12] die Bedeutung der Dienste von allgemeinem wirtschaftlichem Interesse hervor und stellen deren Erbringung teilweise von den wettbewerbsfördernden Anforderungen des Unionsrechts frei. **12**

Beide Vorschriften knüpfen dabei ausschließlich an die jeweils zu erbringende gemeinwohlorientierte Leistung an. Dem leistungserbringenden Unternehmen kommt demgegenüber keine eigenständige Bedeutung als Privilegierungsgrund zu. Art. 14 und 106 Abs. 2 AEUV gestatten insbesondere keine allgemeine mitgliedstaatliche Besserstellung öffentlicher Unternehmen im Wettbewerb. Während Art. 14 AEUV im Kern als Unionszielbestimmung zu qualifizieren ist,[13] enthält Art. 106 Abs. 2 AEUV eine Rechtfertigungsmöglichkeit für Abweichungen von den allgemeinen europarechtlichen Vorgaben.[14] Wegen des unterschiedlichen, leistungs- statt akteursbezogenen Anknüpfungspunkts von Art. 106 Abs. 2 AEUV lässt sich die Vorschrift zudem nicht ausschließlich als Ausnahmeregelung zu Art. 106 Abs. 1 AEUV verstehen. **13**

---

12 Zum ergänzenden „DAWI-Paket" der Kommission (Beschluss der Kommission 2012/21/EU über die Anwendung von Artikel 106 Absatz 2 des Vertrags über die Arbeitsweise der Europäischen Union auf staatliche Beihilfen in Form von Ausgleichsleistungen zugunsten bestimmter Unternehmen, die mit der Erbringung von Dienstleistungen von allgemeinem wirtschaftlichem Interesse betraut sind, ABl. 2012 L 7/3; Verordnung (EU) Nr. 360/2012 der Kommission über die Anwendung der Artikel 107 und 108 des Vertrags über die Arbeitsweise der Europäischen Union auf De-minimis-Beihilfen an Unternehmen, die Dienstleistungen von allgemeinem wirtschaftlichem Interesse erbringen, ABl. 2012 L 114/8; Mitteilung der Kommission über die Anwendung der Beihilfevorschriften der Europäischen Union auf Ausgleichsleistungen für die Erbringung von Dienstleistungen von allgemeinem wirtschaftlichem Interesse, ABl. 2012 C 8/2; Mitteilung der Kommission: Rahmen der Europäischen Union für staatliche Beihilfen in Form von Ausgleichsleistungen für die Erbringung öffentlicher Dienstleistungen, ABl. 2012 C 8/15) *Knauff*, ZG 28 (2013), S. 139; *Pauly/Jedlitschka*, DVBl. 2012, 1269 ff.
13 Näher *Knauff*, Der Gewährleistungsstaat: Reform der Daseinsvorsorge, S. 104 ff.; *ders.*, EuR 2010, 725 (730 ff.).
14 Fehlt es daran, bedarf es des Rückgriffs auf Art. 106 Abs. 2 AEUV nicht, vgl. EuGH, U. v. 24.7.2003, Rs. C-280/00, Slg. 2003, I-7747 – *Altmark Trans*.

14 **a) Dienste von allgemeinem wirtschaftlichem Interesse.** Ungeachtet der begrifflichen Abweichung in Art. 14 und 106 Abs. 2 AEUV, die einerseits von „Dienste(n)", andererseits von „Dienstleistungen von allgemeinem wirtschaftlichem Interesse" sprechen, ist ihr Schutzgegenstand identisch. Der Begriff der „Dienst(leistung)e(n)" geht dabei über den Dienstleistungsbegriff des Art. 56 AEUV hinaus und umfasst Leistungen aller Art,[15] so etwa auch die Versorgung mit elektrischer Energie oder Gas.[16]

15 Art. 14 und 106 Abs. 2 AEUV erfassen nur Dienste von „wirtschaftlichem" Interesse. Dabei handelt es sich um solche, die einen Marktbezug aufweisen.[17] Daran fehlt es bei Tätigkeiten rein hoheitlicher, sozialer oder kultureller Natur.[18] Diese fallen jedoch bereits grundsätzlich nicht in den Anwendungsbereich des AEU-Vertrags, so dass es spezifischer Regelungen zu ihrer Sicherstellung insofern nicht bedurfte. Art. 2 des Protokolls Nr. 26 zum Vertrag von Lissabon stellt dies explizit klar. In Art. 106 Abs. 2 AEUV kommt der Bezugnahme auf die wirtschaftliche Natur der Dienste neben dem darin ebenfalls verwendeten Unternehmensbegriff keine eigenständige Bedeutung zu, da dieser den (potenziellen) Marktbezug der in Frage stehenden Tätigkeiten bereits erfasst.

16 Das entscheidende Abgrenzungsmerkmal zu nicht privilegierbaren Tätigkeiten ist das Erfordernis des allgemeinen Interesses an der Leistungserbringung. Dies schließt Ausnahmen von der vollständigen Anwendung der Vertragsvorschriften zugunsten individueller oder Gruppeninteressen aus. Methodisch weist die Bestimmung eines allgemeinen Interesses Besonderheiten auf. Entgegen dem allgemeinen Grundsatz der europarechtsautonomen Auslegung europarechtlicher Rechtsbegriffe ist anerkannt, dass die Bestimmung eines allgemeinen Interesses grundsätzlich den Mitgliedstaaten obliegt.[19] Dies ist in der Natur der Leistungen und dem Zweck von Art. 14 und 106 Abs. 2 AEUV begründet. Die betreffenden Leistungen werden regelmäßig auf nationaler Ebene, häufig sogar nur lokal erbracht, nicht aber europäisch vorgegeben. Nur selten ist ein gesamteuropäisches Interesse an der Leistungserbringung gegeben. In Anbetracht dessen zielen Art. 14 und 106 Abs. 2 AEUV darauf ab, die Situationenvielfalt und Handlungsmöglichkeiten bezüglich gemeinwohlorientierter Leistungen in den Mitgliedstaaten zu erhalten, so dass diesen der primäre Zugriff auf die Leistungsbestimmung eingeräumt werden muss. Die mitgliedstaatliche Definitionsmacht unterliegt gleichwohl einer europäischen „Vertretbarkeitskontrolle",[20] um einen Missbrauch auszuschließen. Für die klassischen Bereiche öffentlicher Versorgung wie Energie-, Wasser- und Verkehrsversorgung sowie Telekommunikation und Post ist anerkannt, dass es sich um Dienste von allgemeinem wirtschaftlichem Interesse handelt.[21]

17 **b) Funktionssicherung.** Der AEU-Vertrag enthält für Dienste von allgemeinem wirtschaftlichem Interesse kein umfassendes Sonderregime. Wie insbesondere Art. 106 Abs. 2 S. 1 AEUV zu erkennen gibt, beanspruchen die Vorschriften des Vertrages grundsätzlich auch insoweit Geltung, so dass nach dem primärrechtlichen Grundansatz

---

15 *Jung*, in: Calliess/Ruffert, EUV/AEUV, Art. 14 AEUV Rn. 12.
16 Vgl. etwa EuGH, U. v. 27.4.1994, Rs. C-393/92, Slg. 1994, I-1477 Rn. 47 ff. – *Almelo*.
17 KOM(96) 443 endg. v. 11.9.1996, S. 5; sowie KOM(2003) 270 final v. 21.5.2003, S. 14.
18 Vgl. mit Bezug zum Unternehmensbegriff EuGH, U. v. 17.2.1993, Rs. C-159/91, Slg. 1993, I-637 Rn. 20 f. – *Poucet*; U. v. 19.1.1994, Rs. C-364/92, Slg. 1994, I-43 Rn. 31 – *Eurocontrol*.
19 Vgl. bereits EuGH, U. v. 20.3.1985, Rs. 41/83, Slg. 1985, 873 Rn. 30 – *Italien/Kommission*; von einem „weiten Ermessen der Mitgliedstaaten" spricht EuGH, U. v. 8.5.2013, Rs. C-197/11 Rn. 88 – *Libert*; U. v. 20.12.2017, Rs. C-66/16 P bis C-69/16 P Rn. 70 – *Comunidad Autónoma del País Vasco u. a./Kommission*.
20 *Pielow*, Grundstrukturen öffentlicher Versorgung, 2001, S. 81; ähnlich EuG, U. v. 12.2.2008, Rs. T-289/03, Slg. 2008, II-81 Rn. 169 – *BUPA*; U. v. 22.10.2008, verb. Rs. T- 309/04, T-317/04, T-329/04 und T-336/04, ZUM 2009, 208 Rn. 102 – *TV2*; implizit EuGH, U. v. 20.12.2017, Rs. C-66/16 P bis C-69/16 P Rn. 71 ff. – *Comunidad Autónoma del País Vasco u. a./Kommission*.
21 Vgl. *Jung*, in: Calliess/Ruffert, EUV/AEUV, Art. 106 AEUV Rn. 43 m. w. N.

gemeinwohlorientierte Leistungen grundsätzlich diskriminierungsfrei und unter Beachtung des europäischen Wettbewerbsrechts, des Beihilfenrechts sowie der Grundfreiheiten zu erbringen sind. Aus Art. 14 AEUV, der im Grundsatzteil des AEU-Vertrags verankert ist und somit ein vergleichbares Gewicht wie das in den Gemeinsamen Bestimmungen des EU-Vertrags enthaltene Binnenmarktziel, Art. 3 Abs. 3 EUV, aufweist, folgt jedoch zugleich, dass diese Leistungen als eigenständiger, europarechtlich anerkannter Wert anzusehen sind und ihr Funktionieren sicherzustellen ist. Wie die Bezugnahme auf Art. 93, 106 und 107 AEUV verdeutlicht, lässt Art. 14 AEUV den in Art. 106 Abs. 1 und 2 S. 1 AEUV sichtbar werdenden Grundansatz des AEU-Vertrags jedoch unberührt. Dies steht ihrer Wirkung als Auslegungsdirektive allerdings nicht entgegen,[22] wenngleich Art. 106 Abs. 2 AEUV als Ausnahmevorschrift grundsätzlich eng auszulegen ist.

Die Zulässigkeit von Abweichungen von den allgemeinen europarechtlichen Anforderungen bei der Leistungserbringung im konkreten Fall ist bis zum Erlass von Sekundärrecht auf Grundlage von Art. 14 S. 2 AEUV ausschließlich anhand von Art. 106 Abs. 2 AEUV zu beurteilen. Danach gilt das Europarecht für mit Dienstleistungen von allgemeinem wirtschaftlichem Interesse betraute Unternehmen[23] uneingeschränkt „soweit die Anwendung dieser Vorschriften nicht die Erfüllung der ihnen übertragenen besonderen Aufgabe rechtlich oder tatsächlich verhindert" (S. 1) und eine Beeinträchtigung des innergemeinschaftlichen Handelsverkehrs nicht in einem dem Gemeinschaftsinteresse widersprechenden Ausmaß erfolgt (S. 2). Die Inanspruchnahme einer Ausnahme nach Art. 106 Abs. 2 AEUV durch ein gemeinwohlorientierte Leistungen erbringendes Unternehmen ist mithin an die Erfüllung formaler und materieller Voraussetzungen geknüpft.

Formal ist eine Betrauung eines konkreten, zumindest individualisierbaren Unternehmens mit einer spezifischen Aufgabe erforderlich. Die bloße Leistungserbringung lässt selbst bei öffentlichen Unternehmen die uneingeschränkte Geltung des Europarechts nicht entfallen. Es bedarf vielmehr eines mitgliedstaatlichen Handelns. Dieses kann eine hoheitliche Verpflichtung zur Leistungserbringung sein, aber auch eine sonstige, jedoch klar bestimmte[24] Überantwortung der Aufgabenerfüllung an ein Unternehmen, etwa durch Vertrag oder aus dem Gesamtzusammenhang heraus.[25] Die Mitgliedstaaten verfügen bei der Wahl der Rechtsform von Betrauungsakten über ein weites Ermessen.[26] Einer mitgliedstaatlichen Eigenerbringung steht das Europarecht nicht entgegen, wie Art. 14 S. 2 AEUV durch die explizite Bezugnahme auf die „Zuständigkeiten der Mitgliedstaaten, diese Dienste (…) zur Verfügung zu stellen", verdeutlicht.

In materieller Hinsicht setzt die Inanspruchnahme einer Ausnahme von europarechtlichen Vorgaben zunächst voraus, dass die Erbringung der in Frage stehenden Dienste im allgemeinen wirtschaftlichen Interesse bei deren Beachtung nicht nur erschwert, sondern verhindert wird. Eine Verhinderung ist dabei nach der Rechtsprechung des EuGH

---

22 *Badura*, in: FS Oppermann, 2001, S. 571 (578); ausführlich zur Problematik *Knauff*, Der Gewährleistungsstaat: Reform der Daseinsvorsorge, S. 110 ff. m. w. N.; für eine Auswirkung aller primärrechtlichen Vorgaben über Dienstleistungen von allgemeinem wirtschaftlichem Interesse auf die Auslegung von Sekundärrecht siehe EuGH, U. v. 7.9.2016, Rs. C-121/15 Rn. 40 – *ANODE*; U. v. 30.4.2020, Rs. C-5/19 Rn. 58 – *vergas Mrezhi und Balgarska gazova asotsiatsia*.
23 Entsprechendes gilt nach Art. 106 Abs. 2 AEUV auch für Finanzmonopole. Dabei handelt es sich um Unternehmen, deren Leistungserbringung monopolisiert wurde, um dem Staat eine besondere Einnahmequelle zu verschaffen; dazu zusammenfassend *Jung*, in: Calliess/Ruffert, EUV/AEUV, Art. 106 AEUV Rn. 45 f.
24 EuG, U. v. 16.7.2014, Rs. T-309/12 Rn. 135 ff. – *Zweckverband Tierkörperbeseitigung*.
25 Zum Betrauungsbegriff umfassend *Badenhausen-Fähnle*, Die Betrauung, 2017; zusammenfassend *Knauff*, in: Loewenheim/Meessen/Riesenkampff/Kersting/Meyer-Lindemann, Kartellrecht, Art. 106 AEUV Rn. 65 ff.
26 EuG, U. v. 7.12.2012, Rs. T-137/10 Rn. 107 – *CBI*.

nicht nur dann gegeben, wenn die Aufgabenerfüllung unmöglich ist, sondern wenn sie nur gefährdet wird.[27] Das Vorliegen einer Gefährdung bejaht der EuGH bereits für den Fall, dass die Aufgabe andernfalls nicht unter wirtschaftlich tragbaren Bedingungen wahrgenommen werden könnte.[28] Diese Auslegung des Verhinderungsbegriffs ist selbst unter Berücksichtigung der Wertung des Art. 14 AEUV zu weit. Zu fordern ist zumindest das Vorliegen einer spürbaren Beeinträchtigung.[29] Der Nachweis des Vorliegens einer Verhinderung obliegt im Streitfall dem Mitgliedstaat, der sich darauf beruft.[30] Gleiches gilt für die Erforderlichkeit der ergriffenen Maßnahme.[31] Ihre Grenze findet die Möglichkeit der Inanspruchnahme von Ausnahmen nach Art. 106 Abs. 2 AEUV in Satz 2 der Vorschrift. Daraus folgt, dass eine sehr weitgehende Suspendierung des Europarechts daher auch im Interesse gemeinwohlorientierter Leistungen nicht erfolgen darf.[32]

3. Ausgestaltungszuständigkeit

21 Art. 14 AEUV weist die primäre Regelungszuständigkeit für Dienstleistungen von allgemeinem wirtschaftlichem Interesse den Mitgliedstaaten zu. Allerdings enthält Satz 2 der Vorschrift eine explizite Regelungsermächtigung für die EU, die Ausdruck der stärkeren Betonung der sozialen Komponente der europäischen Integration durch den Lissabonner Vertrag ist.

22 Die Regelungskompetenz für Dienstleistungen von allgemeinem wirtschaftlichem Interesse berechtigt die EU gleichwohl nur unter zahlreichen Einschränkungen. Die Mitgliedstaaten waren nicht bereit, der EU in den betroffenen, politisch höchst relevanten Bereichen einen uneingeschränkten Gestaltungsspielraum einzuräumen. Art. 14 S. 1 AEUV verweist daher auf Art. 4 EUV und auf die „jeweiligen Befugnisse" von EU und Mitgliedstaaten. Art. 14 S. 2 AEUV stellt zudem die Zuständigkeit der Mitgliedstaaten für die Erbringung, Organisation und Finanzierung der erfassten Dienstleistungen heraus. In ihrer Gesamtheit verschafft die Norm der EU somit in materieller Hinsicht grundsätzlich keine neuen Zuständigkeiten. Dies bestätigt auch Art. 1 des dem Vertrag von Lissabon beigefügten Protokolls Nr. 26, welches die Gestaltungskompetenzen der Mitgliedstaaten im Hinblick auf Dienstleistungen von allgemeinem wirtschaftlichem Interesse nochmals herausstellt.[33]

23 Die Inanspruchnahme von Rechtsetzungskompetenzen im Hinblick auf Dienstleistungen von allgemeinem wirtschaftlichem Interesse knüpft Art. 14 S. 2 AEUV zunächst an formale Voraussetzungen. Bemerkenswerterweise beschränkt die Norm die Form der Sekundärrechtsetzung entgegen dem europarechtlichen Grundansatz, Art. 296 Abs. 1 AEUV, und trotz der tendenziell stärkeren Regelungswirkungen infolge der unmittelbaren Geltung auf Verordnungen gemäß Art. 288 Abs. 2 AEUV. Dabei darf es sich, wie

---

27 EuGH, U. v. 23.10.1997, Rs. C-157/94, Slg. 1997, I-5699 Rn. 45 – *Kommission/Niederlande*; U. v. 21.9.1999, verb. Rs. C-115/97 bis 117/97, Slg. 1999, I-6025 Rn. 107 – *Brentjens*.
28 EuGH, U. v. 19.5.1993, Rs. C-320/91, Slg. 1993, I-2533 Rn. 16 – *Corbeau*; U. v. 25.10.2001 – Rs. C-475/99, Slg. 2001, I-8089 Rn. 61 – *Ambulanz Glöckner*; U. v. 8.3.2017, Rs. C-660/15 P Rn. 30 – *Viasat Broadcasting UK/ Kommission*.
29 *Knauff*, in: Loewenheim/Meessen/Riesenkampff/Kersting/Meyer-Lindemann, Kartellrecht, Art. 106 Rn. 80; kritisch zur EuGH-Rechtsprechung auch *Klotz*, in: Schröter/Jakob/Klotz/Mederer, Europäisches Wettbewerbsrecht, Art. 106 AEUV Rn. 79 ff.
30 EuGH, U. v. 23.10.1997, Rs. C-157/94, Slg. 1997, I-5699 Rn. 53 – *Kommission/Niederlande*; U. v. 7.11.2018, Rs. C-171/17 Rn. 92 – *Kommission/Ungarn*; siehe auch *Kühling/Geilmann/Weck*, ZHR 182 (2018), 539 (558 f.).
31 EuGH, U. v. 25.6.1998, Rs. C-203/96, Slg. 1998, I-4075 Rn. 67 – *Dusseldorp*.
32 Vgl. auch EuGH, U. v. 8.3.2017, Rs. C-660/15 P Rn. 29 – *Viasat Broadcasting UK/Kommission*; U. v. 3.9.2020, Rs. C-817/18 P Rn. 97 – *Vereniging tot Behoud van Natuurmonumenten in Nederland u. a./Vereniging Gelijkberechtiging Grondbezitters u. a.*
33 Im Einzelnen dazu *Schorkopf*, WiVerw 2008, 253 ff.; *Ruge*, WiVerw 2008, 263 ff.

die Bezugnahme auf das ordentliche Gesetzgebungsverfahren nach Art. 289, 294 AEUV klarstellt, nicht um von der Kommission erlassene, delegierte Rechtsakte im Sinne von Art. 290 AEUV handeln. Dadurch ist sichergestellt, dass die im Rat vertretenen Mitgliedstaaten einen entscheidenden Einfluss auf die Rechtsetzungstätigkeit der EU im Bereich gemeinwohlorientierter Leistungen ausüben können und insbesondere dessen politisch unerwünschte „Europäisierung" zu verhindern imstande sind. Allerdings schränkt Art. 14 S. 2 AEUV die Regelungskompetenzen der Kommission auf Grundlage von Art. 106 Abs. 3 AEUV nicht ein. Diese betreffen jedoch allein die Durchsetzung des Art. 106 Abs. 1 und 2 AEUV und verfügen daher über einen stark beschränkten Anwendungsbereich.

24 In materieller Hinsicht berechtigt Art. 14 AEUV die EU ausschließlich zur Regelung der „Grundsätze und Bedingungen" der erfassten Dienste. Diese Vorgabe fügt sich in die restriktive Ausgestaltung der Kompetenz der EU zum Erlass von Sekundärrecht im Hinblick auf Dienstleistungen von allgemeinem wirtschaftlichem Interesse ein. Der Erlass inhaltlicher Vollregelungen durch die EU ist daher ausgeschlossen. Vielmehr kann die EU auf Grundlage des Art. 14 S. 2 AEUV allein Rahmenregelungen erlassen, welche den Mitgliedstaaten einen Ausgestaltungsspielraum belassen. Insoweit besteht jedoch ein Spannungsverhältnis zur ausschließlich vorgesehenen Regelungsform der Verordnung, da Verordnungen gerade der Schaffung von abschließenden Vollregelungen durch die EU dienen. In Anbetracht dieser Ausgestaltung der Regelungskompetenz der EU und dem fehlenden politischen Willen der Mitgliedstaaten zur „Europäisierung der Daseinsvorsorge" und anderer gemeinwohlorientierter Leistungen erscheint nicht ausgeschlossen, dass sich die Bedeutung von Art. 14 S. 2 AEUV dauerhaft in ihrer Symbolik erschöpfen wird.

III. Fallgestaltungen

25 Angesichts des vielfältigen Einsatzes von öffentlichen Unternehmen und des Bestehens bereichsspezifischer Sonderregelungen in einigen EU-Mitgliedstaaten ist Art. 106 AEUV in der Rechtsprechung des EuGH regelmäßig präsent. Betonte der EuGH in seinen Entscheidungen vor 1993 regelmäßig die Bedeutung und Notwendigkeit der uneingeschränkten Anwendung des europäischen Rechts, ist seit dem *Corbeau*-Urteil[34] eine stärkere Akzeptanz mitgliedstaatlicher Abweichungen erkennbar.

1. Unzulässigkeit ausschließlicher Rechte

26 Die Monopolisierung der Leistungserbringung führt zu einer schwerwiegenden Beeinträchtigung der Marktmechanismen und steht der Verwirklichung der Grundfreiheiten in den betroffenen Bereichen entgegen. Die Mitgliedstaaten greifen gleichwohl vielfach auf dieses Instrument zurück. Nach der Rechtsprechung des EuGH ist eine Monopolisierung zwar nicht grundsätzlich unzulässig,[35] jedoch muss sie zur Zielerreichung notwendig sein und darf dieser nicht entgegenstehen. Andernfalls verstößt bereits die Einräumung ausschließlicher Rechte gegen Europarecht.

27 **EuGH, Urteil vom 23.4.1991 – Rs. C-41/90, Slg. 1991, I-1979 –** *Höfner und Elser*
In der Bundesrepublik Deutschland war die Vermittlung von Arbeitskräften gesetzlich bei der öffentlich-rechtlichen Bundesanstalt für Arbeit monopolisiert. Darin eingeschlossen war auch die Vermittlung von Führungskräften, die von der Bundesanstalt jedoch in der Praxis nicht erfolgreich vorgenommen werden konnte, so dass das Tätigwerden privater Arbeitsvermittler

---

34 EuGH, U. v. 19.5.1993, Rs. C-320/91, Slg. 1993, I-2533.
35 EuGH, U. v. 30.4.1974, Rs. 155/73, Slg. 1974, 407 Rn. 14 – *Sacchi*; U. v. 10.12.1991, Rs. C-179/90, Slg. 1991, I-5889 Rn. 16 – *Merci convenzionali porto di Genova*.

insoweit geduldet wurde. Verstöße gegen das Dritten gegenüber bestehende Vermittlungsverbot waren gleichwohl als Ordnungswidrigkeiten bußgeldbewehrt, Vermittlungsverträge mit privaten Personalagenturen nach § 134 BGB nichtig. Im Rahmen einer Streitigkeit aus einem solchen Vermittlungsvertrag legte das OLG München dem EuGH die Frage nach der Vereinbarkeit des bestehenden Arbeitsvermittlungsmonopols mit dem Europarecht zur Vorabentscheidung vor.

28 Der EuGH sah das Monopol in seiner bestehenden Form als mit dem Europarecht unvereinbar an. Er qualifizierte die Bundesanstalt für Arbeit als Unternehmen im Sinne des europäischen Wettbewerbsrechts. Diese nehme bei der Vermittlung von Arbeitskräften eine wirtschaftliche Tätigkeit vor. „Dass die Vermittlungstätigkeit normalerweise öffentlich-rechtlichen Anstalten übertragen ist, spricht nicht gegen die wirtschaftliche Natur dieser Tätigkeit. Die Arbeitsvermittlung ist nicht immer von öffentlichen Einrichtungen betrieben worden und muss nicht notwendig von solchen Einrichtungen betrieben werden. Diese Feststellung gilt insbesondere für die Tätigkeiten zur Vermittlung von Führungskräften der Wirtschaft." Bei der Arbeitsvermittlung handle es sich zudem um eine Dienstleistung von allgemeinem wirtschaftlichem Interesse. Art. 106 Abs. 2 AEUV sei daher grundsätzlich anwendbar.

29 Daraufhin prüfte der EuGH das Arbeitsvermittlungsmonopol am Maßstab des Art. 101 AEUV. Die Inanspruchnahme einer Ausnahme hiervon nach Art. 106 Abs. 2 AEUV komme jedenfalls insoweit nicht in Betracht, als eine Verhinderung der Aufgabenerfüllung ausgeschlossen sei, „wenn die Anstalt offenkundig nicht in der Lage ist, die Nachfrage auf dem Markt nach solchen Leistungen zu befriedigen, und eine Beeinträchtigung ihres Monopols durch die genannten Unternehmen in der Praxis duldet. Obgleich sich [Art. 102 AEUV] an Unternehmen richtet und in den Grenzen des [Art. 106 Abs. 2 AEUV] auf öffentliche Unternehmen oder Unternehmen mit ausschließlichen oder besonderen Rechten Anwendung findet, begründet der Vertrag doch auch für die Mitgliedstaaten die Verpflichtung, keine Maßnahmen zu treffen oder beizubehalten, die die praktische Wirksamkeit dieser Bestimmung ausschalten könnten (...). So sieht [Art. 106 Abs. 1 AEUV] vor, dass die Mitgliedstaaten in Bezug auf öffentliche Unternehmen und auf Unternehmen, denen sie besondere oder ausschließliche Rechte gewähren, keine dem Vertrag und insbesondere den [Art. 101 bis 109 AEUV] widersprechende Maßnahmen treffen oder beibehalten. Deshalb wäre eine Maßnahme eines Mitgliedstaats, durch die eine Gesetzesbestimmung beibehalten würde, die eine Lage schafft, in der eine öffentlich-rechtliche Anstalt für Arbeit zwangsläufig gegen [Art. 102 AEUV] verstoßen muss, mit dem Vertrag unvereinbar.

30 In diesem Zusammenhang ist erstens darauf zu verweisen, dass ein mit einem gesetzlichen Monopol ausgestattetes Unternehmen als im Besitz einer beherrschenden Stellung im Sinne des [Art. 102 AEUV] angesehen werden kann (...) und das Gebiet eines Mitgliedstaats, auf das sich dieses Monopol erstreckt, einen wesentlichen Teil des Gemeinsamen Marktes darstellen kann (...). Zweitens ist festzustellen, dass die Schaffung einer beherrschenden Stellung durch die Gewährung eines ausschließlichen Rechts im Sinne des [Art. 106 Abs. 1 AEUV] als solche noch nicht mit [Art. 102 AEUV] unvereinbar ist (...). Ein Mitgliedstaat verstößt nämlich gegen die Verbote dieser beiden Bestimmungen nur, wenn das betreffende Unternehmen durch die bloße Ausübung des ihm übertragenen ausschließlichen Rechts seine beherrschende Stellung missbräuchlich ausnutzt. Nach [Art. 102 Abs. 2 lit. b AEUV] kann ein solcher Missbrauch insbesondere in einer Beschränkung der Leistung zum Schaden derjenigen, die betreffende Dienstleistung in Anspruch nehmen wollen, bestehen. Ein Mitgliedstaat schafft eine Lage, in der die Leistung beschränkt wird, wenn das Unternehmen, dem er ein ausschließliches Recht übertragen hat, das sich auf Tätigkeiten zur Vermittlung von Führungskräften der Wirtschaft erstreckt, offenkundig nicht in der Lage ist, die Nachfrage auf dem Markt nach solchen Leistungen zu befriedigen, und wenn die tatsächliche Ausübung dieser Vermittlungstätigkeiten durch private Personalberatungsunternehmen durch die Beibehaltung einer Gesetzesbestimmung unmöglich gemacht wird, die diese Tätigkeiten bei Strafe der Nichtigkeit der entsprechenden Verträge verbietet." Abschließend bejahte der EuGH das Vorliegen einer potenziellen Handelsbeschränkung, wegen der Unbeschränktheit des Vermittlungsverbots.

Anmerkung: Die zentrale Erkenntnis der *Höfner und Elser*-Entscheidung des EuGH liegt darin, dass bereits die Monopolisierung der Erbringung einer dem Gemeinwohl dienenden Leistung mit dem Europarecht unvereinbar ist, wenn dies zwingend zum Missbrauch der dadurch geschaffenen marktbeherrschenden Stellung des Leistungserbringers führt. Art. 106 Abs. 1 AEUV setzt zwar die Möglichkeit der Schaffung ausschließlicher Rechte für Unternehmen in den Mitgliedstaaten voraus, fordert aber deren Übereinstimmung mit dem europäischen Wettbewerbsrecht und bewirkt dadurch letztlich eine Beschränkung der mitgliedstaatlichen Gestaltungsmöglichkeiten. Deren Ausweitung auf Grundlage von Art. 106 Abs. 2 AEUV kommt jedenfalls insoweit nicht in Betracht, als die Erfüllung der im allgemeinen Interesse liegenden Aufgabe nicht gewährleistet ist.[36] In einem solchen Fall bleibt es bei der uneingeschränkten Geltung des Europarechts, da dann die Voraussetzungen der ausschließlich funktional begründeten Ausnahmeregelung nicht vorliegen. Weitergehend hat der EuGH in seiner *DEI*-Entscheidung, die sich auf einen vom griechischen Staat beherrschten Stromerzeuger bezog, dem über 90 % des Rechts zum Abbau von Braunkohle übertragen und damit eine marktbeherrschende Stellung eingeräumt wurde, einen Verstoß gegen die Art. 106 Abs. 1, 102 AEUV bejaht, weil der griechische Staat dadurch eine Situation geschaffen habe, in der die Marktchancen aufgrund unterschiedlicher Zugangsmöglichkeiten zu einem für die Stromerzeugung wichtigen Rohstoff unterschiedlich verteilt seien. Der EuGH entschied, dass ein Rechtsverstoß „unabhängig vom tatsächlichen Vorliegen eines Missbrauchs vorliegen kann. Es kommt nur darauf an, dass die Kommission eine potenzielle oder tatsächliche wettbewerbswidrige Wirkung feststellt, die sich aus der betreffenden staatlichen Maßnahme ergeben könnte. Ohne dass es erforderlich wäre, das tatsächliche Bestehen einer missbräuchlichen Verhaltensweise nachzuweisen, kann demnach ein solcher Verstoß festgestellt werden, wenn die betreffenden staatlichen Maßnahmen die Struktur des Marktes dadurch beeinträchtigen, dass sie ungleiche Wettbewerbsbedingungen zwischen den Unternehmen schaffen, indem sie es dem öffentlichen Unternehmen oder dem Unternehmen, dem besondere oder ausschließliche Rechte gewährt wurden, ermöglichen, seine beherrschende Stellung – beispielsweise durch Behinderung neuer Markteintritte – aufrechtzuerhalten oder zu stärken oder auf einen anderen Markt auszudehnen, wodurch der Wettbewerb beschränkt würde."[37] Einem tatsächlichen Missbrauch eines ausschließlichen oder besonderen Rechts ist mithin die Situation gleichgestellt, dass ein solcher praktisch kaum vermeidbar ist.

Davon zu unterscheiden ist der Fall, dass die Monopolisierung auf Leistungen erstreckt wird, die einen inneren Zusammenhang mit einer Dienstleistung von allgemeinem wirtschaftlichem Interesse aufweisen und deren wirtschaftliche Erbringung ermöglichen. So hat der EuGH in seiner *Ambulanz Glöckner*-Entscheidung die Monopolisierung von Krankentransporten im Zusammenhang mit Rettungstransporten insoweit nicht beanstandet, als diese einen Beitrag zur Kostensenkung leisteten und kein hinter der Nachfrage zurückbleibendes Angebot zur Folge hatten.[38] Für Postdienste entschied der EuGH bereits zuvor in der Rechtssache *Corbeau*, dass Art. 106 AEUV zwar einer Monopolisierung der Leistungserbringung über den Bereich der Dienstleistungen von allge-

---

36 Vgl. auch EuGH, U. v. 21.9.1999, verb. Rs. C-115/97 bis 117/97, Slg. 1999, I-6025 Rn. 95 – *Brentjens*; U. v. 8.6.2000, Rs. C-258/98, Slg. 2000, I-4217 Rn. 13 – *Carra*.
37 EuGH, U. v. 17.7.2014, C-553/12 P Rn. 46 f. – *Kommission/DEI*.
38 EuGH, U. v. 25.10.2001 – Rs. C-475/99, Slg. 2001, I-8089 Rn. 30 ff.

meinem wirtschaftlichem Interesse hinaus, insbesondere von mit einem qualitativen Mehrwert verbundenen Leistungen, grundsätzlich entgegensteht.[39] Etwas anderes gilt aber dann, wenn andernfalls das wirtschaftliche Gleichgewicht der Erbringung der gemeinwohlorientierten Leistungen in Frage gestellt würde.[40]

33 Neben den Grenzen der Einräumung ausschließlicher Rechte verdeutlicht das Urteil in der Rechtssache *Höfner und Elser* den funktionalen Unternehmensbegriff des europäischen Wettbewerbsrechts. Auch eine Verwaltungseinheit wie die (damalige) Bundesanstalt (heutige Bundesagentur) für Arbeit, deren Leistungen für die Nutzer kostenfrei erbracht und aus Sozialversicherungsbeiträgen finanziert werden, wird wegen der Qualifikation ihrer Tätigkeit als marktbezogene von den Art. 101 ff. AEUV erfasst.[41] Dies bedeutet zugleich, dass die Mitgliedstaaten nicht durch organisatorische Entscheidungen über die Anwendbarkeit des EU-Rechts disponieren können.

2. Gemeinwohlorientierung und Umfang von Ausnahmen

34 Neben der Frage der Zulässigkeit der Monopolisierung einer Leistung bilden vor allem die Feststellung des allgemeinen Interesses an der Leistungserbringung und die Reichweite der hierfür erforderlichen Ausnahmen von der Beachtung des europäischen Rechts Schwerpunkte der EuGH-Rechtsprechung.

35 **EuGH, Urteil vom 18.6.1998 – Rs. C-266/96, Slg. 1998, I-3949 –** *Corsica Ferries France*
In den Häfen von Genua und La Spezia mussten anlegende Schiffe die Dienste der dem jeweiligen Hafen zugehörigen Festmachergruppen in Anspruch nehmen. Die hierfür zu zahlenden Tarife wichen in den Häfen voneinander ab, überstiegen aber in beiden Fällen die tatsächlichen Kosten der erbrachten Leistungen erheblich. In einem auf diese Tarife bezogenen Rechtsstreit legte das zuständige italienische Gericht dem EuGH u. a. die Frage nach der Übereinstimmung dieser Rechtslage mit Art. 106 AEUV vor.

36 Der EuGH beanstandete die Ausgestaltung der maßgeblichen Regelungen des nationalen Rechts nicht. Wegen des Umfangs des Verkehrs in den Häfen und deren herausgehobener Bedeutung für den Handel innerhalb der EU qualifizierte der EuGH den Markt für Festmachmanöver auf Rechnung Dritter in den Häfen von Genua und La Spezia als wesentlichen Teil des Binnenmarktes. Aus dem gesetzlichen Monopol für Festmacherdienste folge eine marktbeherrschende Stellung der diese erbringenden Unternehmen.

37 Bei der Prüfung des Missbrauchs dieser Stellung befasste sich der EuGH mit Art. 106 Abs. 2 AEUV. Es sei „zu untersuchen, ob die Dienstleistung des Festmachens als eine Dienstleistung von allgemeinem wirtschaftlichem Interesse im Sinne dieser Bestimmung anzusehen ist, und, falls ja, ob erstens die Erfüllung dieser besonderen Aufgabe nur durch Dienstleistungen gesichert werden kann, für die ein die tatsächlichen Kosten der Dienstleistungen übersteigendes Entgelt zu entrichten ist und deren Tarife für die einzelnen Häfen unterschiedlich sind, und ob zweitens die Entwicklung des Handelsverkehrs nicht in einem Ausmaß beeinträchtigt wird, das dem Interesse der Gemeinschaft zuwiderläuft". Das Vorliegen eines allgemeinen wirtschaftlichen Interesses bejahte der EuGH ebenso wie die grundsätzliche Zulässigkeit kostenübersteigender und voneinander abweichender Tarife: „Die Festmacher sind nämlich verpflichtet, jederzeit für alle Hafenbenutzer einen allgemeinen Festmacherdienst bereitzustellen, und zwar aus Grün-

---

39 Zur Zulässigkeit von Sonderregeln zur Finanzierung des Post-Universaldienstes jenseits der Einräumung ausschließlicher Rechte siehe auch EuGH, U. v. 17.5.2001, Rs. C-340/99, Slg. 2001, I-4109 – *TNT Traco*.
40 EuGH, U. v. 19.5.1993, Rs. C-320/91, Slg. 1993, I-2533 Rn. 16 ff. – *Corbeau*; entsprechend in sekundärrechtlichem Zusammenhang für grenzüberschreitende Postdienstleistungen EuGH, U. v. 15.11.2007, Rs. C-162/06, Slg. 2007, I-9911 Rn. 26 ff. – *International Mail Spain*.
41 Parallel zur staatlichen Arbeitsvermittlungsstelle in Italien EuGH, U. v. 11.12.1997, Rs. C-55/96, Slg. 1997, I-7119 Rn. 20 ff. – *Job Centre*.

den der Sicherheit in den Hafengewässern. Jedenfalls durfte es die Italienische Republik aus Gründen der öffentlichen Sicherheit für erforderlich halten, örtlichen Festmachergruppen das ausschließliche Recht einzuräumen, den allgemeinen Festmacherdienst sicherzustellen. Unter diesen Voraussetzungen verstößt es nicht gegen die [Art. 102 und 106 Abs. 1 AEUV], in den Preis der Dienstleistung einen Bestandteil aufzunehmen, durch den die Kosten der Bereitstellung des allgemeinen Festmacherdienstes gedeckt werden sollen, soweit dieser Bestandteil den zusätzlichen Kosten entspricht, die sich aus den besonderen Merkmalen dieser Dienstleistung ergeben, und für diese Dienstleistung aufgrund der besonderen Situation jedes Hafens unterschiedliche Tarife vorzusehen." Zur Frage einer dem Unionsinteresse zuwiderlaufenden Handelsbeeinträchtigung äußerte sich der EuGH nicht.

Anmerkung: Die Entscheidung des EuGH in der Rechtssache *Corsica Ferries France* verdeutlicht, dass eine Identität zwischen dem europarechtlichen Rechtsbegriff der „Dienstleistungen von allgemeinem wirtschaftlichen Interesse" und den in der deutschen Rechtstradition verankerten Vorstellungen der „Daseinsvorsorge" nicht besteht. Insbesondere beschränkt sich der im AEU-Vertrag verwendete Terminus nicht auf Versorgungsleistungen, sondern geht deutlich darüber hinaus. Gleichwohl umfasst er nicht jede Tätigkeit, die einen mittelbaren Bezug zum Gemeinwohl aufweist.[42] **38**

Bei der Prüfung des Missbrauchs der Monopolstellung wegen der die Kosten der erbrachten Festmacherleistungen deutlich übersteigenden Tarife zieht der EuGH Art. 102 und 106 Abs. 2 AEUV zusammen. Weil bei Diensten von allgemeinem wirtschaftlichem Interesse eine Aufgabenerfüllung jederzeit sicherzustellen ist, sind Tarife anders als außerhalb des Anwendungsbereichs von Art. 106 Abs. 2 AEUV[43] nicht als missbräuchlich anzusehen, die die Kosten der bloßen Bereitstellung neben dem unmittelbaren Leistungswert abdecken. **39**

EuGH, Urteil vom 10.2.2000 – verb. Rs. C-147/97 und C-148/97, Slg. 2000, I-825 – **40**
Deutsche Post
Art. 25 des Weltpostvertrags erlaubt den Staaten die Untersagung des „Remailing". Dabei handelt es sich um die in der Absicht, von ausländischen niedrigeren Gebühren für die Briefbeförderung zu profitieren, vorgenommene (massenhafte) Versendung von Briefsendungen aus einem anderen Staat, als demjenigen, in dem der Absender ansässig ist. Bei Verstößen sieht § 3 der Regelung u. a. die Möglichkeit der Erhebung von Inlandsgebühren vor. Davon machte die Deutsche Post im Hinblick auf die Briefsendungen zweier europaweit tätiger Bank- bzw. Kreditkartenunternehmen Gebrauch, deren in Deutschland ansässige Gesellschaften sich bei der Verschickung zentraler Versender in Belgien bzw. Dänemark bedienten. Im Rahmen eines Rechtsstreits um die Berechtigung des Zahlungsverlangens der Deutschen Post legte das OLG Frankfurt dem EuGH die Frage der Vereinbarkeit der Erhebung von Inlandsgebühren für im Ausland eingelieferte Postsendungen zur Vorabentscheidung vor.

Der EuGH beanstandete die Erhebung von Inlandsgebühren im Falle des Remailing im Grundsatz nicht. Er stellte fest, dass die Deutsche Post aufgrund ihres (damals gesetzlich vorgesehenen) ausschließlichen Rechts auf das Einsammeln, Befördern und Zustellen von Postsendungen in Deutschland eine marktbeherrschende Stellung in einem wesentlichen Teil des Binnenmarktes innehabe. Zwar sei „die Tatsache, dass ein Mitgliedstaat durch die Gewährung ausschließlicher Rechte eine beherrschende Stellung geschaffen hat, für sich genommen nicht mit [Art. 102 AEUV] unvereinbar; dennoch verpflichtet **41**

---
42 Ablehnend hinsichtlich Hafenarbeiten allgemeiner Art EuGH, U. v. 10.12.1991, Rs. C-179/ 90, Slg. 1991, I-5889 Rn. 27 – *Merci convenzionali porto di Genova*.
43 Ausführlich *Schröter/Bartl*, in: ders./Jakob/Klotz/Mederer, Europäisches Wettbewerbsrecht, Art. 102 AEUV Rn. 192 ff.

der [AEU-Vertrag] die Mitgliedstaaten, keine Maßnahmen zu treffen oder beizubehalten, die die praktische Wirksamkeit dieser Bestimmung ausschalten könnten". Darin liege der Zweck von Art. 106 Abs. 1 AEUV.

42 Art. 106 Abs. 1 AEUV sei aber „in Verbindung mit [Art. 106 Abs. 2 AEUV] zu sehen." Es sei „darauf hinzuweisen, dass der Weltpostvertrag von einem Markt für Briefsendungen ausgeht, auf dem die Postdienste der verschiedenen Vertragsstaaten des Weltpostvereins nicht miteinander im Wettbewerb stehen. Der Zweck des Weltpostvertrags besteht darin, Vorschriften aufzustellen, die gewährleisten, dass von den Postdiensten anderer Vertragsstaaten übergebene Auslandssendungen befördert und im Gebiet eines Vertragsstaats ansässigen Empfängern zugestellt werden. Nach einem der tragenden Grundsätze des Weltpostvertrags, der in Art. 1 verankert ist, ist die Postverwaltung des Bestimmungsvertragsstaats verpflichtet, Auslandsbriefpost weiterzuleiten und den in ihrem Gebiet ansässigen Empfängern zuzustellen, und zwar auf dem schnellsten Weg, den sie für ihre Briefpost benutzt. Die Staaten, die dem Vertrag des Weltpostvereins beigetreten sind, stellen ein einheitliches Postgebiet dar, in dem die Freiheit des Durchgangs der wechselseitigen Auslandssendungen grundsätzlich garantiert ist. Die Erfüllung der Verpflichtungen aus dem Weltpostvertrag stellt somit als solche für die Postdienste der Mitgliedstaaten eine Dienstleistung von allgemeinem wirtschaftlichem Interesse im Sinne des [Art. 106 Abs. 2 AEUV] dar. Nach den deutschen Rechtsvorschriften ist mit dieser Dienstleistung die Deutsche Post betraut."

43 Daraufhin prüfte der EuGH die Rechtmäßigkeit der Erhebung von Inlandsgebühren auf Remailing-Sendungen unter den Voraussetzungen von Art. 25 des Weltpostvertrages: „Die Verleihung des Rechts, Auslandssendungen in solchen Fällen wie Inlandspost zu behandeln, an eine Einrichtung wie die Deutsche Post schafft eine Situation, in der sich diese Einrichtung zum Nachteil der Nutzer der Postdienstleistungen veranlasst sehen kann, die beherrschende Stellung missbräuchlich auszunutzen, die sie aufgrund des ihr verliehenen ausschließlichen Rechts, diese Sendungen zu befördern und den jeweiligen Empfängern zuzustellen, innehat. Daher ist zu prüfen, inwieweit die Ausübung eines solchen Rechts erforderlich ist, damit eine solche Einrichtung ihre im Allgemeininteresse liegende Aufgabe der Erfüllung der sich aus dem Weltpostvertrag ergebenden Verpflichtungen wahrnehmen kann, und zwar insbesondere unter wirtschaftlich annehmbaren Bedingungen.

44 Die Verpflichtung einer Einrichtung wie der Deutschen Post, Sendungen zu befördern und den in Deutschland ansässigen Empfängern zuzustellen, die von ebenfalls dort ansässigen Absendern in großer Zahl bei Postdiensten anderer Mitgliedstaaten eingeliefert werden, ohne dass für diese Einrichtung die Möglichkeit vorgesehen wäre, einen finanziellen Ausgleich für alle Kosten zu erhalten, die diese Verpflichtung nach sich zieht, wäre geeignet, die Erfüllung dieser Aufgabe von allgemeinem Interesse unter wirtschaftlich ausgewogenen Bedingungen zu gefährden. Die Postdienste eines Mitgliedstaats dürfen nämlich nicht zugleich sowohl mit den Kosten, die die Erfüllung der im allgemeinen wirtschaftlichen Interesse liegenden Dienstleistung der Beförderung und Zustellung von Auslandssendungen mit sich bringt, die ihnen nach dem Weltpostvertrag obliegt, als auch mit den Einnahmeverlusten belastet werden, die sich daraus ergeben, dass Sendungen, die in großer Zahl eingeliefert werden, nicht mehr bei den Postdiensten des Mitgliedstaats, in dessen Gebiet die Empfänger ansässig sind, sondern bei den Postdiensten anderer Mitgliedstaaten eingeliefert werden. In diesem Fall sind die Behandlung der grenzüberschreitenden Post als Inlandspost und folglich die Erhebung der Inlandsgebühren als Maßnahmen anzusehen, die im Hinblick auf die Erfüllung der der Deutschen Post durch den Weltpostvertrag übertragenen Aufgabe von allgemeinem Interesse unter wirtschaftlich ausgewogenen Bedingungen gerechtfertigt sind. Anderes würde gelten, wenn die Endvergütungen für Sendungen, die im grenzüberschreitenden innergemeinschaftlichen Postdienst eingehen, durch Übereinkünfte zwischen den betreffenden Postdiensten entsprechend den tatsächlichen Kosten der Bearbeitung und der Zustellung dieser Sendungen festgelegt wären, wie Art. 13 der Richtlinie 97/67/EG des Europäischen Parlaments und des Rates vom 15. Dezember 1997 über gemeinsame Vorschriften für die Entwicklung des Binnenmarktes der Postdienste der Gemeinschaft und die Verbesserung der Dienstequalität (ABl. 1998, L 15, S. 14) dies vorsieht.

Somit ist es angesichts dessen, dass es keine Übereinkunft zwischen den Postdiensten der betroffenen Mitgliedstaaten gibt, in der Endvergütungen entsprechend den tatsächlichen Kosten der Bearbeitung und der Zustellung eingehender grenzüberschreitender Postsendungen festgesetzt sind, nach [Art. 106 Abs. 2 AEUV] gerechtfertigt, wenn nach den Rechtsvorschriften eines Mitgliedstaats die Postdienste dieses Staates berechtigt sind, die Sendungen mit ihren Inlandsgebühren zu belegen, falls dort ansässige Absender Sendungen in großer Zahl bei den Postdiensten anderer Mitgliedstaaten einliefern oder einliefern lassen, um sie in den erstgenannten Mitgliedstaat zu versenden. Selbst wenn Art. 25 § 3 Weltpostvertrag in Anbetracht der Auswirkungen, die seine Anwendung durch eine Einrichtung wie die Deutsche Post haben könnte, geeignet sein könnte, den freien Dienstleistungsverkehr zu beeinträchtigen, würde daher [Art. 106 AEUV] einer solchen Vorschrift ebenfalls nicht entgegenstehen. **45**

Soweit aber ein Teil der Beförderungs- und Zustellungskosten dadurch ausgeglichen wird, dass die Postdienste anderer Mitgliedstaaten Endvergütungen entrichten, erfordert die Erfüllung der Verpflichtungen aus dem Weltpostvertrag durch eine Einrichtung wie die Deutsche Post es nicht, dass die bei diesen Postdiensten in großer Zahl eingelieferten Sendungen mit den vollen Inlandsgebühren belegt werden. Eine Einrichtung wie die Deutsche Post, der ein gesetzliches Monopol für einen wesentlichen Teil des Gemeinsamen Marktes eingeräumt wurde, hat eine beherrschende Stellung im Sinne von [Art. 102 AEUV]. Macht daher eine solche Einrichtung von dem Recht Gebrauch, die Inlandsgebühren in voller Höhe zu verlangen, ohne zu berücksichtigen, inwieweit die Kosten für die Beförderung und Zustellung von Sendungen, die bei den Postdiensten eines anderen als desjenigen Mitgliedstaats, in dem sowohl die Absender als auch die Empfänger ansässig sind, in großer Zahl eingeliefert werden, durch die von diesen Postdiensten entrichteten Endvergütungen ausgeglichen werden, so liegt darin ein Missbrauch einer beherrschenden Stellung im Sinne von [Art. 102 AEUV]. Um zu vermeiden, dass eine Einrichtung wie die Deutsche Post von ihrem Recht nach Art. 25 § 3 Weltpostvertrag Gebrauch macht, die Sendungen an den Einlieferungsort zurückzusenden, haben die Absender nämlich keine andere Möglichkeit, als die Inlandsgebühren in voller Höhe zu entrichten. Wie der Gerichtshof in Bezug auf die Lieferverweigerung eines Unternehmens mit beherrschender Stellung im Sinne von [Art. 102 AEUV] ausgeführt hat, würde ein derartiges Verhalten gegen das in [Art. 3 Abs. 3 S. 1 EUV i. V. m. der Präambel zum Protokoll Nr. 27] niedergelegte und in [Art. 102 AEUV], insbesondere unter den Buchstaben b und c, näher ausgeführte Ziel verstoßen. **46**

Nach alledem verstößt es, sofern zwischen den Postdiensten der betreffenden Mitgliedstaaten keine Übereinkunft besteht, durch die die Endvergütungen für eingehende grenzüberschreitende Postsendungen entsprechend den tatsächlichen Kosten ihrer Bearbeitung und Zustellung festgelegt sind, nicht gegen [Art. 106 AEUV] in Verbindung mit den [Art. 102 und 56 AEUV], wenn eine Einrichtung wie die Deutsche Post in den in Art. 25 §§ 1 Satz 2 und 2 Weltpostvertrag in der Fassung vom 14. Dezember 1989 genannten Fällen vom Recht des § 3 dieser Vorschrift Gebrauch macht, Sendungen, die bei Postdiensten eines anderen als desjenigen Mitgliedstaats, dem diese Einrichtung angehört, in großer Zahl eingeliefert werden, mit ihren Inlandsgebühren zu belegen. Die Ausübung dieses Rechts verstößt aber gegen [Art. 106 Abs. 1 AEUV] in Verbindung **47** mit [Art. 102 AEUV], soweit eine solche Einrichtung dabei die in ihrem Mitgliedstaat geltenden Inlandsgebühren in voller Höhe verlangen kann, ohne die Endvergütungen in Abzug zu bringen, die von den anderen Postdiensten für diese Sendungen entrichtet werden."

48 **Anmerkung:** Die *Deutsche Post*-Entscheidung betrifft einen klassischen Bereich der Daseinsvorsorge. Der EuGH qualifiziert den innerstaatlichen Postuniversaldienst[44] in ständiger Rechtsprechung als Dienstleistung von allgemeinem wirtschaftlichem Interesse.[45] Die Erstreckung dieser Einordnung auf Briefbeförderungen auf Grundlage des Weltpostvertrags ist folgerichtig. Sie verdeutlicht zugleich, dass gemeinwohlorientierte Leistungen nicht auf das Gebiet eines Mitgliedstaats beschränkt sein müssen.

49 Klarheit vermittelt die Entscheidung auch insoweit, als der EuGH eine Beschränkbarkeit der Dienstleistungsfreiheit auf Grundlage von Art. 106 Abs. 2 AEUV bejaht. Ungeachtet der systematischen Verankerung der Vorschrift im Kapitel „Wettbewerb" (Art. 101 bis 109 AEUV) ist sie auch über das europäische Wettbewerbsrecht hinaus anwendbar. Art. 106 Abs. 2 AEUV kann daher zur Sicherstellung gemeinwohlorientierter Leistungen Abweichungen vom gesamten EU-Recht rechtfertigen, insbesondere auch von den Grundfreiheiten.[46]

50 Diese Abweichungen dürfen jedoch das für die Aufgabenerfüllung erforderliche Maß nicht übersteigen. Dies verdeutlichen die Ausführungen des EuGH zur Höhe der Inlandsgebühr, die sich in seine ständige Rechtsprechung einfügen. So hat er in der Rechtssache *GT Link* entschieden, dass Art. 106 Abs. 2 AEUV nicht für die Aufgabenerfüllung erforderliche Einnahmeerzielung im Zusammenhang mit Dienstleistungen von allgemeinem wirtschaftlichem Interesse rechtfertigen kann, wenn damit ein Verstoß gegen Art. 102 AEUV verbunden ist.[47] Ausnahmen von den Vorschriften des AEU-Vertrags auf Grundlage von Art. 106 Abs. 2 AEUV müssen mithin zwingend und ausschließlich durch funktionale Erfordernisse der Leistungserbringung bedingt sein und dürfen den dadurch vorgegebenen Rahmen nicht überschreiten.[48]

3. Insbesondere: Zusammenwirken mit dem Beihilferecht

51 Dienstleistungen von allgemeinem wirtschaftlichem Interesse bedürfen vielfach der finanziellen Unterstützung durch die EU-Mitgliedstaaten. Dies hat bereichsspezifisch den Erlass von Sekundärrecht zur Folge gehabt. Exemplarisch verwiesen sei auf die Verordnung (EG) Nr. 1370/2007 über öffentliche Personenverkehrsdienste auf Schiene und Straße,[49] welche für die erfassten Verkehrsleistungen die Möglichkeiten für Ausgleichsleistungen für gemeinwirtschaftliche Verpflichtungen ausgestaltet. Jenseits derartiger Sonderregelungen stehen das Beihilferecht und Art. 106 Abs. 2 AEUV in einem Stufenverhältnis.

---

44 Siehe dazu auch umfassend *Qureischie*, Post-Universaldienst im digitalen Zeitalter? Zur Zukunft des Rechts postalischer Versorgungsgewährleistung, 2018.
45 Siehe nur EuGH, U. v. 19.5.1993, Rs. C-320/91, Slg. 1993, I-2533 Rn. 15 – *Corbeau*; U. v. 15.11.2007, Rs. C-162/06, Slg. 2007, I-9911 Rn. 34 – *International Mail Spain*.
46 Ebenso zur Warenverkehrsfreiheit EuGH, U. v. 23.10.1997, Rs. C-157/94, Slg. 1997, I-5699 Rn. 27 ff. – *Kommission/Niederlande*. Der EuGH, U. v. 20.4.2010, Rs. C-265/08, Slg. 2010, I-3377 – *Federutility*, hat Ausnahmen von sekundärrechtlichen Vorgaben jedenfalls insoweit nicht beanstandet, als der betreffende Sekundärrechtsakt hierfür einen Anknüpfungspunkt enthielt.
47 EuGH, U. v. 17.7.1997, Rs. C-242/95, Slg. 1997, I-4449 Rn. 55.
48 Letzteres hervorhebend EuGH, U. v. 18.12.2007, Rs. C-220/06, Slg. 2007, I-12175 Rn. 80 ff. – *Asociación Profesional de Empresas de Reparto y Manipulado de Correspondencia*; siehe auch U. v. 28.2.2013, Rs. C-1/12 Rn. 104 ff. – *OTOC*.
49 ABl. 2007 L 315/1, geändert durch Verordnung (EU) 2016/2338, ABl. 2016 L 354/22.

III. Fallgestaltungen   52–54

EuG, Urteil vom 24.9.2015 – Rs. T-125/12, ECLI:EU:T:2015:687 – *Viasat Broadcas-* **52**
ting UK/Kommission
TV2/DANMARK *ist ein dänischer öffentlich-rechtlicher Fernsehsender, dessen gesetzlicher Auftrag darin besteht, nationale und regionale Fernsehprogramme zu produzieren und auszustrahlen. Im Zuge einer Umstrukturierung wurden auch seine Finanzierungsquellen geändert. Diese setzen sich aus Einnahmen aus Rundfunk- und Fernsehgebühren, Mittelübertragungen aus den Finanzierungsfonds, ad-hoc-Mitteln und Werbeeinnahmen zusammen. Zudem gewährte Dänemark eine Befreiung von der Körperschaftsteuer, zins- und tilgungsfreie Darlehen, eine Bürgschaft für die Betriebsdarlehen sowie günstige Bedingungen für die Zahlung der Gebühren für die landesweite Sendefrequenz. Dänemark meldete diese Maßnahmen als Beihilfen bei der Kommission an. Diese genehmigte sie als nach Art. 106 Abs. 2 AEUV gerechtfertigte Beihilfen. Hiergegen wandte sich ein privatwirtschaftlicher Wettbewerber von TV2.*

Das EuG, dessen Entscheidung vom EuGH bestätigt wurde,[50] wies die Klage ab und   **53**
setzte sich ausführlich mit dem Verhältnis von Art. 107 und 106 Abs. 2 AEUV im Lichte der *Altmark Trans*-Rechtsprechung[51] auseinander. Die Auffassung des Klägers, dass nach dem Wortlaut von Art. 106 Abs. 2 AEUV die Kommission bei der Anwendung dieser Vorschrift auch die zweite und die vierte Altmark-Voraussetzung hätte berücksichtigen müssen, um festzustellen, ob die Wettbewerbsvorschriften des Vertrags die Erfüllung des öffentlich-rechtlichen Auftrags von TV2 behindert hätten und ob die Beihilfe den Handelsverkehr in einem Ausmaß beeinträchtigt hätte, das dem Interesse der Europäischen Union zuwiderlaufe, lehnte das Gericht ab.

Das EuG führte aus: „Zu den in Art. 106 Abs. 2 AEUV genannten Wettbewerbsregeln   **54**
zählt insbesondere das Verbot, Unternehmen staatliche Beihilfen zu gewähren. (…) Die Prüfung der Vereinbarkeit einer staatlichen Beihilfe mit dem Binnenmarkt setzt voraus, dass die zu prüfende Maßnahme den Charakter einer Beihilfe aufweist. Es geht jedoch weder aus Art. 106 Abs. 2 AEUV noch aus einer anderen Vorschrift hervor, dass der Staat immer dann, wenn er seine finanziellen Mittel dazu verwendet, die Erbringung einer Dienstleistung von allgemeinem wirtschaftlichem Interesse sicherzustellen, dem Unternehmen, das die Dienstleistung erbringt, eine staatliche Beihilfe gewährt. Nach ständiger Rechtsprechung verlangt die Qualifizierung als staatliche Beihilfe nämlich, dass alle in Art. 107 Abs. 1 AEUV genannten Voraussetzungen erfüllt sind. (…) Wenn daher der Staat, um die Erbringung einer Dienstleistung von allgemeinem wirtschaftlichem Interesse sicherzustellen, einem Unternehmen, das diese Dienstleistung sicherstellt, eine finanzielle Gegenleistung erbringt, die dem Preis der Dienstleistung unter normalen Marktbedingungen entspricht, handelt es sich nicht um einen Vorteil, den das fragliche Unternehmen unter normalen Marktbedingungen nicht erhalten hätte. Folglich liegt in einem solchen Fall gar keine staatliche Beihilfe vor, da eine wesentliche Voraussetzung für die entsprechende Einstufung der fraglichen Maßnahme nicht erfüllt ist. Es ist gerade die Frage, ob eine Dienstleistung von allgemeinem wirtschaftlichem Interesse unter normalen Marktbedingungen erbracht wird, auf die die Altmark-Voraussetzungen eine Antwort geben sollen. (…) Dagegen beruht, wie bereits dargelegt, die Einstufung als mit dem Binnenmarkt vereinbarte Beihilfemaßnahme nach Art. 106 Abs. 2 AEUV auf der Prämisse, dass die fragliche Maßnahme eine Beihilfe darstellt. Mit anderen Worten setzt eine solche Einstufung im Fall eines Unternehmens, das eine Dienstleistung von allgemeinem wirtschaftlichem Interesse erbringt, zwangsläufig voraus, dass es als Gegenleistung für diese Dienstleistung einen Vorteil erlangt, den es unter normalen Marktbedingungen nicht erhalten hätte.

---

50 EuGH, U. v. 8.3.2017, Rs. C-660/15 P.
51 EuGH, U. v. 24.7.2003, Rs. C-280/00, Slg. 2003, I-7747 – *Altmark Trans*; dazu näher § 11 Rn. 35.

55 Was die Anwendung von Art. 106 Abs. 2 AEUV betrifft, müssen nach ständiger Rechtsprechung (vgl. Urteil vom 26. Juni 2008, SIC/Kommission, T-442/03, EU:T:2008:228, Rn. 144 und die dort angeführte Rechtsprechung) drei Voraussetzungen erfüllt sein, damit eine staatliche Beihilfe, die als Ausgleich für die Erfüllung gemeinwirtschaftlicher Verpflichtungen gewährt wird, für mit dem Binnenmarkt vereinbar erklärt werden kann. Die erste Voraussetzung betrifft die Definition der gemeinwirtschaftlichen Dienstleistung und verlangt, dass es sich bei der betreffenden Dienstleistung tatsächlich um eine Dienstleistung von allgemeinem wirtschaftlichem Interesse handelt, die als solche vom Mitgliedstaat klar definiert sein muss. Die zweite Voraussetzung betrifft den Auftrag zur Erbringung der gemeinwirtschaftlichen Dienstleistung und verlangt, dass der Mitgliedstaat das begünstigte Unternehmen ausdrücklich mit der Erbringung der betreffenden gemeinwirtschaftlichen Dienstleistung beauftragt. Die dritte Voraussetzung baut auf dem Begriff der Verhältnismäßigkeit auf. Ihr zufolge muss die Finanzierung eines Unternehmens, das mit der Erfüllung gemeinwirtschaftlicher Verpflichtungen betraut ist, als mit dem Binnenmarkt vereinbar angesehen werden, soweit die Anwendung der Wettbewerbsregeln des AEUV – im vorliegenden Fall das Verbot staatlicher Beihilfen – die Erfüllung der dem Unternehmen übertragenen besonderen Aufgabe verhindern würde, wobei die Ausnahme von den Wettbewerbsregeln die Entwicklung des Handelsverkehrs nicht in einem Ausmaß beeinträchtigen darf, das dem Interesse der Union zuwiderläuft. (…) Selbst wenn die Voraussetzungen für die Einstufung einer Beihilfemaßnahme als mit dem Binnenmarkt vereinbar eine gewisse Ähnlichkeit mit den Voraussetzungen aufweisen, die im (…) Urteil Altmark (EU:C:2003:415) aufgestellt worden sind, darf jedoch nicht außer Acht gelassen werden, dass im Fall von Art. 106 Abs. 2 AEUV eine vollkommen andere Frage zu beantworten ist, die die Bejahung der Frage bereits voraussetzt, die im Urteil Altmark (…) behandelt worden ist und die sich von der Frage der Vereinbarkeit der betreffenden Beihilfe mit dem Binnenmarkt unterscheidet und ihr vorgelagert ist. (…)

56 Was die Anwendung von Art. 106 Abs. 2 AEUV betrifft, hat das Gericht zwar in seinem Urteil BUPA u. a./Kommission, (…) (EU:T:2008:29, Rn. 224), festgestellt, dass die dritte Altmark-Voraussetzung weitgehend mit dem Kriterium der Verhältnismäßigkeit übereinstimmt, das die Rechtsprechung bei der Anwendung dieser Vorschrift heranzieht. Es ist jedoch zu beachten, dass in den beiden Fällen zwar im Wesentlichen das gleiche Kriterium angewandt wird, Kontext und Ziel seiner Anwendung sich aber voneinander unterscheiden. Im Fall der Anwendung von Art. 106 Abs. 2 AEUV geht es nicht mehr um die Frage, ob eine Dienstleistung von allgemeinem wirtschaftlichem Interesse unter normalen Marktbedingungen erbracht wird. Die Anwendung dieser Vorschrift setzt das Vorliegen einer staatlichen Beihilfe voraus, was *per definitionem* (…) bedeutet, dass die fragliche Dienstleistung nicht unter solchen Bedingungen erbracht wird. Wie das Gericht in Rn. 140 seines Urteils M6/Kommission (…) festgestellt hat, besteht das Ziel von Art. 106 Abs. 2 AEUV darin, durch die Prüfung der Verhältnismäßigkeit der Beihilfe zu verhindern, dass dem mit der Dienstleistung von allgemeinem wirtschaftlichem Interesse betrauten Betreiber eine über die Nettokosten der öffentlichen Dienstleistung hinausgehende Finanzierung gewährt wird. Demzufolge ist die Frage, ob ein Unternehmen, das mit einer Dienstleistung von allgemeinem wirtschaftlichem Interesse im Rundfunkbereich betraut ist, seine gemeinwirtschaftlichen Verpflichtungen zu geringeren Kosten erfüllen könnte, für die Beurteilung der Vereinbarkeit der staatlichen Finanzierung dieses Dienstes mit den unionsrechtlichen Regeln über staatliche Beihilfen unerheblich. Mit anderen Worten handelt es sich bei den Kosten einer Dienstleistung von allgemeinem wirtschaftlichem Interesse, die bei der Anwendung von Art. 106 Abs. 2 AEUV zu berücksichtigen sind, um die realen Kosten der Dienstleistung, wie sie angefallen sind, und nicht wie sie auf der Grundlage objektiver und transparenter Kriterien, ausgehend vom Beispiel eines durchschnittlichen, gut geführten und angemessen ausgestatteten Unternehmens, hätten anfallen können oder müssen. In diesem Kontext findet das Kriterium der Verhältnismäßigkeit Berücksichtigung, um die tatsächlichen Kosten der Dienstleistung von allgemeinem wirtschaftlichem Interesse zu schätzen, wenn die Kommission, in Ermangelung von Beweismaterial, das eine genaue Berechnung der Kosten ermöglicht, eine solche Schätzung vornehmen muss. Allgemein ist in Anwendung des Grundsatzes der Verhältnismäßigkeit festzustellen, dass eine Beihilfe, die die Kosten einer Dienstleistung von allgemeinem wirtschaftlichem Interesse decken soll, mit dem Binnenmarkt nicht vereinbar ist, soweit sie die tatsächlichen Kosten der Dienstleistung überschreitet. Deshalb ist die etwaige Nichterfüllung der zweiten und der vierten Altmark-Voraussetzung, obwohl für die Prüfung von Bedeutung ist, ob eine solche Dienstleistung unter normalen Marktbedingungen erbracht wird, bei der Beurteilung der Verhältnismäßigkeit der Beihilfe im Rahmen der Anwendung von Art. 106 Abs. 2 AEUV ohne Bedeutung. Die Ansicht der Klägerin würde nämlich im Ergebnis das Erfordernis begründen, dass Dienstleistungen von allgemeinem wirtschaftlichem Interesse stets unter normalen Marktbedingungen erbracht werden. Würde dieses Erfordernis akzeptiert, bestünde die Gefahr, dass die Anwendung der Wettbewerbsregeln die Erfüllung der besonderen Aufgaben der Unternehmen, die mit Dienstleistungen von allgemeinem wirtschaftlichem Interesse betraut sind, rechtlich oder tatsächlich verhindert, was durch Art. 106 Abs. 2 AEUV gerade vermieden werden soll (...) Zudem führt diese Ansicht logisch in eine Sackgasse, weil sie verlangt, dass eine Beihilfe, um gemäß Art. 106 Abs. 2 AEUV für mit dem Binnenmarkt vereinbar erklärt werden zu können, alle Altmark-Voraussetzungen erfüllt, obwohl die fragliche Maßnahme in diesem Fall gar keine Beihilfe wäre".

Anmerkung: Mitgliedstaatliche Fördermaßnahmen für Dienstleistungen von allgemeinem wirtschaftlichem Interesse sind vielfach zulässig. Ihre rechtliche Bewertung ist jedoch grundsätzlich danach zu unterscheiden, ob es sich im Sinne der *Altmark Trans*-Rechtsprechung des EuGH um Nichtbeihilfen handelt oder um tatbestandliche Beihilfen, die einer Rechtfertigung zugänglich sind. Im letzteren Falle kann sich die Rechtfertigung entweder unmittelbar aus dem Beihilferecht (Art. 107 Abs. 2 und 3, Art. 93 AEUV und konkretisierendes Sekundärrecht) ergeben oder (subsidiär) aus Art. 106 Abs. 2 AEUV. Aus der Eigenständigkeit dieser Maßstäbe folgt die Notwendigkeit ihrer getrennten Heranziehung und Auslegung.[52] Dabei ist insbesondere zu berücksichtigen, dass „Art. 106 Abs. 2 AEUV (...) dadurch, dass er unter bestimmten Voraussetzungen Ausnahmen von den allgemeinen Vertragsvorschriften zulässt, das Interesse der Mitgliedstaaten am Einsatz bestimmter Unternehmen, insbesondere solcher des öffentlichen Sektors, als Instrument der Wirtschafts- und Fiskalpolitik mit dem Interesse der Union an der Einhaltung der Wettbewerbsregeln und der Wahrung der Einheit des Gemeinsamen Marktes in Einklang bringen [soll]."[53] Nach dem *Ferring*-Urteil des EuGH sind Überkompensationen bei staatlich gewährten finanziellen Vorteilen für Unternehmen im Hinblick auf die Erfüllung gemeinwohlbezogener Verpflichtungen allerdings nicht rechtfertigungsfähig.[54]

Aus der vorrangigen Prüfung des Beihilferechts folgt, dass dessen formale Anforderungen vorbehaltlich sekundärrechtlicher Sonderregelungen uneingeschränkt zu beachten sind. Beihilfen sind somit vom gewährenden Mitgliedstaat vorab bei der Kommission anzumelden und unterliegen einem Durchführungsverbot, Art. 108 AEUV. Verstöße

---

52 Vgl. auch EuGH, U. v. 15.5.2019, Rs. C-706/17, Rn. 102 f. – *Achema u.a.*
53 EuGH, U. v. 8.3.2017, Rs. C-660/15 P Rn. 31 – *Viasat Broadcasting UK/Kommission.*
54 EuGH, U. v. 22.11.2001, Rs. C-53/00, Slg. 2001, I-9067 Rn. 32; siehe auch *Deuster*, Ausgleichszahlungen für Dienstleistungen von allgemeinem wirtschaftlichem Interesse, 2007, S. 72 ff.; *Jennert*, Zum Verhältnis von europäischem Beihilferecht und mitgliedstaatlicher Daseinsvorsorge, 2005, S. 211 ff.; *Tüllmann*, ZEuS 2008, 469.

58

hiergegen haben zur Folge, dass der Begünstigte den erhaltenen Betrag entsprechend den allgemeinen Regeln für die Dauer der zu Unrecht erfolgten Gewährung zu verzinsen hat, auch wenn die Beihilfe nachträglich von der Kommission als durch Art. 106 Abs. 2 AEUV gerechtfertigt angesehen wird.[55]

---

55 EuGH, U. v. 24.11.2020, Rs. C-445/19, Rn. 28 ff. – *Viasat Broadcasting UK*.

§ 14 Gemeinsame Handelspolitik

Rudolf Mögele

Literaturhinweise:
Altemöller, Perspektiven für das Welthandelssystem. Von multilateraler Integration zu Freihandelsabkommen?, EuZW 2016, 374; *Bälz*, Wirtschaftssanktionen im Konflikt, EuZW 2022, 633; *Brauneck*, Abgetrennte EU-Handelsabkommen ohne Beteiligung der Mitgliedstaaten, EuZW 2018, 796; *Bungenberg*, Außenbeziehungen und Außenhandelspolitik, EuR 2009, 195; *Daiber*, Das Freihandelsabkommen zwischen der EU und Südkorea, EuR 2015, 542; *Eggers*, Die Entscheidung des WTO Appellate Body im Hormonfall – Doch ein Recht auf Vorsorge?, EuZW 1998, 147; *Epiney*: Die Rechtsprechung des EuGH im Jahr 2012, NVwZ 2013, 614; *Erlbacher*, Recent case law on External Competences of the European Union: How Member States can embrace their own Traty, CLEER Papers 2017/2; *Herdegen*, Internationales Wirtschaftsrecht, 11. Aufl. 2017; *Herrmann/Weiß/Ohler*, Welthandelsrecht, 2. Aufl. 2007; *Hilf/Oeter*, WTO-Recht, 4. Aufl. 2024; *Matsushita/Schoenbaum/Mavroidid/Hahn*, The World Trade Organization, Law, Practice, and Policy, 3. Aufl. 2015; *Rösch*, Die Handlungsformen der EU nach dem Vertrag von Lissabon, VR 2008, 361; *Rosas*, EU external relations law: Time for a reality check?, Maastricht Journal of European and Comparative Law 2020, 277; *Ruffert*, Europarecht: Zulässigkeit der CETA-Investitionsstreitbeilegung. Das CETA-Gericht und seine Rechtsbehelfsinstanz sind unionsrechtskonform, JUS 2019, 598; *Schaus*, Reviving the WTO and rules-based trading: The EU's role, CEPS Policy Insights, No 2022-01/January 2022; *Śliwińska*, New generation trade agreements as an economic challenge for the European Union and its Member States – the case of CETA, Przegląd Europejski 2018, 14; *Steinbach*, Kompetenzkonflikte bei der Änderung gemischter Abkommen durch die EG und ihre Mitgliedstaaten – Konsequenz aus der parallelen Mitgliedschaft der internationalen Organisationen, EuZW 2007, 109; *Stöbener de Mora*, Außenhandelsrecht: Kommissionsvorschlag zur Ratifizierung von CETA als gemischtes Abkommen, EuZW 2016, 523; *Streinz*, Tragweite und Grenzen der ausschließlichen Kompetenz der EU für die GHP, JUS 2019, 457.

I. Grundlagen der gemeinsamen Handelspolitik

Die gemeinsame Handelspolitik ist seit Gründung der Europäischen Wirtschaftsgemeinschaft im Jahr 1958 ein eigenständiger europäischer Politikbereich.[1] Seit dem Inkrafttreten des Vertrags von Lissabon beruht sie auf den Art. 206 und 207 AEUV und gehört zum fünften Teil des AEU-Vertrags über „Das auswärtige Handeln der EU". Somit untersteht sie gemäß Art. 205 und Art. 207 Abs. 1 AEUV den in Art. 21 und 22 EUV niedergelegten Zielen und Bestimmungen.[2] Darüber hinaus weist ihre systematische Stellung im Vertrag darauf hin, dass sie im Zusammenhang mit anderen außenwirtschaftlich relevanten Tätigkeitsfelder der Union wie der Entwicklungszusammenarbeit (Art. 208–211 AEUV), der wirtschaftlichen, finanziellen und technischen Zusammenarbeit mit Drittländern (Art. 213 und 214 AEUV) und der Verhängung restriktiver Maßnahmen (Art. 215 AEUV) zu sehen ist. Die gemeinsame Handelspolitik ist nach einheitlichen Grundsätzen zu gestalten (Art. 207 Abs. 1 AEUV), wozu auch die Berücksichtigung der allgemeinen Querschnittsklauseln wie etwa der Art. 7 ff. AEUV gehört.[3]

Die gemeinsame Handelspolitik umfasst die von der Europäischen Union getroffenen autonomen Maßnahmen und vertraglichen Vereinbarungen zur Gestaltung ihrer Han-

---
1 Ursprünglich war sie in den Art. 110–115 EWGV geregelt.
2 EuGH, Gutachten v. 16.5.2017, ECLI:EU:C:2017:376, Rn. 142 ff. – *Gutachten 2/15, Singapur*.
3 S. auch die Querschnittsklauseln in Art. 167 Abs. 4 (Kultur), Art. 168 Abs. 1 (Gesundheit) und Art. 173 Abs. 3 (Industriepolitik) AEUV.

delsbeziehungen gegenüber Drittstaaten. Ihren Status als eigenständige Unionspolitik verdankt sie der Notwendigkeit, die Funktionsfähigkeit von Zollunion und einheitlichem Binnenmarkt nach außen abzusichern[4] und vor Durchbrechungen durch einseitige handelspolitische Maßnahmen der Mitgliedstaaten zu bewahren.[5] Auf diese Weise gewährleistet die gemeinsame Handelspolitik auch ein gemeinsames Auftreten der Union gegenüber ihren Handelspartnern und den am EU-Außenhandel interessierten Wirtschaftsbeteiligten in der Union und in Drittstaaten.

3   In Art. 3 Abs. 5 EUV bekennt sich die EU zur Förderung freien und gerechten Handels. Art. 206 AEUV konkretisiert dieses Metaziel dahin, dass „die Union im gemeinsamen Interesse zur harmonischen Entwicklung des Welthandels, zur schrittweisen Beseitigung der Beschränkungen im internationalen Handelsverkehr und bei den ausländischen Direktinvestitionen sowie zum Abbau der Zollschranken und anderer Schranken" beiträgt. Dabei sind die handelspolitischen Ziele stets im Zusammenhang mit den übrigen in Art. 3 EUV proklamierten Unionszielen sowie den etwa in den Art. 7 ff. AEUV niedergelegten Querschnittszielen[6] der Union zu verstehen und zu verwirklichen. In diesem handelspolitischen Kontext, der durch eine komplexe Gemengelage ökonomischer und politischer Aspekte gekennzeichnet ist, verfügt der Unionsgesetzgeber über ein weites Ermessen, das vom EuGH anerkannt wird.[7]

II. Normative Ausgestaltung

4   Während Art. 206 AEUV die handelspolitischen Ziele der EU formuliert, bestimmt Art. 207 AEUV den Anwendungsbereich der gemeinsamen Handelspolitik (Abs. 1), schafft die rechtlichen Grundlagen für ihre gesetzgeberische Ausgestaltung (Abs. 2) und für den Abschluss internationaler Abkommen (Abs. 3–5) und regelt ihre Wirkungen im Verhältnis zu den Zuständigkeiten der Mitgliedstaaten (Abs. 6). Gemäß Art. 3 Abs. 1 lit. e AEUV fällt die gemeinsame Handelspolitik in den Bereich der ausschließlichen Unionszuständigkeiten. Somit dürfen die Mitgliedstaaten auf diesem Gebiet weder gesetzgeberisch noch vertragschließend tätig werden, es sei denn, sie sind dazu von der Union ermächtigt oder es handelt sich um Maßnahmen zur Durchführung von Unionsrecht (Art. 2 Abs. 1 AEUV). Auch das Subsidiaritätsprinzip kommt nicht zur Anwendung (Art. 5 Abs. 3 EUV).

5   Völkerrechtliche Altabkommen der Mitgliedstaaten finden gemäß Art. 351 AEUV weiterhin Anwendung. Bedürfen sie der Verlängerung, so erfordert dies allerdings die Zustimmung der EU. Außerdem verbleibt den Mitgliedstaaten die Zuständigkeit für den Handel mit Waffen, Munition und Kriegsmaterial (Art. 346 Abs. 1 lit. b AEUV) sowie für andere Handelsregelungen aus Gründen der nationalen Sicherheit und für bestimmte Embargoregelungen.[8]

6   Nach dem Grundsatz der begrenzten Einzelermächtigung in Art. 5 Abs. 2 EUV darf die Union handelspolitisch nur im Rahmen des in Art. 207 Abs. 1 AEUV definierten gegenständlichen Anwendungsbereichs tätig werden. Dazu zählen der Handel mit Waren einschließlich der Änderung von Zollsätzen, der Handel mit Dienstleistungen, die

---

4   *Weiß*, in: Grabitz/Hilf/Nettesheim, Das Recht der Europäischen Union, Art. 207 AEUV, Rn. 28: „Die Gemeinsame Handelspolitik stellt die Fortsetzung des Binnenmarktkonzepts nach außen dar."
5   EuGH, U. v. 12.7.1973, Rs. 8/73, Slg. 1973, 897 Rn. 4 – *Hauptzollamt Bremerhaven/Massey-Ferguson GmbH*.
6   S. auch die Querschnittsklauseln in Art. 167 Abs. 4 (Kultur), Art. 168 Abs. 1 (Gesundheit) und Art. 173 Abs. 3 (Industriepolitik) AEUV.
7   *Hahn*, in: Calliess/Ruffert, EUV/AEUV, 6. Aufl. 2022, Art. 207 AEUV, Rn. 6.
8   Zur Reichweite des Vorbehalts s. *Jaeckel*, in: Grabitz/Hilf/Nettesheim, Das Recht der Europäischen Union, Art. 346 AEUV Rn. 22 ff.

II. Normative Ausgestaltung

Handelsaspekte des geistigen Eigentums sowie die ausländischen Direktinvestitionen.[9] Damit verfügt die EU anders als vor dem Vertrag von Lissabon nunmehr über weitgehend arrondierte handelspolitische Zuständigkeiten. Von Art. 207 Abs. 1 AEUV nicht erfasst sind allerdings Portfolioinvestitionen[10] sowie im Hinblick auf Handelsabkommen die Vereinbarung einer Investitionsschiedsgerichtsbarkeit[11] und die Handelsaspekte im Bereich des Verkehrs (Art. 207 Abs. 5 AEUV).[12] Ob eine Regelung der gemeinsamen Handelspolitik oder einem anderen Politikbereich der Union wie etwa dem Binnenmarkt (Art. 114 AEUV) oder der Umweltpolitik (Art. 192 AEUV) zuzuordnen ist, bemisst sich nach den vom EuGH in ständiger Rechtsprechung entwickelten Kriterien.[13] Ein Regelungsgegenstand fällt insbesondere nur dann unter Art. 207 Abs. 1 AEUV, „wenn er speziell den internationalen Warenaustausch betrifft, weil er im Wesentlichen den Handelsverkehr fördern, erleichtern oder regeln soll und sich direkt und sofort auf ihn auswirkt".[14]

Art. 207 Abs. 6 AEUV, der die Furcht der Mitgliedstaaten vor einer exzessiven Wahrnehmung der handelspolitischen EU-Befugnisse widerspiegelt, stellt zunächst klar, dass die Abgrenzung zwischen nationalen und EU-Zuständigkeiten von der Anwendung des Art. 207 AEUV unberührt bleibt. Sodann untersagt er, Maßnahmen über den Umweg der Handelspolitik zu harmonisieren, für die eine solche Harmonisierung primärrechtlich ausgeschlossen ist. Die genaue Tragweite dieses Verbots ist allerdings umstritten.[15]

Im Rahmen der gemeinsamen Handelspolitik kann die Union autonom oder vertraglich handeln. Unter autonomen Maßnahmen versteht man einseitig getroffene Einfuhr- und Ausfuhrregelungen tarifärer oder nicht-tarifärer Natur. Während es bei tarifären Maßnahmen um die Zollbelastung eingeführter Waren geht, betreffen nicht-tarifäre Maßnahmen alle anderen Regelungsgegenstände. Vertraglich handelt die Union durch den Abschluss von Zoll- und Handelsabkommen (Art. 207 Abs. 1 und 3 i.V. mit Art. 218 AEUV). Insoweit kann man zwischen bilateralen Abkommen mit einzelnen Handelspartnern wie etwa das Abkommen über eine Wirtschaftspartnerschaft mit Japan[16] und multilateralen Abkommen mit einer Mehrzahl von Drittstaaten wie etwa das WTO-Abkommen mit seinen zahlreichen Einzelabkommen (GATT, GATS, TRIPS etc.) unterscheiden.

Gemäß Art. 207 Abs. 2 AEUV werden die autonomen handelspolitischen Maßnahmen vom Europäischen Parlament und vom Rat auf Vorschlag der Kommission (Art. 17 Abs. 2 EUV) im Wege des ordentlichen Gesetzgebungsverfahrens (Art. 289 Abs. 1 i.V. mit Art. 294 AEUV) getroffen. Dabei entscheidet der Rat gemäß Art. 16 Abs. 3 EUV mit qualifizierter Mehrheit. Die Konkretisierung handelspolitischer Gesetzgebungsakte wird in aller Regel der Kommission übertragen, die abhängig von den zu treffenden Regelun-

---

9 Die Einfügung der Direktinvestitionen in die gemeinsame Handelspolitik war eine der folgenreichsten handelspolitischen Neuerungen des Vertrags von Lissabon, hierzu auch *Bungenberg*, Außenbeziehungen und Außenhandelspolitik, EuR 2009, 207 f.
10 S. dazu *Weiß*, in: Grabitz/Hilf/Nettesheim, Das Recht der Europäischen Union, Art. 207 AEUV, Rn. 45 f.
11 EuGH, Gutachten v. 16.5.2017, ECLI:EU:C:2017:376, Rn. 285 ff. – *Gutachten 2/15, Singapur*.
12 *Hahn*, in: Calliess/Ruffert, EUV/AEUV, 6. Aufl. 2022, Art. 207 AEUV, Rn. 45; *Mögele*, in: Streinz, EUV/AEUV, Art. 216 AEUV, Rn. 18.
13 *Arnold/Klamert*, in: Dauses/Ludwigs, Handbuch des EU-Wirtschaftsrechts, K. Außenhandelsrecht, Rn. 5.
14 EuGH, Gutachten v. 14.2.2014, ECLI:EU:C:2017:114, Rn. 61 – *Gutachten 3/15, Vertrag von Marrakesch*; EuGH, U. v. 8.9.2009, Rs. C-411/06, ECLI:EU:C:2007:121, Rn. 71 m.w.N. – *Kommission/Europäisches Parlament und Rat*.
15 S. zu den Einzelheiten *Weiß*, in: Grabitz/Hilf/Nettesheim, Das Recht der Europäischen Union, Art. 207 AEUV, Rn. 76 ff.
16 Beschluss (EU) 2018/1907, ABl. L 330/1 v. 7.12.2018.

gen durch den Erlass von delegierten oder Durchführungsakten handelt (Art. 290, 291 AEUV).[17]

10 Reine Zoll- und Handelsabkommen im Bereich der ausschließlichen Unionszuständigkeiten werden gemäß Art. 207 Abs. 3 AEUV von der Kommission ausgehandelt. Zur Aufnahme von Verhandlungen bedarf sie der Ermächtigung des Rats, deren Erteilung wiederum von einer Empfehlung der Kommission abhängt (Art. 207 Abs. 3 2. UAbs. AEUV). Während der Verhandlungen agiert die Kommission im Benehmen mit einem zu ihrer Unterstützung vom Rat bestellten besonderen Ausschuss und nach Maßgabe der Richtlinien, die ihr der Rat erteilen kann (Art. 207 Abs. 3 3. UAbs. AEUV). Abgeschlossen werden Handelsabkommen vom Rat auf Vorschlag der Kommission (Art. 207 Abs. 4 i. V. mit Art. 218 Abs. 6 AEUV). Gleiches gilt für die Entscheidungen über die Unterzeichnung, vorläufige Anwendung und Aussetzung von Handelsabkommen (Art. 218 Abs. 5 AEUV).

11 Beim Abschluss von Handelsabkommen beschließt der Rat zwar grundsätzlich mit qualifizierter Mehrheit (Art. 207 Abs. 4 1. UAbs. und Art. 218 Abs. 8 1. UAbs. AEUV). Allerdings ist in den in Art. 207 Abs. 4 2. und 3. UAbs. AEUV genannten Fällen Einstimmigkeit erforderlich. Das betrifft zum einen Abkommen „über den Dienstleistungsverkehr, über Handelsaspekte des geistigen Eigentums oder über ausländische Direktinvestitionen …, wenn das betreffende Abkommen Bestimmungen enthält, bei denen für die Annahme interner Vorschriften Einstimmigkeit erforderlich ist" (Art. 207 Abs. 4 2. UAbs. AEUV). Zum anderen erfordern Abkommen, die wegen der Berührung nationaler Kernanliegen als politisch besonders sensibel gelten, Einstimmigkeit im Rat (Art. 207 Abs. 4 3. UAbs. AEUV).[18] Vergleichbare Mehrheitserfordernisse gelten auch für die in Art. 218 Abs. 5 AEUV genannten Entscheidungen (Art. 218 Abs. 8 2. UAbs. AEUV). Das Zustandekommen von Abkommen, die neben Zoll- und Handelsregelungen auch noch andere Politikbereiche umfassen, etwa Kooperations- oder Assoziierungsabkommen, richtet sich nach Art. 218 AEUV.

12 Die Beteiligung des Europäischen Parlaments ist in Art. 218 Abs. 6 2. UAbs. AEUV geregelt. Danach bedarf der Abschluss von Handelsabkommen in aller Regel der parlamentarischen Zustimmung, da der Erlass autonomer handelspolitischer Maßnahmen dem ordentlichen Gesetzgebungsverfahren unterliegt (Art. 218 Abs. 6 2. UAbs. lit. a Ziff. v AEUV). An der Entscheidung über die Aufnahme der Verhandlungen und den Verhandlungen selbst ist das Parlament nicht beteiligt, muss jedoch regelmäßig informiert werden (Art. 207 Abs. 3 3. UAbs. AEUV).

13 Gemäß Art. 207 i. V. mit Art. 218 AEUV geschlossene Handelsabkommen binden gemäß Art. 216 Abs. 2 die Unionsorgane und die Mitgliedstaaten. Sie werden damit integrale Bestandteile des Unionsrechts, stehen im Rang zwischen Primär- und Sekundärrecht und besitzen Anwendungsvorrang vor nationalem Recht.[19] Damit können sie auch Gegenstand von Verfahren vor den Unionsgerichten bilden, etwa von Vertragsverletzungsverfahren gemäß Art. 258 AEUV.[20] Grundsätzlich können ihre Bestimmungen auch von

---

17 S. etwa die Festsetzung endgültiger Antidumpingzölle, die durch die Kommission im Wege des Erlasses von Durchführungsverordnungen erfolgt (Art. 9 Abs. 4 i. V. m. Art. 15 Abs. 3 Verordnung (EU) 2016/1036).
18 Abkommen über den Handel mit kulturellen und audiovisuellen Dienstleistungen, wenn diese Abkommen die kulturelle und sprachliche Vielfalt in der Union beeinträchtigen könnten, sowie Abkommen über den Handel mit Dienstleistungen des Sozial-, des Bildungs- und des Gesundheitssektors, wenn diese Abkommen die einzelstaatliche Organisation dieser Dienstleistungen ernsthaft stören und die Verantwortlichkeit der Mitgliedstaaten für ihre Erbringung beeinträchtigen könnten.
19 *Mögele*, in: Streinz, EUV/AEUV, Art. 216 AEUV, Rn. 59 f. m. w. N.
20 S. etwa EuGH, U. v. 6.10.2020, Rs. C-66/18, ECLI:EU:C:2020:792 – *Kommission/Ungarn*; s. auch *Mögele*, in: Streinz, EUV/AEUV, Art. 216 AEUV, Rn. 77.

einzelnen vor Gericht geltend gemacht werden. Dies setzt allerdings voraus, dass das Abkommen als solches nach seiner Rechtsnatur und Systematik dazu geeignet ist, unmittelbare Wirkungen zu entfalten und die betreffende Bestimmung unter Berücksichtigung ihres Wortlauts und nach Gegenstand und Art des Abkommens eine klare und eindeutige Verpflichtung enthält, deren Erfüllung oder deren Wirkungen nicht vom Erlass eines weiteren Aktes abhängen.[21]

III. Welthandelsrechtlicher Rahmen

Als Gründungsmitglied ist die EU völkerrechtlich an die im Rahmen der Uruguay-Runde verhandelten und 1994 geschlossenen WTO-Abkommen gebunden.[22] Dazu gehören GATT (Warenhandel),[23] GATS (Handel mit Dienstleistungen),[24] TRIPS (Handelsaspekte des geistigen Eigentums)[25] und die anderen in den Anhängen des Übereinkommens zur Errichtung der Welthandelsorganisation aufgeführten Übereinkünfte sowie die nach 1994 im Rahmen der WTO geschlossenen Vereinbarungen und getroffenen Entscheidungen.[26] Diese bilden somit den welthandelsrechtlichen Rahmen für die gemeinsame Handelspolitik der EU. Von besonderer Bedeutung für die Durchsetzbarkeit der WTO-Regeln ist die in Anhang 2 des WTO-Abkommens enthaltene Vereinbarung über Regeln und Verfahren zur Beilegung von Streitigkeiten (DSU).[27] Zentrale Aufgabe des WTO-Regelwerks ist die Gewährleistung einer fairen und regelbasierten Welthandelsordnung, innerhalb derer Handelsschranken abgebaut und Handelsstreitigkeiten in geordneten Verfahren gelöst werden. Gegenwärtig zählt die WTO 164 Mitglieder.[28]

Da die EG 1994 nur über einen Teil der für den Gründungsbeitritt zur WTO erforderlichen Zuständigkeiten verfügte,[29] wurden die WTO-Übereinkünfte von der EG und ihren Mitgliedstaaten als gemischte Abkommen geschlossen.[30] Allerdings ist die EU in dem Umfang, in dem sie seit dem Inkrafttreten des Vertrags von Lissabon zusätzliche WTO-relevante handelspolitische Kompetenzen übernommen hat, die vormals den Mit-

---

21 *Mögele*, in: Streinz, EUV/AEUV, Art. 216 AEUV, Rn. 61 ff. m. w. N.
22 Beschluss 94/800/EG über den Abschluß der Übereinkünfte im Rahmen der multilateralen Verhandlungen der Uruguay-Runde (1986–1994) im Namen der Europäischen Gemeinschaft in Bezug auf die in ihre Zuständigkeiten fallenden Bereiche, ABl. L 336/1 v. 23.12.1994. Gemäß dem 3. Abs. von Art. 1 EUV ist die EU Rechtsnachfolgerin der EG und trat mit dem Inkrafttreten des Vertrags von Lissabon auch im Hinblick auf die WTO-Mitgliedschaft an ihre Stelle. S. allgemein zum WTO-System *Herdegen*, Internationales Wirtschaftsrecht, 11. Aufl. 2017, S. 155 ff.
23 General Agreement on Tariffs and Trade.
24 General Agreement on Trade in Services.
25 Agreement on Trade-Related Aspects of Intellectual Property Rights.
26 S. dazu auf der Website der WTO die Zusammenstellung der WTO Legal Texts (https://www.wto.org/english/docs_e/legal_e/legal_e.htm, zuletzt abgerufen am 21.6.2023).
27 Dispute Settlement Understanding. S. dazu *Herrmann/Weiß/Ohler*, Welthandelsrecht, 2. Aufl. 2007, S. 122 ff.; *Bäumler*, in: Krenzler/Herrmann/Niestedt, EU-Außenwirtschafts- und Zollrecht, 131a WTO, G. Streitbeilegung, Rn. 6 ff.
28 S. die Website der WTO https://www.wto.org/english/thewto_e/whatis_e/tif_e/org6_e.htm (zuletzt abgerufen am 21.6.2023), wo auch die Staaten mit Beobachterstatus aufgeführt sind. Zur Fortentwicklung der WTO s. *Schaus*, Reviving the WTO and rules-based trading: The EU's role, CEPS Policy Insights, No 2022-01/January 2022, https://www.ceps.eu/download/publication/?id=35091&pdf=PI2022-01_WTO-and-rules-based-trading.pdf (zuletzt abgerufen am 21.6.2023).
29 EuGH, Gutachten v. 15.11.1994, Slg. 1994, I-5267 – *Gutachten 1/94*, WTO. S. *Herrmann/Weiß/Ohler*, Welthandelsrecht, 2. Aufl. 2007, S. 68 ff.
30 *Bäumler*, in: Krenzler/Herrmann/Niestedt, EU-Außenwirtschafts- und Zollrecht, 131a WTO, A. Einleitung Rn. 3. Zu den gemischten Abkommen allgemein s. *Mögele*, in: Streinz, EUV/AEUV, 3. Aufl. 2018, Art. 216 AEUV, Rn. 42 ff.

gliedstaaten zustanden, in die Rechtsstellung der Mitgliedstaaten eingerückt.[31] Ob dies so weit geht, dass die WTO-Mitgliedschaft der Mitgliedstaaten in der Sache obsolet geworden sein könnte, ist nicht geklärt.[32] In der WTO-Praxis nimmt zwar die EU durch die Kommission die Sprecherrolle und die EU-Stimmrechte wahr, doch bleiben die Mitgliedstaaten als WTO-Mitglieder und durch ihre Mitgliedschaft im Rat weiterhin eng eingebunden.[33]

16 Zwar ist WTO-Recht gemäß Art. 216 Abs. 2 AEUV für die Union und die Mitgliedstaaten unionsrechtlich bindend,[34] doch können sich nach der Rechtsprechung des EuGH vor Gericht weder einzelne noch Mitgliedstaaten auf WTO-Bestimmungen berufen oder ihre unmittelbare Anwendung geltend machen.[35] Der EuGH leitet das im Wesentlichen aus ihrem Verhandlungscharakter, dem Grundsatz der Reziprozität[36] sowie unter Berufung auf den letzten Erwägungsgrund im Annahmebeschluss des Rats ab.[37] Ausnahmen davon bestehen nach der Nakajama- und Fediolrechtsprechung des EuGH nur in Fällen, in denen die Union eine bestimmte, im Rahmen der WTO übernommene Verpflichtung umsetzt oder wenn die Unionshandlung ausdrücklich auf spezielle Bestimmungen der WTO-Übereinkünfte verweist.[38]

IV. Handelspolitische Instrumente

1. Autonome Maßnahmen

17 Unter diesem Oberbegriff werden die auf Art. 207 Abs. 2 AEUV gestützten Rechtsakte zusammengefasst. Zu ihnen gehören zunächst das EU-Zollrecht, auch wenn die beiden grundlegenden zollrechtlichen Unionsregelungen, nämlich die Verordnung (EG) Nr. 2687/87 über die zolltarifliche und statistische Nomenklatur sowie den Gemeinsamen Zolltarif[39] und die Verordnung (EU) Nr. 952/2013 zur Festlegung des Zollkodex der Union[40] zusätzlich noch auf weiteren Rechtsgrundlagen beruhen.[41] Vor allem aber

---

31 Dazu *Mögele*, in: Streinz, EUV/AEUV, 3. Aufl. 2018, Art. 216 AEUV, Rn. 52.
32 *Rosas*, EU external relations law: Time for a reality check?, Maastricht Journal of European and Comparative Law 2020, 277 (283). S. die differenzierenden Aussagen bei *Bäumler*, in: Krenzler/Herrmann/Niestedt, EU-Außenwirtschafts- und Zollrecht, 131a WTO, A. Einleitung Rn. 3 sowie bei *Nettesheim*, in: Streinz, EUV/AEUV, 3. Aufl. 2018, Art. 207, Rn. 4 ff.
33 *Bäumler*, in: Krenzler/Herrmann/Niestedt, EU-Außenwirtschafts- und Zollrecht, Nr. 131a WTO, A. Einleitung Rn. 4; *Mögele*, in: Streinz, EUV/AEUV, 3. Aufl. 2018, Art. 218 AEUV, Rn. 40.
34 S. EuGH, U. v. 6.10.2020, C-66/18, ECLI:EU:C:2020:792, Rn. 69 – *Kommission/Ungarn* sowie die Schlussanträge von GA *Kokott*, Rs. C-66/18, Rn. 41 m. w. N. auf die Rechtsprechung des EuGH sowie die Erläuterungen in Rn. 41 ff.
35 *Mögele*, in: Streinz, EUV/AEUV, 3. Aufl. 2018, Art. 216 AEUV, Rn. 65 ff. m. w. N.; *Herdegen*, Internationales Wirtschaftsrecht, 11. Aufl. 2017, S. 213 ff.; *Herrmann/Weiß/Ohler*, Welthandelsrecht, 2. Aufl. 2007, S. 75 ff.
36 Der EuGH argumentiert, die WTO beruhe auf dem Grundsatz der Gegenseitigkeit, doch die wichtigsten Handelspartner der EU schlössen eine unmittelbare Anwendung von WTO-Recht in ihren Rechtsordnungen ab. S. EuGH, U. v. 23.11.1999, Rs. C-149/96, Slg. 1999, I-8395 Rn. 46 – *Portugal/Rat*. S. auch *Herdegen*, Internationales Wirtschaftsrecht, 11. Aufl. 2017, S. 215 mit Hinweisen auf die US-Rechtsprechung.
37 Beschluss 94/800/EG des Rats. In eine Reihe von Abkommen wurden mittlerweile spezifische Klauseln aufgenommen, durch die die unmittelbare Anwendung der Vertragsbestimmungen in den Rechtsordnungen der Vertragsparteien ausdrücklich ausgeschlossen wird. S. etwa Art. 17.15 des Freihandelsabkommens mit Singapur, ABl. 294/3 v. 14.11.2019, Art. 336 des Handelsübereinkommens mit Kolumbien und Peru (ABl. L 354/3 v. 21.12.2012) sowie Art. 14.16 CETA (ABl. L 11/23 v. 14.1.2017).
38 *Mögele*, in: Streinz, EUV/AEUV, 3. Aufl. 2018, Art. 216 AEUV, Rn. 67 m. w. N.
39 Der Gemeinsame Zolltarif beruht auf der VO (EWG) Nr. 2658/87, ABl. L 256/1 v. 7.9.1987.
40 Verordnung (EG) Nr. 450/2008 zur Festlegung des Zollkodex der Gemeinschaften, ABl. L 145/1 v. 4.6.2008.
41 Die Verordnung (EG) Nr. 2687/87 wurde zusätzlich auf Art. 28, 43 und 235 EGV (= Art. 31, 43 und 352 AEUV) und die Verordnung (EU) Nr. 952/2013 zusätzlich auf Art. 31 und 114 AEUV gestützt.

IV. Handelspolitische Instrumente

umfasst die autonome Handelspolitik Rechtsakte zum Schutz der handelspolitischen Interessen der Union („Trade Defence").[42] Dabei handelt es sich im Wesentlichen um
- die gemeinsame Einfuhrregelung (Verordnungen (EU) 2015/478[43] und (EU) 2015/755[44]),
- die Antidumpingregelung (Verordnung (EU) 2016/1036)[45],
- die Regelung zur Subventionsabwehr (Verordnung (EU) 2016/1037),[46]
- die gemeinsame Ausfuhrregelung (Verordnung (EU) 2015/479)[47],
- die Vorschriften zum Schutz vor den Auswirkungen der extraterritorialen Anwendung von einem Drittland erlassener Rechtsakte sowie von darauf beruhenden oder sich daraus ergebenden Maßnahmen (Verordnung (EG) Nr. 2271/96)[48] sowie
- den Rahmen für die Überprüfung ausländischer Direktinvestitionen in der Union (Verordnung (EU) 2019/452.[49]

Darüber hinaus zu erwähnen sind die Verordnung (EG) Nr. 116/2009 über die Ausfuhr von Kulturgütern[50], die Verordnung (EG) Nr. 428/2009 über eine Gemeinschaftsregelung für die Kontrolle der Ausfuhr, der Verbringung, der Vermittlung und der Durchfuhr von Gütern mit doppeltem Verwendungszweck (Dual-Use-Verordnung)[51] und die allerdings auf Art. 130s Abs. 1 EGV (= Art. 192 Abs. 1 AEUV) gestützte Verordnung (EG) Nr. 338/97 über den Schutz von Exemplaren wildlebender Tier- und Pflanzenarten durch Überwachung des Handels[52].

Außerdem hat die Kommission dem Unionsgesetzgeber die Schaffung zweier zusätzlicher Instrumente zum Schutz der Handelsinteressen der EU vorgeschlagen. Dabei handelt es sich zum einen um den Vorschlag zum Erlass einer auf die Art. 114 und 207 AEUV gestützten Verordnung über den Binnenmarkt verzerrende drittstaatliche Subventionen,[53] der nach der politischen Einigung im ordentlichen Gesetzgebungsverfahren vor seiner Annahme durch Europäisches Parlament und Rat steht.[54] Ziel der Initiative ist die Schließung einer Regelungslücke, die darin besteht, dass von Drittstaaten an Wirtschaftsbeteiligte in der EU gewährte Beihilfen zwar die gleichen handelsverzerrenden Wirkungen wie staatliche Beihilfen entfalten können, jedoch nicht von den Art. 107 ff. AEUV erfasst werden.[55] Zum anderen geht es um den Vorschlag der Kommission vom 8.12.2021 für eine Verordnung über den Schutz der Union und ihrer Mitgliedstaaten vor wirtschaftlichem Zwang durch Drittländer.[56]

---

42 S. dazu etwa den 39. Jahresbericht der Kommission an das Europäische Parlament und den Rat über die Antidumping-, Antisubventions- und Schutzmaßnahmen der EU und die Anwendung handelspolitischer Schutzinstrumente durch Drittländer gegen die EU im Jahr 2020, COM(2021) 496.
43 ABl. L 83/16 v. 27.3.2015.
44 ABl. L 123/33 v. 19.5.2015. Diese Verordnung betrifft Einfuhren aus Staatshandelsländern und ist gegenwärtig auf Importe aus Aserbaidschan, Belarus, Nordkorea, Turkmenistan und Usbekistan anwendbar (Art. 1 i. V. m. Anhang I).
45 ABl. L 176/21 v. 30.6.2016.
46 ABl. L 176/55 v. 30.6.2016.
47 ABl. L 83/34 v. 27.3.2015.
48 ABl. L 309/1 v. 29.11.1996. Zum Stand der Reform dieser Verordnung s. *Bälz*, Wirtschaftssanktionen im Konflikt, EuZW 2022, 633.
49 ABl. L 79 I/1 v. 21.3.2019.
50 ABl. L 39/1 v. 10.2.2009.
51 ABl. L 134/1 v. 29.5.2009.
52 ABl. L 61/1 v. 3.3.1997.
53 COM(2021) 223 final.
54 S. PE734.462v01-00 v. 11.7.2022.
55 S. dazu auf der Website der Kommission https://ec.europa.eu/info/strategy/priorities-2019-2024/europe-fit-digital-age/european-industrial-strategy/proposed-regulation-address-distortions-caused-foreign-subsidies-single-market_de#anwendungsbereich (zuletzt abgerufen am 21.6.2023).
56 COM(2021) 775 final.

19 Gegenwärtig ist eine umfassende Überprüfung des handelspolitischen Instrumentariums der EU im Gange. Dazu hat die Kommission dem Europäischen Parlament und dem Rat am 18.2.2021 eine Mitteilung übermittelt, die zu einer Anpassung der Handelspolitik an die neuen Herausforderungen des 21. Jahrhunderts beitragen soll.[57] Die Schwerpunkte des von der Kommission initiierten Reviewprozesses liegen auf der Reform der WTO, der Nachhaltigkeit und Fairness des internationalen Handels und der Digitalisierung ebenso wie auf der Stärkung der regulatorischen Wirkung der EU, dem Ausbau ihrer Partnerschaften mit Nachbarstaaten, Erweiterungsländern und Afrika sowie auf der Umsetzung und Durchsetzung von Handelsabkommen und der Sicherstellung gleicher Wettbewerbsbedingungen.

20 Die EU ist eine Zollunion (Art. 28 Abs. 1 AEUV). Zu diesem Zweck etabliert die Verordnung (EG) Nr. 2658/87 den Gemeinsamen Zolltarif (GZT), der die in der Union geltenden Zollsätze enthält, unabhängig davon, ob sie auf einem autonomen Rechtsakt (Art. 31 und 43 AEUV) oder auf einem von der Union geschlossenen Handelsabkommen (Art. 207 Abs. 3 AEUV) beruhen. Gegenständlich strukturiert wird der GZT durch die Kombinierte Nomenklatur (KN), „die den Erfordernissen des Gemeinsamen Zolltarifs, der Statistik des Außenhandels der Gemeinschaft sowie anderer Gemeinschaftspolitiken auf dem Gebiet der Wareneinfuhr oder -ausfuhr" Rechnung trägt.[58] Weiter erstellt die Kommission einen Integrierten Tarif (Taric). Dabei handelt es sich um eine Zolltarifdatenbank, in der sämtliche für die praktische Anwendung des GZT erforderlichen Elemente zusammengefasst sind.[59] KN und Taric werden von der Kommission unter Beteiligung des Ausschusses für den Zollkodex aktualisiert.[60] Separat vom Zolltarifrecht, in dem es um die Festlegung des Zollsatzes je Ware und Drittland geht, sind im EU-Zollkodex (ZK)[61] „die allgemeinen Vorschriften und Verfahren festgelegt (...), die auf die in das und aus dem Zollgebiet der Union verbrachten Waren Anwendung finden." Zu diesem allgemeinen Zollrecht[62] gehören neben der Definition des Zollgebiets der Union insbesondere das Zollverfahrensrecht sowie die Regeln über den Warenursprung, die Ermittlung der Zollbelastung aufgrund des Zollwerts der Ware und über die Einfuhr- und die Ausfuhrzollschuld und das Verbringen von Waren in das und aus dem EU-Zollgebiet.[63]

21 Dem Zolltarifrecht zuzuordnen ist auch die Verordnung (EG) Nr. 978/2012 über ein Schema allgemeiner Zollpräferenzen (APS),[64] die einseitig von der EU gewährte Zollvergünstigungen für Entwicklungsländer vorsieht.[65] Sie schafft gemäß ihrem Art. 1 Abs. 2 drei Regelungen:
– eine allgemeine Präferenzregelung (Art. 4 ff.) für die in Anhang V[66] aufgeführten Waren, die den in Anhang II genannten Entwicklungsländern zugutekommt,

---

57 Überprüfung der Handelspolitik – Eine offene, nachhaltige und entschlossene Handelspolitik, KOM(2021) 66 final.
58 Art. 1 Abs. 1 Verordnung (EG) Nr. 2658/87, ABl. L 256/1 v. 7.9.1987 – zuletzt geändert durch Verordnung (EU) 2022/2465, ABl. L 322/81 v. 16.12.2022.
59 Art. 2, 5 und 6 Verordnung (EG) Nr. 2658/87. S. zum Taric die auf der Website der Kommission (https://ec.europa.eu/taxation_customs/business/calculation-customs-duties/customs-tariff/eu-customs-tariff-taric_de, zuletzt abgerufen am 21.6.2023) enthaltenen Erläuterungen.
60 Art. 10 Verordnung (EG) Nr. 2658/87, ABl. L 256/1 v. 7.9.1987. Dabei kommt gemäß der Übergangsbestimmung in Art. 13 Abs. 1 lit. b Verordnung (EU) Nr. 182/2011 das Prüfverfahren gemäß Art. 5 mit Ausnahme von Art. 5 Abs. 4 UAbs. 2 und 3 dieser Verordnung zur Anwendung.
61 Verordnung (EU) Nr. 952/2013, ABl. L 269/1 v. 10.10.2013.
62 *Lux*, in: Dauses/Ludwigs, Handbuch des EU-Wirtschaftsrechts, C.II. Zollrecht, Rn. 52.
63 *Lux*, in: Dauses/Ludwigs, Handbuch des EU-Wirtschaftsrechts, C.II. Zollrecht, Rn. 52.
64 ABl. L 303/1 v. 31.10.2012.
65 Zu Entstehung und Entwicklung der APS-Regelung s. *Weiß*, in: Krenzler/Herrmann/Niestedt, EU-Außenwirtschafts- und Zollrecht, Nr. 91 Verordnung (EU) Nr. 978/2012, Rn. 5 ff.
66 S. Art. 6 Abs. 1 Verordnung (EU) Nr. 978/2012, ABl. L 303/1 v. 31.10.2012.

IV. Handelspolitische Instrumente

- eine Sonderregelung (Art. 9 ff.) im Hinblick auf die in Anhang IX aufgelisteten Waren,[67] deren Gewährung von der Beachtung bestimmter Anforderungen an eine nachhaltige Entwicklung und verantwortungsvolle Staatsführung durch die begünstigten Entwicklungsländer („Wohlverhaltensklauseln") abhängig macht (sog. APS+) sowie
- eine spezifische Sonderregelung für die in Anhang IV genannten am wenigsten entwickelten Länder (Art. 17 ff.),[68] die gemäß Art. 18 Abs. 1 Zollfreiheit für alle Waren der Kapitel 1 bis 97 der KN mit Ausnahme der Waren des Kapitels 93, d. h. Waffen und Munition sowie Teile davon und Zubehör, gewährt (sog. EBA).[69]

Art. 22 f. enthält eine Schutzklausel, die es erlaubt, im Fall von Marktstörungen die Zölle des GZT wieder einzuführen. Die Entscheidung darüber kann allerdings erst nach Durchführung eines Untersuchungsverfahrens getroffen werden, es sei denn, es handelt sich um einen Dringlichkeitsfall nach Art. 25 der Verordnung. Welthandelsrechtlich finden die in der Verordnung (EG) Nr. 978/2012 vorgesehenen Abweichungen vom Meistbegünstigungsgrundsatz (Art. I:1 GATT 1994) und von der Zollbindung (Art. II:1 GATT) ihre Grundlage in der sog. „enabling clause" aus dem Jahr 1979.[70]

Gegenwärtig befindet sich ein Vorschlag der Kommission für eine Neuregelung des APS-Regimes im ordentlichen Gesetzgebungsverfahren.[71] Wesentliche Ziele des Vorschlags sind die Vereinfachung des Übergangs von der EBA-Regelung in die allgemeine Präferenzregelung, die Verankerung von Klima- und Umweltschutzverpflichtungen im Rahmen von APS+, die Erleichterung der Rücknahme von Präferenzen bei Verstößen gegen Wohlverhaltenspflichten und die Verbesserung der Überwachung und Umsetzung der APS+-Verpflichtungen.[72]

21a

Im Einklang mit Art. 207 Abs. 1 AEUV kann die Kommission gemäß der Verordnung (EU) 2015/478 nach Durchführung einer Untersuchung Schutzmaßnahmen ergreifen, wenn „eine Ware in derart erhöhten Mengen und/oder unter derartigen Bedingungen in die Union eingeführt [wird], dass den Unionsherstellern eine bedeutende Schädigung entsteht oder zu entstehen droht".[73] Sie nimmt damit die der EU als WTO-Mitglied im WTO-Übereinkommen über Schutzmaßnahmen[74] gewährten Spielräume wahr. Gegenüber Staatshandelsländern, die nicht der WTO angehören, eröffnet die Verordnung (EU) 2015/755 vergleichbare Möglichkeiten.[75] Im Übrigen ist nach beiden Verordnungen die Einfuhr von Waren in die Union frei und unterliegt mithin keinen mengenmäßigen Beschränkungen.[76]

22

Antidumping- und Antisubventionsmaßnahmen gehören zum Kernbereich des Trade Defence-Instrumentariums der EU. Auch insoweit geht es um die Wahrnehmung der ihr im Rahmen des WTO-Rechts[77] zustehenden Handlungsmöglichkeiten. Dumping bedeutet, dass der Preis einer Ware „bei der Ausfuhr in die Union niedriger ist als der

23

---

67 S. Art. 11 Abs. 1 Verordnung (EU) Nr. 978/2012, ABl. L 303/1 v. 31.10.2012.
68 Man spricht insoweit von den „LDCs" (Least Developed Countries).
69 Entsprechend wird die Regelung mit dem Kürzel „EBA" (everything but arms) versehen.
70 Hilf/Oeter, WTO-Recht, 2005, S. 184 f.; Matsushita/Schoenbaum/Mavroidid/Hahn, The World Trade Organization, Law, Practice, and Policy, 3. Aufl. 2015, S. 176.
71 COM(2021) 579 final v. 22.9.2021.
72 S. die Begründung des Vorschlags, COM(2021) 579 final, S. 2.
73 Art. 15 Abs. 1 und Art. 4 ff. Verordnung (EU) 2015/478, L 83/16 v. 27.3.2015.
74 ABl. L 336/184 v. 23.12.1994.
75 Art. 13 Abs. 1 und Art. 3 ff. Verordnung (EU) 2015/755, ABl. L 123/33 v. 19.5.2015.
76 Jeweils Art. 1 Abs. 2 Verordnungen (EU) 2015/478 und (EU) 2015/755. Sonderregeln gelten gemäß Art. 1 Abs. 1 der beiden Verordnungen jedoch für Textilwaren.
77 Übereinkommen zur Durchführung des Artikels VI des Allgemeinen Zoll- und Handelsabkommens 1994 (Antidumping-Übereinkommen 1994), ABl. L 336/103 v. 23.12.1994; Übereinkommen über Subventionen und Ausgleichsmaßnahmen, ABl. L 336/156 v. 23.12.1994.

vergleichbare Preis einer zum Verbrauch im Ausfuhrland bestimmten gleichartigen Ware im normalen Handelsverkehr."[78] Ist das der Fall und ergibt die Untersuchung,[79] dass eine Schädigung eines Wirtschaftszweigs der Union vorliegt,[80] so erhebt die Kommission gemäß Art. 9 Abs. 4 der Verordnung (EU) 2016/1036 einen endgültigen Antidumpingzoll, um die festgestellte Dumpingspanne auszugleichen.[81] Einer vergleichbaren Logik folgend erlaubt die Verordnung (EU) 2016/1037 der Kommission die Verhängung eines Ausgleichszolls, „um eine Subvention auszugleichen,[82] die mittelbar oder unmittelbar für die Herstellung, die Produktion, die Ausfuhr oder die Beförderung einer Ware gewährt wird, deren Überführung in den zollrechtlich freien Verkehr in der Union eine Schädigung verursacht." Die näheren Voraussetzungen für die Festsetzung von Ausgleichszöllen sind in der Verordnung detailliert geregelt.[83]

24 Der Grundsatz der Ausfuhrfreiheit gemäß Art. 1 der Verordnung (EU) 2015/479 besagt, dass Ausfuhren aus der EU in Drittländer grundsätzlich „frei, d. h. keinen mengenmäßigen Beschränkungen unterworfen" sind. Jedoch können in außergewöhnlichen Notlagen Ausfuhrbeschränkungen erlassen werden. Dabei kann es sich um die Einführung von Exportgenehmigungen handeln, „Um einer durch einen Mangel an lebenswichtigen Gütern bedingten Krisenlage vorzubeugen oder entgegenzuwirken".[84] Art. 6 der Verordnung erlaubt den Erlass von Ausfuhrbeschränkungen, um entweder „einer durch einen Mangel an lebenswichtigen Gütern bedingten Krisenlage vorzubeugen oder entgegenzuwirken", oder die Erfüllung der von der Union oder allen Mitgliedstaaten eingegangenen internationalen Verpflichtungen, insbesondere auf dem Gebiet des Handels mit Grundstoffen, zu ermöglichen. Die in Anhang I der Verordnung (EU) 2015/479 genannten Güter sind gemäß Art. 8 der Verordnung vom Grundsatz der Ausfuhrfreiheit ausgenommen. Hierzu zählen Erdöl, Erdölerzeugnisse sowie Erdgas und andere gasförmige Kohlenwasserstoffe.[85] Im Übrigen können die Mitgliedstaaten gemäß Art. 346 Abs. 1 lit. b AEUV die ihres Erachtens für die Wahrung ihrer wesentlichen Sicherheitsinteressen erforderlichen Beschränkungen im Hinblick auf die Ausfuhr von Waffen, Munition und Kriegsmaterial vorsehen.[86]

25 Zum autonomen EU-Außenwirtschaftsrecht zählt auch die Befugnis zum Erlass von restriktiven Maßnahmen gemäß Art. 215 AEUV, die an der Schnittstelle von Handels- und Außenpolitik angesiedelt ist. Dabei handelt es sich wie bei Art. 207 AEUV um eine ausschließliche EU-Zuständigkeit.[87] Art. 215 AEUV sieht zwei Handlungsoptionen vor, zum einen „die Aussetzung, Einschränkung oder vollständige Einstellung der Wirtschafts- und Finanzbeziehungen zu einem oder mehreren Drittländern" (Abs. 1) und zum anderen „restriktive Maßnahmen gegen natürliche oder juristische Personen sowie Gruppierungen oder nichtstaatliche Einheiten" (Abs. 2). In beiden Optionen hängt der

---

78 Art. 1 Abs. 2 Verordnung (EU) 2016/1036, ABl. L 176/21 v. 30.6.2016.
79 Art. 6 Verordnung (EU) 2016/1036, ABl. L 176/21 v. 30.6.2016.
80 Art. 3 Verordnung (EU) 2016/1036, ABl. L 176/21 v. 30.6.2016.
81 Dabei entscheidet sie im Prüfverfahren gemäß Art. 15 Abs. 3 Verordnung (EU) 2016/1036 i. V. m. Art. 5 Verordnung (EU) Nr. 182/2011, ABl. L 55/13 v. 28.2.2011.
82 Auch hier handelt sie im Prüfverfahren gemäß Art. 25 Abs. 3 Verordnung (EU) 2016/1037 i. V. m. Art. 5 Verordnung (EU) Nr. 182/2011.
83 S. zum Subventionsbegriff Art. 3, zum Begriff der „anfechtbaren Subvention" Art. 4, zur Schädigung Art. 1 lit. d und Art. 8, zur Verfahrenseinleitung Art. 10, zur Untersuchung Art. 11, zu vorläufigen Maßnahmen Art. 12 und zum Ausgleichszoll Art. 15.
84 Art. 5 Verordnung (EU) 2015/479, ABl. L 83/34 v. 27.3.2015.
85 EuGH, U. v. 18.2.1986, Rs. 174/84, ECLI:EU:C:1986:60 – *Bulk-Oil/Sun International*.
86 *Ehlers/Pünder*, in: Krenzler/Herrmann/Niestedt, EU-Außenwirtschafts- und Zollrecht, Nr. 30 Ausfuhr-VO, Art. 10, Rn. 9.
87 *Cremer*, in: Calliess/Ruffert, EUV/AEUV, 6. Aufl. 2022, Art. 215 AEUV, Rn. 29; *Schneider/Terhechte*, in: Grabitz/Hilf/Nettesheim, Das Recht der Europäischen Union, Art. 215 AEUV, Rn. 3.

Erlass restriktiver Maßnahmen vom Vorliegen eines Beschlusses im Rahmen der Gemeinsamen Außen- und Sicherheitspolitik ab (Art. 29 EUV). Solche Beschlüsse beruhen häufig, aber nicht zwangsläufig auf Resolutionen des UN-Sicherheitsrats und ergehen einstimmig (Art. 31 Abs. 1 EUV). Geht es um Wirtschaftssanktionen gegen Drittstaaten i. S. von Art. 215 Abs. 1 AEUV, ist der Rat zum Handeln verpflichtet („so erlässt der Rat"). Im Fall von Restriktionen gegen Personen oder Einrichtungen verbleibt dem Rat ein Handlungsermessen („so kann der Rat"). Kommt ein einstimmiger GASP-Beschluss nicht zustande, so verbietet sich zwar der Rückgriff auf Art. 215 AEUV. Die Union bleibt aber nach überwiegender Auffassung auch in einem solchen Fall handlungsfähig, da insoweit auf der Grundlage von Art. 207 Abs. 2 AEUV Maßnahmen ergriffen werden können.[88] Das erfordert allerdings die Durchführung eines ordentlichen Gesetzgebungsverfahrens (Art. 207 Abs. 2 i. V. mit Art. 289 Abs. 1 und Art. 294 AEUV). Zu beachten bleibt, dass Art. 215 AEUV lediglich die unionsrechtliche Befugnis zum Tätigwerden begründet. Sollen die ergriffenen Maßnahmen nicht zur Verletzung völkerrechtlicher Verpflichtungen der EU führen, muss weiter sichergestellt sein, dass sie eine ausreichende völkerrechtliche Rechtfertigung besitzen.[89] Außerdem ist bei der Anwendung von Art. 215 Abs. 2 AEUV sicherzustellen, dass die ergriffenen Maßnahmen einschließlich der ihnen ggf. zugrunde liegenden UN-Resolutionen nicht die Grundrechte der Betroffenen wahren.[90] Für Finanzsanktionen im Bereich der Terrorismusbekämpfung gilt mit Art. 75 AEUV eine Spezialregelung. Dabei geht es um „Maßnahmen in Bezug auf Kapitalbewegungen und Zahlungen" wie etwa „das Einfrieren von Geldern, finanziellen Vermögenswerten oder wirtschaftlichen Erträgen". Der Rückgriff auf Art. 75 AEUV ist nicht wie in Art. 215 AEUV vom Erlass eines vorherigen GASP-Beschlusses abhängig und unterliegt außerdem dem ordentlichen Gesetzgebungsverfahren. In Gemengelagen, in denen sowohl sicherheitspolitisch motivierte als auch terrorismusbezogene Sanktionen erlassen werden sollen, ist eine Abgrenzung der beiden Rechtsgrundlagen nach den vom EuGH entwickelten allgemeinen Kriterien vorzunehmen.[91]

2. Handelsabkommen

Die EU hat im Lauf der Jahre zahlreiche handelspolitische Vereinbarungen mit Drittstaaten geschlossen.[92] Dabei kamen je nach Gegenstand unterschiedliche Formate zum Tragen, einerseits reine Handelsabkommen, die spezifische Handelsaspekte oder eben die Schaffung von Freihandelszonen[93] zum Gegenstand haben, und andererseits die mit einem substantiellen handelspolitischen Teil versehenen Kooperations- oder Assoziierungsabkommen gemäß Art. 217 AEUV. Letztere zielen auf eine längerfristige politische, wirtschaftliche und bereichsspezifische Zusammenarbeit der Vertragsparteien ab und sind insbesondere vor dem Hintergrund der stockenden Fortentwicklung des Welthandelssystems zu sehen.[94] Beispiele für spezifische Handelsvereinbarungen sind etwa

---

[88] *Kokott*, in: Streinz, EUV/AEUV, 3. Aufl. 2018, Art. 215 AEUV, Rn. 12 und 28. A.A. *Cremer*, in: Calliess/Ruffert, EUV/AEUV, 6. Aufl. 2022, Art. 215 AEUV, Rn. 31.
[89] *Kokott*, in: Streinz, EUV/AEUV, 3. Aufl. 2018, Art. 215 AEUV, Rn. 35.
[90] *Kokott*, in: Streinz, EUV/AEUV, 3. Aufl. 2018, Art. 215 AEUV, Rn. 40. EuGH, U. v. 3.9.2008, Rs. C-402/05 P, ECLI:EU:C:2008:461 – *Kadi und Al Barakaat/Rat und Kommission*.
[91] EuGH, U. v. 19.7.2012, Rs. C-130/10, ECLI:EU:C:2012:472, Rn. 42 ff. – *Europäisches Parlament/Rat*; *Niestedt*, in: Krenzler/Herrmann/Niestedt, EU-Außenwirtschafts- und Zollrecht, Nr. 50 Systematische Darstellung von Embargo- und Sanktionsmaßnahmen, Rn. 30.
[92] Eine gute Übersicht über die vertragliche EU-Handelspolitik bietet *Weiß*, in: Grabitz/Hilf/Nettesheim, Das Recht der Europäischen Union, Art. 207 AEUV, Rn. 247 ff.
[93] Gemäß Art. XXIV:8 GATT erfordert die Bildung einer Freihandelszone, dass bestehende Zölle und Handelsbeschränkungen „für annähernd den gesamten Handel mit den aus den teilnehmenden Gebieten der Zone stammenden Waren beseitigt werden."
[94] Dazu *Altemöller*, Perspektiven für das Welthandelssystem. Von multilateraler Integration zu Freihandelsabkommen?, EuZW 2016, 374.

die Weinabkommen mit Südafrika,[95] Australien[96] und Kanada[97], das Abkommen mit der Schweiz zum Schutz von Ursprungsbezeichnungen und geografischen Angaben für Agrarerzeugnisse und Lebensmittel[98] oder das Abkommen mit den USA zur Beilegung des Hormonstreits.[99] Zu den von der EU geschlossenen umfassenden Freihandelsabkommen zählen z. B. die Abkommen mit Südkorea,[100] Kanada[101], Japan[102], Vietnam[103], Singapur[104] und dem Vereinigten Königreich[105] oder etwa die in den Assoziierungsabkommen mit Chile,[106] Ägypten[107] oder der Ukraine[108] enthaltenen Handelsvereinbarungen. Das mit Kanada verhandelte Handelsabkommen (CETA)[109] ist mangels Ratifizierung durch alle Mitgliedstaaten noch nicht in Kraft getreten, doch werden seine in die Zuständigkeit der EU fallenden Teile vorläufig angewendet.[110] Eine Sonderstellung nimmt das Abkommen über den Europäischen Wirtschaftsraum (EWR)[111] mit den EFTA-Mitgliedern Norwegen und Island sowie Liechtenstein ein, das 1993 als Assoziierungsabkommen gemäß Art. 310 EGV (= Art. 217 AEUV) geschlossen wurde. Seine Besonderheit liegt in der weitgehenden Einbindung der drei Staaten in den europäischen Binnenmarkt („Binnenmarktassoziierung"). Entwicklungspolitisch bedeutsam ist das EG-AKP-Partnerschaftsabkommen von Cotonou[112] mit den Ländern Afrikas (südlich der Sahara), der Karibik und im Pazifik (AKP). Zur Ablösung des Cotonou-Abkommens verhandelt die EU seit geraumer Zeit mit sieben verschiedenen Ländergruppen Wirtschaftspartnerschaftsabkommen, die WTO-kompatible Freihandelsabkommen an die Stelle der von einem WTO-Waiver[113] getragenen einseitigen Zollpräferenzen setzen sollen.[114]

V. Fallgestaltungen

1. Die Reichweite der gemeinsamen Außenhandelskompetenz

27 Wichtige Teile der Rechtsprechung des EuGH zur gemeinsamen Handelspolitik betreffen Zuständigkeitsfragen. Insbesondere im Hinblick auf die umfassenden neuartigen Freihandelsabkommen geht es dabei vor allem um die Reichweite der ausschließlichen Außenhandelskompetenz der Union, d. h. um ihre Abgrenzung sowohl von anderen handelspolitisch relevanten EU-Zuständigkeiten als auch von den Zuständigkeiten der Mitgliedstaaten. In diesem Zusammenhang spielen auch die mit dem Abschluss ge-

---

95 Beschluss 2002/51/EG, ABl. L 28/4, v. 30.1.2002.
96 Beschluss 2009/49/EG, ABl. L 28/3 v. 30.1.2009.
97 Beschluss 2004/91/EG, ABl. L 35/3 v. 6.2.2004.
98 Beschluss 2011/738/EU, ABl. L 297/1 v. 16.11.2011.
99 Beschluss (EU) 2019/2073. ABl. L 316/1 v. 6.12.2019.
100 Beschluss (EU) 2015/2169, ABl. L 307/2 v. 2015. S. dazu ausführlich *Daiber*, Das Freihandelsabkommen zwischen der EU und Südkorea, EuR 2015, 542.
101 Beschluss (EU) 2017/37, ABl. L 11/1 v. 14.1.2017.
102 Beschluss (EU) 2018/1907, ABl. L 330/1 v. 27.12.2018.
103 Beschluss (EU) 2020/753, ABl. L 186/1 v. 12.6.2020.
104 Beschluss (EU) 2019/1875, ABl. 294/1 v. 14.11.2019.
105 Beschluss (EU) 2020/2252, ABl. L 444/1 v. 31.12.2020.
106 Beschluss 2002/979/EC, ABl. L 352/1 v. 30.12.2002.
107 Beschluss 2004/635/EG, ABl. L 304/38 v. 30.9.2004.
108 Beschluss 2014/295/EU, ABl. L 161/1 v. 29.5.2014.
109 Beschluss (EU) 2017/37, ABl. L 11/1 v. 14.1.2017.
110 Beschluss (EU) 2017/38 L 11/1080; Mitteilung, ABl. L 238/9.
111 Beschluss 94/1/EG, EGKS, ABl. L 1/1 v. 3.1.1994.
112 ABl. L 317/1 v. 15.12.2000 – in Kraft seit dem 1.4.2003.
113 S. Art. XV:5 GATT 1994.
114 S. *Mögele/Möhler*, in: Krenzler/Herrmann/Niestedt, EU-Außenwirtschafts- und Zollrecht. Nr. 40 Der Außenhandel mit landwirtschaftlichen Erzeugnissen und seine Einbindung in die Welthandelsordnung der WTO, Rn. 42.

mischter Abkommen auftretenden Fragen eine wichtige Rolle. Seit einiger Zeit beschäftigt die Rechtsprechung außerdem die unionsrechtliche Zulässigkeit der Schaffung von Investitionsschiedsgerichten.

EuGH, Urteil vom 8.9.2009 – Rs. C-411/06, Slg. 2009, I-07585 – *Kommission/Europäisches Parlament und Rat* **28**
Am 14.6.2006 erließen das Europäische Parlament und der Rat gestützt auf Art. 175 EGV (= Art. 192 Abs. 1 AEUV) die Verordnung (EG) Nr. 1013/2006 über das Verbringen von Abfällen.[115] *Damit wichen sie insofern vom Vorschlag der Kommission ab, als in diesem neben der umweltpolitischen (Art. 175 EGV) auch die handelspolitische Rechtsgrundlage (Art. 133 EGV (= Art. 207 AEUV) vorgesehen war. Wegen dieser Änderung erhob die Kommission Nichtigkeitsklage zum EuGH.*

In seinem Urteil bekräftigte der EuGH zunächst seine ständige Rechtsprechung, nach **29** der „die Wahl der Rechtsgrundlage eines gemeinschaftlichen Rechtsakts auf objektive, gerichtlich nachprüfbare Umstände gründen muss, zu denen insbesondere das Ziel und der Inhalt des Rechtsakts gehören" (Rn. 45). Danach dürfen nur dann zwei Rechtsgrundlagen herangezogen werden, wenn „der betreffende Rechtsakt gleichzeitig mehrere Zielsetzungen hat oder mehrere Komponenten umfasst, die untrennbar miteinander verbunden sind, ohne dass die eine gegenüber der anderen nur zweitrangig und mittelbar ist" (Rn. 47). Umfasst er jedoch „zwei Zielsetzungen (…) oder zwei Komponenten (…), und lässt sich eine von ihnen als die hauptsächliche oder überwiegende ausmachen, während die andere nur nebensächliche Bedeutung hat, so ist der Rechtsakt nur auf eine Rechtsgrundlage zu stützen, und zwar auf die, die die hauptsächliche oder überwiegende Zielsetzung oder Komponente erfordert" (Rn. 46). Zwar ging der EuGH im zu entscheidenden Fall davon aus, dass die Verordnung sowohl die Umwelt- als auch die Handelspolitik berührt (Rn. 48), gelangte jedoch bei der Bestimmung des Schwerpunkts der Regelung umstandslos zur Anwendbarkeit von Art. 175 EGV (Rn. 50 ff.). Anknüpfend an eine Reihe früherer Urteile[116] unterstrich er im Hinblick auf Art. 133 EGV, dass ein „Rechtsakt der Gemeinschaft (…) nämlich nur dann in die ausschließliche Zuständigkeit für die gemeinsame Handelspolitik nach Art. 133 EG [fällt], wenn er speziell den internationalen Warenaustausch betrifft, weil er im Wesentlichen den Handelsverkehr fördern, erleichtern oder regeln soll und sich direkt und sofort auf den Handel mit den betroffenen Erzeugnissen auswirkt" (Rn. 71). Das bedeutet, dass Maßnahmen, die zwar die handelspolitischen Belange der Union betreffen, nach Ziel und Inhalt ihren Schwerpunkt jedoch in einem anderen Politikbereich haben, nicht auf Art. 207 AEUV gestützt werden können. Das gilt etwa für die dem Gesundheitsschutz dienenden lebensmittelrechtlichen und veterinärrechtlichen Beschränkungen. Diese Linie hat der EuGH seither in einer Reihe weiterer Entscheidungen beibehalten.[117]

EuGH, Gutachten vom 16.5.2017 – ECLI:EU:C:2017:376 – *Gutachten 2/15, Singapur*[118] **30**
Im Oktober 2014 schloss die Kommission ihre rund fünfjährigen Verhandlungen über ein Handelsabkommen mit Singapur ab. Deren Ergebnis war ein sog. Freihandelsabkommen „neuer

---

115 ABl. L 190/1 v. 12.7.2006.
116 EuGH, Gutachten v. 15.11.1994, Slg. 1994, I-5267, Rn. 57 – *Gutachten 1/94, WTO*; Gutachten v. 6.12.2001, Slg. 2001, I-9713, Rn. 40 – *Gutachten 2/00, Protokoll von Cartagena*, und EuGH, U. v. 12.12.2002, Rs. C-281/01, ECLI:EU:C:2002:761, Rn. 40 und 41 – *Kommission/Rat*; U. v. 12.5.2005, C-347/03, ECLI:EU:C:2005:285, Rn. 75 – *Regione autonoma Friuli-Venezia Giulia und ERSA*.
117 EuGH, U. v. 22.10.2013, Rs. C-137/12, ECLI:EU:C:2013:675, Rn. 52 ff. – *Kommission/Rat*; EuGH, Gutachten v. 16.5.2017, ECLI:EU:C:2017:376 – *Gutachten 2/15, Singapur*.
118 S. dazu *Streinz*, Tragweite und Grenzen der ausschließlichen Kompetenz der EU für die GHP, JUS 2019, 457 ff. m. w. N.

Generation" mit umfassenden, über den klassischen Warenhandel deutlich hinausreichenden Vereinbarungen[119] *insbesondere zum Investitionsschutz und zur Schaffung einer Investitionsschiedsgerichtsbarkeit. Im weiteren Verlauf traten erhebliche Meinungsverschiedenheiten mit dem Rat über die für den Abschluss des Abkommens heranzuziehenden EU-Zuständigkeiten zutage. Zu deren Klärung konnte nicht mehr auf das im Hinblick auf den Abschluss der WTO-Abkommen vom EuGH erstattete Gutachten 1/94*[120] *zurückgegriffen werden, da die handelspolitischen Zuständigkeiten der EU durch den Vertrag von Lissabon neu gefasst und spürbar erweitert wurden. Vor diesem Hintergrund ersuchte die Kommission den EuGH gemäß Art. 218 Abs. 11 AEUV um ein Gutachten zur Klärung der im Zusammenhang mit dem Singapurabkommen streitigen Zuständigkeitsfragen. Das vom EuGH 2017 abgegebene Gutachten 2/15 dient seither als „Blaupause" für die kompetentielle Beurteilung der EU-Handelspolitik und insbesondere der von der EU geschlossenen Handelsabkommen.*

31 Im ersten Teil seines Gutachtens konzentrierte sich der EuGH auf die Ermittlung der der EU zustehenden ausdrücklichen ausschließlichen handelspolitischen Zuständigkeiten gemäß Art. 207 Abs. 2 i. V. mit Art. 3 Abs. 1 lit. e AEUV.[121] Dieser Kategorie ordnete er sowohl die Regeln über den Marktzugang von Waren (Rn. 40 ff.) zu als auch den Bereich des Handels mit Dienstleistungen (Rn. 49 ff.) in ihren vier von der WTO verwendeten Erbringungsformen.[122] Davon nahm er allerdings unter Berufung auf Art. 207 Abs. 5 AEUV die vom Abkommen ebenfalls erfassten Verkehrsdienstleistungen in den Bereichen internationaler Seeverkehr, Eisenbahnverkehr, Straßenverkehr und Binnenschiffsverkehr aus (Rn. 61 ff.). Demgegenüber verortete er Luftfahrzeugreparatur- und -wartungsdienstleistungen an außer Betrieb gesetzten Luftfahrzeugen mangels ausreichender Verknüpfung mit Verkehrsdienstleistungen im Anwendungsbereich des Art. 207 Abs. 1 AEUV (Rn. 64 ff.). Ebenfalls zur gemeinsamen Handelspolitik zählte der EuGH die Regeln über nicht-tarifäre Handelshemmnisse und Investitionen im Bereich der Erzeugung erneuerbarer Energien (Rn. 72 ff.) und über die öffentliche Beschaffung (Rn. 75 ff.).

32 Im Bereich Investitionsschutz (Rn. 78 ff.) bejahte der EuGH zunächst eine ausschließliche handelspolitische EU-Zuständigkeit für die im Abkommen enthaltenen Regelungen über die in Art. 207 Abs. 1 AEUV ausdrücklich genannten Direktinvestitionen (Rn. 81 ff.) und bestätigte den in seiner Rechtsprechung zu diesem Begriff entwickelten Bedeutungsgehalt (Rn. 80).[123] Konsequenterweise gelangte er zum Schluss, dass andere ausländische Investitionen wie etwa Portfolioinvestitionen nicht von der gemeinsamen Handelspolitik umfasst sind (Rn. 83). Weiter akzeptierte der EuGH, dass die von der EU im Singapurabkommen eingegangenen Vereinbarungen zum Schutz des geistigen Eigentums „einen spezifischen Bezug zum internationalen Handelsverkehr haben" (Rn. 113 ff.) und somit in die ausschließliche EU-Kompetenz gemäß Art. 207 Abs. 2 AEUV fallen (Rn. 128). Zum selben Ergebnis kam der EuGH im Hinblick auf die

---

119 *Herrmann/Guilliard*, in: Krenzler/Herrmann/Niestedt, EU-Außenwirtschafts- und Zollrecht, Nr. 130. Einleitung zur vertraglichen Handelspolitik, Rn. 45 f.; *Arnold/Klamert*, in: Dauses/Ludwigs, Handbuch des EU-Wirtschaftsrechts, K. Außenhandelsrecht, Rn. 48; *Śliwińska*, New generation trade agreements as an economic challenge for the European Union and its Member States – the case of CETA, Przegląd Europejski 2018, 141 (143 f.).
120 EuGH, Gutachten v. 15.11.1994, Slg. 1994, I-5267 – *Gutachten 1/94, WTO*.
121 Zur Systematik der EU-Vertragsschlusskompetenzen s. *Mögele*, in: Streinz, EUV/AEUV, 3. Aufl. 2018, Art. 216 AEUV, Rn. 13 ff.
122 S. Art. I:2 GATS.
123 „Direktinvestitionen bestehen nach ständiger Rechtsprechung in Investitionen jeder Art durch natürliche oder juristische Personen zur Schaffung oder Aufrechterhaltung dauerhafter und direkter Beziehungen zwischen denjenigen, die die Mittel bereitstellen, und den Unternehmen, für die die Mittel zum Zweck einer wirtschaftlichen Tätigkeit bestimmt sind. Eine Beteiligung an einem als Aktiengesellschaft gegründeten Unternehmen ist eine Direktinvestition, wenn die Aktien ihrem Inhaber die Möglichkeit geben, sich tatsächlich an der Verwaltung dieser Gesellschaft oder an deren Kontrolle zu beteiligen (…)".

V. Fallgestaltungen

im Abkommen getroffenen wettbewerbs- und subventionsrechtlichen Absprachen (Rn. 135, 137 f.) sowie die Vereinbarungen im Bereich der nachhaltigen Entwicklung (Rn. 139 ff.). Insoweit rekurrierte er auf die über die Bezugnahme auf die „Grundsätze und Ziele des auswärtigen Handelns der Union" (Art. 207 Abs. 1 Satz 2 AEUV) in die Handelspolitik einbezogene „nachhaltige Entwicklung im Zusammenhang mit der Erhaltung und Verbesserung der Qualität der Umwelt und der nachhaltigen Bewirtschaftung der weltweiten natürlichen Ressourcen" (Art. 21 Abs. 2 lit. f AEUV).

Im zweiten Teil des Gutachtens (Rn. 168 ff.) analysierte der EuGH sodann, welche in dem Abkommen getroffenen Absprachen in den Bereichen Verkehr und Investitionsschutz auf eine implizite ausschließliche Vertragsschlusskompetenz gemäß Art. 3 Abs. 2 AEUV gestützt werden können.[124] Ausgehend von Art. 207 Abs. 5 AEUV stellte er dabei für die Verkehrsdienstleistungen auf die AETR-Variante[125] in Art. 216 Abs. 1 und Art. 3 Abs. 2 AEUV ab, nach der „in den Bereichen, in denen die Union Vorschriften erlassen hat, die in irgendeiner Form gemeinsame Rechtsnormen vorsehen, die Mitgliedstaaten weder einzeln noch selbst gemeinsam handelnd mehr berechtigt sind, mit dritten Staaten Verpflichtungen einzugehen, die diese Normen beeinträchtigen".[126] Nach Feststellung der Existenz entsprechender gemeinsamer Rechtsvorschriften bejahte er das Vorliegen der AETR-Voraussetzungen sowohl in den Bereichen See- (Rn. 175 ff.), Eisenbahn- (Rn. 195 ff.), Straßen- (Rn. 204 ff.) und Binnenschifffahrtsverkehr (Rn. 213 ff.) als auch auf dem Gebiet des öffentlichen Beschaffungswesens im Verkehrsbereich (Rn. 219 ff.).

Im Hinblick auf andere als die unter Art. 207 Abs. 1 AEUV fallenden Direktinvestitionen hatte die Kommission für eine ausschließliche EU-Zuständigkeit i. S. der AETR-Variante in Art. 3 Abs. 2 AEUV plädiert und sich dazu auf Art. 63 AEUV (Kapitalverkehrsfreiheit) berufen. Dem folgte der EuGH jedoch nicht und verwies insbesondere darauf, dass die AETR-Formel nur für gemeinsame Vorschriften des Sekundär-, nicht aber des Primärrechts gilt (Rn. 233 ff.). Weiter verwarf er auch die Zielvariante[127] und gelangte somit beim Schutz anderer Investitionen zum Vorliegen einer geteilten EU-Zuständigkeit (Rn. 241). Demgegenüber bejahte der EuGH für Direktinvestitionen trotz der Übergangsregelung in der Verordnung (EU) Nr. 1219/2012[128] die ausschließliche Kompetenz der EU zur Ablösung der bilateralen Investitionsschutzabkommen der Mitgliedstaaten mit Singapur (Rn. 246 ff.).

Außerdem hatte der EuGH über die Art der EU-Zuständigkeit für die Einführung eines Schiedsverfahrens für Investorenklagen wegen Verstößen gegen die Investitionsschutzbestimmungen des Abkommens zu befinden (Rn. 285 ff.). Obwohl diese Frage in engem Zusammenhang mit der ausschließlichen EU-Kompetenz für ausländische Direktinvestitionen steht, stellte der EuGH insoweit lediglich eine zwischen der Union und den Mitgliedstaaten geteilte Zuständigkeit fest (Rn. 293). Zur Begründung verwies er darauf, dass die Schaffung eines solchen Schiedsverfahrens, „die Streitigkeiten der gerichtlichen Zuständigkeit der Mitgliedstaaten entzieht, (…) keinen bloßen Hilfscharakter im Sinne der in Rn. 276 des vorliegenden Gutachtens angeführten Rechtsprechung [hat] und (…) daher nicht ohne Einverständnis der Mitgliedstaaten eingeführt werden" kann (Rn. 292). Allerdings ließ er die Frage offen, um welche der in Art. 4 Abs. 2 AEUV aufgeführten geteilten Zuständigkeiten es sich dabei handeln soll. Zudem ist zu beach-

---

124 Zur Systematik der EU-Vertragsschlusskompetenzen s. *Mögele*, in: Streinz, EUV/AEUV, 3. Aufl. 2018, Art. 216, AEUV Rn. 13 ff.
125 EuGH, U. v. 31.3.1971, C-22/70, ECLI:EU:C:1971:32 – *Kommission/Rat*.
126 EuGH, Gutachten v. 16.5.2017, ECLI:EU:C:2017:376, Rn. 170 f. – *Gutachten 2/15, Singapur*. S. dazu *Mögele*, in: Streinz, EUV/AEUV, 3. Aufl. 2018, Art. 216 AEUV, Rn. 38 f.
127 *Mögele*, in: Streinz, EUV/AEUV, 3. Aufl. 2018, Art. 216 AEUV, Rn. 33 ff.
128 ABl. L 351/40 v. 20.12.2012.

ten, dass der EuGH in seinem Gutachten keine Aussagen zur unionsrechtlichen Zulässigkeit der vertraglichen Einführung von Investitionsschiedsverfahren machte.

36 Schließlich verortete der EuGH die institutionellen Bestimmungen des Abkommens (Informationsaustausch, Notifikation, Überprüfung, Zusammenarbeit, Vermittlungsmechanismus und Entscheidungsbefugnis sowie Streitbeilegung zwischen den Vertragsparteien, Rn. 257 ff.) wegen ihres „Hilfscharakters" insoweit im Bereich der ausschließlichen EU-Zuständigkeiten, als sie sich auf vertragliche Bestimmungen beziehen, für die gem. Art. 207 Abs. 2 i. V. mit Art. 3 Abs. 1 lit. e und Art. 3 Abs. 2 AEUV eine ausschließliche Zuständigkeit der Union besteht (Rn. 276 f., 298 ff.).

2. Gemischte Handelsabkommen

37 Nach Art. 207 Abs. 2 i. V. mit Art. 3 Abs. 1 lit. e AEUV besitzt die Union die ausschließliche Kompetenz zum Abschluss von Abkommen im Rahmen der gemeinsamen Handelspolitik, so dass nur sie allein, nicht aber die Mitgliedstaaten dazu befugt ist, solche Abkommen zu schließen. Geht hingegen der Regelungsbereich eines Abkommens über die gemeinsame Handelspolitik i. S. von Art. 207 Abs. 1 AEUV hinaus, so wird es in der Regel als gemischtes Abkommen („mixed agreement") geschlossen.[129] Dabei handelt es sich um Abkommen, an denen auf EU-Seite sowohl die Union als auch die Mitgliedstaaten als Vertragsparteien beteiligt sind.[130] In solchen Fällen entsteht sowohl im Hinblick auf das Zustandekommen des Abkommens[131] als auch hinsichtlich der dabei herbeigeführten völkerrechtlichen und unionsrechtlichen Bindungen[132] eine komplexe Gemengelage.

38 Die von der Union im Rahmen des Art. 207 Abs. 3 AEUV abgeschlossenen Abkommen werden wie völkerrechtliche Verträge allgemein „integrierende Bestandteile" der Rechtsordnung der Union.[133] Gemäß Art. 216 Abs. 2 AEUV binden sie die Mitgliedstaaten und die Unionsorgane. Allerdings reicht die unionsrechtliche Bindungswirkung bei gemischten Abkommen nur so weit wie die der EU zustehenden Kompetenzen.[134] Das gilt auch für die Rechtsprechungszuständigkeit des EuGH.[135]

39 **EuGH, Gutachten vom 16.5.2017 – ECLI:EU:C:2017:376 – *Gutachten 2/15, Singapur***
Wie bereits erläutert,[136] verneinte der EuGH in seinem Gutachten 2/15 eine ausschließliche EU-Vertragsschlusskompetenz im Hinblick auf andere Investitionen als ausländische Direktinvestitionen sowie auf die Schaffung einer Investitionsschiedsgerichtsbarkeit. Daraus wurde zum einen abgeleitet, die Union könne Handelsabkommen überhaupt nur bei Vorliegen entsprechender ausschließlicher Zuständigkeiten abschließen, und zum anderen gefolgert, das Freihandelsabkommen mit Singapur und andere vergleichbare Abkommen müssten als gemischte Abkommen geschlossen werden.

40 In der Tat beurteilte der EuGH, ähnlich wie bereits in seinem WTO-Gutachten 1/94, die Unionszuständigkeit für den Abschluss des Freihandelsabkommens mit Singapur

---

129 Zu den Zuständigkeiten bei der Änderung von gemischten Abkommen s. *Mögele*, in: Streinz, EUV/AEUV, 3. Aufl. 2018, Art. 218 AEUV, Rn. 36. Restriktiver *Steinbach*, Kompetenzkonflikte bei der Änderung gemischter Abkommen durch die EG und ihre Mitgliedstaaten Konsequenz aus der parallelen Mitgliedschaft in internationalen Organisationen, EuZW 2007, 109.
130 S. dazu *Mögele*, in: Streinz, EUV/AEUV, 3. Aufl. 2018, Art. 216 AEUV, Rn. 42 ff.
131 *Mögele*, in: Streinz, EUV/AEUV, 3. Aufl. 2018, Art. 218 AEUV, Rn. 34 ff.
132 *Mögele*, in: Streinz, EUV/AEUV, 3. Aufl. 2018, Art. 216 AEUV, Rn. 74 ff.
133 *Streinz*, Europarecht, 11. Aufl. 2019, Rn. 1266 und 1278.
134 *Mögele*, in: Streinz, EUV/AEUV, 3. Aufl. 2018, Art. 216 AEUV, Rn. 74.
135 EuGH, U. v. 8.3.2011, Rs. C-240/09, ECLI:EU:C:2011:125, Rn. 31 m. w. N. – *Lesoochranárske zoskupenie VLK/Ministerstvo životného prostredia Slovenskej republiky*.
136 Rn. 35.

nur unter dem Gesichtspunkt des Vorliegens ausschließlicher Unionskompetenzen.[137] Wie jedoch aus seinem Urteil in der Rs. C-600/14 hervorgeht,[138] beruhte diese Sachbehandlung allein auf dem Umstand, dass er „nur auf die vom Rat im damaligen Gutachtenverfahren vorgetragene Unmöglichkeit [abgestellt hatte], die erforderliche Ratsmehrheit dafür zu erreichen, dass die Union die in diesem Bereich mit den Mitgliedstaaten geteilte Außenkompetenz ausüben konnte". Dieses Verständnis entspricht auch Art. 2 Abs. 2 AEUV, wonach bei Vorliegen einer geteilten Zuständigkeit „die Union und die Mitgliedstaaten in diesem Bereich gesetzgeberisch tätig werden und verbindliche Rechtsakte erlassen" können, und die Mitgliedstaaten ihre Zuständigkeit nur wahrnehmen, „sofern und soweit die Union ihre Zuständigkeit nicht ausgeübt hat." Somit darf mittlerweile als gesichert gelten, dass die EU auch auf der Basis lediglich geteilter Zuständigkeiten rechtlich zum Abschluss von Abkommen befugt ist, auch wenn diese Option aufgrund der Rechtspraxis des Rats kaum zum Tragen kommt („facultative mixity")[139].[140]

41 Weiter zeigt ein Blick auf den Beschluss über die Annahme des Singapurabkommens durch den Rat,[141] dass trotz des Mangels ausschließlicher EU-Zuständigkeiten in zwei Bereichen vom Abschluss eines gemischten Abkommens abgesehen wurde. EU und Singapur einigten sich nämlich auf die Aufspaltung der zunächst einheitlich ausgehandelten Vereinbarung in zwei Abkommen.[142] Dabei handelt es sich zum einen um ein Freihandelsabkommen zwischen der EU und Singapur über die in die ausschließliche EU-Zuständigkeit fallenden Gegenstände („EU-only") und zum anderen um ein separates gemischtes Investitionsschutzabkommen der EU und ihrer Mitgliedstaaten mit Singapur.[143] Beim Freihandelsabkommen mit Vietnam kam das gleiche Vorgehen zum Tragen.[144] Demgegenüber wird das umfassende Wirtschafts- und Handelsabkommen mit Kanada (CETA), dessen Annahmeverfahren zum Zeitpunkt der Verkündung des Gutachtens 2/15 bereits begonnen hatte, weiterhin als gemischtes Abkommen behandelt.[145]

3. Unionsrechtliche Zulässigkeit von Investitionsschiedsgerichten

42 In seinem Urteil in der Rechtssache *Achmea*[146] erklärte der EuGH eine Schiedsgerichtsklausel für unvereinbar mit EU-Recht, die in dem zwischen den Niederlanden und der Slowakei bestehenden und vor dem EU-Beitritt der Slowakei geschlossenen Investitions-

---

137 EuGH, Gutachten v. 16.5.2017, ECLI:EU:C:2017:376, Rn. 304 – *Gutachten 2/15, Singapur.*
138 EuGH, U. v. 5.12.2017, Rs. C-600/14, ECLI:EU:C:2017:935, Rn. 68 – *Deutschland/Rat*; s. dazu die Schlussanträge von GA *Szpunar*, Rs. C-600/14, ECLI:EU:C:2017:296 – *Deutschland/Rat*; dazu *Mögele*, in: Streinz, EUV/AEUV, 3. Aufl. 2018, Art. 216 AEUV, Rn. 46.
139 EuGH, Gutachten v. 6.10.2021, ECLI:EU:C:2021:832, Rn. 248 – *Gutachten 1/19*; a. A. etwa *Weiß*, in: Grabitz/Hilf/Nettesheim, Das Recht der Europäischen Union, Art. 207 AEUV, Rn. 92 m. w. N.
140 *Erlbacher*, Recent case law on External Competences of the European Union: How Member States can embrace their own Traty, CLEER Papers 2017/2, S. 35 ff.
141 Beschluss (EU) 2019/1875, ABl. L 294/1 v. 14.11.2019.
142 S. dazu *Brauneck*, Abgetrennte EU-Handelsabkommen ohne Beteiligung der Mitgliedstaaten, EuZW 2018, 796.
143 S. die Begründung des Vorschlags für einen Ratsbeschluss über den Abschluss des Freihandelsabkommens zwischen der Europäischen Union und der Republik Singapur v. 18.4.2018, COM(2018) 196 final, S. 2.
144 S. die Begründung des Vorschlags für einen Beschluss des Rates über den Abschluss des Freihandelsabkommens zwischen der Europäischen Union und der Sozialistischen Republik Vietnam v. 17.10.2018, COM(2018) 691 final, S. 2.
145 S. den Vorschlag der Kommission über den Abschluss des umfassenden Wirtschafts- und Handelsabkommens zwischen Kanada einerseits und der Europäischen Union und ihren Mitgliedstaaten andererseits, COM(2016) 443 final sowie den Beschluss (EU) 2017/38, ABl. L 11/1080 v. 14.1.2017. Dazu *Stöbener de Mora*, Außenhandelsrecht: Kommissionsvorschlag zur Ratifizierung von CETA als gemischtes Abkommen, EuZW 2016, 523.
146 EuGH, U. v. 6.3.2018, Rs. C-284/16, ECLI:EU:C:2018:158 – *Achmea*; S. dazu Schiedsklausel in unionsinternem Investitionsschutzabkommen unzulässig, Anmerkung von *Kläger*, SchiedsVZ 2018, 186 (191 ff.).

schutzabkommen enthalten war. Danach konnten Investoren ihre Entschädigungsforderungen unter Ausschluss des ordentlichen Rechtswegs vor einem Schiedsgericht geltend machen. In dieser Klausel erblickte der EuGH ähnlich wie in seinem Gutachten 1/13 zum Beitritt der EU zur EMRK[147] eine Beeinträchtigung der Autonomie des Rechtssystems der EU[148] und mithin einen Verstoß gegen die Art. 267 und 344 AEUV. Im Kern nahm er Anstoß daran, dass ein solches Schiedsgericht mit der Auslegung und Anwendung von Unionsrecht betraut sei, ohne dem Gerichtssystem der Union anzugehören und dem EuGH gemäß Art. 267 AEUV diesbezügliche Auslegungs- und Gültigkeitsfragen vorlegen zu können. Somit könnte außerhalb des EU-Gerichtssystems bindend über die Auslegung von Unionsrecht entschieden werden. Außerdem nahm der EuGH Anstoß daran, dass die Schiedsgerichtsklausel „in einer Übereinkunft vorgesehen [war], die nicht von der Union, sondern von den Mitgliedstaaten geschlossen wurde" (Rn. 58). Schon vor diesem Urteil waren erhebliche Zweifel an der unionsrechtlichen und politischen Unbedenklichkeit der im Rahmen des umfassenden Wirtschafts- und Handelsabkommens mit Kanada (CETA) vorgesehenen Regelung über eine Investitionsschiedsgerichtsbarkeit geäußert worden, zu deren Klärung Belgien bereits 2017 den EuGH um ein Gutachten gemäß Art. 218 Abs. 11 AEUV ersucht hatte.

43 EuGH, Gutachten vom 30.4.2019 – Slg. 2019, I, ECLI:EU:C:2019:341 – *Gutachten 1/17, CETA*[149]
In seinem Gutachten wiederholte der EuGH seine bereits in Achmea geäußerte Einschätzung, „dass eine internationale Übereinkunft, die die Einrichtung eines mit der Auslegung ihrer Bestimmungen betrauten Gerichts vorsieht, dessen Entscheidungen für die Union bindend sind, grundsätzlich mit dem Unionsrecht vereinbar ist" (Rn. 106). Gleichzeitig bekräftigte er die dafür zu erfüllende Grundvoraussetzung, nämlich die Wahrung der Autonomie der Unionsrechtsordnung (Rn. 107). Als grundlegend für diese Autonomie identifizierte der EuGH die Existenz eines eigenen verfassungsrechtlichen Rahmens der Union, zu dem ihre Grundwerte (Art. 2 EUV), die allgemeinen Grundsätze des Unionsrechts und die Charta der Grundrechte sowie die EU- und AEU-Verträge gehören. Insoweit stellte er besonders auf das Gerichtssystem der Union ab, „das zur Gewährleistung der Kohärenz und der Einheitlichkeit der Auslegung des Unionsrechts dient", und unterstrich, dass es „Nach Art. 19 EUV (…) Sache der nationalen Gerichte und des Gerichtshofs [ist], die volle Anwendung des Unionsrechts in allen Mitgliedstaaten und den wirksamen gerichtlichen Rechtsschutz zu gewährleisten." Dabei habe der Gerichtshof insbesondere im Rahmen des Vorabentscheidungsverfahrens gemäß Art. 267 AEUV die ausschließliche Zuständigkeit für die verbindliche Auslegung des Unionsrechts (Rn. 111). Vor diesem Hintergrund konkretisierte der EuGH seinen gutachtlichen Auftrag dahin zu prüfen, „ob die Union durch den in Kapitel acht Abschnitt F des CETA[150] vorgesehenen ISDS-Mechanismus an ihrem Funktionieren gemäß ihrem eigenen verfassungsrechtlichen Rahmen gehindert wird"[151] (Rn. 112).

44 Ausgehend von der Feststellung, dass „der im CETA vorgesehene ISDS-Mechanismus außerhalb des Gerichtssystems der Union steht" (Rn. 113), bekräftigte der EuGH, diesem dürfe nicht die Aufgabe zufallen, „Vorschriften des Unionsrechts außer den Vorschriften des CETA auszulegen oder anzuwenden oder Urteilssprüche zu erlassen, die

---

147 EuGH, Gutachten v. 18.12.2014, ECLI:EU:C:2014:2454, Rn. 179 ff. – *Gutachten 1/13, EMRK*.
148 S. dazu *Lenaerts*, The autonomy of European Union Law, I Post di Aisdue, I (2019), 1, aisdue.eu/wp-content/uploads/2019/04/001C_Lenaerts.pdf (zuletzt abgerufen am 21.6.2013).
149 S. dazu *Ruffert*, Europarecht: Zulässigkeit der CETA-Investitionsstreitbeilegung. Das CETA-Gericht und seine Rechtsbehelfsinstanz sind unionsrechtskonform, JUS 2019, 598; Investitionsschutzrecht: Investitionsschutz im Freihandelsabkommen der EU mit Kanada (CETA), Anmerkung von *Hemler*, EuZW 2019, 474 (475).
150 ABl. L 11/23 v. 14.1.2017.
151 ISDS steht für „Investor-state dispute settlement".

dazu führen können, dass die Unionsorgane daran gehindert werden, gemäß dem verfassungsrechtlichen Rahmen der Union zu funktionieren" (Rn. 118). Daher sei er nur dann mit der Autonomie der Rechtsordnung der Union vereinbar, wenn die entsprechenden CETA-Vorschriften
- den Schiedsgerichten keine Zuständigkeit für die Auslegung oder Anwendung des Unionsrechts übertragen, die über die Auslegung und Anwendung der Vorschriften des CETA nach den zwischen den Vertragsparteien geltenden völkerrechtlichen Regeln und Grundsätzen hinausgeht, und
- die Zuständigkeiten der Schiedsgerichte nicht so ausgestalten, dass diese, auch wenn sie keine anderen Vorschriften des Unionsrechts als die Vorschriften des CETA auslegen oder anwenden, Urteilssprüche erlassen können, die dazu führen, dass die Unionsorgane daran gehindert werden, gemäß dem verfassungsrechtlichen Rahmen der Union zu funktionieren (Rn. 119).

45 Die Beachtung der ersten Bedingung bejahte der EuGH, da sich gemäß Art. 8.31 Abs. 2 Satz 1 CETA[152] „die dem CETA-Gericht übertragene Zuständigkeit auf die Auslegung und Anwendung der Vorschriften des CETA [beschränke], die nach den zwischen den Vertragsparteien geltenden völkerrechtlichen Regeln und Grundsätzen zu erfolgen hat" (Rn. 122). Er nahm auch keinen Anstoß daran, dass „[das Gericht] [b]ei seiner Beurteilung, ob eine Maßnahme im Einklang mit diesem Abkommen steht, (…) das innerstaatliche Recht einer Vertragspartei, soweit angezeigt, als Tatsache heranziehen [kann]" (Rn. 130), da „diese Prüfung nicht mit einer Auslegung des innerstaatlichen Rechts des Beklagten durch das CETA-Gericht gleichgesetzt werden" kann. Insbesondere habe „das CETA-Gericht der herrschenden Auslegung des innerstaatlichen Rechts durch die Gerichte und Behörden der betreffenden Vertragspartei zu folgen, wobei eine vom CETA-Gericht vorgenommene Auslegung innerstaatlichen Rechts für die Gerichte und Behörden dieser Vertragspartei nicht bindend ist" (Rn. 131).

46 Weiter erblickte der EuGH auch keine Beeinträchtigung der Funktionsfähigkeit der Unionsorgane. Dazu stellte er eine Gesamtbetrachtung der für das CETA-Schiedsgerichtsverfahren geltenden Normen an (Rn. 152 ff.) und verwies an mehreren Stellen auf die Pflicht des Schiedsgerichts, bei der Anwendung der CETA-Standards das Recht der Vertragsparteien zur Verfolgung und zum Schutz legitimer Gemeinwohlziele zu wahren (Rn. 152-154). U.a. führte der EuGH das Gemeinsame Auslegungsinstrument[153] ins Feld, nach dem CETA „[die] jeweiligen Standards und Vorschriften [der Vertragsparteien] im Zusammenhang mit Lebensmittelsicherheit, Produktsicherheit, Verbraucherschutz, Gesundheit, Umweltschutz und Arbeitsschutz nicht absenken [wird]", und „[e]ingeführte Waren, Dienstleistungserbringer und Investoren (…) weiterhin den innerstaatlichen Anforderungen einschließlich der Vorschriften und Regelungen genügen [müssen]" (Gliederungspunkt 1 Buchst. d) und CETA „die Fähigkeit der (…) Union und ihrer Mitgliedstaaten und Kanadas, ihre eigenen Gesetze und Vorschriften, die im öffentlichen Interesse die Wirtschaftstätigkeit regulieren, (…) zu erlassen und anzuwenden [wahrt]" (Rn. 155).

47 In einem zweiten Teil des Gutachtens befasste sich der EuGH eingehend mit den weiter vorgebrachten Rügen, der CETA-Schiedsgerichtsmechanismus behandle EU-Investoren weniger günstig als Investoren aus Kanada und beeinträchtige die Wirksamkeit grundlegender rechtsstaatlicher Garantien (Zugang zum Rechtsschutz und richterliche Unabhängigkeit). In beiden Punkten ergaben sich aus Sicht des EuGH jedoch keine

---

152 „(2) Es fällt nicht in die Zuständigkeit des Gerichts, die Rechtmäßigkeit einer Maßnahme, die vorgeblich einen Verstoß gegen dieses Abkommen darstellt, nach dem innerstaatlichen Recht einer Vertragspartei zu beurteilen."
153 ABl. L 11/3 v. 14.1.2017.

stichhaltigen, für die unionsrechtliche Unzulässigkeit der Regelung sprechenden Gründe (Rn. 179 ff. und 205 ff.).

48 Als Ergebnis ist somit festzuhalten, dass die Kompatibilität der CETA-Schiedsgerichtsregelung mit dem EU-Recht vom EuGH bestätigt wurde. An diesem Ergebnis hatte durchaus auch der Umstand Anteil, dass der vereinbarte Schiedsgerichtsmechanismus auf Drängen der EU nicht dem international üblichen ISDS-Ansatz folgte, der den Rückgriff auf private Ad-Hoc-Schiedsgerichte vorsieht, sondern einen im Rahmen des Abkommens bestellten und besetzten, dauerhaften, zweistufigen öffentlichen Spruchkörper geschaffen hat, der aus einem Gericht und einer Berufungsinstanz besteht. Während die in die ausschließliche EU-Zuständigkeit fallenden Teile von CETA gemäß Art. 218 Abs. 5 AEUV vorläufig angewendet werden,[154] hängt die Anwendung des in die zwischen den Mitgliedstaaten und der EU geteilte Zuständigkeit fallenden Schiedsgerichtsmechanismus freilich von der noch ausstehenden Zustimmung aller Mitgliedstaaten zu CETA ab.[155]

4. Antidumping- und Antisubventionsmaßnahmen

49 Art. 207 Abs. 1 AEUV bezieht „handelspolitische Schutzmaßnahmen, zum Beispiel im Fall von Dumping und Subventionen" ausdrücklich in die gemeinsame Handelspolitik ein. Somit ermächtigt Art. 207 Abs. 2 AEUV die EU, Maßnahmen zum Schutz vor der Einfuhr gedumpter und subventionierter Waren zu erlassen. Zu diesem Zweck ermöglicht das EU-Antidumpingrecht[156] die Verhängung von Antidumpingzöllen zur Abwehr preisdiskriminierenden Verhaltens drittstaatlicher Unternehmen.[157] Weiter kann die Union auch im Falle der Gewährung anfechtbarer Subventionen durch Drittstaaten Schutzmaßnahmen veranlassen. Insoweit erlaubt das EU-Antisubventionsrecht[158] gegebenenfalls die Verhängung von Ausgleichszöllen, um staatlich gewährte Subventionen auszugleichen, die gemäß Art. 1 Abs. 1 der Verordnung (EG) Nr. 2016/1037 „mittelbar oder unmittelbar für die Herstellung, die Produktion, die Ausfuhr oder die Beförderung einer Ware gewährt wird, deren Überführung in den zollrechtlich freien Verkehr in der Union eine Schädigung verursacht". Die zum Zweck der Festsetzung solcher Zusatzzölle früher vom Rat und heute von der Kommission erlassenen Durchführungsverordnungen können gemäß Art. 263 Abs. 4 AEUV (= Art. 230 Abs. 4 EGV) sowohl von betroffenen Exporteuren als auch vom antragstellenden EU-Wirtschaftszweig vor dem EuG angefochten werden.[159]

50 **EuGH, Urteil vom 4.10.1983 – Rs. 191/82, Slg. 1983, 2931 – *FEDIOL/Kommission***
In dieser Rechtssache hatte der EuGH zu entscheiden, ob die Verordnung (EWG) Nr. 3017/79[160] einem bestimmten Wirtschaftszweig einen materiellen Anspruch auf die Einleitung von Antisubventionsmaßnahmen gewährt. FEDIOL, eine Vereinigung der Ölmühlenindustrie, stellte gemäß dieser Verordnung bei der Kommission einen Antrag auf Einleitung eines Antisubventionsverfahrens gegen Brasilien. FEDIOL befürchtete wegen der Einfuhr von stark subventioniertem Sojaschrot aus Brasilien nämlich erhebliche Wettbewerbsnachteile für die europäische Ölmühlenindustrie. Die Kommission kam allerdings zu dem Ergebnis, dass aufgrund der Infor-

---

154 S. Art. 1 Beschluss (EU) 2017/38, ABl. L 11/1080 v. 14.1.2017.
155 Zum 1.2.2022 war CETA erst von 15 der 27 Mitgliedstaaten ratifiziert, s. die Treaties and Agreements database des Rats https://www.consilium.europa.eu/en/documents-publications/treaties-agreements/agreement/?id=2016017&DocLanguage=en (zuletzt abgerufen am 21.6.2023).
156 Verordnung (EU) 2016/1036, ABl. L 176/21 v. 30.6.2016.
157 S. hierzu *Classen/Nettesheim*, in: Oppermann/Classen/Nettesheim, Europarecht, 9. Aufl. 2021, § 40, Rn. 29 f.
158 Verordnung (EU) 2016/1037, ABl. L 176/55 v. 30.6.2016.
159 *Rados*, in: Krenzler/Herrmann/Niested, Außenwirtschafts- und Zollrecht, Nr. 70, Art. 5 AD-GVO 2016, Rn. 16.
160 ABl. L 339/1 v. 20.12.1979. Die entsprechenden Antisubventionsregeln befinden sich mittlerweile in der Verordnung (EU) 2016/1037, ABl. L 176/55 v. 30.6.2016.

mationslage kein Antisubventionsverfahren eingeleitet werden sollte und teilte dies FEDIOL mit. Daraufhin erhob FEDIOL vor dem EuGH Nichtigkeitsklage gegen die Mitteilung der Kommission, um so die Aufhebung der Mitteilung und einen Anspruch auf Einleitung eines Antisubventionsverfahrens durchzusetzen. Die Kommission wiederum verneinte das Vorliegen einer anfechtbaren Handlung und das Bestehen eines Rechtsanspruchs auf Einleitung von Schutzmaßnahmen aus der Verordnung.

Der EuGH befasste sich eingehend mit der Zulässigkeit der Klage und insbesondere mit der Frage, ob die Mitteilung der Kommission eine Entscheidung im Sinne des damaligen Art. 249 Abs. 4 EGV (heute Beschluss gemäß Art. 288 Abs. 4 Satz 2 AEUV)[161] darstelle. Dies sei, so der EuGH, weder nach der „äußeren Form dieser Handlung zu beurteilen noch nach ihrem vordergründigen Inhalt, sondern nach ihrem Sinn und Zweck im Rahmen des Antisubventionsverfahrens und unter Berücksichtigung der Stellung des Antragstellers im gesamten Verfahren". Grundsätzlich konnten nach Art. 5 Abs. 1 und 3 der Verordnung (EWG) Nr. 3017/79 Unternehmen und Unternehmensverbände, die sich durch subventionierte Einfuhren für geschädigt oder bedroht halten, einen Antrag auf Verfahrenseinleitung an die Kommission oder einen Mitgliedstaat richten (jetzt Art. 10 Abs. 1 Verordnung (EU) 2016/1037). Der Umfang der Prüfungspflicht der Kommission ergab sich aus Art. 6 Abs. 4 dieser Verordnung (jetzt Art. 10 Abs. 3 Verordnung (EU) 2016/1037). Hierbei mussten sich die jeder Entscheidung der Kommission vorhergehenden Konsultationen „auf das Vorliegen und die Bedeutung der Auswirkungen der Subvention, das Vorliegen und den Umfang der Schädigung, den ursächlichen Zusammenhang zwischen den durch die Subvention begünstigten Einfuhren und der Schädigung und schließlich die Art der Verhütung oder Behebung von Schäden, die sich aus Subventionen ergeben können, erforderlichen Maßnahmen, beziehen". Für den Fall, dass dieser Antrag nach Meinung der Kommission nicht genügend Beweise enthielt, um die Einleitung einer Untersuchung zu rechtfertigen, so traf die Kommission die Verpflichtung, die antragstellenden Unternehmen hiervon zu unterrichten. Verfügte die Kommission jedoch über genügend Beweise, so war sie nach Art. 7 der Verordnung (EWG) Nr. 3017/79 verpflichtet, eine Reihe von Maßnahmen zur Information der Öffentlichkeit, unter anderem eine Bekanntmachung im Amtsblatt vorzunehmen und weitere Untersuchungen durchzuführen. Aus dem gesamten Ablauf dieses Verfahrens (Art. 7 bis 13 der Verordnung (EWG) Nr. 3017/79) schloss der EuGH, dass die Verordnung „ein berechtigtes Interesse der Erzeuger in der Gemeinschaft an der Einleitung von Subventionsmaßnahmen anerkennt und dass sie zu deren Gunsten bestimmte genau umschriebene Rechte festlegt". Als solche Rechte nannte der EuGH in seinem Urteil das Recht der Antragsteller, „der Kommission alle Informationen zu unterbreiten, die sie für sachdienlich halten, unter bestimmten Vorbehalten von den der Kommission vorliegenden Informationen Kenntnis zu nehmen, auf Antrag angehört zu werden, die Möglichkeit zu erhalten, mit den anderen Parteien desselben Verfahrens zusammen zu treffen und das Recht, unterrichtet zu werden, falls die Kommission beschließt, dem Antrag nicht zu entsprechen".

Weiter stellte der EuGH fest, dass die Kommission bei der Beurteilung, ob Subventionspraktiken eines Drittstaates vorliegen, die ein Eingreifen nach der Verordnung (EWG) Nr. 3017/79 erforderlich machen, „über einen sehr weiten Ermessensspielraum verfügt, wenn es darum geht, nach Maßgabe der Interessen der Gemeinschaft die Maßnahmen zu bestimmen, die gegebenenfalls im Hinblick auf die festgestellte Situation zu treffen sind". Sodann erkannte der EuGH an, dass den Antragstellern ein Klagerecht zuzuerkennen sei, wenn sie geltend machen, dass die Gemeinschaftsorgane die den Antragstellern aus der Verordnung zustehenden Rechte verkannt haben. Es gehe hier vor allem um das Recht, einen Antrag zu stellen, und das damit verbundene Recht, dass dieser Antrag

---

161 Zu den Handlungsformen nach dem Vertrag von Lissabon vgl. *Rösch*, VR 2008, 361.

von der Kommission mit der gebotenen Sorgfalt und nach dem vorgesehenen Verfahren geprüft wird. Weiter sollen die Antragsteller das Recht auf gerichtliche Kontrolle sowohl hinsichtlich der Beurteilung des Sachverhaltes als auch bezüglich der Einführung von in der Verordnung vorgesehenen Schutzmaßnahmen haben. Diese gerichtliche Kontrolle beschränke sich jedoch auf die Überprüfung der Einhaltung des Ermessensspielraumes der Kommission, ohne dass das Gericht dabei in die Wertung, die den Gemeinschaftsbehörden aufgrund der Verordnung vorbehalten ist, eingreifen dürfe.

53 Der EuGH bestätigte, dass die Verordnung den eventuell geschädigten Unternehmen und ihren Verbänden ein berechtigtes Interesse an der Einleitung von Schutzmaßnahmen zugestand. Bei der gerichtlichen Kontrolle der Ablehnung eines Antrags der Unternehmen an die Kommission auf Einleitung von Schutzmaßnahmen müsse hierbei geprüft werden, ob die Kommission die durch die Verordnung „eingeräumten Verfahrensgarantien beachtet hat, ob sie offensichtliche Fehler bei der Würdigung des Sachverhalts begangen oder es unterlassen hat, wesentliche Gesichtspunkte zu berücksichtigen, aufgrund derer vom Vorliegen einer Subventionswirkung auszugehen wäre, oder ob sie in ihre Begründung ermessensmissbräuchliche Überlegungen hat einfließen lassen". Auf dieser Basis hielt der EuGH die Klage von FEDIOL für zulässig, führte aber gleichzeitig aus, dass es ihr obliege, hinreichend gewichtige Gründe vorzutragen, um das Ermessen der Gemeinschaftsorgane bezüglich der Einleitung von Schutzmaßnahmen zu reduzieren.

54 Anstelle der Verordnung (EWG) Nr. 3017/79 wird die Subventionsabwehr mittlerweile durch die Verordnung (EU) 2016/1037 geregelt. Auch letztere kann Wirtschaftszweigen unmittelbare und individuelle Rechtspositionen einräumen, da sie bestimmte einklagbare Verfahrensgarantien enthält und zu einer Ermessenkontrolle berechtigt. Ein einklagbarer Anspruch auf die Einleitung eines Antisubventionsverfahrens besteht dabei nicht, vielmehr besteht nur ein Anspruch auf ermessensfehlerfreies, den Verfahrensgarantien entsprechendes Tätigwerden der Unionsorgane. Das Antisubventionsrecht soll zwar den Interessen der unionsangehörigen Wirtschaftskreise dienen, es räumt ihnen jedoch keinen materiellen Anspruch auf den Erlass von Schutzmaßnahmen ein.

55 Voraussetzung für das Ergreifen von Schutzmaßnahmen wie Antidumping- oder Ausgleichszöllen ist jedoch nicht allein das berechtigte Interesse der eventuell geschädigten Unternehmen, sondern vielmehr ein bestehendes Unionsinteresse.[162] Ein solches Unionsinteresse muss unter Zugrundelegung „aller Interessen, einschließlich der Interessen des inländischen Wirtschaftszweigs, der Verwender und der Verbraucher"[163] ermittelt werden. Bei der Beurteilung, ob ein solches Unionsinteresse an der Anwendung von Schutzmaßnahmen besteht, steht den Unionsorganen ein weiter Ermessensspielraum zu.[164]

5. Restriktive Maßnahmen

56 **EuGH, Urteil vom 19.7.2012 – Rs. C-130/10, ECLI:EU:C:2012:472 –** *Europäisches Parlament/Rat*[165]
In dieser Rechtssache ging es um eine Klage des Europäischen Parlaments mit dem Ziel der Nichtigerklärung der nach dem Inkrafttreten des Vertrags von Lissabon am 1.12.2009 erlasse-

---

162　S. Art. 7 Abs. 1 lit. d, 9 Abs. 4 und 14 Abs. 4 i. V. m. Art. 21 Verordnung (EU) 2016/1036 ABl. L 176/21 v. 30.6.2016 (Antidumpingmaßnahmen) und Art. 12 Abs. 1 lit. d, 15 Abs. 1 und 24 Abs. 4 i. V. m. Art. 31 Verordnung (EU) 2016/1037, ABl. L 176/55 v. 30.6.2016 (Anti-Subventionsmaßnahmen).
163　So Art. 21 Abs. 1 Verordnung (EU) 2016/1036 und fast wortgleich Art. 31 Abs. 1 Verordnung (EU) 2016/1037.
164　*Hartmann*, in: Krenzler/Herrmann/Niestedt, EU-Außenwirtschafts- und Zollrecht, Nr. 70, Art. 21 AD-GVO 2016, Rn. 46 f.
165　S. dazu *Epiney*, Die Rechtsprechung des EuGH im Jahr 2012, NVwZ 2013, 614 (615).

nen Verordnung (EU) Nr. 1286/2009[166] *zur Änderung der Verordnung (EG) Nr. 881/2002.*[167] *Gegenstand beider Verordnungen war die auf Art. 215 Abs. 2 AEUV gestützte Anwendung restriktiver Maßnahmen (insbesondere Einfrieren von Geldern und Verhinderung von Finanztransfers) „gegen bestimmte Personen und Organisationen, die mit Osama bin Laden, dem Al-Qaida-Netzwerk und den Taliban in Verbindung stehen". In seiner Klage bemängelte das Europäische Parlament zum einen, die Verordnung (EU) Nr. 1286/2009 hätte nicht auf Art. 215 AEUV (Rat auf Vorschlag der Kommission), sondern auf Art. 75 AEUV (ordentliches Gesetzgebungsverfahren) gestützt werden müssen. Zum anderen seien die Voraussetzungen für die Anwendung von Art. 215 AEUV nicht eingehalten worden, da erstens die Kommission nach Ablauf ihres Mandats nur geschäftsführend im Amt gewesen und somit an der Vorlage eines Vorschlags gehindert gewesen sei, zweitens Kommission und Hoher Vertreter nicht, wie von Abs. 2 verlangt, einen gemeinsamen Vorschlag vorgelegt hätten, und es drittens, anders als in Art. 215 Abs. 2 AEUV vorgesehen, keinen nach Titel V Kapitel 2 des EU-Vertrags erlassenen Beschluss (Art. 28 Abs. 1 EUV) gegeben habe.*

Was die erste Rüge angeht, rekapitulierte der EuGH zunächst seine Methodologie für die Abgrenzung von Rechtsgrundlagen (Rn. 42 ff.), und verneinte sodann die Möglichkeit, beide Rechtsgrundlagen gemeinsam heranzuziehen, da sie jeweils unterschiedliche und inkompatible Normsetzungsverfahren vorsehen (Rn. 47). Bei der anschließenden Schwerpunktbetrachtung nach Ziel und Inhalt der angefochtenen Verordnung verwies er darauf, dass sich Art. 75 AEUV nur auf die Definition eines Rechtsrahmens für Verwaltungsmaßnahmen zur Bekämpfung von Kapitalbewegungen beziehe, während Art. 215 AEUV Fälle wie den von der Verordnung (EU) Nr. 1286/2009 zum Gegenstand habe (Rn. 54). Somit sei mit Art. 215 AEUV auf die richtige Rechtsgrundlage zurückgegriffen worden (Rn. 78). Zwar spiegle die Mitwirkung des Europäischen Parlaments am Gesetzgebungsverfahren ein grundlegendes demokratisches Prinzip wider, doch seien nicht die Verfahren für die Wahl der Rechtsgrundlage eines Rechtsakts maßgebend, sondern die Rechtsgrundlage sei maßgebend für die beim Erlass des Rechtsakts anzuwendenden Verfahren (Rn. 80). **57**

Im Hinblick auf die zweite Rüge bejahte der EuGH zunächst, dass das Mandat der Kommission am 31. Oktober 2009 ausgelaufen war, dass sie danach im Amt blieb, „bis am 10. Februar 2010 das Verfahren zur Ernennung der neuen Kommission im Einklang mit den Bestimmungen des Vertrags von Lissabon abgeschlossen war", und dass „die angefochtene Verordnung (…) zwischen diesen beiden Daten erlassen [wurde], nämlich am 22. Dezember 2009" (Rn. 100). Er unterstrich jedoch, dass die Kommission „gleichwohl die formale Änderung ihres Verordnungsvorschlags vom 22. April 2009 bezüglich dessen Rechtsgrundlage vornehmen" durfte, und zwar „[S]elbst wenn man unterstellt, dass die Befugnisse der Kommission nach Ablauf ihres Mandats am 31. Oktober 2009 auf die Weiterführung der laufenden Geschäfte beschränkt waren" (Rn. 101). **58**

Weiter, so der EuGH, es habe zwar keinen von Kommission und Hoher Vertreterin Hohem Vertreter vorgelegten einheitlichen Vorschlag gegeben, die Hohe Vertreterin habe sich jedoch dem Verordnungsvorschlag der Kommission vom 22. April 2009 am 14. Dezember 2009 förmlich angeschlossen. Nach Ansicht des EuGH verlangt Art. 215 AEUV somit „nur das Vorliegen eines gemeinsamen Vorschlags der Kommission und des Hohen Vertreters, nicht aber, dass dieser eine gesonderte Begründung vorlegt oder die Begründung des Vorschlags der Kommission ergänzt" (Rn. 104 f.). **59**

Schließlich verwarf der EuGH auch das dritte vom Parlament vorgebrachte Argument. Der Gemeinsame Standpunkt 2002/402, der bereits als Basis für die vor dem Inkrafttre- **60**

---

166 ABl. L 346/42 v. 23.12.2009.
167 ABl. L 139/9 v. 19.5.2002.

ten des Vertrags von Lissabon erlassenen Sanktionsverordnung (EG) Nr. 881/2002 diente,[168] habe gemäß Art. 9 Protokoll Nr. 36[169] nach Inkrafttreten des Vertrags von Lissabon fortbestanden, so dass er als Grundlage für die Anwendung von Art. 215 AEUV herangezogen werden konnte (Rn. 107 ff.).

Restriktive Maßnahmen im Zusammenhang mit dem bewaffneten Überfall Russlands auf die Ukraine:

60a Die von der EU als Reaktion auf den bewaffneten Überfall Russlands auf die Ukraine Ende Februar 2022 ergriffenen Sanktionen wurden ganz überwiegend unmittelbar oder mittelbar auf Art. 215 AEUV gestützt. Dabei handelte es sich im Zeitraum vom 28.2. bis 4.3.2022, d. h. in den ersten Tagen nach Kriegsbeginn, um folgende Rechtsakte:[170]

Rechtsakt	Rechtsgrundlage
VO (EU) 2022/334 zur Änderung der Verordnung (EU) Nr. 883/2014 des Rates über restriktive Maßnahmen angesichts der Handlungen Russlands, die die Lage in der Ukraine destabilisieren, ABl. L 57/1 v. 28.2.2022	Art. 215 AEUV
DurchführungsVO (EU) 2022/336 zur Durchführung der Verordnung (EU) Nr. 269/2014 über restriktive Maßnahmen angesichts von Handlungen, die die territoriale Unversehrtheit, Souveränität und Unabhängigkeit der Ukraine untergraben oder bedrohen, ABl. L 58/1 v. 28.2.2022	Art. 14 VO (EU) Nr. 269/2014 über restriktive Maßnahmen angesichts von Handlungen, die die territoriale Unversehrtheit, Souveränität und Unabhängigkeit der Ukraine untergraben oder bedrohen, ABl. L 78/6 v. 17.3.2014 (gestützt auf Art. 215 AEUV)
VO (EU) 2022/345 zur Änderung der Verordnung (EU) Nr. 833/2014 über restriktive Maßnahmen angesichts der Handlungen Russlands, die die Lage in der Ukraine destabilisieren, ABl. L 63/1 v. 2.3.2022	Art. 215 AEUV
DurchführungsVO (EU) 2022/353 zur Durchführung der Verordnung (EU) Nr. 269/2014 über restriktive Maßnahmen angesichts von Handlungen, die die territoriale Unversehrtheit, Souveränität und Unabhängigkeit der Ukraine untergraben oder bedrohen, ABl. L 66/1 v. 2.3.2022	Art. 14 Abs. 1 VO (EU) Nr. 269/2014 über restriktive Maßnahmen angesichts von Handlungen, die die territoriale Unversehrtheit, Souveränität und Unabhängigkeit der Ukraine untergraben oder bedrohen, ABl. L 78/6 v. 17.3.2014 (gestützt auf Art. 215 AEUV)
VO (EU) 2022/355 zur Änderung der Verordnung (EG) Nr. 765/2006 über restriktive Maßnahmen gegen Belarus, ABl. L 67/1 v. 2.3.2022	VO (EG) Nr. 765/2006 über restriktive Maßnahmen gegen Präsident Lukaschenko und verschiedene belarussische Amtsträger, ABl. L 134/1 v. 20.5.2006 (gestützt u. a. auf Art. 301 EGV, die Vorgängervorschrift von Art. 215 AEUV im EG-Vertrag)
DurchführungsVO (EU) 2022/375 zur Durchführung der Verordnung (EU) Nr. 208/2014 über restriktive Maßnahmen gegen bestimmte Personen, Organisationen und Einrichtungen angesichts der Lage in der Ukraine; ABl. L 70/1 v. 4.3.2022	VO (EU) Nr. 208/2014 über restriktive Maßnahmen gegen bestimmte Personen, Organisationen und Einrichtungen angesichts der Lage in der Ukraine, ABl. L 66/1 v. 6.3.2014 (gestützt auf Art. 215 AEUV)

6. Handelsrelevantes EU-Fachrecht

61 Die Handelsbeziehungen der EU sind eng mit Regelungen des EU-Fachrechts verwoben. Das gilt, wie bereits gezeigt, etwa für binnenmarkt- und umweltrechtliche Regelun-

---

168 Gestützt auf die Art. 60, 301 und 308 EGV.
169 ABl. C 202/321 v. 7.6.2016.
170 Eine Übersicht über sämtliche von der EU ergriffenen restriktiven Maßnahmen findet sich auf der Website der Kommission unter https://finance.ec.europa.eu/eu-and-world/sanctions-restrictive-measures/sanctions-adopted-following-russias-military-aggression-against-ukraine_en (zuletzt abgerufen am 21.6.2023).

V. Fallgestaltungen

gen,[171] lässt sich aber anhand des Gesundheits- und Verbraucherschutzes besonders gut verdeutlichen. So müssen in die Union eingeführte Lebensmittel und Futtermittel gemäß Art. 11 der Verordnung (EG) Nr. 178/2002[172] „die entsprechenden Anforderungen des Lebensmittelrechts oder von der Gemeinschaft als zumindest gleichwertig anerkannte Bedingungen erfüllen oder aber, soweit ein besonderes Abkommen zwischen der Gemeinschaft und dem Ausfuhrland besteht, die darin enthaltenen Anforderungen." Parallel dazu regelt Art. 12 der Verordnung, dass zur Ausfuhr bestimmte Lebens- und Futtermittel „die entsprechenden Anforderungen des Lebensmittelrechts zu erfüllen [haben], sofern die Behörden des Einfuhrlandes nichts anderes verlangen oder die Gesetze, Verordnungen, Normen, Verfahrensvorschriften und andere Rechts- und Verwaltungsverfahren, die im Einfuhrland in Kraft sind, nichts anderes festlegen." Vergleichbare Anforderungen finden sich in zahlreichen anderen Unionsbestimmungen wie etwa in den Vermarktungsnormen für landwirtschaftliche Erzeugnisse,[173] den Regeln über den ökologischen Landbau[174] oder in der seit 28.1.2022 anwendbaren Verordnung (EU) 2019/6 über Tierarzneimittel.[175] Diese Bestimmungen führen in der Regel nicht zu Auseinandersetzungen mit den Handelspartnern der Union, die üblicherweise reziproke Vorgaben anwenden. Trotz unionsrechtlicher Unbedenklichkeit können sie in bestimmten Fällen jedoch durchaus schwierige welthandelsrechtliche Probleme auslösen.

EuGH, Urteil vom 23.2.1988 – Rs. 68/86, Slg. 1988, 892 – *„Hormonverbot"* 62
Am 7.3.1988 erließ der Rat gestützt auf die agrarpolitische Rechtsgrundlage des Art. 43 EWGV (= Art. 43 AEUV) die Richtlinie 88/146/EWG zum Verbot des Gebrauchs von bestimmten Stoffen mit hormonaler Wirkung im Tierbereich (Hormonrichtlinie),[176] deren Art. 6 Abs. 1 den Mitgliedstaaten die Verpflichtung auferlegte, die Einfuhr von Nutztieren, denen in der EWG verbotene Wachstumshormone verabreicht wurden, und von Fleisch solcher Tieren aus Drittländern zu untersagen.[177] Ziel der Regelung war es, mögliche negativen Auswirkungen auf die menschliche Gesundheit und einer Verzerrung der Wettbewerbsbedingungen zwischen in der EWG erzeugten und importierten Nutztieren und Fleischerzeugnissen vorzubeugen.[178] In seinem auf ein Vorabentscheidungsersuchen eines britischen Gerichts ergangenen Urteil bestätigte der EuGH die Gültigkeit der Richtlinie und somit auch des Einfuhrverbots. Insbesondere bekräftigte er unter Verweis auf den Ermessensspielraum des Agrargesetzgebers und somit ohne nähere inhaltliche Prüfung der Gesundheits- und Verbraucherschutzgesichtspunkte, dass der Rat davon ausgehen durfte „dass die Beseitigung der Handelshemmnisse und der Wettbewerbsverzerrungen bei gleichzeitiger Berücksichtigung der Erfordernisse des Gesundheitsschutzes nicht mit weniger belastenden Maßnahmen wie der Verbreitung von Informationen bei den Verbrauchern und der Etikettierung des Fleisches erreicht werden konnte."[179]

---

171 S. Rn. 6. Zum Binnenmarkt EuGH, U. v. 25.10.2017, Rs. C-389/15, ECLI:EU:C:2017:798, Rn. 45 ff. – *Kommission/Rat*; zur Umweltpolitik EuGH, U. v. 8.9.2009, Rs. C-411/06, ECLI:EU:C:2009:518 – *Kommission/Europäisches Parlament und Rat*.
172 ABl. L 31/1 v. 1.2.2002.
173 Art. 74 ff. Verordnung (EU) Nr. 1308/2013, ABl. L 347/671 v. 20.12.2013.
174 S. näher *Mögele/Möhler*, in: Krenzler/Herrmann/Niestedt, EU-Außenwirtschafts- und Zollrecht. Nr. 40 Der Außenhandel mit landwirtschaftlichen Erzeugnissen und seine Einbindung in die Welthandelsordnung der WTO, Rn. 29 ff.
175 ABl. L 4/43 v. 7.1.2019.
176 ABl. L 70/16 v. 16.3.1988.
177 „(1) Die Mitgliedstaaten untersagen die Einfuhr aus Drittländern bei Nutztieren, denen, gleich auf welche Art, Stoffe mit thyreostatischer, östrogener, androgener oder gestagener Wirkung verabreicht worden sind, und bei Fleisch von solchen Tieren."
178 S. die Erwägungsgründe der Richtlinie.
179 EuGH, U. v. 13.11.1990, Rs. C-331/88, ECLI:EU:C:1990:391, Rn. 16 – *The Queen/The Minister of Agriculture, Fisheries and Food und The Secretary of State for Health*.

63 Wegen des Verbots der Einfuhr von mit Wachstumshormonen behandeltem Fleisch und Fleischerzeugnissen, das zu einem Stillstand ihrer Importe in die EG geführt hatte, leiteten die USA und Kanada 1996, d. h. bereits kurz nach dem Inkrafttreten der WTO-Abkommen Streitbeilegungsverfahren gegen die EG ein. Zu diesem Zweck beriefen sie sich im Wesentlichen auf die Bestimmungen des WTO-Übereinkommens über die Anwendung gesundheitspolizeilicher und pflanzenschutzrechtlicher Maßnahmen (SPSÜ).[180] Dessen Ziel besteht darin, „die Belange des Gesundheitsschutzes mit jenen des internationalen Handels zu einem vernünftigen Ausgleich zu bringen"[181]. Das Streitschlichtungsverfahren zog sich über mehrere Jahre hin und endete mit dem Bericht des Berufungsgremiums (Appellate Body) vom 13.2.1998,[182] in dem das Hormonverbot als unvereinbar mit Art. 3.3 und Art. 5.1 SPSÜ gewertet wurde. Zwar räumte das Appellate Body der EG erhebliche Spielräume bei der Bestimmung und Bewertung des abzuwehrenden Gesundheitsrisikos ein.[183] Es gelangte jedoch zum Ergebnis, dass die EG das mit der Vermarktung hormonbehandelten Fleischs verbundene Risiko letztlich nicht korrekt bewertet habe.[184] Auch der Versuch der EG, dieses Defizit 2003 durch eine nachgeschobene Risikobewertung zu heilen,[185] blieb ohne Erfolg. Vor diesem Hintergrund wurden die USA und Kanada durch Schiedsspruch vom 12.7.1999 wegen der Nichtumsetzung der Streitschlichtungsentscheidung (Art. 21.1 DSU) durch die EG gemäß Art. 22 DSU zur Aussetzung von Zollzugeständnissen und somit zur Erhebung von Zusatzzöllen ermächtigt.[186]

64 Auf der Grundlage von Verhandlungen zur Beilegung des Hormonstreits gelangten die EU und die USA 2009 zu einer Vereinbarung über die Eröffnung eines Zollkontingents für die zollfreie Einfuhr erheblicher Mengen nicht hormonbehandelten Rindfleischs in die EU.[187] Zur Umsetzung dieser Kompensationslösung (Art. 22.2 DSU) schlossen die EU und die USA 2009 ein 2014 und zuletzt 2019 überarbeitetes Abkommen,[188] in dem sich die EU verpflichtet, jährlich ein entsprechendes Zollkontingent zugunsten der USA zu eröffnen (Art. 2 und 3), und in dessen Art. 4 beide Seiten übereinkommen, die „Streitsache EG – Hormone" abzuschließen. Der Beschluss des Rats über die Annahme des Abkommens erging auf der Grundlage der handelspolitischen EU-Kompetenz gemäß Art. 207 Abs. 4 1. UAbs. i. V. mit Art. 218 Abs. 6 2. UAbs. lit. a Ziff. V AEUV.

---

180 ABl. L 336/40 v. 23.12.1994.
181 *Norer/Bloch*, in: Dauses/Ludwigs, Handbuch des EU-Wirtschaftsrechts, G. Agrarrecht, Rn. 61.
182 WT/DS 26/AB/R und WT/DS 48/AB/R.
183 *Mögele/Möhler*, in: Krenzler/Herrmann/Niestedt, EU-Außenwirtschafts- und Zollrecht. Nr. 40 Der Außenhandel mit landwirtschaftlichen Erzeugnissen und seine Einbindung in die Welthandelsordnung der WTO, Rn. 134 ff.
184 Dazu *Eggers*, Die Entscheidung des WTO Appellate Body im Hormonfall – Doch ein Recht auf Vorsorge?, EuZW 1998, 147 (149); *Mögele/Möhler*, in: Krenzler/Herrmann/Niestedt, EU-Außenwirtschafts- und Zollrecht, Nr. 40 Der Außenhandel mit landwirtschaftlichen Erzeugnissen und seine Einbindung in die Welthandelsordnung der WTO, Rn. 139; *Herrmann/Weiß/Ohler*, Welthandelsrecht, 2. Aufl. 2007, S. 80.
185 WTO, European Communities – Measures concerning meat and meat products (Hormones), Communication from the European Communities, 28 October 2003, (03-5759).
186 WT/DS 26/ARB v. 12 July 1999 (99-2855).
187 WTO, European Communities – Measures concerning meat and meat products (Hormones), Joint Communication from the European Communities and the United States, WT/DS 26/28 v. 30.9.2009. Mit Kanada kam eine vergleichbare Einigung zustande.
188 Übereinkommen zwischen den Vereinigten Staaten von Amerika und der Europäischen Union über die Zuweisung eines Teils des Zollkontingents für hochwertiges Rindfleisch an die Vereinigten Staaten gemäß der überarbeiteten Vereinbarung über die Einfuhr von Rindfleisch von nicht mit bestimmten Wachstumshormonen behandelten Tieren und die erhöhten Zölle der Vereinigten Staaten auf bestimmte Erzeugnisse der Europäischen Union (2014), ABl. L 316/3 v. 6.12.2019.

§ 15 Datenwirtschaftsrecht

Meinhard Schröder

Literaturhinweise:
Jakl, Jenseits des Datenschutzes – die 10. GWB-Novelle als informalisierter Neuansatz des Internet- und Datenwirtschaftsrechts, RDi 2021, 71; *Krönke*, Öffentliches Digitalwirtschaftsrecht, 2020; *Lachmayer*, Datenschutzrecht als Öffentliches Wirtschaftsrecht, in: Jahnel (Hrsg.), Jahrbuch Datenschutzrecht und E-Government, 2013, S. 9; *Roßnagel*, Grundrechtsschutz in der Datenwirtschaft, ZRP 2021, 173; *Schweitzer*, Datenzugang in der Datenökonomie: Eckpfeiler einer neuen Informationsordnung, GRUR 2019, 569 ff.; *Specht-Riemenschneider/Werry/Werry*, Datenrecht in der Digitalisierung, 2020; *Spindler*, Schritte zur europaweiten Datenwirtschaft, CR 2021, 98 ff.; *Steinrötter*, Datenwirtschaftsrecht, in: Festschrift für Jürgen Taeger, 2020, S. 491 ff.; *ders.*, Gegenstand und Bausteine eines EU-Datenwirtschaftsrechts, RDi 2021, 480 ff.

I. Begriff und Konturierung des Rechtsgebiets

Der Begriff des Datenwirtschaftsrechts ist heute verbreitet.[1] Gleichwohl besteht noch eine gewisse Unklarheit darüber, was zu diesem Teilgebiet des Wirtschaftsrechts zählt. Das liegt neben einer gewissen Konturenlosigkeit des Wirtschaftsrechts[2] insgesamt (schon die Europäische Wirtschaftsgemeinschaft war für eine Vielzahl von Aufgaben zuständig,[3] und auch die Kompetenzbestimmung des Art. 74 Abs. 1 Nr. 11 GG wird sehr weit verstanden[4]) daran, dass der „Realbereich" des Rechtsgebiets, die Datenwirtschaft, ein noch junges (und sich mit anderen Wirtschaftszweigen überlappendes) Phänomen ist, das erst nach und nach besonderen Regeln unterworfen wird. Bis dahin ist es von Normen geprägt, die (auch) mit anderen Rechtsgebieten assoziiert werden (s. Rn. 7 ff.). Das Datenwirtschaftsrecht ist daher ein noch „im Entstehen begriffenes Rechtsgebiet"[5].

1

Die Europäische Kommission beschreibt die Datenwirtschaft wie folgt: „Kennzeichnend (…) ist ein Ökosystem unterschiedlicher Marktteilnehmer, wie Hersteller, Forscher und Infrastrukturanbieter, deren Zusammenarbeit dafür sorgt, dass Daten zugänglich und nutzbar sind. So können die Marktteilnehmer Wert aus diesen Daten schöpfen, indem sie vielfältige Anwendungen hervorbringen, die ein enormes Potenzial zur Verbesserung unseres Lebensalltags bieten (Verkehrsmanagement, Optimierung von Ernten oder Tele-

2

---

1 Vgl. *Jakl*, Jenseits des Datenschutzes – die 10. GWB-Novelle als informalisierter Neuansatz des Internet- und Datenwirtschaftsrechts, RDi 2021, 71 ff.; *Lachmayer*, Datenschutzrecht als Öffentliches Wirtschaftsrecht, in: Jahnel (Hrsg.), Jahrbuch Datenschutzrecht und E-Government, 2013, S. 9 (18); *v. Lewinski*, Die Matrix des Datenschutzes, 2014, S. 53; *Mackenrodt/Wiedemann*, Zur kartellrechtlichen Bewertung der Datenverarbeitung durch Facebook und ihrer normativen Kohärenz mit dem Datenschutzrecht und dem Datenschuldrecht, ZUM 2021, 89 ff.; *Schweitzer*, Datenzugang in der Datenökonomie: Eckpfeiler einer neuen Informationsordnung, GRUR 2019, 569 ff.; *Steinrötter*, Datenwirtschaftsrecht, in: FS Taeger, 2020, S. 491 ff.; *ders.*, Gegenstand und Bausteine eines EU-Datenwirtschaftsrechts, RDi 2021, 480 ff.; *Westermann*, Daten als Kreditsicherheiten – eine Analyse des Datenwirtschaftsrechts de lege lata und de lege ferenda aus der Perspektive des Kreditsicherungsrechts, WM 2018, 1205 ff.
2 In diese Richtung schon *Schröder*, in: Krönke (Hrsg.), Regulierung in Zeiten der Digitalwirtschaft, 2019, S. 13 (14 m. w. N.).
3 Vgl. Art. 2, 3 EWGV.
4 Vgl. etwa BVerfG 8, 143: „alle das wirtschaftliche Leben und die wirtschaftliche Betätigung als solche regelnden Normen, die sich in irgendeiner Form auf die Erzeugung, Herstellung und Verteilung von Gütern des wirtschaftlichen Bedarfs beziehen".
5 *Steinrötter*, Datenwirtschaftsrecht, in: FS Taeger, 2020, S. 491.

gesundheitsdienste)."⁶ In der Tat sind Daten heute wohl *der* wesentliche Treiber von Innovation, nicht zuletzt als Voraussetzung für KI-Anwendungen.⁷

3 Was sind Daten? Der Begriff wird in der Allgemein- und Fachsprache (nicht nur der juristischen) nicht einheitlich gebraucht. Einmal sind Informationen gemeint (etwa in § 2 Abs. 3 UIG oder Art. 4 Abs. 1 DSGVO), ein anderes Mal die Trägersubstanz dieser Informationen, also Code-Zeichen, aus denen sich die Information entnehmen lässt (so in § 202a Abs. 2 StGB). Hinter der unterschiedlichen Verwendung stehen ein syntaktischer und ein semantischer Datenbegriff. Während ersterer auf die Zeichen an sich abstellt, fokussiert letzterer auf ihre Bedeutung. Obwohl die Code-Zeichen ganz unterschiedliche Formen aufweisen können (etwa Striche auf einem Messbecher für Regenwasser zur Bestimmung der Niederschlagsmenge), sind für die (heutige) Datenwirtschaft nur Daten interessant, die syntaktisch so beschaffen sind, dass sie automatisiert verarbeitet werden können, die beim derzeitigen Stand der Informationstechnik also letztlich aus Nullen und Einsen in einer bestimmten Reihenfolge bestehen. Entsprechend beschreibt die ISO/IEC 2382-1 für Informationstechnik Daten als „a reinterpretable representation of information in a formalized manner, suitable for communication, interpretation, or processing".⁸ Das Interesse der Datenwirtschaft an diesen Daten resultiert freilich daraus, dass sie (im semantischen Sinne) auch potentiell wertvolle Informationen enthalten.⁹ Wie schon die Beispiele der Kommission (Rn. 2) zeigen, geht es bei der Datenwirtschaft nicht nur um personenbezogene Daten i. S. d. Art. 4 Nr. 1 DSGVO („alle Informationen, die sich auf eine identifizierte oder identifizierbare natürliche Person (…) beziehen"). Letztere stellen nur eine kleine Teilmenge aller Daten dar, der Umgang mit ihnen wird aber besonders streng reguliert (Rn. 30 ff.). Die (weiter) eingrenzende Kategorisierung von Daten (etwa in Maschinendaten, Nutzerdaten usw.) ist vor allem von Bedeutung, wenn damit auch eine differenzierende Regulierung einhergeht (so etwa hinsichtlich Bestandsdaten, Verkehrsdaten und Standortdaten im Telekommunikationsrecht¹⁰).

4 Daten weisen bei ökonomischer Betrachtung mehrere Charakteristika auf, denen das (Datenwirtschafts-)Recht Rechnung tragen muss. Erstens ist die Nutzung von Daten „nicht-rival", kann also gleichzeitig durch mehrere Personen erfolgen. Sie ist zweitens, sobald Daten öffentlich sind, nicht-exklusiv – Daten können vervielfältigt werden. Drittens führt die Nutzung von Daten, anders als die von körperlichen Sachen, auch nicht zur Abnutzung oder gar zum Verbrauch.¹¹ Neben diesen Eigenschaften ist zu berücksichtigen, dass sich der „Wert" von Daten vor allem aus ihrem Informationsgehalt ergibt. Exklusiver Zugriff auf nicht öffentlich zugängliche Daten ist offensichtlich ein wertbildender Faktor, exklusive Daten sind insofern eine Ressource wirtschaftlicher Macht. Der Wert der Daten hängt aber auch von den individuellen Fähigkeiten der Person, die sie auswertet, ab, und er kann sich auch erst in der Zusammenschau mit weiteren Daten ergeben. Skalen- und Netzwerkeffekte führen daher bei vielen Akteuren der Datenökonomie zu einem Bestreben, immer mehr Daten anzuhäufen (Stichwort: big data).

5 Das Datenwirtschaftsrecht ist das Recht, mit dem das „Ökosystem" der Datenwirtschaft reguliert wird. Es bildet den Rahmen, innerhalb dessen Marktteilnehmer der Datenwirt-

---

6 Mitteilung der EU-Kommission „Building an European Data Economy", COM(2017) 9 final, Einleitung.
7 *Steinrötter*, RDi 2021, 480; *ders.*, in: FS Taeger, 2020, S. 492 f.
8 Auch § 202a Abs. 2 StGB betrifft nur Daten, die „elektronisch, magnetisch oder sonst nicht unmittelbar wahrnehmbar gespeichert sind oder übermittelt werden", das umfasst allerdings auch Daten auf Tonbändern usw. sowie nach teilweise vertretener Auffassung sogar noch Lochkarten, vgl. *Weidemann*, in: BeckOK StGB, § 202a Rn. 5 f.
9 Ähnlich *Steinrötter*, RDi 2021, 480 (481 Rn. 3).
10 §§ 95 ff. TKG.
11 Zech, CR 2015, 137 (139).

schaft agieren. Das Datenwirtschaftsrecht kann bestimmte datenbezogene wirtschaftliche Tätigkeiten ermöglichen und fördern, indem es beispielsweise die Verfügbarkeit von Daten, ihre gemeinsame Nutzung oder ihre Handelbarkeit fördert.[12] Es begrenzt aber auch die Datenwirtschaft, indem es Anforderungen an den Umgang mit Daten stellt oder diesen ganz verbietet. Wesentliche Regelungsgegenstände des Datenwirtschaftsrechts sind die Zuordnung bestimmter Daten zu einzelnen Personen (Stichwort: Dateneigentum) sowie, bis zu einem gewissen Grad damit verbunden, die Frage, wer Zugang zu bestimmten Daten haben darf/soll (Stichwort: Bekämpfung von Datensilos). Daneben gehören zum Datenwirtschaftsrecht aber auch Vorgaben über Datenformate, zur Erleichterung der Handelbarkeit von Daten im Sinne der Datenportabilität (Beispiele: Art. 20 DSGVO, Art. 5 PSI-RL[13]), über die Qualität von Daten sowie über den Transport großer Datenmengen in Telekommunikationsnetzen (Stichwort: Netzneutralität). Des Weiteren sind Regulierungen im Zusammenhang mit der Territorialisierung von Daten (Stichwort: GAIA-X) oder verbraucherschützende Regelungen für den Umgang mit Daten zu nennen. Regelungsadressaten können alle Akteure im Ökosystem sein, die Daten zu wirtschaftlichen Zwecken verwenden, beispielsweise die in der Mitteilung der Europäischen Kommission (Rn. 2) genannten Hersteller, Forscher und Infrastrukturanbieter.

Angesichts der genannten Regelungsmaterien ist das Verhältnis des Datenwirtschaftsrechts zu anderen Rechtsgebieten ambivalent. Es ist einerseits im Begriff, einen gewissen Selbststand zu entwickeln, vor allem infolge der jüngsten Rechtsetzungsaktivitäten der EU. Andererseits ist die Datenwirtschaft nicht selten „nur" ein Anwendungsfall bestimmter Normen, die bereits einem Rechtsgebiet „zugeordnet" sind, beispielsweise des Wettbewerbsrechts (Bekämpfung von Datenmacht), des Telekommunikationsrechts (Netzneutralität) oder des Datenschutzrechts (Verbot des Umgangs mit bestimmten Daten). An letzterem lässt sich die Unmöglichkeit einer trennscharfen Abgrenzung besonders anschaulich illustrieren: Das Datenschutzrecht wird einerseits mit einer gewissen Berechtigung als Teil des (Daten-)Wirtschaftsrechts verstanden,[14] weil es nicht nur dem Datenschutz, sondern auch dem freien Datenverkehr (mit personenbezogenen Daten) dient (vgl. Art. 1 Abs. 1 DSGVO). Andererseits reicht das Datenschutzrecht aber offensichtlich über die Datenwirtschaft hinaus, weil es auch auf andere, „datenferne" Wirtschaftszweige und auf die öffentliche Hand Anwendung findet; personenbezogene Daten werden nicht nur in wirtschaftlichem Kontext verarbeitet. Wo die Datenwirtschaft personenbezogene Daten verarbeitet, besteht zwischen Datenwirtschaftsrecht und Datenschutzrecht ein Spannungsverhältnis in dem Sinne, dass ersteres durch letzteres begrenzt wird.[15]

II. Rechtsquellen

Nach dem zur Konturierung des Datenwirtschaftsrechts und zu seiner Abgrenzung von anderen Rechtgebieten Gesagten sind die Rechtsquellen des Datenwirtschaftsrechts einerseits „allgemeine" Bestimmungen, die im Bereich der Datenwirtschaft eine besondere Bedeutung gewonnen haben, und andererseits „spezifische" Normen, die speziell mit Blick auf die Datenwirtschaft erlassen worden sind. Datenwirtschaftsrecht ist dabei im Kern Europarecht: Die Datenwirtschaft ist Teil des (digitalen) „Binnenmarkts", den die EU errichtet (Art. 26 AEUV).[16] Daraus resultiert nicht nur die Anwendbarkeit der

---

12 Dies sieht *Steinrötter*, Datenwirtschaftsrecht, in: FS Taeger, 2020, S. 491 (496) als Hauptziel des Datenwirtschaftsrechts.
13 Richtlinie (EU) 2019/1024, ABl. 172/56 v. 26.6.2019.
14 *Lachmayer*, S. 9 (18 f.).
15 So *Steinrötter*, Datenwirtschaftsrecht, in: FS Taeger, 2020, S. 491. Siehe auch *Roßnagel*, ZRP 2021, 173.
16 *Schröder*, in: Streinz, EUV/AEUV, 3. Aufl. 2018, Art. 26 AEUV Rn. 42.

Grundfreiheiten, sondern auch die Kompetenz der Union zur Rechtsangleichung (Art. 114 AEUV), die neben der (spezielleren) Kompetenz für Datenschutz und freien Datenverkehr (Art. 16 AEUV) steht. Obwohl die Zuständigkeit der Union für den Binnenmarkt mit den Mitgliedstaaten geteilt ist (Art. 4 Abs. 2 lit. a AEUV), ist angesichts der Ubiquität von Daten eine (mindestens) europäische Lösung sinnvoll und wird auch nicht durch das Subsidiaritätsprinzip (Art. 5 Abs. 3 EUV) verhindert.

1. Allgemeine Bestimmungen

8 Die Akteure der Datenwirtschaft können sich auf die Grundfreiheiten des AEUV berufen. Daten stellen dabei, wenn nicht ausnahmsweise die Datenträger, auf denen sie gespeichert sind, im Fokus des Interesses stehen oder keine Trennung von diesen möglich ist, mangels Körperlichkeit keine Ware i. S. d. Art. 28 ff. AEUV dar.[17] Vielmehr liegt in der Verarbeitung von Daten typischerweise eine Dienstleistung i. S. d. Art. 56 f. AEUV; die Errichtung von Dateninfrastruktur kann auch der Niederlassungsfreiheit (Art. 49 AEUV) unterfallen (Rn. 14 f.).

9 Neben dem durch die Grundfreiheiten gewährleisteten Freiverkehr ist auch der unverfälschte Wettbewerb Teil des Binnenmarkts.[18] Von den drei Säulen der Wettbewerbsregeln des AEUV (Kartellverbot, Verbot des Missbrauchs einer marktbeherrschenden Stellung sowie Beihilfenverbot) ist aktuell vor allem das Verbot des Missbrauchs einer marktbeherrschenden Stellung von Bedeutung (Art. 102 AEUV), weil zumindest in Teilen der Datenwirtschaft zunehmend monopolähnliche Strukturen erkennbar werden: „Ein großer Teil der weltweit vorhandenen Daten befindet sich derzeit in der Hand einer kleinen Zahl großer Technologieunternehmen" (s. Rn. 25 ff.).[19]

10 Die Datenwirtschaft unterliegt, soweit sie mit personenbezogenen Daten (s. Rn. 3, 30 ff.) agiert, dem Datenschutzrecht. Dieses dient zwar auch der Herstellung des freien Datenverkehrs (im Binnenmarkt und darüber hinaus), die dafür eingesetzten Mittel sind aber einheitliche inhaltliche und prozedurale Standards, die die „Freiheit" des Umgangs mit personenbezogenen Daten durch die Datenwirtschaft einschränken[20]. Inhaltlich ist hier vor allem das Erfordernis einer Einwilligung oder sonstigen gesetzlich geregelten legitimen Grundlage (vgl. schon Art. 8 Abs. 2 GRCh) zu nennen (s. Rn. 41), prozedural etwa die technischen und organisatorischen Maßnahmen, die der für eine Datenverarbeitung „Verantwortliche" (s. Rn. 34) zu treffen hat. Auch die Äquivalenz ausländischen Datenschutzrechts als Voraussetzung für die Datenübermittlung in Drittstaaten zählt zu diesen Vorgaben (s. Rn. 44 ff.).

2. Spezifisches Datenwirtschaftsrecht

11 Die EU hat eine Reihe von Vorschriften erlassen, welche die Europäische Kommission in ihrer Datenstrategie als Teil des Datenwirtschaftsrechts beschreibt:[21] Neben der DSGVO, die sie (im Einklang mit der obigen Einordnung des Datenschutzrechts) als „soliden Rahmen für Vertrauen im digitalen Umfeld" ansieht, nennt sie die Verordnung über den freien Verkehr nicht-personenbezogener Daten,[22] den Rechtsakt zur Cybersicherheit[23] und die Richtlinie über offene Daten[24]. Hinzu kommen Rechtsvorschriften

---

17 So etwa entschieden für Software in EuGH, U. v. 16.9.2021 – C-410/19, ECLI:EU:C:2021:742.
18 Vgl. Protokoll Nr. 27 zum Vertrag von Lissabon, siehe dazu *Schröder*, in: Streinz, EUV/AEUV, 3. Aufl. 2018, Art. 26 AEUV, Rn. 24.
19 Europäische Datenstrategie, COM(2020) 66 final, S. 3.
20 Vgl. *Lachmayer*, S. 9 (12).
21 Europäische Datenstrategie, COM(2020) 66 final, S. 4 f.
22 Verordnung (EU) 2018/1807, ABl. L 303/59 v. 28.11.2018.
23 Verordnung (EU) 2019/881, ABl. L 151/15 v. 7.6.2019.
24 Richtlinie (EU) 2019/1024, ABl. 172/56 v. 26.6.2019.

II. Rechtsquellen

über den Zugang zu Daten, die erlassen wurden, um ein festgestelltes Marktversagen zu beheben, z. B. in der Automobilindustrie[25], bei Zahlungsdienstleistern[26], in Bezug auf Daten intelligenter Verbrauchsmesssysteme[27] und Stromnetzdaten[28] oder im Zusammenhang mit kooperativen intelligenten Verkehrssystemen[29]. Erwähnt wird auch die Einführung vertraglicher Rechte bei der Bereitstellung digitaler Dienstleistungen für Verbraucher, die dafür im Gegenzug dem Zugriff auf ihre Daten zustimmen, in der Richtlinie über digitale Inhalte[30].

Um die europäische Datenwirtschaft zu stärken, sodass mehr Daten in der EU gespeichert und verarbeitet werden, möchte die Europäische Kommission in den nächsten Jahren ein günstiges Umfeld schaffen, das Anreize und Wahlmöglichkeiten bietet. Es soll ein europäischer Datenraum entstehen.[31] Zu diesem Zweck wurde bereits eine Richtlinie erlassen, die die Modalitäten für die Veröffentlichung und Weiterverwendung hochwertiger Datensätze, die im Anhang I dieser Richtlinie gelistet sind, betrifft.[32] Ferner hat die Kommission bereits Entwürfe für eine Reihe von weiteren Rechtsakten vorgelegt:

- Einen Rechtsrahmen für die Governance gemeinsamer europäischer Datenräume (Data Governance Act)[33]. Durch diesen soll die Verfügbarkeit und die Nutzungsmöglichkeiten von Daten verbessert werden.[34]
- Einen Rechtsakt über Daten (Data Act). Dabei geht es um die Verbesserung der Nutzung von Daten aus dem privaten durch den öffentlichen Sektor, des Datenzugangs und der Datennutzung zwischen Unternehmen, Datenportabilität, Smart Contracts, Stärkung des Wettbewerbs zwischen Anbietern von Cloud-Diensten und um Sicherheitsstandards im Zusammenhang mit der Übermittlung nicht-personenbezogener Daten in Drittstaaten.[35]
- Eine Verordnung über digitale Dienste (Digital Services Act)[36]. Dieser soll digitale Dienste der Informationsgesellschaft stärker regulieren.[37] Plattformbetreiber, die Verbrauchern Zugang zu Diensten oder Waren vermitteln, sollen dafür sorgen, dass das Prinzip „was offline illegal ist, ist es auch online" Geltung erlangt. Ihnen werden daher (abhängig von der Plattformgröße mehr oder weniger umfangreiche) Prüf- und Löschpflichten auferlegt. Außerdem werden der Einsatz von Vorschlagsalgorithmen limitiert und die Verwendung personenbezogener Daten für Werbung begrenzt. Das Gesetzgebungsverfahren ist inzwischen nahezu abgeschlossen und der DSA wird voraussichtlich noch 2022 in Kraft treten.
- Eine Verordnung über digitale Märkte (Digital Markets Act)[38]. Durch diesen soll auf die zunehmend ungleiche Verteilung von Marktanteilen im Zusammenhang mit

---

25 Verordnung (EG) Nr. 715/2007, ABl. L 171/1 v. 29.3.2007, geändert durch die Verordnung (EG) Nr. 595/2009, ABl. L 188/1 v. 18.7.2009.
26 Richtlinie (EU) 2015/2366, ABl. L 337/35 v. 23.12.2015.
27 Richtlinie (EU) 2019/944, ABl. L 158/125 v. 14.6.2019, für Stromzähler, Richtlinie 2009/73/EG, ABl. L 211/94 v. 14.8.2009, für Gaszähler.
28 Verordnung (EU) 2017/1485 der Kommission, ABl. L 220/1 v. 25.8.2017, Verordnung (EU) 2015/703 der Kommission, ABl. L 113/13 v. 1.5.2015.
29 Richtlinie 2010/40/EU, ABl. L 207/1 v. 6.8.2010.
30 Richtlinie (EU) 2019/770, ABl. L 136/1 v. 22.5.2019.
31 Europäische Datenstrategie, COM(2020) 66 final, S. 5 f.
32 Art. 13 f. RL (EU) 2019/1024, ABl. 172/56 v. 26.6.2019.
33 COM(2020) 767 final. Dazu etwa *Spindler*, CR 2021, 98 ff.; *Roßnagel*, ZRP 2021, 173 (174 f.).
34 COM(2020) 767 final, 1.
35 https://ec.europa.eu/info/law/better-regulation/have-your-say/initiatives/13045-Datengesetz-und-geanderte-Vorschriften-uber-den-rechtlichen-Schutz-von-Datenbanken_de (zuletzt abgerufen am 21.6.2023).
36 COM(2020) 825 final.
37 COM(2020) 825 final, 1 ff.
38 COM(2020) 842 final.

digitalen Plattformen reagiert werden.³⁹ Die sog. „Gatekeeper" unter den Plattformen sollen daher verpflichtet werden, Konkurrenten (leichter) Zugang zu den Plattformen zu gewähren, beispielsweise im Bereich von Software-Anwendungen. Das Gesetzgebungsverfahren ist inzwischen nahezu abgeschlossen und der DMA wird voraussichtlich noch 2022 in Kraft treten.

Vorschläge für weitere Rechtsakte sind in Vorbereitung, etwa für ein Cloud-Regelwerk, einen Marktplatz für Cloud-Dienste oder für die Vergabe öffentlicher Aufträge für Datenverarbeitungsdienste.⁴⁰

III. Ausgewählte Fallgestaltungen

1. Zugang zu Datenwirtschaftsmärkten

13 In der Datenökonomie gilt vor allem aufgrund von Skalen- und Netzwerkeffekten (s. Rn. 4) der Grundsatz „bigger is better". Konträr dazu gibt es aber immer wieder staatliche Bestrebungen, private Akteure zumindest aus einem Teil der Datenwirtschaft auszuschließen oder territorial beschränkte Datenräume oder -märkte zu schaffen. Auf die Vereinbarkeit solcher Begrenzungen des Marktzugangs mit dem Welthandelsrecht kann hier nicht eingegangen werden, auch die Frage der Implementierung solcher Ausschlüsse im (Vergabe- oder IT-Sicherheits-)Recht soll hier nicht näher erörtert werden. Aus der Perspektive des europäischen Wirtschaftsrechts stellt sich indessen die Frage, inwieweit noch Raum für Begrenzungen durch die Mitgliedstaaten bleibt, eine eigene „Datensouveränität" zu entwickeln. Anschauungsmaterial für diese Frage bietet ein schon mehr als 30 Jahre altes EuGH-Urteil:

14 **EuGH, Urteil vom 5.12.1989 – Rs. 3/88, Slg. 1989, 4035 –** *Kommission/Italien*
Nach italienischem Recht durften Verträge mit dem italienischen Staat über die Einrichtung von Datenverarbeitungssystemen für die öffentliche Verwaltung nur mit Unternehmen geschlossen werden, die unmittelbar oder mittelbar ganz oder mehrheitlich in staatlichem oder öffentlichem Besitz stehen. Die Kommission sah darin eine Verletzung der Niederlassungs- und Dienstleistungsfreiheit und leitete ein Vertragsverletzungsverfahren ein.

15 Die Klage der Kommission hatte Erfolg. Der EuGH sah in dem Erfordernis einer öffentlichen Beteiligung an dem Unternehmen eine versteckte Diskriminierung, weil es damals keine ausländischen Unternehmen im Bereich der Datenverarbeitung gab, die sich ganz oder mehrheitlich im Besitz der italienischen öffentlichen Hand befanden.⁴¹ Auch das italienische Vorbringen, der Staat müsse die Durchführung der Verträge kontrollieren können und die Datenverarbeitung im öffentlichen Sektor gehöre zur Ausübung öffentlicher Gewalt (jetzt Art. 51 AEUV), hielt der EuGH nicht für überzeugend. „Planung, Software und Verwaltung von Datenverarbeitungssystemen (…) sind vielmehr technischer Natur und gehören deshalb nicht zur Ausübung öffentlicher Gewalt".⁴² Schließlich ist die Diskriminierung nach Auffassung des EuGH auch nicht durch Gründe der öffentlichen Ordnung (jetzt Art. 52 AEUV) gerechtfertigt: „Zum einen lässt sich nicht sagen, daß allein aufgrund der Natur der mit den fraglichen Datenverarbeitungssystemen verfolgten Ziele die öffentliche Ordnung bedroht wäre, wenn Einrichtung und Betrieb dieser Systeme Unternehmen anderer Mitgliedstaaten anvertraut würden. Zum anderen kann der vertrauliche Charakter der von den Systemen verarbeiteten Daten, wie bereits ausgeführt, durch eine Geheimhaltungspflicht gewahrt werden, ohne

---
39 COM(2020) 842 final, 1 ff.
40 Europäische Datenstrategie, COM(2020) 66 final, S. 22 f.
41 EuGH, U. v. 5.12.1989, Rs. 3/88, ECLI:EU:C:1989:606, Rn. 9 – *Kommission/Italien*.
42 EuGH, U. v. 5.12.1989, Rs. 3/88, ECLI:EU:C:1989:606, Rn. 13 – *Kommission/Italien*.

daß es notwendig wäre, die Niederlassungsfreiheit und den freien Dienstleistungsverkehr einzuschränken."[43]

Während das Europarecht also Maßnahmen zur Herstellung einzelstaatlicher „Datensouveränität" skeptisch gegenübersteht und stattdessen einen europäischen Datenwirtschaftsmarkt fördert, ist die EU global betrachtet durchaus daran interessiert, die europäische Datenwirtschaft zu stärken und von den vor allem amerikanischen und chinesischen Unternehmen unabhängiger und damit „souveräner" zu machen. Sie möchte „die technologische Unabhängigkeit Europas im Bereich der Schlüsseltechnologien und -infrastrukturen für die Datenwirtschaft stärken",[44] dazu gehören etwa europäische Initiativen wie der Aufbau europäischer Datenräume und die europäische Dateninfrastruktur GAIA-X. Sie verlangt aber auch, dass „die europäischen Vorschriften und Werte, insbesondere in Bezug auf den Schutz personenbezogener Daten, das Verbraucherschutzrecht und das Wettbewerbsrecht uneingeschränkt geachtet werden"[45], was mittelbar den Zugang zum europäischen Markt für ausländische Unternehmen (auch der Datenwirtschaft), die mitunter diese Standards nicht erfüllen, erschwert oder verhindert. Beispiele für solche Aktivitäten sind die Verordnung (EU) 2019/452 zur Schaffung eines Rahmens für die Überprüfung ausländischer Direktinvestitionen in der Union oder die strenge Anwendung von im europäischen Telekommunikationsrecht wurzelnden Vorschriften auf Nicht-EU-Lieferanten von Telekommunikationsinfrastruktur beim Aufbau der 5G-Netze.

2. Rechte an Daten

Dass Daten einen Wert haben (können), ist heute weitgehend unbestritten,[46] auch wenn sich dieser nur schwer quantifizieren lässt[47] (Rn. 4). Trotz dieses Wertes qualifiziert das Recht Daten *selbst* nicht als Eigentumsgegenstände. Zuständig für die Entscheidung darüber, was Eigentum ist, sind im europäischen Datenraum primär die Mitgliedstaaten der EU (Art. 345 AEUV). Gleichwohl hat die Union, gestützt auf ihre Binnenmarktkompetenz, im Bereich des „geistigen Eigentums" einige Harmonisierungen vorgenommen. So sind im Urheberrecht zumindest die Verwertungsrechte (und nach teilweise vertretener Auffassung auch der Begriff des Werks, um dessen Verwertung es geht[48]) harmonisiert worden.[49]

Das Urheberrecht schützt primär „Werke", also persönliche geistige Schöpfungen (§ 2 Abs. 2 UrhG). Dazu gehören Daten, die allein durch Maschinen oder Computer generiert wurden, nicht – es liegt keine „geistige", d. h. menschliche Schöpfung vor.[50] Auch personenbezogene Daten haben keinen Urheber in diesem Sinne, insbesondere nicht die „betroffene Person". Wenn Daten aber eine geistige Schöpfung, z. B. ein Musikstück, einen Film oder ein Computerprogramm (oder auch nur Teile davon[51]) repräsentieren (z. B. als MP3- oder MP4-Datei), unterfallen diese Werke dem Urheberrechtsschutz, so

---

43 EuGH, U. v. 5.12.1989, Rs. 3/88, ECLI:EU:C:1989:606, Rn. 15 – *Kommission/Italien*.
44 Europäische Datenstrategie, COM(2020) 66 final, S. 6.
45 Europäische Datenstrategie, COM(2020) 66 final, S. 6.
46 *Steinrötter*, RDi 2021, 480.
47 Zu der Frage *v. Lewinski*, Wert von Daten, in: Stiftung Datenschutz (Hrsg.), Dateneigentum und Datenhandel, 2019, S. 209 ff.
48 So z. B. *Ahlberg*, in: BeckOK Urheberrecht, 32. Edition (15.9.2021), § 2 UrhG Rn. 162, 163; zum Streitstand: *Schulze*, in: Dreier/Schulze, UrhG, 6. Aufl., § 2 UrhG Rn. 22.
49 Siehe insbesondere die Richtlinien 96/9/EG, ABl. L 77/20 v. 27.3.1996, 2001/29/EG, ABl. L 167/10 v. 22.6.2001, und die Richtlinie (EU) 2019/790, ABl. L 130/92 v. 17.5.2019.
50 Vgl. *Ahlberg*, in: BeckOK Urheberrecht, 32. Edition (15.9.2021), § 2 UrhG, Rn. 55; *Loewenheim/Leistner*, in: Schricker/Loewenheim, Urheberrecht, 6. Aufl., § 2 UrhG, Rn. 39.
51 EuGH, U. v. 21.6.2021, Rs. C-597/19, ECLI:EU:C:2021:492 – *M.I.C.M.*

dass die Rechte zur Verwertung (§ 15 UrhG) beim Urheber liegen; das gilt dann mittelbar natürlich auch für die das Werk repräsentierenden Daten.

19 Veranlasst durch die Datenbankrichtlinie 96/9/EG gewährt das Urheberrecht weiterhin einen Schutz für Datenbanken in zweierlei Form: § 4 Abs. 2 UrhG schützt sog. Datenbankwerke, einen Sonderfall von Sammelwerken, und § 87a ff. UrhG schützen Investitionen in Datenbanken. Beide Normen knüpfen an den Begriff der Datenbank an und verstehen darunter eine systematische oder methodische Anordnung einzelner unabhängiger Elemente, die einzeln zugänglich sein müssen. Diese einzelnen Elemente (also der „Inhalt" der Datenbank) können selbst geschützte Werke im o. g. Sinne darstellen, müssen es aber nicht. Wenn die „Anordnung" schöpferischer Natur ist (also beispielsweise über eine triviale alphabetische oder chronologische Auflistung hinausgeht), liegt ein Datenbankwerk i. S. d. § 4 Abs. 2 UrhG vor, das wie ein Einzelwerk Urheberrechtsschutz genießt. Der Schutz der §§ 87a ff. UrhG greift hingegen auch ohne eine solche persönliche geistige Schöpfung ein, verlangt aber (im Gegensatz zu § 4 Abs. 2 UrhG), dass die Beschaffung, Überprüfung oder Darstellung der Einzelelemente eine nach Art oder Umfang wesentliche Investition erfordert. Damit steht dem Datenbankhersteller (ggf. neben einem möglichen Urheberrecht, wenn auch ein Datenbankwerk i. S. d. § 4 Abs. 2 UrhG vorliegt) ein besonderes Leistungsschutzrecht infolge seiner Investition zu.

20 **EuGH, Urteil vom 9.11.2004 – Rs. C-444/02, Slg. 2004, I-10549 –** *Fixtures Marketing*
Die OPAP verfügte in Griechenland über ein Monopol bei der Veranstaltung von Glücksspielen. Im Rahmen ihrer Tätigkeiten verwendet sie Informationen, die aus den Spielplänen der englischen und der schottischen Fußballmeisterschaften stammen. Für diese Spielpläne hatten die Veranstalter der englischen und der schottischen Fußballmeisterschaften der Firma Football Fixtures durch Lizenzverträge die Regelung der Nutzung der Spielpläne dieser Meisterschaften außerhalb des Vereinigten Königreichs übertragen und ihr das Recht eingeräumt, die Inhaber der mit diesen Spielplänen verbundenen Rechte des geistigen Eigentums zu vertreten. Football Fixtures wollte der OPAP die freie Nutzung der Spielpläne untersagen. Ein griechisches Gericht stellte dem EuGH die Frage, ob der Spielplan überhaupt eine Datenbank darstelle und ob er dem besonderen Leistungsschutzrecht für Datenbanken unterfalle.

21 Der EuGH bejahte das Vorliegen einer Datenbank. Er wies darauf hin, dass nach der 17. Begründungserwägung der Datenbankrichtlinie 96/9/EG unter dem Begriff Datenbank „Sammlungen von literarischen, künstlerischen, musikalischen oder anderen Werken sowie von anderem Material wie Texten, Tönen, Bildern, Zahlen, Fakten und Daten" verstanden werden sollen. Das Datum, die Uhrzeit und die Identität der beiden Mannschaften in Bezug auf ein Fußballspiel seien daher unter den Begriff „unabhängige Elemente" zu subsumieren.[52] Der Spielplan stelle daher eine Datenbank im Sinne der Richtlinie dar. Der EuGH verneinte allerdings, dass diese Datenbank von dem besonderen Schutzrecht nach der Richtlinie (im deutschen Recht umgesetzt in §§ 87a ff. UrhG) profitiere, weil es an einer besonderen Investition in die Datenbank fehle. Zwar stelle die (aufwendige) Aufstellung der Spielpläne eine solche Investition dar, diese diene aber dem Spielbetrieb (und nicht der Datenbank). Für die Beschaffung des Inhalts eines Spielplans von Fußballbegegnungen bedürfe es dagegen keiner Investition, die im Verhältnis zu der Investition, die das Erzeugen der in diesem Kalender enthaltenen Daten erfordert, selbstständig wäre.[53]

---

52 Rn. 23 und 33.
53 Rn. 47 und 49.

III. Ausgewählte Fallgestaltungen

Angesichts dieses nur punktuellen und mittelbaren Schutzes von Daten wird immer wieder die Schaffung eines neuen Immaterialgutes „Dateneigentum" diskutiert.[54] Klärungsbedürftig wäre bei einem solchen Dateneigentum, das wohl vor dem Hintergrund des Rechts auf informationelle Selbstbestimmung des Einzelnen nur bei nicht-personenbezogenen Daten in Betracht käme,[55] vor allem die Frage, wer überhaupt Eigentümer neu entstehender Daten sein soll. Das lässt sich beispielsweise anhand von Fahrzeugdaten illustrieren, die moderne Autos in großer Menge generieren: Soll der Hersteller des Autos Eigentümer der Daten sein oder der Eigentümer, der Halter, der Fahrer oder vielleicht gar eine Werkstatt, die die Daten zufällig ausliest? Weiterhin zu klären wäre etwa (im Sinne der Bestimmung von Schranken des Eigentums), wer Zugriffsrechte auf die Daten bekommen soll. Naheliegend erscheint, dass bereichsspezifische Lösungen erforderlich sein werden, die möglicherweise für Autos anders aussehen als für Daten, die von Industriemaschinen generiert werden. Die EU verfolgt die Idee des Dateneigentums momentan nicht weiter, sondern konzentriert sich darauf, das Teilen von Daten zu incentivieren.[56]

Während an Daten selbst also (derzeit) keine Eigentumsrechte bestehen, sind Daten*träger* unstrittig Sacheigentum i. S. d. § 903 BGB. Dieses erfasst (faktisch) auch die „darauf" gespeicherten Daten. Der Eigentümer des Datenträgers kann daher gemäß § 903 BGB mit diesen Daten nach Belieben verfahren und andere davon ausschließen (ihnen also insbesondere die Nutzung vorenthalten), wenn nicht das Gesetz oder Rechte Dritter entgegenstehen. Solche entgegenstehenden Bestimmungen können sich auf den Datenträger oder, hier relevanter, auf die gespeicherten Daten beziehen. Da Rechte „an Daten" nur im genannten, eingeschränkten Umfang bestehen (s. Rn. 18), ergibt sich, wenn es nicht um personenbezogene Daten geht, die besonderen Einschränkungen unterliegen (s. Rn. 6), ein faktischer Schutz, der an den Datenträger anknüpft. Dieser kann beispielsweise bei Bedarf gem. § 985 BGB vindiziert werden und seine Beschädigung oder Zerstörung kann zu Schadensersatz gem. § 823 BGB führen. Die gespeicherten Daten sind hiervon stets indirekt betroffen; sie können auch die Höhe des Schadensersatzes beeinflussen.

Je nach Inhalt können Daten bzw. genauer die in ihnen enthaltenen Informationen als Betriebs- und Geschäftsgeheimnisse geschützt sein. Das auf der Richtlinie (EU) 2016/943 basierende Geschäftsgeheimnisgesetz schützt solche Geheimnisse und verbietet grundsätzlich „unbefugten Zugang zu, unbefugte Aneignung oder unbefugtes Kopieren von [u. a.] elektronischen Dateien, die der rechtmäßigen Kontrolle des Inhabers des Geschäftsgeheimnisses unterliegen und die das Geschäftsgeheimnis enthalten oder aus denen sich das Geschäftsgeheimnis ableiten lässt." Bei Verstößen können u. a. Beseitigungs- und Unterlassungsansprüche (§ 6 GeschGehG) und Ansprüche auf „Vernichtung oder Herausgabe der im Besitz oder Eigentum des Rechtsverletzers stehenden (…) elektronischen Dateien, die das Geschäftsgeheimnis enthalten oder verkörpern," bestehen (§ 7 Nr. 1 GeschGehG); zudem kommen Schadensersatzansprüche in Betracht (§ 10 GeschGehG). Die Regelungsstruktur zeigt, dass sich der Schutz immaterieller Werte dem körperlicher Sachen durchaus annähern lässt, auch ohne ein echtes, als Eigentum zu bezeichnendes Immaterialgut zu schaffen.

---

54 *Determann*, Gegen Eigentumsrechte an Daten, ZD 2018, 503 ff.; *Fezer*, Dateneigentum, MMR 2017, 3 ff.; *Kornmeier/Baranowski*, Das Eigentum an Daten – Zugang statt Zuordnung, BB 2019, 1219 ff.; *Specht-Riemenschneider/Werry/Werry*, Datenrecht in der Digitalisierung, 361 ff.
55 *Determann*, ZD 2018, 503 (507); jedenfalls für Verträge, die personenbezogene Daten zum Gegenstand haben, dürfte das Datenschutzrecht über § 134 BGB zu beachten sein, siehe *Schur*, Die Lizenzierung von Daten, GRUR 2020, 1142 (1146).
56 Europäische Datenstrategie, COM(2020) 66 final.

3. Missbrauch von Datenmacht

25 Die Datenwirtschaft ist auf qualitativ hochwertige Daten angewiesen. Diese befinden sich allerdings nicht selten in der Hand einiger weniger Akteure, was Wettbewerb verhindert und neue, auf Daten basierende Geschäftsideen verhindern kann. Soweit Unternehmen durch den exklusiven Zugriff auf bestimmte Daten ein Alleinstellungsmerkmal haben, sind sie aber auch nicht geneigt, dieses freiwillig aufzugeben. Hier kommt das Wettbewerbsrecht ins Spiel, das den Missbrauch einer marktbeherrschenden Stellung verbietet (Art. 102 AEUV) und damit bis zu einem gewissen Grad auch „Datensilos" aufbrechen kann. Die Thematik ist nicht erst durch die „Big Tech"-Unternehmen entstanden, sondern wurde schon vor Jahren als Folge des Schutzes von Datenbankwerken (s. Rn. 19 ff.) diskutiert.

26 EuGH, Urteil vom 29.4.2004 – Rs. C-418/01, Slg. 2004, I-5039 – *IMS Health*
Die IMS Health erstellt für Pharmaunternehmen nach Bausteinstrukturen formatierte Berichte über den regionalen Absatz von Arzneimitteln. Sie liefert die Berichte auf der Grundlage einer Struktur mit 1.860 Bausteinen bzw. einer davon abgeleiteten Struktur mit 2.847 Bausteinen, wobei jeder Baustein einem bestimmten, geografisch definierten Gebiet der Bundesrepublik Deutschland entspricht. Diese Bausteine sind unter Berücksichtigung verschiedener Kriterien festgelegt worden, wie z. B. Verwaltungsbezirke, Postleitzahlenbezirke, Bevölkerungsdichte, Verkehrsverbindungen und geografische Verteilung der Apotheken und Arztpraxen. Einer Konkurrentin der IMS Health wurde von den deutschen Gerichten untersagt, die „1860er-Struktur" oder eine ähnliche Struktur zu verwenden, weil die Bausteinstruktur ein urheberrechtlich geschütztes Datenbankwerk sei. An einer anderen Struktur hatten die (potentiellen) Kunden aber kein Interesse. Das LG Frankfurt/Main war jedoch der Ansicht, die IMS dürfe ihr Recht, jede unberechtigte Nutzung ihres Werkes zu untersagen, nicht ausüben, wenn die Weigerung, der Konkurrentin zu angemessenen Bedingungen eine Lizenz zu erteilen, missbräuchlich im Sinne von Artikel 82 EG (jetzt Art. 102 AEUV) sei.

27 Der EuGH bestätigte im Grundsatz die Sichtweise des vorlegenden Landgerichts. Unter Verweis auf frühere Rechtsprechung führte er aus, dass das ausschließliche Recht der Vervielfältigung zu den Vorrechten des Inhabers eines Immaterialgüterrechts gehöre, so dass die Verweigerung einer Lizenz als solche keinen Missbrauch einer beherrschenden Stellung darstellen könne, selbst wenn sie von einem Unternehmen in beherrschender Stellung ausgehen sollte.[57] Allerdings könne die Ausübung des ausschließlichen Rechts durch den Inhaber unter außergewöhnlichen Umständen ein missbräuchliches Verhalten darstellen.[58] Dies sei aber nur unter drei Bedingungen der Fall: (1) das Unternehmen, das um die Lizenz ersucht hat, beabsichtigt, auf dem Markt für die Lieferung der betreffenden Daten neue Erzeugnisse oder Dienstleistungen anzubieten, die der Inhaber des Rechts des geistigen Eigentums nicht anbietet und für die eine potenzielle Nachfrage der Verbraucher besteht; (2) die Weigerung ist nicht aus sachlichen Gründen gerechtfertigt; und (3) die Weigerung ist geeignet, dem Inhaber des Rechts des geistigen Eigentums den Markt für die Lieferung der Daten über den Absatz von Arzneimitteln in dem betreffenden Mitgliedstaat vorzubehalten, indem jeglicher Wettbewerb auf diesem Markt ausgeschlossen wird.[59]

28 Diese Rechtsprechung, die an ein rechtlich anerkanntes Immaterialgut, nämlich das Datenbankwerk, anknüpft, lässt sich auf die Situation übertragen, dass ein Unternehmen – faktisch exklusiv – über eine große Menge Daten verfügt, auf deren Nutzung Unternehmen, die neue Erzeugnisse oder Dienstleistungen anbieten möchten, angewie-

---
57 Rn. 34.
58 Rn. 35.
59 Leitsatz 2.

sen sind. In diesem Sinne hat der deutsche Gesetzgeber in § 19 Abs. 2 Nr. 4 GWB nun ausdrücklich Daten in den Katalog der sog. essential facilities aufgenommen und sie damit Netzen und anderen Infrastrukturen gleichgestellt. Das ist im Grundsatz (trotz gewisser Unterschiede zwischen Daten und physischen Infrastrukturen[60], s. Rn. 4) begrüßenswert.[61] Damit wird kein allgemeines Teilhaberecht an Daten geschaffen,[62] sondern nur der Missbrauch einer marktbeherrschenden Stellung in Bezug auf bestimmte exklusiv vorhandene Daten verboten. Auch wenn nur eine „relative Marktmacht" im Sinne eines Abhängigkeitsverhältnisses von bestimmten Unternehmen besteht, kann die Verweigerung des Zugangs zu Daten marktmissbräuchlich sein (§ 20 Abs. 1a GWB). Diese am 19.1.2021 in Kraft getretenen Bestimmungen entsprechen den zu Art. 102 AEUV entwickelten, dort aber nicht ausdrücklich genannten, sondern nur in der Generalklausel des Abs. 1 enthaltenen Maßstäben. Danach mündet die Verfügbarkeit über große Datenmengen indessen nicht pauschal in Marktmacht; speziell die großen Datenbestände von Google sind nach Auffassung der Kommission keine „essential facilities".[63]

Eine weitere Variante des Missbrauchs einer marktbeherrschenden Stellung, nämlich einen Konditionenmissbrauch i. S. d. § 19 Abs. 1 GWB, sieht das Bundeskartellamt in der Situation, dass ein Unternehmen mit marktbeherrschender Stellung (hier: Facebook) Nutzungsbedingungen verwendet, die nicht mit dem Datenschutzrecht vereinbar sind. Konkret geht es darum, in welchem Umfang personenbezogene Daten ohne Einwilligung und allein auf der Grundlage eines „berechtigten Interesses" des Verantwortlichen verarbeitet werden dürfen. Insoweit ist allerdings strittig, ob die Kartellbehörden (insbesondere die eines Staates, in dem das Unternehmen nicht seinen Sitz hat) neben den unabhängigen Datenschutzbehörden gem. Art. 51 ff. DSGVO überhaupt zuständig sind. Das OLG Düsseldorf hat die Fragen dem EuGH zur Klärung vorgelegt.[64]

4. Datenschutz als Grenze datenwirtschaftlicher Betätigung

a) Weiter Begriff des Personenbezugs. Die Datenwirtschaft verarbeitet häufig personenbezogene Daten (s. Rn. 3) mit der Folge, dass sie das Datenschutzrecht zu beachten hat. Das ist nicht nur bei offensichtlich personenbezogenen Daten der Fall (z. B. beim Adresshandel oder bei Profilen in sozialen Netzwerken), sondern auch bei Daten, deren Personenbezug auf den ersten Blick nicht zu erkennen ist. Der Begriff „personenbezogenes Datum" ist nämlich nach der Rechtsprechung des EuGH weit auszulegen:

EuGH, Urteil vom 19.10.2016 – Rs. C-582/14, ECLI:EU:C:2016:779 – *Breyer*
Herr Breyer rief mehrere Websites von Einrichtungen des Bundes ab. Um Angriffe abzuwehren und die strafrechtliche Verfolgung von Angreifern zu ermöglichen, werden bei den meisten dieser Websites alle Zugriffe in Protokolldateien festgehalten. Darin werden nach dem Abruf der Website der Name der abgerufenen Seite bzw. Datei, in Suchfelder eingegebene Begriffe, der Zeitpunkt des Abrufs, die übertragene Datenmenge, die Meldung, ob der Abruf erfolgreich war, und die IP-Adresse des zugreifenden Computers gespeichert. Vor den deutschen Gerichten versuchte Herr Breyer, der Bundesrepublik zu untersagen, seine (dynamische) IP-Adresse zu speichern, soweit die Speicherung nicht im Störungsfall zur Wiederherstellung der Verfügbarkeit des Telemediums erforderlich ist. Der BGH stellte dem EuGH u. a. die Frage, ob es sich bei der IP-Adresse um ein personenbezogenes Datum i. S. d. (damals noch geltenden) Datenschutzrichtlinie 95/46/EG handele.

---

60 Vgl. *Polley/Kaup*, NZKart 2020, 113 (114).
61 So auch *Paal*, in: BeckOK Informations- und Medienrecht, § 19 GWB Rn. 10.
62 So richtig *Körber*, MMR 2020, 290 (292).
63 Vgl. KOM 11.3.2008, COMPM.4731 – Google/DoubleClick, Rn. 364 ff.; ebenso: FTC 11.12.2007 – File No. 071-0170 – Google/DoubleClick, 12.
64 OLG Düsseldorf, Vorlagebeschluss vom 24.3.2021 – Kart 2/19 (V), EuZW 2021, 680.

32 Der Gerichtshof bejahte, dass eine dynamische IP-Adresse ein personenbezogenes Datum darstellen könne. Zwar beziehe sie sich nicht auf eine „bestimmte natürliche Person", die dahinterstehende Person sei aber „bestimmbar", und zwar unter Zuhilfenahme von Zusatzinformationen des Internetzugangsanbieters, der weiß, wem er wann welche IP-Adresse zugeteilt hat. Es müssen sich für die Einstufung eines Datums als „personenbezogenes Datum" also nicht alle zur Identifizierung der betreffenden Person erforderlichen Informationen in den Händen einer einzigen Person befinden. Ausreichend ist vielmehr, dass die Verknüpfung der Informationen „vernünftigerweise zur Bestimmung der betreffenden Person eingesetzt werden kann." Hier ist der Gerichtshof großzügig und lehnt eine Identifizierbarkeit nur ab, wenn das Risiko einer Identifizierung de facto vernachlässigbar oder rechtlich verboten wäre. Da der Bund im vorliegenden Fall über rechtliche Mittel verfügte, vom Internetzugangsanbieter Auskunft über den Inhaber der IP-Adresse zu verlangen, war die IP-Adresse (für ihn) personenbezogen.[65]

33 Dieses weite Verständnis des Personenbezugs von Daten gilt auch nach der DSGVO, die in Art. 4 Nr. 1 die Definition für personenbezogene Daten fast wortgleich aus der Datenschutzrichtlinie übernommen hat. Erwägungsgrund 26 S. 3 der DSGVO führt dazu aus: „Um festzustellen, ob eine natürliche Person identifizierbar ist, sollten alle Mittel berücksichtigt werden, die von dem Verantwortlichen oder einer anderen Person nach allgemeinem Ermessen wahrscheinlich genutzt werden, um die natürliche Person direkt oder indirekt zu identifizieren". Da mit zunehmenden technischen Möglichkeiten (jedenfalls mancher Verantwortlicher) die Möglichkeiten einer Zuordnung auch vermeintlich anonymer Daten steigen, ist die Annahme, dass bestimmte Daten nicht personenbezogen sind (und damit das Datenschutzrecht ignoriert werden kann) für die Datenwirtschaft immer risikobehaftet; im Schrifttum wird schon das Ende der unterschiedlichen Regime vorhergesagt.[66]

34 b) Reichweite des Datenschutzrechts. Adressat der datenschutzrechtlichen Verpflichtungen ist primär[67] der für eine Datenverarbeitung „Verantwortliche", also „die natürliche oder juristische Person, Behörde, Einrichtung oder andere Stelle, die allein oder gemeinsam mit anderen über die Zwecke und Mittel der Verarbeitung von personenbezogenen Daten entscheidet" (Art. 4 Nr. 7 DSGVO). Das können, wie schon die Definition zeigt, auch mehrere Akteure gemeinsam sein („Gemeinsam Verantwortliche", Art. 26 DSGVO), etwa bei Facebook-Fanseiten[68] oder beim Einbinden von Plug-Ins für soziale Netzwerke in eine Website[69].

35 Obwohl ein Hoheitsträger formal Recht immer nur für „sein" Gebiet setzen kann[70], hat die EU mit ihrem Datenschutzrecht einen weltweiten Effekt erzielt („Brussels Effect"[71]), so dass sich nicht nur europäische Akteure (faktisch) an das europäische Datenschutzrecht halten. Hierzu haben vor allem drei Bestimmungen der DSGVO beigetragen: die eher lose Verknüpfung zwischen Datenverarbeitung und Niederlassung in der EU (Art. 3 Abs. 1 DSGVO), das Marktortprinzip (Art. 3 Abs. 2 DSGVO) sowie die Voraussetzungen für Datentransfers in Drittstaaten (Art. 44 ff. DSGVO).

---

65 Rn. 31–49.
66 *Steinrötter*, Datenwirtschaftsrecht, in: FS Taeger, 2020, S. 491 (499). Zum Problem der Re-Identifizierung *Roßnagel*, ZRP 2021, 173 (176).
67 Vgl. Art. 5 Abs. 2 DSGVO. Auf die Konstellation der Auftragsverarbeitung wird hier nicht eingegangen, vgl. dazu Art. 28 DSGVO.
68 EuGH, U. v. 5.6.2018, Rs. C-210/16, ECLI:EU:C:2018:388 – *Wirtschaftsakademie Schleswig-Holstein*.
69 EuGH, U. v. 29.7.2019, Rs. C-40/17, ECLI:EU:C:2019:629 – *Fashion ID*.
70 Vgl. etwa *Maurer/Waldhoff*, Allgemeines Verwaltungsrecht, § 9, Rn. 68.
71 Vgl. dazu *Bradford*, The Brussels Effect – How the European Union Rules the World, 20.20.

III. Ausgewählte Fallgestaltungen **36–39**

Art. 3 Abs. 1 DSGVO erklärt die Verordnung für räumlich anwendbar, wenn eine Datenverarbeitung im Rahmen der Tätigkeiten einer Niederlassung eines Verantwortlichen oder eines Auftragsverarbeiters in der Union erfolgt, und zwar unabhängig davon, ob die Verarbeitung in der Union stattfindet. Mit dem letzten Halbsatz wird die Rechtsprechung des EuGH aufgegriffen, der zur früheren Datenschutzrichtlinie 95/46/EG in seiner berühmten Entscheidung „Google Spain" judiziert hatte, dass es ausreichend ist, wenn gerade die eine mit der eigentlichen Datenverarbeitung verbundene Aktivität von einer Niederlassung in der EU ausgeübt wird. **36**

EuGH, Urteil vom 13.5.2014 – Rs. C-131/12, ECLI:EU:C:2014:317 – *Google Spain* **37**
Herr Costeja Gonzales wendete sich dagegen, dass bei Eingabe seines Namens in der Suchmaschine von Google den Internetnutzern Links zu zwei Seiten der Tageszeitung La Vanguardia vom 19. Januar bzw. 9. März 1998 angezeigt wurden, die eine Anzeige enthielten, in der unter Nennung des Namens von Herrn Costeja González auf die Versteigerung eines Grundstücks im Zusammenhang mit einer wegen Forderungen der Sozialversicherung erfolgten Pfändung hingewiesen wurde. Die spanische Datenschutzbehörde wies Google an, die betreffenden Links zu löschen. Google klagte gegen die Anweisung und berief sich unter anderem darauf, dass die Suchmaschine in den USA durch Google Inc. betrieben werde und auf die Datenverarbeitung europäisches Datenschutzrecht überhaupt nicht anwendbar sei. In Spanien bestehe nur eine Tochtergesellschaft, die sich um den Verkauf von Werbeflächen kümmere (Google Spain). Das spanische Gericht legte den Fall dem EuGH vor.

Der EuGH entschied, dass die Tätigkeit einer Suchmaschine, die personenbezogene Daten auflistet, als Verarbeitung dieser personenbezogenen Daten einzustufen sei und dass der Betreiber dieser Suchmaschinen als für diese Verarbeitung Verantwortlicher anzusehen sei. In geografischer Hinsicht schade es nicht, dass die Suche in den USA ausgeführt werde, denn die Verarbeitung werde „im Rahmen der Tätigkeiten einer Niederlassung ausgeführt (…), die der für die Verarbeitung Verantwortliche im Hoheitsgebiet eines Mitgliedstaats besitzt, wenn der Suchmaschinenbetreiber in einem Mitgliedstaat für die Förderung des Verkaufs der Werbeflächen der Suchmaschine und diesen Verkauf selbst eine Zweigniederlassung oder Tochtergesellschaft gründet, deren Tätigkeit auf die Einwohner dieses Staates ausgerichtet ist."[72] Der Gerichtshof ließ also die (dem Verkauf von Werbung dienende) Niederlassung in Spanien als Anknüpfungspunkt für die Anwendung des europäischen Datenschutzrechts ausreichen, obwohl die konkreten Daten dort gar nicht verarbeitet wurden. **38**

Die DSGVO normiert nicht nur diese (damals) etwas gewagte Rechtsprechung als geschriebenes Recht, sondern schafft darüber hinaus einen neuen Anknüpfungspunkt, um sogar Unternehmen, die überhaupt keine Niederlassung in der Union unterhalten, dem europäischen Datenschutzrecht zu unterwerfen, nämlich den sog. Marktort: Art. 3 Abs. 2 DSGVO bindet auch nicht in der Union niedergelassene Datenverarbeiter an die DSGVO, wenn die Datenverarbeitung im Zusammenhang damit steht, betroffenen Personen in der Union Waren oder Dienstleistungen anzubieten, unabhängig davon, ob von diesen Personen eine Zahlung zu leisten ist, oder wenn die Datenverarbeitung im Zusammenhang damit steht, das (in der Union stattfindende) Verhalten betroffener Personen zu beobachten. Wenn dieser Marktort mehrere Mitgliedstaaten erfasst, sind gemäß Art. 55 DSGVO die jeweiligen mitgliedstaatlichen Aufsichtsbehörden konkurrierend für die Überwachung zuständig. Sich mit mehreren Behörden auseinandersetzen zu müssen, ist zwar (nicht nur) für die Datenwirtschaft wenig praktisch, lässt sich aber (bis zu einem gewissen Grad) vermeiden, indem man eine Niederlassung in einem Mitgliedstaat der EU gründet. In der Folge kommt dann der Aufsichtsbehörde dieses **39**

---
72 Leitsatz 2.

Mitgliedstaats die „Federführung" in der Beaufsichtigung des Unternehmens zu (Art. 56 DSGVO). Viele Unternehmen der Datenwirtschaft haben (wohl vor allem aus steuerlichen Gründen) Irland als Sitz gewählt.

40 c) **Rechtmäßigkeit von Datenverarbeitungen.** Soweit die Datenwirtschaft dem europäischen Datenschutzrecht unterfällt, muss sie die Vorgaben der DSGVO beachten und insbesondere dafür sorgen, dass Datenverarbeitungen von einer Rechtsgrundlage gedeckt sind (Art. 5 I lit. a, 6 DSGVO). Diese Rechtsgrundlage muss sich immer auf einen konkreten Verarbeitungszweck beziehen (Zweckbindungsgrundsatz, vgl. schon Art. 8 Abs. 2 GRCh), was insbesondere im Hinblick auf „big data" (s. Rn. 4) nicht leicht umsetzbar ist. Daneben treffen den für eine Datenverarbeitung Verantwortlichen zahlreiche technische und organisatorische Pflichten, etwa ein Verarbeitungsverzeichnis zu führen (Art. 30 DSGVO), die Grundsätze „data protection by design" und „data protection by default" (Art. 25 DSGVO) zu beachten, ggf. einen Datenschutzbeauftragten zu bestellen (Art. 37 ff. DSGVO) und für die Erfüllung der Betroffenenrechte (Art. 12 ff. DSGVO) zu sorgen.

41 Für die Datenwirtschaft kommen aus dem Katalog des Art. 6 Abs. 1 UAbs. 1 vor allem drei Gründe in Betracht, um die Rechtmäßigkeit einer Datenverarbeitung zu erreichen: die Notwendigkeit der Datenverarbeitung zur Vertragserfüllung (lit. b), ein berechtigtes Interesse gemäß lit. f oder eine Einwilligung der betroffenen Person gemäß lit. a. Die Einwilligung wird zwar an erster Stelle genannt, ist aber schon aufgrund ihrer freien Widerrufbarkeit (Art. 7 Abs. 3 DSGVO) die unzuverlässigste Rechtsgrundlage. Gleichwohl ist sie für die datenwirtschaftliche Praxis von zentraler Bedeutung, weil viele Datenverarbeitungen nicht unmittelbar für eine Vertragserfüllung notwendig sind und der Rechtfertigungsgrund des berechtigten Interesses eine Interessenabwägung erfordert, bei der die Interessen oder Grundrechte und Grundfreiheiten der betroffenen Person nicht überwiegen dürfen. Das Stützen auf diesen Rechtfertigungsgrund stellt für den Verantwortlichen daher stets ein gewisses Risiko dar. Die Einwilligung kann dagegen insbesondere dazu dienen, Daten als „Gegenleistung" für eine andere (digitale) Dienstleistung zu erlangen. Immer vorausgesetzt ist freilich, dass die Einwilligung trotzdem „freiwillig" erfolgt ist (Art. 7 Abs. 4 DSGVO).

42 **EuGH, Urteil vom 1.10.2019 – Rs. C-673/17, ECLI:EU:C:2019:801 –** *Planet 49*
Deutsche Verbraucherschutzverbände wehrten sich gerichtlich gegen die verbreitete Praxis von Internetanbietern wie Planet 49, sog. Cookies im Wege des Opt-Out-Verfahrens auf den Endgeräten der Nutzer abzulegen, d. h. von diesen zu verlangen, ein Häkchen in einem vorangekreuzten Feld zu entfernen.

43 Der EuGH entschied, dass Formulierungen des Unionsrecht, die verlangen, dass eine Einwilligung gegeben wurde (im Fall war unmittelbar nicht die DSGVO, sondern die ePrivacy-RL 2002/58 einschlägig), dahin auszulegen sind, dass keine wirksame Einwilligung im Sinne dieser Bestimmungen vorliegt, wenn die Speicherung von Informationen oder der Zugriff auf Informationen, die bereits im Endgerät des Nutzers einer Website gespeichert sind, mittels Cookies durch ein voreingestelltes Ankreuzkästchen erlaubt wird, das der Nutzer zur Verweigerung seiner Einwilligung abwählen muss.[73] Der EuGH beruft sich zur Absicherung dieser Auslegung zusätzlich auf Erwägungsgrund 32 der DSGVO. In diesem ist ausdrücklich ausgeschlossen, dass „Stillschweigen, bereits angekreuzte Kästchen oder Untätigkeit" eine Einwilligung darstellen können.[74] Die (früher) verbreiteten „opt out"-Lösungen scheiden damit heute aus. Nicht gerichtlich geklärt ist dagegen bis heute, wie die nunmehr verbreiteten „Auswahlseiten" für Cookies rechtlich

---
73 Rn. 56 f.
74 Rn. 62.

zu beurteilen sind, welche die Zustimmung häufig sehr suggestiv einfordern und mit weniger Klicks als eine Ablehnung ermöglichen. Es spricht vieles dafür, dass darin zumindest ein Verstoß gegen das Prinzip „data protection by default" (Art. 25 Abs. 2 DSGVO) liegt, wenn man nicht sogar die Freiwilligkeit der Einwilligung verneint.

d) Datenübermittlungen in Drittländer. Einen wesentlichen Beitrag zum „Brussels effect" im Datenschutz (s. Rn. 35) leisten die Art. 44 ff. DSGVO. Diese begrenzen die Zulässigkeit der Übermittlung von personenbezogenen Daten in Drittstaaten – im Gegensatz dazu werden EU und EWR (trotz im Detail unterschiedlichen Rechts aufgrund von Öffnungs- und Spezifizierungsklauseln in der DSGVO) als ein „Datenraum" behandelt. Wenn nicht die Ausnahmen des Art. 49 DSGVO einschlägig sind, bedarf es für eine Übermittlung in Drittländer entweder eines sog. Angemessenheitsbeschlusses (Art. 45 DSGVO) oder „geeigneter Garantien" (Art. 46 DSGVO), die insbesondere in sog. Standardvertragsklauseln liegen können. Durch einen Angemessenheitsbeschluss bescheinigt die Kommission, dass das Datenschutzniveau in einem bestimmten Drittland, einem Gebiet oder einem Sektor in diesem Land „angemessen" ist. Bezogen auf die USA – einem Zentrum der internationalen Datenwirtschaft – hat der EuGH entsprechende Beschlüsse allerdings bereits zweimal beanstandet.

EuGH, Urteil vom 6.10.2015 – Rs. C-362/14, NJW 2015, 3151 – *Schrems I*
Der österreichische Datenschutzaktivist Maximilian Schrems hatte die irische Datenschutzaufsichtsbehörde aufgefordert, dem Unternehmen Facebook, das seine europäische Hauptniederlassung in Irland hat, Datenübermittlungen in die USA zu untersagen. Als Grund gab er an, seine personenbezogenen Daten seien in den USA nicht sicher, wie sich aus den Enthüllungen von Edward Snowden über die umfassende Überwachung durch die amerikanischen Geheimdienste ergebe. Allerdings hatte die Europäische Kommission schon im Jahr 2000 die USA als „safe harbor" in Sachen Datenschutz eingestuft und das dortige Datenschutzniveau als angemessen angesehen, soweit die Unternehmen sich bestimmten Zertifizierungen unterwarfen. Der irische High Court legte dem EuGH die Frage vor, ob die Entscheidung der Kommission die Datenschutzaufsichtsbehörde daran hindere, die Sicherheit der Daten in den USA selbst zu beurteilen.

Der EuGH entschied, dass die Safe Harbor-Entscheidung der Kommission ungültig sei. Er stützte dieses Urteil nicht auf die Feststellung, dass das Datenschutzniveau in den USA insgesamt unzureichend sei, sondern begnügte sich damit, zu beanstanden, dass die Safe Harbor-Grundsätze nur Unternehmen binden, aber nicht die US-Behörden, die demzufolge in im Einzelfall unverhältnismäßiger und damit gegen Art. 7, 8 GRCh verstoßender Weise auf die Daten zugreifen könnten.[75] Zudem gebe es keinen hinreichenden Rechtsschutz gegen derartige Eingriffe.[76] In der Folge könne die irische Datenschutzbehörde selbst in völliger Unabhängigkeit (vgl. Art. 16 Abs. 2 AEUV) entscheiden, ob die Voraussetzungen für einen legalen Datentransfer in ein Drittland vorlägen und welche Maßnahmen ggf. dagegen zu ergreifen seien. Für die Zukunft verlangte der EuGH eine regelmäßige Überprüfung von Angemessenheitsentscheidungen;[77] die Forderung wurde in Art. 45 Abs. 3 Satz 2 DSGVO übernommen.

EuGH, Urteil vom 16.7.2020 – Rs. C-311/18, NJW 2020, 2613 – *Schrems II*
Nach dem Schrems I-Urteil wurde die Datenübermittlung zwischen Europa und den USA auf eine neue Grundlage gestellt, den sog. EU-US Privacy Shield. Auf der Basis dieser Vereinbarung erließ die Europäische Kommission einen neuen Angemessenheitsbeschluss. Facebook stützte seine Datenübermittlungen in die USA zusätzlich auf sog. Standardvertragsklauseln, also einen

---
75 Rn. 83 ff.
76 Rn. 89.
77 Rn. 76.

dem von der Europäischen Kommission gebilligten „Mustervertrag" entsprechenden Vertrag zwischen der europäischen Niederlassung als „Datenexporteur" und dem in den USA ansässigen Zentrale als „Datenimporteur". Maximilian Schrems klagte erneut gegen die irische Datenschutzaufsichtsbehörde, um diese zu verpflichten, Facebook die Übermittlung von Daten in die USA auch gestützt auf die neuen Rechtsgrundlagen zu untersagen.

48 Der EuGH erklärte den auf dem „Privacy Shield" basierenden Angemessenheitsbeschluss der Kommission für ungültig. Einerseits bestünden trotz neuer rechtlicher Rahmenbedingungen in den USA weiterhin zu weitgehende Eingriffsbefugnisse der amerikanischen Geheimdienste, die unverhältnismäßige Eingriffe in die Grundrechte aus Art. 7 und 8 DSGVO befürchten ließen. Andererseits seien auch keine angemessenen Rechtsbehelfe für die von der Datenverarbeitung betroffenen Personen vorgesehen, was Art. 45 Abs. 2 lit. a DSGVO sowie Art. 47 Abs. 1 GRCh widerspreche.[78]

49 Demgegenüber wurden die Standardvertragsklauseln im Grundsatz nicht beanstandet. Der EuGH betonte allerdings, dass der Datenexporteur auch bei Verwendung dieser Klauseln verifizieren müsse, dass der Datenimporteur vor dem Hintergrund der Rechtsvorschriften und Gepflogenheiten in seinem Sitzland seine Pflichten aus den Standardvertragsklauseln überhaupt erfüllen könne. Andernfalls bedürfe es zusätzlicher Schutzmaßnahmen oder die Datenübermittlung müsse unterbleiben.[79] In der Folge finden weiterhin Datenübermittlungen in die USA gestützt auf Standardvertragsklauseln statt; inwieweit dies angesichts der durch den EuGH kritisierten Rechtslage in den USA legal ist, bleibt abzuwarten.

50 Als sichere Rechtsgrundlage für Datenexporte in Drittländer ohne angemessenes Datenschutzniveau kommt für weite Teile der Datenwirtschaft derzeit wohl nur Art. 49 Abs. 1 UAbs. 1 lit. a DSGVO in Betracht. Nach dieser Bestimmung kann die betroffene Person in eine vorgeschlagene Datenübermittlung ausdrücklich einwilligen, nachdem sie über die für sie bestehenden möglichen Risiken derartiger Datenübermittlungen ohne Vorliegen eines Angemessenheitsbeschlusses und ohne geeignete Garantien unterrichtet wurde. Hier stellt sich allerdings wieder die Frage der Freiwilligkeit einer solchen Einwilligung (s. Rn. 43), insbesondere, wenn ein Angebot ansonsten nicht wahrgenommen werden kann (vgl. Art. 7 Abs. 4 DSGVO).

5. Regulierung von Datenflüssen

51 Die strengen Vorgaben der DSGVO gelten nur für den Export *personenbezogener* Daten, nicht dagegen für nicht-personenbezogene Daten. Trotz ihrer weltweiten Abrufbarkeit haben Daten allerdings immer einen territorialen Anknüpfungspunkt in Form des Ortes, an dem sie gerade verarbeitet werden und insbesondere gespeichert sind. Dies ausnutzend erlegen manche Staaten der Datenwirtschaft Territorialisierungsgebote auf und verlangen, dass (bestimmte) Daten im Inland gespeichert werden, um (womöglich unter der falschen Flagge der Verfolgung von „Datensouveränität") den staatlichen Behörden den Zugriff auf diese Daten zu ermöglichen oder zu erleichtern. Die EU verfolgt demgegenüber ein anderes Konzept und befürwortet den „Free Flow of Data". Sie hat daher in der Verordnung (EU) 2018/1807 für ihr Gebiet ein gegen die Mitgliedstaaten gerichtetes Verbot der Territorialisierung von Daten erlassen. Im Übrigen versucht die EU, ihren Datenraum nicht durch Territorialisierungsgebote, sondern mit attraktiven Angeboten zu stärken (s. Rn. 16).

52 Die Idee des freien Flusses von Daten spiegelt sich auch in den Bestimmungen der EU zur sog. Netzneutralität wider. Den Telekommunikationsunternehmen, die Daten im

---
78 Rn. 168 ff.
79 Rn. 141 f.

Internet transportieren, wird in Art. 3 Abs. 3 der Verordnung (EU) 2015/2120 über Maßnahmen zum Zugang zum offenen Internet grundsätzlich verboten, bei Transportgeschwindigkeit und -qualität nach dem Inhalt der Daten zu differenzieren. Ihnen wird damit das Geschäftsmodell, den Datentransport gegen Entgelt zu priorisieren, weitgehend untersagt.

EuGH, Urteil vom 2.9.2021 – Rs. C-34/20, ECLI:EU:C:2021:677 – *Telekom Deutschland GmbH* **53**
T ist ein im Sektor der Informations- und Kommunikationstechnologien tätiges Unternehmen. Seit dem 19. April 2017 bietet es Endkunden für einige seiner Tarife eine Zubuchfunktion (auch als „Add-on option" bezeichnet) in Form einer kostenlosen Tarifoption zum „Nulltarif" namens „Stream On" an. Bei Aktivierung dieser Option wird das auf Audio- und Videostreaming von Contentpartnern von Telekom entfallende Datenvolumen nicht auf das Inklusivdatenvolumen des Grundtarifs angerechnet, nach dessen Verbrauch die Übertragungsgeschwindigkeit generell reduziert wird. Telekom verlangt von den Contentpartnern kein Entgelt. Voraussetzung für die Partnerschaft ist aber die Erfüllung von im Einzelnen durch Telekom vorgegebenen technischen Voraussetzungen sowie der Abschluss eines Vertrags. Bei der Durchführung der betreffenden Tarifoption nimmt Telekom eine zweifache Identifizierung des vom Endkunden abgerufenen Inhalts vor, um zu prüfen, ob es sich um Videostreaming handelt und ob der dem Kunden zur Verfügung gestellte Inhalt in den Geltungsbereich der Tarifoption fällt.

Der Gerichtshof entschied, dass das sog. Zero-Rating, wie es von T angeboten wurde, **54** auf der Grundlage kommerzieller Erwägungen eine Unterscheidung innerhalb des Internetverkehrs vornehme, indem der Verkehr zu bestimmten Partneranwendungen nicht auf den Basistarif angerechnet wird. Eine solche Geschäftspraxis verletze daher die in Art. 3 Abs. 3 UAbs. 1 der Verordnung (EU) 2015/2120 genannte allgemeine Pflicht, den Verkehr ohne Diskriminierung oder Störung gleich zu behandeln.[80] Dieser Verstoß könne nach der Systematik der Verordnung auch nicht mit dem in Art. 3 Abs. 2 der Verordnung (EU) 2015/2120 anerkannten Grundsatz der Vertragsfreiheit gerechtfertigt werden.[81]

---

80 Rn. 30.
81 Rn. 26.

§ 16 Digitalwirtschaftsrecht

Matthias C. Kettemann, Clara Rauchegger und Meryem Vural

Literaturhinweise:
Berberich/Sepp, Der Entwurf des Digital Services Act, GRUR-Prax 2021, 4; *Bisle/Frommer*, EuGH klärt Verantwortlichkeit bei anonym nutzbaren WLAN-Hotspots, Computer und Recht 2017, 54; *Giehlen/Uphues*, Digital Markets Act und Digital Services Act, EuZW 2021, 627; *Gruber*, Die Haftungsbestimmungen im ECG, in: *Gruber/Mader*, Privatrechtsfragen des e-commerce (2003); *Heidinger*, Sperrverfügungen gegen Access-Provider, Österreichische Blätter für gewerblichen Rechtsschutz und Urheberrecht 2014, 189; *Hoeren*, Verantwortlichkeit von Betreibern eines Internet-Marktplatzes für Markenrechtsverletzungen – L'Oréal SA, MMR 2011, 605; *Jaeger*, Potenziale und Hürden des digitalen Binnenmarktes, in: *Grabenwarter/Vranes* (Hrsg.), Die EU im Lichte des Brexits und der Wahlen. Faktoren der Stabilität und Desintegration, Österreichischer Europarechtstag 2019 (2020); *Janal*, Haftung und Verantwortung im Entwurf des Digital Services Acts, ZEuP 2021, 227; *Kettemann*, The Normative Order of the Internet. A Theory of Online Rule and Regulation (2020); *Kettemann/Peukert*, Conclusions, in: *Kettemann/Peukert/Spiecker* (Hrsg.), The Law of Global Digitality (2022); *Kettemann/Schulz/Fertmann*, Anspruch und Wirklichkeit der Plattformregulierung. Kommissionsentwürfe der Rechtsakte zu digitalen Diensten und Märkten, ZRP 2021, 138; *Kühling*, >Fake News< und >Hate Speech< – Die Verantwortung der Medienintermediäre zwischen neuen NetzDG, MStV und Digital Services Act, ZUM 2021, 461; *Leible/Jahn*, Anm. zu EuGH: Verantwortlichkeit von eBay für Markenrechtsverletzungen, MMR 2011, 324; *Marly*, EuGH: EU-konforme unbestimmte Sperrverfügung gegen Internetprovider – UPC-Telekabel/Constantin Film ua [kino.to], GRUR 2014, 468; *Mueller*, Networks and States. The Global Politics of Internet Governance (2010), *Musiol*, Keine markenmäßige Benutzung durch Google-Adwords, GRUR-Prax 2010, 147; *Rauchegger/Kuczerawy*, Injunctions to remove illegal online content under the eCommerce Directive: Glawischnig-Pieszek, CMLRev. 2020, 1495; *Schleif/Kettemann*, Komplementär oder konkurrierend: NetzDG und DSA. Die Zukunft des deutschen Sonderwegs im Lichte europäischer Plattformregulierung, Superwahljahr Paper 04/2021, https://leibniz-hbi.de/de/blog/komplementaer-oder-konkurrierend-netzdg-und-dsa; *Schmid/Grewe*, Digital Services Act: Neues „Grundgesetz für Onlinedienste"?, MMR 2021, 279; *Nordemann*, Anmerkung zu EuGH, Urteil vom 27. März 2014 – C-314/12 – UPC Telekabel Wien GmbH/Constantin Film Verleih GmbH, Wega Filmproduktionsgesellschaft mbH (»Kino.to«), ZUM 2014, 499; *Spindler*, Europarechtliche Rahmenbedingungen der Störerhaftung im Internet – Rechtsfortbildung durch den EuGH in Sachen L'Oréal/eBay, MMR 2011, 703; *Spindler*, Der Vorschlag für ein neues Haftungsregime für Internetprovider – der EU-Digital Services Act, GRUR 2021, 653; *Splittberger*, Google France und Google – Klärung bei Markenverletzungen, NJW 2010, 2014.

I. Europapolitische Einbettung des Digitalwirtschaftsrechts

1 Die Plattformökonomie ist im 21. Jahrhundert stark geprägt von einem Zusammenwirken von Normen unterschiedlicher Herkunft und Bindungswirkung. Internationale Normen (z. B. UN-Leitprinzipien für Wirtschaft und Menschenrechte [Ruggie-Prinzipien]), Unionsrecht (z. B. der Digital Services Act), nationale Rechtsordnungen (z. B. das Netzwerkdurchsetzungsgesetz [NetzDG]) und die privaten Regeln der Plattformen (z. B. Gemeinschaftsrichtlinien) wirken strukturierend und determinierend auf internetvermittelte wirtschaftliche Prozesse ein. In dieser „normativen Ordnung des Internet"[1] spielt das Digitalwirtschaftsrecht – also die Normen, die sich auf wirtschaftliches Handeln mit maßgeblichem Digitalbezug beziehen – eine bedeutende Rolle. Der Fokus dieses Beitrags liegt auf der rechtlichen Regulierung zentraler Aspekte der Digitalwirtschaft, namentlich jener der Plattformökonomie.

---

1 *Kettemann*, The Normative Order of the Internet. A Theory of Online Rule and Regulation, 2020, 240 f.

I. Europapolitische Einbettung des Digitalwirtschaftsrechts

Die Besonderheit des Digitalwirtschaftsrechts ist darin zu sehen, dass es koevolutionär mit der Digitalwirtschaft selbst entstanden ist und Phänomene der Digitalisierung in ihren mikro- wie makroökonomischen Wirkungen abfedern sollte.[2] Die Geschichte der Digitalität ist dabei eine Geschichte der tief greifenden Mediatisierung[3] und der Konvergenz. *Milton L. Mueller* erinnert uns daran, dass wir früher verschiedene Geräte hatten, „um Telefonate zu führen, Videos live zu sehen oder aufzunehmen, Bibliotheken zu durchsuchen und Musik herunterzuladen oder abzuspielen".[4] Inzwischen verringerte sich nicht nur die Anzahl der Werkzeuge, sondern verfestigte sich auch ein Medienwandel ohne Parallelen seit der Gutenberg'schen Revolution. Das Recht kam und kommt nur schwer nach. Während früher verschiedene Medien – Fernsehen, Bücher, Radio, CDs, Zeitungen – von verschiedenen Regimen reguliert wurden, werden diese nun in von Gatekeepern (Plattformen) erst geschaffenen Märkten über Internetprotokoll-basierte Dienste bereitgestellt.

In den in diesem Beitrag analysierten Fällen wird deutlich, dass die Funktionalität und Integrität des Internets selbst für das Funktionieren von Online-Märkten und den Schutz von Rechten unerlässlich ist, dass aber sowohl Märkte als auch Rechte (und der soziale Zusammenhalt) auch vor technologieimmanenten Bedrohungen geschützt werden müssen, die durch Informations- und Kommunikationstechnologien (IKT) vermittelt und durch technologische Faktoren und Auswahlarchitekturen verstärkt werden.[5] Früh erkannte die EU, dass Digitalwirtschaftsrecht als Regulierungsrecht der Digitalwirtschaft bedeutsam ist.

Im Jahr 2010 wurde mit der auf 10 Jahre ausgelegten ersten Digitalen Agenda für Europa erstmals festgelegt, dass den IKT eine zentrale Rolle bei der Verwirklichung der (auch wirtschaftspolitischen und binnenmarktbezogenen) Ziele der EU zukommt.[6] Insgesamt hatte die erste digitale Agenda für Europa zum Ziel, „aus einem digitalen Binnenmarkt, der auf einem schnellen bis extrem schnellen Internet und interoperablen Anwendungen beruht, einen nachhaltigen wirtschaftlichen und sozialen Nutzen zu ziehen."[7] Der Schwerpunkt lag dabei „auf einem verbesserten Zugang für Verbraucher und Unternehmen zu digitalen Waren und Dienstleistungen."[8] Diese frühe Festlegung entfaltet vor dem Hintergrund der aktuellen normativen Ansätze um Digital Services Act und Digital Markets Act, die der Optimierung des faireren und rechtskonformeren Zugangs von Verbrauchern und Unternehmen zum digitalen Binnenmarkt gewidmet sind, besondere Virulenz.

2015 wurde die Digitale Agenda für Europa durch die Strategie der Europäischen Kommission für einen **digitalen Binnenmarkt** konkretisiert.[9] Darin wurde die Harmonisie-

---

2 Vgl. *Kettemann/Peukert*, Conclusions, in: *Kettemann/Peukert/Spiecker* (Hrsg.), The Law of Global Digitality, 2022, 250 f.
3 Vgl. *Hepp/Breiter/Hasebrink*, Rethinking Transforming Communications: An Introduction, in: *Hepp/Breiter/Hasebrink* (Hrsg.), Communicative Figurations. Transforming Communications in Times of Deep Mediatization, 2018, 3 ff.
4 *Mueller*, Networks and States. The Global Politics of Internet Governance, 2010, 9.
5 Vgl. *Kettemann/Peukert*, Conclusions, in: *Kettemann/Peukert/Spiecker* (Hrsg.), The Law of Global Digitality, 2022, S. 250 f.
6 Europäische Kommission, Mitteilung der Kommission an das Europäische Parlament, den Rat, den Europäischen Wirtschafts- und Sozialausschuss und den Ausschuss der Regionen: Eine Digitale Agenda für Europa, COM(2010) 245 final; Europäisches Parlament, Kurzdarstellung: Digitale Agenda für Europa, https://www.europarl.europa.eu/factsheets/de/sheet/64/digitale-agenda-fur-europa (zuletzt aufgerufen am 21.6.2023).
7 Digitale Agenda für Europa, Einleitung.
8 Europäisches Parlament, Kurzdarstellung: Digitale Agenda für Europa, https://www.europarl.europa.eu/factsheets/de/sheet/64/digitale-agenda-fur-europa (zuletzt aufgerufen am 21.6.2023).
9 Europäische Kommission, Mitteilung der Kommission an das Europäische Parlament, den Rat, den Europäischen Wirtschafts- und Sozialausschuss und den Ausschuss der Regionen: Strategie für einen digitalen Binnenmarkt für Europa, COM(2015), 192 final.

rung mitgliedstaatlicher Regelungen in unterschiedlichen Bereichen vorgesehen, „vom Vertrags- und Deliktsrecht, über das Urheberrecht, das Mehrwert- sowie Einkommenssteuerrecht, die Telekomregulierung, den Netzausbau und die Regulierung audiovisueller Medien bis hin zum Datenschutz".[10] Unter dem Schlagwort digitaler Binnenmarkt werden somit eine Reihe von sehr unterschiedlichen Materien und Maßnahmen zusammengefasst, was charakteristisch ist für die Regelungsmaterie Digitalwirtschaft.[11] Ziel des Binnenmarktes ist es, Handelsbarrieren zwischen den Mitgliedstaaten abzubauen, sodass der freie Verkehr von Waren, Personen, Dienstleistungen und Kapital gewährleistet ist. Durch den digitalen Binnenmarkt sollen nationale Schranken für Online-Transaktionen beseitigt werden.[12]

5 Auf die erste folgte im Jahr 2020 die **zweite Digitale Agenda für Europa**.[13] Diese ist auf fünf Jahre ausgelegt und sieht vor, dass sich die Europäische Kommission in diesem Zeitraum zur Gestaltung der digitalen Zukunft Europas auf drei Hauptziele konzentrieren wird. Erstens sollen digitale Technologien im Dienst der Menschen entwickelt und eingesetzt werden und dabei europäische Werte beachtet werden. Zweitens soll ein reibungslos funktionierender Binnenmarkt eine faire und wettbewerbsfähige Wirtschaft ermöglichen. Drittens soll ein vertrauenswürdiges Umfeld für eine offene, demokratische und nachhaltige Gesellschaft geschaffen werden.[14] Der Schwerpunkt der zweiten digitalen Agenda für Europa liegt damit „auf den durch die digitalen Technologien hervorgerufenen tief greifenden Veränderungen, der zentralen Rolle der digitalen Dienste und Märkte sowie den neuen technologischen und geopolitischen Zielvorgaben der EU".[15]

6 Im Jahr 2021 wurde die zweite Digitale Agenda für Europa durch die Strategie „**Digitaler Kompass 2030: der europäische Weg in die digitale Dekade**" konkretisiert.[16] Darin wurden vier Ziele der EU für den Digitalbereich bis 2030 festgelegt. Das erste Ziel betrifft Kompetenzen im digitalen Bereich. Bis 2030 sollen mindestens 80 % der Menschen in der EU über grundlegende digitale Kompetenzen verfügen und EU-weit 20 Mio. IKT-Fachleute beschäftigt sein, wobei auf eine Erhöhung des Frauenanteils geachtet wird. Das zweite Ziel betrifft Unternehmen. Im Jahr 2030 sollen 75 % der Unternehmen Cloud-Computing-Dienste, Big Data und künstliche Intelligenz nutzen und mehr als 90 % der kleinen und mittleren Unternehmen in der EU sollten zumindest eine grundlegende digitale Intensität erreichen. Das dritte Ziel betrifft Verbesserungen im Bereich der Infrastruktur. Alle Haushalte in der EU sollten über eine Gigabit-Netzanbindung verfügen und in allen besiedelten Gebieten sollte 5G-Technologie zur Verfügung stehen. Außerdem soll der Anteil der in Europa gefertigten Halbleiter an der Weltproduktion 20 % betragen und Europa seinen ersten Quantencomputer haben. Das vierte Ziel betrifft öffentliche Dienste. Bis 2030 sollen alle wesentlichen öffentlichen Dienste online zur Verfügung stehen.

---

10 *Jaeger*, in: Grabenwarter/Vranes (Hrsg.), EU, 2020, S. 71 (72 f.).
11 *Jaeger*, in: Grabenwarter/Vranes (Hrsg.), EU, 2020, S. 71 (73).
12 Europäisches Parlament, Kurzdarstellung: Der allgegenwärtige digitale Binnenmarkt, https://www.europarl.europa.eu/factsheets/de/sheet/43/der-allgegenwartige-digitale-binnenmarkt (zuletzt aufgerufen am 21.6.2023).
13 Europäische Kommission, Mitteilung der Kommission an das Europäische Parlament, den Rat, den Europäischen Wirtschafts- und Sozialausschuss und den Ausschuss der Regionen: Gestaltung der digitalen Zukunft Europas, COM(2020) 67 final.
14 Gestaltung der digitalen Zukunft Europas, 2. Vision und Ziele.
15 Europäisches Parlament, Kurzdarstellung: Digitale Agenda für Europa, https://www.europarl.europa.eu/factsheets/de/sheet/64/digitale-agenda-fur-europa (zuletzt aufgerufen am 21.6.2023).
16 Europäische Kommission, Mitteilung der Kommission an das Europäische Parlament, den Rat, den Europäischen Wirtschafts- und Sozialausschuss und den Ausschuss der Regionen: Digitaler Kompass 2030: der europäische Weg in die digitale Dekade, COM(2021) 118 final.

II. Normative Ausgestaltung

1. Überblick

Das EU-Primärrecht enthält keine für die Informations- und Kommunikationstechnologien spezifischen Bestimmungen. Die EU kann jedoch in horizontalen oder sektorspezifischen Politikbereichen einschlägige Rechtsvorschriften erlassen, um die Ziele ihrer Digitalstrategien zu erreichen. Insbesondere kann sie – auch im Digitalbereich – Rechtsvorschriften erlassen, die der Verbesserung der Errichtung und des Funktionierens des Binnenmarktes dienen (Art. 114 AEUV).

Zur Umsetzung ihrer Digitalstrategie erließ die EU bereits Rechtsvorschriften in einer Vielzahl von unterschiedlichen Bereichen. Ein prominenter Bereich betrifft den Datenaustausch und Datenschutz. Das zentrale Datenschutzinstrument, die Datenschutzgrundverordnung (DSGVO), trat im Mai 2018 in Kraft.[17] Sie basiert auf der Datenschutzrichtlinie aus dem Jahre 1995,[18] erweitert und novelliert diese aber substanziell. Die DSGVO verfolgt zwei Ziele, nämlich den Schutz personenbezogener Daten und den freien Datenaustausch zwischen den EU-Mitgliedstaaten durch Etablierung eines einheitlichen Datenschutzniveaus in der EU. Um das wirtschaftliche und gesellschaftliche Potenzial von Daten im Einklang mit den Werten der EU zu nützen, wurde von der Kommission die Europäische Datenstrategie[19] entwickelt. Im Rahmen dieser wurde das Daten-Governance-Gesetz[20] („Data Governance Act) erlassen. Ziel des Daten-Governance-Gesetzes ist es, den Datenaustausch und die Datennutzung von Unternehmen, Einzelpersonen und der öffentlichen Hand zu fördern.[21] Im Februar 2022 wurde ergänzend zum Daten-Governance-Gesetz von der Kommission ein Entwurf für ein **Datengesetz**[22] („Data Act") vorgeschlagen. Der Vorschlag enthält Regelungen zum Schutz von KMUs (kleine und mittlere Unternehmen) und Nutzern. Beispielsweise wird Nutzern ein Recht auf Datenportabilität eingeräumt. Das Datengesetz bildet damit den (vorläufig) letzten „Eckpfeiler einer starken, innovativen und souveränen europäischen Datenwirtschaft"[23] und zeigt einmal mehr die Bedeutung der Datenökonomie für die Internetwirtschaft auf.

Im November 2022 traten zudem zwei wichtige Verordnungen in Kraft, die beide großen Einfluss auf die Plattformökonomie haben werden: das Gesetz über digitale Dienste (Digital Services Act, kurz DSA)[24] und das Gesetz über digitale Märkte (Digital Markets

---

17 Verordnung (EU) 2016/679 des Europäischen Parlaments und des Rates vom 27. April 2016 zum Schutz natürlicher Personen bei der Verarbeitung personenbezogener Daten, zum freien Datenverkehr und zur Aufhebung der Richtlinie 95/46/EG (Datenschutz-Grundverordnung), ABl. L119/1.
18 Richtlinie 95/46/EG des Europäischen Parlaments und des Rates vom 24. Oktober 1995 zum Schutz natürlicher Personen bei der Verarbeitung personenbezogener Daten und zum freien Datenverkehr, ABl. L281.
19 Europäische Kommission, Mitteilung der Kommission an das Europäische Parlament, den Rat, den Europäischen Wirtschafts- und Sozialausschuss und den Ausschuss der Regionen, Eine europäische Datenstrategie, COM(2020) 66 final.
20 Verordnung (EU) 2022/868 des Europäischen Parlaments und des Rates vom 30. Mai 2022 über europäische Daten-Governance und zur Änderung der Verordnung (EU) 2018/1724 (Daten-Governance-Gesetz), ABl. L152/1.
21 Verordnung (EU) 2022/868 des Europäischen Parlaments und des Rates vom 30. Mai 2022 über europäische Daten-Governance und zur Änderung der Verordnung (EU) 2018/1724 (Daten-Governance-Rechtsakt), ABl. L152/2.
22 Europäische Kommission, Vorschlag für eine Verordnung des Europäischen Parlaments und des Rates über harmonisierte Vorschriften für einen fairen Datenzugang und eine faire Datennutzung (Datengesetz), COM(2022) 68 final.
23 Europäische Kommission, Datengesetz: Kommission schlägt Maßnahmen für eine faire und innovative Datenwirtschaft vor, Pressemitteilung vom 23.2.2022, IP/22/1113.
24 Verordnung vom 19. Oktober 2022 über einen Binnenmarkt für digitale Dienste und zur Änderung der Richtlinie 2000/31/EG (Gesetz über digitale Dienste), ABl. L 277/1.

Act, kurz DMA).²⁵ Diese zwei Verordnungen sollen die digitalstrategischen Ziele der EU fördern und vor allem digitale Dienste und Märkte fairer machen.²⁶

10 Vorläufer des DSA ist die E-Commerce RL aus dem Jahr 2000.²⁷ Seit dem Inkrafttreten der E-Commerce-RL kam es zu grundlegenden Änderungen der „Onlinewelt", weshalb eine Novellierung dringend nötig war. Der DSA zielt in erster Linie darauf ab, die Grundrechte der Bürger im Internet zu schützen. Zudem soll eine sichere Online-Kommunikation durch die Schaffung eines Transparenz- und Rechenschaftsrahmens für Online-Plattformen gewährt werden.²⁸ Hingegen steht beim Digital Markets Act der Schutz des fairen Wettbewerbs in der digitalen Wirtschaft, insbesondere durch den Erlass strengerer Vorschriften für „große Online-Plattformen (sog. *Gatekeeper*), im Vordergrund.²⁹ Der DMA tritt ab Mai 2023 in Geltung, der DSA ab Februar 2024, wobei einige Artikel schon früher gelten.

11 Am 21. April 2021 wurde von der Europäischen Kommission zudem ein Entwurf für ein **Gesetz über die künstliche Intelligenz** vorgelegt, der „Artificial Intelligence Act³⁰" (kurz AIA). Der Entwurf der Kommission verfolgt einen risikobasierten Ansatz. KI-Systeme werden demnach in vier verschiedene Risikokategorien eingeteilt. Je höher das Risiko eines KI-Systems für die Grundrechte, desto mehr Vorsicht ist geboten und desto höhere Anforderungen werden an die Entwicklung und Anwendung des Systems gestellt.³¹ In die erste Risikokategorie werden KI-Systeme mit unannehmbarem Risiko für die Grundrechte eingeordnet. In diese Risikokategorie fällt z.B. die Verwendung von KI für Social Scoring, also die umfassende Bewertung der Vertrauenswürdigkeit von Menschen. KI-Systeme mit unannahmbarem Risiko sind nach dem Verordnungsvorschlag verboten. In die zweite Risikokategorie fallen KI-Systeme mit hohem Risiko für die Grundrechte. Diese dürfen nur unter bestimmten Voraussetzungen entwickelt und verwendet werden. Daneben gibt es noch zwei weitere Risikokategorien, jene des begrenzten Risikos und jene des minimalen Risikos.³² Das Europäische Parlament nahm seine Verhandlungsposition zum AIA im Juni 2023 im Plenum an.³³

12 Neben diesen Rechtsakten ist für das Digitalwirtschaftsrecht auch das Europäische Medienfreiheitsgesetz (European Media Freedom Act, kurz EMFA) von Bedeutung. Der EMFA wurde von Kommissionspräsidentin *Ursula von der Leyen* im Rahmen ihrer Rede zur Lage der Union 2021 erstmals angesprochen. *Von der Leyen* betonte diesbezüglich,

---

25 Verordnung vom 14. September 2022 über bestreitbare und faire Märkte im digitalen Sektor und zur Änderung der Richtlinien (EU) 2019/1937 und (EU) 2020/1828 (Gesetz über digitale Märkte), ABl. L 265/1.
26 *Kettemann/Schulz/Fertmann*, Anspruch und Wirklichkeit der Plattformregulierung. Kommissionsentwürfe der Rechtsakte zu digitalen Diensten und Märkten, ZRP 2021, 138.
27 Richtlinie 2000/31/EG vom 8. Juni 2000 des Europäischen Parlaments und des Rates über bestimmte rechtliche Aspekte der Dienste der Informationsgesellschaft, insbesondere des elektronischen Geschäftsverkehrs, im Binnenmarkt („Richtlinie über den elektronischen Geschäftsverkehr"), ABl. L178/1.
28 Europäische Kommission, Vorschlag für eine Verordnung des Europäischen Parlaments und des Rates über einen Binnenmarkt für digitale Dienste und zur Änderung der Richtlinie 2000/31/EG (Gesetz über digitale Dienste), COM(2020) 825 final, 3, 14.
29 Europäisches Parlament, Digital Markets Act: ending unfair practices of big online platforms, Pressemitteilung vom 23.11.2021, 20211118IPR17636; *Gielen/Uphues*, EuZW 2021, 627 (628).
30 Europäische Kommission, Vorschlag für eine Verordnung des Europäischen Parlaments und des Rates zur Festlegung harmonisierter Vorschriften für künstliche Intelligenz (Gesetz über künstliche Intelligenz) und zur Änderung bestimmter Rechtsakte der Union vom 21.4.2021, COM(2021) 206 final.
31 Europäische Kommission, Neue Vorschriften für künstliche Intelligenz – Fragen und Antworten, QANDA/21/1683.
32 COM(2021) 206 final, 15; QANDA/21/1683.
33 Europäisches Parlament, Abänderungen vom 14. Juni 2023 zu dem Vorschlag für eine Verordnung des Europäischen Parlaments und des Rates zur Festlegung harmonisierter Vorschriften für künstliche Intelligenz (Gesetz über künstliche Intelligenz) und zur Änderung bestimmter Rechtsakte der Union, P9_TA(2023)0236.

dass die Medienfreiheit die Basis für die Ausübung anderer Grundrechte und damit besonders schützenswert sei. Journalistinnen und Journalisten sollten bei ihrer Arbeit unabhängig sein und nicht beeinträchtigt werden.[34] Ziel des EMFA ist die Wahrung der Freiheit, Unabhängigkeit und des Pluralismus der Medien im Europäischen Binnenmarkt. Die Europäische Kommission legte ihren Vorschlag für den EMFA im September 2022 vor, allerdings ist der Entwurf auf substanzielle Kritik gestoßen, besonders hinsichtlich der Ausnahmen von staatlich finanzierten Medien von Moderationsentscheidungen der Plattformen.[35]

Die Kommission legte ergänzend zu den oben genannten Rechtsvorschriften Anfang 2022 eine Erklärung zu den digitalen Rechten und Grundsätzen für alle in der EU vor. Die Kernaussage dieser Erklärung ist, dass die Grundrechte und -freiheiten sowie die Grundsätze der Union auch online beachtet und befolgt werden („dass das, was offline illegal ist, dies auch online sein sollte").[36] **13**

2. Der Digital Services Act

Seit dem Inkrafttreten der E-Commerce-RL im Jahr 2000 wurde das Internet bzw. die Onlinewelt grundlegenden Veränderungen unterworfen, die in alle Lebensbereiche hineinwirken. Der DSA soll diesen Entwicklungen begegnen. Der DSA steht repräsentativ für zwei Phänomene: einmal für den Wandel von einem nicht-interventionistischen Regulierungsmodell der EU hin zu dem Versuch proaktiv den Gefahren der unterregulierten Online-Kommunikation entgegenzuwirken; sodann für die Engführung der Regulierung auf primär Verfahrens-, Transparenz-, und Risikobewertungspflichten, nicht hingegen auf inhaltsbezogene Kriterien. **14**

Der DSA gliedert sich in fünf Kapitel. Das erste Kapitel enthält allgemeine Bestimmungen, Gegenstand und Anwendungsbereich, während sich das zweite Kapitel mit der Haftung der Anbieter von Vermittlungsdiensten beschäftigt. Kapitel III normiert Sorgfaltspflichten für ein transparentes und sicheres Online-Umfeld und Kapitel IV die Regelungen über die Aufsicht. Im fünften und letzten Kapitel sind die Schlussbestimmungen enthalten.[37] **15**

Die Bestimmungen zur Haftung von Anbietern von Vermittlungsdiensten wurden zum Teil wortgleich aus der E-Commerce-RL in den DSA übernommen.[38] Darüber hinaus enthält der DSA im Gegensatz zur E-Commerce-RL neue Sorgfaltspflichten für Anbieter von Vermittlungsdiensten. **16**

a) Anwendungsbereich. Der territoriale Anwendungsbereich des DSA ist in Art. 2 Abs. 1 festgelegt. Anknüpfungspunkt ist nicht der Niederlassungsort oder Sitz des Un- **17**

---

34 Europäische Kommission, Lage der Union 2021, Rede von *Ursula von der Leyen* vom 15.9.2021, https://state-of-the-union.ec.europa.eu/system/files/2022-12/soteu_2021_address_de.pdf (zuletzt aufgerufen am 13.3.2023), 22.
35 Europäische Kommission, Vorschlag für eine Verordnung des Europäischen Parlaments und des Rates zur Schaffung eines gemeinsamen Rahmens für Mediendienste im Binnenmarkt (Europäisches Medienfreiheitsgesetz) und zur Änderung der Richtlinie 2010/13/EU, COM(2022) 457 final.
36 Europäische Kommission, Kommission legt Erklärung zu digitalen Rechten und Grundsätzen für alle in der EU vor, Pressemitteilung vom 26.1.2022, IP/22/452.
37 Verordnung (EU) 2022/2065 des Europäischen Parlaments und des Rates vom 19. Oktober 2022 über einen Binnenmarkt für digitale Dienste und zur Änderung der Richtlinie 2000/31/EG (Gesetz über digitale Dienste) ABl. L 277/1.
38 Damit sind die Art. 4 und 5 DSA über die reinen Durchleitungs- und Caching-Dienstanbieter gemeint. Diese Regelungen sind ident mit den Art. 12 und 13 E-Commerce-RL. Die Haftungsregelungen bzgl. dieser Vermittlungsdienste werden im Abschnitt „Fallgestaltungen – Haftungsprivileg" näher erörtert.

ternehmens, dieser kann auch außerhalb der EU liegen, sondern jener der Nutzer.[39] Der räumliche Anwendungsbereich des DSA ist eröffnet, wenn sich der Niederlassungsort oder der Sitz des Nutzers innerhalb der Union befindet.[40]

18 Im Gegensatz zum Nutzer muss der Dienstanbieter lediglich eine „wesentliche Verbindung zur Union" nachweisen. Eine solche Nahebeziehung wird angenommen, wenn sich der Niederlassungsort des Unternehmens in der Union befindet. Ansonsten kann auch eine große Anzahl „von Nutzern in einem oder mehreren MS" oder „die Ausrichtung von Tätigkeiten auf einen oder mehrere MS" ein Indiz für das Vorliegen einer „wesentlichen Verbindung zur Union" sein.[41] Es gibt mehrere Anhaltspunkte um die „Ausrichtung der Tätigkeiten" festzulegen. Mögliche Indikatoren wären beispielsweise die Sprache, die Währung oder die Möglichkeit der Bestellung der Waren innerhalb der Union.[42]

19 Außerdem gilt der DSA nur für die in Art. 3 lit. g aufgezählten Vermittlungsdienste. Das wären zum einen die reinen Durchleitungsdienste (auch Access-Provider genannt) (Art. 4), die Caching- (Art. 5) und Hosting-Dienste (Art. 6). Beispiele für Vermittlungsdienste sind App-Stores, Messaging-Dienste wie WhatsApp, soziale Netzwerke wie Facebook, Instagram, Twitter etc. sowie Online-Reiseplattformen wie „booking.com" oder Online-Marktplätze wie eBay.

20 **b) Gestufte Regulierung.** Der DSA sieht eine gestufte Regulierung für Hosting-Provider, Online-Plattformen und sehr große Online-Plattformen (Very Large Online Platforms, kurz VLOPs) und sehr große Suchmaschinen vor. Alle Arten von Vermittlungsdiensten müssen gewisse Sorgfaltspflichten erfüllen (Kap. III, Abschn. 1 DSA). Neben diesen grundlegenden Sorgfaltspflichten bestehen spezifische Anforderungen für Hosting-Provider (Kap. III, Abschn. 2 DSA), Online-Plattformen (Kap. III, Abschn. 3 DSA) und VLOPs und sehr große Online-Suchmaschinen (Kap. III, Abschn. 5 DSA).

21 Ein „Hosting-Dienst" besteht nach Art. 3 lit. g darin, „von einem Nutzer bereitgestellte Informationen in dessen Auftrag zu speichern". Hosting-Provider, die Informationen nicht nur speichern, sondern auch öffentlich verbreiten, werden als Online-Plattform bezeichnet.[43] Eine „Online-Plattform" ist gem. Art. 3 lit. i ein „Hosting-Dienstanbieter, der im Auftrag eines Nutzers Informationen speichert und öffentlich verbreitet" und dessen Dienste nicht von untergeordneter Bedeutung sind. VLOPs und sehr große Online-Suchmaschinen werden dadurch definiert, dass sie „eine durchschnittliche monatliche Zahl von mindestens 45 Millionen aktiven Nutzern in der Union haben" und von der Europäischen Kommissionen per Beschluss als solche benannt wurden. Zu diesen Unternehmen gehören beispielsweise YouTube, Twitter und Meta.

22 **c) Ausdrückliche Regelung des „Notice and action"-Verfahrens.** Für Hosting-Provider enthält der DSA ein „Notice and action"-Verfahren. Das Vorgänger-Rechtsinstrument, die E-Commerce-RL, sah indirekt ein sogenanntes „Notice and take down"-Verfahren

---

39 Verordnung (EU) 2022/2065 des Europäischen Parlaments und des Rates vom 19. Oktober 2022 über einen Binnenmarkt für digitale Dienste und zur Änderung der Richtlinie 2000/31/EG (Gesetz über digitale Dienste) ABl. 277/2, ErwG. 7.
40 *Kühling*, ZUM 2021, 461 (468).
41 Verordnung (EU) 2022/2065 des Europäischen Parlaments und des Rates vom 19. Oktober 2022 über einen Binnenmarkt für digitale Dienste und zur Änderung der Richtlinie 2000/31/EG (Gesetz über digitale Dienste) ABl. L 277/42, Art. 3 lit. e.
42 Verordnung (EU) 2022/2065 des Europäischen Parlaments und des Rates vom 19. Oktober 2022 über einen Binnenmarkt für digitale Dienste und zur Änderung der Richtlinie 2000/31/EG (Gesetz über digitale Dienste) ABl. L 277/3, ErwG. 8.
43 *Spindler*, Der Vorschlag für ein neues Haftungsregime für Internetprovider – der EU-Digital Services Act, GRUR 2021, 653 (654).

vor. Nach Art. 14 der E-Commerce-RL können Vermittlungsdienste unter das Haftungsprivileg fallen, wenn sie – bei Kenntnis von illegalen oder rechtswidrigen Inhalten – den Zugang zu diesen Informationen unverzüglich sperren. Neben der Sperrung von Inhalten besteht auch die Möglichkeit diese zu blockieren. Die genaue Ausgestaltung einer solchen Sperrung sowie andere Reaktionsmöglichkeiten von Internet-Providern werden in der RL nicht näher beschrieben.[44]

Das „Notice and Take-down"-Verfahren der E-Commerce-RL wurde im DSA zu einem „Notice and action"-Verfahren modelliert. Hosting-Provider haften nach wie vor für rechtswidrige Inhalte, die sie trotz Kenntnis nicht unverzüglich gelöscht oder gesperrt haben. Darüber hinaus müssen Hosting-Provider nach Art. 16 DSA sogenannte Melde- und Abhilfeverfahren einrichten. Die Meldung von rechtswidrigen Inhalten, die eine Person oder Einrichtung betreffen, an den Provider soll dadurch erleichtert werden. Diese Meldung muss zeitnah möglich, leicht zugänglich und benutzerfreundlich sein. Art. 16 Abs. 2 DSA regelt die inhaltlichen Vorgaben für eine solche Meldung. Fasst der Hosting-Provider den Entschluss, dass eine Information gelöscht oder blockiert werden muss, so muss er dies gem. Art. 17 DSA klar und verständlich für den Nutzer, dessen Information davon betroffen ist, begründen.[45]

Für Online-Plattformen bestehen zusätzliche Bestimmungen, die in den Art. 19 ff. geregelt sind. Ausgenommen von diesen Bestimmungen sind Kleinst- bzw. Kleinunternehmen.[46] Wenn eine Plattform zum Entschluss kommt, dass die von einem Nutzer auf der Plattform bereitgestellte Information mit den eigenen AGBs unvereinbar oder illegalen Inhalts ist, kann sie unterschiedlich darauf reagieren. Die Plattform kann die Entscheidung treffen, diese Information zu löschen oder zu blockieren, sie kann aber auch das Konto des Nutzers, der diese Information veröffentlichte, für einen gewissen Zeitraum sperren oder sogar löschen.

Gegen diese Entscheidung kann der Nutzer binnen einer Frist von sechs Monaten eine Beschwerde bei der jeweiligen Plattform einreichen. Diese Beschwerde muss „zeitnah, diskriminierungsfrei, sorgfältig und frei von Willkür"[47] von der betreffenden Online-Plattform bearbeitet werden. Wird der Beschwerde stattgegeben, so muss die Plattform ihre zuvor getroffene Entscheidung unverzüglich rückgängig machen. Sowohl die Einführung des „Notice and action"-Verfahrens als auch des internen Beschwerdesystem verfolgt das Ziel „Overblocking" zu vermeiden oder zu beschränken.[48]

Nutzer haben ein Recht auf außergerichtliche Streitbeilegung gegen Entscheidungen des internen Beschwerdemanagementsystems oder bei Beschwerden, die nicht im Rah-

---

44 *Berberich/Sepp*, GRUR-Prax 2021, 4 (5).
45 *Europäisches Parlament*, 20211210IPR19209; *Savary*, Der Digital Services Act steht vor der Tür: ein Meilenstein in der Regulierung von Online-Plattformen?, BB 2022 H 10; *Kühling*, ZUM 2021, 461 (468).
46 Ob es sich bei einem Unternehmen um ein Kleinst- oder Kleinunternehmen handelt, ergibt sich aus der Empfehlung 2003/361 der Kommission. Kleinstunternehmen sind Unternehmen mit einer Beschäftigtenzahl von 9 und einem Jahresumsatz oder einer Bilanzsumme von maximal 2 Millionen Euro. Die Zahl der Beschäftigten beträgt bei kleinen Unternehmen maximal 49 und der Jahresumsatz bzw. die Bilanzsumme 10 Millionen Euro (*Europäische Kommission*, Empfehlung der Kommission vom 6. Mai 2003 betreffend die Definition von Kleinstunternehmen sowie der kleinen und mittleren Unternehmen, L124/36).
47 Verordnung (EU) 2022/2065 des Europäischen Parlaments und des Rates vom 19. Oktober 2022 über einen Binnenmarkt für digitale Dienste und zur Änderung der Richtlinie 2000/31/EG (Gesetz über digitale Dienste), ABl. L 277/53, Art. 20 Abs. 4.
48 Bundesverband Digitale Wirtschaft (BVDW) e.V., Stellungnahme vom 30.3.2021, Vorschlag für eine Verordnung des Europäischen Parlaments und des Rates über einen Binnenmarkt für digitale Dienste (Gesetz über digitale Dienste) und zur Änderung der Richtlinie 2000/31/EG, 5; *Berberich/Sepp*, GRUR-Prax 2021, 5; *Giehlen/Uphues*, Digital Markets Act und Digital Services Act, EuZW 2021, 627 (636).

men des internen Beschwerdesystems erhoben werden konnten.[49] Dieses Recht inkludiert, dass der Nutzer eine gem. Art. 21 zugelassene außergerichtliche Streitbeilegungsstelle wählen kann. Das Recht auf außergerichtliche Streitbeilegung schließt den ordentlichen Gerichtsweg nicht aus.[50]

27 Kapitel III. Abschn. 5 des DSA befasst sich mit den Zusatzpflichten für VLOPs. Diese Bestimmungen umfassen insbesondere die Einhaltung von Transparenzpflichten, Pflicht zur Risikobewertung und Setzung von Risikominderungsmaßnahmen, erweiterte Transparenzpflicht für Online-Werbung, Selbstprüfungspflicht und das Recht auf Datenzugang für Behörden.[51]

28 d) **Transparenzberichtspflichten.** Vermittlungsdienstanbieter sind gem. Art. 15 DSA dazu verpflichtet, mindestens einmal jährlich einen Transparenzbericht zu veröffentlichen. Diese Berichte sollen Informationen über die von der jeweiligen Online-Plattform betriebene Moderation von nutzergenerierten Inhalten (Content-Moderation) enthalten und die zur Durchsetzung der Allgemeinen Geschäftsbedingungen gesetzten notwendigen Maßnahmen.[52] Von dieser Pflicht sind Kleinst- und Kleinunternehmen gem. der Empfehlung 2003/361/EG der Europäischen Kommission ausgenommen.

29 e) **Werbetransparenz.** In den DSA wurden erstmals Voraussetzungen für das Schalten von Werbeanzeigen auf Online-Plattformen verankert. Gem. Art. 26 muss Werbung erstens als solche gekennzeichnet sein, zweitens muss die Identität des Werbenden angegeben werden und drittens müssen die Parameter, die wichtig sind für die Auswahl der Nutzer, denen die Werbung angezeigt werden soll, beschrieben werden.[53] VLOPs müssen darüber hinaus ein Archiv erstellen, dass die in Art. 39 Abs. 2 vorgesehenen Informationen enthalten muss. Dieses Archiv muss für ein Jahr nach Schaltung der Werbeanzeige öffentlich zugänglich sein.[54]

30 f) **Allgemeines Haftungsregime.** Für Anbieter von Diensten der reinen Durchleitung und Caching-Provider besteht – wie schon nach der E-Commerce-RL – ein weitgehender Haftungsausschluss. Auch der Haftungsausschluss für Hosting-Provider wurde beibehalten, allerdings wurde er mit Einführung des Art. 6 Abs. 3 in Bezug auf die verbraucherschutzrechtliche Haftung eingeschränkt. Der Haftungsausschluss ist insofern nicht gegeben, wenn für einen Verbraucher beim Abschluss eines Fernabsatzgeschäfts der Eindruck entsteht, dass das angebotene Produkt oder die Dienstleistung von der Plattform selbst stammt oder die Plattform auf andere Weise verantwortlich dafür ist.[55]

31 Führen Anbieter von Vermittlungsdiensten auf Eigeninitiative freiwillige Untersuchungen oder andere Tätigkeiten zur Ausforschung von illegalen Inhalten auf ihren Plattformen durch, so gilt auch in diesen Fällen das Haftungsprivileg in vollem Umfang. Dies ist nunmehr in Art. 7 DSA ausdrücklich klargestellt. Hingegen gilt – wie schon nach der E-Commerce-RL –, dass Anbietern von Vermittlungsdiensten keine allgemeine Verpflichtung zur Überwachung oder aktiven Nachforschung auferlegt wird. Nach Art. 8

---

49 *Giehlen/Uphues*, EuZW 2021, 627 (636).
50 *Zimmermann/Heinzel*, Der Digital Services Act, Plattform-Regulierung für Demokratie und Nachhaltigkeit in der EU – aktueller Stand und Verbesserungsvorschläge, germanwatch, S. 8.
51 *Schmid/Grewe*, MMR 2021, 279 (281).
52 Verordnung (EU) 2022/2065 des Europäischen Parlaments und des Rates vom 19. Oktober 2022 über einen Binnenmarkt für digitale Dienste und zur Änderung der Richtlinie 2000/31/EG (Gesetz über digitale Dienste), ABl. L 277/13, ErwG. 49.
53 *Janal*, ZEuP 2021, 227 (268); *Spindler*, GRUR 2021, 653 (657).
54 *Weiden*, Mehr Freiheit und Sicherheit im Netz – Gutachten zum Entwurf des Digital Services Act im Auftrag der Friedrich-Naumann-Stiftung für die Freiheit, 29; *Spindler*, GRUR 2021, 653 (657).
55 *Weiden*, Mehr Freiheit und Sicherheit im Netz – Gutachten zum Entwurf des Digital Services Act im Auftrag der Friedrich-Naumann-Stiftung für die Freiheit, 23.

DSA sind Vermittlungsdienstanbieter nicht dazu verpflichtet, das gesamte Verhalten ihrer Nutzer auf ihre Rechtmäßigkeit hin zu überwachen. Ziel ist es ein „Overblocking" bzw. eine Zensur zu vermeiden. Art. 8 DSA stimmt inhaltlich mit Art. 15 E-Commerce-RL überein.

32 Werden die Dienstanbieter von Seiten eines Gerichts oder einer Behörde aufgefordert gegen bestimmte illegale Inhalte vorzugehen, muss auf diese Anordnung reagiert und die notwendigen Maßnahmen zur Umsetzung der Anordnung ergriffen werden. Die anordnende Behörde muss vom Dienstanbieter unverzüglich darüber unterrichtet werden, welche Maßnahmen dieser zur Umsetzung der Anordnung traf. Dies ist in Art. 9 DSA festgelegt. Zudem sind Dienstanbieter dazu verpflichtet gem. Art. 10 DSA Auskunftsanordnungen von der Behörde bzgl. Informationen über einen oder mehrerer Nutzer zu befolgen. Anordnungen gem. Art. 9 und 10 müssen eine Begründung über den Grund, die Notwendigkeit und die Verhältnismäßigkeit der Anordnung enthalten und Angaben über die Rechtsmittel gegen diese Anordnung. Darüber hinaus müssen Anordnungen gem. Art. 9 weitere Angaben wie eine URL-Adresse oder andere hilfreiche Angaben zur Ermittlung des illegalen Inhaltes aufweisen.

33 **g) Sanktionen und Durchsetzung.** Kapitel 4 des DSA beschäftigt sich mit der Durchsetzung der im DSA enthaltenen Pflichten, und den Sanktionsmechanismen. Die Mitgliedstaaten sind für die Durchsetzung des DSA zuständig. Sie müssen gem. Art. 49 DSA einen Koordinator für digitale Dienste (Digital Services Coordinator) als Ansprechperson einrichten. Dem Koordinator für digitale Dienste stehen gewisse Rechte gegenüber Dienstanbietern zu, die in Art. 51 Abs. 1 und 2 aufgezählt werden. Zu diesen Rechten zählen Untersuchungsrechte wie das Recht auf Information, Vor-Ort-Inspektionen oder Stellungnahmen, als auch Durchsetzungsbefugnisse.[56] Daneben sieht der DSA in Art. 61 ein Europäisches Gremium für digitale Dienste vor. Das Gremium hat Beratungsfunktion gegenüber dem Koordinator für digitale Dienste und der Kommission.[57]

III. Fallgestaltungen

34 Für das Digitalwirtschaftsrecht wichtige Urteile des EuGH ergingen insbesondere zur Verantwortlichkeit von Online-Vermittlern nach der E-Commerce-RL. Einige Urteile beziehen sich auf das Haftungsprivileg von Internetintermediären gem. Art. 12 bis 14 E-Commerce-RL (1.), andere auf das Verbot einer allgemeinen Überwachungspflicht gem. Art. 15 E-Commerce-RL (2.).

1. Haftungsprivileg

35 Mit der E-Commerce-RL wurde 2000 ein „Safe Harbour"-Prinzip eingeführt. Nach diesem Prinzip haften Online-Vermittler unter gewissen Voraussetzungen nicht für Online-Inhalte, die von ihren Nutzern erstellt werden.[58] Erfüllt ein Provider die ihm vorgegebenen Voraussetzungen, so tritt eine horizontale Haftungsbefreiung ein, d.h. die Haftungsbefreiung gilt unabhängig davon, aus welchem Rechtsgebiet die Haftung abgeleitet wird, z.B. aus dem Strafrecht, Zivilrecht, Urheberrecht, Wettbewerbsrecht oder Haftungsrecht.[59] Der DSA übernimmt das „Safe Harbour"-Prinzip der E-Commerce-

---

56 *Spindler*, GRUR 2021, 653 (661).
57 *Berberich/Sepp*, GRUR-PRax 2021, 6; *Schmid/Grewe*, MMR 2021, 279 (281); *Janal*, ZEuP 2021, 227 (233).
58 *Madiega*, Reform der EU-Haftungsregelung für Online-Vermittler – Hintergrund zum bestehenden Gesetz über digitale Dienste, Studie des Wissenschaftlichen Diensts des Europäischen Parlament (Mai 2020), PE 649.404, 2.
59 *Barta*, Zivilrecht, 2004, S. 123 ff.

RL. Die Grundregel, dass Online-Vermittler nicht für nutzergenerierte Online-Inhalte haften, wird somit auch nach Geltungsbeginn des DSA weiter gelten.

36 Mit dem Haftungsprivileg für Online-Vermittler werden im Wesentlichen zwei Ziele verfolgt. Erstens sollen die Aktivitäten der Online-Vermittler gefördert werden. Wenn diese für rechtswidriges Verhalten ihrer Nutzer verantwortlich wären, könnten sie gezwungen sein, ihre Dienste einzuschränken oder einzustellen oder ihr Businessmodell zu ändern. Das könnte auch negative Auswirkungen auf die Nutzer haben, denen bestimmte Dienste nicht mehr zur Verfügung stünden. Zweitens soll das Haftungsprivileg die Kommunikationsfreiheit im Internet fördern. Wenn Online-Vermittler für rechtswidriges Verhalten ihrer Nutzer haftbar wären, bestünde die Gefahr, dass sie nutzergenerierte Inhalte großzügig löschen oder sperren, um Haftung zu vermeiden. Es würden deshalb unter Umständen auch Inhalte gelöscht, die gar nicht rechtswidrig sind. Dieses Problem wird mit dem Begriff Kollateralzensur (collateral censorship) umschrieben.[60]

37 Die E-Commerce-RL unterscheidet drei Arten von Online-Vermittlern, die unter das Haftungsprivileg fallen. Je nach Art des Vermittlungsdienstes unterscheidet sich das Ausmaß des Haftungsausschlusses.

38 Die erste Kategorie der Online-Vermittler bietet reine Durchleitungsdienste und ist in Art. 12 der E-Commerce-RL bzw. nunmehr in Art. 4 DSA definiert. Der Vermittlungsdienst besteht hier entweder im Zurverfügungstellen eines Netzzuganges oder einer Netzübertragung. Durchleitungsdienste werden deshalb auch als Access-Provider bezeichnet. Für Access-Provider besteht ein weitgehender Haftungsausschluss. Access-Provider sind von der Haftung für übermittelte Informationen befreit, wenn sie nur passiv an der Datenübermittlung beteiligt sind, was zutrifft, wenn sie die Übermittlung nicht veranlassen (Art. 12 Abs 1 lit a), den Adressaten der übermittelten Informationen nicht auswählen (Art. 12 Abs. 1. lit. b) und die übermittelten Informationen nicht auswählen oder verändern (Art. 12 Abs. 1. lit. c). Beispiele für Online-Vermittler, die reine Durchleistungsdienste anbieten, sind Telekommunikationsanbieter wie die Deutsche Telekom oder Magenta.

39 Die zweite Kategorie von Online-Vermittlern, für die ein Haftungsprivileg besteht, sind Anbieter von Caching-Diensten. Caching-Dienste werden in Art. 13 der E-Commerce-RL bzw. Art. 5 DSA definiert. Anbieter von Caching-Diensten übermitteln Informationen und speichern diese automatisch und temporär zwischen um die Übermittlung effizienter zu gestalten. Da Caching-Anbieter die übermittelten Informationen nur kurz zwischenspeichern, haften sie nicht für diese. Ein klassisches Beispiel für einen Caching-Dienstanbieter sind Proxy-Server.[61]

40 Die dritte Kategorie von Online-Vermittlern bilden Anbieter von Hosting-Diensten, die in Art. 14 der E-Commerce-RL bzw. nunmehr in Art. 6 DSA definiert werden. Ein Hosting-Dienst besteht darin, dass ein Anbieter von Nutzern bereitgestellte Daten speichert. Beispiele für Hosting-Dienste sind z. B. Cloudanbieter, aber auch Soziale Netzwerke wie Facebook, Twitter oder Instagram, weil sie die von ihren Nutzern erzeugten Inhalte hosten. Für Anbieter von Hosting-Diensten besteht ein begrenzter Haftungsausschluss. Sie haften nicht für nutzergenerierte Inhalte, solange sie keine Kenntnis von der Rechtswidrigkeit dieser Inhalte haben (Art. 14 Abs. 1 lit. a E-Commerce-RL). Sobald sie Kenntnis von der Rechtswidrigkeit bekommen, müssen Hosting-Anbieter unverzüglich reagie-

---

[60] Vgl. zu diesen Gründen *Sartor*, Providers liability: From the eCommerce Directive to the future, 2017, In-depth analysis for the IMCO Committee of the European Parliament, IP/A/IMCO/2017-07.
[61] *Madiega*, EPRS, PE 649.404, S. 2.

ren und die Information sperren oder löschen (Art. 14 Abs. 1 lit. b). Wenn sie dieser Verpflichtung nicht nachkommen, greift das Haftungsprivileg nicht.

EuGH, Urteil vom 12.7.2011 – Rs. C-324/09, ECLI:EU:C:2011:474 – *L'Oréal gegen eBay*[62] **41**
EBay ist einer der größten Online-Marktplatz-Betreiber. Um eBay als Verkäufer oder Käufer zu nutzen, muss man den AGBs zustimmen. Diese verbieten den Verkauf von gefälschten Produkten und Verletzungen von Markenrechten. Auf eBay wurden aber neben „Originalprodukten" von L'Oréal auch Fälschungen derselbigen und nicht zum Verkauf bestimmte Produkte wie Testprodukte vertrieben. Dadurch wurden Markenrechte von L'Oréal verletzt. L'Oréal warf eBay vor, neben den Verkäufern für diese Markenrechtsverletzungen verantwortlich und daher schadenersatzpflichtig gegenüber dem Unternehmen zu sein. EBay leite die Nutzer zu markenrechtsverletzenden Angeboten und bemühe sich zu wenig um den Verkauf derartiger Produkte zu verhindern.

Betreffend die Verantwortlichkeit des Betreibers eines Online-Marktplatzes wollte das vorlegende Gericht zwei Fragen vom EuGH beantwortet haben. Die erste Frage war, ob Dienste, wie sie vom Betreiber eines Online-Marktplatzes wie eBay erbracht werden, unter Art. 14 Abs. 1 der E-Commerce-RL fallen und damit als Hosting-Dienste vom Haftungsprivileg profitieren. Die zweite Frage war, unter welchen Voraussetzungen davon auszugehen ist, dass der Betreiber eines Online-Marktplatzes tatsächliche Kenntnis von der rechtswidrigen Tätigkeit seiner Verkäufer i. S. d. Art. 14 Abs. 1 E-Commerce-RL hat. Es war somit zu klären, ob und unter welchen Voraussetzungen sich eBay auf das Haftungsprivileg des Art. 14 Abs. 1 E-Commerce-RL berufen konnte. **42**

In Antwort auf die erste Frage stellte der EuGH zunächst klar, dass die Speicherung der von Verkäufern übermittelten Informationen durch den Betreiber des Online-Marktplatzes noch nicht dafür ausreicht, dass es sich um einen Hosting-Anbieter i. S. d. Art. 14 Abs. 1 E-Commerce-RL handelt.[63] Es sei vielmehr ausschlaggebend, ob der Anbieter des Dienstes sich darauf beschränkt diesen „mittels rein technischer und automatischer Verarbeitung der von seinen Kunden eingegebenen Daten neutral zu erbringen" oder „eine aktive Rolle spielt, die ihm eine Kenntnis dieser Daten oder eine Kontrolle über sie verschaffen konnte."[64] Wenn der Betreiber des Online-Marktplatzes den Verkäufern Hilfestellung leistet, die u. a. darin besteht, „die Präsentation der betreffenden Verkaufsangebote zu optimieren oder diese Angebote zu bewerben, ist davon auszugehen, dass er zwischen dem fraglichen als Verkäufer auftretenden Kunden und den potenziellen Käufern keine neutrale Stellung eingenommen, sondern eine aktive Rolle gespielt hat".[65] Ob eBay im Ausgangsverfahren eine solche Rolle gespielt hatte, war vom nationalen Gericht zu beurteilen. **43**

Anschließend beschäftigte sich der EuGH mit der Frage, unter welchen Umständen der Betreiber eines Online-Marktplatzes keine tatsächliche Kenntnis von der rechtswidrigen Tätigkeit seiner Verkäufer hat bzw. in Bezug auf Schadenersatzansprüche „sich auch keiner Tatsachen oder Umstände bewusst [ist], aus denen die rechtswidrige Tätigkeit oder Information offensichtlich wird" (Art. 14 Abs. 1 lit. a E-Commerce-RL). Laut den Ausführungen des EuGH ist diesbezüglich relevant, ob sich der Hosting-Anbieter „etwaiger Tatsachen oder Umstände bewusst war, auf deren Grundlage ein sorgfältiger Wirtschaftsteilnehmer die in Rede stehende Rechtswidrigkeit hätte feststellen" müssen.[66] **44**

---

62 EuGH, U. v. 12.7.2011, Rs. C-324/09, ECLI:EU:C:2011:474 – *L'Oréal gegen eBay*.
63 EuGH, Rs. C-324/09, ECLI:EU:C:2011:474 Rn. 111 – *L'Oréal gegen eBay*.
64 EuGH, Rs. C-324/09, ECLI:EU:C:2011:474 Rn. 113 – *L'Oréal gegen eBay*; EuGH, Rs. C-326/08, ECLI:EU:C:2010:159 Rn. 114, 120 – *Google gegen Louis Vuitton*.
65 EuGH, Rs. C-324/09, ECLI:EU:C:2011:474 Rn. 116 – *L'Oréal gegen eBay*.
66 EuGH, Rs. C-324/09, ECLI:EU:C:2011:474 Rn. 120 – *L'Oréal gegen eBay*.

Der Hosting-Anbieter kann durch eine aus eigenem Antrieb vorgenommene Prüfung auf solche Tatsachen oder Umstände aufmerksam werden oder indem ihm diese von Dritten angezeigt werden.[67] Eine Anzeige bedeutet nicht in jedem Fall, dass das Haftungsprivileg nicht greift, „da sich Anzeigen vermeintlich rechtswidriger Tätigkeiten oder Informationen als unzureichend genau und substantiiert erweisen können".[68] Eine Anzeige stellt in der Regel aber einen Anhaltspunkt dar, der zu berücksichtigen ist, wenn ein nationales Gericht entscheidet, „ob sich der Betreiber in Anbetracht der ihm so übermittelter Informationen etwaiger Tatsachen oder Umstände bewusst war, auf deren Grundlage ein sorgfältiger Wirtschaftsteilnehmer die Rechtswidrigkeit hätte feststellen müssen".[69]

45 **Anmerkung:** Zentrale Frage dieser Rs. war, ob ein Online-Marktplatz-Betreiber wie eBay für Markenrechtsverletzungen, die von Verkäufern auf der Plattform begangen werden, haftet. Der EuGH nahm zwei grundsätzliche Klarstellungen zur Auslegung von Art. 14 Abs. 1 der E-Commerce-RL vor und verschärfte die Haftungskriterien deutlich.[70] Erstens stellte er klar, dass ein Online-Marktplatz-Betreiber nicht vom Haftungsprivileg des Art. 14 Abs. 1 geschützt wird, wenn er eine aktive Rolle spielt, die ihm Kenntnis der gespeicherten Daten oder eine Kontrolle über sie ermöglicht. Eine passive Rolle zeichnet sich dagegen dadurch aus, dass der Anbieter den Dienst mittels rein technischer und automatischer Verarbeitung der von seinen Kunden eingegebenen Daten neutral erbringt. Diese Auslegung steht im Einklang mit den Erwägungsgründen 42 und 43 der E-Commerce-RL. Die Abgrenzung zwischen aktiver und passiver Rolle ist in der Praxis jedoch keine leichte. Als Anhaltspunkt einer aktiven Rolle von Online-Marktplatz-Betreibern sieht der EuGH die Hilfestellung für Kunden, z. B. durch Optimierung der Präsentation von Verkaufsangeboten oder durch Bewerbung der Angebote. Es scheint nicht auszureichen, wenn nur Links oder Anleitungen zur Optimierung des Verkaufsangebots bereitgestellt werden, wenn der Betreiber keine Kenntnisse oder Kontrolle über die gespeicherten Informationen bekommt.[71] Zweitens führte der EuGH aus, dass der Maßstab für die Kenntnis von rechtswidriger Tätigkeit jener eines sorgfältigen Wirtschaftsteilnehmers ist. Damit bejaht der EuGH eine Fahrlässigkeitshaftung für Anbieter von Hosting-Diensten.[72]

46 EuGH, Urteil vom 23.3.2010 – Rs. C-236/08, ECLI:EU:C:2010:159 – *Google France und Google (Louis Vuitton)*[73]
Mittels der „Google-Ads"-Funktion von Google ist für Kunden die Schaltung von Werbeanzeigen, die an die Schlagworteingabe von Nutzern geknüpft ist, möglich. Gibt ein Nutzer bei der Google-Suchmaschine ein Schlagwort ein, so erscheint am rechten Rand ein „Anzeigenfeld" für bezahlte Anzeigen von diversen Online-Shops. Werbekunden können auch Handelsmarken wie Louis Vuitton als Schlagwort erwerben. Im Jahr 2003 klagte der Luxusgüterkonzern Google. Durch die Google-Ads-Funktion würden Nutzern Links zu nachgeahmten Produkten angezeigt. Zudem habe Google die Kombination der Schlüsselworte mit den Begriffen „Imitat", „Nachbildung" und „Kopie" erlaubt. Dies verletze das Markenrecht von Vuitton.

47 In der Rs. *Louis Vuitton* gegen *Google* hatte sich der EuGH mit drei Fragestellungen zu beschäftigen.[74] Zum einem, ob Art. 5 Abs. 1 Buchst. a und b sowie Art. 9 Abs. 1

---

67 EuGH, Rs. C-324/09, ECLI:EU:C:2011:474 Rn. 122 – *L'Oréal gegen eBay*.
68 EuGH, Rs. C-324/09, ECLI:EU:C:2011:474 Rn. 122 – *L'Oréal gegen eBay*.
69 EuGH, Rs. C-324/09, ECLI:EU:C:2011:474 Rn. 122 – *L'Oréal gegen eBay*.
70 Leible/Jahn, MMR 2011, 324 (324).
71 Spindler, MMR 2011, 703 (705).
72 Hoeren, MMR 2011 (605).
73 EuGH, U. v. 23.3.2010, Rs. C-236/08, ECLI:EU:C:2010:159 – *Google France und Google (Louis Vuitton)*.
74 EuGH, Rs. C-326/08, ECLI:EU:C:2010:159 Rn. 32 – *Google gegen Louis Vuitton*.

III. Fallgestaltungen **48–50**

Buchst. a und b der Marken-RL 89/104[75] so auszulegen sind, dass Werben mithilfe eines Referenzierungsdienstes und unter Verwendung eines mit der Marke identen Schlüsselwortes als eine „markenmäßige Verwendung" zu qualifizieren ist, die der Inhaber verbieten darf. Zum anderen beschäftigte sich der EuGH damit, ob das Anbieten eines Referenzierungsdienstes, der ein mit einer Marke identisches Zeichen als Schlüsselwort speichert und dadurch auf Anzeigen nachgeahmter Waren verweist, eine „markenmäßige Verwendung" darstellt. Zudem war es fraglich ob Googles Internetreferenzierungsdienst „Hosting" i. S. d. Art. 14 der E-Commerce-RL darstellt und dadurch unter die Haftungsprivilegierung fällt.[76]

Zur ersten Frage führte der EuGH aus, dass die Verwendung eines mit der Marke identischen Zeichens durch Werbende nur dann als „markenmäßige Verwendung" untersagt werden kann, wenn dadurch eine Funktion der Marke beeinträchtigt wird.[77] Der EuGH sieht eine Beeinträchtigung der herkunftshinweisenden Funktion dann, wenn es für normal informierte Internetnutzer nicht oder nur schwer zu erkennen ist, ob die beworbenen Waren oder Dienstleistungen vom Markeninhaber oder einem Dritten stammen. Des Weiteren sieht er eine Beeinträchtigung auch dann, wenn durch die Anzeige eine scheinbare Verbindung zwischen der fremden Marke und den beworbenen Produktangeboten suggeriert wird. Die Frage, ob die herkunftshinweisende Funktion im Einzelfall beeinträchtigt wird, überließ der EuGH den nationalen Gerichten.[78] Zur zweiten Frage, ob das Anbieten eines Internetreferenzierungsdienstes durch Google eine „markenmäßige Verwendung" darstellt, führt der EuGH aus, dass dies nicht der Fall sei, da dies nicht die Werbefunktion der Marke beeinträchtige.[79] **48**

Die Frage zum Haftungsprivileg beantwortete der EuGH indem er feststellte, dass Art. 14 der E-Commerce-RL Anwendung findet, wenn keine aktive Rolle durch den Internetreferenzierungsdienst eingenommen wird. Dies ist im Falle eines Internetreferenzierungsdienstes so lange der Fall, bis der Anbieter Kenntnis von der Rechtswidrigkeit der Tätigkeit der Werbenden erlangt.[80] **49**

Anmerkung: Der EuGH stellt in dieser Rs. fest, wie er „markenmäßigen Verwendung" i. S. d. Art. 5 Abs. 1 Buchst. a und b sowie Art. 9 Abs. 1 Buchst. a und b der Marken-RL 89/104 in Bezug auf Google-Ads und Schlüsselwörter beurteilt. Dabei fällt das Anbieten des Referenzdienstes durch Google nicht unter die „markenmäßige Verwendung", die Benutzung eines mit einer Marke identem Zeichen durch einen Werbenden grundsätzlich schon, wenn die herkunftshinweisende Funktion der Marke beeinträchtigt wird. Wenn Markeninhaber gegen die „markenmäßige Verwendung" vorgehen bleibt letztlich die Frage, ob die Funktion der Marke beeinträchtigt wird, den nationalen Gerichten überlassen. Falls eine Markenverletzung festgestellt wird, wird Google auf Hinweise diesbezüglich reagieren müssen. Bis zur Kenntnis der Rechtswidrigkeit greift das Haftungsprivileg, d. h. das Anbieten eines Internetreferenzierungsdienstes gilt als „Hosting" i. S. d. Art. 14 der E-Commerce-RL. **50**

---

75 Erste Richtlinie 89/104/EWG des Rates vom 21. Dezember 1988 zur Angleichung der Rechtsvorschriften der Mitgliedstaaten über die Marken, ABl. L 40/1.
76 EuGH, Rs. C-326/08, ECLI:EU:C:2010:159 Rn. 106 – *Google gegen Louis Vuitton.*
77 EuGH, Rs. C-326/08, ECLI:EU:C:2010:159 Rn. 76 – *Google gegen Louis Vuitton.*
78 EuGH, Rs. C-326/08, ECLI:EU:C:2010:159 Rn. 84–89 – *Google gegen Louis Vuitton*; *Musiol*, GRUR-Prax 2010, 147 (147).
79 EuGH, Rs. C-326/08, ECLI:EU:C:2010:159 Rn. 91–99 – *Google gegen Louis Vuitton.*
80 EuGH, Rs. C-326/08, ECLI:EU:C:2010:159 Rn. 106–122 – *Google gegen Louis Vuitton*; *Splittberger*, Google France und Google – Klärung bei Markenverletzungen, NJW 2010, 2014 (2015).

51 EuGH, Urteil vom 15.9.2016 – Rs. C-484/14, ECLI:EU:C:2016:689 – *Tobias McFadden gegen Sony Music*[81]
Tobias McFadden bietet im Rahmen seines Geschäftes die unentgeltliche und anonyme Nutzung seines WLANs an. Über dieses WLAN, das nicht nur in seinem Geschäft, sondern im gesamten Haus benützt werden kann, wurde ein Musikalbum ohne Zustimmung des Rechteinhabers (Sony Music) heruntergeladen. Daraufhin erhob Sony Music Klage gegen McFadden. Laut Sony Music habe McFadden das Netz nicht ausreichend gesichert und dadurch erst die Rechtsverletzung ermöglicht.

52 In der Rs. *McFadden* ging es im Wesentlichen um drei Fragenkomplexe.[82] Erstens war fraglich, unter welchen Voraussetzungen das Anbieten eines WLAN-Zugangs als reiner Durchleitungsdienst i. S. d. Art. 12 Abs. 1 der E-Commerce-RL zu qualifizieren ist. Zweitens ging es darum, in welchem Umfang ein WLAN-Betreiber für Urheberrechtsverletzungen durch Dritte, die sein WLAN benützen, haftet. Drittens beschäftigte sich der EuGH mit dem Inhalt einer gerichtlichen oder behördlichen Unterlassungsanordnung gem. Art. 12 Abs. 3 E-Commerce-RL.

53 Zum ersten Fragenkomplex bemerkte der EuGH, dass das Anbieten eines WLAN-Zugangs in den Anwendungsbereich des Art. 12 der E-Commerce-RL fällt, wenn es einen Dienst der Informationsgesellschaft darstellt. In der Regel wird ein solcher Dienst gegen Entgelt erbracht.[83] Die Vergütung müsse aber nicht vom Nutzer des WLAN-Zugangs erbracht werden, sondern es reiche aus, wenn der WLAN-Zugang zu Werbezwecken für Güter oder Dienstleistungen angeboten wird, da die Kosten dieser Tätigkeit dann in den Verkaufspreis dieser Güter oder Dienstleistungen einbezogen werden. Ein kostenlos angebotenes WLAN eines Geschäfts kann somit einen Dienst der Informationsgesellschaft darstellen.[84]

54 Zum zweiten Fragenkomplex, den Umfang der Haftung betreffend, nahm der EuGH eine Reihe von Klarstellungen vor. So bestätigte er, dass es für das Haftungsprivileg des Art. 12 der E-Commerce-RL unerheblich ist, ob der WLAN-Betreiber Kenntnis von der Rechtsverletzung seiner Kunden hat. Die zusätzlichen Anforderungen des Art. 14 Abs. 1 gelten nur für Hosting-Anbieter und können nicht auf Anbieter, die reine Durchleistungsdienste anbieten, übertragen werden.[85]

55 Außerdem erinnerte der EuGH daran, dass das in Art. 12 der E-Commerce-RL vorgesehene Haftungsprivileg für Schadenersatzansprüche gilt.[86] Wenn die drei Voraussetzungen des Art. 12 Abs. 1 lit. a–b erfüllt sind, trifft den Anbieter eines reinen Durchleitungsdienstes keine Haftung für Schadenersatzansprüche von Urheberrechtsinhabern, deren Rechte durch missbräuchliche Verwendung des Dienstes durch Dritte verletzt wurden.[87] Der Urheberrechtsinhaber hat auch keinen Anspruch auf Erstattung der für das Schadenersatzbegehren aufgewendeten Abmahn- oder Gerichtskosten.[88]

56 Gemäß Art. 12 Abs. 3 der E-Commerce-RL lässt dieser Artikel aber die Möglichkeit unberührt, dass ein Gericht oder eine Verwaltungsbehörde vom Diensteanbieter verlangt, eine Rechtsverletzung abzustellen oder zu verhindern. Gerichtliche oder behördliche Unterlassungsanordnungen sind somit nicht vom Haftungsprivileg des Art. 12 der

---

[81] EuGH, U. v. 15.9.2016, Rs. C-484/14, ECLI:EU:C:2016:689 – *Tobias McFadden gegen Sony Music*.
[82] Vgl. zu den ersten beiden Bisle/Frommer, Computer und Recht 2017, 54 (55).
[83] EuGH, Rs. C-484/14, ECLI:EU:C:2016:689 Rn. 36–40 – *Tobias McFadden gegen Sony Music*.
[84] EuGH, Rs. C-484/14, ECLI:EU:C:2016:689 Rn. 41–42 – *Tobias McFadden gegen Sony Music*.
[85] EuGH, Rs. C-484/14, ECLI:EU:C:2016:689 Rn. 55–65 – *Tobias McFadden gegen Sony Music*.
[86] EuGH, Rs. C-484/14, ECLI:EU:C:2016:689 Rn. 74 – *Tobias McFadden gegen Sony Music*.
[87] EuGH, Rs. C-484/14, ECLI:EU:C:2016:689 Rn. 74 – *Tobias McFadden gegen Sony Music*.
[88] EuGH, Rs. C-484/14, ECLI:EU:C:2016:689 Rn. 75 – *Tobias McFadden gegen Sony Music*.

E-Commerce-RL erfasst.[89] Für den EuGH bedeutet dies, dass auch die Erstattung von Abmahn- oder Gerichtskosten, die im Zusammenhang mit solchen Unterlassungsanordnungen entstehen, nicht vom Haftungsprivileg erfasst sind. Das heißt, dass der Urheberrechtsinhaber vom Diensteanbieter die Zahlung von Abmahn- oder Gerichtskosten verlangen kann, wenn diese Kosten als Nebenansprüche im Zusammenhang mit einer behördlichen oder gerichtlichen Unterlassungsanordnung entstehen.

Der EuGH widmete sich schließlich auch dem Inhalt einer solchen Unterlassungsanordnung. Es ging darum, ob ein Gericht dem Anbieter eines WLAN-Zugangs unter Androhung von Ordnungsgeld anordnen kann, Dritte daran zu hindern, dass sie mittels diesem WLAN-Zugang der Öffentlichkeit ein urheberrechtlich geschütztes Werk zur Verfügung stellen. Der EuGH hielt eine solche gerichtliche Anordnung grundsätzlich für mit Art. 12 der E-Commerce-RL vereinbar.[90] Dies gelte auch dann, wenn der Diensteanbieter dieser Anordnung nur nachkommen kann indem er den WLAN-Zugang mit einem Passwort schützt.[91] Bei der Wahl der geeigneten Maßnahmen sei jedenfalls ein angemessener Ausgleich zwischen den involvierten Grundrechten zu gewährleisten, wie hier den Grundrechten auf geistiges Eigentum (Art. 17 Abs. 2 Grundrechtecharta), auf unternehmerische Freiheit (Art. 16 Grundrechtecharta) und auf Informationsfreiheit (Art. 11 Grundrechtecharta).[92]

Anmerkung: Der EuGH positionierte sich in diesem Urteil gegen die anonyme Nutzung eines WLAN-Zugangs.[93] Gegen den Anbieter eines WLAN-Zugangs können zwar keine Schadenersatzansprüche für Urheberrechtsverletzungen durch Dritte mittels dieses Zugangs erhoben werden, weil das Haftungsprivileg des Art. 12 der E-Commerce-RL greift. Dies gilt auch für die für das Schadenersatzbegehren aufgewendeten Abmahn- und Gerichtsgebühren. Gerichte und Verwaltungsbehörden können aber anordnen, dass der WLAN-Anbieter Urheberrechtsverletzungen mittels dieses WLANs abstellt und in diesem Zusammenhang können auch Abmahn- und Gerichtsgebühren verlangt werden. Die Sicherung des WLANs durch ein Passwort ist dabei eine geeignete Maßnahme um den Schutz des geistigen Eigentums ausreichend zu gewährleisten.[94]

EuGH, Urteil vom 27.3.2014 – Rs. C-314/12, ECLI:EU:C:2014:192 – *UPC Telekabel Wien gegen Constantin Film Verleih u. a. (kino.to)*[95]
UPC Telekabel Wien ist ein österreichischer Internet-Access-Provider. UPC wurde von der Constantin Film AG geklagt, da UPC seinen Kunden Zugang zu der Internetseite kino.to verschaffe, auf der illegal Filme und Serien des Unternehmens heruntergeladen und gestreamt wurden. Constantin Film AG war der Ansicht, dass UPC als Access-Provider auch für durch das Streaming auf kino.to entstandenen Urheberrechtsverletzungen haften müsse.

In der Rs. *UPC Telekabel Wien* gegen Constantin Film Verleih u. a. (kino.to) legte der EuGH Art. 8 Abs. 3 der Info-RL[96] näher aus und konkretisierte die Voraussetzungen eines Unterlassungsanspruches eines Rechtsinhabers gegen den Access-Provider.[97]

---

89 EuGH, Rs. C-484/14, ECLI:EU:C:2016:689 Rn. 77 – *Tobias McFadden gegen Sony Music*.
90 EuGH, Rs. C-484/14, ECLI:EU:C:2016:689 Rn. 101 – *Tobias McFadden gegen Sony Music*.
91 EuGH, Rs. C-484/14, ECLI:EU:C:2016:689 Rn. 101 – *Tobias McFadden gegen Sony Music*.
92 EuGH, Rs. C-484/14, ECLI:EU:C:2016:689 Rn. 81–100 – *Tobias McFadden gegen Sony Music*.
93 *Bisle/Frommer*, Computer und Recht 2017, 54 (63).
94 Handig, Österreichische Blätter für gewerblichen Rechtsschutz und Urheberrecht 2017, 54 (55).
95 EuGH, U. v. 27.3.2014, Rs. C-314/12, ECLI:EU:C:2014:192 – *UPC Telekabel Wien gegen Constantin Film Verleih*.
96 Richtlinie 2001/29/EG des Europäischen Parlaments und des Rates vom 22. Mai 2001 zur Harmonisierung bestimmter Aspekte des Urheberrechts und der verwandten Schutzrechte in der Informationsgesellschaft, ABl. L 167/10.
97 EuGH, Rs. C-314/12, ECLI:EU:C:2014:192 Rn. 17 – *UPC Telekabel Wien gegen Constantin Film Verleih*.

61 Der EuGH führt aus, dass eine Person, die ohne Zustimmung des Rechtsinhabers Schutzgegenstände i. S. d. Art. 3 Abs. 2 der Info-RL auf einer Website öffentlich zugänglich macht, als Vermittler i. S. d. Art. 8 Abs. 3 dieser RL zu qualifizieren ist.[98] Daher können Rechteinhaber Sperranordnungen gegen diese beantragen. Rechteinhaber müssen dabei nicht beweisen, dass Dritte tatsächlich die rechtswidrig zugänglich gemachten Schutzgegenstände nutzen.[99]

62 Diese Sperranordnungen können Rechteinhaber allerdings nur im Einklang mit den durch das Unionsrecht anerkannten Grundrechten geltend machen, wobei insbesondere die unternehmerische Freiheit von Access-Providern gewahrt werden muss.[100] Bei Kollision ist nach allgemeinen Grundsätzen eine Abwägung vorzunehmen, dabei ist auch auf den Grundsatz der Verhältnismäßigkeit zu achten.[101] Diese Abwägung sowie die Prüfung der Voraussetzungen einer Sperranordnung durch den Rechtsinhaber ist letztlich von den nationalen Gerichten vorzunehmen.[102]

63 **Anmerkung:** Der EuGH entschied in dieser Rs., dass einem Access-Provider i. S. d. Art. 8 Abs. 3 der Info-RL unter bestimmten Voraussetzungen, insbesondere unter Abwägung der Grundrechte, aufgetragen werden kann, den Zugriff auf Internetseiten zu verwehren bzw. der Access-Provider dazu verpflichtet werden kann, den Zugang zu sperren, wenn auf diesen urheberrechtsverletzende Inhalte (Schutzgegenstände i. S. d. Art. 3 Abs. 2 Info-RL) öffentlich zugänglich gemacht werden.

2. Verbot einer allgemeinen Überwachungspflicht

64 Zusätzlich zum Haftungsprivileg normiert die E-Commerce-RL in Art. 15 ein Verbot einer allgemeinen Überwachungspflicht. Art. 15 Abs. 1 der E-Commerce-RL lautet: „Die Mitgliedstaaten erlegen Anbietern von Diensten im Sinne der Art. 12, 13 und 14 keine allgemeine Verpflichtung auf, die von ihnen übermittelten oder gespeicherten Informationen zu überwachen oder aktiv nach Umständen zu forschen, die auf eine rechtswidrige Tätigkeit hinweisen."

65 Während die Mitgliedstaaten daran gehindert werden, Online-Vermittlern Überwachungspflichten „allgemeiner Art aufzuerlegen", betrifft dies nicht „Überwachungspflichten in spezifischen Fällen" und insbesondere nicht Anordnungen von mitgliedstaatlichen Behörden nach nationalem Recht. Dies ergibt sich aus Erwägungsgrund 47 der E-Commerce-RL.

66 EuGH, Urteil vom 24.11.2011 – Rs. C-70/10, ECLI:EU:C:2011:255 – *Scarlet gegen SABAM*[103]
Scarlet bietet als Internet-Service-Provider Internetzugang an. SABAM ist eine belgische Verwertungsgesellschaft, zu deren Aufgabe es gehört, die Verwendung von geschützten Musikwerken von Urhebern, Verlegern und Komponisten zu genehmigen. SABAM stellte fest, dass Nutzer des von Scarlet angeboten Internets ohne zulässige Genehmigung Werke aus dem Repertoire von SABAM über sog. Peer-to-Peer-Netze herunterladen. Dadurch wurden Urheberrechte an diesen Werken verletzt. Auf Antrag von SABAM ordnete das erstinstanzliche Gericht in Belgien

---

98 Heidinger, ÖBl 2014, 189 (191).
99 EuGH, Rs. C-314/12, ECLI:EU:C:2014:192 Rn. 40 – *UPC Telekabel Wien gegen Constantin Film Verleih*; Marly, EuGH: EU-konforme unbestimmte Sperrverfügung gegen Internetprovider, GRUR 2014, 468 (471) – *UPC-Telekabel/Constantin Film u. a. [kino.to]*.
100 EuGH, Rs. C-314/12, ECLI:EU:C:2014:192 Rn. 47–51 – *UPC Telekabel Wien gegen Constantin Film Verleih*.
101 EuGH, Rs. C-314/12, ECLI:EU:C:2014:192 Rn. 45–46 – *UPC Telekabel Wien gegen Constantin Film Verleih*; Nordemann, Anmerkung zu EuGH, U. v. 27. März 2014 – C-314/12, ZUM 2014, 499 (500) – *UPC Telekabel Wien GmbH/Constantin Film Verleih GmbH, Wega Filmproduktionsgesellschaft mbH (»Kino.to«)*.
102 EuGH, Rs. C-314/12, ECLI:EU:C:2014:192 Rn. 64 – *UPC Telekabel Wien gegen Constantin Film Verleih*.
103 EuGH, U. v. 24.11.2011, Rs. C-70/10, ECLI:EU:C:2011:771 – *Scarlet gegen SABAM*.

an, dass Scarlet diese Urheberrechtsverletzungen abzustellen habe. Scarlet legte dagegen Berufung ein und wandte ein, dass eine solche gerichtliche Anordnung einer allgemeinen Überwachungspflicht entspreche, die nach Art. 15 der E-Commerce-RL unzulässig sei.

Der EuGH bestätigte zunächst seine Feststellung in der Rs. *L'Oréal gegen eBay*, wonach nationale Gerichte Online-Vermittlern Maßnahmen auferlegen können, die nicht nur begangene Rechtsverletzungen beenden, sondern auch neuen Verletzungen vorbeugen sollen.[104] Gerichte können demnach sowohl sogenannte „Take down" als auch „Stay down"-Verpflichtungen verfügen. Die Modalitäten betreffend solcher gerichtlichen Anordnungen ergeben sich aus dem nationalen Recht.[105] **67**

Online-Vermittlern dürfen aber keine allgemeinen Überwachungspflichten i. S. d. Art. 15 der E-Commerce-RL auferlegt werden. Das bedeutet insbesondere, dass ein Internet-Anbieter nicht dazu verpflichtet werden kann, „sämtliche Daten jedes seiner Kunden aktiv zu überwachen, um jeder künftigen Verletzung von Rechten des geistigen Eigentums vorzubeugen."[106] Die konkrete gerichtliche Anordnung verpflichtet Scarlet dazu, sämtliche Daten aller Kunden aktiv zu überwachen und ist damit nicht mit Art. 15 der E-Commerce-RL vereinbar.[107] Konkret müsste Scarlet, erstens, sämtliche im „Peer-to-Peer"-Verkehr durchgeleiteten Daten ermitteln, zweitens ermitteln, welche Daten urheberrechtlich geschützte Werke enthalten, drittens ermitteln, welche Dateien unzulässigerweise ausgetauscht werden und viertens jeden unzulässigen Austausch blockieren.[108] Das käme einer allgemeinen Überwachungspflicht gleich. **68**

Um zu beurteilen, ob eine Anordnung wie im vorliegenden Fall mit dem Unionsrecht kompatibel ist, müssen – wie der EuGH betonte – außerdem die Unionsgrundrechte beachtet werden. Die Anordnung verfolgt das Ziel, den Schutz der Urheberrechte sicherzustellen und schützt damit das Recht des geistigen Eigentums (Art. 17 Abs. 1 Grundrechtecharta).[109] Dieses Recht ist aber gegen andere Grundrechte abzuwägen, vor allem gegen die unternehmerische Freiheit der Online-Vermittler gem. Art. 16 Grundrechtecharta, das Datenschutzgrundrecht gem. Art. 8 Grundrechtecharta und die Kommunikationsfreiheit gem. Art. 11 Grundrechtecharta. Die fragliche Anordnung stellt kein angemessenes Gleichgewicht dieser Grundrechte her und ist damit auch mit der Grundrechtecharta unvereinbar.[110] **69**

Anmerkung: In seinem Urteil in der Rs. *Scarlet gegen SABAM* nahm der EuGH drei wichtige Klarstellungen vor. Erstens bestätigte er nochmals, dass Anordnungen nationaler Behörden und Gerichte auch darauf abzielen können, zukünftige Rechtsverletzungen zu verhindern. Man spricht hier von sogenannten „Stay down"-Verpflichtungen. Zweitens konkretisierte der EuGH das Verbot einer allgemeinen Überwachungspflicht des Art. 15 der E-Commerce-RL. Online-Vermittler können demnach nicht dazu verpflichtet werden, sämtliche Daten aller ihrer Kunden aktiv zu überwachen, um jeder künftigen Rechtsverletzung vorzubeugen. Drittens erinnerte der EuGH daran, dass nationale Anordnungen im Anwendungsbereich der E-Commerce-RL den Unionsgrundrechten entsprechen müssen, was hier nicht gegeben war. **70**

---

104 EuGH, U. v. 12.7.2011, Rs. C-324/09, ECLI:EU:C:2011:474 Rn. 131 – *L'Oréal gegen eBay*; EuGH, U. v. 24.11.2011, Rs. C-70/10, ECLI:EU:C:2011:771 Rn. 31 – *Scarlet gegen SABAM*.
105 EuGH, U. v. 12.7.2011, Rs. C-324/09, ECLI:EU:C:2011:474 Rn. 135 – *L'Oréal gegen eBay*; EuGH, U. v. 24.11.2011, Rs. C-70/10, ECLI:EU:C:2011:771 Rn. 32 – *Scarlet gegen SABAM*.
106 EuGH, Rs. C-70/10, ECLI:EU:C:2011:771 Rn. 36 – *Scarlet gegen SABAM*.
107 EuGH, Rs. C-70/10, ECLI:EU:C:2011:771 Rn. 40 – *Scarlet gegen SABAM*.
108 EuGH, Rs. C-70/10, ECLI:EU:C:2011:771 Rn. 38 – *Scarlet gegen SABAM*.
109 EuGH, Rs. C-70/10, ECLI:EU:C:2011:771 Rn. 42 – *Scarlet gegen SABAM*.
110 EuGH, Rs. C-70/10, ECLI:EU:C:2011:771 Rn. 41–53 – *Scarlet gegen SABAM*.

71 **EuGH, Urteil vom 3.10.2019 – Rs. C-18/18, ECLI:EU:C:2019:821 –** *Glawischnig-Pieszcek gegen Facebook*[111]
Ein privater Nutzer teilte auf Facebook einen Artikel über Eva Glawischnig-Pieszcek, die ehemalige Vorsitzende der österreichischen Grünen. In einem Kommentar zum Artikel bezeichnete der Nutzer die Politikerin als „miese Volksverräterin", „korrupter Trampel" und Mitglied einer „Faschistenpartei". Facebook weigerte sich, diesen Kommentar zu entfernen, weshalb Glawischnig-Pieszcek eine Unterlassungsverfügung beim zuständigen österreichischen Gericht beantragte. Es war nach nationalem Recht zu beurteilen, ob der fragliche Kommentar rechtswidrig war. Letztendlich bestätigte der österreichische Oberste Gerichtshof, dass die Beschimpfungen ehrenbeleidigend und damit rechtswidrig waren. Die unionsrechtliche Frage, die diese Rs. aufwarf, betraf Art. 15 der E-Commerce-RL. Der Oberste Gerichtshof wollte vom EuGH wissen, ob Facebook per Unterlassungsverfügung dazu verpflichtet werden könne, nicht nur den ursprünglichen beleidigenden Kommentar, sondern darüber hinaus sämtliche wortgleichen und sinngleichen Inhalte auf der Plattform zu löschen. Außerdem fragte der Oberste Gerichtshof den EuGH, ob ein nationales Gericht eine solche Unterlassungsverfügung mit weltweiter Wirkung anordnen könne.*

72 Der EuGH entschied, dass Art. 15 der E-Commerce-RL ein nationales Gericht nicht daran hindert, einem Hosting-Provider wie Facebook aufzugeben, dass er sämtliche Informationen auf der Plattform entfernt oder sperrt, die den wortgleichen Inhalt haben wie eine Information, die zuvor für rechtswidrig erklärt wurde.[112] Es ist einem nationalen Gericht auch nicht verwehrt, einem Hosting-Anbieter aufzugeben, dass er sämtliche Informationen auf der Plattform entfernt oder sperrt, die einen sinngleichen Inhalt haben wie eine Information, die zuvor für rechtswidrig erklärt wurde.[113] Eine Verfügung könne eine rechtswidrige Handlung nur abstellen und ihre Wiederholung und weiteren Schaden verhindern, wenn sie sich auf Informationen erstrecke, deren Inhalt „zwar leicht unterschiedlich formuliert ist, aber im Wesentlichen die gleiche Aussage vermittelt", wie eine zuvor für rechtswidrig erklärte Information.[114] Die gerichtliche Unterlassungsanordnung müsse auch nicht auf Kommentare desselben Nutzers beschränkt werden, sondern könne auf Kommentare aller Nutzer der Plattform erstreckt werden.

73 Um eine übermäßige Belastung des Hosting-Anbieters zu vermeiden, muss aus der Anordnung klar hervorgehen, was im konkreten Fall unter sinngleichen Informationen zu verstehen ist.[115] Auf jeden Fall kann vom Hosting-Anbieter nicht verlangt werden, „eine autonome Beurteilung dieses Inhalts vorzunehmen".[116] Nach Ansicht des EuGH stellt eine solche Auslegung von Art. 15 der E-Commerce-RL sicher, dass eine gerichtliche Anordnung einen hinreichend wirksamen Schutz der von diffamierenden Äußerungen betroffenen Personen bietet und gleichzeitig dem Hosting-Anbieter keine übermäßige Verpflichtung auferlegt, „da die Überwachung und das Nachforschen, die sie erfordert, auf die Informationen beschränkt sind, die in der Verfügung genau bezeichneten Einzelheiten enthalten, und da ihr diffamierender Inhalt sinngleicher Art den Hosting-Anbieter nicht verpflichtet, eine autonome Beurteilung vorzunehmen, so dass er auf automatisierte Techniken und Mittel zur Nachforschung zurückgreifen kann."[117]

74 Schließlich sprach der EuGH aus, dass weltweite Löschpflichten für wort- und sinngleiche Inhalte nicht im Widerspruch zur E-Commerce-RL stehen. Der Gerichtshof wies

---

111 EuGH, U. v. 3.10.2019, Rs. C-18/18, ECLI:EU:C:2019:821 – *Glawischnig-Pieszcek gegen Facebook.*
112 EuGH, Rs. C-18/18, ECLI:EU:C:2019:821 Rn. 33 – *Glawischnig-Pieszcek gegen Facebook.*
113 EuGH, Rs. C-18/18, ECLI:EU:C:2019:821 Rn. 38 – *Glawischnig-Pieszcek gegen Facebook.*
114 EuGH, Rs. C-18/18, ECLI:EU:C:2019:821 Rn. 41 – *Glawischnig-Pieszcek gegen Facebook.*
115 EuGH, Rs. C-18/18, ECLI:EU:C:2019:821 Rn. 45 – *Glawischnig-Pieszcek gegen Facebook.*
116 EuGH, Rs. C-18/18, ECLI:EU:C:2019:821 Rn. 45 – *Glawischnig-Pieszcek gegen Facebook.*
117 EuGH, Rs. C-18/18, ECLI:EU:C:2019:821 Rn. 46 – *Glawischnig-Pieszcek gegen Facebook.*

III. Fallgestaltungen

diesbezüglich darauf hin, dass die E-Commerce-RL „keine Beschränkung, insbesondere in räumlicher Hinsicht, der Reichweite der Maßnahmen vorsieht, die die Mitgliedstaaten nach dieser Richtlinie erlassen dürfen."[118] Nationale Gerichte müssen jedoch sicherstellen, dass gerichtliche Anordnungen mit weltweiter Wirkung nicht gegen internationales Recht verstoßen.[119]

Anmerkung: Die zentrale Frage in der Rs. *Glawischnig-Piesczek* war, ob eine gerichtliche Anordnung zur Löschung oder Sperrung von wort- und sinngleichen Inhalten einer allgemeinen Überwachungspflicht gem. Art. 15 der E-Commerce-RL entspricht und damit unzulässig ist. Der EuGH sah keinen Widerspruch zu Art. 15 der E-Commerce-RL und wich damit von seiner bisherigen Rechtsprechung ab.[120] Vor *Glawischnig-Piesczek* hatte der EuGH in Scarlet und anderen Urteilen stets betont, dass ein Online-Vermittler nicht dazu verpflichtet werden könne „sämtliche Daten jedes seiner Kunden aktiv zu überwachen, um jeder künftigen Verletzung von Rechten des geistigen Eigentums vorzubeugen."[121] In *Glawischnig-Piesczek* prüfte der EuGH dagegen nicht, ob die Unterlassungsanordnung von Facebook erfordert, sämtliche Daten aller Kunden aktiv zu überwachen und entschied sich stattdessen für eine flexiblere Auslegung von Art. 15 der E-Commerce-RL. Der Vorteil dieser Auslegung ist, dass die von Diffamierung betroffene Person besser vor erneuten Rechtsverletzungen geschützt werden kann.[122] Die Belastung für Hosting-Provider steigt dagegen mit dieser Auslegung. Sie können nun dazu verpflichtet werden, sämtliche Informationen, die den wort- oder sinngleichen Inhalt haben wie eine bereits für rechtswidrig erklärte Information, zu löschen oder zu sperren. Es ist auch mit der E-Commerce-RL vereinbar, dass eine solche Anordnung weltweite Wirkung hat. Obwohl der EuGH dies andeutete,[123] können Hosting-Provider dieser Verpflichtung aber nicht ohne Weiteres durch den Einsatz von algorithmischen Filtersystemen nachkommen. Diese Filtersysteme sind nämlich fehleranfällig, da Künstliche Intelligenz oft nicht in der Lage ist, den Kontext einer sprachlichen Äußerung zu verstehen.[124]

---

118 EuGH, Rs. C-18/18, ECLI:EU:C:2019:821 Rn. 49 – *Glawischnig-Piesczek gegen Facebook*.
119 EuGH, Rs. C-18/18, ECLI:EU:C:2019:821 Rn. 51–52 – *Glawischnig-Piesczek gegen Facebook*.
120 *Rauchegger/Kuczerawy*, CMLRev. 2020, 1495 (1503, 1505).
121 *Scarlet gegen SABAM*, Rn. 36. Vgl. auch *L'Oréal gegen eBay*, Rn. 139; EuGH, U. v. 16.2.2012, Rs. C-360/10, ECLI:EU:C:2012:85 Rn. 34 – *Scarlet gegen SABAM*.
122 *Rauchegger/Kuczerawy*, CMLRev. 2020, 1495 (1523).
123 Vgl. EuGH, Rs. C-18/18, ECLI:EU:C:2019:821 Rn. 46 – *Glawischnig-Piesczek gegen Facebook*.
124 *Rauchegger/Kuczerawy*, CMLRev. 2020, 1495 (1514).

§ 17 Währungsunion

Cornelia Manger-Nestler

Literaturhinweise:
Gramlich, Die Wirtschafts- und Währungspolitik der Union (§ 15), in: Niedobitek, Europarecht, 2. Aufl. 2020; *Hahn/Häde*, Währungsrecht, 2. Aufl. 2010; *Herrmann/Dornacher*, International and European Monetary Law, 2017; *Kramer/Hinrichsen*, Die Europäische Zentralbank, JuS 2015, 673; *Manger-Nestler*, Das Recht der Europäischen Währungsunion (§ 25), in: Hatje/Müller-Graff (Hrsg.), Europäisches Binnenmarkt- und Wirtschaftsordnungsrecht (Bd. 4), Enzyklopädie Europarecht, 2. Aufl. 2021; *Ohler*, Bankenaufsicht und Geldpolitik in der Währungsunion, 2015; *Sauer*, Staatsrecht III, 6. Aufl. 2020, § 9 (Vertiefungsabschnitt); *Schmidt*, Die Wirtschafts- und Währungspolitik (§ 5), in: Schmidt/Wollenschläger (Hrsg.), Kompendium Öffentliches Wirtschaftsrecht, 5. Aufl. 2019; *Siekmann* (Hrsg.), Kommentar zur EU-Währungsunion, 2013; *Thiele*, Das Mandat der EZB und die Krise des Euro, 2013; *ders.*, Die Europäische Zentralbank: Von technokratischer Behörde zu politischem Akteur?, 2. Aufl. 2022.

I. Grundlagen

1. Begriffe

1 Allgemein lässt sich eine Währungsunion beschreiben als Zusammenschluss von Staaten zu einem einheitlichen Währungsraum. In diesem geopolitischen Gebiet ist die gemeinsame Währung das alleinige gesetzliche Zahlungsmittel; zudem ist die Geld- und Wechselkurspolitik vollständig einer besonderen, durch einheitliche politische Ausrichtung getragenen Institution übertragen. Regelmäßig sind Zentralbanken diejenigen Währungsbehörden, die aufgrund eines (verfassungs)rechtlich niedergelegten Mandats das Vertrauen von Wirtschaft und Gesellschaft in die Stabilität der jeweiligen Währung gegenwärtig wie zukünftig sichern sollen. Die europäische **Währungsunion** vereint alle diese Kriterien: In Gestalt der 20 Mitgliedstaaten der Eurozone existiert ein einziger Währungsraum, in dem der Euro als gemeinsame Währung (Art. 3 Abs. 4 EUV) und gesetzliches Zahlungsmittel (Art. 128 Abs. 1 S. 3 AEUV) im Umlauf ist und dessen Geld- und Wechselkurspolitik einheitlich und vollständig auf Ebene der Union (Art. 119 Abs. 2 AEUV) durch das Europäische System der Zentralbanken (ESZB) und die Europäische Zentralbank (EZB) festgelegt wird. Dabei ist der Begriff der **Eurozone** als Synonym zum primärrechtlich legaldefinierten (Art. 282 Abs. 1 S. 2 AEUV) **Eurosystem** zu verstehen; beide bezeichnen das Wirtschaftsgebiet der Euro-Mitgliedstaaten als gemeinsamen Währungsraum.

2 Die **Währungspolitik** beschreibt als Oberbegriff die Geld- und Wechselkurspolitik eines Währungsraums. In ihrem Verständnis in der politischen Praxis dient sie dazu, den Wert einer Währung anhand von ökonomischen Indikatoren (z. B. Preisstabilität, Wirtschaftswachstum, Beschäftigungsstand) stabil zu halten. Dabei kann die jeweilige Währungsrechtsordnung entweder den Binnenwert der Währung, also Preisstabilität, als Ziel vorgeben und priorisieren (vgl. Art. 127 Abs. 1 S. 1 AEUV), oder aber den Fokus auf den Außenwert der Währung, d. h. Wechselkursstabilität, richten. Währungspolitik ist daher stets Teil einer umfassender zu verstehenden **Wirtschaftspolitik**,[1] die neben der währungspolitischen Preisstabilität gleichzeitig weitere wirtschaftspolitische Ziele im Blick haben muss, etwa ein stabiles Wirtschaftswachstum, ein hohes Beschäftigungsni-

---

1 Vgl. zu begrifflichen Abgrenzungen *Schmidt*, in: ders./Wollenschläger (Hrsg.), Kompendium Öffentliches Wirtschaftsrecht, § 5, Rn. 8 ff.

I. Grundlagen

veau sowie ein außenwirtschaftliches Gleichgewicht. Auch wenn der AEUV mit der Überschrift von Titel VIII (Art. 119 ff. AEUV, vgl. auch Art. 3 Abs. 4 EUV) suggeriert, dass es sich um *die*, sprich eine einheitliche Wirtschafts- *und* Währungspolitik handelt, sieht die unionale Kompetenzverteilung für beide Politikbereiche keinen Gleichlauf vor; vielmehr besteht ein **asymmetrisches Integrationsniveau** zwischen Wirtschafts- und Währungspolitik.[2] Dieses kompetenzielle Ungleichgewicht stellt die Währungsunion in mehrerlei Hinsicht vor komplexe, weil von unterschiedlichen integrationspolitischen Positionen der Mitgliedstaaten abhängige Herausforderungen. Der ausschließlichen Kompetenz in der Währungspolitik (Art. 3 Abs. 1 lit. c AEUV), die für die Eurozone (EU-20) einheitlich durch das ESZB betrieben wird, stehen nationale Wirtschaftspolitiken (EU-27) gegenüber, die auf Unionsebene lediglich koordiniert (Art. 5 Abs. 1 UAbs. 1 AEUV) und innerhalb der Eurozone enger abgestimmt (UAbs. 2) werden. Das Primärrecht verzichtet jedoch bewusst auf Definitionen beider Politikfelder,[3] um die jeweiligen politischen Diskretionsspielräume nicht unangemessen zu verengen. Daher lassen sich Maßnahmen von Zentralbanken in der ökonomischen Realität nicht immer trennscharf als solche der Währungs- oder der Wirtschaftspolitik qualifizieren. Dies gilt vor allem für die Beurteilung von krisenbedingten geldpolitischen Maßnahmen, insbesondere der Notfallprogramme zum Ankauf von Staatsanleihen (OMT, PSPP, PEPP)[4], die unter dem Handlungsdruck komplexer, unsicherer und mit ökonomischen Risiken behafteter Entwicklungen von EZB und Eurosystem/ESZB beschlossen und umgesetzt wurden. Die Gründe für die Asymmetrie zwischen Wirtschafts- und Währungsunion liegen im historisch-politischen Kontext des europäischen Integrationsprozesses (s. u., Rn. 8). Aus rechtlicher Sicht führen sie jedoch zu teils nur schwer lösbaren Abgrenzungsproblemen zwischen Wirtschafts- und Währungspolitik, weshalb sich nationale und europäische Höchstgerichte auch weiterhin mit entsprechenden Rechtsfragen auseinandersetzen werden.

Das **Währungsrecht** bildet den notwendigen rechtlichen Rahmen und zugleich das ordnungspolitische Fundament der Währungspolitik, die regelmäßig durch institutionell eigenständige Zentralbanken, wie die EZB und das ESZB, gesteuert und demokratisch verantwortet wird. Zum Recht der europäischen Währungsunion zählen daher diejenigen Vorschriften des primären wie sekundären Unionsrechts (sowie des nationalen Rechts der Euro-Mitgliedstaaten), die die aus der Kompetenzverteilung folgende Organisationsstruktur von EZB und ESZB festlegen, die Institutionen mit entsprechenden Zielvorgaben, Aufgaben und Befugnissen ausstatten und sie schließlich in das mehrdimensionale Rechtsschutzsystem einbinden. Als Schnittmenge aus Normen des Wirtschaftsverfassungsrechts (insb. Art. 3 Abs. 3, Abs. 4 EUV; Art. 127 ff. AEUV) wie des Wirtschaftsverwaltungsrechtsrechts (Art. 127 ff., Art. 282 AEUV; EZB-/ESZB-Satzung; BBankG) sowie Grundlagen der ökonomischen Geld- und Wirtschaftstheorie ist das Währungsrecht durch eine Vielzahl unbestimmter Rechtsbegriffe geprägt. Diese räumen den Entscheidungsträgern im Einzelfall bewusst einen beträchtlichen Beurteilungs- und Entscheidungsspielraum ein, der gerichtlich nur eingeschränkt überprüfbar ist. Sowohl der EuGH als auch das BVerfG betonen die begrenzte Justitiabilität der monetären Einschätzungsprärogative, vertreten aber teilweise kontroverse Positionen, die in den Fallgestaltungen aufgegriffen werden.

3

---

[2] Darauf verweist bereits das BVerfG in seinem Maastricht-Urteil, BVerfGE 89, 155 (205 ff.).
[3] In diesem Sinne auch EuGH, U. v. 27.11.2012, Rs. C-370/12, ECLI:EU:C:2012:756 Rn. 53 – *Pringle* sowie EuGH, U. v. 16.6.2015, Rs. C-62/14, ECLI:EU:C:2015:400 Rn. 42. – *Gauweiler u. a.*
[4] S. zu den einzelnen Fallgestaltungen unten, Rn. 40 ff.; vgl. zur Rechtsprechungskontroverse *Häde*, in: Calliess/Ruffert, EUV/AEUV, Art. 127 AEUV, Rn. 35 ff.

2. Entwicklungsetappen auf dem Weg zur gemeinsamen Währung

4 Die Errichtung der Wirtschafts- und Währungsunion ist das Ergebnis eines jahrzehntelangen Entwicklungsprozesses,[5] der von kontroversen Diskussionen zwischen den Mitgliedstaaten über das theoretische und integrationspolitisch sinnvolle Konzept – gemeinsame Währung als Grundstein oder als „Krönung" – geprägt war. Wie vom sog. Delors-Berichts vorgeschlagen, einigten sich die Mitgliedstaaten auf einen stufenweisen Übergang zur gemeinsamen Währung ab 1990 und schrieben diesen **Stufenplan** im Vertrag von Maastricht (Art. 116 ff. EGV a. F.) fest. Während die **erste Stufe** (1990–1993) als Heranführung diente, wurden in der **zweiten Stufe** (1994–1998) bereits konkrete Vorbereitungen für den Übergang in die dritte Stufe getroffen; besonders hervorzuheben sind dabei die Gründung der EZB sowie die unwiderrufliche Festlegung der Wechselkurse zwischen dem Euro und den Währungen der teilnehmenden EU-Mitgliedstaaten. Auf Grundlage der **Konvergenzkriterien** (Art. 140 AEUV), die Ausdruck der **Konditionalität** und zugleich Unumkehrbarkeit der Währungsunion als Stabilitätsgemeinschaft[6] sind, entschied der Rat (der EU), dass elf (von damals fünfzehn) Mitgliedstaaten die Eintrittsbedingungen für die Währungsunion erfüllten; dies waren Belgien, Deutschland, Finnland, Frankreich, Irland, Italien, Luxemburg, Niederlande, Portugal, Österreich und Spanien. Mit Beginn der **Endstufe** (1.1.1999) wurde der Euro zur gemeinsamen Währung in den teilnehmenden Mitgliedstaaten[7], die zu diesem Zweck ihre vormals nationalen währungspolitischen Kompetenzen vollständig auf die Unionsebene in Gestalt der EZB (seit dem Vertrag von Lissabon explizit als Unionsorgan genannt) übertrugen, die gemeinsam mit den nationalen Zentralbanken (NZBen) der Euro-Mitgliedstaaten die Währungspolitik der Eurozone verantwortet (Gebot der **Einheitlichkeit** der gemeinsamen Währung). Zu Beginn des Jahres 2002 wurde der Euro als **Bargeld** eingeführt und ersetzt seither als alleiniges gesetzliches Zahlungsmittel die früheren nationalen Währungen (z. B. D-Mark, Franc, Lira) der Euro-Mitgliedstaaten. Durch den Beitritt von Griechenland (2001), Slowenien (2007), Malta und Zypern (2008), der Slowakei (2009), Estland (2011), Lettland (2014), Litauen (2015) und Kroatien (2023) ist die Eurozone mittlerweile (2023) auf zwanzig Mitgliedstaaten angewachsen. Die verbliebenen sieben EU-Mitgliedstaaten (Bulgarien, Dänemark, Polen, Rumänien, Schweden, die Tschechische Republik und Ungarn) haben aus unterschiedlichen Gründen die gemeinsame Währung (noch) nicht eingeführt, weshalb sie als **Mitgliedstaaten**, für die eine **Ausnahmeregelung** gilt, von den Rechten und Pflichten im ESZB/Eurosystem vorerst weitgehend ausgeschlossen sind (Art. 139 AEUV).

II. Normative Ausgestaltung

5 Die feste normative Verankerung im unionsrechtlichen Regelungsgefüge liefert den maßgeblichen **Rechtsrahmen** der Währungsunion. Im **Primärrecht** verankert der EUV die (Wirtschafts- und) **Währungsunion** als eines von mehreren operativen

---

5 S. zu den Entwicklungsetappen *Gramlich*, in: Niedobitek, Europarecht, § 15 Rn. 15 ff.; *Hahn/Häde*, Währungsrecht, § 13 und § 14; *Manger-Nestler*, in: Müller-Graff (Hrsg.), Enzyklopädie Europarecht, Bd. 4, 2. Aufl. 2021, § 25 Rn. 7 ff.; *Schmidt*, in: ders./Wollenschläger (Hrsg.), Kompendium Öffentliches Wirtschaftsrecht, § 5, Rn. 7 und Rn. 44.

6 BVerfGE 89, 155 (204 ff.) – *Maastricht*; E 97, 350 (369) – *Euro*; E 129, 124 (181 f.) – *EFS*; E 132, 195 (242 ff.) – *ESM*.

7 Basierend auf einem Bündel von vier Euro-Einführungsverordnungen (i) VO (EG) Nr. 1103/97 v. 19.6.1997, ABl. 1997, L 162/1, (ii) VO (EG) Nr. 974/98 v. 11.5.1998, ABl. 1998, L 139/1, (iii) VO (EG) Nr. 975/98 v. 11.5.1998, ABl. 1998, L 139/1 (aufgehoben durch VO [EU] Nr. 729/2014 v. 2.7.2014, ABl. 2014, L 194/1) sowie (iv) VO (EU) Nr. 651/2012 v. 27.7.2012, ABl. 2012, L 201/135. Die größte Bedeutung besitzt die VO (EG) Nr. 974/98.

II. Normative Ausgestaltung

6–8

Hauptzielen der Union in **Art. 3 Abs. 4 EUV**; für die Währungspolitik systemprägend ist zudem die **Preisstabilität**, die in Art. 3 Abs. 3 S. 2 EUV ein Bindeglied zum Binnenmarkt (S. 1) sowie zum ordnungspolitischen Konzept der sozialen Marktwirtschaft darstellt.

Weitaus größere Bedeutung besitzen jedoch der AEUV sowie die Satzung von ESZB und EZB (im Folgenden: EZB-/ESZB-Satzung), die in zwei formal getrennten Regelwerken eine thematisch auf die Währungsunion begrenzte Zusammenstellung von **Vorschriften für die gemeinsame Währungspolitik** enthalten. Im **AEUV** regeln Art. 119 sowie Art. 127–144 die Währungspolitik, ergänzt um die Art. 282–284, die Aussagen zur Organisationsstruktur von EZB und ESZB treffen. Die **EZB-/ESZB-Satzung**, die den Gründungsverträgen als Protokoll (Nr. 4) beigefügt ist und im Rang von Primärrecht steht (Art. 51 EUV), fasst institutionelle wie materielle Bestimmungen für die EZB und das ESZB zusammen und wiederholt dabei, in vielen Fällen sogar wortlautidentisch, die Aussagen des AEUV. Der primärrechtlich klar vorgeprägte Rechtsrahmen wird im Sekundärrecht durch eine Fülle von Rechtsakten mit Bezug zur Währungspolitik näher ausgeformt und für spezielle Aufgaben der EZB, etwa im Bereich der Bankenaufsicht sowie der Systemrisikoaufsicht,[8] ergänzt.

1. Kompetenzverteilung

Die Währungsunion zählt zu den am stärksten integrierten Politikfeldern der EU, denn Art. 3 Abs. 1 lit. c AEUV überträgt der Union die **ausschließliche Kompetenz** für die Währungspolitik der Mitgliedstaaten, deren Währung der Euro ist. Erreicht wird dieses Höchstmaß an supranationaler Kompetenz dadurch, dass die teilnehmenden Mitgliedstaaten mit Eintritt in die Endstufe (Stufe 3) ihre währungspolitischen Zuständigkeiten vollständig auf die **Unionsebene** (**Verbandskompetenz**) übertragen. Daraus folgend dürfen die Euro-Mitgliedstaaten in währungspolitischen Fragen nur und soweit tätig werden, wie sie von der Union hierzu ermächtigt werden oder um Unionsrecht durchzuführen (Art. 2 Abs. 1 AEUV).

Auf Ebene der Union ist das **ESZB**, genauer das Eurosystem, für die gemeinsame Währungspolitik verantwortlich, wobei beide Systeme begrifflich voneinander zu unterscheiden sind. Während das ESZB die EZB sowie die NZBen aller Mitgliedstaaten (EU-27) beschreibt (Art. 282 Abs. 1 S. 1 AEUV), fasst Art. 282 Abs. 1 S. 2 AEUV den Begriff des **Eurosystems** enger und fasst als Legaldefinition darunter neben der EZB nur diejenigen NZBen der Mitgliedstaaten, deren Währung der Euro ist. ESZB und Eurosystem sind daher als zwei unterschiedliche **währungspolitische Verbundsysteme** zu verstehen, wobei sie als „Dachkonstruktionen" jeweils nicht über eigene Rechtspersönlichkeit verfügen. Geleitet werden beide Verbundsysteme von der **EZB**, die als **Unionsorgan** (Art. 13 Abs. 2 EUV) mit Rechtspersönlichkeit ausgestattet ist (**Organkompetenz**) und an der Spitze von ESZB (Art. 129 Abs. 1, Art. 282 Abs. 1 AEUV) und Eurosystem steht. Stellt man sich ein Modell konzentrischer Kreise vor, würde das Eurosystem im Rahmen der Währungsunion den inneren, weil währungspolitisch auf höherer Integrationsstufe stehenden Systemverbund darstellen, während das ESZB den äußeren Integrationszirkel der gesamten Union abbildet. Spricht das Primärrecht vom ESZB, ist dies, genau genommen, unscharf, denn gemeint ist regelmäßig (nur) das engere Eurosystem, das neben der EZB die NZBen der 20 (und nicht 27) Mitgliedstaaten umfasst, die ihre währungspolitische Souveränität auf die Unionsebene übertragen haben. Die Mitgliedstaaten mit Ausnahmeregelung sowie deren NZBen sind „von den Rechten und Pflichten im Rahmen des ESZB ausgeschlossen" (Art. 139

---

[8] Zu den Aufgaben im Bereich Finanzaufsicht und Finanzstabilität s. u., Rn. 29 f.

Abs. 2 AEUV), weshalb auf sie die Vorschriften der gemeinsamen Währungspolitik bis auf Weiteres nicht anwendbar sind (Abs. 3). Da die in Art. 282 Abs. 1 S. 2 AEUV verankerte Begriffsbestimmung des Eurosystems jedoch erst im Zuge des Vertrags von Lissabon eingefügt wurde, verzichteten die Mitgliedstaaten auf eine sprachlich-redaktionelle Vereinheitlichung des Primärrechts.

2. Aufbau der EZB und Organisationsstruktur von ESZB/Eurosystem

9 Der Aufbau der EZB sowie die Organisationsstruktur der Währungsverbünde resultieren unmittelbar aus dem Grundsatz der primärrechtlichen Kompetenzverteilung, wonach das Eurosystem/ESZB die gemeinsame Währungspolitik der Eurozone betreibt (Art. 282 Abs. 1 AEUV).

10 a) **Europäische Zentralbank.** Die EZB steht an der Spitze des ESZB und leitet somit auch den engeren Kreis, das Eurosystem (arg. ex Art. 129 Abs. 1 i. V. m. Art. 282 Abs. 1 und Abs. 2 AEUV). Als Organ der Union, und im Gegensatz zu den übrigen Unionsorganen, verfügt die EZB über **Rechtspersönlichkeit** (Art. 283 Abs. 3 S. 1 AEUV), vermittels derer sie Vermögen erwerben und veräußern (Art. 9.1 EZB-/ESZB-Satzung) kann[9] und der Amtshaftung (Art. 340 Abs. 3 AEUV) unterliegt. Die EZB nimmt damit eine institutionelle **Sonderstellung**[10] im Unionsgefüge ein, die weitergehende Rechtsfragen, etwa die Reichweite der Pflicht zur loyalen Zusammenarbeit (Art. 13 Abs. 3 EUV), vor allem auch im Verhältnis zur Unabhängigkeit (s. u., Rn. 31 ff.) aufwirft.

11 Geleitet wird die EZB durch **zwei Beschlussorgane**, den Rat sowie das Direktorium (Art. 129 Abs. 1 AEUV). Der **Rat der EZB** ist das Hauptbeschlussorgan der EZB und besteht aus den Mitgliedern des Direktoriums sowie den Präsidenten der NZBen der Euro-Mitgliedstaaten (Art. 283 Abs. 1 AEUV; Art. 10.1 EZB-/ESZB-Satzung). Die Ernennungsvoraussetzungen der NZB-Präsidenten richten sich grundsätzlich nach dem nationalen Zentralbankrecht der teilnehmenden Mitgliedstaaten, wobei die primärrechtlichen Vorgaben für die Amtszeit (mindestens fünf Jahre, Art. 14.2 UAbs. 1 EZB-/ESZB-Satzung) sowie zu den Voraussetzungen eines Amtsenthebungsverfahrens vor dem Europäischen Gerichtshof (Art. 14.2 UAbs. 2 EZB/ESZB-Satzung) zwingend zu berücksichtigen sind. Das **Direktorium**, das als Exekutivorgan fungiert, setzt sich zusammen aus dem Präsidenten der EZB, dem Vizepräsidenten sowie vier weiteren Direktoriumsmitgliedern (Art. 283 Abs. 2 UAbs. 1 AEUV; Art. 11.1 S. 1 EZB-/ESZB-Satzung). Sämtliche Mitglieder des Direktoriums werden vom Europäischen Rat auf Empfehlung des Rates nach Anhörung des Europäischen Parlaments sowie des EZB-Rates für eine **achtjährige Amtszeit** ausgewählt und ernannt (Art. 283 Abs. 2 UAbs. 2, 3 AEUV; Art. 11.2 S. 2 EZB-/ESZB-Satzung).

12 Dabei spiegelt die Zusammensetzung des EZB-Rates deutlich die für Unionsorgane typische Struktur wider, die unionale und mitgliedstaatliche Ebene im Beschlussfassungsorgan verschränkt, wobei die Mitgliedstaaten – in Gestalt der 20 NZB-Präsidenten – das sechsköpfige Direktorium zahlen- und stimmrechtemäßig überwiegen. Dies spielt für Abstimmungen im EZB-Rat, vor allem zur Geldpolitik, eine Rolle, bei denen alle stimmberechtigten Präsidenten der NZBen jeweils über eine Stimme verfügen (Art. 10.2

---

9 Infolge ihrer Rechtspersönlichkeit ist die EZB in der Lage, als selbstständiger Rechtsträger Geschäfte, insbesondere in der Geldpolitik (Art. 18.1, 23 EZB-/ESZB-Satzung), in eigener Verantwortung abzuschließen, wofür sie von den Mitgliedstaaten mit entsprechenden finanziellen Mitteln ausgestattet wird (Art. 28.1, 48.3 EZB-/ESZB-Satzung). Vgl. dazu *Hahn/Häde*, Währungsrecht, § 16 Rn. 146 f.
10 Zur institutionellen Organisation der EZB *Gramlich*, in: Niedobitek, Europarecht, § 15 Rn. 107 ff.; *Manger-Nestler*, in: Hatje/Müller-Graff (Hrsg.), Enzyklopädie Europarecht, Bd. 4, 2. Aufl. 2021, § 25 Rn. 94 ff.; *Thiele*, Die Europäische Zentralbank, S. 23 ff.

II. Normative Ausgestaltung

S. 1 EZB-/ESZB-Satzung)[11]. Die eigentliche **Beschlussfassung** im **EZB-Rat** erfolgt grundsätzlich nicht nach Kapitalanteilen[12], sondern mit der **einfachen Mehrheit** der abgegebenen Stimmen; bei Stimmengleichheit gibt die Stimme des Präsidenten den Ausschlag, was dessen herausgehobene Stellung unterstreicht. Durch Beschluss kann der EZB-Rat supranationale Rechtsakte erlassen, die bindende Wirkung für alle dem Eurosystem angehörenden NZBen entfalten. Art. 132 Abs. 1 AEUV begrenzt die Rechtssetzungsbefugnis der EZB auf die dort genannten **Rechtsakte** in Gestalt von Verordnungen, Beschlüssen sowie Empfehlungen und Stellungnahmen[13] (sog. **ECB Law**), die in ihrer Rechtsnatur aber der Terminologie des Art. 288 AEUV entsprechen. Zur verwaltungsinternen Steuerung und Lenkung des Eurosystems verfügt die EZB zudem über spezielle Rechtsinstrumente, sog. **Leitlinien und Weisungen** (Art. 14.3 EZB-/ESZB-Satzung). Leitlinien und Weisungen entfalten ihre Rechtswirkung jeweils nur systemintern, sprich im Verhältnis zwischen EZB und nachgeordneten NZBen; gegenüber Dritten, z. B. Kreditinstituten oder sonstigen Marktteilnehmern, besitzen Leitlinien und Weisungen keine (Außen-)Wirkung.

Bei der **Aufgabenverteilung zwischen den Organen** ist dem EZB-Rat die Rolle als strategisch-politisches Leitungsorgan zugewiesen. Zum Zweck der ordnungsgemäßen Aufgabenerfüllung erlässt der Rat die notwendigen Leitlinien und Entscheidungen und fungiert als Letztentscheidungs- und **Hauptbeschlussfassungsorgan** in allen Fragen, die die gemeinsame Geld- und Währungspolitik betreffen. Dazu zählt vor allem die Festlegung und Durchführung der einheitlichen Geldpolitik (Art. 127 Abs. 2, 1. Spiegelstrich AEUV, s. u. Rn. 22 f.) in der Eurozone, die der Rat durch geldpolitische Zwischenziele, Leitzinssätze sowie die Bereitstellung von Zentralbankgeld steuert (Art. 12.1 UAbs. 1 EZB-/ESZB-Satzung). Prominente Beispiele derartiger Beschlüsse sind neben Zinssenkungen bzw. -erhöhungen die Beschlüsse über den Einsatz geldpolitischer Maßnahmen in Krisenzeiten[14], etwa die Ankündigung (OMT) bzw. Durchführung von Anleiheankaufprogrammen (PSPP, PEPP).

Das **Direktorium** führt als **Exekutivorgan** der EZB die laufenden Geschäfte (Art. 11.6 EZB-/ESZB-Satzung). Dazu zählt vorrangig die Ausführung der Geldpolitik gemäß den Leitlinien und Entscheidungen des EZB-Rates; diese räumen dem Direktorium auch ein **Weisungsrecht** gegenüber den **NZBen** ein (Art. 12.1 UAbs. 2 EZB-/ESZB-Satzung), woran die hierarchische Unterordnung der NZBen unter die EZB im Rahmen der Verwaltungsverbundstruktur deutlich wird. Als Mitglieder des **EZB-Rates** repräsentieren die Direktoriumsmitglieder die **föderale Komponente** im Beschlussorgan (Art. 11.1 EZB-/ESZB-Satzung) und bilden zugleich die Brücke zwischen strategischen Beschlüssen, insbesondere geldpolitischen Entscheidungen, und deren Umsetzung (Weisungsrecht) durch die NZBen.

---

11 Das sog. Rotationssystem, geregelt in Art. 10.2 EZB-/ESZB-Satzung, sieht eine feste Anzahl von 21 Stimmrechten im EZB-Rat vor, die sich in sechs dauerhafte Stimmrechte der Direktoriumsmitglieder und 15 rotierende Stimmrechte der teilnehmenden NZB-Präsidenten aufteilen, wobei die NZB-Präsidenten der teilnehmenden NZBen ihr Stimmrecht in Abhängigkeit von der Zugehörigkeit zu einer bestimmten Stimmrechtsgruppe ausüben. Die Aufteilung der Stimmrechte auf die Gruppen erfolgt jeweils direkt proportional zur Wirtschaftskraft (BIP) der Mitgliedstaaten. S. zur Funktionsweise *Schmidt*, in: ders./Wollenschläger (Hrsg.), Kompendium Öffentliches Wirtschaftsrecht, § 5 Rn. 49.
12 Eine Stimmengewichtung nach Kapitalanteilen findet nur in den in besonderen Fällen statt, vgl. Art. 10.3 S. 1 EZB-/ESZB-Satzung.
13 Die EZB verfügt nicht über die Befugnis zum Erlass von Richtlinien (Art. 288 Abs. 3 AEUV), da diese als Harmonisierungsinstrument für eine einheitliche Geldpolitik ungeeignet sind und ihr Sinn und Zweck dem Prinzip der Unteilbarkeit geldpolitischer Entscheidungen widerspräche.
14 S. dazu die Fallgestaltungen, Rn. 48 ff.

15 Aus der Aufgabenabgrenzung zwischen den Organen der EZB sowie deren enumerativer Aufzählung in Art. 129 Abs. 1 AEUV folgt, dass der Rat das alleinige Beschlussfassungsgremium der EZB ist. Dies gilt auch im Bereich der **Bankenaufsicht**, für die die EZB – in Gestalt des Aufsichtsgremiums (*Supervisory Board*) – im Rahmen des einheitlichen Aufsichtsmechanismus (*Single Supervisory Mechanism*, SSM), eines von der EZB geleiteten Aufsichtsverbundes für die größten Kreditinstitute in der Eurozone, als Aufsichtsbehörde zuständig ist.[15] (s. u. Rn. 29 f.)

16 **b) Nationale Zentralbanken.** Die Struktur von Eurosystem/ESZB als zweistufiger Währungsverbund beeinflusst maßgeblich die Aufgabenverteilung zwischen unionaler (EZB) und mitgliedstaatlicher (NZBen) Ebene und prägt damit die Rechtsstellung sowie den Aufgabenumfang der NZBen. Während auf der **Funktionsebene** infolge des währungspolitischen Souveränitätstransfers praktisch eine vollständige Vergemeinschaftung der Aufgaben der NZBen stattfand, wurden sie **organisationsrechtlich** nicht aus ihrer Stellung als **Einrichtungen der Mitgliedstaaten**[16] herausgelöst. Das Primärrecht bezeichnet die NZBen als „**integrale Bestandteile**" (Art. 14.3 S. 1 EZB-/ESZB-Satzung) und bringt damit ihre besondere Rechtsstellung als organisatorisch selbstständige, aber funktional integrierte Teile eines Ganzen (Eurosystem/ESZB) zum Ausdruck. Als integrale Bestandteile sind die NZBen der EZB nachgeordnet und handeln innerhalb des Systemverbundes gemäß den Leitlinien und Weisungen der EZB, deren Einhaltung die EZB notfalls mit einer speziellen Aufsichtsklage (Art. 271 lit. d AEUV, s. u., Rn. 38) durchsetzen kann. Im Rahmen ihrer Direktionsbefugnis kann die EZB die NZBen zur Erfüllung von Aufgaben des ESZB heranziehen (Art. 9.2 EZB-/ESZB-Satzung), wobei die EZB die NZBen regelmäßig zur Durchführung von geldpolitischen Geschäften in Anspruch nimmt und dabei den Dezentralisierungsgrundsatz[17] („soweit dies möglich und sachgerecht erscheint", Art. 12.1 UAbs. 3 EZB-/ESZB-Satzung) zu beachten hat. Daneben können die NZBen auch **eigene**, d. h. „andere" als in der EZB-/ESZB-Satzung bezeichnete **Aufgaben** (Art. 14.4 S. 1 EZB-/ESZB-Satzung) „in eigener Verantwortung" und „auf eigene Rechnung" (S. 2) wahrnehmen.

17 Entsprechend der Stellung der NZBen als integrale Bestandteile besitzen die Präsidenten der NZBen eine doppelfunktionale[18] Rolle. Als Mitglieder des EZB-Rates repräsentieren die Präsidenten der teilnehmenden NZBen die föderale Komponente des Beschlussorgans und handelt damit als Teil eines Unionsorgans (EZB), ähnlich wie die Vertreter der Mitgliedstaaten im Rat, die allerdings nicht über das gleiche Maß an Weisungsunabhängigkeit (Art. 130, 131 AEUV, s. u. Rn. 31 ff.) verfügen. Werden die NZB-Präsidenten im Rahmen anderer Aufgaben außerhalb des ESZB tätig (Art. 14.4 EZB-/ESZB-Satzung), fungieren sie als Leiter einer nationalen Institution. Die EZB-/ESZB-Satzung legt zudem eine unionsrechtliche Untergrenze der Amtszeit des NZB-Präsidenten von mindestens fünf Jahren fest (Art. 14.2 UAbs. 1 EZB-/ESZB-Satzung).

3. Währungspolitische Ziele, Aufgaben und Befugnisse

18 Die Hauptaufgabe der EZB als Hüterin der Gemeinschaftswährung besteht darin, die einheitliche Geld- und Wechselkurspolitik für die Eurozone zu betreiben. Zu diesem Zweck sind die EZB ebenso wie die dem Eurosystem angehörenden NZBen mit einem hohen Grad an Unabhängigkeit ausgestattet, der sowohl die Zielstellung als auch die Erfüllung der Aufgaben aufgrund entsprechender Befugnisse maßgeblich beeinflusst.

---

15 So auch BVerfGE 151, 202 (323 f.) – *Bankenunion*; s. zur Entscheidung *Ruffert*, JuS 2019, 1033.
16 Ganz h. M. *Häde*, in: Calliess/Ruffert, EUV/AEUV, Art. 282 AEUV Rn. 14; *Kempen*, in: Streinz, EUV/AEUV, Art. 129, AEUV Rn. 4.
17 Vgl. dazu *Manger-Nestler*, in: Pechstein/Nowak/Häde, Frankfurter Kommentar, EUV/GRC/AEUV, 2. Aufl. 2023, Art. 129 AEUV Rn. 10 f.
18 S. *Hahn/Häde*, Währungsrecht, § 16 Rn. 111.

a) Ziel. Die Währungspolitik ist regelmäßig Teil einer umfassenderen Wirtschaftspolitik. **19** Die Steuerung währungspolitischer Zielgrößen, allen voran der Preisstabilität, hat daher stets – direkt oder indirekt – Auswirkungen auf realwirtschaftliche Zusammenhänge, etwa auf das Wirtschaftswachstum oder das außenwirtschaftliche Gleichgewicht. Das BVerfG mahnt im *ESM*-Urteil eine klare Abgrenzung beider Politikbereiche an,[19] um dem de lege lata bestehenden Kompetenzungleichgewicht zwischen vergemeinschafteter Währungs- und lediglich (eng) koordinierter Wirtschaftspolitik in der Eurozone Rechnung zu tragen. Für die Abgrenzung komme es neben Wortlaut, Systematik und Zielsetzung der Verträge „auf die objektiv zu bestimmende unmittelbare Zielsetzung einer Maßnahme, die zur Erreichung dieses Ziels gewählten Mittel sowie ihre Verbindung zu anderen Regelungen an".[20] Hingegen betont der EuGH im *Pringle*-Urteil,[21] dass eine zu strikte Trennung von Wirtschafts- und Währungspolitik die vielfältigen Wirkungsüberschneidungen zwischen beiden Politikbereichen nur unvollständig abzubilden vermag und damit volkswirtschaftliche Realitäten verkenne.

Um der Gefahr einer unsachgemäßen Vermengung von währungs- und wirtschaftspoliti- **20** schen Zielen wirkungsvoll zu begegnen, erklärt das Primärrecht die **Preisstabilität** (Geldwertstabilität) zur alleinigen Zielgröße für die von ESZB/Eurosystem gesteuerte gemeinsame Währungspolitik (Art. 127 Abs. 1 S. 1 AEUV) und regelt damit gleichzeitig auch das Verhältnis der speziellen Vorgabe zu allgemeineren, d. h. wirtschaftspolitischen Zielen in der Union (S. 2, 3). Im Umkehrschluss folgt aus dem **Primat** der Preisstabilität, dass die EZB und das Eurosystem wirtschaftspolitische Ziele nur soweit verfolgen dürfen, wie „dies ohne Beeinträchtigung des Zieles der Preisstabilität möglich ist". Das Primärrecht verzichtet bewusst auf genaue Definitionen der Begriffe Währungs- und Geldpolitik und legt stattdessen „die Ziele der Währungspolitik und die Mittel fest, über die das ESZB zur Ausführung dieser Politik verfügt"[22]. Umschrieben ist damit ein **Mandat**, das der EZB einen weiten, durch die Unabhängigkeitsgarantie gestützten und gleichzeitig funktional auf die Geld- und Währungspolitik begrenzten Beurteilungsspielraum eröffnet. Zur Gewährleistung von Preisstabilität, die als Zielgröße für den Einsatz des währungspolitischen Instrumentariums dient, strebt die EZB mittelfristig eine **Inflationsrate von 2 %** gegenüber dem Vorjahr an.[23] Der der EZB im Rahmen ihrer Unabhängigkeit eingeräumte Diskretionsspielraum impliziert gleichzeitig, dass geld- und währungspolitische Maßnahmen **gerichtlich** nur **eingeschränkt überprüfbar** sind. Dem EuGH[24] zufolge ist die **Kontrolldichte** auf offensichtliche, evidente Fehler (Evidenzmaßstab) **reduziert** und beschränkt sich damit auf Erwägungen zur Verhältnismäßigkeit des geldpolitischen Instrumenteneinsatzes.

b) Aufgaben. Um das Ziel der Preisstabilität zu erreichen, überträgt Art. 127 Abs. 2 **21** AEUV dem Eurosystem/ESZB **vier grundlegende Aufgaben**: die Festlegung und Ausführung der Geldpolitik (1. Spiegelstrich), die Durchführung von Devisengeschäften

---

19 BVerfGE 134, 366 (401 f.) – *OMT-Vorlagebeschluss*; vgl. auch BVerfGE 132, 195 (249) – *ESM-einsteweilige Anordnung*; E 135, 317 (407) – *ESM*; s. dazu Fallgestaltung Rn. 45 f.
20 BVerfGE 134, 366 (401 f.) – *OMT-Vorlagebschluss*, wobei der Verweis auf EuGH, U. v. 27.11.2012, Rs. C-370/12, ECLI:EU:C:2012:756 Rn. 53 ff. – *Pringle*, die Argumentation nur zum Teil zu tragen vermag.
21 EuGH, U. v. 27.11.2012, Rs. C-370/12, ECLI:EU:C:2012:756 Rn. 53 ff., insb. Rn. 56 – *Pringle*, s. dazu Fallgestaltung Rn. 43 f.
22 EuGH, U. v. 27.11.2012, Rs. C-370/12, ECLI:EU:C:2012:756 Rn. 53 – *Pringle*; EuGH, U. v. 16.6.2015, Rs. C-62/14, ECLI:EU:C:2015:400 Rn. 42 – *Gauweiler u. a.*; ebenso BVerfGE 134, 366 (400) – *OMT-Vorlagebeschluss*.
23 Die EZB misst Änderungen des Preisniveaus im Euroraum mit Hilfe des Harmonisierten Verbraucherpreisindex (HVPI), wobei die Veränderung des HVPI gegenüber dem Vorjahr in Prozent ausgedrückt und als Inflationsrate bezeichnet wird. Vgl. zur letzten Strategieüberprüfung im Juli 2021 *Manger-Nestler*, in: Pechstein/Nowak/Häde, Frankfurter Kommentar, EUV/GRC/AEUV, 2. Aufl. 2023, Art. 127, AEUV Rn. 5.
24 EuGH, Rs. C-62/14, ECLI:EU:C:2015:400 – *Gauweiler u. a.*; dagegen BVerfGE 154, 17 – *PSPP*. Siehe zu den unterschiedlichen Ansätzen unten Rn. 50 ff.

(2. Spiegelstrich), das Halten und Verwalten der offiziellen Währungsreserven der Mitgliedstaaten (3. Spiegelstrich) sowie die Förderung des reibungslosen Funktionierens der Zahlungssysteme (4. Spiegelstrich).[25] Daneben nimmt die EZB **weitere Aufgaben** wahr; dazu zählen neben Statistik (Art. 5 EZB-/ESZB-Satzung) und internationaler Zusammenarbeit (Art. 127 Abs. 5 AEUV) auch Aufgaben im Bereich der Finanzstabilität (Art. 127 Abs. 5 AEUV) sowie vor allem bei der **Finanzaufsicht** für die Eurozone (Art. 127 Abs. 6 AEUV). Die ESZB-Satzung konkretisiert in ihrem Kapitel IV die währungspolitischen Aufgaben und Operationen von Eurosystem/ESZB (Art. 17 ff. EZB-/ESZB-Satzung).

22   **aa) Geldpolitik.** Die Geldpolitik zählt zu den klassischen Tätigkeitsfeldern von Zentralbanken und bildet daher auch die **Hauptaufgabe** der EZB und des Eurosystems. Ausgerichtet auf das Ziel der Preisstabilität (Art. 127 Abs. 1 S. 1 AEUV) legt der EZB-Rat die einheitliche geldpolitische Strategie[26] für das Eurosystem fest. Der Einsatz des geldpolitischen Instrumentariums dient der Umsetzung der geldpolitischen Strategie, mit Hilfe derer die EZB die Zinskonditionen für die Geschäftsbanken sowie die Knappheitsverhältnisse am Geldmarkt (sog. Kredit- oder Refinanzierungspolitik) steuert. Zu den geldpolitischen Instrumenten der EZB zählen ständige Fazilitäten, Offenmarktgeschäfte (Art. 18 EZB-/ESZB-Satzung) sowie die Pflicht der Kreditinstitute, Mindestreserven bei der EZB zu halten (Art. 19 EZB-/ESZB-Satzung). Die einzelnen geldpolitischen Maßnahmen besitzen sowohl unterschiedliche rechtliche Wirkungen, wie marktkonforme Offenmarktgeschäfte oder hoheitliche Mindestreservepflichten zeigen, als auch verschiedene makroökonomische Effekte, z. B. Haupt- oder längerfristige Refinanzierungsgeschäfte, mit Hilfe derer die EZB den Geschäftsbanken Liquidität gegen Zinsen und/oder Sicherheiten bereitstellt. Über den sachgerechten Einsatz einzelner sowie die Kombination mehrerer geldpolitischer Instrumente entscheidet der EZB-Rat funktional unabhängig und aufgrund seiner Expertise in geld- und währungspolitischen Fragen (Art. 12.1 UAbs. 1 EZB-/ESZB-Satzung). Beim Einsatz konkreter geldpolitischer Instrumente gibt die EZB marktkonformen Steuerungsmitteln, insbesondere Offenmarktgeschäften, regelmäßig den Vorzug gegenüber hoheitlichen Maßnahmen, etwa der Ausweitung der Mindestreservepflichten.[27] Diesem Ansatz blieb die EZB in den gut 20 Jahren ihres Bestehens dem Grunde nach treu. Allerdings vollzog sie einen geldpolitischen Paradigmenwechsel insoweit, als sie volumenmäßig bislang einzigartige **Notfallprogramme** zum **Ankauf** von **Staatsanleihen** (insbesondere OMT, PSPP, PEPP)[28] auflegte, um die wirtschafts- und währungspolitischen Folgen zunächst der Finanz- und Euro-Staatsschuldenkrise (2008/2010), später der COVID-19-Pandemie (2020) zu überwinden. Gemeinsam ist sämtlichen krisenbedingten Sondermaßnahmen, dass sie zeitlich begrenzt waren und darauf abzielten, das Bankensystem bei langfristig niedrigen Zinsen mit zusätzlicher Liquidität zu versorgen und somit die krisenindizierten Folgen für die geldpolitische Transmission und die Preisstabilität zu begrenzen. Angesichts der Wirkungsüberschneidungen, die „unkonventionelle" geldpolitische Entscheidungen auf

---

25 S. zu Aufgaben, Instrumenten und geldpolitischer Strategie *Gramlich*, in: Niedobitek, Europarecht, § 15 Rn. 114 ff. u. 132 ff.; *Thiele*, Die Europäische Zentralbank, S. 71 ff.

26 Im Rahmen ihrer sog. Zwei-Säulen-Strategie kombiniert die EZB das Geldmengenziel (erste Säule) mit dem Inflationsziel (zweite Säule). Im Zuge der turnusmäßigen Strategieüberprüfung (Juli 2021) gab die EZB bekannt, Aspekte des Klimawandels („Green Financing") sowie dadurch verursachte Risiken für die Finanzstabilität strategisch stärker zu berücksichtigen.

27 Ausdruck des weiten Beurteilungsspielraums ist auch die sog. Experimentierklausel (Art. 20 S. 1 EZB-/ESZB-Satzung) zur Anwendung „anderer Instrumente der Geldpolitik", die der EZB-Rat bislang jedoch nicht aktivierte. Unabhängig davon kann der geldpolitische Handlungsrahmen im ordentlichen Gesetzgebungsverfahren geändert werden (Art. 129 Abs. 3 i. V. m. Art. 294 AEUV).

28 Vgl. zur Historie der Notfallankaufprogramme *Manger-Nestler*, in: Pechstein/Nowak/Häde, Frankfurter Kommentar, EUV/GRC/AEUV, 2. Aufl. 2023, Art. 127 AEUV 25 ff.; *Thiele*, Die Europäische Zentralbank, S. 5 ff.

die Wirtschaftspolitik haben, beschäftigen die verschiedenen Ankaufprogramme der EZB seit geraumer Zeit auch den EuGH und das BVerfG, die sich in mehreren Grundsatzurteilen, teils sehr unterschiedlich, positionierten (s. u., Rn. 50 ff.). Im Juni 2022 beschloss der EZB-Rat die Anleiheankäufe (EAP-Programm) einzustellen und leitete durch mehrere, teils massive Zinserhöhungen einen restriktiveren geldpolitischen Kurs und das vorläufige Ende der Niedrigzinspolitik ein.[29] Diese Maßnahmen sollen dazu dienen, die im Zuge der Energiekrise signifikant gestiegene Inflationsrate in der Eurozone wieder dem Zielwert von 2 % (s. Rn. 20) anzunähern. Daneben beschloss der EZB-Rat, die Risiken des Klimawandels im Einklang mit der EU-Taxonomieverordnung[30] stärker bei der Ausgestaltung der Geldpolitik (sowie im Rahmen der Bankenaufsicht) zu berücksichtigen.[31]

Organisationsrechtlich zeigt die Steuerung der gemeinsamen Geldpolitik deutlich die hierarchische Verbundstruktur des Eurosystems. Während dem **EZB-Rat** die einheitliche **Festlegung** der gemeinsamen Geldpolitik „einschließlich von Entscheidungen in Bezug auf geldpolitische Zwischenziele, Leitzinssätze und die Bereitstellung von Zentralbankgeld" (Art. 12.1 UAbs. 1 EZB-/ESZB-Satzung) obliegt, kann die EZB die Geschäfte entweder selbst durchführen oder, wie in der Praxis üblich, die **NZBen** zur **dezentralen Ausführung** der **geldpolitischen Geschäfte** (Art. 12.1 UAbs. 3 i. V. m. Art. 9.2 EZB-/ESZB-Satzung, sog. Grundsatz der Dezentralisierung) heranziehen.

bb) Durchführung von Devisengeschäften. Zu den Aufgaben von Eurosystem/ESZB zählt auch die Durchführung von Devisengeschäften (Art. 127 Abs. 2, 2. Spiegelstrich AEUV), womit hauptsächlich der An- und Verkauf von Fremdwährungen (als Teil der Währungsinnenpolitik) gemeint ist. Einzelheiten regelt Art. 23 EZB-/ESZB-Satzung, der auch den Begriff der Devisen (2. Spiegelstrich) legaldefiniert. Hingegen ist die Festlegung der **Währungsaußenpolitik**, etwa bei Wechselkurssystemen mit Drittstaaten, traditionell dem auswärtigen Handeln zuzuordnen und obliegt – auf Grundlage der Verbandszuständigkeit der EU (Art. 138 AEUV) – dem Rat (Art. 219 AEUV). Die EZB wird jedoch bei Außenwährungsfragen eingebunden, denn der Rat handelt bei „förmlichen Vereinbarungen" über ein Wechselkurssystem zwischen dem Euro und Drittstaatswährungen auf Empfehlung bzw. nach Anhörung der EZB und im „Bemühen, zu einem mit dem Ziel der Preisstabilität im Einklang stehenden Konsens zu gelangen" (Art. 219 Abs. 1 AEUV).[32]

cc) Halten und Verwalten von Währungsreserven. Dem Eurosystem/ESZB ist die Aufgabe übertragen, die offiziellen Währungsreserven[33] der Mitgliedstaaten zu halten und zu verwalten (Art. 127 Abs. 2, 3. Spiegelstrich AEUV; Art. 30, 31 EZB-/ESZB-Satzung). Grund dafür ist, dass die NZBen der Euro-Mitgliedstaaten die EZB bei der Errichtung mit Währungsreserven bis zu einem Gegenwert von 50 Milliarden Euro ausstat-

---

29 *Manger-Nestler*, in: Pechstein/Nowak/Häde, Frankfurter Kommentar, EUV/GRC/AEUV, 2. Aufl. 2023, Art. 127 AEUV Rn. 28.
30 VO (EU) Nr. 2020/852 v. 18.6.2020, ABl. 2020, L 198/13.
31 S. dazu *Dietz*, EuR 2022, 443; *Manger-Nestler*, in: Pechstein/Nowak/Häde, Frankfurter Kommentar, EUV/GRC/ AEUV, 2. Aufl. 2023, Art. 127 AEUV Rn. 13; *Zilioli/Ioannidis*, EuZW 2021, 1061.
32 S. zur Währungsaußenpolitik *Schmidt*, in: ders./Wollenschläger (Hrsg.), Kompendium Öffentliches Wirtschaftsrecht, § 5 Rn. 76 ff.; *Starski*, in: Pechstein/Nowak/Häde, Frankfurter Kommentar, EUV/GRC/AEUV, 2. Aufl. 2023, Art. 138 AEUV Rn. 1 ff.
33 Von der Zuständigkeit des Eurosystems/ESZB für die nationalen Währungsreserven unberührt bleiben Arbeitsguthaben in Fremdwährungen, deren Haltung und Verwaltung den Regierungen der Mitgliedstaaten überlassen ist (Art. 127 Abs. 3 AEUV). Von der Zuständigkeit zum „Halten und Verwalten" zu trennen ist zudem die Frage nach den Eigentumsverhältnissen an den Währungsreserven, wobei hinsichtlich der übertragenen Reserven von einer Übereignung mit der Folge des Eigentumserwerbs durch die EZB auszugehen ist. Vgl. zu Einzelheiten *Manger-Nestler*, in: Pechstein/Nowak/Häde, Frankfurter Kommentar, EUV/GRC/ AEUV, 2. Aufl. 2023, Art. 127 AEUV Rn. 36 ff.

teten (Art. 30.1 S. 1 EZB-/ESZB-Satzung); zudem besteht eine Nachschusspflicht der NZBen bei Bedarf der EZB (Art. 30.1 S. 2 EZB-/ESZB-Satzung). Die operative Verwaltung der Währungsreserven innerhalb des Eurosystems/ESZB ist den NZBen übertragen, die die Geschäfte im Auftrag und Namen der EZB durchführen (Dezentralisierungsgrundsatz, s. Rn. 23).

26 dd) **Zahlungsverkehr.** Im Rahmen ihrer Aufgabe, das reibungslose Funktionieren der Zahlungssysteme zu fördern (Art. 127 Abs. 2, 4. Spiegelstrich AEUV; Art. 22 EZB-/ESZB-Satzung), betreibt das Eurosystem unter Führung der EZB ein transnationales Echtzeit-Brutto-Express-Zahlungsverkehrssystem (sog. **TARGET2-System**). In Zeiten hochvernetzter und digitalisierter Zahlungsströme besitzen einheitliche, effiziente und zuverlässige Verrechnungs- und Zahlungssysteme eine nicht zu unterschätzende Bedeutung, denn sie gewährleisten, dass der geldpolitische Transmissionsmechanismus reibungslos funktioniert. Sie sind daher unverzichtbares Rückgrat eines stabilen transnationalen Finanzsystems sowie des EU-Binnenmarktes für Finanzdienstleistungen (Art. 26, 63 AEUV).

27 ee) **Banknotenausgabemonopol.** Das Recht zur Ausgabe von Banknoten und Münzen ist nicht Teil der Geldpolitik im engeren Sinne, steht aber in enger Wechselbeziehung zur geldpolitischen Strategie (Geldmengensteuerung) und damit zur Währungspolitik der EZB. Der Grund dafür liegt darin, dass jede Währungsordnung sich regelmäßig auf den Austausch von Zahlungsmitteln bezieht, deren Wert stabil gehalten werden soll (Preisstabilität, s. Rn. 19 f.). Eine Währungsordnung, so auch die Eurozone, wäre ohne die ihr zugrunde liegenden „Werkzeuge" (Zahlungsmittel), regelmäßig Bargeld sowie das volumenmäßig weit überwiegende Buchgeld (Giralgeld) und zunehmend auch E-Geld, nicht funktionsfähig.

28 Mit dem sog. Banknotenmonopol umschreibt Art. 128 Abs. 1 S. 1 AEUV das ausschließliche Recht der **EZB**, die **Ausgabe** von Euro-Banknoten innerhalb der Union zu **genehmigen**.[34] Die tatsächliche (physische) Ausgabe der Euro-Banknoten ist der EZB und den NZBen gemeinsam übertragen (Art. 128 Abs. 1 S. 2 AEUV), womit zum Ausdruck kommt, dass es sich um gemeinsame, aber einheitliche Banknoten handelt, die (ebenso wie Euro-Münzen gemäß Art. 11 VO (EG) Nr. 974/98) in allen Euro-Mitgliedstaaten als gesetzliches Zahlungsmittel gelten (Art. 128 Abs. 1 S. 3 AEUV). Das Recht zur Ausgabe von Münzen verbleibt bei den Mitgliedstaaten, wobei die EZB über den Umfang der Münzemission entscheidet (Art. 128 Abs. 2 S. 1 AEUV). Für den Münzbereich verfügt die EZB nicht über das notenbanktypische, exklusive Recht zur Emission von Geldzeichen; bei den Euro-Münzen handelt es sich daher um **nationale Zahlungsmittel**, die auf eine gemeinsame Währung lauten. Dem primärrechtlich nicht näher definierten Begriff des **Gesetzlichen Zahlungsmittels**[35] liegt ein währungsrechtlicher Geldbegriff[36]

---

34 Der Genehmigungsvorbehalt der EZB für die Ausgabe von Euro-Geldzeichen (Art. 128 Abs. 1 S. 1 AEUV) setzt voraus, dass die EZB auch auf Art und Beschaffenheit sowie sicherheitstechnische Merkmale der Euro-Geldzeichen Einfluss nehmen darf, wobei die Grenzziehung zur Zuständigkeit des Rates (Art. 128 Abs. 2 S. 1 AEUV) nicht eindeutig ist.
35 Der EuGH plädiert dafür, den Begriff „in der gesamten Union autonom und einheitlich" auszulegen, vgl. EuGH, U. v. 26.1.2021, verb. Rs. C-422/19 – *Dietrich* und C-423/19 – *Häring*, ECLI:EU:C:2021:63 Rn. 45. Im Kontext des im Streit stehenden Verbots von Barzahlungen beim Rundfunkbeitrag betonte der EuGH, dass Art. 128 AEUV (ebenso wie Art. 133 AEUV) die Mitgliedstaaten nicht daran hindere, Vorschriften, z. B. aus steuerlichen Gründen oder zur Organisation der öffentlichen Verwaltung (wie bei landesrechtlichen Barzahlungsverboten zum Rundfunkbeitrag), zu erlassen, die die Verwendung von Bargeld einschränken, wobei er als Maßstab für die Rechtfertigung derartiger Beschränkungen „öffentliche Interessen" (Rn. 63 ff.) sowie Verhältnismäßigkeitserwägungen (Rn. 56 ff.) als ausreichend erachtete. S. zum Rechtsstreit *Häde*, in: Calliess/Ruffert, EUV/AEUV, Art. 128 AEUV Rn. 4; *Manger-Nestler/Gramlich*, WM 2023, 101 sowie 153.
36 Vgl. zu den einzelnen Geldbegriffen *Hahn/Häde*, § 3 Rn. 12 ff.

II. Normative Ausgestaltung

zugrunde, der sich nach herkömmlichem Verständnis auf physisches Bargeld (Geldscheine und Münzen) sowie Buchgeld bezieht und mittlerweile auch E-Geld[37] erfasst. Nicht zum Regelungsprogramm zählen de lege lata neuartige Zahlungsmittel, etwa alternative oder Krypto„währungen" (Bitcoin) sowie E-Geld-Token, die regelmäßig als digitale Abbildungen von Werten gelten, ohne von einer Zentralbank oder Währungsbehörde ausgegeben zu werden und damit auch nicht als gesetzliche Zahlungsmittel einzuordnen sind.[38] Anders zu beurteilen wäre hingegen eine von EZB und Eurosystem emittierte Digitalwährung, ein sog. **digitaler Euro**, der entsprechend eines noch genau festzulegenden Funktionsumfangs als entmaterialisiertes Zentralbankgeld (*Central Bank Digital Currency*, CBDC) und damit als digitale Mischform zwischen Bar- und Buchgeld neben die herkömmlichen Geldformen treten könnte.[39]

ff) **Finanzaufsicht und Finanzstabilität.** Als *Lesson Learned* aus der Finanzkrise und um den „Teufelskreis" zwischen notleidenden Banken und Staaten zu durchbrechen, wurden die Finanzaufsichtsstrukturen in der EU grundlegend reformiert. Dies geschah zunächst im Zuge des 2010 errichteten Europäischen Systems der Finanzaufsicht (*European System of Financial Supervision*, ESFS), wesentlich umfangreicher jedoch in Gestalt der **Europäischen Bankenunion**, infolge derer 2014 ein einheitlicher Aufsichtsmechanismus[40] (*Single Supervisory Mechanism*, SSM) errichtet wurde, dem 2016 ein einheitlicher Abwicklungsmechanismus (*Single Resolution Mechanism*, SRM) folgte. Als eine Art „Drehkreuz der Finanzaufsicht" ist die EZB in sämtliche, dem ESZB in Struktur und Funktionsweise ähnliche Aufsichts- und Abwicklungsstrukturen organisatorisch eng eingebunden, denn ihr wurden, zumeist auf Grundlage von Art. 127 Abs. 6 AEUV, jeweils neuartige Aufsichtsaufgaben und teils weitreichende (Eingriffs-)Befugnisse übertragen.[41] Dies gilt zunächst für die **Systemrisikoaufsicht** (sog. makroprudenzielle Aufsicht) im *European Systemic Risk Board* (ESRB), das bei der EZB angesiedelt ist.[42] Vor allem aber wurden der EZB in der vergemeinschafteten (sog. mikroprudenziellen) Aufsicht im SSM umfangreiche „besondere Aufgaben" (Art. 127 Abs. 6 AEUV) bei der **Aufsicht** über die größten und systemrelevanten **Banken** der **Eurozone** übertragen.

Zwischen der unabhängigen **Geldpolitik**, der traditionellen Hauptaufgabe der EZB, und den neuartigen Befugnissen der **Finanzaufsicht** bestehen weitreichende Schnittmengen, die, ökonomisch betrachtet, vom hohen währungspolitischen Sachverstand der EZB profitieren, juristisch hingegen eine strikte organisatorische Trennung von Zuständigkeiten, Aufgaben und Befugnissen (*Chinese Walls*) erfordern. Um in der Geldpolitik eine unabhängige und weisungsfreie Entscheidungsfindung abzusichern, zugleich aber der primärrechtlich vorgegebenen, zweigliedrigen Organstruktur der EZB zu entsprechen (Art. 129 Abs. 1 AEUV), wurde für die Bankenaufsicht ein separates Aufsichtsgre-

---

37 Im Sinne der E-Geld-Richtlinie, vgl. RL 2009/110/EG v. 16.9.2009, ABl. 2009, L 267/7. Zukünftig werden E-Geld-Token ebenso wie Kryptowerte in der sog. MiCA-Verordnung einheitlich erfasst. S. Art. 2 des Vorschlags für eine VO des Europäischen Parlaments und des Rates über Märkte für Kryptowerte und zur Änderung der Richtlinie (EU) 2019/1937 v. 24.9.2020, COM/2020/593/final (sog. MiCAR); Einigung im Rat v. 30.6.2022, Entschließung des Europäischen Parlaments v. 20.4.2023.
38 S. die ausdrückliche Definition in Art. 2 Abs. 3 lit. a) MiCA-Verordnungsvorschlag (COM/2020/593/final).
39 Ausführlich zu digitalem Zentralbankgeld und zum digitalen Euro *Manger-Nestler*, RdZ 2021, 4; *dies.*, in: Omlor/Link (Hrsg.), Kryptowährungen und Token, 2. Aufl. 2023, 515 ff.
40 VO (EU) Nr. 1024/2013 v. 15.10.2013, ABl. 2013, L 287/63; VO (EU) Nr. 1022/2013 v. 22.10.2013, ABl. 2013, L 287/5; VO (EU) Nr. 468/2014 der EZB v. 16.4.2014, ABl. 2014, L 141/51.
41 S. zu Einzelheiten *Häde*, in: Calliess/Ruffert, EUV/AEUV, Art. 127 AEUV Rn. 59 ff.; *Kaufhold*, in: Schmidt/Wollenschläger (Hrsg.), Kompendium Öffentliches Wirtschaftsrecht, § 14, Rn. 55 ff.
42 VO (EU) Nr. 1092/2010 v. 24.10.2010, ABl. 2010, L 331/1; VO (EU) Nr. 1096/2010 v. 17.11.2010, ABl. 2010, L 331/162. S. zur Makroaufsicht *Schmidt*, in: ders./Wollenschläger (Hrsg.), Kompendium Öffentliches Wirtschaftsrecht, § 5, Rn. 65.

mium (*Supervisory Board*)⁴³ errichtet, dessen Beschlüsse nur durch den EZB-Rat kontrolliert werden können.

31 c) **Unabhängigkeit.** Bei der Erfüllung ihrer Aufgaben sind die **EZB** und die **NZBen** des Eurosystems frei von Weisungen und Einflussnahmen, sowohl von Seiten der Union als auch der Mitgliedstaaten. Die damit umschriebene Unabhängigkeit ist ein **prägendes Strukturmerkmal** für die Elemente des Eurosystems, das auch das gesamte Regelungsgefüge der Währungsunion durchzieht⁴⁴ und prominent in Art. 130 AEUV verankert ist.⁴⁵

32 aa) **Begriff und Adressaten.** Begrifflich meint Unabhängigkeit eine von Weisungen unbeeinflusste Wahrnehmung der Aufgaben innerhalb des Eurosystems und gilt als normatives Ordnungsprinzip für die EZB (Art. 282 Abs. 3 S. 3 AEUV) sowie ab dem Zeitpunkt des Beitritts⁴⁶ eines Mitgliedstaates zum Eurosystem für dessen NZB (Art. 130, 131 AEUV). Art. 130 AEUV gewährt Unabhängigkeit in **doppelter Hinsicht**, indem Weisungsfreiheit sowohl gegenüber sämtlichen EU-Organen und Einrichtungen auf **Unionsebene** (Art. 130 S. 1 AEUV) als auch gegenüber allen Regierungen und sonstigen Stellen der **Mitgliedstaaten** (Art. 130 S. 2 AEUV) gewährleistet wird. Das primärrechtliche Unabhängigkeitskonzept imprägniert die EZB und die NZBen sozusagen gegen exogene politische Einflussnahme, denn es ist geeignet, „den Geldwert und damit die allgemeine ökonomische Grundlage für die staatliche Haushaltspolitik eher [zu sichern] als Hoheitsorgane, die in ihrem Handeln von Geldmenge und Geldwert abhängen und auf die kurzfristige Zustimmung politischer Kräfte angewiesen sind. Die so begründete verfassungsrechtliche Billigung der Unabhängigkeit einer Europäischen Zentralbank ist jedoch auf den Bereich einer vorrangig stabilitätsorientierten Geldpolitik beschränkt und lässt sich auf andere Politikbereiche nicht übertragen"⁴⁷. Im Sinne einer **funktionsbezogenen** Unabhängigkeit, die der Konzentration auf die geldpolitische Hauptaufgabe dient, wird die Art und Weise (*wie*) der Aufgabenerfüllung (weisungsfrei) regelungstechnisch mit dem Primärziel der Preisstabilität verknüpft (Art. 130 i. V. m. Art. 127 Abs. 1 S. 1 AEUV). Damit in wechselseitiger Abhängigkeit stehen weitere Ausprägungen in Gestalt der **institutionellen**⁴⁸ und **personellen**⁴⁹ sowie **finanziellen**⁵⁰ **Autonomie**, wobei das Primärrecht zwischen den Kategorien bewusst keine Rangordnung oder Exklusivität regelt.

---

43 Vgl. Art. 26 VO (EU) Nr. 1024/2013.
44 Vgl. Art. 130, Art. 131, Art. 282 Abs. 3 S. 3 AEUV.
45 S. zur Unabhängigkeit *Gramlich*, in: Niedobitek, Europarecht, § 15, Rn. 155 ff.; *Häde*, in: Calliess/Ruffert, EUV/AEUV, Art. 127 AEUV Rn. 9 ff.; *Thiele*, Die Europäische Zentralbank, S. 43 ff. und S. 115 ff.
46 Als sog. rechtliches Konvergenzkriterium wird die Unabhängigkeit im Zeitpunkt des Beitritts der NZB zum Eurosystem in Art. 140 Abs. 1 S. 2 AEUV geregelt.
47 Auf diese – volkswirtschaftlich nicht unumstrittene – Annahme eines Wirkungszusammenhangs, wonach ein hoher Autonomiegrad als Garant und Bedingung für die Gewährleistung von Preisstabilität gilt, nimmt auch das BVerfG Bezug, vgl. BVerfGE 89, 155 (208 f.) – *Maastricht*; E 97, 350 (368) – *Euro*; E 134, 366 (400) – *OMT-Vorlagebeschluss*.
48 Institutionelle Autonomie meint eine primärrechtliche Bestandsgarantie gegen grundlegende organisatorische und kompetenzielle Veränderungen; sie kommt sowohl im währungspolitischen Kapitel (Art. 127 ff. AEUV) als auch in den institutionellen Vorschriften über die Unionsorgane (Art. 282 ff. AEUV) zum Ausdruck. S. dazu *Schmidt*, in: ders./Wollenschläger (Hrsg.), Kompendium Öffentliches Wirtschaftsrecht, § 5 Rn. 52 f.
49 Die personelle Autonomie dient der Integrität als natürliche Person und gilt für die Mitglieder der Beschlussorgane von Eurosystem/ESZB, d. h. für die Direktoriumsmitglieder sowie die Präsidenten der NZBen (arg. ex Art. 129 Abs. 1 AEUV). S. dazu *Schmidt*, in: ders./Wollenschläger (Hrsg.), Kompendium Öffentliches Wirtschaftsrecht, § 5 Rn. 54.
50 Finanzielle Autonomie (Art. 282 Abs. 3 S. 3 AEUV) im Sinne einer unabhängigen Verwaltung der Mittel soll verhindern, dass die EZB beim geldpolitischen Instrumenteneinsatz in unangemessene Abhängigkeit von Dritten gerät. Alleinige Kapitalzeichner und -eigner sind daher die NZBen (Art. 28.2. EZB-/ESZB-Satzung). S. dazu *Schmidt*, in: ders./Wollenschläger (Hrsg.), Kompendium Öffentliches Wirtschaftsrecht, § 5, Rn. 55.

bb) **Grenzen der Unabhängigkeit.** Der hohe Grad an Unabhängigkeit, mit dem EZB 33
und NZBen ausgestattet sind, ist jedoch nicht gleichzusetzen mit einer absoluten Autonomie im Sinne einer völligen Freistellung (*Splendid Isolation*) von demokratischer oder rechtsstaatlicher Kontrolle. Der EuGH weist regelmäßig darauf hin, dass „die Handlungen des ESZB nach Maßgabe der in den Verträgen festgelegten Voraussetzungen der gerichtlichen Kontrolle durch den Gerichtshof" unterliegen.[51] Parallel dazu steht die Unabhängigkeitsverbürgung der EZB in einem Spannungsverhältnis zu **demokratischen Grundsätzen** (Art. 2, Art. 10 Abs. 1 EUV).[52] Ein solches, unabhängigen Behörden, Institutionen und Organen allgemein anhaftendes Legitimationsdefizit ist demokratietheoretisch nur ausnahmsweise vertretbar und daher stets begründungbedürftig. Denn währungspolitische Diskretionsspielräume, wie sie der EZB im Vertrag von Maastricht und nach dem Vorbild der Deutschen Bundesbank eingeräumt wurden,[53] erzeugen Wissens- und Informationsasymmetrien, die die politisch-demokratische Legitimationskette unterbrechen und deren gerichtliche Kontrolldichte eingeschränkt ist.[54] Der damit verbundenen Gefahr des „verselbstständigten Agierens" wirkt das Primärrecht effektiv entgegen, in erster Linie durch die zielgebundene Ausrichtung des Mandats der EZB auf das Stabilitätsprimat (funktionsbezogene Autonomie), ergänzt um demokratische Verantwortungsmechanismen, sog. **Accountability**. Dazu zählen **Rechenschafts- und Transparenzpflichten** der EZB gegenüber dem Europäischen Parlament (Art. 284 Abs. 3 AEUV) sowie parlamentarische Anhörungsrechte bei der Bestellung von Direktoriumsmitgliedern (Art. 283 Abs. 2 UAbs. 2 AEUV).

Die Grenzen der funktionsbezogenen Unabhängigkeit verlaufen dort, wo EZB und 34
NZBen nicht mehr im Rahmen der dem Eurosystem/ESZB übertragenen Aufgaben handeln oder ihr Handeln umgekehrt **nicht** dem **Stabilitätsauftrag** dient. Der EuGH verneinte im sog. *OLAF-Urteil*[55] eine Verletzung von Art. 130 AEUV, sofern die EZB zu Maßnahmen gezwungen wird, die ihre Aufgabenerfüllung nicht beeinträchtigen, etwa Untersuchungen des Europäischen Amtes für Betrugsbekämpfung (*OLAF*). Voraussetzung ist, so der EuGH, dass die Unionseinrichtungen die sich aus der Aufgabenerfüllung der EZB ergebenden Besonderheiten angemessen berücksichtigen.[56] Dass die Rechtswirkungen von Art. 130 AEUV teleologisch und entstehungsgeschichtlich auf die geldpolitische Hauptaufgabe ausgerichtet sind, bekräftigte auch das BVerfG in seinem Urteil zur Bankenunion[57]. Die primärrechtliche Unabhängigkeitsgewähr gilt daher **nicht** in gleichem Umfang für **weitere Aufgaben der EZB** (Art. 127 Abs. 6 AEUV), etwa solche, die der EZB eine Schlüsselrolle in der Bankenaufsicht (SSM) zuweisen und zugleich eingriffsintensive Aufsichtsbefugnisse übertragen, die vom geldpolitischen Handlungsspielraum klar zu trennen sind. Eine Absenkung des demokratischen Legitimationsniveaus, so das BVerfG, sei nicht unbegrenzt zulässig, sondern bedürfe jeweils einer besonderen Rechtfertigung, die das Gericht im Falle des SSM aber noch als gegeben ansah.[58]

4. Rechtsschutz

Die EZB handelt nicht außerhalb des Rechts, sondern ist – ebenso wie die übrigen 35
Unionsorgane – an das Gebot der **Rechtsstaatlichkeit** gebunden. Daher unterliegen

---

51 EuGH, U. v. 10.7.2003, Rs. C-11/00, ECLI:EU:C:2003:395 Rn. 134f. – *Kommission/EZB*; EuGH, U. v. 16.6.2015, Rs. C-62/14, ECLI:EU:C:2015:400 Rn. 41 – *Gauweiler u. a.*
52 S. im Verhältnis zu Art. 88 GG *Schmidt*, in: ders./Wollenschläger (Hrsg.), Kompendium Öffentliches Wirtschaftsrecht, § 5 Rn. 50 ff.
53 Grundlegend dazu BVerfGE 97, 350 – *Euro*.
54 Vgl. ausführlich *Thiele*, Das Mandat der EZB und die Krise des Euro, 2013, S. 51 ff.
55 EuGH, U. v. 10.7.2003, Rs. C-11/00, ECLI:EU:C:2003:395 – *Kommission/EZB*.
56 EuGH, U. v. 10.7.2003, Rs. C-11/00, ECLI:EU:C:2003:395 Rn. 135 ff., insb. Rn. 143 – *Kommission/EZB*.
57 BverfGE 151, 202 – *Bankenunion*.
58 BverfGE 151, 202 (295 f.) – *Bankenunion*.

Handlungen der Zentralbank unter gewissen Voraussetzungen der Auslegung und Überprüfung durch den Europäischen Gerichtshof (Art. 35.1. EZB-/ESZB-Satzung). Im Rahmen des unionalen Rechtsschutzsystems (Art. 251 ff. AEUV) zu unterscheiden sind dabei verschiedene **prozessrechtliche Konstellationen**, die die **institutionellen Wechselbeziehungen** innerhalb des Eurosystems sowie zwischen EZB/Eurosystem und Union bzw. Mitgliedstaaten betreffen.[59] Rechtsbeziehungen gegenüber Marktteilnehmern sind, außer im Bereich der eingriffsintensiven Bankenaufsicht (SSM), nur dann rechtsschutzrelevant, wenn Zentralbankhandeln direkte (Außen-)Wirkung gegenüber Marktteilnehmern entfaltet.

36 Grundsätzlich können sämtliche Rechtsakte der EZB mit der **Nichtigkeitsklage** (Art. 263 AEUV) oder die Untätigkeit der Zentralbank im Zuge einer **Untätigkeitsklage** (Art. 265 AEUV) angegriffen werden. Im Wege der Nichtigkeitsklage ist somit grundsätzlich jede Rechtshandlung der EZB angreifbar, soweit diese verbindliche Rechtswirkungen erzeugt und den Kläger in seiner Rechtsstellung unmittelbar und individuell betrifft (Art. 264 Abs. 4 AEUV). Ein entsprechendes Urteil bindet die EZB ebenso wie die übrigen Unionsorgane (Art. 266 Abs. 1 AEUV).

37 Für den Fall, dass die Gültigkeit oder Auslegung von Rechtsakten der EZB in nationalen Gerichtsverfahren entscheidungserheblich ist, kann das nationale Gericht die entsprechende Rechtsfrage dem EuGH zur **Vorabentscheidung** (Art. 267 AEUV) vorlegen. Das BVerfG hat von diesem Recht mehrfach Gebrauch gemacht, erstmalig im Vorlagebeschluss[60] zum OMT-Programm und erneut mit einem Vorlagebeschluss[61] zum Anleiheankaufprogramm PSPP.
Im Rahmen der außervertraglichen Haftung haftet die Union grundsätzlich für Schäden, die durch Organe oder Bedienstete in Ausübung ihrer Amtstätigkeit entstanden sind (Art. 340 Abs. 2 AEUV). Für die EZB gilt, aufgrund ihrer Rechtspersönlichkeit, eine Sonderregelung (Art. 340 Abs. 3 AEUV; Art. 35.3 EZB-/ESZB-Satzung), wonach für Schäden, die die EZB oder ihre Bediensteten verursachen, nicht die Union, sondern die EZB selbst haftet.

38 Bei **systeminternen Streitigkeiten**, die das Innenverhältnis zwischen EZB und NZB betreffen, steht der EZB das Recht zu, die Erfüllung der Aufgaben durch die NZBen gerichtlich durchzusetzen (Art. 271 lit. d AEUV). Dabei handelt es sich um eine Art **Aufsichtsklage**, die dem Vertragsverletzungsverfahren (Art. 258 ff. AEUV) nachgebildet ist und dazu dient, den einheitlichen Aufgabenvollzug im Rahmen der hierarchischen Verbundstruktur des Eurosystems/ESZB sicherzustellen.[62]

39 **Materiellrechtlich** beziehen sich Rechtsschutzfragen hauptsächlich auf die Reichweite der funktionalen **Unabhängigkeitsgarantie**. Streitgegenständlich ist damit letztlich immer auch der Umfang der **Kontrolldichte** währungspolitischer Maßnahmen sowie ihre Abgrenzung zu wirtschaftspolitischem Handeln, wobei die kriseninduzierten geldpolitischen Maßnahmen der EZB in den letzten Jahren verstärkt das BVerfG sowie, teils auf Vorlage desselben, den EuGH beschäftigten. Dabei besteht zumindest insoweit Konsens, dass die gerichtliche Kontrolldichte bei Maßnahmen der Geld- und Währungspolitik reduziert ist, da sich die EZB auf einen entsprechenden, durch ihre funktionale Unab-

---

59 S. zum Ganzen *Gramlich*, in: Niedobitek, Europarecht, § 15 Rn. 162 ff.; *Hahn/Häde*, Währungsrecht, § 19; *Schmidt*, in: ders./Wollenschläger (Hrsg.), Kompendium Öffentliches Wirtschaftsrecht, § 5 Rn. 79 ff.
60 BVerfGE 134, 366, s. u. Rn. 50 ff. – *OMT-Vorlagebschluss*.
61 BVerfGE 146, 216, s. u. Rn. 60 ff. – *PSPP-Vorlagebschluss*.
62 Da die Aufsichtsklage die hierarchische Organisationsstruktur im Eurosystem/ESZB prozessual absichern soll, steht ein derartiges Klagerecht (Art. 35.1 S. 2 EZB-/ESZB-Satzung) nur der EZB, nicht aber den NZBen gegen die EZB zu. Die NZBen können sich gegen Maßnahmen der EZB mit Hilfe der Nichtigkeitsklage (Art. 263 Uabs. 4 AEUV) zur Wehr setzen.

hängigkeit gerechtfertigten Einschätzungs- und Prognosespielraum berufen kann.[63] Der EuGH prüft die Verhältnismäßigkeit geldpolitischer Maßnahmen anhand eines **Evidenzmaßstabs** und damit lediglich auf die **Plausibilität** ihrer Begründung hin. Hingegen rügte das BVerfG die mangelhafte Verhältnismäßigkeitsprüfung und stufte etwa die Beschlüsse zur Durchführung des PSPP als *ultra vires*-Akte ein, an deren Umsetzung deutsche Staatsorgane – somit auch die Bundesbank – nicht mitwirken dürften.

III. Fallgestaltungen

Das Währungs- und Zentralbankrecht war – auf nationaler wie europäischer Ebene – in der Vergangenheit tendenziell wenig durch Rechtsprechung geprägt. Der Grund dafür liegt darin, dass Zentralbanken mit ihrer Geldpolitik regelmäßig verhaltensökonomische Anreize bei den jeweiligen Marktteilnehmern erzeugen wollen (und auch nur finanziell begrenzte Mittel dafür einsetzen können) und daher von der Akzeptanz (Vertrauen) der Märkte in die Geldpolitik abhängig sind; sie gelten daher traditionell als rechtsschutzavers. Der Wirkmechanismus ihrer Maßnahmen wird dadurch nicht beeinträchtigt, wie das – in dem Fall marktberuhigende – Signal der Ankündigung des OMT-Programms im Sommer 2012 eindrucksvoll zeigt (s. Rn. 49). Über die juristische wie ökonomische Bewertung dieser „unkonventionellen", weil kriseninduzierten und durch großvolumigen Instrumenteneinsatz (Notfallankaufprogramme) gekennzeichneten Geldpolitik von EZB/Eurosystem herrscht nach wie vor Uneinigkeit. Dass diese Kontroversen über kurz oder lang auch nationale und europäische Höchstgerichte erreichen, war angesichts der grundlegenden integrationspolitischen Streitpunkte über die Reichweite der Wirtschafts- und Währungsunion nur eine Frage der Zeit.

Der anhand der prominenten Euro-Rettungsmaßnahmen nachfolgend skizzierte **Rechtsprechungsdialog** widerspiegelt die teils kontroversen Sichtweisen von **BVerfG** und **EuGH**, dreht sich aber gleichzeitig stets um die dahinterliegende Frage der gerichtlichen Kontrolldichte im Verhältnis zur Unabhängigkeit der EZB bei geldpolitischen Entscheidungen. Prozessrechtlich fallen Streitigkeiten der vergemeinschafteten Währungspolitik (Art. 3 Abs. 1 lit. c AEUV) primär in die Zuständigkeit des Europäischen Gerichtshofs, der über die Auslegung und Gültigkeit der Rechtshandlungen von EZB und Eurosystem/ESZB entscheidet. Sofern die Beteiligung deutscher Staatsorgane, etwa bei Zustimmungsgesetzen des Deutschen Bundestags zu Euro-Rettungsmaßnahmen (Urteil ESM), die haushaltspolitische Gesamtverantwortung des Deutschen Bundestages bzw. das Abstimmungsverhalten des Präsidenten der Deutschen Bundesbank als Mitglied des EZB-Rates (Urteile OMT, PSPP, PEPP), in Zweifel gezogen wird, kann dies die Zuständigkeit des BVerfG (Art. 93 Abs. 1 Nr. 4a GG) begründen. Das BVerfG überprüft zum einen im Rahmen der sog. *ultra vires*-Kontrolle die Reichweite der Integrationsverantwortung auf offensichtliche und strukturell bedeutsame Kompetenzverschiebungen, zum anderen im Rahmen der Identitätskontrolle die Vereinbarkeit von unionalen Maßnahmen mit den durch die Verfassung gezogenen Grenzen (Grundsätze der Art. 1 und Art. 20 GG).[64] Bereits in zwei Fällen (OMT, PSPP) hat das BVerfG Zweifelsfragen zur Auslegung von Unionsrecht dem EuGH zur Vorabentscheidung (Art. 267 Abs. 1 lit. a AEUV) vorgelegt.

1. Abgrenzung zwischen Wirtschafts- und Währungspolitik

Grundsätzlich sind beide Höchstgerichte um die Kontextualisierung der unionsrechtlichen Abgrenzung zwischen Wirtschafts- und Währungspolitik bemüht, wenn auch je-

---
63 S. zu den unterschiedlichen Prüfungsmaßstäben die nachfolgenden Fallgestaltungen, insb. Rn. 48 ff.
64 Vgl. insb. BVerfGE 123, 267 (365) – *Lissabon*; BVerfGE 126, 286 (302) – *Honeywell*; BVerfGE 129, 124 – *EFS*; BVerfGE 134, 366 (395) – *OMT-Vorlagebeschluss*; BVerfGE 142, 123 (211) – *OMT*; BVerfGE 146, 216 (256 ff.) – *PSPP-Vorlagebeschluss*; BVerfGE 151, 202 (299) – *Bankenunion*.

weils unter umgekehrten Vorzeichen. Während in den Entscheidungen zum ESM die Frage im Raum stand, ob der Stabilitätsmechanismus bzw. die Beteiligung der EZB daran „bereits" der Währungspolitik zuzuordnen seien, war in den Judikaten zu krisenbedingten geldpolitischen Maßnahmen (OMT, PSPP, PEPP) die Frage strittig, inwiefern die Maßnahmen der EZB „noch" solche der Geld- und damit Währungspolitik sind.

43 **EuGH, Urteil vom 27.11.2012 – Rs. C-370/12, ECLI:EU:C:2012:756 –** *Pringle*
Ein irischer Abgeordneter wendete sich gegen die Einführung des ESM und beklagte u. a., dass der Beschluss zur Änderung von Art. 136 AEUV zur Einführung des ESM in dem in Art. 48 Abs. 6 EUV vorgesehenen vereinfachten Änderungsverfahren nicht rechtmäßig ergangen sei, da er eine Änderung der Zuständigkeiten der Union enthalte. Der Kläger trug vor, dass die Einrichtung des ESM ein Eingriff in die ausschließliche Zuständigkeit der Europäischen Union für die Währungspolitik darstelle. Nach Zurückweisung des Anliegens durch den irischen High Court leitete der für das Rechtsmittelverfahren zuständige Supreme Court ein Vorabentscheidungsverfahren (Art. 267 AEUV) beim EuGH ein und legte diesem u. a. die Frage vor, ob die Einführung des ESM im vereinfachten Änderungsverfahren im Hinblick auf die ausschließliche Unionszuständigkeit für die Währungspolitik europarechtskonform war.

44 Der **EuGH** richtete den Fokus seiner Prüfung darauf, ob die in Art. 136 Abs. 3 AEUV eingefügte Rechtsgrundlage zur Errichtung eines Stabilitätsmechanismus für die Eurozone die ausschließliche Zuständigkeit der Union im Bereich der Währungspolitik (Art. 3 Abs. 1 lit. c AEUV) berührt, mit der Folge, dass ein vereinfachtes Vertragsänderungsverfahren (Art. 48 Abs. 6 EUV) nicht angewendet werden darf. Konkret musste der EuGH daher klären, ob der **ESM** als Instrument der Währungs- oder Wirtschaftspolitik einzuordnen sei. In Ermangelung einer ausdrücklichen Definition des Begriffs Währungspolitik, so der EuGH, nimmt das Primärrecht stärker auf die Ziele, weniger auf die Instrumente der Währungspolitik Bezug.[65] Der Gerichtshof kam zu dem Ergebnis, dass der ESM die Stabilisierung des Euro-Währungsgebiets insgesamt zum Ziel habe und sich dieses „klar vom Ziel der Gewährleistung der Preisstabilität, dem vorrangigen Ziel der Währungspolitik der Union" unterscheide. Eine solche Maßnahme (wie der ESM) könne daher nicht allein deshalb einer währungspolitischen Maßnahme gleichgestellt werden, „weil sie mittelbare Auswirkungen auf die Stabilität des Euro" haben könne.[66] An diesem Ergebnis ändere auch die Stellungnahme der EZB zum Entwurf des Beschlusses zur Einführung des ESM nichts.[67] Da der Europäische Rat die EZB aus eigener Initiative und nicht aufgrund der Verpflichtung aus Art. 48 Abs. 6 EUV angehört habe, sei die „Anhörung der EZB (…) jedenfalls nicht geeignet, die Natur des geplanten Stabilitätsmechanismus zu beeinflussen".[68] Im Ergebnis sieht der EuGH den ESM als Instrument der Wirtschaftspolitik und damit die Ergänzung von Art. 136 AEUV um den Abs. 3 im vereinfachten Verfahren als zulässig an.

45 **BVerfG, Urteil vom 12.9.2012 – 2 BvR 1390/12, BVerfGE 132, 195 –** *ESM–einstweilige Anordnung;* **BVerfG, Urteil vom 18.3.2014 – 2 BvR 1390/12, BVerfGE 135, 317 –** *ESM*
Im Wege mehrerer Verfassungsbeschwerden sowie eines Organstreitverfahrens befasste sich auch das BVerfG mit Rechtsfragen des ESM, wobei das erste ESM-Urteil im Eilverfahren (ESM-einstweilige Anordnung) erging, inhaltlich aber im Hauptverfahren (ESM) bestätigt wurde. Die Kläger rügten u. a., dass der Bundestag sich in verfassungswidriger Weise unter Verstoß gegen das Demokratieprinzip seiner Haushaltsautonomie entäußert habe und aufgrund der Verlagerung demokratischer Entscheidungsprozesse auf die supranationale Ebene „eine Wahr-

---

65 EuGH, U. v. 27.11.2012, Rs. C-370/12, ECLI:EU:C:2012:756 Rn. 53 – *Pringle*.
66 EuGH, U. v. 27.11.2012, Rs. C-370/12, ECLI:EU:C:2012:756 Rn. 56 und 97 – *Pringle*.
67 EuGH, U. v. 27.11.2012, Rs. C-370/12, ECLI:EU:C:2012:756 Rn. 61 – *Pringle*.
68 EuGH, Rs. C-370/12, ECLI:EU:C:2012:756 Rn. 62 – *Pringle*.

III. Fallgestaltungen

nehmung der haushaltspolitischen Gesamtverantwortung durch den Deutschen Bundestag nicht länger möglich sei".[69] *Damit einher gehe eine Verletzung von Art. 38 Abs. 1 S. 1 GG, in dessen Folge die Errichtung des ESM verfassungswidrig sei.*

Im Ergebnis sah das BVerfG, trotz gewisser verfassungsrechtlicher Bedenken, die haushaltspolitische Gesamtverantwortung des Deutschen Bundestages durch die Beteiligung Deutschlands am ESM als nicht gefährdet an.[70] Eine Verletzung der Haushaltsautonomie des Bundestags ergebe sich insbesondere nicht aus dem Umfang der von Deutschland übernommenen Zahlungsverpflichtungen, da die maximale Höhe der übernommenen Verpflichtungen nicht die aus dem Demokratieprinzip ableitbare äußerste Grenze überschreite, wodurch „die Haushaltsautonomie des Bundestages zumindest für einen nennenswerten Zeitraum praktisch vollständig leerliefe". Das BVerfG betonte, dass der Gesetzgeber bei der Frage der Eintrittsrisiken und der zu erwartenden Folgen für seine Handlungsfähigkeit über einen weiten Einschätzungsspielraum verfüge.[71] Die haushaltspolitische Gesamtverantwortung des Deutschen Bundestages könne effektiv wahrgenommen werden, da wichtige Entscheidungen im ESM mit Mehrheit und damit nicht gegen die Stimmen der deutschen Vertreter in den ESM-Organen getroffen werden können,[72] wodurch der „Legitimationszusammenhang zwischen dem Europäischen Stabilitätsmechanismus und dem Parlament" hinreichend gewahrt sei.[73] Das Gericht betont jedoch, dass der Bundestag eine dem Grundsatz der haushaltspolitischen Gesamtverantwortung widersprechenden Stimmrechtsaussetzung, wie sie z.T. im ESM-Vertrag vorgesehen ist,[74] dadurch entgegenzuwirken habe, dass er durchgehend sicherstellt, dass die Zahlungsverpflichtungen der Bundesrepublik Deutschland jederzeit erfüllt werden, unabhängig davon, ob diese berechtigt sind oder nicht.[75] Die verfassungsrechtlich gebotene parlamentarische Kontrolle der Tätigkeit des ESM sei daher gewährleistet.[76] Auch die abstrakte Möglichkeit, dass der ESM Verluste generieren könne, ändere an dem vorher gezeichneten Ergebnis nichts. Ob und ggf. in welchem Umfang mit Verlusten zu rechnen sei, liege im nicht justiziablen Einschätzungsspielraum des Gesetzgebers.[77]

Anmerkung: Zum besseren Verständnis der Entscheidungen sei daran erinnert, dass das BVerfG infolge seiner auf die nationale Verfassungsordnung begrenzten Jurisdiktionsgewalt nicht über Fragen der Auslegung von unionsrechtlichen Kompetenznormen und damit die unionsrechtliche Zulässigkeit des ESM entscheiden kann. Ausgangspunkt der den ESM betreffenden Verfahren vor dem BVerfG war daher stets die Frage, inwieweit die deutschen Zustimmungsgesetze[78] zum ESM-Vertrag mit der haushaltspolitischen Gesamtverantwortung des Deutschen Bundestages vereinbar seien. Gleichzeitig deutet sich in den Entscheidungen von EuGH und BVerfG zum ESM bereits an, dass

---

69 BverfGE 132, 195 (234 f.) – *ESM-einstweilige Anordnung.* Vgl. zu verfassungsrechtlichen Vorgaben für die Wahrung der Haushaltsautonomie des Bundestages bei der Stabilisierung des Euro und darüber hinaus *Sauer*, Staatsrecht III, S. 231 ff.
70 BverfGE 132, 195 (239 ff.) – *ESM-einstweilige Anordnung.*
71 BverfGE 135, 317 (409) – *ESM.*
72 BverfGE 135, 317 (421 f.) – *ESM.*
73 BverfGE 135, 317 (4. LS sowie 411 ff.) – *ESM* unter Verweis auf BverfGE 132, 195 (264) – *ESM-einstweilige Anordnung.*
74 Art. 4 Abs. 8 ESM-Vertrag.
75 BverfGE 135, 317 (415) – *ESM.*
76 BverfGE 135, 317 (413 ff.) – *ESM.*
77 BverfGE 135, 317 (421) – *ESM.*
78 Gesetz zu dem Vertrag vom 2. Februar 2012 zur Einrichtung des Europäischen Stabilitätsmechanismus vom 13. September 2012, BGBl. II, 981; Gesetz zu dem Vertrag vom 2. März 2012 über Stabilität, Koordinierung und Steuerung in der Wirtschafts- und Währungsunion vom 13. September 2012, BGBl. II, 1006; ESM-Finanzierungsgesetz (ESMFinG) vom 13. September 2012, BGBl. I, 1918; Gesetz zur Änderung des Artikels 136 des Vertrages über die Arbeitsweise der Europäischen Union hinsichtlich eines Stabilitätsmechanismus für die Mitgliedstaaten, deren Währung der Euro ist vom 13. September 2012, BGBl. II, 978.

die Höchstgerichte jeweils unterschiedliche Sichtweisen zu Reichweite und Grenzen von wirtschafts- bzw. währungspolitischen Maßnahmen haben. Diese „Rechtsprechungskontroverse" zwischen EuGH und BVerfG gewinnt in den nachfolgenden Entscheidungen zu krisenbedingten währungspolitischen Maßnahmen der EZB weiter an Bedeutung. Im Kontext seines *OMT*-Urteils (s. u., Rn. 56) präzisierte das BVerfG seine enge Interpretation der Währungspolitik und positionierte sich damit klar gegen den EuGH, indem es argumentierte, dass die Gewährung von Finanzhilfen (etwa solche des ESM) „offenkundig" nicht zur Währungspolitik gehörten. „Soweit das Europäische System der Zentralbanken daher Finanzhilfen gewährt, betreibt es eine der Europäischen Union untersagte Wirtschaftspolitik".[79] Der EuGH habe mit Blick auf den ESM herausgestellt, dass der darauf gerichtete Beschluss 2011/199 des Europäischen Rates (v. 25.3.2011) „wegen seiner Bezugnahme auf die wirtschaftspolitischen Bestimmungen" des AEUV sowie der Sekundärrechtsakte des sog. Six-Pack[80] als ein „ergänzender Teil des neuen Regelungsrahmens für die Verstärkung der wirtschaftspolitischen Steuerung der Union anzusehen ist" und damit für eine Zugehörigkeit des ESM zum Bereich der Wirtschaftspolitik plädiert. „Die Kontrolle der Haushaltspolitik sei jedenfalls nicht Bestandteil der Währungspolitik."[81] Das BVerfG übt dabei in ungewohnt scharfer Form Kritik am EuGH, wobei es seine Rechtsprechungsbefugnisse dabei mindestens bis an die Grenzen ausdehnt und zugleich den Zweck unabhängiger, aber funktional rückgebundener Entscheidungsprozesse in der Geldpolitik der EZB ein Stück weit zu verkennen scheint.

2. Kriseninduzierte Maßnahmen der unabhängigen Geldpolitik

48 Die zur Bekämpfung der Finanz- und Staatsschuldenkrise in der Eurozone (s. o., Rn. 22) von der EZB eingesetzten Maßnahmen, insbesondere die Notfallankaufprogramme, markierten einen geldpolitischen Strategie- und Politikwechsel, denn der veränderte, zwischenzeitlich zu „new normal" gewordene Instrumenteneinsatz stand im klaren Gegensatz zu einer zinspolitisch restriktiveren („konventionellen") Geldpolitik. Es überrascht wenig, dass Maßnahmen und Handlungen von EZB/Eurosystem in entsprechendem zeitlichem Nachlauf auch die Höchstgerichte auf europäischer wie nationaler Ebene beschäftigten und – im Falle des Pandemie-Notfallankaufprogramms PEPP – weiter beschäftigen.

49 a) **Ankündigung des OMT-Programms.** In den Verfahren zum **OMT-Programm** war die Rechtslage insoweit anders als im ESM-Verfahren, da jetzt eine einzelne Handlung der EZB, konkret die Ankündigung des OMT-Programms durch den EZB-Präsidenten, im Streit stand.

50 EuGH, Urteil vom 16.6.2015 – Rs. C-62/14, ECLI:EU:C:2015:400 – *Gauweiler u. a.*

BVerfG, Beschluss vom 14.1.2014 – 2 BvR 2728/13, BVerfGE 134, 366 – *OMT-Vorlagebeschluss*; BVerfG, Urteil vom 21.6.2016, 2 BvR 2728/13, BVerfGE 142, 123 – *OMT*
Am Beginn des OMT-Verfahrens standen mehrere Verfassungsbeschwerden sowie ein Organstreitverfahren vor dem BVerfG, das im OMT-Beschluss einhellig eine Kompetenzüberschreitung der EZB (ultra vires-Handlung) und damit das Budgetrecht des Deutschen Bundestages beeinträchtigt sah. Mit der Verletzung des Budgetrechts und damit des Demokratieprinzips (Art. 20

---

[79] BVerfGE 134, 366 (402) – *OMT-Vorlagebeschluss*, wobei zur Begründung auf das *Pringle*-Urteil (EuGH, U. v. 27.11.2012, Rs. C-370/12, ECLI:EU:C:2012:756 Rn. 57) verwiesen wird.

[80] Das „Sixpack" umfasst ein Bündel von sechs Sekundärrechtsakten (fünf Verordnungen und eine Richtlinie), das ein neues makroökonomisches Überwachungsverfahren einführte und der Reform des Stabilitäts- und Wachstumspakts diente. Vgl. für Einzelheiten *Kämmerer*, in: Pechstein/Nowak/Häde, Frankfurter Kommentar, EUV/GRC/AEUV, 2. Aufl. 2023, Art. 140 AEUV, Rn. 3; *Schmidt*, in: ders./Wollenschläger (Hrsg.), Kompendium Öffentliches Wirtschaftsrecht, § 5 Rn. 20 ff.

[81] BVerfGE 134, 366 (402 f.) – *OMT-Vorlagebeschluss* unter erneuter Bezugnahme auf das *Pringle*-Urteil (EuGH, U. v. 27.11.2012, Rs. C-370/12, ECLI:EU:C:2012:756 Rn. 58 ff.).

Abs. 1, 2 GG) gehe auch eine Beeinträchtigung der Verfassungsidentität einher. Die Verfassungsbeschwerden wendeten sich zuvorderst gegen die Untätigkeit des Deutschen Bundestages und der Bundesregierung und zielten darauf ab, dass der Bundestag und die Bundesregierung verpflichtet werden, dem OMT-Programm entgegenzuwirken. Die Partei DIE LINKE begehrte als Antragstellerin im Organstreitverfahren die Feststellung, dass der Bundestag verpflichtet sei, auf die Aufhebung des OMT-Beschlusses hinzuwirken. Die Verfahren beabsichtigten damit eine Identitäts- bzw. ultra vires-Kontrolle durch das BVerfG. Dieses legte zunächst verschiedene Auslegungsfragen betreffend das OMT-Programm dem EuGH zur Vorabentscheidung (Art. 267 Abs. 1 lit. a AEUV) vor, bevor es über die Verfassungsbeschwerden und das Organstreitverfahren entschied.

In seinem historisch ersten **Vorlagebeschluss** richtete das **BVerfG** u. a. die Frage an den EuGH, ob die EZB mit der Ankündigung des OMT-Programms *ultra vires* gehandelt, weil sie ihr währungspolitisches Mandat überschritten und in die wirtschaftspolitische Kompetenz der Mitgliedstaaten eingegriffen habe. Das BVerfG begründete seine Zweifel mit einem Umkehrschluss aus dem *Pringle*-Urteil (s. Rn. 43 f.), wonach ex ante unbegrenzte, selektive Käufe von Staatsanleihen durch die EZB nicht der Geld-, sondern der Wirtschaftspolitik zuzuordnen seien und die Ankündigung des OMT-Programms somit „in die Zuständigkeiten der Mitgliedstaaten für die Wirtschaftspolitik übergreift".[82] Die Verfassungsrichter vertraten die Meinung, „dass Ankäufe von Staatsanleihen nicht allein deshalb als währungspolitische Maßnahmen qualifiziert werden (können), weil sie mittelbar auch Ziele der Währungspolitik verfolgen". Dabei sei „nicht nur auf die Zielsetzung, sondern auch auf die zur Zielerreichung gewählten Mittel und ihre Effekte" abzustellen. Wenn das Eurosystem/ESZB Finanzhilfen gewähre, betreibe es „eine der Europäischen Union untersagte Wirtschaftspolitik".[83] Im Ergebnis stelle sich deshalb der OMT-Beschluss „nicht mehr als währungspolitische, sondern als überwiegend wirtschaftspolitische Maßnahme dar".[84]

51

Hingegen qualifizierte der EuGH[85] die Ankündigung des OMT-Programms in seiner Vorabentscheidung als geldpolitische Maßnahme und bestätigte damit die Position der EZB. Die Einordnung habe sich dabei an den mit dem Programm verfolgten Zielen sowie den dafür vorgesehenen Mitteln zu orientieren.[86] Angesichts seiner Ziele, eine ordnungsgemäße geldpolitische Transmission und die Einheitlichkeit der Geldpolitik sicherzustellen, sei das OMT-Programm der Geld- und damit der Währungspolitik zuzuordnen und trage zur Gewährleistung der Preisstabilität und damit zur Einheitlichkeit der Geldpolitik bei. Umgekehrt werde durch eine Störung des Transmissionsmechanismus die Wirksamkeit der vom Eurosystem/ESZB beschlossenen Maßnahmen beeinträchtigt und damit auch „zwangsläufig dessen Fähigkeit (...), die Preisstabilität zu gewährleisten".[87] Auch der Umstand, dass das OMT-Programm möglicherweise wirtschaftspolitisch stabilisierenden Einfluss auf den Euro-Währungsraum habe, ändere an dieser Einordnung nichts. Ankäufe von Staatsanleihen seien nicht allein deshalb als währungspolitische Maßnahmen zu qualifizieren, weil sie mittelbar auch Ziele der Währungspolitik verfolgen.[88] Auch die im OMT-Programm vorgesehenen Mittel stützen nach Ansicht des EuGH dieses Ergebnis, da Outright-Geschäfte als Instrumente der Geldpolitik vom europäischen Primärrecht explizit (Art. 18 EZB-/ESZB-Satzung) vorgesehen sind.[89]

52

---

82 BVerfGE 134, 366 (404) – *OMT-Vorlagebeschluss*; s. dazu *Ruffert*, JuS 2014, 373.
83 BVerfGE 134, 366 (402) – *OMT-Vorlagebeschluss*.
84 BVerfGE 134, 366 (404 ff.) – *OMT-Vorlagebeschluss*.
85 EuGH, Rs. C-62/14, ECLI:EU:C:2015:400 Rn. 46 – *Gauweiler u. a.*; s. dazu *Ruffert*, JuS 2015, 758.
86 EuGH, Rs. C-62/14, ECLI:EU:C:2015:400 Rn. 46 – *Gauweiler u. a.*
87 EuGH, Rs. C-62/14, ECLI:EU:C:2015:400 Rn. 50 – *Gauweiler u. a.*
88 EuGH, Rs. C-62/14, ECLI:EU:C:2015:400 Rn. 52 – *Gauweiler u. a.* unter Bezugnahme auf EuGH, U. v. 27.11.2012, Rs. C-370/12, ECLI:EU:C:2012:756 – *Pringle*.
89 EuGH, Rs. C-62/14, ECLI:EU:C:2015:400 Rn. 53 f. – *Gauweiler u. a.*

53 Zugleich betonte der EuGH die funktionalen Grenzen seiner Jurisdiktionsgewalt, die sich auf eine **Evidenzkontrolle** anhand eines **Plausibilitätsmaßstabs** beschränke, in deren Rahmen die Maßnahmen (OMT) auf ihre Verhältnismäßigkeit zu überprüfen seien. Da das ESZB im Rahmen des OMT-Programms komplexe Prognosen und Beurteilungen vornehmen muss, sei diesem „ein weites Ermessen einzuräumen".[90]

54 Im Rahmen seiner äußeren Grenzen der Plausibilitätskontrolle forderte der EuGH allerdings einen verhältnismäßigen Einsatz der geldpolitischen Instrumente, der auch als vorsichtiger Hinweis zu einer gewissen Zurückhaltung bei Offenmarktgeschäften interpretierbar ist. Vor allem aber schließe die Evidenzkontrolle nicht die Überprüfung der Einhaltung bestimmter verfahrensrechtlicher Garantien aus. Zu diesen Garantien gehöre die „Verpflichtung des ESZB, sorgfältig und unparteiisch alle relevanten Gesichtspunkte des Einzelfalls zu untersuchen und seine Entscheidungen hinreichend zu begründen".[91] Der EuGH sieht diese Erfordernisse im Fall des OMT-Programms aber eingehalten und ordnete das OMT-Programm daher insgesamt als verhältnismäßige[92] und damit als vertretbare Maßnahme ein.

55 Im Gegensatz zum EuGH erblickte das **BVerfG** in seinem endgültigen Urteil im OMT-Beschluss eine offensichtliche Kompetenzüberschreitung, die vom geldpolitischen Mandat der EZB nicht gedeckt sei; im Ergebnis vermied das Gericht jedoch die Einordnung als qualifizierte Kompetenzüberschreitung (*ultra vires*)-Akt).[93] Das BVerfG anerkennt zunächst die grundsätzlich bindende Wirkung des EuGH-Urteils, äußert aber zum „zumindest vertretbaren" Ergebnis des EuGH „gewichtige Bedenken" hinsichtlich der Verfassungsmäßigkeit des OMT-Programms.[94] Konkret kritisiert das BVerfG die Ermittlung des Sachverhalts durch den EuGH, da insbesondere Indizien, die offensichtlich gegen den geldpolitischen Charakter des OMT-Programms sprächen, nicht hinreichend beachtet worden seien.[95] Zudem berücksichtige der EuGH das Prinzip der begrenzten Einzelermächtigung nicht genügend, denn „die großzügige Hinnahme behaupteter Zielsetzungen verbunden mit weiten Bewertungsspielräumen der Stellen der Europäischen Union und einer erheblichen Zurücknahme der gerichtlichen Kontrolldichte (sei) geeignet, den Organen, Einrichtungen und sonstigen Stellen der Europäischen Union eine eigenständige Disposition über die Reichweite der ihnen von den Mitgliedstaaten zur Ausübung überlassenen Kompetenzen zu ermöglichen".[96] Nicht ausreichend sei das vom EuGH angelegte Maß an Kontrolldichte, das jedoch als notwendige Konsequenz des infolge der Unabhängigkeit der EZB abgesenkten demokratischen Legitimationsniveaus notwendig sei.[97] Trotz dieser Bedenken bewege sich die Auslegung des EuGH aber „nicht offensichtlich außerhalb der der Europäischen Zentralbank zugewiesenen Kompetenzen im Sinne des Ultra-vires-Kontrollvorbehaltes"[98]. Die vom EuGH aufgestellten Bedingungen (Begründungspflicht, volumenmäßige Begrenzung der Anleihekäufe) würden gewährleisten, dass das „nahezu unbegrenzte und weit in die Wirtschaftspolitik übergreifende Potential (…) beschränkt wird"[99]. Auch wenn damit im Ergebnis der in die Wirtschaftspolitik übergreifende Charakter nicht vollständig beseitigt sei, erscheine die Annahme eines zumindest im Schwerpunkt geldpolitischen Charakters

---

90 EuGH, Rs. C-62/14, ECLI:EU:C:2015:400 Rn. 68 – *Gauweiler u. a.*
91 EuGH, Rs. C-62/14, ECLI:EU:C:2015:400 Rn. 69 – *Gauweiler u. a.*
92 EuGH, Rs. C-62/14, ECLI:EU:C:2015:400 Rn. 92 – *Gauweiler u. a.*
93 BVerfGE 142, 123 (214) – *OMT*.
94 BVerfGE 142, 123 (214, 217 ff.) – *OMT*.
95 BVerfGE 142, 123 (217 f.) – *OMT*.
96 BVerfGE 142, 123 (218 f.) – *OMT*.
97 BVerfGE 142, 123 (220 f.) – *OMT*.
98 BVerfGE 142, 123 (221) – *OMT*.
99 BVerfGE 142, 123 (223) – *OMT*.

III. Fallgestaltungen

des OMT-Programms als vertretbar.[100] Demnach waren die Verfassungsbeschwerden und der Antrag im Organstreitverfahren nicht als *ultra vires*-Akte einzustufen und im Ergebnis unbegründet.

Anmerkung: Die Antwort des EuGH auf die Vorlagefragen des BVerfG überzeugt mit Blick auf das Ergebnis, vor allem aber hinsichtlich der Begründungsanforderungen für geldpolitische Maßnahmen. Denn der EuGH liefert mit dem OMT-Urteil zugleich eine rechtliche Vorstrukturierung für die Kontrolldichte nachfolgender Notfallankaufprogramme der EZB, konkret PSPP und möglicherweise auch PEPP. Je klarer die EZB ihre Zielvorgabe durch objektive Kriterien zu untersetzen (und nicht lediglich subjektiv zu motivieren) vermag, umso sinnvoller wirkt der Evidenzmaßstab, der sich gerade nicht mit hochkomplexen Fragen der Notwendigkeit, der Effizienz sowie der zielbezogenen Wirkungen der eingesetzten geldpolitischen Instrumente befassen soll. Es zählt zum effektiven Kerngehalt der funktionsbezogenen Unabhängigkeit, wenn die in einer Währungsinstitution wie der EZB gebündelte makroökonomische Expertise sich in einem Beurteilungsspielraum ausdrückt, dessen richterliche Kontrolldichte eingeschränkt ist. Die daraus folgenden, ökonomisch rationalen Wissensasymmetrien zwischen Zentralbank und Judikative sind daher mit juristischen Mitteln nur eingeschränkt zu greifen. Dies überzeugt auch unter demokratietheoretischen wie gewaltenteiligen Maßstäben, da ansonsten der Unabhängigkeitsgarantie (Art. 130, Art. 282 Abs. 3 AEUV) ihr Nutzen praktisch entzogen wären. **56**

Die vom BVerfG im endgültigen *OMT*-Urteil ausgeloteten Grenzen für *ultra vires*-Handeln erscheinen daher zumindest angreifbar, vor allem, weil die Kompetenzüberschreitung mit einem methodisch durchaus fragwürdigen Kunstgriff begründet wird. Gleichzeitig lieferte das BVerfG – wie das spätere Urteil des EuGH zu PSPP (s. u., Rn. 62) zeigt – mit seinen Erwägungen zum Begründungserfordernis bei der Überprüfung geldpolitischer Entscheidungen einen wichtigen Anstoß für die Weiterentwicklung der EuGH-Rechtsprechung. **57**

b) Public Sector Purchasing Programme (PSPP). Während das OMT-Programm lediglich angekündigt[101] wurde und ganz im Sinne einer Forward Guidance auch zu einer Beruhigung der turbulenten Finanzmärkte führte, verstetigte der EZB-Rat Anfang 2015 die geldpolitischen Sondermaßnahmen (sog. *Quantitative Easing; Public Sector Purchasing Programme*, PSPP, als Teil des *Expanded Asset Purchase Programme*, EAPP). Im Jahr 2018 erfolgte eine schrittweise Reduzierung der Ankaufprogramme und damit ein vorsichtiger Richtungswechsel. Um die Folgen der COVID-19-Pandemie abzufedern, beschloss der EZB-Rat im März 2020 die Wiederaufnahme der Notfallankaufprogramme (*Pandemic Emergency Purchase Programme*, PEPP). Mitte des Jahres 2022 beschloss der EZB-Rat, das EAP-Programm einzustellen und mit einer zinspolitisch restriktiveren Geldpolitik die steigende Inflationsrate (s. Rn. 22) im Euroraum zu bekämpfen. **58**

EuGH, Urteil vom 11.12.2018 – Rs. C-493/17, ECLI:EU:C:2018:1000 – *Weiss u. a.* **59**

BVerfG, Beschluss vom 18.7.2017 – 2 BvR 859/15, BVerfGE 146, 216 – *PSPP-Vorlagebeschluss*; **BVerfG, Urteil vom 5.5.2020, 2 BvR 859/15, BVerfGE 154, 17 –** *PSPP*
Die in der Folge zum EAP-, vor allem aber zum PSP-Programm erhobenen Verfassungsbeschwerden[102] führten zur erneuten Vorlage[103] an den EuGH. Dieser sollte neben der Vereinbarkeit von PSPP mit Art. 123 AEUV vor allem dessen Verhältnismäßigkeit in Bezug auf die hiermit

---

100 BVerfGE 142, 123 (225) – *OMT*.
101 Der damalige EZB-Präsident *Mario Draghi* tat dies im August 2012 mit der wortmächtigen Ankündigung „whatever it takes (…)", vgl. dazu *Thiele*, Die Europäische Zentralbank, S. 5 ff.
102 BVerfGE 146, 216 – *PSPP-Vorlagebeschluss*; s. dazu *Ruffert*, JuS 2020, 574.
103 BVerfGE 146, 216 – *PSPP-Vorlagebeschluss*.

verfolgte währungspolitische Zielsetzung und somit das währungspolitische Mandat der EZB (Art. 123 AEUV) klären. Die Beschwerdeführer sahen im PSPP u. a. eine Überschreitung des währungspolitischen Mandats der EZB und hielten es darüber hinaus mit Blick auf die Erreichung des angestrebten Ziels für unverhältnismäßig.[104] Zudem erachteten die Beschwerdeführer das Demokratieprinzip und damit die deutsche Verfassungsidentität als beeinträchtigt.[105] Sie begehrten daher u. a. den Erlass einer einstweiligen Anordnung durch das BVerfG, die der Deutschen Bundesbank die weitere Teilnahme an dem EAP-Programm untersagt und die Bundesregierung verpflichtet, Klage gegen PSPP vor dem EuGH zu erheben.[106]

60 Das **Bundesverfassungsgericht** äußerte in seinem Vorlagebeschluss[107] an den EuGH Zweifel an der Vereinbarkeit des PSPP mit dem Verbot monetärer Haushaltsfinanzierung gem. Art. 123 AEUV[108] und an der Vereinbarkeit mit dem währungspolitischen Mandat der EZB nach Art. 127 AEUV. Nach Ansicht des BVerfG gebe es „gewichtige Anhaltspunkte dafür, dass der PSPP-Beschluss aufgrund seines Volumens und wegen seines mehr als zwei Jahre dauernden Vollzugs vom Mandat der EZB nicht gedeckt"[109] sei. Das PSPP könne sich daher „nicht mehr als währungspolitische, sondern als überwiegend wirtschaftspolitische Maßnahme darstellen"[110]. Im Rahmen der Vorabentscheidung[111] sollte der EuGH, neben der Vereinbarkeit des PSPP mit Art. 123 AEUV die Vereinbarkeit mit dem währungspolitischen Mandat der EZB gem. Art. 127 AEUV klären.

61 Der **EuGH** teilte die Bedenken des BVerfG nicht und entschied, dass die EZB mit dem PSPP weder ihr Mandat überschreitet noch gegen Art. 123 AEUV verstößt.[112] Erneut betonte der Gerichtshof, dass mittelbare wirtschaftspolitische Effekte der Erreichung des erwünschten Inflationsziels dienen und insofern einer Zuordnung von Maßnahmen zur Währungspolitik nicht schon deshalb entgegenstehen;[113] im Übrigen sei eine „absolute Trennung zwischen Wirtschafts- und Währungspolitik" nicht möglich und vom AEUV auch nicht vorgesehen.[114] In Fortschreibung seiner OMT-Rechtsprechung lässt der EuGH eine **reduzierte Kontrolldichte** in Gestalt eines **Evidenzmaßstabes** erkennen, indem er das weite Ermessen der EZB bei der Festlegung und Durchführung von geldpolitischen Maßnahmen betont, dass seine Rechtfertigung in der technischen Natur der Entscheidungen sowie der Komplexität der Prognosen und Beurteilungen finde.[115] Dabei beschränkt der EuGH konsequent die Überprüfung von Eignung, Erforderlichkeit und Angemessenheit des PSPP auf offensichtliche Beurteilungsfehler.[116] Derartige Mängel konnte der Gerichtshof beim PSPP indes nicht erkennen;[117] im Übrigen verstoße das PSPP nicht gegen den Grundsatz der Verhältnismäßigkeit.[118] Darüber hinaus kann das Gericht auch keinen Verstoß gegen Art. 123 AEUV feststellen,[119] hält vielmehr fest,

---

104 BVerfGE 146, 216 (242 f.) – *PSPP-Vorlagebeschluss.*
105 BVerfGE 146, 216 (243) – *PSPP-Vorlagebeschluss.*
106 BVerfGE 146, 216 (222) – *PSPP-Vorlagebeschluss.*
107 BVerfGE 146, 216 – *PSPP-Vorlagebeschluss.*
108 BVerfGE 146, 216 (266 ff.) – *PSPP-Vorlagebeschluss.*
109 BVerfGE 146, 216 (283 f.) – *PSPP-Vorlagebeschluss.*
110 BVerfGE 146, 216 (283 f.) – *PSPP-Vorlagebeschluss.*
111 EuGH, Rs. C-493/17, ECLI:EU:C:2018:1000 – *Weiss u. a.*; s. dazu *Ruffert*, JuS 2019, 181.
112 EuGH, Rs. C-493/17, ECLI:EU:C:2018:1000 – *Weiss u. a.*
113 EuGH, Rs. C-493/17, ECLI:EU:C:2018:1000 Rn. 53–70 – *Weiss u. a.*, unter Bezugnahme auf das OMT-Urteil, Rs. C-62/14, ECLI:EU:C:2015:400 – *Gauweiler u. a.*
114 EuGH, Rs. C-493/17, ECLI:EU:C:2018:1000 Rn. 60 – *Weiss u. a.*
115 EuGH, Rs. C-493/17, ECLI:EU:C:2018:1000 Rn. 73 – *Weiss u.a.*
116 EuGH, Rs. C-493/17, ECLI:EU:C:2018:1000 Rn. 78 f., 81, 86, 91 ff. – *Weiss u.a.*
117 EuGH, Rs. C-493/17, ECLI:EU:C:2018:1000 Rn. 78 f., 81, 86, 91 ff. – *Weiss u.a.*
118 EuGH, Rs. C-493/17, ECLI:EU:C:2018:1000 Rn. 79 ff. – *Weiss u.a.*
119 EuGH, Rs. C-493/17, ECLI:EU:C:2018:1000 Rn. 101 ff. – *Weiss u.a.*

III. Fallgestaltungen

dass die „Prüfung nichts ergeben hat, was die Gültigkeit des (PSPP-)Beschlusses (…) beeinträchtigen" könnte.[120]

Das **Bundesverfassungsgericht** rückt erneut die mangelhafte Verhältnismäßigkeitsprüfung in den Mittelpunkt seines Urteils und stuft die Beschlüsse zur Durchführung des PSPP als *ultra vires*-Akte ein, an deren Umsetzung deutsche Staatsorgane – somit auch die Bundesbank – nicht mitwirken dürften; der Gerichtshof dürfe die behaupteten Absichten der EZB „nicht unbesehen übernehmen", weshalb seine Kontrolle der Verhältnismäßigkeit „schlechterdings nicht mehr nachvollziehbar" sei.[121] In einem solchen Fall der objektiv willkürlichen Auslegung der Verträge durch den EuGH sieht sich das BVerfG nicht an dessen Beurteilung gebunden, da sich das Urteil des EuGH insoweit „selbst als Ultra-vires-Akt darstellt".[122] An der Verhältnismäßigkeitsprüfung des EuGH kritisiert das BVerfG das Außerachtlassen der tatsächlichen Wirkungen des PSPP sowie eine fehlende Gesamtbetrachtung der Wirkungen des Programms.[123] Dies verfehle „die Anforderungen an eine nachvollziehbare Überprüfung der Einhaltung des währungspolitischen Mandats von ESZB und EZB".[124] Der Grundsatz der Verhältnismäßigkeit könne „die ihm zukommende Korrektivfunktion zum Schutz mitgliedstaatlicher Zuständigkeiten nicht erfüllen".[125] Indem der EuGH die „wirtschafts- und fiskalpolitischen Konsequenzen des Programms hinnimmt, ermöglicht er dem ESZB eine eigenständige Disposition über die Reichweite der ihm von den Mitgliedstaaten zur Ausübung überlassenen Kompetenzen"[126], so das BVerfG weiter. Wiederholt verweist das Gericht dabei auf die Notwendigkeit einer restriktiven Auslegung des währungspolitischen Mandats der EZB, da aufgrund der Unabhängigkeit der EZB (Art. 130, 282 AEUV) ein abgesenktes demokratisches Legitimationsniveau bestehe.[127] Im Ergebnis stuft das BVerfG das PSPP daher entgegen der Auffassung des EuGH als unverhältnismäßig und damit das Handeln der EZB als *ultra vires*-Akt ein.[128]

62

Anmerkung: Das Urteil des EuGH war wenig überraschend, denn der Gerichtshof bestätigte seine Position, wonach eine absolute, realökonomische Zusammenhänge außer Acht lassende Dichotomie zwischen Wirtschafts- und Währungspolitik infolge des institutionellen Gleichgewichts nicht zwingend sei. Gleichzeitig scheint es im Sinne einer normativen Korrektivfunktion umso wichtiger, ein präzises Rechtsverständnis des Mandats der EZB zugrunde zu legen und die zugehörigen Instrumente – entweder währungs- oder aber finanzstabilitätspolitisch – eindeutig zu konturieren. Deutlicher als in der OMT-Entscheidung legt der Gerichtshof die Pflicht zur Begründung von Rechtsakten (Art. 296 Abs. 2 AEUV) dar, die insbesondere im Hinblick auf die Veröffentlichung von Pressemitteilungen, Befragungen und Erläuterungen des EZB-Präsidenten sowie Publikation von monetären Analysen und Studien zu beachten sei.[129] Die damit genauer beschriebenen Elemente von Accountability sind einerseits geeignet, den geldpolitischen Beurteilungsspielraum der EZB verfahrensrechtlich einzuhegen und dienen andererseits dazu, die notwendige Transparenz als Element demokratischer Legitimation herzustellen.

63

---

120 EuGH, Rs. C-493/17, ECLI:EU:C:2018:1000 Rn. 158 – *Weiss u.a.*
121 BVerfGE 154, 17 (Rn. 110 ff.), Ls. 3 und Rn. 142 ff., sowie (151 f.) Ls. 10 und Rn. 234 ff. – *PSPP*.
122 BVerfGE 154, 17 (96 ff., 117 ff.) – *PSPP*.
123 BVerfGE 154, 17 (99 ff.) – *PSPP*.
124 BVerfGE 154, 17 (99) – *PSPP*.
125 BVerfGE 154, 17 (105) – *PSPP*.
126 BVerfGE 154, 17 (107) – *PSPP*.
127 BVerfGE 154, 17 (111 f.) – *PSPP*.
128 BVerfGE 154, 17 (121 ff.) – *PSPP*.
129 EuGH, Rs. C-493/17, ECLI:EU:C:2018:1000, Rn. 29 ff. – *Weiss u.a.*

64 Hingegen scheint die vom BVerfG im endgültigen PSPP-Urteil vorgenommene teleologische Reduktion des geldpolitischen Diskretionsspielraums der EZB mit einer, durch den Unabhängigkeitsmaßstab eingeschränkten gerichtlichen Kontrolldichte nur schwer vereinbar. Zuletzt lehnte das BVerfG Anträge auf Akteneinsicht in von der EZB zur Erfüllung der Begründungsanforderungen übermittelte, aber nicht öffentliche Dokumente ab[130]; eine Entscheidung über die Verfassungsbeschwerden zum PEPP-Programm steht noch aus[131].

---

[130] BVerfG, B. v. 29.4.2021, 2 BvR 1651/15, ECLI:DE:BVerfG:2021:rs20210429.2bvr165115.
[131] Verfassungsbeschwerden gegen das Pandemie-Notfallankaufprogramm (PEPP) vom 7. und 22. April 2021, 2 BvR 420/21.

Stichwortverzeichnis

Gefettete Zahlen verweisen auf Kapitel, diejenigen im Normaldruck auf Randnummern.

A
Abgestimmte Verhaltensweise **9**, 28, 66, 70
Abmahn- oder Gerichtskosten **16**, 56
Abschottung nationaler Märkte **9**, 40, 94, 96
Accountability **17**, 33, 63
AEUV **17**, 6
Agreement on Subsidies and Countervailing Measures **11**, 7
Airtours-Kriterien **10**, 75
Aktienrecht **8**, 20, 28
Aktive Rolle **16**, 43
AKZO-Vermutung **9**, 21
Algorithmen **9**, 30, 75
Almunia-Paket **11**, 16, 44
Altmark-Kriterien **11**, 16
Amsterdamer Vertrag **2**, 7
Amtszeit **17**, 11
Anbieten eines WLAN-Zugangs **16**, 53
Ansässigkeitspflichten **6**, 13
Anti-Doping-Regeln **9**, 84, 86
Anti-Dumping-Verordnung **14**, 49
Antisubventionsverfahren **14**, 51
Anwendungsvorrang **9**, 13
Arbeitgeber **7**, 11; **9**, 20
Arbeitgeberverbände **7**, 27
Arbeitnehmer **7**, 12; **8**, 23; **9**, 20
Arbeitnehmerfreizügigkeit **7**, 1, 3
– Berechtigte **7**, 3, 10, 13
– Bereichsausnahme **7**, 18
– Drittwirkung **4**, 36
– Übergangsregelung **7**, 4
– und Dienstleistungsfreiheit **7**, 6, 8, 37
– Unionsgrundrecht **7**, 7 f.
Arbeitnehmerschutz **6**, 37
Arbeitslose **7**, 57 ff.
Arbeitsunfähigkeit **7**, 57
Arbeitsverhältnis **7**, 15
Asymmetrisches Integrationsniveau **17**, 2
Außenpolitik **14**, 27
Außergerichtliche Streitbeilegung **16**, 26
Aufenthalt **7**, 7
Aufenthaltsrecht **2**, 6; **7**, 17, 30
Aufgabe
– im Allgemeininteresse **12**, 22, 24, 28 f.
– nicht gewerblicher Art **12**, 22, 29
Aufgaben **17**, 16, 21
Aufgabenverteilung **17**, 13
Aufsichtsklage **17**, 38
Ausbeutungsmissbrauch **9**, 53, 91, 97, 103
Ausfuhrbeihilfe **11**, 35
Ausfuhrbeschränkungen **4**, 1, 22

Ausfuhrfreiheit **14**, 24
Ausgabe von Münzen **17**, 28
Ausgleichszölle **14**, 49
Ausnahmeregelung **17**, 4
Ausschließliche Kompetenz **17**, 7
Ausschließlichkeitsbindungen **9**, 54
Ausschreibung **12**, 9
Ausweisung **7**, 31
Autonomie **17**, 32

B
Bagatellbekanntmachung **9**, 38
Banken **17**, 29
Bankenaufsicht **17**, 15
Banknotenausgabemonopol **17**, 27
Bargeld **17**, 4
Beamte **7**, 19
Bedarfsmarktkonzept **9**, 39, 92, 98
Begünstigung **11**, 9
Behinderungsmissbrauch **9**, 54, 91, 94 f., 100 f.
Behördliche und gerichtliche Anordnungen **16**, 32
Beihilfe
– Anmeldung **11**, 3, 46, 54
– Beihilfeverbot **11**, 2
– Beschwerde **11**, 48
– De-minimis **11**, 4
– Fördermittel der Europäischen Union **11**, 6
– Nichtigkeit **11**, 3
– Prüfverfahren **11**, 49
– Rückforderung **11**, 51, 57
– Tatbestandsmerkmale **11**, 8
Beihilfenrecht **1**, 8; **11**, 1
– Bedeutung **11**, 1
– Rechtsschutz **11**, 58
– WTO **11**, 7
Bekanntmachung zum Beihilfebegriff **11**, 5, 14, 30, 40
Berufsausbildung **7**, 57 f.
Berufsregelungen **6**, 17
Beschaffungstätigkeit **9**, 18
Beschäftigung in der öffentlichen Verwaltung **7**, 6, 18
Beschlüsse von Unternehmensvereinigungen **9**, 27
Beschlussfassung **17**, 12
Beschlussorgane **17**, 11
Beschränkungsverbot **4**, 12, 14 f.; **17** ff., 48, 54, 56, 68; **5**, 52; **7**, 49; **8**, 9, 35, 41, 47, 57
– Bindung Privater **4**, 10 f., 35 f.

Stichwortverzeichnis

- Rechtfertigung **5**, 57; **8**, 14 f., 23, 36, 41, 48, 58
Beschwerdemöglichkeit **16**, 25
Bestpreisklauseln **9**, 77, 81
Beteiligungsunternehmen **11**, 21
Betrauung **11**, 16, 44; **13**, 19
Betriebs- und Geschäftsgeheimnisse **15**, 24
Betrugsvorbeugung **6**, 42
big data **15**, 4, 40
Binnenmarkt **1**, 5, 12, 23; **2**, 1; **8**, 50; **9**, 1
- Auslegungsgrundsatz **2**, 19, 32
- digitaler **15**, 7
- Dynamik **2**, 61
- Funktion **2**, 14
- Rechtsangleichung **2**, 19
- soziale Dimension **2**, 16
- und Grundfreiheiten **2**, 1; **4**, 1, 3, 43, 78
- und Wettbewerb **2**, 10
- Zuständigkeit **2**, 11
Binnenmarktkonzept **3**, 2
Binnenmarktrecht und Grundfreiheiten **3**, 1
Brussels Effect **15**, 35
Bußgeldleitlinien **9**, 44
BVerfG **17**, 41, 45 f., 50 f., 55, 59

C
Caching-Dienste **16**, 39
Cassis-Formel **4**, 24 f.
CBDC **17**, 28
cellophane fallacy **9**, 98
Central Bank Digital Currency **17**, 28
Cookies **15**, 43
COVID-19-Pandemie **17**, 22, 58

D
Daseinsvorsorge **8**, 20; **13**, 1, 38
Dassonville-Formel **4**, 12, 14, 51
Data Act **15**, 12
Data Governance Act **15**, 12
Daten
- als Gegenleistung **15**, 41
- anonyme **15**, 33
- Begriff **15**, 3
- Charakteristika **15**, 4
- personenbezogene **15**, 3, 30
- Territorialisierung **15**, 51
- Urheber **15**, 18
- Wert **15**, 4
Datenbank **15**, 19, 21, 28
Dateneigentum **15**, 17, 22
Datenmacht **15**, 25
Datenschutzrecht **15**, 6, 10, 30
Datenschutzvorschriften **16**, 8
Datensouveränität **15**, 13, 16, 51
Datenstrategie **15**, 11
Datenübermitlungen in Drittländer **15**, 44
Datenverarbeitung
- Rechtsgrundlage **15**, 40
Datenwirtschaft
- Begriff **15**, 2

Datenwirtschaftsrecht **15**, 1, 5
De facto-Vergabe **12**, 20
Definition der Vermittlungsdienste **16**, 21
Devisengeschäfte **17**, 24
Dezentralisierte Anwendung des Kartellrechts **9**, 12, 72, 81
Dienstleistung **6**, 2, 7, 26
Dienstleistungen von allgemeinem wirtschaftlichen Interesse **8**, 25; **11**, 44; **13**, 1
- Ausgleichszahlung **11**, 16, 44
- Begriff **13**, 14
- Regelungszuständigkeit **13**, 22 ff.
- Verhinderung **13**, 20, 29
Dienstleistungsfreiheit **6**, 1
- Abgrenzung zu Warenverkehrsfreiheit **4**, 5
- Beschränkung **13**, 49
- negative **6**, 5, 27
- Schutzbereich **6**, 3
- und Arbeitnehmerfreizügigkeit **6**, 8, 37
- und Kapitalverkehrsfreiheit **8**, 5
- und Niederlassungsfreiheit **6**, 33, 36; **7**, 12
- und Warenverkehrsfreiheit **6**, 11
Dienstleistungskonzession **12**, 7
Dienstleistungsrichtlinie **2**, 64; **6**, 21 f., 31, 36 f., 49, 57
Digital Markets Act **9**, 5; **15**, 12
Digital Services Act **15**, 12
Digitaler Binnenmarkt **16**, 4
Digitaler Kompass 2030 **16**, 6
Direktorium **17**, 11, 14
Diskriminierung **6**, 17; **8**, 13, 46; **12**, 92; **15**, 15
- faktische **4**, 15
- mittelbare **5**, 50 f.; **7**, 44; **8**, 35, 57
- offene **4**, 15, 26; **6**, 12
- Rechtfertigung **7**, 47
- unmittelbare **7**, 44
- Verbot **8**, 9
- versteckte **4**, 15, 55, 68, 75; **6**, 13
Diskriminierung von Handelspartnern **9**, 54, 96, 102
Diskriminierungsverbot **2**, 8, 12, 37; **4**, 15, 19 f., 54; **5**, 49; **7**, 27, 37; **12**, 2, 101
Dividendenbesteuerung **8**, 42, 49
Doppelbesteuerung **8**, 43, 48
Doppelfunktionale Rolle **17**, 17
Doppelkontrollen **5**, 82
Drei Fragen **16**, 47, 52
Dreistufentest **4**, 12, 19, 48, 51
DSA und DMA **16**, 9
Dumping **6**, 22; **14**, 49
Duopol **10**, 30
Dynamisches Beschaffungssystem **12**, 16

E
EAPP **17**, 58
ECB Law **17**, 12
effet utile **9**, 4
Effizienz **9**, 9
Effizienzgewinne **9**, 42, 80, 82
Eigentum **8**, 1; **11**, 21; **12**, 107

Stichwortverzeichnis

Eigentumsordnung **8**, 15
Einfuhrbeschränkung **4**, 49 f.
Einfuhrverbot **14**, 24
Eingriffe
– Beschränkungsverbot **3**, 20
– Dassonville-Entscheidung **3**, 20
– Diskriminierungsverbot **3**, 19
– Keck-Rechtsprechung **3**, 21
Einheitliche Europäische Akte **1**, 3; **2**, 3, 24
Einheitlichkeit **17**, 4
Einrichtung des öffentlichen Rechtes **12**, 22, 24, 30
Einzelermächtigung **2**, 53
Elektronische Auktion **12**, 15
Endstufe **17**, 4
Energieversorgung **8**, 24 f.
Entflechtung **9**, 45
Entgeltlichkeit **6**, 10
Erklärung zu den digitalen Rechten **16**, 13
Erste Digitale Agenda für Europa **16**, 3
Erste Stufe **17**, 4
Escape-Klausel **2**, 27
ESM **17**, 44 f.
ESRB **17**, 29
essential facilities **9**, 54, 65; **15**, 28
ESZB **17**, 8
ESZB-Satzung **17**, 6
EuGH **17**, 41, 43 f., 50, 52, 59, 61
Europäische Atomgemeinschaft (EAG) **1**, 1
Europäische Bankenunion **17**, 29
Europäische Gemeinschaft (EG) **1**, 3
Europäische Gemeinschaft für Kohle und Stahl (EGKS) **1**, 1
Europäische Grundrechtecharta (EuGRC) **1**, 3; **4**, 24, 30; **8**, 60, 62
Europäische Union (EU) **1**, 3
Europäische Wirtschaftsgemeinschaft (EWG) **1**, 1, 3; **14**, 1
Europäische Zentralbank **17**, 10
Europäischer Gerichtshof (EuGH) **1**, 26
Europäisches Gesellschaftsmodell **13**, 2
Europäisches Gremium für digitale Dienste **16**, 33
Europäisches Medienfreiheitsgesetz **16**, 12
Europäisches Parlament **1**, 13
European Systemic Risk Board **17**, 29
Eurosystem **17**, 1, 8
Eurozone **17**, 1, 29
Evidenzkontrolle **17**, 53
Evidenzmaßstab **17**, 39, 61
Exekutivorgan **17**, 14
EZB **17**, 8, 28, 31
EZB-Rat **17**, 12, 14, 17, 23

F
Familienangehörige **7**, 56
Finanz- und Staatsschuldenkrise **17**, 22, 48
Finanzaufsicht **17**, 21, 29 f.
Finanzielle Unabhängigkeit **17**, 32
Finanzstabilität **17**, 29

Föderale Komponente **17**, 14
Freie Berufe **9**, 24
Freistellung vom Kartellverbot
– Einzelfreistellung **9**, 41, 80
– Gruppenfreistellung **9**, 43, 80
Freizeitbeschäftigungen **7**, 40
Freizügigkeitsrichtlinie **7**, 33, 56 f.
Fremdwährungen **17**, 24
Fünf Kapitel **16**, 15
Funktionsbezogene Unabhängigkeit **17**, 32
Fusion
– horizontale **10**, 20
– konglomerate **10**, 20
– vertikale **10**, 20
Fusionskontrolle **8**, 24
– Anwendungsbereich **10**, 1, 26
– Auslandszusammenschluss **10**, 28
– Beurteilungskriterien **10**, 19
– comfort letter **10**, 41
– formelle **10**, 25, 33
– formelle und materielle Fusionskontrolle **10**, 8
– Fristenregime **10**, 10
– Gap-Cases **10**, 86, 95
– Hauptprüfverfahren **10**, 22
– Internationale Zuständigkeit **10**, 49
– Killer Acquisitions **10**, 42, 46, 51, 55
– kollektive Marktbeherrschung **10**, 76
– Kommissionszuständigkeit **10**, 8, 37
– Kompetenzschaffung durch Verweisung **10**, 42
– materielle **10**, 26, 62
– mitgliedstaatliche Zuständigkeit **10**, 9
– Ökonomisierung **10**, 114
– Oligopol **10**, 76
– praktische Anmerkungen **10**, 113
– Sekundärrechtsschutz **10**, 97
– SIEC-Test **10**, 86
   – Beweisanforderungen **10**, 89, 93
   – Tatbestandsvoraussetzungen **10**, 91
– System formal umgrenzter Zuständigkeit – Durchbrechung **10**, 48
– Umsatzschwellen **10**, 13, 15
– und Vergaberecht **10**, 106, 110
– Unilaterale Effekte **10**, 96
– Verhältnis zu Art. 101 und 102 AEUV **10**, 51
– Verweisung nach Art. 22 FKVO **10**, 42
– Verweisungssystem **10**, 17
– Vollzugsverbot **10**, 8, 54
– Vorabstimmung **10**, 23
– Vorprüfverfahren **10**, 22
– Ziel **10**, 2
– Zusammenschluss – gemeinschaftsweite Bedeutung **10**, 14
– Zusammenschlussbegriff **10**, 11
– Zusammenschlussformen **10**, 11
– Zuständigkeit der Kommission **10**, 7
– Zuständigkeitsabgrenzung **10**, 40

Stichwortverzeichnis

- Zuständigkeitsabgrenzung gegenüber den Mitgliedstaaten **10**, 35
- Zuständigkeitsregeln, Systematik der **10**, 39
- 2/3-Klausel **10**, 16

Fusionskontrollverfahren **10**, 21
- Beweismaßstab **10**, 66, 75, 80
- Ermessen **10**, 66, 99
- Zusagen **10**, 71, 109, 111 f.

Fusionskontrollverordnung **10**, 4

G

Gatekeeper **9**, 5
Gebhard-Formel **7**, 55
Gegenseitige Anerkennung **2**, 2, 6
Geldpolitik **17**, 22, 30, 48
Gemeinsame Außen- und Sicherheitspolitik **8**, 1
Gemeinsame Handelspolitik **1**, 20; **14**, 1
- Abgrenzung **14**, 27
- Instrumente **14**, 8

Gemeinsamer Markt **2**, 1; **7**, 1
Gemeinschaftsunternehmen **10**, 11, 20
Genehmigungserfordernisse **6**, 19, 40; **8**, 26
General Agreement on Tariffs and Trade (GATT) **11**, 7
Genossenschaftsprivileg **9**, 37
Gericht Erster Instanz (EuG) **1**, 27, 32
Geschäftsverweigerung **9**, 54, 95, 101
Geschichte der Digitalität **16**, 2
Gesellschaftsrecht **8**, 23
Gesetz über die künstliche Intelligenz **16**, 11
Gesetzliches Zahlungsmittel **17**, 28
Gesundheitsschutz **2**, 16, 49; **4**, 25, 41, 59 f., 63, 66, 69 f., 76, 80; **5**, 74; **6**, 24
Gewerbeschein **6**, 26
Gewerkschaften **7**, 27; **9**, 20
Gewinnspannenbegrenzung **9**, 53, 97
Gleichbehandlung **12**, 91, 101
Gleichordnungskonzern **10**, 11
Glücksspiel **6**, 36, 48
Goldene Aktie **8**, 25
Government Procurement Agreement (GPA) **12**, 6
Grenzen der Unabhängigkeit **17**, 33 f.
Grenzkontrollen **2**, 6, 12
Grenzüberschreitende Tätigkeit **5**, 21
Grenzüberschreitung **4**, 3, 7; **6**, 4, 30; **7**, 53; **8**, 8, 34, 40, 56
Grundeigentum **8**, 32, 35
Grundfreiheiten **1**, 5, 8; **3**, 1 ; **15**, 8
- Beschränkung **6**, 53
- Beschränkungsverbote **2**, 9
- Binnenmarktkonzept **3**, 2
- Drittwirkung **3**, 26; **9**, 4, 85
- Fallgestaltungen **3**, 34
- im Gefüge der Rechtsordnung **3**, 4
- Konkurrenz **4**, 5
- Schranken **3**, 29
- Subjektive Unionsrechte **3**, 9
- und Grundrechte **8**, 61 f.
- und öffentliche Auftragsvergabe **12**, 2, 7
- Verhältnis zu Unionsgrundrechten **3**, 7
- Verpflichtete **3**, 24; **7**, 23

Grundrechtsschutz **1**, 21; **2**, 53; **6**, 18, 53; **8**, 60, 62
Grundsatz der Dezentralisierung **17**, 23
Grundstücksgeschäft **8**, 32, 38; **11**, 15
Gruppenfreistellungsverordnungen **9**, 43, 80
- Allgemeine Gruppenfreistellungsverordnung (AGVO) **11**, 4, 42, 47

H

Haftung **16**, 16
Haftungsausschluss **16**, 30
Haftungsprivileg **16**, 42, 49
Handel
- Lauterkeit **4**, 25; **6**, 17
- Monopol **4**, 47, 50
- zwischenstaatlicher **2**, 36

Handelsabkommen **14**, 26, 37
Handelsbeeinträchtigung **11**, 37
Handwerksrolle **5**, 26; **6**, 32
Harmonisierung **2**, 2
Hauptbeschlussfassungsorgan **17**, 13
Hauptziele **17**, 5
Herkunftslandprinzip **2**, 6, 64; **6**, 23
Hoheitliche Befugnisse **7**, 20
Hoheitliche Regelung **8**, 22
Hoheitliche Tätigkeit **9**, 19, 60 ff., 64
Hosting-Dienste **16**, 40

I

Immanenztheorie **9**, 37
Immobilien **8**, 32, 35, 38
Individualarbeitsverträge **7**, 27
Inflationsrate **17**, 20
Info-RL **16**, 60
Informationsaustausch **9**, 28
Infrastruktur **6**, 33
Inhalt der Unterlassungsanordnung **16**, 57
In-house-Vergabe **12**, 51
Inländerdiskriminierung **4**, 3; **5**, 22
Inländer(gleich)behandlung **7**, 17, 38, 49, 56 f.
Institutionelle Unabhängigkeit **17**, 32
Institutionelle Wechselbeziehungen **17**, 35
Integrale Bestandteile **17**, 16
Integration **1**, 2; **7**, 2
- negative **2**, 22; **4**, 1, 3, 9, 21; **8**, 40
- positive **2**, 22; **4**, 4
- wirtschaftliche **1**, 2

Integrationslast **5**, 55
Integrationslasten **5**, 84
International Competition Network **10**, 34
Investitionshindernisse **8**, 19

K

Kampfpreise **9**, 54
Kapitalanlageort **8**, 13
Kapitalverkehrsfreiheit **8**, 1
- Berechtigte **8**, 8

Stichwortverzeichnis

- Drittstaaten **8**, 8, 10, 16, 44, 50
- und Dienstleistungsfreiheit **8**, 5
- und Niederlassungsfreiheit **8**, 4, 44
- und Warenverkehrsfreiheit **8**, 3, 9
- und Zahlungsverkehrsfreiheit **8**, 2, 7
- unmittelbare Anwendbarkeit **8**, 1

Kartellgehilfe **9**, 31, 67, 74
Kartellrecht **9**, 1 f.; **10**, 1
- Bereichsausnahmen **9**, 14
- Compliance **9**, 73
- nationales **9**, 11
- und Grundfreiheiten **9**, 3 f., 83 f., 88
- und Sport **9**, 37, 83 f., 86 ff.

Kartellverbot **9**, 2, 15
- Distanzierung von Verstößen **9**, 71, 73
- Folgen eines Verstoßes **9**, 44, 63, 69

Keck-Rechtsprechung **4**, 8, 12, 16, 18, 21, 51, 53, 64, 72; **7**, 52; **8**, 9
Keine allgemeine Verpflichtung zur Überwachung **16**, 31
Keine übermäßige Verpflichtung **16**, 73
Kohärenz des nationalen Steuersystems **8**, 15, 48
Kommission **1**, 16, 21, 23
- Aufsicht **1**, 23
- Beschluss **11**, 3
- Beweismaßstab **10**, 66
- Ermessen **11**, 5
- Positivbeschluss **11**, 49
- Rechtsetzung **1**, 17
Kompetenzbestimmungen **16**, 7
Kompetenz-Kompetenz **1**, 13
Konditionalität **17**, 4
Konditionenmissbrauch **15**, 29
Konkurrenz **9**, 6
Kontrollausübung **11**, 19
Kontrolldichte **17**, 20, 39, 61
Kontrollerwerb **10**, 11
Konvergenzkriterien **17**, 4
Konzern **9**, 22
Konzernhaftung **9**, 22 f.
Konzernprivileg **9**, 22
Konzession **6**, 40; **9**, 63
Kooperationsabkommen **14**, 26
Koppelungsgeschäfte **9**, 54
Korrespondenzdienstleistungen **6**, 5
Kosten-Preis-Scheren **9**, 54
Kreuzpreiselastizität **9**, 39, 92, 98
Kriseninduzierte Maßnahmen **17**, 13, 48
Kronzeugenprogramm **9**, 44
Kryptowährungen **17**, 28
Kultur **6**, 17, 29
Kündigung **7**, 54

L

Legalausnahme **9**, 41
Lehrer **7**, 22
Leitlinien **1**, 22; **10**, 6; **11**, 5, 41; **17**, 12
Liberalisierung **1**, 4; **6**, 24, 31, 49
Loyalitätspflicht **9**, 4

M

Makroprudenzielle Aufsicht **17**, 29
Maßnahmen
- gleicher Wirkung **4**, 12, 14, 18 f., 35, 41, 48, 51, 53, 59, 64, 68, 72, 75
- nicht-tarifäre **14**, 8
- tarifäre **14**, 8
Mandat **17**, 20, 33
Markenmäßige Verwendung **16**, 48
Markt
- benachbarter **10**, 36, 63
- nachgelagerter **10**, 20
- räumlich relevanter **9**, 39, 49, 92, 98
- relevanter **10**, 18; **11**, 35
- sachlich relevanter **9**, 39, 49, 92, 98
Marktabgrenzung **9**, 39, 98
Marktanteil **9**, 50, 93; **10**, 19
Marktaufteilung **9**, 35
Marktbeherrschung **9**, 48, 50, 91, 93, 99
- gemeinsame **10**, 31
- kollektive **9**, 51; **10**, 73
- Missbrauch **9**, 52, 91, 94; **10**, 71; **13**, 30, 37, 43
Marktintegration **9**, 3, 94, 96
Marktliberalisierung **4**, 44, 50
Marktortprinzip **15**, 39
Marktstrukturmissbrauch **9**, 55
Marktüblichkeit **11**, 14
Marktverhalten **5**, 54; **9**, 29, 70
Marktwirtschaft **1**, 5, 12; **9**, 7
Marktzugang **4**, 18 ff., 25, 34, 36, 48, 53, 56, 64, 68; **5**, 53; **8**, 9, 26, 45, 52; **15**, 13
Marktzutrittsschranken **9**, 50, 101; **10**, 19
Massenentlassung **5**, 20
Mehrheit **17**, 12
Menschenwürde **6**, 50
Mikroprudenzielle Aufsicht **17**, 29
Minderheitsaktionäre **8**, 23
Missbrauchsverbot **9**, 2, 45, 90 f.
- Folgen eines Verstoßes **9**, 57
- Verhältnis zum Kartellverbot **9**, 46
Mitglieder **17**, 17
Mitgliedstaaten **1**, 11; **17**, 4, 28, 32
Mitteilungen **1**, 22; **11**, 5
Mitteilungen der Kommission **10**, 7
Monopol **9**, 50, 98; **13**, 1, 26
more economic approach **9**, 10
Multi-Jurisdictional-Filings **10**, 34

N

Nachfragemacht **9**, 50 f.
Nachprüfungsverfahren **12**, 18
Nachteilsausgleich **11**, 11
Nationale Zahlungsmittel **17**, 28
Nationale Zentralbanken **17**, 16
Nebenabreden **9**, 37, 76 f., 79, 82, 88
Netto-Mehrkostenprinzip **11**, 16, 44
Netzneutralität **15**, 52
Nichtdiskriminierung **12**, 3
Nichterwerbstätige **7**, 17, 57

Stichwortverzeichnis

Nichtigkeitsklage **1**, 31; **10**, 24; **17**, 36
Nichtoffenes Verfahren **12**, 10
Nichtwirtschaftliche Zielsetzungen **1**, 7
Niederlassung **5**, 23; **10**, 30
- Formen **5**, 27 ff.
Niederlassungsfreiheit **7**, 52
- Abgrenzung zu Arbeitnehmerfreizügigkeit **5**, 41
- Abgrenzung zu Dienstleistungsfreiheit **5**, 40
- Abgrenzung zu Kapitalverkehrsfreiheit **5**, 37 ff.
- Abgrenzung zu Warenverkehrsfreiheit **5**, 42
- Beeinträchtigung **5**, 44
- Begleitrechte **5**, 3
- Bereichsausnahme **5**, 30 f.; **7**, 21
- Funktion **5**, 2
- Negative Integration **5**, 5
- Produktionsfaktorfreiheit **5**, 1
- Rechtfertigungsgründe **5**, 58 ff.
- Schutzbereich, persönlicher **5**, 9
- Schutzbereich, räumlicher **5**, 43
- Schutzbereich, sachlicher **5**, 16
- und Dienstleistungsfreiheit **6**, 33, 36; **7**, 12
- und Kapitalverkehrsfreiheit **8**, 4, 44
Non-horizontal Guidelines **10**, 70
Notfallankaufprogramme **17**, 58
Notfallprogramme **17**, 22
„Notice and action"-Verfahren **16**, 23
„Notice and take down"-Verfahren **16**, 22
Notifizierung **11**, 3, 41, 44, 54
Notifizierungspflicht **11**, 46
Novellierung **16**, 10
Nutzer als Anknüpfungspunkt **16**, 17
NZB **17**, 14, 23, 31

O
Offenes Verfahren **12**, 9
Öffentliche
- Auftraggeber **12**, 4, 22
- Auftragsvergabe **12**, 1
- Gesundheit **6**, 16; **7**, 29, 47
- Ordnung **5**, 61 f.; **6**, 16, 24, 52; **7**, 30, 48; **8**, 14, 59; **14**, 24
- Sicherheit **5**, 62; **6**, 16, 24; **7**, 30, 48; **8**, 14, 59; **13**, 37; **14**, 24
- Sittlichkeit **14**, 24
Öffentlicher Auftrag **12**, 32, 40
Oligopol **9**, 47, 51; **10**, 73
OMT **17**, 2, 13, 22, 37, 42, 49 f., 53
Online-Plattformen **16**, 24
opting-out-Klausel **2**, 27
Organe **17**, 13
Organkompetenz **17**, 8

P
Pacta sunt servanda **12**, 107
Parallelhandel **9**, 102
Parallelverhalten **9**, 28
PEPP **17**, 2, 22, 42, 58
Personelle Unabhängigkeit **17**, 32

Plattformmärkte **9**, 77, 82
Plattformökonomie **16**, 1
Plausibilität **17**, 39
Plausibilitätsmaßstab **17**, 53
Praktikanten **7**, 16
Präsenzpflichten **6**, 13, 23
Präsidenten der NZBen **17**, 17
Präventivkontrollmechanismen **5**, 80
Preisabsprachen **9**, 35
Preisbindung/Mindestpreis **4**, 20, 58 ff., 64, 66 f., 70 f., 73
Preisstabilität **17**, 5, 20
Primärrecht **1**, 11; **17**, 5
Pringle **17**, 43
Privatautonomie **9**, 7
Private investor test **11**, 13
Privilegierung **13**, 12
Produktbezogene Regelungen **4**, 16, 20
Protektionismus **1**, 6, 23, 26; **4**, 2
Prozessrechtliche Konstellationen **17**, 35
PSPP **17**, 2, 22, 42, 58, 60
Public Private Partnership **12**, 53

Q
Qualitativer Selektivvertrieb **9**, 94, 100
Quantitative Easing **17**, 58
Querschnittsklauseln **5**, 64

R
Rabatte **9**, 54, 67
Rahmenvereinbarung **12**, 17
Rat **1**, 13; **2**, 25
Rat der EZB **17**, 11
Raumplanung **8**, 15
Rechenschafts- und Transparenzpflichten **17**, 33
Rechte
- ausschließliche **13**, 8, 26
- besondere **13**, 8
Rechtsakte **17**, 12
Rechtsangleichung **2**, 21
Rechtsmittelrichtlinie **12**, 18, 99
Rechtspersönlichkeit **17**, 10
Rechtspflege **6**, 17
Rechtsrahmen **17**, 5
Rechtsschutz **17**, 35
Rechtssicherheit **12**, 107
Rechtsstaatlichkeit **17**, 35
Referendare **7**, 19
Regelungsgefälle **5**, 85 f.
Registrierungspflichten **6**, 22
Regulierungsrecht **9**, 5
Reine Durchleitungsdienste **16**, 38
Remailing **13**, 40
Rentner **7**, 57 f.
Residenzpflichten **6**, 23
Restrukturierung, konzerninterne **10**, 12
Römische Verträge **1**, 1; **2**, 3; **13**, 2
rule of reason **9**, 37

Stichwortverzeichnis

S
„Safe Harbour"-Prinzip **16**, 35
Schadenersatzansprüche **16**, 55
Scheinniederlassung **5**, 33
Scheinselbstständigkeit **6**, 37
Schengen-Übereinkommen **2**, 7, 12
Schrems-Urteile **15**, 45
Schutzbereich
– Gesellschaften **3**, 14
– Unionsbürger **3**, 13
Schutzmaßnahmen **14**, 54
Schwellenwerte **12**, 7
Sektorenauftraggeber **12**, 4
Sekundärrecht **1**, 13; **4**, 3 f., 34, 39, 59, 63, 75; **5**, 6; **6**, 18; **8**, 42
Selbstständige Tätigkeit **5**, 18
Selbstständigkeitspostulat **9**, 28, 67 f.
Selektivität **11**, 27 f.
Service public **13**, 1
Single Resolution Mechanism **17**, 29
Single Supervisory Mechanism **17**, 29
Sitzverlegung **5**, 15
Six-Pack **17**, 47
Soft Law **1**, 22
Sonderstellung **17**, 10
Sorgfältiger Wirtschaftsteilnehmer **16**, 44
Sorgfaltspflichten **16**, 20
Soziale Sicherheit **6**, 17; **7**, 8
Soziale Vergünstigung **7**, 43
Sozialleistungen **7**, 17
Sportverbände **9**, 24, 37, 83 ff.
Spürbarkeit **9**, 38, 78
SRM **17**, 29
SSM **17**, 29
SSNIP-Test **9**, 39, 98
Staat **4**, 34; **7**, 24
Staatliche Mittel **11**, 18, 23
Stabilitätsauftrag **17**, 34
„Stay down"-Verpflichtungen **16**, 67
Steuerhoheit **8**, 15
Steuerliche Beihilfen **11**, 31
Steuerrecht **8**, 12, 42
Stillhaltegebot **11**, 3, 45, 61
Stufenplan **17**, 4
Substitutionswettbewerb **10**, 78
Subvention **14**, 49
Systeminterne Streitigkeiten **17**, 38
Systemrisikoaufsicht **17**, 29

T
Tabakwerbung **2**, 40, 45
TARGET2-System **17**, 26
Tarifverträge **9**, 20
Teilzeitbeschäftigte **7**, 16
Theory of Harm **10**, 104
Transparenz **11**, 16; **12**, 3
Transparenzbericht **16**, 28
Transparenzrichtlinie **13**, 7
Trusts **5**, 13

U
Überkompensation **13**, 50
Überwachungspflichten in spezifischen Fällen **16**, 65
ultra vires **17**, 50 f., 57
ultra vires-Akt **17**, 39, 55, 62
ultra vires-Kontrolle **17**, 41, 55
Umfang der Haftung **16**, 54
Umweltschutz **2**, 15; **4**, 26, 53, 74, 76, 80; **6**, 24; **12**, 87
Unabhängigkeit **17**, 31
Unabhängigkeitsgarantie **17**, 39
Unionsbürgerschaft **2**, 6; **7**, 3, 5, 34
Unionsebene **17**, 7
Unionsgrundrechte **5**, 64; **16**, 62, 69
Unionsorgan **17**, 8
Unionsrahmen **11**, 5, 41, 44
Universaldienst **13**, 3, 48
Untätigkeitsklage **17**, 36
Unternehmen **9**, 17, 47, 59, 61
– Begriff **13**, 6
– durchschnittliches, gut geführtes **11**, 16
– öffentliche **11**, 10, 18; **13**, 1, 7, 9
Unternehmensvereinigung **9**, 24, 85
Unternehmenszusammenschluss **10**, 1, 11
– Anmeldung **10**, 21
– Freigabeentscheidung **10**, 79 f.
– gemeinschaftsweite Bedeutung **10**, 30
– konglomerater **10**, 62
– Kontrollbegriff **10**, 35
– vertikaler **10**, 62
– Vollfunktions-Gemeinschaftsunternehmen **10**, 35

V
Verbandskompetenz **17**, 7
Verbot einer allgemeinen Überwachungspflicht **16**, 64, 68
Verbraucherschutz **4**, 25 f., 49; **6**, 17, 42
Vereinbarungen zwischen Unternehmen **9**, 26, 78
Vergabefremde Kriterien **12**, 87
Vergabegrundsätze **12**, 3
Vergabekoordinierungsrichtlinie **12**, 4
Vergabekriterium **12**, 9
Vergaberecht **12**, 1
Vergaberechtsschutz **12**, 18, 99
Vergabeverfahren **12**, 9
– Arten **12**, 8
– Aufhebung **12**, 100
Vergleichsmarktkonzept **9**, 53
Verhältnismäßigkeit **1**; **4**, 27, 41, 72, 78; **5**, 71; **6**, 18, 43, 54; **7**, 35; **8**, 23, 25, 37, 41
– Angemessenheit **4**, 30
– Beurteilungsspielraum **4**, 27, 29, 41, 66
– Erforderlichkeit **4**, 29, 49, 61, 77
– Geeignetheit **4**, 27, 60, 69 f.
– Nachweispflicht **4**, 27, 41, 44, 49, 62, 65, 69 f.
– Schutzkonzept **4**, 27

Stichwortverzeichnis

Verhandlungsverfahren **12**, 1
Verkaufsmodalitäten **4**, 16 f., 51, 64; **8**, 9
Vermittler **16**, 61
Vermittlungsdienste **16**, 19
Verschmelzung **10**, 11
Versorgungssicherheit **12**, 92
Vertrag
– über eine Verfassung für Europa **1**, 3
– von Amsterdam **1**, 3
– von Lissabon **1**, 3
– von Maastricht **1**, 3, 7, 12; **8**, 1, 9
– von Nizza **1**, 3
Vertragsänderung **1**, 11
Vertragsverletzungsverfahren **1**, 25, 28; **5**, 32; **12**, 107
Vertrauensschutz **11**, 52 f.; **12**, 107
Vertriebsbezogene Regelungen **4**, 16, 18, 20
Verwaltung **1**, 21
– gemeinschaftsunmittelbare **1**, 20
VLOPs **16**, 27
Vorabentscheidung **17**, 37, 52
Vorabentscheidungsverfahren **1**, 35
Vorabinformation **12**, 103
Vorlagebeschluss **17**, 51, 60

W

Währungsaußenpolitik **17**, 24
Währungspolitik **17**, 2, 42
Währungsrecht **17**, 3
Währungsreserven **17**, 25
Währungsunion **17**, 1, 5
Ware **4**, 6, 40, 42 f.
Warenverkehrsfreiheit **2**, 36
– Handlungspflicht **4**, 10, 36
– Rechtfertigungsgründe **4**, 4, 24, 26, 53, 60
– und Dienstleistungsfreiheit **6**, 11
– und Kapitalverkehrsfreiheit **8**, 3
Weisungen **17**, 12
Weisungsrecht **17**, 14
Weltpostvertrag **13**, 40
Weltweite Löschpflichten **16**, 74
Werbeanzeigen **16**, 29
Werbeverbot **4**, 41
Wesentliche Verbindung zur Union **16**, 18
Wettbewerb **9**, 1, 6, 87
– als Entdeckungsverfahren **9**, 9
– entwickelter **12**, 29
– fairer **12**, 3
– Kernbeschränkungen **9**, 35, 42

– potentieller **10**, 19, 78
– Rahmenbedingungen **9**, 8
– unverfälschter **15**, 9
Wettbewerblicher Dialog **12**, 12
Wettbewerbsbeschränkung **9**, 33, 78
– bewirkte **9**, 36, 38
– bezweckte **9**, 35, 38
– horizontale **9**, 34
– vertikale **9**, 34
Wettbewerbsprinzip **9**, 1
Wettbewerbsrecht **1**, 5, 20
Wettbewerbsregeln **9**, 2
Wettbewerbsverfälschung **2**, 6; **9**, 33; **11**, 35
Wirtschaftliche Einheit **9**, 21
Wirtschaftliche Tätigkeit **5**, 17; **9**, 18, 61, 85, 87
Wirtschafts- und Währungsunion **2**, 17; **8**, 18
Wirtschaftspolitik **1**, 5; **17**, 2, 42
Wirtschaftsverfassung **1**, 5
Wohlfahrt **9**, 9
Wohnort **8**, 13
Wohnsitz **7**, 47
Wohnungspolitik **8**, 15, 37, 41
World Trade Organization (WTO) **12**, 6
Wort- und sinngleiche Inhalte **16**, 72

Z

Zahlungsverkehr **17**, 26
Zahlungsverkehrsfreiheit **8**, 2 f., 7, 11, 16
Zertifizierung **4**, 11, 34 f.
Zertifizierungsleistungen **5**, 7
Ziele **17**, 19
Zoll **2**, 36
Zollkodex **14**, 20
Zollunion **4**, 1; **14**, 20
Zugangssperren **5**, 79
Zuschlag **12**, 9, 103
Zuschlagkriterium **12**, 90, 95
Zwangsgeld **1**, 30
Zwei Phänomene **16**, 14
Zwei Ziele **16**, 36
Zweigniederlassung **5**, 35
Zweite Digitale Agenda für Europa **16**, 5
Zweite Stufe **17**, 4
Zwingende Erfordernisse/Gründe des Allgemeininteresses **4**, 4, 24 ff., 49, 76; **6**, 17, 29, 42; **8**, 15, 23, 36, 58
Zwingende Gründe des Allgemeinwohls **5**, 63
Zwischenstaatlichkeitsklausel **9**, 11, 40, 56, 78